Roland Dusik
Ulrich Quack

Neuseeland

Iwanowski's REISEBUCHVERLAG

www.iwanowski.de
Hier finden Sie aktuelle Infos zu allen Titeln, interessante Links – und vieles mehr!
Einfach anklicken!

Schreiben Sie uns, wenn sich etwas verändert hat. Wir sind bei der Aktualisierung unserer Bücher auf Ihre Mithilfe angewiesen:
info@iwanowski.de

NEUSEELAND

14. Auflage 2013

© Reisebuchverlag Iwanowski GmbH
Salm-Reifferscheidt-Allee 37 • 41540 Dormagen
Telefon 0 21 33/26 03 11 • Fax 0 21 33/26 03 33
info@iwanowski.de
www.iwanowski.de

Titelfoto: Karl Johaentges / LOOK-foto
Alle anderen Abbildungen: siehe Bildnachweis Seite 606
Redaktionelles Copyright, Konzeption und deren ständige Überarbeitung: Michael Iwanowski
Karten und Reisekarte: Kartografie Klaus-Peter Lawall, Unterensingen
Titelgestaltung: Point of Media, www.pom-online.de
Lektorat & Layout: Lucia Rojas, www.derschoenstesatz.de

Alle Rechte vorbehalten. Alle Informationen und Hinweise erfolgen ohne Gewähr für die Richtigkeit im Sinne des Produkthaftungsrechts. Verlag und Autoren können daher keine Verantwortung und Haftung für inhaltliche oder sachliche Fehler übernehmen. Auf den Inhalt aller in diesem Buch erwähnten Internetseiten Dritter haben Autoren und Verlag keinen Einfluss. Eine Haftung dafür wird ebenso ausgeschlossen wie für den Inhalt der Internetseiten, die durch weiterführende Verknüpfungen (sog. „Links") damit verbunden sind.

Gesamtherstellung: Grafisches Centrum Cuno, Calbe
Printed in Germany

ISBN: 978-3-86197-063-7

Inhalt

Am schönsten Ende der Welt ... 13

1. NEUSEELAND: LAND UND LEUTE ... 16

Neuseeland auf einen Blick ... 17

Historischer Überblick ... 18
- **Zeittafel** ... 18
- **Die Suche nach einem Südkontinent** ... 20
  Abel Janszoon Tasman 20 • Kapitän James Cook 20 •
- **Neuseeland wird britische Kolonie** ... 22
  Der Vertrag von Waitangi 23
- **Koloniale Wirtschaft** ... 24
- **Die Zeit der Landkriege** ... 25
- **Eine junge Kolonie konsolidiert sich** ... 26
- **Die Weltkriege und die Weltwirtschaftskrise** ... 27
- **Neuseeland nach 1945** ... 28
- **Aktuelle Entwicklungen** ... 29

Landschaftlicher Überblick ... 31
- **Vom Werden des Landes** ... 31
- **Die Landschaften** ... 34
  Nordinsel 35 • Südinsel 36 • Andere Landschaften 36
- **Klima und Reisezeit** ... 37
  Klimatabelle 37
- **Die neuseeländische Pflanzenwelt** ... 39
  Veränderungen der Flora 39 • Vegetationszonen 40 •
  Landestypische Pflanzen 41
- **Die neuseeländische Tierwelt** ... 41
  Bedrohte Tierarten 41 • Vögel 42 • Reptilien 45 •
  Landsäugetiere 46 • Meerestiere 47

Gesellschaftlicher Überblick ... 48
- **Die Maoris – Volk, Sprache, Kultur** ... 48
  Herkunft der Maoris 48 • Mythos und Religion 49 •
  Die Kunst der Maoris 50 • Mana und Tapu 51
- **Die europäischen Einwanderer** ... 51
- **Die Einwanderer aus dem pazifischen Raum** ... 52
- **Neuseeland – Schmelztiegel der Nationen** ... 53
  Der britische Grundzug 53
- **Spiel ohne Grenzen** ... 55
  Eine sportbesessene Nation 55 • Beliebte Sportarten 56
- **Neuseeland kulinarisch** ... 58
  Neuseeländische Kochkunst einst und jetzt 58 • Multikulturelle
  Versuchungen 58 • Die moderne neuseeländische Küche 59 •
  Fisch und Meeresfrüchte 59 • Wo essen? 60 • Das Barbecue 61 •
  Bier oder Wein? 61 • Kulinarischer Sprachführer 62

Überblick

Kultureller Überblick — 65
- Lange Jahre der Selbstfindung — 65
- Literatur — 65
- Malerei — 66
- Filmkunst — 66
- Musik — 70

Wirtschaftlicher Überblick — 70
- Das Wirtschaftswunder — 70
- Die Wirtschaftskrise — 71
- Kurskorrektur — 72

2. NEUSEELAND ALS REISEZIEL — 74

Die Gelben Seiten: Allgemeine Reisetipps A–Z — 75
Die Grünen Seiten: Das kostet Sie das Reisen in Neuseeland — 127

3. REISEN IN NEUSEELAND — 130

Reise- und Routenplanung — 131
- **Vorschläge für Rundreisen** — 131
  - 1. Variante 131 • 2. Variante 132 • 3. Variante 132 • 4. Variante 132 • Zusätzliche Programmpunkte 133
- **Zeiteinteilung und touristische Interessen** — 133
  - Nordinsel 133 • Südinsel 134
- **Entfernungstabellen** — 135

4. AUCKLAND UND UMGEBUNG — 136

Überblick Auckland — 137
- Redaktionstipps 138
- **Empfehlungen für die Stadtbesichtigung** — 137
- **Geschichte** — 138

Unterwegs in Auckland — 142
- **Spaziergänge in der Innenstadt** — 142
  - Auckland Museum/Te Papa Whakahiku 142 • Queen Street 143 • Entlang der Quay Street 148
- **Attraktionen am Rand der City** — 149
  - Victoria Park Market und Westhaven Marina 149 • Die Harbour Bridge 150 • Auckland Zoo und MOTAT I & II 150 • Alberton House 151 • Kelly Tarlton's Underwater World 152 • Sehenswertes in Parnell 152
- **Zentrumsnahe Stadtviertel und Sehenswürdigkeiten** — 154
  - Ponsonby 154 • Devonport 155 • Newmarket 157 •

Mt. Eden 157 • One Tree Hill/Maungakiekie 159 • Howick Historical Village 161
Weinkellereien und heiße Quellen _____ 161
Reisepraktische Informationen Auckland 162

Die Inseln im Golf von Hauraki   177
Rangitoto Island und Motutapu _____ 177
Tiritiri Matangi Island _____ 179
Reisepraktische Informationen Tiritiri Matangi Island 180
Waiheke Island _____ 180
Reisepraktische Informationen Waiheke Island 181
Great Barrier Island _____ 182
Reisepraktische Informationen Great Barrier Island 183
Kawau Island _____ 185
Reisepraktische Informationen Kawau Island 185

5. DIE NORDINSEL   186

Der Norden der Nordinsel   187
Redaktionstipps 187
Streckenübersicht und Zeiteinteilung _____ 187
Von Auckland zur Bay of Islands _____ 189
Orewa 189 • Reisepraktische Informationen Orewa 190 • Puhoi 190 • Warkworth 190 • Reisepraktische Informationen Warkworth und Matakana Coast 191 • Von Warkworth nach Whangarei 192 • Whangarei 192 • Reisepraktische Informationen Whangarei 194 • Tutukaka 195 • Reisepraktische Informationen Tutukaka 196 • Von Whangarei nach Kawakawa 196 • Kawakawa 196
Die Bay of Islands _____ 198
Paihia 198 • Reisepraktische Informationen Paihia 200 • Waitangi 202 • Russell 205 • Reisepraktische Informationen Russell 208 • Kerikeri 209 • Reisepraktische Informationen Kerikeri 212
Von der Bay of Islands zum Cape Reinga _____ 213
Von Paihia/Kerikeri nach Kaitaia 213 • Kaitaia 213 • Reisepraktische Informationen Kaitaia 214 • Ninety Mile Beach 215 • Cape Reinga 216 • Houhora 218 • Reisepraktische Informationen Houhora 218 • Zur Bay of Islands 219
Über die Westküste zurück nach Auckland _____ 220
Kaikohe 220 • Von Kaikohe nach Opononi 220 • Opononi/Omapere 221 • Reisepraktische Informationen Opononi/Omapere 221 • Waipoua Kauri Forest 222 • Unterwegs nach Dargaville 223 • Reisepraktische Informationen Trounson Kauri Park 224 • Dargaville 224 • Reisepraktische Informationen Dargaville 225 • Matakohe 226 • Reisepraktische Informationen Matakohe 227 • Alternative Route über Muriwai 227

Der Westen und Süden der Nordinsel — 228
Redaktionstipps 228
Streckenübersicht und Zeiteinteilung _____ 228
Redaktionstipps 228
Von Auckland nach Hamilton _____ 229
Reisepraktische Informationen Huntly 230 • Ngaruawahia 231 • Hamilton 232 • Reisepraktische Informationen Hamilton 233
Von Hamilton nach Waitomo _____ 235
Te Awamutu 235 • Reisepraktische Informationen Te Awamutu 236 • Otorohanga 236 • Reisepraktische Informationen Otorohanga 237 • Waitomo 237 • Reisepraktische Informationen Waitomo 241
Von Waitomo nach New Plymouth _____ 242
Te Kuiti 242 • Mokau 246 • Urenui 246 • Motonui 247 • Waitara 248 • Alternative Route 248 • New Plymouth 249 • Reisepraktische Informationen New Plymouth 252
Egmont National Park _____ 253
Überblick 253 • Rundfahrt im Egmont National Park 254 • Reisepraktische Informationen Egmont National Park 257
Von New Plymouth über Wanganui nach Wellington ___ 258
Am Mt. Taranaki entlang 258 • Stratford 258 • Seelandschaft 260 • Hawera 260 • Abstecher zum Lake Rotorangi 260 • Patea 261 • Wanganui 261 • Reisepraktische Informationen Wanganui 263 • Von Wanganui nach Palmerston North 264 • Palmerston North 265 • Reisepraktische Informationen Palmerston North 266 • Weiterfahrt nach Wellington 267
Alternative Route: von Waitomo nach Wanganui über den Tongariro National Park _____ 270
Taumarunui 270 • Reisepraktische Informationen Taumarunui 272 • Lake Taupo und Raurimu 272 • National Park und Ohakune 274 • Reisepraktische Informationen National Park und Ohakune 274 • Whakapapa 275 • Reisepraktische Informationen Whakapapa 276 • Tongariro National Park 276 • Raetihi 280 • Pipiriki 280

Wellington — 282
Redaktionstipps 282
Geschichte und Aufbau _____ 282
Stadtbesichtigung _____ 286
An der Waterfront 286 • Mit dem Cable Car zum Botanischen Garten 289 • Bolton Street Memorial Park • Spaziergang durch Thorndon 291 • Regierungsgebäude und Hauptbahnhof 294 • Südlich des Parlamentsgebäudes 295
Die Außenbezirke _____ 296
Museen 296 • Aussichtspunkte 297 • Weitere Ausflugsziele 298 • Ausflüge mit dem Wagen 300 • Rundfahrten in der Umgebung 301 • Die Überfahrt nach Picton 301 • Reisepraktische Informationen Wellington 303

Der Osten der Nordinsel 310
Redaktionstipps 310
Streckenübersicht und Zeiteinteilung _____ 310
Von Wellington nach Napier _____ 310
Petone 311 • Lower Hutt und Upper Hutt 311 • Featherston 312 • Greytown 313 • Masterton 315 • Reisepraktische Informationen Masterton 315 • Abstecher zur Küste 316 • Von Masterton nach Napier 316
Napier _____ 318
Geschichte 318 • Stadtbesichtigung 320 • Reisepraktische Informationen Napier 323
Die Umgebung von Napier _____ 325
Cape Kidnappers 325 • Hastings und Havelock North 326 • Reisepraktische Informationen Hastings und Havelock North 327
Von Napier über Gisborne nach Whakatane _____ 328
Wairoa • Wairoa 330 • Reisepraktische Informationen Wairoa 331 • Wairoa – Lake Waikaremoana – Urewera National Park (bis Rotorua) 331 • Reisepraktische Informationen Lake Waikaremoana und Urewera National Park 333 • Vom Nationalpark nach Te Reinga 333 • Von Wairoa nach Gisborne über Te Reinga 334 • Von Wairoa nach Gisborne über Morere 334 • Reisepraktische Informationen Mahia Peninsula 335 • Gisborne 335 • Reisepraktische Informationen Gisborne 338 • Von Gisborne nach Opotiki 339 • Von Gisborne nach Opotiki über das East Cape 340 • Opotiki 342 • Reisepraktische Informationen Opotiki 338 • Whakatane 339 • Reisepraktische Informationen Whakatane 344 • Ausflug zur White Island (Whakaari) 346 • Weiterfahrt ab Whakatane 346

Das Inselinnere zwischen Napier und Auckland 348
Redaktionstipps 348
Streckenübersicht und Zeiteinteilung _____ 348
Von Napier nach Taupo _____ 348
Taupo 350 • Reisepraktische Informationen Taupo 351 • Lake Taupo 353
Von Taupo nach Rotorua _____ 354
Huka Falls 355 • Wairakei Thermal Valley 357 • Wairakei Geothermal Power Station 357 • Orakei Korako 358 • Wai-o-Tapu 358 • Waimangu Volcanic Valley 359
Rotorua _____ 360
Geschichte 360 • Stadtzentrum 362 • Reisepraktische Informationen Rotorua 365
Die Umgebung von Rotorua _____ 368
Whakarewarewa 368 • Buried Village und Tatwera Landing 370 • Rund um den Lake Rotorua 370
Von Rotorua über Cambridge nach Auckland _____ 372
Tirau und Matamata 373 • Reisepraktische Informationen Tirau und Matamata 373 • Cambridge 373 • Reisepraktische Informationen Cambridge 374

Abstecher zur Coromandel-Halbinsel   375
Redaktionstipps 375
Streckenübersicht und Zeiteinteilung _375
Von Rotorua über Tauranga zur Coromandel-Halbinsel __376
Mt. Maunganui und Tauranga 376 • Reisepraktische Informationen Tauranga/Mt. Maunganui 380 • Von Tauranga nach Katikati 381 • Katikati 382 • Waihi 382
Die Coromandel-Halbinsel – Überblick _383
Die Coromandel-Halbinsel – Westküste _385
Thames 385 • Reisepraktische Informationen Thames 386 • Von Thames nach Coromandel 387 • Coromandel 388 • Reisepraktische Informationen Thames Coromandel 389 • Von Coromandel zum Cape Colville 390 • Reisepraktische Informationen Fletcher Bay 391
Die Coromandel-Halbinsel – Ostküste _391
Von Waihi nach Opoutere 391 • Reisepraktische Informationen Whangamata und Opoutere 392 • Pauanui und Tairua 392 • Reisepraktische Informationen Pauanui und Tairua 393 • Von Tairua nach Whitianga 394 • Reisepraktische Informationen Hahei Beach und Whitianga 396 • Von Whitianga nach Coromandel 397

6. DIE SÜDINSEL   398

Der Norden der Südinsel   399
Redaktionstipps 400
Streckenübersicht und Zeiteinteilung _399
Picton _399
Reisepraktische Informationen Picton/Marlborough Sounds 401
Von Picton nach Nelson _404
Havelock 405 • Pelorus Bridge 409 • Rai Valley 409
Nelson _409
Geschichte 409 • Stadtbesichtigung 410 • Reisepraktische Informationen Nelson 413
Von Nelson zum Abel Tasman National Park _415
Motueka 416 • Reisepraktische Informationen Motueka 417
Der Abel Tasman National Park _418
Kaiteriteri und Marahau 418 • Überblick 419 • Wanderung: Von Marahau über Torrent Bay zur Awaroa Lodge 420 • Ausflug über Takaka und Anatimo zu den Wainui Falls 420 • Reisepraktische Informationen Abel Tasman National Park 423
Der äußere Nordwesten _425
Collingwood, Farewell Spit und Cape Farewell 427 • Reisepraktische Informationen Collingwood, Farewell Spit 429 • Zum Aorere River und zum Heaphy Track 430 • Der Kahurangi National Park 430

Die Westküste der Südinsel   431
Redaktionstipps 432
Streckenübersicht und Zeiteinteilung _431

Von Nelson/Motuela über Westport nach Greymouth ____432
Anreise ab Motueka/Nelson 432 • Anreise ab Blenheim 433 •
St. Arnaud und Nelson Lakes National Park 434 • Reisepraktische
Informationen St. Arnaud und Nelson Lakes National Park 435 •
Entlang des Buller River 436 • Murchison 436 • Reisepraktische In-
formationen Murchison 437 • Von Murchison nach Westport 438 •
Westport 438 • Reisepraktische Informationen Westport 440 •
Charleston 441 • Punakaiki und Paparoa National Park 442 •
Reisepraktische Informationen Punakaiki 444 • Greymouth 444 •
Reisepraktische Informationen Greymouth 445
Von Greymouth nach Franz Josef ____447
Lake Brunner 448 • Shantytown 448 • Hokitika 449 • Reise-
praktische Informationen Hokitika 450 • Von Hokitika zum
Westland National Park 452
Franz Josef, Fox und der Westland National Park ____453
Franz Josef 453 • Westland National Park 454 • Reise-
praktische Informationen Westland National Park 456
Von Franz Josef nach Haast ____459
Reisepraktische Informationen Lake Moeraki 460 • Haast 460 •
Reisepraktische Informationen Haast 461 • Zum Haast Pass 461

Das Fjordland und der Süden der Südinsel 464
Redaktionstipps 465
Streckenübersicht und Zeiteinteilung ____464
Von Haast nach Queenstown ____466
Makarora 466 • Reisepraktische Informationen Makarora 467 •
Lake Wanaka 468 • Lake Hawea 468 • Wanaka 469 • Reisepraktische
Informationen Wanaka 471 • Von Wanaka nach Queenstown 473
Queenstown ____473
Geschichte 473 • Stadtbesichtigung 475
Die Umgebung von Queenstown ____477
Lake Wakatipu 477 • Arrowtown 479 • Der Skippers Drive 479 •
Reisepraktische Informationen Queenstown und Umgebung 480
Ausflüge ins Fjordland ____485
Te Anau 489 • Reisepraktische Informationen Te Anau 490 • Von Te
Anau zum Milford Sound 492 • Milford Sound 494 • Reisepraktische
Informationen Milford Sound 495 • Manapouri und andere Ausflugs-
ziele 496 • Reisepraktische Informationen Manapouri 498
Von Queenstown nach Dunedin ____501
Cromwell 502 • Clyde 503 • Alexandra 503 • Reisepraktische
Informationen Alexandra 504 • Von Alexandra nach Dunedin/
Christchurch über Palmerston 504 • Von Alexandra nach Dunedin
über den Highway 8 505
Alternative Route: Invercargill und Stewart Island ____506
Von Te Anau nach Invercargill auf der Southern Scenic Route 506 •
Invercargill 510 • Reisepraktische Informationen Invercargill 511 •
Bluff 512 • Stewart Island 513 • Reisepraktische Informationen
Invercargill Stewart Island 514 • Von Invercargill nach Dune-

din 516 • Balclutha 517 • Reisepraktische Informationen Balclutha 517
Alternative Route: Von Queenstown nach Christchurch über Aoraki Mt. Cook Village _____ 518
Twizel 519 • Reisepraktische Informationen Twizel 520 • Aoraki Mt. Cook National Park 520 • Reisepraktische Informationen Aoraki Mt. Cook National Park 523 • Vom Aoraki Mt. Cook Village zum Lake Tekapo 524 • Reisepraktische Informationen Lake Tekapo 525 • Vom Lake Tekapo an die Ostküste 526

Die Ostküste der Südinsel 527
Redaktionstipps 528
Streckenübersicht und Zeiteinteilung _____ 527
Dunedin und Umgebung _____ 528
Überblick 528 • Stadtbesichtigung 529 • Reisepraktische Informationen Dunedin 535 • Ausflug zur Otago Peninsula 537 • Reisepraktische Informationen Otago Peninsula 540
Von Dunedin nach Christchurch _____ 541
Moeraki 542 • Reisepraktische Informationen Moeraki 544 • Oamaru 544 • Reisepraktische Informationen Oamaru 546 • Alternativer Ausflug zum Aoraki Mt. Cook Village 547 • Von Oamaru nach Christchurch 548 • Reisepraktische Informationen Timaru 549 • Alternative Route nach Christchurch 549
Christchurch _____ 550
Geschichte und Gegenwart 550 • Redaktionstipps 551 • Rundgang durchs Zentrum 555 • In der Umgebung von Christchurch 559 • Riccarton House 559 • International Antarctic Centre 559 • Orana Wildlife Park und Willowbank Wildlife Reserve 560 • Yaldhurst Museum of Transport & Science und Air Force World 561 • Ferrymead Heritage Park 561 • Christchurch Gondola 562 • Reisepraktische Informationen Christchurch und Umgebung 562 • Ausflug nach Lyttelton 566 • Ausflug nach Akaroa (Banks Peninsula) 568 • Reisepraktische Informationen Akaroa 570
Alternative Routen von Christchurch in den Westen _____ 571
Über den Arthur's Pass zur Westküste 572 • Reisepraktische Informationen Arthur's Pass 573 • Abstecher nach Hanmer Springs 574 • Reisepraktische Informationen Hanmer Springs 575
Von Christchurch nach Picton _____ 576
Von Christchurch nach Kaikoura 577 • Kaikoura 580 • Reisepraktische Informationen Kaikoura 585 • Blenheim 588 • Reisepraktische Informationen Blenheim 591 • Von Blenheim nach Picton 592

7. ANHANG 594
Literaturverzeichnis _____ 595
Stichwortverzeichnis _____ 599

Weiterführende Informationen zu folgenden Themen

Die Schöpfungsgeschichte der Maoris	34
Neuseeland und das Ozonloch	38
Heimat von „Mittelerde" – Neuseeland im Focus der Filmindustrie	68
Wer war Bischof Selwyn	154
Die Vulkane von Auckland	158
Sir Campbell – Father of Auckland	160
Der Vertrag von Waitangi	202
Das Waitangi Meeting House	203
Wer war Häuptling Hongi Hika?	210
Die Kauri-Fichte	223
Das Kauri-Gum	226
Das Maori King Movement	231
Die neuseeländischen Glühwürmchen	238
Te Kooti und die Hau-Hau-Bewegung	244
Der Taranaki in der Maori-Legende	254
Neuseeländische Pubs – Treffpunkt der Nation	273
Zeitbomben der Natur	279
Art Déco und Spanish Mission Style in Napier	321
Die Marlborough Sounds	405
Die Goldminen bei Charleston	441
Julius von Haast	463
Der Fiordland National Park	499
Nervenkitzel pur – Bungee Jumping	501
Die Königsalbatrosse	539
Wale, Delfine und Robben als Kaikoura-Touristenattraktion	581
Konkurrenz fürs Bier – Neuseeländischer Wein	590

Verzeichnis der Karten und Grafiken

Geologie – Plattentektonik	32
Die Umgebung von Auckland	178
Der Norden der Nordinsel	188
Stadtplan Whangarei	193
Die Bay of Islands	198
Auckland – Hamilton – Waitomo	230
Waitomo – New Plymouth	243
Stadtplan New Plymouth	250
Von New Plymouth nach Wellington	259
Waitomo – Wanganui: Alternativroute	271
Stadtplan Wellington	284
Von Wellington nach Napier	312
Stadtplan Napier	319
Napier – Whakatane	329
Napier – Taupo	349
Von Taupo nach Rotorua	355

Stadtplan Rotorua _____ 361
Mt. Maunganui und Tauranga _____ 378
Die Coromandel-Halbinsel _____ 384
Der Nordwesten der Südinsel _____ 406
Stadtplan Nelson _____ 411
Von Motueka nach Greymouth _____ 433
Von Greymouth nach Franz Josef _____ 447
Von Franz Josef nach Haast _____ 459
Von Haast nach Queenstown _____ 467
Stadtplan Wanaka _____ 470
Stadtplan Queenstown _____ 474
Zum Milford Sound _____ 486
Der Süden der Südinsel und Stewart Island _____ 508
Mt. Cook _____ 521
Stadtplan Dunedin _____ 530
Stadtplan Oamaru _____ 542
Von Dunedin nach Christchurch _____ 542
Stadtplan Christchurch _____ 552
Christchurch Umgebung _____ 560
Von Christchurch nach Picton _____ 578

Übersicht Nord- und Südinsel _____ Vordere Umschlagklappe
Stadtplan Auckland _____ Hintere Umschlagklappe

Interessantes

Am schönsten Ende der Welt

Die Morgenluft ist frisch, der Himmel noch nachtschwarz, zeigt aber bereits eine Nuance von Blau und Grau, die den Tag ankündigt. Schon bald tauchen die ersten Jogger auf. Sie traben leichtfüßig entlang Aucklands Quay Street, auf einer, wie Kenner schwören, der schönsten Trimm-Trab-Strecken der Welt zum Ferry Building an der Queens Wharf. Dort sind bereits die ersten Hafenfähren aus Devonport, Birkenhead und weiteren, auf der anderen Seite des Waitemata Harbour gelegenen Vororten Aucklands eingelaufen. Sonnengebräunte Büroangestellte in dunklen Anzügen, Handwerker in Shorts und *singlets*, dem klassischen Kiwi-Outfit der einfachen Arbeiter, elegante Frauen in Designerkleidung, Touristen im Freizeitdress, Menschen mit Aktentaschen unter dem Arm oder Rucksäcken auf dem Rücken – sie alle strömen von den Personenfähren in Richtung City. Besucher von der nördlichen Halbkugel überrascht die gelassene Atmosphäre und die entspannte Einstellung der Pendler. Kaum jemand macht ein mürrisches Gesicht, niemand drängt oder schiebt – die Auckländer starten gut gelaunt und entspannt in den neuen Tag. Ohne viel Umschweife kommt der Besucher mit ihnen ins Gespräch, freundlichen, weltoffenen, hilfsbereiten Menschen, die das Leben leicht und sich selbst nicht so ernst nehmen. Und zum Abschied ein freundlicher Klaps auf die Schulter oder ein heiteres Take it easy, das die Leute hier anstelle von „Auf Wiedersehen" sagen. Take it easy, „nimm's leicht", das ist die Philosophie nicht nur von Auckland, sondern von ganz Neuseeland.

Einst etwas abseits der internationalen Routen gelegen, ist Neuseeland als immer populärer werdendes Reiseziel mittlerweile fest auf der Weltkarte der Sehnsucht verzeichnet. Warum das so ist, liegt auf der Hand:
- Wo sonst gibt es Fjorde und Vulkane, subtropische Strände und Gletscher, Farnwälder und Geysire so nah beieinander?
- Wo sonst kann man die harmonische Verbindung von Südseekultur und europäischer Kolonialvergangenheit in solch schöner Natur erleben?
- Wo sonst gibt es eine derart faszinierende endemische Pflanzen- und Tierwelt, von der der Kiwi – das neuseeländische Wappentier – nur ein Beispiel ist?
- Und wo sonst empfangen kontaktfreudige und umgängliche, gastfreundliche und hilfsbereite Einheimische die Besucher aus fernen Ländern fast überall mit offenen Armen?

Mit etwa 1.600 km Längenausdehnung ist das Land für Touristen zudem ideal: Noch überschaubar und in seiner Gesamtheit gut zu bereisen, bleibt dennoch Raum für Abstecher in unberührte Gebiete, für das Gefühl von Weite und Einsamkeit fernab der Zivilisation. Immer wieder fasziniert Besucher, wie hier Bekanntes in neuer Umgebung und Fremdes in gewohnter Atmosphäre auftaucht, wie sich Kontraste zu einem großartigen Landschaftserlebnis „am schönsten Ende der Welt" verdichten. Immer noch kann das Reiseziel Neuseeland ein Abenteuer sein, wenn man auf tagelangen Wanderungen durch die Gebirgswelt der Südalpen oder der Regenwälder der beiden Hauptinseln ganz auf sich gestellt der grandiosen Natur begegnet.

Wer bei Neuseeland aber nur an Naturburschen und Schafzüchter denkt, verkennt, dass sich in Auckland, Wellington, Christchurch und Dunedin ein im „Pionierland"

Neuseeland kaum vermutetes Kulturleben entwickelt hat. Jeden Abend präsentieren Bühnen zeitgenössische, oftmals experimentelle neuseeländische und ausländische Dramen sowie Klassiker, gibt es Konzerte internationaler Rock- und Popbands, Musicals, Kammermusik, Ballettaufführungen sowie Vernissagen in einer der unzähligen Galerien. Die Höhepunkte des Kulturkalenders markieren Festivals wie das New Zealand International Arts Festival in Wellington und das Otago Festival of Arts in Dunedin, beides mehrwöchige Kulturspektakel. Im Windschatten des Kulturlebens hat sich eine erstklassige Gastronomie entwickelt – die Neuseeländer gelten als leidenschaftliche *foodies*. Feinschmeckerrestaurants aller Nationalitäten gehören zum Straßenbild fast jeder Stadt. Und es gibt fast 700 Weingüter, die hervorragende weiße und rote Rebensäfte produzieren. Viele neuseeländische Weine stehen in Restaurants von New York bis Peking auf der Karte. Die Kombination von ursprünglicher, abwechslungsreicher Landschaft und urbaner Vitalität ist das große Plus Neuseelands. Neuseeland, das ist der Spannungsbogen zwischen Büroturm und Blockhütte, zwischen Zivilisation und Wildnis, zwischen Stadtkultur und Urnatur.

Sicher: Auch Neuseeland ist kein Paradies ohne Probleme! Wirtschaftliche Schwierigkeiten, Strukturwandel, das Ozonloch und Auswanderung – all das sind Themen, die die aktuelle Diskussion beherrschen und Anlass zur Sorge sein können. Im Großen und Ganzen aber trügt der Eindruck nicht, dass es den „Kiwis", wie sich die Neuseeländer selbst nennen, besser geht als vielen anderen – auch dies ein Umstand, der zur Urlaubsqualität des Landes beiträgt. Der Boom der Destination Neuseeland auf dem Reisemarkt hat nicht dazu geführt, dass man das unangenehme Gefühl eines überlaufenen, durch den Tourismus fast schon zerstörten Zieles bekommt. Und bei einer so geringen Bevölkerungsdichte, wie sie in Europa nur noch Island aufweist, bleibt auch in Zukunft Platz genug für alle Interessierten. Die Neuseeländer lieben ihre Natur und sind stolz auf sie, deswegen gehen sie pfleglich mit ihr um und erwarten das auch von den Besuchern. Und als geradezu fanatische Sport- und Freizeitanhänger haben sie eine enorme Bandbreite an Outdoor-Aktivitäten aufgebaut, die ihresgleichen sucht – natürlich ist der ausländische Tourist eingeladen, daran teilzunehmen.

Dieses Reisehandbuch richtet sich vornehmlich an unabhängige Individualtouristen, die beispielsweise mit Mietwagen oder Wohnmobil das Land kennen lernen möchten. Deswegen wird im Reiseteil eine Route vorgeschlagen, die zu den wichtigsten Sehenswürdigkeiten des Landes führt, aber auch weniger bekannte Gebiete vorstellt. Den unterschiedlichen Interessen und zeitlichen Möglichkeiten der Leser wird insofern Rechnung getragen, als überall da, wo es sinnvoll erschien, Alternativen skizziert werden.

Haere mai! Welcome! – Sie werden häufig am Reiseziel den Eindruck gewinnen, dass Sie tatsächlich willkommen sind – als ein Gast, der zusammen mit den Neuseeländern die Naturschönheiten des Landes genießen, die Sehenswürdigkeiten besuchen und einen schönen Urlaub erleben will. Als ein Fremder, der sich für Neuseeland interessiert und für den sich daher auch die Neuseeländer interessieren. Und natürlich sind Sie willkommen als jemand, der der neuseeländischen Gesellschaft die dringend benötigten Devisen bringt. Nach dem obligatorischen *Where do you come from?* wird die zweite Frage, die man Ihnen stellt, meist sein: *And what do you think about this country?* – Es besteht kein Zweifel, dass Ihre Antwort positiv ausfallen wird. Denn von der ersten Minute an wird Ihnen ein unkompliziertes, halb fremdes und halb vertrautes und immer erlebnisreiches Urlaubsland begegnen! Sie werden überrascht sein, wie einfach vieles ist, was aus der Ferne noch schwierig erschien, und wie schnell Sie das *easy going*, den typisch neuseeländischen *way of life*, übernehmen werden.

In diesem Sinne *Haere Mai* ...

Ulrich Quack und Roland Dusik

Zum Aufbau des Buches

Auf eine **allgemeine Vorstellung** der Reiseregion, Ausführungen über „Land und Leute" unter verschiedenen Gesichtspunkten folgen **Routenvorschläge**. Es gibt Tipps und Hinweise zu Restaurants, Stränden, touristischen Leistungsträgern u. a. Eingeschobene **Exkurse** („INFO") liefern Hintergrundwissen und bieten fakultativen „Lesestoff".

Als „Gelbe Seiten" farblich abgesetzt sind die **Allgemeinen Reisetipps von A–Z** zur Planung und Ausführung einer Reise. Anhaltspunkte zu den **Kosten** einer Neuseelandreise bieten die „Grünen Seiten". Die ebenfalls gelb unterlegten **Reisepraktischen Informationen** zu einzelnen Orten bzw. Regionen befinden sich im Routenteil, am Ende der jeweiligen Kapitel. Bei den Hinweisen zu Übernachtung, Restaurants, Shopping oder Touren musste zwangsläufig eine Auswahl getroffen werden. Die genannten Adressen sind allerdings reine Vorschläge oder Empfehlungen. Natürlich gibt es rechts und links davon noch etliche Adressen, die es individuell zu entdecken gilt.

Im Anhang findet sich neben den **Literaturhinweisen** ein ausführliches **Stichwortverzeichnis**, das Ihnen die Möglichkeit gibt, schnell den gesuchten Begriff zu finden.

Bei den Adressen und Beschreibungen wurde größter Wert auf Aktualität gelegt, allerdings kann angesichts der Fülle an Informationen und der Schnelllebigkeit touristischer Angebote keine Gewähr für Korrektheit übernommen werden. Die Autoren sind dankbar über jede **Nachricht** mit Informationen zu Unstimmigkeiten oder Neuheiten. Über Kritik, Anregungen und Verbesserungsvorschläge freuen wir uns: per E-Mail unter info@iwanowski.de

I. NEUSEELAND: LAND UND LEUTE

Neuseeland auf einen Blick

Fläche	268.680 km² davon North Island 115.557 km², South Island 151.215 km², Stewart Island 14 km², Chatham Islands 963 km²
Einwohner	4,4 Mio.
Bevölkerungsdichte	ca. 16 Einwohner/km²
Bevölkerung	70 % europäischer Abstammung, 14 % Maoris, 6 % Polynesier der pazifischen Inseln, 9 % Asiaten, 1 % andere
Staatssprache	Englisch, daneben seit 1987 Maori als zweite Verkehrssprache
Hauptstadt	Wellington (200.000 Ew. in der City, 450.000 Ew. in der Metropolitan Area)
Religion	55 % Christen verschiedener Glaubensrichtungen (u. a. Anglikaner 14 %, Katholiken 13 %, Presbyterianer 10 %, Methodisten 5 %), 10 % andere Religionen, 35 % Konfessionslose
Flagge	vier rote Sterne mit weißem Rand auf blauem Grund, im oberen linken Viertel der „Union Jack"
Nationalfeiertag	6. Februar (Waitangi Day)
Staats- und Regierungsform	Parlamentarische Demokratie ohne geschriebene Verfassung; konstitutionelle Monarchie; Einkammersystem (Repräsentantenhaus) mit 120 Mitgliedern
Staatsoberhaupt	Königin Elizabeth II., vertreten durch Generalgouverneur Jerry Mateparae, ein Maori (seit August 2011)
Regierungschef	Ministerpräsident John Key (National Party), seit November 2008
Städte	Auckland 1,3 Mio. Ew., Wellington 450.000 Ew., Christchurch 365.000 Ew., Hamilton 135.000 Ew., Dunedin 124.000 Ew.
Wichtigste Exportgüter	Fleisch, Milchprodukte, Holzprodukte, Früchte und Gemüse, Wolle, Aluminium
Wichtigste Handelspartner	Australien (2010: 23 %), China (14,5 %), Japan und weitere asiatische Länder (21,8 %), USA (9,5 %), EU (besonders Großbritannien mit 5,2 % und Deutschland mit 3,7 %)
Problematik	Wirtschaftlicher und gesellschaftlicher Strukturwandel, Ozonloch, nach der globalen Wirtschaftskrise hohe Arbeitslosenquote (2010: 6,8 %), besonders bei Jugendlichen unter 20 (23,2 %) und Maoris (16,2 %)

Historischer Überblick

Zeittafel

1000 v.Chr.
–750 n.Chr. Erste mögliche Besiedlung.
ab ca. 700 Polynesische Einwanderungswelle der sogenannten Moa-Jäger.
ca. 950 Beginn der Einwanderung der Maoris.
ca. 1200 10.000–20.000 Menschen leben auf den beiden neuseeländischen Hauptinseln.
ca. 1350 Sagenhafte Landung der „großen Flotte", Entwicklung der klassischen Maori-Kultur.
1642 Der Holländer Abel Janszoon Tasman sichtet Neuseeland.
1769 James Cook entdeckt die Nordinsel.
ab 1800 Erste feste Stationen und Auftauchen der ersten Siedler, etwa 3.000 Pakehas (Weißen) stehen ca. 100.000 Maoris gegenüber.
1817 Ausdehnung britischen Rechts auf Neuseeland. Russell in der Bay of Islands wird erste „Hauptstadt".
1835 Charles Darwin besucht Neuseeland.
1837 Edward Gibbon Wakefield gründet die New Zealand Association (später New Zealand Company); Kapitän William Hobson segelt im britischen Auftrag in die Bay of Islands.
1840 Am 6. Februar Vertrag von Waitangi, Hobson wird erster Gouverneur der Kolonie. Die New Zealand Company beginnt ihre Besiedlungskampagne, Wellington wird ihre erste Gründung.
1841 Am 14. März wird die ein Jahr vorher etablierte Siedlung Auckland zur Hauptstadt erklärt.
1843 Die St. Pauli bringt die ersten deutschen Siedler.
1845 Häuptling Hone Heke löst den „Ersten Krieg" des Landes aus.
1850 Anglikaner gründen Christchurch und erschließen die Canterbury Plains. Immer mehr Siedler stellen sich auf Schafzucht um.
1851 Mit der Wahl Potataus I. zum „König der Maori" sind die Ureinwohner bei ihren Einigungsbestrebungen erfolgreich.
1860 Auf der Nordinsel (Taranaki) beginnen die sogenannten Landkriege zwischen Maoris und Weißen.
1861 Nach Goldfunden auf der Südinsel (Otago) kommen Zehntausende Goldsucher ins Land.
1864 In der Schlacht von Oraka werden die Maoris entscheidend geschlagen; von ihrem King's Country setzen sie jedoch den Guerilla-Krieg fort.
1865 Wellington löst Auckland als Hauptstadt ab.
1881 Durch die Kapitulation König Tawhious offizielles Ende der Landkriege; 487.900 Weißen stehen nunmehr 46.100 Maoris gegenüber.
1891–96 Das Parlament verabschiedet umfangreiche und überaus fortschrittliche Sozialgesetze.
1893 Richard John Seddon (Liberal Party) wird Premierminister und bleibt es bis zu seinem Tod 1906.

1907	Neuseelands kolonialer Status wird von London aufgehoben und in ein Dominion innerhalb des britischen Empires umgewandelt.
1914–18	Im Ersten Weltkrieg entsendet Neuseeland im Rahmen des Australia and New Zealand Army Corps (ANZAC) über 100.000 Kriegsfreiwillige nach Europa, von denen 17.000 fallen.
1915	Am 25. April sterben 8.600 Mann der ANZAC beim Landungsversuch im türkisch gehaltenen Gallipoli. Heute ist der ANZAC Day nationaler Gedenktag.
1929–31	Extreme Wirtschaftskrise; weitgehende Verarmung des Landes.
1931	Im Statute of Westminster erkennt London die volle Gleichberechtigung und Souveränität Neuseelands an.
1935	Die Labour Party gelangt erstmals an die Regierung; neue Sozialreformen unter Premierminister Michael Savage
1938	Umfangreiche Sozialgesetzgebung (Social Security Act); Etablierung des Wohlfahrtsstaates.
1939–45	Etwa 20.000 neuseeländische Soldaten nehmen am Zweiten Weltkrieg teil, von denen über die Hälfte fällt.
1947	Wellington nimmt das Statute of Westminster an und wird unabhängig.
1951	Die USA, Australien und Neuseeland schließen das ANZUS-Verteidigungsbündnis.
1965–72	Neuseeländische Soldaten kämpfen an der Seite der USA im Vietnam-Krieg.
1972	Großbritannien wird Mitglied der EG und stürzt damit Neuseeland in eine emotionale und wirtschaftliche Krise.
1984	Premierminister David Lange erklärt Neuseeland zum ersten atomwaffenfreien Staat der Welt. Umfangreiche Wirtschaftsreformen.
1995	Nach der Ankündigung des französischen Präsidenten Jacques Chirac zur Aufnahme der Atomwaffentests im Südpazifik hat wütende Proteste bei Politikern aller Parteien und in der Bevölkerung zur Folge. Die militärische Zusammenarbeit mit Frankreich wird eingefroren, der Botschafter aus Paris abgezogen.
1999	Die Parlamentswahlen gewinnt Labour; Helen Clark wird erste Ministerpräsidentin des Landes. Sie wird bei den Parlamentswahlen von 2002 im Amt bestätigt, ebenso 2005, als sie in einer Koalition von Labour mit drei kleinen Parteien erneut die Regierung bilden kann.
2008	Im Januar stirbt Sir Edmund Hillary.
2010	Im September erschüttert ein Erdbeben mit der Stärke 7,1 Christchurch und weite Teile der Südinsel.
2011	Bei einem erneuten verheerenden Erdbeben werden im Februar in und um Christchurch mehr als 180 Menschen getötet und mehrere Hundert verletzt. Aus einem havarierten Containerschiff ausströmendes Schweröl verursacht in der Bay of Plenty im Nordosten der Nordinsel im Oktober die schlimmste Umweltkatastrophe in der Geschichte Neuseelands. Bei den Parlamentswahlen im November gewinnt erneut die konservative National Party; somit wird der seit 2008 regierende Premierminister John Key im Amt bestätigt und führt wiederum eine Minderheitsregierung an. Eine Serie von Erschütterungen sorgt in Christchurch kurz vor Weihnachten für Panik.

Die Suche nach einem Südkontinent

Schon seit dem Altertum hatte die vermutete Existenz eines legendenumrankten „Südlandes" die Fantasie mancher Europäer beschäftigt. Diese Vorstellung von einem großen Kontinent auf der Südhalbkugel ging auf Geografen der Antike, wie Claudius Ptolemäus, zurück, die postuliert hatten, es müsse, um die Erde bei ihrer Umdrehung in Balance zu halten, ein Gegengewicht zur Landmasse der Nordkontinente geben. Der geografische Mythos erhielt den Namen **Terra Australis Incognita** – das unbekannte Land im Süden. Auf der Suche nach ihm entdeckten die Holländer zunächst den Norden Australiens. Im Jahr 1605 hatte die niederländische Vereinigte Ostindische Companie (VOC) ein Schiff unter dem Kommando von Kapitän Willem Janszoon auf die Reise geschickt, sichere Seewege nach Holland zu suchen. In den folgenden Jahren wurden immer wieder holländische Schiffe an die Westküste Australiens oder in die Great Australian Bight (Große Australische Bucht) verschlagen. Während dieser Zufallslandungen und Irrfahrten erkundeten und kartierten die Holländer die gesamte West- und Südküste des Kontinents, den sie fortan Hollandia Nova (Neu-Holland) nannten.

Holländische „Entdeckung"

Abel Janszoon Tasman

Entdeckungsgeschichtlich waren die großen Seereisen von Abel Janszoon Tasman der Höhepunkt der holländischen Erkundung der Terra Australis. Abel Tasman wurde im August des Jahres 1642 vom Generalgouverneur von Batavia, des heutigen Jakarta, entsandt mit dem Auftrag, das Südland zu erkunden. Entgegen des Uhrzeigersinns umrundete Tasman mit seinen Schiffen Heemskerck und Zeehaen Australien und stieß dabei auf eine Insel, die später nach ihm den Namen **Tasmanien** tragen sollte.

Am 13. Dezember des gleichen Jahres sichteten er und seine Mannen die Küste eines neuen Landes – die ersten Europäer hatten Neuseeland entdeckt. Ein „großes, gehobenes Land" sei es, notierte Tasman im Logbuch, dessen „Spitzen der Berge wir wegen der dichten Wolken nicht sehen konnten". Allerdings nahmen die Kontaktversuche Tasmans mit den Ureinwohnern einen tragischen Ausgang: Das zu Wasser gelassene Boot wurde von einem Maori-Kanu gerammt, die vier Besatzungsmitglieder wurden umgebracht. Die beiden holländischen Schiffe segelten daraufhin nordwärts (ohne die Cook-Straße zwischen Süd- und Nordinsel zu bemerken), unternahmen keinen weiteren Landungsversuch und verließen die Gestade Neuseelands im Januar des Jahres 1643, ohne einen Fuß auf neuseeländischen Boden gesetzt zu haben. Zwar war die Vereinigte Ostindische Companie, in deren Diensten Tasman stand, mit den Ergebnissen der Expedition nicht zufrieden, immerhin aber brachte diese erste „Entdeckung" dem Land seinen heutigen Namen ein, denn das von Tasman so getaufte „Staten Landt" wurde später nach einer holländischen Provinz „Nieuw Zeeland" umbenannt.

Namensgeber

Kapitän James Cook

Ob nach Tasman in den nächsten 127 Jahren weitere Europäer Neuseeland sichteten oder sogar an Land gingen, ist nicht auszuschließen, aber nirgendwo belegt. Fest steht, dass erst nach dieser ungewöhnlich langen Zeitspanne Tasmans Entdeckung wieder Gegenstand einer geplanten und diesmal weitaus bedeutenderen Forschungsexpedition wurde: Die britische Admiralität und die naturwissenschaftliche Royal Society gaben dem erfahrenen Seemann **James Cook** den Auftrag, die mysteriösen Verhältnisse im Pazifik zu erforschen, den Südkontinent (für dessen Teil Tasman Neuseeland noch gehalten hatte!) zu finden und astronomische Beobachtungen auszuführen. Wie die Holländer waren auch die Engländer an der Erweiterung ihrer Handelsverbindungen interessiert und hatten als aufkommende Seemacht auch die strategische Bedeutung des neuen Südkontinents im Auge. Zugleich übte im Zuge der Aufklärung die nach wie vor weitgehend unerforschte Terra Australis Incognita auf die damalige Wissenschaft eine unerhörte Faszination aus.

Unerforschtes Gebiet

Am 26. August 1768 verließ Kapitän James Cook mit seinem Schiff Endeavour den Hafen von Plymouth. An Bord befanden sich auch renommierte Wissenschaftler, wie der britische Naturforscher Joseph Banks und der schwedische Botaniker Daniel Carl Solander. Ziel der Reise war die kurz zuvor entdeckte Insel Tahiti, wo die wissenschaftlich orientierten Weltreisenden astronomische Beobachtungen durchführten. Von Tahiti segelten Cook und seine Begleiter weiter nach Südwesten und stießen am 7. Oktober 1769 auf Tasmans „**Nieuw Zeeland**". Zwei Tage später betraten James Cook und einige Seeleute am Kaiti Beach in der Nähe des heutigen Gisborne als erste Europäer neuseeländischen Boden. Nachdem er Neuseeland für die britische Krone in Besitz genommen hatte, verbrachte Cook sechs Monate damit, die beiden Inseln kartografisch zu erfassen.

Kein anderer Berg ragt höher in Neuseelands Himmel als der Aoraki Mt. Cook

Historischer Überblick

Erfolgreiche Expedition

Die schlechten Erfahrungen seines holländischen Vorgängers musste Cook insofern teilen, als auch ihm und seiner Mannschaft die Ureinwohner nicht gerade freundlich **entgegentraten**: Schon am ersten Tag kam es zu Kämpfen zwischen Maoris und seiner Besatzung. Im weiteren Verlauf der Expedition wurden die Beziehungen zwischen den Parteien jedoch angenehmer, und an mehreren Stellen, sowohl der Nord- als auch der Südinsel, konnten die Europäer wertvolle Forschungsarbeit leisten. Die mitreisenden Wissenschaftler Banks und Solander beobachteten und beschrieben als erste Europäer die fremdartige neuseeländische Natur. Vor allem aber ist wichtig, dass die Endeavour das Land umsegelte, damit den **Inselcharakter** bewies und den Mythos vom Südkontinent zerstörte. Die kartografische Erfassung des Küstenverlaufs einschließlich der nach ihm benannten Cook Strait sind weitere Erfolge jener Expedition, die sich Ende März 1770 auf den Heimweg nach England machte.

Noch zwei weitere Male sollte Cook Neuseeland besuchen. Diese Exkursionen mit Schiffen wie der Discovery, der Resolution und der Adventure brachten übrigens auch die ersten Deutschen ins Land, nämlich den Naturkundler Georg Forster und seinen Vater Johann Reinhold Forster, deren Buch „Reise um die Welt in den Jahren 1772–1774" Neuseeland zum ersten Mal in deutscher Sprache erwähnte.

Zur Entdeckung des Landes haben nach Cook, aber ebenfalls noch im 18. Jh., weitere Expeditionen beigetragen, wie die der Franzosen Jean François Maria de Surville, Marc-Joseph du Fresne und Joseph Bruni D'Entrecasteaux, des Italieners Alessandro Malaspina und des Briten George Vancouver. Sie alle aber konnten bei weitem nicht an die Leistungen James Cooks anschließen, die in mehrfacher Hinsicht von solch überragender Bedeutung sind, dass er als der **wahre Entdecker** Neuseelands gelten muss.

Neuseeland wird britische Kolonie

Gesetzloser Raum

Nach den „Entdeckern" kamen Abenteurer und Geschäftemacher nach Neuseeland. In der ersten Hälfte des 19. Jh., der sogenannten **Pionierzeit**, drang in einem nahezu gesetzlosen Raum ein buntes Völkergemisch von Walfängern, Robbenjägern, Holzfällern, Missionaren und ersten Siedlern vor, die allesamt kaum Sinn für die Maoris und deren Kultur zeigten, sich nicht um die Werte der Ureinwohner scherten und diese als die ursprünglichen Herren des Landes wenig achteten. An der Bay of Islands an der Nordspitze der Nordinsel entstand ein kleiner Ort namens Kororareka. Verschrien als das „Höllenloch des Pazifik" war die später Russell genannte Siedlung Sammelpunkt für Seeleute, Deserteure und entflohene Gefangene aus der britischen Strafkolonie am Port Jackson, wo sich das heutige Sydney erstreckt. Zwischen den Maoris und den Weißen, wie die Weißen von den Ureinwohnern genannt wurden, den Pakehas, entwickelte sich ein **florierender Handel.** Fleisch und Gemüse, ihre Arbeitskraft und Liebesdienste tauschten die Maoris gegen Werkzeuge und Waffen, Alkohol und Tabak.

Zu jener Zeit begannen **Missionsgesellschaften**, sich um die „heidnischen Wilden" zu kümmern. Im Jahr 1814 errichtete der anglikanische Geistliche Samuel Marsden, dem sein hartes Regiment als Friedensrichter in der Strafkolonie Sydney den Beinamen „Prügelpfaffe" eingebracht hatte, an der Bay of Islands die erste Missionsstation. Marsden brachte nicht nur die ersten Pferde und Rinder ins Land, sondern auch das erste Getreide. In jenen Jahren lernten die Maoris, die zwar Ackerbauern, aber keine Viehzüchter waren, von den Missionaren bereitwillig neue Methoden der Landwirtschaft. So wurde 1820 zum ersten Mal ein europäischer Pflug in neuseeländische Erde gesetzt.

Anfangs bemühten sich manche Missionare noch um ein Verständnis der **Maori-Kultur**. So erforschte Thomas Kendall die Sprache der Ureinwohner und veröffentlichte 1820 ein Wörterbuch der Maori-Sprache. Später sahen es die Heilsbringer aber als ihre alleinige Aufgabe an, die Ureinwohner zu bekehren und an ein „sittsames" Leben im christlichen Sinne zu gewöhnen. Unter dem Zeichen der Nächstenliebe vollzug sich mit der Zeit eine zunehmende Entfremdung zahlreicher Maoris von ihren Traditionen sowie auch eine Auflösung der ursprünglichen Stammesstrukturen. Das Leben der Maoris geriet zunehmend aus der Balance. Ihre Lebensweise, von der Kleidung bis zu den Essgewohnheiten, veränderte sich unter dem Einfluss der Weißen grundlegend. Zudem begannen eingeschleppte Krankheiten wie Grippe, Masern, Pocken oder Typhus, gegen die die Maoris keine Abwehrkräfte besaßen, die einheimische Bevölkerung zu dezimieren.

Missionierung der Maoris

Um die dortigen **anarchischen Zustände** zu beenden, dehnten die Gouverneure der 1788 an der Ostküste Australiens gegründeten Kolonie New South Wales von 1817–23 ihre Gesetze und Gerichtsbarkeit auf Neuseeland aus. Allerdings scherte sich dort keiner darum, da der Vertreter der Krone in Neuseeland ohne Soldaten machtlos war. In den 1830er-Jahren kamen immer mehr Landspekulanten über die Tasman Sea und „kauften" den Ureinwohnern für wenige Pfund riesige Gebiete ab. Die Maoris, denen privater Landbesitz unbekannt war, glaubten anfänglich, ihren Grund und Boden den Weißen nur für einen begrenzten Zeitraum zur Nutzung überlassen zu haben.

Mit der Absicht, die unkontrollierte Landnahme zu beenden, entschloss sich der damalige britische Kolonialminister, die **Landverteilungstheorie** von Edward Gibbon Wakefield in die Praxis umzusetzen. Wakefield verfolgte den Gedanken einer systematischen Kolonisierung: Von den Ureinwohnern billig erworbenes Kronland sollte zu einem nicht zu geringen Preis an finanzkräftige Interessenten verkauft werden. Mit dem Erlös wollte Wakefield ein weiteres Problem lösen – den chronischen Mangel an qualifizierten Arbeitskräften. Diese sollten nun im britischen Mutterland von einer Kolonisierungsgesellschaft gezielt rekrutiert werden, die ihnen auch die Reise ans andere Ende der Welt finanzieren würde.

Planmäßige Kolonisierung

Der Vertrag von Waitangi

Mit der Arbeit der 1837 gegründeten **New Zealand Company** und ihres geistigen Vaters Edward Gibbon Wakefield sowie der Landung von Kapitän William Hobson mit dem Schiff Auroa, das die ersten Siedler aus dem englischen Mutterland nach Neuseeland brachte, in der Bay of Islands im Januar 1840 begann die Phase der **organisierten Einwanderung**. Gleich zu Beginn erlebte sie mit dem Vertrag von Waitangi am 6. Februar 1840 einen wichtigen Impuls (s. S. 202f.). Mit diesem Abkommen übertrugen die Maoris ihre Souveränität Königin Victoria und erhielten dafür die Rechte britischer Staatsbürger. Mit diesem Vertrag verfolgten die Engländer aber auch das Ziel, so viel

Fratzenhaftes Antlitz im Maori-Versammlungshaus von Waitangi

Land wie möglich „mit legalen Mitteln" von den Ureinwohnern zu bekommen und der Krone eine Monopolstellung für Landkäufe und den Weiterverkauf an Siedler zu sichern. Gleichzeitig wurde die wenig besiedelte Südinsel kurzerhand annektiert und das gesamte Territorium von Neuseeland zur **britischen Kolonie** erklärt, zu deren erstem Gouverneur William Hobson ernannt wurde. Der Weg war frei für die Besiedlung durch Weiße im großen Maßstab. Allein bis zum Anfang des Jahres 1843 wurden auf 57 Schiffsfahrten annähernd **19.000 Siedler** durch die New Zealand Company ins Land gebracht. Eine der ersten Siedlungen, Auckland, übernahm 1841 die Rolle der Hauptstadt von Russell und sollte sie erst 24 Jahre später auf Druck des reicheren Südens an Wellington verlieren.

Der Tag der Unterzeichnung des **Vertrags von Waitangi** ist seither der Nationalfeiertag Neuseelands, der Gründungstag der Nation von Maori-Neuseeländern und Pakeha-Neuseeländern. Doch das hehre Vertragswerk entwickelte sich schon bald zum Sinnbild des Ausverkaufs der Heimat der Maoris. Durch Verstöße gegen Vertragsklauseln und Gesetzesänderungen, die eine Inbesitznahme von Maori-Land erleichterten, reduzierten die Kolonialisten den Anteil des in Maori-Besitz befindlichen Bodens bis 1912 auf gerade noch 5 %. Damit entzogen die Weißen den Ureinwohnern ihre traditionelle ökonomische Basis, den Ackerbau und die Fischerei. Trickreich verweigerten die neuen Neuseeländer den alten Neuseeländern sogar das Wahlrecht: Zur Wahl durften nur Personen mit individuellem Landbesitz gehen. Da die Maoris Land gemeinschaftlich besaßen, konnten sie folglich auch nicht wählen.

Koloniale Wirtschaft

Wirtschaftliche und finanzielle Schwierigkeiten führten schon 1858 zur Auflösung der New Zealand Company, ohne dass dadurch die Zahl der Neuankömmlinge sank. In dieser Zeit wurde der Grundstein für den Schwerpunkt der zukünftigen neuseeländischen Wirtschaft gelegt. Die industrielle Revolution hatte die Wirtschaft des englischen Mutterlands von Grund auf umgewandelt. Da die Nachfrage der Spinnereien und Webereien nach hochwertiger Wolle enorm hoch war, suchten viele ihr Glück in der Schafzucht. Schnell und stetig entwickelte sich Wolle zum **Hauptexportartikel** Neuseelands. Riesige Schafherden – insbesondere aus Australien importierte Merino-Schafe – begannen die Ebenen und Täler zu überfluten. Das geflügelte Wort, wonach

Schafzucht

Neuseelands Ökonomie „auf dem Rücken der Schafe reitet", hat bis heute seine Berechtigung nicht verloren.

Nur ein anderer Erwerbszweig konnte kurzzeitig mehr Menschen anlocken als die Schafzucht: Nachdem der Australier Thomas Gabriel Read 1861 in Otago auf der Südinsel auf eine ergiebige **Goldader** gestoßen war, überschwemmten binnen kürzester Zeit eine Unmenge Glücksritter das Land, die aus den ausgebeuteten Schürfgebieten Kaliforniens und Australiens hierher kamen. Die Goldfunde von Otago, die bald den höchsten Prozentsatz des neuseeländischen Exporteinkommens ausmachten, dauerten jedoch nur acht Jahre an, dann waren diese Gebiete erschöpft, und die junge Kolonie hatte ein Problem mehr: Die Mehrheit der etwa 35.000 Menschen, die das Goldfieber nach Neuseeland gelockt hatte, wurde arbeits- und mittellos und musste unter großen Schwierigkeiten und öffentlichen Anstrengungen in die Gesellschaft integriert werden. Zu diesem Zeitpunkt aber war bereits eine neue Phase der historischen Entwicklung eingetreten, die zu der schmerzlichsten des Landes gehört.

Kurzer Goldrausch

Die Zeit der Landkriege

Je klarer den Maoris wurde, dass einmal an die Weißen veräußertes Land für sie unwiderruflich verloren war, um so weniger waren sie bereit, Land an die britische Kolonialregierung zu verkaufen. Um gegenüber den Pakehas mit einer Stimme zu sprechen, wählten 1858 einige Stämme der Nordinsel den alten Häuptling des Stammes der Waikato zu ihrem König, der als Potatau I. inthronisiert wurde. Die Forderung der Maoris lautete, der König solle den gleichen Rang wie der britische Gouverneur einnehmen, und jede der beiden Personen solle für ihre jeweiligen Belange zuständig sein. Außerdem weigerten sie sich, weiteren **Landverkäufen** zuzustimmen, forderten eine eigene Polizei und Verwaltung und hatten sogar ihre eigene Flagge und eine Zeitung in Maori-Sprache. Weder die weißen Siedler noch die Kolonialadministration zeigten Interesse an einem Ausgleich mit den aufgebrachten Maoris oder auch nur die Spur eines Entgegenkommens.

Anders als zu den Zeiten Cooks oder auch der ersten Siedler, sahen sich nun die Weißen jedoch mit einer steigenden Zahl von Ureinwohnern konfrontiert, die die Betrügereien bei den Landverkäufen durchschauten und als Gegenmaßnahme eine weitgehende Einigung der vorher verfeindeten Stämme durchgesetzt hatten. Hatte es zuvor schon vereinzelt Kämpfe zwischen Maoris und Pakehas gegeben, so eskalierte der Konflikt unter Potataus Nachfolger, König Tawhiou, im Jahr 1860 zum **offenen Krieg**, der bald das gesamte Land erfasste.

Zusammenschluss der Ureinwohner

Im Jahr 1864 besiegten die britischen Truppen, die der Gouverneur nach Ausrufung des Kriegsrechts zur Unterstützung erhalten hatte, in der Schlacht von Oraka mehrere Tausend Maori-Krieger und entschieden damit praktisch den Ausgang der Rebellion. Zwar setzten die Maoris vom Boden ihres unzugänglichen sogenannten „Königs-Landes" den Kampf in **Guerilla-Taktik** weiter fort, aber 1881 musste König Tawhiou auch offiziell im inzwischen schon längst verlorenen Krieg kapitulieren. Konfiszierungen von Land als Kriegsentschädigung und billige Landkäufe bewirkten, dass

Drohender Untergang

bald nach Ende der Landkriege den Maoris nur noch jenes Land übrig blieb, das aufgrund seiner Kargheit oder Unzugänglichkeit für die Weißen keinerlei Bedeutung hatte. Nachdem auch das „Königs-Land" für Pakehas geöffnet und eine **Eisenbahn** hindurch gebaut worden war, blieb von den ehemaligen Herren des Landes nichts weiter übrig als eine ethnische Minderheit, deren soziales und religiöses Gefüge durch den verlorenen Krieg vollends zerstört wurde. Ihrer materiellen Güter und spirituellen Werte beraubt, durch Krankheiten und schlechte Ernährung auf gerade noch 6 % der Gesamtbevölkerung Neuseelands reduziert, prognostizierte man damals den Untergang der Maoris.

Eine junge Kolonie konsolidiert sich

Nach dem Abflauen des Goldrauschs und dem Ende der Landkriege stand Neuseeland vor großen wirtschaftlichen und sozialen Problemen. Die Kriege hatten den Etat der Kolonie stark belastet, Zehntausende ehemaliger Goldschürfer drängten auf den Arbeitsmarkt, und aus den vielen Immigranten hatte sich eine Schicht weniger Großgrundbesitzer und Spekulanten herauskristallisiert, die das meiste Land (insbesondere der Südinsel) kontrollierte und die Masse der Neuseeländer zu Kleinbauern und Pächtern degradierte. Öffentliche Arbeitsprogramme und rigorose Sparmaßnahmen wiesen schließlich den Weg aus der ökonomischen Talsohle.

Schafzucht: nicht nur Wolle, auch Fleisch wird exportiert

Da aber sowohl die staatliche als auch die private Wirtschaft überwiegend auf Pump aufgebaut war, genügte ein Rückschlag, um die Zeit des Aufschwungs 1880 geradewegs in die wirtschaftliche Katastrophe zu führen: Nach dem Zusammenbruch mehrerer Großbanken in London und vor allem infolge rapide fallender Weltmarktpreise für Wolle und Weizen, Neuseelands Hauptexportprodukte, geriet das Land in Zahlungsschwierigkeiten. Es begann jene langanhaltende Rezession *(Long Depression)*, die zum ersten Mal Neuseeländer zu Emigranten machte, weil sie hofften, in Amerika oder Australien bessere Lebensbedingungen vorzufinden. Ein wenig Hoffnung keimte auf, als sich ein neuer Industriezweig zu entwickeln begann – die Produktion von tiefgefrorenem Schaffleisch, das in der stark gewachsenen Großstadtbevölkerung Großbritanniens seine Abnehmer fand.

Die Wirtschaftskrise, die bis 1896 anhielt, mag der Impuls für die weitreichenden Reformen gewesen sein, die Neuseeland zum **Pionier der Sozialgesetzgebung** werden ließ. Unter Premierminister Richard John Seddon, der mit der Liberal Party 1890 die Wahl gewann, wurde im ausgehenden 19. Jh. ein umfassender Maßnahmenkatalog in die Tat umgesetzt, der Neuseeland zum fortschrittlichsten Staatswesen jener Zeit machte. „*To put the small man on the land*", dem kleinen Mann zu einem Stück Land, zu einem Auskommen zu verhelfen, war das Credo der damaligen Regierung. Mit dem bis zur Jahrhundertwende von Großgrundbesitzern erworbenen, vorher brach liegenden Land, das er günstig an Kleinfarmer weiterverkaufte, sicherte der Staat die Existenz vieler Tausend Menschen. Außerdem wurde in jenen Jahren die fortschrittlichste Sozialgesetzgebung der Welt hinsichtlich der Arbeits- und Lohnbedingungen in Industrie und Handel festgeschrieben. Unterstützende Maßnahmen für Familien rundeten das Bild der liberalen Ära ab. Die sozialen und politischen Neuerungen verfehlten nicht ihren Zweck. Nach der großen Krise konnte sich Neuseeland konsolidieren und wurde innenpolitisch befriedet. Endlich ging es auch wirtschaftlich wieder bergauf.

Fortschrittliche Sozialgesetzgebung

Die Weltkriege und die Weltwirtschaftskrise

Neuseeland lag zwar am anderen Ende der Welt, aber es war dennoch fest im britischen Empire verankert. So meldeten sich, nachdem Großbritannien am 4. August 1914 Deutschland den Krieg erklärt hatte, Tausende von Freiwilligen, um in Europa als **Bundesgenossen der Engländer** zu kämpfen. Gemeinsam mit den Australiern bildeten die Neuseeländer das Australia and New Zealand Army Corps (ANZAC) und entsandten über 100.000 Soldaten auf die europäischen Schlachtfelder.

Viele von ihnen wurden auf der Dardanellen-Halbinsel Gallipoli gegen türkische und deutsche Verbände eingesetzt. Ziel der Aktion war es, einen Zugang zum Schwarzen Meer zu erkämpfen. Nach neun Monaten sinnlosen Blutvergießens gab man das Unternehmen auf. Zurück blieben über 12.000 Tote, darunter 2.700 Neuseeländer. In Neuseeland wie in Australien spielte die Schlacht um Gallipoli eine entscheidende Rolle bei der nationalen Selbstfindung. Heute noch halten die alljährlichen ANZAC-Gedenkfeiern am 25. April die Erinnerung an die Niederlage wach, die viele Neuseeländer und Australier als einen moralischen Sieg empfinden. Insgesamt forderte der Erste Weltkrieg unter den neuseeländischen Soldaten 17.000 Tote und Zehntausende Verletzte, was proportional zur Gesamtbevölkerung übermäßig viel war.

An der Seite Englands

Während der Kriegsjahre und danach stand die neuseeländische Wirtschaft auf stabilen Beinen. Immerhin versorgte man Länder, deren nationale Versorgung auf Kriegswirtschaft umgestellt worden war, mit Lebensmitteln. Zudem garantierte England **feste Abnehmerpreise** für die Agrarprodukte seines Dominions. Mit Beginn der 1920er-Jahre allerdings sanken die Lebensmittelpreise in den Keller, und die abflauende Konjunktur des übermächtigen Handelspartners England übertrug sich auf

Neuseeland. Als dann am 24. Oktober 1929 mit panikartigen Massenverkäufen von Aktien in der New Yorker Wall Street die **Weltwirtschaftskrise** begann, wurde Neuseeland endgültig in den Strudel der globalen ökonomischen Turbulenzen gerissen. Die einseitige Orientierung auf den Export agrarischer Rohstoffe hatte die neuseeländische Wirtschaft sehr empfindlich gegenüber Weltmarktschwankungen gemacht. Der Außenhandel und dessen Erlöse gingen bis auf die Hälfte zurück, Firmen und Farmbetriebe mussten schließen, etwa 100.000 Menschen wurden arbeitslos. Soziales Elend in einer bislang unbekannten Größenordnung begann den Alltag im Inselstaat zu bestimmen. Die Situation der benachteiligten Schichten entlud sich in Straßenschlachten in Auckland und Wellington und führte schließlich dazu, dass die **Labour Party** 1935 erstmalig die Regierung übernahm.

Arbeitslosigkeit und Verarmung

In den Jahren bis zum Eintritt in den Zweiten Weltkrieg schaffte es die Labour-Regierung, unterstützt von der allgemein besseren weltwirtschaftlichen Lage, durch weitreichende Maßnahmen das Modell eines **Sozialstaats** zu entwickeln, das damals im globalen Maßstab einzigartig war. Unter Premierminister Michael Savage knüpfte sie damit an die liberale Ära des ausgehenden 19. Jh. an und vermochte erneut, eine bis dahin nicht gekannte Sozialgesetzgebung zu installieren.

Während des wirtschaftlichen Aufschwungs brauten sich am politischen Horizont erneut dunkle Wolken zusammen. Obwohl die in Deutschland und Italien an die Macht gekommenen Faschisten versuchten, auch in Neuseeland mit Hilfe früherer Auswanderer ihre Ideologien zu verbreiten, wollte man dort das sich anbahnende Unheil nicht wahrhaben. Politiker aller Parteien befürworteten die britische Appeasement-Politik gegenüber Hitler-Deutschland. Als im September 1939 zwischen Großbritannien und Deutschland erneut Krieg ausbrach, befand sich Neuseeland als Mitglied des Empire automatisch ebenfalls im **Kriegszustand**. Wieder zogen Tausende junger Neuseeländer auf die fernen Schlachtfelder in Europa, im Nahen Osten und in Nordafrika. Während die neuseeländischen Streitkräfte auf überseeischen Kriegsschauplätzen gebunden waren, eröffneten die Japaner mit ihrem Überfall auf den amerikanischen Stützpunkt Pearl Harbor am 7. Dezember 1941 den Pazifischen Krieg. Der Angriff führte den Neuseeländern ihre Verwundbarkeit vor Augen, denn vom fernen Großbritannien konnten sie bei einer befürchteten japanischen Invasion keine Hilfe erwarten. So richteten sich alle Hoffnungen auf die neue Schutzmacht USA. Erst mit der Vertreibung der Japaner aus Neuguinea durch amerikanische, australische und neuseeländische Bodenstreitkräfte war die Gefahr einer Invasion gebannt. Am Ende des Zweiten Weltkriegs, der unwiderruflich das Verhältnis Neuseelands zu England veränderte, hatte Neuseeland rund 11.000 Tote zu beklagen. Nach Kriegsende ist den Neuseeländern erstmals bewusst geworden, dass ihr Inselstaat nicht Seite an Seite mit Großbritannien im Nordatlantik liegt, sondern weit entfernt im Südpazifik. Es gab für sie nun keinen Zweifel mehr daran, dass sie nur im Bündnis mit den USA Sicherheit finden konnten.

Schutzmacht USA

Neuseeland nach 1945

Die Nachkriegsphase war durch das Bestreben gekennzeichnet, sich außenpolitisch neu zu orientieren – ein Balanceakt zwischen Abnabelung vom ehemaligen Mutterland und Anlehnung an die USA. Am 25. November 1947, 16 Jahre nach dem Statute of Westminster, ratifizierte nun auch Neuseeland den Vertrag über die volle **staatliche Souveränität**. Trotzdem blieben weiterhin das englische Staatsoberhaupt auch das neuseeländische (heute Königin Elizabeth II.), der Generalgouverneur als Vertreter der Krone die oberste politische Instanz und der Rechtsausschuss des Commonwealth in London (Privy Council) das höchste Berufungsorgan. Und weiterhin blieb Großbritannien Neuseelands wichtigster Handelspartner mit fast 90 % der Exporte. Nach wie vor waren es die Landwirtschaft und der Export von Butter, Käse, Fleisch und Wolle, die das Land über Wasser hielten, während fast sämtliche industriellen Produkte importiert werden mussten.

Unabhängiger Staat

Im Jahr 1951 schloss Neuseeland ein Sicherheits- und Verteidigungsabkommen mit den USA und Australien (ANZUS-Pakt), das zu einer engen Anlehnung Neuseelands an die Militärpolitik der Vereinigten Staaten im Pazifik führte. Die Neuseeländer verhielten sich zu ihren Verbündeten ebenso loyal wie früher zu Großbritannien und eilten den Amerikanern im Koreakrieg zu Hilfe. Genauso im Vietnamkrieg, zumindest anfangs. Als Ende der 1960er-Jahre in Neuseeland wie in den meisten Partnerländern der USA die Anti-Vietnam-Demonstrationen immer lautstärker wurden, zog Wellington bis 1972 seine Kampfverbände aus Indochina zurück.

Innenpolitisch wurde zunächst das Zweikammersystem durch die Auflösung des Oberhauses *(Legislative Council)* in ein Einkammersystem überführt, in dessen Parlament *(House of Representatives)* die National Party nach den Wahlen von 1949 die Mehrheit der Abgeordneten stellte. Außer zwei dreijährigen Unterbrechungen (1957–60 und 1972–75) bestimmte „National" bis 1984 die Geschicke des Landes. Die lange Regierungsperiode der Konservativen, die für das freie Unternehmertum ohne staatliche Eingriffe und für eine Zügelung der Gewerkschaften eintraten, war politisch stabil und von rasch wachsendem Wohlstand geprägt – die Zeit des neuseeländischen Wirtschaftswunders. Dieses aber endete jäh, als durch den Beitritt Großbritanniens zur Europäischen Gemeinschaft eine wirtschaftspolitisch vollkommen neue Lage entstand, die das Land vorübergehend in eine tiefe Krise stürzte (s. S. 71).

Wirtschaftswunder

Nach einem Intermezzo der Labour Party in den Jahren 1972–75 wandten sich die neuseeländischen Wähler angesichts der enormen **wirtschaftlichen und sozialen Probleme** wieder der National Party zu, die nach den Wahlen von 1975 von der schillernden Figur des Premierministers Sir Robert David Muldoon geführt wurde. Aber auch er konnte die Erwartungen, die in ihn gesetzt wurden, nicht erfüllen.

Aktuelle Entwicklungen

Mit der Wahl des deutschstämmigen David Lange von der Labour Party zum Premierminister 1984 fand Neuseeland allmählich wieder zu politisch und wirtschaftlich stabilen Verhältnissen zurück. Zu den Kernpunkten des Regierungsprogramms von Premier Lange gehörten Umweltschutz und **Anti-Atom-Politik**. Schon im Wahlkampf hatte Lange gegen die französischen Atomtests im Südpazifik gewettert. Sofort nach der Wahl verbot er Schiffen mit Atomantrieb oder Atomwaffen an Bord das

Anlegen in Neuseeland. De facto wurde damit Neuseeland der erste atomwaffenfreie Staat der Welt.

Kampf gegen Atomtests

Schlimme Rückschläge auf dem Weg zu einem entnuklearisierten Pazifik erlitt das Land, als 1984 ein Kommando des französischen Geheimdienstes das Greenpeace-Schiff **Rainbow Warrior**, das mit der Sympathie der Neuseeländer gegen die Atomtests zum Mururoa-Atoll auslaufen wollte, im Hafen von Auckland in die Luft sprengte und einen Mitarbeiter der Umweltschutz-Organisation tötete. Diese Tatsache sorgte an sich schon für Empörung, noch viel mehr jedoch die Behandlung des Falls durch die französischen Organe, die die Täter eher belohnte als bestrafte. Nicht nur mit den Franzosen legten sich die Neuseeländer an, sondern auch mit den USA, mit denen man im ANZUS-Pakt ja noch zusammenarbeitete. Mit seiner Anti-Atomwaffen-Politik setzte sich das Land dort herber Kritik aus, und in Washington wurden offen Maßnahmen eines Wirtschaftsboykotts gegen Neuseeland diskutiert.

In einer Phase des wirtschaftlichen Optimismus traf die Neuseeländer im Oktober 1987 eine Börsenkrise, die auch politisch Wirkung zeigte. Bei den Wahlen von 1990 fegte die konservative National Party ihren Gegner aus der Regierungsverantwortung. Neuer Premierminister wurde James Brendan Bolger. Mitte der 1990er-Jahre hatte die neuseeländische Volkswirtschaft ihre schlimmste Rezession überwunden und zählte sogar zu den **wachstumsstärksten der OECD-Staaten**. Nachdem die wirtschaftliche Talsohle durchschritten war, traten wieder innen- und außenpolitische Themen in den Vordergrund.

Als im Juni 1995 der französischen Präsident Jacques Chirac die Aufnahme neuer **Atomwaffentests** im Südpazifik ankündigte, war man sich über alle Parteigrenzen hinweg in der Ablehnung dieser Pläne einig. Die Regierung unter Premierminister Bolger fror die militärische Zusammenarbeit mit Frankreich ein und zog zeitweilig den Botschafter aus Paris ab.

Die innenpolitische Diskussion wurde von der Einführung eines neuen Wahlsystems und den Entschädigungsansprüchen der Maoris bestimmt. Schon 1993 war in einem Referendum die Einführung der Verhältniswahl nach deutschem Muster beschlossen worden. Das neue System wurde erstmals 1996 erprobt, ohne dass dadurch eine grundlegende Änderung der Machtverhältnisse zustande kam.

Parteien und Regierung

Als alter und neuer Premierminister bestimmte James Brendan Bolger die Richtlinien der Politik. Mit dem Wahlsieg der Labour-Vorsitzenden Helen Clark beendeten die Neuseeländer 1999 neun Jahre konservativer Herrschaft. Bei den Wahlen im Juli 2002 und September 2005 bestätigten die Wähler Helen Clark in ihrem Amt, allerdings war sie bei der Regierungsbildung jeweils auf die Unterstützung der drei kleinen Partner New Zealand First, United Future und Progressives angewiesen.

Trotz eines deutlichen wirtschaftlichen Aufschwungs wurde diese Koalition in den Parlamentswahlen von 2008 abgewählt und von einer Minderheitsregierung aus National Party, Maori Party, Act New Zealand und der United Future Party abgelöst. Unter dem neuen Premierminister **John Key**, dessen Regierung bei den Wahlen 2011 bestätigt wurde, kam das Land halbwegs unbeschadet durch die Weltwirtschaftskrise.

Landschaftlicher Überblick

Vom Werden des Landes

Die neuseeländischen Inseln liegen in einer Region, die zu den geologisch instabilsten der Welt gehört, dem sogenannten **„Feuergürtel der Erde"**. Im Vergleich zu anderen Ländern entlang des „Ring of Fire" gingen die Erdbeben und Vulkanausbrüche in Neuseeland bislang relativ glimpflich ab, waren in ihren Folgen für das Land aber schlimm genug. So kamen 1929 am Buller River 17 Menschen ums Leben, 1931 waren in Napier und Hastings gar 256 Todesopfer zu beklagen. 1992 erschütterte ein Beben von der Stärke 6,2 weite Teile der Nordinsel und war noch in der Hauptstadt Wellington zu spüren, wo die Teilnehmer eines internationalen Symposiums zum Thema „Erdbeben" Schutz unter den Konferenztischen suchten… Zuletzt sorgten am 4. September 2010 ein Beben von der Stärke 7,1 samt mehrerer starker Nachbeben für Aufregung in Christchurch und Umgebung. Es hinterließ immense Schäden an Gebäuden und der Infrastruktur sowie einen 60 km langen, gut sichtbaren Riss in der Landschaft der Provinz Canterbury. Noch verheerender war ein Nachbeben der Stärke 6,3 auf der Richterskala, bei dem am **22. Februar 2011** in und um Christchurch mehr als 180 Menschen getötet und mehrere Hundert verletzt wurden.

Verheerende Erdbeben

Das ständige Grummeln im Bauch der Erde Neuseelands hängt mit erdgeschichtlichen Prozessen zusammen, an deren Anfang ein Urkontinent steht und deren vorläufig letztes Resultat die Genesis des neuseeländischen Inselarchipels ist. Nach den Erkenntnissen moderner Wissenschaft bildeten vor 200 Mio. Jahren die Landmassen auf unserem Planeten noch einen zusammenhängenden Kontinent, Pangäa genannt. Im Laufe geologischer Zeitalter brach dieser „Superkontinent" horizontal auseinander.

Geboren aus Feuer und Wasser – im Thermalgebiet von Wai-o-Tapu brodelt es heute noch

Landschaftlicher Überblick

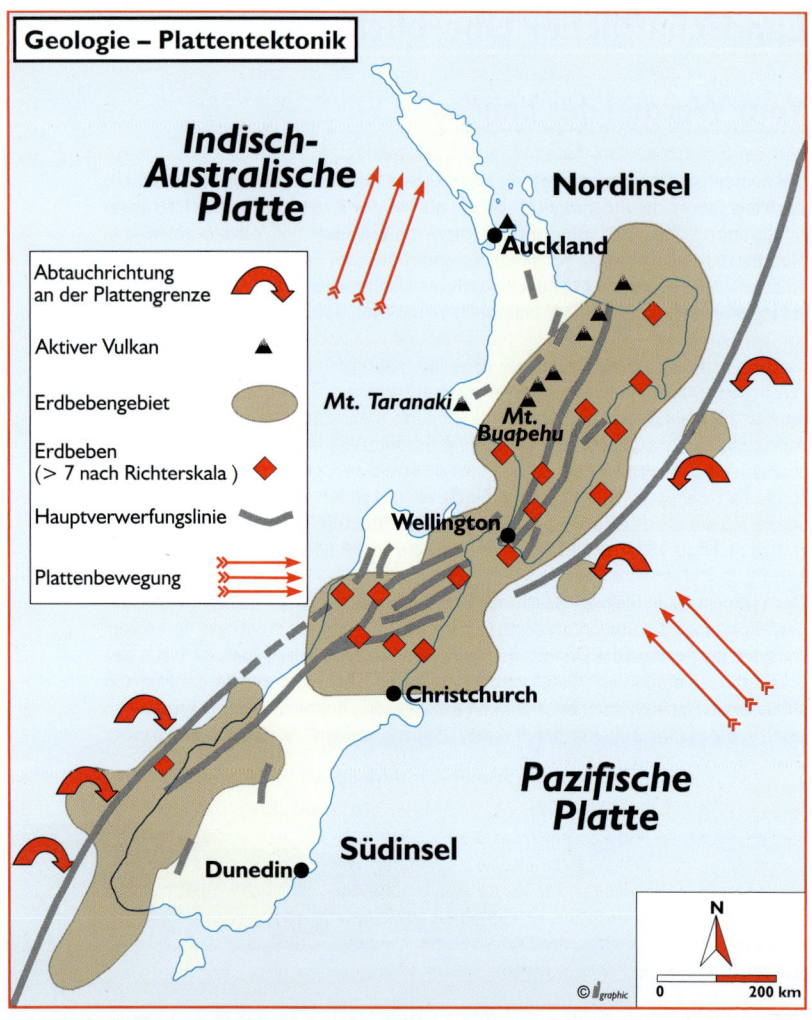

Es entstanden Laurasia in der nördlichen und Gondwana in der südlichen Hemisphäre. Die **Entstehungsgeschichte** des heutigen Neuseeland begann vor rund 100 Mio. Jahren, als gewaltige Kräfte auch den südlichen Urkontinent in einzelne Erdkrustenplatten zerfallen ließen. Nachdem sich Indien und Afrika von Gondwana getrennt hatten und in verschiedene Richtungen drifteten, blieben nur Südamerika, Australien und die Antarktis als ein Block zusammen. Aber auch diese Landscholle brach schließlich auseinander. An den Bruchzonen der neuen tektonischen Platten stieg Magma nach oben, erstarrte zu neuem Ozeanboden und drängte die Kontinente weiter auseinander.

Urneuseeland lag damals noch unter der Meeresoberfläche, wo in einer Senke Erosionsmaterial der anderen Kontinente zusammen mit Salz und dem Kalk von Meerestieren zur späteren Landmasse zusammengebacken wurden. Spätere Erdbewegungen hoben das Land über die Wasseroberfläche – Urneuseeland war geboren: eine kompakte, langgestreckte Formation, die im Norden das Gebiet des heutigen Neukaledonien umfasste und im Süden bis zum Campbell-Plateau reichte. Das hochaufragende Gebirge Urneuseelands wurde nun den Kräften der Erosion preisgegeben, abgeschliffen, zerfurcht und dann in großen Teilen vom Meer überflutet, sodass vor etwa 60 Mio. Jahren nur noch eine kleine Inselgruppe übrigblieb. Nach weiteren 20 Mio. Jahren waren alle Landverbindungen, die früher zumindest zeitweise nach Australien oder zur West-Antarktis bestanden hatten, durch die Entstehung bzw. Ausweitung der Meeresflächen abgebrochen und die frühen **neuseeländischen Inseln** nun vollständig isoliert.

Geburt von Urneuseeland

Was Neuseelands geologische Situation so kompliziert macht, ist die Tatsache, dass die einzelnen Inseln nicht am Rande einer Kontinentalplatte liegen, sondern sich auf den beiden ineinander verkeilten Schollen der **indo-australischen Platte** und der **pazifischen Platte** verteilt haben. Gegen diese ohnehin schon sehr labile Struktur drückt im Süden zusätzlich die **antarktische Platte**. Mit einer Geschwindigkeit von wenigen Zentimetern im Jahr schiebt sich die indo-australische Platte langsam über die pazifische. Das hat zur Folge, dass die Bestandteile der pazifischen Platte tief nach unten gedrückt und dort wieder aufgeschmolzen werden, um als flüssiges Magma erneut nach oben zu drängen. Neben der Vulkaninsel White Island bildet die Taupo-Vulkanzone das sichtbarste Resultat dieses Prozesses. Zudem entdeckten 1992 neuseeländische Wissenschaftler 200 km nordöstlich von Auckland in einer Tiefe von 2.300 m drei riesige Vulkane, von denen einer aktiv ist. Die Marine hatte bereits 1963 sechs **Unterseevulkane** in der gleichen Region lokalisiert.

Durch die Kollision der beiden Erdplatten wurden in den letzten 5 Mio. Jahren auf der Südinsel die neuseeländischen Alpen bis über 3.000 m aufgeworfen. Vor 2 Mio. Jahren begann im Diluvium die Abfolge der verschiedenen Eis- und Warmzeiten, die durch Vergletscherungen und Abschmelzprozesse das Relief des heutigen Archipels modellierten. Noch vor 20.000 Jahren überdeckten in der letzten Eiszeit mächtige Eispanzer den größten Teil des Landes. Seine zumindest vorläufig endgültige Gestalt erhielt Neuseeland erst vor ungefähr 10.000 Jahren am Ende der letzten Eiszeit, als durch das weltweite Abschmelzen der Eismassen der Meeresspiegel anstieg und die Landbrücken zwischen Süd- und Nordinsel verschwanden.

Endgültige Form

Nicht nur in die Cook Strait zwischen den beiden Hauptinseln und in die Foveaux Strait zwischen der Südinsel und Stewart Island strömte der pazifische Ozean, sondern auch in die von den Gletschern tief ausgehobelten Flusstäler sowie in die küstennahen Ebenen. Das **Fjordland** und andere reich gegliederte Buchtenlandschaften wie die Bay of Islands verdanken diesem geologischen Prozess ihre Entstehung. Anschließend feilten Wind und Wetter an den vom Eis befreiten Berghängen, eroberte sich die Vegetation Stück für Stück des wärmer werdenden Landes, sammelte sich das Schmelzwasser in einer ganzen Reihe von Seen und entstand bis zur Ankunft der ersten Polynesier jenes Landschaftsbild, das zu Recht zu den schönsten der Welt gezählt wird.

Die Schöpfungsgeschichte der Maoris

Für die Maoris stammen ihre Vorfahren sowie alle Lebewesen von den Göttern ab. Aber auch diese waren nicht von Anfang an da, sondern Kinder des **Himmelsvaters Rangi** und der **Erdenmutter Papa**. Die Erde wurde in der Nacht erschaffen, die wiederum aus dem Nichts hervorging. Vor allem anderen war nur das Nichts da, Te Kore. Papa lag für eine Ewigkeit in den Armen ihres Mannes Rangi. Ihre Kinder, die Götter, lebten zwischen den beiden Körpern, die sich in Liebe eng umschlungen hielten. Um selbst leben zu können, mussten sie ihre Eltern gewaltsam voneinander trennen. Als der Himmelsvater sich aus der Umarmung seiner Frau löste und Licht zwischen die Körper fiel, weinte er vor Traurigkeit, und Regentropfen strömten herab. Auch die Erde Papa seufzte über den Verlust ihres Mannes. Da beschlossen die Götter, allen voran Tane, Gott der Wälder und der Vögel, ihre Eltern zu schmücken, um so deren Los zu erleichtern. An den Himmel heftete Tane Sonne, Mond und die Sterne, und die Erde begrünte er mit seinen Kindern, den Bäumen. Nun nahmen die Götter ihren Platz ein, und jeder hatte seine eigene Aufgabe und seinen eigenen Bereich. Doch Tane fühlte sich einsam und wünschte sich eine Frau. Aus roter Erde formte er Hine-ahu-one und hauchte ihr Leben ein. Mit ihr hatte er den Sohn Tiki und die Tochter Hine-Titame, von denen die Menschen abstammen. In den Männern lebt Rangi weiter, das himmlische Prinzip, und in den Frauen Papa, das irdische Prinzip.

Einer der späteren Nachfahren Tikis war Maui, der polynesische Prometheus. Viele Geschichten werden über seine frühzeitige Geburt und seine Errettung aus dem Meer erzählt. Aber der mit magischen Kräften versehene Maui war es, der den Menschen das Feuer brachte und den Gang der Sonne verlangsamte, damit die Kreaturen mehr Zeit in der Helligkeit verbringen konnten. Vorher schon hatte er auf einem Fischzug mit seiner Angel die polynesischen Inseln aus dem Wasser an die Oberfläche gebracht. Auch die Existenz Aotearoas ist somit Maui zu verdanken. Als dieser aber versuchte, den Menschen die Unsterblichkeit aus dem Körper der Todesgöttin Hine-nui-te-po zu rauben, wurde er von ihr zerschmettert.

Die Menschen kamen erst später nach Neuseeland. Als der Seefahrer Kupe auf der Jagd nach einem Kraken von der Heimat Hawaiki in den Süden verschlagen wurde, entdeckte er die Schöpfung Mauis, das „Land der langen weißen Wolke" wieder. Auch später noch konnten die Maoris ihre mythische Heimat nicht vergessen. Nach ihrem Tod reisen die Seelen der Verstorbenen von Cape Reinga, der Nordspitze Neuseelands, zurück nach Hawaiki.

Die Landschaften

Auf dem Globus wirkt Neuseeland beinahe wie ein Anhängsel Australiens, doch es liegt etwa 1.600 km südöstlich des großen Nachbarn. Misst man die Entfernung zu den anderen Küsten, wird die Isolation des Landes noch deutlicher: 2.300 km zur Ant-

Mal rau, mal lieblich – das Landschaftsbild Neuseelands ist voller Kontraste

arktis, 9.000 km bis Singapore, 10.600 km bis nach Südamerika. Die Landesgröße (268.680 km²) ist etwa zwischen der Großbritanniens (244.000 km²) und der Japans (368.000 km²) platziert. Den weitaus größten Anteil haben die beiden Hauptinseln, die Südinsel ist dabei mit 151.700 km² ausgedehnter als die Nordinsel mit 114.500 km². Unter der Vielzahl anderer zum Staatsgebiet gehörenden Inseln hebt sich Stewart Island im Süden mit 1.750 km² Fläche nochmals deutlich ab. Die Nord Süd-Ausdehnung beträgt etwa 1.700 km, die Breite nur selten mehr als 200 km. Nirgendwo in Neuseeland trennen einen mehr als 110 km vom Ozean. Die Küste ist durch Buchten und Fjorde reich gegliedert und bietet eine Reihe vorzüglicher Naturhäfen. Insgesamt ist das Land außerordentlich gebirgig (mehr als drei Viertel liegen höher als 200 m ü. d. M.), mit etlichen Erhebungen über 2.500 m.

Immer nah am Ozean

Nordinsel

Der jungvulkanische Gebirgsstock verläuft von Südwesten nach Nordosten und hat seine höchsten Erhebungen im Kraterberg Ruapehu (2.797 m) und im Mt. Taranaki (2.519 m). In seinem Zentrum liegt mit 626 km² der **größte Binnensee** des Landes im eingestürzten Krater des Taupo. Hunderte von Schlammvulkanen, Geysiren und Solfataren stellen eine eigene Landschaft des Zentralplateaus dar, dessen Urgrund wohl aus aufgeschmolzenen Bestandteilen der pazifischen Platte besteht, vor allem Bims und Lava. Eine andere Bruchlinie zweigt etwa auf der Höhe von Hamilton von der Hauptrichtung des Archipels ab und ragt weit nach Nordwesten in den Pazifik. In gemäßigteren Dimensionen sind auch hier Vulkanberge vorzufinden, selbst noch im Stadtgebiet von Auckland, aber der vorherrschende Eindruck wird durch Ebenen und moderate Hügellandschaften geprägt. Mächtige Sanddünen wie am Ninety Mile Beach und eine aufgelockerte Ostküste mit vielen Buchten und Hunderten kleinerer Inseln, etwa **Bay of Islands** und **Hauraki Golf**, sind bekannte Naturschönheiten im frost-

Abwechslungsreiche Landschaft

freien Norden. Die Coromandel-Halbinsel und andere Gebiete, allen voran der Waipoua Kauri Forest, weisen eine vielfältige, bisweilen dschungelartige Vegetation auf.

Südinsel

Das Rückgrat der Südinsel bilden die **neuseeländischen Alpen** (Southern Alps), die durch ihren steilen Abfall zur Tasman-See im Westen keiner vorgelagerten Ebene Platz bieten. Ganz im Südwesten wird im Fjordland National Park der Küstenverlauf zwischen Milford Sound und Puysegur Point durch tief eingeschnittene ertrunkene Flusstäler unterbrochen. Die höchsten Höhen erreichen die Southern Alps in den alpinen Gebieten vom Mt. Aspiring National Park über den Westland National Park und den Aoraki Mt. Cook National Park bis hin zum Arthur's Pass National Park. Keinen Besucher der Südinsel lässt das nahe Nebeneinander von höchstem Gipfel des Landes, mit 3.764 m der **Aoraki Mt. Cook**, dem längsten Gletscher Neuseelands, **Franz Josef Glacier**, und undurchdringlichen Regenwald unbeeindruckt. Östlich davon senkt sich das Hochgebirge allmählich zu großen Ebenen mit Schuttmoränen ab, wie den Canterbury Plains. Nur in Otago und im Nordosten schiebt sich die Gebirgsschwelle bis zur Ostküste vor. Ganz im Süden erstreckt sich um Invercargill mit dem Southland ein weites und fruchtbares Flachland.

Alpine Gebiete

Andere Landschaften

Neuseeland besteht nicht nur aus Nord- und Südinsel. Andere zum Land gehörende Gebiete, teils als Inselkranz in der Nähe des Mutterlandes gelegen, teils extrem weit entfernt, weisen Landschaftsformen vom tropischen Regenwald bis zur antarktischen Eiswüste auf.

Inselreiche

- **Stewart Island** (s. S. 513ff.) durch die 27 km breite Foveaux Strait von der Süd-Insel getrennt, hat klimatisch und landschaftlich schottisches Gepräge, was bereits in Ortsnamen wie Oban anklingt. Die Insel ist hügelig, dicht bewaldet und niederschlagsreich und hat ihre höchste Erhebung im Mt. Anglem (980 m).
- Die von einigen Hundert Menschen bewohnten **Chatham Islands** liegen 800 km östlich von Christchurch, vollkommen isoliert im Pazifik, dem ständigen Wind ausgesetzt. Die Landschaft ist dementsprechend karg und am ehesten mit den südamerikanischen Falkland-Inseln zu vergleichen. Ähnliches gilt für Bounty Island, Campbell Island, die Auckland Islands und die Antipodes Islands, die sich südlich der Südinsel im Ozean verlieren.
- Das antarktische **Ross-Schutzgebiet**, bis auf die Forscher in der Scott Base menschenleer, ist ein Polargebiet mit Schelfeis, Vergletscherungen und beträchtlichen Erhebungen.
- Die **Cook Islands**, von denen Rarotonga am bekanntesten ist, sowie die nur 261 km² große Südsee-Insel Niue und die Tokelau-Atolle jenseits der Datumsgrenze und mehr als 2.500 km von Neuseeland entfernt, sind vulkanischen Ursprungs mit wenig spektakulären Höhenzügen, besitzen eine tropische Vegetation, vorgelagerte Korallenriffe und herrliche Strände. Die touristische Erschließung dieser Südsee-Paradiese ist im Gang und auf Rarotonga schon weit fortgeschritten.

Klima und Reisezeit

Das neuseeländische Klima ist im Allgemeinen gemäßigt und weist keine extremen Schwankungen auf. Es gibt **vier ausgeprägte Jahreszeiten**, die aufgrund der Lage Neuseelands in der südlichen Hemisphäre denen in Europa entgegengesetzt sind: von September bis November ist Frühling, von Dezember bis Februar Sommer, von März bis Mai Herbst und von Juni bis August Winter.

Ohne Wetterbeeinflussung naher Landmassen ist Neuseeland den stetigen Westwinden ausgesetzt, die feuchte Luftmassen aus dem antarktischen Ozean bringen. Aufgrund der Nord-Süd-Richtung des Hochgebirges sind insbesondere auf der Südinsel die Niederschlagsmengen sehr ungleichmäßig verteilt. Während man an den Westflanken der neuseeländischen Alpen an mehr als 300 Tagen im Jahr in jährlich über 5.000 mm Regen bzw. im Winter auch Schneefall schier ertrinkt, ist es östlich davon trocken mit manchmal weniger als 400 mm Niederschlag im Jahr. Da die Sommer nie unangenehm heiß und die Winter, mit Ausnahme des Hochgebirges und der mittleren Gebiete der Südinsel, selten sehr kalt sind, bietet sich Neuseeland das ganze Jahr über als Reiseziel an.

Unterschiedliche Klimazonen

Ort	Ø Tagestemperatur in °C		Ø Wassertemperatur in °C		Ø Niederschlag in mm	Sonnenscheindauer in h/Jahr
	Sommer	Winter	Sommer	Winter		
Nordinsel						
Bay of Islands	24	15	20	16	1617	2010
Auckland	23	14	20	15	1243	2102
Rotorua	23	12	23	11	1511	1972
Napier	24	13	18	13	793	2280
Wellington	20	11°	17	12	1271	2010
Südinsel						
Nelson	22	12	18	13	999	2410
Christchurch	22	10	15	11	669	1990
Queenstown	21	8	11	11	849	1933
Dunedin	19	10	14	9	772	1689
Invercargill	18	9	13	9	1086	1660

Neuseeland und das Ozonloch

Was der Wettersatellit Nimbus VII der NASA 1985 entdeckte, war dramatisch und ging als „Ozonloch" schnell durch die Weltpresse. Die Ozonschicht, die in einer Höhe von 10–50 km die Erde vor den gefährlichen UV-Strahlen der Sonne schützt, war über der Antarktis in einem Ausmaß „gerissen", das ungefähr die Größe der USA einnahm. Als Verursacher dieser Katastrophe hatte man bald die Fluorchlorkohlenwasserstoffe (**FCKWs**) ausgemacht, die u. a. als Treibgas, in Klimaanlagen und in Kühlschränken ihre Arbeit verrichten und bei der Entsorgung freigesetzt werden. In der Stratosphäre setzen die ultravioletten Sonnenstrahlen aus den FCKW-Molekülen aggressive Chloratome frei – die „Ozonkiller", welche die UV-Schutzschicht der Erde in den letzten vier Jahrzehnten um schätzungsweise 15 % geschwächt haben und sie auch in jedem kommenden Jahr um weitere 0,5 % verringern werden. Selbst bei einem sofortigen weltweiten FCKW-Verbot ist frühestens Mitte dieses Jahrhunderts mit einer Erholung der Ozonschicht zu rechnen.

Die auffälligste und erschreckendste Auswirkung ist die rasant gestiegene Rate an **Hautkrebserkrankungen**, bei denen Neuseeland inzwischen führend ist. Der Grund für den auffällig hohen Anteil an Hautkrebskranken lag einst wohl in der Tatsache, dass ein sehr hellhäutiger Menschenschlag, den die Natur eigentlich nicht für diese Region vorgesehen hatte, nicht nur in Neuseeland lebte, sondern sich dort zumeist unter freiem Himmel aufhielt, sei es als Farmer oder sei es bei den Outdoor-Aktivitäten und Picknicks, die unverzichtbar zum neuseeländischen Way of Life gehören. Seitdem sich jedoch das Ozonloch auftat und Jahr für Jahr größer wird, nahm die Zahl derjenigen, die von malignen Melanomen (Arten des gefährlichen Schwarzen Hautkrebses) befallen sind, nochmals dramatisch zu. Auch die signifikant steigenden Fälle von Augenschäden und Schwächungen des Immunsystems führen Mediziner auf die UV-Strahlung zurück. Innerhalb weniger Jahre musste die neuseeländische Gesellschaft auf diese Gefährdung reagieren.

Obwohl die Freude am Strandleben und an Aktivitäten unter freiem Himmel ungebrochen ist, sind doch immer mehr Neuseeländer der Überzeugung, Vorsicht sei besser als Hautkrebs. *Slip! Slop! Slap!* – dieser Slogan fasst zusammen, wie man einem Hautkrebs fördernden Sonnenbrand vorbeugen kann: Zieh dir ein T-Shirt an! (*Slip on a shirt!*), crem dich ein! (*Slop on sunscreen!*), trag einen Hut! (*Slap on a hat!*). Heutzutage sieht man auch an heißen Tagen am Strand mehr Menschen, die mit Kopfbedeckung, Nasen- und Nackenschutz sowie langer Kleidung ausgestattet sind, als solche in Badehose. Viele meiden das Sonnenlicht gänzlich zwischen 11 und 15 Uhr, wenn die UV-Strahlung am stärksten ist. Und wer sich schon entblößen muss, informiert sich zuvor in der Tageszeitung, dem Fernsehen oder dem Radio über die tägliche *burntime*, also die Zeit, die als Maximum eines Sonnenbades empfohlen wird und die selten mehr als 20 Minuten beträgt. Außerdem schützt man sich mit Cremes und Lotions, deren Schutzfaktor deutlich über 20 liegt. Lehrer lassen die Kinder in den Schulpausen nur draußen spielen, wenn sie entsprechend gekleidet sind. Fahrradfahrer tragen Handschuhe, Taucher und Schwimmer T-Shirts und immer mehr Beamte entsagen den liebgewordenen Shorts.

Die neuseeländische Pflanzenwelt

Veränderungen der Flora

Die Flora Neuseelands ist einzigartig, unbeschreiblich und an sich schon einen Besuch des Landes wert. Die meisten Pflanzen sind **endemisch**, d. h. es gibt sie nur hier. Etwa 11 % haben sogar überhaupt keine artverwandten Exemplare auf anderen Kontinenten. Seitdem der Urkontinent Gondwana auseinandergebrochen war und sich Neuseeland vom Rest der Welt gelöst hatte, war wegen der viele Millionen Jahre währenden Isolation die Sonderrolle des Archipels festgelegt, die für die Flora genauso wie für die Fauna gilt.

Einzigartige Vegetation

Erst mit der Ankunft der Polynesier und dann vor allem der Europäer wurde die Natur starken Veränderungen unterworfen: Einerseits sind durch Waldbrände, Schiffs- und Häuserbau und Rodungsarbeiten einige Arten ausgerottet, andere gefährlich dezimiert worden, andererseits haben sich in dem günstigen Klima importierte Pflanzen bis hin zur Landplage verbreitet. Wer im Frühjahr von der gelben Pracht begeistert ist, die ganze Landstriche (z. B. die Hügelketten um Wellington) bedeckt, muss wissen, dass es sich dabei um Stechginster handelt, der sich mit rasender Geschwindigkeit ausgebreitet und als Leichentuch über die ursprüngliche Vegetation gelegt hat. Ähnliches gilt auch für das europäische Heidekraut und Weidegräser, die als „aggressive Unkräuter" in manchen Regionen flächendeckend die einheimische Flora überwuchern.

Während diese Entwicklung unfreiwillig vonstatten ging, indem Importpflanzen außer Kontrolle gerieten, sind andere aus ökonomischen Gründen bewusst angebaut worden. Das beste Beispiel dafür sind die weltgrößten von Menschenhand angelegten Wälder des Kaingaroa State Forest, die ausschließlich von der für die **Holzindustrie** wichtigen kalifornischen Monterey-Fichte (*pinus radiata*) geprägt sind. Gleiches gilt für die Douglas- oder Oregon-Tanne. Auch kalifornische Redwoods und australische Eukalypten sind aus unterschiedlichen Gründen in neuseeländische Erde gepflanzt worden und haben sich prächtig vermehrt.

Die Fackellilie wird auch Raketenblume genannt

Schutz-programme

Abholzung, Weidewirtschaft und Aufforstung mit Importpflanzen ließen die ursprünglichen Wälder, die einstmals etwa 70 % des Archipels bedeckten, auf weniger als ein Fünftel ihres ehemaligen Bestandes schrumpfen. Immerhin verkehrte sich jedoch die Ideologie der weißen Pioniere, die ihre Mission in der Rodung des Busches als erstem Schritt zur Zivilisation sahen, ins Gegenteil: Längst schon hat man den einmaligen Wert der einheimischen Flora erkannt, sind Programme zu deren Schutz entworfen worden und wird das Areal der Nationalparks, National Forests und anderer Schutzgebiete von Jahr zu Jahr größer. Sie sind das letzte Refugium von schätzungsweise 500 Tier- und Pflanzenarten, die vom Aussterben bedroht sind – eine Fläche, die immerhin über 15 % der Landesfläche ausmacht.

Vegetationszonen

Besonders auffällig ist die Vielzahl differierender Vegetationsinseln, die sich durch die verschiedenen klimatischen Zonen – von subtropisch bis subantarktisch – und die gebirgige Landesstruktur erklärt.

Ursprünglicher Wald

- Auf der Nordinsel oberhalb des 39. Breitengrades haben sich noch Restbestände des **subtropischen Regenwalds** erhalten, die von der charakteristischen Kauri-Fichte dominiert und deshalb auch als „Kauri-Mischwald" bezeichnet werden. Die Kauri-Fichte ist ein uralter Baumriese, der Höhen von mehr als 50 m und ein Alter von etwa 1.500 Jahren erreichen kann. Wegen ihrer guten Holzeigenschaften wurde die *agathis australis* intensiv abgeholzt und bedeckt heute nur noch rund 5.000 ha der Waldflächen (s. S. 223). Nach dem Kahlschlag des 19. Jh. sind die Bestände jedoch auf dem Weg der Besserung: Schon jetzt sind rund 20.000 ha mit jungen Kauris bepflanzt worden.
- In den flacheren Gebieten, besonders auf der Nordinsel, überwiegt der **undurchdringliche Regenwald** mit einer Vielzahl von niedrigwachsenden Gräsern, Moosen, Farnen, Harthölzern und Schmarotzerpflanzen. Sein Kennzeichen sind die Kahikatea, eine weiße Fichtenart, die bis zu 60 m hoch wird, sowie Steineibenarten wie Totara (bis zu 35 m hoch) und Rimu (bis zu 30 m hoch). Diese bilden zusammen mit endemischen Bäumen wie den Kohekohe, Tawa oder Taraire das obere Stockwerk des Regenwaldes, über das oft der Rata-Baum hinausragt. Diese Pflanze sitzt anderen Bäumen als Schmarotzer auf und sendet Luftwurzeln nach unten, die den Wirt häufig mit einem undurchdringlichen Netzwerk umgeben. Das mittlere Stockwerk besteht aus Baumfarnen und kleinen Bäumen, das Unterholz aus kniehohen Moosen und niederen Farnen.
- In mittleren und höheren Lagen, besonders auf der Südinsel, ist der ebenfalls **immergrüne Bergwald** anzutreffen, der von den Südbuchen dominiert wird sowie von einigen Vertretern des nördlichen Regenwalds. Die einzelnen Vegetationsstufen grenzen sich hier jedoch hauptsächlich vertikal voneinander ab, was jeder Wanderer erfahren kann, der von der Westküste ins Gebirge aufbricht. Bis zu 800 m ü. d. M. stößt man hier neben den Südbuchen u. a. auf Rimu und immer wieder auf Baumfarne, darüber u. a. auf Totara, Rata und Kaikomako, die ab etwa 1100 m ü. d. M. von subalpinen Büschen, Gräsern und Krüppelbäumen abgelöst werden.
- In den regenarmen Gebieten, die weder als Ackerland noch als Weiden genutzt werden, sind Restbestände des **alten Graslands** zu sehen, vor allem in den Höhenlagen

bis ca. 1.200 m ü. d. M. der Provinzen Otago und Canterbury. Außer vereinzelten Klein-Farnen überwiegen dort ausgedehnte Flächen mit Büschelgras (*Tussock*), subalpine und alpine Kräuter sowie Orchideen, von denen es 72 einheimische Arten gibt.

Landestypische Pflanzen

- Die **Farne** waren nicht nur als Werkstoff der Polynesier und ersten weißen Siedler von Bedeutung, sie fanden auch als nationales Symbol Einzug ins Staatswappen und ins Emblem der Air New Zealand. Mehr als 50 der fast 200 Arten sind endemisch, wobei ihr Spektrum von zarten, fast durchsichtig wirkenden Minipflanzen bis hin zu mächtigen Baumfarnen reicht.
- Der **Cabbagetree** (Salatbaum) ist weder ein Baum noch trägt er Früchte, die als Salat zu verspeisen wären. Stattdessen handelt es sich um die größte Lilienart der Welt (daher auch der Name Palmlilie), deren schwertähnliche Blätter von den Maoris als Medizin und Handwerksmaterial genutzt wurden. Salatbäume kommen im ganzen Land vor, und zwar in den Tälern und in niederen Hügellagen.
- Die **Nikau-Palme**, die bis zu 10 m hoch wird, ist nicht nur die bekannteste Palme des Landes, sondern auch die südlichste Palmenart der Welt. Sie kommt auf der gesamten Nordinsel vor, wächst jedoch auch an der Westküste der Südinsel bis hinab nach Hokitika.
- Der **Pohutukawa**, den man im ganzen Land und auch in den Vorgärten der Großstädter sieht, bringt im Dezember explosionsartig leuchtend rote Blüten hervor und trägt deshalb auch den Beinamen „neuseeländischer Weihnachtsbaum".
- Landestypisch, aber keineswegs endemisch ist die **Kiwi-Frucht**, die erst 1906 als „chinesische Stachelbeere" aus China eingeführt wurde. Allerdings machte der Züchter Hayward Wright aus der ursprünglich kleinen und harten Beere eine Frucht, die nicht nur köstlich schmeckt, sondern mit ihrem hohen Vitamin-C-Gehalt auch sehr gesund ist. Als ein neuer, werbewirksamer Name gesucht wurde, fiel den „Kiwis" nur „Kiwi" ein. Ab Anfang der 1980er-Jahre erlebte die Frucht auf den Absatzmärkten in Amerika, Asien und Europa einen enormen Boom. Die Folge war ein großflächiger Anbau, um die Produktion zu steigern. Inzwischen werden Kiwis aber auch in vielen anderen Ländern angebaut, und die Zeiten, in denen Kiwiplantagenbesitzer zu Millionären wurden, sind unwiderruflich vorbei. Im Gegenteil: Nach etlichen Pleiten musste die Produktion inzwischen erheblich gedrosselt werden.

Nationales Symbol

Siegeszug der Kiwi

Die neuseeländische Tierwelt

Bedrohte Tierarten

Bevor die ersten Polynesier Hunde und Ratten und die Europäer eine Vielzahl anderer Tiere – darunter über 35 Säugetierarten – importierten, war die Fauna Neuseelands genauso eigentümlich wie die endemische Flora. Da sich Schlangen erst nach der Loslösung des Landes vom Urkontinent Gondwana entwickelten, ist der Regenwald bis heute schlangenfrei geblieben. Reptilien und Vögel prägten stattdessen die Tierwelt und nahmen z. T. jene Rolle in der Ernährungskette ein, die sonst durch Säugetiere ausgefüllt wird. Auf diese Art und Weise verloren mehrere Vogelarten ihre Flugfähigkeit.

Rettung bedrohter Tiere

In jüngster Zeit sind mit immensem materiellen und personellen Aufwand Versuchsprogramme zur **Rettung bedrohter Tierarten** unternommen worden. Ursprünglich bot sich dafür ein einleuchtendes Patentrezept an: Man wählte einige vorgelagerte Inseln aus, durchkämmte sie systematisch nach „Import-Tieren", wie Katzen, Possums oder Ratten, die man dann vernichtete. Anschließend wurden mehrere der äußerst raren und akut vom Aussterben bedrohten Tierarten dorthin gebracht und darauf geachtet, dass auch das Landschaftsbild das ursprüngliche Aussehen zurückgewann. Obwohl durch strenge Kontrolle und Besuchsverbote ausgeschlossen wurde, dass Schädlinge in diese hermetisch abgeschlossenen Refugien eindrangen und die Neuseeländer tatsächlich mit dem Programm große Erfolge erzielen konnten, mussten sie andererseits schmerzlich erfahren, dass sich die Natur nicht so leicht überlisten lässt. Denn oft wurden gerade jene Tiere zusammengebracht, die natürliche Feinde waren – was man vorher nicht wusste! So geschah es mit dem Waldhuhn Weka, dass sich auf Codfish Island prächtig vermehrte, bis die Wissenschaftler entdeckten, dass es die Küken zweier hierhin gebrachter Sturmvogel-Arten verspeiste, die ebenfalls vom Aussterben bedroht waren. Das seltene Rieseninsekt Kaikoura Giant Weta, das erst kürzlich entdeckt wurde, kann deshalb nicht auf die Artenschutz-Inseln verfrachtet und vor dem Aussterben gerettet werden: Denn dort lebt bereits die Brückenechse Tuatara, die sich keinen besseren Leckerbissen vorstellen kann ...

Vögel

Ungestört konnte sich in Neuseeland die Vogelwelt entwickeln. Ornithologen in aller Welt wissen seit langem um die einzigartigen Bestände an See- und Landvögeln in Neuseeland. Wichtig sind Vögel auch in dem einmaligen Zusammenspiel von Flora und Fauna, denn nirgendwo sonst auf der Welt sind so viele Pflanzenarten – 65 % der heimischen Büsche und Sträucher – bei ihrer Vermehrung auf die Mithilfe der Vögel angewiesen. Diese fressen die Früchte, scheiden die Samen aus und sorgen so für die Vermehrung der Pflanzen.

Ausgestorbene Moas

Außer der Nachtaktivität ist für viele neuseeländische Vögel der **Verlust der Flugfähigkeit** charakteristisch. Zwar haben Kea, Kiwi und andere berühmte Vögel Aotearoas Flügel, doch diese sind über die Jahrmillionen verkümmert, sodass viele Vögel Neuseelands heute zu Fuß unterwegs sind. Dies war nur in einer Umgebung möglich, in der es ursprünglich keine hungrigen Raubtiere gab: Wer nicht flüchten muss, muss auch nicht wegfliegen können. Vielen Tieren wurde dieser Mangel zum Verhängnis, weil die Ankunft der Menschen und importierter Tiere einen solch schnellen Wandel der Lebensumstände mit sich brachte, dass die Evolution nicht mehr reagieren konnte. Das prominenteste Opfer waren die knapp 30 Moa-Arten (*dinornis species*), die als Beutetiere der Ureinwohner der Ausrottung preisgegeben waren. Die Moas, deren größte Exemplare bis zu 3 m hoch wurden und die als größte Vögel der Welt gelten, können heutzutage nur noch anhand von Rekonstruktionen oder Skelettresten bewundert werden.

Mit den ausgestorbenen Moas sind die **Kiwis** (*apteryx species*) durch gemeinsame Vorfahren verbunden. Alle Kiwi-Arten sind flugunfähig und nur nachts aktiv. Als bekanntester Vogel Neuseelands war der Kiwi auch **Namensgeber** sowohl für die beliebte Frucht als auch für die Gesamtheit der Einwohner, die auf ihren Spitznamen stolz sind. Den Vögeln selbst – übrigens die einzigen, die keinen Flügel- oder Schwanzansatz erkennen lassen – haftet dabei nichts Heroisches an, im Gegenteil: Sie wirken friedlich, ein wenig plump und einfach nett, wie geschaffen also für einen Sympathieträger. Am verbreitetsten ist der Braune Kiwi (*apteryx australis*), der 45–55 cm groß wird und auf den Hauptinseln sowie auf Stewart Island vorkommt. Lange Zeit waren ansonsten zwei weitere Arten bekannt, nämlich der Kleine Gefleckte Kiwi (*apteryx owenii*) und der Große Gefleckte Kiwi (*apteryx haastii*), bis 1994 eine vierte, bislang unbekannte Unterart entdeckt wurde, der man den Maori-Namen *Tokoeka* gab. Die mit Ausnahme der Kiwis auf der Stewart-Insel allen Arten gemeinsame Nachtaktivität darf nicht so verstanden werden, dass die Vögel die ganze Nacht Insekten jagen und mit ihrem langen Schnabel im Waldboden nach Würmern stochern. Mit rund 20 Stunden Schlaf pro Tag gehören sie zu den eher bequemen und faulen Tieren.

Der Kiwi – Wappentier und Stolz des ganzen Landes

Die Weibchen, die größer als die Männchen werden, legen außerordentlich große Eier. Diese wiegen rund ein halbes Kilo und machen etwa 20 % des Körpergewichts aus. Ausgebrütet werden die Eier in etwa 60 Tagen vom Männchen. Komplett als Kiwis ausgebildet, sind die geschlüpften Jungtiere eine Miniversion ihrer Eltern. Sie ignorieren ihre Mütter völlig und schließen sich allein ihren Vätern an, sind aber bereits nach wenigen Tagen in der Lage, sich selbständig Futter zu suchen. Seit 1953 stehen alle Kiwis unter **strengstem Naturschutz** und scheinen den Einbruch der Zivilisation überlebt zu haben. Nur der Kleine Gefleckte Kiwi, der von den Hauptinseln verschwunden ist, gilt immer noch als ernsthaft bedroht.

Jagd auf Kiwis

Der unter Naturschutz stehende **Kea** (*nestor notabilis*) ist rot-grün gefiedert und lebt vor allem in den küstennahen Gebirgsregionen der Südinsel. Die Maoris benannten den etwa 45 cm großen Vogel nach seinem charakteristischen Laut kee-aa, den er fast ständig während des Fluges ausstößt. Zwar ernährt sich der Kea vorwiegend von Obst, ist aber – anders als die meisten Papageienarten – kein Vegetarier. Neben Insekten lässt er sich hin und wieder auch ein Stück von einem Wild- oder Schafskadaver schmecken. Dadurch wurde der Gebirgspapagei den Farmern suspekt und brachte sie zur Erfindung von Lügenmärchen. So wurde ihm nachgesagt, dass er kleine Lämmer im

Flug angreifen und töten würde. Die Folge war eine gnadenlose Jagd auf den Kea, der dadurch fast ausgerottet worden wäre. Nachdem er unter Naturschutz gestellt ist, haben sich die Kea-Bestände gut erholt.

Auch der **Kaka** (*nestor meridionalis*) hat den Namen von den Maoris nach seinem Ruf bekommen. Er existiert in zwei unterschiedlichen Subarten: Das bronzefarbene Gefieder des Südinsel-Kaka (*nestor meridionalis meridionalis*) hat einen grünlichen Schimmer, sein Kopf ist weiß-grau und er wird etwa 50 cm groß, während der Nordinsel-Kaka (*nestor meridionalis septentrionalis*) fast völlig braun und mit ca. 40–45 cm ein wenig kleiner als sein Kollege ist. Die natürliche Umgebung dieser endemischen Papageienart sind die ursprünglichen Wälder der niederen Lagen. Früchte, Insekten, Blätter und Blütennektar gehören zu seiner Speisekarte.

Im letzten Augenblick vor dem Aussterben gerettet – die Takahe

Die **Takahe** (*notornis mantelli*), der größte Vogel aus der Familie der Rallen, galt bis zu ihrer Wiederentdeckung im Jahre 1948 als ausgestorben. Erfolgreiche Aufzuchtversuche scheinen jedoch ihren Bestand gesichert zu haben. Mehrere Exemplare sind wieder in die Wildnis entlassen worden und haben sich dort vermehrt. Der Takahe wird bis zu über 60 cm groß und ist flugunfähig. Er lebt bevorzugt in den Gletschertälern westlich von Te Anau und in den Tussock-Graseebenen. Tussock ist auch eine seiner Speisen, genauso wie Insekten und verschiedene Blättersorten. Die streng geschützten Tiere sind außerordentlich farbenprächtig gefiedert und leicht zu erkennen:

Einheimische Papageien

Der **Kakapo** (*strigops habroptilus*; auch Eulenpapagei genannt) ist wie der Kea und Kaka ein Papagei, stellt allerdings eine eigene Familie dar und gehört zu den seltensten und seltsamsten Vögeln der Welt. Nachdem es vor der Ankunft der Maoris noch Hunderttausende von Kakapos gegeben haben muss, schwand ihre Zahl in dem Maße, in dem importierte Tiere ihnen nachstellten und ihre Lebensräume immer geringer wurden. Aus den Regenwäldern und subalpinen und alpinen Regionen des Fjordlands, in dem sie früher hauptsächlich lebten, sind die flugunfähigen und mit rund 60 cm etwa haushuhngroßen Tiere nahezu völlig verschwunden. Kein Wunder, wenn man weiß, welche skurrilen und komplizierten Verhaltensweisen Kakapos an den Tag legen. Unter Anderem hat ihnen die Evolution nicht beigebracht, dass es räuberische Tiere gibt, was sie zu völlig willenlosen Opfern ohne jegliches Fluchtverhalten werden lässt. Außerdem haben männliche und weibliche Tiere eine Paarungsbereitschaft, die – eine kuriose Laune der Natur – nur selten aufeinander abgestimmt ist. Zu allem Überfluss ist der Balzruf des Männchens, einem dumpfen Grunzen oder einem Nebelhorn vergleichbar, zwar extrem laut, aber nur schwer zu orten, sodass schon deswegen die Produktion von Nachkommen ein schwieriges Unterfangen ist. Seit einiger Zeit versucht man mit großem Aufwand, die plumpen Tiere vor dem Aussterben zu bewahren, indem man gefangene Exemplare auf einige kleine Inseln (u. a. Codfish Island bei Stewart Island und Little Barrier Island) verfrachtet, auf denen es garantiert keine Ratten, Katzen oder andere Räuber gibt. Würden sich Weibchen und Männchen besser verstehen, gäbe es inzwischen bestimmt mehr als die insgesamt rund 50 Tiere, auf die man derzeit die Gesamtpopulation schätzt.

Schwierige Fortpflanzung

Die **Morepork** (*ninox novaeseelandiae*) ist die einzige einheimische Eulenart und konnte sich bisher recht gut mit den Einwanderern anfreunden – auch was die Ausweitung ihres Speiseplans betrifft. Die knapp 30 cm große und dunkelbraune Eule sieht man auf den Hauptinseln und vielen vorgelagerten Inseln, sowohl in den ursprünglichen Wäldern als auch in aufgeforsteten Gebieten. In der Dämmerung wagt sie sich sogar in die Vorgärten der städtischen Randbezirke. Die Morepork – so genannt wegen ihres Rufes und nicht etwa, weil sie nach mehr Schweinefleisch verlangt – ernährt sich von Insekten, Fröschen, Eidechsen, Kleinvögeln und Nagetieren.

Der **Tui** ist ein kleiner, endemischer Vogel, der in ganz Neuseeland, einschließlich des Stadtgebietes von Auckland, vorkommt. Die männlichen Tiere werden über 30 cm groß, die weiblichen sind etwas kleiner. Auffällig ist das Paar aufgeplusterter Brustfedern, die aus dem ansonsten metallischen Dunkelgrün des Gefieders herausstehen. Auch die stimmliche Bandbreite ist bemerkenswert: Als neuseeländischer „Meistersinger" kann der Tui nicht nur auf ein großes Repertoire eigener Laute zurückgreifen, sondern auch die Rufe anderer Vögel perfekt nachahmen.

Auch das flugunfähige Waldhuhn **Weka** (*gallirallus australis*) hat sich in die neue Zeit herüberretten können und ist recht häufig auf den Hauptinseln und der Stewart-Insel vertreten. Das bis zu 55 cm große Tier durchstreift tag- und nachtaktiv die Wälder, das Gestrüpp und auch Farmland auf der Suche nach Nahrung, ohne dabei wählerisch zu sein: Sowohl Pflanzen als auch Würmer, Frösche, kleine Nager und Vögel werden von ihm verspeist. Besonders attraktiv findet es glänzende Gegenstände, zum Verdruss von Campern und Wanderern, denen es bisweilen Schlüssel, Schmuck oder Geldmünzen stiehlt.

Diebisches Waldhuhn

Reptilien

Von ganz besonderem Interesse ist die vom Aussterben bedrohte und streng geschützte Brückenechse **Tuatara** (*sphenodon puncatatus*), die ihren Maori-Namen („Stachelträger") aufgrund des Rückenkamms erhielt. Dieses „lebende Fossil", das in Wohngemeinschaft mit Seevögeln noch auf Inseln in der Cook Strait und in der Bay of Plenty vorkommt, wird oft als „überlebender Saurier" und als „ältestes Tier der Welt" bezeichnet.

Tatsächlich hat sich das Reptil in den letzten 200 Mio. Jahren nicht verändert und existierte bereits in dieser Form, als der erste Tyrannosaurus Rex seinen Fuß auf die Erde

"Lebendes Fossil"

setzte. Es ist die weltweit letzte Vertreterin einer im Mesozoikum weitverbreiteten Ordnung (*rhynchophalia*). Kennzeichen ihrer Abstammung ist ein archaisches Skelett mit Hinterleibsrippen und die Anlage eines dritten Auges, das freilich nicht funktionstüchtig ist. Die männlichen Exemplare der Tuataras, die nur nachts Jagd auf Insekten machen, können bis zu 60 cm lang werden, wofür sie allerdings auch rund 60 Jahre brauchen.

Ein Relikt aus der Urzeit sind auch die drei **endemischen Froscharten**, 3–5 cm kleine Lebewesen, die in weit auseinanderliegenden Biotopen auf der Coromandel-Halbinsel, auf Stephens Island und am Marlborough Sound überlebten. Diese Ur-Frösche der Gattung *Leiopelma*, die sich nicht über die Metamorphose einer Kaulquappe entwickeln, können nicht quaken, da sie keinen Resonanzkörper besitzen.

Landsäugetiere

Da es vor der Ankunft der Menschen nahezu keine Säugetiere auf dem Archipel gab – nur zwei primitive Fledermausarten hatten es geschafft, das isolierte Land zu erreichen –, sind all jene Tiere, die heutzutage das Landschaftsbild bestimmen, nachträglich eingeführte. Die Maoris brachten unfreiwillig Ratten und Mäuse mit sowie ihre eigene Hunderasse, die inzwischen ausgestorben ist. Schon diese ersten importierten Säugetiere erwiesen sich als **große Bedrohung** für die einheimische Tierwelt, da sie vor allem den flugunfähigen Vögeln nachsetzten oder deren Brut vernichteten.

Man kann sich aber vorstellen, welche verheerenden Auswirkungen es haben musste, als die ersten weißen Siedler innerhalb einer Generation u. a. Katzen, Wiesel, Schafe, Ziegen, Kühe, Pferde und Schweine in Neuseeland heimisch machten. Die extensive Viehhaltung war nur durch riesige Waldrodungen möglich, die nicht nur die ursprüngliche Flora auf einen Bruchteil ihres ursprünglichen Bestands zurückweichen ließ, sondern natürlich auch den Lebensraum der einheimischen Tierwelt Schritt um Schritt verringerte.

Kaninchenplage

Vor allem in der Anfangsphase der „weißen" Besiedlung machte man sich wenig Gedanken über die Folgen des Imports neuer Tierarten. Besonders schädlich waren Tiere, die in ihrem neuen Lebensraum keine natürlichen Feinde hatten. Zu einer regelrechten Landplage entwickelten sich **Kaninchen**. Mitte des 19. Jh. waren aus England importierte Tiere in Neuseeland ausgesetzt worden, weil man sich bei der Kaninchenjagd amüsieren wollte. Gemäß ihrer sprichwörtlichen Fruchtbarkeit vermehrten sie sich ungestört, und innerhalb weniger Dekaden wimmelte das ganze Land von Kaninchen. Sie fraßen die Samen und Wurzeln von Wildpflanzen und Feldfrüchten und verdrängten einheimische Tiere aus ihrem Lebensraum.

Ein ökologisches Desaster auf beiden Hauptinseln richtete im 20. Jh. **Rotwild** an, das aus Farmen entwichen war. Der größte Umweltfeind jedoch ist seit vielen Jahren das **Possum**, das ursprünglich als Schädlingsbekämpfer nach Neuseeland geholt worden war. Der australische Kletterbeutler vermehrte sich explosionsartig; inzwischen wird sein Bestand auf über 70 Mio. Tiere geschätzt. Nicht nur Vögel und Kleintiere fallen dem gefräßigen Räuber zum Opfer, sondern auch viele endemische Pflanzen. Mit Vor-

Braunbär und Possum scheinen sich gut zu vertragen

liebe vertilgen sie die Triebe und Blätter des Rata und der Kauri-Fichte. Regierung, Farmer und Naturschützer haben den Possums den Kampf angesagt und unterstützen die Jagd mit Abschussprämien. Auch versucht man inzwischen, ihre Felle kommerziell zu nutzen. Aber obwohl alljährlich Hunderttausende von Tieren abgeschossen oder von Autos überfahren werden, sorgt die große Fruchtbarkeit der Beuteltiere dafür, dass ihre Population nicht nennenswert zurückgeht.

Meerestiere

Die Küsten und das Meer mit seinen Warm- und Kaltwasserströmungen haben einen subtropischen ebenso wie einen **subantarktischen Lebensraum** geschaffen, in denen es von maritimem Leben nur so wimmelt. Bei Bootsausflügen, Wanderungen und Angeltrips kann man zahllose Tiere beobachten. Ein Eldorado für Taucher ist Poor Knights Island im Norden, dessen subtropischen Gewässer mit Fliegenden Fische, farbenprächtigen Korallen und Rifffischen aufwarten. Im Süden überraschen der Fiordland National Park und Stewart Island mit einer unglaublichen maritimen Vielfalt. Neben **Großfischen**, wie Haien, Schwertfischen, Thunfischen und Marlinen tummeln sich dort **Meeresschildkröten** und **Seeschlangen**. Einen hervorragenden Ruf unter Feinschmeckern haben weit über die Landesgrenzen hinaus Hummer, Krebse und Muscheln aus neuseeländischen Gewässern: größer und wohlschmeckender als in unseren Breiten, gehören sie nicht nur zu den begehrten Exportartikeln des Landes, sondern auch zum besten, was die neuseeländische Küche anzubieten hat. Kein Urlauber sollte daher den Besuch eines Fisch- oder Seafood-Spezialitätenrestaurants versäumen!

Begehrte Exportartikel aus dem Meer

Ergänzt wird die Vielfalt der neuseeländischen Aquafauna durch reiche **Wal-, Delfin- und Robbenbestände.** Während diese Meerestiere früher ein Standbein der Wirtschaft darstellten, zieht man aus ihnen inzwischen in Kaikoura (s. S. 580) und anderswo touristischen Nutzen. Bei Bootsausflügen beobachtet man dort am häufigsten Buckelwale (Humpback Whales), mit etwas Glück auch Pott-, Pilot-, Mink- und Finnwale. Sehr oft sichtet man auch Orcas (Schwertwale), Tümmler und Dusky-Dolphins. Selbst so seltene Vertreter wie Hector- und Bottlenose-Dolphins tauchen hier oder in den Fjorden des Westlands auf. Pelzrobben kommen an allen Küsten vor, insbesondere aber an der Südinsel und in den Gewässern von Stewart Island. Dort ist auch der Hooker-Seelöwe zu Hause, die weltweit seltenste Robbenart.

Wale, Robben und Delfine

Gesellschaftlicher Überblick

Vielvölkerstaat

Der Vielvölkerstaat Neuseeland ist das Produkt der Aufeinanderfolge verschiedener Entdeckungen, Landnahmen und Besiedlungen. Heute präsentiert sich Neuseeland als eine tolerante Gesellschaft, in deren Gefüge viele Völker der Erde Platz und Stimme haben und ihren kulturellen Beitrag leisten. Das I-Tüpfelchen im Vielvölkergemisch sind die Maoris. Erstarkt in ihren kulturellen Traditionen und mit neuem Selbstbewusstsein bekennen sich rund ein Siebtel der Neuseeländer zu ihrer Maori-Abstammung. Neben den Naturschönheiten und touristischen Sehenswürdigkeiten stellt die ethnische und nationale Vielfalt einen Hauptanreiz für einen Besuch Neuseelands dar.

Die Maoris – Volk, Sprache und Kultur

Herkunft der Maoris

Erste Einwanderer

Die Maoris sind ebenso wie ihre Vorgänger, die sogenannten Moa-Jäger, ein Volk, das aus dem ostpolynesischen Raum „eingewandert" ist. Untersuchungen von Archäologen, Ethnologen und Sprachwissenschaftlern haben ergeben, dass den **Polynesiern** das Attribut der „größten Seefahrer aller Zeiten" zukommt. Die Ursprünge der polynesischen Kultur liegen in Südostasien, wo sich vermutlich einige Stämme vor rund 3.000 bis 4.000 Jahren auf den Weg machten und über Malaysia, Indonesien und die Philippinen den großen Sprung in den Pazifik begannen. Sie hatten damals schon Jahrhunderte seemännischer Erfahrung hinter sich und wussten aus Strömungen, Wellen- und Wolkenformationen, Sternen und Zugvögeln ihre Schlüsse zu ziehen.

Wenn sie ihre Reise aus **Landnot** und wegen Überbevölkerung antraten, dann blieb ihnen weder Melanesien noch Mikronesien als Fluchtziel, denn diese Archipele waren damals schon besiedelt. Es blieb ihnen nur der Weg nach Osten. Und dort, in der Mitte des Pazifiks, stießen sie schließlich auf ein weit verstreutes Inselreich, nach dem die Forschung ihnen den Namen gab (griech. *poly nissoi* – „viele Inseln"). Dieses Polynesien hat die Form eines Dreiecks, in dessen Mitte Tahiti liegt und dessen Eckpunkte im Norden Hawaii, im Südosten die Osterinseln und im Südwesten Neuseeland bilden.

Die Vorgänger der Maoris, die sogenannten **Moa-Jäger**, müssen zwischen 700 und 750 n. Chr. erstmalig nach Neuseeland gekommen sein. Besiedlungsspuren vor dieser Zeit fand man nicht. Die Kulturstufe der ersten, historisch nachweisbaren Neuseeländer entspricht der des mesolithischen Steinzeitmenschen, also dem Sammler- und Jägertum. Die inzwischen ausgestorbenen 24 Moa-Arten, flügellose Laufvögel, unter ihnen die bis zu drei Meter hohen und bis zu fünf Zentner schweren Riesenmoas, waren die bevorzugte Jagdbeute in den Wäldern und Savannen, daneben erlegte man Wale und Robben und sammelte die verschiedensten Meeresfrüchte. Kannibalismus war zwar kein Charakteristikum dieser Ureinwohner, kam aber durchaus vor. Die Population der Steinzeitmenschen, deren navigatorischen Leistungen angesichts der 2.000 km Entfernung zur nächsten Küste nicht hoch genug gewürdigt werden können, wird um 1000 n. Chr. auf etwa 10.000 Menschen geschätzt.

Ein Maori-„Häuptling" im Federmantel, die Zeichen seiner Würde ins Gesicht tätowiert

Die eigentlichen **Maoris**, die zwischen 950 und 1350 n.Chr. die Nordinsel Neuseelands erreichten, sich gegenüber den Moa-Jägern durchsetzten, später dann auch Teile der Südinsel besiedelten, gehörten der neolithischen Kulturstufe an. Sie brachten den Ackerbau, insbesondere den Anbau der Kumara-Kartoffel, ins Land und etablierten eine verfeinerte Kultur, die als **klassische Maori-Kultur** ihren Höhepunkt bei der Ankunft der ersten Europäer schon entwickelt hatte und die bis ins späte 18. Jh. fortdauern sollte.

Den Mythen und Legenden der Maoris zufolge war es der Seefahrer Kupe, der bei der Jagd auf einen riesenhaften Kraken Neuseeland um das Jahr 950 n.Chr. zufällig entdeckte. Seine mitreisende Frau Hine-te-Aparangi gab dem langgestreckten Land den Namen „Land der langen weißen Wolke" – **Aotearoa**. Zurück in ihrem sagenumwobenen polynesischen Heimatland Hawaiki, in dem Forscher den Raum der Gesellschaftsinseln und Tahitis vermuten, berichteten sie von ihrer Entdeckung und lösten damit weitere Erkundungsfahrten aus. Die planmäßige Besiedlung soll dann nach mündlichen Überlieferungen durch die berühmte „Große Flotte" in Angriff genommen worden sein, die – aus sieben Kanus bestehend – um 1350 Aotearoa erreichte. Die Existenz einer solchen Flotte wird heute bestritten, hingegen geht man davon aus, dass die Besiedlung in mehreren, unabhängig voneinander durchgeführten Schüben stattgefunden habe. Dass es sich aber durchweg um planmäßige und gezielt projektierte Seefahrten mit Frauen, Kindern und Haustieren gehandelt hat, kann als sicher gelten.

Mythos und Religion

Das religiöse Leben war gleichermaßen pan- und polytheistisch geprägt, eine strenge Unterscheidung zwischen profaner und sakraler Welt hat es nicht gegeben. Alle Maoris, ungeachtet der Stammeszugehörigkeit, glaubten an **Io**, den ewigen Gott. Ihm untergeordnet waren acht Hauptgöttern, die Kinder des Himmelsvaters Rangi und der Erdenmutter Papa. Zu ihnen gehörten Tane, der Gott der Wälder und Vögel, Rongo, der Gott des Friedens und des Ackerbaus, der Kriegsgott Tumatauenga und auch

Ewiger Gott

der Todesgott Whiro. Zudem verfügte jeder Stamm über den besonderen Schutz lokaler Gottheiten, aber auch mythischer Halbgötter und Heroen. Nach dem Tod kehrte der Verstorbene zu seinem Urgrund zurück – seine Seele (*wairua*) in das Reich der Ahnen, nach Hawaiki, sein Körper zur Mutter Erde; in seinen Nachkommen aber lebte er weiter.

Die Kunst der Maoris

Bei den Maoris bestand eine enge Verknüpfung zwischen ihren religiösen Vorstellungen und ihrer Kunst. Die Meister der Holzschnitzerei (*tohunga whakairo*) genossen ein ebenso hohes Ansehen wie die Priester (*tohunga ahurewa*), die auch gleichzeitig als Heiler, Astronomen und Zauberer auftraten. Die Arbeit der Holzschnitzer galt als ein **heiliger Akt**, bei dem keine gewöhnliche Person zugegen sein durfte. Am schönsten entfaltete sich die Maori-Kunst in den Dekors der Versammlungshäuser (*whare whakairo*) und der Kriegskanus (*waka-taua*), wo nach einem kanonisierten System zumeist ein menschliches Bildnis (*tiki*) einen Vorfahren darstellte. Ein überproportional geschnitzter Kopf ist Ausdruck der Anschauung, dass dem Haupt als dem Sitz der Seele besondere Bedeutung zukommen müsse. Neben vegetativer Ornamentik, der herausgestreckten Zunge als Spott- und Drohgebärde, Phallus- und Vulva-Schnitzereien als Fruchtbarkeitssymbole, ist das Spiralmuster für die Maori-Kunst charakteristisch. Dieses Muster taucht auch immer wieder in den **Tätowierungen** (*moko*) auf, die sich Häuptlinge, Priester und Krieger, aber auch Frauen, in einer schmerzhaften Prozedur mit Obsidianklingen und Vogelknochen auf Gesicht, bisweilen auch auf Gesäß und Hüften anbringen ließen. Hoch entwickelt war auch die Kunst der Steinschleiferei, die zu herrlichen Halsschmuckanhängern (*hei-tiki*) aus Jade geführt hat.

Spiralmuster als Tätowierung

Kunstvolle Schnitzereien zieren die Maori-Versammlungshäuser

Kunst und Religion, aber auch das alltägliche soziale Leben wurden von zwei Grundprinzipien entscheidend bestimmt: *mana* und *tapu*.

Mana und Tapu

Unter *mana* versteht man eine spirituelle Kraft, die allen Dingen innewohnt und in einzelnen Personen ebenso wie in anderen Lebewesen oder größeren Einheiten wie Familien, Unterstamm und Stamm sichtbar wird. Als relative Größe konnte das *mana* zu- oder abnehmen, entscheidend waren **persönliche Leistungen** oder besondere Fähigkeiten. Das als Grundsubstanz von den Vorfahren ererbte *mana* stieg nach einem erfolgreichen Feldzug gegen einen feindlichen Stamm, so wie dessen *mana* im gleichen Maße verringert wurde. Versklavung von Individuen führte zu völligem Verlust des *mana*.

Spirituelle Kraft

Mit *tapu* ist die Außergewöhnlichkeit oder **Heiligkeit** bestimmter Plätze, Menschen, Dinge, Handlungen und Situationen gemeint. Das Anbringen einer Tätowierung galt genauso als *tapu* wie die Geburt eines Menschen, die erste Menstruation, ein geehrter Häuptling und natürlich die Gestalten der polytheistischen Welt. Innerhalb der Dorfgemeinschaft war der Versammlungsplatz (*marae*) *tapu*, wo sich die Häuptlingshäuser, die Schule der Priester und das Versammlungshaus befanden. Gleichzeitig beinhaltet der Begriff des *tapu* auch einen moralischen Imperativ, sodass Verstöße gegen dieses Prinzip geahndet wurden. Beachtete man ein *tapu* nicht, so folgten zwangsläufig, je nach Grad des übertretenen *tapu*, Unglück, Verlust des *mana*, Krankheit oder Tod.

Die europäischen Einwanderer

Heute ist das alltägliche Leben in Neuseeland überwiegend britisch geprägt und Briten bzw. deren Nachfahren sind es, die den größten Teil der Pakehas ausmachen. Die Gründung der New Zealand Company (s. S. 23) hatte – wie der geistige Vater der Bewegung, Edward Gibbon Wakefield, sagte – zum Ziel, ein **idealisiertes Britannien** in die Welt des Pazifik zu verpflanzen. So war die Mehrheit der Pakehas gewillt, durch Ackerbau, vor allem Viehzucht und Handwerk, jene Daseinsbewältigung zu schaffen, die in ihrer Heimat vor allem aufgrund von Wirtschaftskrisen und Überbevölkerung nicht möglich war. Unter den ersten Immigranten befanden sich besonders viele Schotten, aber auch Holländer und Deutsche. Schon 1843 kam die St. Pauli mit 140 norddeutschen Aussiedlern an Bord in Neuseeland an, ein Jahr später folgte die Skiöld. Bis 1879 wurden Ortschaften wie St. Paulidorf, Kiel Sarau, Rosental und Neudorf gegründet, die heute z. T. andere Namen tragen. Etwa 1.200 Neuseeländer führen heute noch ihre Abstammung auf diese deutschen Einwanderer zurück. In Ortsnamen wie Norsewood und Dannevirke auf der Nordinsel dokumentiert sich die Emigration skandinavischer Siedler nach Neuseeland, deren Gesamtzahl etwa 10.000 betragen haben dürfte.

Britisch geprägtes Leben

Anlässe wie der Goldrausch 1861–69 zogen ebenfalls Zehntausende meist mittelloser Glücksritter aus aller Herren Länder an. Andere traten aus purer Not die weite

Einwanderer-nation

Reise an, etwa verarmte **Iren**, deren Insel seit den 1840er-Jahren keine Existenzgrundlage mehr bot. Begleitet wurden die irischen Auswanderer von zahlreichen französischen Nonnen und Priestern, die ihnen den katholisch-geistlichen Beistand gaben. Wie nach Amerika, so kamen auch nach Neuseeland **Chinesen** als billige Arbeitskräfte, vor allem in die Minen der Bergwerke. Heute leben rund 15.000 Chinesen im Land, hauptsächlich in den Zentren Auckland und Wellington. Ebenfalls im 19. Jh. strömten Tausende von Serben ins Land, die vor dem Militärdienst der Habsburger k.u.k.-Monarchie flohen.

Im 20. Jh. waren es die weltwirtschaftlichen Krisen, die politische Unterdrückung und die Weltkriege, die neue Auswandererschübe nach Neuseeland brachten. Von den Dimensionen her ist hier die Immigration von etwa 10.000 **Indern** in den 1920er-Jahren und die von etwa 30.000 **Niederländern** nach dem Zweiten Weltkrieg an erster Stelle zu nennen, aber auch der Zustrom von etwa 3.000 Italienern, 3.000 vietnamesischen Flüchtlingen sowie jüdischen, polnischen, tschechischen, russischen und baltischen Menschen, die dem Hitler- bzw. Stalin-Regime entkommen konnten, hat seine Spuren hinterlassen. Was als britische Musterkolonie geplant und teilweise auch umgesetzt worden war, wurde durch die Einwanderung anderer europäischer und nichteuropäischer Menschen aufgelockert und kulturell befruchtet.

Die Einwanderer aus dem pazifischen Raum

Fluchtziel der Polynesier

In den ersten beiden Jahrzehnten nach dem Zweiten Weltkrieg fand parallel zur Einwanderung aus europäischen Ländern ein Zustrom von Menschen aus dem pazifischen Raum statt, nicht selten von Inseln, die trotz ihrer großen Entfernung vom Mutterland Bestandteil des Staates Neuseeland sind oder in freier assoziativer Verbindung zu ihm stehen, etwa die **Cook-Inseln**, **Niue**, **Samoa** und die **Tokelau-Inseln**. Diese Immigranten machen heute bereits etwa 6 % der Bevölkerung des Landes aus und prägen in den Ballungszentren ganze Stadtteile. Ohne bedeutende Industrie und entsprechende Arbeitsplätze, zudem von der Natur nicht immer bevorzugt, stellen jene Inseln ein großes Reservoir an Arbeitswilligen, die zunehmend die „Flucht" nach Neuseeland antreten. Dort allerdings werden sie inzwischen längst nicht mehr freudig begrüßt, nachdem sie in den 1960er–70er-Jahren als billige Kräfte für die ungeliebten und niederen Arbeiten zur Immigration geradezu aufgefordert und unterstützt worden waren. Diejenigen, die ohnehin nicht zu den Begünstigten der Gesellschaft gehören, nämlich die Maoris und die Pakehas der untersten Einkommensschichten, empfinden sie zunehmend als Konkurrenten auf dem Arbeitsmarkt.

Trotz aller Probleme und Konflikte: Ebenso wie andere Einwanderer der unterschiedlichsten Abstammung sind die Polynesier zu einem bereichernden Teil des neuseeländischen Gemeinwesens geworden. Ihre Sprache und Kultur, ihre Küche und ihre Musik wird jeder Besucher des Landes in den großen Städten wiederfinden. Die „Insulaner" als „Fremde" zu empfinden oder zu bezeichnen, ist allein deswegen schon nicht statthaft, weil sie historisch mit Neuseeland enger zusammengehören als die Europäer. Immerhin waren die Ureinwohner auch nichts anderes als Einwanderer aus dem pazifischen Raum ...

Neuseeland – Schmelztiegel der Nationen

Mit der Unterzeichnung des **Vertrags von Waitangi** am 6. Februar 1840 durch Maoris und Weiße wurde Neuseeland nicht nur zur britischen Kolonie, sondern die Ureinwohner des Landes und die fremden Siedler zu gleichberechtigten Untertanen der Krone. Nun sind Vertragsanspruch und soziale Realität zwei verschiedene Dinge, und es zeigte sich sehr bald, dass die Maoris nichts anderes waren als Bürger zweiter Klasse: Dunkle Hautfarbe bedeutete gleichzeitig Unterprivilegierung, kein Wahlrecht, kein Landbesitz, Diskriminierung. Der von weißer Seite oft beschworene „beste aller Vielvölkerstaaten" war nur ein Postulat der Pakehas. Von seinen Vorteilen blieben die Maoris lange Zeit ausgeschlossen. Zudem wohnten die Weißen und die Ureinwohner nur in seltenen Fällen nachbarschaftlich nebeneinander, in der Regel hatten beide Gruppen ihre jeweiligen abgeschotteten Siedlungsgebiete. Von einem *melting pot*, einem „Schmelztiegel der Völker", konnte zu diesem Zeitpunkt noch nicht die Rede sein.

Zwei-Klassen-Gesellschaft

Mit der fortschreitenden wirtschaftlichen und politischen Strukturveränderung des Landes und dem Zustrom von Siedlern aus allen Teilen der Welt veränderte sich aber auch das Zusammenleben der ethnischen Gruppen. Dadurch, dass die neuseeländische Gesellschaft in einem Prozess der **Verstädterung** enger zusammenrückte – heute leben mehr als drei Viertel der Bevölkerung in den Städten –, kam es automatisch zu einer Angleichung und Vermischung der Rassen. Heute ist kaum noch die Hälfte der Maoris „reinrassig," und Mischehen werden immer häufiger. Die arrogante koloniale Betrachtungsweise der Maoris als ein „wildes Volk" ist weitgehend einer toleranten Anschauung gewichen, die dazu führte, dass heute auch Weiße stolz auf ihre angeheirateten Maori-Vorfahren sind.

Obwohl immer noch fast 75 % der Bevölkerung britischer Abstammung sind und das Alltagsleben auf den ersten Blick *very british* erscheint, entstand in Neuseeland eine multikulturelle Gesellschaft. Heute leben dort Menschen aus mehr als **100 Nationen**, die ihre Sitten und Gebräuche, Religionen und Kulturen in die neue Heimat mitbrachten. In jedem siebten Haushalt wird Englisch nur als Fremdsprache gesprochen. Nach Jahrzehnten aktiver Einwanderungspolitik zählt Neuseeland zu den kulturell vielfältigsten Ländern der Welt. Neuseelands multikulturelle Prägung drückt sich in vielerlei Facetten aus, etwa in einem Mega-Angebot an Spezialitätenrestaurants, in denen man kulinarische Streifzüge durch fast alle Länder der Welt machen kann. Aber obwohl sich in Städten wie Auckland, Christchurch und Wellington Stadtviertel bildeten, die mit eigenen Restaurants und Geschäften unverwechselbar das Gepräge einer bestimmten ethnischen Minorität haben, versteht sich die überwiegende Zahl der Bürger zuerst als Neuseeländer und erst dann als Angehörige oder Nachfahren eines anderen Volks.

Multikulturelle Gesellschaft

Der britische Grundzug

Vielleicht, gäbe es den britischen Grundzug nicht, befände sich die neuseeländische Gesellschaft schon längst auf dem Weg zum amerikanisierten Gemeinwesen, wie es heute bereits in Australien sichtbar wird. So aber hat das Land ein unverwechselbares Gepräge, in dem das englische Erbe neben dem polynesischen steht und Amerikanismen

Voller Stolz auf die schottischen Wurzeln – Dudelsackspielgruppe in Dunedin

nur zögernd übernommen werden. Damit ist nicht nur das Bildnis der Königin Elizabeth II. gemeint – immerhin ist die Queen das Staatsoberhaupt! Gemeint ist insbesondere eine innere Einstellung, die die vielen Nachfahren der Engländer, Waliser, Schotten und Iren immer noch auf das einstige Mutterland schauen lässt, obwohl man schon längst gelernt hat, dass man Bürger eines unabhängigen Staats im Pazifik ist, und man sich inzwischen nicht nur politisch, sondern auch wirtschaftlich abgenabelt hat. Aber gerade der Prozess der „Abnabelung" macht einiges deutlich: Denn die **politische Unabhängigkeit**, von Großbritannien schon 1931 angeboten, akzeptierte man in Wellington zögernd und nach einer langen Bedenkzeit erst 1947 – wie ein Jugendlicher, der nur widerwillig das schützende Elternhaus verlässt. Und die wirtschaftliche Umbesinnung kam auch erst nach jenem Schock, den Großbritanniens EG-Beitritt der ehemaligen Kolonie verursacht hatte. Da ist es kein Wunder, dass selbst in der multinationalen Gesellschaft des modernen Neuseeland die englische Tradition hochgehalten wird, nunmehr nicht von den Kindern, sondern von den Enkeln der Briten. Dazu gehört das *understatement* bei privaten Gesprächen, ein mehr als lebhaftes Interesse für die Mitglieder des Königshauses und die gebackenen Bohnen zum Frühstück.

Englische Traditionen

Ausflugsrestaurants bieten auf Schildern und in Anzeigen Devonshire Teas an, für Sightseeingfahrten mit dem Bus werden an vielen Orten Londoner Doppeldecker eingesetzt, und die meisten Gläubigen sind Angehörige der Anglikanischen Kirche. Das gesamte sportliche Leben dieses sportbegeisterten Landes orientiert sich an dem, was aus England hierhergekommen ist. Und in einigen Vororten mit ihren viktorianischen Holzhäusern oder auch im Stadtzentrum von Dunedin oder Christchurch kann man, besonders im Herbst, ohnehin den Eindruck haben, man befände sich mehr als 18.500 km entfernt in Kent, Yorkshire oder Devonshire. Wichtiger als solche Äußerlichkeiten ist die Tatsache, dass der durchschnittliche Neuseeländer immer noch britisch denkt, dass er von Temperament und Einstellung her ganz anders reagiert als etwa manche Australier. Laute, schenkelklopfende Fröhlichkeit ist ihm genauso fremd wie jeder andere Überschwang der Gefühle.

Spiel ohne Grenzen

Eine sportbesessene Nation

„Thank God, it's Friday" – erklingt es in Neuseeland freitagmorgens aus vieler Munde. In kaum einem anderen Land der Welt ist das **„Wochenendbewusstsein"** so ausgeprägt wie in Neuseeland. In Städten wie Auckland oder Wellington mit ihrem rund ums Jahr meist sonnigen und milden Klima kommt fast niemand auf die Idee, am Wochenende noch einmal ins Büro zu fahren. Spätestens am Freitagnachmittag entvölkern sich die Straßen. Jeder, so scheint es, will die Stadt so schnell wie möglich hinter sich lassen, um der neuseeländischen Lebensformel „Ein Drittel Arbeit, ein Drittel Schlaf, ein Drittel Sport" zu frönen. Die Fünf-Tage-Woche mit einer Wochenarbeitszeit von 35 Stunden sowie großzügige Vorruhestandsregelungen geben den „Kiwis" viel Spielraum für Freizeitgestaltung. Dazu kommt rund ein Dutzend gesetzlicher Feiertage, die überwiegend auf Montage gelegt werden und damit jeweils ein verlängertes Wochenende ermöglichen.

Freizeitorientierte Gesellschaft

Kein Zweifel: In den letzten zwei, drei Jahrzehnten haben sich in der neuseeländischen Gesellschaft die Wertvorstellungen vom Arbeitsideal der Einwanderer zum heutigen Freizeitideal verschoben. Zum Hauptinhalt der vielen freien Zeit sind Spiel und Sport geworden, als Unterhaltung wie auch als aktive Freizeitbetätigung. Umfragen zufolge betreibt fast jeder zweite Neuseeländer aktiv Sport und drei von vieren gehen regelmäßig als Zuschauer zu Sportveranstaltungen.

Es käme einer heftigen Untertreibung gleich zu behaupten, die Neuseeländer seien einfach nur sportbegeistert – die **Faszination**, die fast alle Arten von Sport auslösen, grenzt mitunter an Hysterie. Sport ist beinahe wichtiger als Religion und bedeutsamer als Politik sowieso. Jockeys und Football-Spieler, Golf-, Tennis- und Schwimmstars sind in der Bevölkerung bekannter als Schriftsteller, Komponisten oder Minister. Über diese geradezu fanatische Hinwendung zu aktivem Sporttreiben wie auch passivem Sportkonsum wurde schon oft räsoniert. In einer Nation, die aufgrund ihrer kurzen Geschichte kaum zu kulturell-eigenständigen Glanzleistungen fähig war und nur wenige Personen des öffentlichen Lebens sich als Identifikationsfiguren anboten, werden, so behaupten manche, die sportliche Aktivität zum Kulturersatz und deren erfolgreichste Vertreter zu nationalen Helden. Sicherlich spielen auch die sportfreundlichen klimatischen und landschaftlichen Voraussetzungen eine große Rolle.

Sportbegeisterung

Die Begeisterung für sportliche Aktivitäten durchdringt den neuseeländischen Alltag. Banker und Manager flitzen in den frühen Vormittagsstunden auf Rennrädern ins Büro, Angestellte joggen in der Lunch-Pause durch die Straßen, eilige Kunden kommen bisweilen mit dem Surfbrett unterm Arm in Läden und Banken. Wer nicht selbst aktiv ist, verleiht seiner Sportbegeisterung beim Zuschauen Ausdruck. Das ganze Jahr hindurch ziehen landesweit **große Sportereignisse** Millionen Zuschauer in ihren Bann. Wo immer sich Neuseeländer in trauter Männerrunde treffen, ist Sport das Gesprächsthema Nummer eins. Ein Erfolg – vor allem ein Sieg über Engländer, Amerikaner oder Australier – reißt Sportfans ebenso zu Begeisterungsstürmen hin wie Niederlagen eine nationale Katastrophenstimmung heraufbeschwören können.

Beliebte Sportarten

In einem einmaligen naturräumlichen Rahmen, zudem klimatisch begünstigt, sind alle Sportarten möglich und werden auch ausgeübt. In den Seen, Flüssen und auf dem Meer wird Wassersport in jeder Form betrieben, in den Bergen wird gewandert, Ski gefahren oder alpin geklettert, der Luftraum bietet sich für Sportfliegerei, Fallschirmspringen, Luftgleiten und Drachenfliegen an, und auf dem Land konkurrieren gleich mehrere Wettbewerbe um das Etikett des Nationalsports. So etwa der Fußball, vor allem, nachdem man die Qualifikation zur WM 2010 in Südafrika schaffte und dort zwar nach der Vorrunde ausschied, aber ohne eine einzige Niederlage hinnehmen zu müssen.

Nationalhelden der All Blacks

Vieles, was ursprünglich aus England kommt, wird in Neuseeland nun mit größerer Begeisterung und intensiver ausgeübt als in Großbritannien. Bestes Beispiel hierfür ist **Rugby**, in dem sich die „Kiwis" als unbestrittene Weltmeister fühlen und tatsächlich den Rest der Welt in regelmäßigen Abständen besiegen (obwohl sie bislang erst 1987 und 2011 tatsächlich Weltmeister wurden). Jede Niederlage der All Blacks – so genannt wegen der schwarzen Sportkleidung der Nationalspieler – ist für die ganze Nation ein harter Schlag. Falls Sie Gelegenheit haben, ein Länderspiel der All Blacks zu besuchen, wird dies sicher ein überwältigendes Erlebnis sein: die Kulisse von mehr als 50.000 fanatischen Zuschauern, der traditionelle Maori-Kriegstanz *haka*, den die heimische Mannschaft vor internationalen Spielen immer aufführt, das schnelle und raue Geschehen auf dem Platz – all das ist beeindruckend selbst in Unkenntnis der komplizierten Spielregeln! Die Spieler dürfen das eiförmige Leder tragen, kullern, schießen und auch seitlich oder nach hinten werfen. Verboten ist nur der Wurf nach vorn. Punkte gibt's, wenn die angreifende Mannschaft den Ball hinter der Grundlinie des Gegners ablegt oder wenn es gelingt, ihn über die 3 m hohe Querlatte des gegnerischen Tors an der Stirnseite des Spielfelds zu kicken.

Die Rugbyplätze sind ansonsten auch Schauplätze für **Cricket**, das vornehme, aus dem englischen Mutterland importierte Schlagballspiel, dessen Regeln erst einmal verstanden werden wollen. Ist er nicht Engländer oder Inder, hat ein Besucher Neuseelands meist große Schwierigkeiten, die Begeisterung für den „weißen Nationalsport" der Neuseeländer, den ein amerikanischer Journalist einmal als „Baseball im Zeitlupentempo" beschrieb, zu teilen. Ein Match kann sich über Tage hinziehen, und es können Stunden vergehen, bevor etwas Aufregendes passiert.

Pferderennen

Typisch englisch sind auch Polo, Tennis und Crocket. Das koloniale Erbe wird aber vor allem beim Faible der meisten Neuseeländer für die unterschiedlichen **Pferdesportarten** spürbar. Mit über 70 Rennstrecken und mehr als 330 Pferderennen jährlich in einem Land mit nur gut 4 Mio. Einwohnern muss es in Neuseeland mehr Pferderennsport-Narren geben als in jedem anderen Land der Welt. Tatsächlich ist jeden Tag irgendwo im Land ein *race day*, und wer erlebt hat, welchen Stellenwert solche Veranstaltungen in den Massenmedien haben und wie die Wettleidenschaft eine ganze Nation in Atem hält, wem immer noch die unendlichen und stakkatohaften Radioreportagen von den Rennplätzen im Ohr sind, der weiß, welche Formen „Pferdebegeisterung" annehmen kann. Die meisten Zuschauer werden von den Galopprennen angezogen, in letzter Zeit jedoch gewinnen die Trabrennen mit geschirrten Pferden an Popularität – speziell die Nachtrennen in Auckland und Christchurch.

Weniger aus England als vielmehr aus Amerika wurde das **Jogging** importiert, das aber ebenfalls weite Bevölkerungskreise erobern konnte und im internationalen Wettbewerb auf den **Langlaufstrecken** zu großen neuseeländischen Erfolgen geführt hat. Seit den 1960er-Jahren findet man „Kiwis" unter den olympischen Medaillen-Gewinnern und Weltmeistern aller Laufwettbewerbe bis zum **Marathon**. Immer populärer wurde in den letzten 15 Jahren das **Triathlon**, dessen alljährliche Meisterschaft die wohl bekannteste internationale Veranstaltung nach dem Hawaii-Triathlon darstellt. Kein Wunder also, dass „Kiwis" traditionell in dieser Sportart stark sind, wie die Gold- und Silbermedaille bei den Olympischen Spielen in Athen 2004 und die Bronzemedaille 2008 in Peking bewiesen. Einer der eindrucksvollsten Läufe, dabei nicht tierisch ernst, sondern mit Volksfestcharakter, ist das im März in Auckland stattfindende Round-the-Bays-Rennen, das jährlich mehr als 70.000 Teilnehmer aktiviert und über eine Distanz von 11 km geht.

Beliebter Volkslauf

Dank einer Küstenlänge von mehr als 10.000 km, großer Binnenseen und zahlreicher Flüsse steht **Wassersport** aller Art in der Popularitätsskala der Neuseeländer obenan. Ob mit Kanus, Ruderbooten, Gummiflößen, Segeljachten oder Motorbooten – das einmalige Freizeitangebot wird reichlich genutzt. Selbst der europäische Spitzenreiter Stockholm kann es mit Auckland hinsichtlich der Relation Einwohner-Wasserfahrzeug nicht aufnehmen, und Beinamen wie City of Sails für Auckland sind keine touristische Augenwischerei. Im Landesdurchschnitt hat jeder fünfte Neuseeländer ein eigenes Boot. Anders als bei uns werden in Neuseeland Segeln und Motorbootfahren nicht als exklusive Sportarten betrachtet. Jedes Wochenende lichten ungezählte Freizeitkapitäne die Anker, um mit Booten jeder Art und Größe in See zu stechen. Die Regatten haben Weltruf und sind ein Erlebnis auch für die passiven Zuschauer. Populär sind die sogenannten Drachenboot-Rennen, in denen Firmenmannschaften mit fantasievollen Kanus um die Landesmeisterschaft kämpfen. Aus dieser breiten massensportlichen Basis sind einige Spezialisten hervorgegangen, die etwa bei den Olympischen Spielen Goldmedaillen im Rudern erzielt haben, auf Auslegerjachten in Rekordzeit einmal um die Welt se-

Zu Wasser wie zu Lande – Neuseeland ist eine sportbesessene Nation

geln, den Briten den Sieg im begehrten Admiral's Cup wegschnappen konnten und sich anschickten, die Herrschaft der Amerikaner im Großjachtsegeln aufzubrechen. Der wichtigste Schritt dazu war getan, als Neuseeland nach vielen Anläufen und mit enormem finanziellen Aufwand im Mai 1995 sogar den prestigeträchtigen America's Cup gewinnen und ihn 2000 verteidigen konnte.

Bedeutende Sportler

Daneben blühen – mit internationalen Erfolgen – Sportarten wie Basketball, Boxen, Ringen, Fußball und allerlei Flugsportarten. Sogar im Wintersport macht Neuseeland eine gute Figur. Die meisten Menschen „auf die Beine" bringen aber im wahren Wortsinn das **Wandern** und **Bergsteigen**. Jedem Besucher werden die unzähligen und vorzüglich gekennzeichneten Wanderwege (*walks* und *tracks*) auffallen und auch die Tatsache, dass diese genutzt werden. Und ein Land, das den 2008 verstorbenen Mt.-Everest-Bezwinger Sir Edmund Hillary hervorgebracht hat, ist selbstredend auch im Bergsteigen ganz groß. Immerhin wurde er bei seinem Staatsbegräbnis von der damaligen Premierministerin Helen Clark als „der bedeutendste Neuseeländer, der je gelebt hat" gewürdigt. Neuseeland sportlich – das sind nicht nur die Nationalhelden, wie Edmund Hillary, Anthony Wilding, Peter Snell, Murray Halberg, John Walker, Russell Coutts und viele andere mehr, das ist vor allem die sportbegeisterte breite Masse, die den Freizeitwert ihres Landes ausschöpft. Und es kann Ansporn für den ausländischen Besucher sein, es den Neuseeländern gleichzutun und sich das Zielgebiet mit Fahrrad, Kanu oder Wanderschuhen zu erobern.

Neuseeland kulinarisch

Neuseeländische Kochkunst einst und jetzt

Sterne-Küche

„Die fade, farblose Küche der Neuseeländer zu unterbieten, dürfte unmöglich sein. Was auch zubereitet wird, der allbeliebte Hammel, Rindfleisch oder Schweinernes, auf dem Herd der echt neuseeländischen Hausfrau verliert es seinen Charakter. Gewürze werden so gut wie nie benutzt, außer eine Prise Salz vielleicht. Alles schmeckt nach nichts." So beschrieb ein verzweifelter Reiseschriftsteller in den 1950er-Jahren die „Kochkünste" der Neuseeländer. In Neuseeland hatte das britisch-puritanische Erbe ein kulinarisches Vakuum hinterlassen. Doch gehören die Zeiten, da man nur Hammelkeule oder Rindersteak mit *baked beans* aus der Dose erhielt, längst der Vergangenheit an. Frischen Wind in die kulinarische Monotonie brachten in den letzten Jahrzehnten aus aller Welt eingewanderte Köche. Waren einst **erstklassige Restaurants** im ganzen Land an einer Hand abzuzählen, so hat sich Neuseelands gastronomische Szenerie inzwischen merklich gewandelt. Mittlerweile verwöhnt eine Vielzahl von Gourmet-Tempeln ihre anspruchsvolle Kundschaft mit kulinarischen Highlights aus Übersee, vor allem aber auch mit Gaumenkitzeln made in New Zealand.

Multikulturelle Versuchungen

Wie wollen wir heute Mittag essen? Armenisch? Birmanisch? Samoanisch? Wonach steht Ihnen heute Abend der Sinn? Äthiopisch? Libanesisch? Mongolisch? Oder wie wär's mit etwas ganz Exotischem – einem deutschen oder Schweizer Restaurant? In der neuseeländischen Restaurantszene spiegelt sich das Patchwork der Kulturen wider. Es gibt kaum ein Land, das nicht seine Gerichte ans andere Ende der Welt mitgebracht hätte. Mit italienischen Espressobars und Pizzerien fing es Anfang der 1960er-Jahre an. Heute gehören Feinschmeckerrestaurants aller Nationalitäten zum Straßenbild fast jeder neuseeländischen Stadt. Selbst Provinznester haben mittlerweile ihren „Italiener" oder „Chinesen". Vor allem südostasiatische Lokale gehören inzwischen zu den Selbstverständlichkeiten in der **bunten Gastronomie-Landschaft** Neuseelands. Für Liebhaber fernöstlicher Gaumenfreuden lohnt sich in Auckland und Wellington der Weg durch die jeweilige Chinatown. Hier kann man nicht nur einen kulinarischen Streifzug durch das Reich der Mitte machen, sondern auch in indonesischen, malaysischen, philippinischen, thailändischen und vietnamesischen Restaurants Spezialitäten kosten.

Kulinarische Vielfalt

Die moderne neuseeländische Küche

Die unzähligen Köche aus Übersee haben nicht nur ihre eigenen Küchengeheimnisse nach Neuseeland mitgebracht, sie haben auch einen immensen Beitrag zur Verfeinerung der klassischen neuseeländischen Kost geleistet. Aufgeschlossen für Einflüsse von außen, schufen experimentierfreudige neuseeländische Köche die „moderne neuseeländische Küche", die europäisch anmutet, aber einen deutlich asiatisch-pazifischen Stil hat und deshalb auch Pacific Rim Cuisine genannt wird. Inspirieren ließen sie sich dabei von französischen und italienischen Vorbildern sowie von den Aromen der leichten Thai- und anderer asiatischer Küchen. Neuseeländisch ist an dieser kalorienarmen Crossover-Küche nur eines – die unglaubliche Variationsbreite frischer und hochwertiger Ingredienzen, die immer raffinierter zubereitet werden. So überraschen neuseeländische Küchenchefs ihre Gäste mit Delikatessen wie Artischockensuppe mit Krabbenfleisch, austerngefüllten Rinderfilets oder honigglasiertem Lammrippenbraten.

Fisch und Meeresfrüchte

Liebhaber von Fisch und Meeresfrüchten kommen in Neuseeland voll auf ihre Kosten. Das *Seafood*, das meist fangfrisch aus der Speisekammer Neptuns auf die Tische kommt, zählt nach Meinung von Feinschmeckern zum besten der Welt. Die Fischer landen nicht nur schmackhafte Flossentiere an, sondern auch Hummer und Krabben oder Austern und Muscheln. Unter den Krustentieren, die in neuseeländischen Gewässern heimisch sind, gelten Langusten (*Crayfish*) als absolute Delikatesse. Gehobenen Gaumenkitzel bereits bei der Vorspeise versprechen der Genuss von *Bluff Oysters* bzw. *Pacific Oysters* (heimische Felsaustern, die nur saisonal erhältlich sind), *Greenshell Mussels* (Grüne Muscheln, miesmuschelähnlich, nur größer und mit grüner Schale) und *Scallops* (große Jakobsmuscheln, eine Spezialität der Marlborough-Region). Als Hauptgericht empfiehlt sich vielleicht ein einheimischer *Hoki* oder *Terakihi*, die meist gebacken oder gegrillt serviert werden. Ausgezeichnete Meeresfische sind *Snapper* (weiß, sehr zart), *Whiting* (weiß, ähnlich unserem Kabeljau), *John Dory* (kräftig, leicht süßlich) und *Trevalla* (festes Fleisch). Die meisten Speisefische kommen filetiert auf den Tisch. Einen Fisch samt Kopf und Schwanz zu servieren, erscheint den meisten Neuseeländern wenig appetitlich.

Paradies für Fischliebhaber

Frisch aus Neptuns Garten

Wenig appetitlich erscheint vielen Besuchern aus Übersee *Whitebait*, eine kulinarische Spezialität der südlichen West Coast und einiger Küstenregionen der Nordinsel. Dies sind 3 bis 6 cm lange, wurmähnliche Jungfische, die zwischen September und November mit engmaschigen Käschern gefischt und später mit Haut und Gräten in Omeletts oder Pfannkuchen eingebacken goutiert werden.

Wo essen?

Alkohollizenz

Aufgrund der verwirrenden neuseeländischen Alkoholgesetze lassen sich die Restaurants in drei Hauptkategorien einteilen: In manchen darf prinzipiell kein Alkohol getrunken werden (*Not Licensed Restaurants*), andere sind lizenziert und servieren alkoholische Getränke, allerdings in der Regel nur zusammen mit Mahlzeiten (*Fully Licensed Restaurants*) und die restlichen sind sogenannte *BYOs*. Diese Abkürzung steht für *Bring Your Own* und bedeutet, dass die Restaurants keine Lizenz zum Ausschank von alkoholischen Getränken haben, Gästen aber erlaubt ist, Wein und Bier mitzubringen. Obwohl die Wirte von BYO-Restaurants für das Kaltstellen und Öffnen der Flaschen eine Entkorkungsgebühr (*corkage*) berechnen, sind die meisten Gaststätten dieser Kategorie preisgünstiger als lizenzierte Restaurants.

Wer gelegentlich seinen Gaumen verwöhnen möchte und über eine wohlgefüllte Brieftasche verfügt, findet in Auckland, Wellington und anderen neuseeländischen Städten Spitzenrestaurants, die selbst anspruchsvolle Gourmetkritiker zu höchstem Lob hinreißen. Dort ist eine rechtzeitige Tischreservierung ebenso unerlässlich wie elegantere Kleidung. Für alle besseren Restaurants gilt: Man nimmt nicht am erstbesten Tisch Platz, selbst wenn dieser frei sein sollte, sondern wartet, bis man einen Platz zugewiesen bekommt. *Please, wait to be seated* nennt man diese Gepflogenheit.

Wenn das Reisebudget keine großen Sprünge zulässt, muss der Gürtel noch lange nicht enger geschnallt werden. Preiswert sowie meist gut und reichlich sind die *counter lunches* oder *counter meals*, die an den Theken vieler Pubs und Hotel-Kneipen serviert werden. Günstig sind auch die unzähligen Take-away-Restaurants, deren Angebot sich gewöhnlich jedoch auf Burger, Hot Dogs und Kiwi Meat Pies beschränkt. Für einen Imbiss geht man besser in einen der zahlreichen auf einer alten britischen Tradition beruhenden Fish'n'Chips Shops, in denen goldbraun frittierte Fischfilets mit Pommes frites erhältlich sind. Im Vergleich zu den Hamburger- und Hot-Dog-Buden schneiden auch die asiatischen Take-away-Lokale wesentlich besser ab. Kleine, billige Mahlzeiten servieren außerdem viele Bistros und Cafeterien, die häufig die Bezeichnung *Coffee Shops*, *Tea Rooms* oder *Snackbars* tragen. Tyisches *Snackbar Food* sind Sandwiches, die nach Kundenwunsch belegt werden. In größeren Städten findet man Schnellrestaurants bekannter Ketten, vornehmlich entlang der großen Ausfallstraßen.

Günstiges Fastfood

Das Barbecue

Mag *Dining Out*, das abendliche Essengehen in schicken Restaurants, auch ein wichtiger Bestandteil neuseeländischen Lifestyles sein: viele „Kiwis" können sich nichts Schöneres vorstellen, als sich mit Freunden im Garten zum Grillfest zu treffen. Das *Barbecue*, kurz *BBQ* oder *Barbie* genannt, ist eine der großen **Freizeitleidenschaften** der Neuseeländer. Nicht wenige haben das Grillen zur hohen Kunst perfektioniert und stellen selbst die Geschmacksnerven verwöhnter Feinschmecker zufrieden. Auf den heißen Eisenplatten der modernen, meist strom- oder gasbetriebenen Grills bruzzeln nicht nur Steaks und Würste, sondern auch frischer Fisch und marinierte Hühnchenschenkel, Kartoffelscheiben und knackiges Gemüse oder Delikatessen wie Krabben und Hummer. Das Barbecue ist so typisch für Neuseeland wie der Kiwi – praktisch überall im Land findet man Barbecue-Einrichtungen: in Stadtparks und Naturreservaten ebenso wie auf Campingplätzen und Caravan Parks. Keine echte Grillfete wäre komplett ohne einige Flaschen oder Dosen Bier, die gewöhnlich in einem *eskie*, einem Kühlbehälter, kaltgestellt werden. Mittlerweile hat auch Wein einen festen Platz bei Grillparties erobert. Häufig zapft man ihn dabei aus *casks* ab. Weil dies in Pappkartons steckende, 4 bis 5 l fassende Kunststoffbehälter sind, trägt der Inhalt, meist billiger Tafelwein, den Spitznamen „Château plastic".

Beliebte Grillpartys

Bier oder Wein?

Bei alkoholischen Getränken steht Bier an erster Stelle. Es ist eine Art Nationalgetränk geworden und gehört zum Pub-Besuch wie das Schaf zu Neuseeland. So sind auch die im Lande gebrauten Biere nicht nur trinkbar, sondern gut. Die bekanntesten Marken sind Steinlager, DB (Dominion Breweries), Joseph Kuhze, Rheinbek und Kiwi Lager. In besseren Gaststätten sind daneben australische, deutsche, irische, holländische und dänische Marken erhältlich. Das auch in *Dairies* verkaufte, fast alkoholfreie *light beer* löscht den Durst und schmeckt nicht schlecht, wenn es gut gekühlt ist. Immer mehr Neuseeländer aber lernen die hervorragende Qualität ihrer heimischen Weine lieben (s. S. 590).

Bier, Wein und andere alkoholische Getränke kann man in Neuseeland nicht einfach im Supermarkt kaufen. Alkoholika gibt es nur in lizenzierten Läden, die Bezeichnungen tragen wie *Bottle Store*, *Liquor Shop* oder *Wine Shop*. Häufig haben diese Geschäfte nur von der Mittagszeit bis in die frühen Abendstunden geöffnet. Die Alkoholgesetze sind sehr streng, zum Kaufen und Konsumieren muss man mindestens 18 Jahre alt sein.

Kulinarischer Sprachführer

Frühstück

bacon	Speck
cereals	Cornflakes u. Ä.
egg benedict	Toast mit Schinken, Tomaten und einem pochierten Ei
egg: hard boiled	hartes Ei
egg: soft boiled	weiches Ei
egg: over easy	Spiegelei, von beiden Seiten gebraten
egg: scrambled	Rührei
egg: soft boiled	weich gekochtes Ei
egg: sunny side up	Spiegelei, nicht gewendet
marmelade	Orangenkonfitüre
oatmeal	Haferflocken
roll	Brötchen
weeties	Frühstücksflocken aus Weizen

Fleisch & Geflügel

cervena	zartes Rotwildfleisch von Zuchttieren
cold cuts	Aufschnitt
hogget	Fleisch von einjährigen Schafen
lamb chop	Lammkotelett
minced beef	Hackfleisch vom Rind
mutton	Hammelfleisch
pork chop	Schweinekotelett
prime rib	Rinderbratenscheibe
quail	Wachtel
rabbit	Kaninchen
roast	Fleischbraten
silverside	eingelegtes Rindfleisch
sirloin steak	Lendenstück vom Rind
spare ribs	Schweinerippchen
steak medium rare	kurz angebratenes Steak
steak rare	rosa Steak
steak well done	durchgebratenes Steak
stew	Ragout

veal	Kalbfleisch
venison	Hirschfleisch von gejagten Tieren

Fisch & Meeresfrüchte

bass	Barsch
catch of the day	fangfrischer Fisch
chowder	sämige Fischsuppe
clams	Muscheln
cockles	Herzmuscheln
cod	Kabeljau
crab	Krebs
crayfish	Languste
flounder	Flunder/Scholle
lobster	Hummer
mussels	Miesmuscheln
octopus	Tintenfisch
oysters	Austern
prawns	Riesengarnelen
salmon	Lachs
scallops	Jakobsmuscheln
seafood	Meeresfrüchte
shellfish	Schalentiere
shrimps	Garnelen
snapper	Blaufisch
squid	Tintenfisch, meist in Ringe geschnitten und fritiert
sole	Seezunge
swordfish	Schwertfisch
trout	Forelle

Beilagen & Gemüse

baked beans	gebackene Bohnen in Tomatensauce
baked potatoes	gebackene Kartoffeln mit Schale
coleslaw	angemachter Salat aus geraspeltem Kohl, Karotten, Äpfeln und Zwiebeln
french fries	Pommes frites
fried potatoes	Bratkartoffeln
gravy	Bratensauce
hash browns	knusprig gebratene Kartoffelraspeln, ähnlich Rösti
kumara	Süßkartoffel
mashed potatoes	Kartoffelpüree
wedges	in große Stücke geschnittene, gewürzte Pommes frites

Zubereitungsarten

batter	im Teigmantel
braised	geschmort
broiled	gekocht
deep fried	frittiert (meist mit Panade)
fried	gebraten

pickled	gebeizt, eingelegt
roast	gebraten
smoked	geräuchert
steamed	gedämpft
stuffed	gefüllt

Nachspeisen, Snacks, Obst

apple pie	gedeckter Apfelkuchen
brownie	Schokoladenplätzchen
cheeseboard	Käseplatte
cream	Sahne
custard	Vanillesauce, Pudding
donut	Spritzkuchenring
nashi	saftige Frucht, eine Kreuzung aus Apfel und Birne
pavlova	Süßigkeit aus Schaumgebäck, Früchten und Sahne
pastry	Gebäck
whipped cream	Schlagsahne

Getränke

ale	Bier
beer on tap	Bier vom Fass
cider	Apfelwein
draught	Bier vom Fass
lager	helles Bier
sparkling wine	Sekt
wine by the glass	offener Wein

Wichtige Begriffe und Redewendungen

al fresco dining	unter freiem Himmel speisen
all you can eat	für einen Einheitspreis, so viel essen, wie man will
Dine in or take away?	Wollen Sie's hier essen oder mitnehmen?
health food	Reformkost
Is this seat taken?	Ist dieser Platz besetzt?
lunch	Mittagessen
May I have the bill please?	Ich möchte zahlen.
menu	Speisekarte
napkin	Serviette
order	Bestellung
Please, wait to be seated!	Bitte warten Sie, bis Ihnen ein Platz zugewiesen wird!
special of the day	Tagesgericht
tea	einfaches Abendessen
waiter	Ober
waitress	weibliche Bedienung
Will it be cash or credit card?	Bezahlen Sie in bar oder mit Kreditkarte?
Would you care for a doggie bag?	Auch wenn man keinen Hund hat: Was übrig bleibt, wird von den meisten Restaurants gerne für zu Hause verpackt.

Kultureller Überblick

Lange Jahre der Selbstfindung

Beim Thema neuseeländische Kunst und Kultur müssen die meisten passen. Kaum einer hierzulande hat von der Schriftstellerin Katherine Mansfield gehört oder von der Sopranistin Kiri Te Kanawa. Allenfalls kennt man den Regisseur Peter Jackson, den genialen Schöpfer des Kinoepos „Der Herr der Ringe". Spätestens dann aber hören für die meisten die Kenntnisse über neuseeländische Kunst auf.

Unbekannte Kulturszene

Bis weit ins vergangene Jahrhundert hinein war das neuseeländische Kulturleben in hohem Maße von der einseitigen **Orientierung auf Großbritannien** geprägt. Da die neuseeländischen Künstler des 19. Jh. fest in britischen Traditionen verwurzelt waren, kam es weder in der Literatur noch in der Malerei und Musik zu einer Auseinandersetzung mit Neuseeland und seiner angestammten Kultur. Erst die Entwicklung des Nationalbewusstseins in den Jahren nach dem Ersten Weltkrieg brachte einen merklichen kulturellen Wandel. Vor allem in Literatur und Malerei war nun eine verstärkte Hinwendung zu spezifisch neuseeländischen Themen zu verzeichnen.

Selbst in der zweiten Hälfte des 20. Jh. war Kultur für die meisten Neuseeländer lange Zeit kein Thema. Sport und andere Freizeitaktivitäten standen – und stehen auch heute noch – sehr viel höher im Kurs. Kunst und Kultur waren vor allem ein Anliegen des Bildungsbürgertums in den größeren Städten. So hatten die wenigen neuseeländischen Künstler in ihrem eigenen Land lange Zeit einen schweren Stand. Neuseelands künstlerische Avantgarde bezog damals immer wieder Schelte, weil in den sogenannten „langweiligen 1950er-Jahren" Mittelmaß und Gleichförmigkeit als erstrebenswerte Ideale angesehen wurden. Wie ein Alpdruck lastete ein alles erstickender Puritanismus auf dem Kulturleben des Landes. Das kulturelle Desinteresse bewog damals nicht wenige neuseeländische Künstler auf der Suche nach Anerkennung ins Ausland zu gehen. Aufgrund dieses *brain drain* verwandelte sich Neuseeland in ein **kulturelles Ödland**. „Große kulturelle Ereignisse finden in Neuseeland nur dann statt, wenn unsere Künstler zu einem Gastspiel nach Hause kommen", schrieb damals ein frustrierter Kulturkritiker.

Erst in den 1960er- und 1970er-Jahren begann eine neue Phase der kulturel-

Neuseeland legte einen weiten Weg zurück zur kulturellen Selbstfindung

len Emanzipation Neuseelands, in deren Verlauf man sich endgültig von englischen Vorbildern und auch amerikanischen Einflüssen löste. Ein wachsendes allgemeines Interesse an den Künsten motivierte viele Kunstschaffende, eigene Wege zu gehen. Zu dieser Entwicklung trugen neben den zurückkehrenden emigrierten Künstlern auch die zahlreichen nicht britischen Einwanderer bei. Sie sprengten überkommene geistige und ästhetische Verkrustungen und brachten dadurch mehr Farbe und Vielfalt in den neuseeländischen Kulturbetrieb.

Lebendiges kulturelles Angebot

Und je kosmopolitischer Neuseelands Metropolen wurden, desto größer, vielschichtiger und verständnisvoller wurde auch das Publikum. Heute blüht in Neuseeland ein in diesem „Pionierland" kaum vermutetes, **facettenreiches Kulturleben**. Allenthalben sprießen in Auckland, Christchurch und Wellington, aber auch in kleineren Provinzstädten neue Galerien aus dem Boden, werden von rührigen Kulturarbeitern Dichterlesungen oder internationale Literaturseminare organisiert, geben internationale Kunstfestivals neue Impulse, gibt es steile, wenn oft auch kurze Karrieren heimischer Rock- und Pop-Gruppen und zieht der junge neuseeländische Film im In- und Ausland ein breites Publikum an.

Literatur

Inspiration durch Maoris

Die Literatur wendet sich nach langer Abhängigkeit von europäischen Traditionen und Themenvorgaben nun verstärkt den **Maoris** zu, unter denen sich auch eine Reihe beachtenswerter Autoren befindet. Die Schriftstellerin **Keri Hulme** (geb. 1947) vertritt insofern in ihrem Werk „Prose-Poem" (1981), in dem sie sich von mythologischen Stoffen der Ureinwohner inspirieren lässt, nur eine allgemeine Tendenz. Dieses Werk wurde ebenso wie ihre 1986 bzw. 1989 edierten Romane „The Bone People" (deutscher Titel „Unter dem Tagmond") und „The Windeater" (deutscher Titel „Der Windesser – Te Kaihau") im In- und Ausland ausgezeichnet, und vielleicht wird sie nach der bereits genannten Katherine Mansfield die zweite große Schriftstellerin ihres Landes.

Mit Rassendünkel, Problemen der Maoris und der sogenannten „Insulaner" oder auch mit den Schwierigkeiten der Pakehas im Umgang mit diesen, erzählen die Bücher von **Michael King** („Being Pakeha"), **Albert Wendt** („Sons for the return home", der erste jemals veröffentlichte Roman eines Samoaners, oder „Black Rainbow") und von **Patricia Grace** („Mutuwhenua – The Moon Sleeps"). Gerade die Romanschriftstellerin und Maori Patricia Grace (geb. 1937) ist neben Keri Hulme ein weithin leuchtender Stern am Himmel der neuseeländischen Literatur. In ihrem Buch „Potiki" (1986) berichtet sie von den Riten, Zaubereien und dem Widerstand der Maori gegen Umweltzerstörung. Von ihr sind in deutscher Sprache die Romane „Drei Cousinen" (2005) und „Anapuke – Berg der Ahnen" (2005) erschienen. Ebenfalls aus Maori-Perspektive schreibt **Alan Duff** (geb. 1950), und das mit großem Erfolg. Sein Roman „Once were Warriors" war nicht nur ein Bestseller, sondern auch Vorlage einer Verfilmung, die 1994 sogar größeren Zuspruch fand als „Das Piano" (s. S. 68). Durch den Ehrengaststatus des Landes bei der Frankfurter Buchmesse 2012 wurde die neuseeländische Literaturszene ins internationale Rampenlicht gesetzt, u. a. wurden 66 Werke neu ins Deutsche übersetzt

Malerei

Bis Ende des 19. Jh. war die neuseeländische Malerei kaum mehr als eine Nachahmung europäischer Stilrichtungen. In der Gründerzeit hatte die Malkunst vornehmlich die Landschaft der neuen britischen Kolonie zum Inhalt. Allerdings verrät kaum ein Element in der frühen neuseeländischen Malerei die Auseinandersetzung mit dem Land. So idealisierten frühe Kolonialmaler in der Tradition der **englischen und deutschen Landschaftsmalerei** die ungezähmte neuseeländische Natur mit romantischen Beigaben.

Erst im 20. Jh. begann sich eine eigenständige neuseeländische Malerei zu entwickeln. So ging der 1919 geborene Colin McCahon (1919–1987) über weite Strecken einen der Literatur nahestehenden Weg, indem er auf seinen großformatigen Ölbildern und Serien durch die Setzung von Buchstaben, Ziffern oder Sätzen mit der sonst konservativ erstarrten Malerei seines Landes brach. In englischer oder Maori-Sprache reflektierte er **religiöse, mythologische und soziale Themen** genauso wie die ökologische Bedrohung. Inzwischen ist eine ganze Reihe experimenteller Künstler aus dem beschränkten Horizont ihres Heimatlands herausgetreten und hat über die Landesgrenzen hinaus von sich reden gemacht. Vom Phänomen der weltweiten Anerkennung australischer Aborigine-Kunst konnten dabei auch Maori-Künstler profitieren.

Eigenständige Malerei

International noch bekannter war natürlich **Friedensreich Hundertwasser**, der sich Neuseeland zur Heimat machte. Nicht nur sind Originale und Reproduktionen seiner Werke in vielen Galerien des Landes zu sehen, sondern sein künstlerisches Eingreifen in die „Flaggen-Diskussion" hatte auch Emotionen freigesetzt, die immer noch aktuell sind.

Filmkunst

Erstaunlicherweise hat der neuseeländische Film eine **lange Tradition**, die besonders in den 1920er-Jahren einige hervorragende Werke hervorgebracht hat. Interessant ist auch, dass die Maoris als Thema nicht erst in jüngster Zeit „entdeckt" wurden, sondern ebenfalls bereits zwischen den Weltkriegen („A Maori-Maid's Love" u. a.) aktuell waren. Sogar der allererste, im Jahre 1914 gedrehte Spielfilm des Landes („Hinemoa") ging schon auf eine mythologische Maori-Geschichte zurück. Nach einer Zeit der Flaute und des Kinosterbens war in den 1980er-Jahren der neuseeländische Film wieder auf dem Vormarsch, beflügelt von internationalen Preisen und kommerziellen Erfolgen von Regisseuren wie Melanie Read oder Geoff Murphy (geb. 1946), von dem besonders das Endzeitszenario „The Quiet Earth" von sich reden machte. Erwähnt werden muss auch der Regisseur Vincent Ward (geb. 1956), der 1988 mit seinem fantasievollen Werk „The Navigator" bekannt wurde und 2004 im Lande den Streifen „River Queen" mit Hauptdarsteller Kiefer Sutherland (geb. 1966) drehte.

Traditionsreiche Filmkunst

Das neuseeländische Kino der 1990er-Jahre wurde dominiert vom Regiestar Jane Campion (geb. 1946), deren Film „Das Piano" mit mehreren Oscars ausgezeichnet wurde und 1993 über viele Wochen in den USA, Europa und Neuseeland zu den meistgesehenen zählte. Ihre Liebesgeschichte einer stummen Pianospielerin lebte vor allem auch von den schönen Naturaufnahmen aus ihrer Heimat. Vorher schon hatte Jane Campion mit dem autobiographischen Werk „Der Engel an meiner Tafel" für Aufsehen gesorgt.

Erfolgreiche Filme

Einen noch größeren Publikumserfolg erzielte 1994 in Neuseeland die Verfilmung des Maori-Romans „Once were Warriors" (auf Deutsch: „Die letzte Kriegerin") von Alan Duff. Während hier die Schattenseite des Maori-Lebens mit Alkoholismus, Gewalt und Entwurzelung am Rande der Großstadt thematisiert wurde, feierte der Streifen „Whale Rider", der 2003 in die Kinos kam, mit der Darstellung selbstbewusster und stolzer Menschen in einem regelrechten Maori-Märchen Welterfolge. Zusammen mit Regisseuren wie Lee Tamahori und Filmproduktionen gelang auch etlichen neuseeländischen Schauspielern der internationale Durchbruch. So etwa Rena Owen (geb. 1962), die in „Once were Warriors" als wahre Maori-Löwenmutter brillierte, oder Sam Neill (geb. 1947), der durch eine männliche Hauptrolle in „Das Piano" und in Steven Spielbergs „Jurassic Park" Triumphe feierte. Nach dem Boom der Herr der Ringe-Trilogie (s. Infokasten) wurden u.a. die Fantasyabenteuer „Die Chroniken von Narnia: Der König von Narnia" (2005) und „Die Chroniken von Narnia: Prinz Kaspian von Narnia" (2008) von Regisseur Andrew Adamson in Neuseeland gedreht ebenso wie „Die Abenteuer von Tim und Struppi" (2011) von Steven Spielberg.

Heimat von „Mittelerde" – im Focus der Filmindustrie

info

1987 sorgte ein mit kleinem Budget gedrehter Streifen namens „Bad Taste" („Geschmacklos"), eine Mischung aus Horror, Science Fiction und schwarzem Humor, bei den Filmfestspielen in Cannes für Furore. Und er machte Peter Jackson (geb. 1961), der bei dem Film nicht nur Produzent, Regisseur und Autor war, sondern auch zwei Hauptrollen spielte, international bekannt. Doch keiner ahnte damals, welche Karriere dieser kleine Mann aus Neuseeland noch vor sich haben sollte. Jacksons solide gefertigte Fantasy- und Zombiefilme wie „Heavenly Creatures" (1994) und „Frighteners" (1996) bereiteten ihm schließlich den Boden für das bis dahin größte cineastische Abenteuer überhaupt: die Verfilmung des für unverfilmbar gehaltenen Romans „Lord of the Rings" von J.R.R. Tolkien. Noch niemals zuvor war in der Filmindustrie ein solcher Gigantismus an den Tag gelegt und gleichzeitig ein solches Wagnis eingegangen worden.

15 Monate Dreharbeiten, Kosten von rund 310 Mio. Dollar und mehr als 26.000 Statisten führten aber zu einem Happy End: drei Filme waren gedreht worden, waren ab 2001 jeweils im Jahresabstand in die Kinos der Welt gelangt und hatten alle Rekorde gebrochen – und am Ende 11 Oscars eingeheimst! Selbst die vorher skeptische Tolkien-Fangemeinde war mit dem filmischen Ergebnis mehr als zufrieden. Und für die neuseeländische Hauptstadt Wellington, in deren Studios die Trilogie umgesetzt wurde, bürgerte sich der Name Wellywood ein. Durch den Film drängten bis dahin unbekannte neuseeländische Schauspieler ins Rampenlicht der Weltöffentlichkeit, vor allem aber erlebte Neuseeland selbst einen touristi-

schen Schub sondergleichen. Laut einer Umfrage im Jahre 2003 kannten mehr als 90 % aller ausländischen Besucher die Verfilmung und immerhin 10 % gaben an, der „Herr der Ringe" sei einer ihrer Hauptreisegründe gewesen. Allein Wellington rechnete mit 160 Mio. NZ-$ zusätzlichen Einnahmen, und überall im Lande boten Veranstalter Touren zu Schauplätzen oder touristisch genutzten Filmkulissen an. Es traf sich gut, dass diese gerecht über beide Inseln verteilt waren – Matamata in der Waikato-Region z. B. lockt mit Hobbiton, Heimat der Hobbits, bei Taupo macht man sich auf die Suche nach Mordor, in Lower Hutt findet man Minas Tirith und Helms Klamm sowie in Upper Hutt Isengard, die Gegend um Queenstown diente als Hintergrund für Lothlorien und die von Te Anau für die Toten Sümpfe. In Wellington selbst wurden die Kulissen für Moria und Bree gebaut. Hier steht auch das Kino Embassy, das mit einem riesigen Gollum auf dem Dach unübersehbar für die Premieren der Ring-Trilogie warb.

Nicht nur für den Fremdenverkehr war und ist die Trilogie ein Segen, auch die einheimische Filmindustrie konnte profitieren. Der „Herr der Ringe" hatte gezeigt, dass das Land auf engem Raum nahezu jede gewünschten Kulisse bieten kann, dazu über die notwendige Infrastruktur verfügt und, weil deutlich preisgünstiger als Kalifornien, mit anderen gefragten Drehländern, wie etwa Kanada und Tschechien, konkurrieren kann. Für den Tom-Cruise-Film „Der letzte Samurai" wurden ebenfalls längere Sequenzen auf Neuseeland gedreht, wobei der Mt. Taranaki den japanischen Fujiama „doubelte".

Der größte Profiteur seines Werkes war wohl Peter Jackson selbst: unmittelbar nach Ende der Dreharbeiten handelte er für die Neuverfilmung von „King Kong" (Schau-

Tolkiens fruchtbares Auenland – in Neuseeland existiert es tatsächlich

platz: Neuseeland!) den höchsten Betrag aus, den Hollywood bis dato für einen Filmemacher herausgerückt hat: 20 Mio. US-$ plus 20 % der Einspielergebnisse!

Und die Erfolgsstory ist noch nicht zu Ende: Am 28. November 2012 feiert die epische Kinoadaption von J.R.R. Tolkiens Werk „The Hobbit: An Unexpected Journey" im Embassy Theatre in Wellington Premiere. Peter Jackson hat dafür wieder an mehreren Orten auf der Nord- und Südinsel gedreht. In deutschen Kinos wird „Der Hobbit: Eine unerwartete Reise" erstmals am 13. Dezember 2012 gezeigt. Ende 2013 soll die Verfilmung von „The Hobbit: There and Back Again" („Der Hobbit: Hin und zurück") folgen.

Musik

Dass die Neuseeländer auch in der Musik ihre eigenen Wege gehen, versteht sich von selbst. Ob Country-Musik oder Rock, Rap oder Reggae, alle weltweit populären Stilrichtungen werden von einheimischen Bands aufgegriffen und professionell umgesetzt. Auffallend viele **Maori-Gruppen** sind darunter, denen allerdings – anders als manchen australischen Aborigine-Bands – der internationale Durchbruch nur selten gelingt. Oder die, falls sie international erfolgreich sind, prompt für Australier gehalten werden. Der Popgruppe Split Enz etwa ging es in den 1970er–80er-Jahren so, ähnlich Shihad bzw. Pacifier Anfang der 2000er-Jahre.

Opernstar

Wenn es darum geht, eine musikalische Leitfigur für das Land auszuwählen, dann kommt man an **Kiri Te Kanawa** (geb. 1944) nicht vorbei. Die 1945 geborene Maori mit europäischen Vorfahren war der von allen Volksschichten verehrte Opernstar, der zwar in England lebt, aber der Heimat nie für längere Zeit fernbleibt und oft genug im eigenen Land auftrat. Auf allen großen Bühnen in Europa und Amerika wurde „Kiri" gefeiert, aber nichts war beeindruckender als eines ihrer Gastspiele in Auckland oder Wellington, wenn die Sopranistin nach ihren Vorführungen mit minutenlangen *standing ovations* verabschiedet wurde. Im August 2009 verkündete Kiri Te Kanawa das Ende ihrer Opernkarriere.

Wirtschaftlicher Überblick

Das Wirtschaftswunder

Es war einmal ein Land am anderen Ende der Welt, in dem es sich gut leben ließ. Ein Land mit amerikanischem Lebensstandard und skandinavischer Klassenlosigkeit – *The Lucky Country*, wo Milch und Honig flossen, das „glückliche Land", das viele Auswanderer anlockte. Basis des Wohlstands der Neuseeländer war bis Mitte des vergangenen Jahrhunderts die Landwirtschaft. Vor allem durch die Ausfuhr von Wolle, Weizen und Fleisch erzielte das Land eines der weltweit höchsten Pro-Kopf-Einkommen. Mitte der 1950er-Jahre war Neuseeland die drittreichste Nation der Erde, nach den USA und Kanada.

In jenen „goldenen Jahren" vernachlässigte man aber den Aufbau einer effizient arbeitenden heimischen Konsumgüterindustrie. Auch verschliefen die Neuseeländer neue wirtschaftliche Trends und globale Veränderungen. Schon während der 1960er-Jahre schätzten ausländische Experten die neuseeländische Ökonomie als wenig innovativ und international

Zwei, drei Minuten – fertig ist die Schafrasur

kaum konkurrenzfähig ein. Im Lande selbst jedoch wurde das keineswegs als Handicap empfunden, solange der unwirtschaftlich arbeitende Binnenmarkt durch Einfuhrbeschränkungen und hohe Schutzzölle gegen unliebsame ausländische Konkurrenz abgeschottet war. Zudem maß man den Einnahmen aus industriellen Exporten so lange keine große Bedeutung bei, wie die Ausfuhr von Agrarprodukten genügend Geld in die Devisenkassen fließen ließ.

Die Wirtschaftskrise

Dies änderte sich schlagartig, als Großbritannien 1972 der Europäischen Gemeinschaft beitrat und nun strengen Einfuhrbestimmungen unterlag. Praktisch über Nacht verlor die neuseeländische Landwirtschaft dadurch ihren mit Abstand **wichtigsten Überseemarkt**. Für das Antipodenland, das als Großbritanniens *outlaying farm* – Englands Farm in Übersee – ausschließlich von seinem grünen Gras gelebt hatte und nun auf seinem Schaffleisch und seinem Weizen sitzenblieb, war dies ein Schock. Bis dahin hatte Neuseeland die Hälfte seines Exports ins einstige Mutterland verschifft, das zudem feste, überdurchschnittliche Preise für die Agrarprodukte gezahlt hatte. Jetzt rächte es sich, das sich Neuseeland in der trügerischen Sicherheit eines garantierten britischen Absatzmarkts für seine Exporte weder um eine Strukturänderung der heimischen Wirtschaft gekümmert, noch nach möglichen neuen Märkten umgesehen hatte. Zwar konnte Neuseeland in zähen Verhandlungen mit der EG Sonderquoten für seine Exporte auf den europäischen Markt durchsetzen, aber an der desolaten Situation änderte sich dadurch kaum etwas. Als dann auch noch die Kosten für Öl und andere Energierohstoffe stiegen, erlebte Neuseeland die schlimmste **Wirtschaftskrise** seiner Geschichte. Die Inflationsrate erreichte 1978 18 %, das Realeinkommen fiel zwischen 1973 und 1977 um 11 % und die Arbeitslosenzahlen stiegen genauso wie die

Auswanderungszahlen. Allein in den Jahren 1977 und 1978 verließen 45.000 Kiwis ihre Heimat. Zudem wuchs die Auslandsverschuldung rapide denn das Land musste zum Ausgleich seiner negativen Handelsbilanz hohe Anleihen aufnehmen.

Verschwenderische Geldpolitik

Klar wurde weiterhin, dass das Wunder einer wohlhabenden, sozialen Gesellschaft schon in früheren Jahren bei weitem nicht nur mit im Lande erwirtschafteten Mitteln realisiert worden war, sondern zum Teil auch mit fremdem, geliehenen Geld. Der Rausch der Boomjahre verschloss den Wirtschaftsplanern damals die Augen vor der Gefahr einer ungehemmten und unbekümmerten Geldpolitik. Der Schuldenberg blähte sich auf – heute gehört Neuseland weltweit zu den Ländern mit der höchsten Pro-Kopf-Verschuldung. Der Kapitalzufluss aus dem Ausland hatte es den Kiwis damals ermöglicht, „über ihre Verhältnisse" zu leben. Mit drastischen Worten versuchte der damalige Premierminister Sir Robert David Muldoon seinen Landsleuten klarzumachen, dass sie den Gürtel enger zu schnallen hatten: „**The party is over!**"

Kurskorrektur

Die Zeiten, da die Neuseeländer mit nur relativ wenig Kraftaufwand und unternehmerischem Geschick ihre Ressourcen in klingende Münze verwandeln konnten, waren endgültig vorbei. Die Wirtschaftsstrategen verordneten der verkrusteten neuseeländischen Wirtschaft, deren Strukturen zum Teil noch aus der Kolonialzeit stammten, daher eine „Verjüngungskur": Leistungsorientierte Löhne, höhere Produktivität, Privatisierung unrentabler Staatsbetriebe, Abbau von Schutzzöllen und Zügelung der Gewerkschaften waren wichtige Komponenten der wirtschaftspolitischen Kurskorrektur, deren Eckpfeiler Strukturwandel und Diversifizierung hießen.

Wirtschaftsfaktor Tourismus

In erster Linie wollte man die Ökonomie auf eine breitere und damit **solidere Basis** stellen, sich also um eine weiter gefächerte Produktionspalette für den Export bemühen. Ein Kernpunkt der neuen Strategie war die vermehrte Verarbeitung von Rohstoffen an Ort und Stelle, mit dem Ziel, deren Exportwert zu erhöhen. Einen hohen Stellenwert maßen Planer zudem dem **Tourismus** bei, der schon seit geraumer Zeit große Sprünge macht. Innerhalb nur eines Jahrzehnts mauserte sich die Fremdenverkehrsindustrie zu einem der wichtigsten Wirtschaftszweige, der direkt und indirekt rund 200.000 Arbeitsplätze schafft.

Verlorenes Terrain wollten die Neuseeländer vor allem auch mittels einer geografischen Neuorientierung hinsichtlich der **Handelspartner** zurückgewinnen. „Das 19. Jahrhundert gehörte Europa, das 20. Amerika und das 21. gehört dem asiatisch-pazifischen Raum", wurde zu einem Schlagwort der Wirtschaftsauguren. Lange Zeit hingen neuseeländische Politiker und Wirtschaftsführer traditionsverhaftet eher an London, anstatt sich mit dem Wirtschaftspotenzial von Tokio, Singapur, Shanghai, Hongkong oder Bangkok auseinanderzusetzen. Sie nahmen kaum zur Kenntnis, dass nicht weit vor ihrer Haustür sieben der zehn weltweit am schnellsten wachsenden Volkswirtschaften liegen und ignorierten ihre asiatischen und pazifischen Nachbarn mehr oder weniger. Mittlerweile haben die Neuseeländer die Illusion, man könne als britischer Außenposten auf ewig unter sich bleiben, längst ad acta gelegt. Auf dem Weg zu dieser Standortbestimmung befand sich Neuseeland jahrzehntelang in einem Dilemma: Geschichtlich gehört das Land zum fernen Europa, geo- und wirtschaftspolitisch jedoch zu Asien. Aber langsam begriffen die Neuseeländer, dass sie ihr geografisches Schicksal annehmen müssen, dass ihre wirtschaftliche Zukunft nicht von Europa abhängt. So verbesserte ein **Freihandelsabkommen** mit Australien und mit der Staatenwelt des Südpazifik die Relationen des Warenaustausches in dieser Region. Der neuseeländische Export in den Pazifik konnte von 1975 bis 2011 um rund 1.000 % gesteigert werden. Während die Prozentanteile im Außenhandel mit Australien (23 %), China (19 %), USA (17 %), Japan (14 %) und Südkorea (12 %) deutlich stiegen, sank im gleichen Zeitraum die Bedeutung des einst übermächtigen Großbritannien von gut 20 % auf nur noch knapp 6 % im Jahre 2011.

Durch die wirtschaftspolitische Kurskorrektur wurde nicht nur der Niedergang des Landes abgebremst, es wurde damit sogar die Basis für ein neues kleines Wirtschaftswunder geschaffen. Seit den 1990er-Jahren verzeichnet die neuseeländische Ökonomie **ungebrochenes Wachstum**, das nur durch die beiden verheerenden Erdbeben in Christchurch im September 2010 und im Februar 2011 vorübergehend gebremst wurde. Die Organisation für wirtschaftliche Zusammenarbeit und Entwicklung (OECD) lobte die Regierung in Wellington für ihre weitreichenden Wirtschaftsreformen. Bei einem soliden Staatshaushalt 20011/12 will die konservative Regierung unter Premierminister John Key mit Steuersenkungen und vor allem dem Schuldenabbau fortfahren. Deutlich steigen sollen die Staatsausgaben im Sozial-, Gesundheits- und Bildungswesen. Durch Ausbildungsinitiativen will man die hohe Arbeitslosigkeit bei Jugendlichen unter 20 Jahren und bei Maoris abbauen.

Wirtschaftswunderland

Der Export floriert – Container-Verladehafen in Dunedin

2. NEUSEELAND ALS REISEZIEL

Allgemeine Reisetipps von A–Z

> **Hinweis**
>
> In den **Allgemeinen Reisetipps von A–Z** finden Sie – alphabetisch geordnet – reisepraktische Hinweise für die Vorbereitung Ihrer Reise und für Ihren Aufenthalt in Neuseeland. Auf den **Grünen Seiten** (ab S. 127) werden Preisbeispiele für Ihren Neuseeland-Aufenthalt gegeben. Im anschließenden **Reiseteil** (ab S. 136) erhalten Sie bei den jeweiligen Orten und Routenbeschreibungen detailliert Auskunft über Infostellen, Sehenswürdigkeiten mit Adressen und Öffnungszeiten, Unterkünfte, Restaurants, Einkaufen, Nachtleben, Verkehrsmittel, Touren und Sportmöglichkeiten. Die Angaben in diesem Buch wurden sorgfältig recherchiert, sollten sich dennoch einige Details geändert haben, freuen wir uns über Ihre Anregungen und Korrekturen: info@iwanowski.de.

Abkürzungen	76	**M**aßeinheiten	104
An-, Ein- und Ausreise	76	Medien	104
Aktivurlaub und Sport	79		
Auskunft	84	**N**achtleben	104
Auto/Motorrad fahren	84	Nationalparks/	
Autostopp/Trampen	90	Naturschutzgebiete	106
		Notruf	108
Behinderte	90		
		Öffnungszeiten	108
Camper/Wohnmobile	90		
		Post	108
Diplomatische Vertretungen	92	Preisnachlässe	109
Einkaufen/Souvenirs	93	**R**auchen und Trinken	109
Einwandern/Arbeiten	94	Reiseveranstalter	109
Elektrizität	94	Reisezeit	110
		Restaurants	110
Ferien, Feiertage, Feste	95		
Fotografieren	98	**S**prache	111
Frauen allein unterwegs	98	Strände	113
Geldangelegenheiten	99	**T**elefonieren	114
Gesundheit	100	Trinkgeld	115
Internet/Internetadressen	101	**U**nterkunft	115
Kartenmaterial	102	**V**erhalten	121
Kinder	102	Verkehrsmittel	121
Kleidung	103		
Kriminalität	103	**Z**eit	126

Abkürzungen

Häufige Abkürzungen, die in Neuseeland (etwa auf Landkarten, Straßenschildern usw.) und in diesem Buch gebraucht werden, sind:

Ave.	Avenue	Ln.	Lane (Fahrspur)
Bldg.	Building	Mt.	Mountain
Blvd.	Boulevard	NP	Nationalpark
Cnr.	Corner (Ecke)	Pk.	Peak (Gipfel)
Dept.	Department	Rd.	Road
Dr.	Drive	Rs.	Reservoir (Stausee)
Hwy.	Highway	St.	Street
I.	Island (Insel)	Terr.	Terrace

Neben diesen Abkürzungen findet man in neuseeländischen Straßenkarten oder Adressen oft auch SH für State Highway oder RD für Road.

An-, Ein- und Ausreise

▶ Reisedokumente

Touristen aus Deutschland, Österreich oder der Schweiz benötigen kein Visum, wenn sie nicht länger als drei Monate im Land bleiben wollen. Es genügt der Reisepass, der noch mindestens drei Monate Gültigkeit über das Rückreisedatum hinaus haben muss. Falls man länger im Land bleiben möchte, sollte man sich rechtzeitig an die neuseeländische Botschaft oder ein Konsulat wenden. Bei der **Ankunft** ist eine *Passenger Arrival Card* mit den persönlichen Daten und eine Erklärung über evtl. mitgebrachte Lebensmittel auszufüllen. Gelegentlich wird kontrolliert, ob man ein gültiges Ausreiseticket und genügend Geldmittel, in der Regel NZ-$ 1.000 pro Aufenthaltsmonat besitzt (Kreditkarten gelten als Nachweis). Junge Deutsche (bislang aber nicht Österreicher und Schweizer im Alter zwischen 18 und 30 Jahren haben die Möglichkeit ein sogenanntes *Working Holiday Visa* zu beantragen, das ihnen gestattet, ein Jahr lang durch Neuseeland zu reisen und zur Finanzierung der Reise Jobs anzunehmen. Infos inkl. Jobbörse unter www.backpackerboard.co.nz.

☞ Hinweis
Aktuelle Informationen zu allen Visa inkl. Anträge zum Download gibt es bei der New Zealand Embassy in Berlin (www.nzembassy.com/germany) und beim New Zealand Immigration Service (NZIS, www.immigration.govt.nz).

▶ Einfuhr und Ausfuhr von Waren

Gegenstände für den persönlichen Bedarf können unbeschränkt mitgebracht werden, z. B. Fotoapparate, Videokameras, Ferngläser, Mobiltelefone. Reisende ab 18 Jahre dürfen 200 Zigaretten oder 250 g Tabak oder 50 Zigarren sowie 4,5 l Wein oder 4,5 l Bier oder 1,125 l Spirituosen zollfrei einführen. Andere anmeldepflichtige Waren sind bis zu einem Betrag von NZ-$ 700 zollfrei. Devisenbeschränkungen bestehen nicht.

Um die neuseeländische Landwirtschaft vor importierten Schädlingen und Krankheiten wie Maul- und Klauenseuche sowie Tollwut zu schützen, hat man strenge Quarantänebestimmungen sowie Einfuhrrestriktionen für Lebensmittel, Pflanzen und Tiere erlassen. Es ist verboten, frische wie abgepackte Lebensmittel (außer Brot oder Kekse), Gemüse, Früchte und Samen einzuführen. Das Gepäck wird bei der Ankunft durchleuchtet, für die Überprüfung werden auch speziell trainierte Hunde eingesetzt. Im Zweifelsfall wendet man sich an die Immigrationsbeamten in der Ankunftshalle, denn bei Verstößen drohen hohe Geldstrafen. Zum Teil wird bei der Einreise verlangt, dass mögliche Bakterienträger, wie z. B. Campingausrüstungen, Wanderschuhe, Angel- und Reitgerät desinfiziert werden. Desinfektionskammern gibt es in den Flughäfen von Auckland und Christchurch, manchmal dauert die Prozedur aber bis zum nächsten Tag. Detaillierte Auskünfte erhält man bei den diplomatischen Vertretungen (s. S. 92) oder im Internet unter www.maf.govt.nz und www.biosecurity.govt.nz.

Um das Einschleppen von Insekten zu verhindern, werden die Innenräume von Flugzeugen aus Übersee bisweilen mit einem von der Weltgesundheitsorganisation zugelassenen Sprühmittel desinfiziert, bevor die Passagiere die Kabine verlassen.

Bei der Einreise nach Deutschland, Österreich oder in die Schweiz ist zu beachten, dass nach dem Washingtoner Artenschutzabkommen die Einfuhr von geschützten Tieren und Produkten aus diesen Tieren verboten ist. Dazu gehören Mitbringsel aus Reptilienleder, Schildpatt und Elfenbein, die auf manchen asiatischen Flughäfen, auf denen Zwischenlandungen eingelegt werden, erhältlich sind.

ⓘ www.artenschutz-online.de und www.cites.bfn.de.

Hinweis
Auf der Internetseite des neuseeländischen Zollamts kann man sich über die jeweils aktuellen Zollbestimmungen für die Einreise informieren. Dort kann man sich auch vorab die Passenger Arrival Card u. a. auf Deutsch und Englisch herunterladen – www.customs.govt.nz.

▶ Mit dem Flugzeug

Zwei Hauptreiserouten führen „zum schönsten Ende der Welt" und beide sind ziemlich lang und ziemlich teuer. Die eine führt von Europa über Südostasien (Ostroute), die andere über Nordamerika (Westroute) nach Neuseeland. Auf beiden Routen beträgt die reine Flugzeit rund 25 Stunden plus Zwischenstopps.

Wer sich für die Ostroute entscheidet, kann bei vielen Fluglinien – meist ohne Aufpreis – auf dem Hin- und/ oder Rückflug seine Reise mit einem Stopover in einer asiatischen Metropole (z. B. Bangkok, Hongkong, Kuala Lumpur oder Singapur) um eine fernöstliche Impression ergänzen. Manche Fluggesellschaften offerieren attraktive Stopover-Programme, die günstige Übernachtungen, Stadtrundfahrten oder Kurzbadeurlaube umfassen. Schnelle Verbindungen mit kurzen Umsteigezeiten bieten auf der Ostroute Cathay Pacific (via Hongkong, www.cathaypacific.com), China Airlines (via Taipei, www.china-airlines.de), Emirates (via Dubai, www.emirates.com), Etihad Airways (via Abu Dhabi, www.etihadairways.com), Korean Air (via Seoul, www.koreanair.com), Malaysia Airlines (via Kuala Lumpur, www.malaysiaairlines.com), Qantas (via Bangkok oder Singapur sowie Sydney oder Melbourne, www.qantas.com.au), Singapore Airlines (via Singapur, www.singaporeair.com) und Thai Airways International (via Bangkok, www.thaiairways.com).

Eine attraktive Alternative ist der etwas längere Flug auf der Westroute. Auf dieser Route fliegen u. a. die nationale neuseeländische Fluggesellschaft Air New Zealand (www.airnew

zealand.com), der wichtigste und populärste Carrier nach Neuseeland, sowie Air Canada (www.aircanada.com), British Airways (www.britishairways.com) und United Airlines (www.unitedairlines.de). Möglichkeiten zu Zwischenstopps bestehen in amerikanischen und kanadischen Städten sowie auf Pazifikinseln wie Hawaii, Tahiti, Fidschi, Cook Islands, Tonga oder Westsamoa.

Gemeinsam mit den Codeshare-Partnern Singapore Airlines und Thai Airways International sowie Air New Zealand und United Airlines bietet die Lufthansa (www.lufthansa.com) Flüge nach Neuseeland sowohl in Ost- als auch Westrichtung an. Interessant sind auch die oft von kooperierenden Fluglinien angebotenen Rund-um-die-Welt-Flüge, bei denen man die Asien- mit der Amerikaroute verknüpfen kann.

Plant man, unabhängig von Ost- oder Westroute, einen Stopover, sollte man über genügend Zeit für die Gesamtreise verfügen. Neuseeland allein birgt schon so viele landschaftliche und kulturelle Höhepunkte, dass man es sich bei einem durchschnittlich bemessenen Urlaub gut überlegen sollte, ob es sinnvoll ist, dem eigentlichen Reiseziel diese Tage „wegzunehmen". Es wäre schade, wenn man nach den Ferien feststellen würde, dass man so weder Neuseeland noch das Stopover-Ziel richtig kennengelernt hat. Falls man jedoch die entsprechende Zeit mitbringt, dann lohnt sich eine Flugunterbrechung unbedingt. Wer z. B. auf Hawaii oder Fidschi, in Thailand oder auf Bali zwischenlandet, kann die Badeferien nachholen, die in Neuseeland aufgrund der Wassertemperaturen nicht immer möglich sind.

Neuseelands wichtigste internationale **Flughäfen** sind Auckland, Wellington und Christchurch. Wertvolle Reisezeit lässt sich mit einem Gabelflug sparen, z. B. Ankunft in Auckland und Abflug von Christchurch. Zwischen den Flughäfen und den Stadtzentren pendeln von frühmorgens bis spätabends meist in 30-minütigem Rhythmus Flughafenbusse. Zudem stehen ausreichend Taxis zur Verfügung.

Die **Tarife** unterliegen erheblichen saisonalen Schwankungen. Hochsaison ist von Oktober bis März, Nebensaison von April bis Juni und Zwischensaison von Juli bis September. Am teuersten sind die Tickets zwischen dem 10. Dez. und 31. Dez. Bei Air New Zealand kostet das Ticket abhängig vom Zielort und der Reisesaison 1.350–1.550 € (Jugend- und Studententarif 1.100–1.400 €). Günstiger sind manche asiatische Fluggesellschaften, die auch in der Hauptsaison Flüge für 1.100–1.200 € anbieten. Beim Preisvergleich sollte man darauf achten, ob Anschlussflüge in Europa bzw. die Bahnfahrt zum europäischen Flughafen eingeschlossen ist und ob in Neuseeland ein oder mehrere Gratis-Inlandsflüge enthalten sind bzw. ob man günstige Coupons für Inlandsflüge erwerben kann. Wegen der starken Nachfrage ist eine frühzeitige Buchung zu empfehlen.

Abhängig von der gewählten Fluggesellschaft muss für den Rück- oder Weiterflug mindestens 72 Stunden vor Abflug eine **Rückbestätigung** *(reconfirmation)* getätigt werden. Diese kann man schon bei der Ankunft am Flughafenschalter der entsprechenden Linie, genauso aber in deren Stadtbüros oder telefonisch vornehmen.

Hinweis
Achten Sie darauf, dass sich keine scharfen und spitzen Gegenstände wie Taschenmesser oder Scheren im Handgepäck oder in Hosen- und Jackentaschen befinden. Zudem gelten strenge Bestimmungen für die Mitnahme von Flüssigkeiten an Bord von Passagierjets.

Allgemeine Reisetipps von A–Z

Aktivurlaub und Sport

Kaum ein anderes Land bietet solche ausgezeichneten und vielfältigen Möglichkeiten, sich sportlich zu betätigen, und in kaum einem anderen Land haben sich so viele Unternehmen auf die wachsende Zahl der Aktivurlauber und Abenteuer-Touristen in so kurzer Zeit eingestellt.

▶ Abenteuer-Sportarten

Wem der Sinn nach Abenteuerurlaub steht, hat die Qual der Wahl unter mehreren, gleichermaßen spektakulären Möglichkeiten. Freunden des **Bungee Jumping** ist Neuseeland ohnehin ein Begriff, da diese Mutsprünge von hier aus ihren Siegeszug um die Welt antraten. Das unbestrittene Zentrum des Bungee Jumping ist die Umgebung von Queenstown mit drei hohen Brücken, aber auch bei Collingwood, in Taupo, in Hanmer Springs und in Auckland kann man sich von Brücken oder Plattformen in die Tiefe stürzen. An anderen Stellen hat man riesige Kräne aufgestellt oder Sprungbretter an den Dächern von Sportstadien angebracht. Und am Skytower in Auckland kann man sich vom höchsten Gebäude der südlichen Hemisphäre im freien Fall nach unten stürzen, befestigt an zwei seitlichen Stahlseilen! Wem dies alles nicht reicht, der kann auch mit dem Helikopter aufsteigen und aus diesem den Bungee Jump zwischen Himmel und Erde wagen. Nervenkitzel versprechen daneben Outdoor-Aktivitäten wie **Freeclimbing** (besonders in den Takaka Hills), **Fallschirmspringen** *(parachuting)* und **Fallschirmsegeln** *(parapenting)*. Letztere Sportart wird insbesondere bei Queenstown, in der zentralen Otago-Region und von den Port Hills bei Christchurch ausgeübt, wobei Ungeübte im „Tandem" mitfliegen dürfen.

Die Flüsse und Gebirgsbäche werden auf rasanten **Jetboat-Touren** erobert – auch das eine neuseeländische Domäne. Die ersten Flüsse, die auf diese Weise von Touristen bezwungen werden konnten, waren der Shotover River und Kawarau River bei Queenstown; inzwischen rasen Jetboats auf jedem dazu tauglichen Fluss der Südinsel (u. a. Waimakariri River bei Christchurch sowie Buller River und Makarora River), aber auch auf mehreren Gewässern der Nordinsel (u. a. Rangitikei River in der Bay of Plenty und Wanganui River). Da Jetboats keine Schiffsschraube haben, können sie selbst durch nur knöcheltiefes Wasser brausen.

Wahre Naturliebhaber geben dem **Rafting**, bei denen sie selbst das Schlauchboot durch die Wildwasser paddeln müssen, dem Vorzug gegenüber den Jetboats. Und auch hierbei ist das Angebot so groß geworden (mindestens 50 Rafting-Unternehmen teilen sich den Markt), dass Abenteuerlustige auf der Nord- und Südinsel mehrfach Gelegenheit haben, ihren Sport auszuüben – zumal in den wärmeren Monaten von Oktober bis Mai. Die Rafting-Bewegung hatte lange Zeit im Shotover River bei Queenstown ihr inoffizielles Hauptquartier, in der Zwischenzeit stehen der Wairoa River bei Tauranga und der Buller River sowie die Wildwasser um Taupo dem in punkto Schwierigkeitsgrad und touristische Erschließung in nichts nach.

Auf Rafting-Tour kann man auch in Waitomo gehen, doch gibt es dort ein Vergnügen besonderer Art, nämlich das **Black Water Rafting**. Dabei handelt es sich um das „Befahren" unterirdischer Flussläufe mittels Gummireifen. Ebenfalls in Waitomo wurde das **Abseiling** erfunden, eine nervenkitzelnde Möglichkeit, sich in die weit verzweigten und tiefen Höhlengänge abzuseilen und diese zu erkunden. Black Water Rafting und Abseiling wird inzwischen auch in anderen Orten Neuseelands angeboten.

Angeln

Neuseeland ist ein Mekka für Sportfischer. Auf dem Meer unterliegt Angeln keinen Beschränkungen und ist fast immer erfolgreich. Ein Abenteuer ist das *Big Game Fishing* von Januar bis Mai, bei dem Haie, Thunfische, Marlins etc. mit Spezialangeln gefangen werden. In Regionen und Orten wie etwa dem Hauraki Golf, dem Whangaroa Harbour, der Mercury Bay, Russell, Paihia, Thames, Coromandel, Whitianga, Tauranga und Whakatane, in den Marlborough Sounds, im Milford Sound und in Oban (Stewart Island) können Bootstouren gebucht bzw. Spezialboote samt Skipper gechartert werden. Ebenfalls keine Lizenz braucht man für das Brandungsangeln – an guten Stellen gibt es meist auch Geschäfte mit Verleih von Angelgerät. Für das Angeln in Seen oder Flüssen benötigt man eine *Fishing Licence*, die man in jedem Information Centre oder in Geschäften für Angelausrüstungen bekommt. Die Lizenzen für die einzelnen Regionen sind für das ganze Jahr, wochen- oder tageweise erhältlich, daneben können Touristen in den großen Sportgeschäften sogenannte Erlebnisscheine kaufen, die für das gesamte Land gelten. Weltbekannt ist das Forellenangeln (*Trout Fishing*), das vor allem in Rotorua und Taupo, aber auch anderswo ausgeübt wird, und für das man sich an Ort und Stelle um Sonderlizenzen bemühen muss. Die Sommer-Angelsaison dauert in den meisten Orten von Oktober bis April. Auf der Südinsel gelten mehrere Flüsse zur Ostküste als ideale Lachsgewässer. Hier geht die Saison ebenfalls von Oktober bis April; die besten Monate sind Januar–März.

Fahrrad fahren

Die gebirgige Landesstruktur und so manche Schotterstrecke lassen Neuseeland als Reiseziel einer Fahrradtour nur für erfahrene und gut ausgerüstete Fahrer mit Mountain Bikes ideal erscheinen. Das eigene Fahrrad wird von einigen Fluggesellschaften als normales Reisegepäck ohne Mehrkosten transportiert, auf Inlandsflügen fallen dafür meist Kosten von ca. NZ-$ 20 an. Eine Alternative sind aber auch die an vielen Orten zu mietenden Fahrräder (Mountain Bikes, Tourenräder, Tandems), wobei die Preise sehr stark variieren – ab NZ-$ 15/Tag oder ab NZ-$ 80/Woche. Sehr günstig sind die Mietpreise oft in den Backpacker-Hostels, allerdings sind hier die Fahrräder nicht immer in gutem Zustand. Die günstigste Reisezeit für Radler ist die warme Periode von Mitte Oktober bis April.

Wer vorhat, längere Strecken seines Neuseeland-Aufenthaltes per Fahrrad zurückzulegen, sollte sich vor Ort oder vorab Spezial-Reiseführer besorgen – z. B. das englischsprachige Buch „Cycling New Zealand" von Lonely Planet oder das „Neuseeland Bikebuch" aus dem Reise Know-How Verlag. Sehr hilfreich für Radwanderer ist auch der „Radatlas Neuseeland" aus dem Esterbauer Verlag. Eine Vielzahl von Spezial-Reiseveranstaltern bietet organisierte Radwandertouren von 6–18 Tagen Dauer an, die den großen Vorteil haben, dass man sich weder um den Flugtransport des eigenen Rades, noch um Gepäcktransfer und Unterkunft zu kümmern hat. Wer seine Kräfte überschätzt, kann meistens ein Begleitfahrzeug nutzen. Ein gutes Renommee haben **Pedaltours** (✆ 09-5851338, www.pedaltours.co.nz) und **Pacific Cycle Tours** (✆ 03-9829913, www.bike-nz.com, deutschsprachige Leitung).

Hinweis
Für Fahrradfahrer aller Altersklassen gilt Helmpflicht, sonst droht ein saftiges Bußgeld!

Golf

Mit über 400 ganzjährig bespielbaren Golfplätzen – das sind in Relation zur Bevölkerung mehr als in jedem anderen Land – ist Neuseeland ein Golfer-Paradies – und eins der billigeren dazu! Nicht wenige Touristen besuchen das Land, um hier auf einigen der besten und schönsten Plätze der Welt Golf zu spielen. Wo sonst hat man auch Gelegenheit, diesem Sport auf Rasenplätzen inmitten einer vulkanisch aktiven und bizarren Landschaft wie am Lake Taupo und bei Rotorua nachzugehen? Praktisch jeder größere Ort hat sowohl einen privaten als auch öffentlichen Golfplatz, darunter so weltbekannte Anlagen wie Wairakei bei Taupo, Howick und Formosa bei Auckland, Arikikapakapa bei Rotorua, Paraparaumu bei Wellington sowie Arrowtown und Millbrook bei Queenstown. Auch private Plätze nehmen manchmal Gäste auf, ein Empfehlungsschreiben eines deutschen Golfklubs ist dabei förderlich. Die Hauptsaison der Golfklubs reicht von Mai bis Oktober. Die Platzgebühr liegt in ländlichen Gebieten bei NZ-$ 20–60, die oft in einer aufgestellten Box eingesammelt werden, während Top-Anlagen Greenfees von NZ-$ 50–200 verlangen. Die Ausrüstung kann gewöhnlich vor Ort stunden- oder tageweise geliehen werden. Zudem stehen Golftrainer und Elektrowagen zur Verfügung. Verschiedene europäische und neuseeländische Reiseveranstalter haben kombinierte Golf-/Rundreisen-Programme ausgearbeitet.

ⓘ Nähere Infos gibt es im Internet unter www.worldgolf.com/travel/newzeal.html und www.golfspielen.de/karten/australien_neuseeland.php.

▶ Kanu- und Kajakfahren

Kanufahren bzw. Kajaking ist an fast allen Küsten, in den Seen und auf vielen Flüssen möglich. Entsprechende Geräte werden daher überall vermietet, bei vielen Hostels und Jugendherbergen ist ihre Benutzung sogar kostenlos. Am populärsten ist Kajaking im Abel Tasman NP, wo mehrere Firmen auch organisierte Expeditionen anbieten.

▶ Reiten

Für Reiter bieten Neuseelands Wildnisgebiete ein schier unerschöpfliches Abenteuerpotenzial. Bei vielen Gestüten kann man an ein- und mehrstündigen Ausflügen teilnehmen, daneben ergibt sich bei bestimmten Unterkunftsarten wie den *Farmstays* oft von selbst die Möglichkeit zu einem Reitausflug. Während mehrtägiger, organisierter Ausritte, sogenannten *Trail Rides*, übernachtet man in gemütlichen Blockhütten oder in Camps unter freiem Himmel.

ⓘ www.truenz.co.nz/horsetrekking.

▶ Segeln

Einen großen Stellenwert nimmt der Wassersport ein – kein Wunder bei mehr als 10.000 km Küstenlinie. So finden Segelfreunde in Neuseeland ein wahres Eldorado, ob sie nun auf organisierten Törns durch den Hauraki Golf, durch die Marlborough Sounds oder die Bay of Islands kreuzen oder sich vor Ort eine Yacht chartern. Genauso gut ist die Bootscharter mit Skipper möglich. Die Charterpreise hängen von der Größe des Bootes und den Saisonzeiten ab; die günstigsten Angebote erhält man von Anfang April bis Ende September, während die Hauptsaison nicht nur erheblich teurer ist, sondern auch eine rechtzeitige Reservierung erfordert.

▶ Tauchen

Enorm verbreitert wurde in den letzten Jahren die Palette an zugänglichen und touristisch erschlossenen Tauchplätzen. PADI-Kurse, Geräteverleih und organisierte Tauchfahrten gibt es insbesondere an jenen Küstenabschnitten, von denen die folgenden beliebtesten Tauchplätze *(spots)* zu erreichen sind:

- die **Poor Knights Islands**, 20 km vor der Ostküste des Nordlands, mit tropischen Fischen, Korallenriffen und Sichtweiten bis zu 70 m;
- die **Cavalli Islands**, ebenfalls vor der Ostküste des Nordlands gelegen, mit dem Wrack des Greenpeace-Schiffes Rainbow Warrior;
- die **Bay of Islands** mit ihren vorgelagerten Inseln, insbesondere der Goat Island Marine Reserve. Wie bei den vorgenannten Spots ist hier Tauchen ganzjährig möglich;
- die **Marlborough Sounds** mit reichen Fischbeständen und u. a. dem Wrack des russischen Kreuzfahrtschiffes Michail Lermontov;
- das **Fjordland** mit äußerst seltenen Korallen;
- die Gewässer um **Stewart Island** mit subantarktischer Unterwasserfauna und -flora, u. a. Seehunde, Delfine, riesige Muscheln und ausgedehnte Tangwälder.

ⓘ Infos zum Tauchen findet man auf den Web-Seiten www.divenewzealand.com und www.nzu.org.nz.

▶ Tierbeobachtung

Für viele Neuseeland-Reisende gehören **Whale Watching** und das **Schwimmen mit Delfinen und/oder Seehunden** zu den ganz großen Highlights. Über das umfangreichste Angebot verfügt hier Kaikoura an der Ostküste der Südinsel, aber Dolphin Encounter oder Seal Encounter finden sich auch im Abel Tasman NP, in der Bay of Islands und an anderen Stellen.

▶ Wandern

Rund 40.000 km² urwüchsiger Wald- und Buschgebiete stehen in Neuseeland unter Naturschutz und sind von einem Netz markierter Wanderwege erschlossen. Möglich ist hier alles, vom einfachen Waldspaziergang bis hin zu mehrtägigen Touren, die selbst eingefleischten Outdoor-Enthusiasten das Letzte abfordern. Informationen und Wanderkarten gibt es praktisch in jedem Visitor Centre, vor allem aber beim zuständigen Park Headquarter. Entlang der Highways ermuntern die Hinweisschilder des Walkway-Systems in manchmal rührender Weise die Autofahrer, auszusteigen und die landschaftlichen Reize der Umgebung zu genießen (*...only 3 minutes walk!*).

Ambitionierte Wanderer interessieren aber weniger die leichten (z. T. für Rollstuhlfahrer geeigneten) *walks* wie etwa der zu den Pancake-Rocks bei Punakaiki, sondern die anspruchsvollen *tracks*, von denen einige zu den schönsten der Welt zählen. Diese kann man individuell oder im Rahmen einer geführten Tour begehen. Organisierte Wanderungen werden durchweg von erfahrenen Guides geleitet, die sich auch um den Transport größerer Gepäckstücke kümmern. Entlang der *tracks* haben das Department of Conservation (DOC) und private Verbände rund 1.000 Hütten errichtet, die meist 4–5 Wanderstunden voneinander entfernt liegen und mit Wasserversorgung, Toiletten, Matratzen und Kochgelegenheit ausgestattet sind. Ein Verzeichnis aller *Back Country Huts* ist kostenlos beim DOC zu bekommen (www.doc.govt.nz). Eine Übernachtung kostet NZ-$ 5–40, manche Hütten sind auch kostenlos. Da es in der Hauptsaison oft zu Engpässen kommt, ist die Mitnahme eines eigenen Zeltes und Kochers ratsam. Allerdings darf nur auf ausgewiesenen Plätzen gezeltet werden, freies Campen ist verboten. Sehr viel komfortabler und teurer sind die privaten Hütten, z. B. entlang des Milford Track, in deren Genuss man nur auf einer geführten Wanderung kommt. Bei fast allen mehrtägigen *tracks* ist eine Anmeldung beim zuständigen Park Headquarter oder Department of Conservation erforderlich. Sind alle verfügbaren Plätze gebucht, darf man den betreffenden *track* nicht mehr gehen; bei Zuwiderhandlungen drohen hohe Geldstrafen. Gefragte Wanderrouten wie den Milford Track muss man weit im Voraus reservieren lassen, die Voranmeldung beträgt z. T. bis zu 1 Jahr. Buchungen kann man auf www.doc.govt.nz unter *Book online* selbst vornehmen oder dies gegen geringe Gebühr von DOC Visitor Centres und i-SITE Visitor Centres erledigen lassen.

Zu den **schönsten mehrtägigen Wanderungen** gehören:
- im äußersten Norden vom Cape Reinga über das Cape van Diemen bis zum Südende des 90 Mile Beach (103 km, 22 Std., leicht);
- Whirinaki Track im Osten der Nordinsel (43 km, 3–5 Tage, mittelschwer, Urewera NP);
- der Abel Tasman Walk im Norden der Südinsel (3–4 Tage, leicht, Abel Tasman NP);
- der Hollyford Track und der Greenstone Walk (beide 4–5 Tage, mittelschwer, Fjordland);
- der Milford Track und Routeburn Track (beide 3–5 Tage, mittelschwer, Fjordland);
- der Heaphy Track (76 km, 4–6 Tage, mittelschwer, Nordwestküste der Südinsel);
- der Copland Track (schwer, alpin, Southern Alps).

Safety first

Vor allem beim Wandern auf der Südinsel muss man auch im Hochsommer mit plötzlichen Wetterstürzen rechnen. Selbst bei Halbtageswanderungen sollte man daher stets warme Kleidung, gutes Regenzeug und robuste Bergschuhe mitnehmen. Vor längeren oder schwierigeren Wanderungen sollte man unbedingt im zuständigen Büro des Department of Conservation (DOC) eine *Notice of Intention* mit Angaben zur geplanten Tour hinterlegen. Meldet man sich nicht binnen 24 Std. nach der Rückkehr oder nach der Ankunft am avisierten Zielort zurück, starten die DOC-Mitarbeiter eine Suchaktion.

▶ Wellenreiten und Windsurfen

Beste Bedingungen für **Surfer** bestehen bei Mangawai, Parengarenga Harbour und Houhora Harbour im Nordland, bei Takapuna, der Shoal Bay und Mission Bay im Großraum Auckland, am Kaiti Beach und Wainui bei Gisborne, bei Raglan an der Whale Bay südwestlich von Hamilton sowie besonders in den Küstengewässern südlich von New Plymouth. Für **Windsurfer** stehen immer mehr Schulen mit angeschlossenen Shops (Geräteverleih) zur Verfügung, beliebte Reviere sind hier die Bay of Islands, die nordöstliche Küste bei Gisborne, die südöstliche Küste bei Riversdale und Castlepoint sowie der Abel Tasman NP.

▶ Wintersport

Wer Wintersport betreiben möchte, sollte die europäischen Sommerferien zu einem Besuch Neuseelands nutzen. Renommierte Wintersportgebiete, die sich nicht vor den alpenländischen oder skandinavischen zu verstecken brauchen, sind auf beiden Hauptinseln vertreten. Auf der Nordinsel ist der Tongariro NP ein solches Zentrum (besonders Whakapapa und Turoa), in dem man Skischulen, Lifte, Geräteverleih und schneesichere, fantastische Pisten vorfindet. Auch der Mt. Taranaki mit seinen drei Bergstationen ist schon seit langem ein beliebtes Ziel von Wintersportlern. Auf der Südinsel sind die Bedingungen noch besser. Die Zentren sind hier wieder einmal Queenstown und Wanaka, deren Southern Lakes-Gebiet mit den alpinen Skigebieten Coronet Peak, The Remarkables, Treble Cone und Cardrona aufwartet. Per Heliskiing gelangt man von dort auch in völlig unberührte Schneelandschaften.

Im Norden der Südinsel hat sich St. Arnaud einen Namen als lokales Wintersportzentrum gemacht, in der Mitte der Südinsel der Mt. Hutt, die Porter Heights, Tekapo und natürlich der Mt. Cook. Im Internet findet man unter www.snow.co.nz eine gute Darstellung der besten Winter- und Sommerskigebiete Neuseelands.

> **Tipp**
>
> Der jährlich aktualisierte *New Zealand Adventure Annual & Directory – the Complete Guide to the New Zealand Outdoor Experience* enthält Kontaktadressen von über 500 neuseeländischen Abenteuer- und Öko-Tourismus-Veranstaltern sowie auf mehr als 200 Seiten viele Hintergrundinformationen und Karten. Auch der *Independent Traveller's Adventure Guide* hält viele gute Tipps bereit. Bei den Touristen- und DOC-Büros gibt es weitere Hinweise auf Abenteuer- und Outdoor-Aktivitäten.

Auskunft

In Neuseeland existiert ein dichtes Netz von Auskunftsbüros für Touristen. Die offiziellen Informationsstellen erkennt man an grün-weiß-grauen Schildern mit der Aufschrift **i-SITE**. Die i-SITE Visitor Centres der einzelnen Ortschaften zeichnen sich durchweg durch sehr guten Service, Hilfsbereitschaft und Professionalität aus. Man erhält dort eine Fülle von Broschüren und Faltblättern, kostenlose oder preiswerte Landkarten und Stadtpläne sowie Auskünfte in allen touristischen Belangen. Zudem kann man meist auch Buchungen für Hotels, Reiseveranstalter etc. vornehmen. Die Fremdenverkehrsämter haben einen mehrsprachigen Radioservice für Touristen eingerichtet. Wenn Sie am Straßenrand das blaue Schild *Radio Tourist Information FM* sehen und Ihr Radio auf 100.4 FM einstellen, erfahren Sie Wissenswertes über die Region rund um die Uhr in deutscher Sprache. Alle Centres sind übrigens vernetzt, sodass man z. B. in Auckland bereits das Ticket für die Fähre zur Südinsel kaufen, andere Unterkünfte reservieren oder Veranstaltungen in Wellington buchen kann. Die Adressen lokaler Visitor Centres samt Telefonnummern finden Sie ab S. 137 unter den jeweiligen Orten.

Auto/Motorrad fahren

▶ Führerschein

Es empfiehlt sich die Mitnahme eines internationalen Führerscheins. Die nationalen Führerscheine von Deutschland, Österreich und der Schweiz bzw. EU-Führerscheine sind zwar bis zu einem Jahr ab Einreise in Neuseeland gültig, es muss aber stets eine beglaubigte englische Übersetzung mitgeführt werden.

▶ Verkehrsregeln

An den Linksverkehr gewöhnt man sich in der Regel rasch, an die **Höchstgeschwindigkeit** von 100 km/h auf den meisten Highways langsamer. In geschlossenen Ortschaften darf man maximal 50 km/h fahren, sofern es nicht anders ausgeschildert ist. Das rot umrandete Schild mit der Aufschrift „LSZ" (Limited Speed Zone) begrenzt auch außerhalb geschlossener Ortschaften die Geschwindigkeit auf 50 km/h. An Schultagen gelten zwischen 7.30–9 und

14.30–16 Uhr vor Schulen ausgeschilderte Geschwindigkeitsbegrenzungen. Obwohl bei Überschreitungen empfindliche Geldstrafen drohen, fahren viele Neuseeländer extrem schnell, benutzen auf Überlandstrecken die Mitte der Straße und schneiden die Kurven. **Überholen** ist bei mehrspurigen Straßen auch auf der linken Spur erlaubt. Bei durchgezogener gelber Linie auf der Fahrbahn herrscht Überholverbot.

Wegen des **Linksverkehrs** gilt an Straßeneinmündungen, an Kreuzungen, im Kreisverkehr, an Fußgängerüberwegen und vor allem beim Überqueren von Straßen die lebenswichtige Regel: Stets zuerst nach rechts schauen! Trotz Linksverkehr gilt: Wer von rechts kommt, hat Vorfahrt, es sei denn die Vorfahrt *(Give Way)* ist anders geregelt. Fahrzeuge im Kreisverkehr haben prinzipiell Vorfahrt. Die Brücken über die vielen Bäche und Flüsse sind allgemein sehr schmal und haben manchmal nur eine Spur *(one lane bridge)*, sodass man auf den Gegenver-

 Verkehrsschilder

Die Verkehrsschilder entsprechen im Wesentlichen den in Europa gebräuchlichen. **Verbotsschilder** (rot auf weißem Grund) gelten immer, **Gebotsschilder** (weiß auf blauem Grund) Mo–Sa von 8–18 Uhr.

Bus Stop Keep Clear Bus!	Halten verboten
Detour	Umleitung
Exit	Ausfahrt
Falling Debris	Steinschlag
Free Turn	Abbiegen frei bei Rot
Give Way	Vorfahrt gewähren
Greasy if Wet	Rutschgefahr bei Nässe
Highway	Überlandstraße
Keep Clear	(Einfahrt) Freihalten
LSZ (Limited Speed Zone)	Langsam fahren
Metal surface	Schotterbelag
Motorway	Autobahn
Narrow Bridge	Enge Brücke
No Stopping Day Or Night	Absolutes Halteverbot
No U Turn	Wenden verboten
One Lane Bridge	Einspurige Brücke
P 40 (60, 120)	Parken erlaubt für 40 (60, 120) Minuten
Pedestrian Crossing/Peds Xing	Fußgängerüberweg, Zebrastreifen
PrivateProperty	Privateigentum, keine öffentliche Straße
Railway Crossing/Xing	Bahnübergang
Rest Area	Rastplatz/Parkplatz
Road Works	Straßenarbeiten
Roundabout	Kreisverkehr
Seal ends	Asphaltstraße endet
Slip(pery)	Glatte, rutschige Stelle
Sudden Dip	Plötzliche Bodenwelle
Tow Away Zone	Abschleppen bei falschem Parken
Unsealed Road	Straße ohne Asphaltbelag

kehr achten und evtl. Vorfahrt gewähren muss. Bei langen Einspurbrücken mit Überholbuchten *(passing bays)* ist es ratsam, sich möglichst weit dem Gegenverkehr zu nähern.

An vielen Ampelanlagen ist das **Linksabbiegen** auch bei Rot erlaubt, was i. d. R. durch einen grünen Pfeil angezeigt wird. In Großstädten wie Auckland ist man dazu übergegangen, auf ehemals dreispurigen Straßen in der Mitte einen Freistreifen einzurichten, der nur für Abbieger reserviert ist. Zu beachten ist, dass ein Rechtsabbieger, der die entgegenkommende Fahrbahn kreuzt, Vorfahrt vor einem Linksabbieger hat, der in dieselbe Straße will. Das Anlegen von **Sicherheitsgurten** ist Pflicht, auch auf den Rücksitzen. Die **Alkoholgrenze** liegt bei 0,5 Promille – Kontrollen sind häufig und Verstöße werden streng geahndet. Gelbe Linien an der Bordsteinkante bedeuten **Parkverbote**. Vor allem in Großstädten müssen Parksünder mit hohen Geldstrafen rechnen. Auch beim Abschleppen falsch geparkter Wagen ist man rigoros! Vor unbeschrankten Bahnübergängen ohne Signalanlage muss man kurz stoppen.

Bis auf einige Kilometer um Auckland, Wellington und Christchurch kennt das Land keine Autobahnen *(motorways)*. Die großen Bundesstraßen *(highways)* mit den einstelligen Ziffern sind fast immer durchgängig asphaltiert und haben an Steigungen oft Überholspuren *(passing lanes)*. An wichtigen Überlandstrecken gibt es viele *rest areas*, z. T. mit Toiletten und Informationstafeln. Campervan-Fahrer benutzen solche Plätze oft zur Übernachtung. Lookout-Punkte verweisen auf sehenswerte Panoramen, ein Anhalten an solchen Stellen ist immer zu empfehlen. Nebenstrecken sind oft eng *(narrow)*, kurvig und haben groben Schotterbelag *(metal surface)*. Nicht umsonst werden Autofahrer an vielen Ortseingängen durch Schilder von Firmen begrüßt, die sich auf das Auswechseln kaputter Windschutzscheiben *(windscreens)* spezialisiert haben.

▶ Benzin
Die Treibstoffpreise sind billiger als in Mitteleuropa, haben aber wie überall deutlich angezogen. Im Frühling 2012 kostete jeweils 1 Liter unverbleites Normalbenzin NZ-$ 2,10, 1,27 €, unverbleites Superbenzin NZ-$ 2,25, 1,36 €, Diesel, NZ-$ 1,40, 0,85 €.
Die aktuellen Treibstoffpreise findet man auf der Website www.pricewatch.co.nz.

▶ Mietwagen
An den internationalen Flughäfen von Auckland, Christchurch und Wellington sind alle international renommierten Mietwagenfirmen vertreten, die genau wie viele Campervan-Anbieter einen Pick-Up-Service für ihre Kunden bereit halten. Die Voraussetzungen zum Anmieten sind gegeben, wenn der Fahrer mindestens 21 Jahre (manchmal auch 26 Jahre!) alt ist und seinen nationalen Führerschein länger als ein Jahr besitzt.

Wegen der günstigeren **Tarife** und auch weil man dann die Garantie hat, dass das gewünschte Fahrzeug verfügbar ist, sollte man im Heimatland buchen. Zudem kann man in Verbindung mit der Flugbuchung oft günstigere Tarife erhalten (Fly & Drive) und hat bei eventuellen Problemen das deutsche Reiserecht auf seiner Seite. Am billigsten sind Autos aller Art meist bei großen Reiseveranstaltern. Es lohnt auch ein Blick auf die Websites von Vermittlern wie Holiday Autos (www.holidayautos.com) und Billiger Mietwagen (www.billiger-mietwagen.de). Trotz des großen Angebots kann es besonders in den Monaten Dezember, Januar und Februar zu Engpässen kommen, weshalb eine frühzeitige Reservierung sehr zu empfehlen ist.

Zur Hinterlegung der Kaution in Höhe des Selbstbehalts der Vollkaskoversicherung benötigt man eine Kreditkarte. Bei einigen Kreditkarten genießt man zudem noch gesonderten Versicherungsschutz. Die nationalen Führerscheine von Deutschland, Österreich und der Schweiz sind anerkannt, benötigen aber eine englischsprachige Übersetzung. Besser: von vornherein einen internationalen Führerschein mit sich führen.

Bei den Mietwagen ist die Mehrwertsteuer von 15 % ebenso im Preis inbegriffen wie die obligatorische Vollkaskoversicherung CDW *(Collision Damage Waiver)*, die Fahrzeug- und Personenschäden ebenso abdeckt wie Drittschäden bis zu einer Höhe von NZ-$ 1 Mio. Zu Lasten des Fahrers gehen Reifenpannen, Schäden am Wagenboden, am Dach oder an der Windschutzscheibe sowie kleinere Reparaturen und der Selbstbehalt. Der Ausschluss der Selbstbeteiligung kann durch die Zusatzversicherung LDW erreicht werden. Eine weitere Kaution wird als *petrol bond* auf der Kreditkarte geblockt, je nach Fahrzeugtyp beträgt diese NZ-$ 100–200. Sie ist für den Vermieter die Gewähr, dass der Kunde den Wagen vollgetankt zurückgibt; in diesem Fall wird die Kaution erstattet, ansonsten werden die Auftankkosten abgezogen.

Bei der Frage, ob man einen Wagen bei den großen und teureren internationalen Firmen oder vor Ort bei oft deutlich billigeren lokalen Anbietern mietet, ist Folgendes zu berücksichtigen: Die lokalen Anbieter haben meist nur eine Service-Station, nämlich die, an der Sie den Wagen gemietet haben. Bei Pannen unterwegs bedeutet das einen großen zeitlichen Aufwand. Falls Sie zudem auf einer Rundstrecke die Nord- und Südinsel besuchen wollen oder den Wagen bei Abflug von Christchurch dort abgeben wollen, sind die vielen Stationen der größeren Anbieter von Vorteil. Dies gilt insbesondere für die teure Autofähre Wellington–Picton, wo Sie Geld sparen und Wartezeiten vermeiden können, wenn Sie an der Fährstation in Wellington den Wagen z. B. bei Hertz oder Avis abgeben und der neue Wagen an der Fährstation in Picton bereitsteht.

Über eine andere Frage sollte man sich ebenfalls frühzeitig im Klaren sein: Mietwagen oder Wohnmobil? Campervans sind teurer, dafür kann man mit ihnen bleiben, wo es einem gefällt. Wer allerdings ohnehin plant, der sanitären Anlagen wegen auf Campingplätzen zu übernachten, sollte abwägen, ob er nicht lieber einen billigeren Mietwagen nimmt, damit etwas wendiger ist, und auf den Campingplätzen in den Hütten übernachtet – die Kosten halten sich die Waage (s. auch „Camper/Wohnmobile").

Die Fahrzeugflotten der neuseeländischen Anbieter bestehen meist aus neuen Autos japanischer Herkunft mit Handschaltung oder Automatik, die gut gepflegt und gewartet sind, sodass Pannen eigentlich nicht auftreten dürften. Vor der Abfahrt ist es wichtig, mit einem Firmenangestellten den Wagen genau zu inspizieren und auf etwaige Mängel (besonders durch Steinschlag verursachte Lack- und Glasschäden) ausdrücklich hinzuweisen. Kontrollieren Sie, ob der Wagen vollgetankt ist. Und beim Losfahren ganz besonders vorsichtig sein und an den Linksverkehr denken, denn nichts ist peinlicher als ein Crash bei der Torausfahrt der Mietwagenfirma!

Der Tarifdschungel bei Mietwagen ist so undurchdringlich, dass Durchschnittspreise nur schwer anzugeben sind. Für die Berechnung des Endpreises spielt eine Rolle, ob Sie in der Haupt-, Zwischen- oder Nebensaison verreisen, für wie viele Tage Sie den Wagen mieten (Sondertarife bei Wochenenden, ab 4 Tage, ab 7 Tage, ab 28 Tage etc.) und ob Sie Kilometergeld bezahlen oder den Wagen ohne Kilometerbegrenzung *(unlimited mileage)* mieten möchten.

Fahrzeiten

Obwohl bei gut ausgebauten Highways Durchschnittsgeschwindigkeiten von 80 bis 100 km/h möglich sind, sollte bei der **Etappenplanung** doch von weit geringerem Reisetempo ausgegangen werden: Baustellen, enge und kurvige Abschnitte, Rast- und Fotopausen verlängern die Fahrtdauer und sind nicht zu umgehen. Folgende Fahrzeiten können nur als Richtwerte dienen und sind, ohne Pausen, auf der Grundlage einer Durchschnittsgeschwindigkeit von 60–70 km/h berechnet:

Auckland–Paihia	4 Std. 35 Min.
Auckland–Rotorua	3 Std. 20 Min.
Auckland–Wellington	10 Std. 45 Min.
Rotorua–Napier	4 Std. 45 Min.
Napier–Wellington	5 Std. 15 Min.
Picton–Greymouth	10 Std. 30 Min.
Picton–Invercargill	17 Std. 25 Min.
Picton–Christchurch	5 Std. 10 Min.
Queenstown–Mount Cook	5 Std. 40 Min.
Queenstown–Franz Josef	9 Std.
Picton–Nelson	3 Std. 10 Min.
Christchurch–Milford Sound	15 Std. 50 Min.
Christchurch–Mount Cook	5 Std.
Christchurch–Dunedin	5 Std. 40 Min.
Dunedin–Te Anau	5 Std.
Dunedin–Queenstown	5 Std. 40 Min.
Dunedin–Invercargill	3 Std. 40 Min.
Invercargill–Franz Josef	11 Std. 15 Min.
Franz Josef–Greymouth	3 Std. 15 Min.
Greymouth–Nelson	7 Std. 50 Min.

▶ Autokauf

Bei einem längeren Aufenthalt sprechen Kostengründe für den Kauf eines Wagens. Verschiedene Händler in Auckland bieten neben einer technisch-mechanischen Garantie auch eine Rückkaufgarantie *(Guaranteed Buy Back)*. Vorteil: Man kann den Kauf zu Hause arrangieren und gleich nach Ankunft in Neuseeland sein Fahrzeug übernehmen; hinzu kommt die Zeitersparnis beim Wiederverkauf. Der Nachteil ist der höhere Preis gegenüber einem Kauf ohne Rücknahmegarantie. Mietkauf rechnet sich bei einem Aufenthalt von mehr als sechs Wochen.

Ein gutes Renommee haben die Firmen
Bedmobils, Auckland, ✆ 09-4733648, www.bedmobils.com (zu Campern umgebaute Kleinbusse; bei Vermietung NZ-$ 19–99/Tag, je nach Saison und Mietdauer).
Budget Car Sales, 12 Mount Eden Rd., Mount Eden, Auckland, ✆ 09-3794120.
Downtown Rentals, 148 Hillsborough Rd., Auckland, ✆ 09-6256469, www.new-zealand-rental-cars.com.
Rock Bottom Rentals, 49 Nielsen St., Onehunga, Auckland, ✆ 09-6221592.
World on Wheels, Wittbräuckerstr. 372, 44267 Dortmund, ✆ 0231-47646990, www.world-on-wheels.eu.

Beim Autokauf ist zu beachten: Fahrzeuge sollten eine gültige Registrierung *(Vehicle Licence)* und eine Art TÜV-Bescheinigung *(Warrant of Fitness)* haben. Es gibt in Neuseeland keine Versicherungspflicht, obwohl wenigstens eine Teilkaskoversicherung *(Motor Third Party Liability Insurance)* dringend anzuraten ist. Oft vermitteln Vorbesitzer oder Autohändler eine entsprechende Regelung. Spezielle Versicherungen für Touristen bietet die NAC Insurance (✆0800-501508, www.nac.co.nz/our-products/tourist). Über das Angebot eines der größten Automärkte des Landes, Aucklands Ellerslie Carfair (Ellerslie Racecours, Green Lane East, ✆ 09-5292233, jeden So 9–13 Uhr), kann man sich vorab unter www.carfair.co.nz informieren. Beliebt ist in Auckland auch der Backpackers Car Market (20 East St., City, ✆ 09-3777761, www.backpackerscarmarket.co.nz, tägl. 9.30–17 Uhr). Die Kfz-Steuer bezahlt man ganz unkompliziert auf einem Postamt und klebt die dort erhaltene Plakette auf die Windschutzscheibe. Während die Autopreise über deutschem Niveau liegen, sind Steuern und Versicherung bedeutend billiger als bei uns.

> **Hinweis**
> *Hilfreich ist der Leitfaden zum Fahrzeugkauf auf der Website des Ministry of Consumer Affairs (Verbraucherministerium): www.consumeraffairs.govt.nz/for-consumers/motor-vehicles.*

▶ Automobilklub

Informationen, einen Pannen- und Abschleppdienst sowie andere Unterstützung gewährt der nationale Automobilklub, die **Automobile Association (AA)**. Der Klub, der in Neuseeland auch für die Verkehrsbeschilderung zuständig ist, unterhält u. a. einen eigenen Mietwagen-Service und gibt Mitgliedern vielfältige Rabatte bei Hotels, Campingplätzen, Sightseeing-Touren etc. Mitglieder **europäischer Automobilklubs** (z. B. ADAC) können gegen Vorlage ihres Ausweises vom AA-Service Gebrauch machen. In fast jedem größeren Ort gibt es eine der insgesamt rund 60 AA-Geschäftsstellen, in denen Kartenmaterial, Camping- und Hotelführer kostenlos oder sehr preisgünstig erhältlich sind. **Automobile Association (AA)**, Level 17, 99 Albert St. P.O. Box 5, Auckland, ✆ 0800-500444 (Customer Contact Centre), ✆ 0800-500222 (24-Hour-AA-Roadservice), www.nzaa.co.nz, www.aatravel.co.nz.
Landesweiter Pannennotruf: ✆ 0800-500222.

▶ Motorrad fahren

Leere Straßen, eine grandiose Natur und ein Rest von Wild-West-Romantik machen Neuseeland zum bevorzugten Reiseziel vieler Motorradfahrer. Überall im Lande gibt es Motorradklubs, die auf z. T. historischen Maschinen und mit martialischem Habitus Landtouren unternehmen. Die meisten *bikies* sind aber harmloser, als sie aussehen! Ausländer können ihre eigene Maschine nur unter großen Schwierigkeiten mit Frachtschiffen nach Neuseeland bringen.

Eine Alternative sind Unternehmen, die Gelände- und Touren-Motorräder vermieten und verkaufen (z. T. mit Buy-Back-Garantie) sowie auch landesweite Motorradtouren mit Gepäcktransport von Ort zu Ort durch Begleitfahrzeuge organisieren, wie z. B. **BANZ – Bike Adventure New Zealand** (55A Baldhill Rd., Pukekohe, Auckland, ✆ 0800-498600, www.banz.co.nz, unter deutscher Leitung), **Enduro Touring NZ** (54 Stott Ave., Birkdale, Auckland, ✆ 09-4833042, www.biketoursnz.com), **NZ Motorcycle Rentals & Tours** (72 Barry's Point Rd., Takapuna, Auckland, ✆ 09-4862472, www.nzbike.com) und **Red Baron** (299-305 Great North Rd., Grey Lynn, Auckland, ✆ 09-3607700; Wellington, ✆ 04-5693989, www.redbaron.co.nz).

Autostopp/Trampen

Das *Hitchhiking* oder *Hitching* ist immer noch eine weit verbreitete Art zu reisen. Was auf der Nordinsel relativ problemlos geht, kann im Süden (besonders an der Westküste) aber in stunden- oder tagelange Warterei ausarten. Auch im beschaulichen Neuseeland ist Trampen nicht risikolos. Auch hier gingen in jüngerer Vergangenheit einige Mordfälle an trampenden Touristen/innen durch die Presse. Zeitsparend und relativ billig ist es, gegen Benzinkostenbeteiligung eine **Mitfahrgelegenheit** zu nutzen. Angebote findet man an den Anschlagbrettern der Jugendherbergen und Backpacker-Hostels.

Behinderte

In Neuseeland bemüht man sich sehr um Behinderte, sodass auch Rollstuhlfahrer oder Blinde nach sorgfältiger Planung keineswegs auf eine Neuseelandreise verzichten müssen. Die meisten öffentlichen Einrichtungen sowie zahlreiche Hotels, Restaurants, Kinos und Museen verfügen über eine behindertengerechte Ausstattung. Immer mehr Stadtbusse werden mit ebenerdigen Türen ausgerüstet, viele Bahnhöfe haben rollstuhlgerechte Eingänge und Rampen, an Fußgängerampeln sind die Bürgersteige abgeflacht. Auch verschiedene Nationalparks sind zumindest teilweise für Behinderte zugänglich. So haben die örtlichen Büros des Department of Conservation in manchen Naturschutzgebieten Wege für Rollstuhlfahrer sowie *senses trails* für Blinde angelegt.

ⓘ Informationen erhält man vom Dachverband der neuseeländischen Behindertenorganisationen: New Zealand Council for Rehabilitation of the Disabled, ℂ 04-8019100, www.dpa.org.nz.

Auskunft über behindertengerechte Hotels, Verkehrsmittel, Urlaubsaktivitäten für Behinderte und weitere Hilfsorganisationen erteilen auch das Ministry of Health (www.moh.govt.nz/moh.nsf/indexmh/disability) und das Disability Resource Centre (www.disabilityresource.org.nz).

Spezialisiert auf die Organisation von Touren für Reisende mit Handicap ist der Veranstalter Ucan Tours, www.ucantours.com.

Camper/Wohnmobile

Die beiden langgestreckten Inseln mit ihrem weitverzweigten Straßennetz und den einmaligen Naturschönheiten bieten sich zum Urlaub im Wohnmobil *(Campervan, RV, Mobile Home* oder *Motorhome* genannt) geradezu an. Wer jedoch die Annehmlichkeiten eines Hotel/Motel braucht, sollte besser auf die weitaus billigeren Mietwagen zurückgreifen. Die drei größten Anbieter für Wohnmobile sind **Maui, Britz** und **Kea**. Nach ihren Angaben liegt der Benzin- bzw. Dieselverbrauch bei allen Modellen zwischen 10 und 13 l. Trotz unterschiedlicher Namensgebung ist die Modellpolitik ähnlich, d. h. dass **4 Grundtypen** klar zu unterscheiden sind: Das kleinste und in Neuseeland populärste Modell *(Spirit 2, Kea 2 HT, Hi Top* o. ä.) ist kompakt, handlich und wie ein Pkw zu fahren, ideal für zwei Erwachsene. Es verfügt über einen 2 l Benzinmotor, eine kleine Küche mit 2-Flammen-Gaskocher, Kaltwasser und z. T. Handdusche in der Heckklappe. Auf gleicher Basis fährt das nächstgrößere Modell *(Spirit 2 deluxe, Kea 2 ST, Elite* o. ä.), ebenfalls ideal für zwei Erwachsene, evtl. mit Kind, aber in den Ausmaßen viel größer, daher mehr Stauraum. Standard sind hier 2 l Benzinmotor, 5-Gang-Schaltung, Servolenkung, Tankinhalt 80 l, kleine Küche mit Mikrowelle, Kühlschrank, 2-Flammen-Kocher, Elektro-Heizgerät, Dusche und WC. Der nächste Typ *(Spirit 4, Kea 4 ST, Explorer* o. ä.) hat eine ähnliche Ausstattung, bietet aber Platz für vier Erwachsene oder eine Familie (2 Doppelbetten) sowie einen 2,8 l oder 3,4 l Dieselmotor. In der größten Kategorie *(Spirit 6, Kea 6 ST, Frontier* o. ä.) haben bis zu sechs Personen Raum (Doppelbett über dem Führerhaus, 2 Doppelbetten im Wohnteil). Die Wagen mit 3,4-l-Dieselmotor haben z. T. Doppelreifen und sind bis ca. 6 m lang und 3 m hoch. Die Küchen jeder Kategorie sind mit ausreichend Geschirr und Besteck, Töpfen, Pfanne, Toaster usw. ausgestattet. Leinen- und Handtücher sowie Schlafsäcke, Kopfkissen etc. sind ebenfalls vorhanden analog zur Bettenzahl.

Alle Anbieter haben jeweils eine Hauptstelle in Auckland und eine Zweigstelle in Christchurch, oft auch in Wellington. Das hat den Vorteil, dass man – wenn man einen Gabelflug gebucht hat – das Wohnmobil z. B. in Auckland entgegennehmen und in Christchurch zurückgeben kann. Trotz großer Kapazitäten ist es ratsam, für die Hauptreisezeit im Dezember/Januar das Wohnmobil der gewünschten Kategorie weit im Voraus zu buchen, da Urlaub im Campervan bei den „Kiwis" selbst sehr beliebt ist. Die Preise unterliegen starken saisonalen Schwankungen und können sich in der Hochsaison verdoppeln. Je nach Anbieter gibt es bis zu sechs verschiedene, von der Reisezeit abhängige Tarife. Faustregel: am billigsten ist es von Anfang Mai bis Ende September. Die etablierten Camper-Verleiher sind mit den größeren deutschen Reiseunternehmen (CA-Ferntouristik, FTI Touristik, Dertour u. a.) durch besondere Verträge verbunden, weshalb es i. d. R. besser ist, den Campervan über solche Veranstalter zu buchen. Deren Preise sind meist günstiger als bei Direktbuchung in Neuseeland, zudem hat man eine Garantie und im Zweifelsfall das kundenfreundliche deutsche Reiserecht auf seiner Seite. Es lohnt auch, einen Blick auf die Websites von Vermittlern wie Campervan Rentals (www.campervan-rentals.com) und Camper Boerse (www.camperboerse.de) zu werfen. Interessant sind häufig die Angebote von Veranstaltern, die Flüge kombiniert mit Wohnmobil (Fly & Drive) anbieten.

Die größte Campervan-Drehscheibe in Auckland liegt etwas südlich der Stadt und recht nahe zum Flughafen: Richard Pearse Dr., Mangere, Auckland, ✆ 09-2550620. Unter dieser Adresse finden Sie den Branchenführer **Maui** (✆ 0800-651080, www.maui.co.nz) ebenso wie die Unternehmen **Britz** (✆ 0800-831900, www.britz.co.nz) und **Backpacker Campervans** (✆ 09-3364282, www.backpackercampervans.co.nz). Die Tarife der letztgenannten Firma sind etwas niedriger. Alle bieten einen Shuttle-Service vom/zum Flughafen an. Eine ansehnliche Fahrzeugflotte besitzt auch **Kea Campers** (✆ 0800-520052, www.keacampers.co.nz), deren Hauptmietstation sich ca. 40 Minuten nördlich von Auckland befindet: 169 Bush Rd., Albany.

Neben den großen Firmen gibt es eine große Anzahl kleinerer Unternehmen, die ihre Campervans u. a. in Auckland, Christchurch oder Wellington durch Flugblätter oder in den touristischen Broschüren anbieten, oft aber auch außerhalb ansässig sind. Da dort ältere (aber nicht unbedingt schlechtere) Typen eingesetzt werden, liegen sie preislich oft deutlich günstiger. Ein gutes Renommee hat die von Einwanderern aus Österreich gegründete Firma **Bedmobils**, die zu Campern umgebaute Kleinbusse vermietet oder verkauft, auf Wunsch auch mit Rückkaufgarantie; Infos und Buchung: ✆ 09-4733648, www.bedmobils.com.

> **Hinweis**
> Die größeren Campmobile werden zwar mit dem sehr preiswerten Diesel betankt, doch muss man dafür auch eine Dieselsteuer bezahlen. Diese wird am Ende der Reise von der Campmobil-Verleihstation aufgrund der gefahrenen Kilometer berechnet.

> **Tipp**
>
> Auch wenn vor allem bei Campern und Wohnmobilen die zusätzlichen Kosten hoch erscheinen, sollte man durch eine **Vollkaskoversicherung** (CDW, Collision Damage Waiver) die Selbstbeteiligung im Schadensfall so weit wie möglich reduzieren. Den gänzlichen Ausschluss der Selbstbeteiligung erreicht man durch die Zusatzversicherung LDW. In jedem Schadensfall – auch wenn die Schuld eindeutig beim Unfallgegner liegt – wird vom Vermieter die Selbstbeteiligung unverzüglich per Kreditkarte eingezogen. Sobald die Versicherung des Unfallgegners den Schaden reguliert hat, wird das Geld zurückerstattet. Allerdings besteht in Neuseeland keine Versicherungspflicht für Kraftfahrzeuge. Im schlimmsten Fall muss also der Mieter, selbst wenn er an dem Unfall unschuldig ist, für den Schaden am Mietfahrzeug in Höhe der Selbstbeteiligung aufkommen.

Diplomatische Vertretungen

▶ **Vetretungen von Neuseeland in deutschsprachigen Ländern**
New Zealand Embassy, Friedrichstraße 60, D-10117 Berlin, ✆ 030-206210 für allgemeine Anfragen, ✆ 030-20653900 für Visa-Anfragen, www.nzembassy.com/germany. Mo–Fr 9–13, 14–17.30, Fr nur bis 16.30 Uhr. Alle Visa-Informationen und Antragsformulare sind auf dieser Internetseite (englisch und deutsch) zu finden. Die Botschaft ist auch für die **Schweiz** zuständig.
New Zealand Embassy, Mattiellistr. 2-4/3, A-1040 Wien, ✆ 01-5053021, www.nzembassy.com/austria.

Im deutschsprachigen Raum ist Neuseeland zudem durch folgende Generalkonsulate vertreten, die auch Visa-Angelegenheiten bearbeiten:
New Zealand Consulate General, Zürich-Haus, Domstr. 19, D-20095 Hamburg, ✆ 040-4425550, www.nzte.govt.nz.
New Zealand Consulate General, 2 Chemin des Fins, Grand Saconner, CH-1211 Genève 19, ✆ 022-9290350, www.nzembassy.com/switzerland.

Weitere **neuseeländische Botschaften und Konsulate** in aller Welt finden Sie im Internet unter www.nzembassy.com

▶ **Vertretungen von deutschsprachigen Ländern in Neuseeland**
Embassy of the Federal Republic of Germany, 90-92 Hobson St., P.O.Box 1687, Thorndon, Wellington, ✆ 04-4736063, www.wellington.diplo.de, 24-Stunden-Notfall-Telefon mobil 021-651987.
Die Botschaft ist auch für die Cook-Inseln, Niue, Fidschi, Samoa, Tonga und andere pazifische Kleinstaaten zuständig.

Embassy of Switzerland, Level 12 Maritime Tower, 10 Customshouse Quay, Wellington, ✆ 04-4721593, www.eda.admin.ch/wellington.
Consulate General of Austria, Level 4, 75 Ghuznee St., P.O. Box 9395, Wellington, ✆04-3841402, www.bmaa.gv.at.
Honorary Consulate of the Federal Republic of Germany, Hesketh Henry Lawyers, 41 Shortland St., Auckland, ✆ 09-3758718, auckland@hk-diplo.de.
Honorary Consulate of the Federal Republic of Germany, 10 Wairarapa Terr., Christchurch, ✆ 03-3457014, christchurch@hk-diplo.de.
Honorary Consulate of Austria, 22a William Pickering Drive, North Harbour, Auckland, ✆ 09-4760994, austrianconsulateauckland@xtr.co.nz, Mo–Do 10–12 Uhr.
Honorary Consulate of Austria, 19 Joyce Crescent, Ilam, Christchurch, mobil 021-440164, austrianconsulate.christchurch@xtra.co.nz.
Honorary Consulate of Switzerland, Unit 5, Bldg. 2, 100 Bush Rd., Rosedale, North Shore, Auckland, ✆ 09-3660403, auckland@honorarvertretung.ch.

Einkaufen/Souvenirs

Auch als Einkaufsland hat Neuseeland einiges zu bieten. Man findet Geschäfte mit Artikeln der Luxuskategorie in den neuen Glaspalästen der Großstädte ebenso wie die dörflichen Tante-Emma-Läden *(dairies)*, die Waren des täglichen Bedarfs verkaufen. Billiger allerdings sind die Supermärkte, die es in jedem größeren Ort gibt (von Woolworth über Four Guys bis zu New World und No Frills), und am billigsten sind die Duty-Free-Shops in den internationalen Flughäfen von Auckland, Wellington und Christchurch (aber auch in den Innenstädten).

Überall im Lande findet man *craft shops* mit sehr qualitätsvollen kunstgewerblichen Erzeugnissen. In Auckland, Wellington, Christchurch und anderen Städten gibt es Kunstateliers und Galerien, die farbenfrohe, moderne und elegante Produkte von Steingut über Möbel bis hin zu Glasartikeln verkaufen. Und selbst kleinste Dörfer haben wenigstens eine *pottery*, in der Handgetöpfertes angeboten wird.

Hier einige Anregungen:
Wollprodukte: handgestrickte Pullover (z. B. in norwegischer Tradition in Norsewood), Handschuhe, Hüttenschuhe, Mützen, Jacken, Mäntel, Felle, Kissen, Teppiche oder Rohwolle (besonders solche der einheimischen Schafrasse Perendale).
Holzwaren: Amulette in Maori-Manier, Kinderspielzeug, Brettspiele. Zentrum für traditionelle Maori-Schnitzereien ist Rotorua.
Halbedelsteine: Amulette und Schmuck aus neuseeländischer Jade *(greenstone)*, Achat, Amethyst u. a. Zentrum der Verarbeitung und des Verkaufs sind die Werkstätten in Hokitika an der West Coast der Südinsel. Besonders beliebt sind die typischen *hei-tikis* mit traditionellen Maori-Motiven; dazu auch Silber- und Goldschmuck, Versteinerungen und Einschlüsse.
Glas: mundgeblasene Vasen, Gläser, Kelche.
Leder: neuseeländisches Leder, das u. a. zu Jacken, Westen, Stiefeln, Taschen, Mänteln, Schuhen und Handschuhen verarbeitet wird, hat weltweit einen vorzüglichen Ruf.
Druckerzeugnisse: Bildbände, Spezialliteratur, Briefmarken.
Naturprodukte: Naturhonig, geräuchertes Fleisch, Marmelade, Pasteten, Kiwis, Wein (auch Kiwifruchtwein), Kumaras, Nashis, Honig, Schokolade usw.

Öffnungszeiten

Es gibt keine verbindlichen Ladenschlusszeiten, und die langen Einkaufstage sind regional unterschiedlich. Mo–Fr von 9–17.30 und Sa von 10–13 Uhr sind normalerweise alle Geschäfte geöffnet, an langen Einkaufstagen (meist Donnerstag oder Freitag) auch bis 21 Uhr. *Shopping centres* sind oft auch an Sonntagen geöffnet. Die *dairies* verkaufen oft noch bis 22 Uhr und dies auch an Samstagen und Sonntagen.

Einwandern/Arbeiten

Obwohl das Einkommensniveau unter dem mitteleuropäischen liegt, war und ist **Neuseeland als Einwanderungsland** beliebt, während die wirtschaftliche Lage in ihrem Heimatland andererseits viele „Kiwis" zur Auswanderung bewog. Die Einwanderungsgesetze zielen darauf ab, eine größere Anzahl von „Qualitäts-Immigranten" anzuwerben, wobei ein Bevölkerungsgewinn von netto 35.000 Einwanderern pro Jahr angestrebt wird. Willkommen sind ungeachtet des Herkunftslandes „alle, die einen positiven Beitrag zu der wirtschaftlichen und sozialen Entwicklung Neuseelands zu leisten" imstande sind. Um geeignete Kandidaten im Vorfeld zu selektieren, wurde ein Punktesystem entwickelt, bei dem neben den englischen Sprachkenntnissen als grundsätzlicher Voraussetzung je nach Qualifikationen, Berufserfahrung, Alter und sogenannten Niederlassungsfaktoren unterschieden wird. Nach einer Tabelle werden dabei Punkte vergeben, wobei die erforderliche Mindestpunktzahl jährlich neu festgelegt wird – sie richtet sich u. a. nach der Gesamtzahl der Bewerber. Außerdem werden nicht alle Einwanderungswillige mit der Tabelle erfasst, da z. B. für Investoren andere Maßstäbe gelten. Wer an einer Immigration nach Neuseeland interessiert ist, sollte frühzeitig mit der Botschaft Kontakt aufnehmen.

Hilfreich ist die regierungsamtliche Internetseite www.immigration.govt.nz, die die aktuelle Einwanderungspolitik samt geltenden Bestimmungen erläutert und für Arbeitsgenehmigungen aller Art wichtig ist. Und unter www.neuseeland-news.com findet man eine Reihe von Adressen (Organisationen für Emigranten, Umzugsunternehmen, Notare etc.), die etwa beim Erwerb von Immobilien oder bei der Suche nach einem passenden Arbeitgeber nützlich sind, sowie positive wie negative Erfahrungsberichte von Auswanderern.

Ein „Auswandern auf Zeit" ist durch **Arbeitsprogramme** möglich, die sich i. d. R. an junge Menschen wenden, so z. B. das von der Botschaft initiierte *Working Holiday Program*, mit dem deutsche Jugendliche maximal ein Jahr lang ihren Ferienaufenthalt in Neuseeland durch Arbeit finanzieren können. In den Saisonzeiten – besonders von Februar bis Mai – suchen vor allem die Obstbauern in den Regionen Northland, Auckland, Waikato, Bay of Plenty, Gisborne, Hawke's Bay, Nelson, Marlborough, Canterbury und Otago Arbeitskräfte. Auch hierzu ist eine Arbeitsgenehmigung *(working permit)* notwendig, die aber problemlos erteilt wird.

ⓘ www.newzealandnow.govt.nz, www.seek.co.nz, www.jobs.co.nz, www.seasonaljobs.co.nz.

Elektrizität

Die Netzspannung ist in Neuseeland etwas höher als in Europa, nämlich 230–240-Volt-Wechselstrom (50 Hz), was aber für mitgebrachte elektrische Geräte wie Akkulade-Sets und

Laptops kein Problem ist. Da neuseeländische Steckdosen dreipolig sind (die Stecker haben drei flache Stifte), benötigt man einen Adapter („Weltreisestecker"), der daheim in Fachgeschäften oder in Neuseeland an Flughäfen und in Elektrogeschäften erhältlich ist.

Ferien, Feiertage, Feste

Die neuseeländischen **Schulferien** sind deswegen auch für Touristen von gewisser Bedeutung, weil dann die Neuseeländer mit Sack und Pack ihr eigenes Land bereisen und gleichzeitig der Hauptstrom der Touristen einfließt. Von Mitte Dezember bis Anfang Februar ist Hauptsaison. Jeweils zwei Wochen Schulferien sind außerdem im April, im Juli und im September/Oktober.

▶ **Staatliche Feiertage**

1. Januar	New Year
6. Februar	Waitangi Day (Nationalfeiertag)
Karfreitag, Ostermontag	
25. April	ANZAC-Day (Gedenktag zu Ehren der in den Weltkriegen gefallenen Neuseeländer)
2. Montag im Juni	Queen's Birthday (Geburtstag von Königin Elisabeth II.)
4. Montag im Oktober	Labour Day (Tag der Arbeit)
25. Dezember	Christmas Day (1. Weihnachtstag)
26. Dezember	Boxing Day (2. Weihnachtstag, benannt nach den Geschenkkartons *(present boxes)*

Fällt ein Staatsfeiertag auf einen Sonntag, ist der darauffolgende Montag arbeitsfrei. Darüber hinaus hat jede Provinz ihren eigenen Feiertag, der auf die Gründungszeit zurückgeht. Eine arbeitnehmerfreundliche Regelung sieht vor, dass dieser lokale Feiertag immer an einem Montag begangen wird; fällt der Termin auf einen Samstag oder Sonntag, wird er am folgenden Montag „nachgefeiert"; fällt er auf Dienstag, Mittwoch oder Donnerstag, wird er am Montag „vorgefeiert". Die Daten im Einzelnen

22. Januar	Wellington
29. Januar	Auckland, Northland
01. Februar	Nelson
23. März	Otago, Dunedin, Southland
31. März	Taranaki
01. November	Hawkes Bay, Marlborough
01. Dezember	Westland
16. Dezember	Canterbury/Christchurch

▶ **Feste und Festivals**

Im Allgemeinen wird in Neuseeland gerne und ausgiebig gefeiert, dabei markieren Kulturfestivals, Messen und Sportwettbewerbe die Höhepunkte des Jahres. Besonders populär sind landesweit Pferderennen und Landwirtschaftsausstellungen *(agricultural and pastoral shows* oder *country fairs)*. Verbunden mit diesen Agrarmessen sind meist Pferderennen für Amateurjockeys, Rodeos und skurril anmutende sportliche Wettbewerbe wie Holzhack-

Wettkämpfe. Für Farbtupfer sorgen exotische Feste einzelner Einwanderergruppen, etwa das *Chinese New Year* und das vietnamesische *Tet*-Fest, beides lautstarke Neujahrsfeste mit Feuerwerk und Löwentanz (Jan./Feb.) sowie das *Diwali Festival of Lights* der indischen Einwanderer im Oktober.

Eine der seltenen Gelegenheiten, authentische Tänze und Gesänge der Maoris zu erleben, ist das **Te Matatini Maori Performing Arts Festival**, zu dem sich im Februar in ungeraden Jahren Maori-Kulturgruppen aus dem ganzen Land an wechselnden Orten treffen. Infos: www.tematatini.co.nz.

ⓘ Die aktuellen Termine großer Kultur- und Sportereignisse findet man im Calendar of Events von Tourism New Zealand auf www.newzealand.com.

Januar
Auckland Anniversary Day Regatta: Spannendste Segelregatta Neuseelands im Manukau Harbour von Auckland.
Chinese New Year: An einem Neumondtag zwischen 21. Jan. und 19. Feb. feiern die chinesischstämmigen Aucklander ihr Neujahrsfest. Höhepunkte sind farbenfrohe Drachen- und Löwenparaden sowie als Finale ein prächtiges Feuerwerk.
Summer City Program: Zweimonatiges Kulturspektakel mit vielfältigem Programm in Wellington, zahlreiche kostenlose Open-Air-Veranstaltungen (bis Ende Feb.).
Nelson Jazz and Blues Festival: Jazz jeglicher Stilrichtung von Dixieland bis Free Jazz, gespielt von Ensembles aus aller Welt (www.nelsonjazzfest.co.nz).
World Buskers Festival: Alljährliches Festival in Christchurch mit Straßen- und Kleinkunst.
Sculpture on the Gulf: Bildhauer präsentieren auf Waiheke Island ihre Werke (Jan./Feb., nur in ungeraden Jahren, www.sculptureonthegulf.co.nz).
Harvest Hawke's Bay Wine & Food Festival: Kulinarisches Fest mit Wein und Essen sowie kulturellem Programm, bei Hastings (Ende Jan./Anfang Feb., www.harvesthawkesbay.co.nz).

Februar
Waitangi Day: Feierlichkeiten zum Nationalfeiertag in Waitangi/Bay of Islands.
Marlborough Food & Wine Festival: Am zweiten Wochenende des Monats wird nahe Blenheim auf dem Gelände des Weinguts Brancott Estate aufgetischt, was Küche und Keller hergeben, begleitet von einem hochkarätigen kulturellen Programm (www.wine-marlborough-festival.co.nz).
Art Déco Weekend: Vielfältige Veranstaltungen zum Thema „Art Déco" in Napier am dritten Wochenende des Monats (www.artdeconapier.com).
Dragon Boat Race: Farbenprächtige Drachenboot-Regatta von Firmenmannschaften, wechselweise in Auckland oder Wellington.
Wellington Fringe Festival: Avantgardistisches Kulturspektakel in Wellington (Mitte Feb. bis Anfang März, www.fringe.org.nz).
New Zealand International Festival of the Arts: Weites Spektrum hochkarätiger Kunst- und Kulturveranstaltungen 3–4 Wochen lang in Wellington, nur in geraden Jahren (Ende Feb. bis Mitte März, www.nzfestival.co.nz).

März
Wellington International Jazz Festival: Jazz jeglicher Stilrichtung angefangen von Di-

xieland bis Free Jazz gespielt von Ensembles aus aller Herren Länder (Anfang März, www.jazz festival.co.nz).
Golden Shears: Internationaler Schafscherer-Wettkampf in Masterton (erste Märzwoche, www.goldenshears.co.nz).
Pasifika Festival: Farbenprächtiges Kunst- und Kulturfestival der polynesischen Gemeinden mit Feuerwerk und Volkslauf, zur Monatsmitte in Auckland.
Round the Bays: Bis zu 70.000 ansonsten völlig vernünftige Männer und Frauen joggen in Auckland 8,5 km von der City an den Eastern Bays bis St. Heliers Bay. Niemand weiß genau, aus welchem Grund (www.roundthebays.co.nz).
Maori-Regatta: Traditionelle Kanuwettkämpfe in Ngaruawahia nördlich von Hamilton. Internationale Schwertfisch-Jagd in der Bay of Islands.
Wildfood Festival: Schrilles Event um wildwachsende oder -lebende Nahrungsmittel in Hokitika (2. Sa im Monat, www.wildfoods.co.nz).
Dunedin Heritage Festival: Einwöchiges Kulturfest in Dunedin, in ungeraden Jahren.
Dunedin Fringe Festival: Zweiwöchiges avantgardistisches Kulturspektakel mit über 60 Events und mehr als 500 Teilnehmern in Dunedin (Ende März/Anfang April in geraden Jahren, www.dunedinfringe.org.nz).

April
International Trout Fishing Contest: Forellenwettangeln im Lake Taupo am ANZAC-Day (25. April).
Highland Games: Schottland-Spiele in Hastings.

Mai
Nationales Festival der Holzhandwerker in Christchurch.

Juni
New Zealand Agricultural Field Days: Bedeutende Landwirtschaftsshow in Mystery Creek bei Hamilton.

Juli
The Nelson Winter Music Festival: 16 Tage lang Musik von Klassik über Jazz bis Pop in Nelson (www.nelsonwinterfestival.co.nz).
Wellington Film Festival: Filmkunst jenseits des Mainstream in mehreren Kinos in Wellington (Mitte Juli bis Anfang Aug., www.enzedff.co.nz).

September
Bay of Islands Festival: Kulinarisches Fest mit Wein, Essen und Entertainment, in Paihia und Waitangi.
New Zealand Trout Festival: Forellenwettangeln in Rotorua.
Taste Nelson: Kultur verbunden mit gutem Essen und Trinken in Nelson (www.tastenelson.co.nz).
World of Wearable Art Show (WOW): Auf bizarren Modeschauen werden in den letzten beiden Septemberwochen extravagante, oft völlig überdrehte Fantasiekostüme präsentiert (www. worldofwearableart.com).

Oktober
Nelson Arts Festival: Mehrtägiges Kunst- und Kulturfestival in Nelson zu dessen Pro-

gramm Konzerte und Open-Air-Veranstaltungen und vieles mehr zählen (www.nelsonfestivals.co.nz).
Otago Festival of Arts: Einwöchiger bunter Reigen kultureller Veranstaltungen in Dunedin, in geraden Jahren (www.otagofestival.co.nz).
Rhododendron Festival: Kunst und Kultur in den Parks und Gärten von Dunedin inmitten leuchtend scharlachroter Farbenpracht (Ende Okt., www.rhododunedin.co.nz).
Coastal Classic Regatta: Die prestigeträchtige Segelregatta en-det in Russell an der Bay of Islands, die einlaufenden Jachten läuten ein langes Partywochenende ein (Ende Okt., www.coastalclassic.co.nz).
Gisborne Wine & Food Festival: Am Labour Weekend Ende Okt. präsentieren die Weingüter der Region um Gisborne ihre Produkte.

November
Auckland Marathon: Ab Devonport über die Harbour Bridge in die City (Ende Okt./Anfang Nov., www.aucklandmarathon.co.nz).
Canterbury Show Week: Umfangreiche Landwirtschaftsmesse mit Entertainment in Christchurch.
Pohutukawa Festival: Zweiwöchiger bunter Reigen kultureller und sportiver Veranstaltungen in verschiedenen Orten auf der Coromandel-Halbinsel (www.pohutukawafestival.co.nz).

Dezember
Festival of Lights: Weihnachtliche Illumination in New Plymouth.

Fotografieren

Neuseeland bietet eine Unzahl schönster Motive. Vielerorts sind die Einheimischen erstaunlich extrovertiert und lassen sich gerne fotografieren. Man sollte stets versuchen, auch als eine Geste der Höflichkeit, die Fotos im Einverständnis mit den Betreffenden zu machen – oft genügt ein kurzer Blickkontakt oder ein freundliches Lächeln. Respektieren sollte man allerdings die Kamerascheu vieler Maoris, vor allem von Frauen und älteren Männern.

Zu beachten sind die großen Beleuchtungskontraste. Gerade bei Porträtaufnahmen sollte ein Blitzgerät die Schatten aufhellen. Zum Schutz vor Farbstichen und mechanischer Beschädigung sollten die Objektive mit Skylight- oder UV-Filter versehen werden. Wegen des oft grellen Lichts auf der Südhalbkugel ist auch der Einsatz von Gegenlichtblenden sinnvoll. Besondere Fotoerlaubnisse benötigt man in Museen. Für militärische Anlagen und Flugplätze gelten die üblichen Fotoverbote.

Frauen allein unterwegs

Neuseeland ist prinzipiell ein sehr sicheres Urlaubsland und allein reisende Frauen setzen sich bei entsprechender Umsicht keinen größeren Risiken aus als Männer. Etwas Vorsicht ist allerdings bei Pub-Besuchen in ländlichen Regionen angebracht, da diese traditionell eine Männerdomäne mit oft rauer Atmosphäre sind. Aufs Trampen sollten Frauen generell verzichten.

Geldangelegenheiten

▶ Banken

Die größten neuseeländischen Banken mit landesweiten Filialen sind ANZ (Australia & New Zealand Bank), BNZ (Bank of New Zealand), NBZ (National Bank of New Zealand), Westpac Trust Bank und die neuseeländische Postbank Kiwibank. Ihre Öffnungszeiten sind einheitlich durchgehend Mo–Fr 9–16.30 Uhr. Längere Öffnungszeiten haben gewöhnlich die Wechselstuben in internationalen Flughäfen und großen Hotels.

▶ Währung

Landeswährung ist der Neuseeländische Dollar (NZ-$), der in 100 Cents (c) unterteilt ist. Im Umlauf sind Banknoten zu 5, 10, 20, 50 und 100 NZ-$. Münzen gibt es zu 5, 10, 20 und 50 c sowie zu 1 und 2 NZ-$. Die Wechselkurse in neuseeländischen Banken und Wechselstuben sind immer günstiger als im Ausland. Sinnvoll ist es aber, etwas Bargeld für die Ankunft dabei zu haben, etwa für Taxifahrten. **Wechselkurse** s. S. 127.

▶ Zahlungsmittel im Land

In Verbindung mit der persönlichen Geheimzahl kann man mit gängigen Kreditkarten sowie EC-Karten mit Maestro oder Cirrus-Symbol an den meisten Geldautomaten (*Automatic Teller Machines*, ATM) in Neuseeland **Bargeld** ziehen. Die geringsten Gebühren fallen bei der Benutzung der EC-Karte an, allerdings müssen Inhaber von neuen EC-Karten mit dem V-Pay-System damit rechnen, dass ihre Karten vor Ort nicht funktionieren. Erkundigen Sie sich vor der Abreise am besten bei Ihrem Kreditinstitut. Einige Banken bieten bei ihren Karten auch weltweites Abheben ohne Gebühren an (z. B. Deutsche Kreditbank, www.dkb.com). Andere Banken arbeiten mit neuseeländischen Kooperationspartnern zusammen, bei denen kostenloses Abheben möglich ist. Auskünfte erteilt Ihre Bank in Deutschland. Sicherheitshalber kann man einige **Reiseschecks** mitnehmen. Günstig sind Euro-Reiseschecks, keine Schwierigkeiten hat man auch mit auf US-$ ausgestellten Reiseschecks.

Geldautomaten und **Wechselstuben** findet man im Ankunftsflughafen. **Banken**, die Devisen jeglicher Art zu offiziell festgelegten Kursen tauschen, gibt es in jedem größeren Ort. Bei Reisen in ländlichen Regionen sollte man zur Sicherheit auf jeden Fall ausreichend Bargeld mit sich führen.

Mit allen international gebräuchlichen **Kreditkarten** kann man in Hotels, guten Restaurants und Supermärkten sowie in den meisten Geschäften und Tankstellen bezahlen. Bei der Anmietung eines Fahrzeugs ist eine Kautionshinterlegung per Kreditkarte in der Regel zwingend notwendig.

Notfallnummer bei Kreditkartenproblemen:
Zentrale Sperr-Nummer: ✆ 0049-116116 oder ✆ 0049-30-40504050 (gilt nur, wenn das ausstellende Geldinstitut angeschlossen ist, Übersicht: www.sperr-notruf.de)
Weitere Sperrnummern (in Neuseeland):
• MasterCard: ✆ 0800-446140;
• VISA: ✆ 0800-443019;
• American Express: ✆ 0800-656660;
• Diners Club: ✆ 0800-657373.
Bitte halten Sie Ihre Kreditkartennummer, Kontonummer und Bankleitzahl bereit!

Gesundheit

▶ Impfungen

Derzeit sind für Reisende aus infektionsfreien Gebieten keine Impfungen vorgeschrieben. Auch sind prophylaktische Maßnahmen i. d. R. nicht nötig. Zur Sicherheit empfiehlt sich die Auffrischung des Impfschutzes gegen Tetanus, Poliomyelitis und Diphtherie.

▶ Ärztliche Versorgung

Die medizinische Versorgung des Landes hat einen hohen Standard. Das Land selbst birgt nur wenige Gesundheitsrisiken. Sollten Sie trotzdem einen Arzt benötigen, können die Rezeptionen in Hotels, Motels oder auf Campingplätzen schnell weiterhelfen. In dringenden Fällen sind in den Städten die Rettungsdienste von Polizei und Feuerwehr über den **Notruf 111** zu erreichen. Anschriften von deutsch sprechenden Ärzten bekommt man in den diplomatischen Vertretungen.

Jede Arztkonsultation kostet Geld und besonders Krankenhaustage sind sehr teuer. Da der Leistungsumfang deutscher Versicherungen oft nicht das außereuropäische Ausland berührt, empfiehlt sich der Abschluss einer **Reisekrankenversicherung** (inkl. Krankenrücktransport). Für die Rückerstattung der entstandenen Kosten benötigt man detaillierte Rechnungen über die Versorgungsleistungen. Wer plant, während seines Urlaubs in Neuseeland Extremsportarten auszuüben, sollte den Abschluss einer **Unfallversicherung** in Erwägung ziehen.

▶ Apotheken

Die meisten in Europa gebräuchlichen Medikamente sind in *pharmacies* oder bei *chemists* erhältlich. Für rezeptpflichtige Präparate muss man einen einheimischen Arzt aufsuchen, da neuseeländische Apotheken keine ausländischen Rezepte annehmen. Nicht verschreibungspflichtige Medikamente und Verbandsmaterial erhält man in *drugstores*, die sich oft in Supermärkten oder Einkaufszentren befinden.

▶ Gesundheitsvorsorge

– Kein Land der Welt ist weiter entfernt von uns als Neuseeland. Gönnen Sie sich nach dem Flug Zeit, sich an die veränderten klimatischen und zeitlichen Verhältnisse zu gewöhnen!
– Die Sonne Neuseelands kann nicht nur heiß sein, sie ist auch intensiv – selbst bei bedecktem Himmel! Das südpolare Ozonloch tut ein Übriges, um die ultraviolette Strahlung nicht nur unangenehm, sondern auch gefährlich zu machen – nicht umsonst hat das Land die weltweit höchste Rate an Hautkrebserkrankungen! Seien Sie also vorsichtig beim Sonnen und benutzen Sie während des gesamten Urlaubs, also auch bei bedecktem Himmel und schon erworbener Hautbräunung, ein Sonnenschutzmittel mit einem hohen Schutzfaktor (mindestens 20).
– Zwar gibt es im Land keine giftigen wilden Tiere, auch keine Schlangen, aber die lästigen Sandflies können einem in bestimmten Gegenden (z. B. Lake Rotoroa und Milford Sound) die Ferien verleiden. Diese Plage bekämpft man am besten mit Mückenschutzmitteln wie Dimp o. ä.
– Das Baden in den natürlichen Hot Water Pools kann gefährlich werden und eine durch Amöben ausgelöste Meningitis verursachen. Diese spezifische Amöbe dringt dabei durch die Nase, seltener auch die Ohren in den Körper ein. Es besteht also keine Gefahr, wenn man beim Bad den Kopf über Wasser hält. Die Symptome der Meningitis treten einige Tage, manchmal auch noch Wochen nach dem Baden auf, sie ähneln zunächst einer Grippe, bringen dann eine starke Lichtempfindlichkeit und führen schließlich zum Koma.

ⓘ Folgende Seiten informieren über gesundheitliche Aspekte bei Reisen nach Neuseeland: www.die-reise-medizin.de und www.fit-for-travel.de.

Internet/Internetadressen

Auch am anderen Ende der Welt sind fast alle Institutionen, Behörden und Firmen sowie immer mehr Privatleute im Internet vertreten. Wer selbst im Netz surfen oder E-Mails abfragen möchte, kann dies in den Büros des i-SITE Visitor Centre Networks und in Public Libraries tun, allerdings sind dort häufig keine Drucker vorhanden. Das Surfen funktioniert meist nach Münzeinwurf im Automaten – wenn man nicht aufpasst, bricht die Verbindung mitten in der Arbeit ab, sofern man nicht „nachlegt" (ca. NZ-$ 2–4/Std.). In größeren Orten und Touristenzentren besteht an Internetcafés kein Mangel. Darüber hinaus bieten zahlreiche Hotels, Motels und Hostels ihren Gästen gegen eine geringe Gebühr oder bisweilen sogar kostenlos Internetzugang, in abgelegenen Gebieten allerdings mit niedrigen Übertragungsraten.

Wer mit Laptop reist, findet in vielen Internetcafés und Unterkünften Wi-Fi Hot Spots, die über WLAN drahtlosen Internetzugang ermöglichen. Alternativ gibt es Breitbandanschlüsse. Erforderlich sind sogenannte RJ-45-Telefonstecker und vierpolige Telstra EXI-160-Stecker, die man vor Ort in Computerläden und Elektrogeschäften kaufen kann. Nutzer von Smartphones können sich im Rahmen des DATA-Roaming in UMTS-Netze einloggen.

Wer sich vor oder nach der Reise mit neuseeländischen Themen beschäftigen möchte, findet im Netz eine fast schon unüberschaubare Flut interessanter Adressen. Neuseeländische Internetadressen enden fast immer mit „co.nz", „net.nz", „org.nz" oder mit „com".

www.newzealand.com: Offizielle, aufwendig gestaltete Website des New Zealand Tourism Board mit Hintergrundberichten, nützlichen Tipps, Routenvorschlägen sowie direkten Buchungsmöglichkeiten eines Neuseelandurlaubs, also eine der wichtigsten touristischen Informationsquellen über das Land. Man lernt ausgiebig alle 28 interessanten Regionen des Landes kennen, erfährt Wichtiges über Aktivitäten wie Bungee-Jumping, Heli-Skiing oder Wandern, bekommt eine Übersicht über das Angebot mehrerer Hundert Tourismusanbieter oder holt sich Insidertipps über die schicksten Cafés oder angesagtesten Treffpunkte. Informationsbroschüren kann man als pdf herunterladen oder per Mail bestellen (deutsch/englisch).
www.nz.com: Eine Fülle an Informationen für Touristen und Geschäftsleute mit vielen Links. U. a. kann man hier an einer virtuellen Reise durch Neuseeland teilnehmen, findet ein umfangreiches Reisehandbuch und neben jeder Menge Geschäftsadressen auch die Gelben Seiten von Auckland und Wellington (englisch).
www.qualmark.co.nz: Website des landesweit größten Anbieters für Beurteilungen von Unterkünften in den Kategorien Hotels, Motels und Holiday Parks, dessen Sternchen-System in Zusammenarbeit mit dem Fremdenverkehrsamt und dem Automobilclub AA entwickelt wurde (englisch).
www.aaguides.co.nz: Website der Automobile Association (AA) mit Tipps zu Unterkünften, Restaurants, Aktivitäten etc. (englisch).
www.backpackerboard.co.nz: Alles Wissenswerte für jugendliche Reisende; Tipps und Berichte, die Lust aufs Reisen machen (englisch).
www.tourism.net.nz: Etwas werbelastige kommerzielle Seite mit Links zu Anbietern und Veranstaltern (englisch).

www.govt.nz: Basisadresse der neuseeländischen Regierung (englisch/maori) mit vielen interessanten Links, z. B. www.govt.nz/stats/ (Statistiken), www.election.govt.nz/ (Wahlresultate), www.executive.govt.nz/minister/index.htm (Zusammensetzung des Kabinetts), www.immigration.govt.nz/ (Einwanderungspolitik und aktuelle Bestimmungen), www.rbnz.govt.nz/ (Adresse der Reserve Bank of NZ mit Zahlen und Prognosen zur Wirtschaftsentwicklung).
www.doc.govt.nz: Infos zu Nationalparks und Outdoor-Aktivitäten.
www.goethe.de/an/wel/deindex.htm: Portal des Goethe-Instituts in Wellington (englisch/deutsch).
www.auckland.ac.nz: Homepage der Universität von Auckland (englisch).
www.maori.org.nz: Interessantes zum Thema „Maoris", u. a. eine Beschreibung von touristisch interessanten Maori-Stätten, Maori-Legenden etc. (englisch/maori).
www.tkm.govt.nz/map: Website des Maori-Ministeriums, Überblick über Stämme, Clans ...
www.natlib.govt.nz: Gelungener Internetauftritt der Nationalbibliothek in Wellington (englisch).
www.nzmuseums.co.nz: Porträts der bedeutendsten neuseeländischen Museen, mit praktischen Hinweisen.
www.searchnz.co.nz: Suchmaschine für das neuseeländische Web (englisch).
www.neuseeland-news.com: Artikel zu Reise-, Lifestyle-, politischen und kulturellen Themen, Buchungsmöglichkeiten neuseeländischer Waren, Links zu touristischen Anbietern, Auswanderungsbüros, Fluggesellschaften etc. (deutsch).
www.neuseeland.net: Kommerzielle Website mit einem breiten und aktuellen Informationsangebot (deutsch).
www.auswaertiges-amt.de: Die Website des Auswärtigen Amtes bietet Basisinformationen, Sicherheitshinweise sowie Visa- und Einreisebestimmungen.

Kartenmaterial

Neben der herausnehmbaren Reisekarte dieses Führers gibt es in vielen Buchläden, Informationszentren, DOC-Büros und AA-Stellen Kartenmaterial sowohl für Wanderer als auch für Autofahrer, Detailkarten etwa für Nationalparks genauso wie Straßenkarten für beide Inseln. Am besten sind für Wanderer die vom Land Information New Zealand (LINZ) oder vom Department of Conservation (DOC) editierten Karten im Maßstab von 1:500.000 bis 1:50.000. Für Autofahrer bietet der AA-Klub ausgezeichnetes Material in seinen kleinen Itinerary genannten Faltplänen, die Routen und deren Alternativen beschreiben und von denen es für jede Insel mehr als ein Dutzend gibt. Beim Kauf einer Karte sollte der Autofahrer darauf achten, dass diese auch die Straßenbeschaffenheit (Asphaltdecke oder Schotterbelag) angibt.

Kinder

Das größte Problem für Kinder ist zweifellos die lange Reisedauer an das andere Ende der Welt, weshalb man überlegen sollte, den Hin- und Rückflug mit einem von den meisten Fluggesellschaften angebotenen Stopover-Programm zu stückeln, etwa einem kurzen Badeurlaub in Thailand, Malaysia oder Bali.

Vorausgesetzt man verzichtet auf lange Autofahrten, ist Neuseeland ein ideales Reiseland für die gesamte Familie. Tagesetappen auf Teerstraßen sollten nicht länger als 300 km sein, auf

Schotterpisten 200 km oder weniger. Da die meisten Caravan Parks und Campingplätze mit Spiel- und Picknickplätzen sowie Swimmingpools ausgestattet sind, bietet sich als Reisevehikel ein Wohnmobil an. Auf Campingplätzen schließen Kinder beim Spielen rasch Freundschaft mit einheimischen Kids. Familien- und kinderfreundlich sind auch zahlreiche Hotels und Motels ausgestattet. Oft verfügen sie über Mehrbettzimmer, Kinderpools und Spielplätze. Manche Hotels der gehobenen Kategorien bieten ganztägige Kinderbetreuung. Auch viele Restaurants haben sich mit Kindergerichten auf kleine Gäste eingestellt.

Für Kinder, die keinen eigenen Sitzplatz benötigen, kleiner als 1 m und jünger als vier Jahre sind, fallen für den Flug ans andere Ende der Welt 10 % des Flugpreises an, bis zum Alter von 12 Jahren bei einer maximalen Größe von 1,50 m 67 % des Flugpreises. Bei der Mietwagenbuchung nicht vergessen, Kindersitze zu bestellen (*children seat* = Sitz mit Rückenlehne, *booster* = Sitzerhöhung). Mitreisende Kinder benötigen einen eigenen Reisepass; Kinderausweise werden nicht anerkannt.

Wegen tückischer Unterströmungen und oft wilder Brandung sollte man mit Kindern nur an Stränden baden und schwimmen, die von Lebensrettern der *Surf Live Saving Association* überwacht werden. Nicht unterschätzen darf man die Kraft der „neuseeländischen" Sonne. Kinder müssen unbedingt eingecremt werden, am besten mit einer Sonnencreme mit Lichtschutzfaktor 20 aufwärts. Zudem sollten sie beim Baden eine breitkrempige Kopfbedeckung und ein T-Shirt tragen. Kleinkinder im Kinderwagen sollte man mit einem Sonnenschirm schützen.

Kleidung

Mit leichter und legerer Freizeitkleidung passt man sich den sommerlichen Temperaturen und dem neuseeländischen Look am besten an. Nur für gehobene Kulturveranstaltungen sowie schicke Restaurants, Bars und Klubs wird vor allem am Abend feinere Garderobe erwartet, bisweilen mit Krawattenpflicht für die Herren. Während der südlichen Wintermonate, bisweilen aber auch an kühleren Sommertagen leisten eine Regenjacke und ein warmer Pullover gute Dienste. Für Wanderungen und andere Outdoor-Aktivitäten braucht man strapazierfähige Jeans und robuste Schuhe. Man kann es auch den „Kiwis" gleichtun und Shorts tragen – bei Sonnenschein schwitzt man nicht so und bei Regengüssen wird man weniger nass. Für Bergwanderungen, vor allem in den Southern Alps, benötigt man Regenzeug und Thermokleidung.

Fehlende Outdoor-Kleidung kann man problemlos vor Ort kaufen, bisweilen auch leihen. Hinweise für die mitzunehmende Garderobe gibt die geografische Breite des Landes: zwischen Äquator und Südpol.

Kriminalität

Bislang galt Neuseeland als eines der sichersten Reiseziele der Welt. Wer sich als Mietwagen- oder Wohnmobilfahrer darauf verließ, wurde in den letzten Jahren allerdings bisweilen mit der harten Realität konfrontiert, d. h. mit aufgebrochenen Autos und gestohlenen Wertsachen. Die Kriminalstatistik weist zwar nur relativ geringe Steigerungsraten aus, aber häufig traf es doch Touristen. Deshalb der Rat: Autos und Wohnmobile immer abschließen, keine Kameras oder sonstige Wertgegenstände im unbewachten Wagen lassen, bei Wanderungen oder längeren Exkursionen Wertgegenstände beim Touristenbüro hinterlegen, in den Hotels die Safes benutzen. Grundsätzlich ist der Abschluss einer Reisegepäckversicherung anzuraten. Gewaltverbrechen wie Raubüberfälle oder Vergewaltigungen kommen hingegen sehr selten vor.

Maßeinheiten

Obwohl die „Kiwis" längst schon vom *Imperial System* auf unser metrisches System umgestellt haben, kann es vorkommen, dass Auskünfte örtlicher Reiseleiter, Taxifahrer oder anderer Neuseeländer noch Entfernungen, Höhen, Volumen oder Gewicht im alten System angeben.

▶ Umrechnungstabelle

Längenmaße		Volumen/Gewicht	
1 inch	2,54 cm	1 ounce	28,3 g
1 foot	30,5 cm	1 pound	454 g
1 yard	91,4 cm	1 pint	568 ml
1 mile	1,61 km	1 gallon	4,54 l

Die Angaben der Kleidergrößen sind in Neuseeland und Deutschland identisch. Bei Schuhgrößen werden oft die amerikanischen Maße benutzt:

Herrenschuhe

Deutschland	39	40	41	42	43	44	45
Neuseeland	6,5	7,5	8,5	9	10	10,5	11

Damenschuhe

Deutschland	36	37	38	39	40	41	42
Neuseeland	5,5	6	7	7,5	8,5	9	9,5

Medien

▶ Fernsehen

Das relativ spät eingeführte Fernsehen bedient mit seinen vier kommerziellen Programmen fast die gesamte Landesfläche. Die Satellitenstation Sky bietet auf einem Kanal rund um die Uhr den amerikanischen Nachrichtensender CNN an, auf einem zweiten einen reinen Sportsender (ebenfalls 24 Std.) und auf einem dritten Spielfilme.

▶ Rundfunk

Neben den beiden öffentlich-rechtlichen Sendern gibt es vor allem in den großen Städten und Ferienzentren eine Vielzahl kommerzieller regionaler Sender. Musik, leichte Unterhaltung, Werbung und die wichtigsten Nachrichten kennzeichnen deren Programm nach amerikanischem Muster. Relativ ausführlich und für den Touristen wichtig ist die Wettervorhersage, deren „Trefferquote" allerdings wegen der klimatischen Bedingungen des Landes nicht optimal sein kann. An den Highways informieren Schilder mit der Aufschrift *Tourist Radio* über die Frequenzen, auf denen man Nachrichten, Verkehrshinweise und touristische Infos empfängt.

▶ Zeitungen/Zeitschriften

Wer in Neuseeland beobachten konnte, wie in Cafés und Pubs, in Bussen und Zügen, auf den Veranden oder Parkbänken, wie überall die Köpfe der „Kiwis" hinter Zeitungen versteckt sind, wer überdies die vielen Zeitungsverkäufer und -stände (Prinzip: Zeitung aus dem Holzkasten nehmen und Geld einwerfen) gesehen hat, der versteht, dass das Land neben Island und Norwegen zu denjenigen Staaten gehört, wo in Relation zur Bevölkerungszahl weltweit am meisten Literatur produziert und konsumiert wird. Etwa 150 täglich oder in größeren Abständen erscheinende Zeitungen, mehr als 500 Magazine oder andere Schriften und auch die vielen Neuerscheinungen schöngeistiger Literatur sprechen eine deutliche Sprache.

Besonderheiten der neuseeländischen Presselandschaft:
Es gibt im Grunde genommen keine einzige überregionale Zeitung, denn selbst die auflagenstarken „The New Zealand Herald" (Auckland, www.nzherald.co.nz) und „The Dominion Post" (Wellington, www.dompost.co.nz) sind lokale Blätter. Der Grund dafür liegt in der Landesstruktur mit ihren großen Entfernungen bei relativ geringer Population. So verfügen selbst kleinere Orte über eine eigene Zeitung.
Überraschend hoch ist der Anteil der Abendzeitungen. Weitaus mehr Tageszeitungen, u. a. die zweitgrößte überhaupt, der „Auckland Star", und die älteste noch existierende (seit 1849), der „Taranaki Herald", erscheinen nicht am Morgen, sondern am Abend, ebenso „The Evening Post" in Wellington.
Charakteristisch ist der hohe Werbeanteil, der für den geringen Kaufpreis verantwortlich ist. Zum großen Teil bestehen die Werbeseiten aus Kleinanzeigen – interessant für Touristen, die sich ein Auto, eine Angelausrüstung, ein Fahrrad o. ä. kaufen wollen.
Auffallend ist der immense Stellenwert der Sportberichterstattung, der sich in der Gestaltung der Titelseiten oder auch in ganz dem Sport gewidmeten Blättern äußert. Die Sparten Politik und Wirtschaft reflektieren überwiegend innerneuseeländische Ereignisse, mitunter auch den pazifischen Raum, seltener hingegen die USA und Europa.

Unter den vielen wöchentlich oder monatlich erscheinenden Magazinen sind wegen ihrer Auflagenstärke und Bedeutung für die neuseeländische Gesellschaft hervorzuheben: Die Frauenzeitschrift „New Zealand Woman's Weekly", die Radio- und Fernsehzeitschrift „New Zealand Listener", das Auckländer Stadtmagazin „Metro", die Politik-Zeitschrift „New Outlook" und das amerikanische Magazin „Time" in der neuseeländischen Ausgabe.

Deutsche Zeitungen und Zeitschriften sind in größeren Städten und Urlaubszentren erhältlich, wegen des Postwegs rund um den Globus allerdings mit erheblicher Verspätung.

Nachtleben

In früheren Jahren war das Kapitel „Nachtleben" schnell abgehandelt: Da schlossen alle Pubs um 22 Uhr, und der Satz hatte Gültigkeit, dass, falls es ein Nachtleben überhaupt gäbe, es in privater Atmosphäre stattfände. Inzwischen sind zumindest in den großen Städten – allen voran Auckland – die Sitten wesentlich lockerer geworden. Pubs, (Cocktail-) Bars und Diskotheken sieht man dort nicht nur an Wochenenden noch um Mitternacht gut gefüllt, und selbst die Nightclubs bieten mehr als nur provinziellen Standard. Die meisten Clubs und Discos haben eine strenge Kleiderordnung: Mit Shorts, T-Shirts und Turnschuhen oder Sandalen erhält man keinen Einlass. In fast allen Clubs und Discos werden NZ-$ 10–30 Eintritt *(Cover*

Charge) verlangt, der z. T. einen Drink beinhaltet. Zwischen 18 und 20 Uhr gibt es in vielen Bars eine *Happy Hour*, dann heißt es meist : „Pay one, get two!"

Weniger formell gibt man sich in den meisten Pubs, ein englisches Erbe, das zu Neuseeland gehört wie die Schafe. Sehr beliebt sind die sogenannten Brewery Pubs, in denen hausgebrauter Gerstensaft gezapft wird. Vor allem auf dem Land sind die Pinten der gesellschaftliche Mittelpunkt und dienen als wertvolle Kontakt- und Infobörse. Die Pubs öffnen meist zur Mittagszeit und schließen gegen Mitternacht.

Nationalparks/Naturschutzgebiete

Nach den USA, Australien und Kanada hatte Neuseeland mit dem Tongariro-Nationalpark als viertes Land dieser Welt ein offiziell geschütztes Naturreservat. Inzwischen gibt es **14 Nationalparks**, weite, zusammenhängende Gebiete mit außerordentlichen Naturschönheiten, von denen auf der Nordinsel der Urewera NP mit seinen riesigen Urwäldern, der Tongariro NP mit den drei Vulkanen Mt. Tongariro, Mt. Ruapehu und Mt. Ngauruhoe, der Whanganui NP mit seinem Flusstal und ursprünglichem Tieflandwald sowie der Taranaki NP, auch Egmont NP genannt, mit perfektem Kegelvulkan am bekanntesten sind. Den Tongariro NP hat die UNESCO in den Rang einer Weltnaturerbestätte (World Heritage Site) erhoben. Gleiches gilt für das Gebiet Te Wahipouna-mu auf der Südinsel, in dem vier Nationalparks zusammengefasst sind: der Mount Cook NP mit dem höchsten Berg des Südpazifiks, der Westland NP mit seinen riesigen Gletschern, der Mount Aspiring NP mit seinen schneebedeckten Dreitausendern und der unzugängliche Fiordland NP, der allein 1,2 Mio. ha groß ist. Die weiteren Nationalparks auf der Südinsel sind im Norden der idyllisch-schöne Abel Tasman NP mit großartigen Sandstränden, der benachbarte Kahurangi NP mit 400.000 ha der zweitgrößte und der jüngste Park des Landes, der Nelson Lakes NP mit seinen fischreichen Seen, der Paparoa NP an der zerklüfteten Westküste sowie der Arthurs's Pass NP, dessen Landschaft häufig als „neuseeländische Rocky Mountains" bezeichnet wird. Der jüngste und südlichste Nationalpark des Landes ist der Rakiura NP auf Stewart Island.

Insgesamt bedecken die Nationalparks eine Fläche von mehr als 4 Mio. ha, d. h. dass prozentual zur Bodenfläche Neuseeland mehr Landschaft unter Naturschutz gestellt hat als fast jedes andere Land der Welt. Eine ähnlich große Fläche nehmen die **19 National Forests** ein, die ausschließliche Waldgebiete beinhalten, während in den **Maritime Parks** (Bay of Islands, Hauraki Gulf, Marlborough Sounds u. a.) insel- und buchtenreiche Küstengewässer mit artenreicher Flora und Fauna geschützt sind und einen ähnlichen Status wie die Nationalparks besitzen.

Die Reserves schließlich, die das System der Naturreservate komplettieren und die es auf den beiden Hauptinseln und Stewart Island ebenso gibt wie in den entfernteren Landesteilen von den subtropischen Kermadecs bis zu den subantarktischen Inseln im Süden, können folgendermaßen unterschieden werden:
Recreation Reserves: eingerichtet zur Erholung oder sportlichen Aktivität in naturbelassener Umgebung.
Scenic Reserves: schützen einzelne Naturdenkmäler oder kleinere Landschaften entlang aussichtsreicher Routen.
Historic Reserves: enthalten bedeutende historische, archäologische oder kulturelle Stätten.

Neuseelands Nationalparks sind ein Dorado für Outdoor-Begeisterte

Nature Reserves: Reservate für einmalige Naturschönheiten bzw. ökologische Systeme.
Scientific Reserves: meinen Naturgebiete für wissenschaftliche Studien, Forschung und Ausbildung.

Die meisten Naturschutzgebiete werden von ausgedehnten und gut ausgebauten Wegenetzen durchzogen, die ideale Möglichkeiten zum Wandern und zur Tierbeobachtung bieten. Überall sorgen hoch qualifizierte Ranger für ein möglichst reibungsloses Zusammenspiel zwischen Tourismus und Natur. Die bekannten und größeren Nationalparks und Schutzgebiete besitzen i. d. R. Besucherzentren, in denen man Informations- und Kartenmaterial über Fauna und Flora sowie Wander- und Campingmöglichkeiten oder andere Aktivitäten erhält. In den Besucherzentren oder den lokalen Büros des **Department of Conservation (DOC)**, deren Adressen jeweils ab S. 136 angegeben sind, muss man sich auch vor mehrtägigen Wanderungen anmelden und die anfallenden Gebühren entrichten. Weitere Informationen in der Broschüre „Exploring New Zealand's Parks" oder im Internet unter www.doc.govt.nz.

Meist sehr informativ und von hohem Erlebniswert sind die von **Spezialveranstaltern** angebotenen Touren in die bekannteren Nationalparks. Zu empfehlen sind diese Ausflüge vor allem, wenn es sich um abseits gelegene Gebiete handelt, die man auf eigene Faust kaum erreichen kann. Informationen zu Spezialveranstaltern finden Sie bei den praktischen Hinweisen im Reiseteil.

Besucher von Naturschutzgebieten sollten folgende **Regeln** beachten:
- Die Pflanzen- und Tierwelt der Parks ist geschützt. Keine Pflanzen ausreißen und (vor allem bei der Fotopirsch) möglichst keine Tiere aufscheuchen.
- Jagdwaffen sind verboten, ebenso das Mitführen von Hunden, Katzen oder anderen Haustieren.
- Zelten ist in den meisten Parks ausschließlich auf den dafür vorgesehenen Campingplätzen erlaubt.

- Vorsicht mit offenem Feuer. Ein Funke kann einen verheerenden Waldbrand entfachen. Beachten Sie unbedingt die sogenannten Days of Total Fire Ban. Benutzen Sie nach Möglichkeit Gas- oder Spirituskocher.
- Alle Abfälle müssen wieder mitgenommen werden. Müll zu vergraben, ist zwecklos, da er von wilden Tieren meist wieder ausgegraben wird. Menschliche Ausscheidungen sollten immer mit einer dünnen Schicht Erde bedeckt werden.
- Flüsse, Bäche und Wasserstellen niemals mit Speiseresten, Abwaschmitteln und Seife verschmutzen.
- Auf den vorgeschriebenen Wegen bleiben.
- Möglichst in kleinen Gruppen wandern, da große Trupps die Umwelt zu sehr belasten.
- Vor mehrtägigen und schwierigen Touren immer Rücksprache mit den zuständigen DOC-Mitarbeitern nehmen.

Notruf

Die landesweite, kostenlose Telefonnummer für Polizei, Ambulanz und Feuerwehr lautet: 111.

Öffnungszeiten

Auskunftsbüros für Touristen: regional recht unterschiedlich, meist Mo–Fr 9–17 Uhr, gelegentlich auch Sa und So halbtags.
Banken: s. S. 99.
Behörden: Mo–Fr 9–17 Uhr.
Geschäfte: s. S. 94.
Museen: regional unterschiedlich, am Karfreitag, am ANZAC-Day (25. April) und am 25. Dez. meist geschlossen.
Postämter: s. u.
Restaurants: s. S. 110.

Post

Die Postämter haben meist Mo–Fr 9–17 Uhr geöffnet, in größeren Städten teilweise auch Sa 8.30–12 Uhr. In kleinen Orten befinden sich die Postdienststellen manchmal in *dairies* oder anderen Geschäften. Obwohl Post und Telekommunikation voneinander getrennt wurden, sind nationale oder Auslandsgespräche von den meisten Postbüros aus möglich.

Im Briefmarkenverkauf bekommen Sie die aktuellen Sondermarken und spezielle blaue Aufkleber *(fast post)* für Luftpostbriefe. Achten Sie auch darauf, dass es für Eil- und Luftpost meist einen besonderen Briefkasten (blau statt rot) gibt. Für Philatelisten ist Neuseeland eine reiche Fundgrube mit seinen interessanten und ansprechenden Marken, die oft Motive der Maori-Kunst und aus Flora und Fauna zeigen. Es lohnt sich, bei den Postämtern nach Sondermarken zu fragen!

Das derzeit gültige Porto beträgt für einen Standardbrief innerhalb Neuseelands NZ-$ 0,60, für einen Luftpostbrief (Aerogramm) oder eine Postkarte nach Europa (maximal 20 g) NZ-

$ 1,90 und für einen normalen Brief nach Europa – je nach Format – NZ-$ 2,40–5,10. Luftpostbriefe nach Europa benötigen von den Hauptpostämtern der größeren Städte 5–7 Tage, von Provinzpostämtern meist deutlich länger. Luftpostpakete sind 10–14 Tage unterwegs, werden jedoch nur bis max. 20 kg befördert (Spezialkartons gibt es in allen größeren Postämtern); auf dem Seeweg brauchen Pakete mindestens 2–3 Monate. Weitere Infos unter www.nzpost.co.nz.

Preisnachlässe

Bei vielen Dienstleistungen, bei Transport und Unterkunft oder Eintritten werden Kindern erhebliche Preisnachlässe gewährt, i. d. R. 50 % für Kinder unter 15 Jahren. Kinder unter 4 Jahren sind oft frei. Einheimische über 60 haben ebenfalls viele Vergünstigungen, die manchmal auch für Ausländer gelten. Studenten mit internationalem Studentenausweis können bei Bus- und Zugfahrten, Inlandsflügen und Eintritten z. T. Preisnachlässe erwarten, genauso wie Inhaber des Jugendherbergsausweises oder einer neuseeländischen Backpacker-ClubCard. Weit verbreitet ist das Couponsystem, d. h., dass man Rabatte bekommt, wenn man z. B. innerhalb einer Campingplatzkette, Hotelkette oder eines Zusammenschlusses von Bed & Breakfast-Häusern übernachtet. Wie in den USA sind daneben auch Gutscheinhefte üblich, durch die man in bestimmte Restaurants oder zu bestimmten Attraktionen gelockt werden soll und die bei Vorzeigen des Heftes Rabatte gewähren.

Rauchen und Trinken

Das Rauchen in öffentlichen Gebäuden ist genauso untersagt wie in praktisch allen Büros, in Bussen und Bahnen sowie auf den Inlandsflügen. Tabu ist der Griff zum Glimmstängel auch in Restaurants und Bars. Auch beim Reservieren von Hotelzimmern sollte man sich nach den hausüblichen Gepflogenheiten erkundigen. Insbesondere Backpacker-Hostels und die meisten Bed & Breakfast-Häuser werben damit, komplett rauchfrei zu sein. Schwere Zeiten müssen Raucher auch auf dem langen Hin- und Rückflug erleiden, wobei für sie erschwerend hinzukommt, dass viele Flughäfen auf den Zwischenstopps (z. B. Honolulu oder Vancouver) zu rauchfreien Zonen erklärt wurden.

Die Alkoholgesetze sind sehr streng, zum Kaufen und Konsumieren muss man mindestens 18 Jahre alt sein. In vielen Städten ist der Konsum alkoholischer Getränke auf öffentlichen Plätzen untersagt. Das gleiche gilt für Restaurants, die keine Schanklizenz besitzen.

Reiseveranstalter

Mehrere Dutzend Veranstalter, darunter sowohl die internationalen Branchenführer als auch kleine, auf Neuseeland oder den Pazifik spezialisierte Büros, buhlen um die Gunst der Kunden. Ein ausführliches Verzeichnis aller Agenturen in Deutschland, Österreich und der Schweiz ist über das neuseeländische Fremdenverkehrsamt erhältlich. Nicht nur der Preisvergleiche wegen lohnt es sich, das Infomaterial mehrerer Firmen sorgfältig zu studieren. Denn einige Agenturen kooperieren auch mit neuseeländischen Firmen, die sich auf besondere Arrangements spezialisiert haben (z. B. ornithologische Exkursionen, Jeeptouren, Aben-

teuer- und Jugendreisen), sodass man ohne lästiges Suchen am Zielort fast jeden Reisewunsch schon zu Hause buchen kann. Spezialisiert auf die Ausarbeitung individueller Rundreisen, aber auch auf Kleingruppenreisen und Touren mit dem Wohnmobil haben sich:
Kangaroo Tours, Westring 25, 44787 Bochum, Tel. 0234-325 25 30, www.kangaroo-tours.de sowie
Pacific Travel House, Schwanthalerstraße 100, 80336 München, Tel. 089-54321 80, www.pacific-travel-house.com.

Backpacker, die den Urlaub möglichst preisgünstig gestalten wollen, sind bei jenen einheimischen Reiseagenturen am besten aufgehoben, die die deren Bedürfnisse sehr genau kennen und geeignete Touren empfehlen. Dazu zählt z. B. das von vielen Backpackern in den höchsten Tönen gelobte Unternehmen **Flying Kiwi**, dessen Katalog man im Internet herunterladen kann. Er stellt eine wahre Fundgrube an interessanten und preisgünstigen Reiseangeboten dar, die neben dem Transfer auch Reiseleitung und verschiedene Aktivitäten beinhalten.
Flying Kiwi Wilderness Expeditions, 4B Forests Rd., P.O.Box 680, Stoke, Nelson, ✆0800-693296, 03-5470171, www.flyingkiwi.com.

Reisezeit

Des milden Klimas wegen kann Neuseeland ganzjährig besucht werden. Allerdings können im Winter (Juni–Aug.) die Inlandsgebiete der Südinsel und die Southern Alps sehr kalt sein. Dann ist z. B. bei Queenstown Ski fahren in einem der herrlichsten Wintersportgebiete der Welt möglich. Der Norden der Nordinsel ist praktisch frostfrei. Wer im Frühling (Sept.–Nov.) oder im Frühherbst (März/April) anreist, verbindet besondere Naturschönheiten (Blüte bzw. Herbstfärbung), i. d. R. schönes und sonniges Wetter, bessere Lichtverhältnisse fürs Fotografieren, problemlosen Urlaub außerhalb des Touristenhochs und die günstigen Preise der Nebensaison. Für einen Badeurlaub ist die Zeit von Dezember bis Ende Februar am günstigsten, allerdings sollte man in diesen Monaten die beliebtesten Ferienzentren meiden und touristische Leistungen weit im Voraus buchen. Infos über das aktuelle Wetter in Neuseeland bekommt man unter www.wetteronline.de und www.urlaubplanen.org.

Restaurants

Die kulinarische Vielfalt in Neuseelands größeren Städten ist beeindruckend. Wie auf einer Weltreise kann man beinahe jede Küche der Welt genießen. Die Gastronomieszene ist ständig in Bewegung. Es empfiehlt sich, sich in den lokalen Tageszeitungen oder den fast überall erhältlichen kostenlosen Touristenzeitungen über das aktuelle Angebot zu informieren.

Der kulinarische Führer von Michael Guy („Eating Out – The Guide to New Zealand Restaurants") beschreibt in humorvoller Weise die besten, die guten und die weniger guten Gaststätten. Zu den besten Internet-Restaurantführern zählen: www.dinefind.co.nz, www.dineout.co.nz, www.eatat.co.nz, www.cuisine.co.nz und www.menumania.co.nz. Infos zu Wein und Bier findet man auf den Seiten www.nzwine.com und www.realbeer.co.nz/nz-breweries.

Die Öffnungszeiten der Restaurants variieren ganz erheblich. Nicht wenige Gaststätten haben nur am Abend geöffnet, andere schließen am Nachmittag. Sonntags sind viele Restaurants ganz geschlossen. Bei der Angabe ihrer abendlichen Öffnungszeiten gebrauchen viele Lokale die Formulierung *till late* – d. h. geschlossen wird, wenn keine Gäste mehr da sind (das kann also auch schon um 21.30 Uhr sein).

Die im Reiseteil empfohlenen Restaurants wurden wie folgt klassifiziert, wobei sich die Preisangaben jeweils auf ein Hauptgericht beziehen:

preiswert	unter NZ-$ 15
moderat	NZ-$ 15–25
teuer	NZ-$ 25–40
sehr teuer	über NZ-$ 40

Sprache

Mit normalem „Schulenglisch" kommt man als Tourist in Neuseeland normalerweise ganz gut zurecht. Allerdings unterscheidet sich das im Alltag gebräuchliche „Kiwi"-Englisch etwas vom britischen, australischen oder amerikanischen Englisch. Besucher haben mitunter Probleme, Neuseeländer zu verstehen, weil diese gerade in ländlichen Gebieten die Sätze aus halb geschlossenem Mund und sehr schnell hervorpressen. Erschwert wird das Verständnis zusätzlich durch zahlreiche neuseeländische Wortschöpfungen, die man vergeblich im „Oxford English Dictionary" sucht, z. B.:

About right!	Ganz recht!
All Blacks	neuseeländische Rugby-Nationalmannschaft
Aussie	Australier
bach [bätsch]	Ferienwohnung, Holzhaus
barbie	Barbecue
bastard	„freundliche" Anrede
beehive	„Bienenkorb" (Parlamentsgebäude in Wellington)
bikie	(Motor-)Radfahrer
bikkies	Biskuits
bloody	Verstärkung, (z. B. bloody good – „verdammt gut")
bloke	Kerl, Mann, Kumpel, Freund
booze	Alkohol, Trinkgelage
boys on the hill	„Die Jungs auf dem Hügel" (Parlamentsabgeordnete)
brekkie	Frühstück (Abkürzung von breakfast)
bucks	Dollar
bush	naturbelassener Wald, Regenwald, Urwald
ciggies	Zigaretten
chillybin	Kühltasche
coaster	Menschen von der West Coast der Südinsel
cuppa	Tasse (Tee/Kaffee)
cuzzies	Verballhornung von Cousins, Verwandtschaft
dairy	Tante-Emma-Laden
Eh?!	Was?
eskie	Kühlbehälter
facilities	Toiletten
freezing works	Schlachthaus
fridge	Kühlschrank

Allgemeine Reisetipps von A–Z

G'day/Gidday	„Guten Tag", allgemeiner Gruß
Godzone	Neuseeland (God's own Country)
Good on ya!	Ausgezeichnet!
Haya guan?	Wie geht's? („How are you going?")
hard case	schwieriger Mensch/Charakter
Have a go!	Versuch's mal!
hokey pokey	wohlschmeckende Eiscreme
huntaway	Arbeitshund der Farmer
I'll catch ya later!	Bis dann!
Is it what!	„Das ist ja ein Ding!"
jug	Bierkrug, Wasserboiler
Kiwi	Nationalvogel; Abkürzung für Kiwifruit; Selbstbezeichnung der Neuseeländer
kiwiana	typisch neuseeländisch
licensed	Restaurant mit Alkoholschanklizenz
loo	WC/Toilette
loopies	Touristen
loop tour	aussichtsreiche Panoramastrecke
mate	Kumpel
metal road	Schotterstraße
nifty	klug, erfolgreich, schlau
northerly	warmer Wind aus dem Norden
not bad	voll gut
No worries!	Okay! Kein Problem!
Pom, Pommie	Engländer
postie	Postbote
Rheiny	Kurzform für ein Rheinbeck-Bier
sandflies	schlimmste Quälgeister an Stränden, Ufern und im Regenwald; nur starker Insektenschutz hilft!
scrab	Streit, Schlägerei
See ya!	Bis dann!
she	eigentlich „sie", aber als Universalpronomen oft auch in der Verwendung von „er" und „es"; etwa in Floskeln wie She'll be right! (Geht in Ordnung!)
sheila	Frau
shit	wie bloody Verstärkung, nicht unbedingt negativ
southerly	kalter Wind aus dem Süden
spunky	sexy
station	große Vieh- oder Schaffarm
Steinie	Kurzform für ein Steinlager-Bier
sunnies	Sonnenbrille (Abkürzung für sunglasses)
Ta-ta!	„Tschüss", bye-bye!
tea	einfaches Abendessen
tinnie	Bierdose
togs	Badesachen
Too right!	Sehr richtig!
track	Pfad, langer Wanderweg
tramping	(Berg-)Wandern

truckie	Lastwagenfahrer
varsity	Universität (Kurzform von university)
vegemite	Brotaufstrich aus Bierhefe
vegies	Gemüse
walk	Spaziergang, leichterer Wanderweg
wopwops	verloren, Niemandsland
Yank	Amerikaner
You ain't wrong!	Das ist genau richtig!

Mit dem Amerikanischen hat das „Kiwi"-Englisch gemeinsam, dass es in der Orthographie, zumal bei Abkürzungen, vom britischen Vorbild abweicht. Manchmal schreibt man, wie man's spricht, z. B. *nite* für *night*. *4sale* bedeutet *for sale* (zum Verkauf), und das X steht als Figur sowohl für *cross* als auch *Christ*. Also: *Xmas = Christmas*; *Peds Xing = pedestrians crossing* (Fußgängerüberweg).

Strände

Bei einer Küstenlinie von rund 10.000 km besitzt Neuseeland unermesslich viele traumhafte Badebuchten, Sand- und Kieselstrände, von denen man manche noch ganz für sich allein haben kann. Der Zutritt zum Strand ist im Allgemeinen für die Öffentlichkeit frei. Zu einigen abgelegenen Stränden muss man allerdings lange Anfahrtswege über ungepflasterte Straßen oder auch Wanderungen in Kauf nehmen. Camping ist meist in unmittelbarer Nähe der beliebtesten Strände möglich. Zwischen November und März ist die Wassertemperatur überall erträglich, allerdings nie so warm wie etwa im sommerlichen Mittelmeer.

Achtung: gefährlich können tückische Unterströmungen *(rips)* im Wasser werden, die in den letzten Jahren immer wieder Todesopfer unter in- und ausländischen Touristen gefordert haben. Deshalb sollte man nur an solchen Stränden baden und schwimmen, die von den Rettungsschwimmern der Surf Life Saving Association überwacht werden. Und auch dort sollte man sich nur an den mit Flaggen gekennzeichneten Strandabschnitten ins Wasser wagen. Grüne Flaggen signalisieren gute Badebedingungen, rotgelbe Flaggen markieren überwachte Strandabschnitte, gelbe Flaggen raten zur Vorsicht und bei roten Flaggen ist das Baden verboten.

Im Pazifik und in der Tasman-See gibt es neben Walen und Delfinen auch Haie, die aber bislang Schwimmer noch nicht angefallen haben. Wer am Urlaubsort Kontakt zu „Kiwis" hat, sollte sie nach deren Geheimtipps fragen, denn gerade die unerschlossenen Gebiete können besonders reizvoll sein. Weder FKK noch „Oben ohne" ist in Neuseeland üblich.

Besonders empfehlenswert sind folgende Strände (• = besonders abgelegen)

▶ Nordinsel
Nördliche Westküste: Ninety Mile Beach, Opononi Beach, Karekare Beach•, Whites Beach, Back Beach
Nördliche Ostküste: Hahei Beach, Spirits Bay, Cooper's Beach•, Mimiwhangata, Ruakaka, Wenderholm, Riversdale Beach•
Südliche Ostküste: Ohope Beach, Hick's Bay•, Tokomaru Bay, Waimarama, Castlepoint•

Allgemeine Reisetipps von A–Z

▶ Südinsel
Nordküste: Pakawau Beach•, Bark Bay•, Anchorage Bay, Honeymoon Bay, Titirangi Bay•
Ostküste: White's Bay, Governor's Bay, Bushy Beach, Tunnel Beach, Purakanui Beach
Westküste: Gillespie Beach•, Bruce Bay•, Martin's Bay•, Mason Bay•, (Stewart Island)

Telefonieren

▶ Internationale Durchwahl
Deutschland 0049
Schweiz 0041
Österreich 0043
Anschließend fällt jeweils die 0 der Ortskennzahl weg.

Das von der Post getrennte und privatisierte Unternehmen Telecom New Zealand verwaltet die gesamten lokalen und nationalen öffentlichen Fernsprechverbindungen (Infos zum Unternehmen unter www.telecom.co.nz). Das System ist auf dem modernsten Stand der Technik.

Telefonzellen: Als öffentliche Fernsprecher gibt es nur noch wenige Münzfernsprecher (*coinphones*, blaues Telefonsymbol). Am häufigsten sind Telefonzellen, in denen man nur mit Telefonkarten anrufen kann (grünes Symbol). Apparate mit einem gelben Symbol akzeptieren alle gängigen Kreditkarten.

Telefonkarten: Ein Schild mit der Aufschrift *Telecom PhoneCards Sold Here* bringt Sie zu den Verkaufsstellen von Telefonkarten. In der Regel sind dies i-SITE Visitor Centres, Tankstellen, Supermärkte und Zeitschriftenläden. Wo die nächste Verkaufsstelle ist, ist auch in den Telefonzellen angegeben. Telefonkarten gibt es für NZ-$ 5, NZ-$ 10, NZ-$ 20 und NZ-$ 50.

Gebühren: Ortsgespräche sind von privaten Festnetzanschlüssen gebührenfrei, von öffentlichen Münz- und Kartentelefonen kosten sie 50 Cents. Ein Gespräch nach Europa kostet etwa NZ-$ 1,30–1,80 pro angefangener Minute, von 24–8 Uhr NZ-$ 1–1,50. Wenn Sie in einer Telefonzelle genau wissen möchten, wieviel Ihr Anruf pro Minute kostet, wählen Sie einfach die Nummer, ohne Münzen einzuwerfen oder die Telefonkarte einzuführen. Die Gebühren erscheinen dann in der Digitalanzeige. Deutlich günstiger sind internationale Telefonate mit *prepaid phonecards* (s. u.) oder wenn man sich im Call-by-Call-Verfahren mit der internationalen Zugangsnummer 0161 (statt 00) einwählt.

Prepaid Phonecards: Um die hohen Kosten bei internationalen Telefongesprächen zu senken, kann man sich sogenannte *discount cards* im Wert von NZ-$ 10–50 in Läden, Hotels, Hostels, Tankstellen, Internetcafés sowie bei den i-SITE Visitor Centres besorgen. Auf diesen rubbelt man eine Geheimnummer frei, dann ruft man eine gebührenfreie 0800-Nummer an, gibt die Geheimzahl ein und wählt anschließend die Nummer des ausländischen Gesprächspartners. Mit *prepaid phonecards* kosten Telefongespräche in europäische Festnetze etwa 5–20 Cent/Min., in Mobilfunknetze etwa 60–80 Cent/Min.

Telefonauskunft: Die nationale Auskunft erreicht man unter 018, die Auslandsauskunft unter 0172.

Auslandsgespräche: Diese können im Selbstwähldienst von jedem öffentlichen oder privaten Apparat aus geführt werden. Beachten Sie, dass man die Leitung in vielen Hotels/Motels erst mit einer zusätzlichen Kennziffer „frei" machen muss.

Die **Vorwahlnummern** in Neuseeland sind zweistellig und gelten für recht große Bezirke. Zum Beispiel hat die gesamte Südinsel einheitlich die Vorwahl 03. Auf der Nordinsel haben Auckland und die Region Northland die Vorwahl 09, die Regionen Coromandel, Bay of Plenty, Waikato und Central Plateau die Vorwahl 07, die Regionen East Coast, Hawkes Bay, Wanganui, Manawatu und Taranaki die Vorwahl 06 sowie der Großraum Wellington die Vorwahl 04 und 06. Allerdings muss die Vorwahl auch innerhalb eines Bezirks gewählt werden, wenn man sich nicht in der Ortschaft selbst befindet. Nur innerhalb des jeweiligen Orts kann die Vorwahl wegfallen. Bei Anrufen aus dem deutschsprachigen Raum nach Neuseeland wählt man zunächst den Auslandscode 00, dann den Ländercode 64, dann die Vorwahl ohne die 0, dann die Teilnehmernummer (stets siebenstellig).

Viele Dienstleistungsbetriebe haben **gebührenfreie Nummern**, die stets mit 0800 oder 0508 beginnen, gefolgt von einer nur sechsstelligen Ziffer. Oft handelt es sich dabei auch um sogenannte Vanity-Nummern, z. B. 0800-IWANOW; die Buchstaben findet man auf allen neuseeländischen Telefonen wie bei Handys neben den Ziffern. Anwählen kann man die kostenlosen Rufnummern *(free calls)* nur innerhalb von Neuseeland.

Von Europa mitgebrachte **Mobiltelefone** mit Roaming-Service können in Neuseeland benutzt werden; Auskunft gibt die Telefongesellschaft im Heimatland. Um einiges billiger ist das Telefonieren mit einer neuseeländischen SIM-Karte, z. B. von NZ Telecom (www.telecom.co.nz) oder Vodafone (www.vodafone.co.nz). Vor Ort kosten Starter-Kits (SIM-Karte plus Aktivierung) ca. NZ-$ 45 inkl. NZ-$ 30 Gesprächsguthaben, Nachladen ist per Kreditkarte möglich. Voraussetzung ist ein SIM-lock-freies Handy, das also nicht mehr an den heimischen Vertragsanbieter gebunden ist. Mit der neuseeländischen Rufnummer hat man keine Kosten, wenn man angerufen wird und telefoniert zu neuseeländischen Tarifen (national ab NZ-$ 0,50/Min., international ab NZ-$ 1,50/Min.). Der Empfang ist auf der Nordinsel und in allen größeren Orten gut, in manchen Gegenden der Südinsel jedoch sehr schwach bzw. überhaupt nicht vorhanden; Auskunft über die Netzdeckung unter www.vodafone.co.nz/coverage.

Trinkgeld

In der Regel wird vom Bedienungspersonal wird unbedingt ein Trinkgeld *(tip, gratuity)* erwartet; alle Preise in Restaurants, Bars, Hotels, Taxis etc. sind Komplettpreise. In den letzten Jahren ist es aber vor allem in den besseren Restaurants und den Cafés der Großstädte üblich geworden, den Rechnungsbetrag aufzurunden, in einer Größenordnung von ca. 5–10 % der Rechnung.

Unterkunft

Das Spektrum der Unterkünfte reicht von Hotels der internationalen Luxusklasse, in denen Suiten bis zu NZ-$ 500 und mehr kosten, bis zu Backpacker-Hostels, wo es ein Bett für weniger als NZ-$ 20 pro Nacht gibt. In allen Kategorien sind Einzelzimmer nur geringfügig preiswerter als Doppelzimmer. Für ein Zustellbett fallen meist zusätzliche Kosten an. Kinder unter 12 Jahren übernachten i. d. R. kostenlos im Zimmer der Eltern. Das Frühstück ist – außer in B&Bs – nur selten im Preis enthalten. *Checkout* in den meisten Unterkünften ist bereits um 10 Uhr. Die Preise in den Feriengebieten unterliegen z. T. erheblichen saisonalen Schwankungen. Während der Hochsaison – vor allem von Anfang Dezember bis Mitte Februar – empfehlen sich frühzeitige Vorausbuchungen, auch für Campingplätze.

Wer keine Pauschalreise gebucht hat, sollte sich im Vorfeld über das Internet oder vor Ort anhand der vielen, umfangreichen Unterkunftsnachweise nach geeigneten Quartieren umsehen. Sehr informativ ist z. B. der *AA Accomodation New Zealand Guide* (www.aaguides.co.nz) des Automobilclubs mit mehr als 1.000 Eintragungen von Campingplätzen, Hotels, Motels und Guesthouses. Auch das vom Fremdenverkehrsamt herausgegebene Heft *New Zealand – Where To Stay* listet mehr als 1.200 Hotels, Motels, Privatpensionen sowie Tourist Flats und Cabins auf Campingplätzen auf. Unter www.selections.co.nz erhält man eine Auswahl von rund 300 sehr guten Bed & Breakfast-Unterkünften einschließlich Buchungsmöglichkeit. Bei den Visitor Centres und auf Campingplätzen ist außerdem der jährlich aktualisierte *New Zealand Camp, Cabin & Caravan Accommodation Guide* zu bekommen, der alle größeren Plätze detailliert beschreibt und klassifiziert. Den größten Datenbestand haben die *Accommodation Guides der Jason Publishing Co Ltd*, die man sich unter www. jason. co.nz anschauen kann. Die über 6.500 Eintragungen sind nach Rubriken wie „Campgrounds", „Hotels", „Motels", „B&B", „Exclusive Resorts" und „Backpacker" geordnet. Gute Unterkunftsnachweise können Sie auch über viele andere Stellen und meist kostenlos bekommen. Wer z. B. auf Hotelschecks zurückgreift, erhält bei Buchung eine detaillierte Beschreibung der rund 500 Häuser mit Adressenangabe und Telefonnummer. Die einzelnen Hotel-/Motelketten wie Flag International oder Best Western geben ebenfalls Listen ihrer Häuser heraus. Und schließlich sind sehr brauchbare Infohefte über die größeren Mietwagenfirmen zu bekommen.

Im Reiseteil finden Sie bei den einzelnen Orten eine Auswahl von Hotels, Hostels oder B &B-Unterkünften unterschiedlicher Kategorien, die auf mehrfachen Recherchereisen und durch Leserzuschriften positiv aufgefallen sind. Den Dollarsymbolen liegt folgendes System zugrunde, erstellt nach den offiziellen Preisangaben, jeweils für ein Doppelzimmer ohne Frühstück:

$	bis NZ-$ 50
$$	NZ-$ 50–150
$$$	NZ-$ 150–250
$$$$	NZ-$ 250–400
$$$$$	über NZ-$ 400

▶ Backpacker-Hostels

Rucksackreisenden werden außer von den Jugendherbergen vor allem von den sogenannten Backpacker-Hostels billige Unterkunftsmöglichkeiten in lockerer Atmosphäre angeboten. Deren Zahl steigt unaufhörlich und es gibt kaum eine Ortschaft, an der man nicht mindestens eins dieser Hostels erwarten kann, in größeren Städten sind es jeweils Dutzende. Diese sind in Lage, Größe und Ausstattung sehr unterschiedlich, weshalb man sich vorab im Internet geeignete Adressen besorgen oder sofort nach Ankunft eine der einschlägigen Broschüren holen sollte. Kostenlos erhältlich sind sie z. B. in den Touristen-Informationszentren oder an den Flughäfen. Hilfreich sind solche Broschüren, die nicht nur die Adresse und den

Preis mitteilen, sondern eine Kurzbeschreibung samt Anfahrtsweg liefern (z. B. *Budget Backpacker Hostels* und *VIP Backpacker Resorts*). Manche Hostels haben eine naturschöne Lage, andere sind in hübschen viktorianischen Villen oder alten Hotels untergebracht, wieder andere bieten ihren Gästen freie Fahrrad- und/oder Kajak-Benutzung an. Außer einer Liege im Mehrbettzimmer sind fast immer Doppelzimmer, manchmal auch Einzelzimmer erhältlich. Manche Hostels auf dem Lande holen Backpacker ohne Zusatzkosten am nächsten Bahnhof, der Busstation oder sonstigen Treffpunkten ab.

Die größten Organisationen der Backpacker-Hostels haben ein internes Ranking, das von den Übernachtungsgästen aufgestellt wird; eigene Erfahrungen sagen jedoch, dass die als nicht besonders gut eingestuften Hostels durchaus sehr charmante Unterkünfte sein können und einige überschwenglich gelobte den Erwartungen nicht stand hielten. Sehr interessant sind die Club Cards, die einige Gruppen anbieten. Die Organisation *Budget Backpacker Hostels (BBH)*, der mehr als 370 Hostels in ganz Neuseeland angeschlossen sind, bietet eine Mitgliedschaft per Club Card an, die z. T. beachtliche Rabatte gewährt – etwa bei den Busfirmen InterCity und Newmans, bei Fluggesellschaften, Autoverleihern, Eintritten, Fähren, Ausflügen, Outdoor-Aktivitäten etc. Die Mitgliedschaft kostet NZ-$ 45, wobei die Club Card jedoch als Telefonkarte mit einem Gesprächsguthaben von NZ-$ 20 genutzt werden kann. Über diese und weitere Vergünstigungen informiert BBH unter ℂ 03-3793014 oder unter www.bbh.co.nz.

Auch die zweitgrößte Organisation, *VIP Backpacker Resorts* (ℂ 09-8276016 bzw. www.vip backpackers.com), der gut 70 Häuser in Neuseeland angeschlossen sind, bietet eine spezielle VIP Card an, mit der man Rabatte erhält. Der Vorteil dieses Unternehmens liegt z. B. bei einer Rund-um-die-Welt-Reise darin, dass es u. a. auch in Australien, Südafrika und den USA präsent ist. Schließlich sei auch eine dritte Gruppe genannt, nämlich die *Nomads Backpackers* (www.nomadsworld.com).

Die **Übernachtungspreise** in Mehrbettzimmern liegen bei etwa NZ-$ 20–30 pro Pers., bei einer Übernachtung im Doppelzimmer selten über NZ-$ 30–35 pro Pers., NZ-$ 40–50 pro Pers. bei Zimmern mit Du/WC und NZ-$ 50–70 pro Pers. im Einzelzimmer.

▶ Bed & Breakfast/Farmstays

Eine sehr sympathische Art, Neuseeland kennen zu lernen, sind die Pensionen, die allenthalben aus dem Boden sprießen und Besucher mit landestypischer Gastfreundschaft und einem reichhaltigen Frühstück verwöhnen. Solche Häuser sind meist klein, d. h. dass es selten mehr als 10 Gäste gibt und die Wirte Zeit haben, sich um diese zu kümmern – was sie i. d. R. auch mit Tipps, Besorgungen und Hilfestellungen aller möglichen Art tun. Reisende bekommen hier einen guten Einblick in das neuseeländische Alltagsleben. Erwähnenswert ist auch, dass viele Pensionen von europäischen Auswanderern gemanagt werden, was Sprachprobleme ausschließt, und dass fast alle Häuser rauchfreie Zonen sind. Den vollständigsten Überblick über das Bed & Breakfast-Angebot bietet *The New Zealand Bed and Breakfast Book*, das rund 1.500 Gästehäuser und Bauernhöfe detailliert vorstellt. Man kann es vor der Reise beim Verlag Moonshine Press oder dem Fremdenverkehrsamt bestellen oder sich die Online-Version unter www.bnb.co.nz anschauen. Die einzelnen Unterkünfte sind nach Lage, Preis (NZ-$ 50–100, 100–150, über 150 für das DZ) und Ausstattung differenziert. Reservierungen sind vor Antritt der Reise möglich, wodurch man allerdings auf ein bestimmtes Programm mit festen Etappen festgelegt ist. Wer flexibel bleiben möchte, sollte die Unterkunft für den nächsten oder übernächsten Tag von einem Bed & Breakfast-Haus aus vornehmen, in dem man übernachtet hat. Da sich die Besitzer i. d. R. untereinander kennen, werden dabei auch gute Tipps weitergegeben.

Weitere Internetadressen von B&B-Unterkünften oder Apartements der besseren Kategorie sind www.bed-and-breakfast.co.nz und www.cottagestays.co.nz.

Ähnlich den Bed & Breakfast-Pensionen bieten auch die sogenannten Farmstay-Unterkünfte eine solide Unterkunft mit Frühstück. Bei einem Farmstay, vergleichbar mit unserem „Urlaub auf dem Bauernhof", übernachtet man in ländlicher Umgebung, die Anbindung an die Gastgeber-Familie ist enger, und häufig besteht die Möglichkeit, das Farmleben zu nutzen (z. B. Reiten). Farmstays vermitteln die Fremdenverkehrsämter oder die Touristenbüros vor Ort, die Preise liegen bei durchschnittlich NZ-$ 100 für das DZ mit Frühstück oder ab NZ-$ 150 mit Vollpension. Eine umfangreiche Liste von Farmstays hat die Organisation *Rural Holidays* (© 03-3556218, www.ruralholidays.co.nz) ins Internet gestellt.

▶ Camping

Camping ist bei den Neuseeländern außerordentlich populär. Das bedeutet aber nicht, dass die Campingplätze überfüllt sind, denn erstens gibt es mehr als 500 von ihnen und zweitens hat man diese als ausländischer Tourist nach oder vor den Weihnachtsferien fast für sich allein. Einzig in den beiden Monaten der Hauptsaison kann es in den beliebtesten Gebieten (vor allem Bay of Islands und Nelson) etwas eng werden. Einige deutsche Reiseveranstalter haben preisgünstige Campingpakete im Programm, bei denen zusammen mit dem Mietwagen eine komplette Camping-Ausstattung (Zelt, Schlafsack, Kopfkissen, Gaskocher, Geschirr, Besteck etc.) gebucht werden kann. Lage und Ausstattung der einzelnen Plätze sind unterschiedlich und können zwischen dem nur allernotwendigsten Standard und wahren Luxus-Freizeitanlagen schwanken. Im Allgemeinen sind aber alle Plätze sehr sauber. Die meisten haben voll ausgerüstete Küchen, sodass der Kocher zu Hause bleiben kann. Ebenso verfügen sie über Waschmaschinen und feste Unterkunftsmöglichkeiten, die stets eine billige Alternative zu Hotels oder Motels sind.

Hierbei unterscheidet man folgende Kategorien:
On-Site-Caravans: voll ausgerüstete, fest zum Campingplatz gehörende Wohnwagen
Standard Cabins: Hütten unterschiedlichen Standards mit Betten oder Übereinanderbetten (*bunks*) und sanitären Gemeinschaftseinrichtungen
Tourist Cabins: wie *cabins*, aber mit fließend Wasser, Kochgelegenheit und z. T. Kühlschrank und Radio
En Suite Cabins: bessere *tourist cabins* mit Toilette und Dusche, aber nicht unbedingt Kochgelegenheit
Tourist Flats oder **Self Contained Units**: gut ausgestattete *tourist cabins* mit Dusche, Toilette, Kochgelegenheit und z. T. separatem Schlafraum

Natürlich haben solche Plätze auch großzügig bemessene Areale für Zelte, Wohnwagen und Campervans. Allgemein üblich ist ein *zip*, ein Wasserboiler in den Küchen, der in sehr kurzer Zeit für kochendes Wasser sorgt. Schnell hat man die Technik solcher Boiler erkannt (Kombination: Wasserhahn aufdrehen, Knopfdruck, Schnur ziehen!) und benutzt sie gern für den morgendlichen Kaffee oder Tee. Die Anlagen im Thermalgebiet von Taupo/Rotorua haben oft nicht nur einen Swimmingpool, sondern gleich verschiedene Pools mit variierend heißem Wasser. Die Preise sind im Vergleich zu Mitteleuropa moderat (s. S. 129).

Anhaltspunkte für die Qualität der Campingplätze geben die Klassifizierung des Automobilclubs AA von * bis **** und das *Qualmark*-Klassifizierungssystem mit seiner Skala von 1 bis 5 grünen Sternchen. Daneben garantieren auch das Etikett der **Top Ten Holiday Parks**, von denen es auf der Nord- und Südinsel mehrere Dutzend gibt (Liste und Infos erhältlich bei Top Ten Holiday Parks, Tower Junction, 13 Tyne St., P.O. Box 9088, Christchurch, ✆ 03-3438800 u. 0800-867836, www.top10.co.nz) einen sehr hohen Standard. Gleiches gilt für die ähnlich weit verbreiteten **Kiwi Holiday Parks** mit mehr als 50 Standorten auf Nord- und Südinsel. Jeder dieser Parks hat einen Mindeststandard von *** und verfügt über *cabins, flats* und oft auch Motelzimmer (408 Carrington St., New Plymouth, ✆ 06-7535697 u. 0800-945494, www.kiwiholidayparks.com). Auf die Bedürfnisse von Familien eingerichtet sind die landesweit rund 30 Plätze von **Family Parks New Zealand** (Waihi Beach, ✆ 0800-123769, www.familyparks.co.nz).

Zwar ist **wildes Camping** offiziell nicht erlaubt, aber durchaus üblich. Ausgenommen sind naturgeschützte Gebiete und alle Plätze mit einem ausdrücklichen Schild *No Camping*. Auf Farmland oder anderem Privateigentum sollte man den Besitzer um Erlaubnis fragen. Das Department of Conservation hat in National- und Naturparks an besonders schönen Stellen Campingplätze eingerichtet, die manchmal nur zu Fuß erreicht werden können und im Standard von spartanischen Plätzen (*Informal Camping Area*; nur Wasserversorgung, keine Kosten) über einfache (*Standard Camping Area*; Wasserversorgung, Toiletten, z. T. Grillplätze; NZ-$ 5–10 pro Pers.) bis hin zu besseren (*Serviced Campgrounds*; Toiletten, Duschen, Küche etc.; NZ-$ 10–15 pro Pers.) reichen. Eine Liste dieser Anlagen ist über Visitor Centres und lokale DOC-Büros erhältlich.

▶ Hotels/Lodges/Motels

In der neuseeländischen Hotellerie hat sich in den letzten Jahren vieles zum Besseren gewandelt, sowohl was den Standard der einzelnen Häuser angeht als auch die Anzahl der vorhandenen Unterkünfte. Von ganz wenigen Regionen abgesehen, können Touristen heute überall im Lande auf Hotels, Lodges und Motels jeder Preiskategorie zurückgreifen. Allerdings sind die Kapazitäten dem Andrang in der Hauptsaison nicht immer gewachsen, und zumal in den Touristen-Hochburgen heißt es im Dezember und Januar immer öfter: *Sorry, no vacancy!*

Wer in der Lage ist, NZ-$ 250–500 für ein Doppelzimmer auszugeben, kann in den meisten touristisch interessanten Orten auf Herbergen der **Luxuskategorie** zurückgreifen – entweder international genormt (Sheraton, Hyatt, Regent, Travellodge, Parkroyal etc.) oder mit dem Charme z. T. altehrwürdiger nationaler „Erster Adressen". Nach amerikanischem Muster sind in letzter Zeit immer mehr exklusive Lodges oder Resorts entstanden, deren Vorzug ihre naturschöne Lage und ein umfassendes Sportangebot (Golf, Tennis, Jagen, Angeln etc.) sind. Die Preise für Vollpension bewegen sich in solchen Häusern zwischen NZ-$ 350 und NZ-$ 800. Generell gilt, dass die meisten Tophotels bei einer Pauschalbuchung von Europa aus wesentlich günstiger sind, als wenn man sie direkt vor Ort bucht.

Längst nicht so teuer, aber immer noch gut und komfortabel sind die **First-Class-** und **Mittelklasse-Hotels**, die i. d. R. über ein Restaurant und oft auch über einen Swimmingpool und andere Annehmlichkeiten verfügen, wie z. B. die Häuser der Ketten Autolodge (www.autolodge.co.nz), Best Western (www.bestwestern.co.nz) und Silver Oaks (www.silveroaks.co.nz). Die Choice Hotels umfassen Häuser der Ketten Comfort, Clarion, Econo Lodge und Quality im Drei- bis Fünf-Sterne-Spektrum (www.choicehotels.co.nz). Die Mitgliedschaft in einer Hotelkette hat den Vorteil, dass man von Tag zu Tag die nächsten Unterkünfte buchen oder auch auf Hotelschecks zurückgreifen kann.

Die gehobenen **Motels, Inns** oder **Lodges** (ca. NZ-$ 100–200 für das DZ) haben sich mit vielen Annehmlichkeiten auf die Bedürfnisse der Autofahrer und Campervan-Fahrer eingestellt, sodass auch ansonsten sparsame Reisende ab und zu einmal dort einkehren. Neben vorzüglichen sanitären Anlagen und *tea and coffee making facilities* (Tauchsieder, Geschirr, Kühlschrank, Milch, Teebeutel/Kaffeepulver etc.) verfügen die Motels z. T. über Swimmingpools, Sauna, Spa-Pools, TV/Video und volleingerichtete Küchen. Über 100 der besseren Motels haben sich unter dem Signet *Motor Lodges of New Zealand* zusammengeschlossen und garantieren einen komfortablen Aufenthalt mit den genannten Annehmlichkeiten. Anhaltspunkte über den Standard eines einzelnen Motels gibt das *Qualmark*-Klassifizierungssystem mit seiner Skala von 1–5 Sternen. Eine Reservierung gilt i. d. R. nur bis 16 Uhr; sollten Sie später eintreffen, ist es ratsam, das Hotel/Motel vorab telefonisch zu informieren.

▶ **Jugendherbergen**
Die knapp 60 neuseeländischen Jugendherbergen zwischen Kaitaia und Stewart Island stehen jedem ohne Altersbeschränkung offen. Sie sind i. d. R. sauber, haben gute sanitäre Anlagen, voll ausgerüstete Küchen und ordentliche Schlafquartiere, bei denen es sowohl *bunks* (Etagen-

> ☞ **Spartipp**
>
> Hotels und Motels der Mittelklasse lassen sich häufig über Internet-Agenturen reservieren, und zwar zu Preisen, die bis zu 50 % unter den sogenannten rack rates liegen. Nützliche Websites hierfür sind: www.accommodation.co.nz, www.nz.motels.co.nz, www.planetholiday.com, www.hotel.de.

betten) gibt als auch Doppel-, Familien- und z. T. Einzelzimmer. Die Übernachtung kostet ab ca. NZ-$ 25 (Zimmer ab ca. NZ-$ 50), wobei die Mitgliedschaft in der *Youth Hostel Association* (abgedeckt durch die deutsche Mitgliedschaft) zusätzlich ca. NZ-$ 30 pro Jahr kostet. Der Jugendherbergsausweis hilft nicht nur, eine solide Unterkunft zu bekommen, sondern ist gleichzeitig für vielfältige Preisnachlässe gut; u. a. auf Inlandsflügen, bei Überlandbus- und Zugfahrten sowie auf Fähren. Voraussetzung ist, dass man eine YHA-Übernachtung fest gebucht hat (Bestätigung/Voucher vorweisen).

Eine Reservierung ist dringend anzuraten, insbesondere in der Hauptsaison und prinzipiell in Auckland und Christchurch. In Neuseeland kann man in jeder Jugendherberge die nächste Unterkunft reservieren lassen. Wer selbst bei den einzelnen Herbergen anruft, benötigt eine Kreditkarte, um Buchungen vorzunehmen.

Eine detaillierte (Lage-)Beschreibung der einzelnen Jugendherbergen gibt das jährlich erscheinende *New Zealand YHA Handbook*, zu beziehen durch die Youth Hostel Association New Zealand (YHA), Level 1, Moorhouse City, 166 Moorhouse Ave., P.O. Box 436, Christchurch, ✆ 03-3799970 u. 0800-278299, info@yha.org.nz oder durch die einzelnen Jugendherbergen.

 www.yha.co.nz.

Verhalten

Fremden gegenüber zeigen sich Neuseeländer in der Regel sehr aufgeschlossen und außergewöhnlich hilfsbereit – vor allem in dünn besiedelten ländlichen Regionen ist es ein ungeschriebenes Gesetz, in Not geratenen Mitmenschen zur Seite zu stehen. In der Stadt grüßt man sich beim morgendlichen Joggen, und wenn sich auf einer einsamen Landstraße zwei Autos begegnen, winken die Fahrer einander zu.

Kontaktfreudigkeit und Gastfreundschaft gehen normalerweise jedoch nicht so weit, Fremde in das eigene Heim einzuladen, denn: *My Home is my Castle*, da sind die „Kiwis" britischer als die Briten. Für Kontakte bevorzugen sie Lokalitäten wie Pubs und Clubs. Wird man doch einmal eingeladen, ist Wein oder Hochprozentiges meist das richtige Mitbringsel.

Die klassische Begrüßung in Neuseeland ist ein herzliches *„How are you today?"* Dabei handelt es sich jedoch nur um eine Floskel, auf die als Antwort ein schlichtes *„Thank you, fine!"* erwartet wird. Keinesfalls sollte man von persönlichen Problemen berichten oder gar „schlecht" sagen.

Die meisten Neuseeländer sind – ungeachtet ihres sozialen Status – ausgesprochen *easy going* und kultivieren ein Lebensgefühl, das gerne als *informality*, als Ungezwungenheit, apostrophiert wird. Auf Etikette achten sie gewöhnlich nur in vornehmem Ambiente oder bei ganz speziellen Anlässen. Wenn sie nicht gerade Banker oder Manager sind, sehen die „Kiwis" eigentlich fast immer so aus, als gingen sie gerade zum Surfen oder Joggen. Ebenso informell sind die Neuseeländer bei Gesprächen – meist spricht man sich schon nach dem ersten Händedruck kumpelhaft mit dem Vornamen an, und statt lange um den heißen Brei herumzureden, kommt man ohne Schnörkel schnell zur Sache. Tabu sind allerdings sehr persönliche Fragen. Besucher sollten versuchen, sich diesem legeren Ton anzupassen, denn übertriebene Höflichkeit kann leicht als Arroganz missverstanden werden. Auch sollte man in Gegenwart eines „Kiwi" nie über Neuseeland schimpfen oder gar fluchen – die Reaktion des Einheimischen kann vom Kopfschütteln bis zum Faustschlag reichen.

Verkehrsmittel

▶ Flugzeug

Im Inland-Linienflugdienst teilen sich **Air New Zealand** und **Jetstar**, die Billig-Tochter der australischen Qantas, den Markt für mehr als 3 Mio. Fluggäste jährlich. Von Kaitaia im Norden bis Invercargill im Süden starten auf mehr als 30 Flughäfen die Maschinen dieser Gesellschaften, wobei allein Air New Zealand mit 25 Zielen und tägl. 485 Flügen das eindeutig umfangreichste Streckennetz innerhalb des Landes bedient. Die Normalpreise können mit ein wenig Information unter Zugriff auf die vielfältigen Ermäßigungen und Sondertarife (Studentenermäßigung, *Thrifty-Fares*, Nachtflüge etc.) um mehr als 50 % reduziert werden. Lukrativ sind auch Angebote wie der *Boomerang Pass* von Jetstar/Qantas, der aus mindestens zwei Flugcoupons besteht. Die Coupons müssen allerdings vor Reisebeginn in Deutschland gekauft werden und gelten nur in Verbindung mit einem internationalen Flugticket von Qantas.

Neben den beiden überregionalen Fluggesellschaften gibt es mehrere lokale Linien, die die Verbindungen zu kleineren Inseln aufrecht erhalten. Dazu gehören z. B. Air2There, Soundsair,

Eagle Air und Air Nelson, die zu attraktiven Preisen über die Cook Strait fliegen (Wellington-Picton/Blenheim/Kaikoura), Stewart Island Flights (Invercargill-Oban), Great Barrier Airlines und Air Chathams.

Tickets für Inlandsflüge kann man direkt bei den Fluglinien oder in Reisebüros kaufen oder online buchen. Inlandsflüge müssen zwar nicht unbedingt rückbestätigt werden, doch ein Anruf beim zuständigen Büro der Fluglinie ein oder zwei Tage vor Abflug kann nicht schaden, denn manchmal werden Abflugzeiten geändert oder Flüge gestrichen. Die Freigepäckgrenze liegt bei Inlandsflügen bei 20 kg, bei Flügen mit kleinen Maschinen oft nur bei 10 kg. Auf manchen Flughäfen wird bei Inlandsflügen eine *Departure Tax* in Höhe von NZ-$ 5–25 erhoben. Die wichtigsten Inlandsflughäfen sind Auckland, Christchurch, Dunedin, Invercargill, Nelson, Palmerston North, Queenstown, Rotorua und Wellington.

Weitere Informationen
Air New Zealand, ℘ 0800-737000 (gebührenfrei), www.airnewzealand.de bzw. www.airnewzealand.com
Jetstar, ℘ 0800-800995 (gebührenfrei), www.jetstar.com

▶ **Rundflüge**
In allen Touristenorten werden von *aero clubs* oder Reiseunternehmen Sightseeing-Flüge in **Propellermaschinen** angeboten. Besonders interessant sind Flüge zwischen Wanaka/Queenstown und Te Anau bzw. über den Fjorden. Die Strecke zwischen Queenstown und dem Milford Sound wird als „schönster Flug der Welt" bezeichnet. Beliebt sind auch Rundflüge in Kleinflugzeugen einschließlich Schneelandung über die Gletscherwelt von Fox, Franz Josef, Tasman und Mount Cook.

Da sie wendiger sind und bessere Aussichtsmöglichkeiten bieten, geben viele Besucher **Helikoptern** den Vorzug vor Kleinflugzeugen. An vielen Orten gibt es ein breit gefächertes Angebot an Helikopter-Flügen, die zu unterschiedlichen Preisen (NZ-$ 75–1.500) und in unterschiedlichen Zeitspannen (15 Minuten–12 Stunden) zu unterschiedlichen Zielen gehen. Es ist auch durchaus üblich, sich als Wanderer oder Skifahrer im gecharterten Helikopter irgendwo hinbringen oder von irgendwo abholen zu lassen.

Besonders reizvoll sind folgende Helikopterflüge:
– Von **Rotorua** aus über das Thermalgebiet bis Taupo, dem Vulkan Mount Tarawera und insbesondere zur aktiven Vulkaninsel White Island (mit Landung).
– Von **Franz Josef** oder **Fox** aus eine Tour zu den beiden gleichnamigen Gletschern mit weiter Sicht zu den Dreitausendern Mt. Cook, Mt. Tasman, Mt. Sefton und Landung auf dem Baumann-Schneefeld. Ein Helikopter-Flug lässt sich hier auch mit sportlichen Herausforderungen verbinden, z. B. mit Heli-Hiking oder Heli-Skiing.
Ab **Queenstown** über den Lake Quill, die Sutherland Falls und Teile des weltberühmten Milford Track ins Fjordgebiet zum Milford Sound, Doubtful Sound oder Southern Fiord.

 Hinweis

Während der Hauptreisezeit von Mitte Dezember bis Anfang Februar sind viele Flüge schon Wochen im Voraus ausgebucht, deshalb am besten schon vor Reisebeginn reservieren.

Bus

Moderne Busse der kooperierenden Hauptfirmen InterCity, Newmans und Great Sights sowie weiterer Unternehmen verkehren planmäßig auf vielen Strecken des Landes, sodass die meisten touristischen Höhepunkte auch per Bus zu erreichen sind. Als besonderer Service werden von den Busfahrern auch des normalen Linienverkehrs Kommentare in „Kiwi"-Englisch abgegeben und an interessanten Stellen Pausen eingelegt. Da die Konkurrenz groß ist (z. B. auf der Route Auckland–Bay of Islands–Cape Reinga), sind Preisvergleiche ratsam.

Den größten Verkehrsverbund stellt das privatisierte Unternehmen **InterCity** dar (℡ 09-5835780, 03-3651113, 0800-222146, 0800-339966, www.intercity.co.nz), dessen Busse mehr als 1.100 Orte von Kaitaia im Norden bis Invercargill im Süden anfahren. Durch die Kooperation mit der Eisenbahn KiwiRail und den Interisland-Fähren ergibt sich das umfassendste Verkehrsnetz des Landes.

Ähnlich umfangreich wie die Verkehrsverbindungen ist auch das System von Rabatten und Travel-Pässen, das InterCity anbietet. So kann der Normalpreis auf einzelnen Strecken deutlich reduziert werden, wenn man über 60 oder unter 12 Jahre alt ist oder wenn man einen Studenten- oder YHA-Ausweis bzw. eine Club Card der größeren Backpacker-Hostelketten vorlegt – die Rabatte betragen hier 15–33 %.

Wer im Voraus bucht, kann die Tarife *Saver* (- 25 %) oder *Super Saver* (- 50 %) in Anspruch nehmen, allerdings bei begrenztem Sitzkontingent. Der interessanteste Travel Pass, den InterCity im Programm hat, ist der **Flexipass**. Er gilt für das gesamte Intercity-Streckennetz, die Interisland-Fähren, die Routen des Sightseeing-Busunternehmens Great Sights (u. a. Stadtrundfahrten Auckland und Christchurch, Touren zur Bay of Islands, nach Waitomo, Milford Sound, Mt. Cook) und für die Bootsausflüge mit Kings Dolphin Cruises & Eco Tours. Man bekommt den Flexipass für eine unterschiedliche Stundenzahl (5–60), wobei unerheblich ist, an welchen Tagen diese Reisestunden anfallen. 2012 kostete der Flexipass z. B. für 15 Reisestunden NZ-$ 117, für 30 Stunden NZ-$ 229 und für 60 Stunden NZ-$ 449. Auf der Anzahl der Fahrten basiert die Netzkarte **Flexitrips**: 5 Fahrten kosten (mit/ohne Fähre) NZ-$ 156/210, 15 Fahrten NZ-$ 329/383 und 30 Fahrten NZ-$ 496/550. Beide Buspässe sind erhältlich in den TranzScenic Travel Centres der Bahnhöfe von Wellington und Christchurch, im Auckland Britomat Transport Centre (12 Queen St.) oder online unter www.flexipass.co.nz und www.flexitrips.co.nz.

Weitere interessante InterCity-Pässe sind (Preise von 2012):
North Island Discovery: Gültig auf der Strecke Auckland–Wellington u. a. über Rotorua oder Napier (NZ-$ 249/Backpacker NZ-$ 221).
Volcanic Explorer: Gültig auf der Strecke Auckland–Waitomo–Taupo–Rotorua–Tauranga–Auckland (NZ-$ 205/Backpacker NZ-$ 185).
Kupe's Voyage: Gültig auf der Strecke Auckland–Paihia–Cape Reinga (NZ-$ 209/Backpacker NZ-$ 179).
Best of the Bay: Gültig auf der Strecke Auckland–Whangarei–Paihia–Kerikeri (NZ-$ 195/Backpacker NZ-$ 164).
West Coast Passport: Gültig auf der Strecke Picton–Queenstown entlang der Westküste, u. a. über Nelson–Westport–Greymouth–Haast–Wanaka (NZ-$ 159/Backpacker NZ-$ 145).
Te Hamo's Adventure: gültig auf der Strecke zwischen Queenstown und Christchurch u. a. über Milford Sound–Te Anau–Mt. Cook (NZ-$ 285/Backpacker NZ-$ 255).

Maui's Canoe: gültig auf allen Strecken des Südlands (NZ-$ 499/Backpacker NZ-$ 449).
Kaikoura Discovery: gültig auf der Strecke Christchurch–Kaikoura–Christchurch (NZ-$ 43/Backpacker NZ-$ 39).
Awesome Milford Sound: gültig auf der Strecke Queenstown–Milford Sound–Queenstown inkl. Fjordkreuzfahrt (NZ-$ 175/Backpacker NZ-$ 159).

Neben InterCity tummeln sich auf dem Markt mehrere andere überregionale Busfirmen. Davon kooperiert **Newmans** (℡ 09-5835780, www.newmanscoach.co.nz) mit InterCity auf einem ähnlich weit gespannten Netz. **Guthrey's Express** (℡ 09-4431945, www.guthreys.co.nz) bedient hauptsächlich die Nordinsel und **Northliner Express** (℡ 09-3075873, www.northliner.co.nz) ausschließlich das Northland.

Außer den „Großen" gibt es eine Vielzahl kleinerer Busfirmen, die als sogenannte **Shuttle Busse** auf beiden Inseln fahrplanmäßig Städte, Nationalparks oder Sehenswürdigkeiten verbinden. Für Wanderer und alle, die nicht möglichst schnell von A nach B gelangen möchten, sind solche Linien günstiger, da sie oft nach Bedarf halten und Nebenstrecken befahren.

Auf die Bedürfnisse von unabhängigen, vorwiegend jugendlichen Reisenden zugeschnitten sind die sogenannten **Backpacker-Busse**. Beliebt sind die Unternehmen **Kiwi Experience** (85 Beach Rd., Auckland, ℡ 09-3364286, www.kiwiexperience.com) und **Magic Traveller's Network** (℡ 09-3583471, www.magicbus.co.nz). Kiwi Experience verkehrt auf 17 interessanten Routen auf der Nord- und Südinsel, die alle wesentlichen Sehenswürdigkeiten abdecken. Das Unternehmen bietet verschiedene Pässe an, innerhalb deren Gültigkeit man auf den entsprechenden Routen beliebig aus- und zusteigen kann. Ähnlich ist auch der Magic Bus auf beiden Inseln vertreten, die zzt. 13 Routen werden mit Pässen abgedeckt, die eine Laufzeit von 4–23 Tagen haben. Wie die Billigflieger im Luftverkehr lockt das landesweit auf Hauptstrecken verkehrende Unternehmen **Naked Bus** Frühbucher mit Dumpingpreisen (℡ 0900-Naked u. 0900-62533, NZ-$ 1,99/Min., www.nakedbus.com).

▶ **Zug**

Das Streckennetz der staatlichen **KiwiRail** (www.kiwirail.co.nz) erfreut sich bei Besuchern großer Beliebtheit, denn einige Strecken gehören zu den weltweit schönsten Zugrouten.

Auf der **Nordinsel** verkehrt tägl. der *Overlander* von Auckland nach Wellington über u. a. Hamilton, Waitomo, National Park und Palmerston North (ab Auckland und ab Wellington 7.25, an Wellington 19.25, an Auckland 19.20 Uhr). Ansonsten fährt Mo–Fr einmal pro Richtung ein Vorortzug zwischen Palmerston North und der Hauptstadt. Ausgedehnter ist das Netz der Vorortzüge in der Region Wellington (TranzMetro, www.tranzmetro.co.nz).

Auf der **Südinsel** gibt es mit dem *Coastal Pacific* eine tägl. Verbindung von Picton über u. a. Blenheim und Kaikoura nach Christchurch – durch 22 Tunnel und über 175 Brücken (ab Picton 13.00, an Christchurch 18.21 Uhr; ab Christchurch 7.00, an Picton 12.13 Uhr). Eine der schönsten Eisenbahnstrecken überhaupt ist die 224 km lange Verbindung des *TranzAlpine* von Christchurch über Arthur's Pass nach Greymouth (tägl. ab Christchurch 8.15, an Greymouth 12.45 Uhr; ab Greymouth 13.45, an Christchurch 18.05 Uhr, hin und zurück ab NZ-$ 229).

Die **Tarife** sind – wie bei den Billigfliegern – nicht festgelegt, sondern abhängig vom Datum, Buchungszeitraum und Auslastung. Trotzdem muss man auf einer bestimmten Strecke im Regelfall mehr bezahlen als bei Bussen, dafür kommt man schneller an, außerdem sind die Züge modern und komfortabel. Darüber hinaus gibt es eine ganze Reihe von Preisermäßigungen, z. B. bei Vorlage eines YHA-, Backpacker- oder Studentenausweises oder wenn man älter ist als 60 Jahre.

Wer während seines Neuseelandurlaubs viele Strecken mit der Bahn zurücklegen möchte, sollte den Kauf eines Scenic Rail Passes erwägen. Er kostet bei siebentägiger Gültigkeit 2012 auf allen neuseeländischen Strecken NZ-$ 418 inkl. einer Fährstrecke (bei 14 Tagen NZ-$ 528) und nur für die Südinsel NZ-$ 307.

Informationen und Buchungen an allen Bahnhöfen, bei Reiseagenturen, bei den TranzScenic Travel Centres in den Bahnhöfen von Wellington und Christchurch und im Auckland Britomart Transport Centre, 12 Queen St., tägl. 8–20.30 Uhr. Telefonische Auskünfte zu den neuseeländischen Zugverbindungen unter ✆ 0800-TRAINS u. 0800-872467 bzw. vom Ausland aus unter ✆ +64-4-4950775, ✆ 0800-277482 (nur Fahrplanauskunft) bzw. im Internet unter www.tranzscenic.co.nz (auch online-Buchung möglich).

Touristischen Zwecken dienen die historischer Bahnstrecken in Shantytown, Kawakawa, Coromandel und anderen Orten.

> ☞ **Hinweis**
>
> Praktisch alle öffentlichen Fernverkehrsmittel müssen im Voraus gebucht werden. Tickets für Busse, Züge und Fluglinien sind vor Ort außer in Reisebüros in allen i-SITE Visitor Centres und zahlreichen Unterkünften erhältlich. Buchungen sind meist auch telefonisch über kostenlose Servicelines und online auf den Websites der Unternehmen möglich.

▶ Fähren

Die schönste Fährverbindung ist die Strecke zwischen Wellington auf der Nordinsel und Picton auf der Südinsel. Wichtigste Reederei ist hier **The Interislander** mit zwei Terminals in Wellington und einem in Picton. Ihre Schiffe *Arahura* (1983), *Aretere* (1998) und *Kaitaki* (1994) sind mit allem Komfort (Restaurant, Cafeteria etc.) ausgestattet, haben bis zu sechs Abfahrten täglich und benötigen für den Transfer etwa 3 Std. Die größte Fähre ist die 180 m lange *Kaitaki*, die bis zu 1.600 Passagiere aufnimmt. In der Hauptsaison kann es vorkommen, dass das Frachtschiff *Purbeck* „aushilft" und Passagiere und Fahrzeuge mitnimmt; es verfügt allerdings nicht über einen ähnlichen Komfort. Eine offizielle Preisliste gibt es nicht mehr, stattdessen sind die Tarife abhängig vom Datum, Buchungszeitpunkt, Abfahrtszeit und Auslastung. Man sollte aber mit mindestens NZ-$ 75 für eine einfache Fahrt pro Erwachsener, NZ-$ 175 für einen Pkw und NZ-$ 215–375 für gängige Campervans rechnen. Auch der Transport von Fahrrädern und sperrigem Gepäck wie Surfbrett oder Kanu muss extra bezahlt werden. Preisreduzierungen gibt es für Gruppen, Senioren, Inhaber von Automobilclub-, Jugendherbergs-, Studenten- und Backpackerausweisen, in der Nebensaison, wenn man innerhalb von 4 Tagen die Rückreise antritt, wenn man rechtzeitig (mindestens 1 Woche im Voraus) bucht, und unter bestimmten anderen Voraussetzungen (*Saver*-Tarif). Beträchtliche Preisersparnisse bringt auch der *Flexipass* (s. S. 123). In der Hauptsaison ist eine Reservierung dringend anzuraten, diese kann bereits bei der Buchung Ihres Mietwagens/Wohnmobils die Verleihfirma arrangieren.

Buchungen und Infos zur Fähre bei jedem Reisebüro in Neuseeland oder unter ✆ 0800-802802, www.interislander.co.nz.

Die Firma **Bluebridge** bedient mit ihren Fähren *Santa Regina*, *Monte Stello* und *Straitman* ebenfalls die Strecke Wellington–Picton; Abfahrten sind bis zu viermal tägl. in jede Richtung, die Überfahrt dauert 3,5 Std. Tarifbeispiele Februar 2012: Passagiere ab NZ-$ 51, Auto unter 6 m ab NZ-$ 169; weitere Infos bei den Reisebüros oder bei Bluebridge unter ✆ 0800-844844 u. 04-4716188, www.bluebridge.co.nz.

▶ Öffentlicher Nahverkehr

An den internationalen Flughäfen und in den großen Städten sind **Taxis** in ausreichender Anzahl vorhanden; sie warten an Ständen und vor großen Hotels, man kann sie aber auch am Straßenrand heranwinken. In ländlichen Gebieten muss man Taxis meist per Telefon bestellen. Alle großen Taxiunternehmen bieten behindertengerechte Fahrzeuge. Die Grundgebühr beträgt i. d. R. NZ-$ 3,50–4, der Fahrpreis errechnet sich aus gefahrenen Kilometern und benötigter Zeit. Rauchen ist in Taxis verboten.

In Auckland verkehren sogenannte **Tuk-Tuks**, dreirädrige, offene Moped-Taxis, wie man sie oft in Südostasien findet. Ebenfalls in Auckland sowie auch in Wellington und anderen größeren Städten am Meer gibt es **Wassertaxis**, die man für individuelle Ausflüge chartern kann. Eine telefonische Reservierung ist angeraten.

Der öffentliche Nahverkehr in den größeren neuseeländischen Städten besteht aus **Stadtbussen** und **Vorortzügen**. Die städtischen Großräume sind in Tarifzonen eingeteilt, nach denen sich der Fahrpreis richtet. Fast überall gibt es auch Stunden-, Tages-, Wochen- und Monatstickets. Sie sind erhältlich in den Verkehrsmitteln und an speziellen Kiosken, an denen es auch Fahrpläne, Übersichtskarten und Infos über Spezialtarife gibt.

Zeit

Wer zum anderen Ende der Welt in östlicher Richtung fliegt, erreicht das Reiseziel Neuseeland knapp vor der Datumsgrenze, wer in westlicher Richtung fliegt, „verliert" schon auf dem Hinweg einen Tag. Der Unterschied zur MEZ beträgt zwischen 10 und 12 Stunden:
Oktober bis Anfang März (europäische Winterzeit, neuseeländische Sommerzeit): **12 Stunden**.
Etwa zwei Wochen im **März und Oktober** (europäische und neuseeländische Winterzeit bzw. Sommerzeit): **11 Stunden**.
Ende März bis Anfang Oktober (europäische Sommerzeit, neuseeländische Winterzeit): **10 Stunden**.

Wer in der Hauptsaison reist, hat keine Umrechnungsprobleme: ein Anruf am Mittag erreicht die zuhause Gebliebenen um Mitternacht des Vortages, einer um Mitternacht am Mittag des gleichen Tages.

Wie in Großbritannien, den USA und Australien sind in Neuseeland die Zeitangaben jeweils mit dem Zusatz a. m. (*ante meridiem*, von 0 bis 12 Uhr) oder p. m. (*post meridiem*, von 12 bis 24 Uhr) versehen.

Das kostet Sie das Reisen in Neuseeland

Auf den Grünen Seiten geben wir Ihnen Preisbeispiele für Ihren Urlaub in Neuseeland, damit Sie sich ein realistisches Bild über die anfallenden Kosten machen können (Stand August 2012). Natürlich sollten Sie alle Angaben nur als Richtschnur auffassen, da Beförderungs-, Unterkunfts- und Lebensmittelpreise saisonal und regional sehr unterschiedlich sein können.

Devisenkurse (Stand August 2012, aktueller Kurs im Internet auf www.oanda.com)
NZ-$ 1,00   =   Euro 0,65   Euro 1,00 =   NZ-$ 1,54
NZ-$ 1,00   =   CHF 0,78   CHF 1,00 =   NZ-$ 1,28

Transportmittel

Beachten Sie bitte bei den Preisangaben der überregionalen Verkehrsmittel, dass es neben saisonalen Vergünstigungen und altersabhängigen Ermäßigungen bei Flügen sowie Bus-, U-Bahn- oder Bahnfahrten kostensparende Sondertarife gibt, die z. T. nur in Verbindung mit einem Überseeflug und nur im Ausland gebucht werden können.

▶ Flüge
Internationale Flüge
Frankfurt–Auckland/Christchurch–Frankfurt mit Air New Zealand ab 1.350–1.550 €, mit Emirates ab 1.100–1.200 €

Inlandsflüge (einfache Strecke)
Seit 2008 operieren auch in Neuseeland sogenannte Billigflieger, z. B. Jetstar, eine Tochter der australischen Qantas, oder die unabhängige neuseeländische Air2There.
Auckland–Wellington   ab 42 € (Jetstar, Air New Zealand)
Auckland–Christchurch   ab 68 € (Jetstar, Air New Zealand)
Wellington–Blenheim   ab 53 € (Air2There, Air New Zealand)

▶ Mietwagen (Hauptsaisonpreise bei Budget bei Anmietung für 7 bis 13 Tage ohne Kilometerbegrenzung, inkl. Steuern und Versicherung)
Kleinwagen (Toyota Yaris o. ä.,) 33 €/Tag; Mittelklassewagen (Ford Falcon o. ä.) 54 €/Tag; Van (Toyota Previa o. ä.) 74 €/Tag
Eine Kaution muss per Kreditkartenabzug hinterlegt werden.

▶ Campervan
Die Mietkosten basieren auf tagesaktuellen Flexpreisen und variieren erheblich nach Saisonzeit sowie Angebot und Nachfrage. Angegeben ist der jeweils niedrigste Katalogpreis für die Saison 2012/13 der Firma KEA. Dieser kann manchmal aber auch mit Frühbucherrabatt oder als Last-Minute-Angebot unterschritten werden.
KEA 2 Berth High-Top Campervan, auf VW T5-Basis, Diesel, für 2 Pers., ab 45 €/Tag
KEA 2+2 Flip-Top Deluxe Campervan, auf VW T5-Basis, Diesel, für 2–4 Pers., ab 53 €/Tag
KEA 2 Berth ST Deluxe Campervan, mit Dusche/Toilette, ideal für zwei Pers., ab 69 €/Tag
KEA 4 Berth Deluxe Motorhome, Wohnmobil mit Dusche/Toilette, für 4 Pers., ab 81 €/Tag
KEA 6 Berth Deluxe Motorhome, Wohnmobil mit Dusche/Toilette, für 6 Pers., ab 96 €/Tag

Motorräder (Preisbeispiele für verschiedene Typen jeweils für eine Mietdauer von 7 bis 21 Tagen bei NZ Motorcycle Rentals, Auckland)
Kawasaki 250 R Ninja, ab 57 €/Tag; BMW F 650 GS Twin, ab 123 €/Tag; Harley Davidson Heritage Softail Classic, ab 217 €/Tag

Taxifahrt (Ca.-Tarife Innenstädte–Internationaler Flughafen)
Auckland NZ-$ 60–80; Wellington NZ-$ 30–35; Christchurch NZ-$ 45–50

Busse
Auckland: Shuttle-Bus vom Flughafen zum Aotea Square/City NZ-$ 16, mit Door-to-Door-Service ca. NZ-$ 25–35; Ticket für Stadtbusse innerhalb der City NZ-$ 0,50, in die Außenbezirke je nach Entfernung NZ-$ 1,80–10,30, 24-Stunden-Pass NZ-$ 15, Wochen-Pass (7 Tage) NZ-$ 51
Wellington: Shuttle-Bus vom/zum Flughafen mit Door-to-Door-Service ca. NZ-$ 15–20; Ticket für Stadtbusse je nach Entfernung ab NZ-$ 2, Tagespass NZ-$ 9,50
Christchurch: Ticket für Stadtbusse im Zentrum NZ-$ 1,50–4. City Flyer zum/vom Flughafen NZ-$ 7,50
Überland-InterCity-Bus Auckland–Wellington (500 km), einfache Fahrt ab NZ-$ 55–70; Christchurch-Queenstown (485 km), einfache Fahrt ab NZ-$ 80–95
Flexipass für das gesamte Intercity-Streckennetz, die Interisland-Fähren und verschiedene Sightseeing-Unternehmen für 15 Reisestunden NZ-$ 117, für 30 Reisestunden NZ-$ 229, für 60 Reisestunden NZ-$ 449

Züge
Auckland–Wellington, einfache Fahrt: ab NZ-$ 129
Picton–Christchurch, einfache Fahrt: ab NZ-$ 99
Vorortzüge Wellington je nach Entfernung NZ-$ 4,50–17
Scenic Rail Pass (gültig auf allen neuseeländischen Strecken): 7 Tage inkl. einer Fährstrecke NZ-$ 418; 14 Tage inkl. einer Fährstrecke NZ-$ 528; 7 Tage nur für die Südinsel NZ-$ 307

Fähren
Wellington–Picton (einfache Strecke, Bluebridge Line):
Erwachsener NZ-$ 51, PKW (unter 6 m Länge) NZ-$ 169
Auckland–Waiheke (einfache Strecke) NZ-$ 32; Auckland–Devonport (einfache Strecke) NZ-$ 11; Auckland–Rangitoto (Hin- und Rückfahrt) NZ-$ 25

Benzinpreise/Liter
unverbleites Normalbenzin	NZ-$ 2,10	1,36 €
unverbleites Superbenzin	NZ-$ 2,45	1,59 €
Diesel	NZ-$ 1,40	0,91 €

Mietfahrräder
Mountainbikes, Tourenräder, Tandems ab NZ-$ 15/Tag oder ab NZ-$ 80/Woche

Seilbahnen etc.
Cable Car Wellington, Einzelticket	NZ-$ 3,50
Skyline Queenstown, Hin- und Rückfahrt	NZ-$ 25
Skyline Rotorua, Hin- und Rückfahrt	NZ-$ 25

Übernachtung

▶ Campingplätze

Zeltstellplatz (pro Pers.)	NZ-$ 14–17
Campmobil-Stellplatz (inkl. 2 Pers.)	NZ-$ 35–60
Cabin (Hütte inkl. 2 Pers.)	NZ-$ 40–70
Tourist Flat (Apartment inkl. 2 Pers.)	NZ-$ 80–120
Back Country Hut (DOC-Hüttenunterkunft in Wandergebieten/ Nationalparks pro Pers.)	NZ-$ 10–40

▶ Übernachtungspreise (für 2 Pers. im Doppelzimmer)

Jugendherberge/YMCA	NZ-$ 50–100
Backpacker-Hostel	NZ-$ 60–100
Country Pub	NZ-$ 80–120
Bed & Breakfast	NZ-$ 100–250
Mittelklasse-Hotel/Motel	NZ-$ 100–200
First Class- oder Deluxe-Hotel	NZ-$ 25–500
Luxuriöse Lodge mit Vollpension	NZ-$ 350–800

Aktivitäten, Pauschalangebote und Eintritte

Auckland Harbour Cruise mit Fullers 1 Std. 30 Min., NZ-$ 36
Tagesexkursion mit dem **TranzAlpine-Zug** von Christchurch über Arthur's Pass nach Greymouth und zurück NZ-$ 229
Eintritt in **Shantytown** NZ-$ 30 (Goldwaschen zusätzl. NZ-$ 5)
Eintritt in die **Waitomo Glowworm Cave** NZ-$ 48 (45-minütige Basic Tour; zusammen mit der **Aranui Cave** NZ-$ 65)
Greenfees für Nichtmitglieder, auf provinziellen Golfplätzen NZ-$ 20–60, bei besseren und Top-Anlagen NZ-$ 50–200
Helikopter-Flüge, ab/bis Queenstown: 20 Minuten Rundflug zu den Remarkables, mit Landung, NZ-$ 220; 50 Minuten Rundflug Südalpen, mit Gletscherlandung, NZ-$ 640; 4–5-Stunden-Rundflug „Southern Alps Circle" mit u. a. Mt. Cook, Milford Sound, Fox und Franz Josef Gletscher, vier Schnee- oder Gletscherlandungen, NZ-$ 3.850 pro Pers. bei 2 Personen, NZ-$ 2.950 pro Pers. bei 3 Personen
Jetboat-Tour auf dem Shotover River, 1 Stunde ab NZ-$ 110

Essen und Trinken

▶ Restaurants (Preis für ein Hauptgericht)

preiswert	unter NZ-$ 15	moderat	NZ-$ 15–25
teuer	NZ-$ 25–40	sehr teuer	über NZ-$ 40

Ein dreigängiges Menü kostet ohne Getränke etwa NZ-$ 25–60, in Spitzenrestaurants z. T. erheblich mehr. An wichtigen Feiertagen erheben viele Restaurants 10–15 % Zuschlag. Kleinigkeiten zum Lunch sind an Imbissständen/Take aways für NZ-$ 8–10 erhältlich. Eine Flasche Bier (0,375 l) kostet NZ-$ 4–8, ein Glas Wein NZ-$ 6–10, eine Tasse Kaffee NZ-$ 3–6.

3. REISEN IN NEUSEELAND

Reise- und Routenplanung

Neuseeland ist zwar ein relativ überschaubares Gebiet, das durch die Struktur der beiden Hauptinseln gegliedert wird, es birgt aber so viele landschaftliche und kulturelle Sehenswürdigkeiten, dass man sich genügend Zeit nehmen sollte, um das Land wirklich kennenzulernen. Sind zeitliche Grenzen gesetzt, sollte man nach dem Motto „weniger ist mehr" vorgehen, sich also auf Teilgebiete konzentrieren, um diese in ihrer ganzen Vielfalt zu erleben. Dabei sind folgende Überlegungen sinnvoll:

Weniger ist mehr

- Mit **2–3 Wochen Aufenthaltsdauer** sind Besichtigungsziele auf beiden Inseln nur dann zu schaffen, wenn man Flugverbindungen nutzt, um längere Strecken abzukürzen. In der gleichen Zeit ist es aber auch möglich, entweder die Nord- oder die Südinsel intensiver zu erleben; Start- und Zielpunkt wäre in diesem Fall entweder Auckland oder Christchurch.

- Selbstfahrer mit etwa **4 Wochen** Zeit können die wichtigsten Sehenswürdigkeiten auf beiden Inseln besuchen: Sie könnten entweder Auckland oder Christchurch sowohl als Start- oder als Zielpunkt der Rundfahrt auswählen oder aber in Auckland beginnen und in Christchurch enden bzw. umgekehrt. Wenn Sie nicht mehrere Tage wandern möchten oder für andere Aktivitäten einen längeren Zeitaum benötigen, ist es möglich, der in diesem Reiseführer vorgeschlagenen Route problemlos in 28 Tagen zu folgen.

- Für ein intensives Kennenlernen von Neuseeland sind mindestens **6 Wochen** notwendig. Zu beachten ist allerdings, dass auch in dieser Zeitspanne keine längeren Wanderungen oder Badeaufenthalte eingeschlossen sind. Wer so viel Zeit mitbringt, findet in diesem Buch an den entsprechenden Stellen Hinweise auf lohnenswerte Abstecher bzw. alternative Routen.

Ausreichend Zeit nehmen

- Wen Neuseeland einschließlich Stewart Island oder weiterer Vorposten und Inselgruppen interessiert, sollte **mindestens 2 Monate** Zeit einkalkulieren. Gleiches gilt für all diejenigen, die den Neuseeland-Urlaub mit einem Aufenthalt auf den Fidschi-Inseln, Hawaii, Bali, Thailand oder einem anderen Stopover-Ziel verbinden möchten.

Vorschläge für Rundreisen

1. Variante: Nord- und Südinsel mit Flugverbindungen in 2–3 Wochen

Diese Rundfahrt verbindet in kurzer Zeit die größten Attraktionen der beiden Inseln und könnte beinhalten:
Auckland – Bay of Islands – Rotorua – Taupo – Napier – Wellington/Flug von Wellington nach Dunedin – Te Anau/Fjordland – Queenstown – Mt. Cook – Christchurch.

Tipp

Bei der Reiseplanung sollte man neben den klimatischen Gegebenheiten (s. S. 37 u. 110) auch die Ferientermine und Hauptreisezeiten der Neuseeländer im eigenen Land berücksichtigen. Insbesondere während der Sommerferien (Mitte Dez.– Anfang Feb.) muss man mit ausgebuchten Unterkünften und Engpässen im Transport rechnen. Das gilt insbesondere für den Flugverkehr. Jeweils zwei Wochen Schulferien bekommen die neuseeländischen Kinder außerdem in den Monaten April, Juli und September bzw. Oktober.

2. Variante:
Rundfahrt Nordinsel 2–3 Wochen

In diesem Zeitraum kann man die wichtigsten Sehenswürdigkeiten der zu Unrecht gegenüber der Südinsel von ausländischen Touristen vernachlässigten Nordinsel intensiv erfahren. Eine Rundreise würde umschließen:

Auckland – Bay of Islands – Cape Reinga und 90-Mile-Beach – Nördliche Westküste – Auckland – Waitomo – Mt. Taranaki – Wellington – Südliche Ostküste – Taupo – Rotorua – Coromandel – Auckland.

3. Variante:
Rundfahrt Südinsel 2–3 Wochen

Die höchsten Berge, größten Gletscher und tiefsten Fjorde wären das Programm dieser Rundfahrt, die Christchurch als Start- und Zielpunkt hat und folgende Route bedeuten könnte:

Christchurch – Picton – Nelson – Golden/Tasman Bay – Greymouth – Franz Josef – Fox – Queenstown – Te Anau – Fjordland – Invercargill – Dunedin – Mt. Cook – Christchurch.

4. Variante:
Rundfahrt Nord- und Südinsel in etwa 4 Wochen

Das Programm dieser Rundfahrt wäre identisch mit den Stationen in diesem Reisehandbuch, wenn man ab Wellington die Südinsel-Rundfahrt anschließt und danach ab Wellington nach Auckland zurückkehrt,. In diesem Fall würde man nach dieser Route fahren:

Auckland – Bay of Islands – Cape Reinga und 90-Mile-Beach – Nördliche Westküste – Auckland – Waitomo – Mt. Taranaki – Wellington – Picton – Nelson – Golden/Tasman Bay – Greymouth – Franz Josef – Fox – Queenstown – Te Anau – Fjordland – Invercargill – Dunedin – Mt. Cook – Christchurch – Kaikoura – Blenheim – Picton – Wellington – Masterton – Taupo – Rotorua – Coromandel – Auckland.

Zusätzliche Programmpunkte

Die oben beschriebenen Varianten kann man allerdings auch noch erweitern. Im folgenden sind zusätzliche Punkte aufgelistet, die das Besichtigungsprogramm bereichern und dem Besucher das gesamte Land noch näher bringen:

- Stewart Island (mit der Fähre ab und bis Bluff);
- der noch recht unberührte Nordosten (Route: Napier – Gisborne – Hicks Bay – Opotiki-Tauranga);
- die gesamte Coromandel-Halbinsel;
- verschiedene Inseln im Hauraki-Golf und die Chatham-Inselgruppe (mit Flug ab Christchurch oder Auckland);
- eine mehrtägige Wanderung in einem der Nationalparks;
- mehrtägige Bade- und Segelaufenthalte im Abel Tasman Nationalpark, der Bay of Islands, der Coromandel-Ostküste oder zwischen Gisborne und Masterton.

Nordinsel – Zeiteinteilung und touristische Interessen

Gebiet	ab Seite	Unternehmungen/ Reiseziele	Tage/ km	Touristische Interessen
Auckland und Umgebung	137	Auckland-Stadtbesichtigung, Vulkankegel, Parnell, Devonport, Strände, vorgelagerte Inseln	2/ 50	Kultur, Architektur, Stadtbummel, Stadt- und Strandleben, Segeltörns, Völkervielfalt
Norden	187	Auckland, Whangarei, Bay of Islands, 90-Mile-Beach, Cape Reinga, Westküste, Auckland	4–5/ 950	Geschichte, Baden, Fischen, Tauchen, Maorikultur, Mangroven- und Kauriwälder, Riesendünen
Westen und Süden	228	Hamilton, Waitomo, Mt. Taranaki, (Tongariro NP), Wanganui	4/ 600	Glühwürmchen-Höhlen, Wildwasserfahrten, Landschaft, Vulkane, Wintersport, Bergwandern
Wellington	282	Stadtbesichtigung, Ziele der Umgebung	1–2/ 60	Kunst/Kultur, Politik/Geschichte, Architektur, Stadtlebenr
Inselinneres (Napier, Auckland)	348	Taupo, Rotora, Cambridge, Auckland	3/ 450	Maori-Kunst und -Kultur, Geologie, Thermalbäder, vulkanische Zone, Sightseeing-Flüge, Geysire, Sinterrassen, Wanderungen, Forellenangeln
Coromandel-Halbinsel	375	(Tauranga-) Thames, Coromandel, Whitianga	3/ 150 (250)	Baden, Tauchen, Hochseefischen, Wanderungen

Südinsel – Zeiteinteilung und touristische Interessen

Gebiet	ab Seite	Unternehmungen/ Reiseziele	Tage/ km	Touristische Interessen
Norden	399	Picton, Marlborough Sounds, Nelson, Golden Bay, Tasman Bay, Abel, Tasman-NP (-Collingwood)	2–3/ 120 (200)	Pflanzen- und Tierwelt, Wandern, Baden, Sandstrände, Landschaft
Westküste	431	Arnaud, Buller River, Westport, Greymouth, Hokitika, Franz Josef, Fox, Haast	3/ 650	Goldwaschen, alte Siedlungen, Gletscherflüge und -wanderungen, Landschaft, Tierleben
Fjordland und Süden	464	Wanaka, Queenstown, Te Anau, Milford Sound/ Doubtful Sound (Abstecher Mt. Cook; Abstecher Invercargill)	4–6/ 1100 (1250)	Goldgräbersiedlungen, Bergsteigen, Wanderungen, Wildwasserfahrten, Bungee-Jumping, Fjordkreuzfahrten, Urlandschaft, Inselerlebnis auf Stewart Island, Sightseeingflüge
Ostküste	527	Dunedin, Timaru, Christchurch, Canterbury, Kaikura, Blenheim	5/ 700	Kunst und Kultur, Stadtbesichtigungen, Tierwelt, Küstenlandschaft, Whalewatching, Weinproben

Das Fjordland der Südinsel bietet Kanuten 1001 Abenteuer

Entfernungstabellen

NORDINSEL (Entfernungen in km)

	Auckland	Gisborne	Hamilton	Kaitaia	Masterton	Napier	New Plymouth	Rotorua	Tauranga	Wanganui	Wellington	Whangarei
Gisborne	504	—	394	829	449	216	599	287	298	468	550	674
Hamilton	127	394	—	452	511	296	242	107	107	327	533	297
Kaitaia	325	829	452	—	963	748	694	561	531	779	983	155
Masterton	638	449	511	963	—	233	343	440	526	183	101	808
Napier	423	216	296	748	233	—	412	225	311	252	334	593
National Park	330	432	203	655	305	244	222	183	269	122	317	500
New Plymouth	369	599	242	694	343	412	—	312	398	160	355	539
Paihia	241	745	368	108	879	664	610	475	447	695	901	71
Rotorua	234	287	107	561	440	225	312	—	86	305	462	404
Taupo	280	350	153	605	358	143	296	82	168	223	380	450
Tauranga	206	298	107	531	526	311	398	86	—	91	548	376
Waitomo	202	437	75	527	451	307	183	150	151	268	463	372
Wanganui	454	468	327	779	183	252	160	305	391	—	195	624
Wellington	660	550	533	983	101	334	355	462	548	195	—	819
Whangarei	170	674	297	155	808	593	539	404	376	624	819	—

SÜDINSEL (Entfernungen in km)

	Christchurch	Dunedin	Franz Josef	Greymouth	Invercargill	Mt. Cook	Nelson	Picton	Queenstown	Te Anau	Timaru	Westport
Arthurs Pass	150	541	241	98	668	412	388	468	645	801	252	199
Blenheim	312	674	503	324	891	643	116	28	798	964	475	260
Christchurch	—	362	427	248	579	331	428	340	486	652	163	333
Dunedin	362	—	563	742	217	331	790	702	283	290	199	695
Franz Josef	427	563	—	179	575	498	469	579	404	560	493	280
Greymouth	248	742	179	—	754	510	290	352	583	739	350	101
Haast	738	421	142	321	433	356	611	673	262	418	418	422
Invercargill	579	217	575	754	—	444	1007	919	187	157	416	855
Mt. Cook	331	331	498	510	444	—	759	671	328	484	211	664
Picton	340	702	579	352	919	671	110	—	826	992	503	288
Queenstown	486	283	404	583	187	328	873	826	—	170	335	684
Te Anau	652	290	560	739	157	484	1029	992	170	—	489	840
Timaru	163	199	493	350	416	211	591	503	335	489	—	497
Wanaka	424	276	287	466	278	211	756	764	117	273	273	567
Westport	333	695	280	101	855	664	226	288	684	840	497	—

4. AUCKLAND UND UMGEBUNG

Überblick Auckland

Den meisten Touristen aus Übersee dient Auckland als Eingangstor nach Neuseeland. Und aus verschiedenen Gründen ist die größte Stadt des Landes auch ein idealer Urlaubsbeginn, denn sie birgt in ethnischer, landschaftlicher, architektonischer und kultureller Hinsicht viel Interessantes, das gleichermaßen einen Einblick in die Landesstruktur vermittelt und als Grundlage bei späteren Erkundungen von Nutzen sein kann. So konzentriert sich in Auckland vieles von dem, was als „typisch neuseeländisch" gelten darf:

Idealer Startpunkt

Empfehlungen für die Stadtbesichtigung

Für die wichtigsten Attraktionen der Stadt sollte man sich zwei Tage Zeit nehmen. Ein **Minimalprogramm** umfasst folgende Stationen:

- **1. Tag:** Morgens Besuch des Auckland Museum einschließlich der Maori-Tanzvorstellung. Dann zum Albert Park mit Universität, Government House und High Court. Zu Fuß an der City Art Gallery vorbei zur Queen St. und Stadtbummel bis zum Ferry Building und der Hobson Wharf. Unterwegs Auffahrt auf den Sky Tower. Am Abend Besuch des Stadtteils Parnell.
- **2. Tag:** Am Vormittag Fahrt mit der Fähre nach Devonport mit Blick auf die Skyline von Auckland oder Teilnahme an einer Hafenkreuzfahrt; nehmen Sie die Aussteigemöglichkeit an Kelly Tarlton's Underwater World wahr (Besichtigung, anschließend Bustransfer zum Ferry Building). Am Nachmittag Besuch des Victoria Park Market und vielleicht noch ein Abstecher zur polynesisch geprägten Karangahape Rd. mit dem alten Friedhof.

Bei mehr Zeit sollten Sie sich unbedingt die historischen Häuser und Kirchen (Highwic House, Alberton House, Kinder House, Ewelme Cottage, Acacia House, St. Patrick's Cathedral, Cathedral Church of St. Mary, Holy Trinity Cathedral, St. Matthew's Church und St. Stephen's Chapel) anschauen, außerdem mit Mt. Eden, Mt. Wellington oder One Tree Hill einen der typischen Vulkankegel sowie das Museum of Transport and Technology und den Zoo mit Kiwis und Tuataras. Weiter lohnen Ausflüge zu mehreren Inseln und der Besuch mindestens einer Weinkellerei in West-Auckland.

Historische Bauten und Vulkankegel

Hinweis

Da in der weitläufigen Stadt Auckland die Entfernungen zwischen den Sehenswürdigkeiten z. T. groß sind, ist eine Erkundung zu Fuß nur punktuell möglich. Aber auch eine Stadtrundfahrt im Mietwagen gestaltet sich aufgrund des chronischen Parkplatzmangels kompliziert. Empfehlenswert ist daher eine Kombination aus Stadtrundfahrt mit öffentlichen Verkehrsmitteln oder Touristenbussen und Rundgang in überschaubaren Stadtbezirken.

Redaktionstipps

Sehens- und Erlebenswertes
- Ausgiebige Besichtigung des **Auckland Museum** mit Teilnahme an einer Maori Cultural Performance (S. 141)
- **Stadtbummel** entlang der **Queen St.** vom Alten Friedhof bis zum Ferry Building (S. 143)
- **Panoramablick** auf die Stadt vom **Mt. Eden** (S. 157) und vom **Sky Tower** (S. 146)
- Besuch des basarähnlichen Treibens auf dem **Victoria Park Market** (S. 149)
- **Rundfahrt** im Stadtviertel **Ponsonby** mit Abstecher zum **Jachthafen Westhaven** (S. 149)
- Rundgang und Abendessen im **Parnell Village** (S. 152)
- **Fährfahrt** nach **Devonport** und **Spaziergang** durch den hübschen Ort mit Blick auf die Skyline von Auckland (S. 155)

Aktivitäten
- Den Freizeitwert Aucklands genießen: Mit dem **Fahrrad** zu den **Stränden** am **Tamaki Drive**, **Wandern** in den Wäldern der **Waitakere Ranges**, Teilnahme an einem **Segeltörn** durch den **Waitemata Harbour**.
- Besuch der **Inselwelt** im **Golf von Hauraki**, insbesondere des vulkanischen **Inselbergs Rangitoto** (S. 177).

Geschichte

Aufgrund der Lage am Isthmus zwischen dem Pazifik und der Tasman Sea, der zwei große geschützte Naturhäfen voneinander trennt, und günstiger klimatischer Bedingungen wurde das Gebiet des heutigen Auckland schon frühzeitig von Polynesiern besiedelt. Warme Sommer mit durchschnittlich 23 °C, milde Winter mit durchschnittlich 15 °C, 2.100 Stunden Sonnenschein im Jahr und ausreichende Niederschläge schufen in Verbindung mit fruchtbaren vulkanischen Böden beste Voraussetzungen für den Ackerbau, die Lebensgrundlage der frühen Siedler. Die Topographie mit rund 60 Vulkankegeln bot außerdem ideale Bedingungen für die Siedlungsweise der Maori, die sowohl für ihre Dörfer (Kainga) als auch für die befestigten Pa hervorragende Plätze finden konnten. Zudem nutzten die Maori die Wasserläufe als regelrechte „Kanustraßen".

Da, wo sich heute die größte Stadt des Landes erstreckt, lebten zur Zeit der Ankunft der Pakeha immerhin 20.000 Ureinwohner – etwa ein Sechstel der gesamten Maori-Bevölkerung. Schon sehr bald wurde der solchermaßen bevorzugte Ort zum Zankapfel einzelner Maori-Stämme. Nicht zufällig bedeutet der alte Maori-Name *tamaki* für dieses Gebiet „Schlacht". Die Kriege unter den Stämmen und Naturkatastrophen wie der letzte Vulkanausbruch des Rangitoto verwüsteten das ehemals blühende Maori-Zentrum und dezimierten die Urbevölkerung. Der Stamm der Ngati-Whatua, schon mit europäischen Feuerwaffen ausgerüstet, setzte mit seinem Vernichtungsfeldzug gegen die ansässigen Ngapuhu in der Schlacht von **1827** den letzten blutigen Akzent in den Stammesfehden. Zu jenem Zeitpunkt allerdings hatte bereits seit einigen Jahren der weiße Mann seinen Fuß auf die Landenge gesetzt und machte in den folgenden Jahrzehnten – die strategisch günstige Lage genauso erkennend wie vor ihm die Maori – den Ort zum größten der jungen Kolonie.

Land für eine Tüte Zucker

Schon im **November 1820** hatte der Missionar Samuel Marsden die Landenge überquert. 20 Jahre später wollten die Weißen offensichtlich dauerhaftere Verhältnisse und kauften dem Stamm der Ngati-Whatua für einige Textilien, Beile, Haushaltsgeräte, 56 Pfund Sterling und einer Tüte Zucker jene 1.200 ha Land ab, das heute das innerstädtische Zentrum bildet: ein Dreieck, das sich zwischen dem Mt. Eden, Parnell und der Freemans Bay (westl. des Ferry Building) erstreckt. Jener Kapitän William Hobson, der in Waitangi den Landesvertrag mit den Maori-Häuptlingen unterschrieben hatte und erster Gouverneur der neuen Kolonie wurde, hatte den Platz als Standort für die neue Hauptstadt ausgewählt und nach dem damaligen Ersten Lord der britischen Admiralität Auckland genannt. Auf einer Verkehrsinsel in der Nähe der King's Wharf erinnert eine Plakette an den **18. September 1840**, als Kapitän William Hobson unter Salutschüssen zweier Kriegsschiffe offiziell die neue Siedlung gründete. Ein Jahr später wurde diese dann als Nachfolgerin von Russell die Hauptstadt der Kolonie Neuseeland.

Offizielle Gründung

Die ersten Jahre des kleinen Orts waren nicht gerade friedlich. Obwohl zahlreiche Maori Stammesfehden und eingeschleppten Krankheiten zum Opfer gefallen waren, lebten immer noch einige Tausend von ihnen in unmittelbarer Nähe zu den weißen Siedlern. Und es herrschte Krieg! Die sogenannten Landkriege, die vom Norden zum Waikato-Gebiet getragen wurden, endeten erst **Ende der 1860er-Jahre**. Bis dahin waren Scharmützel an der Tagesordnung, die die Pakehas von den Albert Barracks, ihrem Truppenhauptquartier, aus führten, die ungefähr an der Stelle der heutigen Universität lagen. Reste der alten Steinwälle und Kasernenmauern sind dort im Albert Park noch zu sehen. Im Verlauf der Landkriege wurden die Maoris aus der Umgebung von Auckland fast vollständig vertrieben. In der Stadt waren inzwischen die ersten Steingebäude und Holzhäuser im kolonialen Baustil errichtet worden, auch hatte sich mit Parnell bereits der erste Vorort etabliert. Umkränzt wurde Auckland mit vier Wehrdörfern (*fencible settlements*), die Hobsons Nachfolger Grey zum Schutz gegen die Maori anlegen ließ. Diese Wehrdörfer bilden heute die inzwischen ins Stadtgebiet integrierten Vororte Howick, Panmure und Otahuhu.

1854 versammelten sich in einem schnell hochgezogenen und inzwischen abgerissenen Parlamentsgebäude an der Parliament St. die ersten Abgeordneten des Landes. Zwei Jahre später traf ein Schock die aufstrebende Stadt: Obwohl man soeben ein hochherrschaftliches Government House fertiggestellt hatte und auf eine ganze Reihe ansehnlicher und repräsentativer Bauten zurückblicken konnte, beschloss die Regierung **1856**, den Sitz der Hauptstadt 660 km

Die Gründung Aucklands erfolgte gegen den Widerstand der Maoris

Freizeitvergnügen und Business liegen in Auckland nah beieinander

Goldfunde und Holzhandel

weiter südlich nach Wellington zu verlegen. Die damit verbundene Zäsur in der Stadtentwicklung blieb jedoch nur von kurzer Dauer, denn die Goldfunde auf der Coromandel-Halbinsel, die bis nach der Jahrhundertwende von wirtschaftlicher Bedeutung waren, und der schwunghafte Handel mit dem Kauriholz der Nordinsel sorgten dafür, dass auch weiterhin Auckland die wahre Metropole und deren Hauptstraße Queen St. die Prachtavenue des Landes blieben.

Um 1900 war die Bevölkerung auf 100.000 angestiegen, und die (meist aus Kauriholz gebauten) Holzhäuschen mit umgebenden Gärten bedeckten eine ständig größer werdende Fläche. Der ungebremste Zuzug von Immigranten erreichte das Land zuerst in der Hafenstadt Auckland, nicht wenige von ihnen blieben hier und trugen zum Anwachsen der Population bei. Seit **1959** sorgt die große Harbour Bridge für die Anbindung der nördlichen Vororte an das Zentrum, was nicht gerade zu einem Eindämmen

der städtischen Expansion führte. Heute besteht Auckland aus unzähligen Vororten, von denen sich einige zu lokalen Zentren entwickelt haben. Insbesondere die Wellingtonians sprechen mit abfälligem Unterton von ihrer Konkurrentin als einer „Ansammlung von Dörfern". Was sich auf über 1.000 km² zwischen Pazifik und Tasman Sea und zwischen dem nördlichen Whangaparaoa und dem südlichen Papakura erstreckt, ist nichts anderes als ein Meer von Einfamilienhäusern in einer ungeplanten, zersiedelten Stadtlandschaft, in der eine Orientierung schwer fällt. Wohl nichts war passender, als ausgerechnet das kalifornische Los Angeles zur Partnerstadt Aucklands zu küren.

Trotzdem: Es gibt ein Zentrum, das wie eine veritable Großstadt aussieht und in dem sich die wichtigsten architektonischen Sehenswürdigkeiten konzentrieren. Die von der Karangahape Rd. zum Hafen abfallende Queen St. bleibt die Königin aller neuseeländischen Straßen. Vergleichbar ist sie mit der Market St. von San Francisco: Wie diese hat sie nicht nur das alte Ferry Building zum weithin sichtbaren Endpunkt und von da aus einen herrlichen Blick auf Hafen, Inseln und eine große Brücke, sondern hat auch die älteren Stadtteile wie Parnell in unmittelbarer Nachbarschaft, teilt das Straßensystem in zwei Teile (z. B.: West Victoria St./East Victoria St. = westl. bzw. östl. der Queen St.), beherbergt das Finanzzentrum des Landes und ist durch die postmodernen Hochhäuser und den in den Himmel ragenden Skytower „manhattanisiert" worden. Der Sog, der von dieser Metropole auf die Neuseeländer ausgeht, ist nicht nur ungebrochen, sondern hat sich seit **Beginn der 2010er-Jahre** nochmals verstärkt, sodass Auckland in absoluten und relativen Zahlen als der „am schnellsten wachsende Platz in Neuseeland" gelten kann. Mit dem ungebremsten Zuzug schnellten auch die Immobilienpreise in schwindelerregende Höhen.

Berühmte Queen Street

Im Großraum Auckland leben heute rund 1,3 Mio. Menschen, also fast jeder dritte Kiwi. Zudem konzentrieren sich hier ein Drittel aller Industrieanlagen und sonstiger Produktionsstätten des Landes. Dementsprechend hat die Stadt auch den größten Flughafen, die größte Universität, das größte Museum, die meisten Theater, Kinos, Hotels und Restaurants von Neuseeland. Wer aus dem Flugzeug das Stadtbild betrachtet, sieht neben dem Häusermeer der Vororte und dem markanten Zentrum einen Flickenteppich von grünen Oasen: Großzügige Parkanlagen lockern die Stadt sympathisch auf und tragen ihren Teil zum einmaligen Freizeitwert Aucklands bei.

„Heimliche" Hauptstadt Neuseelands

Unterwegs in Auckland

Hinweis
Stadtplan in der hinteren Umschlagklappe

Spaziergänge in der Innenstadt

Auckland Museum/Te Papa Whakahiku

Im Auckland Museum, dem größten Museum des Landes

Ein günstiger Startpunkt für eine Stadterkundung und zugleich eine gute Einstimmung auf eine Neuseelandreise ist der Besuch des **Auckland Museum** (1). Das größte Museum des Landes erteilt einen umfassenden Einblick in Geschichte, Völkerkunde und Naturgeschichte Neuseelands und wird jährlich von über 1 Mio. Menschen besucht. Der 1929 errichtete und 1960 erweiterte neoklassizistische Komplex ragt dominierend inmitten der Rasen- und Parkanlagen der Auckland Domain auf. Der weite Blick schweift von hier über den Waitemata Harbour und Teile der Innenstadt. Als Museum wurde die Institution bereits 1852 gegründet. Den lange Zeit gültigen Namen *War Memorial Museum* erhielt das Gebäude, weil es als Gedenkstätte für fast 85.000 neuseeländische Männer und Frauen dient, die im Ersten und Zweiten Weltkrieg ums Leben kamen.

Neues Atrium — Eine riesige kupferne Kuppel überspannt das 2007 fertiggestellte neue Atrium. Weitere neue Baukörper, teils mit Kauri-Fichte ausgeführt und vom Auckländer Architekten Noel Lane entworfen, verschafften dem Museum mehr Ausstellungsflächen und im Innern ein modernes Gepräge. Das dreistöckige Gebäude wird im **Erdgeschoss** von der großen **Maori-Halle** dominiert, flankiert von Ausstellungen zum pazifischen Raum, zur asiatischen Kunst zu pazifischen Kanus. In weiteren Räumen sind Sonderausstellungen zu sehen. Das **Café** und der **Museumsshop** sind im Atrium untergebracht. Im **1. Stock** befinden sich Ausstellungen zur Naturgeschichte: Geologie, neuseeländische Wale und Fische, Insekten, neuseeländische Vögel, Aucklands Landschaften, neuseeländische Naturgeschichte, Aktivitätszentrum für Kinder. Und im **2. Stockwerk** beherrschen die beiden großen Hallen zur Erinnerung an die Weltkriege (*halls of memories*) mit den Namen von etwa 12.000 Gefallenen. Daneben ist eine Straßenszene des 19. Jh. nachgestellt, zwei Säle dokumentieren den Verlauf der beiden Weltkriege.

Sehenswert sind in diesem Haus insbesondere die **Maori-Ausstellung** mit Häusern, Vorratshäusern und das große Kriegskanu *Te Toki a Tapiri* aus dem Jahr 1836. Keinesfalls sollte man sich eine der vier täglichen **Tanzvorstellungen** entgehen lassen, die hier ursprünglicher sind als im manchmal allzu touristischen Rotorua. Auch für die hervorragende **Präsentation der pazifischen Seefahrt** sollte man sich Zeit nehmen. An einer großen Wandkarte sind neben Modellen verschiedener Schiffe die Weltreisen von Kapitän James Cook nachzuvollziehen. Prunkstück im Raum der neuseeländischen Vogelwelt ist ein rekonstruierter Riesen-Moa.
Auckland Museum, © 09-3090443 u. 3067067, www.aucklandmuseum.com, tägl. 10–17 Uhr, Eintritt frei, eine Spende von ca. NZ-$ 10 wird erwartet. **Maori Cultural Performance,** tägl. 11, 12, 13.30 und 14.30 Uhr, Reservierungen unter © 09-3067048, NZ-$ 25, Kinder 5–15 Jahre NZ-$ 12,50. **Maori Gallery Tours,** tägl. 11.30, 14 Uhr, NZ-$ 10, Kinder 5–15 Jahre NZ-$ 5. Anfahrt: Das Museum ist von Downtown aus mit mehreren Buslinien zu erreichen; Autofahrer kommen am günstigsten über Broadway und Parnell Rd. hierhin (gute Parkmöglichkeiten, weitere Besichtigungsziele ab hier zu Fuß möglich).

Empfehlenswerte Ausstellung

Unweit des Museums liegen in der Auckland Domain **The Wintergardens (2)** von 1913, die zum Botanischen Garten gehören. Die friedliche Stimmung inmitten exotischer Vegetation und die zwei kleinen historischen Glashäuser sind auf alle Fälle einen Besuch wert. Häufig sieht man hier auch Hochzeitsgesellschaften, die die hübsche Kulisse für das Erinnerungsfoto nutzen.

Exotische Vegetation

Queen Street

Zahlreiche stattliche Bauwerke verleihen der Prachtstraße des Landes Eleganz und Würde, wenn auch die Faszination vergangener Jahrzehnte langsam verblasst. Es lohnt sich sehr, den Boulevard zwischen der Karangahape Rd. im Süden und dem Ferry Building im Norden entlangzuschlendern. Neben Restaurants, Bürohochhäusern, öffentlichen Gebäuden, Einkaufspassagen und Banken sind noch Baudenkmäler zu sehen, die die Bauwut der letzten Jahre verschont hat. Dadurch entsteht immer wieder jener reizvolle Kontrast von Alt und Neu, der für alle Großstädte des Landes charakteristisch, auf der Queen St. aber wohl am eindrucksvollsten ist.

Karangahape Road und Old Cemetery

Ursprünglich nach einem alten Maori-Pfad *Te-Ara-o-Karangahape* (der Pfad des Karangahape) benannt, hat sich heute bei Einheimischen die Kurzform **K'Rd.** eingebürgert. Sie ist ein Muss für Auckland-Besucher mit einem Faible für polynesische Atmosphäre. Hier sieht man Menschen aus Samoa, Tonga, Niue, Tahiti und von den Cook Islands. Vor allem am Freitagabend, wenn die Läden bis 22 Uhr geöffnet sind, fühlt man sich

Südseeatmosphäre

beim Bummel entlang der K'Rd. mit bunten Geschäften, exotischem Lebensmittelangebot und polynesischem Sprachengewirr fast in die Südsee versetzt (Infos unter www.kroad.com).

Im Schnittwinkel von Queen St., Grafton Bridge und K'Rd. liegt der vielleicht idyllischste und zugleich merkwürdigste Platz der Innenstadt. Auf dem **Old Cemetery (3)** kann man in einer etwas verwilderten und heruntergekommenen, nur von wenigen Touristen besuchten mystischen Landschaft mit alten Grabmonumenten, schiefen Kreuzen und verwitterten Gedenksprüchen spazieren. Vielleicht entdeckt man das **Grab von William Hobson**, der als erster Gouverneur des Landes auch für die Gründung der Stadt Auckland verantwortlich war. Oder man findet das **Monument** für den **Baron de Thierry**, der Neuseeland als französisches Gebiet annektieren wollte. Friedhof und Judenfriedhof bildeten lange Zeit die südliche Peripherie von Auckland, das jenseits gelegene Tal wurde 1884 zum ersten Mal überbrückt. Die heutige **Grafton Bridge** von 1910 war seinerzeit die längste Einzelspannbrücke aus Stahlbeton in der Welt.

Obere Queen Street

Auf dem Weg die Queen St. hinab erblickt man kurz hinter der K'Rd. eines der vielen Sakralbauwerke, die für die unterschiedlichen Kirchen und Sekten gebaut wurden. Die neoklassizistische **Baptistenkirche (4)** (*Baptist Tabernacle*) stammt aus dem Jahr 1886. Auf der gleichen Seite hat man einen schönen Blick auf den **Myer's Park**, eine grüne Oase inmitten postmoderner Architektur. Geradezu spannend ist der Kontrast zwischen dem alten Myer's Kindergarten und einem modernen Verwaltungszentrum. Auf der anderen Straßenseite sollte ein Komplex alter Gebäude modernen Hochhäusern weichen. Man entschied sich aber, diese typischen, niedrigen Backsteinhäuser zu erhalten und sie der chinesischen Kommune für deren *Chinatown* zur Verfügung zu stellen. Heute befinden sich dort jedoch hauptsächlich fernöstliche, libanesische und andere exotische Restaurants der unteren Preisklasse, einige Kneipen und Backpacker-Treffs.

Architektonischer Kontrast

Aotea Square

Früher der städtische Marktplatz, wird der heute betonierte **Aotea Square (5)** von dem 1989 fertiggestellten **Aotea Centre** dominiert, das als Kongress- und Kulturzentrum fungiert, aber auch einige kommunale Institutionen beherbergt. Es bildet einen starken Kontrast zum altehrwürdigen **Rathaus** (*Town Hall*). Dieses im für die damalige Zeit typischen neoklassizistischen Stil errichtete Bauwerk wurde 1911 über einem dreieckigen Grundstück errichtet. Die zur Queen St. liegende Spitze des Dreiecks schließt ein kuppelbekrönter Turmhelm ab, der seinerzeit wohl imposanter gewirkt haben muss als vor der Hochhauskulisse unserer Tage. Im Inneren des Rathauses befinden sich Repräsentationsräume und der *Supper Room*, ein Bankettsaal für festliche Anlässe. Im Foyer ist ein riesiger Kauri-Holzblock zu sehen. Am Nordrand des Aotea Square steht das große Entertainmentcenter **The Edge** mit den wichtigsten Bühnen der Stadt und einem **IMAX-Kino**.

Mittlere Queen Street, Albert Park und Auckland Art Gallery/Toi o Tamaki

Der Abschnitt der Queen St. nördlich des Aotea Square wird dominiert von Geschäften und vor allem Kinos, unter denen das **Civic Theatre** besonders imposant ist. Die Baustile reichen von historisierenden Elementen (Neogotik, Neorenaissance,

Neoklassizismus) bis hin zu klassisch-schönen Fassaden des Art déco, Jugendstil und des Funktionalismus.

In den beliebten **Albert Park** wenige Schritte abseits der Queen St. strömen mittags viele mit Lunchtüten bepackte Neuseeländer, die in den umliegenden Bürohäusern arbeiten. In der Gründerzeit befand sich hier das Truppenhauptquartier der britischen Soldaten, die in den sogenannten Landkriegen gegen die um Auckland ansässigen Maori-Stämme zu Felde zogen. Überreste der Gebäude sind hinter der Universitätsbibliothek im östlichen Teil des Geländes noch zu sehen.

Überragt wird der Albert Park vom **Glockenturm der Universität (6)**, den man 1926 im Zuckerbäckerstil errichtete. Heute noch wird das Bauwerk von vielen Einheimischen liebevoll *wedding cake* genannt. Aus dem Jahr 1868 stammt der benachbarte neugotische **Supreme Court** (*High Court*), ein mit Wasserspeiern und anderen Zierelementen versehenes Gerichtsgebäude, das immer noch seinem ursprünglichen Zweck dient. Ganz in der Nähe liegt das 1856 errichtete **Old Government House**, das als hauptstädtische Residenz des Gouverneurs gedacht war, aber aufgrund der Verlegung der Hauptstadt nach Wellington nur als sein Aufenthaltsort bei Besuchen in Auckland diente. Auch der Gebäudekomplex der **Auckland University (7)** mit der aus dem Jahr 1849 stammenden **St. Andrews Church** spiegeln die Ästhetik einer Zeit wider, welche die glatten Linien der klassizistischen Architektur sowie die Verspieltheit barocker Elemente schätzte.

Historische Gebäude

Geht man vom Albert Park über die Wellesley St. Richtung Queen St., passiert man die glänzend-weiße **Auckland Art Gallery (8)**, die 1888 als erste Kunstgalerie des Landes im Stil der Neorenaissance errichtet wurde. Das größte Kunstmuseum der Stadt präsentiert auf drei Ebenen eine ebenso exquisite wie kontrastreiche Sammlung neuseeländischer und europäischer Kunst. Die Grey Gallery im Erdgeschoss zeigt einen Querschnitt der „weißen" neuseeländischen Malerei, darunter zahlreiche Werke von Colin McCahon (1919–87), der als einer der bedeutendsten Künstler der Mo-

Neuseeländische Kunst

i Freundliche Wegweiser

Wer sich im Zentrum der Metropole verlaufen hat, Informationen oder sonstige Hilfe braucht, sollte nach den **Auckland City Ambassadors** Ausschau halten, die man an ihren rot-gelben Jackets und breitkrempigen Pfadfinderhüten erkennt. Ihre Aufgabe ist es, Fremden in allen erdenklichen Notlagen Hilfe zu leisten. Im Einsatz sind sie täglich von etwa 9–20 Uhr an allen touristisch relevanten Plätzen.

derne gilt. Bemerkenswert sind zudem die Maori-Porträts des Aucklander Künstlers Charles Frederick Goldie (1870–1947). Publikumsmagneten sind aber auch die bedeutenden Wechselausstellungen sowie die hier regelmäßig stattfindenden Darbietungen audiovisueller Kunst und Performances.

Auckland Art Gallery, *Lorne St., Ecke Wellesley St., ℂ 09-3791349, www.aucklandartgallery.com, tägl. 10–17 Uhr, Eintritt frei, Sonderausstellungen und -veranstaltungen gebührenpflichtig, kostenlose Führung tägl. 14 Uhr.*

Zwei Kirchen und der Sky Tower

Westlich der Queen St. ragt an der Wellesly St. West, Ecke Hobson St. die anglikanischen Kirche **St. Matthew-in-the-City (9)** auf, die 1902 nach dem Vorbild der Kathedrale von Truro erbaut wurde.

Erdbebensicheres Wahrzeichen

Heute wirkt das Gotteshaus fast ein wenig verloren vor der imposanten Kulisse des 1993–99 errichteten **Sky Tower (10)**. Das moderne Wahrzeichen Aucklands ist mit 328 m Höhe das höchste Bauwerk der südlichen Hemisphäre. Der schlanke Turm, in den 15.000 m² Beton verbaut wurden, gilt als sicherstes Gebäude des Landes, das auch starken Erdbeben und Wirbelstürmen standhält. Die Schwingung der Spitze soll bei einem 200-km/h-Sturm nur 1 m betragen. Von den vier Aussichtsdecks genießt man einen atemberaubenden Blick auf Auckland, den Hafen und die vorgelagerte Inselwelt – besonders beeindruckend am frühen Abend, wenn man den Sonnenuntergang und das langsamen Anwachsen des städtischen Lichtermeers beobachten kann. Als „Fundament" des Sky Tower dient der riesige Gebäudekomplex **Sky City** mit Geschäften, Restaurants, Vier-Sterne-Hotel, Kongresszentrum, Theater, dem Busbahnhof Sky City Coach Terminal für Überlandbusse sowie dem rund um die Uhr geöffneten Sky City Casino, das mit über 100 Spieltischen und 1.000 Spielautomaten das größte des Landes ist. Im Foyer der Sky City befindet sich auch das großzügig gestaltete **Touristeninformationszentrum** der Stadt (*Auckland i-SITE Visitor Centre*). Von der Sky City starten die drei gläsernen Aufzüge, die alle 15 Min. 225 Personen nach oben befördern können – allein diese 40-Sekunden-Fahrt ist schon ein Erlebnis!

Panoramafenster

Die erste Station ist die **Sky Lounge** (182 m), ein edles Café, gefolgt vom **Main Observation Level** (186 m). Hier kann man an den großen Panoramafenstern entlangwandern und ebenso den Blick nach unten durch den verglasten Fußboden genießen.

 Auckland für Schwindelfreie

Eine gigantische Aussicht über ganz Auckland verspricht der **Sky Walk**, eine 45-minütige Kletterpartie am Sicherungsseil 192 m über dem Erdboden. Infos und Buchung: ℂ 0800-SKYWALK u. 09-3681835, www.skywalk.co.nz, tägl. 10–18 Uhr, Ticket: NZ-$ 145, Kinder 10–15 Jahre NZ-$ 115.

Adrenalin fließt, wenn Mutige ohne Höhenangst beim **Sky Jump**, dem derzeit weltweit höchsten Sprung von einem Gebäude, mit über 80 km/h in die schwindelerregende Tiefe rasen. Anders als beim Bungee-Jumping fällt der Sky Jumper zwischen zwei Stahlseilen in 20 Sekunden im freien Fall der Stadt entgegen. Infos und Buchung: ℂ 0800-SKYJUMP u. 09-3681835, www.skyjump.co.nz, tägl. 10–18 Uhr, Ticket: NZ-$ 225, Kinder 10–15 Jahre NZ-$ 175.

Darüber befindet sich das *Drehrestaurant Orbit* (190 m). Es folgt *Observatory*, das höchstgelegene Restaurant des Landes (194 m). Ein überwältigender Panoramablick bietet sich vom höchsten erreichbaren Punkt des Turms, dem 220 m hoch gelegenen **Sky Deck**.
Sky Tower, *Victoria St., Ecke Federal St.*, © *0800-7592489 u. 09-3636000, www.skycityauckland.co.nz. So–Do 8.30–22.30, Fr/Sa 8.30–23.30 Uhr, NZ-$ 28, Kinder 6–14 Jahre NZ-$ 11.*

Sky Tower und St. Patrick's – zwei Architekturikonen der Stadt

Das Areal zwei Blocks nördlich der Sky City wird von der mächtigen, 1848 erbauten katholischen Kirche **St. Patrick's Cathedral (11)** überragt, die mit ihren kunstvoll verzierten Spitzbogen- und großen Rosettenfenstern ein schönes Beispiel neuseeländischer Neogotik bildet. Die Kathedrale zählt zu den ältesten Gotteshäusern des Landes und besitzt viele Einrichtungsgegenstände von historischer Bedeutung. Der Tabernakel ist ein Geschenk der Maori von Hokianga, wo Bischof Pompallier 1838 den ersten katholischen Gottesdienst des Landes abhielt.

Untere Queen Street

Der untere Teil der Prachtstraße wird von modernen Glaspalästen dominiert. Fast alle diese Hochhäuser – die meisten gehören großen Banken – sind keine Konfektionsware, sondern zeigen interessante und überraschende architektonische Formen. Hier befinden sich auch die größten Einkaufspassagen der Stadt, die manchmal ein wenig verwirrend über mehrere Stockwerke und durch verschiedene Gebäude führen. Die moderne, wenn auch kleine, **Neuseeländische Börse (12)** (*Stock Exchange*) ist Besuchern zugänglich, die durch Glasscheiben das Treiben der Broker beobachten können.

Westlich der unteren Queen St. erstrahlt an der Customs St. das historische Gebäude des **Customs House (13)** im voluminösen Gründerzeitglanz. 1888 wurde es für die Offiziere der Krone im französischen Empirestil vollendet, später diente es als Zollgebäude, nun ist es Einkaufs- und Kulturzentrum. Neben und vor den neuen Hochhäusern besticht das Customs House heute mehr denn je durch seine spielerische Eleganz. *Einkaufszentrum*

An ihrem unteren Ende läuft die Queen St. auf den **Queen Elizabeth Square (14)** zu. Springbrunnen, Bänke, Imbissbuden und eine Statue für einen Maori-Häuptling drängen sich auf diesem Platz, der von Hochhäusern der Air New Zealand und anderer Fluggesellschaften gesäumt wird. Einen architektonischen Akzent setzt die mächtige neoklassizistische Fassade des ab 1909 gebauten, ehemaligen **Hauptpostamts** (*General Post Office*). Darunter befindet sich das vom kalifornischen Architekten Mario

Madayag entworfene futuristisch wirkende **Britomart Transport Centre (15)**, ein fünfgleisiger unterirdischer Kopfbahnhof.

Entlang der Quay St.

Ferry Building

Dieses markante Gebäude ließ der Architekt Alex Wiseman im Stil des englischen Barock anlegen. Das **Ferry Building (16)** markiert das Ende der „Goldenen Meile" der Queen St. – und mit seiner herrlichen Aussicht auf die **Harbour Bridge**, auf den **Jachthafen**, auf **Rangitoto Island** und die nördliche Vorstadt **Devonport**, mit exquisiten Fischrestaurants und regem Schiffsverkehr (Fähren und Hafenkreuzfahrten), ist es das denkbar schönste Ende des Prachtboulevards. Darüber hinaus ist das Ferry Building von touristischer Bedeutung, denn es beherbergt das zentrale Büro der Fährgesellschaft Fullers. Am **ehemaligen Hauptbahnhof (17)**, etwa 1 km östlich des Ferry Building, erreichten früher viele Reisende Auckland. Heute wird das imposante Gebäude an der Beach Rd. nur noch für gelegentliche Sonderfahrten genutzt.

Fischrestaurants

Voyager New Zealand Maritime Museum

Geht man vom Ferry Building entlang der Quay St. nach Westen, passiert man die Princes Wharf, an der manchmal Kreuzfahrtschiffe anlegen und die ansonsten von einem First-Class-Hotel und jeder Menge Kneipen, Restaurants und Cafés besetzt ist. Zudem befindet sich hier in einer **Filiale** des **Auckland i-SITE Visitor Centre** das Hauptbüro des *Department of Conservation*, in dem man Informationen zu allen neuseeländischen Nationalparks, Literatur und Kartenmaterial bekommt.

Zwischen der Princes Wharf und der Hobson Wharf – ebenfalls ein quirliger, sympathischer Platz am Ufer mit Restaurants, Cafés, Shops und Flanierpromenade – liegt das **Voyager New Zealand Maritime Museum (18)**, das der Seefahrt sowie der Meeresforschung gewidmet ist. Das Besondere ist, dass man es mit einem „lebenden Museum" zu tun hat, in dem man den Schiffsbauern und Restauratoren über die Schulter blicken oder auf alten Schiffen in See stechen kann. Zum Bestand an sehenswerten Wasserfahrzeugen, die teils an der Wharf selbst, teils im benachbarten Viaduct Harbour festgemacht sind, gehören polynesische Kanus genauso wie Segelboote des 19. Jh, das erste Jetboat der Welt und die Replik eines Auswandererschiffs, ein kleiner Dampfer aus dem Jahr 1926 und das 25-Meter-Auslegerkanu *Tarataï*, mit dem der Abenteurer Jim Siers eine Pazifik-Durchquerung geschafft hat. Das angeschlossene **Rangitoto Sailing Centre** beherbergt eine ganze Flotte von Jachten. Markanter Blickfang vor der Wharf ist die legendäre KZ1, mit der Neuseeland am America's Cup von 1988 teilnahmen.
Voyager New Zealand Maritime Museum, *Eastern Viaduct, Quay St., Ecke Hobson St., © 09-3730800, www.maritimemuseum.co.nz, tägl. 9–17 Uhr, NZ-$ 17, Kinder 5–15 Jahre NZ-$ 8,50.*

Lebendes Museum

Das Hafenbecken unterhalb des Viaduct Harbour, westlich des Maritime Museum, wurde nach dem Pokalgewinn des America's Cup im Jahr 1995 komplett neugestaltet mit Cafés, Pubs, Restaurants, Shops sowie Büros von Spezialfirmen und Veranstaltern und in **America's Cup Village** umbenannt. Solcherart präsentierte man sich der segelbegeisterten Welt bei den spektakulären Wettkämpfen in den Jahren 2000 und 2003.

Attraktionen am Rand der City

Victoria Park Market und Westhaven Marina

Es ist ein gut 1 km langer und nicht besonders schöner Weg entlang der vielbefahrenen Fanshawe St. zum **Victoria Park Market (19)**, der als bunter Basar mit Marktbuden, Restaurants, Imbissständen und Entertainment auf dem Gelände einer ehemaligen Müllverbrennungsanlage eingerichtet wurde. Obwohl der improvisatorische, aber farbenprächtige Charakter der Anfangszeit inzwischen mehr und mehr fest etablierten, etwas steril wirkenden Läden gewichen ist, kann man doch noch manches Schnäppchen machen, billige Schuhe oder modische Accessoires erstehen sowie frisches Obst und Gemüse kaufen. Die historische Dimension des heutigen Basars ist beachtenswert: Schon 1908 wurde aus dem Verbrennen des Mülls elektrische Energie gewonnen. Die gelben Backsteinhäuser mit dem markanten Schornstein sind ansonsten aber architektonisch nicht sensationell. Der gegenüberliegende **Victoria Park** wurde 1905 offiziell eröffnet und beherbergte während des Zweiten Weltkriegs ein Transitcamp für amerikanische Soldaten. Park und Markt erreicht man von der Queen St. über die Victoria St. West in etwa 20 Min. zu Fuß oder mit dem Bus ab Customs St. West.
Victoria Park Market, © 09-3096911, www.victoria-park-market.co.nz, tägl. 9–18 Uhr.

Bunter Markt

Etwa 15 Min. zu Fuß sind es über die Beaumont St. vom Victoria Park Market zum Jachthafen **Westhaven Marina (20)** (Autofahrer nehmen am besten die Zufahrt jenseits des Motorway 1, nämlich die Curran St. am Point Erin Park vorbei). Dieser Anlage – immerhin die größte der südlichen Hemisphäre – sollte man unbedingt einen Besuch abstatten, wenn man das Schlagwort von der *City of Sails* mit Leben füllen will. Auf einer Mole kann man weit in die St. Mary's Bay hineinfahren oder -gehen, die rund 1.800 Jachten jeglicher Größe bewundern und herrliche Fotomotive finden. Besonders morgens, wenn die frühe Sonne die Auckland-Skyline anstrahlt, oder abends, wenn die nahe Harbour Bridge beleuchtet wird, kommen Fotografen auf ihre Kosten. Ein Besuch des Jachthafens lässt sich übrigens gut mit einer Erkundung des schönen Stadtteils Ponsonby (s. S. 154) verbinden.

Das Wahrzeichen von Auckland – die Harbour Bridge

>
> ### Tipp: Bridge Climb Tour
>
> Besonders Mutige können die **Harbour Bridge** auf dem Brückenbogen überqueren. Nach Alkohol- und Höhentest, Instruktionen und Anlegen eines speziellen Overalls startet man – eingeklinkt in ein mitlaufendes Stahlseil – zu der 1,5-stündigen Kletterpartie über den Brückenbogen. Auf dem höchsten Punkt bietet sich ein atemberaubendes Panorama. Jeder der Teilnehmer ist mit einem Headset ausgerüstet, um sich mit dem Guide verständigen und seinen Ausführungen folgen zu können. Auch wenn Ausrüstung und Vorkehrungen ein anstrengendes Klettererlebnis vermuten lassen, ist die *Bridge Climb Tour* eher ein Spaziergang in luftiger Höhe, den selbst Kinder (ab 7 Jahre) und Senioren bewältigen. Spektakulär wird es bei einem nächtlichen Aufstieg, wenn die City-Skyline im Lichterschein funkelt. Da die Touren auf Wochen ausgebucht sind, empfiehlt sich eine Reservierung vor Reiseantritt. Fotoapparate und andere persönliche Gegenstände dürfen aus Sicherheitsgründen nicht mitgenommen werden. Ein Kick für Adrenalinjunkies sind die Bungee Jumps aus 40 m Höhe von einer Plattform unterhalb der Fahrbahnen.
> **Infos und Buchung:** *Bridge Climb Tour, © 0800-2864958, www.auckland bridgeclimb.co.nz, tägl. 8–22 Uhr, NZ-$ 120, Studenten u. Kinder 7–15 Jahre NZ-$ 80. Bungee Jump, © 09-3612000, www.ajhackett.com, tägl. 9–18 Uhr, NZ-$ 120.*

Die Harbour Bridge

Unmittelbar am Rand des Jachthafens liegt die markante **Harbour Bridge (21)** die zu Auckland gehört wie die gleichnamige Brücke zu Sydney (wenn auch ihr 244 m langer Bogen nicht so kühn gespannt ist wie der ihrer australischen Konkurrentin). Seit Mai 1959 verbindet die Stahlkonstruktion mit einer Länge von 1.020 m und einer Fahrbahnhöhe über dem Wasserspiegel von 43 m das Zentrum mit den nördlichen Vororten und erspart damit die Fähre bzw. einen Umweg von vielen Kilometern um die Waitemata-Hafenbucht. Mit dem Bau der Harbour Bridge wurden Pläne in die Tat umgesetzt, die schon exakt 100 Jahre vorher geschmiedet worden waren.

Achtspurige Brücke
Als die Brücke bereits kurz nach Fertigstellung dem Verkehrsaufkommen nicht mehr gewachsen war, verbreiterte man sie 1969 von vier auf acht Fahrspuren, über die heute täglich bis zu 150.000 Fahrzeuge rollen. Die vier „angehängten" Bahnen werden nach der japanischen Baufirma *Nippon Clippons* genannt. Besonders imposant wirkt die Harbour Bridge, wenn man sie über die lange Rampe von Süden nach Norden befährt.

Auckland Zoo und MOTAT I & II

Im **Auckland Zoo (22)** im Stadtteil **Western Springs** südwestlich der Innenstadt leben Tiere aus aller Welt. Besucher aus Übersee interessieren sich weniger für Löwen, Flusspferde und Orang-Utans als viel mehr für Vertreter der neuseeländischen Fauna wie Kiwis, Keas und andere Vögel oder für die seltene Brückenechse Tuatara.

Auckland Zoo, Motions Rd., Western Springs, © 09-3603819, www.aucklandzoo.co.nz, Sept.–April tägl. 9.30–17.30 Uhr, Mai–Aug. tägl. 9.30–17 Uhr, NZ-$ 22, Kinder 4–14 Jahre NZ-$ 11. Anfahrt: Ab der Customs St. West mit den Buslinien 042, 043, 045 oder 048. Zwischen dem Zoo und den Museen MOTAT I & II (s. u.) verkehrt alle 10 Min. eine Oldtimertram.

Unweit des Auckland Zoo liegt das **Museum of Transport & Technology MOTAT I & II (23)**. Das nach dem Auckland Museum wichtigste Museum der Stadt ist in zwei Abteilungen unterteilt.

Im Auckland Zoo beäugen Pelzrobben Besucher aus aller Welt

MOTAT I präsentiert historische Gerätschaften und Maschinen wie Oldtimer, Flugapparate und Dampfmaschinen. Neuseelands Errungenschaften in Forschung und Wissenschaft dokumentiert eine Ausstellung in einem wissenschaftlich-technologischen Pavillon. Von Bedeutung ist insbesondere die Flugabteilung, nimmt Neuseeland doch den Rekord des ersten motorgetriebenen Flugs der Welt für sich in Anspruch. Der Nachbau jener Flugmaschine, mit der sich Richard Pearce noch vor den Brüdern Wright einige Momente in der Luft halten konnte, ist ein Prunkstück der Sammlung. Zu einem Bummel lädt das **Pioneer Village** ein, der Nachbau einer Häuserzeile aus den „Goldenen Zwanzigerjahren". Im weitläufigen Freigelände sind Nostalgiefahrten mit einer alten Trambahn und einem antiquierten Doppeldeckerbus möglich.

Flug-Pioniere

MOTAT II befindet sich auf dem nahe gelegenen **Sir Keith Park Memorial Airfield** und zeigt seltene und historische Flugzeuge, etwa eine V-1 und einen Lancaster-Bomber. Die beiden Abteilungen sowie der Zoo (s. o.) sind durch eine regelmäßig verkehrende elekrische Bahn verbunden.
MOTAT, 805 Great North Rd., Ecke Meola Rd., Western Springs, © 0800-668286 u. 09-8155800, www.motat.org.nz, tägl. 10–17 Uhr, NZ-$ 14, Studenten u. Kinder unter 16 Jahre NZ-$ 8. Anfahrt: wie Auckland Zoo (s. o.).

Alberton House

Mit dem **Alberton House (24)** liegt im Stadtteil **Mt. Albert** südwestlich der City zwar nicht das älteste, wohl aber das imposanteste der frühen Holzhäuser der Stadt. 1862 wurde es als Familiensitz des Geschäftsmanns und Großgrundbesitzers Allan Kerr-Taylor errichtet. Später machten zwei durchbrochene Ecktürme sowie rundum gezogene Veranden und Balkone aus dem eher einfachen Landhaus ein hochherrschaftliches Gebäude, ein hölzernes zweistöckiges Palais. Mit zeitgenössischem Mobi-

Palais aus Holz

liar und zahlreichen Memorabilien wird Besuchern ein guter Eindruck vom feudalen Lebensstil der Oberen Zehntausend im kolonialen Auckland vermittelt.
Alberton House, 100 Mt. Albert Rd. (Eingang auch von Kerr-Taylor Ave.), © 09-8467367, www.alberton.co.nz, Mi–So 10.30–16.30 Uhr, Spende erbeten.

Kelly Tarlton's Underwater World

Sehenswertes Aquarium

Ein Ausflug nach **Devonport** lässt sich gut mit einem Besuch von **Kelly Tarlton's Underwater World & Antarctic Encounter (25)** verbinden. Mit dieser 1985 eröffneten Unterwasserinstitution hat sich der berühmte neuseeländische Forscher und Taucher Kelly Tarlton (1937–85) wenige Wochen vor seinem Tod sein eigenes Denkmal gesetzt. Durch einen 120 m langen **Plexiglastunnel** gelangen Besucher in das Reich des Pazifiks, während sie Haie, Rochen und unzählige andere farbenfrohe Fische umschwimmen – ein einzigartiges „Taucherlebnis" ohne Schnorchel oder Sauerstoffflasche. Innerhalb der Röhre bewegt man sich auf einem Laufband, das man zu jeder Zeit verlassen kann, um sich interessanten Szenen mit größerer Ruhe zu widmen. Publikumsmagnet sind die Haie, von denen fünf Arten zu sehen sind: bis zu 2,5 m lange Hundshaie, Bronzehaie mit bis 3,5 m Länge, siebenbogige Kammzähner und bis zu 4 m große Ammenhaie. Besonders viele Beobachter ziehen die Wobbegong- oder Teppichhaie mit ihren Fransenbärten an, die als Meister der Tarnung auf Tischkorallen oder in Felsennischen lauern, bis ihnen eine Mahlzeit direkt vor das zottelige Maul schwimmt.

Zu einer virtuellen Reise auf den Kontinent des ewigen Eises lädt **Antarctic Encounter** ein. Dabei kann man die rekonstruierte Hütte des tragisch gescheiterten Südpolforschers Robert Falcon Scott besuchen, auf einer Fahrt mit einem Schneemobil teilnehmen und ausgestopfte antarktische Tiere betrachten.
Kelly Tarlton's Underwater World & Antarctic Encounter, 23 Tamaki Dr., Orakei Wharf, © 0800-805050 u. 09-5315065, www.kellytarltons.co.nz, tägl. 9.30–17.30 Uhr, NZ-$ 34, Kinder 3–15 Jahre NZ-$ 17. Für die Besichtigung sollte man etwa 1,5 Std. einkalkulieren. Es sind deutschsprachige Broschüren erhältlich.

Sehenswertes in Parnell

Teures Pflaster

Das auch **Parnell Village** genannte Viertel östlich der Innenstadt erreicht man zu Fuß jeweils in einer guten Viertelstunde vom Auckland Museum über die Auckland Domain oder vom Bahnhof über die Straßen Beach Rd. und Parnell Rise. Man kann auch den Bus nehmen. Der erste „Vorort" Aucklands wird heute zum Zentrum gerechnet, aber immer noch grenzt sich das Village durch seine heitere und altertümliche Architektur von den Zweckbauten der City ab. Entlang der Hauptstraße Parnell Rd., die sich als Längsachse durch den gesamten Stadtteil zieht, sieht man sorgfältig restaurierte Holzhäuser im viktorianischen Stil, Boutiquen, Restaurants und Cafés, verwinkelte Passagen mit Kopfsteinpflaster und Gaslaternen, Hinterhöfe, Holzbrücken, die Farbenpracht vieler Rosengärten – das alles hat Parnell zum Lieblingskind der Reichen und der Schickeria gemacht. Kein Wunder, dass Parnell heute zu den teuersten Adressen der Stadt zählt. Ein Besuch lohnt sich vor allem für historisch Interessierte, denn hier konnten einige der ältesten und schönsten Aucklander Baudenkmäler erhalten werden.

Die **Cathedral Church of St. Mary (26)** an der Parnell Rd., Ecke St. Stephens Ave. ist eine der größten Holzkirchen der Welt und wurde 1886 als Gemeindekirche und Konkathedrale der Diözese Auckland nach Plänen von B. W. Mountfort gebaut. Das gesamte Gebäude der neugotischen Domkirche, die mehr als 1.000 Menschen Platz bietet, wurde 1982 über die Straße zu ihrem neuen Standort transportiert – eine technische Meisterleistung. Eine kleine Fotoausstellung im Eingangsbereich der Marienkirche dokumentiert das damalige Geschehen. Gleich nebenan war bereits 1973 die erste Hälfte der *Holy Trinity Cathedral* vollendet worden, die von Anfang an als Aucklander Kathedrale geplant war. Endgültig fertiggestellt wurde sie 1995. Die zusammengewachsenen Gotteshäuser bilden also eine Doppelkirche, wobei interessant ist, wie versucht wurde, aus dem alten Holz- und dem neuen Ziegelsteingebäude einen einheitlichen Komplex zu bilden.

Kirchen-Umzug

Gegenüber liegen zwei weitere wichtige Baudenkmäler Aucklands. **Neligan House** und **Selwyn Court (27)**. Das **Neligan House** (oder *Bishopscourt*) wurde 1901–10 für den anglikanischen Bischof von Auckland errichtet. Der daneben befindliche **Selwyn Court** aus dem Jahr 1863 diente als bischöfliche Bibliothek von George Augustus Selwyn, damals einer der bedeutendsten kirchlichen Würdenträger des Landes (s. S. 154).

An der östlichen Peripherie des Stadtteils, nahe dem Tamaki Drive und den Parnell Baths, präsentiert sich die kleine **St. Stephen's Chapel (28)** (Judge St.) als ein malerisches Kleinod. Der Besuch des 1865 aus Kauri-Holz errichteten Kirchleins lohnt sich auch wegen des angeschlossenen **Friedhofs** mit Grabsteinen aus der Pionierzeit. Ganz in der Nähe (jenseits der Judges Bay Rd.) bilden die im Südsommer farbenprächtigen **Parnell Rose Gardens** eine Oase der Ruhe. Von hier und vom benachbarten **Dove Myer Robinson Park** hat man einen guten Blick auf den Hafen.

Eine Mischung aus frühem neuseeländischem Kolonialstil und viktorianischen Elementen zeigt das 1857 aus Vulkangestein errichtete **Kinder House (29)** in dem einst der Maler, Fotograf und Lehrer Dr. John Kinder lebte. Ausstaffiert ist es mit alten Möbeln, Aquarellen und frühen neuseeländischen Fotografien. Zwischen November und April entfalten im schönen Garten Rosenbüsche ihre Farbenpracht.
Kinder House, *2 Ayr St., © 09-3794008, www.kinder.org.nz, tägl. außer Mo 11–15 Uhr, NZ-$ 4, Kinder 5–15 Jahre NZ-$ 2.*

Aus Vulkangestein erbaut

Das **Ewelme Cottage (30)** einige Meter vom Kinder House entfernt, wurde 1863–64 aus Kauri-Holz gebaut. Das ehemalige Haus des Pastors Vicesimus Lush ist durch Änderungen und Erweiterungen längst keine „Hütte" mehr, aber vieles des alten Cottage ist erhalten geblieben.
Ewelme Cottage, *14 Ayr St., © 09-3790202, www.historicplaces.org.nz, So 10.30–16.30 Uhr, NZ-$ 7,50, Kinder 5–15 Jahre NZ-$ 4,50.*

Der **Hulme Court (31)** in der Parnell Rd. war das Heim jenes Leutnant Hulme, der im Mai 1845 in der Bay of Islands den ersten militärischen Angriff der Briten gegen die Maori anführte. 1842 gebaut, ist Hulme Court das zweitälteste Gebäude der Stadt und steht immer noch auf seinem angestammten Platz.
Hulme Court, *350 Parnell Rd., © 09-3798169, Sa/So 10.30–16 Uhr, Spende erbeten*

info

Wer war Bischof Selwyn?

Der Brite **George Augustus Selwyn** wurde 1841 zum Missionsbischof der anglikanischen Kirche in Neuseeland bestellt. Bevor er 1867 nach England zurückkehrte, legte er auf Wanderungen und Kanufahrten Tausende von Kilometern zurück, um auch in abgelegenen Maori-Siedlungen seine Kirche bekannt zu machen. Durch seine immense Energie schaffte er es dabei, die anglikanische Kirche zur führenden Glaubensgemeinschaft in der Kolonie zu machen und der katholischen „Konkurrenz" unter Bischof Jean-Baptiste-Franáois-Pompallier wirkungsvoll zu begegnen. Nachdem er bis 1844 in der Bay of Islands tätig war, wo er in der Missionsstation von Waimate North residierte, verlegte er analog zur politischen Entwicklung des Landes seinen Sitz nach Auckland. Sowohl Selwyn als auch Pompallier setzten sich im Rahmen der damaligen Möglichkeiten und Denkmuster für die Maori ein und wiesen häufig die Pakehas auf begangenes Unrecht den Ureinwohnern gegenüber hin.

Die Missionstätigkeit beider Bischöfe fand ihren Niederschlag aber auch in der Architektur, wobei die von Selwyn gegründeten Kirchen unter dem Begriff der „Selwyn Churches" in die Architekturgeschichte des Landes eingingen. Eins der schönsten Beispiele ist in Auckland neben dem **Selwyn Court** die **St. Stephen's Chapel**.

Zentrumsnahe Stadtviertel und Sehenswürdigkeiten

Ponsonby

Den attraktiven Stadtteil **Ponsonby** erreicht man westlich des Victoria Park Markets. Er stellt mit seinen zahlreichen schmucken Holzhäusern im viktorianischen oder edwardianischen Stil, stattlichen Villen, Kirchen, Theatern sowie empfehlenswerten Restaurants das beste Beispiel einer gepflegten, zentrumsnahen Gemeinde mit komplett erhaltener Bausubstanz dar. So wurde Ponsonby in den letzten Jahren bei den Einwohnern von Auckland selbst immer beliebter, und wer es sich leisten konnte, kaufte sich eines der hübschen Eigenheime dort – vorzugsweise an der Home Bay oder Herne Bay. Gleichzeitig avancierte die Hauptstraße des Viertels, die Ponsonby Rd., zu einem Mekka der Gastronomie, wo man ohne Probleme auf eine kulinarische Weltreise gehen kann. In manchen Kneipen des Viertels geht bis weit nach Mitternacht die Post ab.

Architekt(o)ur

Selbstfahrer, die an **Architektur** und **schönen Fotomotiven** interessiert sind, brauchen in **Ponsonby** nicht lange zu suchen. Biegen Sie am Ende der Ponsonby Rd. links auf die Jervois Rd. ab und von dieser nach rechts in die Salisbury St. (Sackgasse), etwas später dann in die Herne Bay Rd. (bis zum Ende durchfahren und zu Fuß auf den Bootsanleger), und Sie haben schon dutzendfach Häuser gesehen, die man am liebsten sofort kaufen möchte. Ein schöner Abschluss dieser Rundfahrt wäre die Argyle St., ebenfalls mit herrlichen Villen, dann über Wallace St. und Sarsfield St. zur Curran St., wo man nach links zur Westhaven Marina (s. o.) abzweigen kann.

Devonport

Der Stadtteil **Devonport** auf der anderen Seite des Waitemata Harbour steht zu Auckland wie etwa das kalifornische Sausalito zu San Francisco. In beiden Fällen handelt es sich um einen charmanten und lebhaften Vorort mit vielfältigem Strandleben und einem Jachthafen sowie mit herrlichem Blick über die Bucht auf die City und die Harbour Bridge. Gepflegte viktorianische Einfamilienhäuser und Villen, Palmen, Gärten sowie ein mediterranes Flair machen Devonport zum reizvollsten Ort in der näheren Umgebung der Metropole. Ein günstiger Ausgangspunkt für eine Stadtbesichtigung ist die moderne, weiß-blaue **Devonport Wharf**, ein hübsches, auf Stelzen ins

Devonport – Aucklands Strandvorort mit nostalgischem Flair

Anfahrt nach Devonport und Stadtbesichtigung

Am einfachsten und interessantesten erreicht man Devonport in 12 Min. mit den **Fähren**, die von früh bis spät alle 15–30 Min. am **Ferry Building** starten (hin und zurück NZ-$ 11, Kinder 5–15 Jahre NZ-$ 5,80). Ebenfalls möglich sind **kombinierte Fährfahrten** nach Devonport, zu Kelly Tarlton's Underwater World und zur Vulkaninsel Rangitoto sowie **kombinierte Schiff-Bus-Touren**, nach Wunsch mit Essen und Besichtigungen (z. B. 360 Discovery Crusises, ✆ 0800-3603472, www.360discovery.co.nz, ab NZ-$ 32). Wer mit dem Wagen oder Bus anreist, muss einen großen Umweg auf dem Motorway 1 über die Harbour Bridge bis zur Abfahrt des Highway 26 (Richtung Takapuna) fahren, von dort über die Lake Rd. nach Devonport. Am Ortseingang fährt man auf der Kerr St. nach rechts und biegt wieder rechts auf die Victoria Rd. ab, auf der man zur Devonport Wharf gelangt.

Wer sich mindestens 3 Std. Zeit lässt und gut zu Fuß ist, kann die genannten Punkte auf einem schönen Rundweg erkunden: zunächst zum Mt. Victoria, dann über die Aubyn St. und Church St. zum Cheltenham Beach (evtl. Badepause), schließlich über die Cheltenham Rd. zum North Head und wieder zurück.

Meer gesetztes Gebäude, in dem sich Restaurants, Imbissstände, Souvenirläden und Boutiquen befinden. Ein knapp zehnminütiger Spaziergang führt vom Marine Square vor der Wharf über die Queens Parade und die Spring St. zum wichtigsten Museum des Städtchens:

Das **Schifffahrtsmuseum** in einem kleinen, hübschen Gebäude dokumentiert die Geschichte der Royal New Zealand Navy. Zu den Exponaten gehören Waffen, Uniformen, Schiffsglocken und -modelle sowie Flaschenschiffe.
Devonport Navy Museum, *Torpedo Wharf, 64 King Edward Parade, ✆ 09-4455186, www.navymuseum.mil.nz, tägl. 10–17 Uhr, Eintritt frei.*

Panoramablick
Vom größeren der beiden **Vulkankegel** des **Mt. Victoria** bietet sich ein ungehinderter Panoramablick auf Auckland im Süden und die Vulkaninsel Rangitoto im Nordosten. Hilfreich bei der Orientierung ist eine Metallplatte, auf der alle wichtigen Punkte markiert sind. Noch deutlich sichtbare Terrassierungsstufen weisen darauf hin, dass sich auf jedem der beiden Vulkankegel einst ein Maori-Pa befand. Zum Mt. Victoria gelangt man von der Devonport Wharf aus über die Victoria Rd., die Hauptgeschäftsstraße der Stadt, an der sich die meisten Restaurants und Pubs befinden. An ihrem Ende biegt man nach rechts auf die Kerr St. ein und nach wenigen Schritten nach links auf die schmale Zufahrtsstraße zum Vulkan.

Ein an der Wharf startender Kleinbus bringt Besucher zum strategisch wichtigen und immer noch militärisch genutzten **Hügel North Head**. Entscheidet man sich für den knapp halbstündigen Fußweg dorthin, durchquert man zunächst die schöne Parkanlage **Windsor Reserve** mit der Bibliothek, passiert dann auf der King Edward Parade den **Devonport Yacht Club** und die **Torpedo Bay** mit ihrem kleinen Sandstrand und geht schließlich über die Cheltenham Rd. und den ersten Abzweig nach rechts zum Eingangstor. Kasernen, Kasematten, alte Kanonen und ausgedehnte Tunnelgänge zeugen von der historischen Vergangenheit, als man im 19. Jh. den Vulkankegel aus Furcht vor einer russischen Invasion militärisch ausbaute. Von hier war die Hafeneinfahrt nach Auckland vorzüglich zu kontrollieren – eine Feuertaufe hat die Festung allerdings nie erlebt. Während des Ersten und Zweiten Weltkriegs ausgebaut, stellt der North Head eines der beeindruckendsten Beispiele neuzeitlicher Befestigungstechnik im Großraum Auckland dar. Autotouristen können tägl. von 6–18 Uhr das Portal passieren und bis knapp unterhalb des „Gipfels" fahren, Fußgängern ist die Besteigung bis 22 Uhr erlaubt.

Festung im Vulkankegel

Devonports Strände

Kleinere Sandstreifen findet man sofort links und rechts der **Devonport Wharf** sowie in der **Torpedo Bay** auf dem Weg zum North Head. Besser und schöner ist jedoch der **Cheltenham Beach** auf der anderen Stadtseite, von der Wharf aus in etwa 25 Fußminuten zu erreichen.

Newmarket

Das Viertel schließt sich südwestlich an Parnell an und wird in seiner ganzen Längsausdehnung durch den Broadway erschlossen, eine Verlängerung der Parnell Rd.. **Newmarket** hat sich neben der City in den letzten Jahren am rasantesten entwickelt und ist heute ein vor Lebenslust sprühendes Stadtteil, in dem sich halb Auckland beim Shoppen trifft. Hier gibt es nichts, was es nicht gibt: Bücher und Bilder, Kunst und Naturkost, individuelle Shops zum Stöbern, Trendboutiquen und Secondhandläden, aber auch große Kaufhäuser. Zudem findet man hier eine Konzentration an Kinos, Restaurants, Fast-Food-Läden, Fitnessstudios und privaten Sporthallen. Eine der interessantesten Shoppingmeilen von Newmarket ist die Nuffield St., ein Laufsteg zum Bummeln und Kaufen, Sehen und Gesehenwerden.

Shoppingparadies

Aus der viktorianischen Epoche blieb das neogotische **Highwic House** erhalten, das sich im Süden von Newmarket an der Grenze zum Stadtteil Epson befindet. Mit ihrem Originalinventar und dem eleganten Treppenhaus vermittelt die 1862 errichtete 15-Zimmer-Villa des Geschäftsmanns und Großaktionärs Alfred Buckland ein Bild vom Lebensstil einer wohlhabenden viktorianischen Familie. Die Eleganz des Anwesens unterstreicht ein schöner Garten mit Blumen- und Farnbeeten.
Highwic House, 40 Gillies Ave. (Eingang von Mortimer Pass), Epson, © 09-5245729, www.highwick.co.nz, Mi–So 10.30–16.30 Uhr, Spende erbeten.

Mt. Eden

Der Stadtteil liegt 2 km südlich der City und ist von ihr durch den Motorway 1 getrennt. Dominiert wird der Vorort vom **Vulkankegel** des **Mt. Eden**, der mit 196 m höchsten Erhebung der Metropole. Wegen der herrlichen Rundsicht, die sich von seinem Gipfelplateau bietet, gehört der Mt. Eden (Maungawhau) zum Programm der meisten Sightseeingbustouren. Bei schönem Wetter reicht der Blick von Küste zu Küste. Imposante Blicke in den tief eingeschnittenen Krater bietet der auf dem Kraterrand verlaufende Wanderweg. Gut sichtbar sind immer noch die Terrassierungsarbeiten der Maori. Unter einem Pavillondach weist eine Plakette auf die Geschichte des Bergs, dessen Bedeutung für die Maori und auf die von hier aus zu überblickenden Punkte in der Stadtlandschaft hin. Besonders eindrucksvoll ist ein Besuch des Mt. Eden in den Abendstunden, wenn der Blick über ein fast grenzenloses Lichtermeer schweift.

Schöne Parks

Bekannt ist der Stadtteil Mt. Eden auch für seine kunstvollen Gärten und Parkanlagen. Besonders schön ist der im altenglischen Stil angelegte **Eden Garden** am Fuße des Vulkans mit Rhododendren und anderen Blumen und Bäumen. Das ruhige und sympathische Stadtteil eignet sich aufgrund seiner Citynähe und der guten Verkehrsanbindung hervorragend als Standquartier. Besucher aus dem deutschsprachigen Raum finden hier eine kleine deutsche Gemeinde von Auswanderern, die Restaurants, B&B-Pensionen oder Backpacker Hostels betreiben. An der gewundenen Mt. Eden Rd., der Hauptstraße des Viertels, reihen sich gepflegte Holzhäuser mit Läden, Cafés und Restaurants. **Eden Garden**, tägl. 9–18 Uhr, Spende erbeten.

Auf einem Hügel in der Nähe von Mt. Eden Rd., Ecke Khyber Pass Rd. thront weithin sichtbar die **Auckland Grammar School** aus dem Jahr 1916, das landesweit beste und größte Beispiel für den damals populären *Mission Style* (s. S. 321). Diese aus Kalifornien importierte Stilrichtung ist eine exotische Spielart des Jugendstils, die man im ganzen Land, besonders aber in Napier und Hastings, antrifft.

Mt. Eden erreichen Autofahrer vom Stadtzentrum aus über die Symonds St. und Mt. Eden Rd., ansonsten kommt man mit dem Bus ab Customs St. East hierhin oder auf einem 45-Minuten-Spaziergang.

Die Vulkane von Auckland

Aus der flachen Landschaft am Isthmus zwischen Pazifik und der Tasman Sea ragen einige Dutzend nicht sehr hohe, grün bewachsene Hügel – die Überreste von mehr als 60 Vulkanen. Im Spannungsfeld zwischen der indo-australischen und der pazifischen Platte war es vor Jahrmillionen zu einer enormen vulkanischen Tätigkeit gekommen, bei der aufgeschmolzenes Gestein an die Oberfläche trat. Die Vulkane im Gebiet von Auckland und am Golf von Hauraki sind das Resultat von eruptiven Tätigkeiten innerhalb der letzten 50.000 Jahre – erdgeschichtlich also gerade mal Sekunden.

Die junge Zeitspanne des **Vulkanismus in Auckland** bedeutet, dass Menschen diese Phänomene erlebt und nicht selten auch erlitten haben. So stieg der jüngste Vulkan, die perfekt geformte **Insel Rangitoto**, vor nicht einmal 800 Jahren aus dem Meer auf und brach zum letzten Mal vor etwa 250 Jahren aus, zu einer Zeit also, da das Gebiet bereits von polynesischen Einwanderern besiedelt war.

Da die erodierenden Kräfte der Natur in dieser Region besonders heftig wirkten, sind nicht mehr alle Vulkane als solche zu erkennen. So stellt z. B. die große Senke

Vom Kraterrand des Mt. Eden öffnet sich ein grandioses Panorama Aucklands

der Auckland Domain zwischen dem Auckland Museum und dem Auckland Hospital den Krater des wohl ältesten Vulkans dar. Auch wassergefüllte runde Bassins in der Umgebung von Auckland sind als Maare auf den gleichen Ursprung zurückzuführen.

Die Maori und deren Vorfahren benutzten die Erhebungen, um sich dort in Dörfern und palisadenbewehrten Festungen (*pa*), die bis zu 4.000 Krieger aufnehmen konnten, in exponierter Lage einzurichten. Dabei verwandelten sie die ursprünglich glatten Hänge in eine Terrassenlandschaft, die ihren Verteidigungswerken und Palisaden genauso Platz bot wie Wohn- und Vorratshäusern. Im Falle eines erneuten Ausbruchs waren diese Siedlungen natürlich besonders gefährdet. Als der Rangitoto als bislang letzter Vulkan vor 250 Jahren noch einmal seinen Schlund aufriss und Gift und Feuer spie, begrub sein Auswurfgestein mehrere Dörfer und forderte Hunderte von Todesopfern. Heute werden die Vulkane Aucklands oft als „tot" bezeichnet, obwohl es durchaus sein kann, dass sie nur „schlummern" und zukünftig noch einmal aktiv werden können.

One Tree Hill/Maungakiekie

Der **One Tree Hill** ist aus landschaftlichen und historischen Gründen einen Besuch wert. Der angrenzende Cornwall Park mit dem Acacia Cottage, dem ältesten Haus der

Unterwegs in Auckland

Stadt, macht das Ausflugsziel zusätzlich interessant. Autofahrer können über die Mt. Albert Rd. und ein Einbahnstraßensystem auf den 183 m hohen Gipfel gelangen, der durch einen Obelisken schon von weitem zu sehen ist. Der Gedenkstein erinnert an Sir John Logan Campbell, der sich als „Vater von Auckland" große Verdienste um die Stadt erworben hat.

Gefällter Na- Der **Obelisk** und die **Statue** eines Maori-Häuptlings markieren die historische Be-
mensgeber deutung des Platzes. Vergeblich sucht man allerdings den Baum, der dem Hügel seinen Namen gab. Schon 1995 hatten Maori-Protestler ihn zu fällen versucht. 1999 wurde der Baum durch einen „Kettensägen-Attentäter" so stark beschädigt, dass er im Jahr 2000 entfernt werden musste. Dabei sagten Hunderte Aucklander dieser Landmarke, die immerhin 125 Jahre bestanden hatte, Lebewohl.

Der weitläufige **Cornwall Park**, der jenseits der Greenlane Rd. an den One Tree Hill grenzt, ist eine wahre grüne Lunge und eignet sich mit markierten Wanderwegen, Ausflugslokalen, Sport- und Parkanlagen sowie Hügeln mit weidenden Schafen zu einem erholsamen Aufenthalt abseits des Stadttrubels. Das **Acacia Cottage** von 1841 gilt als ältestes Gebäude der Stadt, ein weiteres historisches Gebäude ist die **Huia Lodge**, in der sich ein Infocenter für den gesamten Park befindet.
Huia Lodge, *℡ 09-6308485, www.cornwallpark.co.nz, tägl. 10–16 Uhr, Eintritt frei.*
Cornwall Park, *tägl. ab 7 Uhr und bis zum Sonnenuntergang.*

Ebenfalls am One Tree Hill befindet sich das **Stardome Observatorium**, das an klaren Abenden durch ein 500-mm-Zeiss-Teleskop einen überwältigenden Eindruck vom Kreuz des Südens und anderer Sternbilder des südlichen Himmels bietet. In einer Ausstellung werden Videos über astronomische Phänomene, eine erlesene Sammlung astronomischer Bücher und historischer Fernrohre gezeigt.
Stardome Observatory, *One Tree Hill Domain, 670 Manukau Rd., ℡ 09-6241246, www.stardome.org.nz, Mo 10–15, Di–Fr 9.30–21.30, Sa/So 13.30–21.30 Uhr, sehr populär ist das Zeiss Telescope Viewing Do–Sa 20 Uhr, NZ-$ 10, Studenten u. Kinder 3–15 Jahre NZ-$ 8, Anfahrt: Bus ab Victoria St. East.*

Sir Campbell – Father of Auckland

Wohl kaum hat jemals ein Stadtvater die Expansion seines Gemeinwesens so mitverfolgen können wie Sir John Logan Campbell. Der 1817 in England geborene Campbell kam im Gefolge des ersten Gouverneurs Hobson nach Auckland und war einer der ersten Siedler. Drei Monate nachdem das Gebiet den Maori „abgekauft" worden war und ein Jahr vor der Ernennung zur Hauptstadt, schlug Sir John am 21. Dezember 1840 am Ende der Shortland St. (damals noch die Uferstraße) ein Zelt auf: das erste Geschäft der Siedlung. Im Jahr darauf baute er mit seinem Partner William Brown eine Holzhütte (*Acacia Cottage*), die heute als das älteste Gebäude der Stadt am Fuß des One Tree Hill besichtigt werden kann.

Der aktive und wirtschaftlich erfolgreiche Campbell tat sich mit verschiedenen Firmen- (u. a. Export von Kauriholz, Magnesium und Kupfer) und Stiftungsgründungen hervor und baute sein eigenes kleines Imperium auf. Dabei vergaß er nie, wem das Land ursprünglich gehört hatte – den Maoris. Ihnen zu Ehren pflanzte Sir John auf dem Vulkankegel des One Tree Hill jenen weithin sichtbaren Baum, der dem Hügel den Namen gab. Er tat dies, weil ignorante Pakehas kurz nach der Erstbesiedlung eine Totara-Steineibe, die im Stammesverständnis tapu (heilig) war, gefällt hatten.

Als 1901 der Herzog von Cornwall Auckland besuchte, machte Sir John zum Andenken an dieses historische Ereignis sein gesamtes, 135 ha umfassendes Farmland einschließlich des One Tree Hill den Bürgern der Stadt zum Geschenk. Als Cornwall Park ist das Areal heute eine der beliebtesten Freizeitstätten Aucklands.

1912 starb Sir John Logan Campbell im biblischen Alter von 95 Jahren. Aus seiner schmutzigen Zelt- und Blockhaussiedlung war inzwischen eine prosperierende Stadt mit mehr als 115.000 Einwohnern geworden. Seinem Wunsch entsprechend, wurde er auf seinem geliebten One Tree Hill beigesetzt und neben seinem Grab ein 21 m hoher Obelisk als Reverenz vor den Maoris errichtet.

Howick Historical Village

Südöstlich der Stadt, von dieser durch die Half Moon Bay getrennt, liegt im Stadtteil **Howick** ein restauriertes Wehrdorf (*fencible settlement*) aus den Jahren 1840–80. Von den vier Wehrdörfern, die zum Schutz der damaligen Hauptstadt vor Maori-Übergriffen unter Gouverneur Grey aufgebaut wurden, war Howick das größte. Mit seinen mehr als 20 historischen Holzgebäuden, unter ihnen Läden, die alte Kirche, die Schule und das Gerichtsgebäude, vermittelt das **Historical Village** mit seinen Gassen und Gaslaternen einen guten Eindruck von den Lebensbedingungen in den Anfangsjahren der Kolonie Neuseeland.

Anfangsjahre der Kolonie

Howick Historical Village, *Lloyd Elsmore Park, Lady Marie Dr., Ecke Bells Rd., Pakuranga, ℂ 09-5769506, www.fencible.org.nz, tägl. 10–16 Uhr, NZ-$ 14, Kinder 5–15 Jahre NZ-$ 8. Anfahrt: Busse der Howick and Eastern Bus Company ab Britomart; mit dem eigenen Fahrzeug auf dem Motorway South/SH 1 bis Abfahrt Ellerslie/Panmure Highway, dann Stadtring 5 in östliche Richtung.*

Weinkellereien und heiße Quellen

Westlich von Auckland gibt es in den **Distrikten Henderson** und **Kumeu** die größte Konzentration von **Weinkellereien** in ganz Neuseeland, man nennt das Gebiet deswegen auch *The Wine Country*. Die meisten *vineyards* sind relativ klein, viele befinden sich noch im Besitz der Gründerfamilien. Nachdem zuerst Serben, Kroaten und Libanesen das ideale Klima der Region zum Weinanbau nutzten, kamen später Winzer anderer Nationalitäten hinzu, die inzwischen mit die besten der ohnehin sehr qualitätvollen Weine des Landes herstellen. Bei einem Besuch können Sie sich selbst vom hohen Stand der Weinkultivierung überzeugen und sich bei einem Glas Chardonnay,

Weinproben

Cabernet Sauvignon, Pinot Noir, Müller-Thurgau, Riesling oder Sauvignon Blanc von europäischer Tradition in neuseeländischer Umgebung inspirieren lassen. Alle Winzereien liegen im Umkreis einer höchstens 30-minütigen Autofahrt ab Auckland-City und sind am besten über die Ausfallstraßen Great North Rd. (nach Henderson) und Highway 16 (nach Kumeu) zu erreichen. Daneben ist auch auf der Insel Waiheke (s. u.) der Weinanbau kultiviert worden. Das i-SITE Visitor Centre in Auckland hält eine Broschüre über die Winzereien mit ihren Öffnungszeiten bereit.

Ebenfalls einen Abstecher wert sind die **heißen Quellen**, die es in der Umgebung Aucklands gibt und die zusammen mit den Vulkankegeln am deutlichsten auf die geologisch labile Lage des Gebiets verweisen. Die Chlorid- und Sulfatquellen (Chlorid bei bodennaher Wasserfläche, Sulfatare bei Tiefenwasser) wurden früher von den Maoris zum Kochen ihrer Mahlzeiten benutzt, heute sind sie Touristenattraktionen und füllen auch therapeutisch genutzte Pools.

Ehemalige Kochstellen

In **Parakai** und **Orewa**, ca. 45 km nördlich von Auckland, sowie in **Miranda** südöstlich in Richtung Thames gibt es **Thermalbäder** mit unterschiedlich heißen Pools, Außen- und Innenbädern und Saunas, die von solchen Quellen gespeist werden. Den Anlagen sind Cafés, Restaurants, BBQ-Areas, teils auch Hotels und Campingplätze angeschlossen.

Reisepraktische Informationen Auckland

Information

Auckland Airport i-SITE Visitor Centre, *International Terminal, Arrivals Hall, Ground Floor, ✆ 0800-247767 u. 09-2568815, tägl. von der ersten bis zur letzten Flugankunft geöffnet.* Hier kann man aus einer wahren Prospektflut zu allen Zielen in Neuseeland auswählen, am „schwarzen Brett" Nachrichten hinterlassen, Ausflüge, Unterkünfte etc. buchen und sich über Auckland informieren. Am Inlandsflugterminal ist das **Domestic Airport i-SITE Visitor Information Centre**, *✆ 09-2568480, tägl. 7–19 Uhr.*
Auckland i-SITE Visitor Centre, *Sky City, Victoria St., Ecke Federal St., City, ✆ 0800-AUCKLAND, 0800-282552 u. 09-3676009, Fax 09-9792334, Mo–Fr 8.30–17.30 Uhr, Sa/So und an Feiertagen 9–17 Uhr.* Infos zu Auckland und Umgebung; Buchung von Hotels, Tagesausflügen, Mietwagen etc. Buchungen sind auch per E-Mail unter reservations@aucklandnz.com möglich.
Auckland i-SITE Visitor Centre, *Princes Wharf, 137 Quay St., ✆ 09-9797005, tägl. 9.30–17.30 Uhr.* Auch hier gibt es Auckland-Infos.
Devonport i-SITE Visitor Centre, *3 Victoria Rd., North Shore, Devonport, ✆ 09-4460677, tägl. 9–17 Uhr.*
Automobile Association (AA), *99 Albert St., ✆ 09-9668800, www.aa.co.nz, Mo–Do 9–17.30, Fr 9–20.30, Sa 9.30–12.30 Uhr.* Zentrale des Automobilklubs mit großer Karten- und Buchauswahl.
Department of Conservation (DOC), *im Auckland i-SITE Visitor Centre Princes Wharf, 137 Quay St., ✆ 09-3072614, www.doc.govt.nz, Mo–Fr 8.30–17.30 Uhr, in der Hauptsaison auch Sa 10–15 Uhr.* Wichtigste Anlaufstelle für Besuche der Inseln im Hauraki Golf, Wanderkarten, Campingpermits, Literatur und Souvenirs.

Auckland im Internet
www.aucklandnz.com, Website des städtischen Fremdenverkehrsamts mit nützlichen Informationen zu Sehenswürdigkeiten, Tipps zu Hotels, Essen und Trinken sowie u. a. Veranstaltungshinweise und Adressen lokaler Reiseagenturen
www.aucklandlive.co.nz, Aktivitäten, Konzerte, Veranstaltungen, Vernissagen etc.), **www.outandabout.co.nz** (Restaurantführer, Veranstaltungskalender), **www.parnell.net.nz** (Restaurant- und Ausgehtipps im Trendviertel)
www.arc.govt.nz, Erholungsparks und Naturschutzgebiete in Auckland und Umgebung
www.tourismnorthshore.org.nz, alles über Devonport und Umgebung
Nützlich sind auch:
www.facebook.com/AucklandNZ
www.twitter.com/AucklandNZ
www.youtube.com/TourismAuckland
www.flickr.com/AucklandNZ
www.aucklandnz.com/iPhone

Kostenlose Touristenmagazine
Viele nützliche Informationen sowie brauchbare Stadtpläne sind in kostenlosen Touristenheften wie „Auckland – The Official Guide", „Auckland A–Z Your Free Guide" oder „Auckland – What's On" enthalten, die man sich möglichst sofort nach Ankunft auf dem Flughafen besorgen sollte. Die Broschüren sind z. T. auch in deutscher Sprache erhältlich.

Unterkunft
Man hat die Auswahl zwischen Unterkünften, die im Herzen der Stadt (downtown) liegen, also im Bereich der Queen St. und Nebenstraßen, oder etwas abseits gelegenen, die dafür im Grünen und in ruhiger Verkehrslage platziert sind. Entlang der großen Einfallstraßen in die Stadt reihen sich kleinere und größere Hotels/Motels. Wenn man auf die Vorstädte (suburbs) ausweicht, z. B. nach Papatoetoe, Manukau und Otahuhu im Süden oder Birkenhead und Takapuna im Norden, ist man immer noch im Einzugsbereich der Stadt, wohnt aber deutlich billiger. Wer wegen früher Abflüge oder später Anreise in der Umgebung des International Airport in Mangere übernachten möchte, findet entlang der Massey Rd. und der Kirkbridge Rd. Dutzende von Herbergen jeder Preiskategorie. Zwischen dem Flughafen und der Innenstadt liegen im Stadtteil Remuera an der Great South Rd. (Autobahnausfahrt Market Rd.) ein gutes Dutzend Motels, die alle einen guten Standard haben und nicht zu teuer sind. Autofahrer, die im Zentrum übernachten möchten, sollten bedenken, dass im innerstädtischen Bereich Parkplätze rar und teuer sind.

Hotels
Esplanade Hotel $$$$–$$$$$ (1), 1 Victoria Rd., Devonport, © 09-4451291, www.esplanadehotel.co.nz, DZ NZ-$ 230–450. Strahlend weißes Grand Hotel im Edwardian Style aus dem Jahr 1903, restauriert und modernisiert, 17 Zimmer mit allen Annehmlichkeiten, Restaurant, Brasserie, 2 Bars, gegenüber der Devonport Wharf.
Hotel DeBrett $$$$ (2), 2 High St., City, © 09-9259000, www.hoteldebrett.com, DZ ab NZ-$ 300. Das Designerhotel bietet 25 gestylte Zimmer, in denen ungewöhnliche Farbakzente, ein Hauch von Retrolook und Gemälde zeitgenössischer Künstler individuelle Noten setzen; im hauseigenen Kitchen Restaurant liegt der Focus auf moderner Kiwi-Küche.
Sky City Hotel $$$–$$$$ (s. Nr. **10** der Sehenswürdigkeiten), Victoria St., Ecke Federal St., City, © 0800-SKYCITY u. 09-3636400, www.skycity.co.nz, flexible Preise DZ ab NZ-$

195–285. Komfortable Vier-Sterne-Herberge neben der auffälligen Landmarke des Sky Tower, 344 gut ausgestattete Zimmer, 10 Restaurants und Bars, Live-Entertainment, 24-Stunden-Casino, Dachpool, Sauna, Fitnesscenter.

Grafton Oaks Hotel $$$ (3), 121 Grafton Rd., City, ℂ 09-3090167, www.grafton oakshotel.co.nz, DZ NZ-$ 180–250. Von außen nicht unbedingt ein Schmuckstück, aber 44 funktionell ausgestattete Zimmer und nur 5 Fußmin. zum Central Business District.

Auckland City Hotel – Hobson St. $$$ (4), 157 Hobson St., City, ℂ 09-9250777, www.achhobson.co.nz, DZ NZ-$ 125–200. 138 schnörkellos-elegant eingerichtete Zimmer in einem stattlichen Gebäude aus dem Jahr 1912, beliebtes malaysisches Restaurant The Mustard Seed, Swimmingpool und Fitnessstudio, Aotea Square und Queen St. in fußläufiger Entfernung, umweltbewusstes Management.

Quality Hotel Barrycourt $$–$$$ (5), 20 Gladstone Rd., Parnell, ℂ 0800-504466 u. 09-3033789, www.barrycourt.co.nz, DZ NZ-$ 115–190. Gut geführtes Haus mit 105 be-

Auckland – City of Sails

haglich ausgestatteten, 2010 renovierten Zimmern, Coffee Shop, Restaurant und Bar, kostenloses WLAN, Toplage im Szeneviertel Parnell, kostenfreie Parkplätze; im Besitz einer gemeinnützigen Stiftung, die den Erlös karitativen Zwecken zukommen lässt.
City Lodge Accommodation $$ (6), 150 Vincent St., City, ℂ 0800-766686 u. 09-3796183, www.citylodge.co.nz. DZ NZ-$ 99–115. Neues Hotel mit einfach ausgestatteten, aber zweckmäßigen und sauberen Ein-, Zwei-, Drei- und Vier-Bett-Zimmern, alle mit Dusche/WC, TV, Kühlschrank und WLAN, nur 5 Gehmin. zum Zentrum.

Bed & Breakfast
The Great Ponsonby Arthotel $$$$ (7), 30 Ponsonby Terrace, Ponsonby, ℂ 0800-766792 u. 09-3675989, www.greatpons.co.nz, DZ NZ-$ 245–400. Topkomfortable B&B-Pension in einer viktorianischen Villa, 11 individuell ausgestattete Zimmer mit Werken neuseeländischer und polynesischer Künstler, Gourmetfrühstück, ruhig gelegen, aber nur 2 Min. zu den Cafés, Bars und Shops des Invertels.

Bavaria Bed & Breakfast Hotel $$$ (8), 83 Valley Rd., Mt. Eden, ℂ 09-6389641, www.bavariabandbhotel.co.nz, DZ NZ-$ 160–175. Sehr gemütliches B&B unter deutscher Leitung, vorwiegend jüngere Gäste, 11 Zimmer, reichhaltiges europäisches Frühstück, ruhig und doch zentral (2 km zum Zentrum), gute Verkehrsanbindung, Ulrike und Rudi sind gern bei der Tagesplanung behilflich.
Karin's Garden Villa $$$ (9), 14 Sinclair St., Devonport, ℂ 09-4458689, www.karinsvilla.com, DZ NZ-$ 155–185. Gemütliches B&B unter deutscher Leitung in einer restaurierten viktorianischen Villa, familiäre Atmosphäre, 4 Zimmer und komplett eingerichtetes Gartenhäuschen für 3 Pers., 300 m zu Stränden, Restaurants und den Auckland-Fähren.

Backpacker Hostels
Base Auckland $$ (10), 229 Queen St., City, ℂ 0800-227369 u. 09-3584877, www.stayatbase.com, DZ NZ-$ 65–95, im Mehrbettzimmer NZ-$ 27–29. Zentral gelegene und gute Unterkunft mit 500 (!) Betten, davon viele in Einzel- und Doppelzimmern, 24-Stunden-Service, Kellerbar, Internetcafé mit 40 Bildschirmen, Minikino für TV und Videos, Reise- und Jobzentrum, Flughafentransfers, Gepäckaufbewahrung.
Bamber House $$ (11), 22 View Rd., Mt. Eden, ℂ 09-6234267, www.bamberhouse.co.nz, DZ ab NZ-$ 65, im Mehrbettzimmer NZ-$ 25–28. Sehr großzügiges Backpacker Hostel mit Schlafsaal, Doppel- und Einzelzimmern, teils in einer viktorianischen Villa, teils in einem modernen Gebäude, teils in Cabins, schöne Inneneinrichtung, Pool, Gartenlage.

Auckland International Backpackers $$ (12), 2 Churton St., Parnell, ℂ 09-3584584, www.aucklandinternationalbp.com, DZ NZ-$ 56–66, im Mehrbettzimmer NZ-$ 20–22. Unterkunft mit 81 Betten (Mehrbett-, Doppel- und Einzelzimmer), riesige Küche, Garten mit BBQ, relativ nahe zur City, gute Parkmöglichkeiten.

City Garden Lodge $$ (13), 25 St. George's Bay Rd., City, ℂ 09-3020880, www.citygardenlodge.co.nz, DZ ab NZ-$ 64, im Mehrbettzimmer NZ-$ 28–30. Die angenehme Backpackerunterkunft ist in einer stattlichen Villa untergebracht, die einst der Königin von Tonga gehörte, nur 40 Betten (Einzel-, Doppel- und Mehrbettzimmer), sehr beliebt und deshalb oft ausgebucht.

Jugendherbergen

YHA Auckland International $$ (14), 5 Turner St., City, ℂ 09-3028200, www.yha.co.nz, DZ NZ-$ 80–115, im Mehrbettzimmer NZ-$ 26–32. Edel-Jugendherberge mit 174 Betten, davon viele in Doppel- und Familienzimmern, gut ausgestattete Küchen und gemütliche Aufenthaltsräume, kostenloses WLAN, Reisebüro.

YHA Auckland City $$ (15), City Rd., Ecke Liverpool St., City, ℂ 09-3092802, www.yha.co.nz, DZ ab NZ-$ 80, im Mehrbettzimmer ab NZ-$ 24. Modernes, 8-stöckiges Gebäude nahe der Queen St., 140 Betten, Sonnenterrasse, große Küche, Café, Bistro, Reisebüro, Doppel- und Familienzimmer erhältlich, herrlicher City-Blick aus den oberen Stockwerken.

Camping

Mehr als 10 gute Campingplätze mit Cabins, Flats, Stellplätzen für Zelte und Campervans und z. T. Swimmingpool gibt es an den Stränden der Umgebung oder in den Vorstädten. Am zentralsten sind:

Auckland North Shore Motels and Holiday Park, 52 Northcote Rd., Takapuna, ℂ 09-4182578, www.top1.co.nz u. www.nsmotels.co.nz. 4 km nördlich der Harbour Bridge gelegener 5-Sterne-Platz mit Hallenschwimmbad und gutem Motel (DZ ab NZ-$ 145), gute Verkehrsanbindung in die City (Britomart) mit Buslinie 921.

Avondale Motorpark, 46 Bollard Ave., Avondale, ℂ 0800-100542 u. 09-8287228, www.aucklandmotorpark.co.nz. Kiwi Holiday Park 8 km nordwestl. des Zentrums, bestens ausgestattet und ruhig, Stellplätze und Cabins, gute Verkehrsanbindung zum Flughafen und in die City (Buslinie 211).

Essen und Trinken

Aucklands Gastronomieszene ist die vielfältigste im ganzen Land. Für Feinschmecker mag die Stadt vielleicht sogar einer der interessantesten Orte im ganzen Südpazifik sein. Gourmetrestaurants findet man vor allem in der City, am Waitemata Harbour sowie in den Stadtteilen Ponsonby, Parnell und Devonport.

Preiswerte take aways und billige BYO-Lokale, deren Publikum sich oft aus Studenten, Jugendlichen und Backpacker-Touristen zusammensetzt, konzentrieren sich entlang der oberen und mittleren Queen St. und der Karangahape Rd. in der City, im und um den Victoria Park Market, im Stadtteil Newmarket und im Stadtteil Ponsonby. Meist handelt es sich dabei um Restaurants mit vegetarischer oder ethnischer Küche, u. a. eine Vielzahl indischer, libanesischer, mexikanischer, südamerikanischer und fernöstlicher Lokale. Auch die Einkaufszentren und Märkte haben jeweils etliche Schnellrestaurants in sogenannten Food Courts. Tipps zu Essen und Trinken sowie Nightlife und Ausgehen im Internet auf **www.biglittlecity.co.nz**.

... in der City

Sky Tower (1), Victoria St., Ecke Federal St., ✆ 0800-7592489 u. 09-363600, www.skycity.co.nz, So–Do 8.30–22.30, Fr/Sa 8.30–23.30 Uhr, teuer–sehr teuer. In jedem seiner Cafés und Restaurants, z. B. der Sky Lounge, dem Drehrestaurant Orbit und dem höchstgelegenen Observatory genießt man nicht nur eine prachtvolle Aussicht, sondern isst auch auf hohem Niveau.

Zest Restaurant (2), CityLife, 171 Queen St., ✆ 09-9797234, Mo–Sa 11–22.30, So 10–22 Uhr, teuer. Fusion-Food jenseits aller Konventionen im sogenannten Pacific Rim Style, der experimentierfreudige Küchenchef Andrew McConnell gilt als „junger Wilder" der Auckländer Gastroszene.

Verona Café (3), 157 Karangahape Rd., ✆ 09-3070508, tägl. 8–24 Uhr, moderat. Szenelokal mit Kultstatus und kreativer Küche, der Service ist ebenso flott wie freundlich.

Asian Food Court (4), 8 Queen St.; **International Food Court (5)**, 233–237 Queen St., City; **Food Alley (6)**, 9 Albert St., City, tägl. 7–22 Uhr, preiswert. Jeweils mehrere Dutzend Essensstände vorwiegend mit einem bunten Querschnitt durch die Küchen Asiens. Dazu eine lebhafte Atmosphäre wie auf einem asiatischen Nachtmarkt.

The White Lady (7), Commerce St., Ecke Fort St., ✆ 09-3795803, www.whitelady.co.nz, tägl. 18–4 Uhr, preiswert. Seit über einem halben Jahrhundert ist dieser urige Imbisswagen eine kulinarische Institution der Stadt und beliebte Anlaufstelle für hungrige Nachtschwärmer.

... am Waitemata Harbour

Fish (8), Hilton Auckland Hotel, Princes Wharf, 147 Quay St., ✆ 09-9782000, www.placeshilton.com/auckland u. www.hilton.de/auckland, Mo–Fr 6.30–23, Sa 7–23, So 12–22 Uhr, teuer–sehr teuer. In dem stylischen und beliebten Fischrestaurant wird vor dem grandiosen Hafenpanorama asiatisch und mediterran beeinflusstes Seafood erster Güte serviert, sehr aufmerksamer Service.

Hammerheads Seafood Restaurant & Bar (9), 19 Tamaki Dr., Okahu Bay, ✆ 09-5214400, www.hammerheads.co.nz, tägl. 11.30–14, 17–22.30 Uhr, teuer–sehr teuer. Das weiter außerhalb, schön am Jachthafen gelegene Lokal mit aussichtsreicher Terrasse ist seit vielen Jahren eine kulinarische Institution, in der man solide neuseeländische Küche mit Seafoodspezialitäten serviert.

Harbourside Seafood Bar and Grill (10), 1st Floor, Ferry Bldg., 99 Quay St., ✆ 09-3070486, www.harboursiderestaurant.co.nz, tägl. 11.30–23.30 Uhr, teuer–sehr teuer. Großes Restaurant, ebenfalls gute Fisch- und Seafoodgerichte, z. B. Crayfisch aus eigenem Tank.

Kermadec Ocean Fresh Restaurant (11), 1st Floor, Viaduct Quay, Quay St., Ecke Lower Hobson St., ✆ 09-3040454, www.kermadec.co.nz, tägl. ab 11 Uhr, teuer–sehr teuer. Restaurant mit nobler Einrichtung, direkt am Wasser, hauptsächlich fangfrischer Fisch und Seafood.

Mission Bay Café (12), 85 Tamaki Dr., Mission Bay, ✆ 09-5280017, tägl. ab 7 Uhr, moderat–teuer. Fantasievolle Frühstücksvarianten und leichte Gerichte der modernen neuseeländischen Küche mit mediterranem Einschlag vor dem Panorama der Mission Bay.

Princes Wharf (13), 132–138 Quay St., meist tägl. 11–23 Uhr. Hier haben sich einige gute Restaurants mit moderatem bis teuerem Preisniveau etabliert, z. B. das originelle **Wildfire** (✆ 09-3537595, www.wildfirerestaurant.co.nz) mit brasilianischen und Grillgerichten.

... in Mt. Eden

The French Café (14), 210 Symonds St., ✆ 09-3771911, www.thefrenchcafe.co.nz, Di–Do 18–22, Fr 12–14, 18–22, Sa 18–22 Uhr, sehr teuer. Etwas abseits der City, aber von der

Queen St. aus bequem zu Fuß zu erreichen, hält sich seit Jahren dieses exquisite Restaurant mit an der Spitze der neuseeländischen Gastronomie; es bietet französische Küche in eleganter Umgebung.

... in Ponsonby

Nostalgia (15), 108 Ponsonby Rd., ℂ 09-3615858, www.nostalgia.net.nz, Mo–Do 18– 22.30, Fr/Sa 11–14, 18–22.30, So 18–22.30 Uhr, teuer–sehr teuer. Im Stil der 1920er-Jahre eingerichtetes Lokal mit einer kulinarischen Kombination aus europäischem Erbe und Innovationen aus Down Under.

Prego (16), 226 Ponsonby Rd., ℂ 09-3763095, www.prego.co.nz, tägl. 11–23.30 Uhr, moderat. Beliebter Italiener – frische Pasta, krosse Pizza, neuseeländische Weine und der Service ist ebenso flott wie freundlich.

Café Cezanne (17), 296 Ponsonby Rd., ℂ 09-3763338, tägl. 7–24 Uhr, preiswert– moderat. Seit den 1980er-Jahren treffen sich in diesem Lokal mit Kultstatus nightlifegeschädigte Auckland-Yuppies und ebensolche Urlauber zum Power Brunch, sehr schön zum Draußensitzen.

... in Parnell

Antoine's Restaurant (18), 333 Parnell Rd., ℂ 09-3798756, www.antoinesrestaurant. co.nz, tägl. 12–14, 18–22 Uhr, sehr teuer. Feinschmecker-Restaurant mit französischer Küche, seit Jahren eine der besten Adressen des Landes, kleine, aber exquisite Speisekarte, Reservierung empfohlen.

La Bocca (19), 251 Parnell Rd., ℂ 09-3750083, www.labocca.co.nz, tägl. 8–22.30 Uhr, modera–teuer. Das kleine, aber feine Lokal in historischem Kolonialgemäuer bietet authentisch italienische Gerichte in stimmungsvollem Ambiente.

... in Devonport

Manuka (20), 49 Victoria Rd., ℂ 09-4457732, www.manukarestaurant.co.nz, tägl. ab 9 Uhr, preiswert–moderat. Sehr populäres und atmosphärisches Lokal mit vegetarischer Kost, Seafood, Pasta und sonntags reichhaltigem Brunch.

Leicht, lebendig und experimentierfreudig – die „moderne neuseeländische Küche"

Nachtleben und Unterhaltung

Auckland ist Neuseelands Hauptstadt des Nightlife. Wo noch vor zehn Jahren die Sperrstunde strikt eingehalten wurde, kann heute bis in die frühen Morgenstunden gegessen, getrunken und getanzt werden. Die Möglichkeiten, Spaß zu haben, sind vielfältig, sei es in Discos, historischen Pubs, gestylten Szenelokalen, Jazzclubs oder Musikkneipen. Die Szene ist ständig in Bewegung – über Nacht kann out sein, was gestern noch hip war. Nightlifetentren sind die Ponsonby Rd. und die Karangahape Rd. bzw. K'Rd. mit jeweils Dutzenden Bars und Clubs. Einschlägige Adressen zum Nightlife sowie auch Termine, Programme, Kritiken und Berichte zu aktuellen kulturellen Ereignissen finden sich in der Stadtzeitung What's Happening und in der Broschüre „Auckland – What's on", die in Hotels, Restaurants, Cafés und Läden kostenlos ausliegen. Einen sehr guten Überblick darüber, was gerade en vogue ist, bietet zudem der Veranstaltungskalender im „The New Zealand Herald". Auch viele jüngere Aucklander und die Mitarbeiter in den Backpacker Hostels wissen, wo etwas los ist.

Kulturelle Unterhaltung: Jeden Abend präsentieren in Auckland Bühnen zeitgenössische, oftmals experimentelle neuseeländische und ausländische Dramen sowie „Klassiker", gibt es Konzerte von Rock- und Pop-Bands, Musicals, Kammermusik, Ballettaufführungen sowie Vernisagen in einer der vielen Galerien. Filmenthusiasten genießen in den Kinos an der Queen St. oder in Newmarket nicht nur die neuesten Hollywood-Kassenschlager, sondern auch anspruchsvolle Filmkunst jenseits des Mainstreams. Auch wer an einem traditionellen Maori-Abend mit Hangi-Essen teilnehmen möchten, findet entsprechende Angebote. Einen Überblick gibt die Webseite **www.aucklandcity.govt.nz/whatson/calendar**.

Bars und Kneipen

Globe Bar, 229 Queen St., City, ✆ 09-3573980, www.globebar.co.nz, tägl. ab 17 Uhr. Treffpunkt junger und junggebliebener Traveller mit vielfältigem Unterhaltungsprogramm und einigen der besten DJs von Auckland, im Keller des Backpacker Hostel Base Auckland.

Minus Five Ice Bar, Princes Wharf, Quay St., ✆ 09-3776702, www.icebar.co.nz, tägl. ab 12 Uhr. In dieser Lounge-Bar mit konstant –5° C. ist alles aus Eis – die Wände, die Tische, die Stühle und sogar die Gläser.

Shakespeare Brewery & Hotel, 61 Albert St., Ecke Wyndam St., City, ✆ 09-3778169, tägl. ab 10.30 Uhr. Einer der beliebtesten Pubs der Stadt mit eigener Minibrauerei, die sechs verschiedene, sehr süffige Biere produziert.

The Library Bar, 1 Pakenham St. East, City, ✆ 09-3681930, www.thelibrarybar.co.nz, tägl. ab 17 Uhr. Mischung aus Lounge-Bar und kleiner, aber exquisiter Bibliothek; bei einem Glas Bier oder Wein kann man hier herrlich schmökern; fürs leibliche Wohl sorgen ausgefallene Tapasvariationen.

The Ponsonby, 1–3 St. Mary's Rd., Ponsonby, ✆ 09-3766092, www.theponsonby.co.nz, tägl. ab 10 Uhr. Belgischer Pub im alten Post Office aus den 1920er-Jahren.

Tyler St. Garage, 120 Quay St., ✆ 09-3005279, tägl. ab 11.30 Uhr. Ambiente und Atmosphäre dieses Bar-Bistros in einer ehemaligen Tiefgarage erinnern an Liverpools Cavern Club der 1960er-Jahre.

Discos und Nachtclubs

Andrew Andrew, Princes Wharf, 201 Quay St., ✆ 09-3770040, www.showcasehospitality.co.nz, tägl. 17–3 Uhr. Eleganter Nightclub und Lounge, viel Edelstahl und coole Atmosphäre, niveauvolles Publikum; die strengen Türsteher lassen nur Gäste in besserem Outfit durch.

Lenin Bar, Princes Wharf, 201 Quay St., ✆ 09-3771169, tägl. 17–3 Uhr. In diesem promi- und promillelastigen Nobelclub mit toller Terrasse gehört „bessere" Kleidung zu den Selbstverständlichkeiten.

Livemusik
Kings Arms, 59 France St., Newton, ✆ 09-3733240, www.kingsarms.co.nz, Mo–Mi, So 19–1, Do–Sa 20–3 Uhr. Der Musik-Pub in einem historischen Gemäuer von 1880 hat seit Jahren sein erfolgreiches Rezept nicht verändert: harte Rockmusik, enge Tanzfläche, eiskaltes Bier. Mehrmals wöchentl. Livekonzerte lokaler Bands, bei bekannteren Gruppen etwa NZ-$ 40–60. Sehr beliebt sind in den Sommermonaten die Open-Air-Konzerte im Biergarten jeden Sonntagnachmittag.
The Powerstation, 33 Mt. Eden Rd., Mt. Eden, ✆ 09-3687769, www.powerstation.net.nz, tägl. ab 19 Uhr. Eine der populärsten Livebühnen der Stadt; hier spielten bereits neuseeländische Rockgrößen wie Radiohead, No Doubt und Debbie Harry.

Schwul und Lesbisch
Finale Cabaret, 350 Karangahape Rd., City, ✆ 09-3115769, So–Mi 19–1, Do–Sa 19–3 Uhr. Schwulen- und Lesbenhotspot mit Technosound und Lasershow; Do–Sa präsentieren hervorragende Travestiekünstler in wunderbaren Kostümen sehr schrille, extrovertierte Shows (inkl. Buffetdinner NZ-$ 65).
Kamö, 386 Karangahape Rd., City, ✆ 09-3113369, So–Mi 19–1, Do–Sa 19–3 Uhr. Beliebter Gaytreff, aber auch Heteros sind gern geduldete Gäste.

Philharmonie, Sinfonie, Oper
Auckland Philharmonia Orchestra, ✆ 09-6386266, www.apo.co.nz.
Auckland Symphony Orchestra, 09-4806844, www.aucklandsymphony.co.nz.
New Zealand Symphony Orchestra, 0800-SYMPHONY u. 0800-479674, www.nzso.co.nz.
New Zealand Opera, ✆ 09-3794020, www.nzopera.com.

Kartenvorverkauf
Buchungen (auch aus Übersee) für alle bedeutenden kulturellen und Sportveranstaltungen übernimmt Ticketek, ✆ 0800-TICKETEK u. 09-3843840, www.ticketek.co.nz.

Einkaufen
Wie in anderen Weltmetropolen bekommt man auch in Auckland ausgesuchte Markenartikel von Bulgari, Chanel, Gucci und Prada sowie Designermode von Hugo Boss, Christian Dior und Luis Vuitton. In den Shoppingcentern der Stadt findet man zudem Kreationen neuseeländischer Modedesigner. Oder man greift auf Klassisches zurück, etwa robuste Outdoorbekleidung. Groß ist auch das Angebot an Sportmode sowie trendiger Strand- und Badebekleidung. Zum Einkaufsbummel verlocken Shopping Malls mit Hunderten von Geschäften jeder Branche, die sich vor allem an der Queen St. in der City konzentrieren. Eine Liste der wichtigsten Kunstgewerbeläden findet man in der Broschüre „Auckland – The Official Guide".

Chase Plaza, Queen St., City (Eingänge von Queen St., Albert St., Victoria St. und Durham St.), ✆ 09-3075569, Mo–Sa 9–18, So 10–14 Uhr. Edles Shoppingcenter, vor allem Mode, Schmuck, Keramik und Kunsthandwerk der gehobenen Klasse.

Quay Street – eine Flanierpromenade mit Restaurants, Cafés und Boutiquen

Elephant House, 237 Parnell Rd., Parnell, ✆ 09-3098740, www.nzcrafts.co.nz, tägl. 9–18 Uhr. Hier findet man eine große Auswahl an typisch neuseeländischen Mitbringseln, insbesondere kunsthandwerkliche Souvenirs.

Karangahape Rd., City. Ein Bummel lohnt sich unbedingt an einem Freitag, wenn dort die Geschäfte bis 22 Uhr geöffnet sind und das bunte Völkergemisch der bedeutendsten „polynesischen Straße" Aucklands ein reizvolles Bild abgibt.

Kathmandu, 151 Queen St., City, ✆ 09-3094 615, www.kathmandu.co.nz. Alles für den Aktivurlaub sowie für nasses Wetter – aus besten Materialien.

La Cigale French Market, 69 Georges Bay Rd., Parnell, ✆ 09-3669361, www.lacigale.co.nz, Mi 12–17, Sa 8–13, So 9–14 Uhr. Französisch inspirierter Straßenmarkt, vor allem Mode, Kunsthandwerk und Lebensmittel.

Nuffield St., Newmarket. Eine der interessantesten Shoppingmeilen von Auckland mit Dutzenden von Boutiquen, Galerien und Läden, vor allem Mode und Accessoires.

N. Z. Winemakers Centre, Victoria St., Ecke Elliot St., City, ✆ 09-3795858, www.nzwc.co.nz, Mo–Fr 9–19, Sa/So 10–16 Uhr. Erlesene Flaschenweine aus allen neuseeländischen Anbaugebieten nicht nur für die Lieben daheim, Duty-Free-Lieferung zum Abflug möglich.

Parnell Rd., Parnell. Eine der feineren Shoppingmeilen von Auckland, vor allem Mode und Accessoires, künstlerische Produkte und hochwertiges Kunsthandwerk.

Queen's Arcade, 34–40 Queen St., Ecke Customs St. East, ✆ 09-3775759, www.queensarcade.co.nz, Mo–Do 9–17.30, Fr 9–20.30, Sa 9–17, So 10–17 Uhr. Ladengalerie in einer viktorianischen Passage mit eleganter Note.

Victoria Park Market, ✆ 09-3096911, www.victoria-park-market.co.nz, tägl. 9–18 Uhr. Basar mit Ständen und Buden, vor allem Kleidung, Schuhe, Schmuck und Lebensmittr

Aktivitäten
Ballonfahrten

Ausflüge mit dem Heißluftballon bucht man (ab ca. NZ-$ 300) z. B. bei **Balloon Expeditions**, 150 Moire Rd., West Harbour, ✆ 09-4168590, www.balloonexpeditions.co.nz.

Rundflüge

Mehrere Firmen, die meisten davon am Airport ansässig, bieten Flightseeing mit Helikoptern und Kleinflugzeugen über der Stadt, den Golf und die ganze Nordinsel an (ab ca. NZ-$ 200), z. B.:

Heletranz, ✆ 09-4153550, www.heletranz.co.nz.
Inflite, ✆ 0800-835083, 09-3774406, www.inflitecharters.com.
North Shore Helicopters, ✆ 09-4268287, www.nshelicopters.co.nz.
XFlight, ✆ 0800-935444, www.xflight.co.nz.

Surf, Sun and Fun – Strandurlaub in einer Großstadt

Schwimmen und surfen, sich im Sand aalen und sonnenbaden – den Bewohnern von Auckland geht ihr *beachlife* über alles. An schönen Tagen strömen Tausende an die leicht zu erreichenden Sandstrände. Auckland ist „strandsatt", sodass man die Qual der Wahl hat.

Im Stadtgebiet (City Beaches) entlang dem **Tamaki Drive** und in der **Herne Bay**, mit Fahrrad, zu Fuß oder öffentlichen Verkehrsmitteln leicht zu erreichen, viele mit Umkleidekabinen, Picknickplätzen und Duschen: **Judges Bay, Okahu Bay, Mission Bay, Kohimarama, St. Heliers, Lady's Bay, Gentleman's Bay, Karaka Bay**.

Südöstlich der Stadt am Pazifik (Eastern Beaches), mit öffentlichen Verkehrsmitteln zu erreichen: **Bucklands Beach, Maraetai Beach, Kawakawa Bay**. An der weitverzweigten **Förde** der **Tasman Sea** (Manukau Harbour Beaches), mit Bussen zu erreichen, einige Reservate mit ursprünglichem Urwald, ruhige See, gut für Kinder: **French Bay, Wood Ba, Mill Bay, Titirangi Beach, Cornwallis, Huia Bays, Blockhouse Bay**.

An der **nordöstlichen Küste** (North Shore Beaches), familienfreundlich, sicheres Baden und Schwimmen, mit Bussen über die Harbour Bridge oder Fähren leicht zu erreichen: **Devonport, Cheltenham Beach, Narrow Neck Beach, Takapuna Beach, Browns Bay, Long Bay, Big Manly Bay, Army Bay, Orewa Beach, Waiwera, Wendholm**.

An der **nordwestlichen Küste** (West Coast Beaches) mit hohen Wellen, ideal für Surfer, z. T. gefährlich für Schwimmer (Strömungen!), schöne Urwaldrestbestände und in Muriwai eine Tölpelkolonie: **Muriwai Beach, Maori Bay, Bethells Beach, Piha Beach, Karekare Beach, Whatipu, Karioitahi Beach**.

Thermalbäder
Miranda Hot Springs Oasis, an der südöstlichen Küste in Miranda (Richtung Thames/Coromandel), ✆ 09-4274569, www.mirandahotsprings.co.nz, tägl. 9.30–20 Uhr, NZ-$ 13, Kinder 3–13 Jahre NZ-$ 6.
Parakai Springs, 150 Parkhurst Rd., Parakai (45 km nördlich am Kaipora-Hafen), ✆ 0800-468766 u. 09-4208998, www.parakaisprings.co.nz, So–Do 10–21, Fr/Sa 10–22 Uhr, NZ-$ 18, Kinder 5–14 Jahre NZ-$ 9.
Waiwera Thermal Resort, 21 Waiwera Rd., Waiwera (48 km nördl. am Highway 1, 3 km hinter Orewa), ✆ 09-4278800, www.waiwera.co.nz, So–Do 9–21, Fr/Sa 9–22 Uhr, NZ-$ 26, Studenten NZ-$ 20, Kinder bis 14 Jahre NZ-$ 15.

Stadtführungen
Devonport Tours, ✆ 09-3576366, www.devonporttours.co.nz, ab Devonport Wharf tägl. 10.25, 11.25, 12.25, 13.25, 14.25, 15.25 Uhr. Zweistündige Hop-on-Hop-off-Sightseeingtouren durch Devonport und zu den Stränden, NZ-$ 35, Kinder 5–15 Jahre NZ-$ 17,50.

T.I.M.E. Unlimited Tours, © 0800-868463 u. 09-4466677, www.newzealandtours. travel. Auckland aus der Perspektive von Maori, halbtägige Stadtrundgänge in Kleingruppen ab NZ-$ 145, ganzer Tag ab NZ-$ 245.

Auckland Adventures
Der Veranstalter hat ein umfangreiches Angebot an Tagestouren und Aktivitäten wie z. B. Mountainbike- und Kajaktouren, Fallschirmspringen u. v. m. Zudem fungiert er als Vertretung vieler weiterer Outdoororganisationen.
Auckland Adventures, © 09-3794545, www.aucklandadventures.co.nz.

Golf
In der näheren Umgebung von Auckland gibt es über 40 Golfplätze, zu den schönsten gehören
Chamberlain Park Gulf Course, 46a Linwood Ave., Western Springs, © 09-8154999. Öffentlicher 18-Loch-Platz in schöner Umgebung, nur Minuten vom Stadtzentrum entfernt, mit Ausrüstungsverleih, Restaurant und Golfshop.
Formosa Auckland Country Club, 110 Jack Lachlan Dr., Pine Harbour, © 09-5365895 u. 09-5364715, www.formosa.co.nz. Südlich der City gelegener Parcour, der mit 6.600 m der längste des Landes ist, Schauplatz der Millenium Golf Championships und anderer internationaler Wettbewerbe.

Flüge/Flughafen
Aucklands International Airport liegt 21 km südwestlich der City (Flugplanauskunft: © 0800-247767u. 09-2750789, www.aucklandairport.co.nz). In den Ankunftshallen gibt es Wechselstuben, Geldautomaten, Mietwagenstationen, Touristeninformation und Gepäckaufbewahrung. Zwischen dem International Terminal und dem Domestic Terminal verkehrt von 5–22.30 Uhr alle 15 Min. ein kostenloser Shuttle-Bus, man kann die kurze Strecke aber auch bequem in 5–10 Min. zu Fuß gehen (Mitnahme der Gepäckwagen möglich).

Vom Flughafen verkehrt rund um die Uhr ein **Shuttle-Bus** zum Aotea Square und zum Ferry Building in der City (**AirBus Express**, © 0508AIRBUS u. 09-3754732, wwwairbus. co.nz); Abfahrt tagsüber alle 15 und nachts alle 30 Min., einfache Fahrt (ca. 45–60 Min.) NZ-$ 16, Kinder 4–16 Jahre NZ-$ 6. Aussteigen ist unterwegs an mehreren Haltestellen entlang der Queen St. möglich. Mehrere private Firmen bieten einen Tür-zu-Tür-Service zu vielen Hotels, B&B-Häusern und Backpacker-Unterkünften, z. B. **Johnston's Shuttle Link** (© 0800-662266, www.johnstons.co.nz) und **Super Shuttle** (© 0800-748885, www. supershuttle.co.nz). Der Fahrpreis liegt bei ca. NZ-$ 25–35 für eine Person. Wer ein Taxi nehmen möchte, bezahlt NZ-$ 60–80.

Viele Unterkünfte schließen den **Transfer vom/zum Flughafen** in ihren Zimmerpreis ein. Falls Sie noch keine Unterkunft in Auckland reserviert haben, lohnt es sich also, dies vom Flughafen aus zu tun und dadurch evtl. einen freien Transfer zu erhalten.

Busse
Überregional
Die **Überlandbusse** fahren an unterschiedlichen Stellen ab. Der Startpunkt der InterCity-Busse, mit denen man praktisch jedes Ziel in Neuseeland erreichen kann, ist der **Sky City**

Coach Terminal in der City (102 Hobson St., © 09-3578400); dort halten auch die Busse des **Northliner Express** (© 09-5835780, www.northlines.co.nz), die Ziele im Nordland ansteuern. **Tourbusse** wie Great Sights und Backpacker-Busse holen ihre Fahrgäste an größeren Hotels und Hostels ab.

Stadt- und Nahverkehr

Der innerstädtische Busverkehr wird von **MAXX Regional Transport** (© 0800-103080 u. 09-3666400, www.maxx.co.nz) betrieben. Die aktuellen Fahr- und Routenpläne bekommt man in den Visitor Centres, bei Zeitungsständen und an den wichtigsten Busterminals. Die beiden größten mit eigenen Infokiosken sind das **Britomart Transport Centre** an der Queen St. und der **Downtown Bus Terminal** an der Commerce St. (zwischen Quay St. und Customs St. East).

Der **Fahrschein** innerhalb der City kostet einheitlich NZ-$ 0,50, Kinder NZ-$ 0,30, eine Tour in die Außenbezirke ist preislich nach Entfernung gestaffelt (NZ-$ 1,80–10,30, Kinder NZ-$ 1,00–6,10). Bei intensiver Nutzung lohnt ein **Buspass**, bei dem auch die Fährverbindungen ab/bis Downtown eingeschlossen sind und den es für 24 Stunden (NZ-$ 15, Kinder NZ-$ 8,50) und sieben Tage (NZ-$ 51, Kinder NZ-$ 30,70) gibt. Man informiere sich

Auckland zu Fuß oder mit dem Fahrrad entdecken

Sowohl die Innenstadt als auch die nähere Umgebung einschließlich der Inseln lassen sich auf ausgezeichneten Wanderungen erobern. Quer durch die Stadt führt z. B. der Coast-to-Coast-Walkway vom **Waitemata Harbour** zum **Manukau Harbour**, für den man in einer Richtung ca. 3–4 Std. braucht und der einen an vielen Sehenswürdigkeiten und landschaftlich schönen Plätzen vorbeiführt. Gute Wandermöglichkeiten bietet auch der **Auckland Centennial Memorial Park**, südwestlich der Stadt etwa 6 km hinter Titirangi. Kauri-Bäume, Regenwald mit Wasserfällen und herrliche Aussichtsmöglichkeiten sind die Pluspunkte dieses Parks. Karten und Tipps für Unternehmungen erhält man im Park Information Centre am Scenic Drive. Nähere Informationen zu allen Wanderwegen enthalten die **Broschüren** „New Zealand Walkway: Auckland District" und „Walks in Northland and Auckland", die man beim Department of Conservation oder beim i-SITE Visitor Centre bekommt.

Wer ohnehin plant, ab und zu in Neuseeland eine **Fahrradtour** zu unternehmen, kann in der hügeligen Stadt zwischen Pazifik und Tasman Sea schon einmal üben. Es gibt gute und speziell für Fahrradfahrer erarbeitete Karten und Pläne, etwa über eine 50-km-Rundfahrt durch Auckland und den Isthmus. Mehrere Firmen – z. B. **Adventure Cycles** (9 Premier Ave., Western Springs, © 0800-BIKETOUR u. 09-9402453, www.adventure-auckland.co.nz) und **Nextbike Rentals** (© 09-9099090, www.nextbike.co.nz) – haben sich auf das gestiegene Interesse eingestellt und vermieten Fahrräder (zumeist Mountainbikes) auf Tages-, Wochen- oder Monatsbasis (ab NZ-$ 16/Tag), geben Infos über die besten Strecken und verkaufen Fahrradspezialkarten für Auckland und das ganze Land. Angeboten werden auch geführte Fahrradtouren (z. B. vierstündige City Loop-Tour NZ-$ 40).

auch über weitere Pässe und das umfangreiche **Rabattsystem**. Eine touristisch interessante Linie heißt **The Link** und beschreibt im 10-Min.-Takt eine Rundfahrt zu den auch in diesem Buch beschriebenen Sehenswürdigkeiten wie Queen St., Sky Tower, Ponsonby, K-Rd., Newmarket, Parnell, Victoria Park Market etc. (NZ-$ 1,80). Kostenlos ist die Linie **City Circuit** (Britomart – Queen St. – Auckland University – Auckland Art Gallery – Sky Tower – Queen St. – Britomart), auf der umweltfreundliche rote Hybridbusse im 10-Min.-Takt verkehren.

Das dichte Busnetz wird durch eine **Sightseeinglinie** ergänzt. Der **Auckland Explorer Bus** (✆ 0800-439756, www.explorerbus.co.nz) fährt tägl. 9–17.30 Uhr auf einer Rundstrecke in Abständen von 30 Min. (im Winter von 60 Min.); Abfahrt ist am Sky Tower und am Ferry Building, an 14 verschiedenen Haltepunkten in der Stadt kann man mit einer Tageskarte die Fahrt beliebig oft unterbrechen. Tickets sind bei den Busfahrern erhältlich: One Day Pass NZ-$ 40, Kinder 4–16 Jahre NZ-$ 20, Two Day Pass NZ-$ 65, Kinder 4–16 Jahre NZ-$ 32,50.

Züge

Das moderne, unterirdische **Britomart Transport Centre** (✆ 0800-474448, www.britomart.co.nz) liegt an der Queen St., wenige Schritte vom Ferry Building entfernt. Hier startet tägl. der **Overlander** nach Wellington über u. a. Hamilton, Waitomo, National Park und Palmerston North (Infos: ✆ 0800-TRAINS u. 0800-872467, www.tranzscenic.co.nz). Auch die **Vorortzüge** (u. a. die Auckland Newmarket Line, die Western Line und die North Auckland Line) starten hier und verlassen den Kopfbahnhof durch einen 425 m langen Eisenbahntunnel.

Autoverleih und -kauf

In Auckland gibt es rund 60 größere Auto- und Campervan-Verleihfirmen. Die größeren Firmen haben Filialen am Flughafen (s. auch S. 88, Stichwort „Autokauf", S. 90, Stichwort „Camper/Wohnmobile" und S. 87, Stichwort „Mietwagen").

Die Telefonnummern und Websites der größeren Anbieter:
ACE Tourist Rentals Ltd., ✆ 0800-502277 u. 09-3033112, www.acerentalcars.co.nz;
Avis, ✆ 09-3792650, www.avis.co.nz;
Backpacker Campervans, ✆ 09-3364282, www.backpackercampervans.co.nz;
Britz, ✆ 0800-831900, www.britz.co.nz;
Budget, ✆ 0800-233438, www.budget.co.nz;
Hertz, ✆ 0800-654321, www.hertz.co.nz;
Kea Campers, ✆ 0800-520052, www.keacampers.co.nz;
Maui, ✆ 0800-651080, www.maui.co.nz;
Thrifty, ✆ 0800-737070, www.thrifty.co.nz.

Autokauf (z. T. mit Buy-Back-Garantie):
Budget Car Sales, 12 Mt. Eden Rd., ✆ 09-3794120;
Downtown Rentals, 148 Hillsborough Rd., City, ✆ 09-6256469, www.new-zealand rental-cars.com;
Rock Bottom Rentals, 49 Nielsen St., Onehunga, ✆ 09-6221592.
Etwa 10 Gehmin. ab Queen St. befindet sich **Backpackers Car Market** (20 East St., City, ✆ 09-3777761, www.backpackerscarmarket.co.nz, tägl. 9.30–17 Uhr).

Aucklands Waterfront kombiniert eine bevorzugte Wohnlage mit einem herrlichen Panoramablick

Taxis

Man kann sie entweder auf der Straße heranwinken, sich zu einem Taxistand begeben oder einen Wagen per Telefon bestellen. Über die größte Fahrzeugflotte verfügt Auckland **Co-Op-Taxi** (24-Stunden-© 09-3003000).

Fähren/Hafenkreuzfahrten

Das Unternehmen für Fähr-, Ausflugs- und Hafenkreuzfahrten schlechthin ist **Fullers** (Pier 1, Ferry Bldg., 99 Quay St., City, © 09-3679111, www.fullers.co.nz), dessen ansehnliche Flotte von Fähren, Katamaranen und historischen Schiffen rund 4 Mio. Passagiere jährlich transportiert. Die Firma ist im Ferry Building durch ein eigenes Reisezentrum vertreten, in dem man sich über die breite Palette an möglichen

---

 Bootstouren in die Inselwelt

Ob mit Katamaranseglern, altertümlichen Dampfschiffen, superschnellen Sea Flight Cruises oder normalen Fähren, ob als einstündige Exkursion, Halbtages-, Ganztages- oder mehrtägiger Ausflug – Ausgangspunkte zur Inselwelt sind in den meisten Fällen die Anlegestellen am **Ferry Building** und am 500 m westlich davon gelegenen **Viaduct Harbour**. In den dortigen Informations- und Buchungszentren erhält man umfassende Informationen. Da die meisten Ausflüge morgens beginnen, sollte man vor 10 Uhr dort sein oder besser noch bereits am Vortag buchen. Die beste Adresse für alle, die sich über die Inselwelt informieren, dorthin reisen und evtl. einige Tage bleiben möchten, ist das **Department of Conservation** im Auckland i-SITE Visitor Centre an der Princes Wharf. Dort ist auch die Broschüre Hauraki Gulf Maritime Park erhältlich.

Anbieter von **Hafenkreuzfahrten** und Ausflügen zu den Inseln im Golf von Hauraki mit Katamaranen und Segelbooten sind Fullers (Ferry Building, © 09-3679111, www.fullers.co.nz), Pride of Auckland (am NZ National Maritime Museum, © 0800-724569, www.prideofauckland.com), SailNZ (Viaduct Harbour, © 0800-397567, www.explorenz.co.nz) und 360 Discovery Cruises (Ferry Building, © 0800-3603472, www.360discovery.co.nz). An der Princes Wharf legt das aus Dänemark stammende historische Segelschiff Soren Larsen zu interessanten Törns ab (© 0800-767365, www.sorenlarsen.co.nz). Weitere Informationen im Internet unter www.haurakigulfnz.com.

Ausflügen und Preise erkundigen kann. Wer einen Tag auf See mit vielen interessanten Abstechern zubringen möchte, sollte einen **All-Day-Boat-Pass** kaufen, mit dem man nach Belieben zu- und aussteigen kann (NZ-$ 35, Kinder 5–15 Jahre NZ-$ 21).

Fullers betreibt auch die „**Seebusse**" nach Devonport, die 12 Min. für die Passage benötigen, sie verkehren von früh bis spät im 15–30-Min.-Takt (hin und zurück NZ-$ 11, Kinder 5–15 Jahre NZ-$ 5,80). Kombinierbar ist die Minikreuzfahrt (auf der auch Fahrräder mitgenommen werden dürfen) mit Bustouren nach Takapuna oder Fährfahrten zur Vulkaninsel Rangitoto. Desweiteren bringt Fullers Besucher zu den Inseln im Hauraki Golf (Rangitoto, Waiheke, Motutapu, Kawau, Great Barrier Island etc.), nimmt sie auf Hafenkreuzfahrten (NZ-$ 36, Kinder 5–15 Jahre NZ-$ 18) mit oder bedient die Fährstrecken nach Birkenhead, Northcote, Stanley Bay, Half Moon Bay etc.

Die Inseln im Golf von Hauraki

Was wäre Auckland ohne die **Inselwelt des Hauraki Gulf**, die der Stadt ihre einmalige Schönheit und ihren enormen Freizeitwert gibt und die eine der größten Freizeitflotten der Welt beherbergt. Landschaftlich umspannt der Golf eine Küste mit unzähligen Buchten, Häfen, Sandstränden und insgesamt 47 Inseln zwischen Goat Island im Norden und der Coromandel Peninsula im Südosten. Etwa die Hälfte der Meeresregion steht seit 1967 als **Hauraki Gulf Maritime Park** unter Naturschutz. (Karte s. S. 178)

Zauberhafte Inselwelt

Rangitoto Island und Motutapu

Der nur 10 km von der City aus dem Golf ragende **Vulkan Rangitoto** ist mit seinem perfekten Kegel Aucklands weithin sichtbare Landmarke und für alle Besucher mit etwas Zeit ein unbedingtes „Muss". Vor 800 Jahren aus den Meerestiefen aufgetaucht, blieb der Rangitoto noch für über 500 Jahre vulkanisch aktiv. An seine Eruptionen erinnern erkaltete Lavafelder mit scharfen Schlacken, für die man gutes Schuhwerk mitnehmen sollte. Die Vegetation, die die Insel schnell erobern konnte, wird von unzähligen *pohutukawas*, dem neuseeländischen Weihnachtsbaum, dominiert – ein Bild, das Ende Dezember an Farbenpracht seinesgleichen sucht.

Über von Häftlingen 1925–36 angelegte Wege ist der 259 m hohe Gipfel mit herrlicher Aussicht über den Golf und die Stadt zu erreichen. Wer nicht wandern will, kann mit dem von einem Traktor gezogenen Summit Train zur Spitze fahren. Interessant ist ein Besuch auch wegen der historischen Maori-Siedlungen – immerhin ist der Rangitoto eines der wichtigsten archäologischen Ausgrabungsgebiete des Landes.

Archäologische Stätte

Die Maori nannten den Vulkan Nga Rangi-i-totongia-a-Tama-te-kapua („Tage des Blutens von Tama-te-kapua"), weil nach ihrer Mythologie der berühmte Häuptling und An-

Die Inseln im Golf von Hauraki

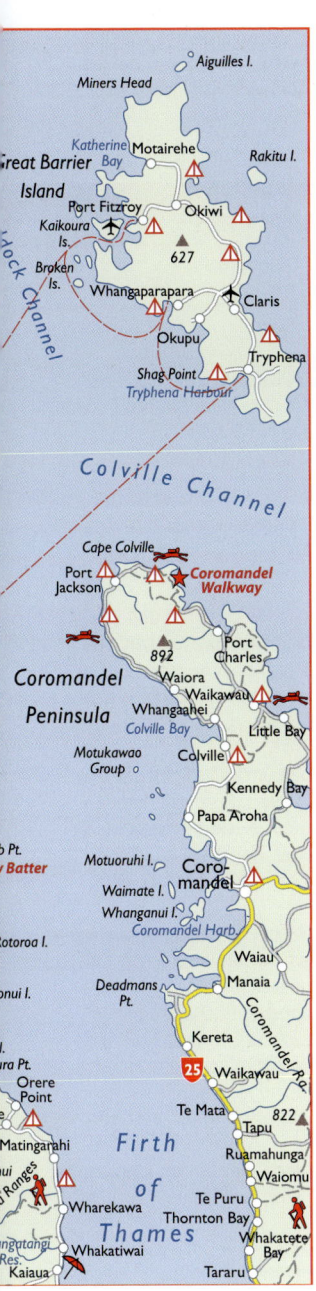

führer des Arawa-Kanus hier schwer verwundet worden war. Die Pakehas verkürzten den schwer auszusprechenden Namen auf Rangitoto.

In der **McKenzie Bay** lädt ein schöner Strand zum Schwimmen ein. Wanderer können über einen Damm die Nachbarinsel **Motutapu** erreichen, die ebenfalls wegen ihrer vielen Fundstätten der Maori-Kultur und wegen Festungsanlagen aus dem Zweiten Weltkrieg berühmt ist. Ein 3,5 km langer Wanderweg (Motutapu Farm Walk) erschließt das agrarische Umfeld und führt über Schafs- und Rinderweiden.

Schwimmen und Wandern

Sowohl Rangitoto als auch Motutapu haben regelmäßigen Bootsverkehr von/nach Auckland City (hin und zurück NZ-$ 26, Kinder 5–15 Jahre NZ-$ 13). Die Fullers-Personenboote (s. S. 182) legen an der Rangitoto Wharf an, wo es einen Infostand mit gutem Kartenmaterial, einen Grillplatz und sanitäre Einrichtungen gibt. Von hier starten sechs markierte Pfade, von denen der Summit Walk auf den Gipfel des Vulkans für eine Strecke etwa 1 Std. Zeit beansprucht. Oben führt ein Rundweg um den recht tiefen Krater. Als Naturschutzgebiet unterliegt Rangitoto strengen Regeln; es gibt weder Übernachtungsmöglichkeiten noch Restaurants.

Tiritiri Matangi Island

Die in Sichtweite der Küste von Northland gelegene kleine Insel **Tiritiri Matangi** ist eines der bedeutendsten neuseeländischen Naturschutzprojekte. Einst kultivierten Maori auf dem Eiland Süßkartoffeln, später diente es britischen Kolonisten als Viehweide. Unter der Ägide des Department of Conservation begann Mitte der 1980er-Jahre ein großes Renaturierungsprogramm. Ratten, Opossums und andere für die einheimische Fauna schädlichen „importierten" Tiere wurden ausgemerzt und die die kahle Insel weitflächig aufgeforstet. Im Laufe der Jahre siedelten Naturschützer hier endemische, vom Aussterben bedrohte Vogelarten aus allen Regionen Neuselands an. Heute brüten hier so seltene Vögel wie die Rallenart Takahe und die Lappenkrähe Kokako. In die Wildnis entlassen wurde hier zudem die streng geschützte Brückenechse Tuatara. Während Little Barrier Island im Golf von Hauraki als Refugium seltener Vögel von der Na-

Ambitioniertes Naturschutzprojekt

schutzbehörde streng abgeschirmt wird, ist Tiritiri Matangi als sogenanntes „offenes Schutzgebiet" (*open sanctuary*) Besuchern zugänglich. Auf geführten Touren, die am **DOC Visitor Centre** in der Nähe des Leuchtturms im Südosten der Insel starten, lernt man die insulare Tierwelt am besten kennen.

Reisepraktische Informationen Tiritiri Matangi Island

Information
Internet: *www.tiritirimatangi.org.nz*.

Katamaran
360 Discovery Cruises, © 0800-3603472, *www.360discovery.co.nz*, tägl. 9 Uhr ab Auckland Ferry Building nach Tiritiri Matangi, Aufenthalt auf der Insel ca. 5 Std., NZ-$ 66, Kinder 5–15 Jahre NZ-$ 29; Führung NZ-$ 5, Kinder 5–15 Jahre NZ-$ 2,50.

Waiheke Island

Waiheke Island liegt etwa 20 km von Auckland entfernt, ist 93 km² groß und wird von rund 8.000 Menschen bewohnt. Wegen ihrer vielen Sonnenscheinstunden, den bei einer Küstenlänge von 96 km herrlichen Sandstränden und einer guten Infrastruktur ist die Insel eines der beliebtesten Feriengebiete im ganzen Land, sodass sich im Sommer dort zeitweise mehr als 30.000 Menschen aufhalten.

Über 700 m hohe Berge, Kauri-Wald, bizarre Felsformationen, unzählige Schafe, Wanderwege, Reitmöglichkeiten, Wassersportangebote, ein Golfplatz, Kunstgalerien und nicht zuletzt mehr als 40 Weingüter ziehen die Großstädter aus Auckland magnetisch an, in letzter Zeit zudem ausländische Touristen, darunter viele Backpacker.

Seit langem hat die Insel einen Ruf als „Künstlerkolonie", denn nirgendwo sonst in Neuseeland findet man eine solche Dichte an Galerien. Außerdem gibt es genügend Hotels, Pensionen und Hostels, Mietwagen- und Fahrradverleihfirmen und Sightseeingtouren. Ausgezeichnete Restaurants und Cafés tun ein Übriges, um Besucher vor einer raschen

Immer wieder finden sich Spiralmotive im Maori-Kunsthandwerk

Rückkehr ins nahe Auckland abzuhalten. Es soll auch schon ausländische Touristen gegeben haben, die hier vor den Toren der Stadt ihren gesamten Urlaub verbracht haben.

Die touristischen Zentren sind **Ostend** im Südwesten, **Palm Beach** im Nordwesten und **Onetangi** an der gleichnamigen Bucht im Norden. Hier findet man nicht nur das größte Angebot an Hotels, Backpacker-Unterkünften und Restaurants, sondern auch eine Vielzahl von Unternehmen, die Kajaks und Segelboote verleihen, Ausritte anbieten oder Inselrundfahrten durchführen. Wer nicht nur am Strand liegen oder die schönen Wanderwege nutzen (zu empfehlen der Stone Batter Walk am Ostende der Insel) möchte, kann sich das kleine **Historic Village & Waiheke Island Museum** nahe von Onetangi anschauen, eine der vielen **Weinkellereien** besuchen, in der Pendragon Mall von Oneroa oder auf dem **Samstagmarkt** in Ostend (Ostend Mall auf der Main Rd.) einkaufen sowie das **Artworks Living Art Centre** mit Kunsthandwerksläden und Galerien aufsuchen.

Gute touristische Infrastruktur

Artworks Living Art Centre, Ocean View Rd. zwischen Oneroa und Matiatia, tägl. 10–17 Uhr.

Der Ostküste vorgelagert ist das Inselchen **Pakatoa Island**, das ganz von der Ferienanlage eines First-Class-Resorts okkupiert wird. Dessen Betreiber sorgt auch für einen Personentransfer zwischen den beiden Inseln.

Reisepraktische Informationen Waiheke Island

Information
Waiheke i-SITE Visitor Centre, 118 Oceanview Rd., Oneroa, © 09-3721234, www.waihekenz.com, www.tourismwaiheke.co.nz, www.purewaiheke.co.nz, tägl. 9–17 Uhr. Weitere Infos geben die Wochenzeitschrift „Gulf News", das Heft „Island Time – a Visitor's Guide to Waiheke", das Büchlein „Waiheke Island – a Tour" und die Broschüre „Waiheke Art Guide".

Unterkunft
Auf Waiheke gibt es mehrere Hotels und Backpacker Hostels, rund 40 Farmstays, B&B-Unterkünfte sowie einen Campingplatz an der Rocky Bay.

Hotels
Palm Beach Lodge $$$–$$$$$, 23 Tiri View Rd., Palm Beach, © 09-3727763, www.palmbeachlodge.co.nz, DZ NZ-$ 200–420. First-Class-Unterkunft in bester Hanglage mit „One-Million-Dollar-View", im mediterranen Stil eingerichtete Apartments mit Kitchenette und Balkon, breite Palette kostenloser Aktivitäten, Mindestaufenthalt zwei Nächte.
Waiheke Island Resort $$$–$$$$$, 4 Bay Rd., Palm Beach, © 09-3720011, www.waihekeresort.co.nz, DZ NZ-$ 200–325. Sehr gutes Resort mit Chalets und Suiten, Restaurant, Tennisplatz, Swimmingpool.

Hostel
Kina Backpackers $, 419 Seaview Rd., Onetangi, © 09-3728971, kinabackpackers.co.nz, DZ NZ-$ 46, im Mehrbettzimmer NZ-$ 20. Schönes Hostel mit großem Garten und Meer-

blick, Einzel-, Doppel- und Mehrbettzimmer, Fahrrad-, Windsurfboard- und Kanuverleih, im Sommer Stellplätze für Zelte. Sky und WIFI gegen Gebühr.

Ausflüge
Inselrundfahrten z. T. mit Besuch von Weingütern veranstaltet Waiheke Island Adventures (© 09-3726127, www.waihekeislandadventures.com), ab NZ-$ 35.

Fahrradfahren
Fahrräder und Mountain Bikes gibt es an mehreren Stellen, u. a. beim **Visitor Centre** und bei **Wharf Rats Bike Hire** (© 09-3727937) an der Fährstation. Hilfreich ist die Broschüre „Bike Waiheke".

Busse/Taxis
Für den Transport auf der Insel stehen zwei Buslinien (Tagespass NZ-$ 8, Kinder 5–15 Jahre NZ-$ 4) und Taxis zur Verfügung.

Fähre
Fullers (© 09-3679111, www.fullers.co.nz) bringt Besucher in etwa 40–50 Min. von Auckland auf die Insel, Abfahrten tägl. 9–17 Uhr zur vollen Stunde; 4 Fähren machen einen Zwischenstopp in Devonport (einfache Fahrt NZ-$ 35, Kinder NZ-$ 17,50).
1,5 Std. benötigt die Autofähre **SeaLink Waiheke Island** (© 0800-732546 u. 09-3005900, www.sealink.co.nz), die mehrmals tägl. 6–20 Uhr von Auckland Viaduct, Jellicoe St. und Ara Tai Drive an der Half Moon Bay startet (einfache Fahrt NZ-$ 32/Pers., NZ-$ 136/Pkw). SeaLink bietet auch Pakete mit Fährfahrt und Unterkunft an.

Flüge
Air Discovery (© 0800-247347 u. 09-3724480, www.airdiscovery.co.nz) bietet Flüge (ca. 10 Min.) zwischen Waiheke Island, Auckland Airport, Thames und Coromandel an (einfach NZ-$ 149) sowie Scenic Flights über Waiheke Island (ab NZ-$ 69). Der Inselflughafen liegt zwischen Ostend und Onetangi.

Autoverleih
Waiheke Rental Cars, 11 Tahi Rd., Ostend, Waiheke Island, © 09-3728635, www.waihekerentalcars.co.nz. Vermietung von Autos, Motorrädern, Mopeds und Fahrrädern, Büro am Fährterminal.

Great Barrier Island

Abwechslungsreiche Landschaft

Der Entdecker Kapitän James Cook gab der Insel ihren Namen, weil sie ihm als eine riesige Sperre erschien, die die Küsten und anderen Inseln des Golfs vor der Gewalt des Pazifik schützte. Mit 110 km² hat **Great Barrier Island** (oder **Aotea** in der Maori-Sprache) das größte Areal der Inselwelt und verfügt über ein vollkommen unterschiedliches Landschaftsprofil. Zum Ozean hin rau, zerklüftet, mit Steilküsten, aber auch langgestreckten Sandstränden, ist die Insel auf der landwärts gerichteten Seite durch tiefe Buchten mit vorzüglichen Fischgründen und Tauchgebieten gegliedert. Auf vielen Wanderwegen kann man Great Barrier Island erkunden oder im Hotel, der Jugendherberge oder den Cabins des Motorcamp bleiben und das Inselleben wie in früheren Zeiten genießen. Straßen ohne Asphaltdecke und Elektrizität vom Generator sorgen für ein zusätzliches „Inselgefühl". Bis in die 1990er-Jahre hinein gab es sogar noch altertümlich wirkende Telefonapparate mit Drehkurbel.

Inselleben wie damals ...

Für die rund 1.200 Einwohner, die bislang hauptsächlich von der Landwirtschaft lebten und sich wegen mangelnder Investitionen immer wieder beklagten, dass Neuseeland sie vergessen hätte, hat sich mittlerweile der Tourismus zu einem beachtlichen Nebenverdienst gemausert. In der Weihnachtszeit und um Ostern kann es sogar so voll sein, dass man ohne Vorabarrangement keine Unterkunft mehr auf der Insel findet.

Die Popularität von Great Barrier Island liegt in seinen vorzüglichen Möglichkeiten zu Outdooraktivitäten begründet. Das gebirgige Inselinnere (Mt. Hobson, 621 m ; Tataweka, 526 m; Mt. Isaacs, 402 m; Mt. Paul, 401 m, Mt. Whangaparapara, 309 m) bietet sich zu ausgedehnten **Wanderungen** oder auch zum **Mountainbiking** an, wobei man Kauri-Wälder, Canyons und heiße Quellen erkunden kann. Von einem Parkplatz an der Whangaparapara Rd. wandert man auf dem *Kaitoke Hot Springs Track* in einer Stunde zu Thermalquellen, in denen man herrlich entspannen kann. Die Küste birgt mit die besten **Schnorchel- und Tauchmöglichkeiten** des Landes (u. a. an den Schiffswracks Wiltshire und Wairarapa), schöne **Strände** (am besten der Medlands Beach) reizen zu Sonnenbaden und Schwimmen, die beeindruckende Küste kann auf **Segeltörns** oder mit dem **Kanu** erkundet werden, die fischreichen Gewässer machen Angeln zu einem wahren Vergnügen, und die endemische Flora und Fauna ist ein Eldorado für alle Naturfreunde. Fazit: eine Destination, die aufgrund ihrer Größe und ihrer Möglichkeiten mehr als einen Tag verdient hat.

Ideal für Outdooraktivitäten

Reisepraktische Informationen Great Barrier Island

Information
Great Barrier Island i-SITE Visitor Centre, *Claris Airport Terminal, Sanderson Rd., Hector, ✆ 0800-GOTO BARRIER u. 09-3676009, www.greatbarriernz.com, www.thebarrier.co.nz, Mo–Fr 9–17, Sa/So bis 13 Uhr. Sehr effektives Büro, gutes Karten- und sonstiges Material.*
Department of Lands & Survey, *Port Fitzroy, ✆ 09-4290044.*

Unterkunft
Auf Great Barrier Island gibt es mehrere Lodges (z. T. mit voll eingerichteter Küche), Backpacker Hostels, privat vermietete Ferienwohnungen sowie einige Campingplätze mit Cabins und Flats.

Lodges
**Sunset Waterfront Lodge $$$**, *Tryphena, Mulberry Grove, ✆ 09-4290051, www.sunsetlodge.co.nz, DZ NZ-$ 155–195, Bungalow NZ-$ 210–245. Strandnahe Unterkunft mit schönen Studio-Apartments und geräumigen, trapezförmigen Bungalows, herrlicher Garten.*

Tipi & Bob's Waterfront Lodge $$$, Puriri Bay, Tryphena, ℂ 09-4290550, www.waterfrontlodge.co.nz, DZ ab NZ-$ 195, Ferienwohnung für bis zu 4 Pers. ab NZ-$ 250. Gut geführte Lodge, alle Zimmer und Flats mit Balkon und Panoramablick, 50 m vom Strand entfernt, eigene Bootsanlegestelle, Gartenbar und gutes Restaurant.

Pohutukawa Lodge $$-$$$, Blackwell Dr., Tryphena, ℂ 09-4290211, www.greatbarrier.aucklandnz.com/accommodation/pohutukawa-lodge.html, DZ NZ-$ 130–180, im Mehrbettzimmer ab NZ-$ 28. 50 m vom Strand entfernte Unterkunft mit Einzel-, Doppel- und Mehrbettzimmern sowie Zeltmöglichkeit, Shop, Restaurant und Irish Pub in unmittelbarer Nachbarschaft.

Fahrradfahren
Fahrräder verleiht u. a. **Paradise Cycles** in Tryphena (ℂ 09-4290474).

Wassersport
Kajakverleih und **-touren** bieten u. a. **Aotea Kayak Adventures** (ℂ 09-4290664) und **Great Barrier Island Kayak Hire** (ℂ 09-4290520) an.
Ein **Tauchzentrum** gibt es bei **Tryphena Mobile Dive Centre** (ℂ 09-4290654).
Angeltouren organisieren u. a. **Tipi & Bob's** (ℂ 09-4290550).

Fähre
In der Hauptsaison tägl. Fährverbindungen (ca. 2 Std. 30 Min.) ab Auckland von Fullers (ℂ 09-3679111, www.fullers.co.nz), Abfahrten meist gegen 8.30/9 Uhr, einfache Fahrt NZ-$ 75, Kinder 5–15 Jahre NZ-$ 40. Die Autofähre SeaLink Great Barrier Island (ℂ 0800-732546 u. 09-3005900, www.sealink.co.nz) läuft mehrmals wöchentl. von Auckland Viaduct, Jellicoe St. zur Shoal Bay in Tryphena aus (hin und zurück NZ-$ 135/Pers., NZ-$ 385/Pkw); die Fährgesellschaft bietet auch Pakete, die An- und Abreise mit Übernachtung in Unterkünften aller Kategorien kombinieren.

Flüge
Mit **Air Discovery** (ℂ 0800-247347 u. 09-3724480, www.airdiscovery.co.nz), **Fly My Sky** (ℂ 0800-222123 u. 09-2567025, www.flymysky.co.nz), **Great Barrier Airlines** (ℂ 0800-900600 u. 09-2759120, www.greatbarrierairlines.co.nz) und **Mountain Air** (ℂ 0800-922812, www.mountainair.co.nz) gibt es jeweils drei bis vier tägl. Flugverbindungen ab/nach Auckland (Rückflug ab NZ-$ 200). Die Flugzeit beträgt 30 Min. Great Barrier Airlines bedient auch die Destinationen Whangarei und Whitianga.

 Die Fähr- und Fluggesellschaften bieten soge-

„Inselhüpfen" im Golf von Hauraki mit Great Barrier Airlines

nannte **Air Sea Combos**, die es erlauben, bei der An- und Abreise einen Weg per Schiff, einen per Flugzeug zurückzulegen, hin und zurück ab ca. NZ-$ 185.

Autoverleih
Wegen der hohen Fährkosten für Autos nimmt man besser einen **Leihwagen**. Autos werden u. a. ab ca. NZ-$ 50–60 von **Better Bargain Rentals** in Tryphena (℗ 09-4290092) und **Te Motu Rentals** (℗ 09-4290046) vermietet, ansonsten gibt es Bus- und Taxiverbindungen zwischen den wichtigsten Siedlungen (Tageskarte für Busse ca. NZ-$ 50).

Kawau Island

Zur neben Goat Island nördlichsten Insel **Kawau Island** kommt man mit dem Ausflugsboot ab Auckland oder aber auf dem Weg in den Norden mit der Fähre ab Sandspit (s. S. 191). Ganz besonders empfehlenswert ist hierbei der Royal Mail Run. Dabei bringt ein Katamaran die Post und Lebensmittel zu den wenigen Häusern der Insel, d. h. dass jede Bucht und jede Küstenlinie abgefahren wird. Auch zur Besichtigung des Mansion House bleibt ausreichend Zeit.

Das 1844 gebaute **Mansion House** gilt als schönstes Holzgebäude der kolonialen Frühzeit Neuseelands. Das von üppiger Vegetation umgebene Bauwerk gehörte zunächst einem Minenbesitzer, bevor der zweimalige Gouverneur Sir George Grey (1844–53 und 1861–68) im Jahr 1862 die gesamte Insel kaufte und drei Jahre später einen dreiteiligen Gebäudekomplex an das Mansion House anbauen ließ. 1899 – Grey hatte soeben die Insel wieder verkauft – wurde die Villa mit einer herrlichen filigranen Veranda umgeben. Umgeben ist das architektonische Prachtstück von einem Park mit einheimischen und importierten Pflanzen.

Schmuckstück

Wer länger bleibt, kann die überschaubare Insel auf **Wanderwegen** wie dem *Miners Track* erkunden. Diese führen zu den alten Minen, in denen die ersten Siedler der Insel nach Kupfer und Magnesium suchten.

Reisepraktische Informationen Kawau Island

Unterkunft
**The Beach House $$$**, Vivian Bay, ℗ 09-4228850, www.kawauresort.co.nz, DZ NZ-$ 180–250. Komfortable Chalets in herrlicher Lage direkt am Strand.

Boote
Mehrmals tägl. Schnellboote der Firma **Kawau Water Taxis** (℗ 0800-111616, www.kawauwatertaxis.co.nz) von Sandspit bei Warkworth, die Überfahrt dauert ca. 1 Std. und kostet hin und zurück ca. NZ-$ 50. Die gleiche Gesellschaft führt auch Törns entlang der Küste und Besichtigungstouren zum Mansion House durch.

5. NORDINSEL

Der Norden der Nordinsel

Streckenübersicht und Zeiteinteilung

Geschützte Buchten, Sandstrände, riesige Wanderdünen, tropischer Regenwald und eine immer scheinende Sonne über dem blauen Pazifik und der tiefgrünen Tasman Sea – diese idealen Urlaubsbedingungen ziehen mehr und mehr Neuseeländer und Ausländer an. Zwischen Weihnachten und Neujahr ist es schwer, in Hotels, Motels oder Motorcamps einen freien Platz zu finden, und Tausende von Segelbooten und Jachten bevölkern die unzähligen Buchten des schönen Nordens. Dass in den letzten Jahren einige Male Dauerregen die Freude an den Weihnachtsferien verdarb, war eher die Ausnahme von der Regel. Das Nordland eignet sich als Einstimmung auf eine Neuseelandreise ebenso wie als krönender Abschluss.

Ein Minimalprogramm sollte einschließen:
- eine Fahrt ab Auckland an der Ostküste entlang bis zur Bay of Islands
- eine mindestens zweitägige Besichtigung der wichtigsten Sehenswürdigkeiten der Bay (Russell, Waitangi, Kerikeri)
- eine Fahrt zum Cape Reinga im äußersten Norden mit Besuch des einmaligen Ninety Mile Beach.
- die Rückkehr nach Auckland (bzw. Fahrt zu südlicheren Zielen) über die Westküste mit Besuch des Waipoua-Kauri-Waldes

> **Redaktionstipps**
>
> **Sehens- und Erlebenswertes**
> ▶ Mehrtägiger Besuch der **Bay of Islands** vom Standquartier Paihia, Russell oder Kerikeri aus (S. 198)
> ▶ Bootsausflug zum Cape Brett/Hole in the Rock oder Teilnahme am Cream Trip (S. 199)
> ▶ Besichtigung der historischen Gebäude von **Kerikeri** und **Russell** sowie der **Waitangi Treaty Grounds** (S. 202).
> ▶ Fahrt über den **Ninety-Mile-Beach** zum Cape Reinga (S. 216)
> ▶ Von Opononi mit dem Wassertaxi zur **Riesendüne** am **Hokianga Harbour** (S. 221)
> ▶ Besuch des **Waipoua Kauri Forest** und des **Matakoke Kauri Museum** (S. 222).
> ▶ Auf der Rückfahrt nach Auckland Abstecher zur **Tölpelkolonie** von **Muriwai** (S. 227)

Wer sich auf der Hinfahrt zur Bay of Islands (die Strecke Auckland–Pahia ist auf kürzestem Weg 241 km lang) beeilt und das Besichtigungsprogramm dort bereits am selben Tag beginnt, kann evtl. mit vier Tagen auskommen, wer die Strecken in den Norden und zurück mit dem Flugzeug bewältigt, kommt mit drei Tagen aus. Besser ist es natürlich, wenn man sich mehr Zeit lässt.

Von Auckland in den Norden

Bereits die Harbour Bridge in Auckland ist Bestandteil des Motorway bzw. Highway 1, der auf insgesamt etwa 425 km Länge bis zum Cape Reinga an der Nordspitze führt. Es ist aber ratsam, alternative Strecken zu nehmen, die parallel dazu näher an der Küste entlangführen, und bei der Rückfahrt auf dem Highway 12 auch die westlichen Landesteile kennenzulernen. Die nachfolgende Streckenbeschreibung ist für eine Zeitspanne von fünf Tagen ausgelegt, die aber beliebig verlängert werden kann. Ausgewählt wurde nicht die schnellste, sondern die schönste Verbindung zwischen der Metropole Auckland und den nördlicheren Zielen. Da die Bay of Islands ziemlich genau

Der Norden der Nordinsel

> **Infos im Internet**
>
> Die **Website** des Nordens der Nordinsel, des sogenannten Nordlands (Northland), lautet www.northland.nz.com.

zwischen Auckland und dem Cape Reinga liegt, kann man sich dort für den Besuch im Nordland ein festes Standquartier suchen.

Wer durch einen Flug Zeit sparen möchte, kann von Auckland u. a. nach Whangarei, Kaitaia, Paihia und Kerikeri kommen. Von den genannten Orten aus lassen sich problemlos Ausflüge zu den Sehenswürdigkeiten organisieren. Verschiedene öffentliche Busrouten führen ebenfalls in den Norden, ab Auckland z. B. mehrmals täglich zur Bay of Islands (und weiter über Mangonui nach Kaitaia). Die meisten Busgesellschaften nutzen allerdings ausschließlich die Ostroute.

Von Auckland zur Bay of Islands

Man verlässt Auckland über die **Harbour Bridge** und ist damit automatisch auf dem Motorway 1, der später als Highway 1 bis in die äußerste Nordspitze führt. Wer jedoch die vielen Buchten, Sandstrände und Inseln des Hauraki Gulf intensiver erleben möchte, sollte kurz hinter der Brücke in Richtung Takapuna abzweigen (hier bietet sich evtl. ein Besuch von Devonport an, s. S. 155) und der kleinen Küstenstraße entlang der East Coast Bay folgen. Besonders lohnt sich dabei ein Abstecher zur **Halbinsel Whangaparaoa**, die als Shakespeare Regional Park unter Naturschutz steht. Am Ende der Halbinsel findet man herrliche Sandstrände, ausgezeichnete Windsurfing- und Kajaking-Möglichkeiten sowie ein Netz von Wanderwegen, auf denen man die endemische Flora und Fauna erleben kann. Gerade für botanisch Interessierte tut sich in dieser Region ein Eldorado auf – nicht umsonst trägt die Küste den Beinamen „Hibiscus Coast".

Traumhafte Küste

Orewa

Vor Orewa, das mit einer Statue an Sir Edmund Hillary erinnert (das Wohnhaus des 2008 verstorbenen Mount-Everest-Bezwingers befindet sich einige Kilometer außerhalb), stößt man automatisch wieder auf den Highway 1. Auch danach bleibt die Landschaft wunderschön: Auf der linken Seite zeigen sich Hügel mit Schafsweiden oder Forste – u. a. Redwood-Bäume, die hier sehr viel schneller wachsen als in ihrer kalifornischen Heimat – auf der rechten Seite verzaubern immer neue Ausblicke auf das Meer und die als Naherholungsgebiete bei den Aucklandern geschätzten Sandstrände. Mit einer von Pohutakawa-Bäumen gesäumten Flussmündung und herrlichen Sandstränden lädt der **Wenderholm Park**, der eine idyllische Bucht umfasst, zu einer Pause und einem erfrischenden Bad im Pazifik ein. Im Nachbarort Waiwera bietet das Bad **Waiwera Thermal** mit spannenden Wasserrutschen Spaß für Kinder sowie mit 26 unterschiedlich temperierten Innen- und Außenpools Entspannung für Eltern.

Badefreuden

Waiwera Thermal, © 0800-WAIWERA, www.waiwera.co.nz, So–Do 9–21, Fr/Sa bis 22 Uhr, NZ-$ 26, Kinder unter 14 Jahre NZ-$ 15.

Reisepraktische Informationen Orewa

Information
Orewa i-SITE Visitor Centre, 214a Hibiscus Coast Highway, ℗ 09-4260076, www.orewabeach.co.nz, tägl. 10–16 Uhr.

Camping
Orewa Top 10 Holiday Park, 265 Hibiscus Coast Highway, ℗ 09-4265832, www.orewabeachholidaypark.co.nz. Sehr gut ausgestattete Anlage mit Stellplätzen für Zelte und Wohnmobile sowie gemütlichen Cabins, direkt am Strand.
Waiwera Thermal Spa Holiday Park & Motel, Main Rd., Waiwera, ℗ 09-4265270, www.waiwera.co.nz. Komfortable Anlage mit Stellplätzen für Zelte und Campervans, geräumigen Ferienhäusern (NZ-$ 250) und Moteleinheiten (NZ-$ 105), in Strandnähe.

Puhoi

Böhmische Gründung

Wenige Kilometer hinter Orewa führt eine kleine Stichstraße vom Highway zum Ort Puhoi, der als deutsche Gründung (*German Settlement*) 20033 den 150. Jahrestag begehen kann. Das Wegkreuz am Ortseingang oder die böhmischen Malereien in der Peter-und-Pauls-Kirche verweisen noch auf den Ursprung des Ortes, wenn auch die Einwohner längst anglisiert sind und aus dem Familiennamen Schmitz Smith wurde. Der **Country Pub Puhoi Hotel** vermittelt mit alten Fotos und landwirtschaftlichen Geräten ein urwüchsiges Bild der Pionierzeit und einen Hauch von Wild-West-Romantik; an Wochenenden ist er beliebter Treffpunkt von Motorradfahrern.

Mautpflichtiger Motorway

Im Jahr 2009 wurde die **Verlängerung des Motorway 1** bis kurz vor Puhoi eröffnet. Der neue Abschnitt ist als *tollroad* kostenpflichtig. Fahrzeuge werden im Vorbeifahren von Scannern erfasst. Die **Maut** (Pkw NZ-$ 2, Wohnmobil NZ-$ 4) kann man vorab an ausgeschilderten Automaten-Zahlstellen entrichten oder bis höchstens fünf Tage später per Kreditkarte unter ℗ 0800-402020 oder www.landtransport.govt.nz/tollroad. Nicht vergessen, das Autokennzeichen anzugeben!

Warkworth

Wenn man nicht zur Siedlung Waiwera mit Thermalpools, Campingplätzen und Motels abbiegt, gelangt man kurze Zeit später nach Warkworth. Einige Kilometer zuvor sollte man am Aussichtspunkt (*lookout*) anhalten. Wanderfreunde haben dort die Möglichkeit, den **Moir Hill Walkway** mit herrlichen Ausblicken auf den Hauraki Gulf zu begehen (Rundweg ca. 3,5 Std.). Unmittelbar hinter dem Lookout erkennt man rechter Hand des Highway die neuseeländische Satellitenstation. Warkworth selbst ist hübsch am Mahurangi River gelegen und bietet neben einigen schönen alten Holzhäusern wie dem **Mansion House** eine Touristeninformation sowie mehrere Motels und Campingplätze. Ausflüge führen von hier zu herrlichen Sandstränden. Vom östlich gelegenen Hafenstädtchen Sandspit verkehren Boote zur Kawau Island (s. S. 185).

Die **Matakana Coast** zwischen Warkworth und Cape Rodney ist ein beliebtes Naherholungsgebiet der Aucklander und zugleich eines der bedeutendsten Weinbaugebiete der Region. Um die winzige vorgelagerte **Goat Island** erstreckt sich 25 km nordöstlich von Warkworth das **Cape Rodney-Okakari Point Marine Reserve**, ein Meeresresrvat mit einem unglaublichem Fischreichtum. Nicht nur Taucher, sondern auch Schnorchler kommen hier garantiert auf ihre Kosten (**Tauchkurse und -exkursionen**: Goat Island Dive, © 0800-348369 u. 09-4226925, www.goatislanddive.co.nz; **Verleih der Schnorchelausrüstung**: Seafriends Snorkel Hire & Café, © 09-4226212, www.seafriends.org.nz, ab NZ-$ 15/Tag). Wasserscheue können die bunte Unterwasserwelt an Bord eines **Glasbodenbootes** bewundern (© 09-4226334, www.glassbottomboat.co.nz, mehrmals tägl. 9–17 Uhr, 45-minütige Tour NZ-$ 25, Kinder 5–15 Jahre NZ-$ 13).

Taucher und Schnorchler

Die Fahrtroute zweigt nun von der Ostküste ab ins Hinterland mit seiner sanfthügeligen Landschaft. 4 km hinter Warkworth passiert man die **Sheepworld**, in der sich alles um Schafe dreht.
Sheepworld, © 09-4257444, www.sheepworldfarm.co.nz, tägl. 10–17 Uhr, Sheep & Dog Show tägl. 11, 13, 14 Uhr, Eintritt: NZ-$ 25, Kinder 4-13 Jahre NZ-$ 9.

Reisepraktische Informationen Warkworth und Matakana Coast

Information
Warkworth i-SITE Visitor Centre, Warkworth, 1 Baxter St., © 09-4259081, www.warkworthnz.com, tägl. 9–17 Uhr.

Unterkunft
Hotel
**Warkworth Lodge $$–$$$**, Warkworth, 8 Falls St., © 0800-WARKWORTH u. 09-4222500, www.warkworthlodge.co.nz, DZ NZ-$ 105–185. Im Ortskern gelegen, 11 freundlich ausgestattete Einheiten, Sonnenterrasse und Swimmingpool.

Bed & Breakfast
**Nikau Haven $$**, Matakana Coast, 51 Goat Island Rd. (nahe Pakiri Beach), © 09-4226634, www.nikauhaven.co.nz, DZ NZ-$ 120–210. Eine gemütliche Pension mit Swimmingpool und großem Garten, der Gastgeber Dennis steht gern mit Rat und Tat bei den Tagesplanungen zur Verfügung.

Camping
Sandspit Holiday Park, 1334 Sandspit Rd., © 09-4258610, www.sandspitholidaypark.co.nz. Bodenständiger Ferienpark am Strand nahe Fährableger für Kawau Island mit Stellplätzen für Zelte und Campervans sowie Hütten ($–$$), kostenloser Kanuverleih.

Essen und Trinken
Plume Restaurant, Matakana RD 2, 49a Sharp Rd., © 09-4227915, www.plumerestaurant.co.nz, tägl. 11–15, 17.30–22.30 Uhr, teuer. Gourmetrestaurant inmitten von Weingärten, kreative modern-neuseeländische Gerichte mit mediterranem und asiatischem Akzent; in der Nähe des Warkworth Golf Club gelegen.
The Stables, Matakana Country Park, 1151 Leigh Rd., © 09-4227360, www.stablesmatakana.co.nz, tägl. ab 11 Uhr, moderat. Gemütliches Lokal im Countrystil mit holzverkleideten Wänden und gemauertem Kamin, deftige Kiwi-Hausmannskost mit Hamburgern, Pizzas und Steaks.

Einkaufen
Matakana Village Farmers' Market, Matakana Village Complex, 2 Matakana Valley Rd., © mobil 021-1414308, www.matakanavillage.co.nz/market/matakana-farmers-market, Sa 8–13 Uhr. Bunter Bauernmarkt mit frischen Bioprodukten und Spezialitäten aus der Region.

Von Warkworth nach Whangarei

Kurz hinter der Sheepworld gelangt man zur Ortschaft **Wellsford**. Von hier aus sind es noch 44 km, bis man in Waipu an der Bream Bay wieder den Pazifik erreicht. Unterwegs lohnt sich ein kurzer Stopp bei den **Brynderwyn Hills**, von denen sich ein schöner Weitblick bietet.

Huhn-und-Küken-Insel

Alternativ zum Highway 1 könnte man in Wellsford wieder zur Ostküste abbiegen und über das an einem langen Strand gelegene Seebad Mangawhai nach **Waipu** gelangen. Während der Fahrt entlang der **Waipu Cove** hat man stets die Hen and Chicken Islands im Blick. Was das „Huhn" und was die „Küken" sind, ist klar erkennbar. Im Zentrum der Ortschaft **Waipu** lohnt sich ein Blick in das kleine Lokalmuseum **House of Memories**, bevor es in Küstennähe über Ruakaka in Richtung Whangarei weitergeht – eine Strecke von 39 km. Ca. 30 km vor dem Etappenziel sieht man nahe des Highway die große Industrieanlage von Marsden Point, die als Ölraffinerie 1965–67 errichtet wurde und das in Taranaki geförderte Öl und Gas verarbeitet. Durch die Rohstofffunde und deren Veredelung bei Marsden Point ist Neuseeland heute von Energieimporten weitgehend unabhängig. Die Hightech-Anlage und ein 1:33-Modell kann man besichtigen.

Whangarei

Mit fast 50.000 Einwohnern ist Whangarei das industrielle und kommerzielle Zentrum des Nordlands und nennt sich selbst *„The Gateway to the North"*. Der Flughafen, der große Hafen mit den meisten Jachten nördlich von Auckland sowie die Straßenverbindungen nach Norden und Süden (Highway 1), Osten und Westen (Highway 14) machen die Stadt am Hatea River zudem zu einem Verkehrsknotenpunkt. Whangarei eignet sich gut als Standort für Ausflüge in die Umgebung, hat aber auch innerhalb der Stadtgrenzen einiges zu bieten.

Von Auckland zur Bay of Islands

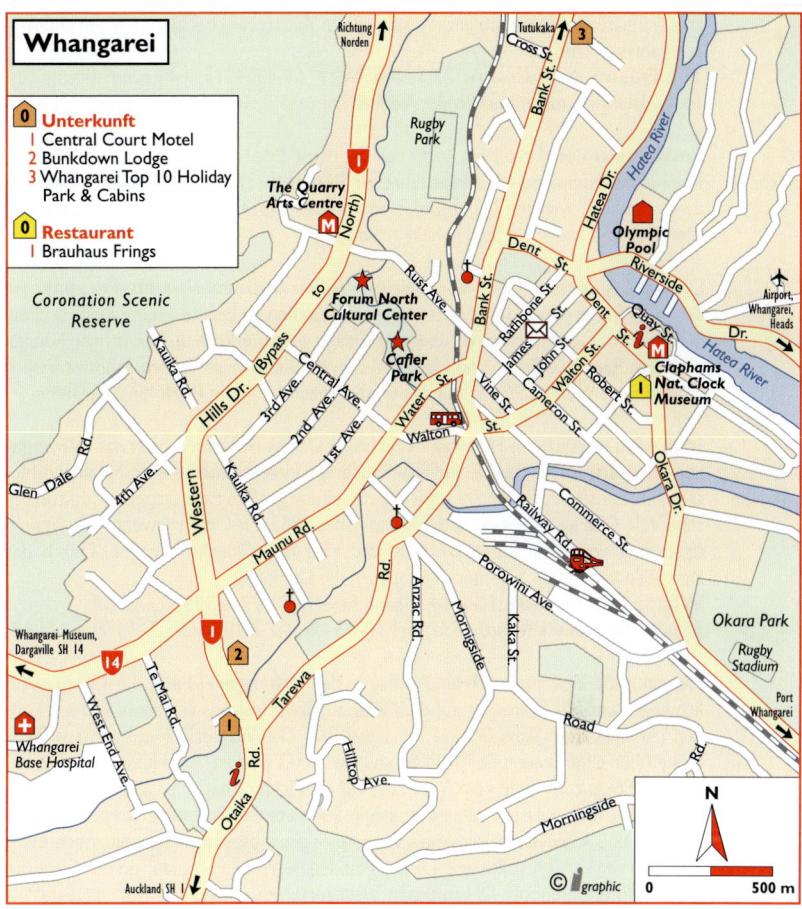

Größter Besuchermagnet ist das Uhrenmuseum **Claphams National Clock Museum** in einem Neubau am Hafen. Die Sammlung von mehr als 1.300 Uhren aus drei Jahrhunderten ist die größte ihrer Art in der südlichen Hemisphäre.
Claphams National Clock Museum, *Dent St., ℗ 09-4383993, www.claphams clocks.com, tägl. 9–17 Uhr, NZ-$ 8, Kinder 5–15 Jahre NZ-$ 4.*

Ebenfalls einen Besuch lohnt der großzügige **Cafler Park**, der nicht nur über hübsch angelegte Blumenbeete am Ufer eines kleinen Baches verfügt, sondern im Fernery & Snow Conservatory auch die einzige Farnzuchtanlage des Landes besitzt, in der rund 80 Arten der überall wuchernden Nationalpflanze gezeigt werden. Nur wenige Fußminuten entfernt befindet sich das Kulturzentrum **Forum North Cultural Centre**. Einen halben Kilometer westlich des Cafler Park liegt **The Quarry Arts Cen-**

Nationalpflanze Farn

tre, ein großes Kulturzentrum mit sehr guten Kunstgewerbeläden in einer ehemaligen Fabrikanlage.
The Quarry Arts Centre, 21 Selwyn Ave., © 09-4381215, www.quarryarts.org, tägl. 10–16 Uhr, im Sommer auch länger geöffnet.

Jachthafen

Am Nordufer des Hatea River lockt der **Olympic Pool** mit Innen- und Außenbecken zu einem erfrischenden Bad. Hier führt der **Riverside Drive** am Flußufer entlang, auf dem man nach wenigen Minuten das **Town Basin** erreicht, in dem sich Jachten aus aller Herren Länder ein Stelldichein geben.

Die beste Aussicht auf die Stadt genießt man vom zentrumsnahen **Mt. Parahaki**, auf dem sich früher eines der größten neuseeländischen Pa befand. Heute noch sind die Terrassen der alten Maori-Verteidigungsanlage gut zu erkennen. Autofahrer können über den Riverside Drive und Memorial Drive auf den Hügel fahren, schöner freilich ist es, auf markierten Pfaden durch den angrenzenden **Mair Park** hinaufzulaufen.

Sehenswertes Museum

Etwa 4 km westlich am Highway 14 Richtung Dargaville befindet sich das **Whangarei Museum** – das größte und wohl auch das interessanteste aller Nordland-Museen. Im Zentrum der Anlage steht die von einem großen Park umgebene viktorianische Villa **Clarke Homestead** aus dem Jahre 1885 mit Originalinventar. Zu besichtigen sind weiterhin ein Kiwi-Haus und eine alte Quecksilbermine. Durch das Parkgelände fährt im Sommer eine historische Dampflok.
Whangarei Museum, Hwy. 14, Maunu Reserve, © 09-4389630, www.whangareimuseum.org.nz u. www.kiwinorth.co.nz, tägl. 10–16 Uhr, NZ-$ 10, Kinder 3–16 Jahre NZ-$ 5.

Mit genügend Zeit lohnt sich ein Ausflug zu den **Whangarei Falls**, die 4,5 km nördlich liegen und als Abstecher auf dem Weg zur Bay of Islands eingebaut werden können (Anfahrt über Bank St. und Waiatawa Rd.). Die Wasserfälle stürzen aus 25 m Höhe über eine Lavaklippe in ein baumumkränztes Becken. Am Fluss laden drei natürliche Pools zum Baden ein. Wer Lust auf ein Picknick hat, wird kaum einen schöneren Platz finden. Die Fälle sind in knapp 5 Minuten zu Fuß vom Parkplatz aus erreichbar und werden deshalb von vielen Ausflüglern besucht. Wer über noch mehr Zeitreserven verfügt, sollte einen Ausflug zu den herrlichen Stränden an der Ostküste machen (u. a. Matapouri, Ocean Beach, Ngunguru, Whale Bay).

Reisepraktische Informationen Whangarei

Information

Whangarei i-SITE Visitor Centre, Tarewa Park, 92 Otaika Rd. (am südlichen Stadtrand am Highway 1 nach Auckland), © 09-4381079, www.whangareinz.com, Mo–Fr. 8.30–17, Sa/So 9–16.30 Uhr. Hier ist ein kostenloser Stadtplan erhältlich, der eine Sightseeing-Tour mit über 50 Sehenswürdigkeiten im weiteren Stadtgebiet beschreibt.
Department of Conservation (DOC), 149 Bank St., © 09-4380299, www.doc.govt.nz, Mo–Fr 9–17 Uhr. Hier erhält man Karten über Wanderwege im gesamten Norden, Campinggenehmigungen, Infos insbesondere über den Northland Forest Park, Souvenirverkauf.

Unterkunft
Motel

Central Court Motel $$ (1), 54 Otaika Rd., ✆ 0800-990000 u. 09-4384574, www.centralcourt.co.nz, DZ NZ-$ 80-120. Zentral gelegenes, praktisches und recht preisgünstiges Motel, Pool, Sauna, Internetzugang.

Backpacker-Hostel

Bunkdown Lodge $ (2), 23 Otaika Rd., ✆ 09-4388886, www.bunkdownlodge.co.nz, DZ NZ-$ 55, im Mehrbettzimmer NZ-$ 25. Schönes, zentral gelegenes Backpacker-Hostel mit großem Garten, Doppel- und Mehrbettzimmern.

Camping
Whangarei Top 10 Holiday Park & Cabins (3), 24 Mair St., Kensington, ✆ 0800-455488 u. 09-4376856, www.whangareitop10.co.nz. Knapp 2 km vom Zentrum entfernter, schön im Grünen gelegener Campingpark mit Stellplätzen für Zelte und Wohnmobile sowie Cabins unterschiedlichen Standards ($$-$$$).

Essen und Trinken
Brauhaus Frings (1), 104 Dent St., Ecke Reyburn St., Vinetown, ✆ 09-4384664, www.frings.co.nz, Mi-Sa 10-3, So-Di 10-1 Uhr, moderat. Deutsche Entwicklungshilfe für die „Kiwis" in Form einer Mikrobrauerei, im angeschlossenen Pub gibt es den selbstgebrauten Gerstensaft und solide Hausmannskost.

Wandern
Whangarei Views, 5 Kensington Heights Rise, Kensington, Whangarei, ✆ 09-4376238, www.whangareiviews.co.nz. Ein schweizerisch-britisches Paar organisiert sehr schöne und preiswerte Touren bzw. Wanderungen in der Umgebung von Whangarei und bietet auch eine vorzügliche B&B-Unterkunft (ab NZ-$ 120) an.

Tutukaka

Das 35 km östlich von Whangarei gelegene Tutukaka dient als Sprungbrett für die **Poor Knights Islands** (Inseln der armen Ritter) mit einigen der besten Tauchgründen des Landes. Die beiden Inseln **Tawhiti Rangi** und **Aorangi** liegen etwa 24 km vor der Küste und sind als Naturschutzgebiet streng geschützt, u. a. gibt es hier noch wildlebende Tuataras. Das Betreten ist verboten, nicht jedoch Tauchen und Schnorcheln in den kristallklaren Gewässern mit zahlreichen tropischen und subtropischen Fischen, die sonst in Neuseeland nicht vorkommen. Weitere Attraktionen für Taucher sind Unterwasserhöhlen, bis zu 70 m steil abfallende Klippen und die Wracks der ausgemusterten Schiffe HMNZS Tui und HMNZS Waikato, die von der neuseeländischen Marine in Küstennähe versenkt wurden und heute künstliche Riffe bilden. Tutukaka ist außerdem Heimathafen einer ansehnlichen Flotte von Fischerbooten, die Besucher zum Hochseeangeln mitnehmen. Südöstlich von Tutukaka führt eine schmale Straße nach Parua Bay und zu den markanten **Whangarei Heads**, die 419 m steil über der Bucht aufragen und eine Herausforderung für Bergsteiger oder Freeclimber darstellen.

Bester Tauchspot

Reisepraktische Informationen Tutukaka

Unterkunft
**Pacific Rendezvous $$$**, 73 Motel Rd., ℂ 0800-999800 u. 09-4343919, www.pacificrendezvous.co.nz. Ein gepflegtes Haus mit komfortablen Chalets (NZ-$ 180-205), Apartments (NZ-$ 195-205) und Suiten (NZ-$ 230-245), Pool und Tennisplatz vorhanden, in herrlicher Hügellage mit unvergleichlichem Blick auf Port Tutukaka und die Poor Knights Islands.

Camping
Tutukaka Holiday Park, Matapouri Rd., ℂ 09-4343938, www.tutukaka-holidaypark.co.nz. In der Nähe des Hafens gelegen, Stellplätze für Zelte und Wohnmobile, Backpackerunterkunft ($) und Hütten ($$), im Sommer oft überlaufen.

Tauchen
Dive!, Tutukaka, Poor Knights Dive Centre, Marina Rd., ℂ 0800-288882 u. 09-4343867, www.diving.co.nz. PADI-Tauchkurse für Anfänger (ab NZ-$ 799) und Tauchexkursionen für Fortgeschrittene (mit zwei Tauchgängen NZ-$ 299).

Von Whangarei nach Kawakawa

Bleibt man ab Whangarei auf dem Highway 1, gelangt man nach wenigen Kilometern zum **Weiler Hikurangi**, in dem ein liebevoll eingerichtetes Heimatmuseum seine Pforten geöffnet hat. Etwa 40 km weiter, ca. 5 km vor Kawakawa, lohnt sich in **Waiomio** ein 1-km-Abstecher zu den **Kawiti Caves**, die herrliche Tropfsteinformationen besitzen und zugleich als Begräbnisplatz des lokalen Maori-Stammes dienten. Die Höhlen mit Stalaktiten und Stalagmiten kann man im Rahmen einer 40-minütigen geführten Tour besichtigen.
Kawiti Caves, www.kawiticaves.co.nz, tägl. 9–17 Uhr alle 20–30 Min. geführte Tour, NZ-$ 15, Kinder 5–15 Jahre NZ-$ 7,50.

Kawakawa

Der kleine Ort liegt hübsch am gleichnamigen Fluss. Täglich verkehrt auf der Main St. neben Fußgängern und Motorfahrzeugen eine restaurierte Dampfeisenbahn. 1985 hatte eine private Firma beschlossen, die stillgelegte Strecke Opua–Kawakawa zu touristischen Zwecken neu zu beleben. Seitdem kann man im Sommer vom Fährhafen Opua durch Tunnel, über zehn Brücken und immer am Kawakawa River entlang den nostalgischen Reiz dieser 45-Minuten-Strecke genießen. Der Höhepunkt ist das Durchqueren des Stadtkerns auf Kawakawas Hauptstraße. Den Ausflug kann man auch in Paihia oder Russell buchen.
Bay of Islands Vintage Railway, www.bayofislandsvintagerailway.org.nz, In den Schulferien u. an Feiertagen tägl. 10.45, 12, 13.15, 14.30, sonst Fr–So 10.45, 12, 13.15, 14.30 Uhr, NZ-$ 18, Kinder 5–15 Jahre NZ-$ 7.

Hinweis zur Streckenführung

Bei der Weiterfahrt in Richtung Bay of Islands hat man erneut die Wahl zwischen dem gutausgebauten Highway 1 oder einer zeitaufwendigeren und schmalen, dafür jedoch landschaftlich reizvolleren Straße entlang der Ostküste. Wer diese **Alternativroute** bevorzugt (nur für Selbstfahrer, kein Busverkehr), könnte zuerst einen großen Bogen über die oben genannten Strände von Ngunguru, Tutukaka und Matapouri schlagen und dann kurz vor Hikurangi erneut nach Osten ausweichen. Dabei gelangt man zum Whangaruru Harbour mit der Ortschaft Oakura. Eine herrliche Landschaft mit endemischer Flora entschädigt für das manchmal beschwerliche Fahren auf unasphaltierter Strecke. In der Verlängerung der Route kommt man durch das Hinterland nach Russell und damit zur Bay of Islands an einer ihrer schönsten Stellen.

Mit Kawakawa war der Künstler **Friedensreich Hundertwasser** (s. S. 67) eng verbunden. Hier ließ er sich 1975 nieder, wurde 1986 eingebürgert und besaß im nahe gelegenen Kaurinui Valley eine Farm, wo er im Februar 2000 auch beigesetzt wurde. Seiner neuen Heimatstadt hinterließ er an der Wynyard St. mit dem **Hundertwasser Building** ein skurril anmutendes Baudenkmal, das ganz profan als Toilettenanlage dient.

Spektakuläre Küstenlandschaft bei Oakura am Whangaruru Harbour

Bay of Islands

Paihia

Von den drei Ferienorten an der Bay of Islands – Russell, Kerikeri und Paihia – hat Paihia das bei Weitem größte touristische Angebot. An der Uferstraße (Waterfront) links und rechts der Wharf findet man Pensionen, Hotels und Motels in Hülle und Fülle, außerdem Boots- und Autoverleihfirmen, die Busstation für Fahrten zum Cape Reinga, die Personenfähre nach Russell, die Anlegestelle für die Bay-Kreuzfahrten, Restaurants

Empfehlungen für einen zwei- bis dreitägigen Aufenthalt

- **1. Tag:** Kreuzfahrt zum Cape Brett/Hole in the Rock bzw. Cream Trip und Besichtigung von Russell
- **2. Tag:** Spaziergang nach und Besichtigung von Waitangi, Fahrt nach und Besichtigung von Kerikeri
- **3. Tag:** Exkursion zum Cape Reinga

für jeden Geschmack und Geldbeutel sowie Touristen-Informationszentrum, Post und Banken.

Der 7.000-Seelen-Ort selbst weist keine nennenswerten Attraktionen auf, ist aber durch seine herrliche Lage an der Bay of Islands und durch die Nähe zu deren historischen und landschaftlichen Sehenswürdigkeiten sowie nicht zuletzt aufgrund seiner touristischen Infrastruktur ein idealer Standort für Nordland-Besucher. Nicht umsonst bedeutet der Maori-Name Paihia in der Übersetzung soviel wie „hier ist es gut". Der größte Besuchermagnet von Paihia sind die Naturschönheiten der Region. Um sie zu erleben, muss man aufs Wasser. Dabei hat man die Möglichkeit, sich einer der vielen Angeltouren anzuschließen, mit Taucherbrille und Schnorchel die Unterwasserwelt zu erkunden oder mit einem komfortablen Ausflugsboot auf Kreuzfahrt zu gehen.

Ein beliebter Ausflug führt zum **Cape Brett/Hole in the Rock**. Mit Katamaranen oder Segelschiffen fährt man von Paihia zunächst um die Nordspitze der Russell-Halb-

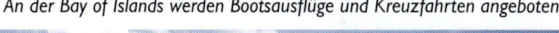

An der Bay of Islands werden Bootsausflüge und Kreuzfahrten angeboten

insel nach Robertson Island, dann durch das riesige natürliche Felsentor Hole in the Rock und nördlich von Moturua Island wieder zurück. Unterwegs wird gern ein Zwischenstopp in der Otehei Bay eingelegt, wo man wandern oder an einer U-Boot-Exkursion teilnehmen kann. Für solche Kreuzfahrten muss man gut 4 Std. einkalkulieren, während der Trip mit einem Speedboot zum Hole in the Rock nur etwa 1,5 Std. dauert.

Der vielleicht schönste Ausflug ist der **Cream Trip**, benannt nach jener alten Route, auf der Milch und Sahne von den Inseln und deren Anwesen abgeholt wurden. Der Ausflug führt von Paihia oder Russell über Moturoa Island und Urupukapuha Island zur Otehei Bay, dann über die Parekura Bay, Maturua Island und Robertson Island wieder zurück nach Russell oder Paihia. Während der Mittagspause hat man bei einigen Kreuzfahrten die Gelegenheit, mit dem U-Boot Nautilus in der Otehei Bay die reiche Flora und Fauna des kristallklaren Meeres zu beobachten. Sofern man in Paihia wohnt, empfiehlt es sich, auf der Rückfahrt in Russell auszusteigen und später mit der Personenfähre nach Paihia zurückzukehren – so hat man Zeit und Geld gespart.

Reisepraktische Informationen Paihia

Information
Bay of Islands i-SITE Visitor Centre, *The Wharf, Marsden Rd., & 09-4027345, www.paihia.co.nz, www.northland.org.nz, www.bay-of-islands.co.nz, tägl. 8–18.30 Uhr. Buchung von Hotels, Pensionen, Ausflügen und Aktivitäten. Gegenüber befindet sich das Maritime Building mit der Info- und Buchungsstelle der Bootsunternehmen Kings und Fullers.*

Unterkunft
Hotels/Motels
**Kingsgate Autolodge Hotel $$$**, *104 Marsden Rd., & 09-4027416, www.millenium hotels.co.nz, DZ NZ-$ 130–240. Großes Haus der Millenium-Kette mit 72 Einheiten (Studios, z. T. mit Küche, und Suiten), direkt an der Waterfront gelegen, ca. 100 m von der Anlegestelle entfernt, gutes Restaurant und Bar, Sauna, Swimmingpool, Fahrrad- und Bootsverleih.*
**Admiral's View Lodge Motel $$–$$$**, *2 McMurray St., & 0800-247234 u. 09-4026236, www.admiralsviewlodge.co.nz, DZ NZ-$ 95–175. Fantastisch gelegene Lodge mit weitem Blick, schöne Zimmer mit Kitchenette und Wohnraum, kostenlose Tennis- und Fahrradbenutzung, ruhig.*
**Aloha Seaview Resort Motel $$–$$$**, *32-36 Seaview Rd., & 09-4027540, www.aloha.co.nz, DZ NZ-$ 115–225. Große Anlage mit Apartments, Studios und Doppelzimmern, Swimmingpool, Spa, schöner Garten.*
**Hotel Paihia $$–$$$**, *5 Joyces Rd., & 09-4027911, www.hotelpaihia.com, DZ NZ-$ 90–185. Zentral gelegenes Haus mit 65 gut ausgestatteten Zimmern und Suiten, Pool, Spa, Restaurant, Bar.*

Bed & Breakfast
**Chalet Romantica $$$–$$$$**, *6 Bedggood Close, & 09-4027883, www.chaletromantica.co.nz, DZ NZ-$ 169–299. Gemütliches Haus im Schweizer Stil, großzügig bemessene Wohneinheiten, Indoor-Pool.*

Backpacker-Hostels
**Saltwater Lodge $–$$**, 14 Kings Rd., ⓒ 0800-002266 u. 09-4027075, www.saltwater lodge.co.nz, DZ NZ-$ 100, im Mehrbettzimmer ab NZ-$ 28. Futuristisches, großzügiges und nicht billiges Fünf-Sterne-Hostel mit Doppel-, 4- und 6-Bett-Zimmern, alle mit eigenem Bad, Balkon, große Gemeinschaftsräume, Internetzugang, Fitnessraum, kostenlose Kajak- und Fahrradbenutzung, Tennis.
**The Mousetrap $–$$**, 11 Kings Rd., ⓒ 09-4028182, www.mousetrap.co.nz, DZ NZ-$ 65, im Mehrbettzimmer ab NZ-$ 24. Uriges, von einem Bayern geleitetes Hostel im Zentrum, von einem Kapitän in Schiffsbautechnik erbaut, Doppel- und Mehrbettzimmer.
**Lodge Eleven $**, Kings Rd., Ecke MacMurray Rd., ⓒ 09-4027487, www.lodgeeleven.co.nz, DZ NZ-$ 56, im Mehrbettzimmer NZ-$ 19. Sehr gut geführtes und sauberes Hostel mit Einzel-, Doppel- und Mehrbettzimmern, eigenes Boot für Angel- und Sightseeing-Ausflüge, in der Nähe Tennisplatz, YHA-assoziiert.

Camping
Haruru Falls Resort, Old Wharf Rd., Haruru Falls, ⓒ 0800-757525 u. 09-4027525, www.haururufalls.co.nz. Schönstes Motorcamp der Umgebung, 3 km von Paihia entfernt, in herrlicher Landschaft mit Blick auf die Haruru-Wasserfälle, Pool, Bar, Restaurant, eigenes Ausflugsboot, angeschlossenes Motel (DZ ab NZ-$ 125).
Smiths Holiday Camp, Opua-Paihia Rd., ⓒ 09-4027678. Schön an einer Privatbucht gelegenes Camp 2,5 km südl. von Paihia, Zeltplätze, Cabins, Flats etc., Shop, Bootsverleih, Strand.

Essen und Trinken
Only Seafood, 40 Marsden Rd., ⓒ 09-4026066, tägl. 17–23 Uhr, teuer. Fisch und Meeresfrüchte frisch aus Neptuns Garten in allen Variationen, Tipp: Trevalla (ein Tiefseefisch) vom Holzofengrill, begehrt sind die Terrassenplätze.
35° South, 69 Marsden Rd., ⓒ 09-4026220, www.35south.co.nz, tägl. 7–23 Uhr, teuer. Gourmets pilgern zur Wallfahrtsstätte für Seafood-Liebhaber, viele kommen vor allem wegen der frischen Austern, ein Dutzend zu etwa NZ-$ 30. Beim Essen können die Gäste Fische aus den Gewässern der Bay of Islands beobachten, die in einem 60.000 l fassenden Salzwasseraquarium schwimmen.

Bootsausflüge
Paihia ist die Drehscheibe für Ganztagesausflüge in den Norden (u. a. Cape Reinga und Ninety Mile Beach) oder Kreuzfahrten durch die Bay. Zahlreiche Anbieter haben Hochseeangel-Touren, Rundflüge, Boot- und Jachtverleih, Reitausflüge, Sightseeing-Trips mit Bus, Minibus oder Jeep, Whale Watching und Dolphin Encounter (bei dem man mit wildlebenden Delfinen schwimmen kann) im Programm. Neben mehreren kleinen Unternehmen, die diese Touren anbieten, liegt das Geschäft hauptsächlich in den Händen dreier Firmen, die alle im Maritime Building vertreten sind:
Fullers, ⓒ 0800-653339 u. 09-4027421, www.fullers.co.nz u. www.dolphincruises.co.nz. Fährbetrieb zwischen Paihia und Russell, umfangreiches Kreuzfahrtprogramm (u. a. Cream Trip, NZ-$ 110, Kinder 5–15 Jahre NZ-$ 55), Segeltörns, Dolphin Encounter (NZ-$ 120, Kinder 5–15 Jahre NZ-$ 60), Tagesausflug Cape Reinga, Sightseeing Nordland.
Kings, ⓒ 09-4028171. Tagestouren zum Cape Reinga und Cape Brett (mit oder ohne Lunchpaket), Bay-Kreuzfahrten, Sightseeing Nordland, Dolphin Cruises.
Mack Attack, ⓒ 0800-622528 u. 09-4028180, www.mackattack.co.nz. Speedboat-Fahrten u. a. zum Hole in the Rock, ab/bis Paihia und Russell.

> **Fähre**
> Zwischen Paihia und Russell verkehren tägl. 7–22 Uhr (im Winter bis 19 Uhr) **Personenfähren** im 30-Minuten-Abstand (Fullers Ferry, © 09-4037866 u. 09-4027421). Zwischen Opua (7 km südl. von Paihia) und Okiato (8 km südl. von Russell) verkehren tägl. 6.30–22 Uhr (im Winter bis 19 Uhr) **Autofähren** im 15-Minuten-Rhythmus. Den Transport zu vielen Zielen in der Bay of Island besorgt auch ein **Wassertaxi** (© 0800-TINBOAT u. 09-4037123, www.islandwatertaxi.co.nz, ca. NZ-$ 120/Std.).

Waitangi

Mit dem nur 2 km entfernten Waitangi ist Paihia durch eine Brücke verbunden. Gleich nach der Brücke beginnen die **Waitangi Treaty Grounds** mit vier wichtigen Besuchspunkten: dem Visitor Centre, dem Canoe House mit einem Maori-Kriegskanu (*Whare Waka*), dem Treaty House (Vertragshaus) und dem Maori Meeting House (*Whare Runanga*). Seine historische Bedeutung erhält der Platz durch den Vertrag von Waitangi, der in vielerlei Hinsicht bemerkenswert ist und seine Aktualität bis heute nicht verloren hat.

Der Vertrag von Waitangi

Nachdem durch den aktiven, aber politisch machtlosen James Busby der Boden bereitet worden war, konnte William Hobson ab dem 29. Januar 1840 darangehen, die Streitigkeiten zwischen Pakehas und Maoris und die Frage der Souveränität des Landes zu klären. Unter Mithilfe von Busby und dem Missionar Henry William, der die Maori-Sprache perfekt beherrschte und Vertrauter einiger Maori-Häuptlinge war, setzte er den Vertragstext auf, der vom 5. bis zum 6. Februar von den Maoris diskutiert wurde.

- Der Erste Artikel überträgt die volle Souveränität des Landes Königin Victoria von Großbritannien.
- Im Zweiten Artikel bestätigt und garantiert die Königin den Stämmen und ihren Häuptlingen alle bisherigen Rechte und das uneingeschränkte Eigentum an Land, Wäldern, Fischgründen und anderem Besitz. Im Gegenzug erklären sich aber diejenigen Häuptlinge und Stämme, die ihr Land verkaufen wollen, bereit, der britischen Krone ein Vorkaufsrecht einzuräumen.
- Im Dritten Artikel nimmt die Königin von England die Ureinwohner unter ihren Schutz und erklärt sie zu ihren britischen Untertanen mit allen Rechten und Privilegien.

Nachdem sich in den folgenden Wochen mehr als 500 Häuptlinge im ganzen Land dem Beispiel der ersten 46 Befürworter angeschlossen hatten, konnte Hobson am 21. Mai 1840 das gesamte Land unter die Staatshoheit Britanniens stellen. Zwangsläufig musste der Vertragstext später zu Missverständnissen führen, da der Begriff des „Landverkaufs" weder in der Sprache noch im Bewusstsein der

Maoris verankert war. Eine ganz andere Sache war, dass sich die landhungrigen Siedler keinen Deut um den Vertrag scherten und in den folgenden Jahrzehnten mehr und mehr Gebiete in Besitz nahmen. Auch merkten diejenigen Häuptlinge, die Land an die Krone „verkauft" hatten, sehr bald, dass diese es zu einem weit höheren Preis wieder an Siedler weiterverkaufte. Aus diesem Grund ist bis heute der Vertrag von Waitangi und der zum Nationalfeiertag erklärte 6. Februar eine von Demonstrationen begleitete Angelegenheit, und seit 1986 wird dieser Tag auch nicht mehr mit einer Zeremonie vor dem Vertragshaus gefeiert.

Dass die Urheber des Vertrags und der Text selbst aber ehrlich und integer waren, beweist die Tatsache, dass die Maoris noch (und rückwirkend!) die Einhaltung des Vertrags durch die Pakehas fordern. Schließlich ist auch ihnen die Entscheidung nicht leicht gefallen, *Te Kuinio Ingarani* (der Königin von England) die Oberhoheit zu übertragen. Bezeichnend ist ebenfalls, dass der erste von 46 Maori-Häuptlingen, die den Vertrag unterzeichneten, jener Hone Heke war, der sich bald darauf getäuscht sah und den ersten Krieg gegen die Engländer ausfocht.

Vom Visitor Centre zum Maori Meeting House

Den Rundgang in Waitangi sollte man im **Visitor Centre** beginnen, weil dort eine eindrucksvolle audiovisuelle Show die historischen Zusammenhänge anschaulich erläutert. Vom Besucherzentrum führt ein schöner Busch-Spaziergang zum **Vertragshaus** (Treaty House). Dieses Gebäude, auch einfach „die Residenz" genannt, wurde mit in Sydney vorgefertigten Teilen 1833 für James Busby errichtet. Der Kolonialarchitekt für New South Wales, John Verge, hat dieses schöne Beispiel des schlichten georgianischen Stils entworfen. Im Inneren sieht man zeitgenössisches Mobiliar und viele historische Dokumente einschließlich des Vertragstextes. Hinter dem Haus blüht ein herrlicher Blumengarten in bunten Farben, vor der Frontseite erstreckt sich eine weite Rasenfläche mit einem hohen Flaggenmast. Im Norden wird das Gelände durch das 1934 gebaute **Maori Meeting House** (Whare Runanga) begrenzt, das landesweit eines der besten Beispiele dieses Haustyps ist. Eröffnet wurde das Versammlungshaus anlässlich der 100-Jahr-Feier am 6. Februar 1940.

Das Waitangi Meeting House

In einem Meeting House trafen und treffen sich noch heute die Repräsentanten eines Stammes zu allen wichtigen Angelegenheiten: Ob bedeutende Besucher empfangen, Hochzeiten gefeiert, die Vorfahren geehrt oder Stammesangelegenheiten besprochen werden – all das spielt sich hier ab. Deswegen wurde immer großer Wert auf höchste künstlerische Qualität gelegt. Wie jedes Maori-Kunstwerk stellt das Meeting House eine Verbindung zwischen menschlicher und göttlicher Sphäre dar, seine Bildersprache ist demgemäß voller Symbolkraft.

Das Besondere des Whare Runanga ist, dass es nicht das Werk eines, sondern aller Stämme und ihrer Geschichte sein will. Die Vorderfront wird deshalb von einer stehenden Figur mit Kanupaddel überragt, die die Vorfahren aller aus Polynesien eingewanderten Stämme symbolisiert. Die weit über die Seitenfront herausragenden Dachbalken, die senkrechten Pfähle und die Basis sind allesamt sehr sorgfältig geschnitzt und zeigen Flecht- oder Spiralornamentik und immer wieder fratzenhafte Gestalten mit Tätowierungen (*moko*). An der Dachinnenseite der offenen Vorhalle sind kunstvolle Schnitzereien zu sehen – die weiblichen und männlichen Gestalten symbolisieren die Erdmutter Papa und den Himmelsvater Rangi.

Im Inneren ist der Raum durch senkrechte Bohlen an den Wänden gegliedert, zwei Mittelpfeiler unterteilen ihn zusätzlich in zwei Schiffe. Von den 14 Bohlen (*poupou*) korrespondieren die jeweils gegenüberliegenden miteinander, so gehört die erste Bohle links des Eingangs zur ersten rechts usw. Die wichtigsten Stämme haben sich und ihre Vorfahren hier dargestellt (Nr. 1 + 2: Ngati Hine-Stamm, Nr. 3: Waikoto-Stämme, Nr. 4: Ngati Maru usw.). Die freistehenden Pfeiler (*pou-toko-manawa*) illustrieren die Generationenfolge vom mythischen Stammvater eines Stammes bis zum gegenwärtigen Häuptling. Die geflochtenen Teile zwischen den Wandbohlen sind niemals nur dekorativ gemeint, sondern weisen stets eine teils komplizierte Symbolik auf. So können die hübschen Muster die einzelnen Entwicklungsphasen des Mannes darstellen oder Sternenkonstellationen, die in Bezug zum Maori-Leben stehen.

Außen und innen erinnern drei Gedenktafeln an die Grundsteinlegung 1934, die feierliche Eröffnung des Hauses 1940 und an das Vertragswerk von 1840. Nirgendwo sonst sind Geschichte und Kultur der Maori-Stämme besser dargestellt als im Whare Runanga. Besucher drücken ihren Respekt vor Kunst, Geschichte und Mythos der Ureinwohner aus, indem sie das Haus unbeschuht betreten, nicht zu laut reden und selbstverständlich nicht rauchen, essen oder trinken. Wie jedes Meeting House symbolisiert auch diese Halle einen lebenden Organismus, den Körper des Urvaters aller Stämme. Das Haupt oberhalb des Dachfirstes ist der Kopf des Ahnen, der First sein Rückgrat, die Seitenbohlen seine Rippen, die Dachschrägen seine Arme und der Innenraum der Bauch.

Über den Nias' Path zu den Waitangi Treaty Grounds

Maori-Kriegskanu

Vom Platz mit dem Flaggenmast geht man den Pfad Nias' Path hinab zum Kriegskanu. Man folgt dabei jenem Weg, den Kapitän William Hobson zusammen mit Admiral Joseph Nias (1793–1879) zur Vertragsberatung und -unterzeichnung ging. Unten am Hobson's Beach ist in der Bootshalle Whare Waka das wahrscheinlich größte jemals gebaute Maori-Kriegskanu zu sehen. Dieses riesige Schiff mit dem Namen Ngatokimatawhaorua wurde zur 100-Jahr-Feier von Waitangi 1940 von fünf Nordlandstämmen gebaut. Die Anregung dazu kam von der damaligen Maori-Prinzessin Te Puea von Waikato, die auch die besten Experten für die Konstruktion und die Schnitzarbeiten aussuchte. Mit 35,7 m Länge und 2 m größter Breite kann das Kanu einschließlich der 80 Paddler 150 Krieger aufnehmen. Dicht daneben ist noch der mächtige Stumpf des Kauri-Baumes zu sehen, aus dem Vorder- und Achtersteven des Kanus hergestellt wurden.

Waitangi Treaty Grounds, *26 Tau Henare Dr., Waitangi,* © *09-4027437, www.waitangi.net.nz, tägl. 9–19, im Winter bis 17 Uhr, NZ-$ 22. Zu festen Abendterminen findet*

Maori-Holzschnitzkunst im Whare Runanga

im Versammlungshaus mehrmals wöchentl. eine 2-stündige Sound & Light Show statt, Infos und Buchung: © 09-4025990, www.culturenorth.co.nz, NZ-$ 65.

Ein Besuch der 506 ha großen Waitangi Treaty Grounds lohnt sich gleichermaßen für historisch Interessierte wie für Naturliebhaber, die herrliche Ausblicke auf die Bay of Islands, Palmen-, Farn- und Mangrovenwälder genießen. Wer etwas Zeit mitbringt, sollte die einfache Wanderung zu den Haruru-Wasserfällen machen (6 km/1,5 Std.). Auf halbem Weg passiert man einen Mangrovenwald mit artenreicher Tier- und Pflanzenwelt.

Russell

Von allen Orten der Bay of Islands blickt Russell auf die ereignisreichste Geschichte zurück. An die turbulenten Zeiten erinnern das Museum und verschiedene Gebäude. Das damalige Kororareka war ab 1809 Schauplatz der ersten europäischen Besiedlung. Vorher schon suchten Walfänger und Händler den geschützten Hafen auf. Zwischen 1820 und 1845 wurden jährlich etwa 150 Schiffsankünfte registriert. Spelunken, Kneipen und Bordelle sowie die rauen Sitten und gesetzlosen Zustände brachten Russell bald den Beinamen „Hölle des Pazifik" ein. In Russell begann auch ein brutaler Krieg zwischen Pakehas und Maoris, der in der Bombardierung des mächtigsten Pa durch das britische Militär kulminierte. In jenen Jahren fungierte Russell als erste Hauptstadt des Landes, bevor es 1841 diese Rolle an Auckland abgab. An die große Vergangenheit er-

Turbulente Geschichte

> **Ausflüge ab Russell**
>
> Praktisch alle **Minikreuzfahrten** und **Ausflüge** können auch ab Russell arrangiert werden (einschl. Cape Reinga). Personenfähren verkehren halbstündlich zwischen Paihia und Russell, z. T. via Waitangi. Mit dem eigenen Wagen erreicht man Russell ab Whakapara (22 km nördlich von Whangarei) auf einer 65 km langen, fast durchgehend asphaltierten und landschaftlich reizvollen Straße, die in Küstennähe verläuft. Wer in Zeitnot ist, fährt von Whakapara auf dem Highway 1 bis Kawakawa, von dort zum Fährhafen Opua und nach der Überfahrt weiter nach Russell.

innert außer einer Gedenkstätte an der Stelle, wo sich das historische Russell befand – 5 km vom heutigen Ort entfernt am Okiato Point gegenüber von Opua –, nichts mehr.

Entlang der Hafenpromenade

Der Besuch des 1.100-Einwohner-Städtchens lohnt sich jedoch nicht nur aus historischen Gründen, sondern auch wegen des hohen Freizeitwerts der Ortschaft. Zum Schwimmen eignet sich am besten der sandige Long Beach, zu dem man zu Fuß über die Wellington St. und die Longbeach Rd. in etwa 25 Min. läuft. Wer mit dem Wagen hier ist, kann auch zum Long Beach fahren, genauso wie zum Flagstaff Hill und zum Aussichtspunkt Queen's View. Die Sehenswürdigkeiten im Ort konzentrieren sich an der Hafenpromenade The Strand.

Stadtbesichtigung

Das **Pompallier House** erhielt seinen Namen nach dem ersten katholischen Bischof des Landes. Jean-Baptiste-Franáois-Pompallier, 1801 in Lyon geboren, wurde 1836 vom Vatikan zum Bischof des westlichen Ozeanien bestellt. Nach einem Jahr Aufenthalt in Hokianga siedelte er 1839 nach Russell um. 1840 wohnte er der Vertragsunterzeichnung von Waitangi bei, unternahm dann ausgedehnte Missionsreisen im Land, bevor er wie sein anglikanischer „Gegenspieler" George Augustus Selwyn (s. S. 154) die Residenz seiner Diözese in die neue Hauptstadt Auckland verlegte. 1871 starb Pompallier in Frankreich. Das nach ihm benannte und 1841/42 errichtete Haus diente hauptsächlich der Missionsdruckerei, während Pompallier in einem einfachen Blockhaus in der Nähe wohnte. Errichtet wurde das Gebäude in der sogenannten pise-de-terre-Technik, die auch bei Bergvölkern wie den Hmong im Norden von Thailand, Laos und Vietnam üblich ist. Dabei wird eine dickflüssige Mischung aus Erde, Lehm, Kalk und Kieselsteinen in eine Verschalung geschüttet, wo sie an der Luft zu hartem Stein trocknet. Die gesamte Anlage einschließlich des Gartens und des Aussichtspunkts oberhalb der Rückfront ist ein vorzügliches Beispiel für die Architektur jener Zeit, als die Franzosen über ihre Missionsstationen versuchten, die politische Macht im Lande zu übernehmen.

Haus des Missionars

Pompallier House, *The Strand*, ✆ *09-4039015, www.pompallier.co.nz, Nov.–April tägl. 10–17, Mai–Okt. tägl. 10–16 Uhr, NZ-$ 12, Kinder 5–15 Jahre NZ-$ 6.*

Das neben dem Informationszentrum gelegene **Russell Museum** präsentiert in einem bunten Durcheinander alle möglichen Erinnerungsstücke an Kapitän James Cook, die Maoris, die frühen Pioniere, Walfänger, Händler und Missionare und die

frühe Tiefseefischerei. Neben dem verkleinerten Modell der Endeavour ist ein Maori-Kanu zu sehen, das aus einem Sumpfgebiet in der Orokawa Bay geborgen werden konnte.
Russell Museum, 2 York St., © 09-4037701, www.russellmuseum.org.nz, tägl. 9–18 Uhr, NZ-$ 10, Kinder 5–15 Jahre NZ-$ 5.

In Sichtweite dem Museum gegenüber liegt die **Christ Church**, zwar nicht die erste, aber die älteste erhalten gebliebene Kirche des Landes. 1835 mit Geldspenden von Missionaren, Siedlern und Besuchern (unter ihnen Samuel Marsden und Charles Darwin) erbaut, wurde das kleine Holzgebäude kurze Zeit später Schauplatz turbulenter Ereignisse: Hier verlas am 30. Januar 1840 Kapitän William Hobson vor 400 Maoris und Pakehas zwei Deklarationen: Erstere besagte, dass Neuseeland zusammen mit New South Wales in das britische Empire eingehe, zweitere, dass er selbst zum Gouverneur des Landes bestellt sei. Eine Woche später wurde im nahen Waitangi der berühmte Vertrag unterzeichnet. Im gleichen Jahr wurde die Kirche auch als Gerichtssaal benutzt: Ein des Mordes an einem Europäer angeklagter Maori musste sich hier verantworten, während sich Angehörige seines Stammes zum Angriff auf die Christ Church rüsteten. Durch die Kirchenfenster schafften daraufhin zu Hilfe gerufene Soldaten Waffen und Munition in das Gotteshaus, bevor Missionare vermittelten und ein Blutbad verhinderten.

Christ Church ist die älteste erhaltene Kirche Neuseelands

Auf dem **Friedhof** vor der Kirche zeugen Gräber früher Siedler von jener Zeit. Eine Grabinschrift erinnert an sechs Soldaten, die bei der Verteidigung Kororarekas gegen die Angriffe des Maori-Häuptlings Hone Heke fielen. Einige Schritte weiter fand Hannah King Letheridge, das erste in Neuseeland geborene weiße Mädchen, ihre letzte Ruhestätte.

An der **Hafenpromenade** stehen weitere historische Häuser. Nahe am Pier erhebt sich auf dem Grund eines alten Maori-Pa das **Restaurant The Gables** aus dem Jahre 1847. Die **Polizeistation** linker Hand des Pier, die der Kolonialarchitekt W. H. Clayton in den 1860er-Jahren entwarf, hat seit damals ihre Funktion nicht verloren. Beim Streifzug durch die Vergangenheit darf auch das altehrwürdige **Hotel Duke of Marlborough** nicht fehlen, ein schönes Gebäude aus dem Jahre 1840. Der mächtige Feigenbaum (ficus makrophyllia) in der Nähe wurde 1870 gepflanzt.

Historische Gebäude

Wege auf den Hügel

Über dem kleinen Ort ragt der **Flagstaff Hill** auf. Drei markierte Wege führen in einer knappen halben Stunde auf den historischen Hügel: erstens über den Strand (nur bei Ebbe möglich) und dann durch den Wald, zweitens über die Wellington St. und am Parkplatz ein Stück durch den Wald (bushwalk) sowie drittens über die asphaltierte Queen St. Die wundervolle Aussicht auf Russell und die Bucht ist alle Schweißtropfen wert, die man beim steilen Aufstieg vergießt. Der Name des Hügels erinnert an jenen Flaggenmast der Briten, der vom Häuptling Hone Heke 1844 viermal gefällt wurde. Diese Rebellion gegen die britische Oberhoheit mündete schließlich in einen Krieg, der mit der weitgehenden Zerstörung Kororarekas 1845 und der Pa der kriegführenden Maoris 1845/46 endete. Der jetzige Flaggenmast wurde später als Zeichen der Versöhnung zwischen Pakehas und Maoris wieder errichtet.

Reisepraktische Informationen Russell

Information
Russell Booking & Information Centre, Russell Wharf, © 0800-633255 u. 09-4038020, www.russellinfo.co.nz, www.bay-of-islands.co.nz.
Bay of Islands Maritime Park Visitors Centre, Pitt St., Ecke The Strand (am Museum), © 09-4039005. Neben vielen Erläuterungen zur Geschichte, Flora und Fauna des maritimen Naturparks und einem guten Angebot an Karten gibt die audiovisuelle Show (jede halbe Stunde, kein Eintritt) eine ausgezeichnete Einführung in die bewegte Geschichte der Region. Erhältlich ist hier auch eine Walking-Broschüre, die die besten Wanderrouten in der Region beschreibt.

Unterkunft
Hotels/Motels
Duke of Marlborough Hotel $$$–$$$$, 35 The Strand, © 09-4037829, www.theduke.co.nz, DZ NZ-$ 165–360. Wunderschönes Holzhaus an der Wasserfront, seit 1827 als Gästeherberge in Funktion, etwas hellhörig, aber äußerst charmant, 26 gut eingerichtete Zimmer, Restaurant und Pub mit 30 Biersorten.
The Commodore's Lodge $$–$$$$, 28 The Strand, © 09-4037899, www.bay-of-islands.co.nz/commodor, DZ NZ-$ 125–295. Modernes Nachbargebäude des Duke of Marlborough, 12 geräumige Zimmer und Studios mit Küche, Pool und Sonnenterrasse.
Motel Russell $$–$$$, 16 Matauwhi Rd., © 0800-240011 u. 09-4037854, www.motelrussell.co.nz, DZ NZ-$ 120–150. Gut geführtes Haus mit geräumigen Zimmern und Studios, schöner Swimmingpool.

Bed & Breakfast
Ounuwhao Harding House $$$$, Matauwhi Bay, © 09-4037310, www.bedandbreakfastbayofislands.co.nz, DZ NZ-$ 240–350. Herrliches Haus, um die Jahrhundertwende in Dargaville gebaut und 1991 hierhin transportiert, 1,5 km außerhalb von Russel, 4 Gästezimmer und ein Ferienhäuschen im Garten. Nach Meinung vieler Stammgäste serviert Gastgeberin Marilyn Nicklin das beste Frühstück in Neuseeland.
The White House $$$$, 7 Church St., © 09-4037676, www.thewhitehouserussell.com, DZ NZ-$ 295. Elegante B&B-Unterkunft in einer 1840 gebauten viktorianischen Villa mit drei stilvoll eingerichteten Zimmern, kostenloses WLAN, schöner Garten mit Whirlpool.

Backpacker-Hostel
Pukeko Cottage $–$$, 14 Brind Rd., © 09-4038498, www.pukekocottagebackpackers.co.nz, EZ/DZ NZ-$ 50, im Mehrbettzimmer NZ-$ 25 pro Pers. Angenehmes, kleines Hostel in schöner Lage oberhalb der Stadt, hilfsbereiter Eigentümer.

Camping
Russell Top Ten Holiday Park, Longbeach Rd., © 09-4037826, www.russelltop10.co.nz. Schöne Anlage mit tollem Blick, recht zentral gelegen, für Campervans geeignet, Hütten und Apartments ($$–$$$).

Essen und Trinken
The Strand, die Uferpromenade von Russell, ist eine einzige Schlemmermeile. Hier kann man einen kulinarischen Streifzug durch Küchen aus aller Welt machen.
The Gables, 19 The Strand, © 09-4037670, www.thegablesrestaurant.co.nz, tägl. 11–15, 17–22 Uhr, moderat–teuer. Schönes altes Gebäude von 1847, im Winter Kaminfeuer, Wild, Lamm, Meeresfrüchte und geräucherter Lachs.
The Wharf Restaurant & Bar, 29 The Strand, © 09-4037771, www.thewharfrussell.co.nz, tägl. 7–23 Uhr, moderat-teuer. Vor dem Panorama der Orongo Bay serviert man fantasievolle Frühstücksvariationen und angesagte Lunchgerichte und am Abend zeitgenössische Kiwi-Küche im Pacific-Rim-Stil.

Fähre
Fullers (The Strand, © 09-4027421) betreibt **Personenfähren** zwischen Russell und Paihia, tägl. 7–22 Uhr (im Winter bis 19 Uhr) im 30-Minuten-Abstand. Eine **Autofähre** verkehrt zwischen Russell und Opua, tägl. 7–21 Uhr (im Winter bis 18 Uhr).

Kerikeri

Die Geschichte des beschaulichen Städtchens begann lange vor dem Eintreffen der ersten Missionare im Jahr 1819. Der Stamm der Ngapahi lebte hier in Dörfern (kainga), die von befestigten Forts geschützt wurden. Ihr bedeutendster Häuptling, Hongi Hika, lud die Missionare ein und gab ihnen Grund und Boden, weil er sich durch die Europäer verbesserte Handelsmöglichkeiten erhoffte. Heute lebt der kleine Ort hauptsächlich von den Obstplantagen der Umgebung. Bis auf zwei hübsch hergerichtete Einkaufspassagen hat das Zentrum nichts zu bieten. Zu den Sehenswürdigkeiten gelangt man, wenn man auf einer kurvigen Straße hinab zum Kerikeri Basin fährt.

Heimat der Ngapahi

Stadtbesichtigung
Kurz vor dem Hafen lohnt sich ein Halt an der kleinen **Holzkapelle St. James** aus dem Jahre 1878. Neben einigen Grabdenkmälern für Maoris und Weiße aus dem 19. Jh. bietet St. James, die eine ältere Kapelle von 1824 verdrängte, einen hübschen Blick auf den Hafen mit seiner historischen Bebauung. Am besten parkt man den Wagen anschließend am Hafen des Kerikeri Inlet und setzt die Besichtigung zu Fuß fort. Von hier ist auch deutlich der terrassierte Platz des alten Pa zu sehen. Ein kurzer *Historic Walk* führt in wenigen Minuten zu Hongi Hikas ehemaligem Hauptquartier.

info

Wer war Häuptling Hongi Hika?

Die schillernde Gestalt des Häuptlings Hongi Hika ist charakteristisch für die Atmosphäre des frühen Kontakts zwischen Pakehas und Maoris. Darüber hinaus war er ein glänzender Stratege und ein intelligenter Mann, dem einige den Beinamen „Napoleon der Maoris" gegeben haben.

Schon seit den frühen 1800er-Jahren hatte Hongi Hika Verbindungen zu weißen Walfängern, die er mit Lebensmitteln belieferte, wofür er im Gegenzug europäische Waren, vor allem Musketen, bekam. Sein Pa in Kerikeri, Kororipo, wurde eines der mächtigsten der ganzen Umgebung. Auf Vermittlung der Missionare, die er ins Land gerufen hatte, gelangte Hongi Hika 1820 nach England, wo er bei der Erstellung des ersten Maori-Wörterbuchs half. In London wurde er reich beschenkt und trat mit vielen Waren den weiten Rückweg an. In Sydney tauschte er seine Geschenke gegen Feuerwaffen ein, womit er den Stamm der Ngapuhi zum mächtigsten Stamm Neuseelands machen wollte.

Schon 1821 begann Hongi Hika seine Feldzüge. 50 Kanus und mehr als 1.000 bewaffnete Krieger verließen Kerikeri und griffen die Hauraki-Stämme an, die Feuerwaffen bis dahin nicht gekannt hatten. In den nächsten fünf Jahren weitete Hongi Hika den Maori-Krieg bis nach Waikato, Rotorua, die Bay of Plenty und das Ostkap aus. Sein Ziel war erreicht: Sein Name und der seines Stammes waren überall bekannt, und ein Großteil der Nordinsel stand unter seiner Kontrolle. Etliche Sklaven wurden nach Kerikeri gebracht, und die Zahl der getöteten, teils auch verspeisten Feinde ging weit in die Tausende. 1826 beschloß der Häuptling, das Kainga und Pa in Kerikeri zu verlassen und mit seinem Stamm zur etwa 30 km nördlich gelegenen Whangaroa Bay zu ziehen, wo er zwei Jahre später starb.

Ältestes Gebäude des Landes

Das **Kemp House** ganz in der Nähe von St. James stand bereits zur Zeit von Hongi Hikas Kriegszügen. In dem schlichten Holzhaus wohnte 1822 der Missionar John Gare Butler. Nachdem dieser vor allem wegen seiner Ohnmacht den bewaffneten Ngapuhis gegenüber Kerikeri verlassen hatte, zog die Familie des Missionars James Kemp in das Gebäude, das heute als das älteste Haus des Landes zu besichtigen ist. Als die Zeiten nach dem Abzug der Ngapuhis aus Kerikeri wieder ruhiger geworden waren, konnte die Kemp-Familie hier in Frieden für mehr als 140 Jahre leben, bevor das Gebäude 1981 dem New Zealand Historic Places Trust übergeben wurde.
Kemp House, 246 Kerikeri Rd., ✆ 09-4079236, www.historicplaces.org.nz, Nov.–April tägl. 10–17, Mai–Okt. tägl. 10–16 Uhr, NZ-$ 10, Kinder NZ-$ 5.

Direkt neben dem Kemp House steht das berühmte **Stone Store**, das älteste Steinhaus des Landes. Das massive dreistöckige Gebäude wurde 1832–35 als Lagerhaus für leicht entflammbare Waren errichtet und fungierte später als Bibliothek für Bischof George Augustus Selwyn (s. S. 154), der 1842–44 im nahen Waimate North residierte. Während des Kriegs mit Hone Heke diente es als Munitionsmagazin und schließlich als zentrale Station für den Kauri-Gum-Handel. Auch dieses Haus gehörte der Fami-

Greifbare Historie: Kemp House und Stone Store in Kerikeri

lie Kemp, bis es 1975 unter die Obhut des New Zealand Historic Places Trust gestellt wurde. Im **Stone Store** ist ein kleines Museum mit historischen Waffen untergebracht.
Stone Store, 246 Kerikeri Rd., ✆ 09-4079236, www.historicplaces.org.nz, Nov.–April tägl. 10–17, Mai–Okt. tägl. 10–16 Uhr, NZ-$ 10, Kinder NZ-$ 5.

Ein kurzer Spaziergang führt über die Kerikeri-Brücke zum **Rewa's Village**. Zwar ist dieses Maori-Dorf nicht original, sondern eine in den 1970er-Jahren errichtete Replik, es wurde aber auf historischem Grund mit authentischen Materialien gebaut. So sahen vermutlich die Kaingas aus, die die ersten Missionare zu Hongi Hikas Zeiten vorfanden. Sachkundige Führer erklären die einzelnen Bestandteile einschließlich eines Marae, zeigen die alten Hangi-Erdöfen und erzählen vom alltäglichen Leben der Maori.
Rewa's Village, ✆ 09-4076454, www.kerikeri.co.nz/rewas-village, tägl. 9–17, im Winter 10–16 Uhr, NZ-$ 12, Kinder 5–15 Jahre NZ-$ 6.

Replik eines Maori-Dorfes

Nicht weit entfernt liegen in herrlicher Umgebung die Wasserfälle **Rainbow Falls**. Hinter der Kerikeri-Brücke zweigt links ein Pfad ab, auf dem Wanderer in etwa 1½ Std. durch den Busch zu den Wasserfällen gelangen. Auf dem Weg passiert man weitere Kaskaden, die Fairy Pools. Autofahrer können ca. 300 m hinter der Brücke nach links auf die Waipapa Rd. und dann wieder nach links bis auf 5 Fußminuten an die

Rainbow Falls heranfahren. Am schönsten ist der Blick von oben auf das Bassin, wenn bei Sonnenschein die tosenden Wassermassen tatsächlich einen Regenbogen erzeugen.

Ein längerer Ausflug führt zum **Marsden Cross**. Zunächst fährt man ab Kerikeri auf der Kapiro Rd., der Purerua Rd. und der Rangihoua Rd. zur ca. 20 km entfernten Purerua-Halbinsel. Vom Parkplatz führt ein 40-minütiger Spaziergang zu einem keltischen Ringkreuz mit weiter Aussicht über die Bay of Islands. An dieser Stelle trafen 1814 Samuel Marsden und 34 andere Passagiere, unter ihnen die Missionare Hall, Kendall und King sowie die Maori-Eskorte unter Häuptling Hongi Hika, mit dem Schiff Active ein. Mit an Bord waren die ersten Schafe, Pferde, Rinder und agrarischen Geräte Neuseelands. Am Weihnachtstag 1814 wurde hier die erste heilige Messe auf neuseeländischem Boden gelesen. Das imposante Kreuz stellte man 1907 zum Gedächtnis an die Marsden-Mission auf, später wurde es nach einem Sturm erneuert. Neben dem Kreuz erinnert ein kleiner Gedenkstein an die ersten Europäer, die auf dem Friedhof der Rangihoua Mission begraben wurden.

Ankunft der ersten Nutztiere

Reisepraktische Informationen Kerikeri

Information
Kerikeri Visitors Centre, *Library, Cobham Rd., © 09-4079297, www.kerikeri.co.nz, Mo–Fr 9–17, Sa 10–12 Uhr.*
Department of Conservation (DOC), *34 Landing Rd., © 09-4070300, www.doc.govt.nz.*

Unterkunft
Hotels/Motels
**Ora Ora Eco Wellness Resort $$$$$**, *28 Landing Rd., © 09-4073598, www.oraoraresort.co.nz, DZ NZ-$ 480. Luxuriöse, von einem deutschen Paar gemanagte Unterkunft mit 6 Chalets, mit allen Annehmlichkeiten eingerichtet, 200 m vom Stone Store entfernt in Flussnähe, Wellness-Center, Sauna, hervorragendes Restaurant.*
**Colonial House Motel $$–$$$**, *178 Kerikeri Rd., © 09-4079106, www.colonialhousemotel.co.nz, DZ NZ-$ 110–190. Ein schön zwischen dem Stone Store und der Stadt gelegenes, modernes Haus mit 8 Bungalows, alle mit Küche und Sonnenterrasse ausgestattet, Swimmingpool.*

Bed & Breakfast
**Stone Store Lodge $$$**, *201 Kerikeri Rd., © 09-4076693, www.stonestorelodge.co.nz, DZ NZ-$ 175–230. Modernes Qualitäts-B&B mit minimalistisch-schick gestylten Zimmern, opulentes Frühstück, kleiner Pool*

Backpacker-Hostel
**Kerikeri Farm Hostel $–$$**, *1574 Springbank Rd., © 09-4076989, www.farmhostel.co.nz, DZ mit geteiltem Badezimmer NZ-$ 45–67, Vierbettzimmer pro Pers. NZ-$ 26, Cottages mit eigenem Bad NZ-$ 80–115. Ca. 5 km außerhalb zwischen Orangenhainen gelegen, gemütliche, saubere Zimmer, Küche, schöne Terrasse, Garten mit Grill und Swimmingpool.*

Camping
Kerikeri Top Ten Holiday Park, Kerikeri Rd., ⌀ 09-4079326, www.kerikeri top10.co.nz. Relativ zentral und schön am Flussufer gelegen, Stellplätze für Zelte und Campervans, Hütten und Apartments ($$–$$$), Pool.

Essen und Trinken
The Pear Tree, 215 Kerikeri Rd., ⌀ 09-4078479, www.thepeartree.co.nz, tägl. ab 10 Uhr, moderat. Schön am Hafen und gegenüber dem Stone Store gelegenes Restaurant mit Bar, angenehme Bistro-Küche mit Snacks und A-la-carte-Gerichten.

Von der Bay of Islands zum Cape Reinga

Von Paihia/Kerikeri nach Kaitaia

Die Fahrt zur Nordspitze sollte man sich nicht entgehen lassen, denn vergleichbare Landschaftsszenerien findet man sonst im ganzen Land nicht. Die folgende Streckenbeschreibung ist an die beliebtesten Busrouten angelehnt und wird auch Selbstfahrern empfohlen: Über den Highway 1 bis zum Cape Reinga, auf der Rückfahrt ab Awanui zur Bay of Islands über den Highway 10 an der Ostküste entlang.

Die erste rund 90 km lange Teilstrecke von Paihia oder Kerikeri bis Kaitaia kann relativ zügig zurückgelegt werden. Nur auf den ersten Kilometern in westlicher Richtung bis zum Highway 1, den man auf Höhe des schönen Lake Omapere erreicht, ist der Weg manchmal etwas unübersichtlich. Anschließend geht es durch subtropische Wälder und über die Höhenzüge der Maungataniwha Range bis Kaitaia – eine angenehme Landschaftsfahrt, allerdings ohne sensationelle Eindrücke.

Vorei am Lake Omapere

Kaitaia

Im heute 5.600 Einwohner zählende Kaitaia wurde schon 1833 eine Missionsstation gegründet. Das Land dafür „kaufte" man den Maoris ab. Der Preis: Bettlaken, Töpfe, Äxte, Scheren, Angel- und Haifischhaken, 20 Kilo Tabak und anderer Plunder. Am Ende des 19. Jh. erlebte das 1840 zur Stadt erhobene Kaitaia eine Immigrationswelle von mehreren Hundert Serbokroaten, die als sogenannte *gum digger* das damals begehrte fossile Kauriharz aus dem Boden gruben. Am südlichen Ortseingang, nahe dem Visitor Office und dem Central Park, befindet sich an der Hauptstraße das **Far North Regional Museum** mit einer sehenswerten Ausstellung über die Geschichte der Maoris und *gumdigger* sowie Modellen der ersten europäischen Schiffe in den hiesigen Gewässern, geborgenem Ladegut und dem Colonial Room, in dem ein buntes Potpourri an Memorabilien aus den vergangenen hundert Jahren präsentiert wird. Bemerkenswert ist die große Sammlung von poliertem *kauri gum* (Kauriharz), einem begehrten Handelsprodukt früherer Zeiten.
The Far North Regional Museum, 6 South Rd., ⌀ 09-4081403, www.farnorth museum.co.nz, Mo–Fr 10–17 Uhr, NZ-$ 10, Kinder 5–15 Jahre NZ-$ 6.

Historisches Museum

Als inoffizielle *Surf Capital of New Zealand* besitzt Ahipara rund 10 km südwestlich von Kaitaia ein landesweites Renommee. Kenner schwören, dass die Surfbedingungen hier mindestens so gut seien wie auf Hawaii.

Möbel aus Kauri

7 km nördlich von Kaitaia liegt Awanui, wo die Highways 1 und 10 zusammenkommen. In dieser Ortschaft lohnt ein Blick in den Showroom der Firma **Ancient Kauri Kingdom**, die aus ausgegrabenen alten Stämmen der Urwaldriesen u. a. Möbel, Skulpturen und Gebrauchsgegenstände herstellt. Highlight der Ausstellung ist ein Kauri-Stamm, der so mächtig ist, dass er in seinem Innern Platz für eine Wendeltreppe bietet.
Ancient Kauri Kingdom, Hwy. 1, © 09-4067172, www.ancientkauri.co.nz, tägl. 9–17 Uhr.

12 km nördlich von Kaitaia, beginnt bei Waipapakauri die schmale Aupori-Halbinsel, die zu zwei Dritteln vom 75 km langen und 5 km breiten, aufgeforsteten Aupouri-Wald bedeckt ist und deren gesamte Westküste durch den Ninety-Mile-Beach gebildet wird. Vom Highway selbst ist dieser riesige Strand allerdings so gut wie nie zu sehen.

Reisepraktische Informationen Kaitaia

Information
Kaitaia i-SITE Visitor Centre, Centennial Park, South Rd., © 09-4080879, www.visitfarnorthnz.com, www.northlandnz.com u. www.kaitaia.net.nz, tägl. 8.30–17 Uhr. Zentrales Info- und Buchungsbüro für den gesamten Norden.
Department of Conservation (DOC), 25 Matthews Ave., © 09-4086014, www.doc.govt.nz.

Unterkunft
Als Sprungbrett in den Norden verfügt Kaitaia über zahlreiche Hotels, Motels und B&Bs vor allem entlang der North Rd.
Hotels/Motels
**Orana Motor Inn $$**, 238 Commerce St., © 09-4081510, www.orana.co.nz, DZ NZ-$ 95–145. Zentral gelegenes Motel mit gutem Preis-Leistungs-Verhältnis, sauber und freundlich, Zimmer, Studios und Suiten, Pool, kostenloses Wi-Fi.

Bed & Breakfast
Waters Edge B&B $$, 25b Kitchener Street, © 09-4080870, www.watersedgebandbkaitaia.co.nz. Gemütliches Bed & Breakfast mit sehr herzlichen und hilfsbereiten Gastgebern und Pool in einem tropischen Garten.

Backpacker-Hostels/Jugendherberge
**Mainstreet Lodge $–$$**, 235 Commerce St., © 09-4081275, www.mainstreetlodge.co.nz, DZ ab NZ-$ 72, im Mehrbettzimmer ab NZ-$ 27. Gut geführtes Hostel mit 60 Doppel- und Mehrbettzimmern, mit dem YHA assoziiert, nahe dem Ortszentrum, Fahrradverleih, Buchung von Ausflügen (u. a. zur örtlichen Maori-Gemeinde mit Marae).
**Endless Summer Lodge $–$$**, 245 Foreshore Rd., Ahipara, © 09-4094181, www.endlessummer.co.nz, DZ NZ-$ 58–70, im Vier-Bett-Zimmer NZ-$ 25 p .P. Populäre Backpa-

ckerherberge in einem hübschen Kauri-Holzhaus aus den 1880er-Jahren am Surf Beach von Ahipara, ca. 10 km südwestl., engagiert und umsichtig geführt von Anna und Blaine, einem deutsch-neuseeländischen Paar.
**Pirates Backpackers @ Kaitaia Hotel $$**, 25 Commerce St., © 09-4080360, www.bbh.co.nz, DZ NZ-$ 75–105. Das wunderschöne historische Holzhaus von 1837 befindet sich im Herzen der Ortschaft und hat hübsch eingerichtete Zimmer, an Wochenenden wird es im Pub etwas laut.

Camping
Ahipara Holiday Park, 164-170 Takahe St., Ahipara, © 0800-888988 u. 09-4094864, www.ahiparamotorcamp.co.nz. Sehr schöner Ferienpark am Surf Beach von Ahipara, ca. 10 km südwestlich von Kaitaia, Stellplätze für Zelte und Campervans sowie einfache Hütten ($$).
Kaitaia Motor Camp, 69 South Rd., © 09-4081212. Einziger Zeltplatz des Ortes, an der südlichen Peripherie.
Ninety Mile Beach Holiday Park, 6 Matai St., Waipapakauri, © 0800-367719 u. 09-4067298, www.ninetymilebeach.co.nz. 18 km nördlich am Anfang des Ninety Mile Beach, großes Gelände mit Zelt- und Caravanplätzen, Flats, Cabins, Restaurant, Bar.

Essen und Trinken
Beachcomber, 222 Commerce St., © 09-4082010, Mo–Sa 11–15, 17–22.30 Uhr, moderat-teuer. Eine kulinarische Oase mit Gerichten der zeitgenössischen neuseeländischen Küche, vor allem Meeresfrüchte.

Ausflüge
Örtliche Reiseagenturen führen Bus-, Geländewagen- oder Squad-Ausflüge zum Cape Reinga und zu den Kauriharz-Feldern durch, bieten Wander-, Angel-, Tauch- oder Schnorcheltouren an. Der größte Anbieter mit tägl. Abfahrten nach Cape Reinga über den 90-Mile-Beach ist **Sand Safaris**, 221 Commerce St., © 0800-869090 u. 09-4081778, www.sandsafaris.co.nz, ca. NZ-$ 60, Kinder 5–15 Jahre ca. NZ-$ 40 (inkl. Lunch).

Ninety Mile Beach

Der Strand, der seinen Namen nicht ganz zu Recht trägt, da er „nur" knapp 90 km lang ist, gehört zu den großen Naturwundern Neuseelands. Eine Zufahrt gibt es im Süden am Waipapakauri Beach, von wo aus die Geländebusse mit rund 100 km/h über den harten Sand preschen, bis sie nach etwa 60 km durch ein sandiges Flussbett wieder den Highway 1 erreichen. In seiner enormen Längen- und Breitenausdehnung, überragt von riesigen Dünen, die teilweise 6 km ins Landesinnere hineinreichen und über 150 m hoch sind, erschien er 1769 Kapitän James Cook zu Recht als „desert coast" (Wüsenküste). Nur ab und zu unterbrechen kleine Halbinseln aus Vulkangestein die fast endlose Weite. Pinguine, Reiher, Möwen und andere Seevögel sind zu beobachten. Die letzte vulkanische Halbinsel, genannt The Bluff, gehört zu einem 36 ha umfassenden Areal, das ausschließlich die hier lebenden Maoris zur Fischerei nutzen dürfen. Kurz danach ragen zu beiden Seiten des Bachs Te Paki mehrere Riesendünen auf.

Naturwunder

Achtung Autofahrer

Was die Spezialbusse leisten, kann noch längst nicht jeder Pkw bzw. Campervan! Es ist möglich, den harten Sand des **Ninety Mile Beach** zu befahren, aber nur bei **Ebbe**. Halten Sie sich dann so nah wie möglich am Meer. Je näher man den Dünen kommt, desto weicher wird der Sand und desto größer die Gefahr des Steckenbleibens.

Achten Sie auf kleine Bäche, die z. T. tiefe Rillen in den Sand gegraben haben und überqueren Sie diese in Diagonalrichtung. Besonders vorsichtig sollten hier **Motorradfahrer** sein, denn in der Vergangenheit kam es zu mehreren tödlichen Unfällen, weil Biker die Rillen nicht rechtzeitig bemerkt hatten.

Fahren Sie nicht so weit in den Norden, dass Sie keine Zeit mehr haben, vor der Flut zurückzukehren. Folgen Sie mit einem Pkw oder Camper keinesfalls einem Geländewagen durch ein Flussbett; der **Te Paki Stream** ist keine Straße, sondern ein Bach!

Wegen der Salzwasser-Korrosion erlauben viele **Mietwagenverleiher** ihren Kunden nicht, den Strand zu befahren. Man sollte dies unbedingt vorher klären, da im Falle eines Schadens der Versicherungsschutz entfallen könnte.

Wenn für Ihren Mietwagen der Ninety Mile Beach tabu ist, sollten Sie zumindest am südlichen **Waipapakauri Beach** einen Blick riskieren. Anschließend geht es zurück zum Ort Waipapakauri und dann über den Highway Richtung Norden. In **Te Paki** lohnt es sich, auf einer Stichstraße zum Parkplatz zu fahren. Von dort geht es dann zu Fuß weiter ins Gebiet der Riesendünen.

Cape Reinga

Zusammentreffen der Meere

Nur 16 km vom nördlichen Ende des Strandes bei Te Paki entfernt erreicht man über den Highway 1 das Cape Reinga. Von hier bieten sich bei gutem Wetter geradezu dramatische Ausblicke. Man kann beobachten, wie sich vor dem Kap die verschiedenfarbigen Gewässer des Tasmansees und des Pazifischen Ozeans mischen. Bei klarer Sicht reicht der Blick bis zu den nördlich gelegenen Three Kings Islands. Zur Linken, also in westlicher Richtung, sieht man die kleine Felsnase des Kaps Maria van Diemen, das im Januar 1643 von Abel Janszoon Tasman nach der Gattin des damaligen Generalgou-

Ausflug zum Cape Reinga

Man muss den Ausflug nicht unbedingt mit dem eigenen Wagen durchführen, denn ab Paihia, Russell, Kerikeri oder Kaitaia bieten lokale Reiseagenturen **Exkursionen mit Spezialbussen** zum Cape Reinga an. Zu beachten ist, dass die Tourangebote ab Kaitaia aufgrund der kürzeren Entfernung weitaus günstiger sind als diejenigen von der Bay of Islands.

Leuchtturm am Cape Reinga, dem nördlichsten Zipfel der Nordinsel

verneurs von Ostindien benannt wurde. Rechts liegt die weitgeschwungene Spirits Bay und weiter entfernt das sogenannte Nordkap.

Ein Schilderbaum beim Leuchtturm gibt die Distanzen zu verschiedenen Städten der Welt sowie zum Südpol, zum Äquator und zum südlichen Wendekreis an. Wanderungen, für die man aber viel Zeit braucht, führen u. a. zum Kap Maria van Diemen. Das nördlichste Postamt Neuseelands, ein kleiner Laden und die Außenstelle des Department of Conservation sind ansonsten die einzigen Häuser an dieser Stelle, Übernachtungsmöglichkeiten gibt es nicht.

Keine Übernachtungsmöglichkeit

In der Mythologie der Maoris spielt die Gegend eine bedeutende Rolle. Danach sollen die Seelen der Verstorbenen über den Ninety Mile Beach zum Cape Reinga ge-

> **Alternative Route**
>
> Selbstfahrer, die nach dem Besuch des Cape Reinga nicht mehr zur Bay of Islands zurück-, sondern gleich nach Auckland weiterfahren möchten, können auf einer alternativen Route ab Awanui/Kaitaia über den Highway 1 bis nach Mangamuka fahren (in diesem Fall sollte man auf der Hinfahrt zum Cape die Ostroute über den Highway 10 gefahren sein, damit man nichts zweimal sieht), oder aber ab Awanui über die Ahipara Bay recht nah der Westküste in den Süden fahren.

langen und dort in die Unterwelt absteigen, um dann in die Urheimat Hawaiki zurückzukehren. Auf den Three Kings Islands werfen sie zum letzten Mal einen Blick auf Neuseeland, bevor sie für immer Abschied nehmen.

Houhora

Den Rückweg treten die meisten Reisenden auf dem Highway 1 an, der rund 25 km südlich des Kaps wieder asphaltiert ist. Nach 60 km kommt man zum Hafenort Houhora, der ersten Siedlung, die diesen Namen verdient. In der über 100 Jahre alten **Houhora Tavern** an der Sale Yard Ave., dem nördlichsten Pub des Landes, kann man heute noch ein gepflegtes Bier vom Fass genießen.

Kuriose Sammlung

Die größte Attraktion am Platz ist der **Wagener Park**, direkt an der langgezogenen Bucht mit Flussmündung gelegen. Das dortige **Museum** präsentiert ein Sammelsurium unterschiedlichster Exponate. So staunen die Besucher über alte Instrumente und Maschinen, Radios, Schreibmaschinen und Kameras, eine Waffen- und Schmetterlingssammlung genauso wie über chinesisches Porzellan und Möbel des 19. Jh. – ein buntes Tohuwabohu, das dem Museum aber einen liebenswerten Charakter verleiht. Am interessantesten unter den etwa 50.000 Gegenständen sind jene Maori-Artefakte, die Archäologen am Mt. Camel ausgegraben und ins 12. Jh. datiert haben. Auf dem Parkgelände befindet sich zudem die historische **Subritzky Homestead**; 1860–62 aus Kauri- und anderen Hölzern errichtet, war sie das erste größere Gebäude nördlich von Kerikeri. Von der Rasenfläche vor dem Museum hat man einen schönen Blick auf den in Schwimmnähe gelegenen 245 m hohen Vulkanberg Mt. Camel, der in der Mythologie der Maoris von Bedeutung ist.
Wagener Museum & Subritzky Homestead, *Houhora, © 09-4098850, www.subritzky.homestead.com, tägl. 8.30–17.30 Uhr, NZ-$ 12, Kinder 5–15 Jahre NZ-$ 6.*

Reisepraktische Informationen Houhora

> **Camping/Lodge**
> **Wagener Holiday Park**, *Houhora Heads, © 09-4098511, www.wagenerholidaypark.co.nz. Am pittoresken Houhora Harbour gelegene Anlage mit Zelt- und Caravanplätzen sowie Lodge mit Doppel- und Mehrbettzimmern ($–$$).*

Zur Bay of Islands

Am Südende der Halbinsel erreicht man schließlich wieder Awanui. Von dort windet sich der östliche Highway 10 in Küstennähe vorbei an schönen Buchten und idyllischen Hafenorten zur Bay of Islands. Selbstfahrer haben nach kurzer Zeit die Möglichkeit, auf einer Stichstraße zur Linken weit auf die **Karikari Peninsula** hinaufzufahren, die sich wie ein Angelhaken in den Ozean schiebt. Am Ende der Halbinsel locken wunderschöne Sandstrände. Wer über Nacht bleiben möchte, findet Campingplätze und einfache Herbergen.

Abstecher auf die Halbinsel

Die nächste Ortschaft am Highway 10 ist **Taipa**, der Legende nach jener Platz, an dem der große polynesische Seefahrer Kupe zum ersten Mal neuseeländischen Boden betrat. Die große Bucht, an der Taipa und die nachfolgenden Siedlungen liegen, heißt **Doubtless Bay**. Wieder einmal war Kapitän James Cook der Taufpate: Er hatte in seinem Logbuch geschrieben, dass es sich bei dem Gewässer „zweifellos um eine Bucht" (*doubtless a bay*) handele. Trotz des profanen Namens ist die Landschaft wunderschön und braucht keinen Vergleich mit der Bay of Islands zu scheuen. Taipas östlicher Nachbar heißt **Cable Bay**, so benannt nach dem dort 1902 verlegten, damals längsten Kabel der Welt. Rund 6.500 km reichte es bis nach Queensland in Australien. Die Kabelstation wurde 1912 geschlossen, nachdem durch ein weiteres Kabel Auckland mit Sydney verbunden worden war. Heute ist die Ortschaft wegen ihres guten Sandstrands ein beliebtes Ausflugsziel, genauso wie der benachbarte Coopers Beach.

Bei der Weiterfahrt passiert man das **Rangikapiti Pa**, dessen terrassierte Hänge sich hoch über die Doubtless Bay erheben. Von der Mill Bay, westlich von Mangonui, kann man auf einem markierten Pfad zum Pa hinaufsteigen und die herrliche Aussicht genießen. Es folgt **Mangonui**, größer als alle vorherigen Dörfer und mit einer beachtlichen touristischen Infrastruktur, die Hotels, Motels, Hostels, Campingplätze, Restaurants und Tourveranstalter umfasst. Auch Durchreisenden empfiehlt sich der Ort mit einigen charmanten Holzhäusern für einen Zwischenstopp.

Charmanter Ort

Anschließend entfernt sich der Highway 10 von der Küste, um kurze Zeit später zum tief eingeschnittenen Whangaroa Harbour zu gelangen. Am östlichen Ende der Bucht lohnt sich der 6-km-Abstecher zur Ortschaft **Whangaroa**, einst ein Zentrum der Verarbeitung und Verschiffung des Kauri-Holzes. Auch dort findet man ein breit gefächertes Angebot an Unterkünften jeder Art. Erkunden lässt sich die schmale Bay per Kajak, Segelschiff oder Motorboot.

Wer als Selbstfahrer Whangaroa erreicht, sollte die Rundfahrt um die Halbinsel nicht versäumen. Wie Perlen an einer Kette reihen sich entlang der engen Straße schöne Badebuchten. Ein kurzer Abstecher führt zur **Tauranga Bay**. Besonders hübsch ist **Matauri Bay**, wo man von einem Berggrat oberhalb der Bucht eine fantastische Aussicht hat. Gut zu sehen sind hier auch die Cavalli Islands, die zur letzten Ruhestätte des Greenpeace-Schiffs Rainbow Warrior wurden (s. S. 30). Das Schiff wurde zwar im Hafen von Auckland versenkt, anschließend aber hierhin transportiert. Eine Plakette an der Matauri Bay, wo sich auch ein altes Maori-Pa befindet, erinnert an diesen für Frankreich beschämenden Vorfall.

Traumhafte Badebuchten

Nach Umrundung der Halbinsel gelangt man in Kaeo wieder auf den Highway 10 und kommt dann nach etwa 15 km zum Abzweig, der einen nach Kerikeri oder Paihia bringt. Bleibt man auf dem Highway, stößt man in Moerewa auf den Highway 1, der Hauptverbindungsstrecke zwischen Auckland und dem Norden.

Über die Westküste zurück nach Auckland

Heiße Quellen

Für die Rückfahrt nach Auckland empfiehlt sich nicht die schon bekannte Strecke über Whangarei, sondern die Westküstenroute (Highway 12) über Kaikohe, Opononi, Waipoua Kauri Forest, Dargaville und Maungaturoto. Dazu biegt man vom Highway 1 bei der Ortschaft Ohaeawai (nach dem Abzweig nach Waimate North/Kerikeri) in Richtung Kaikohe ab. Diese Siedlung erreicht man in wenigen Fahrminuten, nachdem man Ngawha passiert hat, wo ca. 3 km abseits der Straße einige heiße Quellen den rustikalen Domain Pool speisen und zum Baden einladen – ein kaum touristisch genutztes und preiswertes Vergnügen.

Kaikohe

In Kaikohe ist das 1911 errichtete **Monument** zu Ehren des großen Häuptlings Hone Heke auf dem Kaikohe Hill einen Abstecher wert, von dem man eine weite Aussicht hat. Hone Heke (s. S. 203) repräsentierte nach seinem verlorenen Krieg gegen die Briten einige Jahre die Nordland-Stämme im neuseeländischen Parlament. Noch heute ist die Stadt eines der größten Maori-Zentren. Im **Pioneer Village** sind eine Maori-Hütte (1875), eine Kauri-Sägemühle (1919) und ein Gerichtsgebäude (1864) zu sehen. **Pioneer Village**, *Recreation Rd., tägl. 9–17 Uhr, Eintritt frei.*

Von Kaikohe nach Opononi

Auf der 53 km langen Strecke bis Opononi empfehlen sich historisch Interessierten zwei Abstecher in nördliche Richtung. Der erste zweigt vom Highway in Richtung Horeke ab und führt nach gut 15 km zur **Mangungu Mission**, einem schönen Holzgebäude aus den Jahren 1838/39 am Ufer der Bucht. Seine historische Bedeutung erhielt das Missionsgebäude 1840, als hier der berühmte Vertrag von Waitangi zum zweiten Mal unterschrieben wurde, und zwar von den Maori-Häuptlingen der Hokianga-Region. Als die Missionsstation 1855 schloss, zerlegte man das Holzhaus in seine Einzelteile und baute es in Auckland (Onehunga) wieder auf. 1972 entschloss sich der National Trust, die Mangungu Mission an ihren angestammten Platz zurückzubringen.

Fährverbindung

17 km vor Opononi führt eine 6 km lange Stichstraße nach **Rawene**, von wo es eine 15-Minuten-Fährverbindung über die breite Bucht nach Narrows Landing bei Kohukohu gibt. Wer vom Norden kommt, sollte diese Verbindung nutzen und nicht den 70-km-Umweg über Kaikohe fahren. Der Abstecher nach Rawene lohnt sich wegen einiger historischer Häuser, die von der drittältesten europäischen Siedlung des Landes übriggeblieben sind. Sehenswert sind das **Wharf House**, in dem sich heute ein Res-

taurant befindet, und das **Rawene Hotel**. Beachtung verdient auch das Maori-Kanu Te Hawera, das neben der Westpac Bank aufgestellt ist. Die größte Sehenswürdigkeit ist das **Clendon House**, das der Händler James Clendon 1866 erbauen ließ. Clendon hatte sich zunächst in der Bay of Islands niedergelassen, wo er als erster Konsul der USA tätig war, bevor er nach Rawene umzog. Das Haus mit Mobiliar und Memorabilien der Clendon-Familie steht Besuchern zur Besichtigung offen.

Konsul der USA

Clendon House, *14 Parnell St., © 09-4057874, www.historicplaces.org.nz, Nov.–April Sa/So 10–16, Mai–Okt. So 10–16 Uhr, NZ-$ 8, Kinder 5–15 Jahre NZ-$ 4.*

Opononi/Omapere

Zurück auf dem Highway sind es nur 17 km bis zum Doppelort Opononi/Omapere mit eindrucksvoller Sicht auf die gegenüberliegende Riesendüne am Hokianga Harbour. Das als Badeort beliebte Dorf hat einen kleinen Sandstrand, mehrere gute Restaurants (die Spezialität in dieser Region sind Muscheln und fangfrischer Fisch), einige Pubs rund um die Bucht und Anbieter von Angeltouren oder Minikreuzfahrten. Am beliebtesten ist der historische **Mail Run** mit der 1912 aus Kauri-Holz gebauten MV Sierra. Von Fischern oder dem Wassertaxi Hokinaga Express (© 09-4058872, ca. NZ-$ 25–30) kann man sich über die Hafenbucht bringen und später wieder abholen lassen – die Sandwüste hat man dann praktisch für sich allein. Vom Hokianga Harbour soll der große polynesische Entdecker Kupe um 900 seine Heimreise angetreten haben: Der Name wird als *Hokianga-nui-a-Kupe*, als „großer Ort der Umkehr des Kupe" gedeutet. Nach einigen Kurven am südlichen Ortsausgang von Opononi bietet sich vom Highway 12 ein sehr schöner Blick auf den Zwillingsort, den Hafen und die gegenüberliegende Küste mit der Dünenlandschaft.

Bootsfahrt in die Sandwüste

Aktivurlaubern, die länger bleiben möchten, bietet die Region mehrere gute Wanderwege. Der **Hokianga-Waipoua Coastal Track** ist der anspruchsvollste von ihnen; er führt an der Küste entlang und nimmt etwa drei Tage in Anspruch. Bergwanderer können außerdem in näherer Umgebung auf den „Hausberg" Mt. Whiria, auf den 680 m hohen Mt. Hauturu oder auf den Te Raupua klettern, der mit 781 m der höchste Gipfel des Nordlandes ist.

Reisepraktische Informationen Opononi/Omapere

Information
Hokianga i-SITE Visitor Centre, *29 Highway 12, Opononi, © 09-4058869, www.hokiangatourism.org.nz, www.hokianga.co.nz.*

Unterkunft
Hotel
**Copthorne Hotel & Resort Hokianga $$$–$$$$**, *Hwy. 12, Omapere, © 0800-267846 u. 09-4058737, www.omapere.co.nz u. www.milleniumhotels.com, DZ NZ-$ 215–295. Traditionsreiches Kolonialhotel, in dem noch der Glanz alter Zeiten zu spüren ist; herrliche Lage am Ufer des Hokianga Harbour.*

Backpacker-Hostel
**The Tree House $–$$**, 168 West Coast Rd., Kohukohu (am Nordufer des Hokianga Harbour), © 09-4055855, www.treehouse.co.nz, DZ NZ-$ 82, im Mehrbettzimmer NZ-$ 31. Idyllische Backpackerherberge mit Haupthaus und drei gemütlichen Holzhütten in einem üppigen subtropischen Garten, Camper willkommen.

Camping
Opononi Beach Holiday Park, Hwy. 12, Opononi, © 09-4058791, www.opononiholidaypark.co.nz. Weitläufige, schlichte Anlage am Hafen mit Zelt- und Caravanplätzen sowie einfach ausgestatteten Hütten ($–$$).

Essen und Trinken
Opononi Hotel, Hwy. 12, Opononi, © 09-4051969, tägl. ab 10.30 Uhr, moderat. Beliebtes Pub-Restaurant mit tellerüberlappenden Steaks und anderen herzhaften Kiwi-Gerichten, im Sommer regelmäßig Live-Musik.

Waipoua Kauri Forest

Der Baumriese Tane Mahuta

Südwestlich von Opononi/Omapere verengt sich die Straße und führt kurvenreich in die eindrucksvolle Welt der subtropischen Regenwälder. Der Kontrast zur Sandwüste des Ninety Mile Beach könnte kaum größer sein. Nach 24 km ist der **Waipoua Kauri Forest** erreicht, in dem neben Kauri-Baumriesen auch Rimu, Towai, Tawa und andere endemische Pflanzen wachsen. Wälder dieses Typs bedeckten vor Ankunft der Europäer noch die größten Teile des Nordlands und der Coromandel-Halbinsel. Heute sind nur noch weniger als 1 % des ursprünglichen Bestands erhalten.

Am Waipoua-Hinweisschild sollte man anhalten und etwa 5 Minuten auf dem markierten Weg in den Wald hineingehen. Hauptattraktion der Region ist der „Herr des Waldes" (Tane Mahuta), ein Kauri-Gigant von 56 m Höhe, fast 13 m Umfang und einem geschätzten Alter von 1.200–2.000 Jahren. Etwa 800 m südlich führt ein Fußweg an den

Four Sisters vorbei zum nicht minder eindrucksvollen alten „Vater des Waldes" (Te Mahuta Ngahere), der vielleicht sogar über 3.000 Jahre alt ist.

Die Kauri-Fichte

Die Kauri-Fichte (*agathis australis*) ist eine der größten Baumarten der Erde, deren Dimensionen der Riesenbaum Tane Mahuta augenfällig beweist. Mit dem Kauri Kairaru wurde Ende des 19. Jh. nördlich von Dargaville eine Kauri-Fichte gefällt, die den Tane Mahuta sogar fast um das Doppelte übertraf. Mit einem Holzvolumen von 453 m^2 war er der wahrscheinlich mächtigste Baum der Welt. Wie die kalifornischen Redwoods kann auch die Kauri ein Alter von bis zu 4.000 Jahren erreichen.

Es hätte nicht viel gefehlt, und die Baumriesen wären vollständig ausgerottet worden. Schon Kapitän James Cook hatte Teile seines Schiffes mit dem haltbaren und gerade wachsenden Holz der Kauri ausbessern lassen. Nach der planmäßigen britischen Besiedlung des Landes folgten immer mehr Bootsbauer seinem Beispiel. Die Mächtigkeit der Bäume (allein die Holzmenge des Tane Mahuta wird auf 245 m^2_ geschätzt) und die hervorragende Qualität des Holzes, die der des Teakholzes entspricht, führten zu einem extensiven Kahlschlag. Verwendung fand das Kauri-Holz nicht nur im Schiffsbau, sondern auch bei der Errichtung der neu entstehenden Holzhaus-Städte Neuseelands.

Heute steht die Kauri-Fichte unter strengem Naturschutz. Auf staatlichem Boden dürfen nur noch sterbende Bäume gefällt werden. Produkte aus Kauri-Holz stammen daher meist nicht aus dem Urwald, sondern von abgestorbenen und teils aus dem Boden ausgegrabenen Exemplaren der *agathis australis*.

Die schmale Straße überquert nach wenigen Kilometern den Waipoua River. Dort zweigt nach rechts eine Stichstraße zum **Waipoua Kauri Forest Park Visitor Centre** (℅ *09-4396445, Mo–Fr 8.30–16.30, Sa/So 9–16 Uhr*) ab, wo man Wissenswertes über die Geschichte der Kauri-Fichte erfährt. Zudem geben Ranger Informationen zu Wanderwegen. Auf dem Gelände gibt es ein Picknickareal und einen einfachen Campingplatz mit Cabins.

In der Nähe liegt das winzige **Maxwell Cottage**, in dem der erste Ranger wohnte und das heute als kleines Museum fungiert. Der beste Blick über den Wald und das Tal des Waipoua River bietet sich von einem 307 m hohen Aussichtspunkt (früher eine Feuerwache), zu dem kurz vor dem Ende des Parks eine Stichstraße abzweigt.

Unterwegs nach Dargaville

Auch auf den folgenden 50 km nach Dargaville passiert man in kurzer Entfernung zum Highway mehrere Naturwunder. Im **Trounson Kauri Park**, zu dem eine holprige

Kiwi-Beobachtung Straße führt, wachsen auf 573 ha zahlreiche Baumriesen, aber auch viele jüngere Bäume. Dort gibt es ein Motorcamp und eine DOC-Rangerstation mit kleinem Campingplatz. Während eines etwa einstündigen Spaziergangs auf einem Naturlehrpfad bekommt man einen guten Eindruck von dem Schutzgebiet. Bei geführten Nachtwanderungen kann man mit Glück und etwas Geduld Kiwis beobachten.

Etwas weiter lohnt sich der 11 km lange Abstecher nach rechts zu den Kai-Iwi Lakes, drei kristallklaren Seen, in denen man baden, angeln oder Boot fahren kann. Der größte der Seen, Taharoa Lake, besitzt sogar einen kleinen Sandstrand. Wanderer können auf markierten Pfaden vom Wald bis zur Küste laufen.

Reisepraktische Informationen Trounson Kauri Park

Camping
Kauri Coast Top 10 Holiday Park, Trounson Park Rd., Kaihu, © 0800-807200 u. 09-4390621, www.kauricoasttop10.co.nz. *Herrlich im Wald an einer Flussbiegung gelegen, Zelt- und Campervanplätze, Cabins und Ferienwohnungen ($$–$$$). Die sehr engagierten Betreiber organisieren naturkundliche Exkursionen, z. B. Nachtwanderungen zur Beobachtung von Kiwis im Trounson Kauri Park (NZ-$ 25, Kinder 5–15 Jahre NZ-$ 15).*

Dargaville

Versorgungsort 53 km südlich des Waipoua Kauri Forest erreicht man über den nun wieder breiteren und asphaltierten Highway 12 die Stadt Dargaville, die ihre Entstehung am Ufer des mächtigen Wairoa River dem Kaufmann Joseph McMullen Dargaville verdankt. Zur Versorgung der Arbeiter, die mit dem Fällen der Kauri-Bäume oder dem Ausgraben des Kauri-Gum beschäftigt waren, gründete Dargaville im Jahre 1872 einen Ort mit zwei Hotels. Lange Zeit blieb das Städtchen Zentrum des einträglichen Handels. Im Jahre 1883 wurde sogar eine Eisenbahnlinie von hier in den Urwald nach Kaihu gebaut, die man 1959 jedoch wieder einstellte. Das heutige Dargaville ist mit rund 4.500 Einwohnern eine der größten Städte des Nordlands und bietet Besuchern gute Übernachtungsmöglichkeiten.

Das Stadtbild weist nichts Außergewöhnliches auf, von einigen hübschen Holzhäusern nahe dem Flussufer, wie dem Central Hotel und dem Northern Wairoa Hotel, einmal abgesehen. Auf dem Gelände eines ehemaligen Pa erstreckt sich 1,5 km südlich des Zentrums am Ufer des Wairoa River der Harding Park. Von dem Hügel mit einem Friedhof aus den Pionierjahren bietet sich ein schönes Panorama der Stadt und der Flussschleife. Das **Dargaville Maritime Museum** im Park präsentiert Erinnerungsstücke aus der frühen Kolonialzeit und Exponate zur Geschichte und Kultur der Maoris. Vor dem Museum sind die Masten des berühmten Greenpeace-Schiffes Rainbow Warrior (s. S. 30) aufgestellt.
Dargaville Maritime Museum, Harding Park, © 09-4397555, www.dargavillemuseum.co.nz, Nov.–April tägl. 9–17, Mai–Okt. tägl. 9–16 Uhr, NZ-$ 12, Kinder NZ-$ 2.

Etwa 14 km südwestlich von Dargaville lockt bei Baylys Beach ein schöner Sandstrand zum Baden in der Tasman Sea. Er ist Teil eines 100 km langen Sandstreifens, der sich vom Hokianga Harbour im Norden bis zum Kaipara Harbour im Süden hinzieht und der seit Beginn der europäischen Besiedlung als „Schiffsfriedhof" gefürchtet ist – eine endlose Weite, in der man nur gelegentlich Autofahrer und Reiter sieht.

Endloser Sandstrand

Reisepraktische Informationen Dargaville

Information

Kauri Coast Visitor Information Centre, *4 Murdoch St. (Hwy. 12)*, ℗ *0800-152472 u. 09-4394975, www.kauriinfocentre.co.nz, www.dargaville.co.nz u. www.kauricoast.co.nz, Mo–Fr 8.30–17, Sa/So 9–15 Uhr.*
Department of Conservation (DOC), *Waipua, Hokianga (1-km-Abzweig vom Hwy. 12)*, ℗ *09-4393011, www.doc.govt.nz.*

Unterkunft
Motel
Motel Hobson's Choice $$–$$$, *212 Victoria St.*, ℗ *0800-158786 u. 09-4398551, www.hobsonschoicemotel.co.nz, DZ NZ-$ 135–155. Angenehmes, modernes Motel im Villa-Stil mit Einzel- und Doppelzimmern, Studios und Pool.*

Bed & Breakfast
Kauri House Lodge $$$, *60 Bowen St.*, ℗ *09-4398082, www.kaurihouselodge.co.nz, DZ NZ-$ 160–180. Historische Kolonialvilla von 1910 mit stilvoll eingerichteten, vielleicht etwas zu plüschigen Zimmern, großem Garten und Pool.*

Backpacker-Hostel
The Greenhouse Hostel $–$$, *15 Gordon St.*, ℗ *09-4396342, DZ ab NZ-$ 60, im Mehrbettzimmer ab NZ-$ 25. Zentral gelegene Unterkunft in der alten Schule von 1921, großzügige Doppel- und Mehrbettzimmer.*

Camping
Dargaville Holiday Park, *10 Onslow St.*, ℗ *0800-114441 u. 09-4398296, www.kauriparks.co.nz. Kleiner, zentral gelegener Campingplatz mit Zelt- und Campervanplätzen sowie Cabins, Flats und Motel-Betrieb.*
Baylys Beach Holiday Park, *24 Seaview Rd.*, ℗ *09-4396349, www.baylysbeach.co.nz. Gut ausgestattete, große Anlage 3 km nördl. am Strand, Stellplätze für Zelte und Wohnmobile, Cabins und Ferienwohnungen ($$–$$$), sehr beliebt bei den locals und während der Ferien recht überlaufen.*

Essen und Trinken
The Funky Fish, *34 Seaview Rd.*, ℗ *09-4398883, tägl. 11–22.30 Uhr, im Winter Mo/Di geschlossen, moderat–teuer. Ein kleines, feines Fischlokal, Geheimtipp der Ortskundigen und Einheimischen, fürs Dinner ist eine Reservierung zu empfehlen, 3 km nördl. am Baylys Beach gelegen.*

Matakohe

In dem Städtchen am buchtenreichen und schönen Kaipara Harbour sollte man einen Stopp einlegen, um sich in aller Ruhe das **Kauri Museum** anzuschauen, in dem anschaulich die Geschichte der Kauri-Wälder und die damit verbundene Industrie erläutert wird. Auch zur Geschichte des sogenannten Kauri Gum werden wichtige Erkenntnisse vermittelt. In den vergangenen Jahren mehrfach erweitert, verfügt das Museum heute über vier verschiedene Flügel, von denen der Sterling Wing mit einer originalgetreuen Rekonstruktion eines Hauses vom Ende des 19. Jh. besonders interessant ist. Die meisten Besucher beeindruckt der 22,5 m lange Kauri-Baumstamm, dessen Wurzelwerk 4 m hoch ist. Ein gutsortierter Souvenirshop, die Cafeteria Gumdiggers Tearoom, eine B&B-Unterkunft mit Café (Matakohe House) und eine Aussichtsterrasse komplettieren die Anlage. Gegenüber stehen die kleine **Matakohe Pioneer Church** aus dem Jahre 1867 und das **Post Office**, das von 1909 bis 1988 in Benutzung war. Auch die nahe, 1950 errichtete Steinkirche **Coates Memorial Church** verdient Beachtung.

Matakohe Kauri Museum, 5 Church Rd., ✆ 09-4317417, www.kauri-museum.com, tägl. 9–17 Uhr, NZ-$ 25, Kinder 5–15 Jahre NZ-$ 8.

Kauri-Harz mit Einschluss

Das Kauri Gum

Während Holzfäller in den Kauri-Wäldern Tabula rasa machten, wühlten Tausende von Arbeitern, vornehmlich aus Dalmatien emigrierte Serben und Kroaten, den Boden nach versteinertem Baumharz um. Dieses *gum digging* war ein einträgliches Geschäft, denn das mit Öl versetzte Harz wurde sehr schnell ein begehrter Artikel zur Herstellung witterungsbeständiger Farbe bzw. als Destillat zu Terpentin. Vor der Wende zum 20. Jh. hatte das fossile Kauri Gum eine Art zweiten Goldrausch ausgelöst. Bald überstieg der Export die 10.000-Tonnen-Marke.

Bei der Suche konzentrierten sich die *gum digger* auf die Kronen der vor rund 20.000 Jahren abgestorbenen Bäume, weil sich hier neben der Wurzel das meiste

Harz gesammelt hatte. Aber wie bei den Goldfunden von Coromandel und Otago waren die Ressourcen sehr bald erschöpft, und weite Teile des Nordlands blieben als durchwühlte Kraterlandschaft zurück. Immer noch besitzen einige Ortschaften des Nordlands einen starken serbischen und kroatischen Bevölkerungsanteil. Als Erbe des *gum digging* werden Touristen hier auf manchen Ortschildern nicht nur in Englisch und Maori, sondern auch auf Serbo-Kroatisch begrüßt.

Reisepraktische Informationen Matakohe

Bed & Breakfast
Matakohe House $$–$$$, *24 Church Rd., ℅ 09-4317091, www.matakohe house.co.nz, DZ NZ-$ 135–160. Angenehme Frühstückspension mit vier klassisch-elegant ausgestatteten Zimmern gleich neben dem Kauri Museum, hilfsbereite Besitzerin.*

Camping
Matakohe Top 10 Holiday Park, *66 Church Rd., ℅ 0800-4316431, www.matakohetop10.co.nz. Übersichtlicher Ferienpark in schöner Hanglage mit tollem Blick auf den Kaipara Harbour, Zelt- und Campervanplätze, Hütten und Motelzimmer ($$–$$$).*

In Brynderwyn, wo der Highway 12 auf den Highway 1 stößt, schließt sich der Kreis, und man kann nun zügig nach Auckland fahren, wo kurz vor der Stadt der Highway in den Motorway 1 übergeht.

Alternative Route über Muriwai

Wer nicht in Eile ist, kann ab Wellsford auf einer alternativen Route über den Highway 16 in die nordwestlichen Gebiete des Großraums Auckland gelangen. Dabei legt man die ersten 60 km bis Helensville auf einer landschaftlich reizvollen Straße zurück, die am Ufer des Kaipara Harbour, der größten neuseeländischen Bucht, verläuft. In Helensville werden mehrstündige Kreuzfahrten auf der Bucht angeboten. Zum Schwimmen ist das 4 km entfernte **Parakai Springs** mit 32° C warmen Thermalbädern bestens geeignet
Parakai Springs, *150 Parkhurst Rd., ℅ 09-4208998, www.parakaisprings.co.nz, So–Do 10–21, Fr/Sa 10–22 Uhr, NZ-$ 18, Kinder 5–14 Jahre NZ-$ 9.*

Ein Ziel von Hobby-Ornithologen ist der **Muriwai Beach Park** in der Nähe des kleinen Küstenorts Muriwai, denn dort kann man vor allem von September bis Februar inmitten bizarrer vulkanischer Felsformationen (*pillow lava*) das außerordentlich seltene Schauspiel einer festländischen Tölpelkolonie (*Gannet Colony*) erleben. Anschließend geht es durch die Weingebiete von Kumeu und Henderson zur größten Stadt des Landes, wo man über gut ausgeschilderte Strecken problemlos zum Motorway 1 zurückfindet.

Der Westen und Süden der Nordinsel

Streckenübersicht und Zeiteinteilung

Redaktionstipps

Sehenswertes
- In **Hamilton** Besuch des Museums und Raddampferfahrt auf dem **Waiukato River** (S. 232)

Aktivitäten
- Besichtigung der **Waitomo Caves** mit Black Water Rafting oder Abseiling (S. 238).
- Rundfahrt um den **Mt. Taranaki** vom Standquartier in New Plymouth, mit mehr Zeit für Wandertouren bzw. Skiurlaub (S. 253).
- Wandern im **Tongariro National Park** (S. 276).

Die annähernd 730 km lange Strecke zwischen Auckland und Wellington führt durch ein Land voller Gegensätze, in dem sich weite landwirtschaftlich genutzte Ebenen, Zonen unberührten Urwalds, die Flusslandschaften des Waikato und Whanganui und die höchsten Berge der Nordinsel abwechseln. So ist der Highway 3 (alternativ Highway 4) an einigen Stellen schnurgerade, gut ausgebaut und schnell zu befahren, an anderen Stellen jedoch gewunden und eng.

Die in diesem Kapitel beschriebenen Stationen stellen eine Mischung aus kulturellen und landschaftlichen Eindrücken dar, wobei es keine Rolle spielt, ob man sich ab den Waitomo-Höhlen westlich hält, um den Taranaki-Nationalpark zu besuchen, oder ob man durchs Landesinnere fährt und dem Tongariro-Nationalpark einen Besuch abstattet. Sich hier zu entscheiden, dürfte manchem Reisenden schwerfallen, denn einerseits ist der 2.519 m hohe Mt. Taranaki der wohl perfekteste Berg Neuseelands, der oft mit dem Fujiyama verglichen wird, andererseits liegen im Tongariro-Nationalpark mit dem Mt. Tongariro (1.978 m), dem Mt. Ngauruhoe (2.287 m) und dem Mt. Ruapehu (2.797 m) gleich drei stattliche Vulkane nebeneinander. Bei der Routenplanung ist jedoch Folgendes zu be-

Minimalprogramm

Um die wichtigsten Sehenswürdigkeiten zu sehen, sollte man sich an diesem Minimalprogramm orientieren:
- Besichtigung von Hamilton, Besuch der Waitomo Caves und Fahrt nach New Plymouth (alternativ: Fahrt zum Nationalpark).
- Mindestens eintägiger Aufenthalt in New Plymouth und dem Egmont National Park (alternativ: Aufenthalt im Tongariro National Park).
- Fahrt über Wanganui und Palmerston North nach Wellington; Besichtigung der neuseeländischen Hauptstadt.

Von der Fahrstrecke her sind bei wenig Zeit die einzelnen Stationen in drei Tagen zu schaffen, wenn man sich nur einige Stunden im jeweiligen Nationalpark aufhält. Um von dem Gebiet mehr als nur einen oberflächlichen Eindruck zu erhalten, ist mindestens ein weiterer Tag notwendig. Als Übernachtungsorte sind Hamilton bzw. Waitomo, New Plymouth, Palmerston North und Wellington empfehlenswert.

denken: Wer auf den Mt. Taranaki verzichtet, kann auch die Stadt New Plymouth nicht besichtigen, die trotz ihres industriellen Charakters viele Sehenswürdigkeiten zu bieten hat; wer aber auf der Fahrt in den Süden auf den Tongariro-Nationalpark verzichtet, kann dieses Reiseziel „nachholen", wenn er auf der Rückfahrt bei Taupo (s. S. 350) einen nicht sehr bedeutenden Umweg macht. Doch ganz gleich, für welche Route man sich letztendlich entscheidet: Wer gerne wandert, angelt, bergsteigt oder Wassersportarten wie Rafting, Kanu- und Kajakfahren betreibt, findet im Westen und Süden Neuseelands fast überall ideale Bedingungen.

Ideal für Outdooraktivitäten

Von Auckland nach Hamilton

Um in den Süden zu gelangen, nimmt man am besten den im Stadtgebiet gut ausgeschilderten Motorway 1 South. Wer von Norden her anreist, wird über die große Harbour Bridge automatisch auf die mehrspurige Autobahn Richtung Hamilton geleitet. Dies ist der einfachste Weg, die neuseeländische Metropole ohne Zeitverlust zu durchqueren, und auch von der Autobahn hat man noch schöne Blicke auf die Vulkankegel des Mt. Eden, des One Tree Hill, des Mt. Wellington und auf die Silhouette der Stadt mit dem alles überragenden Sky Tower.

Etwa 30 km hinter Auckland City, die Satellitenstädte Onehunga, Otahiuhu und Manukau passierend, verengt sich der Motorway zum Highway 1 und führt für einen Moment ganz nah an der riesigen Bucht des Manukau Harbour entlang. Ab hier sind es noch etwa 100 km auf dem gut ausgebauten und zügig zu befahrenden Highway bis nach Hamilton. Wo sich heute eine leicht wellige, ausgedehnte und fruchtbare Ebene erstreckt, war noch vor gut 160 Jahren wegen der Moore und Sümpfe kaum Landwirtschaft möglich. In mühevoller Arbeit haben die europäischen Siedler nach den Maori-Kriegen der Natur dieses Gebiet, das zu den fruchtbarsten des Landes zählt, abgerungen. Hinter den Bombay Hills, kurz vor Pokeno, zweigt der Highway 2 ab, der nach Thames und zur Coromandel-Halbinsel bzw. weiter nach Tauranga und Gisborne führt.

Fruchtbares Land

Auf dem Weg nach Hamilton passiert man später Pokeno und Meremere mit einem kleinen Kraftwerk zur Linken, wenig später erreicht man **Huntly** am Waikato River, dessen riesiges Kohlekraftwerk (Huntly Power Station) am jenseitigen Ufer schon von weitem zu sehen ist. In der Nähe befinden sich die landesgrößten Kohlebergwerke, wo der Rohstoff von den State Coal Mines im Untertage- und Tagebau gefördert wird.

Der Highway 1 umgeht das Ortszentrum von Huntly und folgt zusammen mit der Eisenbahntrasse dem Verlauf des **Waikato River**, dessen Wasserkraft zur Energiegewinnung genutzt wird. Aus dem Süden kommend, mündet der mit 425 km längste Fluss Neuseelands nördlich von Huntly in die Tasman Sea. Lange Zeit war er die einzige Verkehrs- und Kommunikationsachse zwischen Hamilton und Auckland, bis 1878 die Eisenbahn und später eine Straße gebaut wurden. Von der landschaftsbildenden Kraft des Flusses zeugt die Schlucht, die er südlich von Huntly durch die Hügel von Taupiri gegraben hat. Die Umgebung des Mt. Taupiri gilt als *tapu*, da sich hier die heiligen Begräbnisstätten der mächtigen Waikato-Stämme befinden. Auf einem Hügel mit schöner Aussicht am Ortseingang von Taupiri sieht man linker Hand einen Maori-Friedhof.

Der Westen und Süden der Nordinsel

Auckland – Hamilton – Waitomo

Reisepraktische Informationen Huntly

Information

Huntly i-SITE Visitor Centre, 160 Great South Rd., ✆ 07-8286406, www.huntly.co.nz, tägl. 9–17 Uhr. Das günstig in einer Raststätte am Highway 1 gelegene Besucherzentrum ist für die gesamte Region Waikato zuständig inklusive Hamilton, Raglan, Waitomo sowie auch Matamata und Cambridge an der Reiseroute durch das Innere der Nordinsel (ab S. 348).

Ngaruawahia

An der Mündung des Waipa River in den Waikato River liegt mit dem 5.000-Einwohner-Städtchen Ngaruawahia ein für alle Maori-Stämme wichtiger Ort, sozusagen die Hauptstadt des King Movement.

Das Maori King Movement

info

In der Geschichte des weißen, insbesondere des britischen Kolonialismus kam den Kolonisatoren oft entgegen, dass sie in den betroffenen Ländern gegen eine Vielzahl unterschiedlicher, untereinander verfeindeter Ureinwohnerstämme und selten gegen eine geeinte Widerstandsfront kämpfen mussten. In Neuseeland aber schlossen sich angesichts der Erfahrungen von Waitangi und dem ungebremsten Vorrücken der Pakehas die Maoris unter einem König zusammen. In Ngaruawahia wurde 1858 zum erstenmal mit Potatau I. ein König gewählt, den die meisten Häuptlingen anerkannten. Von ihrem **King's Country** aus kämpften die Anhänger der „Königsbewegung" in einem erbitterten, blutigen Krieg gegen die Weißen. Fast 20 Jahre brauchte die modern ausgerüstete britische Armee, um ab den frühen 1860er-Jahren die vereinten Stämme und deren König zu besiegen, danach wurde das Land von der Krone konfisziert, die Maori-Bevölkerung durch Alkohol, Krankheiten und Landdiebstahl dezimiert bzw. vertrieben und das King's Country am Waikato River von Weißen erschlossen. Ngaruawahia aber blieb die „Hauptstadt" der Maoris. Als sich die Zeiten in wirtschaftlicher, politischer und ideologischer Hinsicht für sie besserten, trug der Ort wesentlich zu ihrer Identitätsfindung und zu ihrem neuen Selbstbewusstsein bei. Prinzessin Te Pueha, die auch das größte Kriegskanu in Waitangi bauen ließ, errichtete auf einer 4 ha großen Fläche in den 1920er-Jahren das Turangawaewae Marae („der Ort, den man betreten soll"), das mit seinen traditionellen Versammlungshäusern die offizielle Residenz des Maori-Königsgstums ist. Das Marae, das auch über einen modernen Konzertsaal mit 1.200 Plätzen verfügt, kann man von der Brücke auf der Hauptstraße sehen. Der Öffentlichkeit ist das Gelände nur am Tag der Maori-Regatta zugänglich.

Hinter Ngaruawahia geht es nun in einiger Entfernung zum westlichen Flussufer weiter in Richtung Hamilton – eine kurze Strecke, die von vielen Industrieanlagen begleitet wird. Viele Reisende machen auf dem Highway 1 einen Bogen um Hamilton, was jedoch schade ist, denn die Stadt hat Besuchern einiges zu bieten.

Maori-Regatta

Alljährlich an dem Samstag, der dem St. Patrick's Day, dem 17. März, am nächsten ist, findet in Ngaruawahia die traditionelle Maori-Regatta mit alten **Kriegskanus** statt, ein farbenprächtiges Schauspiel, das man sich nicht entgehen lassen sollte.

Mit kunstvollen Schnitzereien verziertes Maori-Kriegskanu

Hamilton

Wirtschaftszentrum

Mit gut 135.000 Einwohnern ist Hamilton die viertgrößte Stadt des Landes, aber die einzige größere Stadt, die nicht am Meer liegt. Ihr enormer Aufschwung in den letzten Jahrzehnten wird daran deutlich, dass Hamilton noch 1945 nicht mehr als 5.000 Einwohner hatte. Diesen Aufschwung verdankt der Ort seiner Bedeutung als wirtschaftliches und kommerzielles Zentrum einer produktiven und industriell mehr und mehr erschlossenen Region. Auch die Landwirtschaft spielt eine große Rolle, nicht umsonst befinden sich hier Agrarforschungszentren von internationalem Rang wie das Ruakura Agricultural Research Institute. Das Institut bewies 1997 nur einen Tag nach der Vorstellung des schottischen Klon-Schafs Dolly durch die Präsentation dreier geklonter Lämmer, dass auch die Neuseeländer neue Entwicklungen auf dem Gebiet der Gentechnologie beherrschen und die Erkenntnisse in ihrem wichtigsten Wirtschaftszweig einsetzen wollen. Ein umfangreiches Bildungsangebot und die Funktion als Verkehrsknotenpunkt zwischen Nord und Süd tragen ebenfalls zur Bedeutung der Hauptstadt der Waikato-Region bei.

Ein großes Plus des großzügig und modern gestalteten Stadtzentrums sind die üppigen Grünanlagen am behäbig fließenden Waikato, die man auf einem River Walk kennen lernen kann. Zwischen November und April entfalten in den Rosengärten am Garden Place Hunderte von Rosenbüschen ihre Farbenpracht.

Stadtbesichtigung

Folgt man dem Fluss bzw. der Victoria St. Richtung Süden, kommt man bald zum **Waikato Museum of Art and History**. Seine Sammlung von Schätzen des Tainui-Stammes und die Abteilung New Zealand History sichern ihm ebenso wie die ständige Kunst- und Kunstgewerbeausstellung einen Platz unter den bedeutendsten Museen des Landes. Prunkstück ist das während der Landkriege beschädigte **Kriegskanu Te Winika** aus dem Jahre 1830, das auf Veranlassung von Prinzessin Te Puea 1936 restauriert wurde und heute den großen Zentralraum des Museums dominiert. Angeschlossen sind ein Theater, eine Bücherei, ein Shop und ein gutes Restaurant.

Bedeutendes Museum

Waikato Museum of Art and History, *Victoria St., Ecke Grantham St., ✆ 07-8386606, www.waikatomuseum.org.nz, tägl. 10–16.30 Uhr, Spende erbeten.*

Nahebei ankert im Memorial Park am östlichen Ufer des Waikato River der **Raddampfer M. V. Waipa Delta**. Bei passendem Wasserstand legt das 1877 in Betrieb genommene Schiff zu nostalgischen Kreuzfahrten ab. Bei den Schiffstouren kann man auf geruhsame Art das historisch bedeutsame und landschaftlich reizvolle Flusstal kennen lernen.

Raddampfer M. V. Waipa Delta, *✆ 0800-4723353, www.waipadelta.co.nz.*

Eine weitere gute Adresse für Liebhaber von Gärten und Parkanlagen sind die weitläufigen **Hamilton Gardens** am Cobham Drive östlich der Cobham Bridge. Sie umfassen mehr als 100 Themengärten, Teiche und Palmenhäuser. Ein beliebtes Naherholungsgebiet ist der Hamilton Lake etwa 1 km westlich des Zentrums.

In der Nähe des Flughafens, 16 km südlich der City, liegt der Komplex der **National Agricultural Heritage**. Die Anlage umfasst das Clydesdal Agricultural Museum und das National Dairy Museum mit Ausstellungen zur Geschichte der Milch- und Landwirtschaft, ein Freiluftmuseum mit historischen Häusern und eine Kinderfarm mit buntem Angebot, wie Planwagenfahrten.

Freilichtmuseum

National Agricultural Heritage, *125 Mystery Creek Rd., Mystery Creek, ✆ 07-843 8572, www.mysterycreek.co.nz, Mo–Fr 9–16.30 Uhr, NZ-$ 12, Kinder 5–15 Jahre NZ-$ 6.*

Südwestlich der Stadt, vom Highway 3 aus über die Collins Rd. oder auch von der Straße nach Raglan aus zu erreichen, befindet sich in Tempelview der großartige Mormonentempel **Church of Jesus Christ of the Latter Day Saints**. Das neuseeländische Stammhaus dieser Religionsgemeinschaft, das größte im Südpazifik, wurde 1958 erbaut und ist von weitem an seinem weißen Kirchturm zu erkennen. Das Kircheninnere ist nur Mormonen zugänglich, Besucher sind im täglich geöffneten **Visitor Centre** willkommen.

Reisepraktische Informationen Hamilton

ℹ️ Information

Hamilton i-SITE Visitor Centre, *5 Garden Place, ✆ 0800-2 HAMILTON u. 07-9585960, www.visithamilton.co.nz u. www.hamiltonwaikato.com, Mo–Fr 9–17, Sa/So 9.30–15.30 Uhr. Verkauf von Bus- und Zugtickets, Internetzugang.*

Department of Conservation (DOC), 5 Northway St., ℂ 07-8581000, www.doc.govt.nz, Mo–Fr 8.30–16.30 Uhr. Informationen über National- und Naturparks in der Waikato-Region.

Unterkunft
Hotels/Motels
Novotel Tainui Hamilton $$$–$$$$, 7 Alma St., ℂ 07-8381366, www.accorhotels.com, DZ NZ-$ 150–320. Moderne Vier-Sterne-Anlage mit 177 komfortablen Zimmern, Spa, Fitnessraum, Pool, Restaurant und Bar.
Aquarius Motor Inn $$$, 230 Ulster St., ℂ 0800-839244 u. 07-8392447, www.aquarius-motor-inn.co.nz, DZ NZ-$ 110–150. Modernes, praktisches Motel mit Innenpool, freundlicher Service.

Backpacker-Hostel/Jugendherberge
Flying Hedgehog $–$$, 1157 Victoria St., ℂ 07-8392800, DZ NZ-$ 56–68, im Mehrbettzimmer ab NZ-$ 22. Ruhig gelegene Unterkunft in einem ehemaligen Motel, recht komfortable Mehrbett- und Doppelzimmer.
Hamilton YHA Hostel $–$$, 140 Ulster St., Whitiora, ℂ 07-9571848, www.yha.co.nz, DZ NZ-$ 55–79, im Mehrbettzimmer ab NZ-$ 25. Große und komfortable Herberge direkt am Fluss, nördlich des Zentrums, noch zentral gelegen (15 Min. Fußweg).

Camping
Hamilton City Holiday Park, 14 Ruakura Rd., Claudelands, ℂ 07-8558255, www.hamiltoncityholidaypark.co.nz. Nächster Campingplatz (2 km östl. des Zentrums), ruhig, sauber und gepflegt, Zelt- und Campervanplätze, Hütten und Apartments ($$–$$$).
Hamilton East Motor Camp, 61 Cameron Rd., ℂ 07-8566220, www.motorcamps.com. Zelt- und Campervanplätze, Hütten und Apartments ($$–$$$), 3 km östl. des Zentrums, Busverbindung.

Essen und Trinken
Speiselokale, Cafés, Bars und Pubs konzentrieren sich am südlichen Abschnitt der **Victoria St.** und der von ihr abzweigenden **Hood St.**. Eine internationale Food Hall mit mehreren Imbissständen (türkisch, südostasiatisch, indisch etc.) gibt es jeweils im Erdgeschoss des **Centreplace Shopping Centre** und in der **Downtown Plaza**.

Canvas, 1 Grantham St., ℂ 07-8392535, Di–Fr 11–15, 17–22, Sa 17–22.30 Uhr, teuer. Preisgekröntes Restaurant im Waikato Museum mit hervorragender modern-neuseeländischer Küche und erlesenen Weinen.
Domaine, 575 Victoria St., ℂ 07-8392100, Di–Sa 11–22.30 Uhr, moderat-teuer. Neuseeländische Küche mit sudostasiatischer Note von trendigen Lunchgerichten – die meisten unter NZ-$ 20 – bis zum großen Dinner mit Lamm, Wild und Fisch.

Hamiltons Gewässer sind ein Mekka für Angler

Tipp: Angeln
Hamilton und Umgebung gelten als Mekka für Angler. 16 Flüsse und 3 Seen bieten vorzügliche Möglichkeiten zum Angeln, vor allem Regenbogenforellen und braune englische Forellen. Informationen zu Schonzeiten, Ausrüstungsverleih, Lizenzen, Wettangel-Veranstaltungen etc. und die Broschüre „Trout Fishing in the Waikato" sind im Informationsbüro erhältlich.

Busse
An Wochentagen verkehrt in der Innenstadt im 10-Minuten-Rhythmus der kostenlose CBD Shuttle (℡ 0800-4 BUSLINE). Überlandbusse von InterCity und anderen Gesellschaften fahren ab Hamilton Transport Centre (Bryce St., Ecke Anglesea St.) in alle Regionen der Nordinsel.

Züge
Vom Bahnhof im Vorort Frankton (Fraser St., ℡ 07-8468353, ab Zentrum Buslinie 3) fahren tägl. Züge u. a. nach Auckland, Otorohanga, Ohakune und Wellington.

Von Hamilton nach Waitomo

Te Awamutu

Auf dem Highway 3, der am südlichen Ortsausgang von Hamilton rechts vom Highway 1 abzweigt geht es in Richtung Waitomo. Nach 12 km passiert man den kleinen Ort **Te Awamutu**, der weithin als „Rosenstadt" bekannt ist. Die Rosengärten mit etwa 2.000 Pflanzen liegen direkt am Highway 3, Ecke Gorst Ave. Ihre volle Farbenpracht entfalten sie in der Blütezeit von November bis April. Maori-Artefakte präsentiert das **Te Awamutu Museum**. Wegen der schönen Steinglasfenster lohnt sich ein Blick in die kleine St. John's Church, in der erstmals 1854 eine Heilige Messe gehalten wurde. Bekannt ist Te Awamutu als Geburtsort der Brüder Tim und Neil Finn, die mit den Gruppen Split Enz und Crowded House den internationalen Durchbruch schaffen.
Te Awamutu Museum, *135 Roche St., ℡ 07-8720085, www.tamuseum.org.nz, Mo–Fr 10–16, Sa 10–13, So 13–16 Uhr, Eintritt frei.*

Stadt der Rosen

In dem kleinen Ort mit dem lustigen Namen **Kihikihi**, einige Kilometer weiter südlich am Highway 3, befand sich in den Landkriegen die stärkste militärische Basis der Maoris gegen die Briten. Das Monument am Ortsausgang auf der linken Straßenseite erinnert an Gouverneur Grey, der hier den Maoris ein Reservat zugewiesen hatte.

Nicht weit von hier lag das **Pa von Orakau**, um das am 31. März 1864 die entscheidende Schlacht geschlagen wurde. Drei Tage konnten die Maoris das Fort gegen die Artillerie der Briten unter General Cameron verteidigen. Auf die englische Forderung nach Kapitulation rief der Maori-Führer Rewi sein historisch gewordenes: „Ka whawhai tonu matou, ake, ake, ake" – „Wir werden weiterkämpfen, für immer, immer, immer!" Tatsächlich wurde der Kampf von den Maoris auch nach der schlimmen Niederlage von Orakau als Guerilla-Krieg vom King's Country aus fortgesetzt.

Entscheidende Schlacht

Reisepraktische Informationen Te Awamutu

ℹ Information
Te Awamutu i-SITE Visitor Centre, 1 Gorst Ave., ℭ 07-8713259, www.te awamutuinfo.com, Mo–Fr 9–17, Sa/So 10–16 Uhr.

 ## Otorohanga

Rund 25 km südlich von Te Awamutu passiert der Highway 3 das Städtchen Otorohanga, das sich mit seinen Motels, Hostels und einem guten Motor Camp auch zur Übernachtung anbietet. Der Ort hat sich selbst zwei Beinamen gegeben: Der erste lautet *Campervan Capital of NZ* und nimmt Bezug auf Neuseelands größten Fertigungsbetrieb für Wohnwagen, der neben der Landwirtschaft das ökonomische Rückgrat Otorohangas ist. Seinen zweiten Namen, nämlich *Kiwi Town of New Zealand*, verdient sich das Städtchen durch das **Kiwi House** (am Ortseingang nach rechts abbiegen, gut ausgeschildert), in dem man die nachtaktiven, flugunfähigen Vögel in ihrem „natürlichen" Lebensraum beobachten kann. Neben dem Nationaltier des Landes lernt man auf einem interessanten Spaziergang durch eine naturbelassene Landschaft mit vielen Gehegen zudem noch weitere seltene und ungewöhnliche Tiere Neuseelands kennen.
Kiwi House Otorohanga, Alex Telfer Dr., ℭ 07-8737391, www. kiwihouse.org.nz, Sept.–Mai tägl. 9–16.30, Juni–Aug. 9–16 Uhr, NZ-$ 20, Kinder 5–16 Jahre NZ-$ 6.

☞ Alternative für Abenteurer

Abenteuerlich veranlagte Naturen können die Strecke von Hamilton nach Waitomo auf einer alternativen Route am Meer zurücklegen. Dabei fährt man zunächst auf guter Strecke bis zum 48 km westlich gelegenen 3.000-Einwohner-Seebad **Raglan**.

Die Strände dort sind ein Paradies für Wanderer und Sonnenanbeter, vor allem aber für Windsurfer und Wellenreiter. Die idealen Bedingungen, insbesondere in den Sommermonaten, locken Surfer aus aller Welt hierhin. Es gibt eine Surfing School (www.raglansurfingschool.co.nz), Surf-Wettbewerbe und die typische Szene in den Hostels, Lokalen und Cafés. Weitere Informationen im Internet auf www.raglan.net.nz.

Ab Raglan geht es kurvenreich und abschnittsweise unasphaltiert parallel zum Ozean über Kawhia in den Süden, vorbei an eindrucksvollen Wasserfällen wie den **Bridal Veil Falls** (Brautschleier-Fälle, 10-Minuten-Fußweg). In Te Anga trifft man auf die nun wieder besser ausgebaute Straße landeinwärts nach Waitomo, auf der man viele sehenswerte Naturschönheiten passiert (s. u.). Genauso gut ist es auch möglich, weiter an der Küste entlang nach Awakino zu fahren, wo man wieder auf den Highway 3 in Richtung New Plymouth stößt.

Bei Raglan zeigen Wellenartisten ihr Können

Nur noch 16 km sind es von Otorohanga zu den weltberühmten **Glühwürmchen-Höhlen von Waitomo**, zu denen Sie bei Hangatiki vom Highway 3 nach Westen abbiegen müssen (ab da noch 8 km).

Reisepraktische Informationen Otorohanga

Information
Otorohanga i-SITE Visitor Centre, 21 Maniapoto St., ✆ 0800-122665 u. 07-8738951, www.otorohanga.co.nz, Mo–Fr 9–17, Sa/So 10–16 Uhr.

Camping
Otorohanga Holiday Park, 12 Huiputea Drive, ✆ 07-8737253, www.kiwiholidaypark.co.nz. Gut geführter, zentrumsnaher Ferienpark mit Stellplätzen für Zelte und Campervans sowie Cabins und Flats ($$).

Waitomo

Obwohl klein und unscheinbar ist die Ortschaft Waitomo weithin bekannt. Die Hauptattraktionen verbergen sich unter der Erde – weitläufige **Höhlensysteme** – mit ihren leuchtenden Bewohnern, den neuseeländischen Glühwürmchen.

Die Übersetzung des Maori-Namens Waitomo erklärt, weshalb in dieser Gegend so viele und so großartige Höhlensysteme entstehen konnten: „Wasser, das in ein Loch fließt" bzw. „Wasser, das durch ein Loch fließt". Es waren Wasserläufe, die den hier vorherrschenden Kalkstein auswuschen und aushöhlten und ein Gängesystem schufen, das

Faszinierende Höhlen

mit mehreren Etagen und natürlichen Felsbrücken beeindruckt. Noch ist ihr Werk nicht abgeschlossen, denn als unterirdische Bäche und Wildwasser am Grund des Systems setzen sie heute noch ihre Arbeit fort. Das durch den Kalkstein tröpfelnde Wasser ergänzte das Wunderwerk, indem es in Jahrtausenden bizarre Stalaktiten und Stalagmiten schuf, die heute Namen tragen wie „die Orgel", „die weiße Terrasse" oder „die Juwelen der Braut".

Lange Zeit waren die **Waitomo Caves** nur den Maoris bekannt, die sie als heiligen Ort verehrten. Erst nach den Landkriegen wurde im Jahr 1887 dem Landvermesser Frederick Mace als erstem Weißen von einem Ureinwohner der Zugang zu dem Höhlenlabyrinth gezeigt. Die enthusiastischen Berichte des britischen Kolonialbeamten von den schönen Kalksteinformationen und den Abertausenden von Glühwürmchen, die er in den Waitomo Caves gesehen hatte, führten bereits drei Jahre später dazu, dass immer mehr Besucher hierher strömten.

Höhlen-Abenteuer

Außer den Waitomo Caves avancierten weitere Höhlen in der Umgebung zu Touristenattraktionen, wobei man sich heutzutage den Naturwundern längst nicht mehr allein in der herkömmlichen Weise nähert. Seit einigen Jahren bieten lokale Veranstalter eine breite Palette an aufregenden Höhlenabenteuern wie Black Water Rafting und Abseiling an (s. u.). Wer in Eile ist, sollte es bei einer Besichtigung der Höhlen belassen, vorher aber einen Blick in das **Waitomo Cave Museum** werfen (Kombiticket). Wer in Waitomo übernachtet, kann auch die anderen Höhlen erkunden, Bushwalks unternehmen oder an Reitausflügen durch das Waitomo Valley teilnehmen.

Das etwa 400 m von der Glühwürmchengrotte entfernte **Waitomo Caves Discovery Centre** dokumentiert in einer 30-minütigen audiovisuellen Show die Erforschung des Höhlensystems. Daneben sind Grafiken und Objekte zu den Glühwürmchen, zur Geomorphologie der Region und zur Flora und Fauna zu sehen.
Waitomo Caves Discovery Centre, *21 Waitomo Caves Rd., © 07-8788228, tägl. 9–20 Uhr, Kombiticket zusammen mit der Grotte: NZ-$ 48, Kinder 4–14 Jahre NZ-$ 21.*

info

Die neuseeländischen Glühwürmchen

Das neuseeländische Glühwürmchen (*arachnocampa luminosa*) hat nichts mit den uns bekannten Arten zu tun, sondern stellt eine eigene Spezies dar. Ideale Bedingungen findet das Tier überall da vor, wo es dunkel und feucht ist und eine relativ gleichmäßige Temperatur herrscht. Der Lebenszyklus beginnt für das Glühwürmchen in einem winzigen Ei, aus dem es nach 21 Tagen als kleine Raupe oder Larve schlüpft. Nur als Larve nimmt das Glühwürmchen Nahrung zu sich. Nach 8–9 Monaten schrumpft die Larve, wird durchsichtig und entwickelt sich zu einer Puppe, die an einem seidenen Fädchen von der Höhlendecke hängt. Die Verwandlung zur Fliege findet innerhalb von 14 Tage statt. Sobald aus der Puppe eine Fliege geworden ist, „heiraten" männliche und weibliche Tiere, woraufhin das Weibchen etwa 140 Eier legt. Da die Fliegen über keinerlei Mundwerkzeuge verfügen, also keine Nahrung zu sich nehmen können, sterben sie innerhalb von 4 Tagen.

Aber wie ernährt sich die Glühwürmchen-Larve und wie kommt es zum sogenannten Glühen? Anders als das europäische Glühwürmchen, das seine Eigenschaft zur Brautwerbung nutzt, glüht die neuseeländische Art, um Mücken oder andere Insekten anzulocken, die sie dann verspeist. Dazu baut die Larve aus Sekreten und Seide ein Nest in Form eines Röhrchens, das mit mehreren Seidenfädchen an der Höhlendecke befestigt ist. Daraus wiederum lässt die Larve bis zu 30 klebrige Fäden hängen, die schließlich der Beute zur tödlichen Falle werden. Spürt die Larve, dass eines ihrer Angelfädchen einen Fang gemacht hat, bewegt sie sich aus ihrem Nest und zieht schnell das entsprechende Fädchen hoch. Dabei kann es vorkommen, dass sie ihre eigenen Artgenossen als Larve, als Puppe oder als Fliege einfängt und verspeist.

Die Organe zur Lichterzeugung befinden sich im hinteren Segment des Tieres. Die Kombination zweier Wirkstoffe (Luziferin und Luziferase) bewirkt das Glühen – eine Art Prozess der Beseitigung von körperlichen Abfallstoffen mittels Oxidierung. Das Glühwürmchen kann die Lichtintensität kontrollieren: Wenn es hungrig ist, leuchtet es heller.

Um zur **Glühwürmchengrotte** zu gelangen fährt man vom Discovery Centre zum Parkplatz an der Höhle oder nimmt den Fußpfad oberhalb der Straße. Erste Station einer 45-minütigen geführten Tour sind die unterirdischen Säle mit spektakulären Tropfsteinen. Beim Treppauf-Treppab sieht und hört man immer wieder den Waitomo River, der auf etwa 450 m Länge den Berg durchfließt. Schließlich benutzt die Besuchergruppe ein Boot, das vom Führer mittels Stahlseilen lautlos durch die Finsternis geleitet wird. Absolute Ruhe und Dunkelheit sind notwendig, um ein Schauspiel zu genießen, das es ähnlich auch anderswo in Neuseeland gibt, nie aber so eindrucksvoll ist wie hier: Mehr als 100.000 Glühwürmchen erleuchten, an Fäden über dem Felsgewölbe hängend, auf mystische Weise mit blaugrünlichem Licht die Grotte, sodass man sich fast wie unter einem Sternenhimmel fühlt. Nach der Bootsfahrt verlässt man die Waitomo-Höhle durch ein Felsentor und ist auf einmal in der nicht weniger beeindruckenden Welt des grünen Urwalds.

100.000 Glühwürmchen

Waitomo Glowworm Cave, ✆ 0800-456922 u. 07-8788228, www.waitomocaves. co.nz, tägl. 9–17.30 Uhr, NZ-$ 48, Kinder 4–14 Jahre NZ-$ 21. Die Führungen dauern ca. 45 Min. und beginnen jede halbe Stunde. Es gibt kombinierte Eintrittskarten für die Waitomo Cave, das Museum und die Aranui Cave (NZ-$ 65, Kinder 4–14 Jahre NZ-$ 29).

Weitere Glühwürmchen-Höhlen: Auch die beiden ca. 4 km von der Waitomo Cave entfernten Höhlensysteme in der Ruakuri Scenic Reserve lohnen einen Besuch. Mit ihren dünnen, seilartigen Stalagmiten ist die **Aranui Cave** ein weiteres Meisterwerk der Natur. Mit dem Wagen kann man von der Waitomo Cave ein Stückchen an sie heranfahren, doch ist ein längeres Wegstück in jedem Fall zu Fuß zurückzulegen. Der Eingang zur **Ruakuri Cave** liegt ca. 400 m entfernt. Neben den Tropfsteinformationen und den Glühwürmchen ist hier ein unterirdischer Wasserfall die zusätzliche Attraktion, allerdings kann man die Höhle nur beim Black Water Rafting kennenlernen.

Rafting zu unterirdischem Wasserfall

Aranui Cave, ✆ 0800-456922 u. 07-8788228, www.waitomocaves.co.nz, tägl. 9–17.30 Uhr, NZ-$ 46, Kinder 4–14 Jahre NZ-$ 21.

Ruakuri Cave, Black Water Rafting Company, ✆ 0800-228464 u. 07-8786219, www.blackwaterrafting.co.nz, tägl. 9–17.30 Uhr, Tour ab NZ-$ 119.

> **Waitomo aktiv erkunden**
>
> Nicht nur die unterirdische Märchenwelt der Waitomo Cave lockt Besucher, auch das Tal und die nähere Umgebung von Waitomo sind überaus reizvoll und können auf sogenannten Bushwalks erkundet werden. Ein Broschüre dazu ist im Visitor Centre erhältlich. Einer dieser Pfade beginnt am Parkplatz an der Glowworm Cave und ist durch eine Maori-Eingangspforte markiert. Über ihn gelangt man zu einem Aussichtspunkt mit weiter Sicht auf das Tal. Reizvoll ist auch der 3,5 km lange **Waitomo Walkway**, der vom Waitomo Caves Discovery Centre zur Ruakuri Scenic Reserve führt. Das Naturschutzgebiet, das man auch mit dem Auto erreichen kann, wird von dem sehr gut präparierten Naturlehrpfad **Ruakuri Bushwalk** erschlossen. Ausgangspunkt dieses Rundwegs ist der Parkplatz am Eingang zum Reservat. Bei gemächlichem Tempo sollte man eine gute Stunde für den kleinen Bushwalk ansetzen.
>
> Sportliche Besucher können auf ungewöhnliche Art die Waitomo-Höhlen erkunden. Beim **Black Water Rafting** lässt man sich ausgerüstet mit Grubenlampen und Gummireifen auf dem unterirdischen Huhunui-Fluss durch den Berg treiben. Das Wasser ist kalt (9 ˚C im Winter, 16 ˚C im Sommer), und auch kleinere Wasserfälle müssen bezwungen werden. Das lohnende Abenteuer wird mehrmals täglich durchgeführt und sollte aufgrund der großen Nachfrage gleich nach Ankunft in Waitomo gebucht werden.
>
> Ein von allen Teilnehmern nur euphorisch gelobtes Abenteuer ist das Abseiling in die **Lost World**, in Bereiche der Höhlensysteme, die „normalen" Besuchern nicht zugänglich sind. Da es sich bei dem Begriff für diese Sportart um ein deutsches Lehnwort handelt, dürfte klar sein, wie sie funktioniert: Wie Bergsteiger seilt man sich – allerdings durch extrem enge und tiefe Öffnungen – ab, um eine „verlorene Welt" zu entdecken. Worte reichen nicht aus, um diese Welt auch nur annähernd zu beschreiben. Wer es sich zutraut, sollte sich trotz der hohen Preise dieses Erlebnis nicht entgehen lassen. Zunächst werden die Teilnehmer von professionellen Guides in der Abseil-Technik unterwiesen. Dann schweben sie gut 100 m freihängend in eine schmale Schlucht hinab, die im Zwielicht schimmert und von einer dichten Farnvegetation überwuchert ist. Von dort erforschen sie unter kundiger Führung und mit Grubenlampen mehrere Höhlensysteme (u. a. die 30 m hohe „Kathedrale" und immer neue Gänge, Tunnel und Kavernen), indem sie sich mehrere Stunden wandernd, kletternd und schwimmend fortbewegen. Highlights sind unterirdische Wasserfälle, Tausende von Glühwürmchen und fantastische Tropfsteinformationen.
>
> Über weitere Aktivitäten in und um Waitomo informiert das **Visitor Centre**. Angeboten werden u. a. Mountain Biking in einer Gruppe oder auf eigene Faust, mehrstündiges White Water Rafting (Wildwasserfahrten mit dem Gummifloß) auf dem Mangaotaki River, Ausflüge per Kajak oder Jetboat sowie Reitausflüge.

Reisepraktische Informationen Waitomo

Information
Waitomo Caves i-SITE Visitor Information Centre, 21 Waitomo Caves Rd., © 0800-474839 u. 07-8787640, www.waitomocaves.com, tägl. 8.45–17 Uhr. Erste Anlaufstelle in Waitomo, im Gebäude des Waitomo Caves Discovery Centre untergebracht, gute Beratung sowie Buchung der verschiedenen Aktivitäten.

Unterkunft

Hotels/Motels
**Waitomo Caves Hotel $$–$$$$**, Waitomo Caves, © 07-8788204, www.waitomo caveshotel.co.nz, DZ NZ-$ 120–260. Sehr schön gelegenes Hotel von 1908, im viktorianischen Stil erbaut und eine Sehenswürdigkeit für sich, 32 Zimmer mit viel Charme, zwei gute Restaurants und Bar.
**Caves Motor Inn $–$$**, Hwy. 3, Hangatiki Junction, © 07-8738109, www. cavesmotorinn.co.nz, DZ NZ-$ 50-105. Zweckmäßiges Motel 10 km von Waitomo entfernt, einfach ausgestattete Moteleinheiten mit Küche, Backpacker-Unterkünfte, Restaurant, Bar.

Bed & Breakfast
**Waitomo Caves Guest Lodge $$**, 7 Te Anga Rd., Waitomo Caves, © 07-8787641, www.bnb.co.nz, DZ NZ-$ 105–130. Nahe dem Museum gelegene, liebevoll eingerichtete Unterkunft, alle Zimmer mit Bad, sehr hilfsbereites und nettes Besitzerehepaar.

Backpacker-Hostel
**KiwiPaka Waitomo Caves $–$$**, School Rd., © 07-8783395, 07-8783396, www.kiwi paka.co.nz, DZ (Motel) NZ-$ 100–110, DZ (Backpacker) ab NZ-$ 70, im Mehrbettzimmer NZ-$ 30. Gemütliche Herberge mit Backpackerzimmern und etwas besser ausgestatteten Moteleinheiten; in der beliebten Morepork Pizzeria sind auch Außerhaus-Gäste willkommen.

Camping
Waitomo Top 10 Holiday Park, 12 Waitomo Caves Rd., Waitomo Caves, © 07-8787639, www.waitomopark.co.nz. Angenehme Anlage mit Zelt- und Caravanplätzen, Cabins, Flats, Motelbetrieb ($$–$$$), Internetkiosk, Spielplatz, geräumige Küche, Swimmingpool, Spa, 10 Min. Spazierweg zu den Höhlen.

Essen und Trinken
Huhu, 10 Waitomo Caves Rd., © 07-8786674, www.huhucafe.co.nz, tägl. 17.30–21 Uhr, moderat-teuer. In dem gutbesuchten Lokal mit Alkoholausschank serviert man tagsüber preiswertere Gerichte von der Bistro-Speisekarte, abends verwandelt es sich in ein Feinschmeckerlokal mit kreativen, modern-neuseeländischen Gerichten und erlesenen Weinen. Fürs Dinner Reservierung empfohlen.
Curly's Bar, 38 Waitomo Caves Rd., © 07-8784369, tägl. ab 10.30 Uhr, moderat. Uriggemütlicher Pub mit herzhafter Kiwi-Hausmannskost in opulenten Portionen.

Aktivitäten
Waitomo Adventures, © 0800-WAITOMO u. 07-8787788, www.waitomo. co.nz. Der Marktführer hat ein weitgespanntes Programm mit u. a. dem legendären Lost

World Trip (Ganztagsausflug, einschl. 100-m-Abseiling, Schwimmen, Waten, Höhlen-Lunch, Abendessen, Transfers, NZ-$ 445, verkürzte Halbtagsvariante NZ-$ 310), einer 4-Stunden-Höhlen-Erkundung (Haggas Konking Holes) und einer sportlich sehr anspruchsvollen Variante (Tumu Tumu Toobing).
Black Water Rafting, ⓒ 0800-CAVING, 0800-228464 u. 07-8786219, www.black waterrafting.co.nz. Die Pioniere dieser Erlebnissportart bieten drei 3- bis 5-stündige Ausflüge unterschiedlichen Schwierigkeitsgrads an, ab NZ-$ 119 inkl. Transport vom/zum Museum.
Woodlyn Park, 1177 Waitomo Valley Rd., Waitomo Caves, ⓒ 07-8786666, www.wood lynpark.co.nz, tägl. 13.30 Uhr, NZ-$ 27, Kinder 5–15 Jahre NZ-$ 16. **Kiwi Culture Show** – humorvolle Vorführungen auf einer Farm mit u. a. Schafsschur, Hirtenhund-Demonstration, vielen Tieren, außerdem Fahrten mit einem 100-PS-Jetboat.

Busse
Zwischen Waitomo und Otorohanga, wo die Überlandbusse von InterCity/Newmans halten, pendelt mehrmals tägl. der Waitomo Shuttle (ⓒ 0800-808279, einfache Fahrt NZ-$ 10).

Von Waitomo nach New Plymouth

Für die Strecke von Waitomo nach New Plymouth über den Highway 3 sollte man etwa 4–5 Stunden Fahrtzeit einkalkulieren, deswegen ist es ratsam, nicht zu spät bei den Waitomo Caves zu starten.

Te Kuiti

Die erste größere Ortschaft, 19 km südlich von Waitomo, ist Te Kuiti. Wie fast alle Orte südlich von Hamilton, hat auch Te Kuiti in den Landkriegen eine wichtige Rolle gespielt, denn hier im zentralen King's Country war der Widerstand gegen die Pakehas am stärksten, und es wurde auch noch weiter gekämpft, als andere Landesteile schon längst befriedet waren. Nach der Schlacht von Orakau im Jahre 1864 (s. S. 235)

Urlaub auf einer Schaffarm

Mehrere Schafzüchter in der Umgebung von Te Kuiti haben einen Teil ihrer Betriebe in Gästefarmen umgewandelt, in denen Besucher das wahre Neuseeland kennenlernen können, ohne dabei auf Komfort verzichten zu müssen. Auf einer Schaffarm erleben die Gäste aus Übersee ein Stück Neuseeland „zum Anfassen". Viele Farmer binden die Besucher in den normalen Tagesablauf ein. Wer will, packt mit an, denn zu tun gibt es auf einer Farm immer etwas. Selbstverständlich können die Gäste auch bei einer Schafsschur dabei sein. Wer Interesse an einem Farmstay hat, erhält Adressen und Informationen im **Te Kuiti i-SITE Visitor Centre** (Rora St., ⓒ 07-8788077, www.waitomo.govt.nz, Mo–Fr 9–17, Sa/So 10–16 Uhr).

Von Waitomo nach New Plymouth

war die Sache der vereinigten Maori-Stämme de facto verloren. König Tawhiao und andere Überlebende konnten jedoch fliehen und fanden in Te Kuiti, dem Hauptquartier des Maniapoto-Stammes, Aufnahme. Der von hier aus geführte Partisanenkampf bewahrte das King's Country noch 17 Jahre vor dem Zugriff der Weißen. Inzwischen hatten sich auch andere Maori-Führer dem Widerstand angeschlossen, wie der legendäre Te Kooti. Trotzdem mussten sich 1882 König Tawhiao und die inzwischen ausgebluteten Partisanen ergeben – die Zeit der Landkriege war endgültig vorüber. Der „Fortschritt" erreichte nun auch das King's Country in Gestalt von Waldrodungen, Landvermessung, europäischer Besiedlung und Vertreibung der Maoris. Fünf Jahre nach dem Friedensschluss war das Kernstück der weißen Landerschließung fertiggestellt: die Eisenbahnlinie Auckland–Te Kuiti.

Ende des Widerstands

Der heutige kleine Ort, schön in einer Hügellandschaft mit Kalksteinfelsen gelegen, entstand aus einem Maori-Hauptquartier und dem nachfolgenden britischen Eisenbahncamp. Heute lebt er von den Farmen der Umgebung und einigen landwirtschaft-

Neuseeländische Schafe haben stets „Vorfahrt"

lichen Industriebetrieben. Einen guten Namen hat das Städtchen aufgrund seiner Wollproduktion und nennt sich gern *The Shearing Capital of the World* – die Statue eines Scherers, der ein Schaf aus seinem Wollkleid herauspellt, ist das meistfotografierte Motiv der Stadt.

An die erste Periode der Besiedlung erinnert das **Versammlungshaus Te Tokanganui-a-Noho**. Dieses mehrfach restaurierte Marae aus dem Jahr 1878 mit herrlichen Schnitzarbeiten ist ein Geschenk des Helden Te Kooti, einem Führer der Hau-Hau-Bewegung. Es befindet sich in Hügellage am südlichen Ende der Rora Street.

Te Kooti und die Hau-Hau-Bewegung

Um den verbissenen Kampf der religiös inspirierten Hau-Hau-Bewegung und ihrer Führer gegen die Briten zu verstehen, muss man das geistige Umfeld um die Mitte des 19. Jh. betrachten. Auf der einen Seite waren die Maoris mehrheitlich seit gerade einer Generation von katholischen und anglikanischen Missionaren christianisiert, hatten das Christentum mit seiner Heilsverheißung kennengelernt und verinnerlicht. Auf der anderen Seite mussten sie Tag für Tag von den Weißen, durch deren Vermittlung sie den neuen Glauben ja erst erhalten hatten, Ungerechtigkeiten und ganz und gar unchristliche Verhaltensweisen erfahren. Als sich die Maoris dagegen auflehnten, taten sie das auch mit der Kraft ihrer christlichen Religion. In diese emotionale Sphäre trat zu Beginn der Landkriege ein Mann namens Te Ua Haumene und berichtete von seiner Vision, in der der Erzengel Gabriel ihn als Religionsstifter auserwählt habe. Die Maoris seien das von Gott auserwählte Volk, das – wie die Israeliten in Ägypten – von den Weißen bedrängt würde. Friede könne erst einkehren, wenn alle Pakehas aus dem Land vertrieben wären. Alle gläubigen Maoris seien vor den Gewehrkugeln der Weißen von Gott geschützt.

Sehr schnell wurde Te Ua Haumenes Sekte bekannt und bekam massenhaften Zulauf. Ihre Anhänger liefen teils unbewaffnet den britischen Soldaten entgegen, einzig auf Gott, ihre Gesänge und ihren Schlachtruf „Hau Hau" vertrauend – so wie die germanischen Berserker oder islamische Märtyrer im Heiligen Krieg. Wer tödlich getroffen wurde, war eben nicht stark genug im Glauben gewesen. Wegen ihres Fanatismus und ihrer absoluten Furchtlosigkeit wurde die Hau-Hau-Bewegung bald der gefährlichste Feind der Briten. Auf ihren Führer wurde ein Kopfgeld ausgesetzt, Gefangene auf die Chatham Islands verbannt. Nach Te Ua Haumenes Festnahme im Jahr 1866 nahm die Bedeutung der Sekte rapide ab.

Te Kooti, ein anderer charismatischer Führer, konnte jedoch von den Chatham Islands fliehen und den Kampf im Osten der Nordinsel fortsetzen. Von den Engländern erbarmungslos verfolgt, ging er auf seinen Streifzügen ebenfalls brutal vor. Seine von Brandschatzung und Mord geprägte Terrorherrschaft verschonte auch andere Maoris nicht. Anfang der 1870er-Jahre verlegte er seinen Stützpunkt aus seinen Verstecken im Urewera-Gebirge ins King's Country, wo er bei einer Verfolgung durch die britischen Truppen in Te Kuiti Unterschlupf fand und zusammen mit dem Maori-König bis zur Kapitulation im Widerstand aktiv war. Wohl wissend, dass sie den längst zur Legende gewordenen Te Kooti durch ein Todesurteil oder eine harte Bestrafung zum Märtyrer erheben würden, verzichteten die Engländer auf Sanktionen, und der alte Kämpfer blieb, 1883 begnadigt, bis zu seinem Tod im Jahr 1893 ein freier Mann. Seine Begräbnisstätte wurde geheimgehalten, befindet sich aber wahrscheinlich bei Ohiwa in der Bay of Plenty.

Das Marae in Te Kuiti hatte Te Kooti den ansässigen Maoris deswegen geschenkt, weil sie ihm vor seinen Verfolgern Asyl und Schutz geboten hatten.

Ab Te Kuiti sind es noch 169 km bis nach New Plymouth. Der Highway 3 biegt am südlichen Ortsende, unmittelbar am Marae Te Tokanganui-a-Noho, rechts ab, während dort der Highway 30 geradeaus in Richtung Rotorua und Taupo weiterführt. Etwa 1,5 km nach dem Abzweig hat man vom Aussichtspunkt (*lookout*) zur Linken nochmals einen schönen Blick auf Te Kuiti. Gut 10 km danach zweigt von der Route der Highway 4 in Richtung Taumarunui und National Park ab; hier verlassen die Fahrer der alternativen Route (s. S. 248) die Strecke.

Der Highway 3 führt südwestwärts über Piopio in Richtung Awakino. Nach einem landwirtschaftlich genutzten Hügelland kommt man dabei durch Waldgebiete und an Schafs- und Rinderweiden vorbei, die von verwitterten Sandsteinformationen überragt werden. Dabei fährt man immer parallel zu einem Flusslauf, dessen Schlucht enger und enger wird. Schließlich mäandert die Straße durch einen eindrucksvollen Canyon, den der **Awakino River** in Jahrmillionen gegraben hat.

Fahrt durch den Canyon

Durch einen schmalen Tunnel geht es weiter in eine **Scenic Reserve**, in der karge Felsen, Schafsweiden und Baumfarne ein kontrastreiches Bild abgeben. Bei Awakino hat man wieder die Tasman Sea erreicht und fährt nun – nach einem kurzen Stopp am Friedhof mit einem **Maori-Häuptlingsgrab** – etwa 20 km parallel zur schönen Küste mit Klippen und schwarzen Sandstränden.

Mokau

An Motorcamps, Coffeeshops und Backpacker-Hostels vorbei gelangt man 5 km hinter Awakino zur Ortschaft Mokau, die ebenfalls Unterkünfte und für historisch Interessierte ein kleines **Heimatmuseum** bereithält.
Heimatmuseum, *tägl. 10–16 Uhr, Spende erbeten.*

Aktivitäten auf dem Fluss

Mokau und der gleichnamige Fluss markieren die historische Grenze zwischen den Waikato- und Taranaki-Stämmen, deren Fehden oft blutig ausgetragen wurden. Gegründet wurde der Ort von Besatzungsmitgliedern des legendären Kanus Tainui unter dem Anführer Hoturoa. Etwa 1 km von der Mokau Bridge entfernt sind Überreste des mächtigen **Pa Rangiohua** zu sehen. Von hier aus sind Wildwasser- und Jetboat-Fahrten auf dem Mokau River möglich, der die Provinzen Taranaki und Auckland trennt.

Die sandige Mündung des breiten Mokau River überquert man auf einer Brücke, kurze Zeit später erreicht man eine weitere Flussmündung, in der oft Treibholz zu sehen ist. Bei der an einer Flussmündung gelegenen Siedlung **Tongaporutu** kann man einen kleinen Abstecher nach rechts zu weißen Klippen machen, an denen man eine herrliche Sicht auf eine langgestreckte Bucht mit bizarren Kalksteinformationen hat. Wanderer mit Zeit für eine Tagestour können einen längeren Pfad (White Cliffs Walkway) nutzen, der durch Felstore führt und ursprünglich für Schafe angelegt wurde.

Blick auf den Mt. Taranaki

Der Highway verlässt nun die Küste und führt etwa 30 km lang durchs Landesinnere, das wieder mehr bewaldet ist. 64 km vor New Plymouth passiert man den Abzweig nach Ohura, anschließend windet sich die kurvige Straße durch die spektakuläre Szenerie des 306 m hohen Mt. Messenger, dessen Felsriegel von einem Tunnel durchbrochen wird. Der Bergzug trägt seinen Namen nach einem Colonel, der während der Landkriege ein Fort in der Nähe kommandierte. Vom Lookout hinter dem Tunnel hat man bei klarem Wetter einen Blick über die südliche Ebene bis zum Mt. Taranaki. In einigen Kehren geht es von hier aus wieder hinab und nach knapp 10 Minuten durch den Weiler Uruti, der für seine vielen *cabbage trees* (Keulenlilien) bekannt ist. Wenige Minuten später passiert man die **White Cliffs Brewing Company**, die einzige Bierbrauerei des Bezirks.
White Cliffs Brewing Company, *Verkauf tägl. 9.30–18 Uhr.*

Urenui

Ab Urenui mit Motel und Tankstelle verlaufen die letzten 31 km nach New Plymouth wieder an der Küste entlang. In Urenui lebte einer der bekanntesten Maori-Persönlichkeiten, der Ethnologe, Politiker und Direktor des Bishop Museum in Honolulu/Hawaii Te Rangi Hiroa, besser bekannt als Sir Peter Buck. Nach seinem Tod im Jahr 1951 errichtete man jenes hochaufragende Monument, dessen rot-weiße Form mit polynesischem Muster an den Steven eines Kanus erinnert. Es liegt kurz vor der Siedlung auf der linken Seite des Highway 3.

Durch eine ebene Landschaft geht es weiter Richtung New Plymouth, während die Schneekuppe des mächtigen Mt. Taranaki immer näher kommt und durch die flache Umgebung in ihrer Wirkung noch gesteigert wird. Die nächste Siedlung heißt Onaero („Platz der Mücken"), liegt an der Mündung des gleichnamigen Flusses und ist wegen ihres schönen Strandes bekannt.

Schöner Strand

Motonui

Qualmende Schornsteine kündigen die 80 ha große petrochemische Anlage der **Methanex New Zealand Ltd.** an. Das **Visitor Centre** rechter Hand des Highway informiert anhand von Schaubildern und einem Modells über die Wirkungsweise der Fabrik und ihre Bedeutung als Standbein der hiesigen Wirtschaft. Neben der Landwirtschaft trägt dieser Industriezweig entscheidend zum Wohlstand der Taranaki-Region bei. Der 1986 eingeweihte Betrieb war damals die erste Anlage zur kommerziellen Produktion von Methanol aus Erdgas. Noch heute ist er mit einer Kapazität von 750.000 Tonnen eine der größten Methanol-Produktionsstätten der Welt. Zusammen mit der Schwesterfabrik im 3 km entfernten Waitara Valley lebt diese Raffinerie von den Erdgasfeldern rund um den Mt. Taranaki. Das Gas wird in Pipelines nach Motonui gebracht und dort zu Methanol verarbeitet, das aber nur zu einem geringen Teil in den Export geht. Den größeren Anteil wandelt man an Ort und Stelle in Benzin um. Das Endprodukt wird durch eine Pipeline zum Hafen von New Plymouth gepumpt.
Visitor Centre, tägl. 8–17 Uhr.

Methanol-Produktion

Im Gaskraftwerk von Motonui wird aus Erdgas Methanol gewonnen

Waitara

Ausbruch der Landkriege

Einen Ausflug in die Vergangenheit kann man in Waitara und Umgebung unternehmen. Das Städtchen, das früher den Namen Ranleigh trug, war einer der Gründe für den Ausbruch der Landkriege. Im Jahr 1841 trafen die ersten europäischen Siedler hier ein und kauften den Maoris ein Stück Land ab. Als die Ureinwohner den Kauf rückgängig machen wollten, rückte das Militär gegen sie vor. Die damaligen Ereignisse dokumentiert das **Waitara & Districts Museum**.
Waitara & Districts Museum, *Memorial Place, tägl. 9–17 Uhr, Eintritt frei.*

Das **Pukerangiora Pa**, im Jahr 1869 Schauplatz des blutigen Endkampfes der Maoris in den Landkriegen, liegt 7 km südlich an der Straße nach Brixton. Im Ort selbst lohnt sich ein Blick in das **Manukorihi Pa** und **Owae Marae**, ein Versammlungshaus mit schönen Schnitzereien und Memorial für den Maori Sir Maui Pomere, mehrfacher Minister und verdienstvoller Politiker (1876–1930).

Alternative Route

Eine landschaftlich sehr eindrucksvolle Alternative ist die Fahrt entlang der Westküste. Die 108 km lange Strecke von den Waitomo Caves bis Awakino, wo man wieder auf den Highway 3 stößt, ist allerdings nur auf dem ersten Drittel asphaltiert. Wer rauen Staubstraßen keine Reize abgewinnen kann, könnte von Waitomo einen Tagesausflug zur Westküste unternehmen.

Die wichtigsten Stationen auf den ersten 48 km sind:
- **Mangapohue Natural Bridge**: eine Kalksteinformation in Form einer riesigen Naturbrücke, 26 km westlich von Waitomo. Ein 20-minütiger Spaziergang führt zu dem Naturmonument, das auch Ungeübte ohne große Probleme besteigen können.
- **Marokopa Tunnel**: nahe der Natural Bridge gelegen und vom gleichen Parkplatz auf einer Wanderung am Flussufer entlang zu erreichen. Der Tunnel ist durch Erosion innerhalb eines Kalksteinmassivs entstanden und misst 270 m in der Länge und 50 m an der höchsten Stelle. Da diese Sehenswürdigkeit auf Privatgrund liegt, sollte man sich vorher im Waitomo Visitor Centre erkundigen, ob sie zugänglich ist.

Höhlen, Tunnel und Wasserfälle
- **Piripiri Caves**: etwa 4 km weiter westlich und nahe zur Straße gelegen. Ein Höhlensystem mit gut sichtbaren Fossilien. Wer tiefer in die Höhle eindringen möchte, sollte gutes Schuhwerk und eine Taschenlampe dabei haben.
- **Marokopa Falls**: ein Höhepunkt selbst für Touristen, die schon viele neuseeländische Wasserfälle gesehen haben. Der Marokopa River stürzt in drei 6–12 m hohen Kaskaden und einem spektakulären 36 m hohen Wasserfall in einen Felsenpool, der von der Straße aus sichtbar ist. In 10 Min. steigt man auf einem guten Weg zur Basis ab.
- **Marokopa Beach**: Nachdem man sich in Te Anga links (südwestlich) gehalten hat, erreicht man 48 km hinter Waitomo bei der kleinen Siedlung Marokopa die Küste und zugleich das Ende der Asphaltstraße. Der eisenhaltige Sandstrand ist touristisch kaum erschlossen, aber es gibt ein Motor Camp und eine B&B-Unterkunft.

Fast immer in Sichtweite der Küste gelangt man von Marokopa auf einer oft kurvenreichen, ungeteerten und für Campervans nicht empfehlenswerten Straße über Moteatoa und Waikawau nach Awakino und damit auf die unten beschriebene Route. Unterkünfte, Restaurants und Tankstellen sucht man auf dieser 60 km langen Route vergeblich, findet dafür aber Natur pur abseits der ausgetretenen Touristenpfade.

New Plymouth

Geschichte
New Plymouth ist das Produkt der Kolonisierung durch die Plymouth Company, die der New Zealand Company angeschlossen war und 1841 die ersten Siedler nach Taranaki brachte. Allerdings war das Land zu dieser Zeit schon längst von Maori-Stämmen bewohnt, auch Walfänger und Händler waren bereits seit einigen Jahren hier ansässig. Die aus Westengland rekrutierten Immigranten hatte man nach ethischen Gesichtspunkten ausgewählt, und tatsächlich kannte die junge Gemeinde in den ersten Jahren ihres Bestehens keinerlei Kriminalität. 20 Jahre später wurde auch New Plymouth Schauplatz der Landkriege. Dass man vorsorglich Frauen und Kinder nach Nelson evakuiert hatte, erwies sich als kluge Maßnahme, denn es gelang den Maoris, die Stadt einzunehmen. Nach den Kriegen blieb der Ort ein ruhiger und beschaulicher Platz bis in jüngere Zeit, als die Gas- und Ölfunde New Plymouth ihren Stempel aufdrückten. Die Wirtschaftsstruktur veränderte sich rapide, die Preise zogen an, die Bevölkerungszahl stieg kräftig und ist an der 70.000-Einwohner-Marke angelangt, ein Bauboom veränderte das Stadtbild und der ehemals verschlafene Ort avancierte zur Öl-Hauptstadt des Landes. Trotz aller Neuerungen hat die Stadt jedoch viele alte Baudenkmäler bewahrt und ist zudem durch großzügige Parkanlagen, nahe Strände, wichtige Museen und natürlich den überwältigenden Mt. Taranaki attraktiv.

Planmäßige Besiedlung

Stadtbesichtigung
Ein günstiger Startpunkt für einen etwa zweistündigen Rundgang ist der Komplex **Puke Ariki** („Hügel der Häuptlinge"), der mit seiner auffälligen Architektur und exponierten Lage oberhalb der Uferstraße Molesworth St. nicht zu übersehen ist. Das 2003 eingeweihte Gebäude beherbergt das New Plymouth i-SITE Visitor Centre, die Stadtbibliothek, ein Café, einen Souvenirshop und das Taranaki Museum, das zu den wichtigsten und größten Museen des Landes gehört. Zu sehen sind Maori-Artefakte des Te-Atiawa-Stammes, vor allem Textilien, Holzschnitzereien und Intarsien. Weitere Exponate dokumentieren die Landkriege und die Geschichte von New Plymouth.
Puke Ariki, 1 Ariki St., © 06-7596060, www.pukeariki.com, tägl. 9–18, Mi bis 21, Sa/So bis 17 Uhr, Eintritt frei, Sonderausstellungen gebührenpflichtig.

Wichtiges Maori-Museum

Neben dem Puke-Ariki-Komplex befindet sich das **Richmond Cottage** aus dem Jahre 1853, das mit Originalmobiliar einen authentischen Eindruck vom Lebensstil im kolonialen Neuseeland vermittelt. Anders als bei den frühen *Pionier Cottages* üblich hat man hier als Baumaterial nicht Holz, sondern Stein gewählt. An der Uferpromenade hinter dem Komplex zieht das Wahrzeichen der Stadt, die 45 m hohe, schlanke Skulptur **Wind Wand**, die Blicke auf sich.

Ein paar Schritte südlich vom Puke Ariki geht man auf der Devon St. westwärts, passiert das **Opernhaus** und gelangt zur Kreuzung mit der Queen St., wo rechter Hand die **Govett Brewster Art Gallery** zu finden ist. Sie beherbergt eine der wichtigs-

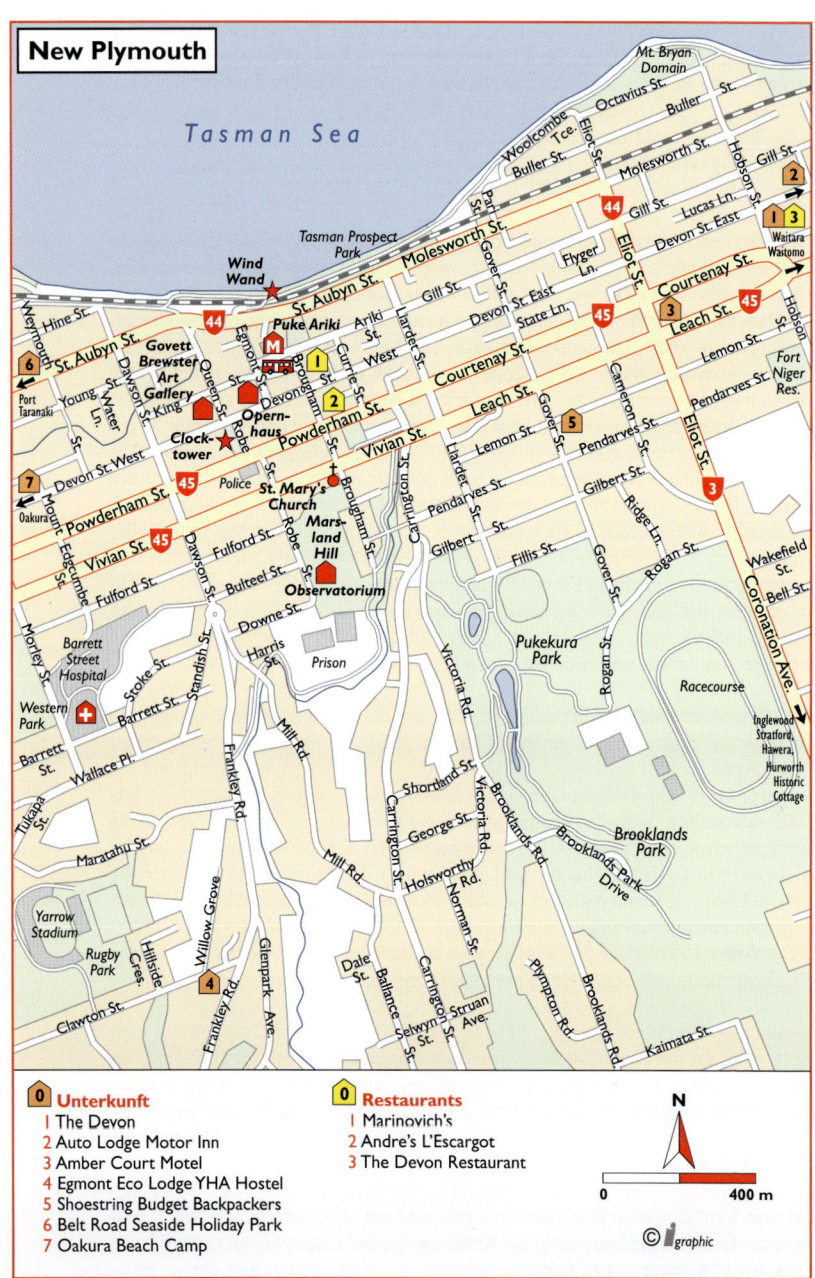

ten neuseeländischen Sammlungen zeitgenössischer Kunst. Das auffälligste Bauwerk ist vis-à-vis der **Clocktower**, der sich inmitten einer kleinen Parkanlage erhebt. Ursprünglich ein Teil des Hauptpostamts, wurde er 1969 abgerissen, weil er nicht erdbebensicher war. Da man auf Dauer den Verlust des städtischen Wahrzeichens nicht hinnehmen wollte, baute man ihn 1985 wieder auf.
Govett Brewster Art Gallery, *© 06-7596060, www.govettbrewster.com, tägl. 10.30– 17 Uhr, Spende erbeten.*

Geht man am Courthouse vorbei in südliche Richtung, so trifft man drei Blocks weiter an der Vivian St. auf die **St. Mary's Church**, eine der schönsten und kunsthistorisch bedeutsamsten Kirchen des Landes. Das anglikanische Gotteshaus wurde 1845 aus Stein errichtet und ist das älteste sakrale Steingebäude Neuseelands. Später mehrfach verändert und ausgebaut, stellt es ein gutes Beispiel für die überragende Tätigkeit des Bauherrn Bischof Selwyn (s. S. 154) dar. Besonders schön sind der neugotische hölzerne Dachstuhl und der Chorabschluss mit Lanzettfensterchen im Early-English-Stil. Auf dem Friedhof sind viele Pioniere und einige Maori-Häuptlinge beigesetzt.

Kunsthistorisch bedeutsam

Marsland Hill heißt der Hügel hinter der St. Mary's Church, den man über die Robe St. erreicht. Ursprünglich trug er das 1720–30 errichtete Pukaka Pa, bis englische Soldaten 1855 den Hügel planierten, um hier die Baracken ihres Hauptquartiers aufzubauen. Nach den Landkriegen dienten diese als Auffanglager für britische, polnische und skandinavische Siedler, bevor sie 1891 abgerissen wurden. Ein schöner Freiplatz mit Glockenspiel und ein Denkmal erinnern an die wechselhafte Geschichte. Der Spaziergang auf den Marsland Hill lohnt sich vor allem wegen des guten Überblicks, den man von hier auf das moderne Stadtzentrum mit dem Clocktower und zur anderen Seite auf den Mt. Taranaki hat. Am Hügel befindet sich auch das **Observatorium**, in dem Mitglieder der örtlichen Astronomical Society Besuchern gern die Highlights des Sternenhimmels über der Südhalbkugel zeigen.
Observatorium, *im Sommer Di 20–22, im Winter Di 19.30–21.30 Uhr, Spende erbeten.*

Eine Erkundung von New Plymouth wäre unvollständig ohne den Besuch zumindest einer der hübschen Parkanlagen, für die die Stadt berühmt ist. Die schönste ist der **Pukekura Park** südöstlich des Marsland Hill. Zu den Attraktionen auf dem 21 ha großen Gelände neben der alten Trabrennbahn gehören Teiche und Bäche, Springbrunnen und exotische Blumen, Farnbäume und ein Wasserfall. Die Anlage, die auf das Jahr 1875 zurückgeht, bietet außerdem ein Farmhaus, ein altes Wasserrad, einen hübschen Kiosk, verspielte Holzbrücken und viele Vogelarten. Ein Informationszentrum befindet sich am Haupteingang.

Spaziergang durch die Parks

Verfügt man noch über genügend Zeitreserven, kann man einen Spaziergang durch den Park machen, an den sich im Süden nahtlos die nächste Grünanlage anschließt, den 27 ha große **Brooklands Park**. Ein Rhododendron-Park, ein 2.000 Jahre alter Puiri-Baum, ein Azaleengarten, Seerosenteiche, ein gigantischer Gingko-Baum und zahlreiche Baumfarne runden die Highlights der schönen Anlage ab, in der sich auch der Zoologische Garten, das Freilichttheater Bowl of Brooklands und die Ruine des ersten Hauses von 1843 befinden. Besonderes Augenmerk verdient **The Gables**, das älteste erhaltene Hospital des Landes, das auf Veranlassung von Gouverneur Grey und Bischof Selwyn ins Leben gerufen wurde.

Brooklands Park, *Haupteingang Fillis St./Ecke Liardet St., im Sommer tägl. 7.30–20, im Winter tägl. 7.30–19 Uhr, Eintritt frei.*

Haus des Premiers

Weitere historische Häuser stehen in der näheren Umgebung. Ein Rundgang durch das **Hurworth Historic Cottage**, 8 km weiter im südlichen Stadtteil Hurworth, versetzt Besucher in vergangene Zeiten. Der Pionier, der die „Hütte" 1855–56 bauen ließ, war kein Geringerer als Harry Atkinson, ein führender Politiker der jungen Kolonie, der er viermal als Premierminister vorstand. Ausgestattet ist das Haus mit Mobiliar und Memorabilien der damaligen Zeit.
Hurworth Historic Cottage, *906 Carrington Rd., © 06-7592006, www.historic.org.nz, Sa/So 11–15 Uhr, NZ-$ 10, Kinder 5–15 Jahre NZ-$ 4.*

Port Taranaki im westlichen Teil der Stadt wird vom fast 200 m hohen Schornstein der **Power Station** überragt, ein Kraftwerk mit 600-MW-Leistung, das mit Gas und Öl betrieben wird. Gleich nebenan berichtet das **Petroleum Museum** von der Erschließung der Ölfelder von Taranaki. Wenige Schritte weiter kann man im **Rangimari Arts & Crafts Centre** Kunsthandwerker bei der Arbeit beobachten. Vom **Berggipfel Paritutu**, der über der Power Station aufragt, hat man einen weiten Blick auf das Meer, die Stadt, den Mt. Taranaki und an klaren Tagen sogar bis zum Mt. Ruapehu.
Petroleum Museum, *Mo–Fr 9–17, Sa/So 10–16 Uhr, Eintritt frei.*
Rangimari Arts & Crafts Centre, *Centennial Dr., Mo–Fr 8.30–16 Uhr.*

Reisepraktische Informationen New Plymouth

Information
New Plymouth i-SITE Visitor Centre, *Puke Ariki, 1 Ariki St., © 06-759 6060, www.newplymouthnz.com, www.taranakinz.org, www.pukeariki.com, tägl. 9–18, Mi bis 21, Sa/So bis 17 Uhr. Stadtpläne, Unterkunfts- und Restaurantnachweise, Vermittlung von Farmstays und B&B-Unterkünften.*
Department of Conservation (DOC), *220 Devon St. West, © 06-7580433, www.doc.govt.nz, Mo–Fr 8–16.30 Uhr.*

Unterkunft
Hotels/Motels
The Devon $$$$ (1), *390 Devon St. East, © 06-7599099, www.devonhotel.co.nz, DZ NZ-$ 240–340. Komforthotel, 100 Zimmer mit allen Annehmlichkeiten, 500 m vom Zentrum, Pool, Fitnessstudio, Restaurant.*
Auto Lodge Motor Inn $$$ (2), *393 Devon St. East, © 0800-800096 u. 06-7599918, www.autolodge.co.nz, DZ NZ-$ 165–190. Gutes Hotel der oberen Mittelklasse, 500 m vom Zentrum entfernt gegenüber dem Devon, hervorragendes Restaurant.*
Amber Court Motel $$ (3), *100 Leach St., © 06-7580922, www.ambercourtmotelco.nz, DZ NZ-$ 120–150. 500 m vom Zentrum gelegenes, ruhiges Mittelklasse-Motel mit 34 Einheiten, Room Service, Indoor-Pool.*

Backpacker-Hostel/Jugendherberge
Egmont Eco Lodge YHA Hostel $–$$ (4), *12 Clawton St., © 06-7535720, www.*

mttaranaki.co.nz, DZ ab NZ-$ 70, im Mehrbettzimmer ab NZ-$ 28. Kleines YHA-assoziiertes Hostel mit 22 Betten, in schönem Park 1,5 km außerhalb des Zentrums (freier Transfer ab Busbahnhof), Fahrradverleih, Zeltmöglichkeit, Buchung von Ausflügen.
Shoestring Budget Backpackers $–$$ (5), 48 Lemon St., © 06-7580404, 7580403, www.bbh.co.nz, DZ NZ-$ 66–72, im Mehrbettzimmer ab NZ-$ 28. Zentral gelegenes Hostel in einem historischen Gebäude, geräumige Einzel-, Doppel- und Mehrbettzimmer, Sauna, große Küche.

Camping
Belt Road Seaside Holiday Park (6), 2 Belt Rd., © 0800-804204 u. 06-7580228, www.beltroad.co.nz. 1,5 km westl. auf einer Anhöhe mit Blick aus Meer, Cabins, Flats, Backpackerunterkunft.
Oakura Beach Camp (7), Oakura Beach, © 06-7527861, www.oakurabeach.com. 15 km westl. an einem schönen Strand gelegen, mit Zelt- und Campervanplätzen.

Essen und Trinken
Marinovich's (1), 19 Brougham St., © 06-7584749, Mo–Fr 11–15, 17.30–22, Sa 17.30–22.30 Uhr, teuer–sehr teuer. Traditionsreiches Seafood-Restaurant, seit 1927 Treffpunkt einheimischer Gourmets.
Andre's L'Escargot (2), 37/41 Brougham St., © 06-7584812, www.andres.co.nz, tägl. außer So ab 18 Uhr, Bar ab 11 Uhr, teuer. Abends gehobene französische Küche in einem der ältesten Häuser der Stadt, mittags in der Wine & Beer Bar leichte Mahlzeiten.
The Devon Restaurant (3), 390 Devon St. East, © 06-7599099, www.devonhotel.co.nz, tägl. 11.30–15, 17.30–23 Uhr, teuer. Ein gutes Hotelrestaurant mit beliebtem Seafood-Buffet.

Busse
Überlandbusse von InterCity/Newmans und anderer Gesellschaften (www.intercity.co.nz, www.newmanscoach.co.nz) halten am Busbahnhof in der Ariki St. in der Nähe des New Plymouth i-SITE Visitor Centre, wo man auch Tickets kaufen kann.

Egmont National Park

Überblick

Die größte landschaftliche Attraktion im Westen der Nordinsel, die jedes Jahr Tausende von Besuchern anzieht, ist der **Mt. Taranaki**. Dem vormals nach dem Lord der britischen Admiralität Mt. Egmont genannten Berg hat man schon vor Jahren aus Respekt vor den Ureinwohnern, die den Gipfel immer als *tapu* verehrt hatten, seinen alten Maori-Namen wiedergegeben. Mit rund 334 km² ist der im Jahre 1900 angelegte Nationalpark zwar nicht der größte des Landes, aber selten findet man so viele verschiedene Vegetationsstufen in Verbindung mit einem so herrlich geformten Vulkankegel. Die Palette der Sportmöglichkeiten im Park umfasst Wandern auf einem mehr als 300 km langen Wegenetz, Bergsteigen, Angeln, Skifahren und Wassersportarten.

Vielbesuchter Nationalpark

Der Taranaki in der Maori-Legende

Wieso der Vulkan so einsam in der flachen Landschaft steht, erklärt eine Legende der Ureinwohner. Nicht immer befand sich der Taranaki an der Westküste. Vor vielen Jahren ragte er mitten auf der Nordinsel auf, als Nachbar und Rivale des Tongariro. Eines Tages kam die junge, hübsche Vulkanin Pihanga und suchte einen Freier unter den fünf Vulkanen des Landesinneren. Sie erwählte den Tongariro, woraufhin Taranaki, traurig und von Tongariro bedrängt, das Weite suchte. Er wanderte nach Westen, so weit, bis das Meer seinen Weg stoppte. Der tiefe Graben, den er bei seinem Zug hinter sich zurückließ, wurde das Bett des Wanganui-Flusses ...

Spannende geologische Entwicklung

Wenn man den Mt. Taranaki heute sieht, kann man kaum verstehen, dass Pihanga nicht ihn erwählte. Vielleicht kann sie es sich aber noch einmal überlegen, denn tatsächlich „wandert" der Berg wieder zurück zu seinem mythologischen Stammplatz. Die Berge und Höhenzüge in seiner Nähe schreiben geradezu ein geomorphologisches Tagebuch: Sugar Loaf Island, westlich des Vulkans in der Tasman Sea gelegen, ist viel älter als dieser selbst. Dazwischen befinden sich die Kaitake Hills (jünger als Sugar Loaf Island) und die Pouakai Range (jünger als die Kaitake Hills). Als jüngstes Glied der vulkanischen Kette verweist der Mt. Taranaki, der sich erst in den letzten 10.000 Jahren aufgebaut hat und noch vor 250 Jahren aktiv war, auf eine West-Ost-Bewegung der vulkanischen Tätigkeit, Richtung Mt. Tongariro.

Die 2.519 m hohe Kegelspitze ist immer von Eis und Schnee bedeckt. Allerdings ist der Gipfel allen Postkartenbildern zum Trotz oft von Wolken umhüllt. Die sich an den Vulkanflanken stauenden Regenwolken sorgen für enorme Niederschläge, die vier- bis fünfmal höher sind als der jährliche Durchschnittswert von 1.554 mm für New Plymouth. Eine fast undurchdringliche Vegetation in den tieferen Lagen ist die Folge. Der Regenwald mit mächtigen Rimu-Bäumen, Totaras und Kaikawas sowie Rhododendren, Farnen und Redwoods geht ab etwa 1.100 m in die Zone der Krüppelbäume und des Grasbewuchses über. Die Schneegrenze liegt je nach Jahreszeit bei 1.800 bis 2.100 m.

Möglichkeiten zur Erkundung

Es gibt viele Möglichkeiten, den Egmont-Nationalpark kennenzulernen. Man die Wahl zwischen Sightseeing-Ausflügen per Bus, Helikopter oder Kleinflugzeug, Wanderungen, Skifahren oder Touren mit dem eigenen Wagen. Man kann auf drei Stichstraßen relativ nah an den Gipfel heranfahren, um von da aus weiter zu wandern. Von New Plymouth empfiehlt sich die Strecke über Egmont Village bis zum 940 m hoch gelegenen **North Egmont** mit Infozentrum und Cafeteria. Über Stratford erreicht man auf der Pembroke Rd. die 850 m hoch gelegene **Stratford Mountain Station** mit Hotel und über Hawera auf der Manaia Rd. die 900 m hochgelegenen **Dawson Falls**, ebenfalls mit Hotel.

Rundfahrt im Egmont National Park

Die Tagestour berührt einige der schönsten Landschaften und Sehenswürdigkeiten im Nationalpark. Zunächst geht es von New Plymouth entweder über die schmale

Der annähernd perfekte Vulkankegel des Mt. Taranaki

Carrington Rd. direkt zum Pukeiki-Rhododendron-Park (s. u.) oder bei etwas mehr Zeit auf dem Highway 45 parallel zur Küste Richtung Südwesten. Es lohnt sich, in Oakura rechts abzubiegen und einen Abstecher zum schönen, schwarzsandigen Oakura Beach mit guten Bade- und Surfmöglichkeiten zu machen.

3 km südlich führt eine Stichstraße nach links zu **Lucy's Gully**, einem Erholungsgebiet mit dichten Riesenfarn-Wäldern und Redwood-Bäumen. Für hohe Wohnmobile kann es wegen überhängender Äste auf der schmalen Straße etwas eng werden. Sie endet an einer Lichtung unter Redwoods, ein idealer Picknickplatz und Ausgangspunkt zweier jeweils etwa zweistündiger Wanderungen.

Ausgangspunkt für Wanderungen

Für den nächsten Abschnitt gibt es zwei Varianten:
- Entweder man bleibt ca. 8 km südlich vom Oakura Beach auf dem Highway 45 und biegt später bei Pungarehu nach rechts zum **Cape Egmont Lighthouse** ab. Der pittoreske, heute vollautomatische Leuchtturm markiert den westlichsten Punkt der Region und liegt inmitten von saftig-grünen Schafsweiden. Anschließend überquert man den Highway und fährt geradewegs auf den Mt. Taranaki zu. Dabei passiert man das **Maori-Dorf Parihaka** mit einem sehr schönen Pa und gelangt schließlich auf die innere Ringstraße, auf die man nach rechts einbiegt (s. u.).
- Oder man biegt hinter Okato vom Highway nach links ab und fährt auf den Mt. Taranaki zu, bis man auf der inneren Ringstraße ist (der äußere Ring um den Vulkan

> **Aktiv unterwegs im Egmont National Park**
>
> Die drei Bergstationen sind Ausgangspunkt für ein- oder mehrtägige Wanderungen, u. a. auf dem drei- bis fünftägigen **Around the Mountain Circuit**, auf dem man in Gebirgshütten übernachtet (Infos und Anmeldung bei den DOC-Büros oder den Informationszentren).
>
> Es ist auch möglich, den Mt. Taranaki zu erklimmen. Die erste dokumentierte Besteigung fand 1839 durch den 28-jährigen Ernst Dieffenbach aus Gießen statt. Heute machen es ihm jährlich Hunderte nach, weswegen in manchen Publikationen der Aufstieg als „leicht" klassifiziert wird. Doch Vorsicht: Unter allen Bergen Neuseelands weist er die höchste Zahl an tödlich verunglückten Bergsteigern auf. Deshalb sollten Aufstieg (4-6 Std.) und Abstieg (3-4 Std.) nur mit guter Ausrüstung, alpinen Erfahrungen und umfassender Vorbereitung in Angriff genommen werden. Die renommiertesten Anbieter geführter Bergsteigertouren zum Gipfel sind **Top Guides** (℗ 0800-4 GUIDE u. 0800-448433, www.topguides.co.nz, 1 Pers. NZ-$ 250/Tag, bei 2 Pers. NZ-$ 150/Tag p.P., bei 3 Pers. NZ-$ 110/Tag p.P.).
>
> Ein gutes **Skiterrain** mit Lift, Clubhouse und Abfahrten unterschiedlicher Schwierigkeitsgrade befindet sich am Osthang des Berges, nahe der Mountain House Motor Lodge. Dort gibt es auch Skiverleih und eine Skischule. Die Wintersportsaison dauert je nach Wetterverhältnissen von Ende Juni/Anfang Juli bis ungefähr Mitte September.

wird durch die Highways 3 und 45 gebildet und bewegt sich im Abstand von etwa 30 km um den Berg, der innere Ring liegt etwa 10 km näher zum Vulkan). Sobald man die Carrington Rd. erreicht hat, lohnt sich trotz des Umwegs und der problematischen Straße (sehr eng, viele Kurven, dichte Vegetation, Höchstgeschwindigkeit 30 km/h) der 7 km lange Abstecher zum 320 ha großen, 1951 eröffneten **Pukeiti-Rhododendron-Park**. In herrlicher Umgebung kann man hier verschiedene Rhododendren, Blumen, Farne, Palmen, Bäche u. v. m. sehen – vielleicht der schönste Park des Landes, vor allem zur Rhododendren-Blüte von September bis November.
Pukeiti-Rhododendron-Park, 2290 Carrington Rd., ℗ 06-7524143, www.pukeiti.org.nz, Sept.–März tägl. 9–17, April–Aug. 9–15 Uhr, Eintritt frei.

Fahrt durch den Regenwald

Zurück am Abzweig folgt man der nach wie vor schmalen Carrington Rd., die später als Kina Rd. gerader und breiter wird und durch ein Weidegebiet mit pyramidenartigen kleinen Hügeln führt. An einer Kreuzung geht es dann auf die Opunake Rd. und schließlich die Auroa Rd., wo der Abzweig nach Dawson Falls gut ausgeschildert ist. Die Straße schraubt sich immer höher durch den Regenwald. Bei den 18 m hohen **Dawson Falls** bietet sich von einer Aussichtsplattform ein schöner Blick auf den Vulkan. Am **Dawson Falls Visitor Centre** beginnen einige kleinere Wanderungen. Auf der Rückfahrt folgt man der Manaia Rd., bis man 3 km vor Kaponga zu den **Hollard's Gardens** kommt, ein schöner, wenn auch nur 4 ha großer Park, der unter der Schirmherrschaft von Königin Elizabeth II. steht.

Hollard's Gardens, Manaia Rd., © 06-7646544, www.trc.govt.nz/hollard-home, tägl. 9–20, im Winter bis 18 Uhr, Eintritt frei.

In Kaponga verlässt man die Manaia Rd. und fährt über die Palmer Rd. zum **Kapuni-Gasfeld** (Kapuni Gas & Ammonia Area Plants); Informationen hält das dortige Visitor Centre bereit. Dann geht es zurück zur Palmer Rd. und von dort nach Eltham mit der **Käserei Mainland Packing** (kleiner Verköstigungsraum). Gleich danach trifft man auf den Highway 3, dem man entweder nach Norden über Stratford und Egmont Village (Stichstraße zur North-Egmont-Bergstation bzw. Abstecher zum Lake Rotorangi) zurück nach New Plymouth oder nach Hawera und weiter nach Wanganui/Wellington folgen kann.

Weitereisemöglichkeiten

Reisepraktische Informationen Egmont National Park

Information

Informationen über die Mt.-Taranaki-Region geben die einzelnen Info-Büros in den Orten rings um den Berg. Neben dem Büro in New Plymouth sind auch die Büros in Stratford und in Hawera, in denen man Ausflüge und andere Aktivitäten buchen kann, sehr effektiv. Wer sich länger im Nationalpark aufhalten, dort wandern, Bergsteigen oder Wintersport betreiben möchte, sollte sich in einem der DOC-Büros über Wetterverhältnisse, mögliche Gefahren und evtl. Genehmigungen (permits) für Hütten- oder Zeltübernachtung informieren.

South Taranaki i-SITE Visitor Centre, 55 High St., Tower Grounds, Hawera, © 06-2788599, www.southtaranaki.com, Mo–Fr 9–17, Sa/So 10–16 Uhr.
Stratford i-SITE Visitor Centre, Prospero Place, Ecke Miranda St., Stratford, © 0800-765670 u. 06-7656708, www.stratford.govt.nz, Mo–Fr 9–17, Sa/So 10–16.30 Uhr.
DOC Egmont National Park Visitor Centre, 2879 Egmont Rd., Inglewood, © 06-7560990, tägl. 8/9–16.30 Uhr.
DOC Dawson Falls Visitor Centre, Upper Manaia Rd., Kaponga, © mobil 027-4430248, Do–So und an Feiertagen 9–16 Uhr.
Pahura Information Office, 1138A Surf Hwy. 45, Pahura, © 06-7521117.
Informationen im Internet: www.doc.govt.nz/parks-and-recreation/tracks-and-walks/taranaki (Infos zu den Walks und Tracks des Nationalparks).

Unterkunft

In den Orten rund um den Nationalpark stehen Unterkunftsmöglichkeiten jeder Kategorie zur Verfügung. Auf dem Berg gibt es einfache, vom DOC verwaltete Wanderhütten. Am Endpunkt der Straßen nach Dawson Falls und North Egmont finden Backpacker nahe der Visitor Centres einfache Häuser mit Mehrbettzimmern (Schlafsack erforderlich). Ebenfalls am Ende zweier asphaltierter Zufahrtsstraßen gibt es zwei empfehlenswerte Lodges:
**Dawson Falls Mountain Lodge $$$**, Upper Manaia Rd., Kaponga, © (0)7655457, www.dawson-falls.co.nz, DZ NZ-$ 175–240 (inkl. Frühstück). Sehr gemütliche Lodge im Schweizer Chalet-Stil, neben dem Visitor Centre und 905 m hoch gelegen, 12 komfortable Zimmer, Restaurant und Bar.
**Mountain House Motor Lodge $$**, Pembroke Rd., East Egmont, Stratford, © 06-7656100, DZ NZ-$ 105–145. Rustikales Holzhaus mit 10 Zimmern und Hütten mit Küche, Sauna, gutes Restaurant und Bar, Skiverleih im Winter.

Busse
Es gibt keine öffentlichen Linienbusse in den Nationalpark. Cruise NZ Tours (© 06-7583222) unterhält einen Shuttle-Service von New Plymouth zu mehreren Zielen im Nationalpark, ebenso die Firma Withers (© 06-7511777, www.witherscoachlines.co.nz).

Von New Plymouth über Wanganui nach Wellington

Die etwa 360 km lange Strecke von New Plymouth nach Wellington folgt zunächst östlich des Mt. Taranaki dem Highway 3 bis Hawera, verläuft dann parallel zur Küste über Wanganui bis Bulls, wo sie auf den Highway 1 stößt, auf dem man westlich Palmerston North umgehen kann. Kurz vor Wellington treffen sich die Highways 1 und 2 und gehen in die Stadtautobahn über. Es gibt nicht viele landschaftliche Höhepunkte auf dieser Strecke, sodass man sie, von Abstechern in die Städte Wanganui und Palmerston North abgesehen, recht zügig befahren kann. Letztgenannte Orte bieten auch die besten Übernachtungsmöglichkeiten auf dem Weg nach Wellington.

Am Mt. Taranaki entlang

Am schönsten ist der erste Routenabschnitt, der noch eindeutig im Zeichen des Mt. Taranaki steht. Sofern man nicht die oben beschriebene Westtangente nach Eltham vorzieht, benutzt man ab New Plymouth den Highway 3, der auch die Hauptverkehrsroute der Überlandbusse ist und in großem Abstand an der Ostseite des Vulkans entlangführt. Nach Egmont Village, wo eine Stichstraße zur 940 m hoch gelegenen Bergstation North Egmont führt, passiert man als erste größere Ortschaft das 3.000-Einwohner-Städtchen **Inglewood**. In dem Zentrum der Milchwirtschaft stellen europäische Einwanderer, vor allem Deutsche, Skandinavier, Polen und Russen, einen hohen Bevölkerungsanteil.

Stratford

Rund 20 km südlich folgt der Verkehrsknotenpunkt **Stratford**: Nach Norden und Süden führt der Highway 3, in den Nordosten geht der spektakuläre, z. T. nur grob geschotterte Highway 43 (Forgotten World Highway), und in den Westen führt die Pembroke Rd., die in 1.100 m Höhe am Plateau Car Park unterhalb des Vulkangipfels endet. Mit einer ausgezeichneten Touristeninformation, einem DOC-Büro, großem Hallenschwimmbad und etlichen Hotels, Motels, B&B-Häusern sowie Campingplatz besitzt Stratford eine beachtliche touristische Infrastruktur. Seinen Namen trägt der Ort nach dem Geburtsort von William Shakespeare, und fast alle Straßen sind nach Protagonisten von Shakespeares Dramen benannt. Die größte Sehenswürdigkeit ist das **Taranaki Pioneer Village**, etwa 1 km südlich des Zentrums am Highway. In dem Freilichtmuseum sind auf 4 ha rund 50 historische Gebäude der Region zusammengetragen, darunter das sehenswerte Okato-House (1853), das alte Gefängnis (1914) und der ehemalige Bahnhof (1902).

259 Von New Plymouth über Wanganui nach Wellington

Taranaki Pioneer Village, Hwy. 3, ✆ 06-7655399, www.pioneervillage.co.nz, tägl. 10–16 Uhr, NZ-$ 10, Kinder 5–14 Jahre NZ-$ 5.

Seenlandschaft

Kurz hinter Stratford kann man auf die innere Ringstraße um den Mt. Taranaki abbiegen, auf der man zu den Dawson Falls oder in der Verlängerung bis nach New Plymouth zurückgelangt (s. o.). Auf dem Highway 3 gelangt man etwa 10 km südlich zur 2.500-Einwohner-Siedlung Eltham, in deren Umgebung man herrliche Seen findet, bestens geeignet für Forellenangeln, Bootsausflüge oder Baden. Der schönste von ihnen ist der von urwüchsigem Wald gesäumte **Lake Rotokare**, den man über die Rawhitiora Rd. nach 11 km erreicht. Auf einer reizvollen, knapp zweistündigen Wanderung kann man den See umrunden. Den weitaus größeren Lake Rotorangi (s. u.) erreicht man von Eltham über die Glen Nui Rd.

Hawera

Südlich von Eltham und dem nachfolgenden Ort Normanby erreicht der Highway 3 mit **Hawera** den südlichen Endpunkt der Taranaki-Halbinsel. Wer die mittelgroße Stadt auf dem Highway umfährt, kann im 4 ha großen **King Edward's Park** an der Umgehungsstraße noch einmal nachvollziehen, warum das Taranaki-Gebiet den Beinamen „Garten Neuseelands" trägt. Ein wenig nördlich der Ortschaft lohnt die eindrucksvolle, deutlich erkennbare 400 Jahre alte terrassierte Anlage des **Turuturu Mokai Pa** einen Besuch (2 km auf der Turuturu Rd., Sa/So geschlossen). Etwa 3 km nördlich und vom Highway 3 aus gut ausgeschildert, befindet sich das ausgezeichnete **Tawhiti-Museum**, in dem man u. a. ein Modell des Turuturu Mokai Pa, interessante Maori-Artefakte und nachgestellte Szenen aus dem Leben der frühen Siedler sehen kann.
Tawhiti-Museum, 401 Ohangai Rd., ✆ 06-2786837, www.tawhitimuseum.co.nz, Sept.–Mai tägl. 10–16, Juni–Aug. So 10–16 Uhr, NZ-$ 10, Kinder 5–14 Jahre NZ-$ 3.

Im Zentrum von Hawera gibt das **South Taranaki Visitors Information Centre** Anregungen für Aktivitäten in der Region, etwa Rafting auf dem Waingongoro River. Man kann das Büro gar nicht verfehlen, da es unmittelbar am markanten, 50 m hohen Wasserturm liegt, von dem sich ein herrlicher Rundblick bietet. Ein Ziel von Fans des King of Rock'n'Roll ist der **Elvis Presley Memorial Room** mit 2.000 Schallplatten und Erinnerungsstücken (Mo–Fr 9–17, Sa/So 10–16 Uhr, NZ-$ 5, Kinder NZ-$ 2).

Abstecher zum Lake Rotorangi

Ein schöner Abstecher ist rund 10 km nördlich von Patea möglich, wo links des Highway 3 die Ball Rd. in das waldreiche Hinterland führt. Dort wurde in einem Tal der Patea River zum 47 km langen **Lake Rotorangi** aufgestaut, dem mit über 100 km Uferlinie größten von Menschenhand geschaffenen See des Landes. Wegen seiner reichen Forellenbestände ist er bei Anglern weithin bekannt. Angeboten werden auch Wandertouren durch den Busch und Minikreuzfahrten.

Patea

28 km hinter Hawera durchquert der Highway 3 das Städtchen **Patea**, dessen wenige Sehenswürdigkeiten alle am Wegrand zu finden sind. Zunächst passiert man die hübsche Public Library auf der linken Seite. Es folgt der Patea Urban Park, eine hübsche Gartenanlage mit einer 17 m langen Nachbildung des legendären Kanus Aotea des Stammvaters Turi. Gegenüber befindet sich das kleine South Taranaki Museum, in dem man Abbildungen von Maori-Felszeichnungen aus der Umgebung sieht. Am Ortsausgang, wo der Highway 3 einen Schlenker nach links macht, steht die gut erhaltene Holzkirche St. George's Church, deren Glocken erstmals 1859 läuteten.

Angel-Spot

Auf der Weiterfahrt lohnt sich für Reisende mit Zeitreserven ein 8 km langer Abstecher von Waverly über die Beach Rd. zu den **Waipipi Iron Sands**, ein Strand mit schwarzem, eisenhaltigem Sand. Wie hoch der Eisenanteil ist, lässt sich mit einem Magneten nachprüfen. Der auf dem Gelände abgebaute Sand wird nach Japan exportiert.

An der schönen St. Oswalds Church links des Highway vorbei erreicht man schließlich den 63 km südöstlich von Patea gelegenen Ort Wanganui.

Wanganui

Ähnlich wie New Plymouth oder Christchurch auf der Südinsel gilt **Wanganui** als „Gartenstadt". Ausgedehnte Parks, üppige Gartenanlagen und begrünte Straßenzüge geben der expandierenden 45.000-Einwohner-Stadt ihr grünes Gepräge. Obwohl schon 1840 auf den Fundamenten einer Maori-Siedlung gegründet, weist das Stadtbild moderne Züge auf, dominiert vom Schachbrettmuster der Straßen, von Geschäften und Supermärkten. Die Entwicklung von Wanganui wurde durch jahrzehntelange Streitereien zwischen der New Zealand Company, der Regierung, ansässigen Maoris und landhungrigen Siedlern behindert. Ruhe und Ordnung kehrten erst ein, als hier eine große Garnison britischer Soldaten stationiert wurde.

Blühende Pohutukawa-Bäume

Einen Vorgeschmack auf die Grünanlagen, für die Wanganui bekannt ist, gibt die **Virginia Lakes Scenic Reserve** am Highway 3 einige Kilometer nördlich der Stadt. In dem Park kann man in Wintergärten exotische Pflanzen bewundern und im Schatten hoher Bäume Spaziergänge machen. In der alten Villa nahebei am Action Place lebte einst der Deutsche Friedreich August Krull, der sich im 19. Jh. nach Wanganui zurückzog. Ein schönes

Panorama der in der Schwemmlandebene des Whanganui River gelegenen Stadt bietet sich vom Aussichtspunkt auf dem St. John's Hill rechts des Highway.

Nach einer letzten Kurve am Victoria Park geht der Highway 3 in die **Victoria Avenue** über, die als Längsachse und Haupteinkaufsstraße das Zentrum durchzieht und über die City Bridge auf das jenseitige Flussufer führt. Zwischen Einkaufszentren und Zweckbauten findet man hier oder in den Querstraßen, vor allem in der Guyton St., interessante Bauwerke aus der Kolonialepoche, etwa das **Grand Hotel**, das 1899 aus Holz errichtete und immer noch benutzte **Royal Wanganui Opera House** und die **Wanganui Collegiate School Chapel**, eine neugotische Schulkapelle von 1909. Das zentral gelegene **i-SITE Visitor Centre** findet man an der Guyton St. am Fuße der hübschen Cooks Gardens mit Sportfeldern und dem Observatorium von 1903.
Royal Wanganui Opera House, St. Hill St., ✆ 06-3490511, www.royaloperahouse.co.nz.

Kolonialbauten

Auf der östlichen Seite der Victoria Ave. gelangt man zum **Queens Park** mit mehreren Attraktionen. Die wichtigste ist das **Wanganui Regional Museum**, eines der bedeutendsten Provinzmuseen mit einer ausgezeichneten Maori-Sammlung einschließlich des 22 m langen Kriegskanus Te Matao-Hoturoa, Jadeschmuck und Schnitzereien. Zudem werden eine Kollektion früher Maori-Portraits des böhmischen Künstlers Gottfried Lindauer (1839–1926) sowie Exponate zur Naturgeschichte und frühen Siedlergeschichte präsentiert. Auf einem Hügel neben dem Museum thront der Kuppelbau der 1919 erbauten **Sarjeant Art Gallery**, eine der schönsten Kunstgalerien des Landes mit einer großen Sammlung neuseeländischer und internationaler Gegenwartskunst. Ein weiterer markanter Gebäudekomplex ist die wenige Schritte entfernte **War Memorial Hall** mit einem Konferenzzentrum, der Davis Library und einem Konzertsaal.
Wanganui Regional Museum, Watt St., Queens Park, ✆ 06-3491110, www.wanganui-museum.org.nz, tägl. 10–16.30 Uhr, NZ-$ 5, Kinder unter 16 Jahre Eintritt frei.
Sarjeant Art Gallery, Watt St., Queens Park, ✆ 06-3490506, www.sarjeant.org.nz, tägl. 10.30–16.30 Uhr, Spende erbeten.

Unterhalb des Queens Park, am Market Place und von der City Bridge etwas flussaufwärts, befindet sich das **River Boat Centre**, untergebracht im hölzernen Gebäude des Ruderklubs von 1881. Dies ist auch die Anlegestelle des alten Schaufelraddampfers M. V. Waimarie, der im Jahr 1900 in London vom Stapel lief und 260 Passagiere befördern kann. Von 1902 bis 1952 tat er in Wanganui Dienst, bevor er an der Anlegestelle sank. Später gehoben, wurde die Waimarie aufwendig restauriert und ist seit dem 1. Januar 2000 wieder ein Schmuckstück der Stadt. Sie wird heute für zweistündige, nostalgische Flusskreuzfahrten eingesetzt, die bis zu 30 km stromaufwärts gehen und von den Zeiten erzählen, als der Whanganui River als längster schiffbarer Fluss des Landes intensiv genutzt wurde.
M. V. Waimarie, Taupo Quay, ✆ 0800-7832637 u. 06-3471863, www.riverboat.co.nz, tägl. 13.30 Uhr, NZ-$ 39, Kinder 5–15 Jahre NZ-$ 15.

Historischer Schaufelraddampfer

Hinter dem River Boat Centre erstrecken sich die **Moutoa Gardens** auf einem Gelände, das bei den Maoris seit Menschengedenken als *tapu* galt. Hier ragt das **Wanganui Maori Memorial** auf, ein Mahnmal für die 1914–18 in britischen Diensten gefallenen Maoris.

Auf dem jenseitigen Flussufer stellt in der Verlängerung der Victoria Ave. der 1919 gebaute und 66 m hohe **War Memorial Tower** am Durie Hill eine die Skyline beherrschende Landmarke dar. Hinter der Brücke gelangt man durch einen gut 200 m langen Tunnel zu einem Aufzug (Durie Hill Elevator), der die Besucher 65 m mitten durch den Berg hinauf zum Fuß des Aussichtsturms bringt. Ab dort geht man bis zur oberen Plattform, von der sich ein schönes Panorama der Stadt bietet. Zu sehen ist auch der Wasserturm auf dem nahen Bastia Hill, der zweitbeste Aussichtspunkt von Wanganui.

Falls die Energiereserven noch nicht gänzlich erschöpft sind, kann man einen Abstecher zur anderen Seite der Stadt anschließen. Am südlichen Ortsausgang von Wanganui steht nicht weit vom Highway 3 entfernt die 1936 erbaute **St. Paul's Memorial Church**. Mag dieses Gotteshaus von außen auch eher unscheinbar wirken, so besticht jedoch das Innere mit kunstvollen Maori-Schnitzereien und verzierten Wandpaneelen

Aussichtsturm

> **Tagesausflug**
>
> Wer keinem gedrängten Zeitplan folgen muss und genügend Spielraum für einen Tagesausflug hat, könnte einen Abstecher über den Highway 4 nach **Raetihi** (s. S. 280) machen und über **Pipiriki** (s. S. 280) am Flussufer entlang zurück nach **Wanganui** fahren

Reisepraktische Informationen Wanganui

Information
Wanganui i-SITE Visitor Centre, 101 Guyton St., © 0800-926426 u. 06-3490508, www.destinationwanganui.com, Mo–Fr 8.30–17, Sa/So 10–14 Uhr.
Department of Conservation (DOC), 74 Ingestre St., Ecke Hill St., © 06-3492100, www.doc.govt.nz. Zuständig für den Whanganui-Nationalpark.

Unterkunft
Hotels/Motels
**Grand Hotel $$–$$$**, Hill St., Ecke Guyton St., © 06-3450955, www.thegrandhotel.co.nz, DZ NZ-$ 100–160. Letztes Überbleibsel der guten alten Stadthotels, dreistöckiges Gebäude mit 55 Zimmern, exzellentes Restaurant, 3 Bars.
**Midtown Motor Inn $$**, 321 Victoria Ave., © 06-3458408, www.midtownmotorinn.co.nz, DZ NZ-$ 85–150. Zentral gelegenes, praktisches Motel mit 34 Einheiten (Zimmer, Studios, Familienzimmer mit Küche), Restaurant, Bar, Pool.

Bed & Breakfast
**Braemar House $–$$**, 2 Plymouth St., © 06-3482301, www.braemarhouse.co.nz, DZ (B&B) NZ-$ 100/130 (inkl. Frühstück), DZ (Backpacker) NZ-$ 74, im Mehrbettzimmer NZ-$ 30. Freundliche Frühstückspension mit Backpackerunterkunft am Fluss nahe der Dublin Bridge, Zeltplatz mit Cabins im Garten, Vermittlung von Ausflügen.

Backpacker-Hostel
**Tamara Backpackers Lodge $–$$**, 24 Somme Parade, ℂ 06-3476300, www.tamara lodge.com, DZ NZ-$ 86, im Mehrbettzimmer NZ-$ 30. Gutes Hostel in einer schönen Kolonialvilla von 1904 am Flussufer, nahe dem Zentrum, herrlicher Garten, geräumige Zimmer, Fahrradbenutzung, Buchung von Ausflügen, Einzel-, Doppel-, Mehrbettzimmer.

Camping
Whanganui River Top 10 Holiday Park, 460 Somme Parade, ℂ 06-3438402, www.wrivertop10.co.nz. Sehr schöne Anlage mit Caravan- und Zeltplätzen sowie Chalets, Flats und Cabins ($$–$$$), 6 km nördl. der Dublin Bridge in parkähnlicher Umgebung am Flussufer.

Essen und Trinken
Vega, 49 Taupo Quay, ℂ 06-3451082, Di–So 10–23 Uhr, preiswert–teuer. Cooles Restaurant-Café in alten Gemäuern, kleinere Gerichte (Sandwiches, Salate, auch zum Mitnehmen) sowie umfangreiche Abendkarte.
Cracked Pepper, 21 Victoria Ave., ℂ 06-3451769. tägl. 10.30–22.30 Uhr, moderat. Kreative Interpretationen von Klassikern der Kiwi-Küche.
Amadeus Riverbank Café, Quay Centre, 69 Taupo Quay, ℂ 06-3451538, tägl. 8–22 Uhr, preiswert–moderat. Schönes Café mit leckeren Kleinigkeiten und größeren Gerichten, u. a. Seafood und Wild.

Einkaufen
The River Traders, Taupo Quay, Sa 9-13 Uhr. Bunter Bauernmarkt mit regionalen Bio-Produkten und kunsthandwerklichen Souvenirs sowie viel Lokalkolorit.

Aktivitäten
Alle Ausflüge in Wanganui haben mit dem gleichnamigen Fluss bzw. dem Nationalpark zu tun (www.whanganuiriver.co.nz). Am bekanntesten sind die **Flusskreuzfahrten** mit dem Schaufelraddampfer M. V. Waimarie (s. S. 262.). Rundfahrten zu Wasser und zu Land sind zu buchen u. a. bei: **Whanganui River Adventures** (ℂ 0800-862743 u. 06-3853246, www.riverspirit.co.nz) und **Whanganui Tours** (ℂ 06-3453475, www.whanganuitours.co.nz). Rasant geht es zu bei den Ausflügen der **Whanganui Scenic Experience Jet** (ℂ 06-3425599, www.whanganuiscenicjet.com) und der **Spirit of the River Jet** (ℂ 0800-5388687 u. 06-3425572, www.spiritoftheriver.co.nz).

Busse
Die Überlandbusse von **InterCity** und anderer Gesellschaften halten am Wanganui Travel Centre, 156 Ridgway St., ℂ 06-3454433.

Von Wanganui nach Palmerston North

Auf der Weiterfahrt verlässt man Wanganuis Zentrum über eine der Brücken und trifft am jenseitigen Ufer auf den Highway 4, auf dem die Fahrer der alternativen Route aus Taumarunui/National Park auf den Highway 3 stoßen. Südlich des Whangaehu River ist nach 18 km der kleine Ort **Ratana** erreicht. Als dominierendes Bauwerk erhebt sich hier der 1927 erbaute, im Maori-Stil ausgeschmückte **Ratana-Tempel**, das religiöse Zentrum der Ratana-Bewegung. Der Sektengründer, Wiremu Ratana, mischte ab 1918 in seiner Heilsverheißung christliche und traditionelle Maori-Elemente und konnte so recht schnell eine wachsende Anhängerzahl um sich scharen. Für das Selbstbewusstsein der Maoris – auch im politischen Alltag – hat diese Sekte viel geleistet.

Ratana-Bewegung

Der Highway 3 führt nun weiter über den Turakina River und erreicht nach 26 km **Bulls**, wo Besucher – dem Ortsnamen angemessen – von einem überdimensionierten Bullen begrüßt werden. Ansonsten ist der Ort mit seiner niedrigen Bebauung uninteressant. Reisende müssen sich in Bulls, wo die Highways 3 und 1 zusammentreffen, entscheiden, ob sie das Stadtgebiet von Palmerston North auf dem Highway 1 weiträumig umfahren oder ob sie der Universitätsstadt am Manawatu River einen Besuch abstatten (Highway 3, 24 km).

Palmerston North

Bevor die Eisenbahnlinie von Wellington in den 1870er-Jahren für einen Aufschwung sorgte, war der 1846 gegründete und nach Lord Palmerston benannte Ort klein und unbedeutend. Heute ist Palmerston North mit rund 75.000 Einwohnern die nach Hamilton zweitgrößte Binnenstadt Neuseelands sowie als Verkehrsknotenpunkt und Hauptstadt des reichen Agrarbezirks Manawatu zugleich das wirtschaftliche Zentrum der Region. Zudem besitzt die Stadt mit der Massey University of Manawatu die zweitgrößte Universität des Landes. Die großzügige Stadtanlage ist einmalig: Über 160 km asphaltierte, breite Straßen stehen den Einwohnern zur Verfügung, darüber hinaus über 200 ha Parkanlagen. Die planerische Idee der Stadtgründer ist erst heute wirklich zu genießen, denn der zentrale quadratische Platz (*Square*), auf den die wichtigsten Straßen zulaufen und der die Stadt in vier Teile gliedert, ist seit 1962 von der Eisenbahnlinie befreit, die früher mitten hindurch führte.

Der **Square** bietet sich auch als Ausgangspunkt für eine Stadtbesichtigung an, denn man erreicht ihn automatisch über die Highways 3 (von Wanganui bzw. Napier), 56 (von Foxton) oder 57 (von Wellington). Dominiert wird die 7 ha große Grünanlage mit Teichen, Wasserspielen, dem Hopwood Clock Tower und dem Ehrengrabmal Cenotaph durch das 1971 errichtete **Civic Centre**, das über dem ehemaligen Bahngelände errichtet wurde. Von der Aussichtsterrasse auf dem Dach des modernen Gebäudes bietet sich ein schöner Blick über die Stadt. Das i-SITE Visitor Centre im Erdgeschoss versorgt Besucher mit Informationsmaterial. Aufmerksamkeit erregt im Foyer der geschnitzte Holzpfahl eines Maori-Künstlers. Um den Square liegen die meisten Geschäfte und Banken sowie ganz in der Nähe kommunale und kulturelle Institutionen wie Theater, Opernhaus, mehrere Museen, Konferenzzentrum und Kinos.

Ausgangspunkt für Rundgang

In dem herausragenden Komplex **Te Manawa**, der einen Block vom Square entfernt liegt, sind drei Museen zusammengefasst. Das **Manawatu Museum** zeigt in vier Abteilungen Ausstellungen zur Völkerkunde (Maoris und pazifischer Raum) sowie zu den frühen Siedlern und der Militärgeschichte, außerdem ein historisches Haus, eine alte Schule, eine Schmiede und einen alten Kramladen. Das **Science Centre** bietet Naturwissenschaft und Technologie zum Anfassen. Und im modernen, großzügigen Ge-

Sport-museum

bäude der **Art Gallery** wird vorwiegend neuseeländische Kunst von 1890 bis heute präsentiert. Angeschlossen ist zudem das **New Zealand National Rugby Museum**, das als größtes Sportmuseum Neuseelands für die „Kiwis" so etwas wie ein nationales Heiligtum ist. Gezeigt werden Videos und Erinnerungsstücke an die größten Spiele und Spieler, die es in Neuseeland gegeben hat.
Te Manawa, 398 Main St. West, ℂ 06-3555000, www.temanawa.co.nz, tägl. 10–17 Uhr, Eintritt frei.
New Zealand National Rugby Museum, 326 Main St., ℂ 06-3586947, www.rugbymuseum.co.nz, tägl. 1–17 Uhr, NZ-$ 12,50, Kinder 5–15 Jahre NZ-$ 5.

Ein Spaziergang führt vom Square über die Fitzherbert Ave. zum **Manawatu River**, an dessen Ufern sich herrliche Gartenanlagen erstrecken. Bei einem geruhsamen Bummel entlang der Esplanade genießt man neuseeländisches Lokalkolorit. Die **Massey University of Manawatu** jenseits des Flusses nahm 1964 ihren Betrieb auf und hat inzwischen mit rund 20.000 Studenten eine ansehnliche Größe erreicht. Ihre Institute der Agrarwissenschaft haben heute Weltruf erlangt.

Reisepraktische Informationen Palmerston North

Information
Manawatu i-SITE Visitor Centre, Civic Centre, 52 The Square, ℂ 06-3501922, www.manawatunz.co.nz, Mo-Fr 9–17, Sa/So 10–16 Uhr.
Department of Conservation (DOC), 717 Tremaine Ave. (im nördlichen Teil der Stadt), ℂ 06-3509700, www.doc.govt.nz.

Unterkunft

Hotels/Motels
**Aubyn Court Motorlodge $$$**, 360 Ferguson St., ℂ 0800-908988 u. 06-3545757, www.aubyncourt.co.nz, DZ NZ-$ 150–185. Moderne, sehr angenehme Unterkunft mit 30 Studios, Suiten und Familienzimmern, nur wenige Gehminuten vom Square entfernt.
**Fitzherbert Castle Motel $$**, 124 Fitzherbert Ave., ℂ 06-3583888, www.fitzherbertcastle.co.nz, DZ NZ-$ 105–150. Hübsche, kleine „Burg" mit 14 komfortabelen Suiten.

Backpacker-Hostel
**Pepper Tree Hostel $–$$**, 121 Grey St., ℂ 06-3554054, DZ NZ-$ 70, im Mehrbettzimmer NZ-$ 28. Gemütliches, zentrales Hostel mit Einzel-, Doppel- und Mehrbettzimmern,

Camping
Palmerston North Holiday Park, 133 Dittmer Dr., ℂ 06-3580349, www.holidayparks.co.nz/palmerstonnorth. Schöne Anlage mit Zelt- und Campervanplätzen, Hütten und Ferienwohnungen ($$–$$$), 2 km vom Zentrum am Esplanade Park.

Essen und Trinken
Café Cuba, Cuba St., Ecke George St., ℂ 06-3582369, moderat. Vom Frühstück in britischer Herzhaftigkeit über leichte Gerichte der modernen Kiwi-Küche bis zum späten Drink gibt es hier alles, freitagsabends Live-Musik.

Monsoon Asian Kitchen, *200 The Square, © 06-3580769, tägl. ab 11 Uhr, moderat. Spannende Melange verschiedener südostasiatischer Küchen.*

Busse
Vom zentralen Terminal an der Main St. nahe des i-SITE Visitor Centre fahren Stadtbusse auf festen Routen durch die City und die zentrumsnahen Vororte. Die Überlandbusse von InterCity und anderer Gesellschaften halten am Palmerston North Travel Centre, Pitt St., Ecke Main St.

Weiterfahrt nach Wellington

Bei der Weiterfahrt benutzt man ab Palmerston North den Highway 56/57 nach Levin, eine 50-km-Tour ohne optische Highlights durch eine landwirtschaftlich genutzte Ebene. Auch die 56 km lange Strecke Sanson–Levin auf dem Highway 1 ist nicht sonderlich aufregend, doch passiert man hier nach 31 km den kleinen Ort **Foxton** am breiten Mündungstrichter des Manawatu River. Baden und Schwimmen kann man am schönen **Foxton Beach**.

Als wirtschaftliches Zentrum des regionalen Gemüse- und Obstanbaus ist die knapp 20 km südlich gelegene, rund 20.000 Einwohner zählende Stadt **Levin** von Bedeutung. Historisch interessant sind die Überreste dreier Pa. Nur eines, das **Paeroa Pa**, war in traditioneller Weise auf einem Hügel errichtet, während die anderen beiden auf künstlichen Inseln in den benachbarten Seen Lake Papaitonga und Lake Horowhenua lagen. Levin verdankt seine erste Blüte der 1888 eröffneten Eisenbahnlinie Wellington–Manawatu. Nach dem Direktor der Eisenbahngesellschaft erhielt der Ort auch seinen Namen.

Blüte durch Eisenbahnbau

Nach weiteren 20 km gelangt man zum 5.500-Einwohner-Städtchen **Otaki**, dessen Hauptsehenswürdigkeit die hölzerne **Rangiatea Church** ist, die 1994 abbrannte, aber 2005 wieder aufgebaut wurde. Original erhalten blieb die **Saint Mary's Church** aus dem Jahr 1858 an der Convent Rd., die als älteste katholische Kirche des Landes gilt. Sehenswert sind besonders die Fenster aus Steinglas. Auf dem Kirchengelände befinden sich auch das Presbyterium von 1897 und die beiden 1904 errichteten Maori-Versammlungshäuser des katholischen Marae.

Zwischen den näher rückenden Berghängen der Tararua Range und dem Meer verlaufen nun Highway und Eisenbahnlinie parallel. Die Orte, die man dabei passiert, bestehen gewöhnlich aus zwei Stadtteilen: einer am Highway gelegen, der andere einige Kilometer weiter westlich am Meer. Ein solcher Ort ist **Waikanae**, 15 km südlich von Otaki. Fährt man von hier auf der Te Moana Rd. Richtung Küste, kommt man zu dem 15 ha großen Vogelschutzgebiet **Nga Manu Sanctuary**, in dem man schwarze Schwäne, Keas, Enten und – in einem Nachthaus – auch Kiwis, Eulen und Tuataras beobachten kann. Mit ursprünglichem Busch, Teichen und Sümpfen ist auch die Landschaft sehr reizvoll.

Zweigeteilte Orte

Nga Manu Sanctuary, *281 Ngarara Rd., © 06-2934131, www.ngamanu.co.nz, tägl. 10–17 Uhr, Vogelfütterung tägl. 11 Uhr, NZ-$ 15, Kinder unter 15 Jahre NZ-$ 6.*

> **Ausflug zur Kapiti Island**
>
> Der Zutritt zur Kapiti Island ist nur mit einem kostenpflichtigen *permit* (NZ-$ 11,20, Kinder 5–15 Jahre NZ-$ 5,10) möglich, das vom Wellingtoner DOC-Büro und den regionalen i-SITE Visitor Centres ausgestellt wird. Überfahrten ab Paraparaumu Beach (hin 9/9.30, zurück 15-16 Uhr, Ticket: NZ-$ 60, Kinder 5–15 Jahre NZ-$ 35) mit **Kapiti Marine Charter** (© *0800-4 FERRY, 0800-433779 u. 04-2972585, www.kapitimarinecharter.co.nz*) und **Kapiti Tours** (© *0800-KA PITI u. 04-2377965, www.kapititours.co.nz*). Ausflüglern, die über Nacht bleiben wollen, bietet die **Kapiti Island Nature Lodge** eine einfache, aber ordentliche Unterkunft in Vier-Bett-Hütten. Die Betreiber bieten untertags und nachts Naturführungen zur Beobachtung von Kiwis (© *mobil 021-1267525 u. 03-3626606, www.kapitiislandnaturetours.co.nz, Overnight Kiwi Spotting Tour ab NZ-$ 316, Kinder 5–16 Jahre ab NZ-$ 225 inkl. Übernachtung mit Halbpension*). Am Paraparaumu Beach starten regelmäßig auch Minikreuzfahrten, bei denen man zwar nicht auf die Insel, aber immerhin um sie herum geführt wird.

Schutzgebiet für Kiwis

Von Küstenorten wie Waikanae Beach oder Paraparaumu Beach, aber auch vom Highway aus ist die 10 km lange und 2 km breite **Kapiti Island** fast immer in Sichtweite. Als altes Maori-Gebiet und vormaliges Hauptquartier des in Otaki beigesetzten Häuptlings Te Rauparaha besitzt das Eiland historische Bedeutung. Das mag auch der Grund dafür sein, dass man den gesamte Küstenstreifen und den Distrikt mit der Hauptstadt Paraparaumu nach ihr benannt hat. Heute ist Kapiti Island einer der besten Plätze in Neuseeland, um Kiwis in freier Wildbahn zu erleben. Bereits 1897 wurde die Insel unter Naturschutz gestellt, und die Schaffarmer, die sich hier eingerichtet hatten, mussten zurück aufs „Festland" ziehen. Nur einige wenige Maori-Familien durften bleiben. Mittlerweile ist die Insel vollständig renaturiert und nach einem gezielten Gifteinsatz auch frei von eingeschleppten Schädlingen wie Possums, Ratten oder Mardern. Heute leben auf Kapiti Island neben etwa 1.400 *Little Spotted Kiwis* (Kleine Fleckenkiwis) auch zahlreiche ausgewilderte Takahe und Weka. Wer einen Ausflug nach Kapiti Island plant, muss sich rechtzeitig um eine Genehmigung kümmern, denn als Naturschutzgebiet unterliegt die Insel einer strikten Besucherbeschränkung und vom Wellingtoner Büro des Department of Conservation (s. S. 303) werden nur 50 *permits* pro Tag ausgestellt.

Oldtimer-Museum

Gut 20 km südlich von Otaki und 5 km hinter Waikanae kommt man nach **Paraparaumu**, das ebenfalls in ein Seebad und einen Landort unterteilt ist. Die größten Sehenswürdigkeiten befinden sich nahe dem Highway nördlich der rund 18.000 Einwohner zählenden Stadt. Nicht nur Fachleute schwärmen vom **Southward Car Museum** an der Otaihanga Rd., dem schönsten und größten Oldtimer-Museum des Landes. Auch wer alten Autos, Motorrädern, Feuerwehrwagen und Traktoren sonst keine Reize abgewinnen kann, wird von den mehr als 200 teils sehr seltenen Oldtimern sowie der anspruchsvollen Präsentation der wertvollen Exponate begeistert sein. **Southward Car Museum**, *Otaihanga Rd., © 04-2971221, www.thecarmuseum.co.nz, tägl. 9–16.30 Uhr, NZ-$ 10, Kinder 4–16 Jahre NZ-$ 3.*

Etwas weiter südlich, ebenfalls nahe dem Highway werden im **Lindale Farm Yard**, der vor allem für *Kapiti Cheese* bekannt ist, landwirtschaftliche Shows geboten.

Lindale Farm Yard, © 0211-544035, www.lindalefarmyard.com, tägl. 10–16 Uhr, NZ-$ 8, Kinder unter 14 Jahre NZ-$ 6.

Als Seebad mit guten Bademöglichkeiten, Wasserrutschbahn, Wasserski und Bootsverleih zieht **Paraparaumu Beach** vor allem an Wochenenden zahlreiche Hauptstädter an. Hier legen auch die Personenfähren und Ausflugsboote nach Kapiti Island ab. Besonders schön ist der Blick auf die 2 km entfernte Insel vom **Kapiti Lookout**. Golffreunden ist der Ort ohnehin ein Begriff, denn der Platz des **Paraparaumu Beach Golf Club** gilt als bester des Landes – und nach Ansicht des amerikanischen „Golf Magazine" zählt er sogar zu den 100 besten Anlagen der Welt.

Ausflugsziel der Hauptstädter

Der Highway 1 führt nun weiter parallel zur Küste durch eine moderate Hügellandschaft Richtung Südwesten. Kurz hinter Paraparaumu passiert man die Schokoladenfabrik Nyco Chocolates. Kurz vor der Ortschaft **Paekakariki** liegt nahe dem Highway im großen Queen Elizabeth Park das **Wellington Tramway Museum**. Hier kann man restaurierte Straßenbahnwagen bewundern, die bis 1964 in Wellington im Einsatz waren, und mit einer Tram auf einer 2 km langen Strecke bis zur Küste fahren. Als

Kapiti Island – Insel der großartigen Sonnenuntergänge

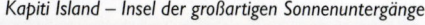

Standort des Museums bot sich Paekakariki deswegen an, weil hier die Strecke des Wellingtoner Straßenbahnsystems endete.
Wellington Tramway Museum, MacKay's Crossing, Hwy. 1, © 04-2928361, www.wellingtontrams.org.nz, Sa/So/Fei 11–16.30, im Jan. tägl. 11–16.30 Uhr, NZ-$ 8, Kinder 5–14 Jahre NZ-$ 4.

Vororte der Hauptstadt

Ab Paekakariki befindet man sich bereits in der Region Greater Wellington, die Ortschaften Plimmerton, Paremata, Porirua, Tawa und Johnsonville entlang dem Highway 1 gehören zum Einzugsgebiet der Hauptstadt. 20 km vor dem Zentrum wird aus dem Highway ein Motorway, der sich kurz vor der Stadtmitte mit dem Highway 2 zum Wellington Urban Motorway vereinigt. Auf dieser Verkehrsschiene werden Reisende entlang dem Hafen Port Nicholson und am Fährterminal nach Picton vorbei direkt ins Zentrum geführt.

Wer die letzte Strecke etwas gemütlicher, aber auch zeitaufwendiger zurücklegen möchte, kann ab Paekakariki über die Paekakariki Hill Rd. auf einer landschaftlich sehr reizvollen Route mit Aussicht auf die Kapiti Coast die Hauptstadt erreichen.

Alternative Route: Von Waitomo nach Wanganui über den Tongariro National Park

Wer die alternative Route von Waitomo nach Wanganui wählt, verpasst zwar den Mt. Taranaki und New Plymouth, hat dafür aber die landschaftlich reizvollere Strecke durch das hügelige und zerfurchte Binnenland und das eindrucksvolle Hochplateau der mächtigsten Bergmassive der Nordinsel vor sich. Der **Tongariro National Park** ist so groß und interessant, dass man dort etliche Tage mit Bergsteigen, Wandern, Kanufahren und anderen Sportarten verbringen kann.

Wer die Landschaftseindrücke nur en passant aufnehmen möchte, schafft die Strecke von Hamilton/Waitomo nach Wellington gut in zwei Tagen. Zur Übernachtung bieten sich die Orte Taumarunui, National Park und Raetihi oder auch die engere Region um den Mt. Ruapehu an. Ab den Waitomo Caves ist die Fahrtroute über den Highway 3 zunächst mit der oben beschriebenen identisch. 12 km hinter Te Kuiti zweigt man dann auf den Highway 4 nach links ab, dem man im Wesentlichen bis Wanganui folgt. Die ersten 50 km bis Ongarue geht es durch Hügelland, das teils landwirtschaftlich für Schaf- und Viehzucht sowie Obstanbau genutzt wird, teils noch Waldbestände hat.

Gute Straßen

Die Straße ist durchweg gut und zügig zu befahren, wenn sie sich auch ab und zu dem gewundenen Lauf von Flüssen und Bächen anpasst. Ab Ongarue folgt der Highway 21 km lang dem gleichnamigen Fluss, der in Taumarunui in den Wanganui River mündet.

Taumarunui

Taumarunui ist mit knapp 5.000 Einwohnern ein kleiner provinzieller Ort an der Mündung des Ongarue River in den Wanganui River, der als Teil des sogenannten King's Country lange Zeit weißen Siedlern verschlossen war. Auch heute noch stellen die

Von Waitomo nach Wanganui über den Tongariro National Park

271

Waitomo – Wanganui
Alternativroute

Maoris einen hohen Bevölkerungsanteil, ihre Präsenz spiegelt sich in zahlreichen Marae wider. Außer einigen Überbleibseln alter Holzwerkstätten und Erinnerungen an die Frühzeit der Eisenbahn gibt es in dem Städtchen recht wenig zu sehen. Mit guter Infrastruktur bietet es sich aber als Standquartier für die Erkundung des nahen Tongariro-Nationalparks sowie auch des Wanganui-Nationalparks an. Außerdem ermöglicht der Ort gute Einblicke in das ruhige neuseeländische Leben abseits der städtischen Zentren.

Reisepraktische Informationen Taumarunui

Information
Taumarunui i-SITE Visitor Centre, Railway Station, Hakiaha St., © 07-8957494, www.taumarunui.co.nz u. www.visitruapehu.co.nz, Mo–Fr 9–16.30, Sa/So 10–14 Uhr. Infos zum Whanganui National Park und zur Whanganui River Journey (s. S. 281).
Department of Conservation (DOC), Cherry Grove Rd., © 07-8958201, www.doc.govt.nz, Mo–Fr 8–17 Uhr.

Motel
**Tattles Motel $$**, 23 Marae St., © 07-8958063, DZ NZ-$ 85–115. Preisgünstige, solide und saubere Herberge mit 4 Familienzimmern und 8 Studios, Kanuverleih.

Camping
Taumarunui Holiday Park, Main Rd., © 0800-473281 u. 07-8959345, www.taumarunuiholidaypark.co.nz. 3 km östl. der Stadt hinter der Wanganui-Brücke am Flussufer gelegener Platz mit Cabins, Flats, Kajakverleih, schöne Wanderwege.

Kanu- und Kajakfahrten
Blazing Paddles, 1033 Hwy. 4, Piriaka (10 km südöstl.), © 0800-BLAZING u. 07-8955261, www.blazingpaddles.co.nz. Ein- und mehrtägige Kanu- und Kajaktouren auf dem Whanganui River (1 Tag NZ-$ 80 p .P., 2 Tage NZ-$ 160 p. P., 5 Tage NZ-$ 255 p .P.) sowie Kanu- und Kajakverleih; Organisation der Whanganui River Journey (s. S. 281).

Lake Taupo und Raurimu

Kurz hinter dem Ort zweigt links der Highway 41 ab und windet sich durch die Hauhungaroa Range zum 40 km östlich gelegenen **Lake Taupo**. Der Highway 4 führt nach einigen Steigungen durch eine karge und eindrucksvolle Landschaft bevor er nach 33 km den kleinen Ort **Raurimu** erreicht. Falls sich auf der parallel geführten Eisenbahnlinie gerade ein Zug nähert, sollte man unbedingt halten. Um auf nur 2 km mehr als 150 m Höhenunterschied zu bewältigen, haben die Bahningenieure hier die spektakuläre **Raurimu Spiral** konstruiert, die sich in mehreren Kurven hinaufschraubt. Das Schauspiel kann man am besten vom ausgeschilderten Lookout beobachten. Zugreisenden auf der Strecke Auckland–Wellington wird das Erlebnis gratis mitgeliefert. Ein Modell der Spirale steht im Information Centre von Taumarunui.

Neuseeländische Pubs – Treffpunkt der Nation

Ob Banker oder Bauarbeiter, eine Gemeinsamkeit teilen die meisten neuseeländischen Männer: Nach Feierabend treffen sie sich zur Happy Hour in ihrer Stammkneipe. Sobald am späten Nachmittag die Menschen aus den Büros und Geschäften strömen, werden die Pubs der Innenstädte regelrecht gestürmt. Stadtein, landaus ist der Pub eine nationale Institution und längst nicht nur zum Biertrinken da! In kleineren Orten ist er der Treffpunkt der Gemeinde und Dreh- und Angelpunkt des sozialen Lebens, der als Informationsbörse, allgemeiner Fernsehraum, Schauplatz offizieller und privater Feierlichkeiten, aber auch als Austragungsort von Fehden und legendären Trinkgelagen fungiert. Einst eine reine Domäne der Männer, können Pubs heute auch von Frauen – meist ohne Gefahr für Leib und Seele – aufgesucht werden.

Seiner mehr oder weniger alkoholgeschwängerten Atmosphäre entsprechend ist der Pub eine ideale Gelegenheit, mit den „Kiwis" in Kontakt zu treten und sich vielleicht auf eine Runde Dart oder Billard einzulassen. Häufig gibt es auch Live-Musik. Nichtalkoholische Getränke und Wein sind im Pub verpönt, Neuseeländer holen sich in der Regel an der Theke einen *jug* (Krug) Bier und so viele Gläser, wie die Tischgesellschaft umfasst. Dadurch kommt es immer wieder zu „Runden", die reihum (auch vom Gast aus Übersee!) geordert werden. Eingeschenkt wird nach englischer Sitte: die Gläser randvoll, mit nur ganz wenig Schaum. Obwohl Bier mit Weiß- und Rotweinen aus heimischer Produktion Konkurrenz bekommen hat, rinnt immer noch vorzugsweise der edle Gerstensaft durch durstige Kehlen. Der Konsum von 110 l Bier pro Kopf im Jahr (Kinder und Frauen mitgerechnet) sichert

Kiwis jeglichen Alters schätzen eine gemütliche Pub-Atmosphäre

den „Kiwis" weltweit einen Platz in der Spitzengruppe der Biertrinker, gleich hinter den Deutschen (150 l), den Belgiern (140 l) und den Australiern (120 l).

Von den Bars unterscheiden sich die Pubs dadurch, dass sie stets eine Speisekarte mit meist landestypischen, rustikalen Gerichten anbieten. Natürlich dürften hier *Fish'n'Chips* genauso wenig fehlen wie *Steak'n'Chips* oder das legendäre *Kiwi Meat Pie*. Oft sind die Pubs in wunderschönen, großzügigen Holzgebäuden aus der Gründerzeit untergebracht und haben im angeschlossenen *Bottle Store* die einzige Alkohol-Ausgabestelle des Dorfs. Von kaltem Neonlicht erhellt und mit karger bis spartanischer Inneneinrichtung erinnern manch andere Kneipen dagegen eher an ungemütliche Stehbierhallen. Früher waren die *Bottle Stores/Wine Shops* und die Pubs am Sonntag geschlossen, und die Sperrstunde mit ihrem Ritual der *last order* wurde streng eingehalten. Inzwischen haben sich die Sitten gelockert, und in den Großstädten sind manche Lokale bis weit nach Mitternacht geöffnet.

Traditionell tragen die meisten Pubs noch die Bezeichnung „Hotel" oder „Inn", die aus einer Zeit stammt, als man zur Einschränkung des Alkoholkonsums ein Gesetz erließ, nach dem Alkoholika nur zu bestimmten Zeiten und nur in Hotels ausgeschenkt werden durften. Noch heute gibt es vor allem in ländlichen Regionen Kneipen, die, um ihre Schanklizenz nicht zu verlieren, irgendwo unter dem Gebälk einige schlichte Gästezimmer bereithalten. Diese „Hotelkneipen" bieten meist wenig Komfort, dafür aber jede Menge Lokalkolorit. Angenehmer Nebeneffekt – der Weg vom Tresen ins Bett ist erfreulich kurz.

National Park und Ohakune

Nach weiteren 6 km erreicht man den **National Park** genannten 250-Einwohner-Ort, an dem der Highway 47 zum Tongariro-Nationalpark mit den Vulkankegeln des Mt. Tongariro, Mt. Ruapehu, Mt. Ngauruhoe und anderer Berge abzweigt. Während im neuseeländischen Winter zahlreiche Skitouristen und andere Wintersportler ihr Quartier in National Park aufschlagen, ist es im Sommer beschaulich und ruhig. An den drei Querstraßen vor der Tankstelle findet man einige Mittelklasse-Motels und Backpacker-Hostels sowie Fast-Food-Lokale und Restaurants. Obwohl man bei gutem Wetter das Panorama der schneebedeckten Gipfel auch vom Highway 4 aus sehen und genießen kann, empfiehlt es sich, auf dem Highway 47 (9 km) und dann dem Highway 48 (6 km) näher an das Herz des Nationalparks heranzufahren. Ein alternatives Standquartier für Erkundungen des Nationalparks ist das Städtchen **Ohakune** am Südrand des Tongariro National Park.

Reisepraktische Informationen National Park und Ohakune

Information
Ruapehu i-SITE Visitor Centre, Ohakune, 54 Clyde St., ✆ 06-3858427, www.visitruapehu.co.nz u. www.nationalpark.co.nz, Mo–Fr 9–17, Sa/So bis 15.30 Uhr.

Unterkunft
Lodges/Hotels
**River Lodge $$–$$$$**, Ohakune, 206 Mangawhero River Rd., © 06-3854771, www.theriverlodge.co.nz. Pension zum Wohlfühlen am Ufer des Mangawhero River und mit tollem Blick auf den Mt. Ruapehu, gemütliche Holzhäuschen (NZ-$ 160–260) und komfortable Zimmer im modernen Country-Stil (NZ-$ 120–330), die liebenswürdigen Gastgeber Gayle und Denton sind bei der Planung von Ausflügen behilflich.
**Pukenui Lodge $–$$$**, National Park, Hwy. 4, Ecke Millar St., © 07-8922882, www.tongariro.cc, DZ NZ-$ 70–80, im Mehrbettzimmer ab NZ-$ 25. Lodge mit einer breiten Palette an Unterkünften, von Mehrbett- bis zu Deluxe-Zimmern, zusätzlich ein Chalet mit 3 Schlafzimmern (NZ-$ 180), reichhaltiges Frühstück und Dinner, Küchenbenutzung möglich.

Backpacker-Hostel/Jugendherberge
**National Park Backpackers $–$$**, National Park, Finlay St., © 07-8922870, www.npbp.co.nz, DZ ab NZ-$ 70, im Mehrbettzimmer ab NZ-$ 26. Geräumige Lodge mit Doppel- und Mehrbettzimmern, Zeltplatz, Jacuzzi, BBQ, Internetzugang, Shuttle-Service zu Wanderwegen und Skiliften; große Halle mit 8 m hoher Kletterwand (Eintritt).
**Ohakune YHA $–$$**, Ohakune, 15 Clyde St., © 06-3859169 www.yha.co.nz, DZ ab NZ-$ 75, im Mehrbettzimmer ab NZ-$ 24. Schöne, aber nur Juni-Okt. geöffnete Herberge mit Doppel- und Mehrbettzimmern, nahe dem Visitor Centre gelegen.

Camping
Ohakune Top 10 Holiday Park, Ohakune, 5 Moore St., © 06-3858561, www.ohakune.net.nz. Schöne Anlage am Südrand des Tongariro-Nationalparks, unter deutscher Leitung, Zeltplätze, Cabins und Motel ($$–$$$), Spa, BBQ, Spielplatz, viele Aktivitäten, Transport zum Tongariro Crossing Track, Buchung von Ausflügen zum Kiwi Encounter.

Essen und Trinken
The Cyprus Tree Restaurant, Ohakune, 19a Goldfinch St., © 06-3858857, tägl. ab 10.30 Uhr, moderat. Anlaufstelle für ausgehungerte Wanderer, beliebt sind vor allem die opulent belegten Pizzas aus dem Holzofen.

Busse
Die Überlandbusse von InterCity und anderer Gesellschaften halten in der Nähe des Ruapehu i-SITE Visitor Centre in Ohakune, wo auch Tickets verkauft werden.

Whakapapa

Von der Ortschaft National Park windet sich der Highway 47 am nordwestlichen Rand des Tongariro-Nationalparks entlang. Die nach 9 km abzweigende Stichstraße (Highway 48) endet im Fremdenverkehrsort Whakapapa. Erste Anlaufstelle sollte das Informationszentrum des DOC sein (s. u.), in dem eine Ausstellung und audiovisuelle Schauen über die geologische Entwicklung sowie Fauna und Flora der Region unterrichten. Die Mitarbeiter geben zudem Tipps für Wanderungen und andere Unternehmungen im Nationalpark. Zugleich erfährt man Wissenswertes über das Leben und die Kultur der hier einst ansässigen Maoris.

Reisepraktische Informationen Whakapapa

ℹ️ Information
DOC Whakapapa Visitor Centre, © 07-8923729, www.mtruapehu.com u. www.visitruapehu.com, tägl. 8–17/18 Uhr. Hier ist die sehr nützliche Broschüre „Walks in and around Tongariro National Park" erhältlich. Zudem gibt es Infos zum Whanganui National Park und zur Whanganui River Journey (s. S. 281).

🛏 Hotels/Motels
**Chateau Tongariro $$$–$$$$$**, © 0800-242832 u. 07-8923809, www.chateau.co.nz, DZ NZ-$ 155–285, Suite NZ-$ 355–1.000. Das große historische Haus aus den 1920er-Jahren mit dem Charme eines hochherrschaftlichen Landsitzes liegt über 1.200 m hoch inmitten einer grandiosen Natur und ist geradezu eine nationale Institution; es zieht im Winter viele Skitouristen an, im Sommer Wanderer. 64 luxuriöse Zimmer plus 40 Zimmer in einem modernen Annex, 2 Restaurants, Innenpool, Sauna, Shops, Golfplatz, umfangreiches Angebot an Aktivitäten.

**Discovery Lodge $–$$$**, © 0800-122122 u. 07-8922744, www.discovery.net.nz, DZ NZ-$ 110-250, im Mehrbettzimmer ab NZ-$ 25. Große Anlage mit Motel, Hostel, Cabins, Zelt- und Caravanplätzen, Skiverleih, Transport zum Tongariro Crossing Track.

⚠️ Camping
Whakapapa Holiday Park, © 0800-762612 u. 07-8923897, www.whakapapa.net.nz. Schöne Anlage, 200 m vom DOC-Büro entfernt, Zeltplätze, Hütten und Apartments ($$–$$$), Transport zum Tongariro Crossing Track.

👁 Flightseeing
Besonders eindrucksvoll sind Flüge mit Helikoptern oder Kleinflugzeugen, u. a. mit **Mountain Air**, © 0800-922812 u. 07-8922703, www.mountainair.co.nz; Büro am Hwy. 47 nahe dem Abzweig des Hwy. 48 nach Whakapapa, 15-minütiger Flug NZ-$ 115, 30-minütiger Flug NZ-$ 225.

Tongariro National Park

He kura kainga e hokia, he kura tangata e kore e hokia – „Der Schatz der Natur überdauert alle Zeiten, die Werke der Menschen aber sind vergänglich". Nach diesem Grundsatz entschied sich der Maori-Stamm der Tuwharetoa unter Häuptling Te Heu Heu 1887, die Vulkane Tongariro, Ruapehu und Ngauruhoe, die für sie seit Menschengedenken *tapu* gewesen waren, der britischen Krone und den neuseeländischen Bürgern zum Geschenk zu machen.

Skifahren
Im 786 km² großen **Tongariro National Park**, seit 1991 sowohl UNESCO-Weltkulturerbe als auch -Weltnaturerbe, vereinigen sich in unmittelbarer Nachbarschaft fünf unterschiedliche Vegetationszonen vom subtropischen Regenwald bis zur wüstenähnlichen Mondlandschaft. Die einzigartige Landschaft sorgt zudem durch ihre Hö-

henlagen zwischen 1.500 und 2.800 m für ausgezeichnete Wintersportbedingungen. Hier befindet sich eines der beliebtesten Skigebiete von Neuseeland, das von Juni bis November Zehntausende von Wintersportlern anlockt. Mehr als 20 Lifte stehen den Touristen zur Verfügung, es gibt Pisten und Loipen aller Schwierigkeitsgrade. Skiausrüstungen kann man problemlos vor Ort leihen. Das bekannteste Skifeld ist die 1.400 bis 1.800 m hoch gelegene **Whakapapa Ski Area** oberhalb des Chateau-Hotels. Im Süden gibt es in der **Turoa Ski Area** mit dem berühmten Downhill Course, der am Kraterrand des Mt. Ruapehu beginnt, ca. 5 km lang ist und 1.000 m Höhenunterschied bewältigt, eine spektakuläre Abfahrt. An der Ostflanke des Mt. Ruapehu erstreckt sich die **Tukino Ski Area**.

Bergwandern

In den neuseeländischen Sommermonaten ist der Tongariro-Nationalpark ein beliebtes Ausflugsziel für Bergwanderer. Am bekanntesten ist der 18,5 km lange **Tongariro Crossing Track**, der nicht besonders schwierig zu gehen und in einer strammen Wanderung an einem Tag zu schaffen ist (reine Gehzeit je nach Kondition 6–9 Std.). Aus allen Ferienorten der Region gibt es Shuttle-Transfers zum Startpunkt des Wanderwegs im Mangatepopo Valley bzw. zum Zielpunkt am Ketetahi Road Carpark (z. B. **Alpine HotBus**, ✆ *0508-468287*, www.hotbus.co.nz und **Turangi Alpine Shuttles**, ✆ *07-3868226*, www.turangirentals.co.nz; hin und zurück NZ-$ 40). Zu beachten ist, dass plötzliche Wetterstürze auch im Sommer für frostige Temperaturen sorgen können. Eine gute, hochgebirgstaugliche Ausrüstung ist also unbedingt erforderlich. Nach dem Vulkanausbruch des Tongariro im August 2012 wurde der Track vorübergehend geschlossen, soll aber zur Sommersaison 2012/13 wieder eröffnet werden (Infos zum aktuellen Stand der Lage unter www.tongarirocrossing.org.nz). Eine Mehrtageswanderung ist auf dem 50 km langen **Tongariro Northern Circuit** möglich, auf dem man in Berghütten übernachtet (Informationen und Anmeldung in

Wanderparadies Tongariro National Park

den DOC-Büros der Region). Spektakulär ist die Wanderung zum Kratersee im Mt. Ruapehu (je nach Route hin und zurück 6–10 Std.). Ein Traum für Mountain-Biker ist die **42nd Traverse**. Der 46 km lange Trail beginnt etwa 20 km östlich von National Park am Highway 47 und endet in Owhango am Highway 4.

Angeln

Die Gewässer im Tongariro-Nationalpark eignen sich hervorragend zum Angeln, insbesondere für braune Forellen und Regenbogenforellen. Über Lizenzen und Schonzeiten informieren die Besucherzentren. Am Highway 1, 3,5 km südlich von Turangi, befindet sich das **Tongariro National Trout Centre**.

Straßen nach oben

Vier Stichstraßen führen in die höheren Regionen der kargen Tussock-Grasflächen oberhalb der Baumgrenze:

Stichstraßen
- vom Highway 1 etwa auf halber Strecke zwischen Rangipo und Waiouru zur **Tukino Ski Area** an der Ostflanke des Mt. Ruapehu. Die geschotterte Piste ist allerdings nur mit Geländewagen zu befahren.
- vom Highway 49 ab Ohakune zu den Hängen des südlichen Ruapehu (Oha)
- vom Highway 47, etwa 15 km östlich von National Park, zum Gebiet zwischen dem Tongariro und dem Ngauruhoe
- vom Highway 47 am Chateau-Hotel vorbei zum **Whakapapa Visitor Centre** am nordwestlichen Ruapehu.

Lohnenswert und am nächsten zur vorliegenden Streckenbeschreibung ist die letztgenannte Verbindung, die auch vielfältige Möglichkeiten zu eigenen Aktivitäten bietet. Nach etwa 20 km ab National Park am Highway 4 ist das **Whakapapa Visitor Centre** erreicht. Hier kann man kürzere oder längere Wanderungen unternehmen, vielerlei Sportarten betreiben oder einfach nur die herrliche Aussicht auf die majestätische Bergwelt genießen.

Autorundfahrt

Rund um den Nationalpark
Wer sich mindestens einen halben Tag Zeit nimmt, kann auf dem System der Highways den gesamten Nationalpark umfahren und dabei nicht nur die Vulkane aus unterschiedlichen Perspektiven und in unterschiedlicher Beleuchtung erleben, sondern auch alle vier Bergstationen anfahren. Ab National Park am Highway 4 geht es zunächst über den Highway 47 in nordöstlicher Richtung (Abstecher: Grand Chateau und Whakapapa Visitor Centre, s. o.). Dann weiter (Abstecher: Mt. Tongariro-Straße) und 7 km hinter Taurewa zu den historischen **Befestigungsanlagen des Te Porere Redoubt** (15 Min. Fußweg vom Highway aus); die Erdwälle aus dem Jahre 1869 zeugen von der letzten großen Militäraktion gegen den legendären Te Kooti (s. S. 244). Dann folgt man dem Highway 47 weiter nach Rangipo, wobei man rechts in einiger Entfernung die heißen Quellen von Ketetahi (Wanderweg) und links den wunderschönen Lake Rotoaira und den Pīhanga-Vulkan passiert. Ab Rangipo über den Highway 1 (Desert Rd.) durch die abweisende Hochfläche in Richtung Waiouru (Abstecher: Tukino Ski Area). Von hier über den Highway 49 über Tangiwai und Ohakune (Abstecher: Ohakune Ranger Station und Turoa Ski Area) zurück zum Highway 4. Die Gesamtstrecke beträgt ohne Abstecher etwa 135 km und beinhaltet einige der schönsten Landschaftsszenerien, die die neuseeländische Nordinsel zu bieten hat.

Auf der vorliegenden Route in **Richtung** Wanganui geht es ab der Ortschaft National Park auf gerader Straße und immer in Sichtweite des Mt. Ruapehu in 34 km über Erua und Pokaka nach Raetihi.

Zeitbomben der Natur

Die vulkanischen Aktivitäten dieses Gebiets sind erdgeschichtlich jung und spielten sich innerhalb der letzten 2 Mio. Jahre ab. Die Vulkane des Tongariro-Nationalparks entstanden, als aufgeschmolzenes Material der pazifischen Platte an die Oberfläche trat (s. S. 33). Ihre klassische Kegelform erhielten die rund 200.000 Jahre alten Vulkane Ruapehu und Tongariro durch die erodierende Tätigkeit der letzten Eis- und Warmzeiten. Allein der jüngste Vulkan des Gebiets, der Mt. Ngauruhoe (eigentlich nur ein Nebenkrater des Tongariro), der sich erst vor etwa 2.500 Jahren aufbaute, gibt eine Vorstellung vom ursprünglichen Aussehen aller Berge der Region. Die vulkanische Tätigkeit dauert bis heute an und sorgte für mehrere spektakuläre Ausbrüche. So führte am Heiligabend des Jahres 1953 die Explosion des Ruapahu-Kratersees zu einer Katastrophe, als die dadurch ausgelöste Lawine von Schlamm und Geröll nach 35 km in Tangiwai eine Eisenbahnbrücke wegriss und wenige Minuten später der Expresszug Wellington–Auckland in die Schlucht stürzte. 151 Menschen starben. 1969 und 1988 gab es am Ruapehu mehrere Explosionen mit beträchtlichem Auswurf von Asche, Gestein und Schlamm, der im Skigebiet von Whakapapa Zerstörungen anrichtete.

Nur ruhend, nicht erloschen – der Tongariro-Vulkan

Die bedenklichsten Warnschüsse der letzten Jahre gab erneut der Ruapehu ab, als er im September 1995 bei heftigen Eruptionen eine bis zu 10 km hohe Aschewolke in die Atmosphäre schleuderte. Aus dem Kratersee stürzten große Wassermengen aus geschmolzenem Eis und Schnee vermischt mit Erdreich und Geröll als verheerende Schlammlawine talwärts. Die Skigebiete der Region und alle Zufahrtsstraßen mussten geschlossen sowie der Luftraum über dem Vulkan für den Flugverkehr gesperrt werden. Nach acht Monaten der Ruhe erwachte der Vulkan im Juni 1996 erneut. An diesem Tag wurden ununterbrochen Eruptionen beobachtet, begleitet von starker seismischer Aktivität. Die bis zu 12 km hohe Aschewolke war noch in Stratford und Palmerston North zu sehen. Durch eine südliche Brise nach Nordosten getrieben, fiel die Asche in einem Radius von 100 km bis nach Tauranga im Norden und bis nach Whakatane im Osten vom Himmel. In Taupo und Rotorua klagten die Menschen über eine bis zu 1,5 cm dicke Schicht von Asche, die sich wie Schnee über das Land legte. Im August 2012 brach der Vulkan Tongariro überraschend aus, die 6.000 m hohe Aschewolke bedeckte 375 km^2 mit Ascheregen. Durch die Eruption entstanden drei neue Krater.

Raetihi

Der kleine Ort ist ein lokales Zentrum der hiesigen Landwirtschaft und verfügt über einige Unterkunftsmöglichkeiten und Läden. Für Besucher ist er vor allem als Einfallstor in den Whanganui National Park von Bedeutung. Der Nationalpark wurde 1986 eingerichtet und lebt hauptsächlich vom Reiz des Whanganui River, der mit Kajaks, Hausbooten, historischen Raddampfern, Ausflugsschiffen und Jetboats befahren werden kann und dessen wunderschöne Uferszenerie zahllose Wanderwege erschließen.

Schmale Straßen

Von Raetihi gelangt man am schnellsten auf dem gut ausgebauten Highway 4 nach Wanganui. Die 89 km lange Route folgt über weite Strecken dem Mangawhero River und ist landschaftlich reizvoll. Eine Alternative ist die 96 km lange Route über Pipiriki und Atene, die entlang des Whanganui River führt, historisch interessant ist, zudem zu den landschaftlichen Höhepunkten der Region gehört, aber mit vielen Windungen und der unasphaltierten Straßendecke weitaus mehr Zeit erfordert. Vor allem Fahrer großer Campervans müssen auf dem schmalen Weg vorsichtig sein.

Wer die erstgenannte Route fährt, sollte 27 km hinter Raetihi unbedingt bei den **Raukawa Falls** einen Stopp einlegen. Vom Lookout am Highway sieht man die herrlich in einer Schlucht gelegenen Wasserfälle, bei denen sich der Mangawhero River etwa 35 m in ein baumumstandenes Becken stürzt. Ein kleiner Pfad links neben der Aussichtsplattform (steil und bei nassem Wetter sehr rutschig!) führt in etwa 5 Min. an das Ufer des Flusses heran, wo man sich bis auf wenige Meter den Wasserfällen nähern kann.

Pipiriki

Wer sich für die etwas schwierigere, dafür aber interessantere Route durch das Tal des Whanganui River entscheidet, fährt von Raetihi zunächst 28 km nach **Pipiriki**, wo man auf den **Whanganui River** stößt. Hier mussten früher die Boote gewechselt werden. Noch heute ist die Flusslandschaft zwischen Pipiriki und Taumarunui allein auf dem Wasserweg zu erleben: ein Eldorado für Kanufahrer (s. u.). Der kleine Ort ist das Zentrum des Whanganui National Park, der keine imponierende Gebirgsregion, sondern eine Schlucht inmitten dschungelartiger Vegetation schützt. Das Gebiet des Whanganui River eignet sich vorzüglich zum Wandern, für Wildwasser- oder Kanufahrten, zum Angeln und Jagen. Von Pipiriki ist mit Jetboats das Wahrzeichen des Nationalparks zu erreichen, die berühmte **Bridge to Nowhere**: eine hohe Betonbrücke inmitten üppiger Urwaldvegetation, die in den 1930er-Jahren als Teil einer Straßenanbindung einer abgelegenen, mittlerweile längst vom Dschungel überwucherten Siedlung errichtet wurde.

Dschungelartige Vegetation

Anfahrt, z. B. mit Whanganui River Adventures, © 0800-TO BRIDGE u. 06-3853246, www.whanganuiriveradventures.co.nz, Tour 4 Std.–4 Std. 30 Min. NZ-$ 125, Kinder 5–15 Jahre NZ-$ 75).

Von Pipiriki führt die River Rd. immer am Ufer des 350 km langen Whanganui entlang, der der längste schiffbare Fluss des Landes ist. Immer wieder genießt man herrliche Panoramen, etwa wenn der Dschungel (*Lowland Forest*) bis direkt an den Fluss heran-

Mit dem Kanu oder Kajak den Whanganui River erleben

Die rund 150 km lange **Whanganui River Journey** erfreut sich bei Kanuten und Kajakfahrern aus aller Welt großer Beliebtheit. Sie führt von Taumarunui bis Pipiriki, davon ab Whakahora knapp 90 km durch den Whanganui National Park. Von lokalen Veranstaltern werden ein- bis fünftägige Touren angeboten mit Übernachtung in Zelten oder DOC-Hütten am Flussufer (*Tagestour ab NZ-$ 80, Kinder unter 18 Jahre NZ-$ 70; dreitägige Tour von Whakahora bis Pipiriki ab NZ-$ 255 (Hütte), ab NZ-$ 220 (Zelt), Kinder unter 18 Jahre NZ-$ 175.*)

Ein gutes Renommee haben:
Blazing Paddles, *1033 Hwy. 4, Piriaka (10 km südöstl. Taumarunui), ✆ 0800-BLAZING u. 07-8955261, www.blazingpaddles.co.nz.*
Canoe Safaris, *6 Tay St., Ohakune, ✆ 0800-2 PADDLE, 0800-2723353 u. 06-3859237, www.canoesafaris.co.nz.*
Buchungen auch unter ✆ 0800-TE AWA u. 0800-483292, www.whanganuiriver.co.nz.

Informationen zur Whanganui River Journey und zum Whanganui National Park gibt es beim **DOC Visitor Centre** in Whakapapa (s. S. 276) sowie in den **i-SITE Visitor Centres** in Taumarunui (s. S. 272) und Wanganui (s. S. 263). Sehr hilfreich ist vor allem die dort kostenlos ausliegende Broschüre „Whanganui Journey". In den Besucherzentren ist auch der sogenannte *Hut and Campsite Pass* erhältlich, den alle benötigen, die die Flussreise individuell durchführen möchten.

reicht. Im Busch leben noch viele Kiwis und andere Tiere in ursprünglicher Natur. Die schmale Straße berührt auf dem Weg in Richtung Süden einige verlassene und manche mehrheitlich von Maoris bewohnte Ortschaften, alte Missionsstationen und Sägemühlen. Lange Zeit war das Tal des Whanganui River die einzige Verbindung zum Tongariro-Plateau, die von jeher von den Maoris und ab 1840 auch von Missionaren und weißen Pionieren benutzt wurde. Dabei nahmen die einstigen Maori-Siedlungen auf Betreiben der Missionare Namen an, die entweder dem humanistischen Bildungsgut entlehnt wurden (Atene = Athen; Korinti = Korinth) oder auf biblische Vorbilder zurückgreifen (Hiruharama = Jerusalem; Peterehema = Bethlehem).

Bei der Fahrt auf der River Rd. sollte man nicht versäumen, auch den idyllischen Holzkirchen und Versammlungshäusern einen Besuch abzustatten. Besonders der Ort **Jerusalem** lohnt einen Halt. Von der friedlichen Stimmung angezogen, gründete der Dichter James Baxter in den 1960er-Jahren hier eine in Neuseeland vielbeachtete Kommune. Sie existiert nicht mehr, aber das Grab des 1972 gestorbenen Dichters kann man besuchen. 12 km flussabwärts ist in Matahiwi die **Kawana Mill** sehenswert, eine nachgebaute, rot-weiße Holzmühle mit originalem Mühlstein.

Beschaulicher Ort

Kurz vor Makirikiri trifft die River Rd. auf den Highway 4. Bis Wanganui sind es nur noch 14 km. Ab dort ist die Strecke nach Wellington mit der ab S. 267 beschriebenen identisch.

Wellington

Geschichte und Aufbau

Redaktionstipps

Sehens- und Erlebenswertes
▶ Besichtigung der wichtigsten **kulturellen Sehenswürdigkeiten**, wie dem Civic Centre, dem Parlament und dem Museum Te Papa Tongarewa (S. 286).
▶ Fahrt mit der **Cable Car** zum **Botanischen Garten**, anschließend Spaziergang durch den Stadtteil **Thorndon** zurück zum Zentrum (S. 289).
▶ Der unvergleichliche Panoramablick vom **Mt. Victoria** (S. 297).

Aktivitäten
▶ Wanderung in die schöne Umgebung, vorzugsweise auf dem **Southern Walkway** und/oder dem **Red Rocks Coastal Walk** mit der Seehundkolonie (S. 293).

Als der mythologische Held Maui die neuseeländische Nordinsel als Fisch aus dem Meer holte, um Nahrung für die hungrigen Familien seiner Brüder zu beschaffen, schnappte der Fisch mit dem Hafen von Wellington (Port Nicholson) zu. Das „Maul des Fisches von Maui" ist heute einer der schönsten Naturhäfen des Landes, auf dem Jachten, Segelboote, Fährschiffe und Frachter bunte Akzente setzen. Der gleiche Hafen ist auch sichere Zuflucht vor den Unwettern der Cook Strait. Der Maori-Mythologie zufolge trägt hier Tawhiri-ma-tea, der Gott des Windes und des Sturms, seine Schlachten mit den Göttern der Erde aus. So ist es nicht verwunderlich, dass die Hauptstadt und die südliche Meeresstraße in jeder Jahreszeit zu den stürmischsten und windreichsten Regionen Neuseelands zählen.

Erste Besiedlung

Blutige Stammesfehden

Im Grunde genommen sprach nicht sehr viel dafür, dass Edward Gibbon Wakefield, der Direktor der New Zealand Company, ausgerechnet am windigen Südzipfel der Nordinsel Land für eine neue Siedlerkolonie suchte – wäre da nicht der vorzügliche Naturhafen gewesen und hätte das Gebiet nicht so zentral zwischen Süden und Norden gelegen. Vor Wakefield hatte bereits James Cook 1773 die Gegend gesichtet, ohne allerdings – es stürmte wieder einmal zu sehr – an Land gegangen zu sein. Und vor Cook hatten sich die Maoris auch hier als erste Siedler niedergelassen, ihrem großen Entdecker Kupe folgend, der der Sage nach auf der Halbinsel Miramar Früchte angebaut hatte. Wie so oft entbrannten Stammesfehden zwischen den einzelnen Stämmen. Diese wurden in dem Moment fatal, als durch den Kontakt mit weißen Walfängern und Händlern einige Stämme in den Besitz von Feuerwaffen gelangten, die die anderen Stämme noch nicht kannten. Besonders die Kriegszüge des Häuptlings Te Rauparaha (s. S. 577) brachten massenhaften Tod und Vernichtung in die Region am Hutt River.

Die erste europäische Gründung war nicht mit der heutigen City-Lage identisch. Die Neuankömmlinge ließen sich ab 1839 dort nieder, wo sich heute der Vorort Petone an der Hutt-Mündung erstreckt. Erst nachdem die Zelte und Holzhäuser von Britannia, wie die Behelfssiedlung hieß, vom Fluss weggespült worden waren, zog man etwa 10 km weiter an eine geschütztere Stelle. Da sich der Duke of Wellington für die neue Siedlung interessierte und engagierte, taufte man nach zwei Jahren Britannia in Wellington um.

Die Old Government Buildings und das Beehive

Entwicklung als Hauptstadt

Schon die ersten Einwanderer wollten ihre armselige Blockhaussiedlung als Hauptstadt der Kolonie sehen, Gouverneur Hobson jedoch favorisierte die Bay of Islands und später Auckland. So waren die Anfangsjahre Wellingtons nicht eben durch einen rapiden Aufschwung gekennzeichnet, zumal Naturkatastrophen wie die Erdbeben von 1848 und 1855 die gerade errichteten Häuser zerstörten und Stadtbrände ein Übriges taten. Erst als der Süden nach den Goldfunden in Otago wirtschaftlich erstarkte, erfolgte 1865 die Verlegung der Hauptstadt von Auckland nach Wellington. Die meisten erhaltenen Baudenkmäler stammen aus dieser Zeit. Es sind entweder Regierungsgebäude mit repräsentativen Ausmaßen oder Sakralbauwerke, die aus Pietät dem Bauboom der Nachkriegszeit nicht geopfert werden konnten. Viele Kolonialbauten mussten jedoch jener „Manhattanisierung" der Innenstadt weichen, die es zwar auch in den anderen Großstädten des Landes gibt, die im kompakten Wellington aber besonders ins Auge fällt.

Beschwerlicher Weg zur Hauptstadt

Die verspiegelten Hochhäuser konzentrieren sich in Hafennähe auf einem Areal, das erst bei den Erdstößen im 19. Jh., als sich der Boden um fast 2 m hob, entstand. Die ursprüngliche Uferlinie kann man noch am gewundenen Verlauf des Lambton Quay erkennen. Paradoxerweise ist gerade der Abriss der alten Holzhäuser mit dem Argument der „Gefährdung durch zukünftige Erdbeben" durchgeführt worden. Die mit Sicherheit irgendwann wieder einmal auftretenden Erdstöße werden beweisen, wie es um die Sicherheit der stattdessen errichteten Glaspaläste bestellt ist.

Die instabile Lage auf einer tektonischen Bruchlinie verbindet Wellington mit San Francisco. Aber auch die Hügellandschaft, das nahe Meer, die glitzernden Bankgebäude, das Völkergemisch, die bunten viktorianischen Häuser in Hanglage und besonders natürlich das Cable Car erinnern an das kalifornische Pendant. Bei Regenwetter aller-

Instabile Lage

284 Wellington

★ Sehenswürdigkeiten

1. Museum of New Zealand/Te Papa Tongarewa
2. Wellington Town Hall
3. Michael Fowler Centre
4. City Gallery Wellington
5. Wellington Central Library
6. Capital E
7. Queens Wharf
8. Museum of Wellington City & Sea
9. Old Bank Arcade
10. Cable Car Station
11. Cable Car Museum
12. Carter Observatory
13. Begonia House
14. Bolton Street Memorial Park
15. Ferbank Studio
16. Western Park Tavern
17. Premier House
18. Shamrock Tavern
19. St. Mary's Convent
20. Sacred Heart Cathedral
21. Wellington Cathedral of St. Paul
22. National Library of New Zealand
23. Katherine Mansfield Memorial Park
24. Katherine Mansfield's Birthplace
25. Old St. Paul's Church
26. National Archives
27. Parliament House
28. General Assembly Library
29. Beehive
30. Old Government Buildings
31. Wellington Railway Station
32. St. Andrew's-on-the-Terrace
33. Antrim House
34. St. Mary of the Angels
35. Victoria University
36. Katholischer Friedhof
37. The New Zealand Film Archive
38. National Tattoo Museum
39. National Cricket Museum
40. Colonial Cottage
41. Mount Victoria
42. The Wind Turbine
43. Wellington Zoo
44. Otari-Wilton's Bush
45. ZEALANDIA: The Karori Sanctuary Experience
46. Matiu-Somes Island

Unterkünfte

1. Copthorne Hotel Wellington
2. Mercure Wellington Willis Street
3. West Plaza Hotel
4. Halswell Lodge
5. Booklover's B & B
6. Eight Parliament Street
7. Downtown Backpackers
8. Wellington City YHA
9. Hutt Park Holiday Village

Restaurants

1. The White House Restaurant
2. Logan-Brown
3. Dockside
4. Matterhorn
5. Fishermans Table
6. Floriditas
7. The Backbencher Pub & Café
8. BNZ Food Court

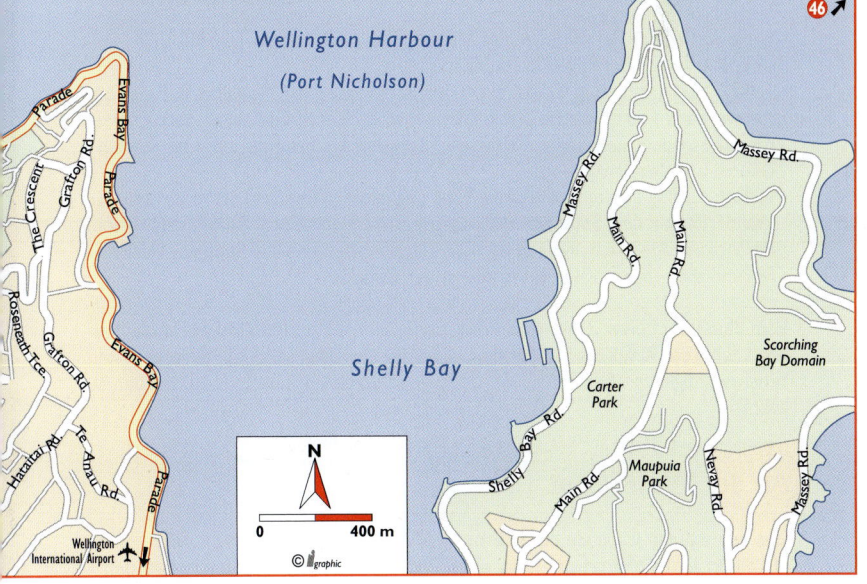

dings fühlt man sich eher ins westnorwegische Bergen versetzt, das einen ähnlich schönen Hafen hat – und auch über ein Cable Car verfügt.

Ausdehnung der heutigen Stadt

Die Wellingtoner Stadtlandschaft ist bei weitem nicht so stark zersiedelt wie diejenige von Auckland. Kilometerlange, nahtlos ineinander übergehende Vororte findet man hier nicht. Natürlich hat auch die neuseeländische Hauptstadt ihre Satellitenstädten denn irgendwo müssen die rund 450.000 Einwohner der Metropolitan Area ja leben. Doch sind die *suburbs* klar vom innerstädtischen Gebiet getrennt und konnten zudem ihren eigenen Charakter zum Großteil bewahren. Für den Besucher bietet die kompakte City den Vorteil, dass die Sehenswürdigkeiten nahe beieinander liegen und auf einem ausgedehnten Spaziergang erschlossen werden können. Von grünen Höhenzügen (*Town Belt*) umrahmt, beträgt die Nord-Süd-Ausdehnung nicht mehr als 3 km, in der West-Ost-Richtung (Lambton Harbour – Botanical Gardens) sind es gerade einmal 1 km. Die meisten Highlights der Stadt konzentrieren sich in einem übersichtlichen Areal, das durch den Stadtteil Thorndon im Norden und den Boulevard Cambridge-/Kent Terrace im Süden markiert wird. Deswegen der Tipp für die Stadtbesichtigung: Nach Passieren des Ferry Terminal für die Cook-Strait-Fähren die nächste Ausfahrt des Wellington Urban Motorway nehmen, dann über die Molesworth St. an den Parlamentsgebäuden vorbei weiter zum Bahnhof. Mit etwas Glück findet man dort oder etwas weiter am Jervois Quay einen Parkplatz und kann ab hier den Stadtrundgang beginnen.

Kompakte Innenstadt

Stadtbesichtigung

Um die wichtigsten Attraktionen der Stadt zu sehen, wären zwei Tage ideal. Ein Minimalprogramm umfasst folgende Stationen:
- **1. Tag:** Spaziergang zum Civic Centre und Besichtigung des Museums Te Papa Tongarewa, dann Fahrt mit dem Cable Car zum Botanischen Garten, ab dort Wanderung durch den historischen Stadtteil Thorndon bis hinunter zur Old St. Paul's Church und dem Parlament.
- **2. Tag:** Ausflug in die nähere Umgebung (Sightseeing-Tour, mit dem Fahrrad oder Wanderung auf dem Southern Walkway), beginnend mit einem Panoramablick vom Mt. Victoria. Am Nachmittag in der City Museumsbesuche und Shopping oder Hafenrundfahrt, abends Kneipenbummel in der Cuba St.

Vom Museum of New Zealand und dem Civic Centre (Touristeninformation) ausgehend, führt der Rundgang, für den man einen Tag einplanen sollte, zu den wichtigsten Sehenswürdigkeiten. Die Verlauf wurde so gewählt, dass man stets möglichst bergab geht.

An der Waterfront

Das futuristische Gebäude des **Museum of New Zealand/Te Papa Tongarewa (1)** direkt an der Waterfront ist zu einem Wahrzeichen der Hauptstadt geworden –

> **Sightseeing mit Insidern**
>
> Ortsansässige zeigen Besuchern bei halbtägigen Spaziergängen in der City und an der Waterfront entlang ihre Heimatstadt Wellington aus einer ganz individuellen Perspektive und machen sie auf Sehenswürdigkeiten aufmerksam, die in kaum einem Reiseführer zu finden sind.
> **Walk Wellington,** ℗ *04-3858280, walkwellington@xtra.co.nz, www.wellington nz.com/sights_activities/walk_wellington, tägl. 10 Uhr ab Wellington i-SITE Visitor Centre, Victoria St., Ecke Wakefield St., NZ-$ 20, Kinder 5–15 Jahre NZ-$ 10.*

unübersehbar, unverwechselbar und so neuseeländisch, dass der oft gehörte Beiname *Our Place* seine Berechtigung hat. Dieses Haus ist der Stolz der Wellingtonians und der Stolz der Nation, und deshalb auch ein geeigneter Startpunkt für eine Stadterkundung. Allerdings muss man gleich zu Anfang mit der Zeit haushalten, denn das Museum bietet genügend Interessantes, um einen ganzen Tag zu füllen. Seine Geschichte reicht zurück bis 1865, als das damalige Colonial Museum in der Nähe des Parlaments eröffnet wurde. Ab 1907 in Dominion Museum umbenannt, zogen die Ausstellungen 1936 in einen repräsentativen Bau nahe der Victoria University um. Seit 1972 trägt die Institution den Namen National Museum of New Zealand. 1998 bekamen die Sammlungen ihre neue, jetzige Heimat an einer unschlagbaren Stelle, nach fünfjährigen Bauarbeiten und Kosten in Höhe von NZ-$ 317 Mio. Das Haus ist Ausdruck der gemeinsamen Geschichte von Maori und Pakeha – und es will eine Brücke schlagen von der Vergangenheit zur Gegenwart und Zukunft. In den verschiedenen Abteilungen des großen Gebäudes können Besucher ethnologische Schätze (z. B. Masken, Waffen, Schmuck, Boote und alltägliche Gegenstände aus Polynesien, Melanesien, Mikronesien, Australien, den Philippinen, Borneo und Java) bewundern oder die Kolonialgeschichte (Entdeckungsfahrten, Walfänger, New Zealand Company etc.) kennenlernen ebenso wie Exponate zum Tierleben in Neuseeland. Vieles davon ist per Computeranimation, interaktiven Displays und Video fantasievoll dargestellt. Besonderes Anliegen des Museums – was auch in dessen Namen und der Zweisprachigkeit zum Ausdruck kommt – ist eine Würdigung von Geschichte und Kunsthandwerk der Maoris und ihrer Vorfahren. Dafür stehen herrliche Schnitzereien, ein Versammlungshaus, Waffen, Nahrung, Schmuck, Textilien, Spiele und das Kriegskanu Teremoe, das in Landkriegen 1864–69 berühmt wurde. Auch die **National Art Gallery** mit Werken der neuseeländischen Kunst ab 1840 ist im Museum vertreten, mit einer Fülle von Aquarellen, Ölgemälden und Fotografien – insgesamt mehr als 800.000 Bilder.

Stolz der Nation

Würdigung der Maori-Kultur

Museum of New Zealand/Te Papa Tongarewa, *Cable St.,* ℗ *04-3817000, www.te papa.govt.nz, tägl. 10–18, Do bis 21 Uhr, Eintritt frei, Sonderausstellungen gebührenpflichtig.*

Zweite Station nach dem Museum sollte das Civic Centre sein. Dorthin gelangt man über die Cable St., die in den Jervois Quay einmündet. Oder man folgt der Uferlinie des Lambton Harbour und benutzt die breit angelegte und mit Kunstwerken geschmückte **City-to-Sea-Bridge** über den Jervois Quay.

Mit einem immensen finanziellen Aufwand wurde Anfang der 1990er-Jahre der Block zwischen den Straßen Jervois Quay, Harris St., Victoria St. und Wakefield St. umgestaltet und in ein **Civic Centre** verwandelt, das diesen Namen wirklich verdient. Um

*Park als Frei-
lichtbühne*

den zentralen Platz (**Civic Square**) gruppieren sich postmoderne und ältere Gebäude, die teils miteinander verbunden sind, teils isoliert stehen. Der Platz dient dabei als Bindeglied und zugleich als Freilichtbühne, die von Straßenmusikanten, Touristen und Einheimischen genutzt wird. Erster Anlaufpunkt für viele Besucher ist das **Wellington i-SITE Visitor Centre**, in dem man Stadtpläne bekommt, Aktivitäten, Konzerte etc. buchen kann und nützliche Informationen jeder Art erhält. Im Besucherzentrum gibt es auch Internetzugang, ferner ein Café und einen Souvenirladen. Im benachbarten Foyer, in das der Gang zur City Administration mündet, stellen die beiden Maori-Kanus Aniwanita und Te Raukura eine Verbindung zwischen der historischen Vergangenheit und der Modernität des Gebäudes her.

Vom Platz aus gesehen befindet sich links der Touristeninformation und durch ein Glasdach mit ihm verbunden die **Wellington Town Hall (2)**. Das 1904 im eleganten edwardianischen Stil errichtete Rathaus stellt einen markanten Blickfang dar. Dem Rathaus benachbart ist das **Michael Fowler Centre (3)**, ein auffälliges Kongress- und Kulturzentrum, das nach dem ehemaligen Bürgermeister und Hauptverantwortlichen für die Stadtumgestaltung benannt ist. Hier findet alljährlich das renommierte Festival of Arts statt. Daneben gibt es ausgezeichnete Konzerte im 2.500-Sitze-Auditorium und in dem offenen Foyer interessante Kunst- oder Sonderausstellungen
Michael Fowler Centre, ℂ 04-8014231, www.wellingtonconventioncentre.com.

Die nördliche Seite des Civic Square ist von drei weiteren interessanten Gebäuden besetzt: Zum einen die **City Gallery Wellington (4)**, eine der landesweit besten Adressen für zeitgenössische Kunst, in der neben dem Bestand bei Wechselausstellungen über neue Entwicklungen in Design, Architektur und Film berichtet wird.

*Öffentliche
Bibliothek*

Rechts daneben nimmt die **Wellington Central Library (5)** das größte Areal innerhalb des Komplexes ein. Diese mit mehreren Architekturpreisen bedachte Bücherei steht Einwohnern wie Touristen gleichermaßen offen. Rechts, also östlich der Bücherei findet man den Eingang zum **Capital E (6)**, einem Technologiemuseum, das sich vor allem an Kinder richtet und auch ein Kindertheater sowie einen riesigen Zauber-Spielzeugladen beherbergt.
City Gallery Wellington, Civic Square, 101 Wakefield St., ℂ 04-8013021, www.city
gallery.org.nz, tägl. 10–17 Uhr, Eintritt frei, Sonderausstellungen gebührenpflichtig.
Wellington Central Library, Civic Square, ℂ 04-9133769, Mo–Fr 9–18, Sa 10–14 Uhr.
Capital E, ℂ 04-9133720, Civic Square, www.capitale.org.nz, tägl. 10–17 Uhr geöffnet, Eintritt frei.

Jenseits der City-to-Sea-Bridge gelangt man linker Hand durch den schön angelegten Frank Kitts Park zur neugestalteten **Queens Wharf (7)**, wo auch Fähren und Kreuzfahrtschiffe ablegen und es zahlreiche Restaurants und Cafés gibt. Am Ende des Parks, die Schauseite zum Jervois Quay gerichtet, befindet sich in einem schönen Lagerhaus aus dem Jahre 1891 das **Museum of Wellington City & Sea (8)**, eine Kombination aus Stadt- und Seefahrtsmuseum, das anhand von Modellen, Waffen, Karten und Möbeln die Stadtgeschichte Wellingtons dokumentiert. Eine Abteilung ist der Fährverbindung zur Südinsel und dem Unglück des Fährschiffes Wahine im Jahre 1962 gewidmet.
Museum of Wellington City & Sea, Bond Store, Queens Wharf, Jervois Quay, ℂ 04-4728904, www.museumofwellington.co.nz, tägl. 10–17, Sa/So bis 17.30 Uhr, Eintritt frei.

Mit dem Cable Car zum Botanischen Garten

Wenn man vom Museum den Jervois Quay überquert, kommt man über die Grey St. zum Lambton Quay. Flankiert von verspiegelten Hochhäusern mit Ladenpassagen, Boutiquen, Restaurants und Banken, stellt er die kommerzielle Schlagader der Hauptstadt dar. Am südlichen Ende des Lambton Quay bildet die glanzvoll restaurierte **Old Bank Arcade (9)** das nostalgische Ambiente für einen Bummel durch Dutzende elegante Boutiquen und Läden.
Old Bank Arcade, www.oldbank.co.nz, Mo–Fr 9–19, Sa 10–16, So 11–15 Uhr.

Am Lambton Quay befindet sich auch die **Cable Car Station (10)**, die Talstation der Kabelbahn, mit der man zum Botanischen Garten gelangt. Der Eingang versteckt sich schräg rechts gegenüber der Grey St. am Ende einer schmalen Passage mit Imbissständen. Das Cable Car ist eine Touristenattraktion, genauso aber ein wichtiges Verkehrsmittel der Wellingtonians, das bereits 1902 eingerichtet wurde. Heute benutzt man nicht mehr die originalen Kabinen, dennoch hat die Standseilbahn nichts von ihrem nostalgischen Reiz verloren. Vom Lambton Quay geht es zunächst durch einen Tunnel, dann in vier Stationen auf den 122 m hohen **Kelburn Hill**, wobei man die beste Aussicht von den vordersten oder hintersten Plätzen hat. In der Bergstation befindet sich das **Skyline Café** und das kleine, aber aussagekräftige **Cable Car Museum (11)**, in dem man alles über die Entstehungsgeschichte der Kabelbahn erfährt.

Historische Standseilbahn

Das nostalgische Cable Car ist bei Einheimischen und Touristen beliebt

Cable Car und Museum

Das **Cable Car** (© 04-4722199, www.wellingtoncablecar.co.nz) operiert tägl. 7–22 (Sa/So ab 8.30) Uhr in 10-Minuten-Abständen; Ticket: NZ-$ 3,50, Kinder 5–15 Jahre NZ-$ 1. Das **Cable Car Museum** (© 04-4753578, www.museumof wellington.co.nz) in der Bergstation ist tägl. 9.30–17 Uhr geöffnet, Eintritt frei.

Hinter der Bergstation des Cable Car erstreckt sich der 26 ha große **Wellington Botanic Garden**, der an sich schon eine Sehenswürdigkeit ersten Ranges darstellt, durch den herrlichen Ausblick auf Stadt und Hafen jedoch zusätzlich an Reiz gewinnt. Der Garten bietet Hügel und Teiche, Aussichtsplattformen und Kräutergärten, endemische Bäume, eine australische Abteilung sowie ausgedehnte Areale mit Rhododendren, Fuchsien und vielen anderen Pflanzen. Im Park befinden sich verschiedene Institutionen, wie eine Meteorologische Station und das neuseeländische Hauptquartier des World Wide Fund for Nature, sowie ein Teehaus, eine Cafeteria und das Treehouse Visitor Centre.

Sternwarte

Von hier oben kann man auf einem schmalen Fußweg, der vom Skyline Café abwärts führt, an Rhododendren und Pohutukawas vorbei zur 1897 gegründeten **Victoria University** (s. S. 296) wandern. Um den Stadtrundgang fortzusetzen, hält man sich im botanischen Garten immer nahe zum östlichen Abhang, wo die Kuppel des **Carter Observatory (12)** aus dem Jahre 1907 als Orientierung dient. Das oktogonale Ziegelsteingebäude beherbergt ein kleines Museum der Astronomie, in manchen Nächten können Besucher den südlichen Sternenhimmel durch ein Teleskop bewundern. Vorbei am modernen Astronomy Centre spaziert man nun stetig bergab und gelangt schließlich zum eleganten **Begonia House (13)**, das wie ein Amphitheater zwischen buschbewachsenen Hügeln gelegen ist. Gleich daneben befindet sich der 1960 angelegte **Lady Norwood Rose Garden** mit über 100 verschiedenen Rosenarten, die von November bis Ende April in den herrlichsten Farben blühen.

Botanical Gardens, © 04-4991400, tägl. von Sonnenauf- bis -untergang, Treehouse Visitor Centre Mo–Fr 9–16 Uhr, Begonia House Sept.–April tägl. 9–17, Mai–Aug. tägl. außer Di 10–15 Uhr, Eintritt frei.
Carter Observatory, © 04-9103140, www.carterobservatory.org, Mo, Mi, Do, Fr 10–17, Di/Sa 10–21.30, So 10–17.30 Uhr, NZ-$ 18, Kinder 4–16 Jahre NZ-$ 8. Abendliche Vorführungen finden i. d. R. dreimal wöchentl. statt, sind aber wetterabhängig.

Abkürzung

Vom Begonia House kann man ein wenig abkürzen, indem man am hinteren Ende des Parks die **Fußgängerbrücke** über die Stadtautobahn benutzt und dann auf der Bolton St. und The Terrace nach links zum Parlament geht. Von dort kann man über die Straßen Molesworth St., Pipitea St. und Mulgrave St. die Besichtigung weiterer Sehenswürdigkeiten wie die Kathedrale und Old St. Paul's in einem kurzen Rundgang anschließen (s. u.).

Wenn man an der rechten Seite der Rosengärten weiter bergab wandert, erreicht man den Anderson Park, an den sich der **Bolton Street Memorial Park (14)** anschließt. Der älteste Friedhof von Wellington wird durch die Stadtautobahn in zwei Teile zerrissen, die durch eine Fußgängerbrücke verbunden sind. Diesseits und jenseits der Brücke erinnern Grabmonumente an frühe Siedler, wie auch an Politiker und lokale Größen, etwa William Wakefield und Premierminister Richard John Seddon.

Spaziergang durch Thorndon

Wer noch Energiereserven hat und das historische Viertel Thorndon kennenlernen möchte, hält sich am Eingang des Bolton St. Memorial Park links und steigt über den Zick-Zack-Pfad zur Bowen St. hinab. Auf der anderen Straßenseite geht es dann die Sydney St. West hinab und nach links wieder die Ascot St. hinauf. Dabei passiert man rechter Hand das **Ferbank Studio (15)** (das Atelier der frühen neuseeländischen Malerin und Frauenrechtlerin Rita Angus), die pittoresken **Ascot St. Cottages**, das Pionierhaus **Granny Cooper's Cottage** von 1863 und weitere Häuser aus den 1870er-Jahren. Am Ende der Gasse gelangt man an der historischen **Western Park Tavern (16)** auf die gerade Tinakori Rd., in die man rechts einbiegt und ihr etwa 500 m lang folgt. Linker Hand sieht man zunächst sechs restaurierte Häuser aus dem Jahre 1903 (Hausnummern 296–306), die mit ihrer schmalen und hohen Bauweise am Hang, durch enge Treppengässchen abgetrennt, charakteristisch für den Stadtteil sind. An der nächsten Querstraße (2–6 Uptown Terrace) sind ebenbürtige Architekturbeispiele genauso zu bewundern wie auf der folgenden Glenbervie Terrace zur Rechten, beide einen kurzen Abstecher wert. Gegenüber liegt das **Premier House (17)**, dessen älteste Teile von 1863 stammen und das nach einer langen Zeit der Fremdnutzung ab 1935 seit 1990 wieder als offizielle Residenz des Premierministers dient. Wenige Meter dahinter zweigt von der Tinakori Rd. rechts die Hill St. ab, überbrückt die Autobahn und bringt die Spaziergänger zur **Sacred Heart Cathedral** und zum **Parlament** (s. u.). Hat man noch etwa 20 Min. Zeit übrig, lohnt es sich, die Tinakori Rd. weiterzugehen. Auf der linken Seite taucht an der Ecke zur Harriet St. die historische **Shamrock Tavern (18)** von 1878 auf, dann, an der Torless Terrace, das **Cottage**, ein ursprüngliches Blockhaus aus den 1860er-Jahren. Danach überquert man den Motorway nach rechts über die Hawkestone St., geht hinter der Brücke rechts auf dem Motorway Walkway wieder gen Süden und an der zweiten Gasse nach links über einige Treppen der Selwyn Terrace hinauf zur Hill St. Das Ziegelsteingebäude, das man dabei rechter Hand passiert, ist das katholische Kloster **St. Mary's Convent (19)**.

Historisches Viertel

Die Hill St. hinab, kommt man an der ebenfalls römisch-katholischen **Sacred Heart Cathedral (20)** vorbei, die kurz auch Basilika genannt wird. Das von einem schönen Platz eingerahmte Gotteshaus stammt aus dem Jahre 1901 und fällt durch seinen klassizistischen Portikus auf. Auf dem Weg die Hill St. weiter hinab sieht man rechts bereits den Komplex des Parlaments, der aber als krönender Abschluss des Rundgangs erst später besichtigt werden sollte. Stattdessen biegt man links in die Molesworth St. ein, an der mit der Wellington Cathedral of St. Paul ein weiterer bedeutender Sakralbau aufragt.

Bedeutende Kirchen

Im Jahre 1964 eingeweiht, löste die **Wellington Cathedral of St. Paul (21)** die alte St. Paul's Church (s. u.) ab. Die ursprünglichen Baupläne wurden nur teilweise realisiert. Sehenswert sind im Innern vor allem das Silberkreuz auf dem Altar, der Patchwork-Teppich im Chorbereich und die Lady's Chapel auf der linken Seite – ein warmer, meditativer Raum, dessen Einrichtung aus der alten St. Paul's Church von Paraparaumu stammt.

Kunstausstellungen und Buchladen

Der Block auf der anderen Straße wird von der Nationalbibliothek, der **National Library of New Zealand (22)** eingenommen, die mit der angeschlossenen **Alexander Turnbull Library** als Museum, Bücherei, Fotosammlung und interessantes Architekturensemble unbedingt besuchenswert ist. Man findet hier rund 500.000 historische Fotografien zur Stadt- und Landesgeschichte, historische Dokumente, ständige und wechselnde Kunstausstellungen, einen sehr gut ausgestatteten Buchladen, einen der modernsten Theatersäle des Landes, ein bedeutendes Archiv der neuseeländischen Musik, Lesesäle, eine Cafeteria und ein 1,3 km langes elektrisches Bahnsystem.
National Library of New Zealand, *70 Molesworth St., © 04-7443000, www.natlib.govt.nz, Mo–Fr 9–17, Sa 9–13 Uhr, Führungen Mo, Mi und Fr 14 Uhr, Eintritt frei.*

Nach der Besichtigung der Nationalbibliothek muss man sich entscheiden, ob man den etwas längeren Weg zum Geburtshaus der Schriftstellerin Katherine Mansfield zurücklegen oder die Besichtigung abkürzen möchte. Im letzteren Fall überquert man die Mulgrave St. und erreicht über den St. Paul's Square in wenigen Minuten die Old St. Paul's Church (s. u.).

Wer der großen Dichterin seine Reverenz erweisen möchte, folgt der Molesworth St. bis zur Stadtautobahn, unterquert den Zubringer nach rechts und geht die Stufen hinauf zur Fitzherbert Terrace. Hier steht wie eine Trutzburg die 1977 erbaute amerikanische Botschaft. Kurz darauf ist der **Katherine Mansfield Memorial Park (23)** erreicht, der dem Gedenken an die große Schriftstellerin Katherine Mansfield gewidmet ist. Er ist wegen der alten Bäume, besonders der Ulmenallee sehenswert. Auch sind einige der umstehenden Häuser von historischer Bedeutung. Das weiße Gebäude von 1877, das jetzt die italienische Botschaft beherbergt, war früher das Privathaus des Architekten Thomas Turnbull.

Neuseeländische Autorin

Um zu **Katherine Mansfields Geburtshaus (24)** zu kommen, muss man auf der Hobson St. den Motorway überqueren und auf der gegenüberliegenden Seite auf der Tinakori Rd. einige Meter nach rechts gehen. In dem zweistöckigen Holzhaus wurde 1888 die Dichterin geboren, die zu den überragenden Gestalten der Kulturlandschaft Neuseelands und zu den weltweit bekanntesten Verfasserinnen von Kurzgeschichten gehört. Mit 19 Jahren hatte Katherine Mansfield ihr Zuhause verlassen und lebte ab da in Europa. 1923 starb sie im Alter von erst 34 Jahren in Fontainebleau (Frankreich) an Tuberkulose. In ihrem Geburtshaus werden in permanenten Ausstellungen Leben und Werk der Dichterin gewürdigt, daneben ist das Gebäude auch wegen seiner originalen viktorianischen Einrichtung sehenswert, besonders das Kinderzimmer.
Katherine Mansfield's Birthplace, *25 Tinakori Rd., Thorndon, © 04-4737268, www.katherinemansfield.com, Di–So 10–16 Uhr, NZ-$ 8, Kinder 5–15 Jahre NZ-$ 2.*

Nach dem Besuch geht man wieder über die Hobson St. stadteinwärts und an deren Ende nach rechts (Moturoa St.) zur Mulgrave St. An der Kreuzung lohnt es sich, geradeaus auf der Pipitea St. einen Blick auf das hübsche Botschaftsgebäude der Fidschi-Inseln zu werfen. Die größte Sehenswürdigkeit ist jedoch das weiße Gotteshaus zur

Wandern in und um Wellington

In der hauptstädtischen Region gibt es gut 50 ausgeschilderte Walks, zu denen das DOC-Büro und die Touristeninformation Broschüren bereit halten.

Drei Wanderwege sind besonders populär:
Der **Northern Walkway** beginnt an der Cable Car Station am Botanischen Garten und führt über den Tinakori Hill, den Trelissick Park, den Khandallah Park und den Johnsonville Park rund 16 km nach Norden. Für den gesamten Walk, braucht man etwa 6 Std., es ist aber auch möglich, Teilabschnitte zu laufen und mit dem Bus ins Zentrum zurückzukehren.

Der **Southern Walkway** startet im Zentrum an der Oriental Parade und führt über die Stationen Mt. Victoria, Mt. Alfred, Zoo, Melrose Park, Mt. Albert, Sinclair Park und Houghton Bay zur Island Bay, wo man sich am Strand erholen kann. Insgesamt ist dieser Walk 11 km lang und erfordert je nach Kondition 4–5 Std.

Ca. 2 km vom Endpunkt des Southern Walkway entfernt beginnt an der Ohiro Bay der **Red Rocks Coastal Walkway** dessen Attraktionen die farbenprächtigen erodierten Lavaformationen sowie eine Seehundkolonie sind. Der Walk ist rund 4 km pro Strecke lang und kann in 2–3 Std. hin- und zurückgewandert werden.

Rechten, die **Old St. Paul's Church (25)**. Die inzwischen von postmodernen Bürogebäuden arg bedrängte Holzkirche ist eines der ältesten Gebäude der Stadt. Vom angesehenen Architekten Frederick Thatcher (ein Vertrauter Bischof Selwyns) ursprünglich als Gemeindekirche für den Stadtteil Thorndon 1866 erbaut, diente sie bis 1964 als anglikanische Kathedrale der Diözese Wellington. Nach langen Debatten konnte das ganz aus Holz errichtete Gotteshaus 1966 vor dem drohenden Abriss gerettet werden. Das schlichte Äußere täuscht darüber hinweg, dass der Innenraum einige Einrichtungsgegenstände besitzt, die wie die Kanzel aus Eiche und die Steinglas-Fenster zusammen mit den warmen Farben des Holzes eine ausgesprochen harmonische Atmosphäre schaffen. Flaggen unter dem offenen Dachstuhl erinnern an die neuseeländische und amerikanische Kriegsgeschichte.

Alte Holzkirche

Old St. Paul's Church, *34 Mulgrave St., ✆ 04-4736722, www.oldstpauls.co.nz, tägl. 9.30–17 Uhr, Eintritt frei, kostenlose Führungen jeweils zur vollen Stunde.*

Einen Block weiter entlang der Mulgrave St., vorbei am modernen St. Paul's Square mit netten Cafés, erblickt man schon bald das Gebäude des **Nationalarchivs (26)**, das über einige der wertvollsten Dokumente des Landes verfügt. Die wichtigsten davon sind im zentralen Constitution Room untergebracht, wo man in einer Vitrine das Original des Waitangi-Vertrages sehen kann. Nicht minder interessant ist die angeschlossene Porträtgalerie mit Bildnissen der ersten weißen Kolonisten und Maori-Häuptlinge. In weiteren Galerien finden wechselnde Kunstausstellungen statt.
National Archives, *10 Mulgrave St., ✆ 04-4995595, www.archives.govt.nz, Mo–Fr 9–17, Sa 9–13 Uhr, Eintritt frei.*

Regierungsgebäude und Hauptbahnhof

Über die Aitken St. erreicht man, vorbei am altehrwürdigen, gut 160 Jahre alten Pub **Thistle Inn**, das Wahrzeichen der Stadt. Als Architekturensemble markieren das Parlament und die Regierungsgebäude unterschiedliche Epochen und setzen einen bedeutenden städtebaulichen Akzent. Das **Parliament House (27)**, auch Legislative Chambers genannt, ein massiver Bau aus neuseeländischem Marmor, wurde 1922 im Stil der englischen Neorenaissance gebaut. Seine beiden großen Sitzungssäle stammen aus der Zeit vor 1951, als das Land noch ein Zwei-Kammer-System besaß. Daneben befindet sich die **General Assembly Library (28)**, ein Meisterwerk der Neogotik von 1897–99, das wegen des nie gebauten linken Flügels ein wenig asymmetrisch wirkt. Das Innere ist prunkvoll im viktorianischen Stil gehalten, wie das Gesamtgebäude und andere Bauten ein Werk von Thomas Turnbull. Man ließ den Architekten eigens aus San Francisco kommen, weil dieser dort Konstruktionserfahrung in einem erdbebengefährdeten Gebiet gesammelt hatte.

Erdbebenerfahrener Architekt

Am auffälligsten ist ein kreisrundes Gebäude, das **Beehive (29)** genannt wird. Es trägt diesen Namen wohl nicht, weil seine Bewohner fleißig wie die Bienen arbeiten, sondern weil seine eigenwillige Form an einen Bienenstock erinnert. Das in den 1970er-Jahren ausgeführte Werk des britischen Architekten Basil Spence, offiziell der *Executive Wing* der Regierungsgebäude, beherbergt die Büros des Premierministers und der Kabinettsmitglieder, im Erdgeschoss befindet sich ein riesiger Bankettsaal.

In Sichtweite des Beehive liegt jenseits des Lambton Quay der Gebäudekomplex, der ursprünglich die zentrale Administration in der neuen Hauptstadt beherbergte. Die

Kunst trifft Politik – Plastiken aus Granitsteinen im Regierungsviertel

> ### 👁 Parlamentsführung
>
> Wer sich für die politische Kultur Neuseelands interessiert, sollte sich einer der geführten, kostenlosen 60-minütigen Touren durch das Parlament anschließen, die Mo–Fr 10–16, Sa und an Feiertagen 10–15, So 11–15 Uhr zu jeder vollen Stunde stattfinden. Interessenten kontaktieren das Visitor Centre im Erdgeschoss des Foyers (📞 04-8179503, www.parliament.nz). Dort erfährt man auch die Termine der öffentlichen Parlamentssitzungen, die von einer Besuchergalerie verfolgt werden können.

1876 im Stil der italienischen Renaissance errichteten **Old Government Buildings (30)** wirken mit ihren beiden vorspringenden Seitenflügeln und dem repräsentativen giebelbekrönten Mittelbau immer noch imponierend. Man könnte meinen, hier ein mächtiges Regierungshaus mit Kalkstein-, Sandstein- oder gar Marmorsubstanz vor sich zu haben, tatsächlich aber verstecken sich hinter der Farbe und dem Putz der Old Government Buildings Kauri-, Rimu- und andere Hölzer: Nach dem Todaiji-Tempel in Japan handelt es sich hier um das größte Holzgebäude der Welt. Mit einem immensen Geld- und Arbeitseinsatz hat man das Exterieur und Interieur des Gebäudes in den 1980er-Jahren restauriert, eine Arbeit, die allerdings ein Großbrand im Jahre 1992 zunichte machte. Heute erstrahlen die Old Government Buildings wieder im alten Glanz erstrahlen. Sie beherbergen verschiedene staatliche Ämter und Universitätsinstitute sowie das Besucherzentrum des Department of Conservation.

Zweitgrößtes Holzgebäude der Welt

Von den Old Government Buildings mit ihren schönen Gärten gelangt man nach wenigen Schritten am Busbahnhof vorbei zur **Wellington Railway Station (31)**, wo die Vorortzüge und die Expresslinien nach Auckland abfahren. Der 1937 eröffnete Kopfbahnhof ist der größte des Landes. Seine Formensprache mit der neogeorgianischen Fassade drückt das Selbstbewusstsein zur Blütezeit des neuseeländischen Eisenbahnwesens aus. Schön ist auch das Innere, das in der hohen Schalterhalle und an den Dachgewölben Jugendstil- und Renaissance-Elemente vermengt.

Südlich des Parlamentsgebäudes

Vom Bahnhof kommt man über Customhouse Quay und Jervois Quay am schnellsten wieder zum Ausgangspunkt zurück. Eine nette Erweiterung des Rundgangs ist jedoch folgender, am Parlament beginnender Weg, der noch einige interessante Punkte berührt:

Von der Bowen St. biegt man auf The Terrace ein, die gerade und bergan verläuft. Kurz hinter dem Abzweig der Bolton St. passiert man dabei rechter Hand die Kirche **St. Andrew's-on-the-Terrace (32)**, die 1991 für alle Religionen geweiht wurde und einen schönen ruhigen Innenraum mit einem großen Scheibenkreuz am Altar aufweist. Über den Cable-Car-Tunnel hinweg nimmt man vor der Straßenbrücke den Abstieg zur Linken, der zur Boulcott St. führt. Hier befindet sich das **Antrim House (33)**, ein repräsentatives um 1900 errichtetes Holzhaus, das als Paradebeispiel der viktorianischen Architektur gilt. Es besticht mit seinen durch Veranden und Balkone gegliederten Fassaden, insbesondere dem säulenumkränzten Portal, sowie durch seine edle Innenausstattung. Kein Wunder, dass sich der Verband für Denkmalpflege (Historic Places Trust) das Antrim House zur Zentrale ausgewählt hat. Gebaut wurde es 1905 als Familiensitz des bekannten Schuhfabrikanten Hannah. Besucher können während der Geschäftszeiten einen Blick auf die beiden Haupträume im Erdgeschoss, die Diele und das Treppenhaus werfen.

Sitz der Denkmalpflege

Antrim House, *63 Boulcott St., © 04-4724341, www.historicplaces.org.nz, Mo–Fr 9–17 Uhr, Spende erbeten.*

Gegenüber dem Antrim House führt der gepflasterte Weg der Plimmer Steps nach unten, wo man in der Nähe der Cable Car Station auf den Lambton Quay stößt. Schöner ist allerdings die Gasse Allenby Terrace, die von The Terrace etwa 300 m hinter der Brücke links abgeht und auf die 1922 eingeweihte Kirche **St. Mary of the Angels (34)** zuführt. Sie gilt mit ihrer Doppelturmfassade, dem hölzernen Dachstuhl und schönen Interieur als landesweit bestes Beispiel der französischen Neogotik. In starkem Kontrast dazu ragt gleich daneben das **Majestic Building** in den Himmel, ein architektonisch interessanter Büro- und Geschäftsturm.

Die Außenbezirke

Besuch der Universität

Architektonisch interessant ist die 1897 gegründete **Victoria University (35)**. Deren elegantestes Gebäude, das rote Ziegelsteinhaus Hunter Building, atmet den Geist des ausgehenden 19. Jh. und ist im Stil der englischen Spätgotik ausgeführt. Wer das Universitätsgelände auf einem erholsamen Spaziergang erkunden möchte, nimmt dazu am besten von der Unterstadt das Cable Car und steigt an der zweiten Station (Salamanca Rd.) aus. Von dort geht man durch die große Grünanlage des Kelburn Park. Oder man fährt bis zur Endstation und nimmt den schmalen Fußweg, der vom Skyline Café abwärts und an Rhododendren und Pohutukawas vorbei führt. Dabei lernt man auch das Nobelviertel Kelburn etwas näher kennen.

Ab der Universität empfiehlt sich ein weiterer Fußweg zum katholischen Friedhof **Mount Street Roman Catholic Cemetery (36)**, der bereits 1841 von Bischof Pompallier eingeweiht wurde, bevor man in der Unterstadt auf die Willis St. stößt. Auf dieser gibt es mit den Holzkirchen **St. John's** und der neugotischen **St. Peter's Anglican Church** noch zwei interessante Gotteshäuser zu sehen, bevor man schließlich auf dem Weg zur Innenstadt an der St. Mary of the Angels Church (s. o.) vorbeikommt.

Museen

Im Schnittwinkel von Ghuznee St. und Taranaki St. befindet sich **The New Zealand Film Archive (37)** mit dem angeschlossenen Kino Rialto. Das Filmzentrum dokumentiert die Geschichte des neuseeländischen Film und Fernsehens von den Anfängen in den 1890er-Jahren bis zu den Welterfolgen der Gegenwart.

The New Zealand Film Archive, *84 Taranaki St., © 04-3847647, www.filmarchive. org.nz, tägl. 12–17, Fr/Sa bis 20 Uhr, Eintritt frei.*

Das einige Schritte weiter südlich gelegene **National Tattoo Museum (38)** zeigt Methoden und Muster der Tätowierung bei Maoris (*moko*) und anderen polynesischen Völkern ebenso wie bei britischen Seefahrern oder als neuzeitliche Modeerscheinung.
National Tattoo Museum, *187 Vivian St., © 04-3852185, www.mokomuseum.org.nz, tägl. 12–17.30 Uhr, Eintritt frei.*

Etwas südöstlich erhebt sich am Rande einer Grünfläche mit dem **National Cricket Museum (39)** ein weiteres sehr spezifisch neuseeländisches Museum. Das Sportmuseum dokumentiert die besondere Bedeutung dieses aus dem englischen Mutterland importierten, für Ausländer schwer verständlichen Schlagballspiels für die „Kiwis". *Typisch Englisch*
National Cricket Museum, *Basin Reserve, © 04-3856602, www.nzcricket.co.nz, tägl. 10.30–15.30 Uhr, NZ-$ 5, Kinder 5–15 Jahre NZ-$ 2.*

Südlich der Innenstadt, zwischen dem Central Park und dem Mt. Cook, steht mit dem **Colonial Cottage (40)** aus dem Jahre 1858 eines der ältesten erhaltenen Wohnhäuser der Stadt. Errichtet wurde die „Hütte" von dem Unternehmer William Wallis, der im Krimkrieg Krankenstationen und Kasernen für die britische Armee aufbaute, bevor er nach Neuseeland auswanderte. Seine Nachfahren bewohnten das Haus noch bis 1977, danach wurde es in ein Museum umgewandelt, das mit seiner originalen Möblierung und dem schönen Garten für Kinder und Erwachsene gleichermaßen interessant ist.
Colonial Cottage, *68 Nairn St., © 04-3849122, www.museumofwellington.co.nz, Sa/So 12–16 Uhr, NZ-$ 8, Kinder 5–14 Jahre NZ-$ 4.*

Aussichtspunkte

Der südöstlich des Zentrums gelegene, 196 m hohe **Mt. Victoria (41)** ist wegen seiner vorzüglichen Aussicht ein absolutes Highlight. Von der Aussichtsplattform, die auf dem Grund eines alten Maori-Friedhofes steht, hat man an klaren Tagen eine weite Sicht über die Stadt und Umgebung. Am besten sind die Sichtverhältnisse morgens. Unterhalb der Plattform steht inmitten eines Rondells eine alte Kanone, die früher die Mittagszeit „einläutete". Ein Denkmal erinnert an den Antarktisforscher und Luftfahrtpionier Richard Byrd (1888–1957).

Ein zweiter guter Aussichtspunkt, weiter vom Zentrum entfernt und genau gegenüber dem Mt. Victoria im Westen gelegen, ist **The Wind Turbine (42)**. Die 1993 installierte, 31,5 m hohe Windkraftanlage, die in einer Stadt mit dem Beinamen Windy City nicht überrascht, liegt auf einem Hügel im Stadtteil Brooklyn. Man erreicht sie, wenn man über die Victoria St. stadtauswärts, an deren Ende nach rechts und weiter über die Brooklyn Rd. fährt, vorbei am Central Park und dem alten Rugby-Stadion. In Brooklyn zweigt man rechts auf die Washington Rd. ab. Den besten Blick hat man hier nachmittags, und zwar vom kleinen Hügel hinter der Anlage bzw. vom Nachbarhügel aus oder von der Straße ein wenig unterhalb des Generators. *Blicke von oben*

> **Zum Mt. Victoria**
>
> Zum Mt. Victoria kann man von der City per pedes gelangen. Bequemer geht's mit dem Bus (Linie 20 ab Courtney Place, nur Mo–Fr). Autofahrer erreichen den „Gipfel" am einfachsten über die Majoribanks St., auf der man sich nach dem Hinweis „Lookout" richtet (nach links auf die Hawker St.).

Weitere Ausflugsziele

Wellington Zoo (43), der älteste Zoo des Landes befindet sich 4 km südlich vom Zentrum im Stadtteil Newtown und präsentiert exotische Tiere wie Schneeleoparden und Lemuren ebenso wie Exemplare der einheimischen Fauna, etwa Kiwis, Tuataras und Giant Wekas.
Wellington Zoo, *200 Daniell St., Newtown Park, ⓒ 04-3816755, www.wellingtonzoo.com, tägl. 9.30–17 Uhr, NZ-$ 20, Studenten NZ-$ 15, Kinder 3–14 Jahre NZ-$ 10, Anfahrt: Buslinie 10 ab Hauptbahnhof via Cuba St., Buslinie 23 ab Mairangi via Kelburn und Lambton Quay.*

Ein Eldorado für Naturliebhaber ist der etwa 5 km von der City entfernte, auf 80 ha angelegte Botanische Garten **Otari-Wilton's Bush (44)** im nordwestlichen Stadtteil Wilton. Hier findet man die vielleicht umfangreichste Sammlung einheimischer Büsche, Blumen, Sträucher und Bäume in naturbelassener Umgebung. Zahlreiche Wanderwege führen durch das Areal, Picknicktische laden zu Erholungspausen ein. Im Besucherzentrum bekommt man Broschüren und Karten.
Otari-Wilton's Bush, *160 Wilton Rd. (Einmündung Wilton Rd./ Gloucester St.), ⓒ 04-4991400, www.wellington.govt.nz, tägl. von Sonnenauf- bis -untergang, Visitor Centre tägl. 9–16 Uhr, Eintritt frei, Anfahrt: Buslinie 14 ab Lambton Quay.*

In dem 250 ha großen, renaturalisierten Wald- und Buschareal **ZEALANDIA (45)** östlich des Botanischen Gartens leben bedrohte neuseeländische Vogelarten, die man hier ausgewildert hat. Um Ratten, Marder, Wiesel, Frettchen, Possums und andere schädliche Importtiere fernzuhalten hat man den Wildpark mit einem

8,6 km langen Schutzzaun umgeben. Mit etwas Glück kann man bei einer nächtlichen Wanderung Kiwis in ihrem natürlichen Lebensraum beobachten. Wissenswertes über die heimische Vogelwelt erfährt man im Pavilion ZEALANDIA: The Exhibition.
ZEALANDIA: The Karori Sanctuary Experience, *Waiapu Rd., ℗ 04-9209200, www.visitzealandia.com, tägl. 10–17 Uhr, Eintritt zu Ausstellung oder Freigelände jeweils NZ-$ 18,50, Kinder 5–14 Jahre NZ-$ 9, Kombiticket NZ-$ 28,50, Kinder 5–14 Jahre NZ-$ 14,50; geführte Nachtwanderungen auf Anfrage.*

Das Inselchen **Matiu-Somes Island (46)** in der Bucht Wellington Harbour ist ebenfalls ein Ausflugsziel für Naturfreunde. Lange Zeit diente es als Kriegsgefangenenlager

Zwischen Bergen und Meer – Neuseelands Hauptstadt Wellington

Offen für Besucher

und Quarantänestation. Nach Jahrzehnten der „Naturalisierung" und der Vorbereitung durch die Naturschutzbehörde ist Matiu-Somes Island seit Ende der 1990er-Jahre wieder für Besucher zugänglich. Man findet auf dem Eiland ein ausgedehntes Netz an Wanderwegen und von schönen Stränden gesäumte Küsten. Mindestens dreimal täglich wird die Insel von den Fährbooten angelaufen, die die Queens Wharf mit der Days Bay verbinden (*Infos bei* **Dominion Post Ferry**, ℂ *04-4991282, www.eastbywest.co.nz*).

Ausflüge mit dem Wagen

Neuseeländisches „Hollywood"

Einer nicht enden wollenden Aussichtsterrasse gleicht die kurvenreiche Streckenführung des etwa 50 km langen **Marine Drive**, der entlang der schönsten Buchten des hauptstädtischen Umfelds führt. Sehenswert ist insbesondere die **Halbinsel Miramar** mit dem 163 m hohen Mt. Crawford. An der nördlichen Spitze der Halbinsel, dem Point Halswell, erinnert ein tempelähnliches Monument an den ehemaligen Premierminister W. F. Massey. Auf der Rückfahrt passiert man den **Vorort Miramar**, das neuseeländische Pendant zu Hollywood. In den Filmstudios von „Wellywood", insbesondere im berühmten Weta Workshop, entstanden zahlreiche Spezialeffekte für Werke wie „Herr der Ringe", „Avatar", „Chroniken von Narnia" und „King Kong". Das **Multimedia-Museum Weta Cave** dokumentiert die jüngsten Entwicklungen der neuseeländischen Filmkunst und gewährt einen Blick hinter die Kulissen des Weta-Studios, dient aber auch der Selbstdarstellung der Filmemacher Peter Jackson, Richard Taylor, Tania Rodger und Jamie Selkirk.

Weta Cave, *7 Weka St., Ecke Camperdown Rd., Miramar,* ℂ *04-3809361, www.wetanz.com/cave, tägl. 9–17.30 Uhr, Eintritt frei, Anfahrt: Buslinie 2 ab Lambton Quay.*

Etwas kürzer ist der **Harbour Drive**, der von der Oriental Bay in südlicher Richtung zur Scorching Bay, Worser Bay, Lyall Bay, Houghton Bay und Island Bay bis zur Owhiro Bay führt. Ab dort kann man an der Küste entlang vorbei an bizarren vulkanischen Felsformationen wie The Sirens Rocks und Red Rocks bis zum Kap Sinclair Head wandern. Dort überwintert eine Robbenkolonie, eine der nördlichsten der Südhalbkugel.

Café mit Kultstatus

Eigentlich wirkt es unscheinbar und das Essen ist auch eher von durchschnittlicher Qualität. Weil sich hier aber in den Drehpausen regelmäßig Mitglieder der „Lord of the Rings"-Filmcrew trafen, wurde das **Chocolate Fish Café** im Lauf der Jahre zum Pilgerziel von Tolkien-Fans. Daran hat auch die Tatsache nichts geändert, dass das Café mittlerweile seinen Standort gewechselt hat und sich jetzt in der Shelly Bay Rd. gegenüber den Westside Studios befindet. In den frühen Vormittagsstunden serviert man Kaffee und hausgemachten Kuchen, ab der Mittagszeit frische Fisch- und Seafood-Gerichte.

Chocolate Fish Café, *100 Shelly Bay Rd., Maupuia,* ℂ *04-3882808, www.chocolatefishcafe.co.nz, tägl. 9.30–19 Uhr, moderat.*

Strandurlaub in der Hauptstadt

Gute Badestrände gibt es im inneren Stadtbereich und an den nördlich gelegenen Küsten der Tasman Sea und des Pazifik. Während die Strände in der Nähe von Masterton (Castlepoint, Riversdale Beach) nur in einer Tagesexkursion mit dem Wagen zu erreichen sind, kann man zu den Stränden an der Westküste mit den Vorortzügen bis Paraparaumu gelangen. Sehr viel näher sind die Badegelegenheiten jenseits des Port Nicholson, und zwar das ganze Gebiet zwischen Lowry Bay und Robinson Bay, besonders aber Day's Bay. Ein populärer Stadtstrand erstreckt sich an der Lyall Bay. Ganz zentral liegt die Oriental Bay – „Wellington's Côte d'Azur".

Rundfahrten in der Umgebung

Mit seiner landschaftlichen Vielfalt und seinem hohen Freizeitwert zählt das Umland von Wellington zu den beneidenswertesten Gegenden der Welt. Die Wellingtonians haben die freie Auswahl an herrlichen Exkursionen in alle Himmelsrichtungen:

- In den **Norden** entlang dem Highway 1 reihen sich bis über Porirua Bassin, Tawa und Paraparaumu hinaus breite Sandstrände, tiefe Wälder und schöne Höhenzüge aneinander.
- In den **Nordosten** erschließt der Highway 2 ab Petone das Hutt Valley mit den Vororten Lower Hutt und Upper Hutt und bietet nicht nur ausgedehnte Park- und Waldanlagen, sondern mit dem Lake Wairarapa auch das vielleicht populärste Ausflugsziel der Hauptstädter.
- In den **Osten** kann man um den weitgestreckten Port Nicholson zu den Stränden vor und nach Days Bay und Eastbourne fahren und weiter bis zum Bluff Point wandern, dabei erreicht man auch den unter Denkmalschutz stehenden Leuchtturm Pencarrow Lighthouse von 1859, den ersten des Landes. Days Bay ist auch per Fähre mit Wellington verbunden.
- Der **Süden** und **Westen** schließlich bieten eine Bilderbuchlandschaft zwischen karger Küste, bewaldetem Hinterland und landwirtschaftlich genutzten Gebieten.

Ausflüge

Die Überfahrt nach Picton

Es mag weniger zeitaufwendige und auch nicht unbedingt teurere Möglichkeiten geben, um von der Nordinsel zur Südinsel zu gelangen. Die Fahrt mit einem der Interisland-Fährschiffe von Wellington nach Picton ist aber mehr als nur das Zurücklegen einer Strecke von A nach B. Es ist zugleich eine Schiffsreise durch eine oft stürmische, manchmal regnerische, aber immer beeindruckende Landschaft, die aus dem Zentrum der neuseeländischen Hauptstadt und dem Hafen Port Nicholson, vorbei an der Skyline der Metropole und an den Stränden der östlichsten Küste, um das Kap Sinclair Head bis hin zu den weitverzweigten Buchten der Marlboroughs Sounds führt. Mit 19 Knoten brauchen die Fähren für die 52 Seemeilen (96,36 km) etwa drei Stunden. Dabei wird die Cook Strait wegen der schwierigen Fahrrinne nicht auf direktem Weg überquert. Nach dem Passieren von Sinclair Head geht die Fahrt zunächst wieder in nordwestliche Richtung, bis sich die Fähre erneut gen Süden wendet, dann noch ein-

Ein Erlebnis: Überfahrt mit der Interisland-Fähre

Eine der schönsten kleinen Schiffsreisen der Welt – die Fährfahrt nach Picton

mal eine nordsüdliche S-Kurve vollzieht, und erst kurz vor dem Zielhafen Picton sichtbar wird.

Bei schönem Wetter sollte man die Fahrt auf keinen Fall in der Cafeteria verbringen, sonst würde man folgendes verpassen:

In Wellington und Umgebung:
Die Ausfahrt aus dem Hafen, den Blick auf die Halbinsel **Miramar** (steuerbord = rechts) bzw. **Eastbourne** (backbord), die militärischen Einrichtungen und Kasernen zum Schutz der Hafeneinfahrt, die vulkanischen **Red Rocks**, **Sinclair Head** und den Blick weit an der nordwestlichen Küste hinauf.

Nach der Cook Strait:
Man erblickt von der Südinsel zunächst die langgestreckte **Insel Arapawa** (steuerbord), wo unter James Cooks erster Expedition ein Maori getötet wurde. Bei Cooks zweiter Reise starben hier 1773 zehn seiner Männer durch Maoris und wurden von diesen anschließend verspeist. Sobald man links und rechts Land sieht, hat man die Stelle erreicht, wo 1827 Neuseelands erste Walfängerstation gegründet wurde.

Danach durchquert man den engen Fjordarm **Tory Channel** zwischen der Arapawa Insel und dem Festland. Wenn an dessen Ende die Fähre eine scharfe Rechtswendung macht, hat man links den **Dieffenbach Point** vor sich (benannt nach dem Naturforscher und Landvermesser Ernst Dieffenbach) und rechts **Cook's Lookout**, die Stelle, von der aus Kapitän James Cook am 23. Januar 1770 zum ersten Mal die Meeresstraße sah, die nun seinen Namen trägt.

Schließlich ist der **Queen Charlotte Sound** erreicht, einer der schönsten der nördlichen Fjorde, der als Feriengebiet bei den „Kiwis" äußerst beliebt ist. Besonders im Abend- oder Morgenlicht kann man die Stimmung mit dem ruhigen Meeresarm, den rötlichen Felsen und den bewaldeten Höhen ringsum nur als himmlisch bezeichnen.

Reisepraktische Informationen Wellington

Information

Wellington i-SITE Visitor Centre, Civic Square, Victoria St., Ecke Wakefield St., ℂ 0800-933536 u. 04-8024860, Mo–Fr 8.30–17.30, Sa/So 9.30–16.30 Uhr. Hier bekommt man die Broschüre „Official Visitor Guide to Wellington" mit guten Stadtplänen und Hinweisen zu Wanderwegen. Weitere hilfreiche und kostenlose Informationsquellen sind die Broschüre „Wellington – What's On" und die wöchentlich erscheinende Zeitung „City Voice".
Airport Tourist Information, Wellington Airport, ℂ 04-3855123, tägl. 7–19 Uhr. Infos zu Unterkünften, Transport etc.
Automobile Association (AA), 342–352 Lambton Quay, 1st. Floor, ℂ 04-4709999, www.aa.co.nz, Mo–Do 9–17.30, Fr 9–20.30, Sa 9.30–15.30 Uhr. Zweitgrößtes Büro in Neuseeland mit großer Karten- und Buchauswahl.
Department of Conservation (DOC), 18 Manner St., City, ℂ 04-3847770, www.doc.govt.nz, Mo–Fr 9–17, Sa 10–15.30 Uhr. Hier sind die für einen Besuch von Kapiti Island (s. S. 268) erforderlichen Permits erhältlich.
Wellington im Internet: www.wellingtonnz.com (Hotels, Restaurant- und Nightlife-Tipps, Sehenswürdigkeiten und Aktivitäten), www.experiencewellington.com (Unterkünfte, Ausgehen, aktiv unterwegs).

Unterkunft

Als Hauptstadt hat Wellington ein breit gefächertes Angebot an Unterkunftsmöglichkeiten. Je weiter man vom Zentrum in die Vorstädte (Lower Hutt, Upper Hutt, Tawa, Porirua etc.) ausweicht, desto billiger werden die Motels, die man dort entlang der Highways 1 und 2 bzw. der Motorway-Ausfahrten konzentriert anfindet. Auch in der Hauptsaison wird man kaum Schwierigkeiten haben, hier ein Quartier zu finden. Im Zentrum überwiegen die Hotels und Backpacker-Hostels.

Hotels
Copthorne Hotel Wellington $$$ (1), 73 Roxburgh St., Ecke Oriental Parade, City, ℂ 04-3850279, www.milleniumhotels. co.nz, DZ NZ-$ 145–185. Komfortables Businesshotel am Hafen unweit des Zentrums, Restaurant, Bar, Sauna; am schönsten sind die Zimmer in den oberen Etagen mit bester Aussicht.
Mercure Wellington Willis Street $$$ (2), 355 Willis St., City, ℂ 04-8031000, www.accorhotels.com, DZ NZ-$ 150–195. Gutes Haus der gehobenen Mittelklasse mit 90 Zimmern, relativ zentral und nahe zum Theaterviertel gelegen, Restaurant, Bar, Fitnessstudio, Sauna.
West Plaza Hotel $$$ (3), 110-116 Wakefield St., City, ℂ 0800-731444 u. 04-4731440, www.westplaza.co.nz, DZ NZ-$ 150–220. 102 komfortable Zimmer und Suiten, guter Service, Restaurant, Bar, sehr zentral gelegen.

Halswell Lodge $$–$$$ (4), 21 Kent Terrace, City, © 04-3850196, www.halswell.co.nz. Gemütliches und komfortables Haus am Courtenay Place, bestehend aus einem Hotel (DZ NZ-$ 95–120) mit 19 Standard-Zimmern, einem Motel (DZ NZ-$ 145–160) mit geräumigen Einheiten inkl. Küche sowie einer Lodge mit komfortablen Suiten (DZ NZ-$ 140–165).

Bed & Breakfast
Booklover's B&B $$$ (5), 123 Pirie St., Mt. Victoria, © 04-3842714, www.booklovers.co.nz, DZ NZ-$ 180–220. Edle Pension in einem 1895 erbauten viktorianischen Haus, das mit Büchern gespickt ist. Nach Meinung vieler Stammgäste serviert Gastgeberin Jane das beste englische Frühstück in ganz Neuseeland.
Eight Parliament Street $$–$$$ (6), 8 Parliament St., Thorndon, © 04-4990808, www.bnbchoices.com/new-zealand/8-parliament-street.bnb, DZ ab NZ-$ 125. Kleine, charmante B&B-Unterkunft, stilvoll eingerichtete Zimmer, reichhaltiges Frühstück, hilfsbereite deutsche Betreiberin.

Backpacker-Hostel/Jugendherberge
Downtown Backpackers $–$$ (7), Waterloo Quay, Ecke Bunny St., City, © 0800-225725 u. 04-4738482, www.downtownbackpackers.co.nz, DZ NZ-$ ab 82, im Mehrbettzimmer NZ-$ ab 25. Großes Haus gegenüber dem Bahnhof, Einzel-, Doppel- und Mehrbettzimmer, Restaurant, Bar, Billardsaal; das Hostel ist das ehemalige Waterloo Hotel, in dem 1953 Königin Elizabeth II. nächtigte.
Wellington City YHA $–$$ (8), 292 Wakefield St., Ecke Cambridge Terrace, © 04-8017280, www.yha.co.nz, DZ ab NZ-$ 95, im Mehrbettzimmer ab NZ-$ 29. Schön am Hafen gelegen und in einem ehemaligen Hotel untergebracht, 98 recht komfortable Einzel-, Doppel- und Mehrbettzimmer, YHA-Reisebüro in der Lobby.

Camping
Hutt Park Holiday Village (9), 95 Hutt Park Rd., Lower Hutt, © 0800-488872, www.huttpark.co.nz. Sehr gute Anlage der Top-Ten-Kette mit Zelt- und Campervanplätzen, Cabins, Flats, Motelbetrieb ($$–$$$); zwar 13 km entfernt an der Hutt-Pferderennbahn gelegen, trotzdem aber das nächste Motorcamp zum Zentrum, zu erreichen über den Motorway 2, Abfahrt Petone/Eastbourne; gute Verbindung mit öffentlichen Verkehrsmitteln nach Wellington Downtown.

Essen und Trinken
Eine Konzentration von Restaurants findet man am und um den Courtenay Place, an der Willis St., der Cuba St., der Tinakori Rd. in Thorndon und auf der Queens Wharf.
The White House Restaurant (1), 232 Oriental Parade, City, © 04-3858555, www.whr.co.nz, tägl. 11–14, 17.30–22.30 Uhr, sehr teuer. Vornehmes Speiselokal, das schon seit Jahren die Gastro-Kritiker begeistert. Die Kreationen des Küchenchefs, unter denen Fischgerichte den Schwerpunkt bilden, sind eine Mischung aus klassischen neuseeländischen Rezepturen mit einem kräftigen Schuss Asiatisch-Italienisch-Französischem – das Resultat ist beste Crossover-Küche. Gratis ist der großartige Blick auf die Oriental Bay.
Logan-Brown (2), 192 Cuba St., City, © 04-8015114, www.loganbrown.co.nz, Mo–Fr 11–15, 17.30–22.30, Sa/So 17.30–22.30 Uhr, teuer–sehr teuer. Steve Logan und Al Brown haben die „Buschkost" in Wellington salonfähig gemacht, dazu gehört im Prinzip alles, was wild gedeiht oder gejagt werden kann. Verarbeitet wird nicht nur einheimisches Wildfleisch und Fisch, sondern vor allem eine Vielzahl einheimischer Kräuter und Gewürze.

Dockside (3), Shed 3, Queens Wharf, City, ✆ 04-4999900, www.docksidenz.com, tägl. ab 11 Uhr, teuer. Das besonders von Einheimischen besuchte Seafood-Restaurant wurde mit dem „New Zealand's Best Fish & Chips Award" 2011 prämiert. Die Terrassenplätze sind vor allem abends heiß begehrt, wenn die Lichter der City-Skyline über dem Lambton Harbour glitzern.
Matterhorn (4), 106 Cuba St., City, ✆ 04-3843359, www.matterhorn.co.nz, Mo–Fr ab 15, Sa/So ab 10 Uhr, teuer. In den 1960er-Jahren von zwei Schweizern gegründetes Lokal mit Kultstatus, Crossover aus Restaurant mit trendiger Pacific-Rim-Küche und Lounge-Bar mit mehrfach preisgekrönter Cocktailliste, fast jeden Abend Live-Jazz.
Fishermans Table (5), Oriental Parade, City, ✆ 04-8017900, www.fishermanstable.co.nz, tägl. 11.30–21.30 Uhr, moderat–teuer. Fisch und Seafood in allen Variationen, frisch aus Neptuns Garten, sehr gut und sehr beliebt.
Floriditas (6), 161 Cuba St., City, ✆ 04-3812212, tägl. ab 8 Uhr, moderat–teuer. Italienische Küche und Pariser Bistro-Charme – eine Institution!
The Backbencher Pub & Café (7), 34 Molesworth St., Thorndon, ✆ 04-4723065, www.backbencher.co.nz, tägl. ab 10.30 Uhr, moderat–teuer. Die inoffizielle Parlamentskantine ist eine Institution in Wellington und bietet eine ideenreiche neuseeländisch-asiatische Fusion-Küche. Die Wände des gemütlichen Lokals schmücken satirische Cartoons und Gummipuppen, die Politiker darstellen sollen.
BNZ Food Court (8), 1 Willis St., City, Mo–Sa 8–21.30, So 9–19 Uhr, preiswert. Diverse Essensstände mit einem Querschnitt durch die Küchen Asiens.

Nachtleben

Möglichkeiten in Wellington abends und nachts auszugehen und Spaß zu haben, gibt es zu Genüge, denn das Angebot an Pubs, Diskotheken, Szenetreffs, Kinos und Theater ist groß. Ein Epizentrum brodelnden Nightlifes hat sich im trendigen Multi-Kulti-Viertel an der **Cuba St.** aufgetan. Bunt gemischt ist das Nightlife-Angebot am **Courtenay Place**. Niveauvolle Nachtlokale konzentrieren sich an der **Queens Wharf**. Im Sommer finden Musikveranstaltungen oft unter freiem Himmel im **Frank Kitts Park** am Hafen und auf dem **Civic Square** statt. Die Szene ist ständig in Bewegung. Über das, was gerade hip ist, informiert die Web-Seite www.wotzon.com. Buchungen für alle größeren (Kultur-) Veranstaltungen übernimmt Ticketek (✆ 0800-TICKETEK u. 04-3843840, www.ticketek.co.nz, Büro u. a. im St. James Theatre, s. u.).

Bars und Kneipen
St. Johns Bar, 5 Cable St., City, ✆ 04-8018017, www.stjohnsbar.co.nz, Mo–Fr ab 11, Sa/So ab 9 Uhr. Mittags und abends werden Gerichte der modernen neuseeländischen Küche serviert, danach verwandelt sich das Trendlokal in eine Cocktailbar.
The Green Man Pub, Victoria St., Ecke Willeston St., City, ✆ 04-4995440, www.thegreenmanpub.co.nz, tägl. ab 11 Uhr. Bei Einheimischen und Touristen gleichermaßen beliebter Pub mit gutem Essen, vor allem Steaks.
The Jimmy Café & Bar, St. James Theatre, 77–87 Courtney Place, ✆ 04-8026917, www.stjames.co.nz, tägl. ab 9 Uhr. Melange aus Frühstückscafé, Bistro und Lunch-Bar, kunstsinniges Publikum.
The Malthouse, 48 Courtenay Place, City, ✆ 04-8025484, www.themalthouse.co.nz, So–Do ab 15, Fr/Sa ab 12 Uhr. In diesem Paradies für Freunde des edlen Gerstensaftes gibt es sage und schreibe 180 Biere aus 32 Ländern, 30 davon fließen sogar frisch aus Zapfhähnen.

Diskotheken

Hole in the Wall, 154 Vivian St., City, ℗ 04-9134314, tägl. ab 19 Uhr. Großer, bunt ausgeleuchteter Club mit exzellenten Sound- und Lichteffekten. Die DJs mischen Dancefloor-Musik Hip-Hop, TripHop und Drum 'n' Bass mit klassischer Rockmusik und Rhythm 'n' Blues.

Sandwiches, 8 Kent Terrace, City, ℗ 04-3857698, www.sandwiches.co.nz, So–Do 19–1, Fr/Sa 19–3 Uhr. Einer der angesagtesten und größten Danceclubs der Stadt mit DJs und Live-Musik, vor allem Drum 'n' Bass. Hip und immer knackevoll.

Live-Musik

Bodega, 101 Ghuznee St., City, ℗ 04-3848212, www.bodega.co.nz, Di/Mi 16–24, Do–Sa 16–3 Uhr. Jazz, HipHop, Techno, Drum 'n' Bass, Deep House, Funk & Soul – in Wellingtons ältestem Lokal für Live-Gigs gibt es etwas für jeden Geschmack.

Kitty O'Shea's, 28 Courtenay Pl., City, ℗ 04-3847392, www.kittyosheas.co.nz, tägl. ab 11 Uhr. Das inoffizielle irische Kulturzentrum von Wellington, wo selbst Besucher von der „grünen Insel" vergessen, dass sie sich ganz am anderen Ende der Welt befinden, vor allem Freitag- und Samstagabend live Irish-Folk-Rock.

San Francisco Bathhouse, 171 Cuba St., ℗ 04-3875569, www.sfbh.co.nz, So–Do 19–1, Fr/Sa 19–3 Uhr. Seit den 1970er-Jahren beliebter Crossover aus Bar und Danceclub mit DJs und Live-Musik von Indie und Alternative Rock bis Reggae. Der Balkon ist ein guter Platz, um das quirlige Leben auf der Cuba St. zu beobachten.

Kinos

Embassy Theatre, 10 Kent Terrace, City, ℗ 04-3847657, www.embassytheatre.co.nz, Tickets: ab NZ-$ 18. Filmpalast aus dem Jahre 1924, in dem der „Herr der Ringe" seine Premiere feierte.

Paramount, 25 Courtenay Place, City, ℗ 04-3844080, www.paramount.co.nz, Tickets: ab NZ-$ 15. Anspruchsvolle Filmkunst jenseits des Mainstream in einem Lichtspielhaus aus dem Jahre 1917.

Theater und Musical

Circa Theatre, 1 Taranaki St., City, ℗ 04-8017992, www.circa.co.nz, Tickets: NZ-$ 35–60. Das innovative Theater präsentiert Adaptionen von Klassikern und Stücke junger neuseeländischer Bühnenautoren.

St. James Theatre, 77-87 Courtenay Pl., ℗ 04-8024060, www.stjames.co.nz, Tickets: NZ-$ 50–100. Etablierte Bühne mit z. T. monatelang ausverkauften Vorstellungen, häufig Musicals, zudem Stammhaus des Royal New Zealand Ballet.

Deutsch-neuseeländischer Kulturaustausch

Das sehr aktive Goethe-Institut bzw. **German Cultural Centre** (150 Cuba St., ℗ 04-3856924, www.goethe.de/an/wel, Mo–Do 11–17.30, Fr bis 15 Uhr geöffnet) veranstaltet Filmvorführungen, Dichterlesungen etc. und verfügt stets über eine Auswahl deutschsprachiger Zeitungen und Magazine.

Einkaufen

Native New Zealand, 267 Wakefield St., City, ℗ 04-3852238, tägl. 9–18 Uhr. Große Auswahl an typisch neuseeländischen Mitbringseln, z. B. Wollsachen und Holzschnitzereien.

Old Bank Arcade, Lambton Quay, Ecke Willis St., City, ℂ 04-9220600, www.old bank.co.nz, Mo–Fr 9–19, Sa 9–17 Uhr. Schicke Ladengalerie in einer ehemaligen Bank, vor allem Mode und Accessoires.
Starfish, 128 Willis St., City, ℂ 04-3853722, www.starfish.co.nz, Mo–Fr 9–19, Sa 9–18 Uhr. Mode von neuseeländischen Stardesignern.
Te Papa Store, 55 Cable St., City, ℂ 04-3817013, tägl. 10–19 Uhr. Galerie für Kunst und Kunsthandwerk der Maoris im Museum of New Zealand.

Stadtrundfahrten

John's Hop On Hop Off City Tour, ℂ 0800-246877, www.hoponhopoff.co.nz, Abfahrten vom Wellington i-SITE Visitor Centre tägl. 10, 11, 12, 13, 14 Uhr, Tickets: NZ-$ 39, Kinder 5–15 Jahre NZ-$ 20. Touristenbus auf einer Rundstrecke in der City, an 18 verschiedenen Haltepunkten kann man mit einer Tageskarte die Fahrt beliebig oft unterbrechen.
Wally Hammond's City Tours, ℂ 04-4720869, www.wellingtonsightseeingtours.com. 2½-stündige City-Highlight-Tour, Halbtagesausflug entlang der Kapiti Coast und Ganztagesexkursion nach Wairarapa und Palliser.
Wellington City Sights, ℂ 0800-CITYSIGHTS, www.citysights.co.nz, Abfahrten vom Wellington i-SITE Visitor Centre tägl. 10–16 Uhr zur vollen Stunde, 24-Std.-Tickets: NZ-$ 30, Kinder 5–15 Jahre NZ-$ 18. Sightseeing-Linie in der City und näheren Umgebung, an 12 verschiedenen Haltepunkten kann man mit einer Tageskarte die Fahrt beliebig oft unterbrechen.
Wellington Rover Tours, c/o Wellington i-SITE Visitor Centre, ℂ 021-426211, www.wellingtonrover.co.nz. Halb- und ganztägige Touren zu Drehorten von „Herr der Ringe", ab NZ-$ 95, Kinder 5–15 Jahre NZ-$ 50.

Fahrradfahren

Das hügelige Terrain der Hauptstadt ist für Fahrradfahrer nicht so gut geeignet wie die Region um Auckland, trotzdem lassen sich auch hier einige interessante und bequeme Routen zusammenstellen.
Penny Farthing Cycle Shop, 89 Courteney Pl., City, ℂ 04-3852279, www.pennyfarthing.co.nz. Verleih von Mountain Bikes und Tourenrädern auf Stunden-, Tages- oder Wochenbasis.
Mud Cycles, 338 Karori Rd., Karori, ℂ 04-4764961, www.mudcycles.co.nz. Verleih von Mountainbikes; das Unternehmen befindet sich nahe dem Makarara Peak Mountain Bike Park in den Hügeln von Karori, westlich des Zentrums. Das 200-ha-Areal wurde speziell für die Bedürfnisse von Mountainbike-Fahrern mit allen Schwierigkeitsgraden gestaltet. Man erreicht es mit den Buslinien 3, 12 und 17.

Windsurfen

Wild Winds Sail & Surf, 36 Customshouse Quay, ℂ 04-4733458 u. 04-3841010, www.wildwinds.co.nz. Zweistündiger Windsurf-Schnupperkurs (ab NZ-$ 110), 6-stündiger Anfängerkurs (ab NZ-$ 295) an der Evans Bay, Verleih der Ausrüstung.

Flüge/Flughafen

Wellington International Airport befindet sich 8 km südöstlich des Zentrums (ℂ 04-3855100, www.wellington-airport.co.nz). Er verfügt über alle international üblichen Einrichtungen einschließlich Touristeninformation, Gepäckaufbewahrung, Geldwechsel, Mietwagen-Stationen.

Vom/zum Flughafen mit Door-to-Door-Service fahren **SuperShuttle** (℃ 0800-748885 u. 04-3878787, www.supershuttle.co.nz) und **AP Shuttles** (℃ 04-4775059), bei beiden zahlt man für die einfache Fahrt ca. NZ-$ 15–20. Preisgünstiger ist der **Lokalbus Airport Flyer** (℃ 0800-801700, www.metlink.org.nz), der tägl. 6.30–21.30 Uhr jede Viertelstunde zwischen Flughafen, Wellington-Stadtmitte und Lower Hutt pendelt (je nach Zone NZ-$ 5,50–14,50). Wer ein **Taxi** nehmen möchte, bezahlt NZ-$ 30–35.

Zu den Fluggesellschaften, die in Wellington starten, gehören: **Air New Zealand**, ℃ 0800-737000, www.airnewzealand.com (u. a. nach Auckland, Blenheim, Christchurch, Dunedin, Gisborne, Queenstown und Rotorua); **Jetstar**, ℃ 0800-800995, www.jetstar.com (u. a. nach Auckland und Christchurch); **Air2there**, ℃ 0800-777000, www.air2there (nach Blenheim und Nelson); **Soundsair**, ℃ 0800-505005, www.soundsair.com (nach Picton) und **Freedom Air**, ℃ 0800-600500 (u. a. nach Auckland und Christchurch).

Busse
Überregional

Die Überlandbusse von **InterCity** (℃ 04-3850520, www.intercity.co.nz), mit denen man praktisch jedes Ziel in Neuseeland erreichen kann, starten ebenso am Bahnhof (Plattform 9) wie die von **Newmans** (℃ 04-3850521, www.newmanscoach.co.nz). Tickets und Reservierungen bekommt man im dortigen Travel Centre. Eine andere Busgesellschaft heißt **White Star City to City** (℃ 04-4784734) und bedient hauptsächlich das Gebiet entlang der Ostküste (u. a. Masterton, Hastings, Napier und Gisborne).

Stadt- und Nahverkehr

Der innerstädtische Busverkehr wird von **MetLink** (℃ 0800-801700, www.metlink.org.nz) organisiert. Die aktuellen Fahr- und Routenpläne bekommt man in den Visitor Centres, bei Zeitungsständen und an den wichtigsten Busterminals. Die größten liegen an der Wellington Railway Station und am Courtenay Place/Cambridge Terrace. Das Fahrpreissystem ist je nach Entfernung in 6 Zonen gestaffelt, beginnend mit NZ-$ 2. Bei intensiver Nutzung lohnt der Tagespass **Daytripper**, den es für NZ-$ 9,50 gibt und der ab 9.00 Uhr gültig ist (für bis zu 4 Personen auch als Group Daytripper für NZ-$ 24,50 erhältlich). Der *Discovery Pass* für NZ-$ 19,50/Tag erlaubt unbegrenztes Busfahren in Wellington und den Nachbargemeinden einschließlich Hutt Valley und Kapiti Coast.

Züge
Überregional

Der Bahnhof **Wellington Train Station** (℃ 0800-872467 u. 04-4982058, www.tranzscenic.co.nz) liegt 10 Min. zu Fuß vom Civic Centre entfernt. Hier starten tägl. der **Overlander** nach Auckland über u. a. Palmerston North, National Park, Waitomo und Hamilton sowie der Capital Connection nach Palmerston North.

Regional

Wellington Train Station ist auch Endstation der **TranzMetro-Vorortzüge** (℃ 0800-801700, www.tranzmetro.co.nz), die von früh bis spät und in schnellem Takt auf fünf Linien operieren, nämlich nach Johnsonville, nach Melling über Petone, nach Paraparaumu, nach Masterton über Upper Hutt und nach Wairarapa. Tickets kosten je nach Entfernung NZ-$ 4,50–17,00; es gibt preisgünstige 10er- oder Monatskarten sowie für die inneren Zonen das Day Rover Ticket (NZ-$ 13).

Fähren

Zu den Fährverbindungen nach Picton s. Allgemeine Reisetipps, Stichwort „Verkehrsmittel". Das Interislander Ferry Terminal befindet sich ca. 3 km nördlich des Zentrums, das Bluebridge Ferry Terminal am Waterloo Quay gegenüber der Wellington Railway Station.
Interislander, ✆ 0800-802802 u. 04-4983302, www.interislander.co.nz.
Bluebridge, ✆ 0800-844844 u. 04-4716188, www.bluebridge.co.nz.

Mehrmals tägl. gehen Fähren von der Queens Wharf zur Days Bay, einige davon laufen auch Matiu-Somes Island an. Infos an der Queens Wharf, im Touristenbüro oder bei der Dominion Post Ferry, ✆ 04-4991282, www.eastbywest.co.nz.

Taxis

Taxistände gibt es an mehreren Plätzen in der Stadt, u. a. am Bahnhof, Flughafen, vor dem Museum Te Papa, an Cambridge Terrace und an der Fährstation. Telefonisch ruft man Taxis u. a. mit ✆ 04-3844444 (Wellington Combined Taxis, www.taxis.co.nz) und 04-3874600 (Corporate Cabs, www.corporatecabs.co.nz).

Tipp

Mit dem **MetLink Explorer Ticket** kann man alle Buslinien in Wellington und Hutt Valley (auch den Airport Flyer) sowie alle TranzMetro-Bahnlinien (ausgenommen nach Wairarapa) einen Tag lang ab 9 Uhr benutzen. Erhältlich an TranzMetro-Ticketschaltern sowie bei Busfahrern und Zugschaffnern, NZ-$ 18, Kinder 5–15 Jahre NZ-$ 9.

Schwebende Kugel aus stilisierten Farnblättern in der City von Wellington

Der Osten der Nordinsel

Streckenübersicht und Zeiteinteilung

Redaktionstipps

Sehens- und Erlebenswertes
- Besuch des **Pukaha Mt. Bruce National Wildlife Centre** (S. 316)
- Besichtigung von **Napier**, Panoramablick vom **Bluff Hill Lookout** (S. 322)
- Fahrt über die **Mahia-Halbinsel** (S. 334)
- Besichtigung von **Gisborne** (S. 335)
- Sonnenaufgang auf dem **Mt. Hikurangi** (S. 340)

Aktivitäten
- Wassersport an den Stränden von **Riversdale** oder **Castlepoint** (S. 316)
- **Traktor**- oder **Bootsfahrt** zur Tölpelkolonie am **Cape Kidnappers** (S. 325)
- Aufenthalt im **Urewera National Park** mit Wanderung um den Lake Waikaremoana und zu den Waitangi Falls (S. 332)
- **Helikopterflug** ab Whakatane zur **White Island** (S. 346).

Die Fahrt durch den Südosten der Nordinsel führt durch eine moderate Hügellandschaft, durch weite Täler und Wälder, an ausgedehnten Schafsweiden vorbei bis zu den Weingütern und Obstplantagen an der pazifischen Küste. Die Strecke bietet zwar keine spektakulären Landschaften, dafür aber liebliche Natur und reizvolle Gegenden. Die etwa 335 km zwischen Wellington und Napier kann man an einem Tag schaffen, Besuche im Mt.-Bruce-Vogelpark oder im Norweger-Städtchen Norsewood fallen dann allerdings knapp aus und Ausflüge zu den Stränden östlich von Masterton sind überhaupt nicht möglich. Mit einer Übernachtung in Masterton oder Dannevirke hat man einen größeren zeitlichen Spielraum.

Für eine Besichtigung der Zwillingsstädte **Napier** und **Hastings** sollte man sich mindestens einen Tag Zeit nehmen, mit einem zusätzlichen Tag könnte man die schöne Landschaft des Cape Kidnappers samt Vogelkolonien erleben.

Entlang der Ostküste

Ab Napier hat man Gelegenheit, auf einer alternativen Route weiter an der Ostküste zu bleiben. Entlang der **Hawke Bay** fährt man dabei an schönen Stränden, großartigen Seen und dem Urewera-Nationalpark vorbei zum Urlaubsparadies **Gisborne**. Hier kann sich eine Rundfahrt um das **East Cape** mit seiner weitgehend unbekannten Schönheit anschließen – eine Route durch eine nahezu unberührte Region mit himmlischen Stränden und Maori-Siedlungen, die zu Recht als eine der schönsten des Landes gerühmt wird. In **Whakatane** an der Bay of Plenty kann man dann über einen kurzen Abstecher wieder an die Route ab S. 342 anschließen oder alternativ die Fahrt zur **Coromandel-Halbinsel** (s. S. 376) fortsetzen. Von Napier bis Gisborne und von Gisborne nach Whakatane braucht man jeweils einen Tag, aber angesichts der Traumstrände der Poverty Bay und der Bay of Plenty ist es schade, die Route nur als Transitstrecke zu benutzen.

Von Wellington nach Napier

Bei der Reise durch die östlichen Regionen der Nordinsel in Richtung Auckland verlässt man die neuseeländische Hauptstadt Wellington über den Highway 2 nach Norden. Wer mit der Fähre aus Picton angereist ist und keine Lust hat, die Metropole zu besuchen, sollte ab dem Fährterminal über den Urban Motorway entlang Port Nicholson und dann bei Petone das Hutt Valley hinauffahren. Auch wenn man nachmittags in Wellington ankommt, ist es ratsam, diesen Weg zu nehmen, denn in den Vorstädten **Lower Hutt** und **Upper Hutt** gibt es Unterkunftsmöglichkeiten, die zudem billiger sind als in Wellington selbst. Von hier beträgt die Strecke nach Masterton nur 100 km. Mit genügend Zeit lohnen jedoch auf dem Weg noch einige Abstecher zu historisch interessanten Punkten.

Petone

In Petone gingen 1840 die ersten Siedler an Land und zogen erst nach Unwettern zum günstiger gelegenen Standort im heutigen Wellington weiter. Das **Petone Settlers Museum** zeigt anhand vielfältiger Exponate die Entwicklung des Ortes von einer Maori-Siedlung über die ersten europäischen Blockhäuser bis hin zum Wellingtoner Stadtteil von heute.
Petone Settlers Museum, *The Esplanade, © 04-5688373, www.petonesettlers.org.nz, Mi–So 10–16 Uhr, Eintritt frei.*

Lower Hutt und Upper Hutt

Der nächste Ort, 15 km hinter Wellington City, ist **Lower Hutt**, mit gut 100.000 Einwohnern ein wichtiges Zentrum für Industrie und Landwirtschaft. Das Stadtbild, eine gelungene Mischung aus historischen und modernen Bauten, wird von vielen Parks und Grünanlagen aufgelockert. Die sehenswerte **Christ Church** aus dem Jahr 1853 erinnert an die Anfänge der weißen Besiedlung durch die New Zealand Company. Auf dem angrenzende Friedhof befinden sich mehrere Grabstätten früher Einwanderer, Grabinschriften berichten von manch tragischem Siedlerschicksal. Wer sich für Kunst und Kunstgewerbe der Maori-Gemeinde interessiert, die durch sieben Maraes vertreten ist, sollte den Komplex **Maori Treasures** (*56–58 Guthrie St., www.maoritreasures.com, tägl. 9–16 Uhr*) besuchen. Viele Motels, Campingplätze und B&B-Unterkünfte sowie ausgezeichnete Freizeitmöglichkeiten (u. a. ein 18-Loch-Golfplatz, mehrere Frei- und Hallenbäder, gute Mountainbike- und Wanderrouten) empfehlen die Stadt auch als Standort für Besucher, die von hier bequem mit der Vorortbahn nach Wellington fahren können.

Erste Siedler

Upper Hutt, 15 km weiter flussaufwärts, ist ebenfalls ein regionales Industriezentrum und dient zudem als „Schlafstadt" für Arbeitspendler nach Wellington. Mit dem **Wallaceville Blockhouse** besitzt der rund 35.000 Einwohner zählende Ort ein bedeutendes Bauwerk der militärischen Frühzeit Neuseelands: Die hölzerne Verteidigungsanlage sollte ab 1860 Wellington vor Angriffen aus dem Hutt Valley schützen. Ebenfalls sehenswert sind in der Stadt die 1876 errichtete **Church of St. John the Evangelist**, die mit einem schönem Innenraum und einem historischem Friedhof aufwartet, mehrere Parks sowie die alte Dampflok **Silverstream Steam Railway**.

Pendlerstadt

Tierfreunde zieht es zum nahen **Staglands Wildlife Reserve**, das inzwischen zu einer beachtlichen Konkurrenz für das Pukaha Mt. Bruce National Wildlife Centre (s. u.) aus-

gebaut wurde. Der Tierpark im Aklatarawa Valley umfasst Gehege mit endemischen Vögeln, Rotwild und vielen anderen Tieren, aber auch die Überreste eines verlassenen Dorfes. Man erreicht ihn, wenn man nördlich der Stadt vom Highway 3 auf die Akatarawa Rd. einbiegt und der Straße 17 km folgt.

Staglands Wildlife Reserve, 2362 Akatarawa Rd., © 04-5267529, www.staglands. co.nz, tägl. 10–17 Uhr, NZ-$ 19, Kinder unter 15 Jahre NZ-$ 8

Featherston

Aus dem zweispurigen Motorway ist inzwischen der einspurige Highway 2 geworden, der sich nun anschickt, die Rimutaka Range mit Serpentinen und engen Abschnitten zu bewältigen. Von der Kleinstadt **Featherston** am Fuß der Berge kann man reiz-

volle Ausflüge unternehmen. Das **Fell Locomotive Museum** bewahrt eine besonders zugkräftige Lokomotive auf, die bis 1955 auf den enormen Steigungen der Rimutaka Range eingesetzt wurde. Mit dem Bau eines langen Tunnels wurden Sondermodelle wie die Fell-Lokomotive überflüssig.
Fell Locomotive Museum, *Hwy. 2, Ecke Lyon St., ℂ 06-3089379, www.fellmuseum.org.nz, tägl. 10–16 Uhr, Eintritt frei.*

> ### Abstecher in den Süden
>
> Ab **Featherston** ist ein landschaftlich sehr reizvoller Abstecher möglich, der in seiner kürzeren Variante zum Lake Wairarapa führt, mit mehr Zeit jedoch bis zum Cape Palliser ausgebaut werden kann. 5 km südlich der Stadt ist der 8.000 ha große **Lake Wairarapa** ein beliebtes Naherholungsgebiet der Wellingtonians, die hier allen möglichen Wassersportarten nachgehen oder angeln. Nach diesem See (wörtlich: „schimmerndes Wasser") wird die gesamte Region als Wairarapa-Gebiet bezeichnet. Aufgrund dessen Popularität findet man an den Ufern des Sees, der im Osten oder Westen umfahren werden kann, mehrere Campingplätze, einige Motels und B&Bs.
>
> In der Gegend um das Städtchen **Martinborough**, das den Ruf der renommiertesten Weinanbauregion im Süden der Nordinsel genießt, werden einige der besten Weine Neuseelands produziert. Liebhabern edler Rebensäfte bietet sich die Gelegenheit, auf einem der Weingüter dort gezogene Spitzenweine zu genießen. Einige der regionalen Winzer erhielten für ihre Erzeugnisse wiederholt internationale Auszeichnungen. Auf Besucher eingestellt sind **Johner Estate** (*40a Dakins Rd., East Tarataki RD 7, ℂ 06-3708217, www.johner-estate.com*), **Martinborough Vineyard** (*Princess St., ℂ 06-3069955, www.martinborough-vineyard.co.nz*), **Palliser** (*Kitchener St., ℂ 06-3069019, www.palliser.co.nz*) und **Schubert Wines** (*57 Cambridge Rd., ℂ 06-3068505, www.schubert.co.nz*).
>
> Weitere 70 km südlich markiert das **Cape Palliser** die südlichste Spitze der Nordinsel. Der Ausflug dorthin, für den man ab Featherston hin und zurück gut drei Stunden einplanen sollte, steckt voller landschaftlicher und historischer Reize. Man sieht weitere Seen, bizarre Kalksteinformationen (Putangirua Pinnacles), Überreste früher Maori-Siedlungen, eine verlassene Walfängerstation, die großen naturgeschützten Waldgebiete der Aorangi Mountains und am Kap schließlich nahe des Leuchtturms eine große Kolonie mit Hunderten von Fellrobben

Greytown

Auf der Weiterfahrt ab Featherstone windet sich der Highway 2 auf einer kurvenreichen Straße durch die Rimutaka-Berge zum 14 km nordöstlich gelegenen Städtchen Greytown, das seinen Namen nach dem zweiten Gouverneur Neuseelands trägt. Vor und nach den Anfängen der europäischen Besiedlung im Jahr 1854 hatte der Ort seine

Verkosten edler Rebensäfte bei einem Weinfest in Martinborough

Maori-Hauptstadt

Bedeutung für die Maoris, deren Einwohnerzahl um 1900 fast doppelt so hoch war wie heute. 1897 wurde hier das erste Maori-Parlament einberufen, und mit dem Sitz der Einigungsbewegung (*Kotahitanga*) war Greytown de facto die Maori-Hauptstadt. Das nur kurze Leben der Bewegung führte zu einem Verfall des prächtigen Versammlungshauses **Papawai Marae**, das aber in den 1960er-Jahren aufwendig restauriert wurde und heute in altem Glanz erstrahlt. An die Pioniertage der Pakehas erinnern mehrere Gebäude aus der Zeit von 1854 bis 1885, etwa die Stadtkirche, die Town Hall, die Bank of New Zealand und einige Wohnhäuser. In einer Postkutschenstation von 1866 befindet sich das **Cobblestones Museum** mit vielen Erinnerungsstücken jener Zeit.

Papawai Marae, *Papawai Rd., tägl. 10–16 Uhr, Spende erbeten.*
Cobblestones Museum, *tägl. 9–17 Uhr, Spende erbeten.*

Masterton

Durch fruchtbares Farm- und Weideland erreicht man nach 23 km Masterton, das 1853 von einer Kooperative von Kleinbauern gegründet wurde und den Namen eines seiner ersten Siedler trägt. Die 20.000-Einwohner-Stadt ist das Zentrum des Wairarapa-Gebiets und in ganz Neuseeland bekannt wegen des internationalen Schafschurwettbewerbs, der alljährlich in der ersten Märzwoche Zehntausende von Besuchern anzieht. Dass vor einigen Jahren kein „Kiwi", sondern ein Schotte die Meisterschaft im Golden Shears gewann, war ein harter Schlag für das nationale Selbstbefinden. Für einen Zwischenaufenthalt auf dem Weg nach Napier oder als Standort für Ausflüge zu den Stränden der Ostküste ist das überschaubare, schön am Waipoua River gelegene Landstädtchen wegen seiner guten Infrastruktur bestens geeignet. Das **Aratoi Wairarapa Museum** in der Ortsmitte dokumentiert Kunst, Kultur und Geschichte der Region. Im benachbarten **Shear Discovery Centre** dreht sich alles um Schafe und Schafscheren. Nicht weit entfernt liegt der **Queen Elizabeth Park** mit einem Maori-Pakeha-Friendship-Memorial, einem Cricket-Platz, dem Aquarium und Tierpark, Rosengärten, einer Miniatureisenbahn sowie einem Schwimmbad. Im **Wairarapa Arts Centre** an der Bruce St., zu dem auch eine Kirche aus dem Jahr 1878, ein Kräutergarten, eine Cafeteria und eine Freilichtbühne gehören, zeigen mehrere Galerien Exponate des örtlichen Kunsthandwerks.

Schafschurwettbewerb

Aratoi Wairarapa Museum, *Bruce St., Ecke Dixon St., © 06-3700001, www.aratoi.org.nz, tägl. 10–16.30 Uhr, Spende erbeten.*
Shear Discovery Centre, *12 Dixon St., © 06-3788008, tägl. 10–16.30 Uhr, NZ-$ 6, Kinder 5–15 Jahre NZ-$ 3.*
Wairarapa Arts Centre, *Bruce St., Mo–Fr 9–17, Sa/So 10–16 Uhr, Eintritt frei.*

Reisepraktische Informationen Masterton

Information
Masterton i-SITE Visitor Centre, *im Aratoi Wairarapa Museum, Bruce St., Ecke Dixon St., © 06-3700900, www.wairarapanz.com, Mo–Fr 9–17, Sa/So 10–16 Uhr. Weitere Touristenbüros finden sich in Martinborough (18 Kitchener St., © 06-3065010) und in Featherston. Ein DOC-Büro (© 06-3782061) gibt es 2 km südl. von Masterton an der South Road nahe dem Aerodrome.*

Unterkunft

Motel
**Discovery Motor Lodge $$–$$$**, *210 Chapel St., © 0800-188515 u. 06-3787745, www.discovery.co.nz, DZ NZ-$ 120–190.* Neueres Mittelklasse-Motel mit schönen Zimmern und Suiten, Swimmingpool.

Backpacker-Hostel
**Chanel Court Motel & Backpackers $–$$**, *14 Herbert St., © 06-3782877, www.chanelcourtmotel.co.nz, DZ NZ-$ 90–130, im Mehrbettzimmer ab NZ-$ 30.* Zentral gelegenes Hostel in einem hübschen Holzhaus mit Mehrbett- und Doppelzimmern sowie gut ausgestatteten Moteleinheiten.

> **⚠ Camping**
> **Mawley Park Motor Camp**, 15 Oxford St., ✆ 06-3786454, www.mawley
> park.co.nz. Freundlicher Platz mit Cabins etc., nördlich des Zentrums am Flussufer gelegen.

Abstecher zur Küste

Vom nördlichen Stadtende von Masterton führt eine schmale, aber asphaltierte und gut befahrbare Straße zu zwei schönen Stränden inmitten einer großartigen Küstenlandschaft – zum **Riversdale Beach** (60 km) und zum **Castlepoint Beach** (63 km). An beiden Stränden gibt es Campingplätze, das Baden ist wegen Unterwasserströmungen aber nicht immer ungefährlich.

Kanu-Tour

Die Bademöglichkeiten im kleinen Seebad Riversdale Beach sind etwas besser, da die Mündung des nahen Wharemama River Schutz vor der manchmal hohen Brandung bietet. Deswegen ist der Ort auch bei Kanuten beliebt die ihren Sport sowohl vor der Küste als auch im Fluss ausüben können. Kanus kann man im Motorcamp leihen.

Castlepoint nannte Kapitän James Cook, als er hier 1770 vorbeisegelte, jenen „bemerkenswerten Felsen nahe der See" wegen seines burgähnlichen Aussehens. Ihm zu Füßen liegt heute ein 550-Seelen-Dorf gleichen Namens, das hauptsächlich vom Tourismus lebt. Die Besucher werden von dem langen Sandstrand angezogen, auf dem man Ende März Pferderennen abhält, und von der bisweilen hohen Brandung, die jedes Surferherz höher schlagen lässt. In dem als Scenic Reserve unter Naturschutz stehendem Gebiet kann man das Strandleben genießen, aber auch in wenigen Minuten zum Leuchtturm aus dem Jahr 1913 spazieren, in einer halben Stunde auf den 163 m hohen Castle Rock wandern, das vielfältige Vogelleben beobachten (allein 38 verschiedene Arten, davon 20 einheimische) oder nach Einschlüssen und Fossilien im Kalkstein suchen.

Von Masterton nach Napier

Östlich der Puketoi Range windet sich der wenig befahrene Highway 52 durch eine bezaubernde Landschaft nach **Waipukurau**, wo er südlich von Napier wieder auf den Highway 2 trifft. Unterwegs lohnt sich ein Abstecher zum **Cape Turnagain**. Die meisten Reisenden geben jedoch der gut 60 km kürzeren Fahrt über den Highway 2 den Vorzug. Dieser führt westlich der Puketoi-Berge durch ein ausgedehntes Weide- und Bauernland, dem man nicht mehr ansieht, dass sich hier einst mächtige Urwälder (Forty Mile Bush und Seventy Mile Bush) bis nach Napier an der Hawke Bay erstreckten. Erst in den 1870er-Jahren schlugen skandinavische Einwanderer eine Schneise durch den Busch und legten eine Straße an. Den Pionieren folgten Scharen von Siedlern, die der Region durch immense Rodungsarbeiten ihr heutiges Gepräge gaben.

Massive Waldrodungen

Etwa 30 km nördlich von Masterton kommt man auf dem Highway 2 am **Pukaha Mt. Bruce National Wildlife Centre** vorbei. Inmitten eines ausgedehnten Areals ursprünglichen Waldes wurde hier ein beeindruckender Vogelpark eingerichtet. Nach der Wiederentdeckung der Takahe-Laufvögel im Fjordland im Jahr 1948 suchte die Regierung nach Möglichkeiten, eine Kolonie der seltenen Tiere auf der Nordinsel anzusiedeln. Der Farmer und Ornithologe Elwyn Welch wurde für dieses Projekt ausgewählt und brachte 1958 die ersten Takahe-Eier auf das Gelände. Heute beherbergt der Park die weltweit größte Sammlung neuseeländischer Vögel. Auf einem angenehmen Spaziergang können Besucher Raritäten wie Takahe, Weta, Tui, Kiwi, Kokako, Weka, Kaka, Robin u. v. m. in natürlicher Umgebung beobachten. Aber auch Tuataras, Geckos und zahlreiche Insektenarten leben in dem Wildlife Centre zwischen stattlichen und seltenen Exemplaren der alten Urwaldvegetation. Neben Farnbäumen und Beeren sind am Rundweg auch Tawa-, Rimu-, Kamahi- und andere Bäume ausgeschildert.

Neuseeländische Vögel

Pukaha Mt. Bruce National Wildlife Centre, *Hwy. 2, ℘ 06-3758004, www.pukaha.org.nz, tägl. 9–16.30 Uhr, NZ-$ 20, Kinder 5–15 Jahre NZ-$ 6.*

Über Eketahuna und Pahiatua geht die Fahrt nach **Woodville**, wo man über den Highway 3 einen Abstecher zum nahen **Palmerston North** unternehmen könnte (s. S. 265). Weiter auf dem Highway 2 kommt man bald nach **Dannevirke**, wo sich früher ein Camp dänischer Waldarbeiter befunden hat. Genau wie Mellemskov (heute: Eketahuna) und Norsewood ist Dannevirke ein Relikt aus den 1870er-Jahren, als die neuseeländische Regierung die umfangreichen Straßen- und Rodungsarbeiten im Busch von skandinavischen Einwanderern ausführen ließ. Nachdem sich britische Siedler ab den 1880er-Jahren verstärkt hier niederließen, erinnert heute bis auf einige Straßen- und Motelnamen nur noch ein Gedenkstein am Copenhagen Square an die dänische Vergangenheit. Auch ansonsten bietet Dannevirke nicht viel, aber immerhin eine gute Infrastrukturr mit etlichen Motels und Supermärkten.

Im 400-Seelen-Dorf **Norsewood**, nördlich von Dannevirke am Highway 2 gelegen, ist die nordische Vergangenheit besser aufspürbar. Hier hat die norwegische Botschaft ein typisches Holzboot des Heimatlands aufstellen lassen, hier tragen die Straßen die Namen norwegischer Könige und Sagahelden, und hier berichtet das **Norsewood Pioneer Museum**, ein kleines Blockhaus im nördlichen Stadtteil, vom Leben der ersten Pioniere. Von wirtschaftlicher Bedeutung für den kleinen Ort ist die Norsewear-Fabrik, die qualitätvolle Strickwaren wie Norweger-Pullis im traditionellen Stil herstellt. Gegenüber werden im Depot Glaswaren und anderes Kunsthandwerk angeboten. Der angrenzende Water Wheel Park bietet sich für ein Picknick an.

Nordische Vergangenheit

Norsewood Pioneer Museum, *Coronation St., tägl. 9–17 Uhr, NZ-$ 2, Kinder 5–15 Jahre NZ-$ 1.*

Nördlich von Norsewood führt die Straße nun langsam aus der Hügellandschaft hinab und passiert den Abzweig des Highway 50, auf dem man durch das Hinterland direkt Napier ansteuern kann (91 km). Auf der nur unwesentlich längeren Route über den Highway 2 kommt man in die größere Stadt **Waipukurau**, das Zentrum der hiesigen Landwirtschaft. Einen guten Überblick über das Gemeinwesen erhält man vom Aussichtspunkt auf dem Reservoir Hill. Wer picknicken möchte, hat dazu in der Mt. Herbert Reserve, in der Lindsay Scenic Reserve und im A'Deane Park gute Möglichkeiten. An der Brücke über den Tukituki River kann man im Fluss baden. Wer die offene See bevorzugt, muss den langen Abstecher zum Pourerere Beach oder Kairakau Beach unternehmen. Ebenfalls auf dem Weg zur Küste – über Porangahau und Mangaorapa

Längster Ortsname

Junction – gelangt man auf dem Highway 52 nach etwa 50 km zu einem kleinen Weiler, der einen merkwürdigen Rekord in Anspruch nimmt: Er besitzt den längsten Ortsnamen der Welt. So ist denn auch das Ortsschild ein viel fotografiertes Motiv. Auf jeden Fall ist ein Bild schneller aufgenommen als der Name ausgesprochen: Taumatawhakatangihangakoauauotamateaturipukaskapikimaungahoronukupokaiwhenuakanatahu.

7 km nach Waipukurau folgt das ehemalige Holzfällerdorf **Waipawa**, das mit optischen Reizen geizt – von der Maori-Schule Te Aute einmal abgesehen. Kurz danach hat man endgültig die Ebene mit Wein- und Obstplantagen erreicht. Als wirtschaftliche Zentren der Provinz Hawke Bay gehören die beiden nah beieinander liegenden Städte Havelock North und Hastings (s. S. 326) bereits zur direkten Umgebung von Napier.

Napier

Mag das touristische Überangebot des Ortes auch manchen abschrecken, so ist ein Besuch des gut 55.000 Einwohner zählenden Napier dennoch ein „Muss". Die ausgezeichneten Ausflugsmöglichkeiten in die nähere Umgebung, viele Attraktionen, Museen und Art-Déco-Gebäude machen die geschichtsträchtige Stadt zu einem idealen Standort für einen Aufenthalt in der Region.

Geschichte

Die Gegend der heutigen Hauptstadt der Provinz Hawke's Bay wurde im Oktober 1769 von **James Cook** zum ersten Mal gesichtet. Ab 1830 zog es europäische Händler, Walfänger und Missionare hierhin, und zwischen 1846 und 1854 wurden der erste Kaufladen, die Missionsstation und die alte Kirche gegründet, bevor die Stadt ihren heutigen Namen nach Sir Charles Napier, einem englischen Kämpfer in Indien, erhielt. Die nächsten Jahrzehnte waren geprägt von einem kontinuierlichen Aufschwung und der Entwicklung eines florierenden Obstanbaus. Das Stadtbild prägten damals noch weit mehr als heute der Ozean und die Mündung des Tutaekuri River, und die beiden Stadthügel Bluff Hill und Hospital Hill hatten den Charakter einer weit in die See vorragenden Halbinsel.

Verschwundene Halbinsel

Am Dienstag, dem 3. Februar 1931, erschütterte um 10.46 Uhr ein **Erdbeben** Napier und andere Orte an der Hawke Bay. Das Beben mit der Stärke 7,9 auf der Richterskala verwüstete in zweieinhalb Minuten das Geschäftszentrum, die nachfolgende Feuersbrunst vergrößerte das Chaos zusätzlich. 265 der damals 16.000 Einwohner fanden dabei den Tod. Durch das Beben wurde außerdem der nördlich gelegene Meeresgrund um zwei Meter über den Wasserspiegel angehoben, sodass Napier nun keine Halbinsel mehr war. Heute befinden sich auf diesem 3.200 ha großen Areal Industrieansiedlungen und der Flugplatz. Der Wiederaufbau ist ein eindrucksvolles Beispiel neuseeländischer Tatkraft. Viele Gebäude wurden originalgetreu neu errichtet und das Stadtbild durch Parks und großzügige Boulevards fast schon mondän gestaltet.

Napier

Unterkünfte	**Restaurants**
1 County Hotel	1 Pacifica
2 Fountain Court Motor Inn	2 Shed2
3 Masonic Hotel	3 The Brazen Head
4 Manor on Parade	4 The Thirsty Whale
5 Criterion Art Déco Backpackers	5 The Cri Café, Bar & Grill
6 Napier YHA Hostel	6 New Zealand Wine Centre
7 Kennedy Park	

Stadtbesichtigung

Ein günstiger Ausgangspunkt ist das i-SITE Visitor Centre an der Marine Parade. Hier erhält man spezielle Art-Déco-Stadtpläne, die sehr informative Broschüre „Art Déco Walk" für einen 1½- bis 2-stündigen Rundgang, Beschreibungen des Scenic Drive und anderes Material.

Flaniermeile

Die **Marine Parade** ist eine 3 km lange, von Norfolk-Pinien gesäumte und abends buntbeleuchtete Uferpromenade, die den schwarzen Sandstrand flankiert. Auf ihr befinden sich die meisten Attraktionen, aber auch das einfache Flanieren ohne Kulturprogramm macht auf hier Spaß. Nördlich des i-SITE Visitor Centre gehen mehrere Grünanlagen fast nahtlos ineinander über. Beim Bummel am Strand entlang passiert man die Konzertmuschel, die Statue Pania of the Reef (eine Maori-Version der „Kleinen Meerjungfrau") und Wasserspiele. Auf der anderen Straßenseite trifft man auf die 1967 eröffnete **Hawke's Bay Museum & Art Gallery**. Diese didaktisch hervorragend aufgebaute Institution macht den Besucher in einem audiovisuellen Programm mit der Geschichte der Stadt, insbesondere dem Erdbeben (*The Great Hawke's Bay Earthquake 1931*), bekannt. Mehrfach ausgezeichnet wurde die Kunstsammlung des Maori-Stammes Ngati Kahungunu. Andere Exponate zur Siedlergeschichte, zum lokalen Kunsthandwerk und Wechselausstellungen sind genauso sehenswert wie die Abteilung zum Art-Déco-Napier.

Art-Déco-Architektur in Napier

Hawke's Bay Museum & Art Gallery, *65 Marine Parade, © 06-8357781, www.hbmag.co.nz, tägl. 9–18, Apr.–Nov. 10–16.30 Uhr, Eintritt frei.*

Im nahen Umkreis zum Museum liegen die schönsten **Art-Déco-Bauten** der Stadt. Ein paar Schritte südlich, an der Einmündung der Emerson St. in die Marine Parade setzt das massiv wirkende **T&B Building** mit seinem Dachturm einen architektonischen Akzent. Geht man vom Museum aus die Tennyson St. westwärts, passiert man weitere markante Gebäude im Stil des Art Déco. Ein wahres Kleinod ist das **Masonic Hotel**, ein historischer Pub, in dem man heute noch ein gepflegtes Bier vom Fass genießen kann. Die Hausnummer 48 trägt das **Criterion Hotel**, hinter dessen schöner Fassade im spanischen Missionsstil sich heute ein Backpacker-Hostel verbirgt. Es folgen das **Daily Telegraph Building**, das von deutschstämmigen Neuseeländern erbaute **Hildebrandts Building** und das **Municipal Theatre**. Nicht versäumen sollte man einen Besuch des **Art Déco Centre** nahe dem Memorial Square, das Aktivitäten und Veranstaltungen zum Thema Art Déco anbietet. Im Zentrum kann man sich mit Informationsmaterial eindecken, Souvenirs kaufen oder auch geführte themenbezogene Stadtspaziergänge buchen.

Markante Gebäude

Art Déco Centre, *163 Tennyson St., © 06-8350022, www.artdeconapier.com, tägl. 9–17 Uhr, Eintritt frei. Guided Morning Walk, tägl. 10 Uhr, NZ-$ 16, Kinder 12–16 Jahre NZ-$ 5; Guided Afternoon Walk, tägl. 14 Uhr, NZ-$ 21, Kinder 12–16 Jahre NZ-$ 5; Deco Bus Tour, tägl. 11.30 Uhr, NZ-$ 40.*

Art Déco und Spanish Mission Style in Napier

Obwohl es in ganz Neuseeland, insbesondere in den Großstädten und in der Nachbarstadt Hastings, hervorragende Beispiele des **Art Déco** gibt, ist die Konzentration derselben in Napier doch so bedeutend, dass sich die Stadt den Beinamen *Art Déco Capital of the World* gab. Als architektonischer Begriff ist Art Déco in Europa nicht üblich, obwohl er hier auf der Internationalen Ausstellung der modernen dekorativen und industriellen Kunst in Paris 1925 zum erstenmal geprägt wurde. Bis zur Mitte der 1930er-Jahre bedeutete Art Déco für Europa hauptsächlich eine neue Auffassung im Design und im Kunsthandwerk, getragen von drei Ideen, nämlich erstens Kraft und Nutzen des Maschinenzeitalters, zweitens Überwindung alter Konventionen und drittens Emanzipation der Frau. In der Gestaltung von Innenräumen, im Spiel mit pastellfarbenen Tönen und buntem Glas, im Design von Lampen, Radios, Türgriffen, Kühlerfiguren, Reklameschildern etc. fand der Stil seine größte Verbreitung. Die Darstellung des mondänen, selbstbewussten, Zigaretten rauchenden und freizügigen Frauentyps war dabei charakteristisch. In Amerika wurde parallel dazu Art Déco auch zu einem architektonischen Begriff. Während die europäische Avantgarde der Zeit weitaus nüchterner und moderner dachte und baute, verschmolzen die Amerikaner Elemente des Funktionalismus, des International Style und des Jugendstil zu einer Formensprache nicht nur in ihrem Industriedesign (Straßenkreuzer!), sondern auch in ihren Wohn- und Hochhäusern, wie etwa dem Chrysler Building und dem Empire State Building in New York. Von dort wurde der Stil vor und nach dem Erdbeben auch nach Napier importiert.

info

Ebenfalls aus Amerika, und zwar aus Kalifornien, kam der sogenannte spanische Missionsstil, engl. **Spanish Mission Style**, der sich von den spanischen Missionsstationen des 18. Jh. an der kalifornischen Pazifikküste ableitet. Diese Sonderform des Historismus, mit modernen Elementen angereichert und ab den 1890er-Jahren immer populärer werdend, lebt von hölzernen Erkern, Arkaden, Balkonen und Veranden, von roten Ziegelsteindächern und maurischen Fenstern. Das bedeutendste Bauwerk dieser Epoche ist die Grammar Highschool in Auckland. Gute Beispiele des Stils findet man in Napier im Criterion Hotel, im State Theatre und im ehemaligen Gaiety Theatre. Einige Gebäude vereinigen sowohl den Art-Déco- als auch den spanischen Missionsstil und verbreiten mit ihrer Kombination mediterraner und amerikanischer Elemente eine reizvolle und ungewöhnliche Atmosphäre.

In der „Art Déco and Spanish Mission City Map" sind die schönsten Gebäude der beiden Städte Hastings und Napier innerhalb eines Stadtplans aufgeführt und beschrieben.

Tunnel durch Unterwasserwelt

Südlich des i-SITE Visitor Centre erreicht man über die Marine Parade zunächst das skurrile **Museum Opossum World**, das Wissenswertes über Neuseelands meistgehasstes Tier vermittelt. Im **National Aquarium of New Zealand** gelangen Besucher durch einen Plexiglastunnel in die Unterwasserwelt des Pazifik mit lebenden Korallenstöcken, während Haie, Mantarochen und andere bunte Fische sie umschwimmen – ein einzigartiges „Taucherlebnis" ohne Schnorchel und Sauerstoffflasche. Angeschlossen ist ein Terrarium mit Kiwis und Tuataras.

Opossum World, 157 Marine Parade, ✆ 06-8357697, www.opossumworld.com, tägl. 9–17 Uhr, Eintritt frei.

National Aquarium of New Zealand, 564 Marine Parade, ✆ 06-8341404, www.nationalaquarium.co.nz, tägl. 9–17 Uhr, im Sommer auch länger, Fütterung tägl. 10 u. 14 Uhr, NZ-$ 17,90, Kinder 3–14 Jahre NZ-$ 8,90.

Ebenfalls sehenswert sind in Napier einige der **städtischen Parks**, insbesondere die **Botanical Gardens** an der Spencer Rd. und die **Centennial Gardens** mit Rosengärten am nördlichen Ende der Marine Parade. Auch in der **Schaffellgerberei** des Ortes sind Besucher willkommen, die bei Betriebsführungen erfahren, wie Schafwolle verarbeitet wird.

Classic Sheepskins, 22 Thames St., ✆ 06-8359662, www.classicsheepskins.co.nz, Führungen tägl. 11 u. 14 Uhr, Eintritt frei.

Rundfahrt

Im schönen Licht des Nachmittags sollte man den **Scenic Drive**, der auch als Art-Déco-Tour bezeichnet wird, ganz oder in Teilstrecken abfahren. Eine Karte mit Informationen zu den einzelnen Stationen halten das i-SITE Visitor Centre und das Art Déco Centre bereit. Insgesamt ist der Scenic Drive ca. 50 km lang, und man sollte sich für die Gesamtstrecke vier Stunden Zeit nehmen. Von Downtown Napier geht die Tour zunächst zu den hochgelegenen Abschnitten auf dem Bluff Hill mit vielen Paronamablicken auf die tiefgelegene Stadt und die Hawke Bay bis weit zum Cape Kidnappers. Der 102 m hohe **Bluff Hill Lookout** kann auch zu Fuß von der Marine Parade erreicht werden, er ist täglich von Sonnenauf- bis -untergang geöffnet. Weiter fährt man zum historischen Stadtteil **Ahuiri** mit einem lebhaften Kai und schönen Architekturbespielen – am wichtigsten wohl das beigefarbene Gebäude der National Tobacco Company (früher Rothman's Building), ein Meisterwerk des Architekten Louis Hay. Dann geht es durch den Art-Déco-Vorort Marewa mit ebenfalls besonders schönen Bauten zum Earthquake Memorial Grave auf Park Island, anschließend über Taradale zur benachbarten Zwillingsstadt Hastings und Havelock North mit dem Te Mata Peak (s. u.). Auf dem Weg zurück nach Napier kommt man an einigen Weingütern und Gemüseplantagen vorbei.

Reisepraktische Informationen Napier

Information
Napier i-SITE Visitor Centre, 100 Marine Parade, ✆ 0800-VISIT US u. 06-8341911, www.napiercity.co.nz u. www.hawkesbaynz.com, tägl. 9–17, im Sommer bis 18/19 Uhr. Hier ist eine Gezeitentabelle für die Wanderung zum Cape Kidnappers erhältlich.
Department of Conservation (DOC), Old Courthouse, 59 Marine Parade, ✆ 06-8343111, www.doc.govt.nz, Mo–Fr 9–17 Uhr.

Unterkunft
An Unterkunftsmöglichkeiten aller Preisklassen besteht in Napier kein Mangel. Unter den rund 30 Motels liegen die auf der Einfallsstraße Kennedy Rd. am zentralsten, aber auch der Bereich Westshore ist noch relativ zentrumsnah.

Hotels/Motel
County Hotel $$$–$$$$$ (1), 12 Browning St., ✆ 0800-843468 u. 06-8357800, www.countyhotel.co.nz, DZ NZ-$ 230–380, Suite ab NZ-$ 495. Das luxuriöse Flaggschiff der hiesigen Hotellerie, untergebracht in einem modernisierten Art-Déco-Gebäude im Zentrum, 18 Zimmer und Suiten mit allen Annehmlichkeiten, Feinschmecker-Restaurant, englische Bar.
Fountain Court Motor Inn $$–$$$ (2), 411 Hastings St., ✆ 0508-411000 u. 06-8357387, www.fountaincourt.co.nz, DZ NZ-$ 99–170. Modernes Motel der oberen Mittelklasse, zwischen dem alten Bahnhof und der Marine Parade gelegen, Swimmingpool, Jacuzzi und andere Annehmlichkeiten.
Masonic Hotel $$ (3), Marine Parade, Ecke Tennyson St., ✆ 0800-MASONIC u. 06-8358689, www.masonic.co.nz, DZ NZ-$ 120–140. Zentral am Strandboulevard gelegen, innen und außen bestes Beispiel für Art Déco, 35 komfortable Zimmer mit Balkon, Seafood-Restaurant, Irish Pub, Café, Bar, kostenloses Wi-Fi.

Bed & Breakfast
Manor on Parade $$–$$$ (4), 283 Marine Parade, ✆ 06-8343885, www.manoronparadenapier.co.nz. Kleine Unterkunft mit drei hübschen Zimmern, eines davon mit Meerblick. Gutes Frühstück.

Backpacker-Hostel/Jugendherberge
Criterion Art Déco Backpackers $–$$ (5), 48 Emerson St., ✆ 06-8352059, www.criterionartdeco.co.nz, DZ NZ-$ 65–85, im Mehrbettzimmer ab NZ-$ 26. Wunderschönes,

Die Marine Parade in Napier

renoviertes Art-Déco-Gebäude im Zentrum (ehemaliges Hotel), Doppel- und Mehrbettzimmer, Bistro und Bar, Fahrradverleih, kostenloses Wi-Fi.
Napier YHA Hostel $–$$ (6), 277 Marine Parade, ✆ 06-8357039, www.yha.co.nz, DZ NZ-$ 75, im Mehrbettzimmer ab NZ-$ 27. Schöne und komfortable Jugendherberge, fast nur mit Doppelzimmern, 45 Betten, zentral an der Uferstraße gelegen, Fahrradverleih, Garten mit Grillmöglichkeit.

Camping
Kennedy Park (7), 11 Storkey Rd., ✆ 0800-457275 u. 06-8439126, www.kennedypark.co.nz. 2,5 km vom Zentrum an den Rosengärten des Kennedy Park gelegenes Top 10 Resort mit Zelt- und Campervanplätzen, Cabins, Flats, Motel ($$–$$$), Swimmingpool.

Essen und Trinken
Wer die **Marine Parade** entlanggeht, findet dort Steakhäuser und Fast-Food-Lokale, auffallend viele und gute asiatische (chinesische, thailändische, indonesische, indische) Gaststätten, italienische Restaurants und solche mit französischer oder Pacific-Rim-Küche. Eine weitere Konzentration von Trendlokalen und Szenekneipen findet man an der **Ahuiri-Wharf**, ca. 3 km vom Zentrum entfernt an der Nordküste jenseits des Bluff Hill.
Pacifica (1), 209 Marine Parade, ✆ 06-8336335, www.pacificarestaurant.co.nz, Mo–Sa ab 18 Uhr, moderat–teuer. In dem anspruchsvollen Speiselokal mit Schwerpunkt auf Fisch und Seafood gibt es neuseeländische Klassiker mit moderner Note; sehr angenehm sitzt man im üppig grünen Garten.
Shed2 (2), 56 West Quay, Ahuiri, ✆ 06-8352202, www.shed2.co.nz, tägl. 11.30–15, 18–23.30 Uhr, moderat. Lebhaftes Lokal in einer restaurierten Lagerhalle mit zeitgemäßer Kiwi-Küche jenseits aller Konventionen.
The Brazen Head (3), 21 Hastings St., ✆ 06-8353517, Mo–Fr ab 9.30, Sa/So ab 10 Uhr, moderat. Urgemütlicher irischer Pub, Seafood und Steaks at their best, am Wochenende Live-Unterhaltung im Biergarten.

The Thirsty Whale (4), 62 West Quay, Ahuiri, ✆ 06-8358815, www.thethirstywhale.co.nz, tägl. 11–15, 17.30–23.30 Uhr, moderat. Minimalistisch gestylter Szenetreff mit regionaler und internationaler Küche, drinnen und draußen ungezwungene Atmosphäre.

The Cri Café, Bar & Grill (5), Criterion Art Deco Backpackers, 48 Emerson St., ✆ 06-8352059, tägl. ab 7.30 Uhr, preiswert. Traveller-Oase mit Multi-Kulti-Speisekarte von Tacos und Nachos bis Thai-Curry und Satay-Spießchen.

Weingüter

Zahlreiche Weingüter in der Umgebung von Napier sind auf Besucher eingerichtet, mit Führungen durch Keltereien und Keller sowie vor allem auch oft ausgezeichneten Gastwirtschaften. Einen hervorragenden Ruf haben:

Clearview Estate, 194 Clifton Rd., Te Awanga, ✆ 06-8750150, www.clearviewestate.co.nz, im Sommer Mo–Fr 10–22, Sa/So bis 23 Uhr, im Winter Di/Mi geschlossen.

Elephant Hill Estate, 86 Clifton Rd., Te Awanga, ✆ 06-8730400, www.elephanthill.co.nz, tägl. 11–22 Uhr.

Mission Estate Winery, 198 Church Rd., Taradale, ✆ 06-8459354, www.missionestate.co.nz, tägl. 10–21.30 Uhr.

Einen Überblick über die Weingüter der Region vermittelt das **New Zealand Wine Centre (6)**, 1 Shakespeare Rd., ✆ 06-8355326, www.nzwinecentre.co.nz.

Ausflüge

Mehrere Unternehmen bieten Ausflugsfahrten an, u. a. zu den **Weinfeldern** der Umgebung (besonders lohnend die Church Road Winery in Tardale, ein wunderschönes Art-Déco-Gebäude) und zum **Cape Kidnappers** (s. u.). Letztere starten i. d. R. mit Spezialfahrzeugen (ab NZ-$ 45, Kinder 5–15 Jahre ab NZ-$ 20) in Te Awanga oder an der Summerlee Station bei Clifton (u. a. **Gannet Safaris**, ✆ 06-8750888, www.gannetsafari.co.nz; **Gannet Beach Adventures**, ✆ 0800-GANNET u. 06-8750898, www.gannets.com.

Herrlich sind Fahrten mit einem **Heißluftballon** in den frühen Morgenstunden (ab NZ-$ 345), Info und Buchung z. B. bei **Early Morning Balloons**, ✆ 06-8794229, www.early-am-balloons.co.nz.

Busse

Die Überlandbusse von InterCity (✆ 06-3431730, www.intercity.co.nz) und anderen Gesellschaften halten beim **Napier Travel Centre** (Munroe St.), wo man auch Tickets kaufen kann. Zwischen Napier, Hastings und Havelock North pendeln Busse des Unternehmens GoBay (✆ 06-8789250).

Die Umgebung von Napier

Cape Kidnappers

Ein absolutes Highlight ist die Exkursion zum Cape Kidnappers, die man mit einem Besuch der Städte Hastings und Havelock North verbinden kann. Zunächst fährt man von

Strandwanderung zum Kap

Napier über Clive nach Te Awanga und weiter bis zur Clifton Domain. Von dort kann man bei Ebbe (vorher im i-SITE Visitor Centre nach den Zeiten erkundigen!) in etwa zwei Stunden über den Sandstrand zum Kap wandern. Wer es bequemer mag, nimmt ab Te Awanga oder der Summerlee Station bei Clifton an einer Exkursion mit Spezialfahrzeugen (Traktoren, Unimogs, Landrover) zum Kap teil. Angeboten werden zudem Touren mit Schlauchbooten. Wie auch immer – der Ausflug lohnt sich allemal. Nicht nur die atemberaubende Aussicht über die Bay, sondern vor allem Zehntausende von Basstölpel (*gannets*) in ihrer – neben Muriwai bei Auckland – einzigen Festlandskolonie der Welt ziehen die Besucher in ihren Bann. Die beste Zeit ist von November bis Februar, wenn die jungen Tölpel geschlüpft sind und die ersten Flugversuche unternehmen. Während der Brutzeit zwischen Juli und Ende Oktober ist das Cape Kidnappers für Besucher nicht zugänglich.

Die beeindruckende Felsszenerie des Cape Kidnappers ist von Kapitän James Cook nach einem Vorfall benannt worden, bei dem örtliche Maoris einen jungen Tahitianer von der Endeavour zu entführen versuchten. Im Mythos der Eingeborenen stellt das Kap den Angelhaken dar, mit dem der heldenhafte Maui die Nordinsel aus dem Wasser zog.

Hastings und Havelock North

Hastings

Etwa 20 km südlich von Napier liegt am Highway 2 die rund 72.000 Einwohner zählende Stadt Hastings, die man auf dem Weg aus dem Süden oder in Verbindung mit dem Abstecher zum Cape Kidnappers besuchen kann. Mit Unterkünften aller Art ist Hastings auch als Standort eine gute Alternative zu Napier. Die Stadt lebt in erster Linie von den Wein-, Obst- und Gemüseplantagen des Umlands. Ein wichtiger Arbeitgeber ist die Firma Wattie, eine der größten Konservenfabriken des pazifischen Raums.

Originalgetreue Nachbauten

Wie Napier wurde Hastings vom Erdbeben 1931 stark betroffen. Wie in der Nachbarstadt hat man die zahlreichen damals zerstörten Gebäude im Art-Déco- oder Spanish-Mission-Stil originalgetreu wieder aufgebaut. Schöne architektonische Beispiele sind das **Hawke's Bay Opera House** und die gegenüberliegende **Methodist Church**. Das **Westerman's Building** an der Russell St. im Zentrum, ehedem ein Kaufhaus, beherbergt heute das i-SITE Visitor Centre, in dem ein Lageplan der historischen Häuser erhältlich ist.
Hawke's Bay Opera House, Hastings St, www.hawkesbayoperahouse.co.nz.

Einen Block südlich des Fremdenverkehrsbüros quert die Hauptstraße Russell St., die das Stadtgebiet in eine West- und eine Osthälfte teilt, den **Civic Square**. Hier bilden der markante Glockenturm aus den 1930er-Jahren, der Cenotaph, die War Memorial Library und das Exhibition Centre ein beeindruckendes Ensemble. Wer etwas Zeit mitbringt, sollte sich die herrlichen Parkanlagen der Stadt nicht entgehen lassen – allen voran der Frimley Park und der Cornwall Park. Falls man mit Kindern reist, ist der 27 ha große **Splash Planet Waterpark** mit beheizten Pools, Wasserrutschbahn, Märchenschloss, Go-Kart-Bahn, Raddampfer und Ruderbooten ein „Muss".

Splash Planet Waterpark, *Grove Rd., 2 km südöstl. des Zentrums im Windsor Park, © 06-8738033, www.splashplanet.co.nz, Sommer tägl. 10–17.30 Uhr, NZ-$ 26, Kinder 4–13 Jahre NZ-$ 18.*

Um Hastings liegen Dutzende von **Weingütern**, die hervorragende, teilweise preisgekrönte rote und weiße Tafelweine produzieren. In zahlreichen Winzereien sind Besucher zu Besichtigungen und Weinproben willkommen. Neben der **Mission Estate Winery** in Taradale, dem ältesten Weingut der Hawke Bay ist die 1905 gegründete **Vidal Winery** in Parkvale mit angeschlossenem Restaurant, Bistro Wine Bar, Töpferei und Museum zu empfehlen. Ganz besonders lohnt sich ein Besuch während der Weinlese, die hier in die Monate Februar und März fällt.

Weinproben

Mission Estate Winery, *198 Church Rd., Napier, © 06-8459350, www.mission estate.co.nz.*
Vidal Winery, *913 St. Aubyn St. East, Hastings, © 06-8727440, www.vidal.co.nz.*

Havelock North

5 km südöstlich und mit Hastings fast schon zusammengewachsen liegt die Kleinstadt Havelock North mit rund 8.500 Einwohnern. Mit Alleen und Vorgärten, vielen Imkereien und Weinkellereien, hübschen Häusern und einer idyllischen, angenehmen Atmosphäre setzt sich der vor 150 Jahren gegründete Ort von den Industriezentren der Nachbarorte ab. In den herrlichen **Keirunga Gardens** kann man im Schatten alter Bäume einen schönen Spaziergang machen. Einen guten Eindruck vom Lebensstil der „Oberen Zehntausend" in kolonialen Zeiten vermittelt das palazzoähnliche **Duart House**.
Duart House, *51 Duart Rd., © 06-8776334, www.duarthouse.org.nz, 1. So im Monat 10–12 Uhr, Spende erbeten.*

Knapp 10 km südlich der Stadt erstreckt sich an der Küste der **Te Mata Park** mit dem spektakulären Te Mata Peak. Hier kann man Wanderungen unternehmen oder den 399 m hohen Berg besteigen. Vom Gipfel genießt man die vielleicht schönste Sicht auf die Hawke Bay. Von der vorzüglichen Thermik profitieren **Paraglider**, die bei Tandemflügen auch mutige Touristen mitnehmen.

Ausblick auf die Hawke Bay

Airplay Paragliding, *© 06-8451977, www.airplay.co.nz, ab NZ-$ 140.*

Havelock North ist auch das Tor zu den beliebten, langgezogenen Sandstränden der Ostküste. **Ocean Beach** ist in etwa 10 Min. mit dem Wagen zu erreichen, **Waimarama Beach** in weiteren 20 Min. Für Wellenreiten, Windsurfen, Crayfish-Tauchen oder Tiefseefischen sind das überaus geeignete Plätze. Die meisten Strände sind bewacht, Baden und Schwimmen also gefahrlos möglich.

Reisepraktische Informationen Hastings und Havelock North

ℹ️ Information
Hastings i-SITE Visitor Centre, *Russell St., Ecke Heretaunga St., © 0800-HASTINGS u. 06-8735526, www.visithastings.co.nz u. www.hawkesbaynz.com, Mo–Fr 8.30–17, Sa 10–16, So 10–15 Uhr.*

Unterkunft
Motel

Portmans Motor Lodge $$–$$$, Hastings, 401 Railway Rd., © 0800-767862 u. 06-8788332, www.portmans.co.nz, DZ NZ-$ 215–210. Modernes Motel mit 21 großzügigen Einheiten (alle mit Küche, z. T. mehrere Schlafzimmer), Swimmingpool, Frühstück erhältlich, nahe dem Civic Square.

Bed & Breakfast

Hawthorne Country House $$$$, 1420 Railway Rd. South (6 km südwestl. von Hastings), © 06-8780035, www.hawthorne.co.nz, DZ NZ-$ 250–300. Historisches Landhaus von 1903, z. T. noch mit originaler Möblierung, großer Garten, 5 geräumige Suiten, Gourmet-Frühstück.

Backpacker-Hostel

Travellers Lodge $–$$, Hastings, 608 St. Aubyn St. West, © 06-8787108, www.tlodge.co.nz, DZ NZ-$ 64, im Mehrbettzimmer NZ-$ 25. Zentrumsnah, aber ruhig gelegene Unterkunft mit Mehrbett- und Doppelzimmern, Organisation von Ausflügen.

Camping

Hastings Top 10 Holiday Park, Hastings, 610 Windsor Ave., © 06-8786692, www.hastingstop10.co.nz. Bester Campingplatz der Region mit Cabins, Flats und Moteleinheiten ($$), im Windsor Park nahe dem Splash Planet.

Essen und Trinken

Terrôir, Havelock North, Craggy Range Estate, 253 Waimarama Rd., © 06-8730143, www.craggyrange.com, Mo–Sa 11–15, 18–22, So 11–15 Uhr, teuer. Feinschmeckerlokal mit kreativen Gerichten der modernen Kiwi-Küche und erlesenen Weinen – und als kostenlose Dreingabe ein herrlicher Blick auf den Te Mata Peak.

Roosters Brewhouse, 1470 Omahu Rd., Flaxmere (7 km westl. von Hastings), © 06-8794127, Mo–Sa ab 11 Uhr, moderat. Preisegekrönte Biere, italienisch angehauchtes Pub-Essen und tolle Stimmung in einer „transparenten" Boutique-Brauerei, immer sehr voll.

Busse

Die Überlandbusse von InterCity (© 06-3431730, www.intercity.co.nz) und anderen Gesellschaften halten beim Hastings i-SITE Visitor Centre, wo man auch Tickets kaufen kann. Zwischen Hastings, Havelock North und Napier pendeln Busse des Unternehmens GoBay (© 06-8789250).

Von Napier über Gisborne nach Whakatane

Der Weg von der Hawke Bay zur Bay of Plenty um das Ostkap herum ist erst in den letzten Jahren populär geworden, weil früher eine mangelhafte touristische Infrastruktur einem Besuch entgegenstand und auch nur wenige Reisende von der herben Schönheit der Provinz Gisborne wussten. Immer noch ist dieser Teil der Ostküste, mit Ausnahme der Zentren Wairoa und Gisborne, eine der am wenigsten besuchten Gegen-

Napier – Whakatane

den, wo man weite Strandabschnitte für sich allein haben und eine sonnenreiche Natur wie aus dem Bilderbuch abseits der ausgetretenen Pfade genießen kann. Die Strecke berührt nicht nur eine Landschaft voller Kontraste mit herrlichen Stränden, hohen Bergen, kristallklaren Seen und ausgedehnten Wäldern, sie ist auch historisch interessant. Hier sichtete Kapitän James Cook zum ersten Mal Neuseeland und hier betraten erstmals Pakehas neuseeländischen Boden. Trotzdem ist der Osten Maori-Land geblieben,

Ein Maori Chief – im Osten Neuseelands wohnen die meisten Maori

nirgendwo sonst stellen sie einen so hohen Bevölkerungsanteil. Einfühlsamen Reisenden bietet sich hier immer wieder die Gelegenheit, in authentischer Atmosphäre Versammlungshäuser zu besichtigen und den Alltag der Maoris zu erleben.

An Autofahrer stellt die Route gewisse Anforderungen, denn die Highways 2 und 35 sind zwar asphaltiert, aber abschnittsweise sehr kurvig und eng; auch sind Tankstellen ziemlich rar. Über ein breites Hotel- und Motelangebot verfügen Gisborne an der Poverty Bay und Opotiki bzw. Whakatane in der Bay of Plenty.

Abstecher

Ab Napier folgt man zunächst dem Highway 2 über die beim Erdbeben entstandene Westshore. Nach Bay View, wo der Highway 5 nach Taupo (s. S. 350) abzweigt, verlässt auch diese Straße die Hawke Bay und führt, nahe an den Maungaharuru Ranges, durchs Hinterland. Unterwegs sind kleinere Abstecher möglich, etwa zur Tangoio Falls Scenic Reserve mit schönem Wasserfall und Wanderwegen (27 km hinter Napier), zur White Pine Bush Scenic Reserve mit interessanter Flora und Wanderpfaden (29 km hinter Napier), zur Waipatiki Scenic Reserve und zum Vogelparadies Lake Tutira. Nach Überquerung des Mohaka River auf einer eindrucksvollen, knapp 100 m hohen Brücke wendet sich der Highway wieder der Küste zu und erreicht schließlich Wairoa, den nächsten größeren Ort, der 118 km nördlich von Napier an der Mündung des gleichnamigen Flusses liegt.

Wairoa

Das 5.500-Einwohner-Städtchen ist als südliches Einfallstor zum Urewera National Park, als Basis zur Erkundung der Mahia Peninsula sowie als Verkehrsknotenpunkt, an dem sich die Highways 2, 36 und 38 treffen von touristischer Bedeutung. Hier machen auch die InterCity-Busse auf der Route Napier–Gisborne sowie andere Linien fahrplanmäßig Halt. Unterkunft bieten mehrere Motels. An der Uferpromenade Marine Parade, unweit der Brücke über den Wairoa River, wacht ein kleiner **Leuchtturm**, der 1877 von englischen Ingenieuren aus Kauri-Holz gebaut und von einer französischen Firma mit Speziallinsen ausgestattet wurde. An seinem ursprünglichen Standort auf der Portland-Insel abmontiert, baute man ihn 1961 in Wairoa wieder auf, das er nun als Wahrzeichen der Stadt verschönt. Es lohnt sich ein Blick in das 1935 erbaute **Takitimu Marae** in der Waihirere Rd. Maori-Künstler aus der Region schmückten das nach dem legendären Kanu ihrer Ahnen benannte Gebäude mit feinen Schnitzereien. Wie die meisten Versammlungshäuser kann das Innere des hiesigen Marae nur nach Vereinbarung besichtigt werden. Der Maori-Kultur ist auch das **Waiora District Museum** an der Marine Parade gewidmet (*Eingang durch die Public Library, Mo–Fr 10–16, Sa/So 10–13 Uhr, Spende erbeten*).

Historischer Leuchtturm

Reisepraktische Informationen Wairoa

Information
Wairoa i-SITE Visitor Centre, Hwy. 2, Ecke Queen St., © 0800-WAIROA u. 06-8387440, www.wairoadc.govt.nz, Mo–Fr 9–17, Sa/So 10–16 Uhr.

Motel
**Vista Motor Lodge $$**, 2 Bridge St., © 0800-284782 u. 06-8388277, www.vistamotorlodge.co.nz, DZ NZ-$ 110–125. Gut geführtes Haus mit funktionalen Zimmern, beheizbarem Swimmingpool und gut besuchtem Restaurant.

Camping
Riverside Motor Camp, 19 Marine Parade, © 06-8386301, www.riversidemotorcamp.co.nz. Einfache, aber gepflegte Anlage mit Stellplätzen für Zelte und Campervans, Backpackerunterkunft ($) und Hütten ($$).

Busse
Die Überlandbusse von InterCity und anderen Gesellschaften halten am i-SITE Visitor Centre. Von dort verkehren nach Bedarf Busse des Lake Waikaremoana Shuttle Service zum Lake Waikaremoana im Urewera National Park.

Wairoa – Lake Waikaremoana – Urewera National Park (bis Rotorua)

Von Wairoa führt ein gut 65 km langer Abstecher auf dem Highway 38 zum außergewöhnlich schönen Lake Waikaremoana am Ostrand des urwüchsigen Urewera-Nationalparks. Auf einer schmalen, aber landschaftlich sehr reizvollen Straße ist es möglich, vom Lake Waikaremoana nach Te Reinga am Highway 36 zu fahren und von dort weiter nach Gisborne. Wer darauf und auf die anderen Regionen des Ostens verzichten möchte, kann aber genauso gut auch die Fahrt in den Norden fortsetzen, da der Highway 38 nahe dem Mt. Tarawera auf den Highway 5 stößt, der an Whakarewarewa vorbei nach Rotorua führt. Insgesamt sollte man für die 214 km lange Strecke Wairoa–Rotorua 4–5 Stunden reine Fahrzeit kalkulieren. Vor allem im mittleren Teil ist der Highway 38 über weite Abschnitte nur geschottert und zudem sehr kurvenreich.

Auf den ersten 8 km sind die Highways 36 und 38 identisch, bis letzterer in **Frasertown** den Wairoa River überbrückt und in nordwestlicher Richtung abzweigt. Auf schöner Strecke gelangt man dann nach weiteren 45 km zum Dorf **Tuai** mit bescheidener touristischer Infrastruktur.

Lake Waikaremoana

Unmittelbar nördlich von Tuai befindet sich der Eingang zum Urewera-Nationalpark, der nach 10 km mit dem **Lake Waikaremoana** („See der kleinen Wellen") aufwartet, einem der schönsten unter den ohnehin sehr schönen Seen des Landes. Bis auf das Ostufer ist das 34 km^2 große und über 240 m tiefe Gewässer von steil abfallenden, bewaldeten Bergen umgeben, die bis zu 600 m hoch aufragen. Auf Wanderwegen kann man – je nach Lust und Laune – entweder in wenigen Stunden oder auch in einigen Tagen die urwüchsige Umgebung erkunden. Ein Maori-Marae, eindrucksvolle Wasserfälle und das Outlet, ein nur 5 m breiter, vom ausfließenden Wasser eingeschnittener Kanal, sind lohnende Ziele. Der natürliche „Stausee" entstand vor etwa 2.000 Jahren durch ein Erdbeben, als mächtige Sandsteinblöcke einen Talausgang versperrten. Die idyllische Stimmung lässt vergessen, dass der Lake Waikaremoana Schauplatz blutiger Schlachten war, die die Maoris in Kanu-Seegefechten austrugen.

Urewera National Park

Der **Urewera-Nationalpark** ist mit etwa 2.130 km^2 Neuseelands drittgrößtes unter strengem Naturschutz stehendes Gebiet. Er umfasst den größten zusammenhängenden Urwald der Nordinsel. Nur wenige Plätze bieten eine solche Bandbreite botanischen Lebens. Wer sich für Flora und Fauna interessiert, findet hier ein Eldorado. Ausgezeichnete Wanderwege erschließen die landschaftlichen Attraktionen, zu denen außer Wäldern und dem Lake Waikaremoana noch andere Seen, Wasserfälle, erodiertes Gebirge und tiefe Schluchten gehören.

Im Besucherzentrum (s. u.) werden Wanderungen mit Maori-Führern angeboten, bei denen man Einblick in Leben und Kultur der Ureinwohner erhält. Wenn die einheimischen Guides auf den reichen Legendenschatz hinweisen, der mit dem Urewera-Gebiet verknüpft ist, gerät eine Wanderung zu einem faszinierenden Ausflug in die sonst so ferne Menschheitsgeschichte, die hier noch immer lebendig ist. Das alte Maori-Land gehörte einst dem Stamm der Tuhoe, die sich selbst „Kinder des Nebels" nennen. Im 19. Jh. hatte hier Häuptling Te Kooti (s. S. 244) seine Schlupfwinkel, von denen er den Krieg gegen die Pakehas führte.

Das Freizeitangebot im Nationalpark umfasst Kanutrips, Forellenangeln und Vogelbeobachtung. Ganz besonders eignet sich das Terrain aber zu kürzeren oder längeren Wanderungen. Dutzende von gut markierten Walks führen kreuz und quer durch den Busch oder am Flussufer entlang. Die Ranger im Besucherzentrum geben Hinweise, welche Wanderung am besten zu Ihren Vorstellungen und Ihrem Zeitplan passen. Am bekanntesten ist der 46 km lange **Lake Waikaremoana Great Walk**, der um den ganzen See herumführt. Hierbei sind Übernachtungen in Hütten oder auf einfachen Campingplätzen (nur mit Permit) erforderlich ebenso wie auf dem 42 km langen **Whirinaki Track**, den das DOC in den 1990er-Jahren eingerichtet hat. Der Track führt weitgehend durch ebenes Gelände und ist auch für wenig erfahrene Wanderer geeignet.

Wandermöglichkeiten

Reisepraktische Informationen Lake Waikaremoana und Urewera National Park

Information
DOC Aniwaniwa Visitor Centre, © 06-8373803, E-Mail: teureweravc @doc.govt.nz, tägl. 8–16.30 Uhr. Informationen und Wanderkarten sowie Buchungen für den Lake Waikaremoana Great Walk (s. o.).

Unterkunft
Waikaremoana Motor Camp, Hwy. 38, © 06-8373826, www.lake.co.nz. Schön gelegener Ferienpark am See mit Stellplätzen für Zelte und Campervans sowie Ferienwohnungen und rustikalen Hütten (NZ-$ 55–100), 2 km südl. des Visitor Centre.

Wandern
Te Urewera Treks, © 0800-UREWERA, 0800-873937 u. 07-3666055, www.teureweratreks.co.nz. Ein- und mehrtägige geführte Wanderungen unterschiedlicher Schwierigkeitsgrads; Tageswanderung NZ-$ 195, Kinder 8–15 Jahre NZ-$ 160; viertägiger Lake Waikaremoana Great Walk NZ-$ 1.295, Kinder 10–15 Jahre NZ-$ 1.050. Das Unternehmen bietet Individualwanderern zweimal wöchentl. einen Shuttle-Service zwischen Rotorua und Lake Waikaremoana.

Vom Nationalpark nach Te Reinga

Wenn man vom Lake Waikaremoana nicht nach Rotorua weiterfahren, sondern lieber über eine etwas schwierige, aber wunderschöne Nebenstraße zum Highway 36 (Wairoa–Gisborne) gelangen möchte, nimmt man ab dem See die **Erepiti Rd.**, die im Wesentlichen dem Ruakituri Valley folgt. Am Abzweig nach Papuni lohnt sich zusätzlich der 20 km lange Abstecher bis zum Ende der Straße. Dort sind an der **Papuni Ranch** Informationen über den Weg zu den Waitangi Falls und eine Wanderkarte angebracht. Diese Kaskaden, die auf etwa 500 m Länge und bis zu 200 m Breite gut 150 m Höhendifferenz bewältigen, erreicht man nur zu Fuß auf einer etwa dreistündigen Wanderung. Der letzte Streckenabschnitt verläuft 21 km lang unmittelbar am Ruakituri River, bevor die Nebenstraße in Te Reinga (s. u.) auf den Highway 36 stößt, auf dem man wahlweise nach Gisborne oder wieder zurück nach Wairoa fahren kann.

Wasserfälle

Von Wairoa nach Gisborne über Te Reinga

Hügel-landschaft

Die 105-km-Strecke nach Gisborne über den **Highway 36** (Tiniroto Rd.) ist für Selbstfahrer eine reizvolle und gleich lange Alternative zum küstennahen Highway 2. Der Highway 36 bleibt 8 km hinter Wairoa in Frasertown auf der östlichen Flussseite und führt durch eine schöne Hügellandschaft zum 27 km nördlich gelegenen Te Reinga. Es lohnt sich, hier die wenigen hundert Meter von der Hauptstraße abzufahren, um sich die beeindruckenden Wasserfälle anzuschauen, die von zwei Flüssen gebildet werden. **Te Reinga** ist Startpunkt der Backcountry-Route über die Erepiti Rd. zum Lake Waikaremoana (s. S. 332). Besuchern, die etwas länger bleiben, bietet die kleine Siedlung vielfältige Möglichkeiten, etwa Forellenangeln und Rafting auf dem Fluss, aber auch schöne Bushwalks und Besuche von Maori-Marae.

Knapp 10 km nördlich passiert man **Tiniroto**, in dessen Seen ebenfalls ganzjährig Forellenangeln möglich ist. Weitere 8 km nördlich lädt der 28 ha große **Doneraille Park** mit ursprünglichem Waldbestand zu Picknicks und einem Bad im kühlen See. Auch Zeltplätze findet man hier. Noch einmal 10 km weiter ist **Hangaroa** erreicht und schließlich nach weiteren 18 km die letzte Station, der **Gentle Annie Summit**. Den 360 m hohen Hügel sollte man unbedingt besteigen, denn vom Gipfel bietet sich eine fantastische Aussicht bis nach Gisborne und die Poverty Bay.

Von Wairoa nach Gisborne über Morere

Die von den meisten Reisenden bevorzugte Route nach Gisborne ist die 101 km lange Strecke über den **Highway 2**, die auch von den Überlandbussen genommen wird. Zunächst geht es 33 km in östlicher Richtung nach Nuhaka, unterwegs passiert man die **Lagune von Whakai**, eine der größten des Landes mit vielfältigem Tierleben.

Land-schaftliches Highlight

Eine 10 km lange Nebenstraße biegt in Nuhaka nach rechts zur **Halbinsel Mahia** ab, ein absolutes landschaftliches Highlight und bei genügend Zeit den Abstecher unbedingt wert. Ursprünglich war die Halbinsel eine Insel, die durch Sandanschwemmungen mit dem Festland verbunden wurde. Nachdem man den schmalen Isthmus passiert hat, teilt sich die Straße in eine nördliche und eine südliche Route auf, wobei es sich jeweils um Stichstraßen ohne Verbindung zueinander handelt. Vom landschaftlichen Reiz her sind beide Strecken gleichwertig: Im Süden hat man einen weiten Blick über die Hawke Bay, im Norden auf die Poverty Bay. Goldene und graue Sandstrände mit ausgezeichneten Wassersportmöglichkeiten ziehen die Besucher ebenso an wie Golfplätze, Bushwalks und eine artenreiche Tierwelt.

Rund 8 km nördlich von Nuhaka erstreckt sich um **Morere** eine 355 ha große Region mit heißen Quellen, die vom Highway aus leicht zu erreichen ist. Die Thermalbecken sind mit unterschiedlich heißem kalziumhaltigen Wasser gefüllt. Auf mehreren Wanderwegen kann man auch das interessante Waldgebiet der **Morere Hot Springs** kennenlernen, in dem viele seltene Vögel wie Tuis leben. Für den **Nikau Loop Track** durch einen schönen Nikau-Palmenwald benötigt man nur 20 Min. Morere verfügt über ein Informationszentrum, Backpacker-Unterkünfte, ein Motel und eine Gaststätte. **Morere Pools**, © 06-8378856, tägl. 10–21 Uhr, NZ-$ 6, Kinder 5–15 Jahre NZ-$ 3.

Auf der Weiterfahrt windet sich der Highway 2 die Hügel des **Wharerata State Forest** hinauf und erreicht 18 km hintere Morere den 510 m hohen **Wharerata Pass**. Vom Rastplatz hat man eine prächtige Aussicht. Wanderer mit etwa 6 Std. Zeit können hier den 10 km langen **Wharerata Walkway** begehen. 19 km weiter nördlich passiert man die Ortschaft **Muriwai**, die auf Höhe der Landnase Young Nicks Head liegt. Im Namen der weißen Klippen wurde jener Schiffsjunge Kapitän Cooks verewigt, der von seinem Guckposten aus als erster Weißer nach Abel Tasman Neuseeland erblickte. Von Muriwai sind es dann nur noch 23 km bis Gisborne, Hauptstadt der gleichnamigen Provinz, wobei sich 8 km vorher in Matawhero ein Halt an der historischen **Matawhero Church** lohnt.

Rastplatz mit Aussicht

Reisepraktische Informationen Mahia Peninsula

Unterkunft
Mahia Beach Motels & Holiday Park, *43 Moana Drive, Mahia Beach, © 06-8375830, www.motelscabinscampmahiabeach.com. Familienfreundlicher Ferienpark am Strand mit Stellplätzen für Zelte und Campervans, Hütten und Moteleinheiten (DZ ab NZ-$ 130).*

Gisborne

Das gut 35.000 Einwohner zählende Gisborne liegt ziemlich genau auf dem 178. Meridian und damit nah an der Datumsgrenze. Die Einwohner der östlichsten Stadt des Landes betonen, dass sie als erste einen neuen Tag begrüßen dürfen – der Name Sunrise Coast kommt nicht von ungefähr! Deshalb wurde hier die Jahrtausendwende 2000 auch mit einer Reihe von Festivals, Partys, Sport- und Kulturveranstaltungen besonders aufwendig gefeiert, wobei das kostenlose Konzert mit Kiri Te Kanawa zum Sonnenaufgang das Hauptereignis darstellte, von Millionen Fernsehzuschauern in aller Welt verfolgt. Den neuseeländischen Opernstar verbindet einiges mit Gisborne, schließlich wurde Te Kanawa hier 1944 geboren. Ebenfalls zur Jahrtausendwende fand in Gisborne ein Treffen hochseegängiger Kanus aller Südseevölker sowie das Pacific Tall Ships Festival statt, bei dem eine internationale Armada von Großseglern die Stadt ansteuerte.

Mit ihrer schönen Lage an einer weiten Bucht, in die die drei Flüsse Turanganui-, Waimata- und Taruheru River münden, trägt Gisborne auch den Beinamen „Stadt der Brücken". Aus einer kleinen Siedlung, die sich ab den 1870er-Jahren entwickelte und nach dem damaligen Kolonialminister benannt wurde, ist heute ein wirtschaftliches Zentrum geworden, das von verarbeitender Industrie, Landwirtschaft, dem Exporthafen und Tourismus lebt. Während in der entfernteren Hügellandschaft Lamm- und Rindfleisch produziert wird, ist die Ebene um Gisborne für ihren Anbau von Mais bekannt, dessen Ernte allein 65 % der gesamten Landesproduktion ausmacht. Auch als Weinanbaugebiet hat sich die Region einen Namen gemacht. Das Touristenbüro gibt eine Liste mit Adressen und Öffnungszeiten mehrerer *wineries* heraus, in denen Besucher willkommen sind.

Weintouren

In- und ausländische Touristen schätzen die guten Badegelegenheiten an den Stränden der Umgebung und die üppig grünen Gärten und Parks im Stadtzentrum. Da, wo sich der Stadthügel Kaiti Hill erhebt, betraten am 8. Oktober 1769 zum ersten Mal Weiße neuseeländischen Boden. Das Zusammentreffen von Pakehas und Maoris endete allerdings wie bei Abel Tasmans Landgang blutig: Sechs Maoris ließen dabei ihr Leben. Kapitän James Cook segelte daraufhin schnell weiter zur Bay of Plenty und nannte die Bucht, in der er außer Feuerholz nichts Brauchbares an Bord nehmen konnte, abschätzig Poverty Bay. Ab 1839 folgten dann Weiße, die die Gegend so attraktiv fanden, dass sie eine kleine Siedlung gründeten. Durch den expandierenden Walfang gewann der Hafenort schnell an Bedeutung.

Blutiges Aufeinandertreffen

Stadtbesichtigung

Die erste Station einer Stadtbesichtigung sollte das **i-SITE Visitor Centre** an der Grey St. sein, das sich zentral in der Nähe des Bahnhofs und am Flussufer befindet. Erhältlich ist dort die Broschüre „Gisborne Historic Trail", mit der man leicht zu den bedeutendsten Sehenswürdigkeiten findet. Neben der Touristeninformation sind die beiden **Totempfähle** beachtenswert, die anlässlich des 200. Jahrestags von Cooks Entdeckung aus Kanada importiert wurden. An den großen Seefahrer erinnert eine Bronzestatue in der Cook National Reserve am östlichen Ufer der Turanganui-Mün-

Bei Gisborne gibt es auch anfängerfreundliche Surfstrände

dung. Dahinter, jenseits der Kaiti Beach Rd., sieht man das alte **Waikahua Cottage**, das von den weißen Siedlern während der Gefechte mit den Hau-Hau-Kriegern des legendären Häuptling Te Kooti als Zufluchtsort genutzt wurde.
Waikahua Cottage, *Mo–Fr 9–17, Sa/So 10–16 Uhr, Spende erbeten.*

Hinter der Hütte erhebt sich der 135 m hohe **Kaiti Hill**, von dessen Lookout man eine prächtige Aussicht hat. Man kann den „Gipfel" über einen markierten Weg vom Waikahua Cottage erreichen oder mit dem Wagen über die Crawford Rd., Ranfurly Rd. und den Titirangi Drive. Auf dem Hügel thront das **James-Cook-Observatorium**, laut Inschrift die „östlichste Beobachtungsstation der Welt".
James-Cook-Observatorium, ✆ *06-8627557, www.possumobservatory.co.nz.*

Auf der östlichen Seite des Kaiti Hill verdienen zwei Maori-Bauwerke Beachtung: die kleine **Toko Toru Tapu Maori Church** mit interessantem Inventar und das benachbarte **Marae Te Poho o Rawiri**, eines der größten Versammlungshäuser des Landes, das mit ungewöhnlichen Schnitzereien besticht. Besichtigen kann man das Bauwerk in Begleitung von Maori-Führern.
Marae Te Poho o Rawiri, *tägl. 9–17 Uhr, Spende erbeten.*

Besichtigung mit Führern

Das **Tairawhiti Museum**, etwa 800 m nördlich auf der schmalen Halbinsel zwischen Taruheru River und Waimata River, besitzt eine ungewöhnlich reichhaltige historische Sammlung. Viele Exponate zeugen vom hohen kulturellen Niveau der hiesigen Maori-Stämme. Dokumentiert wird auch die weiße Besiedlung der Region. Eines der Prunkstücke ist eine Kanone von Kapitän Cooks Endeavour. Das älteste Haus der Stadt, das Wyllie Cottage aus dem Jahr 1870, gehört ebenso zum Museum wie eine Kunstgalerie, in der hauptsächlich Gemälde zeitgenössischer Künstler präsentiert werden. Dem Leben am und auf dem Wasser widmet sich gleich nebenan das **Te Moana Maritime Museum**. Herausragendes Exponat ist die Brücke der Star of Canada, eines 1912 vor Gisborne havarierten 12.000-Tonnen-Frachters.
Tairawhiti Museum, *18 Stourt St., ✆ 06-8687569, www.tairawhitimuseum.org.nz, Mo–Sa 10–16, So 13.30–16 Uhr, Eintritt frei.*
Te Moana Maritime Museum, *20 Stourt St., ✆ 06-8673832, Mo–Sa 10–16, So 13.30–16 Uhr, Eintritt frei.*

Geht man vom Museum über die Brücke an der Peel St. ins Zentrum zurück, sollte man unterwegs auf den schönen **Glockenturm** an der Gladstone Rd. achten. Weiter südlich führt die Grey St. über eine Brücke zu dem bei Schwimmern und Surfern gleichermaßen populären **Waikane Beach**, wo man inmitten einer Parkanlage auf die bekannte **Nick's Statue** stößt. Hier hat man dem eigentlichen „Entdecker" ein Denkmal gesetzt, dem damals 12-jährigen Schiffsjungen Nicholas Young, der Neuseeland von seinem Ausguck als Erster sichtete. Weiter westlich erstreckt sich der Midway Beach, hinter dem das große **Freibad Olympic Pool** mit bis 39 °C warmen Pools zu finden ist. Ein Besuch Gisbornes wäre unvollständig ohne einen Spaziergang durch eine der schönen Parkanlagen der Stadt, allen voran die **Botanic Gardens**. Liebhaber der Maori-Kultur werfen gerne einen Blick in eines der Versammlungshäuser in der näheren Umgebung, die zu den schönsten und größten des Landes zählen. Von besonderer Bedeutung sind das **Rongopai Meeting House** (Waituhi) und das **Whakato Marae** (Manutuke).

Strände und Parks

Reisepraktische Informationen Gisborne

Information
Gisborne & Eastland i-SITE Visitor Centre, 209 Grey St., © 06-8672000, www.gisbornenz.com u. www.eastlandnz.com, Mo–Fr 7.30–17.30, Sa/So 9–17 Uhr.
Department of Conservation (DOC), 63 Carnarvon St., © 06-8690460, www.doc.govt.nz, Mo–Fr 8–16.30 Uhr. Verkauf von Hüttenpässen für mehrtägige Wanderungen im Urewera National Park.

Unterkunft
Motels
Motels der Mittelklasse konzentrieren sich an der Gladstone Rd., der Hauptausfallstraße nach Süden und an der zentrumsnahen Salisbury Rd.
**Whispering Sands Beachfront Motel $$–$$$**, 22 Salisbury Rd., © 0800-405030 u. 06-8671319, www.whisperingsands.co.nz, DZ NZ-$ 125–195. Herrliche Strandlage ca. 1 km vom Zentrum, 14 komfortable und geräumige Apartments, im oberen Stockwerk mit Meerblick.
**Beachcomber Motel $$**, 73 Salisbury Rd., © 0800-424555 u. 06-8689349, www.beachcombergisborne.co.nz, DZ NZ-$ 115–150. Familiäres Motel mit 17 behaglichen Zimmern, 50 m vom Strand; Gary und Adele, das hilfsbereite Besitzerehepaar, organisieren Ausflüge zu Wasser und zu Land.

Backpacker-Hostel/Jugendherberge
**Flying Nun Backpackers $–$$**, 147 Roebuck Rd., © 06-8680461, www.flynun.co.nz, DZ ab NZ-$ 46, im Mehrbettzimmer ab NZ-$ 18. Sympathisches Hostel in einem ehemaligen Nonnenkloster mit Doppel- und Mehrbettzimmern, großen Gemeinschaftsräumen und Sonnenterrasse sowie Zeltplätzen und Garten, 10 Fußmin. vom Zentrum entfernt.
**Gisborne YHA $–$$**, 32 Harris St., © 06-8673269, www.yha.co.nz, DZ ab NZ-$ 64, im Mehrbettzimmer ab NZ-$ 26. Angenehme, moderne Jugendherberge, 1,5 km vom Zentrum inmitten eines großzügigen Gartens am Flussufer, Doppel- und Mehrbettzimmer.

Camping
Waikanae Beach Holiday Park, 280 Grey St., © 06-8675634, www.top10.co.nz/parks/waikanae-beach. An einem schönen Strandabschnitt gelegen, Stellplätze für Campervans und Zelte, Hütten und gut ausgestattete Ferienwohnungen ($$–$$$) Surfboard- und Fahrradverleih, 5 Fußmin. vom Zentrum.

Essen und Trinken
Café Villaggio, 57 Ballance St., © 06-8633895, tägl. ab 7.30 Uhr, moderat–teuer. Gemütliches Lokal in einem zauberhaften Art-Déco-Gebäude, Frühstück in britischer Herzhaftigkeit, trendige Lunchgerichte, zum Dinner Gerichte à la Nouvelle Cuisine.
The Wharf Café Bar Restaurant, 60 The Esplanade, © 06-8684876, www.wharfbar.co.nz, tägl. ab 8 Uhr, moderat–teuer. Von fantasievollen Frühstücksvarianten über leichte Gerichte der zeitgenössischen Kiwi-Küche bis zu Seafood vom Feinsten gibt es hier alles.

Weingüter

Um Gisborne liegen Dutzende von Weingütern, die hervorragende, teils preisgekrönte rote und weiße Tafelweine produzieren. In zahlreichen Winzereien sind Besucher zu

Besichtigungen und Weinproben willkommen, einigen sind ausgezeichnete Restaurants angeschlossen. Im **i-SITE Visitor Centre** ist eine Liste der regionalen Weingüter erhältlich. Informationen finden Sie auch auf der Web-Seite www.gisbornewine.co.nz. Ganz besonders lohnt sich ein Besuch von Gisborne am Labour Weekend Ende Oktober, wenn Weingüter und Restaurants beim **Gisborne Wine & Food Festival** alles präsentieren, was Küche und Keller zu bieten haben.

Busse

Die Überlandbusse von InterCity (© 06-3431730, www.intercity.co.nz) und anderer Gesellschaften halten beim Gisborne i-SITE Visitor Centre, wo man auch die Fahrkarten kaufen kann.

Von Gisborne nach Opotiki

Der schnellste und bequemste Weg zur Bay of Plenty ist ab Gisborne der **Highway 2**. Die Route weist zwar viele landschaftliche Reize auf, die sich aber nicht mit den Naturschönheiten entlang dem Highway 35 (s. u.) messen können. Dafür ist die 143 km lange Strecke gut ausgebaut und zügig befahrbar.

Auf den ersten 73 km folgt man dabei zunächst dem Tal des Waipoa River aufwärts bis **Te Karaka** (32 km, Läden, Tankstelle) dann in westlicher Richtung nach **Matawai** (Unterkünfte, Restaurants). In Matawai sollte man sich bei Interesse über die verschiedenen Outdoor-Aktivitäten informieren, die hier und in Motu möglich sind (u. a. White Water Rafting, Kajaking, Jagen, Wandern, Angeln). Wer dem Highway 2 folgt, gelangt anschließend am 725 m hohen Traffords Hill Summit vorbei in die **Schlucht des Waioeka River**, die zu Recht als Scenic Reserve naturgeschützt ist. Man folgt dem Flussverlauf, bis man schließlich das Etappenziel Opotiki erreicht hat. *Scenic Reserve*

Eine schönere, dafür allerdings längere und **schwierigere Strecke** geht von Matawai zum 14 km nördlich gelegenen **Motu** unweit der gleichnamigen Wasserfälle. Ab dort nimmt man dann die **Old Motu Coach Rd.**, die übers Gebirge zur Bay of Plenty führt.

☞ Alternativroute

Alternativ zu diesen Routen ist es auch möglich, ab Gisborne über die Ruakaka Rd. nach Westen zu fahren. Ein Ziel für botanisch Interessierte ist das **Eastwoodhill Arboretum**, das man nach 35 km erreicht. Der Naturpark präsentiert eine große Sammlung von Bäumen, die sonst nur auf der nördlichen Erdhalbkugel wachsen. Durch ein schönes Seengebiet geht es dann weiter nach **Rere**, wo die gleichnamigen Wasserfälle zu entdecken sind. Über Wharekopae und durch endlose Schafsweiden fährt man anschließend in nördliche Richtung, wo man an der Motu River Bridge wieder auf den Highway 2 gelangt.
Eastwoodhill Arboretum, © 06-8639003, www.eastwoodhill.org.nz, tägl. 9–17 Uhr, NZ-$ 15, Kinder 5–16 Jahre NZ-$ 2.

Von Gisborne nach Opotiki über das East Cape

Grandiose Landschaft

Wenn man sich auf dem Weg nach Opotiki statt den Highway 2 zu nehmen für den der Küstenlinie folgenden **Highway 35** entscheidet, hat man eine mehr als doppelt so lange Strecke vor sich, nämlich exakt 327 km. Dafür erlebt man aber eine teils grandiose, teils liebliche Landschaft, kommt an traumhaften Stränden vorbei und lernt eines der verbliebenen Stammländer der Maoris kennen. Unter den vielen Buchten und Stränden am ersten Teilabschnitt seien hier nur Wainui (4 km östlich von Gisborne), Makorori Beach (10 km), Tatapouri (14 km), Pouawa (18 km) und Waihau Beach (42 km; 6 km Stichstraße ab dem Highway 35) genannt. Unbedingt anhalten sollte man in **Tolaga Bay** (53 km hinter Gisborne; Motels, Campingplätze, Läden, Golfplatz), dem ersten größeren Fremdenverkehrsort. Die Hauptattraktion ist der unendlich scheinende Pier, den man 660 m weit in die See hinausgebaut hat. Wer etwas mehr Zeit hat, könnte eine schöne Wanderung auf dem **Cooks Cove Walkway** unternehmen (6 km, ca. 2 Std. 30 Min.).

Auch die folgende Strecke weist wieder einige sehr schöne Strände auf, allerdings kann man diese nur auf schmalen Stichstraßen vom Highway aus erreichen; nennenswert sind hier besonders der **Kaiaua Beach** und die **Anaura Bay**. 36 km hinter Tolaga gibt es in der **Tokomaru Bay** wieder ein größeres touristisches Angebot mit Backpacker-Hostels, Motels, Campingplatz, Läden und Tankstelle. Gleiches gilt auch für das folgende **Te Puia Springs**, wo sich ein Golfplatz und ein Touristenbüro befinden.

Erste Neujahrsfeier

Wenn Sie Zeit haben, machen Sie ab Te Puia Springs den kleinen 6-km-Schlenker am Ufer entlang – auf diese Weise können Sie dem **Strand der Waipiro Bay** einen Besuch abstatten, bevor es anschließend wieder landeinwärts geht. Vom **Rastplatz Ihungia** bietet sich ein schöner Blick auf den 1.752 m hohen **Mt. Hikurangi**, den höchsten Gipfel der Region und höchsten des Landes, der nicht vulkanischen Ursprungs ist. Da erfahrene Bergwanderer ihn relativ leicht erklimmen können, gibt es dort an jedem 31. Dezember ein großes Gedränge, denn vom Mt. Hikurangi aus kann man als erster Mensch dieser Erde die aufgehende Sonne eines neuen Tages betrachten ...

Am nördlichen Ufer des Waiapu River entlang fährt man anschließend wieder in Richtung Meer und gelangt zum **Weiler Tikitiki**. Dort ist die anglikanische **St. Mary's Church** wegen ihrer Ausstattung im Maori-Stil sehenswert. Auf 25 km Länge durchquert man dann in nördlicher Richtung den Ostzipfel des Landes und gelangt nach **Te Araroa** (Information Centre, Campingplatz, Backpacker-Hostel), einem kleinen Dorf mit dem ältesten und größten Pohutukawa-Baum Neuseelands. Von Te Araroa kann man auf einer 20 km langen Piste zum **East Cape** fahren, wo ein Leuchtturm 154 m über dem Meer über die vielleicht einsamste Gegend der Nordinsel wacht. Das Kap wurde, wie die meisten Landmarken entlang der Küste, von James Cook benannt. Hier, jenseits des 178. Längengrads, ist man östlich von allen anderen Orten Neuseelands (die Chatham Islands einmal ausgenommen) und gewissermaßen am östlichsten Punkt der Welt. Nur vereinzelt trifft man auf Gehöfte oder Weiler in dieser fast menschenleeren Gegend, etwa auf das Dörfchen **Whangara**, das Cineasten als Schauplatz des mehrfach preisgekrönten Kinofilms „Whale Rider" kennen.

Das East Cape – einer der östlichsten Punkte der Welt

Von Te Araroa erreicht man nach 12 km **Hicks Bay**, ebenfalls eine sehr schöne Bucht mit Schwimm-, Tauch- und Angelmöglichkeiten. Danach fährt man bereits an der nördlichen Küste der Halbinsel, die der Bay of Plenty zugewandt ist, hinab. Nach 33 km kommt man bei Whangaparaoa zum **Cape Runaway**, das von Kapitän James Cook so getauft wurde, weil beim Anblick der Endeavour anwesende Maoris in Furcht gerieten und in die Berge flüchteten. Im Kap-Gebiet wurde eine der ersten Walfangstationen des Landes gegründet, Überreste sind heute noch zu sehen. Für die Maoris ist das Kap von mythologischer Bedeutung, denn einer Legende zufolge erreichten hier zwei Kanus der „Großen Flotte" Neuseeland. Gesichert ist, dass die Süßkartoffel Kumara am Cape Runaway zum ersten Mal auf neuseeländischem Boden gepflanzt wurde. Maori-Vergangenheit und -Gegenwart werden zudem durch den Platz eines alten Pa, ein Versammlungshaus und eine kleine Siedlung mit Schule und *Post Office* dokumentiert.

Mythologische Bedeutung

An der folgenden **Waihau Bay** kann man herrlich schwimmen, außerdem findet man Campingplätze, Motels, ein Touristenbüro, einen Tauchklub und mit der alten **Raukoroe Anglican Church** auch ein kulturelles Highlight. Eine bescheidene touristische Infrastruktur sowie historische Bauwerke samt altertümlichem Pub gibt es im 37 km entfernten **Te Kaha**. Mit kunstvollen Holzschnitzereien ist das Versammlungshaus im örtlichen Marae geschmückt.

Auf halbem Weg nach Opotiki hat man auf dem 218 m hohen **Maraenui Lookout** noch einmal Gelegenheit, einen Teil der zurückgelegten Strecke, die weitgeschwungene Bay of Plenty und in der Ferne die Vulkaninsel White Island zu überblicken.

Opotiki

Im etwa 7.000 Einwohner zählenden Touristenort Opotiki hat man wieder den Highway 2 erreicht, der ab hier einen großen Bogen um den Ohiwa Harbour schlägt und nach Whakatane führt. Opotiki war von jeher ein Zentrum der Maori-Kultur und geriet in den 1860er-Jahren in den Sog des Hauhauismus (s. S. 244), dessen krude Ideologie der fanatischen Bekämpfung der weißen Rasse im deutschen Missionar Karl Volkner ein tragisches Opfer fand: In seiner Missionskirche St. Stephen' Church wurde Volkner von Hauhau-Anhängern getötet, gehängt und teilweise verspeist, sein Blut als ritueller Trank verteilt. Die blutbefleckte Bibel des Missionars ist in der Kirche noch zu sehen. Der Vorfall hatte seinerzeit zur Folge, dass die Missionskirche als Stützpunkt britischer Soldaten fungieren musste.

Hauhauismus

Bei der Weiterfahrt in Richtung Whakatane sollte man unmittelbar vor der Brücke über den Waioweka River auf dem Rastplatz halten und die schöne Aussicht auf den Fluss mit seinen Inselchen genießen. Direkt hinter der Brücke lohnt sich für alle botanisch Interessierten ein Abstecher über die links abzweigende Woodlands Rd., der zur 7 km entfernten **Hukutaia Domain** führt (eine Broschüre über den Park ist im i-SITE Visitor Centre von Opotiki erhältlich). Dort kann man eine der vollständigsten Sammlungen endemischer Pflanzen bewundern, unter ihnen ein 2.000 Jahre alter Puiri-Baum. Die folgenden 58 km nach Whakatane sind auf dem Highway 2 schnell zurückgelegt. Vorher schon kann man nach **Ohope** abbiegen, das mit guten Stränden und komfortablen Unterkünften eine Alternative zum Standort Whakatane darstellt und von der Stadt nur 7 km entfernt ist.

Reisepraktische Informationen Opotiki

Information
Opotiki i-SITE Visitor Centre, St. John St., Ecke Elliott St., © 07-3153031, www.opotikinz.com u. www.eastlandnz.com, tägl. 9–17 Uhr, im Winter Sa/So geschlossen. Ein **DOC-Büro** (© 07-3151001) befindet sich im gleichen Gebäude.

Unterkunft
Motel
**Magnolia Court Motel $$**, Ecke Bridge/Nelson St., © 0800-556246, © 07-3158490, www.magnoliacourtmotel.co.nz, DZ NZ-$ 100–110. Großzügig geschnittene Bungalows um einen begrünten Hof angeordnet, neben Studios auch größere Einheiten für bis zu 7 Pers.

Backpacker-Hostel
**Central Oasis Backpackers $–$$**, 30 King St., © 07-3155165, www.centraloasis backpackers.co.nz, DZ ab NZ-$ 50, im Mehrbettzimmer ab NZ-$ 20. Kleines, zentrales Hostel in historischem Gebäude, Doppel- und Mehrbettzimmer, Zeltplätze, deutsche Leitung.

Camping
Opotiki Holiday Park, Grey St., Ecke Potts Ave., © 07-3156050, www.optiki holidaypark.co.nz. Am zentralsten gelegene Anlage mit Zelt- und Campervanplätzen, Hütten

und Apartments ($$–$$$), Swimmingpool. Weitere Campingplätze findet man an den Stränden der Umgebung.

🍴 Essen und Trinken
Ocean Seafoods Fish and Chips, *88 Church St., © 07-3153169, preiswert. Die besten Fish 'n' Chips der Region.*

Whakatane

Der Industrie- und Ferienort Whakatane mit knapp 18.000 Einwohnern lebte lange Zeit hauptsächlich von seinem landwirtschaftlichen Umfeld mit Obst-, Gemüse- und Weinplantagen, Viehzucht (sehr viele Gehege mit domestiziertem Rotwild) und von der Holzverarbeitung, insbesondere der riesigen Mühlenanlagen. Die Strände, das ganzjährig gute Klima und die vielen Sonnenscheinstunden zogen in den letzten Jahren aber auch immer mehr Besucher in die Stadt, sodass sich deren touristisches Angebot enorm vergrößerte und der Fremdenverkehr zum neuen Standbein der lokalen Wirtschaft avancierte. Nicht die wenigen Sehenswürdigkeiten, sondern Freizeitaktivitäten sind es, die einen Aufenthalt in oder bei Whakatane interessant machen. Erste Anlaufstelle vieler Besucher ist deshalb das i-SITE Visitor Centre, das zentral am Civic Centre liegt und in dem man Ausflüge (insbesondere nach White Island) buchen kann. Wer sich für die Kultur der Maoris und die Pionierzeit interessiert, sollte einen Blick in das **Whakatane Museum** werfen (*Boon St., Mo–Fr 10–16.30, Sa/So 11–15 Uhr, Spende erbeten*).

Touristenzentrum

Wenige Meter von der Touristeninformation aus nach rechts über The Strand steht der **Pohatura Rock**. Dieser heilige Stein der Ureinwohner, an dem früher Maori-Rituale, aber auch Taufen vollzogen wurden, liegt inmitten eines Parks und wird von einer Häuptlingsstatue und einem Kriegskanu flankiert. Auf einer Plakette kann man die historische und religiöse Bedeutung des Steins nachlesen. 100 m weiter östlich erhebt sich der kleine **Hügel Puketapu**, von dessen Lookout man einen guten Überblick über Stadt und Mündung des Whakatane River gewinnt. Recht hübsch ist auch der **Botanische Garten** am Flussufer. Eine weitere Parkanlage an der King St. lohnt wegen des **Lake Sullivan** mit weißen und schwarzen Schwänen einen Besuch. Mehrere ausgeschilderte Spazier- und Wanderwege erschließen das Stadtzentrum genauso wie die Außenbezirke. Einer der schönsten ist die 3½-Stunden-Tour **Kohi Point Walkway**, der über The Strand an der Flussmündung des Whakatane River und dann an der Küste entlangführt. Auf dem Weg passiert man mehrere Höhlen, Lookouts und historische Maori-Stätten, u. a. den Standort eines der ältesten Pa des Landes (Pa of Toi).

Schöne Wanderung

Das Freizeitangebot umfasst neben den Wassersportmöglichkeiten an den Stränden Jetboat-Touren auf dem Rangitaiki River, Big Game Fishing auf Merline oder Haie, Paragliding, Kanufahren auf Fluss und Meer, Forellenangeln und Jagen im Hinterland, White Water Rafting auf dem Rangitaiki und Motu River, Bootsausflüge zum Vogelparadies Whale Island (9 km nördlich) sowie Schwimmen mit Delfinen. Nicht entgehen lassen sollte man sich einen Ausflug zur Vulkaninsel White Island.

Im Ohiwa Harbour kommen Ornithologen auf ihre Kosten

Um den Nachbarort Ohope erstrecken sich herrliche Sandstrände. Der **Ohiwa Harbour** bei Ohope, ein durch große Gezeitenunterschiede geprägtes Haff, ist eines der bedeutendsten Vogelreservate des Landes. Ornithologen können hier vor allem bei Kajaktouren Tausende von Pelikanen, Seeschwalben, Kormoranen, Ibissen und Albatrossen beobachten.

Reisepraktische Informationen Whakatane

 Information
Whakatane i-SITE Visitor Centre, Quay St., Ecke Kakahoroa St., © 0800-942528 u. 07-3062030, www.whakatane.com, Mo–Fr 8.30–17, Sa/So 10.30–15.30 Uhr. Gutes Informationsangebot und kostenloser Internetzugang.

Unterkunft
Motels
**Aquarius Motel $$**, 103 Harbour Rd., Ohope Beach, © 07-3124550, www.aquarius motel.co.nz, DZ NZ-$ 90–130. Moderne Anlage mit 9 Einheiten, außerhalb am schönen Ohope Beach.
**Ocean View Motel $$**, 18/2 West End, Ohope Beach, © 07-3125665, www.ocean viewmotel.co.nz, DZ NZ-$ 120. Familiäres Motel mit behaglichen Zimmern, alle mit Kitchenette und Meerblick, kostenloser Fahrrad-, Kajak- und Surfboardverleih, nur wenige Schritte vom Strand.

Bed & Breakfast
**Crestwood B&B $$$**, 2 Crestwood Rise, © 07-3087554, www.crestwood-homestay.co.nz, DZ NZ-$ 160. Zauberhafte Unterkunft mit schönem Ausblick und reichhaltigem Frühstück, etwas außerhalb des Zentrums.

Backpacker-Hostel
Karibu Backpackers $–$$, 13 Landing Rd., © 07-3078276, www.karibubackpackers.co.nz, DZ ab NZ-$ 56, im Mehrbettzimmer ab NZ-$ 23. Schönes, ruhiges Hostel mit Doppel- und Mehrbettzimmern sowie Zeltplätzen, 1,5 km abseits vom Zentrum, kostenloser Fahrradverleih und Abholung vom Busterminal.

Camping
Whakatane Holiday Park, McGarvey Rd., © 07-3088694, www.whakataneholidaypark.co.nz. Gute Anlage mit Zelt- und Campervanplätzen, On-Site-Caravans und Cabins ($$), Pool, 500 m vom Zentrum.
Ohope Beach Top 10 Holiday Park, 367 Harbour Rd., Ohope Beach, © 0800-264673 u. 07-3124460, www.ohopebeach.co.nz. Große Anlage an einem schönen Strandabschnitt mit Stellplätzen für Zelte und Wohnmobile, gemütlichen Hütten und Ferienwohnungen ($$–$$$), Swimmingpool.

Essen und Trinken
Babinka, Kakahoroa Drive, © 07-3070009, tägl. ab 11 Uhr, moderat. Beliebtes und oft volles Restaurant, dessen Speisekarte einem Multi-Kulti-Potpourri gleicht – von bodenständig Neuseeländischem bis zu Currys Thai-Style.
The Craic, Whakatane Hotel, The Strand, © 07-3149669, tägl. ab 10.30 Uhr, moderat. Beliebter irischer Pub mit Guinness vom Fass und Kiwi-Hausmannskost, freitagabends Live-Musik.
The Quay, 22 Pohutukawa Ave., Ohope Beach, © 07-3124675, tägl. ab 8.30 Uhr, moderat. Leckere Frühstücksvarianten, fantasievolle Sandwiches, Salate, hervorragende Fish 'n' Chips.

Ausflüge
Dolphins Down Under, 96 The Strand, © 0800-3547737 u. 07-3082001, www.whalesanddolphinwatch.co.nz. Schwimmen mit Delfinen (NZ-$ 160, Kinder unter 14 Jahre NZ-$ 130), aber auch Ausflüge per Flugzeug oder Schiff, u. a. nach White Island.
Kiwi Jet Boat Tours, © 0800-800538 u. 07-3070663, www.kiwijetboattours.com, NZ-$ 95, Kinder 5–14 Jahre NZ-$ 65. Rasante Jetboat-Touren auf dem Rangitaki River zu den Aniwhenua Falls.
KG Kayaks, © 07-3154005, www.kgkayaks.co.nz. 2½-stündige Kajaktouren mit Vogelbeobachtung im Ohiwa Harbour und Sea Kayaking vor der Küste (jeweils ab NZ-$ 75, Kinder unter 16 Jahre ab NZ-$ 45), Kajakverleih ab NZ-$ 28/Std.
White Island Flights, © 0800 944 834 u. 07-3087760, www.whiteislandflights.co.nz. Sightseeing-Flüge zu den White Islands, ab NZ-$ 200 p. P.
Frontier Helicopters, © 0800-804354 u. 07-3084188, www.frontierhelicopters.co.nz. Helikopterflüge nach White Island mit und ohne Landung (ab NZ-$ 550).
White Island Tours, © 0800-PEEJAY u. 07-3089588, www.whiteisland.co.nz, NZ-$ 185, Kinder unter 13 Jahre NZ-$ 120. 6-stündiger Ausflug mit einem Schnellboot nach White Island mit der Option, vor der Insel zu schnorcheln.

Busse
Die Überlandbusse von InterCity (© 07-3431730, www.intercity.co.nz) und anderer Gesellschaften halten beim Whakatane i-SITE Visitor Centre, wo man auch Tickets kaufen kann. Auf festen Routen im innerstädtischen Bereich und in der näheren Umgebung pendeln tagsüber Busse von Baybus (© 0800-4 BAYBUS u. 0800-422928, www.baybus.co.nz). Eine Baybus-Route führt bis Tauranga und Mt. Maunganui.

Ausflug zur White Island (Whakaari)

Ein Besuch der 50 km vor Whakatane in der Bay of Plenty gelegenen Insel ist ein absolutes Highlight – immerhin handelt es sich bei dem stets dampfenden, 324 ha großen Eiland um einen der am besten erreichbaren aktiven Vulkane der Welt. Seine Entstehung verdankt es drei unabhängigen Vulkanschloten, die Lava und Lockergestein bis auf 321 m ü. d. M. (Mt. Gisborne) aufgeworfen haben. Natürlich war auch hier James Cook der Namensgeber, der wie die heutigen Touristen die weißen Dampfsäulen sah, die aus Spalten nach oben steigen – knapp unter dem Boden ist die Insel 600–800 °C heiß.

Brutgebiet

Schon vor James Cook nutzten die Maoris die Insel als Vogelfanggebiet und nannten sie Whakaari. Die Seevögel scheint die lebensbedrohlich wirkende Umgebung nicht zu stören, sie nisten hier immer noch in großer Anzahl, insbesondere Tölpel. Nachdem im 19. Jh. und noch bis 1910 auf der Insel Schwefel abgebaut wurde, stellte man sie 1953 unter Naturschutz, was allerdings an den Besitzverhältnissen nichts änderte. Nach wie vor befindet sich White Island in Privateigentum, sodass jeder Besucher eine Erlaubnis benötigt und Eintritt zahlen muss. Achten Sie bei der Wahl Ihres Ausflugs also darauf, ob man die Insel überhaupt betreten darf (d. h. ob das Permit vom Veranstalter arrangiert wird) und ob im Gesamtpreis das Eintrittsgeld enthalten ist.

Alle Ausflüge können im i-SITE Visitor Centre von Whakatane gebucht werden. Bei wenig Zeit oder hohem Seegang sind die Helikoptertouren empfehlenswert, da man hier nach einem 25-Minuten-Flug auf der Insel landet und an einer anderthalbstündigen geführten Wanderung teilnimmt. Mit den ebenfalls angebotenen Touren per Kleinflugzeug ist eine Landung nicht möglich. Die Schiffstouren dauern natürlich erheblich länger – zwischen 4 und 7 Stunden, abhängig von der Motorisierung und vom Charakter der Minikreuzfahrt. Angeboten werden u. a. Tagesausflüge samt Angeln oder Schnorcheln und Mittagessen oder schnelle Überfahrten mit dem Motorkatamaran. Selbst wenn eine Landung auf White Island im Programm steht, bleibt diese doch immer wetterabhängig.

Weiterfahrt ab Whakatane

Ab Whakatane stehen verschiedene Varianten der Weiterfahrt zur Auswahl: Der **Highway 30** führt in südwestlicher Richtung zum 85 km entfernten **Rotorua**. Unterwegs, 16 km vor dem Etappenziel, sollte man sich das geothermale Gebiet **Hell's Gate** anschauen, das auf 10 ha viele Naturwunder versammelt hat, u. a. den größten warmen Wasserfall der Welt. In Rotorua hat man Anschluss an die Route nach Auckland (s. S. 372) oder kann über den Highway 33 zurück zur Bay of Plenty (nahe Te Puke) fahren und die Reise in Richtung Tauranga und Coromandel fortsetzen.

Kiwi-Anbaugebiet

Bleibt man hingegen auf dem gut ausgebauten **Highway 2** an der Küste, gelangt man nach ca. 70 km nach **Te Puke**. Das 7.000-Einwohner-Städtchen nennt sich selbst *Kiwifruit Capital of the World*. Um den Ort erstreckt sich das größte Kiwi-Anbaugebiet von Neuseeland, weswegen der hiesige Küstenabschnitt umgangssprachlich auch *Kiwi*

White Island ist der Gipfel eines submarinen Vulkans

Coast genannt wird. Te Puke präsentiert sein Hauptexportgut in einer grünen, riesigen Skulptur, die den Eingang zu der für Besucher geöffneten Plantage **Kiwi 360** markiert. Im Innern der Riesenfrucht erfährt man alles zum Thema Kiwi. Wer will, kann eine Fahrt im KiwiKart durch die Plantage machen.

Kiwi 360, *Hwy. 2, © 07-5736340, www.kiwi360.com, im Sommer tägl. 9–16, im Winter tägl. 10–15 Uhr, Eintritt frei, außer 45-minütige Tour im KiwiKart NZ-$ 20, Kinder 5–15 Jahre NZ-$ 10.*

Von Te Puke führt der Highway 2 in die Fremdenverkehrs-Zentren **Tauranga** und **Mt. Maunganui**. Dort hat man dann Anschluss an die Route zur Coromandel-Halbinsel (s. S. 376).

Das Inselinnere zwischen Napier und Auckland

Streckenübersicht und Zeiteinteilung

Redaktionstipps

Sehens- und Erlebenswertes
- Besichtigung von **Taupo und Umgebung**, u. a. Kreuzfahrt auf dem Lake Taupo, Besuch der Wairakei-Thermalzone, Abstecher zu den **Huka Falls** (S. 355).
- Besuch ausgewählter Plätze im sogenannten Geyserland, vor allem **Orakei Korako**, **Wai-o-Tapu** und **Waimangu Volcanic Valley** (S. 358).
- Exkursion per Helikopter zur **Vulkanspalte des Mt. Tarawera** (S. 367).
- Fahrt am **Blue Lake** und **Green Lake** vorbei zum **Buried Village**, anschließend zum **Lake Tarawera** (S. 370).
- Auffahrt mit der **Kabinenseilbahn** auf den **Mt. Ngongotaha** (S. 371).

Aktivitäten
- Schwimmen in den Pools des **Polynesian Spa** oder den anderen geothermalen Schwimmbecken von **Rotorua** (S. 367).
- Spektakuläres **Wildwasser**-Rafting auf dem **Kaituna River** (S. 367).

Die Strecke von der Hawke Bay zum Hauraki Gulf ist eine der interessantesten des Landes. Zwischen den sonnigen Stränden der Ostküste und der Millionenmetropole Auckland liegt eines der größten Thermalgebiete der Welt mit Sinterterrassen, Vulkanen, Kraterseen, Geysiren und brodelnden Schlammpools. Hier wird die Urkraft der Erdbewegungen deutlich. Hier kann man auch vielfältigen Urlaubsaktivitäten nachgehen und nicht zuletzt eines der bedeutendsten Zentren der Maori-Kultur kennenlernen. Der Lake Taupo in der Nähe der höchsten Berge der Nordinsel, die Seenplatte um Rotorua und das sogenannte Geysirland selbst sind die überwältigenden landschaftlichen Höhepunkte, außerdem passiert man tosende Stromschnellen, mächtige Wasserfälle, den längsten Fluss des Landes und den größten von Menschenhand angelegten Staatsforst.

Auf der Strecke legt man keine allzu großen Entfernungen zurück, außerdem bleibt man überwiegend auf den großen und gut ausgebauten Highways, sodass zügiges Fahren möglich ist. Die Fülle der Sehenswürdigkeiten verlangt aber nach zeitlichem Spielraum. In einem knapp bemessenen Minimalprogramm könnte die Route folgende Stationen umfassen:

- 1. Tag: **Fahrt von Napier nach Taupo**, Besichtigung des Sees (evtl. Kreuzfahrt), Besuch der Huka Falls und des geothermalen Kraftwerks von Wairakei.
- 2. Tag: **Fahrt von Taupo nach Rotorua** mit Abstechern zu den aktiven Geysirzonen von Orakei Korako und Waimangu, Besichtigung von Whakarewarewa mit Maori-Dorf und geothermalen Attraktionen.
- 3. Tag: Besichtigung von **Rotorua** und Fahrt über Cambridge nach **Auckland**.

Von Napier nach Taupo

Auf der 147 km langen Route von Napier nach Taupo bleibt man zunächst einige Kilometer lang auf dem Highway 2, der hinter Napier das beim Erdbeben von 1931 auf-

Von Napier nach Taupo

geworfene Land der Westshore durchquert. In **Bay View** biegt man auf den Highway 5 durch das Esk Valley in Richtung der Maungaharuru Range ab. Nach den Obstgärten und Feldern an der Küste durchquert man dabei eine großartige Hügel- und Berglandschaft, deren Bild zunächst noch von Schafs- und Rinderweiden geprägt ist, die aber bald von urwüchsigem Wald und schroffen Bergen abgelöst werden. Bei den Straßenarbeiten, die dem Highway eine bequemere Trasse schaffen und Serpentinen entschärfen wollen, kann man ab und zu die Beschaffenheit des Bodens erkennen: Tuff- und Bimsstein, Auswürfe und Ablagerungen der vulkanischen Tätigkeit jener Region, die vor einem liegt.

Die Straße folgt hier einem alten Maori-Pfad, der nach der Zeit der Landkriege unter militärischem Schutz auch für die Postkutschenlinie der Weißen befahrbar gemacht wurde. Die neuseeländische Armee, von deren Existenz man sonst im Land kaum etwas mitbekommt, hat hier einige Stützpunkte und führt ab und zu Manöver durch.

Nach Tarawera verläuft der Highway im Tal des Waipunga River, erreicht dann eine Passhöhe von etwa 500 m und führt bald darauf an den Randgebieten des 150.000 ha großen **Kaingaroa State Forest** vorbei, dem größten angelegten Wald der Welt, der für die Holzwirtschaft des Landes von großer Bedeutung ist. Schließlich fährt man am 1.088 m hohen **Mt. Tahara** vorbei zum Kraterkessel des **Lake Taupo** hinab.

Taupo

Schnelles Wachstum

Nachdem die neuseeländische Regierung im Jahr 1870 das Gelände, auf dem sich heute **Taupo** erstreckt, den Maoris abgekauft hatte, verlief die Entwicklung der kleinen Siedlung zunächst schleppend. Noch 1945 zählte man nicht mehr als 750 Einwohner. Der Fremdenverkehr ab den 1960er-Jahren und der Aufbau der geothermalen Kraftwerke bewirkten jedoch einen rasanten Schub, der die Einwohnerzahl auf derzeit rund 25.000 anstiegen ließ. Taupo ist ein junges Gemeinwesen, was zur Folge hat, dass man zumindest im Zentrum Sehenswürdigkeiten vergebens sucht. Stattdessen bezieht die Stadt ihren Reiz aus ihrer schönen Lage am Abfluss des Waikato River (längster Fluss des Landes) aus dem Lake Taupo (größter See des Landes).

Die geothermale Wunderwelt der näheren Umgebung, Wälder, Klippen, Wasserfälle und Inseln fordern geradezu zu **Outdoor-Aktivitäten** auf, und dementsprechend groß ist das Angebot, über das die Mitarbeiter im i-SITE Visitor Centre gerne informieren.

Von Napier über den Highway 5 kommend, stößt man am Seeufer auf den Highway 1 (aus Richtung Turangi, Wellington); die beiden Straßen führen zusammen als Uferpromenade Lake Terrace auf den Waikato-Abfluss zu. Kurz vorher zweigt rechts die Tongariro St. ab, an der die Touristeninformation liegt. Bei einem Spaziergang entlang der Lake Terrace, der Hauptverkehrsstraße mit zahlreichen Motels und Restaurants, kann man ein schönes **Maori-Tor** anschauen und abends herrliche Sonnenuntergänge über dem See beobachten. Bei gutem Wetter lässt es sich am schönen Stadtstrand herrlich entspannen, während der **Lake Taupo** mit seinem kristallklaren Wasser zum Baden und Schwimmen verlockt.

Maori-Kultur

Sollte es einmal regnen, bietet sich ein Besuch des **Taupo Regional Museum & Art Gallery** unweit des i-SITE Visitor Centre an, das seltene und interessante Maori-Artefakte der Region, Moa-Knochen, Kunsthandwerk lokaler Provenienz, die größte ausgestopfte Forelle des Landes und ein 3-D-Modell des Taupo-Sees und des Tongariro-Nationalparks präsentiert.
Taupo Regional Museum & Art Gallery, *4 Story Place, Ecke Tongariro St., © 07-376 0414, www.taupovenues.co.nz/tmus, tägl. 10–16.30 Uhr, NZ-$ 5, Kinder unter 16 Jahre frei.*

Nördlich des Zentrums, etwa 1 km vom i-SITE Visitor Centre entfernt gelangt man über eine Fußgängerbrücke zur kleinen **Cherry Island**, die mitten in der Flussbiegung liegt und einen Mini-Zoo beherbergt. Wenige Hundert Meter flussabwärts hat man 45 m über dem Waikato River eine Plattform installiert, von der sich Wagemutige beim **Bungee-Springen** in die Tiefe stürzen. Etwas außerhalb liegt an der Spa Rd. das **Spa Dinosaur Valley**, in dem bemalte Betonsaurier die Landschaft bevölkern. Zum

erholsamen Aufenthalt tragen die vielen privaten Spa-Pools und Schwimmbäder bei, die von heißen Quellen gespeist werden und über die die meisten Motels und Campingplätze verfügen. Hat man eine Unterkunft ohne Pool, kann man sich in den großen, 35–40 °C heißen Bädern von AC Baths oder der Taupo Hot Springs vergnügen.
Spa Dinosaur Valley, tägl. 10–16 Uhr, Spende erbeten.

Reisepraktische Informationen Taupo

Information
Taupo i-SITE Visitor Centre, 30 Tongariro St. (am Seeufer), ✆ 07-3760027, www.laketauponz.com u. www.taupo.com, tägl. 8.30–17 Uhr.

Unterkunft
Hotels/Motels
**Hilton Lake Taupo Hotel $$$$–$$$$$**, 80–100 Napier Rd. (Hwy 5), ✆ 07-3787080, www.hilton.com u. www.terraceshotel.co.nz, DZ NZ-$ 320–740. Vierstöckiges Komforthotel mit 40 luxuriös ausgestatteten Apartments, 2 Bars mit offenem Kaminfeuer, Restaurant, Café, Pool; der Heritage Wing ist das ehemalige Terraces Hotel, ein elegantes Gebäude von 1889, mit 20 stilvollen Zimmern und Suiten, 2 Gehmin. vom Hot-Springs-Thermalbad entfernt.
**Comfort Inn Cascades $$$–$$$$**, 303 Lake Terrace, ✆ 0800-996997 u. 07-3783774, www.cascades.co.nz, DZ NZ-$ 145–320. First-Class-Anlage mit Seeblick, 24 Einheiten mit allen Annehmlichkeiten, Swimmingpool, Restaurant.
**Le Chalet Suisse Motel $$$**, Titiraupenga St., Ecke Northcroft St., ✆ 0800-178378 u. 07-3781556, www.lechaletsuisse.co.nz, DZ NZ-$ 140–220. Schöne, zweistöckige Anlage mit Balkonen und Terrassen, 16 komfortabel ausgestattete Einheiten, Swimmingpool, 100 m vom Seeufer und 5 Gehmin. vom Zentrum entfernt.
**DeBretts Thermal Resort $$–$$$$$**, 76 Napier Rd. (Hwy. 5), ✆ 07-3772913, www.taupodebretts.co.nz, DZ NZ-$ 90–390. Am Ortseingang gelegene Anlage mit Motel- und Campingbetrieb, mehrere Heißwasser- und Swimmingpools, Restaurant, Shop.

Bed & Breakfast
**Scenic Heights Lodge $$$$**, 24 Scenic Heights, ✆ 07-3765866, www.scenicheightslodge.com, DZ NZ-$ 375. Exklusive B&B-Unterkunft oberhalb der Acacia Bay mit 4 Suiten, alle mit Balkon oder Terrasse, Spa, Swimmingpool, reichhaltiges Frühstück, Bibliothek.

Backpacker-Hostel
**Rainbow Lodge $–$$**, 99 Titiraupenga St., ✆ 07-3785754, www.rainbowlodge.co.nz, DZ NZ-$ 66, im Mehrbettzimmer ab NZ-$ 24. Sehr populäres und deshalb oft ausgebuchtes Hostel mit Doppel- und Mehrbettzimmern, Sauna, Verleih von Fahrrädern, Angel- und Campinggerät, zentral gelegen, viele Partys.

Camping
Lake Taupo Top 10 Holiday Park, 28 Centennial Dr., ✆ 07-3786860, www.taupotop10.co.nz. Sehr große, etwa 2 km vom Zentrum entfernte Anlage mit Zelt- und Campervanplätzen, Cabins und Flats ($$–$$$), Thermalbad, Spielplatz, nahe dem Golfplatz gelegen.

Essen und Trinken

Restaurants, Cafés und Take-away-Lokale sowie auch Pubs und Discos konzentrieren sich an der Tongariro St., der Tuwharetoa St. und an der Uferpromenade Lake Terrace.

Crooked Door Inn Seafood Restaurant, Roberts St., Ecke Titiraupenga St., © 07-3768030, tägl. 11–23 Uhr, teuer. Fisch in vielerlei Variationen, aus dem Ozean oder aus dem See vor der Haustür in rustikal-britischem Ambiente; auf der Speisekarte stehen auch Steaks.

Finn MacCuhal's Irish Pub, 2 Tuwharetoa St., © 07-3786165, www.finns.co.nz, tägl. ab 10.30 Uhr, moderat. Beliebter irischer Pub, in dem die Gäste freitag- und samstagabends mit ihrem Guinness vor dem Tresen stehen, wenn eine Folk-Rock-Band aufspielt; solides Pub-Food, gemütliche Sonnenterrasse im Sommer, behagliches Kaminfeuer im Winter.

Indian Affair, 34 Ruapehu St., © 07-3782295, tägl. 10.30–23 Uhr, moderat. Ideenreiche indische Küche in modernem Ambiente, flotter und freundlicher Service.

Ausflüge/Aktivitäten

Buchungen für Ausflüge und andere Aktivitäten übernimmt das gegenüber vom i-SITE Visitor Centre gelegene Büro von **Experience Taupo** (29 Tongariro St., © 07-3770704, www.experiencetaupo.com).

Flightseeing

Helistar Helicopters, © 0800-435474, www.helistar.co.nz. Flightseeing per Helikopter, z. B. zu den Huka Falls (10 Min., NZ-$ 99).

Taupo's Float Plane, Taupo Boat Harbour, © 07-3787500, www.tauposfloatplane.co.nz. Mit dem Wasserflugzeug über den See (10 Min., NZ-$ 85, Kinder 5–15 Jahre NZ-$ 42,50).

Kreuzfahrten

Barbary Sail Taupo, © 07-3785879, www.sailbarbary.com, im Sommer tägl. 10.30, 14, 17, im Winter tägl. 10.30, 14 Uhr, NZ-$ 40, Kinder 5–16 Jahre NZ-$ 10. Nostalgische, 2½-stündige Segeltörns auf einer 1905 gebauten Jacht mit bewegter Vergangenheit zu den Maori-Felsritzungen.

Ernest Kemp Cruise, © 07-3783444, www.ernestkemp.co.nz, im Sommer tägl. 10.30, 14, 17, im Winter tägl. 10.30, 14 Uhr, NZ-$ 40, Kinder 5–16 Jahre NZ-$ 10. Zweistündige Kreuzfahrt auf einem Dampfschiff-Neubau aus den 1920er-Jahren zu den Felsgravuren.

Sport

Thermalbäder

AC Baths, Taupo Events Centre, Spa Rd., © 07-3760359, www.taupovenues.co.nz/ac-baths, tägl. 8–21 Uhr, NZ-$ 18, Kinder 5–15 Jahre NZ-$ 6. Innen- und Außenpools, Wasserrutschbahn, Sauna, Kletterwand – Spaß für große und kleine Kinder.

Taupo Hot Springs & Health Spa, 76 Napier Rd. (Hwy. 5), © 07-3776502, www.taupohotsprings.com, tägl. 7.30–21.30 Uhr, Eintritt: 20, Kinder 3–12 Jahre NZ-$ 4. Innen- und Außenpools, Wasserrutschbahn, Massagen u. v. m.

Fallschirm- und Bungee-Springen

Taupo Tandem Skydive, © 0800-TANDEM u. 07-3770428, www.taupotandemskydiving.com. Tandemsprünge aus 12.000 feet (3.657 m) NZ-$ 249, aus 15.000 feet (4.572 m) NZ-$ 339; viele Mitarbeiter sprechen Deutsch.

Bungee Jumping, © 0800-888408, www.taupobungy.com, Sommer tägl. 9–19, Winter tägl. 9–17 Uhr, NZ-$ 149. Plattform über dem Waikato River.

Wassersport
Angeln
Albion Fishing, © 07-3787 788, www.albionfishing.co.nz. Angeltouren auf dem Lake Taupo, eigene luxuriöse Lodge.
Fly Fishing Adventures, © 07-3784514, www.flyfishing adventures.com.au. Spezialanbieter für ausgefallene Ein- oder Mehrtages-Angeltouren, Transport u. a. mit Helikoptern.
Taupo Launch Charters Office, *Taupo Boat Harbour*, © 07-3783444, im Sommer tägl. 9–17, im Winter tägl. 9.30–15 Uhr. Vermittlung von Charterbooten z. B. für Angeltouren (ab NZ-$ 200/Std.).

Kanu und Kajak
Kayaking Kiwi, © 0800-353435 u. 07-3748117, www.rapids.co.nz, im Sommer tägl. 8, 13.30, 16.30, im Winter 9 oder 12 Uhr, NZ-$ 98. Geführte, vierstündige Exkursionen mit Kanus auf dem Lake Taupo.

Die Marina am Lake Taupo

Golf
Wairakei Golf Course, © 07-3748152, www.wairakeigolfcourse.co.nz. Der von international bekannten Golfplatzdesignern angelegte Platz gilt als Golfers Traum der Superlative, Greenfee ab NZ-$ 125.

Busse
Die Überlandbusse von InterCity (© 07-3431730, www.intercity.co.nz) und anderer Gesellschaften halten beim Taupo i-SITE Visitor Centre, wo man auch Tickets kaufen kann. Vom Besucherzentrum starten zudem von 9 bis 16 Uhr im Stundentakt Shuttle-Busse von Hot Bus (© 0508-468287, www.hotbus.co.nz) zu den wichtigsten Attraktionen in und um Taupo (ab NZ-$ 15).

Lake Taupo

Lake Taupo, der größte neuseeländische See, liegt 357 m hoch, ist 40 km lang, 26 km breit und im Durchschnitt 120 m tief. Der 619 km² große See wird vor allem zum Westen hin durch hohe Bergrücken und die schroffen Karangahape Cliffs spektakulär begrenzt. Wie der Lake Rotorua und andere Seen der Umgebung ist der Lake Taupo eine riesige **Caldera**. Einst befand sich hier ein mächtiger Vulkan, dessen Eruptionen einen Hohlkörper schufen, in den der Berg schließlich stürzte. Liegt eine sol-

> **Den Taupo-See erkunden**
>
> Wer den Lake Taupo in seiner ganzen Ausdehnung erleben will, muss mit dem Wagen in einer Ganztages-Exkursion eine Rundfahrt unternehmen, die ihn über die schöne Acacia Bay und Kinloch zur Western Bay bringt, dem vielleicht schönsten Abschnitt des Seeufers. Über den Highway 32 kommt man dann zum Südende bei Turangi, danach über den Highway 1 zurück nach Taupo.
>
> Eine längere und sehr empfehlenswerte Route für einen Tagesausflug, bei dem man auch den Tongariro National Park mit den drei Vulkanen Mt. Tongariro, Mt. Ngauruhoe und Mt. Ruapehu einen Besuch abstattet, führt ab Turangi über den Highway 1 nach Waiouru, dann über den Highway 49 und Ohakune zum Highway 4, dort bis National Park und nach links auf dem Highway 47 samt Abstecher über den Highway 48 nach Chateau und schließlich zurück nach Turangi.
>
> Eine andere Möglichkeit, die Seenlandschaft kennenzulernen, ist eine **Taupo-See-Kreuzfahrt**, die man mit pfeilschnellen Jetboats, mit Repliken alter Dampfschiffe oder mit einem der vielen Angelboote unternehmen können. Die Minikreuzfahrten führen zur Western Bay, nach Kinloch, zu Maori-Felsritzungen oder zur Cherry Island; Abfahrt ist an der Wharf in Taupo, Buchung bei **Fish Cruise Taupo**, ✆ *07-3783444, www.fishcruisetaupo.co.nz*.

che Caldera am Meer, kann der Kraterkessel (wie beim griechischen Santorin) später vom Meer überflutet werden, im vulkanischen Plateau von Neuseeland entstanden hochgelegene, reich gegliederte Binnenseen. Staunend steht der Besucher vor der riesigen Wasserfläche und kann nur erahnen, mit welchen Urgewalten sich hier einst erdgeschichtliche Dramen abgespielt haben.

Für viele Neuseeländer ist der Taupo-See synonym mit dem Zauberwort *trout* (Forelle). Nachdem man zwischen 1887 und 1909 die braune Forelle und die Regenbogenforelle im See heimisch machte, entwickelten sich die Tiere prächtig und können heutzutage bis über 5 kg wiegen. Alljährlich werden mehr als 45.000 Angler von den fantastischen **Fischgründen** angezogen und versuchen vom Ufer oder von Booten aus ihr Glück. Da die Forellenangelei nicht kommerziell betrieben werden darf, wird man in den Restaurants vor Ort kaum Gelegenheit haben, die Köstlichkeiten zu probieren – es sei denn, man angelt selbst und lässt den Fisch vom Koch zubereiten. Der Taupo-See hat eine ganzjährige Angelsaison, Lizenzen und Ausrüstungen bekommt man an vielen Stellen in der Stadt, u. a. bei allen Anbietern von Angelausflügen.

Zwischen Taupo und Rotorua

Die gut 80 km lange Strecke von Taupo nach Rotorua kann man auf dem Highway 5 (Thermal Explorer Highway) recht zügig zurücklegen. An mehreren Stellen lohnen sich Stopps und Wanderungen in der geothermalen Zone.

Zwischen Taupo und Rotorua

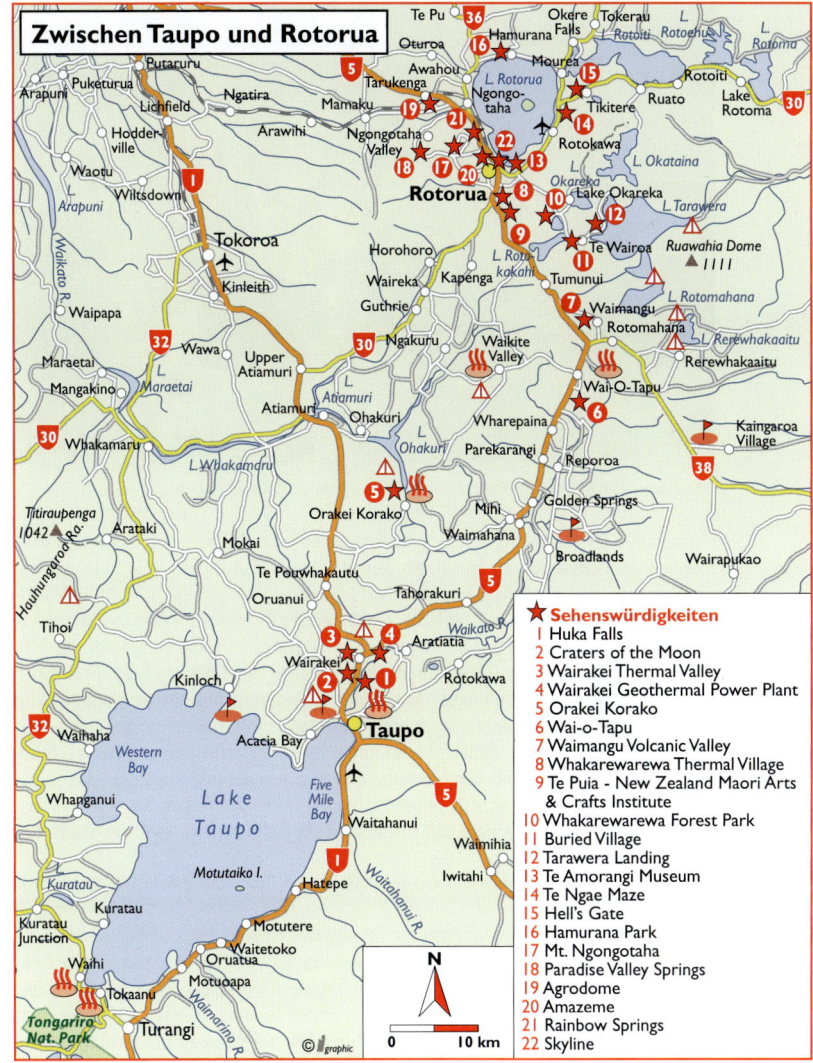

Huka Falls

Etwa 9 km nördlich von Taupo liegen mit den **Huka Falls (1)**, dem Wairakei-Kraftwerk und der Wairakei-Thermalzone gleich drei Sehenswürdigkeiten, die man auf dem breiten Highway 5/1 in kurzer Zeit erreicht. Kurz hinter Taupo zweigt die schmale

Trendsport: Die Huka Falls kann man auch in einem Zorb-Ball erleben

Huka Falls Rd. nach rechts zur Ortschaft Huka Falls ab, die bereits im Wairakei Park bzw. auf dem sogenannten *Huka Falls Tourist Loop* liegt. Auf dem Weg passiert man Touristenshops wie **Honey Hive** mit verschiedene Honigsorten und **NZ Woodcraft** mit Kunsthandwerk aus Holz. Bei den **Huka Falls** tost der Waikato River in Katarakten durch eine schmale Schlucht. Auf einer Länge von 730 m beträgt der Höhenunterschied zwar nur 25 m, durch die Verengung des Canyons bis auf nur noch 15 m entsteht aber ein reißender Strom mit einem enormen Wasservolumen von 250.000 Litern pro Sekunde, der sich zum krönenden Abschluss noch einmal über eine Felskante in ein tiefes Becken stürzt. In der Maori-Sprache bedeutet Huka „schäumend", und genau das trifft den Eindruck, den man von den durch eine Brücke miteinander verbundenen Aussichtspunkten auf beiden Ufern des Flusses hat. Aus einer anderen Perspektive erlebt man das tosende Spektakel bei einer Fahrt in einem der Boote von **Hukafalls Jet**.

Schäumender Strom

Hukafalls Jet, ✆ 07-3748572, www.hukafallsjet.com, 30-minütige Fahrt NZ-$ 105, Kinder 5–15 Jahre NZ-$ 59.

Nur 2 km weiter nördlich (Abfahrt vom Highway 5) wird der Fluss durch den **Aratiatia-Staudamm** gezähmt. Die ehemaligen Katarakte werden aber mehrmals täglich wieder zum „Leben erweckt", wenn man die Schleusen öffnet (10, 12, 14, im Sommer auch 16 Uhr) und den Waikato River flutet. Das sehr beeindruckende Schauspiel kann man von Aussichtsplattformen an der Rapids Rd. beobachten. Einen Adrenalinstoß garantieren die wilden Fahrten über die Stromschnellen im **Rapids Jet**.

Rapids Jet, ✆ 0800-RAPIDS, 0800-727437 u. 07-3748066, www.rapidsjet.com, 30-minütige Fahrt NZ-$ 105, Kinder 5–15 Jahre NZ-$ 60.

Auf der anderen Seite des Highways liegt das Ferienzentrum von **Wairakei**, in dem sich außer den zwei Golfplätzen und dem Motor Camp auch das Wairakei Resort befindet. Südlich davon zweigt die Karapiti Rd. vom Highway ab und endet nach wenigen Hundert Metern an einem Parkplatz mit Kiosk bei den **Craters of the Moon (2)**, einem eingezäunten weiteren Thermalgebiet, bei dem die vegetationslosen Flächen zur Namensgebung führten. Das Gelände, durch das ein guter Holzbohlenweg führt, ist täglich von Sonnenauf- bis -untergang geöffnet (NZ-$ 6, Kinder 5–15 Jahre NZ-$ 3). Den besten Blick bietet der Lookout kurz vor dem Parkplatz.

Wairakei Thermal Valley

Folgt man von den Huka Falls der Huka Falls Rd., passiert man den gut platzierten **Huka Falls Lookout**, von dem man das tosende Spektakel aus größerer Entfernung noch einmal sehen kann. Danach stößt man wieder auf den Highway, dem man ein Stück in nördlicher Richtung bis zum **Wairakei Natural Thermal Valley (3)** folgt (1,5 km lange Stichstraße nach links).

Blick auf die Fälle

Vom Parkplatz erschließt ein 30-minütiger Bushwalk das eindrucksvolle Gelände mit seiner dynamischen thermalen Aktivität. Das variationsreiche Spiel von dampfender Erde, sprudelnden Pools, blubbernden schwefelverfärbten Erdlöchern und endzeitlicher Atmosphäre wird durch den heißen Untergrund hervorgerufen. Obwohl der Vulkanismus seit längerer Zeit ruht, herrschen knapp unter der Oberfläche noch sehr hohe Temperaturen. Grund- oder Regenwasser, das durch die vielen Verwerfungen und Erdspalten nach unten dringt, wird „aufgekocht" und kommt als mineralhaltiger Dampf oder in sprudelnden Pools wieder ans Tageslicht. Eine unwirkliche, teilweise bedrückende Stimmung, verstärkt durch vegetationslose Flächen.

Wairakei Geothermal Power Station

Es lohnt sich sehr, dem nahen **geothermischen Kraftwerk (4)** einen Besuch abzustatten. Im Informationszentrum veranschaulichen Videofilme, Modelle und Schautafeln die Geschichte der Anlage und deren technische Abläufe. Seit 1950 arbeitet das Werk mit einer Leistung von 150 MW, das entspricht etwa 5 % der gesamten in Neuseeland produzierten elektrischen Energie. Das 1988 fertiggestellte Kraftwerk in Ohaaki, 30 km weiter nördlich, bringt eine kaum geringere Leistung. Zwei weitere Dampffelder in Mokai und Ngawha werden derzeit erforscht. Man erwartet, dass der Anteil des geothermischen Stroms am nationalen Verbrauch noch gesteigert wird. Nur Island fördert prozentual mehr Energie aus den Tiefen der Erde.

Energie aus dem Untergrund

Das Gelände bietet ein kontrastreiches Bild aus Pipelines, Ventilstationen, Stromspannungsleitungen einerseits und urwüchsiger Natur andererseits. An kilometerlan-

Achtung

Für das Betreten aller Thermalgebiete der Region gilt, dass man die markierten Wege nicht verlassen sollte. Der Untergrund kann porös sein, und die Urlaubsfreude wird getrübt, wenn man plötzlich bis über die Knöchel in siedend heißem Schlamm oder Wasser steht.

gen Rohren vorbei, in denen der 114–148 °C heiße Dampf mit 160 km/h zu den Transformatoren geführt wird (die senkrechten oder waagerechte Kurven der Pipelines ermöglichen eine Kontraktion oder Expansion des Dampfes), kann man auf einen Lookout fahren, von dem man das gesamte dampfende Gelände überblickt.
Wairakei Geothermal Power Station, *Steamfield Information Centre*, © 07-3748216, tägl. 9–17 Uhr, Eintritt frei.

Orakei Korako

Eines der schönsten Thermalgebiete erreicht man, wenn man von Wairakei zunächst den Highway 1 Richtung Hamilton nimmt, und nach 14 km ins Hidden Valley zum **Thermalpark Orakei Korako (5)** abbiegt. Hier, wo der Waikato River durch den Lake Ohakuri fließt, liegt malerisch am See ein Wunderland mit Geysiren, Sinterterrassen, tiefen Höhlen (Ruatapu Cave), heißen Quellen, brodelnden Wasserbecken und schmatzenden Schlammpools. Das Areal ist längst nicht so touristisch wie Waiotapu oder Whakarewarewa. Man kann außerdem schön baden, mit Kanus über den warmen See paddeln oder herrliche Bushwalks unternehmen. Ein nach Bedarf verkehrendes Boot bringt Besucher über den See zur geothermalen Zone, die von der Straße aus nicht zu Fuß erreichbar ist. Für einen Rundgang einschließlich der Überfahrt sollte man etwa 1 Std. 30 Min. einkalkulieren. In dem kleinen Souvenirladen und Tearoom, wo es die Tickets für die Überfahrt gibt, kann man auch Kanus und Dinghies mieten. Wer länger bleiben möchte, kann in Cabins oder der Backpacker-Unterkunft Geyserland Resort Lodge übernachten. Zudem gibt es Stellplätze für Campervans.

Geysire und heiße Quellen

Orakei Korako, *494 Orakei Korako Rd., © 07-3783131, www.orakeikorako.co.nz, tägl. ab 8 Uhr geöffnet, letzte Überfahrt 16.30, im Winter 16 Uhr, Eintritt (einschl. Bootsüberfahrt): NZ-$ 36, Kinder unter 16 Jahre NZ-$ 15.*

Von Orakei Korako fährt man die 5 km lange Stichstraße zurück, biegt links ab und ist nach 18 km in Mihi wieder auf dem Highway 5. Nun folgen entlang der 47 km langen Wegstrecke nach Rotorua mehrere Gebiete, die auch heiße Quellen und Sinterterrassen aufweisen. Sie alle aufzusuchen lohnt sich nur für Reisende mit speziellem Interesse, die über die entsprechende Zeit verfügen. Zwei Orte aber sind in jedem Fall einen Abstecher wert.

Wai-o-Tapu

Das 18 km² große Gelände von **Wai-o-Tapu (6)** („heiliges Wasser") wird von der Werbung mit „*thermal wonderland*" und „*NZ's most colourful volcanic area*" umschrieben. Tatsächlich ist hier die Bandbreite der geologischen Attraktionen besonders groß und die Farbenvielfalt derselben berühmt. Vom Besucherzentrum kann man zu eingestürzten Kratern gehen, die noch vor 900 Jahren aktiv waren. In der Zwischenzeit hat sich eine etwa 50 cm dicke Sinterschicht abgelagert, die an den **Pimrose Terraces**, den größten im Land, auf einem hölzernen Steg überquert werden. Daneben liegt der 62 m tiefe **Champagne Pool**, ein kreisrunder perlender und dampfender Teich, der seinen Namen zu Recht trägt. An der **Artist's Palette** mit einem großen Spektrum an Farben und Schattierungen vorbei kommt man nun zu mehreren isolierten heißen

Geologische Attraktionen

Land unter Dampf – vulkanische Thermalquellen bei Wai-o-Tapu

Quellen und zwei wunderschönen Seen. Etwas weiter entfernt liegt der berühmte **Lady Knox Geyser**, dessen bis zu 20 m hohe Fontäne man mit Seifenlauge zum „Ausbruch" bringt – normalerweise um 10.15 Uhr.

Wai-o-Tapu, *Rotorua-Taupo Hwy., © 07-3666333, www.waiotapu.co.nz, tägl. 8.30–17 Uhr (letzter Einlass 15.45 Uhr), NZ-$ 32,50, Kinder 5–15 Jahre NZ-$ 11.*

Waimangu Volcanic Valley

Am Zusammentreffen der Highways 5 und 38, 26 km vor Rotorua und über eine 5 km lange Nebenstraße zu erreichen, liegt das **Waimangu Valley (7)**, das reich an gigantischen Naturschauspielen und Katastrophen war. Hier sieht man den etwa 60 °C warmen **Frying Pan Lake**, den größten Heißwassersee der Welt, farbenprächtige Terrassen, sowie Krater wie den Echo Crater und den Inferno Crater. Hinter der Sinterterrasse von Warbrick führt ein Weg zum großartigen **Lake Rotomahana**, in dem schwarze Schwäne leben. Der interessante Fußweg bergab zum See dauert etwa 1 Std., zurück zum Besucherzentrum kann man den kostenlosen Shuttle-Service benutzen. Es besteht auch die Möglichkeit zu einer halbstündigen Bootsfahrt.

Heißwassersee

Früher gab es hier Attraktionen von unvorstellbaren Ausmaßen. Am Ufer des Sees erhoben sich noch um 1886 die berühmten Pink and White Terraces ganze 250 m in die Höhe. Diese farbenprächtigen Kieselerde-Formationen, die damals als „achtes Weltwunder" weithin bekannt waren, wurden bei der Eruption des Mt. Tarawera am 10. Juni

Geologisch aktives Gebiet

1886 zerstört. Dann formierte sich im Echo-Krater der nicht minder eindrucksvolle Waimangu-Geysir, der in regelmäßigen Abständen zwischen 1900 und 1904 ausbrach. Seine riesigen Wasser-, Schlamm- und Gesteinsauswürfe übertrafen alles, was man jemals von Geysiren gesehen hat. Die Höhe der Fontäne, von der Fotografien existieren, lag zwischen 380 und 500 Metern! Unter Touristen, die dem Waimangu-Geysir zu nahe kamen, forderten die Eruptionen einige Todesopfer. Auch in jüngerer Zeit blieb das Gebiet ständig aktiv. Ohne Vorwarnung brach die Flanke des Frying Pan Flat 1917 und 1973 aus. Am schlimmsten aber war jene Eruption des Mt. Tarawera, die 1886 drei Dörfer begrub und fast die gesamte Nordinsel mit Asche, Lava und Bimsstein überdeckte.

Waimangu Volcanic Valley, *Waimangu Rd., © 07-3666137, www.waimangu.com, tägl. 8.30–17 Uhr, Eintritt (einschl. Busrückfahrt vom Lake Rotomahana): NZ-$ 34,50, Kinder 6–16 Jahre NZ-$ 11, Boat Cruise auf dem Lake Rotomahana: NZ-$ 42,50, Kinder 6–16 Jahre NZ-$ 11.*

Nach Besuch des Waimangu Valley fährt man auf dem gut ausgebauten Highway 5 am Green Lake vorbei und passiert nach ca. 15 km, kurz hinter der Einmündung des Highway 30, die Touristenattraktion **Whakarewarewa** (s. u.), die schon zum Stadtgebiet von Rotorua gehört. Kurze Zeit später wird aus dem Highway die Fenton St., die an etlichen Motels und der Touristeninformation vorbei geradewegs durch das Ortszentrum bis zum Ufer des Lake Rotorua führt.

Rotorua

Geschichte

Vom übel riechenden Ort zum Touristen-Highlight

Rotorua bedeutet in der Maori-Sprache „übel riechender Ort". Der tatsächlich sofort in die Nase dringende, penetrante Schwefelgeruch hat die Maoris aber nicht davon abgehalten, sich entlang dem 280 m hoch gelegenen See und besonders auf der Insel Mokoia niederzulassen. Der Stamm der Arawa, der lange Zeit die Region beherrschte, wurde 1823 von Hongi Hika und seinen Kriegern (s. S. 210) überfallen und besiegt. Nach diesem Schockerlebnis entwickelten sich die Arawa zu treuen Anhängern der Briten und wurden daher – selbst nach den Landkriegen – von anderen Maori-Stämmen immer wieder angegriffen. Schließlich entschloss sich die Regierung, den Ort unter Staatskontrolle zu stellen (aus der Rotorua erst 1923 entlassen wurde) und die heißen Quellen als Heilbäder dem Fremdenverkehr nutzbar zu machen. Sichtbarster Ausdruck der staatlichen Bemühungen, das Maori-Dorf zu einem mondänen Kurort zu verwandeln, sind die großzügigen Parks und besonders das Bath House.

Der Erfolg ist unübersehbar: bis heute wuchs die Stadt auf gut 60.000 Einwohner an, Hotelkomplexe und Bürohäuser wurden hochgezogen, eine Unmenge lokaler Reiseveranstalter ließ sich hier nieder. Rotorua ist mittlerweile zum unverzichtbaren Bestandteil einer jeden Neuseelandreise geworden. Der starke Besucherandrang hat jedoch dazu geführt, dass Ruhe und Beschaulichkeit einer fast schon großstädtischen Hektik gewichen sind.

Einen Besuch wert

Wenn auch die Stadt mit dem Rastersystem der Straßen und vielen nichtssagenden Zweckbauten auf dem ersten Blick nicht gerade einladend wirkt, sollte man ihr nicht sofort den Rücken kehren, denn erstens gibt es in Rotorua durchaus schöne Gebäude, Museen und andere Sehenswürdigkeiten zu entdecken und zweitens ist das Angebot an allen denkbaren Aktivitäten enorm. Zu den einzigartigen Erlebnissen gehört gewiss ein Golfspiel auf dem fast unaussprechlichen Arikikapakapa Course im Vulkangebiet von Rotorua. Wer hier Pech hat, versenkt seinen Ball auf Nimmerwiedersehen in einer Geysirhöhle, einer Schwefelquelle, einem kochenden See oder einem blubbernden Schlammloch.

Stadtzentrum

In das Stadtzentrum gelangt man automatisch über den Highway 5, der aus dem Norden als Lake Rd. (Hamilton, Auckland) bzw. aus dem Süden als Fenton St. (Taupo, Napier) Besucher jeweils zum Seeufer bringt. An der Fenton St. befindet sich auch die Touristeninformation, die in zwei stilvoll restaurierten Gebäuden aus den frühen 1900er-Jahren untergebracht ist. Zum See hin werden Fenton St. und Memorial Drive von großzügigen Grünanlagen flankiert: zum Westen hin der **Lakefront Park (1)** und **War Memorial Park (2)**, zum Osten hin die wunderschönen Government Gardens.

Schlossartiges Badehaus

Innerhalb der **Government Gardens (3)** liegen die historischen und sehr hübsch renovierten **Blue Baths (4)** mit zwei Außenbecken mit heißem Mineralwasser. Doch bildet das daneben stehende **Bath House**, oft auch Tudor Towers genannt, den markantesten Blickfang. Das 1908 erbaute Badehaus ist eine fast schon schlossartige Anlage und vermittelt ein Gefühl für den mondänen Lebensstil nach 1900. Auch die um-

Very british – Bowling Green vor Rotoruas Bath House

> **Achtung, Amöben!**
>
> Beim Baden in den Pools des **Polynesian Spa** wie auch in allen anderen Pools in Hotels/Motels und Campingplätzen sollte man der Gefahr einer durch Amöben ausgelösten Meningitis vorbeugen, indem man nicht mit dem Kopf untertaucht. Die spezifische Amöbe dringt nur durch die Nase und teilweise auch durch die Ohren in den Körper ein, sodass keine Gefahr besteht, wenn man beim Baden den Kopf über Wasser hält.

gebenden Gärten mit Annexgebäuden, teilweise im Stil der Neorenaissance gestaltet, und der Rasenbowling-Platz sind durch und durch englisch geprägt. Heute beherbergt das alte Männer- und Frauenbad das **Rotorua Museum of Art and History (5)**, das Kunst und Alltagsgegenstände des Arawa-Stammes zeigt, außerdem Exponate zur Vulkanzone einschließlich des Tarawera-Ausbruchs von 1886. Die Kunstgalerie dokumentiert die Entwicklung neuseeländischer Malerei und Grafik; besonders geachtet wurde auf die Darstellung der Maoris von James Cook bis heute.

Kultur des Arawa-Stamms

Rotorua Museum of Art and History, Tudor Towers, Government Gardens, ℂ 07-3501814, www.rotoruamuseum.co.nz, tägl. 9–20, im Winter bis 17 Uhr, Eintritt: NZ-$ 18, Kinder 5–15 Jahre NZ-$ 7.

Das früher Polynesian Pools genannte **Polynesian Spa (6)** ist eine traditionelle, aber modernisierte Anlage am Ende der Government Gardens, wo man sich im 33–43 °C warmen Thermalwasser in einem großen, überdachten Pool, in einem der 17 privaten Pools, im *Family Spa* mit abgesenkter Temperatur oder in einem der acht radiumhaltigen Becken entspannen kann. Bei den Pools gibt es moderne Umkleideräume, verschiedene Anwendungen und Massagen, einen Souvenirshop und ein Café.
Polynesian Spa, Government Gardens, Hinemoa St., ℂ 07-3481328, www.polynesianspa.co.nz, tägl. 8–23 Uhr, ab NZ-$ 14,50, Kinder 5–15 Jahre ab NZ-$ 6,50.

Der beim Polynesian Spa beginnende **Sulfur Bay Walkway** führt am Ufer des Lake Rotorua entlang zur **Sulfur Bay (7)** mit schwefeligen Thermalquellen. Diese sind verantwortlich für den charakteristischen Faule-Eier-Geruch, der ständig über Rotorua hängt.

Geht man an der Rotorua Lakefront einige Hundert Meter nach links, also in westliche Richtung, so kommt man an der Konzertmuschel vorbei zum **Maori-Dorf Ohinemutu (8)**, das eine Art Enklave innerhalb Rotoruas darstellt. Unter mehreren kunstvoll dekorierten Gebäuden sind hier das Versammlungshaus und die Kirche besonders sehenswert. Das prächtige Tamatekapua Marae, benannt nach einem legendären Steuermann des Arawa-Kanus, wurde in der heutigen Form 1887 errichtet, doch einige der Schnitzereien stammen noch aus voreuropäischer Zeit. Abends kann man in dem Versammlungshaus Maori-Konzerten lauschen. Angeschlossen ist eine ständige Ausstellung von Kunsthandwerk und ein Souvenirshop.

Konzerte und Kunsthandwerk

Ohinemutu, www.ohinemutuvillage.com.

Gegenüber erhebt sich eindrucksvoll die **Saint Faith's Church** (1914–18), die in ihrer Formensprache an das Bath House erinnert. Das Innere der anglikanischen

Hangi-Essen und Maori-Tanzshows

Einige Hotels und Organisationen in Rotorua laden, meist in Verbindung mit einer M**aori-Tanzshow**, zu einem traditionellen **Hangi-Essen** ein. Dabei handelt es sich um Fleisch- und Gemüsespeisen, die in Erdöfen zubereitet werden. Nach der traditionellen Maori-Methode wird hierzu eine Grube ausgehoben, in der man schon um die Mittagszeit mit Holz ein Feuer entfacht und dadurch Lavasteine erhitzt. Nach Entfernen der Asche legt man ein in feuchte Blätter oder Textilien gewickeltes Schwein in die Grube, wobei heiße Steine auch in die Bauchhöhle des Tieres kommen. Anschließend deckt man die Grube ab und lässt das Ganze einige Stunden garen. Zum Hangi wird es wieder hervorgeholt und in kleine, sehr zarte Stücke zerteilt. Es können aber auch Fisch, Rindfleisch und Gemüse im Erdofen gedämpft werden. Ein traditionelles Hangi-Essen im Familienkreis ist eine aufwendige Angelegenheit, bei der einige Mitglieder einer Großfamilie oft tagelang mit den Vorbereitungen beschäftigt sind. Trotz der in Rotorua unübersehbaren Kommerzialisierung des Hangis und trotz der Tatsache, dass die im Erdofen zubereiteten Speisen nur einen kleinen Teil eines ansonsten kontinentalen Buffets ausmachen, ist eine solche Veranstaltung recht interessant.

Die Shows schließen sich an das Essen an und können manchmal auch separat gebucht werden. Sie beinhalten die Begrüßung der Teilnehmer durch das *hongi* (Aneinanderreiben der Nasen), mehrere Lieder und Tänze wie den *haka*, sowie die Aufforderung an die Pakehas, einige Tanzschritte selbst zu versuchen. Dass eine solche Veranstaltung mehr der Gaudi der Teilnehmer dient als einem authentischen Tanz- und Musikgenuss, liegt auf der Hand. Anders verhält es sich bei Unternehmen, die ihre Gäste aus dem modernen Rotorua in die Umgebung eines Marae entführen und dort sowohl das Hangi-Essen als auch die Tanzdarbietungen im traditionellen Stil veranstalten. Diese meist von Maoris organisierten Touren dauern etwas länger und kosten mehr als die Veranstaltungen im Ort, sind aber ihr Geld wert. Infos geben das Touristenbüro oder die Unternehmen selbst. Ein gutes Renommee haben **Tamaki Maori Village** und **Mitai Maori Village.**
Tamaki Maori Village, *1220 Hinemaru St. (ca. 15 km südl. v. Rotorua), ℗ 05 08-826254 u. 07-3462823, www.tamakimaorivillage.co.nz, tägl. 18 Uhr „Maori Cultural Experience", NZ-$ 105, Kinder 10–15 Jahre NZ-$ 60, Kinder 5–9 Jahre NZ-$ 20 (inkl. Transport von und nach Rotorua).*
Mitai Maori Village, *196 Fairy Springs Rd., ℗ 07-3439132, www.mitai.co.nz, tägl. 18.30 Uhr „Maori Cultural Experience", NZ-$ 106,50, Kinder 10–15 Jahre NZ-$ 52,50, Kinder 5–9 Jahre NZ-$ 20,50 (inkl. Transport von und nach Rotorua).*

Kirche – insbesondere die Seitenkapelle – ist sehr sehenswert, da hier in Form von Schnitzereien, Bastmatten und Glasmalereien die biblische Geschichte mit der Maori-Tradition verwoben wird. So ist Jesus Christus wie ein Maori-Häuptling dargestellt und der Lake Rotorua erscheint als See von Nazareth.
Saint Faith's Church, *tägl. 8.30–17 Uhr.*

Reisepraktische Informationen Rotorua

Information
Rotorua i-SITE Visitor Centre, 1167 Fenton St., Ecke Haupapa St., © 0800-768678 u. 07-3485179, tägl. 8–18, im Winter bis 17.30 Uhr. In dem schönen, edwardianischen Gebäude gibt es auch ein DOC-Büro, ebenso ein Café, Reisebüro, Geldwechsel und Buchladen. Informativ sind die kostenlosen Touristenmagazine „Rotorua Visitors Guide", „Rotorua – What's On" und „Thermal Air".
Rotorua im Internet: www.rotoruanz.com (offizielle Website des lokalen Fremdenverkehrsamtes mit umfassenden Infos zu Unterkünften, Restaurants, aktuellen Events und Sightseeing), www.rotoruanz.de (die deutsche Version der Homepage), www.rotorua.co.nz (private, informative, wenn auch etwas werbelastige Website).

Unterkunft
Hotels/Motels
Distinction Rotorua Hotel $$$–$$$$ (1), 390 Fenton St., © 0800-674789 u. 07-3495200, www.distinctionrotorua.co.nz, DZ NZ-$ 140–375. Komfortables Hotel mit 124 geräumigen Zimmern und 9 Luxus-Suiten, mehrere Spas und Pools, gutes Restaurant mit Pacific-Rim-Küche, Irish Bar, tägl. Hangi-Essen mit Show.
Princes Gate Hotel $$$–$$$$ (2), 1057 Arawa St., © 0800-500705 u. 07-3481179, www.princesgate.co.nz, DZ NZ-$ 190–400. Ein innen und außen wunderschönes viktorianisches Holzhaus aus dem Jahre 1897, das eine wohltuende Alternative zum internationalen Einheitsstil darstellt. Es bietet 50 komfortable Zimmer, ein elegantes Restaurant und eine englische Bar. Ursprünglich stand das Gebäude in Waihi, wo es zerlegt und 1917 in Rotorua wiederaufgebaut wurde.
Regal Palms Motor Lodge $$$ (3), 350 Fenton St., © 07-3503232, www.regalpalms.co.nz, DZ NZ-$ 160–245. Sehr schönes, modernes Motel mit 41 Suiten und 3 Apartments, alle mit privatem Jacuzzi, Swimmingpool, Sauna, Fitnessraum, Bar.
Sudima Hotel Lake Rotorua $$–$$$ (4), 1000 Eruera St., © 0800-783462 u. 07-3481174, www.sudimarotorua.co.nz, DZ NZ-$ 129–169. Am Seeufer gelegenes Hotel der gehobenen Mittelklasse im internationalen Stil mit gutem Preis-Leistungs-Verhältnis, 250 helle und elegant eingerichtete Zimmer, Restaurant, Bar, Pool, Spas, abendliche Maori-Shows und Hangi-Essen.
Silver Oaks Hotel Geyserland $$ (5), 424 Fenton St., © 0800-88188207-3482039, www.silveroaks.co.nz, DZ NZ-$ 96–116. Großes Mittelklasse-Hotel in Whakarewarewa, direkt am Pohutu-Geysir und an Rotoruas berühmtestem Golfplatz gelegen, 66 komfortable Zimmer und 4 Suiten, Panorama-Restaurant, Bar.

Bed & Breakfast
Koura Lodge $$$$–$$$$$ (6), 209 Kawaha Point Rd., © 07-3485868, www.kouralodge.co.nz, DZ NZ-$ 345–445. Luxuriöses Hideaway mit 10 Zimmern am Ufer des Lake Rotorua mit Blick auf den Mt. Tarawera, mit Spa, Sauna, Tennisplatz und Liegestühlen auf der Uferwiese.
Tresco Rotorua $$$ (7), 3 Toko St., © 07-3489611, www.trescorotorua.co.nz, DZ NZ-$ 150–250. 800 m vom Zentrum entfernt und ruhig gelegen, 7 gemütliche Zimmer, Mineralpool, Lounge mit Kamin, Ausflüge, freier Pick-up-Service, Monica und Frank bemühen sich sehr um ihre Gäste.

Backpacker-Hostel/ Jugendherbergen

Cactus Jack Downtown Backpackers $–$$ (8), 1210 Haupapa St., © 0800-122228 u. © 07-3483121, www.cactusjackbackpackers.co.nz, DZ NZ-$ 60, im Mehrbettzimmer NZ-$ 24. Populäres und zentrales Hostel mit mexikanischen Elementen, Einzel-, Doppel- und Mehrbettzimmer im Haupthaus oder in Cabins, inklusive Spa, Pool, Bar, Fahrradverleih.

Kiwi Paka $–$$ (9), 60 Tarewa Rd., © 07-3470931, www.kiwipaka.co.nz, DZ NZ-$ 64, im Mehrbettzimmer NZ-$ 29. Schöne, moderne Jugendherberge gut 1 km vom Zentrum entfernt, Einzel-, Doppel- und Mehrbettzimmer, Chalets, Zeltmöglichkeit, schöner Pool, Café und Bar, Reisebüro, freier Pick-up-Service.

YHA Rotorua $–$$ (10), 1278 Haupapa St., © 0800-278299 u. 07-3494088, www.yha.co.nz, DZ NZ-$ 80-90, im Mehrbettzimmer NZ-$ 34. Zentral gelegene, moderne Jugendherberge mit komfortablen Zimmern und großzügig ausgestatteten Gemeinschaftsräumen, hilfsbereites Management.

Camping

Rotorua Thermal Holiday Park (11), 463 Old Taupo Rd., © 07-3463140, www.rotoruathermal.co.nz. Am südlichen Ende der Old Taupo Rd. und nahe bei Whakarewarewa sowie dem Golfplatz gelegene Anlage mit Spa-Pools und Schwimmbad, Zelt- und Campervanplätzen, schönen Blockhäusern und Cabins ($$–$$$), Backpacker-Hostel ($–$$), Cafeteria.

Rotorua Top 10 Holiday Park (12), 1495 Pukuatua St., © 0800-223267 u. 07-3481886, www.rotoruatop10.co.nz. Am Kuirau Park gelegen und damit der zentralste Campingplatz der Stadt, Zelt- und Campervanplätze, Backpacker Hostel ($–$$), Hütten und Apartments ($$–$$$), Swimmingpool.

Essen und Trinken

Bistro 1284 (1), 1284 Eruera St., © 07-3461284, www.bistro1284.co.nz, tägl. ab 17 Uhr, teuer. Innovatives Restaurant, hervorragende Gerichte von Lamm und Rind sowie fangfrisches Seafood im Stil der modernen neuseeländischen Küche.

Lone Star (2), Arawa St., Ecke Amohia St., © 07-3494040, www.lonestra.co.nz, tägl. 10–22 Uhr, moderat–teuer. Saftige Steaks und andere deftige Kiwi-Hausmannskost, Kinder wählen aus dem Billy-the-Kid-Menü.

Urbano Bistro (3), 289 Fenton St., © 07-3493770, www.urbanobistro.co.nz, Mo–Sa 9–23, So 9–15 Uhr, moderat–teuer. Zeitgenössische neuseeländische Küche mit asiatischem Einfluss.

The Pig and Whistle (4), 1182 Tutanekai St., © 07-3473025, www.pigandwhistle.co.nz, tägl. ab 11.30 Uhr, moderat. Pub im traditionellen britischen Stil in der alten Polizeiwache, herzhafte Gerichte, gemütlicher Biergarten, Do–Sa abends Live-Musik.

Zippy Central (5), 1153 Pukuatua St., © 07-3491169, tägl. ab 8.30, moderat. Flippiges Lokal im Retro-Look der 1950er- und 1960er-Jahre, kreative Bistro-Gerichte.

Einkaufen

Mountain Jade, 1288 Fenton St., © 07-3491828, www.mountainjade.co.nz, tägl. 9–18 Uhr. Jadeschmuck in zeitgenössischem Design, man kann den Kunsthandwerkern bei der Arbeit zugucken.

Red Spot Gallery, 1239 Haupapa St., © 07-3473110, www.redspotgallery.co.nz, Di–Fr 10–17.30, Sa 10–14 Uhr. Hochwertige kunstgewerbliche Souvenirs.

Rotorua Nightmarket, Tutanekai St., Di/Do ab 16.30 Uhr. Bunter Markt für Kunst und Kunsthandwerk, Mode und Schmuck.
The Redwoods Gift Shop, Whakarewarewa Forest Park, s. S. 369

Aktivitäten
Jetboattouren
Agrojet, ℂ 07-3572929, www.agrojet.co.nz, NZ-$ 49, Kinder unter 15 Jahre NZ-$ 35.
Kawarau Jet, ℂ 07-3437600, www.kjetrotorua.co.nz, NZ-$ 49, Kinder unter 15 Jahre NZ-$ 35.
New Zealand River Jet, ℂ 0800-748375 u. 07-3337111, www.riverjet.co.nz, NZ-$ 145, Kinder 5–15 Jahre NZ-$ 75, Familie NZ-$ 395. 2½–3-stündige Fahrt auf dem Waikato River zum Thermalgebiet von Orakei Korako, Startpunkt ist 45 km südl. von Rotorua.

Flightseeing
Wer die Vogelperspektive bevorzugt, kann mit Helikopter, Wasser- oder Kleinflugzeug zum Mt. Tarawera, der Vulkaninsel White Island oder vielen anderen Zielen aufbrechen.
Helipro, ℂ 0800-4354776 u. 07-3572512, www.helipro.co.nz. Flüge über Stadt und See (NZ-$ 95–210), zum Mt. Tarawera (mit Aufenthalt NZ-$ 330).
Volcanic Air Safaris, ℂ 07-3489984, www.volcanicair.co.nz.

Thermalbäder
Blue Baths, Government Gardens, ℂ 07-3502119, www.bluebaths.co.nz, Mo–Fr 10–20, Sa/So 10–21 Uhr, NZ-$ 11, Kinder 5–13 Jahre NZ-$ 6. Wunderschön renoviertes Thermalbad aus den 1930er-Jahren, Tearoom, Museum.
Polynesian Spa, Government Gardens, Hinemoa St., ℂ 07-3481328, www.polynesianspa.co.nz, tägl. 8–23 Uhr, ab NZ-$ 14,50, Kinder 5–15 Jahre ab NZ-$ 6,50. Große Thermalwasser-Anlage mit mehreren Pools und Schwimmbecken, Anwendungen, Souvenirshop, Café.

Kreuzfahrten
Lakeland Queen, ℂ 0800-572784, www.lakelandqueen.com, mehrmals tägl. 7–18 Uhr, ab NZ-$ 45, Kinder 5–12 Jahre ab NZ-$ 22,50. Minikreuzfahrten auf dem Lake Rotorua mit einem Raddampfer im Mississippi-Stil.

Sport
Bungee Jumping
Rotorua Bungy, ℂ 07-3574747, www.rotoruabungy.co.nz, NZ-$ 95, Kinder 10–15 Jahre NZ-$ 80.

Wassersport
Angeln
Angler können auf ein gutes Dutzend professioneller Trout Fishing Companies zurückgreifen, bei denen die Forellenjagd ganzjährig und auch während der Nacht möglich ist.
Affordable Trout Fishing, ℂ 07-3492555, www.rotoruatrout.co.nz.
Rotorua Trout Safaris, ℂ 07-3620016, www.wildtrout.co.nz.

Rafting
Besonders beliebt sind Whitewater-Rafting-Touren auf den Flüssen Rangitaki, Wairoa, Motu, Mohaka und Kaituna, wobei das letztgenannte Wildwasser mit einer Fallhöhe von 7 m den

höchsten kommerziell befahrbaren Wasserfall der Welt einschließt (ab NZ-$ 80, Kinder 5–15 Jahre ab NZ-$ 40). Die meisten Rafting-Veranstalter organisieren auch Kanu- und Kajakfahrten.
Kaitiaki Adventures, © 0800-338736, www.kaitiaki.co.nz.
Kaituna Cascades Raft, © 07-3454199, www.kaitunacascades.co.nz.
Raftabout Wilderness Expeditions, © 07-3454652, www.raftabout.co.nz.
River Rats, © 0800-333900 u. 07-3456543, www.riverrats.co.nz.
Wet'n'Wild Rafting, © 07-3483191, www.wetnwildrafting.co.nz.

Fahrradfahren
Planet Bike, © 07-3489971, www.planetbike.co.nz. Mountainbike-Verleih (NZ-$ 45–55/Tag) und begleitete Radtouren durch den Whakarewarewa Forest Park (ab NZ-$ 85).

Golf
Golfer haben die Wahl zwischen einem 9-Loch-Platz und drei 18-Loch-Plätzen.
Arikikapakapa Course, 399 Fenton St., © 07-3484051, www.rotoruagolfclub.co.nz. Berühmte Anlage im Vulkangebiet von Rotorua.

Busse
Die Überlandbusse von **InterCity** (© 07-3431730, www.intercity.co.nz) und anderen Gesellschaften halten beim Rotorua i-SITE Visitor Centre, wo man auch Tickets kaufen kann. Vom Besucherzentrum starten zudem Shuttle-Busse, die zwischen den wichtigsten Thermalgebieten verkehren, z. B. **Geyser Link Shuttle** (© 0800-004321, www.geyserlink.co.nz). Auf festen Routen in Rotorua und der näheren Umgebung pendeln tagsüber Busse von **Baybus Cityride** (© 0800-BAYBUS u. 0800-422928, www.baybus.co.nz).

Die Umgebung von Rotorua

Die größten Sehenswürdigkeiten in der näheren **Umgebung Rotoruas** (s. Karte S. 355) ergeben sich aus der geografischen Lage der Stadt inmitten der geothermischen Zone und ihrer Stellung als Zentrum der Maori-Kultur.

Whakarewarewa

Nirgendwo werden beide Aspekte – Geothermik und Maori-Kultur – touristischer vermarktet als im 3 km südlich, unmittelbar am Highway 5 gelegenen Whakarewarewa. Der kompliziert scheinende Name wird häufig zu Whaka abgekürzt, wobei man wissen sollte, dass bereits Whakarewarewa eine Vereinfachung darstellt: Der eigentliche Ortsname lautet Whakarewarewa-tanga-oteope-taua-a-wahiao und bedeutet „Versammlungsort der Krieger von Wahiao".

Das Gelände ist in zwei Areale aufgeteilt, von dem eines zu einer Hotelanlage gehört. Der mächtige **Pohutu Geyser** fällt in den Bereich des Hotels und kann deshalb nur

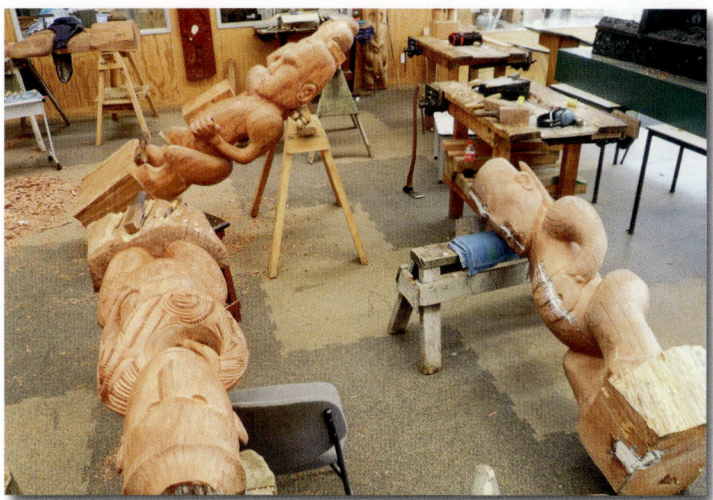

Holzschnitzer-Werkstatt im Te Puia – New Zealand

noch von den Hotelgästen bewundert werden. Das andere, von Maoris verwaltete Areal ist als **Whakarewarewa Thermal Village (8)** allen Besuchern zugänglich. Auf gekennzeichneten Wegen kann man in Eigenregie oder bei einer Führung das Dorf besichtigen. Mag das Ambiente auch recht touristisch und museal konserviert wirken, so bekommt man doch einen Eindruck von der Maori-Kultur. Man sieht z. B. ein nachgebautes Pa mit Palisaden, Verteidigungsturm und geschnitzten Pforten, das Versammlungshaus Whare whakairo, ein Kriegskanu, Schlafhäuser, Vorratshäuser und Erdöfen. Ein anderer Weg führt zu Geysiren, Heißwasserseen, kochenden Pools und blubbernden Schlammlöchern. Im Versammlungshaus erlebt man bei einem traditionellen Hangi-Essen eine folkloristische Tanzshow.

Touristisch auufbereitete Maori-Kultur

Whakarewarewa Thermal Village, Hemo Rd., Hwy. 5, ✆ 07-3493463, www.whakarewarewa.com u. www.nzmaori.co.nz, tägl. 8.30-17 Uhr, tägl. Tanzshows um 11.15 u. 14 Uhr (im Eintrittspreis enthalten), NZ-$ 30, Kinder 5-12 Jahre NZ-$ 13, Anfahrt mit Baybus Cityride Line 2

Im nahen **Te Puia – New Zealand Maori Arts & Crafts Institute (9)** kann man den Künstlern bei der Arbeit über die Schulter schauen, prächtige Exponate unserer Zeit in traditioneller Formensprache besichtigen sowie Schnitzereien und Hei-Tikis kaufen.
Te Puia – New Zealand Maori Arts & Crafts Institute, Hemo Rd., Hwy. 5, ✆ 0800-TEPUIA u. 07-3489047, www.tepuia.com, tägl. 9-17 Uhr, Führungen jeweils zur vollen Stunde, Eintritt: NZ-$ 46, Kinder 5-15 Jahre NZ-$ 23, Anfahrt mit Baybus Cityride Line 2.

Die mächtigsten Redwood-Bäume außerhalb Kaliforniens wachsen im **Whakarewarewa Forest Park (10)** südlich des Maori-Dorfs. Im **Redwoods Gift Shop & Visitor Centre** sind hochwertige Mitbringel aus neuseeländischem Edelholz erhältlich. Zudem gibt es dort Informationen und Karten für Wanderungen und Mountainbike-Touren.

Souvenirs aus Edelholz

Whakarewarewa Forest Park, Long Mile Rd., ✆ 07-3500110, www.redwoods.co.nz, Okt.–März Mo–Fr 8.30–17.30, Sa/So 10–17, April–Sept. Mo–Fr 8.30–16.30, Sa/So 10–16 Uhr, Eintritt frei.

Buried Village und Tarawera Landing

Verschüttetes Dorf

Gut 10 km östlich des Zentrums liegt nahe dem Lake Tarawera das **Buried Village (11)**, die Ausgrabungen des 1886 beim Ausbruch des Tarawera-Vulkans verschütteten Maori-Dorfs Te Wairoa. Zu sehen sind zudem ein Pionierhaus, Wasserfälle und ein Tierpark. Landschaftlich reizvoll ist die Anfahrt, vorbei an den Kraterseen Blue Lake und Green Lake.
The Buried Village, Tarawera Rd., ✆ 07-3628287, www.buriedvillage.co.nz, tägl. 9–17, im Winter bis 16.30 Uhr, NZ-$ 31, Kinder 5–15 Jahre NZ-$ 8.

2 km weiter endet die Straße an der kleinen Siedlung **Tarawera Landing (12)**, von der Kreuzfahrten auf dem Lake Tarawera starten. Ein Bootsausflug hat die Te Rata Bay mit ihrem Hot Water Beach (s. S. 395) zum Ziel.
Tarawera Landing, Infos unter ✆ 07-3628502, www.thelandinglaketarawera.co.nz.

Rund um den Lake Rotorua

Der größte landschaftliche Anziehungspunkt der Stadt ist der **Lake Rotorua**, der größte von 12 Seen im Distrikt Rotorua. Von der Rotorua Lakefront starten jeden Tag Boote zu Ausflügen, auf denen man das Gewässer und Inseln wie Mokoia Island geruhsam erkunden kann. Auch eine Autofahrt um den See, der wie der Lake Taupo eine Caldera ist, garantiert unvergessliche Eindrücke. Außer den natürlichen Attraktionen gibt es eine Vielzahl weiterer Sehenswürdigkeiten.

Östliches und nördliches Seeufer

6 km vom Zentrum entfernt liegt am östlichen Seeufer nahe dem Airport das heimatkundliche **Te Amorangi Museum (13)**. Es bietet schöne Beispiele der hiesigen Maori-Kunst, eine Straße aus den 1920er-Jahren, Modelle von Dampfeisenbahnen und Gerätschaften.
Te Amorangi Museum, Robinson Ave., Holdens Bay, ✆ 07-3450884, www.rotoruaheritage.co.nz, nur Do u. So 10–16 Uhr, NZ-$ 5, Kinder unter 15 Jahre frei.

Irrgarten

Spaß für Kinder und Erwachsene verspricht der weiter nördlich, unmittelbar an der Weggabelung der Highways 33 und 30 gelegene Irrgarten **Te Ngae Maze (14)**, der aus einem hohen Bretterzaun gebildet ist. Wer den Ausgang findet, legt im Idealfall 1,7 km zurück.
Te Ngae Maze, ✆ 07-3455275, tägl. 9–17, im Winter bis 16 Uhr, NZ-$ 16, Kinder 5–16 Jahre NZ-$ 9.

Anschließend zweigt der Highway 30 östlich in Richtung Whakatane und Gisborne ab, wobei die ersten 25 km mit dem geothermalen Gebiet **Hell's Gate (15)** sowie den Seen Lake Rotoiti und Lake Rotoehu besonders reizvoll sind, sodass sich die

Strecke auch als Abstecher lohnt. Wer am Abzweig dem Seeufer auf dem Highway 33 folgt, gelangt nach 5 km zum schmalen Kanal zwischen dem Lake Rotorua und dem Lake Rotoiti.
Hell's Gate, ℅ 07-3453151, www.hellsgate.co.nz, im Sommer tägl. 8.30–17, im Winter bis 16.30 Uhr, NZ-$ 35, Kinder 5–16 Jahre NZ-$ 17,50.

Gleich danach kann man links abbiegend die Rundfahrt fortsetzen. Nächste Station ist der **Hamurana Park (16)** mit mächtigen Redwood-Bäumen und den Hamurana Springs, den ergiebigsten Quellen der Nordinsel, aus denen stündlich mehr als 4 Mio. Liter Wasser sprudeln.

Ergiebige Quellen

Westliches Seeufer
Von der am westlichen Seeufer verlaufenden Straße zweigt die gewundene Mountain Rd. auf den Gipfel des 760 m hohen **Mt. Ngongotaha (17)** ab, den man bequemer und vielleicht auch stilvoller mit einer Drahtseilbahn von der Fairy Springs Rd. (s. u.) erreicht. Wenige Fahrminuten weiter gelangt man zu den **Paradise Valley Springs (18)** am Fuße des Berges. Der 6 ha große Park ist wegen seiner Bäche und Teiche bekannt, in denen es vor kapitalen Forellen und Aalen nur so wimmelt. Aber auch der ursprüngliche Busch mit Wanderwegen und einem vielfältigen Tierleben machen den Besuch des Parks interessant. Ein **Treetop Walk** ermöglicht es Besuchern ohne Höhenangst, den Wald auf einem außergewöhnlichen Spaziergang aus ungewöhnlicher Perspektive zu erleben. Auf brückenähnlichen Holzrampen geht es in schwindelerregenden Höhen einige Hundert Meter durch das grüne Laubdach majestätischer Bäume. Weitere Attraktionen sind ein Streichelzoo und ein Löwengehege.
Paradise Valley Springs, 467 Paradise Valley Rd., ℅ 07-3489667, www.paradisevalleysprings.co.nz, tägl. 9–17, im Winter bis 16 Uhr, Fütterung der Löwen tägl. 14.30 Uhr, NZ-$ 29, Kinder 5–15 Jahre NZ-$ 14,50.

Zurück auf dem Highway 5 sieht man wenig später rechts der Straße den Komplex des **Agrodome (19)**, wo man alles zum Thema Wolle erfährt, vom Schafscheren über die Versteigerung der Schurwolle bis zur Verarbeitung in der Textilindustrie. Hier steht man auch all den verschiedenen Schafrassen, denen man bisher im Vorbeifahren überall im Lande begegnete, Auge in Auge gegenüber und sieht die teils erstaunlichen Unterschiede. Eine professionelle Schafschur und die Vorführung der perfekt trainierten Hirtenhunde runden das Programm ab. Natürlich kann man auch Schaffelle und Wollprodukte kaufen. Schräg gegenüber vom Agrodome liegt mit **Amazeme (20)** Rotoruas jüngster Irrgarten mit 1,4 km labyrinthisch verschlungenen Wegen. Angeschlossen ist ein Streichelzoo.

Schafschur-Show in Rotoruas Agrodome

Agrodome, Riverdale Park, Western Rd., Ngongotaha, © 07-3571050, www.agrodome.co.nz, Vorstellungen tägl. 9.30, 11, 14.30 Uhr, NZ-$ 29, Kinder 5–14 Jahre NZ-$ 14,50, Anfahrt mit Baybus Cityride Line 1.
Amazeme, 1335 Paradise Valley Rd., Ngongotaha, © 07-3575759, www.amazeme.co.nz, tägl. 10–17, im Winter bis 16 Uhr, NZ-$ 16, Kinder 5–17 Jahre NZ-$ 9.

Zauberhafte Landschaft

An der Fairy Springs Rd. liegen die **Rainbow Springs (21)**, kristallklare Quellteiche mit unzähligen Forellen inmitten einer von Wanderwegen erschlossenen urwüchsigen Landschaft mit Baumfarnen und Redwood-Bäumen. In großen, begehbaren Flugvolieren kann man einheimische Vögel beobachten, in Terrarien Tuatara-Echsen und Geckos. Auf dem Gelände befindet sich zudem **Kiwi Encounter**, eine Aufzuchtstation für das gefährdete Nationaltier. In Zusammenarbeit mit Experten des Department of Conservation werden Kiwi-Eier aus Regionen, die von Ratten, Mardern und anderen gefährlichen Importtieren bedroht sind, ausgebrütet und die geschlüpften Küken aufgezogen. Die meisten ausgewachsenen Tiere werden später ausgewildert. In einem *Nocturnal House* kann man aber ständig einige nachtaktive Kiwis in ihrem „natürlichen" Lebensraum beobachten.

Rainbow Springs, Fairy Springs Rd., © 0800-RAINBOW u. 07-3500440, www.rainbowsprings.co.nz; tägl. 8–23, im Winter bis 22 Uhr, NZ-$ 35, Kinder 5–15 Jahre NZ-$ 22,50.
Kiwi Encounter, 192 Fairy Springs Rd., © 0800-724626, www.kiwiencounter.co.nz, tägl. 45-minütige Führung stündl. 10–16 Uhr, NZ-$ 27,50, Kinder 5–15 Jahre NZ-$ 17,50.

In der Nähe liegt die Talstation der Kabinenseilbahn **Skyline (22)**, die auf bequeme Art und Weise die rund 500 Höhenmeter zum Mt. Ngongotaha überwindet. Oben bietet sich ein großartiger Blick über Stadt und See und auf die umliegenden Hügel. Nicht so recht zur schönen Natur passen einige künstliche Attraktionen, um die man die Gipfelregion in letzter Zeit bereichert hat. So kann man auf einer 5 km langen Abfahrtsstrecke mit Gummisitzrollern (*luges*) zu Tale rasen.

Skyline, Fairy Springs Rd., © 07-3470027, www.skyline.co.nz, tägl. von 9 Uhr bis Sonnenuntergang, NZ-$ 25, Kinder 5–14 Jahre NZ-$ 12,50.

Von Rotorua über Cambridge nach Auckland

Die etwa 220 km lange Strecke von Rotorua nach Auckland ist gut an einem Tag zu schaffen, auch wenn man sich in der Umgebung von Rotorua noch einige Ziele anschauen oder einen Zwischenstopp in Cambridge einlegen möchte. Man bleibt dabei immer auf dem Highway 5, der zuerst ein Stück am Westufer des Lake Rotorua entlangführt, dann die Mamaku Ranges überquert und in Piarere wieder auf den Waikato River stößt, der sich träge vom Taupo-See nach Nordosten bewegt.

Entlang des Highway 5

Nach 36 km auf dem gut zu fahrenden Highway kann man in Tapapa nochmals eine Region mit heißen Quellen besuchen (Okoroire), bevor man 54 km hinter Rotorua nach Tirau kommt, wo sich die Straße mit dem Highway 1 vereinigt. Auf diesem gelangt man in das Tal des Waikato River, der entlang der Straße den aufgestauten und langgezogenen Lake Karapiro, ein beliebtes Wassersportrevier, bildet und 20 km flussabwärts durch die Kleinstadt Cambridge fließt.

Südlich des Stausees liegt das im Rahmen eines großen Renaturierungsprogramms angelegte 34 km² große Schutzgebiet **Maungatautari Ecological Island**, in dem Kiwis, Takahe-Rallen und andere seltene endemische Vogelarten ausgewildert wurden. Schutz vor Ratten, Marder, Possums, Wildkatzen und anderen gefährlichen Importtieren bietet ein 47 km langer Sicherheitszaun. Im *Southern Enclosure* des Reservats kann man auf 30- bis 120-minütigen Spaziergängen oder von einem Beobachtungsturm Vögel in ihrer natürlichen Umwelt erleben.

Endemische Vogelarten

Maungatautari Ecological Island, *Zugang von Tari Rd. via Pukeatua, www.maunga trust.org, Spende erbeten.*

Tirau und Matamata

Wenn Sie nicht mehr bis Hamilton bzw. Auckland weiterfahren wollen, gibt es in dem sympathischen Ort Tirau einige Unterkunftsmöglichkeiten. Gleiches gilt auch für die Kleinstadt Matamata, die von Tirau aus in einem 15-km-Abstecher über den Highway 27 zu erreichen ist. Der Ort liegt inmitten einer friedlichen, hügelreichen Weidelandschaft, in der sich „Hobbits" so richtig wohlfühlen würden. Aus diesem Grunde wurde hier in Peter Jacksons „Herr der Ringe"-Filmtrilogie das Auenland angesiedelt, und Matamata vermarktet sich seitdem selbst als „Hobbiton". Über das Information Centre sind Ausflüge buchbar, die Besucher zu den Drehplätzen und Relikten der Filmarbeiten bringen, etwa zu den grasbodenbedeckten, runden Wohnungen der Hobbits.

Reisepraktische Informationen Tirau und Matamata

Information
Matamata i-SITE Visitor Centre, *45 Broadway, © 07-8886838, www.mata matanz.co.nz, tägl. 9–17 Uhr. Hier halten die InterCity-Busse.*
Tirau i-SITE Visitor Centre, *63 Main Rd., © 07-8868872, www.tirauinfo.co.nz, Mo–Fr 9–17, Sa/So 10–15.30 Uhr.*

Ausflüge
Hobbiton Movie Set & Farm Tours, *© 07-8886838, www.hobbitontours. com, tägl. 9.30, 10.45, 12, 13.15, 14.30, im Sommer zusätzlich 15.45, 17 Uhr, NZ-$ 66, Kinder 10–14 Jahre NZ-$ 33, Kinder 5–9 Jahre NZ-$ 5. Ausflüge zu den Wohnorten der Hobbits (Hobbiton = Auenland) in den „Herr-der-Ringe"-Filmen. Die Hobbit-Touren starten vom Matamata i-SITE Visitor Centre und können dort auch gebucht werden.*

Cambridge

Der Ort mit gut 11.000 Einwohnern führt seine Entstehung auf die Landkriege zurück, als hier 1864 das dritte Regiment der britischen Waikato-Armee stationiert war. Das englische Gepräge hat **Cambridge** behalten, noch verstärkt durch das wirtschaftliche Umfeld, in dem die Pferdezucht eine bedeutende Rolle spielt.

Britisch geprägt

Kolonialgebäude

Das Herz der Kleinstadt bildet der hübsche **Te Koutu Lake**, um den sich ein Park mit Spazierwegen erstreckt. Der See liegt südlich der Victoria St., zu der man automatisch auf dem Highway 1 geführt wird. Hier und in den Querstraßen entdeckt man bei einem kurzen **Stadtbummel** mehrere prächtige Gebäude und Monumente aus der Kolonialzeit, etwa das Rathaus (1909), den Cenotaph (1923), die Town Clock (1931), das Post Office (1908) und das Old Courthouse Building (1909), das heute ein Museum beherbergt. Etwas weiter im Norden stehen am Highway 1 die St. Andrew's Church, ein außen wie innen sehr hübscher Holzbau aus dem Jahre 1873, und der Wasserturm von 1903. Am südlichen Ende führt die Victoria St. auf die hohe Victoria Bridge (1907) zu.

Die größte Attraktion der Stadt ist der **Cambridge Country Store**, der sich unweit des Te Koutu Lake an der Victoria St. befindet und mehrfach mit Preisen bedacht wurde. In einer alten, rosafarbenen Presbyterianer-Kirche aus dem Jahre 1898, deren Dachstuhl noch original erhalten ist, präsentiert man hier in schöner Atmosphäre eine exquisite Kollektion verschiedener, auch international bekannter Kunsthandwerker.
Cambridge Country Store, 92 Victoria St., ℂ 07-8278715, www. cambridgecountrystore.co.nz, Mo–Sa 8.30–17, So 9–17 Uhr.

Von Cambridge fährt man parallel zum Waikato River durch weites, landwirtschaftlich genutztes Land zum 24 km nördlich gelegenen Hamilton. Nachdem man die Brücke am südlichen Stadteingang überquert hat, vereinigen sich die Highways 1 und 3, und nun geht es auf der bereits bekannten Strecke zurück nach Auckland (s. S. 232).

Reisepraktische Informationen Cambridge

Information
Cambridge i-SITE Visitor Centre, Victoria St., Ecke Queen St., ℂ 07-8273 456, www.cambridge.co.nz, Mo–Fr 9–17, Sa/So 10–16 Uhr.

Unterkunft
Motel
**Cambridge Mews $$$**, 20 Hamilton Rd., ℂ 07-8277166, www.cambridgemwes.co.nz, DZ NZ-$ 155–190. Modernes Motel mit bestens ausgestatteten Einheiten.

Backpacker-Hostel
**Cambridge Country Lodge $**, 20 Peake Rd., ℂ 07-8278203, www.cambridgecountrylodge.net.nz, DZ NZ-$ 72, im Mehrbettzimmer NZ-$ 26. Schön gelegene Backpacker-Unterkunft auf einer Farm, 1,5 km nördl. des Zentrums, Doppel- und Mehrbettzimmer, Zeltmöglichkeit, Stellplätze für Wohnmobile.

Camping
Cambridge Motor Park, 32 Scott St., ℂ 07-8275649, www.cambridgemotorpark.co.nz. 1,5 km südl. der Stadt gelegene Anlage mit Zelt- und Campervanplätzen, On-Site-Vans und Cabins.

Ausflüge
Camjet Jet Boat Tours, Dominion Ave., Riverside Park, ⓒ 0800-226538, www.camjet.co.nz, NZ-$ 45, Kinder 5–15 Jahre NZ-$ 22,50. Rasante, 15-minütige Jetboat-Touren auf dem Waikato River.
The Boatshed Café & Kayaks, 21 Amber Lane, Hwy. 2, ⓒ 07-8278286, www.theboat shed.net.nz. Am Lake Karapiro 10 km südl. gelegene Anlage mit Kajakverleih und geführten Kajaktouren, Exkursionen zu Glühwürmchenhöhlen.

Abstecher zur Coromandel-Halbinsel

Streckenübersicht und Zeiteinteilung

Die alternative Route nach Auckland entlang der Bay of Plenty und mit einem Abstecher zur Coromandel-Halbinsel berührt an vielen Stellen traumhafte Strände mit idealen Urlaubsbedingungen und bietet mit weiten Obstanbaugebieten, schönen Dörfern, urtümlichem Busch und Relikten der Goldgräberzeit überdies noch viele andere Facetten Neuseelands. Obwohl ziemlich nah zur Metropole gelegen, ist die Coromandel Peninsula nicht überlaufen, von gelegentlichen Engpässen in der Hauptsaison zwischen Weihnachten und Ostern einmal abgesehen. Autofahrer finden gute, wenn auch kurvenreiche Straßen und in regelmäßigen Abständen Hotels, Campingplätze, Restaurants und Tankstellen.

Falls Sie den Besuch der Coromandel-Halbinsel innerhalb der vorliegenden Route planen, sollten Sie sich ab Rotorua mindestens drei Tage Zeit nehmen für die Strände von Tauranga, Waihi, Pauanui und Whitianga und die zwei hübschen Städte Coromandel und Thames. Am ersten Tag ist die Strecke Rotorua – Tauranga – Waihi – Thames zu schaffen. Am zweiten Tag

Redaktionstipps

Sehens- und Erlebenswertes
▶ Besichtigung von **Thames** und **Coromandel** mit Baudenkmälern aus der Zeit des Goldrausches (S. 385).
▶ Fahrt mit der **Privatbahn Driving Creek Railway** nördlich von Thames (S. 388).
▶ Panoramablick vom Paku-Hügel in Tairua (S. 393).
▶ Fahrt nach **Ferry Landing** mit Besuch der **Purangi Winery**, der Strände **Cooks Beach**, **Hahei Beach**, **Cathedral Cove** und **Hot Water Beach** (S. 395).

Aktivitäten
▶ Teilnahme an einer **Sightseeing-Bootstour** oder einem **Angeltrip** in der **Mercury Bay** (S. 394).
▶ Schwimmen, Sonnenbaden oder Wassersport an den Stränden von **Whitianga** und **Matarangi** (S. 397).

können Sie sich in Thames umschauen und anschließend nach Coromandel weiterfahren; danach ist noch Zeit für eine Fahrt mit der Driving Creek Railway und die Weiterfahrt nach Whitianga. Der dritte Tag steht ausschließlich den Stränden an der Ostküste zur Verfügung, bevor es am späten Nachmittag zurück nach Thames geht.

Das gleiche Minimalprogramm ist prinzipiell auch möglich, wenn man den Besuch der Halbinsel ab Auckland plant, natürlich mit dem Unterschied, dass der erste Tag für die

Anfahrt ab Auckland reserviert ist. Für diese Strecke nimmt man bei spätem Aufbruch in der Metropole den Highway 1, von dem man südlich von Pukekohe auf den Highway 2, später dann auf den Highway 25 abbiegt. Mit etwas mehr Zeit können Sie auch an der Ostküste der Tamaki Strait bzw. am Hauraki Gulf entlang fahren und bei der Gelegenheit einen Stopp am Thermalgebiet von Miranda Springs einlegen. Über die West Coast Rd. mit schöner Aussicht auf den Firth of Thames gelangen Sie dann automatisch nach Thames.

Von Rotorua über Tauranga zur Coromandel-Halbinsel

Den ersten Teilabschnitt ab Rotorua können Sie auf zwei verschiedenen Wegen zurücklegen:
Route 1: Die erste, etwas längere und umständlichere Variante bringt Sie über den Highway 5 bis Tirau, dann über den Highway 27 bis Hinuera und ab da über den Highway 29 nach Tauranga/Mt. Maunganui. Wer diese Strecke wählt, sollte in **Hinuera** einen Abstecher zum seltsamen **Firth Tower** nicht versäumen, der in der Art schottischer Wohnburgen aus einem massiven Klotz besteht und so gar nicht in die liebliche Farmlandschaft passen will. Das 1880 errichtete Gebäude beherbergt heute ein historisches Museum (*Mo–Fr 9–17, Sa/So 10–16 Uhr, Eintritt frei*).

Abwechslungsreiche Route

Route 2: Bei der zweiten Variante fahren Sie auf dem Highway 33 am östlichen Ufer des Lake Rotorua entlang und haben dabei Gelegenheit, Attraktionen wie dem Irrgarten und dem Amorangi-Museum in der Nähe des Flughafens einen Besuch abzustatten oder einen Abstecher zum geothermalen Gebiet Hell's Gate zu unternehmen. Über einen kleinen Kanal, der den Lake Rotorua mit dem Lake Rotoiti verbindet, bringt Sie die Route nach **Okere Falls** am spektakulären Kaituna River, dann geht's etwa 25 km weiter in nördlicher Richtung bis zur Einmündung auf den Highway 2. Diesem folgt man nach Westen und gelangt bald nach **Te Puke** (s. S. 346). Rund 10 km danach passiert man einen Abzweig zum Fischerort **Papamoa**, der mit kilometerlangen Sandstränden und einigen Campingplätzen aufwartet. Kurz darauf folgt am Omanu-Golfplatz eine Weggabelung, bei der der Highway 2 nach Westen abzweigt und entlang der Bucht sowie über die 1 km lange Harini Bridge nach Tauranga führt. Fährt man am Abzweig geradeaus, gelangt man über die Mt. Maunganui Rd. geradewegs ins Zentrum des Städtchens Mt. Maunganui.

Mt. Maunganui und Tauranga

Mt. Maunganui
Die Fahrt in die 20.000-Einwohner-Stadt **Mt. Maunganui** ist nicht sehr vielversprechend, da der sonst in Neuseeland eher seltene Blick auf Industrieanlagen die Strecke begleitet. Immerhin besitzt der Ort zusammen mit Tauranga einen der größten Häfen des Landes. Je weiter man sich aber dem Ende der schmalen Halbinsel nähert, die in die Bay of Plenty hinausragt, desto mehr kann man sich mit dem Städtchen anfreunden. Großartige Sehenswürdigkeiten sind nicht zu vermelden, doch ist der feinsan-

Te Puke grüßt mit einer riesigen Kiwiattrappe aus Fiberglas

dige, kilometerlange **Ocean Beach** für viele sonnenhungrige „Kiwis" Grund genug, hierhin zu reisen. Während Tauranga eher Familien anzieht, ist Mt. Maunganui eine der beliebtesten Destinationen für jugendliche Touristen, die hier ihrem Lieblingssport Surfen frönen. Darauf ist auch das Übernachtungsangebot ausgerichtet, ebenso wie die Vielzahl von Möglichkeiten zur Freizeitgestaltung.

Das Wahrzeichen der Stadt ist gleichzeitig ihr Namensgeber: ein 232 m hoher Inselberg, der einmal ein Maori-Pa getragen hat und inzwischen durch eine lange Sandbank mit dem Festland verwachsen ist. Wanderwege führen um den Berg wie auch auf seine Spitze, die eine großartige Aussicht freigibt. Am Fuße des Mt. Maunganui kann man in **Hot Salt Water Pools (1)** baden – vor allem bei kühler Witterung ein Vergnügen, da das Wasser der Pools durch Erdwärme erhitzt ist.
Hot Salt Water Pools, *Adams Ave., © 07-5750868, Mo–Sa 6-22, So 8–22 Uhr, NZ-$ 10, Kinder 5–15 Jahre NZ-$ 5.*

Inselberg

Der Nachbarort Tauranga, der sich genau wie Mt. Maunganui auf einer schmalen Halbinsel befindet, ist von Mt. Maunganui durch den weitverzweigten Tauranga Harbour ge-

Abstecher zur Coromandel-Halbinsel

trennt. Autofahrer erreichen Tauranga entweder mit der Fähre, die allerdings nur im Sommer verkehrt und an der Salibury Wharf nahe dem i-SITE Visitor Centre ablegt, oder über die mautpflichtige Tauranga Harbour Bridge.

Tauranga

Die 100.000-Einwohner-Stadt **Tauranga** („Anlegeplatz der Kanus") war einst ein bedeutendes Maori-Zentrum mit einem mächtigen Pa. Hier lebten die Ureinwohner und in der ersten Hälfte des 19. Jh. auch christliche Missionare einträglich nebeneinander, bis die Landkriege ausbrachen und das sogenannte Gate Pa 1864 ein hart umkämpfter Ort wurde. Nach anfänglicher Überlegenheit wurden die Maoris schließlich von den Briten besiegt. In jüngerer Zeit erlangte die Stadt durch ihren Hafen, den sie sich mit Mt. Maunganui teilt und der der größte Exporthafen des Landes ist, sowie auch durch das landwirtschaftlich intensiv genutzte Umfeld (insbesondere Kiwi-Anbau) große wirtschaftliche Bedeutung. Ein weiteres ökonomisches Standbein ist der Fremdenverkehr, der von dem ganzjährig guten Klima und den herrlichen Sandstränden profitiert. Der Reiz der Stadt liegt hauptsächlich in der umgebenden (Wasser-)Landschaft, in der vielfältige Aktivitäten möglich sind: Schwimmen, Tauchen, Wasserski, Surfen, Windsurfen, Minikreuzfahrten, Hochsee-Angeltrips, Whitewater Rafting auf dem Wairoa River u. v. m.

Einst bedeutendes Maori-Zentrum

In die Innenstadt gelangt man von der Harbour Bridge über die östliche Verkehrsachse Dive Crescent, die später in The Strand übergeht. Kurz vorher passiert man zur Rechten den **Robbins Park (2)** mit farbenprächtigen Rosenbeeten. In der Nähe, am nördlichen Ende von The Strand, ist das Maori-Kriegskanu **Te Awanui (3)** ausgestellt, das zu feierlichen Anlässen zu Wasser gelassen wird. An der Cliff Rd. nördlich des Parks befindet sich auf dem Boden des zerstörten Pa als ein eindringliches Mahnmal der Vergangenheit der **Militärfriedhof (4)** mit Gräbern von Maori-Kriegern und Pakeha-Soldaten. Westlich des Robbins Park, an der Mission St., steht eines der ältesten Häuser des Landes: Das Gebäude **The Elms (5)** wurde vom Missionar James Brown 1838 auf einem Stück Land errichtet, das er bereits 1835 als Standort einer Missionsstation ausgewählt hatte. Nur im traditionsreichen Nordland gibt es noch ältere Missionsstationen. Das original möblierte Haus befindet sich in Privatbesitz, kann aber besichtigt werden. Überregionale Bedeutung besitzt die **Tauranga Art Gallery (6)** gegenüber dem i-SITE Visitor Centre. Hinter der schnörkellosen Fassade eines ehemaligen Bankgebäudes befindet sich ein Sanktuarium zeitgenössischer Kunst, das immer wieder mit oftmals provozierenden Wechselschauen und Performances in- und ausländischer Künstler für Aufmerksamkeit sorgt. Von der einige Schritte östlich gelegenen **Coronation Wharf** legen Ausflugsboote und die Fähre nach Mt. Maunganui ab. Im Süden der Stadt liegt das **Historic Village on 17th (7)**, die mehr oder minder originalgetreue Rekonstruktion der Pionierstadt Tauranga. In den nachgebauten Hütten und Häusern kann man Künstlern und Kunsthandwerkern über die Schulter gucken.

Zeitgenössische Kunst

The Elms, *Mission St., © 07-5779772, www.theelms.org.nz, Mi, Sa, So/Fei 14–16 Uhr, NZ-$ 5, Kinder 5–15 Jahre NZ-$ 0,50.*
Tauranga Art Gallery, *108 Willow St., © 07-5787933, www.artgallery.org.nz, tägl. 10–16.30 Uhr, Spende erbeten.*
Historic Village on 17th, *17th Ave. West, © 07-5713700, www.villageon17.co.nz, tägl. 9–18 Uhr, Eintritt frei, Anfahrt mit Bus 11.*

Reisepraktische Informationen Tauranga/Mt. Maunganui

Information

Tauranga i-SITE Visitor Centre, Tauranga, 95 Willow St., Ecke Wharf St., © 07-5788103, www.gotauranga.co.nz, Mo–Fr 8.30–17.30, Sa/So 9–17 Uhr. Wer wandern möchte, sollte nach der Broschüre „Walkways of Tauranga & The Western Bay of Plenty" fragen, in der mehr als 20 Wanderwege beschrieben sind.

Mt. Maunganui i-SITE Visitor Centre, Mt. Maunganui, Salisbury Ave., © 07-5755099, www.bayofplentynz.com, Mo–Fr 9–17, Sa/So bis 16 Uhr.

Unterkunft

Motels

Ambassador Motor Inn $$–$$$ (1), Tauranga, 9 Fifteenth Ave., © 07-5785665, www.ambassador-motorinn.co.nz, DZ NZ-$ 100–180. Gut geführtes Motel mit 20 Studios und Swimmingpool an der südlichen Peripherie von Tauranga, Karen und Terry helfen bei der Organisation von Ausflügen.

Strand Motel $$ (2), Tauranga, 27 The Strand, Ecke McLean St., © 07-5785807, www.strandmotel.co.nz, DZ ab NZ-$ 85. Zentral und in Strandnähe gelegene Unterkunft mit gutem Preis-Leistungs-Verhältnis, die meisten der gut ausgestatteten Moteleinheiten haben Meerblick.

Backpacker-Hostel/Jugendherberge

Tauranga Central Backpackers $–$$ (3), Tauranga, 62/64 Willow St., © 07-5716222, www.tgabackpack.co.nz, DZ ab NZ-$ 62, im Mehrbettzimmer ab NZ-$ 24. Moderne Unterkunft mit Doppel- und Mehrbettzimmern, zentral an der Touristeninformation und Busstation gelegen, Organisation von Aktivitäten.

Tauranga YHA $–$$ (4), Tauranga, 171 Elizabeth St., © 07-5785064, www.yha.co.nz, DZ ab NZ-$ 71, im Mehrbettzimmer ab NZ-$ 29. Gemütliche, zentrumsnahe Herberge mit komfortablen Doppel- und Mehrbettzimmern sowie schönem Garten.

Camping

Golden Grove Motor Park (5), Mt. Maunganui, 73 Girven Rd., © 07-5755821, www.golden-grove.co.nz. Am Fuß des Mt. Maunganui und nahe der Sandstrände gelegen, Zelt- und Caravanplätze, gemütliche Hütten und Ferienwohnungen ($$–$$$).

Essen und Trinken

Harbourside Brasserie (1), Tauranga, The Strand, © 07-5710520, www.harboursidetauranga.co.nz, tägl. 11–15, 17.30–22.30 Uhr, teuer. Edles Fischrestaurant auf Stelzen im Hafenbecken mit einer ideenreichen, aber nicht abgehobenen Kiwi-Küche und grandiosem Ausblick, zum Drinnen- und Draußensitzen, fürs Dinner wird eine Reservierung empfohlen.

Latitude 37 (2), Mt. Maunganui, 181–183 Maunganui Rd., © 07-5723037, www.37.co.nz, Mo 16–1, Di-So 12–1 Uhr, moderat–teuer. Kombination aus europäischem Erbe und Innovationen aus Down Under, preisgekrönte Weinkarte.

Crown & Badger (3), Tauranga, The Strand, Ecke Wharf St., © 07-5721769, tägl. ab 10.30 Uhr, moderat. Beliebter Pub im traditionellen britischen Stil mit einer großer Auswahl an regionalen und internationalen Bieren sowie herzhaftem, preiswertem Pub-Food.

Von Rotorua über Tauranga zur Coromandel-Halbinsel

An einem der Strände von Tauranga

 Wassersport
Schwmmen mit Delfinen
Butler's Swim with Dolphins, ℂ 0508-BUTLER u. 07-5783197, www.swimwithdolphins.co.nz, tägl. 9 Uhr, ab NZ-$ 145, Kinder 5–15 Jahre ab NZ-$ 115. 5- bis 6-stündige Bootstouren zur Delfinbeobachtung, bei denen man mit den Tieren auch schwimmen kann.

Surfen
Anfängerfreundlich sind bestimmte Abschnitte am Ocean Beach von Mt. Maunganui. Surfshops bieten Kurse an (2- bis 5-tägiger Anfängerkurs NZ-$ 150–350) und verleihen Boards, z. B. **Hibiscus**, Mt. Maunganui, Main Beach, ℂ 07-5753792, www.surfschool.co.nz.

 Busse
Die Überlandbusse von InterCity (ℂ 07-3431730, www.intercity.co.nz) und anderer Gesellschaften halten bei den beiden i-SITE Visitor Centres, wo man auch Tickets kaufen kann. Auf festen Routen im innerstädtischen Bereich und in der näheren Umgebung pendeln tagsüber Busse von Baybus (ℂ 0800-4 BAYBUS u. 0800-422928, www.baybus.co.nz).

Von Tauranga nach Katikati

Für die Weiterfahrt von Tauranga zur Coromandel-Halbinsel nimmt man am besten den Highway 2, der in weitem Bogen der ausgebuchteten Uferlinie des Tauranga Harbour folgt. Auf dem ersten Streckenabschnitt bestimmen wie später um Katikati weite Obstplantagen das Bild. Neben Tamarillos werden besonders viele Kiwifrüchte angebaut, was der Region den Beinamen Kiwi Coast einbrachte. Nachdem man kurz hinter Tauranga die Ortschaften Bethlehem und Te Puna passiert hat, ist ein Abstecher nach rechts zum Fremdenverkehrsort **Omokoroa** möglich, von dem man einen schönen Blick auf die vorgelagerte, langgestreckte Insel Matakana hat. Rund 10 km nördlich von Tauranga, lohnt sich ein Abstecher zur anderen Seite, wo die 4 km lange Minden Rd. zum **Minden Lookout** führt, von dem sich ein unvergleichlicher Blick auf die Bay of Plenty bietet.

Katikati

Schönste kleine Stadt

Wenige Fahrminuten hinter dem Abzweig zum Minden Lookout erreicht man Katikati, ein sympathisches Städtchen mit gut 2.000 Einwohnern, das nicht umsonst zweimal den Wettbewerb „New Zealand's Beautiful Best Small Town" gewonnen hat. Der 1875 von Iren am Uretara River gegründete Ort lebt hauptsächlich vom Anbau von Blumen, Kiwis, Avocados und anderen Früchten, zunehmend aber auch vom Fremdenverkehr. Mehrere historische Häuser, der Vogelpark Katikati Bird Garden, das Gestüt „World of Horse" und mehrere Kunstgewerbeläden warten hier auf Besucher. Im Visitor Centre gibt es eine Broschüre über die schönsten Wandgemälde (besonders an der Main St. zu bewundern), die Katikati den Beinamen *Mural Town* eingebracht haben.

Kurz hinter Katikati zweigt links vom Highway die Lindemann Rd. ab, die zu einem hübschen Lookout mit Picknickplatz führt. Danach erreicht man am Tanners Point bzw. dem Coromandel Forest das Ende des Tauranga Harbour, wo der Highway 2 landeinwärts nach Waihi abbiegt. Eine Nebenstraße, die man zu einer kleinen Rundfahrt nutzen sollte, führt nach rechts in Richtung Athenree. An der Uferstraße ist dabei zunächst der kurze Abstecher nach rechts zu den **Bowentown Heads** zu empfehlen, einem vorzüglichen Aussichtspunkt auf dem Platz eines alten Maori-Pa. Nördlich von Athenree bringt einen diese Straße zum fantastischen **Waihi Beach** und anschließend kurz vor Waihi zurück zum Highway.

Waihi

Streng genommen befindet man sich im 5.000-Einwohner-Ort **Waihi** bereits auf der Coromandel-Halbinsel, die man von hier auf einer Ostroute (Highway 25) oder einer Westroute (Highway 2/26/25) erkunden kann. Dabei eignet sich das kleine Städtchen selbst oder der 11 km entfernte Waihi Beach mit Motels, B&B-Unterkünften, Hostels und Campingplätzen als erster Übernachtungsort. Ein Blick in das **Museum** an der Kenny St. vermittelt interessante Einblicke in die Epoche der **Goldgräberei**. Die ortsansässige Goldfield Steam Train Society hat eine 6,5 km lange Trasse bis zum Nachbarort Waikino instand gesetzt und lässt auf ihr einen **Museumszug** fahren.

Historischer Zug

Museum, *Mo–Fr 9–17, Sa/So 10–16 Uhr, Eintritt frei.*
Goldfields Railway, © 07-8639020, www.waihirail.co.nz, *im Sommer tägl. 10, 11.45, 13.45, im Winter nur Sa/So 10, 11.45, 13.45 Uhr, Ticket: hin und zurück NZ-$ 15, Kinder 5–14 Jahre NZ-$ 10.*

Wer in Waihi nicht sofort über den Highway 25 nach Norden weiterfährt, sondern die Coromandel-Rundfahrt in Thames beginnen möchte, bleibt weiterhin auf dem Highway 2, der über Waikino und durch die Schlucht Karangahake Gorge nach Paeroa führt. Dort verlässt man die Straße und fährt über den Highway 26 nach Thames.

Die Coromandel-Halbinsel – Überblick

Die Coromandel-Halbinsel ist eine Bilderbuchlandschaft mit herrlichen Stränden (besonders auf der Ostseite), tiefen Grotten, dichter, ursprünglicher Buschvegetation mit einem hohen Bestand an endemischen Pflanzen, reichen Fischgründen, Relikten aus der Goldgräberzeit, Kiwi-Fruchtweinkellereien und einer aufgeschlossenen Bevölkerung. Besucher finden in Tairua, Whitianga, Coromandel und Thames eine angenehme Infrastruktur mit zahlreichen Hotels, Motels, Campingplätzen und Restaurants, aber ohne allzu viel Trubel. Erschlossen wird der südliche Teil der Halbinsel durch den Highway 25, der an beiden Küsten entlangführt und eine Querverbindung zwischen Coromandel und Whitianga herstellt. Die 58 km lange Fahrt von Coromandel in den Norden zum Cape Colville verlangt von Fahrer und Fahrzeug eine gute Konstitution. Andere Querverbindungen zwischen Ost- und Westküste gibt es im südlichen Bereich der Halbinsel, wobei der Highway 25 A gut zu befahren, der Highway 309 dagegen eine abschnittsweise geschotterte Piste durch den Busch ist.

Bilderbuchlandschaft

Da die meisten Besucher von Auckland zur Coromandel-Halbinsel gelangen, werden im folgenden die beiden Küsten vorgestellt, und zwar jeweils von Süden nach Norden und im Westen mit der „Hauptstadt" Thames beginnend. Wer von Rotorua bzw. von Tauranga über den Highway 2 anreist, kann hinter der Abfahrt Athenree/Waihi Beach über den Highway 25 die Rundfahrt in umgekehrter Reihenfolge abfahren oder aber kurze Zeit später auf den Highway 26 abbiegen, der einen ebenfalls nach Thames bringt. Dieser Startpunkt hat zwei Vorteile: Erstens kann man in Thames zu Beginn der Reise von dem sehr effektiven Informationsbüro profitieren und dort auch Unterkünfte und Aktivitäten buchen, zweitens haben Selbstfahrer auf dieser Route immer das Meer – und damit die schönsten Ausblicke – auf ihrer Seite.

Das perfekte Postkartenmotiv – Sonnenuntergang auf der Coromandel-Halbinsel nahe Cape Colville

Abstecher zur Coromandel-Halbinsel

Die Coromandel-Halbinsel – Westküste

Thames

Thames ist mit rund 7.000 Einwohnern der einzige größere Ort der Region und zugleich das Tor zur Coromandel-Halbinsel am Firth of Thames. Als Taufpate fungierte wieder einmal James Cook, der hier im Jahre 1769 an Land ging. In der Zeit der Goldfunde, zwischen 1867 und 1920, war Thames ein bedeutendes Zentrum mit mehr als 20.000 Einwohnern, rund 100 Hotels und mehr als 70 Goldbergwerken. An diese grandiose Vergangenheit erinnern viele gut erhaltene Holzhäuser (darunter einige stattliche Pubs), vor allem aber die alten Minen nördlich der Stadt.

Wer von Süden über den Highway 25 anreist, passiert zunächst den kleinen Flughafen zur Linken, von dem Rundflüge starten, und kurz vorher den Abzweig der schmalen Te Arapipi Rd. zur Rechten. Hier lohnt sich der Abstecher zum 200 m entfernten **Totora Pa** mit einem schönen Aussichtspunkt. Die alte Maori-Stätte, deren Terrassen und Gräben noch gut zu sehen sind, wird heute von einem Friedhof eingenommen. Anschließend gelangt man hinter der Brücke über den Kauaeranga River ins Ortszentrum. Automatisch kommt man dort zu den beiden Längsachsen, die Thames von Süden nach Norden durchschneiden. Die östliche ist die Pollen St., auf der insbesondere das altehrwürdige **Brian Boru Hotel** aus den Goldgräbertagen sehenswert ist.

Maori-Stätte mit Aussicht

Vom i-SITE Visitor Centre geht man in wenigen Minuten zum Museumskomplex **Thames School of Mines & Mineralogical Museum**. Das Mineralienmuseum präsentiert eine ansehnliche Sammlung von einheimischen Steinen, Fossilien und Mineralien. In der denkmalgeschützten Thames School of Mines gleich daneben wurden von 1886 bis 1954 Bergleute ausgebildet Ganz in der Nähe befindet sich das **Historical Museum**, das anschaulich die Goldgräber-Epoche und die Maori-Vergangenheit dokumentiert. 200 m weiter nördlich stellt das **Memorial für die Gefallenen** des Ersten Weltkrieges eine weithin sichtbare Landmarke dar und bietet eine gute Aussicht auf das Städtchen. Dorthin können Sie vom Ende der Pollen St. bequem wandern oder aber mit dem Wagen über die Waiotahi Creek Rd. fahren. Am nördlichen Ortsausgang liegen einige aufgelassene Goldminen. Im Rahmen von 45-minütigen Führungen kann man sich in der alten, unterirdischen Erzbrechanlage **Gold Mine & Stamper Battery** ein Bild von den einstigen Arbeitsbedingungen machen.
Thames School of Mines & Mineralogical Museum, *Brown St., Ecke Cochrane St., ℂ 07-8686227, www.thamesinfo.co.nz/heritage.html, Jan. tägl. 11–16, Feb.–Dez. Mi–So 11–15 Uhr, NZ-$ 3,50, Kinder unter 14 Jahre NZ-$ 1,50).*
Historical Museum, *(Cochrane St., Ecke Pollen St., ℂ 07-8688509, tägl. 13–16 Uhr, NZ-$ 4, Kinder unter 14 Jahre NZ-$ 2)*
Gold Mine & Stamper Battery, *nördl. Ende der Pollen St., ℂ 07-8688514, www.goldmine-experience.co.nz, im Sommer tägl. 10–16, im Frühling/Herbst tägl. 10–13 Uhr, im Winter auf Anfrage, NZ-$ 15, Kinder unter 13 Jahre NZ-$ 5.*

Etwa 3,5 km nördlich vom Ortskern zweigt vom Highway 25 nach rechts die Victoria St. ab, die zum **Dickson Holiday Park** führt. Dort findet man den bezaubernden **Butterfly & Orchid Garden**, der sich bei gutem und schlechtem Wetter für eine

Schmetterlingspark

Farbenpracht Besichtigung anbietet. Diese seit 1997 bestehende einzigartige Attraktion erhielt verschiedene Auszeichnungen und wurde bereits mehrfach im Fernsehen vorgestellt. Entsprechend hoch ist die Zahl der Besucher, die sich an der Farbenpracht der Blumen, Schmetterlinge und tropischen Vögeln erfreuen.

Butterfly & Orchid Garden, *Dickson Holiday Park, Victoria St., ℂ 07-8688080, www.butterfly.co.nz, tägl. 10–16, im Winter bis 15 Uhr, Mitte Juli bis Ende Aug. geschlossen, NZ-$ 24, Kinder 5–15 Jahre NZ-$ 12.*

Ein Ausflug führt in die herrliche Natur des **Kauaeranga Valley** östlich von Thames. Auf einer zunächst asphaltierten, später geschotterten Straße erreicht man nach etwa 12 km ein DOC-Infocenter, es folgen weitere 8 km Schotterstraße, an der mehrere DOC-Campingplätze liegen. Vom Parkplatz, wo die Straße endet, führen mehrere Tracks in den Urwald. Ziel einer anspruchsvollen Tageswanderung sind die 759 m hohen Felszacken der Pinnacles, von denen sich ein grandioser Blick über die Coromandel-Halbinsel bietet. Unterwegs kommt man an Relikten der Holzfäller vorbei, die hier früher riesige Kauri-Stämme fällten und über Rutschen, Schienen und Flößen zu Tal beförderten.

Reisepraktische Informationen Thames

Information
Thames i-SITE Visitor Centre, *206 Pollen St., Ecke Grey St., ℂ 07-8687284, www.thamesinfo.co.nz, Mo–Fr 8.30–17, Sa/So 9–16 Uhr.* Sehr effektiver und freundlicher Service, Infos und Karten zur gesamten Halbinsel, Buchung von Unterkünften und Touren.
Department of Conservation (DOC), *Kauaeranga Valley, ℂ 07-8679080, www.doc.govt.nz, tägl. 8–16 Uhr.* 13 km südöstl. von Thames im waldreichen Hinterland gelegen.
Die Coromandel-Halbinsel im Internet: www.thecoromandel.com (alles Wissenswerte über die Coromandel Peninsula), www.coromandelfun.co.nz (buntes Informationsangebot, insbesondere für jugendliche Reisende).

Unterkunft
Motels
**Tuscany on Thames $$$**, *Jellicoe Crescent, SH 25, ℂ 07-8685099, www.tuscanyonthames.co.nz, DZ NZ-$ 149–179.* Große, moderne Motelanlage mit 14 ebenerdigen Studios, alle mit Küche, z. T. mit separatem Wohnbereich, Spa, schönem Pool, auch als B&B möglich.
**Rolleston Motel $$**, *105 Rolleston St., ℂ 07-8688091, www.rollestonmotel.co.nz, DZ NZ-$ 100–120.* Modernes, ruhiges Motel am südlichen Ortseingang, 12 ebenerdige Einheiten mit Küche, Swimmingpool, Spa.

Bed & Breakfast
**Grafton Cottage & Chalets $$–$$$**, *304 Grafton Rd., ℂ 07-8689971, www.graftoncottage.co.nz, DZ ab NZ-$ 120.* Kleine Holzhausanlage, aussichtsreich oberhalb von Thames gelegen, 7 Studios bzw. Ferienhäuser, Swimmingpool, familiäre Atmosphäre.

Backpacker-Hostel
**Sunkist Lodge $–$$**, *506 Brown St., ℂ 07-8688808, www.sunkistbackpackers.com, DZ NZ-$ 66, im Mehrbettzimmer ab NZ-$ 27.* Sympathisches Haus in einem ehemaligen Hotel

aus den 1860er-Jahren, zentral, Doppel- und Mehrbettzimmer, Mountainbike-Verleih und Autovermietung; dem Manager gehört auch das Hostel Fletcher Bay Backpackers im äußersten Norden, er arrangiert den Transfer dorthin.

Camping
Dickson Holiday Park, Victoria St., © 07-8687308, www.dicksonpark.co.nz. Schöner Platz 3,5 km nördl. v. Thames, Zelt- und Campervanplätze, Cabins, Flats, On-Site-Caravans, Backpackerunterkunft, Swimmingpool, Wanderwege.

Essen und Trinken
Bullion, 404 Pollen St., © 07-8687270, www.bullionrestaurant.co.nz, tägl. 17.30–22 Uhr, teuer. Treffpunkt einheimischer Gourmets mit traditionellen neuseeländischen Gerichten und erlesenen Weinen, Reservierung empfohlen.
Kopu Station Hotel, 1 Kopu St. (Hwy. 25, Ecke Hwy. 26), © 07-8687916, www.thekopu.co.nz, tägl. ab 10.30 Uhr, preiswert–moderat. Uriges Kneipen-Restaurant mit bodenständigem Pub-Food, schöner Biergarten, am Wochenende Live-Musik, ca. 4 km südl. v. Thames.

Einkaufen
Thames Market, Pollen St., Sa 9–12 Uhr. Kunst und Kunsthandwerk, Textilien und Trödel, Obst und Gemüse - und eine gehörige Portion Lokalkolorit.

Von Thames nach Coromandel

Die 54 km lange Strecke zwischen Thames und Coromandel ist auf dem Highway 25 bequem in einer Stunde zurückzulegen, doch reizen immer wieder kleine Badebuchten zum Schwimmen, Aussichtspunkte zu Fotostopps und der dichte Busch auf der rechten Seite zu Wanderungen. Kleine Siedlungen mit Fischerbooten säumen die Straße, und vereinzelt kommt man an Campingplätzen, Backpacker Hostels und Kunstgewerbeläden vorbei. Besonders schön ist die Straße im Dezember, wenn die riesigen Pohutukawa-Bäume blühen, nach denen der Küstenabschnitt Pohutukawa Coast benannt ist. Der größte dieser Bäume steht in Te Puru, etwa 20 km nördlich von Thames.

Abstecher ins Innere der Halbinsel sind auf markierten Pfaden mehrfach möglich, während sich für Autofahrer die beste Gelegenheit dazu in Tapu ergibt. Von dort führt die fast gänzlich unasphaltierte Tapu-Coroglen Rd. an mächtigen Kauri-Bäumen vorbei zu den 6 km östlich gelegenen **Rapaura Watergardens**, einem schönen Park inmitten hügelreicher Waldlandschaft, der mehrere Teiche mit Fischen, Enten und Seerosen sowie Wasserfälle und exotische Pflanzen aufweist.

Wassergarten

Rapaura Watergardens, 586 Tapu-Coroglen Rd., © 07-8684821, www.rapaura.com, tägl. 9–17 Uhr, NZ-$ 18, Kinder 5–15 Jahre NZ-$ 9.

Auf dem Highway 309 zur Ostküste
Etwa 5 km vor der Ortschaft Coromandel passiert man den Abzweig des Highway 309, eine der wenigen Querverbindungen zwischen West- und Ostküste und wegen seines über Abschnitte rauen Schotterbelags als Road 309 mehr berüchtigt als berühmt. Trotzdem sollte man weder als Fahrrad- noch als Autofahrer Angst vor der

32 km langen Tour nach Whitianga haben: ganz so schlecht, wie sie oft gemacht wird, ist die Straße nicht, und mit ihren landschaftlichen Reizen braucht sie sich nicht hinter dem Highway 25 (s. u.) zu verstecken. Zu den Highlights gehören die **Chiltern Scenic Reserve** und die kleinen **Waiau Falls**, in deren idyllischem Pool man ein erfrischendes Bad nehmen kann. Sportliche Naturen sollten den 2-stündigen Wanderweg zum Gipfel des 521 m aufragenden **Castle Rock** mit prächtiger Aussicht wagen. Etwas weiter liegt neben der Straße die **Waiau Kauri Grove** mit zwei Kauri-Bäumen, die aus einem gemeinsamen Stamm wachsen.

Auf dem Highway 25 zur Ostküste

Auf der Westküstenstraße gelangt man wenige Kilometer hinter dem Abzweig des Highway 309 und kurz hinter der Brücke über den Huaroa Stream zum Städtchen Coromandel. Am südlichen Ortsende biegt der asphaltierte Highway 25 nach Osten ab. Er ist die bequemste Querverbindung zum 46 km östlich gelegenen Whitianga. Im Gegensatz zum rauen Highway 309 (s. o.) legt man hier nur ein relativ kleines Stück durch das Inselinnere zurück. Bereits in Te Rerenga hat man die tiefe Bucht des Whangapoua Harbour erreicht und kann dort entweder zum nahen Whangapoua im Norden oder in östliche bzw. südliche Richtung nach Opito und Whitianga fahren.

Coromandel

Seinen Namen trägt das historische Städtchen nach dem britischen Segelschiff HMS Coromandel, das 1820 in die Bucht einlief, um Kauri-Holz zu laden. Von einer prosperierenden Gemeinde konnte damals noch keine Rede sein. Dies änderte sich erst, als der Holzmühlenbesitzer Charles Ring im Jahre 1852 aufsehenerregende Goldfunde machte. In der Folgezeit wuchs die Bevölkerung rasant auf gut 10.000 Menschen. Hotels, Läden und Spelunken wurden aus dem Boden gestampft. Nach dem Ende des Goldrauschs versank Coromandel wieder zur Bedeutungslosigkeit. In späteren Jahren profitierte der Ort von Fischgründen und Austernbänken, die auch heute noch wirtschaftlich genutzt werden. Aus der Gründerzeit sind in dem 1.600-Seelen-Städtchen noch einige herrschaftliche Gebäude erhalten, die zur historischen Ausstrahlung Coromandels beitragen. Die Broschüre „Visiting the Town of Coromandel", erhältlich in der Touristeninformation, weist den Weg zu den schönsten Baudenkmälern.

Ergiebige Fischgründe

Das Goldfieber ist das Thema des **Coromandel School of Mines Museum** an der Rings Rd. Auf einem Abzweig der gleichen Straße demonstriert man in der noch funktionsfähigen Erzmühle **Coromandel Stamper Battery** das Ausschmelzen und die Verarbeitung des Goldes.
Coromandel School of Mines Museum, *841 Rings Rd., © 07-8668987, im Sommer tägl. 10–16, im Winter nur Sa/So 13–16 Uhr, NZ-$ 4, Kinder 5–14 Jahre NZ-$ 2.*
Coromandel Stamper Battery, *Buffalo Rd., © 07-8667933, tägl. 10–16 Uhr, Führungen jeweils zur vollen Stunde, NZ-$ 9,50, Kinder 5–15 Jahre NZ-$ 5,50.*

Eine weitere Attraktion befindet sich 3 km nördlich, an der Straße nach Colville. Dort hat der Kunsthandwerker Barry Brickell die originelle 2,6 km lange Privateisenbahn **Driving Creek Railway** gebaut, um seine hochgelegene Töpferei versorgen zu kön-

Ein Muss für Eisenbahn-Fans – die Schmalspurbahn Driving Creek Railway

nen. Die schmale, offene Bahn, die eine enorme Steigung bewältigt und über Brücken und Spiralen durch den Urwald geht, nimmt Touristen auf ihre 50-Minuten-Fahrt mit. Auf der „Gipfelstation" können Sie das Studio des Künstlers, ursprünglichen Busch, ein Museum und vom „Eyeful Tower" die atemberaubende Aussicht genießen.

Touristenbähnchen

Driving Creek Railway, ✆ 07-8668703, www.drivingcreekrailway.co.nz, tägl. 10.15 u. 14 Uhr, im Sommer auch öfter, Ticket: NZ-$ 25, Kinder unter 15 Jahre NZ-$ 10 (ein Teil der Einnahmen fließt ökologischen Zwecken zu).

Wenn man schon einmal in Coromandel ist, sollte man die kurze Fahrt über die Wharf Rd. zur **Wyuna Bay** nicht versäumen. Sie liegt an einer schmalen Landzunge, die zusammen mit der vorgelagerten Insel Whanganui Island den Coromandel Harbour fast vollständig abschließt.

Reisepraktische Informationen Coromandel

Information
Coromandel i-SITE Visitor Centre, Coromandel Stationers Bldg., 355 Kapanga Rd., ✆ 07-8668598, www.coromandeltown.co.nz, Mo–Fr 9–17, Sa/So/Fei 10–16 Uhr, im Winter eingeschränkte Öffnungszeiten. Hier ist u. a. eine Gezeitentabelle für den Hot Water Beach (s. S. 395) erhältlich.

Unterkunft
Hotels/Motels
**Colonial Cottages Motel $$$**, 1737 Ring's Rd., ✆ 0508-222688 u. ✆ 07-8668857, www.corocottagesmotel.co.nz, DZ NZ-$ 150–170. Individuell eingerichtete Cottages mit Küche, Pool, sauber und angenehm, Jeep-Verleih.

**Anchor Lodge Resort $$–$$$**, 448 Wharf Rd., © 07-8667992, www.anchorlodge coromandel.co.nz, DZ NZ-$ 85–220. Moderner Ferienpark mit mehreren Holzhäuschen, 2 Familien-Wohneinheiten und 11 Suiten, alle mit Küche, großem Garten mit BBQ, Swimmingpool, Spa. Angeschlossen ist eine Backpacker-Unterkunft ($–$$) mit Doppel- und Mehrbettzimmern, großer Küche, TV-Raum und Internetzugang.

Backpacker-Hostel
**Tui Lodge $–$$**, 60 Whangapoua Rd. (Hwy. 25 in Richtung Te Rerenga), © 07-8668237, www.coromandeltuilodge.co.nz, DZ NZ-$ 80, im Mehrbettzimmer NZ-$ 25. Urgemütliches Haus mit großem Garten, 1 km außerhalb des Ortszentrums, ungezwungene Atmosphäre, Einzel-, Doppel- und Mehrbettzimmer, Verleih von Fahrrädern und Angelgerät, viele Insidertipps des freundlichen Besitzerpaares.

Camping
Shelly Beach Top 10 Holiday Park, 243 Colville Rd., © 0800-424655 u. 09-8668988, www.shellybeachcoromandel.co.nz. 5 km nördl. der Ortschaft und direkt am Strand gelegen, große Anlage mit Zelt- und Campervanplätzen, On-Site-Caravans und Moteleinheiten ($$–$$$), Bootsanleger, Angelausflüge, Laden.

Essen und Trinken
The Pepper Tree, 31 Kapanga Rd., © 07-8668211, www.peppertreerestaurant.co.nz, tägl. 11–22.30 Uhr, teuer. Zeitgenössische neuseeländische Küche mit Lamm und Angus-Rind, vor allem aber fangfrischem Seafood, mehrfach preisgekrönt.
Coromandel Mussel Kitchen, 309 Road, Ecke Hwy. 25, © 07-8667245, www.musselkitchen.com, tägl. 10–22 Uhr, moderat. In dem Lokal, 5 Automin. südl. der Stadt, dreht sich alles um green lipped mussels, die europäischen Miesmuscheln ähneln. Sie kommen aus den Zuchtanlagen gleich nebenan – frischer geht es nicht! Gekocht, geräuchert oder gegrillt.

Von Coromandel zum Cape Colville

Die Fahrt von Coromandel hinauf zum gut 60 km entfernten Cape Colville an der Fletchers Bay ist eine Herausforderung für Fahrer und Wagen, bei der man gute Nerven und möglichst auch einen Geländewagen braucht. Fragen Sie am besten Einheimische nach den aktuellen Straßenbedingungen, bevor Sie starten, oder schließen Sie sich einer Jeep-Exkursion an, die von vielen Orten aus angeboten wird.

Abenteuerliche Touren

Kein Problem ist der erste, asphaltierte Teilabschnitt bis Colville, auf dem man in Papa Aroha und Amodeo Bay einige Campingplätze, Hostels und Farmstays vorfindet. **Colville** ist ein kleiner Ort mit einigen Farmen, alternativen Aussteigern, einem Café und einem Backpacker-Hostel, der in letzter Zeit auch bei Tagesausflüglern populär geworden ist. Danach beginnt der abenteuerliche Teil, an dem Besucher, die die Einsamkeit lieben, ihre Freude haben werden. Mehrstündige Wanderungen zu hübschen Badebuchten, einige davon mit Zeltmöglichkeit, können von Colville aus unternommen werden, genauso wie eine Exkursion zum 892 m hohen Mt. Moehau oder der Trip quer über die Landzunge zur Ostküste, wo eine ebenfalls unasphaltierte Piste bis Port Charles und zur Stony Bay hinaufführt. Wer den Weg ganz hinauf bis Fletcher Bay und

Cape Colville findet, wird dort mit einem wahren „Ende-der-Welt"-Gefühl belohnt sowie mit einem schönen Strand, spektakulären Sonnenuntergängen und einem herrlichen Blick auf Great Barrier Island.

Reisepraktische Informationen Fletcher Bay

Backpacker-Hostel
**Fletcher Bay Backpackers $**, *Buchung unter © 07-8666685 oder booking.doc.govt.nz, im Mehrbettzimmer ab NZ-$ 27. Außer einigen einfachen Zeltplätzen die einzige Unterkunft.*

Die Coromandel-Halbinsel – Ostküste

Wie beim vorigen Kapitel werden die einzelnen Stationen der Ostküste von Süden nach Norden genannt. Auf die Querverbindungen zur anderen Seite der Halbinsel wird jeweils kurz hingewiesen.

Von Waihi nach Opoutere

Von Süden kommend, also über den Highway 2, beginnt die Strecke im Goldminenort **Waihi** mit dem benachbarten Waihi Beach (s. S. 382). Von dort sind es 29 km auf dem Highway 25 bis **Whangamata**, wobei die Strecke relativ weit von der Küste entfernt ist und die Ausläufer der 800 m hohen Coromandel Range kreuzt. Unterwegs passiert man das bei Surfern und Paraglidern beliebte **Whiritoa** mit Campingplatz.

Das 4.000-Einwohner-Städtchen **Whangamata**, am gleichnamigen Hafen und Strand gelegen, ist der erste einer Reihe von Urlaubsorten, die alle vorzügliche Sandstrände sowie ein umfangreiches Angebot an Unterkünften, Restaurants und sportlichen Aktivitäten besitzen. Der Strand ist hier 4 km lang und wegen der hohen Brandung ebenfalls bei Surfern beliebt. Es gibt jedoch auch ruhigere Gewässer, in denen Schwimmen, Schnorcheln und Wasserski gefahrlos möglich ist, etwa nördlich des Hafens und beiderseits der Mündung des Otahu River.

Ideal für Wassersportler

Nördlich von Whangamata lohnen sich Abstecher zu den beiden Siedlungen **Onemana** und **Opoutere**, die jeweils auf einer kurzen Stichstraße vom Highway 25 erreicht werden und über Unterkunftsmöglichkeiten verfügen, vor allem aber über herrliche Strände. Opoutere muss dabei an erster Stelle genannt werden, denn der 5 km lange weiße Sandstrand ist der letzte an der Ostküste, der völlig unverbaut ist. Am Eingang der Bucht haben Wellen den Sand zu einer markanten Landzunge geformt, die nun als Heimstatt einer Vielzahl seltener Seevögel unter Naturschutz steht. Strand wie Vogelschutzgebiet sind nicht über eine Straße zu erreichen, sondern nur auf einer ca. 1 km langen Wanderung, die aber niemand bereuen wird.

Reisepraktische Informationen Whangamata und Opoutere

Information
Whangamata i-SITE Visitor Centre, Whangamata, 616 Port Rd., ℗ 07-8658340, www.whangamattainfo.co.nz, Mo–Sa 9–17, So 9–14 Uhr.

Unterkunft
Motel
**Southpacific Tourist Lodge $$–$$$**, Whangamata, Port Rd., Ecke Mayfair Ave., ℗ 07-8659580, www.thesouthpacific.co.nz, DZ NZ-$ 110–220. Angenehmes Motel mit bestens ausgestatteten Zimmern und angeschlossener Backpacker-Unterkunft (DZ ab NZ-$ 90, im Mehrbettzimmer ab NZ-$ 23), hilfsbereites Management.

Backpacker-Hostel
**Opoutere YHA $–$$**, Opoutere, 389 Opoutere Rd., ℗ 07-8659072, www.yha.co.nz, DZ NZ-$ 74–116, im Mehrbettzimmer ab NZ-$ 27. Schöne Herberge in einer ehemaligen Schule, inmitten eines waldreichen Gebiets mit gutem Blick auf den Wharekawa Harbour gelegen und nur wenige Fußmin. vom 5-km-Strand und dem Vogelschutzgebiet entfernt, Verleih von Fahrrädern, Bodysurfboards, Kanus und Dinghies, Doppel-, Familien- und Mehrbettzimmer, Zeltmöglichkeit.

Camping
Opoutere Coastal Camping, Opoutere, 460 Ohui Rd., ℗ 07-8659152, www.opouterebeach.co.nz. Stellplätze für Zelte und Campervans, gemütliche Hütten (NZ-$ 100–140) mit direktem Strandzugang.

Pauanui und Tairua

Hinter dem Abzweig nach Opoutere windet sich der Highway 25 die Berge hinauf und stößt bald auf den gut ausgebauten Highway 25 A, der die beste Verbindung zwischen Ost- und Westküste darstellt. Biegt man auf diesen links ein, gelangt man nach einer knappen halben Stunde nach Thames, ab wo man der Westküste nach Norden folgen kann. Nach rechts gelangt man nach 1 km zur Ortschaft Hikuai mit einem schönen Campingplatz am Tairua River. Der Fluss, der zum Meer hin immer breiter wird und sich zu einer respektablen Bucht ausweitet, trennt die beiden Wege, die von Hikuai ostwärts gehen: der südliche führt nach Pauanui, der nördliche (Highway 25) nach Tairua. Zwischen beiden Ortschaften verkehrt zwar eine Fähre, die jedoch nicht für Pkws gedacht ist. Wer sich als Autofahrer nach Pauanui begibt, muss also auf gleichem Weg wieder zurück, um die Fahrt in den Norden fortzusetzen. Dies sollte jedoch niemanden vom Besuch des Städtchens abhalten!

Weißer Sandstrand

Das kleine, flache **Pauanui** mit seinen einstöckigen Häuschen und dem gleichmäßigen Straßenraster ist zwar ganz hübsch, wäre aber weiter nicht der Rede wert, wenn es da nicht den fantastischen weißen Sandstrand gäbe, der alle nur denkbaren Wassersport-Möglichkeiten bietet und als Zugabe den schönen Blick auf den Zwillingsort

Tairua mit seinem markanten Paku-Hügel. Auch das hügelige und waldreiche Hinterland ist reizvoll. Deshalb verwundert es nicht, dass sich inzwischen eine beachtliche Infrastruktur entwickelt hat, mit Campingplätzen, einigen Restaurants und einer der besten Herbergen weithin, dem Grand Puka Park Resort. Jüngstes und ehrgeizigstes Projekt sind die **Pauanui Waterways**, eine Anlage mit Sportzentrum und Eigentums- und Ferienwohnungen, die alle einen Bootsanleger an einem der zahlreichen künstlichen Kanäle haben. Vom langen Bootssteg am Strand geht in unregelmäßigen Abständen eine Personenfähre nach Tairua.

Der Pauanui gegenüberliegende Ort **Tairua** besteht aus einer Ansammlung netter Holzhäuser, einigen Läden, Restaurants, Motels und Campingplätzen sowie mehreren Unternehmen, die Tauchausflüge zu den vorgelagerten Shoe Island und Slipper Island anbieten. Eingebettet in eine bezaubernde Strandlandschaft inmitten bewaldeter Hügel, können hier alle möglichen Aktivitäten ausgeübt werden, etwa Wanderungen zum nahen Mt. Kaitarakihi, zu Kauri-Wäldern und zu den Goldminen von Broken Hills. Wassersport ist sowohl vor dem schönen weißen Sandstrand möglich als auch im breiten Mündungstrichter des Tairua River. Die beste Aussicht auf den Doppelort, das Hinterland, den Hafen und den Pazifik bietet der markant geformte **Paku-Hügel**, der einmal ein Maori-Pa getragen hat. Wer nicht wandern möchte, kann bis kurz vor dem Gipfel mit dem Wagen hinauffahren.

Doppelort

Reisepraktische Informationen Pauanui und Tairua

Information
Tairua i-SITE Visitor Centre, *Tairua, 223 Main St., © 07-8647575, www.tairua.info, Mo–Fr 9–17, Sa/So 10–16 Uhr.*

Unterkunft
Motels
**Pacific Harbour Lodge $$$–$$$$**, *Tairua, 223 Main Rd., © 07-8648581, www.pacificharbour.co.nz, DZ NZ-$ 185–275.* Bestens ausgestattetes Motel mit 30 Bungalows, davon viele im polynesischen Stil, Spa, Pool, Restaurant, Strandnähe.
**Paku Lodge $$–$$$**, *The Esplanade, Paku Hill, Tairua, © 07-8648557, www.pakulodge.co.nz, DZ NZ-$ 110–200.* Familiäres Haus in ruhiger Lage, gut ausgestattete Zimmer mit herrlichem Blick über den Tairua Harbour, Restaurants in fußläufiger Entfernung.

Bed & Breakfast
**Kotuku Lodge $$**, *Tairua, 33 Main Rd. South, © 09-8647040, DZ NZ-$ 125.* Moderne, gemütliche B&B-Unterkunft.

Backpacker-Hostel
**Tairua Backpackers Lodge $–$$**, *Tairua, 200 Main Rd., © 07-8648345, www.tairua.org.nz/backpackers.html, DZ NZ-$ 68, im Mehrbettzimmer NZ-$ 24.* Nettes Hostel in einer Villa nahe dem Hafen, Doppel- und Mehrbettzimmer, Zeltmöglichkeit. Angegliedert sind eine Windsurfing-Schule, Wasserski, Verleih von Surfboards und Kanus, gute Tipps für Wanderer.

Von Tairua nach Whitianga

Lohnender Abstecher

Von Tairua windet sich der Highway 25 in Serpentinen auf die Bergkette hinauf. Kurz hinter der Ortschaft fallen zwei gleichmäßig gewachsene, große Kauri-Bäume auf. Am Weiler Whenuakite teilt sich der Weg: Nach Norden gelangt man zu den sagenhaften Stränden um Hahei, während sich die Hauptroute hier nach Westen wendet und im weiten Bogen um die tief eingeschnittene Bucht über Coroglen, Mill Creek und Kaimarama nach Whitianga führt. Obwohl sich Whitianga und Ferry Landing nur wenige Hundert Meter entfernt gegenüberliegen, gibt es keine Brücke, sondern nur eine kleine Personenfähre. Wer also als Autofahrer in Whenuakite rechts abbiegt, muss später hierhin zurückkehren. Trotzdem lohnt sich der Abstecher unbedingt! Von Whenuakite kommend, gelangt man auf der schmalen, aber asphaltierten Straße bald zu einer Weggabelung, an der es rechts zum Hot Water Beach und geradeaus nach Ferry Landing geht.

Die beiden Wege ermöglichen eine kleine Rundfahrt, die im Uhrzeigersinn zu folgenden Stationen führt:

- **Ferry Landing**: Hier endet die Straße, und Fußgänger oder Fahrradfahrer können in einer fünfminütigen Fährfahrt zum gegenüberliegenden Whitianga übersetzen. Die steinerne Kaimauer am Fähranleger wurde 1837 vom Pionier Gordon Browne angelegt, der dazu das Baumaterial eines Maori-Pa verwendete. Im pittoresken Laden von Ferry Landing kann man Fahrräder mieten. Zu beiden Seiten der Siedlung (Flaxmill Bay und Front Beach) gibt es schöne Badestrände und Campingplätze.

Strände und Inselchen

- **Cooks Beach**: Bei der Rückfahrt orientiert man sich nun immer am Küstenverlauf und kommt zunächst zum Cooks Beach, einem betriebsamen Ferienort mit Motel, Campingplatz und Bootsverleih. Seinen Namen trägt der Ort nach Kapitän James Cook, dessen Schiff Endeavour hier im November 1769 vor Anker ging. Bei der Gelegenheit verkündete er den Anspruch der britischen Krone auf Neuseeland. Außerdem beobachtete und beschrieb Cook hier den Durchzug des Planeten Merkur, weshalb er die Bucht Mercury Bay taufte. Ein kleines Denkmal erinnert an den großen Seefahrer und Entdecker. Einem anderen Briten, nämlich William Shakespeare, begegnet man am Lookout, von dem das Profil des Dichters auf der gegenüberliegenden Seite erkennbar ist.
- **Hahei Beach**: Am Ende der Bucht, einem Seitenarm der Mercury Bay, biegt man links ab und gelangt zum Hahei Beach, an dem sich die touristische Infrastruktur der Küstenregion konzentriert. Der Strand trägt wegen der vielen Muschelschalen eine leichte Rosafärbung, eignet sich aber gut zum Sonnenbaden, Schwimmen und Windsurfen. Historisch Interessierte entdecken an einem Hügel in Strandnähe die Terrassierungen zweier ehemaliger Pa.
- **Cathedral Cove**: Dieser Strand liegt nördlich von Hahei und ist nur bei Ebbe auf einem etwa 45-minütigen Fußmarsch zu erreichen. Dort gibt es eine imposante

> ### Achtung Strömung!
>
> An den der oft wilden Pazifikbrandung ausgesetzten Stränden Hahai Beach und Hot Water Beach ist vor allem bei Ostwind äußerste Vorsicht geboten, denn Baden und Schwimmen werden dann von sehr gefährlichen Unterströmungen beeinträchtigt. Wiederholt waren hier Tote durch Ertrinken zu beklagen.

Von Wind, Wetter und Wellen geformt – bizarre Felsskulptur an der Cathedral Cove

Grotte, die ihren Namen zu Recht trägt. Zu weiteren Höhlen und Grotten, die die Brandung aus dem Kalkstein gewaschen hat, kommt man auf einem der vielfach angebotenen Bootsausflüge von der Seeseite aus.
- **Hot Water Beach**: Auf dem Weg zurück nach Whenuakite passiert man den Abzweig einer Straße, die nach links zum berühmten Hot Water Beach führt. Hier bahnt sich das Wasser unterirdischer heißer Quellen seinen Weg durch den Sand, sodass man bei Ebbe Sandlöcher buddeln kann, die sich sofort mit Wasser füllen, das umso heißer ist, je tiefer man gräbt. Eine Gezeitentabelle ist in den regionalen i-SITE Visitor Centres erhältlich.

Während der Sommermonate schwillt die Bevölkerung des knapp 4.000-Einwohner-Städtchens **Whitianga** um ein Mehrfaches an, wenn es Urlauber aus dem nicht weit entfernten Großraum Auckland in Scharen hierher zieht. Entsprechend breit gefächert präsentiert sich das touristische Angebot, das Segeln, Angeln, Hochseejagd auf Marline, Thunfisch und Haie, Flightseeing, Abseiling, Rafting im Waiwawa River, Schnorcheln, Golfen auf einem 18-Loch-Platz, Wandern, Schwimmen mit Delfinen, Schnorcheln, Windsurfen, Wasserski-Fahren, Glasbodenboot-Trips, Surfen und Tauchen umfasst. Die reizvolle Umgebung und der breite **Buffalo Beach** (benannt nach dem Segelschiff HMS Buffalo, das hier 1840 auflief) sind die eigentlichen Sehenswürdigkeiten, garniert mit einer entspannten Atmosphäre und einigen netten Restaurants, die vorzugsweise fangfrischen Fisch und Meeresfrüchte auf der Speisekarte haben. Wer sich der lokalen Geschichte zuwenden möchte, wirft einen Blick ins kleine **Mercury Bay Museum**. Hier erfährt man, dass bereits vor 2.000 Jahren die ersten Ureinwohner Jagd auf Moas machten und dass um das Jahr 950 n. Chr. der legendäre polynesische Seefahrer Kupe die Bucht erreichte. Auf ihn geht auch der vollständige Ortsname Whitianga-a-Kupe („Landeplatz von Kupe") zurück.

Ferienziel der Auckländer

Mercury Bay Museum, *an der Wharf, tägl. 10–16 Uhr, NZ-$ 5, Kinder 5–15 Jahre NZ-$ 2.*

Reisepraktische Informationen Hahei Beach und Whitianga

Information
Whitianga i-SITE Visitor Centre, 66 Albert St., Whitianga, © 07-8665555, Mo–Fr 9-17, Sa/So 9–13, in der Hauptsaison tägl. 8–18 Uhr. Hier ist eine Gezeitentabelle für den Hot Water Beach (s. S. 395) erhältlich.
Im Internet, www.hahei.co.nz und www.whitianga.co.nz. Nützliche Urlaubstipps, vor allem zu Unterkunft, Restaurants und Aktivitäten.

Unterkunft

Hotels/Motels
**Mercury Bay Beachfront Resort $$$–$$$$**, Whitianga, 113 Buffalo Beach Rd., © 07-8665637, www.beachfrontresort.co.nz, DZ NZ-$ 150–375. Sehr gepflegte Anlage inmitten schöner Gärten und am Strand, 9 komplett ausgestattete, komfortable Apartments mit Wohn-, Schlaf- und Küchenraum, Verleih von Angel-, Surf-, Segel- und Golfausrüstung, Restaurant, Angelausflüge.
**Oceanside Motel $$–$$$**, Whitianga, 32 Buffalo Beach Rd., © 0800-8463688 u. 07-8665766, www.oceansidemotel.co.nz, DZ NZ-$ 130–170. Modernes Motel mit 9 komplett ausgestatteten Einheiten, z. T. mit Küche und Wohnbereich, direkt am Strand, schöne Sonnenaufgänge.
**Tatahi Lodge $$–$$$**, Hahei Beach, Grange Rd., © 07-8663992, www.tatahilodge.co.nz, DZ NZ-$ 125–165. Modernes und gepflegtes Haus mit komfortablem Backpacker-Hostel ($–$$) und Motelbetrieb, Tennisplatz, Kanuverleih, Reit- und Angelausflüge.
**Auntie Dawns Place $$**, Hot Water Beach, Radar Rd., © 07-8663707, www.auntiedawn.co.nz, DZ NZ-$ 120–135. Gemütliche Herberge in bester Hanglage mit unvergleichlichem Meerblick, nur eine Fußminute vom Hot Water Beach; die Gastgeber Auntie Dawn und Uncle Joe kümmern sich rührend um ihre Gäste.

Backpacker-Hostel
**On the Beach Backpackers Lodge $–$$**, Whitianga, 46 Buffalo Beach Rd., © 07-8665380, www.onthebeachbackpackers.co.nz, DZ NZ-$ 70, im Mehrbettzimmer NZ-$ 35. Angenehmes Hostel in einem ehemaligen Motel, direkt am Strand und nahe an einem Vogelschutzgebiet gelegen, Doppel- und Mehrbettzimmer, Verleih von Fahrrädern, Katamaranen und einem alten Jeep, kostenlose Benutzung von Kajaks und Surfbrettern, Angeltrips.

Camping
Hahei Holiday Resort, Hahei Beach, 41 Harsant Ave., © 07-8663889, www.haheiholidays.co.nz. Moderner, großer Ferienpark mit Zelt- und Campervanplätzen, Cabins, Flats, On-Site-Caravans und Backpacker Lodge ($–$$$).
Hot Water Beach Holiday Park, Hot Water Beach, 790 Hot Water Beach Rd., © 07-8663116, www.hotwaterbeachholidaypark.com. Neue, sehr gut ausgestattete Anlage mit Zelt- und Campervanplätzen, Cabins und Chalets ($$–$$$) in Strandnähe, hilfsbereite Eigentümer, Verleih von Dinghys, Kajaks und Windsurfgerät.

Essen und Trinken
Eggsentric Café & Restaurant, 1049 Purangi Rd., Flaxmill Bay (zwischen Ferry Landing und Cooks Beach), © 07-8660307, www.eggsentriccafe.co.nz, im Sommer Di–So ab

9 Uhr, moderat–teuer. Kunst- und Essensgenuss zusammenbringen – das ist der Anspruch dieses trendigen Lokals. Mindestens genauso überzeugend wie die Gerichte der modernen Kiwi-Küche sind die Ausstellungen neuseeländischer Künstler, die Dichterlesungen und Live-Konzerte.
Lukes Kitchen, Whitianga, 11 Blackjack Rd., ✆ 07-8664480, im Sommer tägl. ab 11 Uhr, moderat. Uriges Lokal zum Drinnen- und Draußensitzen, beste Pizzas und Pasta, Bier oder Wein bringt man sich mit.

Ausflüge
Hahei Explorer, ✆ 07-8663910, www.haheiexplorer.co.nz. 2-stündige Bootstour zur Cathedral Cove und anderen Grotten, Abfahrten im Sommer tägl. 9, 10, 14, 15, im Winter tägl. 10, 14 Uhr, NZ-$ 70, Kinder 3–15 Jahre NZ-$ 40.

Kajakfahren
Cathedral Cove Kayak Tours, ✆ 0800-529258, www.seakayaktours.co.nz. Geführte halbtägige Kajaktouren zu Klippen, Grotten und Höhlen, NZ-$ 95, Kinder 5–15 Jahre NZ-$ 65.

Von Whitianga nach Coromandel

Von Whitianga führen zwei Wege zur Westküste. Die südliche Querverbindung ist der abschnittsweise unasphaltierte Highway 309, zu dem man zunächst auf dem Highway 25 bis Kaimarama zurückfährt und auf dem man dann kurvenreich das gebirgige Innere der Halbinsel überwindet. Die andere Route ist zwar länger (insgesamt 46 km bis Coromandel), aber bequemer zu fahren und landschaftlich sehr reizvoll. Dabei bleibt man immer auf dem Highway 25 und durchquert auf dem ersten Teilabschnitt nördlich von Whitianga die Landzunge von **Opito**. Deren nördliches Ende erreicht man in **Kuaotunu** (Campingplätze, Motel, Restaurant), von wo man einen Abstecher zum östlichen Opito unternehmen kann. Auf dem Weg kommt man an einigen Aussichtspunkten und guten Strandabschnitten für Surfer und Taucher vorbei, etwa dem Otama Beach.

Durchquerung der Halbinsel

Eindrucksvoll ist der Blick auf die vorgelagerte Inselgruppe der **Mercury Islands**, deren Gewässer Taucher und Hochseeangler gleichermaßen schätzen. In Sichtweite der Küste ragt der bizarre, von einem Brandungsloch durchbohrte **Needle Rock** auf. Der Highway 25 verläuft ab Kuaotunu in westlicher Richtung und führt an jener Landzunge vorbei, auf der die Ortschaft Matarangi Beach in den 1980er-Jahren zur mondänen Feriensiedlung ausgebaut wurde. Der blütenweiße, 5 km lange Sandstrand ist der beste Abschied von der Ostküste, den man sich denken kann.

Wieder auf dem Highway, schlägt man einen südlichen Bogen um den Whangapoua Harbour und gelangt nach **Te Rerenga**. Von dort benötigt man für die letzte Teilstrecke quer durch die Halbinsel zum Coromandel Harbour nur noch etwa 10 Min. Alle weiter nördlich gelegenen Ziele an der Ostküste sind auf einer schwierigen, unasphaltierten Piste ab Coromandel oder auf ausgedehnten Wanderungen zu erreichen.

6. SÜDINSEL

Der Norden der Südinsel

Streckenübersicht und Zeiteinteilung

Der Norden der Südinsel ist eine wahre Bilderbuchlandschaft und vereint die zerklüftete und fjordreiche Küste Marlboroughs, ursprüngliche Buschvegetation, herrliche Badebuchten und Sandstrände, Kalksteinhöhlen und landwirtschaftlich intensiv genutzte Gebiete. Kein Wunder, dass die Provinzen Nelson und Marlborough bei den „Kiwis" zu den beliebtesten Urlaubsgebieten gehören – zumal die Statistik für einige Gegenden die durchschnittlich meisten Sonnenstunden und wärmsten Sommertemperaturen des ganzen Landes ausweist.

Individualtouristen finden hier auf engem Raum ein maritimes Schutzgebiet und zwei Nationalparks, gut ausgebaute Straßen, ein breites Hotel-/Motel- und Campingplatz-Angebot sowie jede Menge Sportmöglichkeiten.

Um die wichtigsten Attraktionen der Nordküste zu sehen, reichen zwei bis drei Tage. Wer allerdings ausgiebig wandern, angeln, baden oder zusätzliche Exkursionen (z. B. zum Cape Farewell) unternehmen möchte, muss entsprechend mehr Zeit einkalkulieren. Ob man in dem reizenden Ort Picton übernachtet, hängt auch davon ab, ob und wann man die Fähre von oder nach Wellington nutzt. Ansonsten bieten sich die Ferienzentren Nelson, Motueka oder auch Kaiteriteri als Standort an.

> **Minimalprogramm**
>
> **1. Tag:** Spaziergang durch **Picton**, anschließend Fahrt auf dem Queen Charlotte Drive bis **Nelson**. Besichtigung der wichtigsten Sehenswürdigkeiten und Weiterfahrt nach **Motueka** oder **Kaiteriteri**.
> **2. Tag:** Wanderung und/oder Kajaking im **Abel Tasman National Park**.
> **3. Tag:** Fahrt über die Takaka Hills nach **Collingwood**; von dort Teilnahme an einer Safari zum **Cape Farewell** oder in Eigenregie bis zum Besucherzentrum, unterwegs Abstecher zu den **Pupu Springs**. Zurück nach Motueka.
> Sollten Sie noch Zeit für einen **4. Tag** haben, ist eine Wanderung zu den Highlights des **Kahurangi National Park** zu empfehlen. Zur Westküste (s. S. 431) kommt man ab Nelson über den Highway 6 oder – schöner noch – ab Motueka über den Highway 61.

Picton

Der vorher unbedeutende 4.000-Einwohner-Ort avancierte zum Einfallstor zur Südinsel, nachdem 1962 die erste moderne Autofähre die Cook Strait überquerte. Obwohl früher von Maoris bewohnt und von diesen Waitohi genannt, fanden die Pakehas die

Redaktionstipps

Sehens- und Erlebenswertes
- Spaziergänge durch die historischen Zentren von **Picton** und **Nelson** (S. 399, 409).
- Fahrt auf dem **Queen Charlotte Drive**; zusätzlich Minikreuzfahrt in die **Marlborough Sounds**, z. B. mit dem Magic Mail Run ab Picton (S. 403).
- Fahrt von Motueka nach Collingwood über die **Takaka Hills** mit Besuch in den **Ngarua Caves** und Wanderung zum **Harwood's Hole** (S. 420).
- Teilnahme an einer Geländewagen-Safari ab Collingwood zum **Farewell Spit**; alternativ Fahrt mit dem eigenen Wagen bis zum Visitor Centre am **Puponga Farm Park**, unterwegs Besuch der **Pupu Springs** (S. 427).

Aktivitäten
- Erkundung des **Abel Tasman National Park** mit Wanderung (Coastal Track), Kajaktour und Badeaufenthalt (S. 425).
- Ein Highlight für sportliche Naturen: eine Wanderung auf dem **Heaphy Track** (4–5 Tage, S. 430).

Region 1839 von den ursprünglichen Bewohnern fast gänzlich entvölkert vor, da die Kriegszüge des berüchtigten Häuptlings Te Rauparaha einen hohen Blutzoll gefordert hatten. Dafür befand sich die Gegend nun im Besitz des Nordland-Stammes der Ngatitoa, mit dem die Siedler harte Auseinandersetzungen ausfochten. Durch einen betrügerischen „Verkauf" von Land provoziert, entlud sich der Kampf 1843 im Wairau-Massaker, bei dem auch der Gründer Nelsons, Kapitän Arthur Wakefield, ums Leben kam. Unter Gouverneur Grey entschärfte ein neuer Vertrag der Weißen mit den Maoris 1847 die Situation und die britischen Siedlungen konnten sich konsolidieren. 1859 wurde das nach Sir Thomas Picton benannte und vor allem durch den Walfang wirtschaftlich florierende Städtchen zur Hauptstadt der Provinz Marlborough. Trotzdem wurde es wenig später in dieser Funktion vom zentraler gelegenen Blenheim abgelöst. Immerhin ist es heute noch die zweitgrößte Stadt der Provinz und als Verkehrsknotenpunkt (Züge nach Blenheim und Christchurch, Autofähren nach Wellington, Endpunkt der Highways 1 und 6, Busse zu allen Städten der Südinsel, Klein- und Wasserflugzeuge, Jachthafen und Wassertaxis zu abgelegenen Fjordgebieten) von Bedeutung.

Historisches Holzschiff

Für einen **Spaziergang** durch das sympathische Städtchen sollte man ca. 1 Std. 30 Min. einplanen. Wer mehr Zeit hat, findet jenseits der Fußgängerbrücke am weitläufigen Jachthafen mehrere gut ausgeschilderte Walks zu Aussichtspunkten und durch den ursprünglichen Busch. Geht man vom Fährterminal am Parkplatz vorbei zur Uferpromenade, sieht man neben der Bootsrampe den Dreimaster **Edwin Fox**, der eine ungewöhnliche Vergangenheit hat. Das 1853 in der indischen Provinz Bengalen aus Teakholz erbaute Schiff erlebte einen rekordverdächtigen Wandel seines Nutzungszwecks. Es fungierte nacheinander als Teeschute, Truppentransporter im Krim-Krieg, Handelsschiff zwischen England und Indien, Sträflingsschiff nach Perth in Australien, Auswandererschiff nach Neuseeland, Frachtschiff für neuseeländisches Kühlfleisch und schließlich als Kohlenhulk in Picton. Nach Jahren des Verfalls wurde der Veteran, der einzige Überlebende seines Typs, sorgfältig und mit viel Liebe zum Detail restauriert und ist heute das museale Schmuckstück der Stadt. Im Trockendock vor dem Schiff werden traditionelle maritime Gebrauchsgegenstände und Dokumente der Edwin Fox ausgestellt.
Edwin Fox Maritime Centre & Dry Dock, Dunbar Wharf, Picton Waterfront, ✆ 03-5736868, www.edwinfoxsociety.com, tägl. 9–17 Uhr, NZ-$ 8, Kinder 5–15 Jahre NZ-$ 4.

In den Salzwassertanks und Aquarien des **EcoWorld Aquarium** neben dem Trockendock tummeln sich allerlei Meeresbewohner, darunter auch kleine Haie. Schräg gegenüber befindet sich der **Bahnhof**, der bereits 1913 erbaut wurde und immer noch seinem Zweck dient. Im Gebäude gibt es ein Reisebüro, eine Weinbar und einen Souvenirladen. An der nächsten Querstraße (London Quay) wendet man sich nach links und schlendert durch die gepflegten Ufergärten. Auf den 250 m bis zur Wellington Street sieht man ein Denkmal für die Opfer des Ersten und Zweiten Weltkriegs und die Überreste des alten Bahnhofs. Auch das **Picton Community Museum** ist hier zu finden. Es dokumentiert die über 100 Jahre alte Geschichte des Walfangs in den Marlborough Sounds. Erst 1964 wurde die letzte Station geschlossen, von der man vor allem Jagd auf Langflossenwale im Tory Channel machte.

Geschichte des Walfangs

EcoWorld Aquarium, *Dunbar Wharf, Picton Waterfront, © 03-5736030, www.ecoworldnz.co.nz, tägl. 9–20 Uhr, NZ-$ 20, Kinder 4–16 Jahre NZ-$ 10.*
Picton Community Museum, *London Quay, © 03-5738283, tägl. 10–16 Uhr, NZ-$ 5, Kinder unter 16 Jahre frei.*

An der Ecke London Quay/Wellington St. sieht man einige sehr gut erhaltene Bauwerke aus dem 19. Jh. wie das Oxleys Hotel aus dem Jahr 1870. Gegenüber geht eine Fußgängerbrücke über den Jachthafen zum Shelly Beach, an dem der restaurierte Schoner **Echo** tümpelt. Der 1905 in Neuseeland gebaute Zweimaster wurde später mit einem 20-PS-Motor ausgestattet und leistete Frachtdienste auf den Flusslinien des Landes. Heute beherbergt er ein Café. Etwa 20 Min. dauert die kurze Wanderung von dort zur **Bob's Bay**. Zurück auf der Wellington Street sollten Sie nun das kleine Wegstück bis zum Broadway entlanggehen. Über die High Street, die parallel zur Wellington Street verläuft und die Hauptgeschäftsstraße des Orts ist, können Sie anschließend zum Ausgangspunkt zurückbummeln.

Reisepraktische Informationen Picton/Marlborough Sounds

Information
Marlborough i-SITE Visitor Centre, *1 Auckland St., © 03-5203113, www.destinationmarlborough.com, tägl. 8.30–17 Uhr. Moderne und effektive Besucherinformation mit einer Vielzahl von Broschüren zu allen Zielen auf der Südinsel. Im Gebäude befindet sich auch ein in den Sommermonaten geöffnetes DOC-Büro. Im Bahnhof gibt ein privates Info- und Buchungsbüro auch viele Anregungen, insbesondere zu Outdoor-Aktivitäten.*

Unterkunft
Hotels/Motels
**Picton Beachcomber Inn $$$**, *27 Waikawa Rd., © 0800-662299 u. 03-5738900, www.pictonhotel.com, DZ NZ-$ 165–225. Architektonisch ansprechende, dreistöckige Anlage mit 36 komfortablen Zimmern, etwas außerhalb des Zentrums. Swimmingpool, Spa, Organisation von Angeltrips, Autoverleih.*
**Aldan Lodge Motel $$**, *86 Wellington St., © 0800-277278 u. 03-5736833, www.aldanlodge.co.nz, DZ NZ-$ 140. Zweistöckiger Komplex mit 16 Einheiten, geräumige Familienzimmer ($$$), kleiner überdachter Swimmingpool, 1 km zur Fähre (freie Abholung).*
**Gateway Motel $$**, *32 High St., © 0800-104104 u. 03-5736398, www.picton-accommodation.co.nz, DZ NZ-$ 80–160. Zentrales, modernes Motel mit 26 Einheiten, alle mit Küche, Spa Pool, Restaurant, Bar, Fahrrad- und Kanuverleih.*

Zu den folgenden beiden Häusern gelangt man ab Picton jeweils in etwa 1 Std. mit dem Wagen, indem man vom Queen Charlotte Drive hinter Linkwater auf die teils ungeteerte Kenepuru Rd. abbiegt oder in 20 Min. mit dem Wassertaxi bzw. mit dem Wasserflugzeug. Auf der Nordinsel startet tägl. ein Kleinflugzeug in Porirua, das etwa 45 Min. bis zum Airstrip am Kenepuru Sound benötigt.

**Te Mahia Bay Resort $$$**, Kenepuru Sound, © 03-5734089, www.temahia.co.nz, DZ NZ-$ 140–248. Hübsche Herberge mit 11 komplett ausgestatteten Einheiten sowie Zelt- bzw. Campervanplätzen, Bootsanlegestelle, Laden, Strand, Dinghie- und Kanuverleih, Glühwürmchengrotte und ursprünglicher Busch.

**Punga Cove Resort $$–$$$**, Endeavour Inlet, Queen Charlotte Sound, © 03-5798561, www.pungacove.co.nz, DZ NZ-$ 75–245. Sehr hübsche Anlage mit komfortablen Chalets, einfacheren Bungalows, Backpacker-Unterkunft ($–$$) sowie Zeltplatz, Sonnenterrasse, Swimmingpool, Sauna, Bootsverleih, Laden, sehr gutes Seafood-Restaurant.

Bed & Breakfast
**Admiral's Lodge $$**, 22 Waikawa Rd., © 0800-573666 u. 03-5736590, www.admiralslodgenz.com, DZ NZ-$ 80–155. Sympathische Unterkunft mit 12 Zimmern, viele Insidertipps, freie Abholung an der Fähre, in Gehweite zum Stadtzentrum.

Backpacker-Hostels
**Picton Lodge $–$$**, 9 Auckland St., © 0800-223367 u. 03-5737788, www.pictonlodge.co.nz, DZ NZ-$ 70, im Mehrbettzimmer NZ-$ 25. Moderne Unterkunft, 200 m von der Fährstation und 20 m vom Bahnhof entfernt, Doppel- und Mehrbettzimmer, Fahrradverleih, Organisation von Ausflügen.

**The Villa Backpackers $–$$**, 34 Auckland St., © 03-5736598, www.thevilla.co.nz, DZ NZ-$ 68, im Mehrbettzimmer ab NZ-$ 23. Sehr gemütliches Hostel im Zentrum, Doppel- und Mehrbettzimmer, Backpacker-Reisebüro, Garten, Spa, Fahrradbenutzung.

Camping
Parklands Marina Holidaypark $$–$$$, 10 Beach Rd., Waikawa Bay, © 0800-111104 u. 03-5736343, www.parktostay.co.nz. 3 km entfernt und schön gelegen, Stellplätze für Zelte und Wohnmobile, Hütten und Ferienwohnungen.

Picton Top 10 Holiday Park $$–$$$, 70–78 Waikawa Rd., © 0800-277444 u. 03-5737212, www.pictontop10.co.nz. 500 m vom Zentrum entfernt, Zelt- und Campervanplätze, Hütten und Ferienwohnungen, Swimmingpool.

Essen und Trinken
Escape to Picton, 33 Wellington St., © 03-573 5573, www.escapetopicton.com, tägl. 10–14.30, 17–23 Uhr, teuer. Vornehmes Speiselokal in einer ehemaligen Bank, viel Edelstahl und coole Atmosphäre, kreative Gerichte im Stil der Pacific Rim-Küche.

Le Café, London Quay, © 03-5735588, www.lecafepicton.co.nz, tägl. ab 7.30 Uhr, moderat–teuer. Vom Frühstück über trendige Lunch-und Dinner-Gerichte der zeitgenössischen Kiwi-Küche bis zum späten Drink gibt es hier bei gelegentlicher Live-Musik alles, dazu einen unvergleichlichen Panoramablick auf den Fährhafen und die Marlborough Sounds.

Aktivitäten
Das Freizeitangebot von Picton ist wegen der idealen Wassersport- und Wanderbedingungen in den Marlborough Sounds sehr groß. Man kann hier Kanus, Jachten, Segel- und

Motorboote leihen, mit Fischern oder dem Wassertaxi auf Angelkreuzfahrt gehen, unter Anleitung die Eskimorolle üben, mit Bustouren das Weingebiet um Blenheim erkunden oder mittels Flightseeing die Provinzen Marlborough und Nelson von oben betrachten.

Fahrradfahren/Kajakfahren
Buzzy Bikes & Boats Rental, Picton Foreshore, © 03-5737853. Verleih von Fahrrädern, Mopeds, Kanus, Dinghies und Motorbooten.
Marlborough Sounds Adventure Company, © 0800-283283 u. 03-5736078, www.marlboroughsounds.co.nz. Umfangreiches Angebot an geführten Mountain-Bike- (ab NZ-$ 150) und Kajaktouren (ab NZ-$ 125).

Bootstouren/Wanderungen
Beachcomber Cruises, London Quay, © 03-5736175, www.beachcombercruises.co.nz. Tageswanderung (8 km) mit Bootstransfer oder viertägige Wanderung mit Bootstransfer, Unterkunft, Vollpension und Gepäcktransport. Die gleiche Gesellschaft bietet mit ihren Post- und Ausflugsbooten auch mehrmals tägl. ein- bis mehrstündige Minikreuzfahrten an. Besonders empfehlenswert ist der Magic Mail Run, bei dem den Gehöften rund um den Queen Charlotte Sound die Post ausgeliefert wird und man dadurch auch viel vom Alltagsleben der Einheimischen mitbekommt (NZ-$ 89, Kinder 5–14 Jahre NZ-$ 46).
Dolphin Watch Ecotours, Picton Foreshore, © 03-5738040, www.naturetours.co.nz. Sept.–April tägl. 13.30 Uhr 4-stündige Bootstour zur Beobachtung von Delfinen (NZ-$ 99, Kinder 5–15 Jahre NZ-$ 60), Sept.–April tägl. 9 Uhr Bootstour Swimming with Dolphins (NZ-$ 149, Kinder 5–15 Jahre NZ-$ 110).

Fährterminal in Picton

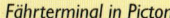

✈ Flüge

Der Flughafen liegt 8 km südl. in Koromiko. Die Gesellschaft Soundsair (© 0800-505005 u. 03-5203080, www.soundsair.co.nz) verkehrt mindestens fünfmal tägl. zwischen Wellington und Picton (NZ-$ 100, Kinder 2–12 Jahre NZ-$ 88). Die kleinen Wasserflugzeuge der Picton Float Plane (Ferry Terminal, © 03-5736866, www.nz-scenic-flights.co.nz) fliegen Porirua Harbour auf der Nordinsel an, ansonsten Ziele in den Marlborough Sounds, im Abel Tasman NP und im Nelson Lakes NP; diese Gesellschaft bietet auch relativ günstiges Flightseeing über den Sounds an (ab NZ-$ 149).

🚌 Busse

Die Station der großen Überlandbusse ist am Ferry Terminal. Wer in den Nordwesten möchte, sollte sich vorher in der Touristeninformation erkundigen, da die Zahl der Unternehmen, die auf der Strecke Picton-Nelson-Motueka-Collingwood bzw. nach Blenheim oder dem Nelson Lakes NP unterwegs sind, fast schon unüberschaubar ist. In Richtung Süden fährt tägl. InterCity (© 03-5737025, www.intercity.co.nz) nach Christchurch, Dunedin und Invercargill sowie nach Blenheim, Havelock, Nelson und weiter nach Greymouth.

🚆 Züge

Einmal tägl. startet gegen 13 Uhr in Picton der TranzCoastal Train über Blenheim und Kaikoura nach Christchurch (5 Std. 30 Min., www.tranzscenic.co.nz). Die wunderbare Route entlang der Küste macht diese Verbindung zu einer der schönsten Eisenbahnstrecken des Landes. Fähr- und Zugfahrplan sind aufeinander abgestimmt, die kurze Strecke zwischen Bahnhof und Fährterminal wird von Shuttle-Bussen bedient.

⛴ Fähren

Zu den Fährverbindungen nach Wellington s. S. 125.

🚗 Mietwagen

Wegen seiner Funktion als Brückenkopf zur Südinsel ist Picton Standort aller größeren Mietwagenanbieter, u. a. gibt es am Ferry Terminal Stationen der Firmen Avis, Avon Rent-a-Car, Hertz, Sterling und Thrifty.

Von Picton nach Nelson

Um von der Fährstation Picton zu den Stränden der Tasman Bay zu gelangen, kann man auf dem Highway 1 bis Blenheim und dann auf dem Highway 6 über Havelock auf gut ausgebauten Straßen nach Nelson fahren. Eine andere Route ist allerdings nicht nur um 25 km kürzer, sondern landschaftlich beeindruckender, nämlich der **Queen Charlotte Drive** über Linkwater nach Havelock. Auf der engen, kurvenreichen Straße bietet sich 1 km hinter Picton an einem gut platzierten Aussichtspunkt ein weiter Blick über das Städtchen, den regen Fährbetrieb und die Wasserlandschaft der Marlborough Sounds. Überhaupt sind die in unregelmäßigen Abständen angelegten Parkbuchten immer einen Stopp wert, ob man nun die Sicht auf den Charlotte Sound genießt (9 km nach Picton), an der Rest Area Ngakuta Bay (11 km) einen Sprung ins kristallklare Wasser riskiert oder sich in der Bellevue Bay (27 km) die Mahakipawa Hills anschaut.

Havelock

Nach einer schönen Fahrt über den Queen Charlotte Drive erreicht man nach 35 km den 500-Seelen-Ort Havelock, der am Ende des Pelorus Sound im Jahr 1864 gegründet wurde. In dem verschlafenen Fischerdorf stehen Touristen eine gute Jugendherberge, ein Campingplatz und Motels zur Verfügung, außerdem gibt es ein DOC-Büro und das Havelock Outdoors Centre in der Main Rd., wo man sich über Touren zu Wasser und zu Land informieren sowie Boote ausleihen und Wassertaxis organisieren kann.

Das örtliche Informationsbüro empfiehlt einen hübschen **Havelock Walk**, der innerhalb einer Stunde an vielen historischen Gebäuden und Sehenswürdigkeiten vorbeiführt. An einigen wie der Jugendherberge (1882), dem Post Office (1876), der St. Peters Church (1905), dem Rathaus (1907), dem War Memorial und dem Havelock Museum mit einer alten Dampflock kommt man auch auf dem Weg über die Main Rd. vorbei, die das Dorf in seiner ganzen Länge durchschneidet.

Abstecher

Wer abseits der ausgetretenen Touristenpfade die ursprüngliche Landschaft der Fjord- und Schärenwelt der **Marlborough Sounds** intensiver erleben will, kann an zwei Stellen auf Schotterpisten in nördlicher Richtung abzweigen:
- einmal in **Linkwater**, 21 km hinter Picton, wo man über den Ort Portage hinaus weit auf die gebirgige Halbinsel zwischen Charlotte Sound und Pelorus Sound hinauffahren kann,
- und zum anderen auf dem **Highway 6** in **Rai Valley** (zwischen Havelock und Nelson), wo es eine Verbindung zum Weiler French Pass (Anaru) vor D'Urville Island gibt.

Die Marlborough Sounds

Die Marlborough Sounds, deren gesamte Küstenlänge fast 1.000 km beträgt, entstanden wie die Meeresarme des Fjordlands durch das Zusammenspiel von erodierender Tätigkeit des Eises, das vorhandene Bachläufe aushobelte, und dem enormen nacheiszeitlichen Anstieg der Weltmeere. Es handelt sich also um ertrunkene Flusstäler oder, mit anderen Worten, um Fjorde bzw. Förden. Die im Neuseeländischen *sounds* genannten Meeresarme sind hier im Norden der Südinsel nie so imposant und gigantisch wie im Fjordland, dafür aber lieblich, von bewaldeten Höhenzügen umgeben, die bis auf 1.200 m ansteigen, und insgesamt den südnorwegischen Fjorden ähnlich. In der Mythologie der Maoris ist das verwirrende Labyrinth von Inseln, Schären, Halbinseln, Fjorden und Seen auf einen Waffenstillstand zwischen Tangaroa, dem Gott des Meeres, und Tane, dem Gott der Länder, zurückzuführen, der beiden Gottheiten zu ihrem Recht verhalf.

An der Entdeckung und Erkundung des Wassersystems durch die Weißen waren hauptsächlich zwei Forscherpersönlichkeiten beteiligt:

Von Picton nach Nelson

Friedliche Stimmung in der Portage Bay

- Kapitän James Cook, der im Endeavour Inlet ankerte und den Fjord nach Queen Charlotte, der Gemahlin von König George benannte.
- Der Franzose Cesar Dumont d'Urville, der 1827 nachwies, dass die später nach ihm benannte große Insel nicht mit dem Festland verbunden ist (wie Cook glaubte), und sein Schiff Astrolabe wagemutig durch den engen Kanal (French Pass) manövrierte.

Den Namen Marlborough Sounds erhielt die gesamte Region 1857 nach dem Duke of Marlborough, John Churchill. Im Jahr 1978 vereinigte man die mehr als 100 bis dato getrennten Scenic Reserves zum **Marlborough Sounds Maritime Park**, dessen administratives Hauptquartier in Blenheim ist. Die einzigartige Landschaft zieht jährlich Zehntausende Besucher an, die insbesondere von den Sportmöglichkeiten begeistert sind. Hochseefischerei, Tauchen (interessant auch wegen der vielen Schiffswracks), Segeln, Wasserski, Kanufahrten, sowie Buschwanderungen und Jagd – all das ist möglich und ein ganzjähriger Anreiz. Ausgeschilderte Wege decken Routen zwischen 15 Minuten und drei Tagen Wanderzeit ab. Besonders reizvoll ist auch, dass viele Orte und Gebiete nur auf dem Wasserweg zu erreichen sind: ein Garant für ungestörten Urlaub fernab der Autostraßen. Campingplätze, Pensionen, Hotels und Wanderhütten sind an jedem der Fjordarme und auf vielen Inseln zu finden. Die beiden Inseln Saint Stephens Island und Trio Island stehen unter strengem Schutz und dürfen nicht besucht werden, denn hier haben die urzeitlichen Tuatara-Reptilien ein letztes Refugium gefunden.

Pelorus Bridge

Ab Havelock folgt man dem etwas breiteren Highway 6, der nach 27 km das Scenic Reserve von **Pelorus Bridge** berührt. Es lohnt sich, an diesem schönen Naturschutzgebiet eine Rast einzulegen, um im Coffee Shop (vor der Brücke links) eine Erfrischung zu sich zu nehmen, um auf einem der Wanderwege (zwischen 30 Min. und 3 Std.) den Urwald, die Wasserfälle und den Canyon des Pelorus River zu erkunden oder um von der Brücke in das tiefe Tal des Pelorus River blicken. Die Brücke war um 1860 ein Kernstück der Wegstrecke Nelson-Blenheim, die nach ihrer Fertigstellung auch mit Postkutschen zu bewältigen war. Die Engstelle wurde allerdings auch von Räuberbanden genutzt, unter denen die Sullivan Gang traurige Berühmtheit erlangte. Die jetzige Brücke aus den 1950er-Jahren ist die vierte an dieser Stelle. Wer länger bleiben möchte, findet hier einen schönen DOC-Campingplatz (✆ 03-5716019).

Naturschutzgebiet

Rai Valley

Nahe Rai Valley, wo eine Schotterstraße zum French Pass und nach World's End abzweigt, liegt im Weiler Carluke das **Rai Valley Cottage**, eine unter Denkmalschutz stehende Hütte, die 1881 vom ersten Siedler des Distrikts aufgebaut wurde. Das Haus mit Bohlen aus Totara-Holz ist im Pionierstil eingerichtet, eine Besichtigung leider nur durch die Glasfenster von außen möglich. Nach Rai Valley lichtet sich die dichte Waldvegetation und geht vor Nelson in die weite fruchtbare Ebene der Tasman Bay über.

Nelson

109 km nach Picton ist die Stadtgrenze von Nelson erreicht. Die Stadt mit knapp 45.000 Einwohnern ist das Einfallstor zu den berühmten Stränden der Tasman Bay und Golden Bay, zugleich auch deren wichtigstes touristisches Zentrum. Zwar gibt es hier die größten Campingplätze des Landes und jedes Jahr eröffnen neue Motels und Hostels, aber es kann trotzdem problematisch werden, im Dezember und Januar noch eine Unterkunft zu bekommen.

Geschichte

Die Anfänge der **Besiedlungsgeschichte** liegen in grauer Vorzeit, als die polynesischen Einwanderer, deren Siedlungsplätze in der Region archäologisch belegt sind, hier Moas jagten. Nachrückende Maori-Stämme setzten spätestens im 16. Jh. über die Cook Strait und okkupierten die Südinsel von hier aus. Stammesfehden um das fruchtbare Land kulminierten in blutigen Schlachten, zuletzt in den 1820er-Jahren, als Nordstämme unter Häuptling Te Rauparaha die einheimischen Ureinwohner ausrotteten oder vertrieben. Der erste Europäer, Abel Tasman, wurde hier nicht eben freundlich empfangen und verlor nach der Ermordung von vier Crewmitgliedern in der Golden Bay die Lust, überhaupt in Neuseeland an Land zu gehen.

Blutige Siedlungsgeschichte

Pionierzeit

Die Stadtgeschichte begann im Oktober 1841, als nach vorbereitenden Erkundungen Arthur Wakefields (er wurde zwei Jahre später im Wairau-Massaker getötet) drei Emigrantenschiffe den Hafen von Nelson anliefen und planmäßig eine Modellstadt errichtet wurde. Der Versuch, in der jungen Kolonie ein idealisiertes Abbild der englischen Gesellschaft zu verwirklichen, war von leidvollen Erfahrungen begleitet. So starben auf der fünfmonatigen Passage auf der Lloyds 1842 allein 65 Kinder und etliche Erwachsene. Ein anderes Emigrantenschiff mit zahlreichen Frauen an Bord unterminierte als „schwimmendes Bordell" den hohen moralischen Anspruch der New Zealand Company. Trotzdem war das Gemeinwesen eines der am schnellsten wachsenden im ganzen Land, und der jährliche Zuwachs von etwa 3.000 Europäern in den ersten Jahren war so enorm, dass bald das Land für Neuankömmlinge knapp wurde. Eine Zeit lang gab es Überlegungen, die neue Hauptstadt von Auckland nicht nach Wellington, sondern nach Nelson zu verlegen. Die städtebaulichen Prinzipien der Pionierzeit sind noch am **strengen Schachbrettmuster der Straßen** in Ost-West- und Nord-Süd-Richtung mit dem Church Hill im Mittelpunkt nachzuvollziehen. Obwohl bereits 1843 die ersten norddeutschen Einwanderer nach Nelson kamen und in der Nähe ihr St. Paulidorf gründeten, blieb die Stadt selbst eindeutig britisch geprägt. Von den 1861 hier lebenden Aussiedlern kamen 75 % aus England (die meisten aus dem Londoner Mittelstand), 12 % aus Schottland und 5 % aus Irland.

Heute sind Nelson und Umgebung ein **Zentrum des Obstanbaus**. Hier gedeihen vor allem Äpfel, außerdem werden Tee, Kiwis, Hopfen und Wein angebaut. Durch den enormen Anstieg des Fremdenverkehrs hat sich Nelson mit dem Aufbau einer Tourismusindustrie ein weiteres und ständig prosperierendes wirtschaftliches Standbein geschaffen. Außerdem spielt die Provinzhauptstadt eine wichtige Rolle als **Verkehrsknotenpunkt** mit dem fünftgrößten Flughafen Neuseelands.

Stadtbesichtigung

Besichtigungsziele sind die nahen Strände, der pulsierende Hafen, die schönen Parkanlagen und die Baudenkmäler aus der Pionierzeit. Vieles ist zu Fuß gut erreichbar, für andere Attraktionen, wie etwa im Stadtteil Stoke ist ein eigenes Fahrzeug hilfreich. Ein günstiger Ausgangspunkt für einen Rundgang ist das **Nelson i-SITE Visitor Centre** am Südufer des Maitai River, wo es Stadtpläne und viele Informationen gibt. Außerdem befindet sich dort der Busbahnhof und Autofahrer finden hier gute Parkmöglichkeiten.

Museum zur Kolonialzeit und Maori-Kultur

Vom Besucherzentrum führt die breite Trafalgar Street, Nelsons Verkehrsachse und Haupteinkaufsstraße mit Geschäften, Banken und dem Postamt, geradewegs auf die auf einem Hügel thronende und kaum zu übersehende Nelson Cathedral zu. Etwa auf halbem Weg zwischen dem Fremdenverkehrsamt und der Kathedrale steht das **Nelson Provincial Museum**, exakt an der Stelle, wo 1842 das erste Museum Neuseelands gegründet wurde. In modernen, 2005 eröffneten Ausstellungsräumen dokumentiert das didaktisch exzellent aufgebaute Museum mit Antiquitäten, Silberschmuck, Waffen und Neuseelands größter Fotosammlung die Kolonialzeit sowie Kultur und Geschichte der Maoris.

Nelson Provincial Museum, *Trafalgar St., Ecke Hardy St., © 03-5489588, www.nelsonmuseum.co.nz, Mo–Fr 10–17, Sa/So 10–16.30 Uhr, NZ-$ 5, Kinder NZ-$ 3.*

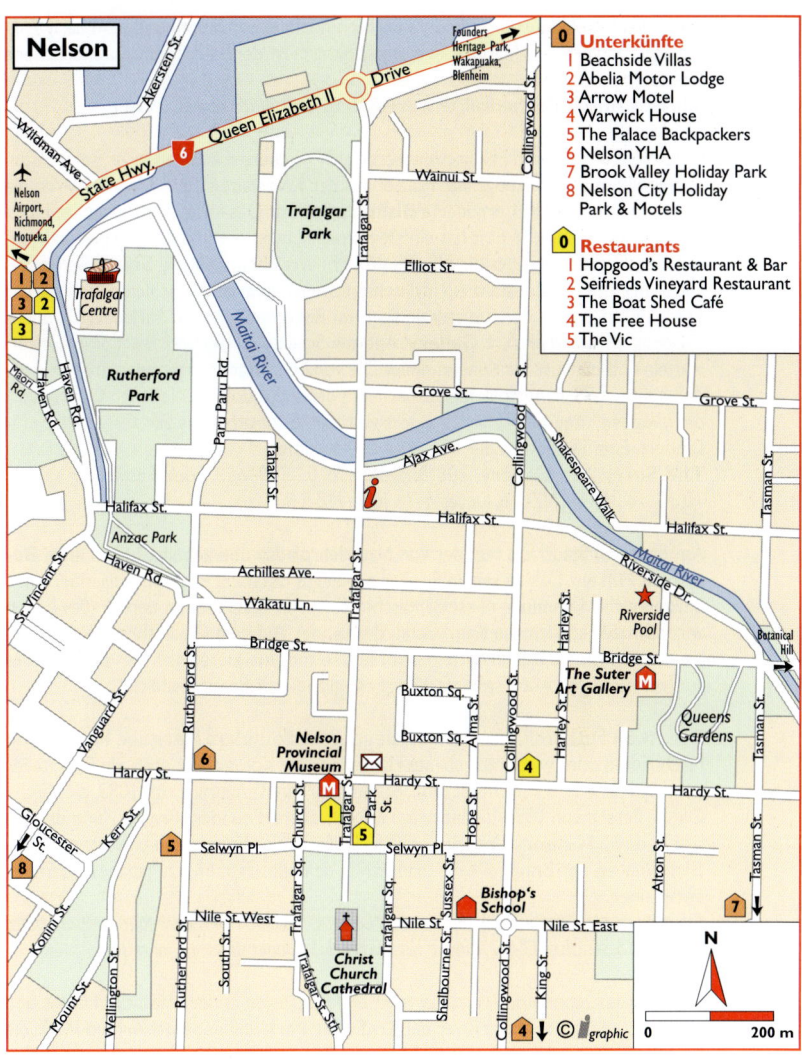

Die **Christ Church Cathedral**, schön auf einer Anhöhe gelegen und über eine Freitreppe zu erreichen, ist das dritte Gotteshaus an dieser Stelle. Nach dem provisorischen Zelt Bischof Selwyns und einer hölzernen Nachfolgerin wurde die 1887 eingeweihte Holzkirche Christ Church zum ersten Mal Sitz eines anglikanischen Bischofs. 1925 entschloss man sich zum Neubau, der allerdings erst nach 47-jähriger Bauzeit eingeweiht werden konnte. Die heutige Kathedrale, aus Marmor der nahen Takaka-Berge in Kreuzform errichtet, stellt den Versuch dar, moderne Elemente mit

historisierenden Baustilen wie dem englisch-normannischen Stil und dem Early English Style zu vereinen. Markant und ungewöhnlich ist der 35 m hohe, durchbrochene Westturm.
Christ Church Cathedral, Church Hill, ✆ 03-548 1008, tägl. 8–19 Uhr.

Kolonialbauten
Im Umfeld des Church Hill konzentrieren sich Kirchengebäude anderer Religionsgemeinschaften und prächtige alte Häuser aus der Kolonialzeit. Besonders schön ist die 1844 erbaute und 1881 erneuerte **Bishop's School**. Das kleine kapellenartige Holzgebäude in der Nile St. East hat ein steinernes Fundament und Originalinventar. Jenseits der Kathedrale, über die Nile St. West zu erreichen, stellt die **South Street** als Gasse mit alter Bausubstanz ein idyllisches Kompendium der Geschichte Nelsons dar. Etwa 500 m östlich der Kathedrale liegt am Rand der schönen Parkanlage Queens Gardens **The Suter Art Gallery**. Andrew Suter, von 1867–91 Bischof in Nelson, war ein enthusiastischer Kunstsammler. Die von ihm zusammengetragenen Werke bilden heute den Grundstock für die nach ihm benannte Galerie, die einen Querschnitt der „weißen" neuseeländischen Kunst von der Kolonialzeit bis zur Gegenwart präsentiert. Eine Sektion ist der Maori-Kunst gewidmet.
The Suter Art Gallery, 208 Bridge St., ✆ 03-5484699, www.thesuter.org.nz, tägl. 10.30–16.30 Uhr, NZ-$ 6, Kinder 6–16 Jahre NZ-$ 3.

Am östlichen Stadtrand ragt der von Naturlehrpfaden überzogene, 147 m hohe **Botanical Hill** auf. Das an seinen Flanken angelegte Botanical Reserve präsentiert eine umfangreiche Sammlung neuseeländischer Flora, darunter den in den 1940er-Jahren angepflanzten südlichsten Kauri-Baum des Landes. Auf dem Gipfel thront eine Skulptur, die den geografischen Mittelpunkt Neuseelands markieren soll. Für die Mühe des gut halbstündigen Aufstiegs entschädigt ein grandioser Panoramablick.

Der etwa 1 km nördlich der Kathedrale gelegene **Founders Heritage Park** enthält Nachbauten oder wiederaufgebaute Häuser aus der Kolonialzeit, etwa ein Fotoatelier von 1885, eine Postkutschenstation, das Anchor Inn Restaurant von 1883, die Kirche Old St. Peter's von 1874, die historische Bierbrauerei Founders Brewery und das riesige Redwood Granary, eines der größten Holzgebäude im asiatisch-pazifischen Raum. Gleich neben der Brauerei kann man sich in den hübschen Miyazu Japanese Gardens entspannen.
Founders Heritage Park, 87 Atawhai Drive, ✆ 03-5482649, www.founderspark.co.nz, tägl. 10–16.30 Uhr, NZ-$ 7, Kinder 12–16 NZ-$ 5, Kinder unter 12 Jahre frei.

Fischerboote und Jachten
Nur wenige Gehminuten vom Zentrum entfernt, liegen in der Nähe des Hafens und an der Mündung des Maitai River der **Trafalgar Park** und der **Rutherford Park**, die zum Ruf Nelsons als „grüne Stadt" beitragen. Von Letzterem kommt man leicht zu den hübschen, abends beleuchteten Wasserspielen der Moller Fountain in der Haven Rd. und kann über die Akersten Street zum Freizeithafen Port Nelson weiterschlendern, wo Fischerboote und Jachten sowie das geschäftige Treiben der Profi- und Hobbykapitäne ein buntes Bild abgeben.

Von der Uferstraße (Wakefield Quay/Rocks Rd.) bietet sich ein schöner Blick auf die **Haulashore Island** und das Riff Fifeshire Rock, an dem einst das Auswandererschiff Arrow zerschellte. Die Felsformation wird abends angestrahlt. Dahinter erstreckt sich

Nelson an der Tasman Bay ist das wirtschaftliche und touristische Zentrum der Region

zur Rechten der familienfreundliche Stadtstrand **Tahunanui Beach**, an dem ein Fun Park Badefreuden für kleine und große Kinder verspricht.

Im südlichen Vorort Stoke präsentiert neben dem Nelson Regional Airport das skurrile Museum **World of Wearable Art** extravagante, mitunter geradezu schrille Fantasiekostüme, die jedes Jahr bei der World of Wearable Art Show gezeigt werden, die Zehntausende von Besuchern anzieht. Sie findet allerdings nicht mehr in Nelson statt, wo sie einst ins Leben gerufen wurde, sondern in Wellington. Im Museum können Autofans zudem unter dem gleichen Dach Buicks, Cadillacs, Studebakers und über drei Dutzend andere chromblitzende Straßenkreuzer aus den 1950er-Jahren bewundern. Ebenfalls im Stadtteil Stoke vermittelt das herrschaftliche, von einem hübschen Rosengarten umgebene **Broadgreen House** aus dem Jahr 1855 einen guten Eindruck vom Lebensstil einer wohlhabenden Kolonialfamilie.

Buntes Museum

World of Wearable Art (WOW), *Cadillac Way, Ecke Quarantine Rd., Annesbrook, © 03-5474573, www.wowcars.co.nz, tägl. 10–17 Uhr, NZ-$ 22, Kinder 5–14 Jahre NZ-$ 8.*
Broadgreen House, *276 Nayland Rd., Stoke, © 03-5470403, tägl. 10.30–16.30 Uhr, NZ-$ 4, Kinder 5–17 Jahre NZ-$ 1.*

Reisepraktische Informationen Nelson

Information
Nelson i-SITE Visitor Centre, *Millers Acre, 77 Trafalgar St., Ecke Halifax St., © 03-5482304, www.nelsonnz.com, tägl. 8.30–18 Uhr, im Winter eingeschränkte Öff-*

nungszeiten. Effektive Informations- und Buchungsstelle, auch zuständig für den Abel Tasman National Park.
DOC Nelson Regional Visitor Centre, Millers Acre, 79 Trafalgar St., © 0800-3624 68 u. 03-5469339, www.doc.govt.nz, tägl. 9–17 Uhr, im Winter eingeschränkte Öffnungszeiten. Infos über den Abel Tasman National Park sowie Buchungen für Abel Tasman Coast Track, Heaphy Track und Nelson Lakes National Park.

Unterkunft
Hotels/Motels
Beachside Villas $$$ (1), 71 Golf Rd., © 03-5485041, www.beachsidevillas.co.nz, DZ NZ-$ 140–225. Freundliches, deutschsprachiges Haus nahe Tahunanui Beach, 7 Apartments mit allem modernen Komfort, einschießlich Kitchenette, Swimmingpool, an der Shuttle-Busroute zum Zentrum, freie Abholung.
Abelia Motor Lodge $$–$$$ (2), 121 Tahunanui Dr., © 0800-282235 u. 03-548 6898, www.abeliamotorlodge.co.nz, DZ NZ-$ 115–180. Modernes Motel, 6 km vom Zentrum entfernt und in Gehweite zu Strand, Bars, Cafés etc., alle Einheiten mit Küche.
Arrow Motel Appartments $$ (3), 24 Golf Rd., Tahunanui, © 03-5464030, www.arrowmotel.co.nz, DZ NZ-$ 140. Empfehlenswertes Motel, saubere Zimmer mit Kochgelegenheit, nahe des kleinen Flughafens (den man tagsüber auch hören kann) und in fussläufiger Entfernung zum Strand. Das Zentrum ist mit dem Auto in wenigen Minuten erreichbar.

Bed & Breakfast
Warwick House $$$–$$$$ (4), 64 Brougham St., © 0800-022233 u. 03-5483164, www.warwickhouse.co.nz, DZ NZ-$ 215–395. Restaurierte, schlossähnliche Villa von 1893 mit 5 geräumigen, stilvollen Zimmern, herrlicher Garten, Sonnenterrasse, reichhaltiges Frühstück, 5–10 Min. Fußweg am Fluss entlang zum Zentrum.

Backpacker-Hostel/Jugendherberge
The Palace Backpackers $ (5), 114 Rutherford St., © 03-5484691, www.thepalace.co.nz, ab NZ-$ 24 pro Pers. im Mehrbettzimmer. Gemütliches Holzhaus in zentraler Lage. Gut ausgestattete Küche, schöne Bäder, Grillmöglichkeit. Gute Stimmung und nette Besitzer.
Nelson YHA $–$$ (6), 59 Rutherford St., © 03-5459988, www.yha.co.nz, DZ NZ-$ 88–110, im Mehrbettzimmer ab NZ-$ 31. Relativ zentral gelegene Herberge mit Doppel- und Mehrbettzimmern, Mitfahr- und -wandergelegenheiten, Fahrrad- und Campingverleih, viele Insidertipps.

Camping
Brook Valley Holiday Park (7), 600 Brook St., Brook Valley, © 03-5480399, www.brookholidaypark.co.nz. 5 km südl. in den Hügeln und am Flussufer gelegen, viel kleiner und persönlicher als der Tahuna Park, Zelt- und Campervanplätze, Cabins ($$).
Nelson City Holiday Park & Motels (8), 230 Vanguard St., © 0800-77 8898 u. 03-548 1445, www.nelsoholidaypark.co.nz. Sehr zentraler, kleiner Platz, Campervan- und Zeltplätze, Cabins und Flats ($$), angeschlossenes Motel ($$–$$$).

Essen und Trinken
Hopgood's Restaurant & Bar (1), 284 Trafalgar St., © 03-5457191, www.hopgoods.co.nz, Mo–Sa ab 17.30, teuer. Feinschmeckerlokal mit kreativen modern-neuseeländischen Gerichten und erlesenen Weinen.

Seifrieds Vineyard Restaurant (2), Hwy. 60, Ecke Redwood Rd., Appleby, Richmond, ℂ 03-5441555, www.seifried.co.nz, teuer. Schönes Weingut (Weinproben tägl. 10–17 Uhr) mit sehr gutem Restaurant (im Sommer tägl. 11–15, im Winter Sa/So 11–15 Uhr). Die Nachfolger des 1971 aus Österreich ausgewanderten Hans Seifried produzieren auf ihrem 25 ha großen Gelände einige der besten neuseeländischen Weine, vom Riesling bis zum Gewürztraminer, Cabernet Sauvignon, Chardonnay und Pinot Noir.

The Boat Shed Café (3), 350 Wakefield Quay, ℂ 03-5469783, www.boatshed cafe.co.nz, Mo–Fr ab 11, Sa/So ab 10 Uhr, teuer. Fangfrisches Seafood von Lachs bis Languste, aufmerksamer Service, stimmungsvolles Ambiente in einem umgebauten Bootshaus auf Stelzen am Jachthafen.

The Free House (4), 95 Collingwood St., ℂ 03-5489391, www.thefreehouse.co.nz, Mo–Fr ab 16, Sa/So ab 12 Uhr, moderat. Origineller Pub in einem ehemaligen Kirchengebäude, süffige Biere aus der Region und solide counter meals.

The Vic (5), 281 Trafalgar St., ℂ 03-5467769, tägl. ab 11 Uhr, moderat. Gemütliche Brauereikneipe, preisgekrönte Biere und herzhaftes Pub-Food.

Einkaufen

Casa del Vino, 214 Hardy St., ℂ 03-5480088, www.casadelvino.co.nz. Großes Sortiment an Flaschenweinen aus der Weinregion Marlborough.

The Nelson Market, Montgomery Square, ℂ 03-5466454, www.nelsonmarket.co.nz, Sa 8–13 Uhr. Bunter Straßenmarkt für Kunst und Kunsthandwerk, Kleidung und regionale Lebensmittel, große Auswahl an über 200 Ständen.

Sport

Die Möglichkeiten, sich in und um Nelson sportlich zu betätigen sind riesig. Es werden alle Arten von Wassersport ausgeübt und entsprechende Ausrüstung verliehen. Im wald- und wasserreichen Hinterland kann man u. a. White Water Rafting betreiben, Reiten, mehrtägige Wanderungen unternehmen oder Angeln. Ein unvergessliches Erlebnis auf dem Wasser versprechen die Tages- oder Mehrtagestörns, die ein deutschstämmiger Skipper auf seiner Jacht Penelope anbietet. Infos im Touristenbüro oder bei Sabine und Burkhard Strauch, ℂ 03-5450404, www.new-zealand-sailing.com.

Busse

Zwischen Nelson und dem Abel Tasman National Park pendeln mehrmals tägl. Busse der Gesellschaft **Abel Tasman Travel** (27 Bridge St., ℂ 03-5480285, www.abeltasmantravel.co.nz), deren Fahrplan auf die InterCity-Busse abgestimmt ist. Überlandbusse von **InterCity** fahren von Nelson tägl. nach Blenheim, Picton, Christchurch und an die Westküste (27 Bridge St., ℂ 03-5481538, www.intercity.co.nz).

Von Nelson zum Abel Tasman National Park

Von Nelson fährt man entlang der Tasman Bay auf dem Highway 6 bis zum 14 km südlich gelegenen Vorort **Richmond**. Bereits 1842 bauten hier englische Siedler ein „Konkurrenzunternehmen" zur Kolonie Nelson auf. Die 1872 eingeweihte Holy Trinity Church ist eine der schönsten Neuseelands. Älter noch ist das Hotel Star & Gar-

Schwedische Glasbläser

ter, das seit 1846 auf seinem angestammten Platz steht. Gutes Kunsthandwerk wird in einer von schwedischen Auswanderern gegründeten Glasbläserei geboten. **Höglund Art Glass Centre**, *52 Landsdowne Rd. (am Hwy. 60 Richtung Motueka), Appleby, ✆ 03-5446500, www.hoglundartglass.com, tägl. 9–17 Uhr. Verkaufsausstellung, geführte Touren, Glasbläserkurse, Café.*

Wer an historischen Baudenkmälern interessiert ist, sollte den 16 km langen Abstecher auf dem Highway 6 nach **Wakefield** nicht scheuen. Die dortige, 1846 errichtete Holzkirche St. John's Church hat zwar ein schlichtes Äußeres, ist aber die älteste erhaltene Kirche der Südinsel. Der kleine Ort wurde nach dem Gründer Nelsons, Kapitän Arthur Wakefield, benannt.

Der Weg um die Tasman Bay zweigt nach Richmond vom Highway 6 ab und führt über den Highway 60 über die Mündung des Waimea River nach Appleby. Hier gibt es über einen Damm eine Straßenverbindung zur dicht vorgelagerten Insel Rabbit Island mit schönen Stränden. Auf dem gut ausgebauten Highway geht es weiter durch flaches Land mit Obstplantagen und Hopfenfeldern zum 37 km westlich gelegenen Motueka.

Kleiner Umweg

Eine Alternative ist ab Appleby der nur 5 km längere Weg durch das **Weinanbaugebiet** im Hinterland. Dabei kommt man durch die Gegend, in der sich die ersten deutschen Emigranten ab 1843 niederließen, woran noch Ortsnamen wie Neudorf erinnern. Über Harakeke und Lower Moutere erreicht man kurz vor Motueka wieder den Highway 60.

Motueka

Landwirtschaftlich genutztes Gebiet

Motueka wurde bereits 1842 als zweite europäische Siedlung nach Nelson auf der Südinsel gegründet. Heute hat der Ort rund 6.500 Einwohner und ist ein bedeutendes Fischerei- und Landwirtschaftszentrum, insbesondere für grünen Tee, Birnen, Nashis, Äpfel, Kiwi-Früchte und Hopfen. Die Anbaugebiete breiten sich in einem Radius von 16 km um die Stadt aus. Großartige Sehenswürdigkeiten darf man in Motueka nicht erwarten. In der Nähe des Fischerei- und Jachthafens liegen die **Motueka Saltwater Baths**, ein kleines Bad mit Umkleidekabinen, das regelmäßig von der Flut erreicht wird, wobei ein Wasseraustausch stattfindet. Bei Ebbe zieht sich hier das Meer unglaublich weit zurück und Baden ist in dem Schlick dann unmöglich, außer in dem stets gefüllten Salzwasserbad.

Im Zentrum lohnt sich ein Blick in die hübsche, mit Maori-Dekorationen geschmückte **Te Aruhewa Maori Church** in der Pah St. Nach der Brücke über den Motueka River am nördlichen Stadtausgang gelangt man in das Viertel **Riwaka**, das ehemals Standort des Fischereihafens war und heute einige schöne Picknickplätze und das sehenswerte **Old Cederman House** aufweist.
Old Cederman House, *Mo–Fr 10–16, Sa/So 11–15 Uhr, Eintritt frei.*

Reisepraktische Informationen Motueka

Information
Motueka i-SITE Visitor Centre, Wallace St., © 03-528 6543, www.motueka isite.co.nz, tägl. 8–17, im Sommer bis 19 Uhr. Ein DOC-Büro befindet sich an der King Edward St., Ecke High St., © 03-5281810, E-Mail: motuekaao@doc.govt.nz. Beide Infostellen geben wertvolle Hinweise zum Abel Tasman National Park.

Unterkunft

Motels

Avalon Manor Motels $$–$$$, 314–316 High St., © 0800-282566 u. 03-5288320, www.avalonmotels.co.nz, DZ NZ-$ 115–210. Zweistöckiges Motel mit Garten, alle Einheiten mit Küche, in Gehweite zum Zentrum.

Equestrian Lodge Motels $$–$$$, 2 Avalon Court, © 0800-668782 u. 03-5289369, www.equestrianlodge.co.nz, DZ NZ-$ 115–165. Abseits der Hauptstraße und zentrumsnahes Motel mit gut ausgestatteten Zimmern, großem Garten und Swimmingpool.

Bed & Breakfast

Wairepo House $$$$$, Weka Rd., Mairiri, © 03-5266865, www.wairepohouse.co.nz, DZ NZ-$ 450–595. Exklusive B&B-Unterkunft in Mariri, nahe dem Abel Tasman NP, 4 Suiten mit allem Komfort, parkähnlicher Garten, Pool, Tennisplatz.

Ashley Troubadour Motel & B&B $$–$$$, 430 High St., © 03-5287318, www.bnb.co.nz, DZ NZ-$ 125–165. Nette, preiswerte Unterkunft mit 3 B&B und 7 Motel-Zimmern, großer Garten.

Backpacker-Hostels

Bakers Lodge $–$$, 4 Poole St., © 03-528 0102, www.bakerslodge.co.nz, DZ NZ-$ 78, im Mehrbettzimmer ab NZ-$ 26. Komfortable, YHA-assoziierte Unterkunft in einer ehemaligen Bäckerei, Einzel-, Doppel- und Mehrbettzimmer, z. T. mit Du/WC, große Küche, Garten mit BBQ, Fahrradverleih.

White Elephant $–$$, 55 Whakarewa St., © 03-5286208, www.whiteelephant.co.nz, DZ NZ-$ 68–76, im Mehrbettzimmer ab NZ-$ 27. Gemütliches Kolonialhaus in großem Garten, 20 Betten (Doppel- oder Mehrbettzimmer), Camping und Fahrradverleih.

Camping
Motueka Top 10 Holiday Park, 10 Fearon St., © 0800-668835 u. 03-5287189, www.motuekatop10.co.nz. Gute Anlage am nördlichen Stadtausgang, Zelt- und Campervanplätze, Cabins ($–$$), Motelbetrieb ($$), Pool und Kinderspielplatz.

Mapua Leisure Park, 33 Toru St., Mapua, © 03-5402666, www.mapualeisurepark.co.nz. Eine der schönsten Anlagen der Südinsel, 21 km südlich von Motueka, Zelt- und Campervanplätze, On-Site-Vans, Hütten und Ferienwohnungen ($$), sehr komfortable Chalets ($$$), privater Sandstrand, 9-Loch-Golfplatz, Tenniscourt, Swimmingpool, Sauna, Laden.

Essen und Trinken
The Gothic Gourmet, 208 High St., © 03-5286699, tägl. 11.30–14, 18–21 Uhr (im Winter Mo geschl.), teuer. Interessantes Lokal in einem ehemaligen neugotischen Kirchengebäude, vorzügliche Wild-, Lamm-, Straußen- und Seafoodgerichte.

Wharfside, Mapua Wharf, Aranui Rd., Mapua, ✆ 03-5402028, www.wharfsidemapua.co.nz, tägl. 8–22 Uhr, moderat–teuer. Luftiges Terrassenlokal mit fangfrischem Seafood.

Einkaufen
Motueka Sunday Market, neben Motueka i-SITE Visitor Centre, Wallace St., So 8–13 Uhr. Bunter Markt für Kunst und Kunsthandwerk, Textilien und Trödel, Obst und Gemüse.

Aktivitäten und Ausflüge
Ein Großteil der Anbieter von Outdoor-Aktivitäten im Abel Tasman NP und Kahurangi NP haben ihren Sitz in Motueka. Zentrale Informations- und Buchungsstelle ist das Motueka i-SITE Visitor Centre, wo man sich über alle Möglichkeiten zum Tauchen, Abseiling, Freeclimbing, Wandern etc. beraten lassen kann. Hier starten zwischen Oktober und Mai auch interessante Rundfahrten zu Kiwi-, Apfel-, Nashi- und Birnenplantagen sowie zu den Hopfen- und Teefeldern der Umgebung. Vom Motueka Airstrip sind sowohl Sightseeing- als auch reguläre Flüge nach Wellington bzw. Nelson oder Transfers zum Heaphy Track möglich. Mountain Bikes und Tourenräder kann man bei mehreren Campingplätzen, Motels und Backpacker-Unterkünften leihen.

Wandern
Sehr zu empfehlen ist die Teilnahme an einer geführten Wanderung im Kahurangi-Nationalpark, z. B. mit dem Unternehmen Bush & Beyond in Motueka. Angeboten werden Tagestouren auf den Mt. Arthur inkl. Picknick genauso wie zwei- bis fünftägige Wanderungen mit maximal sechs Teilnehmern und zwei Guides, bei denen in Zelten übernachtet wird (inkl. aller Mahlzeiten). Solche Wanderungen sind ganzjährig möglich, die beste Zeit ist jedoch von Oktober bis März. **Bush & Beyond**, c/o Snow Rooke, Orinoko, R.D.1 Motueka, Tel. 03-5289054, www.bushandbeyond.co.nz.

Der Abel Tasman National Park

Kaiteriteri und Marahau

Wanderwege und Badebuchten

Sowohl Kaiteriteri als auch Marahau haben vorzügliche Sandstrände und liegen unmittelbar am Abel-Tasman-Nationalpark. Beide Orte sind ideale Basisquartiere zur Erkundung des Parks. Die asphaltierte Straße nach **Kaiteriteri** zweigt gleich hinter der Brücke über den Riwaka River rechts vom Highway 60 ab. Am feinsandigen Kaiteriteri Beach fahren Wassertaxis ab, die Spaziergänger, Wanderer und Badeurlauber an den anderen Buchten des Nationalparks absetzen und auf Wunsch auch wieder abholen. Im waldreichen Hinterland gibt es schöne Wanderwege, z. B. den 45-minütigen Withells Walk. Es lohnt sich aber auch, dem Strand bis zum Kaka Pah Point zu folgen, wo es Grotten und Strandgut zu entdecken gibt. Von Kaiteriteri führt eine Straße zum nahen **Marahau**, das man aber auch über den etwas weiter nördlich verlaufenden Highway 60 erreichen kann. Auch Marahau hat trotz seiner gerade 100 Einwohner ein breit gefächertes touristisches Angebot und stellt den besten Startpunkt für Wanderungen durch den Nationalpark dar.

> **Alternativrouten**
>
> Für **Autotouristen** gibt es drei Möglichkeiten, den Nationalpark zu erkunden:
> - Vom Highway 60 hinter der Riwaka-Brücke abzweigen und nach Marahau fahren. Am Ende der Straße befindet sich der offizielle südliche Parkeingang, hier gibt es einen Parkplatz, eine Touristeninformation, Kajakverleih und eine Cafeteria.
> - Ebenfalls vom Highway 60 zweigt hinter Kairuru auf dem Pass der Takaka Hills eine 11 km lange Stichstraße nach Canaan ab. Vom dortigen Parkplatz lässt sich das küstenabgewandte Hinterland entdecken.
> - Zum nördlichen Parkeingang gelangt man über den Highway 60, dem man bis Takaka folgt. Dort biegt man rechts ab und fährt parallel zur Küste über Tarakohe, Takapou und Anatimo nach Totaranui.

Überblick

Die ersten Menschen, die im Gebiet zwischen Motueka und Takaka siedelten, waren Moa jagende Polynesier, die Ahnen der Maoris. Ihre Siedlungsplätze sind durch Ausgrabungen belegt. Später kamen von der Nordinsel verschiedene Maori-Stämme hierher und im Dezember 1642 sichtete Abel Janszoon Tasman als erster Europäer das Gebiet, das heute seinen Namen trägt. In der Nähe von Tarakohe erinnert eine Plakette an jenes denkwürdige Ereignis, als Tasmans Schiffe Heemskerck und Zeehaen hier ankerten. Allerdings verlief der erste Kontakt zwischen Pakehas und Maoris blutig. Nachdem er vier seiner Männer verloren hatte, taufte Tasman die heute Golden Bay genannte Bucht „Mörderbucht".

Vorfahren der Maoris

Farn – die Nationalpflanze Neuseelands

Als die ersten weißen Siedler etwa 80 Jahre nach Kapitän James Cooks Entdeckungsfahrten in der Region eintrafen, veränderten sie die Landschaft in kurzer Zeit: Holzfäller schlugen die mächtigen Bäume des Urwalds, Farmer rodeten weite Gebiete für Schafsweiden und Kohle- und Goldfunde führten zur Gründung von Minen. Mit den Weißen kamen auch Pflanzen und Bäume, die der ursprünglichen Vegetation zusetzten. Seit 1942 versucht man, das alte Landschaftsbild wiederherzustellen. Dazu erklärte man 220 km² Festlandsfläche und die Gewässer und Inseln im Abstand von 2,5 km zur Küstenlinie zum Abel Tasman Natio-

Tonga Marine Reserve

nal Park. In dem Maße, in dem Stechginster, Kiefern und andere importierte Pflanzen verschwanden, eroberten sich Riesenfarne und fast ausgerottete endemische Pflanzen ihren alten Lebensraum zurück. 1993 wurde schließlich ein größeres Stück der Gewässer um Tonga Island zusätzlich als Tonga Marine Reserve unter Naturschutz gestellt.

Der besondere Reiz des Nationalparks liegt in seiner abwechslungsreichen Landschaft, die Steilküsten, Sandstrände, verkarstete Kalksteinhügel, regenerierten Urwald, Wasserfälle und breite Flussmündungen umfasst. Dass im kleinsten der neuseeländischen Nationalparks alles recht konzentriert beieinander liegt und die Spaziergänge und Wanderungen keine besonderen Anstrengungen verlangen, trägt zusammen mit den herrlichen Bademöglichkeiten zur enormen Popularität des Parks bei.

Wanderung: Von Marahau über Torrent Bay zur Awaroa Lodge

Küstenwanderung

Wer von Nelson/Motueka kommend schöne Strandpartien sehen und kleinere Wanderungen unternehmen möchte, sollte bis Marahau fahren und ab dort ein Teilstück des **Abel Tasman Coast Track** begehen. Ab dem Marahau Car Park geht es zunächst durch das Schwemmland der Marahau-Flussmündung, die besonders bei Ebbe den Namen Sandy Bay zu Recht trägt. Dieser Weg ist wegen eines Damms und einer Brücke auch bei Flut möglich. Jenseits der Bay führt der leicht zu gehende Pfad durch den Dschungel oberhalb der Steilküste, von der man immer wieder bezaubernde Blicke auf die Tasman Bay oder die Tinline Bay, Coquille Bay, Appletree Bay und andere sandige Buchten werfen kann. Bei gemütlicher Wanderung, vorbei an kleinen Flussläufen, über Holzbrücken und durch Farnwälder, braucht man bis zur Torrent Bay höchstens vier Stunden. Es lohnt sich immer, auf den mit Stufen und Seilen gesicherten Wegen zu einzelnen Strandabschnitten abzusteigen und dort zu baden.

Wer den gleichen Weg nicht zweimal gehen möchte, kann auch eine Strecke mit dem Boot zurücklegen. In diesem Fall ist es ratsam, das Boot auf dem Hinweg zu nehmen, weil man dann nicht auf einen festen Termin „hinwandern" muss. Insgesamt entspricht der Ausflug, bei dem man einige der schönsten Regionen des Nationalparks kennenlernt, einem ausgefüllten Tagesprogramm. Wer ausdauernder ist, sollte die Wanderung von der Torrent Bay bis zur Bark Bay (2 Std. 30 Min.) und ab dort bis zur Awaroa Lodge (3 Std. 30 Min.) fortsetzen. Von der Awaroa Lodge bis Totaranui braucht man 1 Std. 30 Min., wenn man bei Ebbe das Awaroa Inlet durchquert. Eine Wanderung von Marahau bis Totaranui an nur einem Tag ist allerdings zu anstrengend. Hier sollte man mindestens eine Zwischenübernachtung in Hütten, auf Campingplätzen oder in der Lodge einplanen.

Ausflug über Takaka und Anatimo zu den Wainui Falls

Auf diesem Ausflug legt man größere Strecken mit dem Wagen zurück und überquert die **Takaka Hills** zwischen der Tasman Bay und der Golden Bay. Er empfiehlt sich als Ergänzung zu der Wanderung auf dem Abel Tasman Coast Track oder auch als Teilstück einer Fahrt in den äußeren Nordwesten (s. S. 425). Ab Motueka (bzw. Zubringer von Marahau/Kaiteriteri) fährt man auf dem Highway 60 in den Norden, zunächst durch das Riwaka Valley. Bald schon schraubt sich die Straße in engen Serpentinen die Takaka Hills hinauf und erreicht etwa 20 km hinter Motueka die Passhöhe von fast 800 m. Hier oben, eine Wasser- und Wetterscheide, hat man einen großartigen Blick auf die beiden berühmten Buchten und auf die Gipfel der Berge, die immerhin über 1.000 m hoch sind. Die Höhlensysteme des Gebirges sind weithin bekannt und ziehen Forscher aus aller Welt an. Besucher sollten sich die leicht zugänglichen Tropfsteinhöhlen **Ngarua Caves** nicht entgehen lassen, die vor der Passhöhe rechts direkt am Highway 60 liegen. Das Gestein der Takaka Hills besteht aus einer 450 Mio. Jahre alten Kalksteinformation, die hier unter enormem Druck und Hitze zum sogenannten Takaka-Marmor zusammengepresst wurde. Diesen hat man in vielen neuseeländischen Gebäuden verarbeitet, etwa in der Kathedrale von Nelson und im Parlament in Wellington. Das Grundmaterial Kalkstein, das sich an der Oberfläche als sehr poröse Karstlandschaft zeigt, wurde von Bächen und vom Regenwasser ausgehöhlt und mit der Zeit entstanden jene bizarren Stalaktiten und Stalagmiten, die Besucher heute bei einem rund 360 m langen Rundgang bewundern können. Wann diese Gänge zum ersten Mal entdeckt wurden, ist unbekannt, aber es haben sich an den Wänden Inschriften von Siedlern des 19. Jh. erhalten, so z. B. eine aus dem Jahr 1876. Mehrere Moa-Knochen beweisen, dass die großen Laufvögel häufig durch die poröse Oberfläche einbrachen und hier verendeten. Die Ngarua Caves sind nur innerhalb einer interessanten, 40-minütigen Führung zu erkunden, bei der man bisweilen den seltenen Kunstgenuss eines „Xylophon"-Spiels auf hohlen Stalagmiten erleben kann.

Tropfsteinformationen ...

The Ngarua Caves, *Takaka Hill, © 03-5288093, Sept.–Mitte Juni tägl. 10–17 Uhr, Führung jeweils zur vollen Stunde, letzte Führung 16 Uhr, NZ-$ 15, Kinder 5–15 Jahre NZ-$ 5.*

Wenige Kilometer hinter den Tropfsteinhöhlen, aber noch vor dem Aussichtspunkt auf der Passhöhe, zweigt rechts die unasphaltierte, 11 km lange Canaan Rd. ab, die an einem Parkplatz endet. Hier starten die beliebten **Karst-to-Coast-Wanderungen** hinunter zum Meer. Zur anderen Seite gelangt man in 30 Min. zum **Harwood's Hole**, das mit 400 m Tiefe und 70 m Breite die größte Öffnung zur unterirdischen Höhlenwelt auf der südlichen Erdhalbkugel darstellt. Unterwegs durchquert man einen märchenhaften Wald voller Silberbuchen sowie einen Abzweig zu einem gut platzierten Lookout (ca. 10-minütiger Abstecher). Auch wenn die Strecke anfänglich nach einem bequemen Spazierweg aussieht, sind Wanderschuhe zu empfehlen. Außerdem ist äußerste Vorsicht bei der Annäherung an das Loch angebracht, da es hier in den letzten Jahren zu tödlichen Unfällen von Touristen gekommen ist.

... und tiefe Höhlen

Auf dem Highway 60 markiert das Schild Welcome to Golden Bay die Passhöhe. 400 m weiter erreicht man den **Harwood Lookout**, der eine weite Sicht auf das flache Takaka River Valley, die gegenüberliegende (im Frühjahr noch schneebedeckte) Bergkette und die Golden Bay freigibt. Am schönsten ist der Blick, wenn man links der Straße auf die Anhöhe hinaufgeht. Informationstafeln geben Hinweise zur Geologie der Karstformationen und zur Geschichte des Tals.

Nach dem Lookout windet sich die Straße zur Talsohle hinab und überquert auf einer schmalen Brücke den Takaka River. Bei Hochwasser sind Überflutungen möglich, sodass alle weiteren Ziele im Nordwesten von den Straßenverbindungen zur Außen-

Kraftwerk
welt abgeschnitten sind. Flussaufwärts zweigt eine Straße vom Highway 60 ab, die rund 30 km lang und teilweise unasphaltiert ist. Ziel ist das beeindruckende Wasserkraftwerk **Cobb Hydro Station** (Leistung: 32.000 KW), das seit 1944 das aufgestaute Wasser mittels Turbinen in elektrische Energie verwandelt. Vom Kraftwerk kann man auf schwieriger Strecke zum 875 m hohen Pass weiterfahren, ab wo es zum schönen Stausee hintergeht.

Das **Cobb Valley** ist nicht nur ein landschaftlich reizvolles Ziel, sondern wegen der vielen Versteinerungen von zusätzlichem Interesse. Besonders die etwa 540 Mio. Jahre alten Fossilien (Trilobiten, Brachiopoden, Gastropoden u. a.) sind hier häufig aufzufinden. Die bekannteste Fundstelle ist der **Trilobite Rock** in der Nähe des Stausees. Diese Strecke ist zugleich die einzige Zufahrt zum Kahurangi-Nationalpark. Zu beiden Zielen werden von Motueka und Collingwood aus Ganztagestouren und spezielle Führungen zum Thema „Versteinerungen" angeboten.

Vom Takaka River geht es an Weiden mit Schafen, Kühen und Rotwild, an Obstbäumen, Marmorbrüchen und vereinzelten Farmen – viele davon im Besitz von „Aussteigern" – vorbei in den Ort **Upper Takaka**. Bleiben Sie hier auf dem Highway 60, auch nach der Brücke bei Uruwhenua – die Straße über East Takaka ist keine Abkürzung! – und fahren Sie in den 1.200-Einwohner-Ort Takaka hinein. Etwa auf Höhe des Golden Bay i-SITE Visitor Centre teilt sich die Straße: der Highway 60 führt zum 28 km nordwestlich gelegenen Collingwood (s. S. 427), die rechts abzweigende Straße zum 33 km nordöstlich gelegenen Totaranui. Letztere ist schmal und kurvenreich. Immer der Küstenlinie der Golden Bay folgend bietet sie jedoch eine prächtige Szenerie. Hinter der Zementfabrik lohnt es sich, links zum Abel Tasman Monument hochzusteigen, weniger wegen der schlichten, von Königin Juliane enthüllten Plakette zur Erinnerung an den ersten Europäer in Neuseeland, sondern wegen des atemberaubenden Blicks über die Bay. Auf einer abschnittsweise unasphaltierten Piste geht es weiter nach **Takapou** und an der Wainui Bay entlang, bis eine schmale Stichstraße zu einem Wiesenparkplatz führt. Ab hier wandert man in etwa 30 Minuten zu den **Wainui Falls**: zuerst über eine Kuhweide, dann durch den faszinierenden Urwald, über eine Hängebrücke und an dem reißenden Wildbach entlang. Die Fälle selbst sind nicht sonderlich spektakulär, aber der Weg dorthin lohnt sich.

Atemberaubender Blick

Zurück am Parkplatz lässt sich die Exkursion verlängern, indem man über eine Serpentinenstraße nach Totaranui fährt. Hier liegen das Visitor Centre des Nationalparks und der schöne Totaranui Beach. Allerdings wird dann die Zeit etwas knapp, denn allein die Strecke Motueka–Takaka beträgt 57 km. Anderseits gibt es in den Küstenorten an der Golden Bay etliche kleine Pensionen und Campingplätze.

Der Abel Tasman Coastal Track erschließt eine der schönsten Küstenlandschaften Neuseelands

Reisepraktische Informationen Abel Tasman National Park

Information

Abel Tasman Centre, Waterfront, Marahau, ✆ 0800-808018, www.abeltasmancentre.co.nz, tägl. 8–18, im Winter 10–16 Uhr. Zentrale Informations- und Buchungsstelle für den Nationalpark.
Golden Bay i-SITE Visitor Centre, Willow St. (Hwy. 60), Takaka, ✆ 03-5259136, www.goldenbaynz.co.nz, tägl. 9–17, im Winter 10–16 Uhr. Infos zum **Nordwesten**.
Das **DOC-Büro** befindet sich 100 m vom Information Centre entfernt (62 Commercial St., Takaka, ✆ 03-5258026, E-Mail: goldenbayao@doc.govt.nz, Mo-Fr 8–16 Uhr). Hier erhält man wertvolle Hinweise zum Abel Tasman National Park und Kahurangi National Park, Farewell Spit, Cobb Valley etc., Hütten- und Campinganmeldung, Wanderkarten.

Unterkunft
Hotels/Motels

**Awaroa Lodge $$$$–$$$$$**, Abel Tasman National Park, ✆ 03-5288758, www.awaroalodge.co.nz, DZ NZ-$ 395–495. Unter Berücksichtigung ökologischer Aspekte errichtete, urgemütliche und stimmungsvolle Lodge mit einzelnen Hütten, Suiten und Chalets. Nur zu Fuß, per Kajak, mit dem Wassertaxi oder Kleinflugzeug ab Nelson zu erreichen, Restaurant, Weinkeller, Café, Sauna, Kajakverleih, Ausflüge, Vermittlung von DOC-Hütten.
**Abel Tasman Ocean View Chalets $$$–$$$$**, Marahau Beach, 305 Sandy Bay Rd., ✆ 03-5278232, www.accomodationabeltasman.co.nz, DZ NZ-$ 145–280. Komfortable Holzhäuschen in Hanglage mit Veranda und Küche, deutsche Leitung, 5 Min. zu Fuß zum Abel Tasman National Park.

**Kimi Ora Spa Resort $$$–$$$$**, Kaiteriteri, Martin Farm Rd., ℗ 0508-5464672 u. 03-5278027, www.kimiora.com, DZ NZ-$ 179–259. Interessantes Haus unter deutscher Leitung, das sich ganz der Gesundheit seiner Gäste verschrieben hat. Nikotin- und alkoholfrei, einzelne Chalets mit Meerblick, Swimmingpool, Massage, Sauna, Sporträume, sehr gutes vegetarisches Restaurant, Tennisplatz und weitere Fitnessangebote.
**Golden Bay Motel $$**, Takaka, 132 Commercial St., ℗ 0800-401212, www.goldenbaymotel.co.nz, DZ NZ-$ 95–140. Gut geführtes, familienfreundliches Motel mit 9 geräumigen Zimmern (alle mit Kitchenette), schöner Garten, ruhige Lage.

Bed & Breakfast
**Kaiteriteri Bayview B&B $$$**, Kaiteriteri, 2 Bayview Heights, Tel. 03-5278090, www.kaiteriteribandb.co.nz, DZ NZ-$ 195. Modernes, zweistöckiges Haus am Strand, Panoramablicke von jedem Zimmer, üppiges Frühstück.

Backpacker-Hostels
**Kaiteri Flashpackers $–$$**, Kaiteriteri Beach, Inlet Rd., ℗ 03-5278281, www.kaiterilodge.co.nz, DZ NZ-$ 80–160, im Mehrbettzimmer NZ-$ 35. Komfortherberge direkt am Strand mit Mehrbett-, Doppel- und Familienzimmern, Küche, BBQ-Möglichkeit, Lounges.
**The Barn $–$$**, Marahau, 14 Harvey Rd., Abel Tasman NP Entrance, ℗ 03-5278043, www.barn.co.nz, DZ ab NZ-$ 58, im Mehrbettzimmer ab NZ-$ 26. Schön gelegenes Hostel mit Doppel- und Mehrbettzimmern und Zeltgelegenheit, Kajakverleih, Reitmöglichkeit.

Camping
Abel Tasman Marahau Beach Camp, Marahau, Waterfront, ℗ 0800-808018 u. 03-5278176, www.abeltasmancentre.co.nz. Dem Nationalpark am nächsten gelegener Campingplatz, Zelt- und Campervanplätze, Cabins ($$), Backpacker-Unterkunft ($–$$), Kajakverleih, Wassertaxi, Laden, Café-Restaurant.
Kaiteriteri Beach Motor Camp, Kaiteriteri, 5 Sandy Bay Rd., ℗ 03-5278010, www.kaiteriteribeach.co.nz. Große Anlage mit Zelt- und Campervanplätzen, Cabins und On-Site-Caravans ($$), Bootsanleger, Personenfähre zum Nationalpark, Laden.
Innerhalb des Nationalparks stehen Wanderern mehrere Zeltplätze und Hütten des Department of Conservation zur Verfügung. Weitere gute Campingplätze gibt es in Takaka sowie am Pohara Beach (10 km), Tukuru Beach (18 km) und Totaranui Beach (33 km).

Essen und Trinken
Mussel Inn, 1259 Hwy. 60, Onekaka (18 km nördl. von Takaka), ℗ 03-5259241, www.musselinn.co.nz, tägl. ab 11 Uhr, moderat. Nomen est omen – in dem urigen Lokal mit Kultstatus kommen vorwiegend Muschelgerichte auf den Tisch. In der hauseigenen Mini-Brauerei werden Craft Beers kreiert, darunter das Heatrash Chili Beer mit eingelegter Chili-Schote. Do–So abends regelmäßig Live-Musik, von Folk über Jazz bis Reggae.
Wholemeal Café, Takaka, 60 Commercial St., ℗ 03-5259426, www.wholemealcafe.co.nz, tägl. 9–21 Uhr, moderat. Kreative Bistro-Küche, alle Ingredienzen aus ökologischem Anbau.

Aktivitäten
Die Küstenregion des Parks und sein Hinterland lassen sich am besten zu Fuß erkunden, aber auch Bootsausflüge, Reiten, Kajaking, Wasserski, Schwimmen mit Delfinen etc. sind möglich.

Bootsausflüge und geführte Wanderungen
Abel Tasman Aqua Taxi, Marahau, ✆ 0800-278282 u. 03-5278083, www.aquataxi.co.nz. Minikreuzfahrten u. a. zur Robbenkolonie (ab NZ-$ 72), regelmäßiger Bootsservice auf der Route Marahau/Torrent Bay/Bark Bay/Tonga/Awaroa Lodge, Angeltouren, Dolphin Watching.

Abel Tasman Seal Swim, Marahau, ✆ 0800-732529 u. ✆ 03-5278136, www.sealswim.com. 3-stündige Touren zur Robbenkolonie, bei denen man mit den Seehunden schwimmen kann. Die Ausrüstung wird gestellt (NZ-$ 179, Kinder 12–15 Jahre NZ-$ 130), Wassertaxi-Service zur Torrent Bay und nach Totaranui.

Marahau Water Taxis, Marahau, ✆ 0800-808018, www.abeltasmancentre.co.nz. Regelmäßiger Bootsservice auf der Route Marahau/Torrent Bay/Bark Bay/Tonga/Awaroa Lodge sowie halb- und ganztägige Bootsausflüge.

Wilsons Abel Tasman National Park Enterprises, Kaiteriteri, ✆ 0800-223582 u. 03-528 2027, www.abeltasman.co.nz. Regelmäßige Bootsverbindung von Kaiteriteri nach Tinline, Coquille, Torrent Bay, Bark Bay, Tonga, Awaroa Lodge, Totaranui, Mutton Cove, Tarakohe sowie Bootsausflüge, Minikreuzfahrten und geführte Wanderungen.

Kajakfahren
Abel Tasman Kayaks, Marahau (links neben dem Parkeingang), ✆ 0800-732529 u. 03-5278022, www.abeltasmankayaks.co.nz. Geführte halbtägige (ab NZ-$ 115), eintägige (ab NZ-$ 129) und mehrtägige (ab NZ-$ 445) Kajaktouren (inkl. Unterkunft und Verpflegung), Vermietung von Einzel- und Doppelkajaks, auch one-way (in der Hauptsaison Reservierung ratsam), freier Pick-up-Service ab Motueka oder Nelson, Verleih von Campingausrüstung.
Weitere Anbieter von Kajaktouren oder Kajakverleih sind u. a.

Abel Tasman Kayak Rental, **Marahau**, ✆ 0800-732529 u. 03-5278022, www.freedomrentals.co.nz.

Kaiteriteri Kayak, **Kaiteriteri**, ✆ 0800-252425 u. 03-5278383, www.seakayak.co.nz.

Marahau Sea Kayaks, **Marahau**, ✆ 0800-529257 u. 03-5278176, www.msk.co.nz.

Busse
Zwischen Motueka, Kaiteriteri, Marahau und Takaka verkehren zwei- bis dreimal tägl. Busse der Gesellschaften **Abel Tasman Coachlines** (✆ 03-5288850, www.abeltasmantravel.co.nz) und **Golden Bay Coachlines** (✆ 03-5258352, www.gbcoachlines.co.nz).

Der äußere Nordwesten

Nicht viele ausländische Touristen besuchen den äußeren Nordwesten der Südinsel, da man die dortigen Ziele nicht mit einer Rundfahrt verbinden kann. Kommt man von der Westküste oder will man dorthin, muss man zwangsläufig über Motueka fahren – wenn man nicht wandert. Der berühmte Heaphy Track führt geradewegs durch den Northwest Nelson Forest Park und damit von der Golden Bay (Collingwood) zur Westküste (Karamea). Trotzdem lohnt sich bei ausreichender Zeit der Besuch dieser Region unbedingt, denn Farewell Spit und Cape Farewell sind großartige Naturattraktionen, die kaum jemanden unberührt lassen.

Ab Motueka sind es auf gut ausgebauter, wenn auch kurvenreicher Straße 57 km bis Takaka, wobei man die Takaka Hills überquert (s. S. 420). Hier bleibt man auf dem Highway 60, der parallel zum Küstenverlauf der geschwungenen Golden Bay bis nach Collingwood führt.

Sprudelndes Wasser

Die erste Attraktion liegt bereits 4 km hinter Takaka. In **Waitapu** zweigt hinter der Waitapu Bridge nach links die Pupu Valley Rd. ab, die an Rotwildgehegen vorbei zu den 3 km entfernten **Pupu Springs** (auch Waikorupupu – „sprudelndes Wasser") führt. Die Stichstraße endet nahe einer Lachszuchtanlage an einem großen Parkplatz, von dem man auf abschnittsweise gepflasterten Wegen in 5 Min. zu den Hauptquellen kommt und anschließend auf einem sehr lohnenden Rundweg (insgesamt ca. 15 Min.) an Goldgräberrelikten, den Fish Creek Springs sowie Baum- und Silberfarnen vorbeikommt.

Die Pupu Springs ist mit mehr als 2 Milliarden Litern, die hier täglich aus der Erde sprudeln, eine der produktivsten Quellen der Welt. Der Ausstoß des 11 °C kalten und schwach salzigen Wassers variiert allerdings stark nach Witterung und Jahreszeit. Im Durchschnitt beträgt er 14 m^3 Wasser pro Sekunde, nach heftigen Regenfällen jedoch bis zu 21 m^3 Wasser pro Sekunde. Texttafeln an der Hauptquelle unterrichten über die geologisch besondere Situation, der die Pupu Springs ihre Entstehung verdanken. Durch ein Glasgehäuse kann man in die Unterwasserwelt blicken und über die Vielzahl der Pflanzen und die enorme Weitsicht staunen.

Phänomen der Quelle

Das Phänomen der Quelle ist vereinfacht so zu erklären: das nicht eben niederschlagsarme Gebiet der Takaka Hills besteht aus porösem Kalkstein über einer Schicht aus festem Marmor. Die Niederschläge dringen also nicht sehr tief in den Boden ein und fließen durch natürliche Röhren in das Takaka Valley ab, wo sie nach dem artesischen System wieder nach oben steigen, allerdings nur dort, wo die Bodenbeschaffenheit es erlaubt. Bei den Pupu Springs befindet sich solch eine Region, zudem aber auch weiter draußen im Meer. Das bedeutet, dass mehrere Kanäle unterirdisch in die Bucht hinein verlaufen und dort ebenfalls Süßwasser hochsteigt, gleichzeitig aber ein wenig Meerwasser landeinwärts dringen kann, was den leichten Salzgeschmack der Quelle erklärt. Den Druck der Pupu Springs wussten Goldgräber zu nutzen: Sie hoben Gräben aus und leiteten das Wasser zu ihren Mühlrädern. Auf dem Rundgang sieht man auch die Fish Creek Springs, die nach dem gleichen Prinzip wie die Pupu Springs funktionieren. Sie umfassen 12 Einzelquellen und mehrere sporadische Quellen, die nach heftigen Regenfällen entstehen. Insgesamt liefern sie bis zu 8 m^3 Wasserausfluss pro Sekunde. Nach einer Trockenperiode können jedoch auch alle Quellen versiegen, was allerdings nur selten vorkommt.

Etwa 20 km nach Waitapu und vorbei an den Kalksteinhöhlen von Te Anaroa (11 km) ist Collingwood erreicht, der Endpunkt des Highways, von dem eine schmale Straße zum 14 km nördlich gelegenen **Pakawau** und weiter zum **Puponga Point** führt. Die **Golden Bay**, die man bei der Fahrt immer im Blick hat, erhielt ihren Namen erst, nachdem in Collingwood ab 1857 Gold gefunden wurde. Ihr Entdecker, der holländische Seefahrer Abel Tasman, hatte sie nach seinen schlechten Erfahrungen mit den Ureinwohnern Murderers' Bay genannt, James Cook zunächst Blind Bay, später ebenfalls Murderers' Bay und der Franzose Cesar Dumont d'Urville Massacre Bay – beide auf Tasmans Berichte anspielend. Nachdem man 1842 in Takaka Kohle fand und hier verschiffte, trug die schöne Bucht den profanen Namen Coal Bay. Zu den Sandstränden und Badebuchten passt die heutige Bezeichnung aber eindeutig besser. Passionierte Taucher sollten wissen, dass die Bucht extrem flach ist und der Meeresgrund fast immer in erreichbarer Nähe; durch die weit ausschwingende Farewell Spit (*spit* heißt Landzunge) ist sie außerdem vor Stürmen und hohem Wellengang geschützt und garantiert fast immer den ungestörten Genuss jeder Wassersportart. Das Zentrum der Bay ist Collingwood, das man auf einer wunderschönen Strecke erreicht, die an Seen und Buchten entlangführt.

Ideal zum Tauchen

Collingwood, Farewell Spit und Cape Farewell

Der 250-Seelen-Ort **Collingwood** markiert das Ende der Zivilisation in dieser Region und ist zugleich Ziel- und Startpunkt für Ausflüge. Benannt wurde er nach Admiral Collingwood, einem Gefährten Lord Nelsons. Immer noch herrscht hier die Atmosphäre einer Goldgräbersiedlung, der Collingwood seine Entstehung verdankt. Trotz der Abgelegenheit ist der Ort für alle touristischen Aktivitäten in der Region bestens gerüstet und verfügt über Motels, einen Campingplatz und mehrere Farm Stays. Am Ortseingang stehen zur Rechten die hübsche St. Cuthbert's Church, ein Denkmal und das historische Courthouse. An der Linkskurve findet man ein Café und das Collingwood Museum, ein sympathisches Ein-Raum-Heimatmuseum mit einem Sammelsurium aus Erinnerungsstücken (Tasman St., © 03-5248131, tägl. 9–17 Uhr, Spende erbeten). In der nahezu einzigen Straße des Orts liegten auch die Collingwood Tavern, die Post und zwei Reiseveranstalter, die gleichzeitig als örtliche Touristeninformationen fungieren.

Der **Strand** ist – zumal bei Ebbe – recht schmal, kann aber trotzdem zum Baden und für Wassersport genutzt werden. Ziele für Wanderer in der näheren Umgebung sind gut platzierte Aussichtspunkte und bizarre Sandsteinformationen, wie etwa Devil's Boot. Lokale Veranstalter bieten Tagestouren an. Am beliebtesten sind die Ausflüge zum Farewell Spit, ins Aorere Valley und zum Heaphy Track.

Für das Naturwunder **Farewell Spit** und den westlichen Küstenabschnitt mit dem Pillar Point Lighthouse und dem lagunenartigen Westhaven Inlet sollte man etwas Zeit mitbringen. Falls man sich nicht einer Geländewagentour ab Collingwood anschließt, bleibt einem die sandige Landzunge im äußersten Norden verschlossen, doch lohnt sich für Individualtouristen auch der Ausflug bis Puponga Point. Die Straße dorthin ist schmal, aber asphaltiert und meistens eben. In schnellem Wechsel kommt man an Palmen- und Farnwäldern, Schafweiden, Sumpfgebiet, Flussmündungen, Tannenwäldern und etwa auf halber Strecke an dem kilometerlangen **Pakawau Beach** vorbei, der sich zum Schwimmen und Picknicken anbietet.

Puponga Point

Am Abel Head, wo die Straße endet, liegt inmitten einer spektakulären Felsszenerie mit Naturbrücken der **Puponga Farm Park**, ein 478 ha großes Naturschutzgebiet, in dem noch drei Farmen mit etwa 4.000 Schafen und 180 Rindern in Betrieb sind. Hier befindet sich auch das moderne **Farewell Spit Visitor Centre**, das neben Informationen und einem weiten Blick auf Farewell Spit auch Kaffee, Kuchen und Sandwi-

Der farbenprächtige Kea steht unter Naturschutz

ches anbietet. Eine Fotoausstellung dokumentiert die vielfältige Vogelwelt (u. a. machen Zehntausende von sibirischen Zugvögeln auf Farewell Spit Station) und vor allem die aufsehenerregenden Landungen von Walen in der jüngeren Vergangenheit.

Im Januar 1991 etwa strandeten hier 325 Wale, die unter großen Anstrengungen von Tierschützern und Anwohnern gerettet werden konnten. Von den einigen Dutzend Walen, die hier aus unbekannten Gründen 1992 orientierungslos angeschwemmt wurden, verendeten allerdings die meisten. Ein Walskelett hinter dem Besucherzentrum erinnert an diese Tiertragödie. Im November 2007 strandeten hier erneut rund 100 Pilotwale, von denen dank des unermüdlichen Einsatzes von Hilfskräften etwa 80 in tiefere Gewässer zurückgebracht und gerettet werden konnten.

Man sollte es nicht versäumen, auf der anderen Seite den kleinen Hügel zu besteigen, um die hervorragende Aussicht auf die Landzunge und die Golden Bay zu genießen. Wer sich dem Farewell Spit wandernd nähern möchte, sollte sich im Visitor Centre nach den aktuellen Beschränkungen erkundigen.

Dünenreiche Landzunge

Die eigentümlich amphibische Landschaft des **Farewell Spit** erhielt ihren Namen 1770, als an dieser Stelle James Cook Neuseeland „Good Bye" sagte. Es handelt sich um eine langgezogene Landzunge, die sich 24 km nach Norden erstreckt und die flache Golden Bay von der Tasman See trennt. Das früher bewachsene und als Schafweide dienende Farewell Spit prägen heute 30 m hohe Sanddünen. Bei Flut sind die 800 m, bei Ebbe aber bis zu 6 km breit. Der Leuchtturm auf Stelzen ist das einzige Zeichen menschlicher Existenz. Da man die Landzunge nur bei Ebbe und nur mit Spezialfahrzeugen befahren kann, ist es ratsam, an einer Allradsafari ab Collingwood teilzunehmen. Am äußersten Ende der Südinsel hat man oft Gelegenheit, Wale zu beobachten – ganz abgesehen von Robben und den ständig präsenten Seevögeln, vor allem in der riesigen Tölpelkolonie. An ganz klaren Tagen reicht der Blick bis zum Mt. Taranaki auf der Nordinsel, dessen Schneehaube auf dem Horizont zu schwimmen scheint.

Strandtipp

Wenn man ca. 200 m vor dem Visitor Centre auf einem rund 6 km langen Schotterweg in Richtung Westen fährt und am Ende der Straße – vom Parkplatz an der Schafsfarm – einen Pfad etwa 20 Min. entlangläuft, kommt man zu einem der schönsten Strände des Landes, dem **Wharariki Beach**.

Reisepraktische Informationen Collingwood/Farewell Spit

Information
Farewell Spit Visitor Centre, Farewell Spit, ⓒ 03-524 8454, im Sommer tägl. 9–18, Jan. bis 20 Uhr, sonst 10–16 Uhr, Juni–Aug. geschlossen. Vielfältige Infos zur Region, Startpunkt von Wanderwegen, gutes Café.

Unterkunft
Motel
**The Station House Motel $$**, Collingwood, 7 Elizabeth St., ⓒ 03-5248464, www.accommodationcollingwood.co.nz, DZ NZ-$ 110–120. Komfortables zentrales Motel in der alten Polizeiwache des Orts mit Haupthaus und zwei Gästehäusern, auch B&B möglich.

Bed & Breakfast
**Collingwood Homestead $$$$**, Collingwood, Elizabeth St., ⓒ 03-5248079, www.collingwoodhomestead.co.nz, DZ NZ-$ 265. Stilvolle B&B-Unterkunft in einer Villa von 1904, kurzer Weg zum Strand, Sonnenterrasse mit herrlichem Blick, 4 Zimmer mit allem Komfort.

Backpacker-Hostel
The Innlet $–$$, Collingwood, ⓒ 03-5248040, www.goldenbayindex.co.nz, DZ NZ-$ 65–98, im Mehrbettzimmer ab NZ-$ 27. 10 km nördl. von Collingwood an der Straße nach Pakawau. Schönes Haupthaus und mehrere Cottages, gemütliche Atmosphäre, Zeltmöglichkeit, Doppel- und Mehrbettzimmer, geführte Kajak- und Wandertouren, oft ausgebucht.

Camping

Pakawau Beach Park, Pakawau, Puponga Rd., ⓒ 03-5248327, www.nzcamping.com. Kleiner, schöner Platz, 15 km nördl. von Collingwood auf dem Weg nach Farewell Spit am Strand, Cabins, Backpacker-Unterkunft, Motel ($$), Tennis, Laden, Kajakverleih.
Wharariki Beach Holiday Park, Puponga, ⓒ 03-5248507, www.wharariki beachholidaypark.co.nz. Naturnaher Campingplatz, 25 km nördl. von Collingwood in der Nähe des Wharariki Beach, Stellplätze für Zelte und Campervans, Cabins und Backpacker-Unterkunft.

Ausflüge
Farewell Spit Eco Tours, Collingwood, Tasman St., ⓒ 0800-808257 u. 03-5248257, www.farewellspit.com. Trips zum Leuchtturm am Ende des Farewell Spit (6 Std. 30 Min., NZ-$ 135, Kinder 5–15 Jahre NZ-$ 55) und zur dortigen Tölpelkolonie (6 Std. 30 Min., NZ-$ 145, Kinder 5–15 Jahre NZ-$ 55), ebenso Transporte zum Heaphy Track, zu verlassenen Goldgräbersiedlungen. Aufbruch meist früh morgens, Reservierung empfohlen.
Farewell Spit Nature Experience, Pakawau, ⓒ 0800-250500 u. 03-5248992, www.farewell-spit.co.nz. Das Unternehmen startet Mo-Fr 9.30 Uhr zur alten Postbotenroute an die nördliche Westküste (Mail Run, 5 Std.) sowie tägl. zum Farewell Spit (4-stündige Tour NZ-$ 120, Kinder 5–15 Jahre NZ-$ 55, 6-stündige Tour NZ-$ 135, Kinder 5–15 Jahre NZ-$ 55). Zudem Transfers zum Heaphy Track und nach Bedarf zu weiteren Punkten.

Kajakfahren
Golden Bay Kayaks, Tata Beach, ⓒ 03-5259095, www.goldenbaykayaks.co.nz. Geführte Kajaktouren und Kajakverleih.

Zum Aorere River und zum Heaphy Track

Am Aorere River, der nach einem tiefen Canyon nördlich von Collingwood ins Meer mündet, fand man im Februar 1857 fünf Unzen (= 142 Gramm) Gold und löste damit den ersten, drei Jahre dauernden neuseeländischen Goldrausch aus. Das historische Gebiet, das noch bis zum Ersten Weltkrieg Glücksritter aus aller Welt anzog, erreicht man auf einer größtenteils unasphaltierten Straße, die kurz hinter Collingwood auf dem Weg nach Puponga (s. o.) links abzweigt und dem Aorere River flussaufwärts folgt (Hinweisschild: Rockville 7 km, Bainham 17 km).

Eine in dieser Einöde unerwartete Attraktion ist das Bungee Jumping, das in **Rockville** Wagemutigen angeboten wird. Das historisch interessantere Ziel sind jedoch die **Aorere Goldfields**, wo man noch die Claims und Quarzfelder von Bainham und den alten Bainham General Store sieht oder dem Golden Bay Machinery & Settlers Museum einen Besuch abstattet (© *03-5248131, tägl. 9–17 Uhr, Spende erbeten*).

Bekannter Wanderweg

Auf der Strecke Rockville-Bainham erreicht man 28 km hinter Collingwood den östlichen Startpunkt des bekannten **Langstreckenwanderwegs Heaphy Track**, die Brown Hut. Ab hier kann man, je nach Kondition, die 78,5 km zum Kohaihai Shelter in vier bis fünf Tagen zurücklegen. Übernachtet wird in Berghütten, die im Abstand von 7 bis 16 km aufeinander folgen. Obwohl recht stark frequentiert, ist der nach dem Forscher und Künstler Charles Heaphy benannte Track, den später Heerschaaren von Goldsuchern nutzten, immer noch ein grandioses Naturerlebnis.

Das variationsreiche Spiel der Landschaften mit Tussock-Grasebenen, Canyons, Nikau-Palmenwäldern, Steilküsten und Orchideen, Lilien, Enzian etc., die einzigartige Pflanzen- und Tierwelt und das Wandern „von Meer zu Meer" machen den Heaphy Track zu einem der schönsten Wanderwege Neuseelands. Geführte Touren sowie Gepäck- und Personentransfer (auch mit dem Lufttaxi) können in Collingwood, Motueka oder Nelson organisiert werden. Nähere Informationen geben die Departments of Conservation in Nelson, Takaka, Westport sowie die Agenturen in Collingwood.

Der Kahurangi National Park

Der 1993 eingerichtete **Kahurangi-Nationalpark** ist mit etwa 5.000 km² der zweitgrößte des Landes. Er erstreckt sich westlich von Motueka bis zur Tasman Sea und ist insbesondere für Wanderer gut geeignet (wenn bisher auch nur relativ wenige Tracks angelegt worden sind). Seine herrliche Landschaft umfasst den 1.795 m hohen Mt. Arthur und ähnlich eindrucksvolle Berge wie den Hoary Head und Mt. Crusader, ebenso wie Tussock-Grasweiden, Steilküsten, Wasserfälle und spektakuläre Täler. Insbesondere beheimatet er gut 100, teils seltene Vogelarten (u. a. Keas, Kakas und blaue Enten) sowie 50 % aller neuseeländischen und 80 % aller alpinen Pflanzenarten.

Beeindruckende Natur

Individualtouristen, die diese einmalige Landschaft kennenlernen möchten, erhalten von den DOC-Büros der Region Informationen. Bislang kann man den Park nur begrenzt auf eigene Faust erkunden. Eine Möglichkeit ist die Strecke am **Takaka River** entlang bis zum Parkplatz unterhalb des Mt. Arthur (Flora Carpark & Lookout, 945 m ü. d. M.).

Die Westküste der Südinsel

Streckenübersicht und Zeiteinteilung

Wer von der Nordküste der Südinsel, also den Provinzen Nelson und Marlborough, zur Westküste fährt, lernt das ganze Spektrum neuseeländischer Landschaftsbilder kennen. Nach ca. 200 Kilometern hat man nach dem Canyon des Buller River den warmen und sonnigen Norden mit seinen Sandstränden und lieblichen Hügeln hinter sich gelassen und die raue, abgeschiedene West Coast erreicht. Hier erwarten Sie undurchdringliche Nikau-Palmen- und Farnwälder, die schneebedeckten Gipfel der Southern Alps, riesige Gletscherzungen, die fast bis auf Meeresniveau herabreichen, stille Bergseen und urtümliche Goldgräbersiedlungen. Und es erwartet Sie – statistisch gesehen – ein sehr viel schlechteres Wetter als im Norden: Über der stürmischen Tasman Sea ziehen die Wolkenfelder heran, die dann an den Westflanken der Southern Alps abregnen – die höchsten Niederschlagsmengen des Landes sind die Folge.

Alpengipfel, Gletscher und Fjorde

Jeder, der zur Westküste will, muss bisweilen beträchtliche Höhenunterschiede bewältigen, wobei die Passstrecken im Norden noch die gemäßigteren sind. Einmal auf dem Highway 6 in Westport angekommen, verläuft die Route gen Süden auf einem relativ schmalen Landstreifen zwischen dem Meer und dem Hochgebirge. Nur wenige Pässe führen von hier wieder nach Osten, etwa der Lewis Pass, Arthur's Pass und Haast Pass. Trotz der Abgeschiedenheit und der rauen Umweltbedingungen hat die Westküste einiges zu bieten: die kontrastreichen Landschaften der Scenic Reserves und des Westland National Park, verlassene und intakte Goldminen und von Wild-West-Romantik geprägte Städte.

Theoretisch ist es möglich, von Motueka bis Haast in einem langen Tag durchzufahren, aber das wäre sehr schade. Wer keine großen Wanderambitionen hat, aber das Wichtigste sehen möchte, sollte sich **mindestens drei Tage** Zeit lassen.

Minimalprogramm

1. Tag: Fahrt von Motueka (Nelson/Blenheim) durch das Buller Valley nach **Westport** (kurze Stadtbesichtigung), dann über die eindrucksvollen **Pancake Rocks** nach Greymouth.

2. Tag: Besichtigung von **Greymouth** und **Shantytown**, Halt in **Hokitika** und weiter bis zum **Franz Josef Glacier**. Dort Wanderung oder Helikopterflug.

3. Tag: Aufenthalt im **Westland National Park** mit Besuch des Fox Glacier, des Gillespie Beach oder Lake Matheson. Evtl. Weiterfahrt zum **Haast Pass** oder ab da nach **Wanaka** (145 km) bzw. **Queenstown** (255 km).

Damit sind auch die Orte angegeben, an denen eine Übernachtung ratsam erscheint. Ohne Schwierigkeiten kann man jedoch auch in St. Arnaud, Westport, Hokitika und Haast Quartier beziehen.

Von Nelson/Motueka über Westport nach Greymouth

Sofern Sie nicht von der Ostküste (Christchurch oder Kaikoura) anreisen und deshalb über den 905 m hohen Lewis Pass (Hwy 7) zur Westküste kommen, werden Sie wahrscheinlich von Nordosten das Tal des Buller River entlang bis nach Westport fahren. Mögliche Startpunkte Ihrer Reise sind dabei Picton bzw. Blenheim (Hwy 63, 127 km von Blenheim nach Kawatiri Junction), Nelson (Hwy 6, 93 km bis Kawatiri Junction) oder Motueka (Hwy 61) – ab Kawatiri Junction sind alle diese Wege im Highway 6 vereint.

Anreise ab Motueka/Nelson

Redaktionstipps

Sehens- und Erlebenswertes
- Besuch einer der historischen oder noch genutzten **Goldminen** in Charleston, Greymouth, Hokitika oder Ross (S. 441).
- Besichtigung der **Pancake Rocks** von Punakaiki (S. 442).
- Den Sonnenuntergang am **Lake Matheson** östlich von Fox erleben (S. 456).

Aktivitäten
- Wandern im **Nelson Lakes Nationalpark**, insbesondere am Lake Rotoiti (S. 436).
- **Whitewater Rafting** ab Murchison bzw. Westport oder **Blackwater Rafting** und **Abseiling** ab Greymouth (S. 447).
- Kanufahrt auf der **Okarito Lagoon** oder geführte Bootstour zur dortigen White Heron-Kolonie (S. 453).
- Erleben des **Franz Josef-** und/oder **Fox-Gletschers** mit geführter Gletscherwanderung und Helikopterrundflug samt Landung auf den Schneefeldern (S. 454).
- Fahrt von **Haast** zur **Jackson Bay** mit Wanderung zur Kolonie der Fiordland Crested Penguins (S. 460).

Einkaufen
- Reiseandenken gibt es in **Hokitika**, Produktionsort für neuseeländisches Kunstgewerbe – besonders aus Jade (S. 452).

Beim Startpunkt Motueka nimmt man im Kreisvehr am südlichen Ortsausgang den Highway 61, der auf den folgenden Kilometern noch keine großen Veränderungen im Landschaftsbild mit sich bringt. Entlang der gut zu fahrenden Straße mit nur wenigen kurvigen Abschnitten bieten häufig Obstbauern an Ständen ihre Ware an. Legen Sie also ruhig mal eine Rast ein und lassen sich dabei eine Kostprobe der schmackhaften Erd-, Him- oder Blaubeeren nicht entgehen! Später werden die landwirtschaftlich genutzten Flächen und sanften Hügel von Waldgebieten und deutlich höheren Bergrücken abgelöst. Hinter **Tapawera** vereinigt sich die Straße mit dem Highway 6. Wer in **Nelson** (über Brightwater und Wakefield) zur Westküste aufgebrochen ist, fährt von Anfang an den Highway 6.

Nach einigen Kilometern weist ein Schild mit der Aufschrift St. Arnaud auf einen lohnenden Umweg hin: Dabei zweigt man links vom Highway ab und gelangt auf gut zu fahrender Strecke bis zur Weggabelung mit dem Highway 63. Kurz vorher ist ein Stopp am historischen **Top House** empfehlenswert. Dieses flache Gebäude diente ab den 1880er-Jahren den Pionieren dieser Region als Hotel und war in den unruhigen Zeiten Schauplatz so mancher Bluttat. Heute kann man hier eine Tee- oder Kaffeepause einlegen, zu Abend essen, Kunsthandwerk kaufen und übernachten. Auf den Highway 63 biegt man dann

Von Nelson/Motueka über Westport nach Greymouth

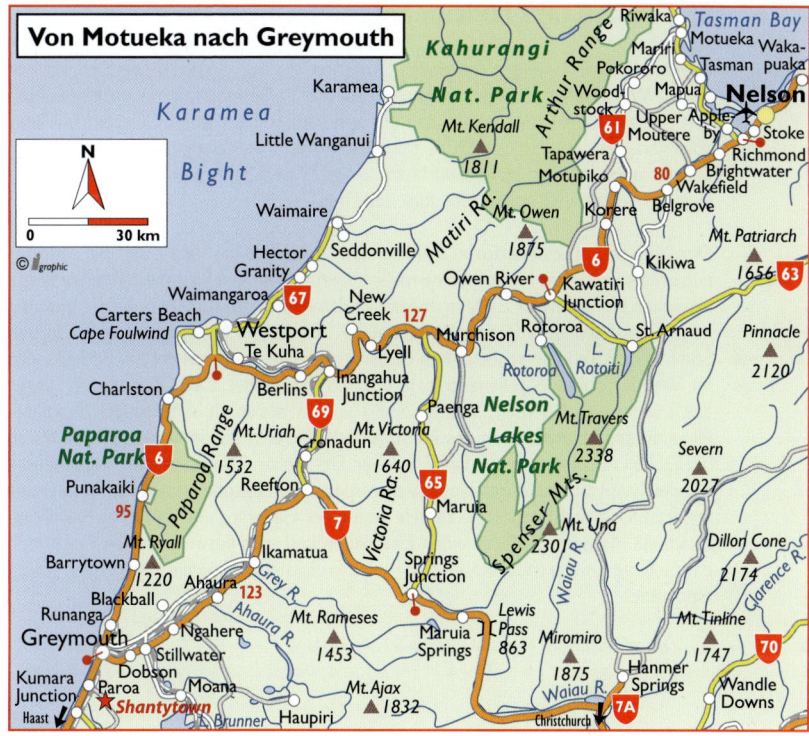

rechts ein und erreicht nach wenigen Minuten **St. Arnaud**, das Zentrum des Nelson Lakes National Park (s. S. 434), von wo es noch etwa 25 km bis **Kawatiri Junction** sind. Wer diese etwa 60 km längere Strecke nicht auf sich nehmen und den Nationalpark sozusagen links liegen lassen möchte, kann über den Highway 61 Kawatiri Junction auf direktem Weg ansteuern, wobei die Passstrecke des Hope Saddle zu überwinden ist.

Anreise ab Blenheim

Im Vergleich zu der oben beschriebenen Anreise ist die Strecke ab Blenheim bzw. Picton nicht ganz so interessant, hat aber durchaus ihre landschaftlichen Reize. Sie folgt im Wesentlichen dem Verlauf des Wairau River, in dessen breitem Tal der Highway 63 abschnittsweise schnurgerade verläuft und zügiges Fahren ermöglicht. Schließlich aber werden die Berghänge höher und rücken näher zusammen. Im Winter ist auf den Stichstraßen, die nach links ins Gebirge führen, recht viel Betrieb, da dort einige Lifte Skifahrer zu ihren Abfahrtsstrecken bringen. Wenige Kilometer nach der Weggabelung mit der Verbindungsstraße nach Motueka (s. S. 416) gelangt man nach St. Arnaud.

St. Arnaud und Nelson Lakes National Park

St. Arnaud ist ein wenig aufregendes Dörfchen, das nur einige Hundert Einwohner hat, im Winter aber als Skisportzentrum gilt und im Sommer als Hauptort des Nelson Lakes National Park. Bevor man ihn erkundet, sollte man im Ortszentrum links abbiegen und das moderne DOC-Informationsbüro besuchen, das nur 100 m vom Seeufer entfernt liegt. St. Arnaud bietet einige Unterkünfte, an denen man auf dem Highway vorbeifährt, sowie eine Tankstelle mit Café.

Seen und Berge

Der **Nelson Lakes National Park** umfasst gut 1.000 km² und bildet die südöstliche Ecke der Provinz Nelson. Seine meist abgerundeten und baumbestandenen Berge erreichen Höhen bis zu 2.100 m und lassen damit gute Wintersportmöglichkeiten zu, etwa in den beliebten Skiregionen Rainbow Skifield und Mt. Robert Skifield. In den Sommermonaten herrschen in den beiden großen Seen ausgezeichnete Bedingungen für Wandertouren, Forellenangeln, Jagd und Wassersport. **Lake Rotoroa** („Langer See") und **Lake Rotoiti** („Kleiner See") sind trotz der oft auftretenden Sandflies-Plage die größte Attraktion des Nationalparks. Sie entstanden wie die Fjorde durch die Hobelkraft der eiszeitlichen Gletscher. Der Buller River und seine Nebenflüsse werden hauptsächlich durch diese Seen gespeist. Die Legende erklärt ihre Entstehung anders: Der Maori-Mythologie zufolge wollte der Häuptling und Zauberer Rakaihaitu durch die Mitte der Südinsel einen Pfad bauen und grub deswegen einen Pass durch das Gebirge. Einsetzender Regen füllte seine Erdlöcher auf und die beiden Seen waren entstanden.

Der von dichten Südbuchenwäldern gesäumte Bergsee Lake Rotoroa

Der von Buchenwäldern gesäumte Lake Rotoroa ist größer als der Lake Rotoiti und mindestens genauso schön. Autofahrer erreichen ihn nur über den südlichen Zugang, etwa in der Mitte zwischen St. Arnaud und Murchison (jeweils ca. 40 km entfernt). Es bietet sich folgende **Rundfahrt** an: In Gowanbridge verlassen Sie kurz hinter Kawatiri Junction den Highway 6 nach links, fahren etwa 8 km durch das Gowan Valley und sind dann am Lake Rotoroa. Über den Braeburn Track und durch das Tutaki Valley kann man nun auf einem unasphaltierten Scenic Drive bis Murchison fahren und dort wieder auf den Highway gelangen. Vor dem Befahren dieser Strecke sollte man sich nach dem aktuellen Straßenzustand erkundigen, denn bisweilen ist die Schotterpiste in einem so schlechten Zustand, dass sie für Campervans nicht in Frage kommt. Selbst mit einem Pkw kann man Schwierigkeiten haben, insbesondere nach Regenfällen.

Nach Straßenzustand erkundigen

Reisepraktische Informationen St. Arnaud und Nelson Lakes National Park

Information
Nelson Lakes Visitor Centre (DOC), St. Arnaud, Lake Rd., © 03-5211806, www.doc.govt.nz, tägl. 8–16.30, im Sommer bis 17/18 Uhr. Ausstellung zur Flora und Fauna des Nationalparks, Vermietung von Hütten und Zeltplatz-Reservierung, Wanderkarten, Organisation von Wassertaxis. Alle Camper und Wanderer müssen sich hier registrieren lassen. Infos im Internet unter www.destinationnelsonlakes.co.nz.

Unterkunft

Hotel
**Alpine Lodge $$–$$$**, St. Arnaud, Hwy. 63, © 03-5211869, www.alpinelodge.co.nz, DZ NZ-$ 100–205. Renommierte Herberge im alpenländischen Stil mit 28 komfortablen Zimmern und reichhaltigem Sportangebot. In der Lodge gibt es eine gemütliche Bar sowie ein gutes Restaurant mit rustikaler Atmosphäre, das neuseeländische Küche mit Lamm- und Seafood-Spezialitäten bietet und tägl. zum Frühstück, Mittag- und Abendessen geöffnet ist (moderat–teuer). Angeschlossen sind die Alpine Chalets, eine Low-Budget-Unterkunft mit Doppel- und Mehrbettzimmern ($–$$).

Backpacker-Hostel
**Travers-Sabine Lodge $–$$**, St. Arnaud, Hwy. 63, © 03-5211887, www.nelsonlakes.co.nz, DZ NZ-$ 62, im Mehrbettzimmer NZ-$ 26. Modernes, YHA-assoziiertes Hostel, 5 Min. vom Lake Rotoiti, Backpacker-Unterkunft sowie Hütten im Blockhausstil (ab NZ-$ 135), Verleih von Wanderequipment, Gepäckaufbewahrung.

Camping
Am See gibt es in Ortsnähe an der Kerr Bay und an der West Bay jeweils einen einfachen DOC-Campingplatz für Zelte und Wohnmobile (© 03-5211806).

Bus
Nelson Lakes Shuttle, 4 Alpine Meadows Dr., St. Arnaud, © 03-5211900, www.nelsonlakesshuttle.co.nz. Track-Transfers für Wanderer im Nelson Lakes National Park sowie Shuttle-Service nach Blenheim, Kaikoura, Nelson, Picton und Westport.

> **Wandern und Vogelbeobachtung**
>
> Eine Vielzahl von **Wanderwegen** am und um den Lake Rotoiti gehen vom DOC-Besucherzentrum in St. Arnaud aus. Selbst mit wenig Zeit ist dabei z. B. der Loop Track zu schaffen, der in 1 Std. 30 Min. zumindest eine Ahnung von der Schönheit dieser Region vermittelt. Mit mehr Ausdauer kann der gesamte See auf dem Lakehead Track in etwa 6 Std. umwandert werden. Mit mehreren Hütten und Campingplätzen ist der Nationalpark gut bestückt, sodass man sich ohne weiteres einige Tage hier aufhalten kann. Besonders lohnen der Ridge Track, der auf dem Grat des Julius Summit (1.794 m) verläuft, die Besteigung des 2.075 m hohen Angelus Peak und der Wanderweg am Lake Angelus vorbei zum Lake Rotoroa. Wer nur Teilstrecken am Seeufer zurücklegen möchte, kann sich mit dem Wassertaxi zu jeder beliebigen Stelle bringen lassen.
>
> Ein Muss für **Hobby-Ornithologen** ist ein Besuch des Rotoiti Nature Recovery Project. Am Ufer des Lake Rotoiti an der Kerr Bay haben DOC-Rangers auf einer sogenannten „Festlandsinsel" schädliche Importtiere wie Possums, Frettchen, Marder und Wiesel restlos ausgemerzt, sodass hier Great Spottet Kiwis aus dem Kahurangi National Park ausgewildert werden konnten. Rundwege ermöglichen es, das Reservat auf 30- bis 90-minütigen Spaziergängen zu erkunden und dabei mit etwas Glück Kiwis zu beobachten.

Entlang des Buller River

In Kawatiri Junction mündet der Highway 63 in den **Highway 6**, und nur als Verkehrsknotenpunkt hat der Weiler seine Bedeutung. Der Name Kawatiri kommt von der alten Maori-Bezeichnung für den Buller River. Ab Gowanbridge fährt man flussabwärts, immer entlang des Buller River. Das tiefe Tal, das der Fluss in den Urgrund gegraben hat, lässt streckenweise an den Canyon der südfranzösischen Ardèche denken. Die dramatischsten Abschnitte des Stroms liegen zwischen Murchison und New Creek und zwischen Inangahua und Te Kuha.

Murchison

Ideal, um die eindrucksvolle Flusslandschaft mit Flößen oder Kanus kennenzulernen, ist das 850-Seelen-Dorf Murchison, 35 km westlich von Kawatiri Junction. Im letzten Jahrhundert als Goldgräbersiedlung gegründet, musste Murchison 1929 die größte Katastrophe seiner Geschichte erleben. Ein Erdbeben zerstörte den Ort und forderte 17 Menschenleben. Ein weiteres Erdbeben im Jahr 1968 verlief glimpflicher. Das kleine **Murchison District Museum** im alten Postamt dokumentiert die damaligen Zerstörungen und einige Gebiete in der Nähe des Dorfs zeigen noch sehr deutlich, welche Kräfte 1929 gewirkt haben.
Murchison District Museum, *60 Fairfax St., tägl. 10–16 Uhr, Spende erbeten.*

Die **Maruia Falls**, vor dem Erdbeben nur 1 m hoch, stürzen nun immerhin fast 10 m in die Tiefe. Vor allem am **Faultline Upthrust** ist an der Vegetation und am Landschaftsprofil sehr deutlich die Vier-Meter-Verwerfung zu erkennen.

Das heutige Ortsbild prägt in erster Linie der Fremdenverkehr. Mit mehreren Unterkünften und Lokalen ist man auf die zunehmende Popularität eingestellt. Außer zum Angeln, Wandern und Mountain Biking ist Murchison besonders zum Rafting prädestiniert. Für Autofahrer lohnt sich der **Scenic Drive**, der von Murchison in östliche Richtung (Six Mile Rd.) führt und etwa 1 Std. 30 Min. dauert. Dabei geht es durch das Tal des Matakitaki über den Maruia Pass, dann nach Westen zurück über den Shenandoah Pass, an den Maruia Falls vorbei und wieder auf den Highway 6. Die Strecke ist abschnittsweise nicht asphaltiert.

Reisepraktische Informationen Murchison

Information
Murchison i-SITE Visitor Centre, 47 Waller St., © 03-5239350, murchison@nelsonnz.com, im Sommer tägl. 10–18 Uhr, im Winter eingeschränkte Öffnungszeiten. Zentrale Buchungsstelle aller Aktivitäten.

Unterkunft
Motel
**Mataki Motel $$–$$$**, 34 Hotham St., © 0800-279088 u. 03-5239088, www.matakimotel.co.nz, DZ NZ-$ 79–180. Gut geführtes Haus in ruhiger Lage, 12 gemütliche Doppel- und 4 geräumige Familienzimmer, z. T. mit Kitchenette.

Bed & Breakfast
**Murchison Lodge $$$**, 15 Grey St., © 03-5239196, www. murchisonlodge.co.nz, DZ NZ-$ 155–215. 10 Gehminuten vom Ortszentrum entferntes, zweistöckiges Holzgebäude inmitten einer hübschen Garten- und Flusslandschaft, altmodisch-geschmackvoll eingerichtete Einzel- und Doppelzimmer, reichhaltiges Frühstück.

Camping
Riverview Holiday Park, Riverview Rd., © 03-5239591, www.holidayparks.co.nz/riverview. Netter Campingplatz am Buller River, rund 2 km nördl. des Zentrums, mit Cabins, Flats, Motelbetrieb ($$), Laden, Fahrrad- und Kajakverleih.

Rafting/Kanu- und Kajakfahren/Jetboat-Touren
Außer zum Angeln, Wandern und Mountain Biking ist Murchison zum Rafting prädestiniert. Die Wildwasserexpeditionen (ab NZ-$ 130) von **Ultimate Descents** (51 Fairfax St., © 0800-748377 u. 03-5239899, www.rivers.co.nz) und **White Water Action** (Hwy. 6, nahe Visitor Centre, © 0800-100582, www.whitewateraction.co.nz) umfassen Angebote auf zwei Flüssen; außerdem Kajakverleih. Mit **Buller Experience** (© 0800-802023 u. 03-5239880, www.takeabreak.co.nz) Jetboat-Touren auf dem Buller River. Die New Zealand Kayak School (© 03-5239611, www.nzkayakschool.com) bietet neben Verleih Kurse an (ab NZ-$ 895). Die meisten Touren gibt es von Anfang Oktober bis Ende Juni.

Von Murchison nach Westport

Längste Hängebrücke

Etwa 14 km westlich von Murchison passiert man auf dem Weg nach Inangahua die **Buller Gorge Swingbridge**, mit 110 m die längste Fußgänger-Hängebrücke des Landes. Wer das schwankende Vergnügen genießen möchte, muss bezahlen und kommt auf der anderen Seite der Schlucht zu einigen interessanten kürzeren Wanderwegen. **Buller Gorge Swingbridge**, NZ-$ 5, Kinder 5–15 Jahre NZ-$ 2, www.bullergorge.co.nz.

42 km hinter Murchison erreicht der Highway **Inangahua**, einen ziemlich gesichtslosen Ort, der unter dem Erdbeben von 1968 stark gelitten hat. Hier kommt man über den Highway 69 nach Reefton und zum Highway 7 (Lewis Pass zur Ostküste bzw. Greymouth). Wer abkürzen möchte, kann über diese Route durch das abwechslungsreiche Hinterland am Grey River direkt nach **Greymouth** fahren (110 km), allerdings verpasst man dann den Westküstenort Westport und die einzigartigen Pancake Rocks. Daher sollte man die 35 km längere Strecke nicht scheuen und auf dem Highway 6 bleiben. Dieser folgt weiterhin dem kurvigen Lauf des Buller River und passiert das Hotel Berlins. Hier war früher ein Zentrum des Kohleabbaus, worauf der alte Ortsname Old Diggings anspielt. Später wurde die kleine Siedlung nach John Berlins benannt, der in seinem Hotel die erste Poststation unterhielt.

Kurz vor der Westküste macht der Highway einen Linksschwenk und umgeht den Hafenort Westport weiträumig. Wer noch Kondition und Zeit hat, sollte jedoch den Abstecher in das alte Goldgräbernest nicht auslassen. Es bietet mehrere Unterkünfte.

Westport

Wild und einsam – typische Westküstenlandschaft

Die knapp 5.000-Einwohner-Stadt Westport verdankt ihre wirtschaftliche Bedeutung ihrem geschützten Hafen, von dem das vorspringende Cape Foulwind die stürmischen Südwinde fernhält, und den Bodenschätzen, die von hier verschifft werden. Zuerst war es das Gold, das die Europäer an die Westküste lockte. Da die Maoris der Region für Waren oft mit Gold bezahlten, wurden die Pakehas schnell aufmerksam und begannen, das Gebiet des Buller River zu erforschen. Ab 1861 entstand an der Mündung des Flusses die Siedlung Westport. Später verhalfen die ergiebigen Funde qualitätsvoller Kohle dem Ort zu wirtschaftlichem Aufschwung. Man darf nicht vergessen, dass damals besonders das Dampfschiff- und Eisenbahnwesen einen enormen Energiebedarf hatte. Der Kohleexport ist bis heute beträchtlich, wenn auch das größte neuseeländische Zementwerk im Süden der Stadt mehr Kapital bringt.

Das Stadtbild von Westport bietet im Schachbrettmuster der Straßen einige schöne Häuser aus dem späten 19. und frühen 20. Jh. und den zentralen und schön begrünten Victoria Square, auf den die Queen St. zuführt. Sehenswert ist **Coaltown**, ein „le-

Interessante Exkursionen von Westport

Ausflug nach Karamea
Nicht Westport ist die nördlichste Stadt an der Westküste, sondern Karamea. Wer die 98 km entlang der Tasman Sea gefahren ist, hat wirklich Westküsteneinsamkeit kennengelernt – und eine aussichts- und abwechslungsreiche Landschaft mit Steilküsten, Sandstränden, Riffen und Schafweiden. In Karamea endet die Teerstraße und nach weiteren 14 km über die geschotterte Kohaihai Rd. geht es nur noch per pedes weiter – hier ist der Start- bzw. Endpunkt des berühmten **Heaphy Track**. Wer etwas Zeit mitbringt, sollte diesem 82 km langen Wanderweg unbedingt einige Stunden folgen, entlang herrlicher Sandstrände, durch Nikau-Palmenwälder, mit der ständigen Brandung des Meeres als Begleitmusik. Reisende mit weniger Zeit unternehmen zumindest die 45-minütige Wanderung **Nikau Palm Walk**. Dieser Naturlehrpfad führt gleich zu Beginn des Haupttracks durch einen märchenhaften Palmenwald.
Interessant ist Karamea wegen seiner vielen Kalksteinhöhlen mit Tropfsteinformationen. Hier wurden fossile Versteinerungen gefunden, wie auch das gut erhaltene Skelett eines Moa. Unterkunft bieten ein niveauvolles Resort, ein hübsches Backpacker-Hostel und ein Campingplatz.

Ausflug zum Cape Foulwind
Sehr viel näher ist der Ausflug zum **Westkap**, das man ab der Buller-Brücke in Westport nach 9 km erreicht. Es lohnt sich, zunächst dem Carters Beach einen Besuch abzustatten, der mit Sportstätten, Campingplätzen und einem breiten, grausandigen Strand ein beliebtes Naherholungsgebiet ist. Da stört auch das nahe Zementwerk nicht. Von hier geht es auf einer guten Straße recht nah an das Kap heran, das durch den 4 km langen **Cape Foulwind Walkway** erschlossen ist. Dort erhebt sich ein Leuchtturm über 72 m hohen Klippen. Abel Tasman umsegelte im Dezember 1642 als erster Europäer das Kap und nannte es Kap der Klippen. Weil später James Cook hier Pech mit den Windverhältnissen hatte, taufte er es Cape Foulwind und den wenig schmeichelhaften Namen trägt das Kap noch heute. Südlich davon, an der **Tauranga Bay**, kann man mit etwas Glück eine Robbenkolonie beobachten (10-Minuten-Fußweg vom Parkplatz zum Seal Colony Lookout). Noch ein wenig weiter erstreckt sich zwar kein Ninety Mile Beach, aber immerhin ein Nine Mile Beach, an dem die Autostraße endet. Wer von diesem Ausflug nach Greymouth weiterfahren möchte, braucht nicht nach Westport zurückzufahren, sondern kann über Addisons Flat eine Abkürzung nehmen, die 10 km südlich der Stadt wieder auf den Highway 6 trifft.

bendes" Museum in einer alten Brauerei mit modernen Anbauten, das die Geschichte der Kohleförderung veranschaulicht. Coaltown versetzt die Besucher mit audiovisueller Technik in ein Kohlenbergwerk und erklärt historische wie auch zeitgenössische Arbeitsbedingungen und Fördermethoden.
Coaltown, 165 Queen St. South (hinter der Buller-Brücke nach rechts), ℅ 03-7898204, Okt.–April tägl. 9–16.30, Mai–Sept. tägl. 10–16 Uhr, alle 30 Min. Filmvorführung, NZ-$ 12, Kinder 5–15 Jahre NZ-$ 6.

Reisepraktische Informationen Westport

Information
Westport i-SITE Visitor Centre, 1 Brougham St., ℅ 03-789 6658, www.westport.org.nz, tägl. 9–17, im Winter bis 15 oder 16 Uhr. Das DOC-Büro (72 Russell St., ℅ 03-7888088, Mo–Fr 8–16.30 Uhr) ist für die gesamte Buller-Region zuständig; hier sind auch die Hüttentickets für den Heaphy Track erhältlich. Die West Coast im Internet: www.westcoastnz.com u. www.westcoast.co.nz

Unterkunft
Motels
Buller Court Motel $$–$$$, 235 Palmerston St., ℅ 03-7897979, www.bullercourtmotel.co.nz, DZ NZ-$ 115–175. Gutes Haus an der Hauptstraße mit 13 ebenerdigen Einheiten, die meisten mit Küche.
Ascot Motor Lodge $$, 74 Romilly St., ℅ 03-7897832, www.ascotmotorlodgemotels.co.nz, DZ NZ-$ 99–130. Zentrumsnahes Motel mit 12 Einheiten, alle mit Küche.

Backpacker-Hostels
Bazil's Hostel $–$$, 54 Russell St., ℅ 03-7896410, www.bazils.com, DZ NZ-$ 62, im Mehrbettzimmer NZ-$ 23. Gemütliches kleines Haus, sehr zentral, Doppel- und Mehrbettzimmer, Fahrradverleih, YHA-assoziiert, striktes Alkoholverbot.
TripInn Hostel $–$$, 72 Queen St., ℅ 0800-737773 u. 03-7897367, www.tripinn.co.nz, DZ ab NZ-$ 60, im Mehrbettzimmer ab NZ-$ 23. Schönes altes, generalsaniertes Hostel aus den 1870er-Jahren mit neuem Annex, Doppel- und Mehrbettzimmer, YHA-assoziiert und sehr zentral.

Camping
Westport Holiday Park, 31–37 Domett St., ℅ 03-7897043, www.westportholidaypark.co.nz. Nur 1 km vom Zentrum entfernte Anlage mit Zelt- und Campervanplätzen, Backpacker-Unterkunft und On-Site-Caravans, Hütten und Ferienwohnungen ($$).

Restaurant
The Denniston Dog, 18 Wakefield St., ℅ 03-7895030, www.dennistondogwestport.co.nz, Mo–Fr ab 10, Sa/So ab 9 Uhr, moderat. Bodenständiges Pub-Lokal mit frischen Seafood-Gerichten und viel Lokalkolorit, Spezialität ist Whitebait (s. S. 60).

Aktivitäten
Schauplatz möglicher Aktivitäten sind die Flüsse und Höhlen der Umgebung. Meh-

rere Unternehmen bieten spektakuläres Whitewater Rafting an, vorzugsweise auf dem Buller River (ab NZ-$ 125). Bei dem immer populäreren Abseiling geht es 30 m tief in ein unterirdisches Höhlensystem mit Wasserfällen und Glühwürmchen. Die dort verborgenen Wildwasser sind außerdem per Schlauchboot im sogenannten Underworld Rafting zu bezwingen (ab NZ-$ 145). Der größte Anbieter ist **Buller Adventure Tours**, Buller Gorge Rd., ✆ 0800-697286 u. 03-7897286, www.adventuretours.co.nz.

Charleston

Der etwa 100 km lange Weg von Westport nach Greymouth ist ab Charleston von fast dramatischer Schönheit. Immer wieder laden Lookouts zum Betrachten der herrlichen und wilden Küstenszenerie ein. Zunächst aber sollte man 23 km hinter Westport bei Charleston einen Abstecher zu einer der wenigen heute noch profitablen Goldminen machen. Direkt neben dem Highway liegt **Mitchells Gully Goldmine**, wo die schottische Familie Mitchells seit den 1860er-Jahren Gold fördert. Bei einer 30-minütigen Führung sieht man alte Gerätschaften und Stollen, am hohen Wasserrad kann man dem jetzigen Besitzer der Mine bei der Arbeit zuschauen oder sich Erklärungen geben lassen.

Mitchells Gully Goldmine, ✆ 03-789 6553, www.mitchellsgullygoldmine.8m.com, tägl. 9–16 Uhr, NZ-$ 5, Kinder 5–14 Jahre NZ-$ 1).

Die Goldminen bei Charleston

Die Charleston Goldfields gehörten ab 1865 zu den reichsten Schürfgebieten an der Westküste und Experten sind der Meinung, dass immer noch eine Menge Goldstaub im Gestein vorhanden ist. Binnen weniger Jahre zog das Goldfieber damals Glücksritter aus aller Welt an, aus Kalifornien und Australien genauso wie aus China und Europa. Die Bevölkerung von Charleston wuchs von nur wenigen Familien bis Ende der 1860er-Jahre auf mehr als 10.000 Menschen an. Rund 80 Hotels und Kaschemmen säumen die Hauptstraße. Noch deutlicher wird diese Entwicklung in Greymouth: Da stieg die Bevölkerung 1865 von 800 (Januar) auf 8.000 (April) und dann auf 16.000 (September). Ein Jahr später betrug sie bereits 50.000.

Wurden in der Provinz 1864 erst 1.450 Unzen Gold im Wert von 11.000 NZ-$ gefördert, belief sich die Gesamtmenge des geschürften Edelmetalls bis 1873 auf fast 3 Mio. Unzen im Wert von weit über 23 Mio. NZ-$. Dabei waren es nicht die spektakulären Nuggets, die den Großteil der Fördermenge stellten, sondern der in einem komplizierten und arbeitsintensiven Verfahren herausgefilterte feine Goldstaub.

In Mitchells Gully Gold Mine hat man noch nie ein Nugget gefunden. Stattdessen wurde aus den dunklen Stollen das Gestein herausgebrochen, zerkleinert und zermahlen. Dies geschah durch von Wasser angetriebene Mühlräder, die einen

Zerstampfer-Mechanismus in Gang setzten. Das Resultat war eine Art Schlamm, den man nun in mühevoller Kleinarbeit so lange in der Pfanne auswaschen musste, bis der hauchzarte Goldstaub sichtbar wurde. Ebenfalls hoch gehandelt werden heute übrigens die Einschlüsse und Versteinerungen, die beim Graben der Stollen ans Tageslicht kamen.

Von Charleston sind es noch 31 km bis Punakaiki. Auf der Küstenstraße sollte man öfters anhalten, um die Aussicht zu genießen. Am hochgelegenen **Kaipakati Point** reicht der Blick weit über die nördliche Bucht und auf der anderen Seite bis zu den Pancake Rocks.

Punakaiki und Paparoa National Park

Die bizarren Kalksteinformationen von **Punakaiki** sind auf dem Weg von Westport nach Greymouth die größte Attraktion. Das Naturschutzgebiet wurde im Dezember 1987 zum **Paparoa National Park** erklärt und ist damit einer der jüngsten neuseeländischen Nationalparks. Das Gelände umfasst nicht nur die „Pfannkuchenfelsen" rechts des Highway, sondern auch verschiedene Tracks jenseits davon. Die Pancake Rocks liegen so nah an der Straße, dass man sie in einer Stunde besichtigen kann. Am besten parkt man am Visitor Centre, informiert sich dort über die Wanderwege und an Schaubildern und Texttafeln über die Entstehungsgeschichte der bizarren Formationen. Danach geht es auf dem **Dolomite Point Walk** zu den Felsen. Leider ist das Gelände wegen der befestigten Wege und touristengerechten Aufmachung des Walks nicht mehr so ursprünglich, dafür ist der Walk aber für Rollstuhlfahrer geeignet und die Absturzgefahr durch einbrechendes Gestein entschärft. In etwa 10 Min. steht man oberhalb der Felsen und versteht nun, warum man sie mit Pfannkuchen vergleicht: Flache Kalk-

Die berühmten Pancake Rocks – die größte Attraktion des Paparoa National Park

steinschichten liegen, deutlich voneinander abgegrenzt, übereinander und bilden einen „Omelett-Stapel" von teilweise nur daumenbreiten Ablagerungen. Kreiert hat Meisterin Natur die **Pancake Rocks** innerhalb der letzten 30 Mio. Jahre. Der Kalkstein, also das zusammengepresste Material von Abermillionen abgestorbenen Kleinstlebewesen sowie von Sand und Salz, ist nicht nur als sedimentäre Ablagerung geschaffen, sondern zugleich von den Erosionskräften des Wassers geformt und ausgespült worden. Periodisch auftretende Unregelmäßigkeiten in den Ablagerungen und die Zufügung von Schlamm waren für die deutliche Segmentierung verantwortlich. Man nimmt an, dass später durch eine tektonische Hebung der Meeresboden mindestens einmal über das Wasserniveau getragen wurde, wobei sich nun auch Wind, Wetter und Wellen am gestalterischen Spiel beteiligen konnten.

Pfannkuchenfelsen

Unterschiedliche Härten des Gesteins hatten zur Folge, dass der weiche Kalkstein schneller porös wurde und ihn die Brandung besser auswaschen konnte als den harten, sodass schließlich tiefe Grotten, natürliche Felsbrücken und die sogenannten *blowholes* entstanden. Es handelt sich um das Zusammentreffen senkrechter und waagerechter Höhlengänge, durch die die Flut das Meereswasser mit einem solchen Druck hereinpresst, dass wie bei Geysiren eine Fontäne hochgeschleudert wird. Erkundigen Sie sich vorher im Visitor Centre nach den Gezeiten, damit Sie das lohnende Schauspiel nicht verpassen.

Zum Landschaftserlebnis des Dolomite Point Walk gehören natürlich ebenso die Flora und Fauna. Die Vegetation besteht zum Großteil aus Flachs und kontrastiert als tiefgrüner Vordergrund mit dem Grau der Pfannkuchenfelsen. Im September und Oktober nisten hier Tausende von Seevögeln. Eine noch größere Vogelkolonie südlich des Punakaiki River kann vom **Razorback Point** oder der **Nikau Scenic Reserve** aus beobachtet werden. Dort versammeln sich von Mai bis September die Schwarzen Westland-Sturmvögel (Westland Black Petrel) in einer ihrer wenigen Festlandskolonien. Den Rest des Jahres verbringen die Sturmvögel auf See im pazifischen Raum zwischen Südamerika und Australien. Die flügge gewordenen Jungtiere verlassen die Kolonie und kehren erst nach sieben Jahren wieder zurück, um hier ihrerseits ihre Jungen aufzuziehen. Ornithologisch Interessierte sollten sich im Visitor Centre nach den Möglichkeiten zum **Bird Watching** (Anbieter: Paparoa Nature Tours) erkundigen. Diese Beobachtungstouren starten zumeist rund 30 Min. vor Sonnenuntergang und führen die Besucher in sonst unzugängliche Nistplätze der Region. Dabei hat man die Gelegenheit, viele der 40 lokalen Vogelarten, u. a. Kiwis, Kakas, blaue Enten und Falken, zu Gesicht zu bekommen.

Vogelkolonien

Der Paparoa National Park erstreckt sich auf der anderen Seite des Highways noch weit ins Landesinnere und umfasst tiefe Canyons, Gebirgsbäche und waldreiche Gebiete. Eine Broschüre über seine zahlreichen Wanderwege ist im Visitor Centre erhältlich. Es war eine nationale Tragödie, als hier im April 1995 eine Aussichtsplattform über einer Schlucht zusammenbrach und eine Gruppe von Studenten aus Greymouth in die Tiefe riss – 14 Menschen fanden dabei den Tod.

Auch nach Punakaiki bleibt der Highway 6 in Küstennähe und die Landschaft rau und schön. Vorbei an Küstenregionen wie Seventeen Mile Bluff und Fourteen Mile Bluff erreicht man nach 44 km die Stadt Greymouth.

Reisepraktische Informationen Punakaiki

Information
Paparoa National Park Visitor Centre, Hwy. 6 (gegenüber Pancake Rocks), ℡ 03-7311895, www.punakaiki.co.nz, tägl. 9–18, im Winter bis 16.30 Uhr. Ausstellung über geologische Entwicklung sowie Fauna und Flora der Region, Infos zu Wanderungen und anderen Unternehmungen im Nationalpark.

Unterkunft

Motels
Punakaiki Resort $$$–$$$$, Hwy. 6, ℡ 0800-7862524 u. 03-7311168, www.punakaiki-resort.co.nz, DZ NZ-$ 155–315. Nur 400 m von den Pancake Rocks entfernte, moderne, zweistöckige Anlage mit 33 Zimmern, alle mit Küche, Terrasse oder Balkon, Meerblick und auf fantastische Sonnenuntergänge, mit preisgekröntem Restaurant Waterline.
Paparoa Park Motel $$–$$$, Hwy. 6, ℡ 0800-727276 u. 03-7311883, www.paparoa.co.nz, DZ NZ-$ 130–220. 1 km südl. des Orts liegt ein neueres Motel mit 7 ebenerdigen Einheiten, umgeben von Rata-Bäumen. Viele Wanderwege.

Backpacker-Hostel
The Nikau Retreat $–$$, Hwy. 6, ℡ 03-7311111, www.thenikauretreat.co.nz, DZ NZ-$ 80, im Mehrbettzimmer ab NZ-$ 24. 3 km nördl. des Orts inmitten eines Hains von Nikau-Palmen, Haupthaus und rustikale Cabins mit Doppel- und Mehrbettzimmern.

Camping
Punakaiki Beach Camp, Owen St., ℡ 03-7311894, beachcamp@xtra.co.nz. Kleiner, einfach ausgestatteter Zeltplatz am Meer mit Cabins.

Essen und Trinken
Punakaiki Tavern, Hwy. 6, Ecke Owen St., ℡ 03-7311188, tägl. ab 10.30 Uhr, moderat. Deftiges Pub-Food in opulenten Portionen und viel West Coast-Atmosphäre.
Punakaiki Crafts & Café Nikau, Hwy. 6 (gegenüber Pancake Rocks), ℡ 03-7311813, www.punakaikicrafts.co.nz, tägl. 7.30–19 Uhr, preiswert. Leichte Gerichte, Kaffee und Kuchen sowie hochwertiges Kunsthandwerk aus der Region.
Wild Coast Café, Hwy. 6 (gegenüber Pancake Rocks), ℡ 03-7311169, tägl. 7–20 Uhr, preiswert. Beliebter Stopp der an der Westküste pendelnden Reisebusse, herzhaftes Frühstück und Snacks.

Busse
Die Busse von InterCity und anderer Gesellschaften legen auf ihrem Weg nach Norden bzw. Süden vor dem Wild Coast Café (s. o.) einen etwa halbstündigen Aufenthalt ein, was für eine kurze Besichtigung der Pancake Rocks auf der anderen Straßenseite ausreicht.

Greymouth

Greymouth ist immer noch das wirtschaftliche Zentrum der West Coast, wenn auch die großen Zeiten des Goldrauschs vorbei sind. Gegenüber den damals mehr als

50.000 Einwohnern leben heute nur noch etwa 13.500 Menschen in der „Westküsten-Metropole". Aber nach wie vor erinnern Architektur und Stadtbild an die wilden 1860er-Jahre. 1863, konnte ein gewisser James Mackay den hier ansässigen Maoris die größten Teile der Küste für 300 Pfund „abkaufen". Das wirtschaftliche Leben der Stadt wird heute durch Kohleabbau und Holzindustrie bestimmt. Der Hafen an der Mündung des Grey River ist der größte der Westküste. Mit seiner Infrastruktur, vielen Geschäften, Motels und Restaurants eignet sich Greymouth für den Touristen neben Hokitika als Standort zwischen Westport und den Gletschern.

Architekturinteressierte werden sich an Hotels aus der Zeit um 1900, Art-déco-Gebäuden wie dem **Regent Theatre**, das heute die Touristeninformation beherbergt, und der katholischen **St. Patrick's Church** an der Chapel Street erfreuen. Reizvoll sind auch Grünanlagen wie der **Victoria Park** und der **Anzac Park**, die das wasserreiche Terrain zwischen der Ortsmitte und dem Grey River, Erua Moana und Lake Karoro einnehmen und kurze Wanderungen wie den **Kowhai Bush Walk** ermöglichen. Die **Left Bank Art Gallery** in einem ehemaligen Bankgebäude mit neoklassizistischer Fassade präsentiert die New Zeland Pounamu and Jade Collection sowie in Wechselausstellungen regionale Kunst und Kunsthandwerk. Der Kolonialzeit gewidmet ist das etwas verstaubt und rumpelig wirkende **History House Museum.** Die Monteith's Brewing Co., südlich des Zentrums, lädt Freunde edlen Gerstensafts zu einer Brauereibesichtigung mit Kostprobe ein (Brewery Experience and Tasting).
Left Bank Art Gallery, 1 Tainui St., © 03-7680038, www.leftbankarts.org.nz, im Sommer Mo–Fr 11–16, Sa/So bis 14 Uhr, Eintritt frei.
History House Museum, Gresson St., © 03-7684028, www.history-house.co.nz, im Sommer tägl. 10–16, Winter Mo–Fr 10–16 Uhr, NZ-$ 6, Kinder 5–15 Jahre NZ-$ 2.
Monteith's Brewing Co., 60 Herbert St., © 03-768 4149, www.monteiths.co.nz, Touren um 11.30, 13, 14.30, 16, 18 Uhr, NZ-$ 15, Kinder 13–17 Jahre NZ-$ 8.

Interessante Bebauung

Wenige Kilometer entfernt liegt die Goldgräberstadt Shantytown, und ein längerer Rundweg führt zum schönen Lake Brunner (s. S. 448).

Reisepraktische Informationen Greymouth

Information
Greymouth i-SITE Visitor Centre, Regent Theatre, Herbert St., Ecke Mackay St., © 03-7685101, www.greydistrict.co.nz, Mo–Fr 8.30–18, im Winter Mo–Fr bis 17.30, Sa 9–17, So 10–17, im Winter So bis 16 Uhr.

Unterkunft

Hotels/Motels
**The Ashley Hotel $$$**, 74 Tasman St., © 03-7685135, www.hotelashley.co.nz, DZ NZ-$ 139–228. Komfortables Haus der oberen Mittelklasse mit 60 Einheiten, 15 mit Küche, Innen- und Außenpool, Sauna, Fitnessstudio, Restaurant, Café, Bar.
**Aachen Place Motel $$–$$$**, 50 High St., © 03-7686901, www.aachenmotel.co.nz, DZ NZ-$ 95–170. Frisch renoviertes Motel, etwa 1 km südl. des Zentrums, 10 Einheiten mit Küche.

**Charles Court Motel $$**, 350 Main South Rd. (Hwy. 6), South Beach, © 0800-800619 u. 03-7626619, www.charlescourtmotel.co.nz, DZ NZ-$ 90–135. Außerhalb am South Beach gelegene, moderne Anlage mit 23 Einheiten, alle mit Küche, Swimmingpool, Restaurants in der Nähe, gutes Preis-Leistungs-Verhältnis.

**Fountain Court $$**, Puketahi St., Ecke Alexander St., © 03-7687549, Fax 03-7687416, DZ NZ-$ 85–125. Kleine Anlage mit 12 ebenerdigen Einheiten, schöner Garten, Swimmingpool, zentral und nahe der Touristeninformation gelegen.

Bed & Breakfast
**Kapitea Ridge $$$$–$$$$$**, Chesterfield Rd., © 03-7556805, www.kapitea.co.nz, DZ NZ-$ 280–450. Moderne, auffällige Lodge auf halbem Weg zwischen Hokitika und Greymouth, 6 komfortable Zimmer, Jacuzzi, viele Wanderwege durch den Regenwald.

**Oak Lodge $$$**, Coal Creek, 286 Main North Rd. (Hwy. 6), © 03-7686832, DZ NZ-$ 150–245. Sehr hübsches, mit Antiquitäten möbliertes Haus nördlich des Grey River (auf dem Weg nach Westport), nur 6 Zimmer, schöner Garten, Wanderwege in der Nähe, Abendessen erhältlich.

Backpacker-Hostel/Jugendherberge
**Kainga-Ra YHA Hostel $**, 15 Alexander St., © 03-7684951, www.yha.co.nz, DZ NZ-$ 75–96, im Mehrbettzimmer ab NZ-$ 26. Architektonisch interessante Herberge in einem ehemaligen Konvent mit Schlafraum in der alten Kapelle, zentral, Doppel- und Mehrbettzimmer, tolle Aussicht.

**Noah's Ark Backpackers $–$$**, 16 Chapel St., © 0800-662472 u. 03-7684868, www.noahs.co.nz, DZ NZ-$ 58, im Mehrbettzimmer ab NZ-$ 24. Hostel in einem 1912 erbauten Kloster, zentral und nahe dem Bahnhof gelegen, Einzel-, Doppel- und Mehrbettzimmer, Garten, Ausflüge.

Camping
Greymouth Seaside Top 10 Holiday Park, 2 Chesterfield St., © 0800-867104 u. 03-7686618, www.top10greymouth.co.nz. Am Strand und 3 km südl. der Stadt gelegen, Zelt- und Campervanplätze, Cabins, Flats, On-Site-Caravans, Motel- und Backpacker-Unterkunft ($–$$$), Spa.

Restaurant und Pub
Frank's, 115 Mackay St., © 03-7689075, tägl. ab 17 Uhr, moderat. Kunst und Kulinarik lautet das Motto des lebhaften Lokals, dessen Speisekarte einem Multi-Kulti-Potpourri ähnelt. Do, Fr und Sa ist immer etwas los – Dichterlesungen, Live-Musik, Performances etc.

Speight's Ale House, 130 Mawhera Quay, © 03-7680667, www.greymouthspeights.co.nz, tägl. ab 10.30 Uhr, moderat. Rustikales Pub-Restaurant in einem ehemaligen Verwaltungsgebäude von 1909 mit herzhaftem Kneipenessen von Fleisch und Fisch und den dazu passenden süffigen Speight's-Bieren.

Einkaufen
Jade Boulder Gallery, 1 Guinness St., Ecke Tainui St., Mo–Fr 8.30–17, Sa/So 9–17 Uhr. Vorzügliche Adresse für Jade-Arbeiten sowie Gold- oder Silberschmuck. Auch wer keine Mitbringsel einkaufen möchte, darf einen Blick in die Werkstatt werfen, um bei der Arbeit zuzuschauen.

Ausflüge

Abenteuerlich veranlagte Naturen sollten sich das Programm des Veranstalters **New Zealand Discovery Adventures** (8 Whall St., © 0508-286877 u. 03-7686649, www.fun-nz.com) anschauen, der in der Umgebung von Greymouth u. a. Whitewater und Blackwater Rafting mit Abseilen, Ausflüge zu unterirdischen Goldminen und Jeep-Exkursionen anbietet. Sehr interessant sind auch Ausflüge zu den Robbenkolonien an der Küste und Bootstouren zur Beobachtung von Delfinen, mit denen man zwischen November und April sogar schwimmen kann (**Kiwi Sea Adventures**, © 03-7687765, www.ecotours.co.nz).

Busse/Zug

Die Busse von InterCity und anderen Gesellschaften halten vor dem Bahnhof in der Mackay Street. Ihre Abfahrtszeiten sind auf die Ankunft des TranzAlpine aus Christchurch abgestimmt. Tickets in der Reiseagentur im Bahnhof oder im i-SITE Visitor Centre.

Von Greymouth nach Franz Josef

Für die etwa 180 km lange Strecke zwischen Greymouth und Franz Josef sollte man sich ausreichend Zeit nehmen, denn man wird – sofern es nicht total verregnet ist – mehr als einmal wegen des grandiosen Panoramas einen Fotostopp einlegen und zudem mit der Erkundung von Shantytown und Hokitika ein volles Programm haben.

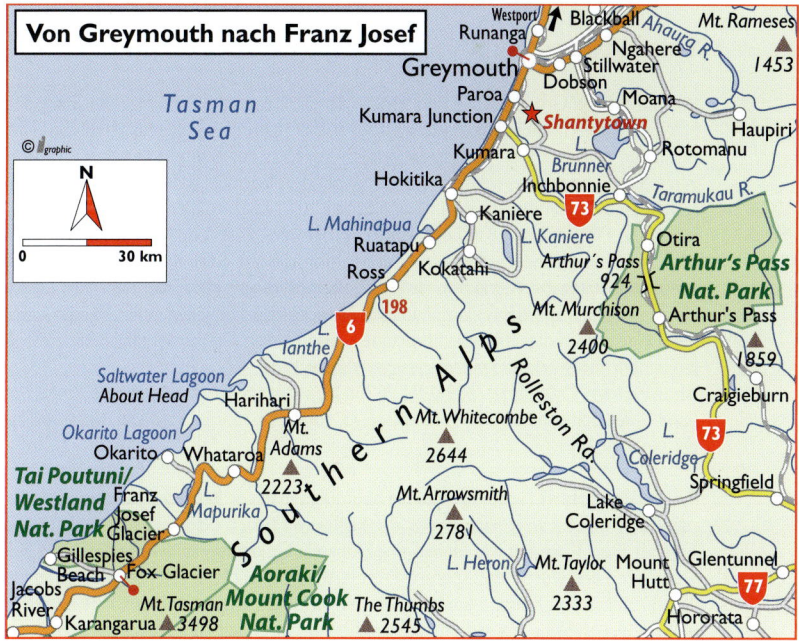

Lake Brunner

Größter See der Westküste

Wer im Großraum Greymouth einen schönen Rundweg befahren möchte, sollte den Scenic Drive zum **Lake Brunner** nehmen. Dazu fährt man zunächst auf dem Highway 7 wieder in nordöstlicher Richtung (Arthur's Pass Rd.) und biegt in **Stillwater** zum größten See der Westküste ab. Reizvoll ist das beliebte Feriengebiet wegen seiner wunderschönen Wanderwege – insbesondere der über die lange Fußgänger-Hängebrücke am Arnold River –, wegen der Angelmöglichkeiten (besonders braune Forellen, Lizenzen und Bootsverleih an der Brunner Lodge) und wegen des eindrucksvollen Arnold-Wasserkraftwerks. Die kleinen Orte Stillwater, Dobson und Taylorville wurden früher alle unter dem Ortsnamen Brunner zusammengefasst, benannt nach jenem Thomas Brunner aus Nelson, der 1848 zum ersten Mal die Westküstenroute und dabei zugleich die ersten Kohlenvorkommen entdeckte. Im Brunner Coalfield ereignete sich 1896 das schlimmste Grubenunglück des Landes, bei dem 67 Bergleute ihr Leben lassen mussten. Die Ruinen der Brunner Industrial Site stehen als eines der wenigen Beispiele früher neuseeländischer Industriearchitektur unter Denkmalschutz. Am östlichen Seeufer stellt die Moana Reserve ein weithin bekanntes Refugium der einheimischen Flora und Fauna dar. Lohnend ist der Rundgang Velenski Walk, der vom Campingplatz ausgeht.

In **Inchbonnie** kommen Sie nun auf den Highway 73 und fahren entlang des mächtigen Taramakau River wieder zurück zum Highway 6. Kalkulieren Sie für den Weg gut 2 Std. Fahrzeit ein.

Shantytown

Wild-West-Atmosphäre

Wer direkt von Greymouth in den Süden fährt, sollte etwa 5 km hinter der Stadt den Hinweisschildern nach **Shantytown** folgen, das man nach weiteren 4 km erreicht. Besucher erwartet hier der großangelegte Versuch, auf einem originalen Minengelände mittels alter oder rekonstruierter Gebäude, Maschinen und Einrichtungsgegenstände eine Goldgräberstadt zu neuem Leben zu erwecken. Zu den Attraktionen gehören die 115 Jahre alte Kirche, Barbier-, Fotografen-, Post- und Kramladen, das Hospital, die Feuerwache, das Gefängnis, der Saloon, die alte Bank und der Bahnhof. Eine weitere nostalgische Attraktion ist eine Lokomotive von 1897, die mehrmals täglich auf einer Schmalspurbahn Dampf ablässt. Besucher dürfen gegen einen kleinen Obolus in einem Bach die Goldwäscherpfanne kreisen lassen. Ein Spaziergang führt zu Stollen, einem Sägewerk und einem riesigen Wasserrad.
Shantytown, ✆ 0800-742689 u. 03-7626634, www.shantytown.co.nz, tägl. 8.30–17 Uhr, Abfahrt der Dampflok tägl. 9.45, 10.45, 11.45, 13.15, 14.15, 15.15, 16 Uhr, NZ-$ 30, Kinder unter 17 Jahre NZ-$ 15.

Bei der Weiterfahrt Richtung Hokitika überquert man vor **Kumara Junction** den Taramakau River, kurze danach zweigt der Highway 73 nach Osten ab. Das in der Nähe liegende Dorf **Kumara** war einmal eine blühende Goldgräberstadt mit über 4.000 Einwohnern. Hier wurde der spätere Premierminister Richard John Seddon geboren. 22 km südlich von Kumara Junction, wo der Highway 73 zum Arthur's Pass abzweigt, ist Hokitika erreicht, das auf eine goldreiche Vergangenheit zurückblicken kann.

Hokitika

Wie viele andere Orte der Region verdankt **Hokitika** seinen Aufschwung den Goldfunden der 1860er-Jahre. Die zuvor schon von Maoris besiedelte Gegend avancierte sogar zur „Gold-Hauptstadt". Noch 1864 eine Ansammlung weniger Zelte und Blockhäuser, hatte Hokitika zwei Jahre später bereits mehr als 6.000 Einwohner und mit der Revell Street eine Hauptstraße von einer Meile Länge, an der sich etwa 100 Hotels und Kaschemmen, sogenannte *Grog Shanties*, verteilten. Es ging das Gerücht dass man am nördlichen Ende das Gold von der Straße aufsammeln konnte. Im gleichen kurzen Zeitraum wurde der Hafen an der Mündung des Hokitika River der viertgrößte Neuseelands. Das Gedränge der Wasserfahrzeuge war so immens, dass durchschnittlich alle 10 Tage ein Schiff mit einem anderen kollidierte und kenterte.

Schon bei den Maoris blühte der Handel mit dem begehrten *Greenstone* (neuseeländische Jade), der im Westküstengebiet gefördert und zur Nordinsel exportiert wurde. Die schönen Amulette der Maoris (*heitikis*) sind fast ausschließlich aus Jade gefertigt. Bis heute ist Hokitika der mit Abstand größte Jade-Exporteur des Landes. Jade und Gold sind immer noch ein wichtiger Bestandteil der Wirtschaft des 4.000-Einwohner-Orts. Touristen werden durch die guten Möglichkeiten des Fabrikeinkaufs angezogen. Daneben hat sich das Kunsthandwerk, vor allem Töpfereien und Lederverarbeitung, einen festen Platz im städtischen Umfeld erobert.

Neuseeländische Jade

Am Hokitika Beach kann man kilometerlang entlanglaufen, ohne jemandem zu begegnen

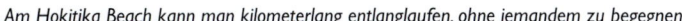

Stadtbesichtigung

Rundgang

Eine kurze Stadtbesichtigung beginnt an dem markanten **Glockenturm** an der Kreuzung Sewell Street/Weld Street, der 1903 anlässlich der Krönungsfeier von Edward VII. errichtet wurde und heute das Wahrzeichen der Stadt darstellt. Einen Block entfernt, an der Ecke Tancred Street/Hamilton Street, befindet sich das **Carnegie Building** mit dem Information Centre. Hier bekommt man Stadtpläne und die Broschüre zum Hokitika Historic Walk, der zu den schönsten Baudenkmälern in der überschaubaren Ortsmitte führt. Im gleichen Gebäude ist das **West Coast Historical Museum** untergebracht, das Maori-Artefakte, Dokumente der Goldgräber-Ära, Jade-Schmuck und historische Gerätschaften präsentiert. Nicht nur Kiwis, sondern auch Tuatara-Brückenechsen und anderen Vertretern der neuseeländischen Tierwelt begegnet man im **National Kiwi Centre**.

West Coast Historical Museum, *Tancred St., Ecke Hamilton St., © 03-7556898, www. hokitika.org/arts/heritage-culture.aspx, Mo–Fr 9–17, Sa/So 10–15 Uhr, Spende erbeten.*
National Kiwi Centre, *64 Tancred St., © 03-755 5251, tägl. 9–17 Uhr, NZ-$ 21, Kinder 5–14 Jahre NZ-$ 10,50.*

Zum Abschluss eines Bummels durch Hokitika sollte man auf dem Gibson Quay dem Ufer des Hokitika River etwa 400 m bis zum Ende der **Landzunge** folgen und die schöne Aussicht, vielleicht sogar einen der hier häufig sich dramatisch darbietenden Sonnenuntergänge genießen.

Reisepraktische Informationen Hokitika

Information
Westland i-Site Visitor Centre, *Carnegie Bldg., Tancred St., Ecke Hamilton St., © 03-7556166, www.hokitika.com, tägl. 8–18, im Winter Mo–Fr 9–17, Sa/So 10–14 Uhr.*
Department of Conservation–West Coast Conservancy, *Sewell St., Ecke Gibson Quay, © 03-7558301, www.doc.govt.nz, Mo–Fr 8–16.30 Uhr. Zuständig für die West Coast.*

Unterkunft
Hotel/Motel
**Beachfront Hotel Hokitika $$–$$$**, *111 Revell St., © 0800-400344 u. 03-7558344, www.beachfronthotel.co.nz, DZ NZ-$ 125–245. Modernes Kettenhotel direkt an der Tasman Sea, komfortable Zimmer mit Stadtblick oder prächtigem Ocean View, hervorragendes Restaurant.*
**Goldsborough Motel $$**, *252 Revell St., © 03-7558772, DZ NZ-$ 75–95. Gut geführte Motelanlage nördl. des Zentrums mit 14 zweckmäßige Einheiten und Swimmingpool.*

Bed & Breakfast
**Teichelmanns Bed & Breakfast Inn $$$**, *20 Hamilton St., © 03-7558232, www. teichelmanns.co.nz, DZ NZ-$ 195–255. Charmante kleine Unterkunft in einem zentral gelegenen, renovierten Holzhaus, 6 komfortable Zimmer, ungeeignet für Kinder unter 10 Jahre.*

Backpacker-Hostel
Mountain Jade Backpackers $, 41 Weld St., © 0508-685185 u. 03-7555185, www.moun

tainjadebackpackers.co.nz, DZ NZ-$ 52, im Mehrbettzimmer NZ-$ 22. Zentral am Glockenturm gelegene, moderne Unterkunft oberhalb einer Jadefabrik und Glasbläserei, Doppel- und Mehrbettzimmer, Fitnessstudio, Café.

Camping
Hokitika Holiday Park, 242 Stafford St., © 03-7558172, www.hokitika.com/holidaypark. Moderner, weitläufiger Platz für Zelte und Campervans, alle Cabin-Variationen, Backpacker-Unterkunft, Motel ($$), 1,5 km vom Zentrum entfernt.

Essen und Trinken
Ocean View Restaurant, im Beachfront Hotel (s. S. 450), tägl. 11–15, 17.30–22 Uhr, teuer. Seafood, Steaks und andere Gerichte der traditionellen Landesküche vor dem Panorama der Tasman Sea; an lauen Sommerabenden sind die Terrassenplätze sehr begehrt.
Stumpers Bar & Café, 2 Weld St., © 03-7554369, tägl. ab 7 Uhr, preiswert–moderat. Vom üppigen Frühstück mit Spiegelei und Speck über solide Lunch- und Dinnergerichte bis zum späten Drink gibt es hier alles, gelegentlich Live-Musik.
Hokitika Seafood Centre, Gibson St., Ecke Wharf St., © 03-7551169, tägl. 11–20 Uhr, preiswert. Hier gibt es die besten Fish 'n' Chips der West Coast.

Auch Westküsten-Möwen sind keine Kostverächter

Wildfoods Festival
Alljährlich am zweiten Samstag im März ist in Hokitika die Hölle los. Dann reisen rund 20.000 Neuseeländer und Überseebesucher an, um sich beim Wildfoods Festival in ein kulinarisches Abenteuer zu stürzen. Sie lechzen nach „Delikatessen", z. B. Kebab aus marinierten Hammelhoden und Bratwurst aus Bullenpenis oder gerösteten Possums. Als Nonplusultra gilt der Genuss von Huhu Grubs, fingerdicken und sehr proteinreichen Larven eines Käfers, die roh nach Haselnuss und gegart wie ein leicht mit Zucker bestreutes Ei schmecken. Abschließender Höhepunkt des schrillen Events um wildwachsende oder wildlebende Nahrungsmittel ist der ausgelassene Wildfoods Barn Dance.
Tickets kosten im Vorverkauf NZ-$ 36 für Erwachsene und NZ-$ 5 für Kinder bis 12 Jahre, weitere Infos unter © 03-7569049 und www.wildfoods.co.nz.

Aktivitäten
Die nähere Umgebung von Hokitika weist viele landschaftliche Höhepunkte auf. Wer aktiv werden möchte, kann sich **Kanus** oder **Mountain Bikes** ausleihen, ausgiebig **wandern**, an **Jetboat-** oder **Raftingtouren** teilnehmen, auf dem **Pferderücken** die Region erkunden und zu **Angeltrips** im Meer, den Seen oder Flüssen starten.

Ausflüge
Paddle Boat Cruises, ⓒ 03-7557239, NZ-$ 30, Kinder 5–15 Jahre NZ-$ 15. Einen geruhsamen Ausflug verspricht die Fahrt mit dem Paddelboot Takutai Belle, das dreimal tägl. über den Mahinapua Creek 5 km südlich von Hokitika zum Mahinapua Lake und wieder zurück fährt.

Einkaufen
Bekannt ist Hokitika für seine Kunsthandwerksbetriebe, von denen sich die meisten an der Tancred Street konzentrieren. Beliebt sind **The Gold Room** (Gold- und Silberschmuck), **Hokitika Craft Gallery** (Kunsthandwerker-Kooperative mit Holz- und Textilwaren, Keramik, Möbel und Gold), **House of Wood** (Holzschnitzereien und Schmuck), **Hokitika Glass Studio** (Glasbläserei) und vor allem die **Jade Factory** mit einer Verkaufsausstellung von Jade-Artikeln (41 Weld St., ⓒ 03-7558007, www.jadefactory.com). Die meisten Geschäfte in Hokitika sind im Sommer täglich geöffnet.

Busse
Die Busse von InterCity und anderer Gesellschaften halten vor dem National Kiwi Centre in der Tancred Street.

Von Hokitika zum Westland National Park

Aus dem Zentrum der Jade-Stadt führt die Verlängerung der Fitzherbert Street als Doppelbrücke über die Mündung des Hokitika River in südliche Richtung und parallel zur Küste am Golfplatz vorbei nach **Ruatapu**, wobei man den schönen Lake Mahinapua passiert. Alternativ kann man in Hokitika auch über die Main South Rd. am nördlichen Flussufer entlang in wenigen Kilometern nach **Kaniere** gelangen. Auch hier gab es zu Zeiten des Goldrauschs etliche Hotels. In einem künstlichen See errichtete man damals den größten Bagger der Welt zur Goldschlammförderung. Von dort setzt man die Fahrt über die Flussbrücke nach Süden fort und stößt später automatisch auf den Highway. Oder man entschließt sich zu einer zusätzlichen, 35 km langen Rundfahrt um den Lake Kaniere.

30 km südlich von Hokitika und als nächste Siedlung hinter Ruatapu liegt **Ross**, wo man noch 1909 ein fast 4 kg schweres Nugget fand. Heute lebt der Ort von der Pelztierzucht und vom Fremdenverkehr (Campingplatz, Motel). Die ehemalige Bank beherbergt das **Ross Goldfields Visitor Centre**. Nahebei wurde in einer Goldgräberhütte von 1885 ein lokales Museum eingerichtet. Dort beginnen auch zwei Wanderwege, auf denen man zu den beiden historischen Minen gelangt, während vis-à-vis des Parkplatzes in einer neu eröffneten Mine nach Gold geschürft wird. Wer sich an der Arbeit beteiligen möchte, kann sich an mehreren Stellen im Dorf Geräte hierfür ausleihen – alle Funde gehören dem glücklichen Finder.
Ross Goldfields Visitor Centre, 4 Aylmer St., ⓒ 03-7554077, www.ross.org.nz, im Sommer tägl. 9–16, im Winter tägl. 9–15 Uhr.

Etwa 25 km südlich berührt die Straße den wunderschönen **Lake Ianthe**, an dessen südlichem Ufer ein kurzer markierter Pfad zu einem der größten Matai-Bäume Neuseelands führt. Nach weiteren 22,5 km gelangt man zur Siedlung **Harihari**. Am Ortsausgang weist ein Schild mit der Aufschrift *Coastal Walkway* in Richtung Küste. Bis zum Ausgangspunkt der Rundwanderung sind es 20 km, wobei die letzten 7 km auf einer Schotterstrecke zurückgelegt werden müssen. Der 8 km lange Walk selbst dauert etwa 2–3 Std. und bietet bei gutem Wetter von einer Plattform an der Küste einen herrlichen Blick auf die Südalpen.

Blick auf die Südalpen

Zurück auf dem Highway 6 geht es an mächtigen Lagunen, dichtem Regenwald und breiten Flüssen vorbei zum Weiler **Whataroa**, 35 km südlich von Harihari. Dort bietet ein Jetboat-Unternehmer von Mitte September bis März Flussfahrten (2 Std. 30 Min.) zu Neuseelands größter Kotuku-Kolonie (White Heron bzw. Silberreiher) in der Schilflandschaft des Waitangiroto River.
White Heron Sanctuary Tours, ✆ *0800-523456, www.whiteherontours.co.nz, Sept.–März tägl. 9, 11, 13, 15 Uhr, NZ-$ 120, Kinder 5–15 Jahre NZ-$ 55.*

Bei **The Forks**, 15 km weiter, führt eine 13 km lange Stichstraße nach **Okarito** an der gleichnamigen langgestreckten Lagune. Im Ort, Heimatdorf der berühmten Schriftstellerin Keri Hulme, erinnert ein Obelisk an die Sichtung der Küste durch Abel Tasman 1642 und die Passage Kapitän Cooks 1770. Ein kleines, gemütliches Hostel, eine Jugendherberge und ein bodenständiger Campingplatz bieten Unterkunft. Es werden Kanus verliehen und Kajaktouren in die Lagune angeboten, das größte naturbelassene Feuchtgebiet des Landes. Schön ist die Wanderung bei Ebbe zwischen den bizarren Felsen am Strand, die in Jahrmillionen von den erodierenden Kräften von Wind, Wetter und Wellen modelliert wurden.

9 km vor Franz Josef berührt der Highway den romantischen **Lake Mapourika**, umgeben von dichter Vegetation. Er besticht auch durch die stille Wasseroberfläche, in der sich die schneebedeckten Berge des Hinterlands spiegeln. Für viele ist der Lake Mapourika einer der schönsten Seen des Westlands. Nun haben Sie bereits das Gebiet des **Westland National Park** erreicht und die mächtige Gletscherzunge des Franz Josef Glaciers vor Augen. Es empfiehlt sich, entweder in **Franz Josef** oder in **Fox** Quartier zu beziehen. Franz Josef hat das breitere touristische Angebot und ist das erste Ziel der Routenempfehlung. Wer Fox am Nachmittag oder Abend erreicht und viele Wolken, Nebel und Regen, aber keinen Gletscher sieht, sollte nicht mutlos weiterfahren. Erfahrungsgemäß klart es in den Morgenstunden wieder auf, und dann werden Sie sehen, dass sich das Warten gelohnt hat.

Romantischer See

Franz Josef und der Westland National Park

Franz Josef

Vor Exkursionen in die Berg- und Gletscherwelt des Nationalparks sollte man in dem kleinen Ort Franz Josef das **Informationszentrum** besuchen, das in einem modernen Gebäude vorzügliche Ausstellungen zu den klimatischen, biologischen und geografischen Verhältnissen des Westlands zeigt, und einen gut sortierten Buchladen hat. Ein kurzer Spaziergang führt zur kleinen **St. James Church**, die sich etwa 300 m hin-

ter dem Visitor Centre rechts vom Highway im Wald versteckt. Die Presbyterianer-Kirche wurde 1931 im Tudor-Stil aus Holz erbaut und war wegen ihres Altarbilds bekannt. Sein Motiv ist das Ostfenster, durch das man die Gletscherzunge des Franz Josef sehen konnte. 1946 gab es dazu sogar eine Briefmarke. Nachdem sich der Gletscher ab 1953 rapide zurückzog, ist dieser schöne Blick leider verschwunden. Das **West Coast Wildlife Centre** nahe Franz Josef widmet sich der Aufzucht des seltenen Rowi, eines „Vetters" des Kiwi.
West Coast Wildlife Centre, ℘ 03-7920600, tägl. 8–17 Uhr.

Westland National Park

Majestätische Natur

Der im Jahr 1960 eingerichtete Nationalpark umfasst rund 887 km². Er erstreckt sich zwischen der Küste mit dem Gillespies Beach und den Gipfeln der Südalpen, die hier bis auf 3.505 m ansteigen. Im Osten grenzt er an den nicht minder eindrucksvollen Aoraki Mt. Cook National Park. Kennzeichnend sind außerordentliche Höhenunterschiede und ein ungewöhnliche Kombination aus Regenwald, Strandlandschaft, Seen, Flüssen, Wasserfällen, heißen Quellen, alpinen Gipfeln und riesigen Gletschern. Nirgendwo sonst in der Welt reichen Gletscher aus dem Gebirge nicht nur bis auf 250 m ü. d. M. herab, sondern berühren dabei auch – ohne Zwischenzonen – den Regenwald. Beachtlich ist auch die vielfältige Flora und Fauna mit zahlreichen seltenen Pflanzen und Kiwis, Kakas, Moreporks, Tuis, Falken und Sittichen. Der Nationalpark wird bei der UNESCO als World Heritage Area geführt und damit in einem Atemzug mit dem Grand Canyon in den USA, der Serengeti in Afrika oder dem Great Barrier Reef in Australien genannt. Der Highway 6 durchquert den Nationalpark und führt den Besucher sehr nah zu den Attraktionen des Parks. Die beiden wichtigsten Sehenswürdigkeiten sind die Gletscherzungen des Franz Josef und Fox.

Franz Josef Glacier

Der **Franz Josef Glacier** wurde vom deutschen Forscher Julius von Haast 1862 erreicht und nach dem österreichischen Kaiser Franz Josef benannt. Aus der 2.438 m hohen Region des Ewigen Eises fließt er auf einer Länge von etwa 13 km täglich mit einer enormen Geschwindigkeit von bis zu 5 m zum Regenwald hinunter. Seine eindrucksvolle Zunge misst in etwa 800 m in der Breite und ist etwa 30 m dick, was allerdings ständig variiert. Noch nie war die Veränderung so groß wie seit den späten 1980er-Jahren, als die Gletscherzunge geradezu dramatisch wuchs. Seit 1998 jedoch ist das Volumen der Gletscherzunge wieder deutlich rückläufig.

Wandertouren

Dem Franz Josef Glacier kann man sich auf verschiedene Weise nähern: Direkt an der Highway-Brücke über den Waiho River führt die etwa 4 km lange Franz Josef Glacier Rd. zu einem Parkplatz und Startpunkt von **Wanderungen**. Der anspruchsvolle Alex Knob Track, den man in einer Tagestour begehen kann, führt auf den 1.306 m hohen Berg Alex Knob, von dem sich herrliche Blicke auf den Gletscher bieten (hin und zurück 12 km, 7–8 Std.). Wer weniger Zeit hat, steigt auf dem steilen Sentenial Rock Track in einer guten Viertelstunde zu einem Aussichtspunkt mit atemberaubendem Gletscherblick. Ungeübte Bergwanderer sollten sich im Informationszentrum unbedingt zum Schwierigkeitsgrad dieser und anderer Tracks und die zu erwartenden Wetterbedingungen erkundigen, auch deswegen, weil Geröll- und Schlammlawinen oft die

Der Roberts Point Track führt zu einem Aussichtspunkt über dem Franz-Josef-Gletscher

markierten Wege wegreißen. Wer sich fit genug fühlt, sollte an einer geführten **Gletscherbesteigung** teilnehmen, die in Franz Josef täglich organisiert wird (die Wanderausrüstung wird gestellt). Die erste Strecke bis zum Gletscher legt man dabei mit einem Bus zurück.

Fox Glacier und Fox

Der **Fox Glacier** befindet sich 23 km südlich von Franz Josef und ist am besten vom dortigen Fox Glacier Hotel zu erreichen. Seine Eis- und Schneemassen speisen sich aus den Gipfelregionen des Mt. Tasman (3.497 m), des Mt. Haidinger (3.065 m) und der Bismarck Peaks und fließen auf fast 14 km Länge bis auf 200 m ü. d. M. herunter – nirgendwo sonst erreicht ein Gletscher in dieser klimatischen Zone ein so niedriges Niveau.

Im 300-Seelen-Dorf **Fox** lohnt es sich, zunächst das rechts am Highway liegende Visitor Centre zu besuchen, das über die Hintergründe der Haast-Expedition berichtet. Hier bekommt man auch Wanderkarten und kann sich zu möglichen Aktivitäten beraten lassen und diese auch gleich buchen. Wenn Sie den Gletscher besuchen möchten, nehmen Sie vor dem Fox River die links abgehende, 4 km lange Stichstraße, die an einem Parkplatz endet. Von dort können Sie beispielsweise eine Rundwanderung (1 Std. 30 Min.) zur Spitze des Cone Rock unternehmen. Näher ist vom Ortszentrum der 20minütige Weg durch dichten Regenwald zum Minnehaha Creek. Ganz in der Nähe befindet sich eine Glühwürmchengrotte, die noch nicht von Besuchern überlaufen ist.

Mögliche Aktivitäten

Es wäre aber falsch, den Westland National Park nur auf seine beiden großartigen Gletscher zu reduzieren. Besonders in Fox eröffnen sich zusätzlich Möglichkeiten, eine andere Seite des Parks kennenzulernen:

Lake Matheson und Gillespies Beach

Etwa 3 km westlich von Fox liegt der **Lake Matheson**, der vielleicht schönste, sicher aber am meisten fotografierte See des Westlands. Auf einer schmalen Straße können Sie an das östliche Ende des Sees heranfahren, ab da sollten Sie an seinem Ufer etwa eine Dreiviertelstunde entlanggehen, bis Sie die berühmten Reflektionen des Aoraki Mt. Cook, Mt. Tasman und des Walds im Spiegel der dunklen Wasseroberfläche sehen. Wenn Sie in der Morgen- oder Abenddämmerung hier sind und zudem Glück mit dem Wetter haben, wird dies ein unvergesslicher Höhepunkt Ihres Neuseeland-Urlaubs sein. Die Umrundung des Sees dauert gut 1 Std.

Die vom Meer am Gillespies Beach angeschwemmten Baumstämme wirken wie Skulpturen

Ab Fox in die gleiche Richtung fahrend, allerdings 22 km weiter, kommt man auf einer etwas anstrengenden und abschnittsweise unasphaltierten Wegstrecke zum **Gillespies Beach**. Der breite Strand mit dem von der Tasman Sea angehäuften Treibholz ist auch bei bewölktem Himmel von surrealer Schönheit. Hier kann man kürzere oder längere Spaziergänge unternehmen, gen Norden kommt man zu bizarren Felsformationen und in knapp 2 Std. vorbei an einem Goldgräberfriedhof bis zu einer Robbenkolonie am Galway Beach, in der etwa 1.500 Tiere leben (nur bei Ebbe möglich!). Und auf der Rückfahrt fährt man geradewegs auf die Gletscherzunge des Fox zu.

Reisepraktische Informationen Westland National Park

 Information
Westland National Park Visitor Centre Franz Josef, *Franz Josef, Hwy. 6,*
© 03-7520796, www.glaciercountry.co.nz, tägl. 8.30–18, im Winter 8.30–12, 13–17 Uhr. Di-

daktisch exzellente Ausstellung über die geologische Entwicklung sowie Fauna und Flora der Region, tägl. ab 15 Uhr aktuelle Wetterprognosen.
Fox Glacier DOC Visitor Centre, Fox, Hwy. 6, ℂ 03-7510807, foxsouthwestlandao@doc.govt.nz, tägl. 8.30–18, im Winter 9–16.30 Uhr.

Unterkunft
Hotels/Motels
Glacier Gateway Motor Lodge $$–$$$, Franz Josef, Hwy. 6, ℂ 0800-372694 u. 03-7520776, www.franzjosefmotels.co.nz, DZ NZ-$ 110–190. 500 m südlich des Orts und am nächsten zum Gletscher gelegen, 23 komfortable Einheiten, Spa Pool, Sauna, Ausflüge.
Fox Glacier Hotel $$, Fox, 10 Cook Flat Rd., ℂ 0800-696963 u. 03-7510839, www.scenichotelgroup.co.nz, DZ NZ-$ 115. Historisches 1928 eröffnetes Holzhaus-Hotel mit urigem Pub, zentral gelegen, 50 Zimmer unterschiedlicher Ausstattung.
Rainforest Retreat $–$$$, Franz Josef, 46 Cron St., ℂ 0800-873346 u. 03-7520220, www.rainforestretreat.co.nz, DZ NZ-$ 99–209, im Mehrbettzimmer ab NZ-$ 24. Naturnahe Anlage mit gemütlichen Holzbungalows im Blockhausstil, Moteleinheiten, Backpacker-Unterkünften sowie individuellen Stellplätzen für Zelte und Wohnmobile. Zur Ausstattung gehören das beliebte Restaurant Monsoon, Bar, Spa-Pool, Sauna und ein kleiner Laden.

Bed & Breakfast
Mountain View B&B $$$, Fox, 1 Williams Drive, ℂ 03-7510770, www.foxglaciermountainview.co.nz, DZ NZ-$ 185. Angenehme Frühstückspension am Ortsrand mit drei individuell ausgestatteten Zimmern und einem gemütlichen Häuschen für Selbstversorger, herrliches Bergpanorama. Karen (K2) Simpson, die weitgereiste Eigentümerin, ist eine schier unerschöpfliche Informationsquelle.

Backpacker-Hostel/Jugendherberge
Chateau Franz $–$$, Franz Josef, 8 Cron St., ℂ 03-7520738, www.chateaufranz.co.nz, DZ NZ-$ 53–95, im Mehrbettzimmer NZ-$ 26. Gemütliches Hostel mit guter Atmosphäre, zentral gelegen, Doppel- und Mehrbettzimmer, Zeltmöglichkeit, Fahrradverleih, Ausflüge.
Franz Josef Glacier YHA $–$$, Franz Josef, 2-4 Cron St., ℂ 03-7520754, www.yha.co.nz, DZ NZ-$ 72–97, im Mehrbettzimmer NZ-$ 23. Gemütliche, zentral gelegene Jugendherberge mit Doppel- und Mehrbettzimmern, kleiner Laden, im Sommer Cafeteria, kostenlose Saunanutzung.

Camping
Franz Josef Mountain View Top 10 Holiday Park, Franz Josef, Main Rd. (Hwy. 6), ℂ 03-752 0735, www.mountainview.co.nz. Moderne Anlage, 1,5 km nördl. des Orts, Zelt- und Campervanplätze, Cabins, Flats, Motel- und Backpacker-Unterkunft ($–$$$).
Fox Glacier Holiday Park & Alpine View Motels, Fox, Kerrs Rd., ℂ 03-7510821, www.fghp.co.nz. Größere Anlage, etwa 500 m vom Ortszentrum entfernt, Zelt- und Campervanplätze, Cabins, Flats, Backpacker-Unterkunft ($–$$) und Motel ($$–$$$).

Essen und Trinken
Blue Ice Café, Franz Josef, Main Rd. (Hwy. 6), ℂ 03-7522169, tägl. ab 9.30 Uhr, moderat–teuer. Tagsüber ein Bistro mit trendigen Lunchgerichten und Gourmet-Pizzas, abends ein feines Restaurant mit ideenreichen Gerichten der modernen neuseeländischen Küche.
Monsoon, Franz Josef, Rainforest Retreat, 46 Cron St., ℂ 0800-873346 u. 03-7520220,

Die flugunfähige Wekaralle brütet das ganze Jahr über

tägl. ab 8 Uhr, moderat. Sehr beliebtes Lokal mit bodenständiger Kiwi-Kost wie saftigen Steaks und Fish 'n' Chips.

Cook Saddle, Fox, 19 Main Rd. (Hwy. 6), © 03-7510700, tägl. ab 11 Uhr, preiswert–moderat. Uriger Pub im Stil eines Wildwestsaloons, herzhaftes Kneipenessen, in den Sommermonaten am Wochenende Live-Musik.

Wandern

Franz Josef Glacier Guides, Franz Josef, Main Rd. (Hwy. 6), © 0800-484337 u. 03-7520763, www.franzjosefglacier.com. Gletscherbesteigungen (NZ-$ 256) und geführte halb-/ganztägige Wanderungen (NZ-$ 123/180, Kinder 12–16 Jahre NZ-$ 99,50/145).

Fox Glacier Guiding, Fox, © 0800-111 600, www.foxguides.co.nz. Geführte halb- und ganztägige Wanderungen (NZ-$ 109/159, Kinder 12–16 Jahre NZ-$ 89) und ganztägige Gletscherbesteigungen (NZ-$ 259).

Flightseeing

Fantastisch sind – bei gutem Wetter – auch **Flüge mit dem Helikopter oder Kleinflugzeug**, die man im Besucherzentrum oder in den Büros der Veranstalter am Highway 6 buchen kann. Von dort wird man mit einem Minibus zu dem kleinen Airstrip gebracht. Wenn auch wegen des wechselnden Wetters unsicher, ist es doch ratsam, den Flug in der Hauptsaison einen Tag im Voraus zu buchen. Man kann zwischen verschiedenen Routen wählen, u. a. zu den Gletschern des Franz Josef, Fox, Neve, Tasman und Hooker und zum Mt. Cook, oder auch einfache Flüge zum Baumann-Schneefeld. Eine Landung auf dem ewigen Eis sollte eingeschlossen sein. Sehr zu empfehlen ist die Tour Twin Glacier, auf der Sie der Pilot von Franz Josef aus über die Hänge des Franz-Josef-Gletschers und die Zunge des Fox-Gletschers zum Baumann-Schneefeld bringt, wo Sie bei einem zehnminütigen Aufenthalt die herrliche Aussicht auf die Gebirgswelt der Südalpen genießen können. Außer dem Mt. Cook sehen Sie vom Helikopter auch andere Dreitausender wie den Mt. Tasman und den Mt. Sefton. Die Flugdauer variiert zwischen 10–60 Minuten.

Air Safaris, © 0800-806880 u. 03-7520716, www.airsafaris.co.nz. Rundflüge in Propellermaschinen (ab NZ-$ 325, Kinder 3–13 Jahre NZ-$ 215).

Fox & Franz Heliservices, © 0800-800793 u. 03-7520793, www.scenic-flights.co.nz. Rundflüge in Helikoptern (ab NZ-$ 195).

New Zealand Helicopter Scenic Flights, © (03)7520767, www.helicopter.co.nz. Rundflüge in Helikoptern (ab NZ-$ 215).

Von Franz Josef nach Haast

Auf dem Weg von Franz Josef nach Haast legt man zunächst die grandiose Strecke nach Fox zurück. Von dort sind es knapp 120 km bis Haast, von denen der Abschnitt zwischen Karangarua und dem Lake Paringa der interessanteste ist, denn hier kommen sich Meer und Hochgebirge ganz nahe. Zunächst passiert man einen langgezogenen See, den der Fox River und der Cook River mit Gletscherwasser speisen. Rechts der Straße erstreckt sich der **Karangarua State Forest**, danach kommt man an die tiefe Bucht des **Karangarua River**. Erfahrenen Wanderern ist dieser ein Begriff, weil hier der berühmte Copland Track ins Hochgebirge führt, der durch das Copland-Tal den Mt. Cook mit der Westküste verbindet. Entlang der Wegstrecke gibt es fantastische Panoramablicke, die gesamte Bandbreite der Südinsel-Vegetation und auch heiße Quellen zu erleben. Unterkunft bieten komfortable Hütten.

Durch Wälder und Flüsse

Erst bei **Bruce Bay** (52 km hinter Fox) verläuft der Highway wieder nah an der Tasman Sea, um dann für etwa 40 km nochmals durch eine Schwemmlandebene zu führen. 70 km südlich von Fox fährt man am **Lake Paringa** entlang, der wegen seiner Fischbestände berühmt ist. 15 km weiter erreicht man **Lake Moeraki**, an dessen Ufer zahlreiche Kotuku (White Heron bzw. Silberreiher) nisten. Anglern ist der See wegen seines Reichtums an Forellen, Lachsen und Whitebait ein Begriff.

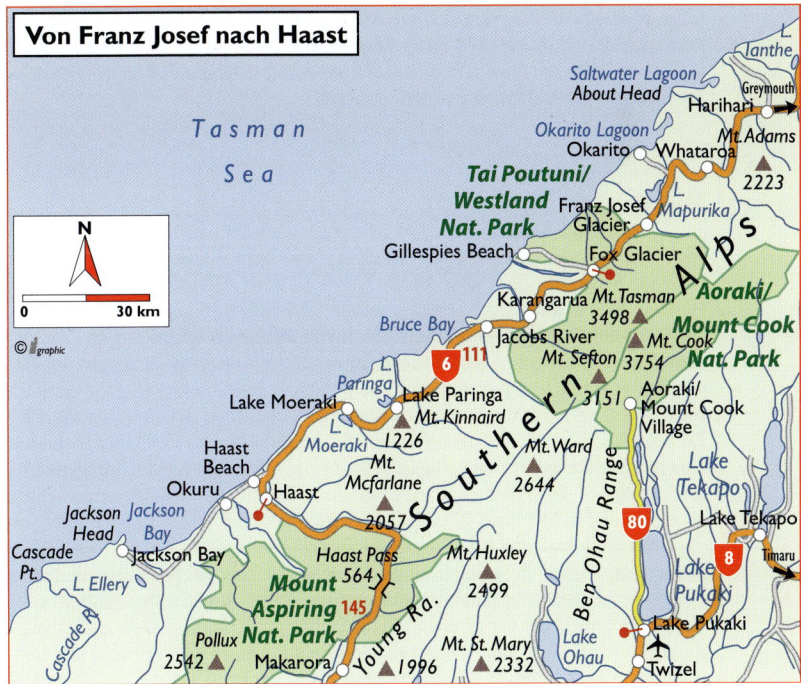

Schiffswrack

Hinter dem **Knights Point** mit schönem Blick fährt man wieder in Sichtweite des Meeres, während nun die Gratlinie der Südalpen sehr viel weiter östlich verläuft. Linker Hand erstreckt sich der ausgedehnte **Makaketake State Forest**, und dahinter erhebt sich in 30 km Entfernung der 2.523 m hohe Mt. McFarlane. 15 km vor Haast lohnt sich der Besuch des **Ship Creek**, ein schöner, von Wald gesäumter Sandstrand, von dem bei Ebbe die Überreste eines auf Grund gelaufenen Schiffes zu sehen sind. Ein fantastisches Naturerlebnis bietet die halbstündige Rundwanderung durch einen verwunschenen, mit Moosen und Flechten überwucherten Märchenwald. Nach der Brücke über den weiten Haast River biegt der Highway in östlicher Richtung ab, um dem Flusstal zum Haast Pass zu folgen. Über den Ort **Haast** gelangt man zu der kleinen Stichstraße, die noch einige Kilometer über Okuru an der Jackson Bay entlangführt (s. u.). Dann hört auch diese Straße auf und die weiter südlich liegenden Teile der Westküste können mit dem Wagen nicht mehr besucht werden. Vor dem Überqueren der Alpen haben Sie im 300-Seelen-Dorf Haast und Umgebung die letzte Möglichkeit, Quartier zu beziehen.

Reisepraktische Informationen Lake Moeraki

Unterkunft
Lodges
**Lake Moeraki Wilderness Lodge $$$$–$$$$$**, ℂ 03-7500881, www.wilderness lodge.co.nz, DZ NZ-$ 399–499. Rustikal-komfortable Unterkunft, vorzügliches Restaurant, Verleih von Booten und Angelgerät, geführte Regenwaldwanderungen; im Preis sind Frühstück, Abendessen und zwei Naturexkursionen enthalten.

Haast

Haast hat in erster Linie als administratives Zentrum und Übernachtungsstopp für Reisende Bedeutung. Die Haast-Region wurde als South West New Zealand World Heritage Area in die Weltnaturerbe-Liste der UNESCO aufgenommen. Über Geologie, Fauna und Flora des Naturschutzgebiets informiert eine Ausstellung im DOC Visitor Centre (s. u.). Schon jetzt ist man dabei, neue Wanderwege anzulegen und Besucher mit Angeltrips, Jagdausflügen und Jetboat-Fahrten zu locken. Landschaftlich reizvoll ist die einsame Gegend südlich des Orts, die durch die Stichstraße Jackson Bay Rd. erschlossen wird. Auf dem Weg zur Bucht passiert man den schönen **Haast Beach** und durchquert eine urtümliche Natur mit aufgeschwemmten Sanddünen, Inlandlagunen und den Mündungsarmen des Okuru River und Turnbull River. Schließlich geht es über den Waiatoto River und Arawata River bis zur südlichsten Siedlung an der Westküste, **Jackson Bay**. Besonders Tierfreunde kommen hier auf ihre Kosten.

Robben, Seevögel und Pinguine

Außer jeder Menge an Seevögel ist die Bucht wegen ihrer reichen Robbenbestände und einer der weltweit größten Pinguinkolonien der Fiordland Crested Penguins oder Tawakis bekannt. Auch die seltenen Hector Dolphins, die kleinsten Delfine überhaupt, tummeln sich häufig in den Küstengewässern. In den Bergen leben Hirsche und halbwilde zottelige Inselpferde, die sogenannten Timor Ponys.

Reisepraktische Informationen Haast

Information
Haast DOC Visitor Centre, Hwy. 6, © 03-750 0809, www.haastnz.com, tägl. 9–18, im Winter bis 16.30 Uhr. Modernes Informationszentrum mit Tipps und Wanderkarten etc. für die gesamte Region, informativer Film (Eintritt).

Unterkunft
Hotels/Motels
**Heartland World Heritage Hotel $$–$$$**, Hwy. 6, © 03-7500828, www.world-heritage-hotel.com, DZ ab NZ-$ 130. Modernes großes Haus, oft von Reisegruppen frequentiert. Backpacker-, Motel- und komfortable Hotel-Zimmer, Restaurant, Cafeteria und Bar, Jetboat-Ausflüge, Helikopter-Landeplatz, Organisation von Angel- und Jagdtrips.
**McGuires Lodge $$**, Hwy. 6, © 03-7500020, www.mcguireslodge.co.nz, DZ NZ-$ 110–130. Neueres, komfortables Motel, alle 19 Einheiten mit Küche, Spa, Pool, gutes Restaurant, gemütliche Lounge.

Backpacker-Hostel
**Haast Wilderness Backpackers $–$$**, Pauareka Rd., Tel. 03-7500029, www.wildernessaccommodation.co.nz, DZ NZ-$ 65–70, im Mehrbettzimmer NZ-$ 28. Schönes, recht komfortables Hostel mit Doppel- und Mehrbettzimmern.

Camping
Haast Highway Accomodation, Marks Rd., © 03-7500703. 3 km östl. des Visitor Centre und nahe am Hwy. 6, Zelt- und Campervanplätze, Cabins, On-Site-Caravans, Motel- und Backpacker-Unterkunft ($–$$), Laden.
Haast Beach Holiday Park, Jacksons Bay Rd., © 0800-843226 u. 03-7500860, www.hap.nz.co.nz. 15 km südl. des Highway in grandioser Einsamkeit gelegen, Zelt- und Campervanplätze, Hütten ($$), Angeltouren, Jetboat-Exkursion, Fahrrad- und Kanuverleih.

Ausflüge
Haast River Safari, © 0800-865382 u. 03-7500101, www.haastriver.co.nz, im Sommer tägl. 9, 11, 14, im Winter tägl. 10, 13 Uhr, NZ-$ 139, Jugendliche 13–18 Jahre NZ-$ 99, Kinder 5–12 Jahre NZ-$ 59. 2- bis 3mal tägl. 90-minütige Jetboat-Touren den Haast River hinauf.
Waiatoto River Safaris, © 0800-538723 u. 03-7500780, www.riversafaris.co.nz, NZ-$ 199, Kinder 4–15 Jahre NZ-$ 139. Dreimal tägl. spannende Jetboat-Fahrten (2 Std. 30 Min.) auf dem Waiatoto River, Abfahrt bei Hannahs Homestead ca. 20 km südl.

Zum Haast Pass

Ab Haast verlässt der Highway 6 die Westküste und folgt dem Haast River nach Osten, wo nach 63 km der nur 564 m hohe Pass erreicht wird. Die Landschaft ist weit und gewaltig, steile Schluchtwände kommen so gut wie gar nicht vor. Der breite Fluss mit Schotterbänken und Treibholz benutzt das Bett, das die Eiszeiten zu einem Trogtal

Zahlreiche Wasserfälle

ausgeschliffen haben. Abgerundete Höhenzüge sind dessen Charakteristikum. Von den Schneefeldern der umgebenden Berge sieht man kaum etwas, aber deren Schmelzwasser in Form mächtiger Wasserfälle und Wildbäche begleiten den Highway und laden zu kleinen Wanderungen ein. Nur wenige Minuten von dem ausgeschilderten Parkplatz entfernt sind die **Depot Creek Falls**, die ersten Wasserfälle an der Route. Auch an den **Scenic Reserves** von The Roaring Billy, Clark Bluff, Pleasant Flat, Thunder Creek Falls und Blue Pools gelangt man auf schönen Walks durch den Regenwald mit eindrucksvoller Vegetation zu tosenden Wasserfällen. Für die Spaziergänge braucht man nie viel Zeit (jeweils zwischen 5–30 Min.), und sie sind eine gute Gelegenheit, vom Autofahren etwas zu entspannen. Informativ und hilfreich ist die in den regionalen DOC Visitor Centres erhältliche Broschüre „Walks along the Haast Highway".

Auf der Passhöhe haben Sie schließlich die Grenze zwischen den Provinzen Westland und Otago erreicht und fahren von hier – den Mt. Aspiring National Park zur Rechten und die Young Range zur Linken – in das Seengebiet vor Wanaka hinab. Wahrscheinlich wird bei Ihrer Fahrt durch das **Tal des Haast River** nicht nur die Sonne scheinen. Schon die gesamte Westküste war als „Regenküste" nicht gerade für den Badeurlaub geschaffen. Der Ort Haast hat eine durchschnittliche Niederschlagsmenge von 3.400 mm im Jahr – das ist mehr als im verregneten Westnorwegen. Und an anderen Stellen der Region wurden schon über 8.000 mm im Jahr gemessen. Die vom Westen her kommenden Wolken regnen nun einmal an der Flanke der Südalpen ab,

Ein halbstündiger Spaziergang führt vom Highway 6 zu den Blue Pools

aber wenn Sie den Pass überquert haben, werden auch die statistischen Werte günstiger: von 2.000 mm Jahresdurchschnitt in Wanaka bis hinunter auf 300 mm im inneren Otago.

Angelegt wurde der Highway als Arbeitsbeschaffungsmaßnahme in der Zeit der großen Depression in den Jahren 1929–31. Lange vorher kannten und nutzten die Maoris diese Passstrecke, um den begehrten *Greenstone* von der Westküste zu holen. Im Jahr 1836 führte der Nordstamm-Häuptling Te Puoho seine Krieger zu einem Feldzug gegen die Ureinwohner jenseits des Gebirges über diesen Weg. Als erste Europäer entdeckten Charles Cameron und Julius von Haast den Pass im Jahr 1863 im gleichen Monat in unabhängig voneinander durchgeführten Expeditionen. Haasts Berichte waren die Grundlage für den Plan, den alten Maori-Pfad auszubauen und eine Ost-West-Verbindung herzustellen. 1876 wurde zum ersten Mal Post über das Gebirge gebracht. Die Straße von damals war natürlich nicht mit dem heutigen Highway vergleichbar, sondern bestand aus einem schlammigen, engen und kurvenreichen Pfad, den Kutschen nicht befahren konnten. Erst ab 1880 verbreiterte man diesen, damals in der Erwartung, dass die Trasse einst für eine Eisenbahnlinie genutzt werden könnte. In der ersten Hälfte dieses Jahrhunderts wurden dann die Anstrengungen verstärkt, den Weg für den Autoverkehr möglich zu machen. Aber es bedurfte noch einer langen Zeit und vieler Arbeitskräfte, bis der Verkehrsminister die Haast-Otago-Rd. im November 1960 offiziell eröffnen konnte – erst in den 1990er-Jahren waren alle Abschnitte asphaltiert. Seinen Namen erhielten Pass, Fluss und die kleine Siedlung an seiner Mündung nach dem Entdecker Julius von Haast, der zusammen mit vier Begleitern nach vielen Schwierigkeiten von Wanaka kommend endlich die Tasman Sea erreichte.

Abenteuerliche Expeditionen

Julius von Haast

info

Zur Erschließung der jungen Kolonie Neuseeland hat neben dem Württemberger Ferdinand von Hochstetter besonders der deutsche Geologe, Landvermesser und Forschungsreisende Julius von Haast (geboren 1822 in Bonn, gestorben 1887 in Neuseeland) beigetragen. Dieser kam 1858 im Auftrag einer englischen Firma ins Land, um die Siedlungsbedingungen für potenzielle Emigranten zu erkunden. Als von Hochstetter und er jedoch das Vorkommen und die Fördermöglichkeiten von Kohle entdeckten, änderte sich sein Auftrag sehr bald. Von nun an ging er daran, die damals weitgehend unbekannte Südinsel zu erforschen und zu kartografieren. Viele Stellen hat der Deutsche als erster Europäer erreicht und durch seine Namensgebungen im geografischen Neuseeland deutschsprachige Akzente gesetzt. So wurde der Franz-Josef-Gletscher von ihm erkundet und benannt, worauf die Erhebung in den Adelsstand durch den österreichischen Kaiser nicht lange auf sich warten ließ. Daneben sammelte von Haast begeistert Pflanzen und Mineralien seines Forschungsgebiets, die er schließlich als wichtigen Bestand in das Canterbury Museum von Christchurch einbrachte. Als erstem Direktor dieser bedeutenden Institution hat Neuseeland Julius von Haast ebenso viel zu verdanken wie der Tatsache, dass durch seine geologische und kartografische Arbeit die Kolonie im ausgehenden 19. Jh. keine „weißen Flecken" mehr besaß.

Das Fjordland und der Süden der Südinsel

Streckenübersicht und Zeiteinteilung

Die Fahrt ins Fjordland und in den Süden der Südinsel wird von allen Neuseeland-Reisenden als unvergessliches Naturerlebnis und landschaftlicher Höhepunkt gerühmt. Eingerahmt von den drei großen Nationalparks Mt. Aspiring, Aoraki Mt. Cook und Fiordland, mit vielen zusätzlichen Exkursionsmöglichkeiten, wie etwa zur Insel Stewart Island, beinhaltet die Route vom Westland zur Ostküste die tiefsten Fjorde, die höchsten Berge, das trockenste Hochplateau, die regenreichste Küste, grandiose, ursprüngliche Natur und intensiv genutztes Kulturland. Während in der Bay of Islands, auf der Cormonadel-Halbinsel und um Nelson sonnenverwöhnte Sandstrände das pazifische Inselparadies Neuseelands repräsentieren, fühlt man sich hier in ein Landschaftspuzzle versetzt, das sich aus norwegischen, schottischen, kanadischen und kalifornischen Elementen zusammensetzt.

Daneben lassen hübsche kleine Orte, Geisterstädte aus der Goldgräberzeit, pulsierende Tourismuszentren und größere Städte mit interessanten Museen und Shopping-Gelegenheiten auch den kulturellen Aspekt nicht zu kurz kommen. Bei so viel Natur pur, zahlreichen Möglichkeiten der sportlichen Urlaubsgestaltung und Attraktionen fällt es schwer, sich zu beschränken und auf das eine oder andere Ziel zu verzichten.

Ein Ausflugsziel für Naturliebhaber – der Doubtful Sound, der zweitgrößte Fjord der Südinsel

Als kleine Entscheidungshilfe ist das nachfolgende **Minimalprogramm** gedacht:
- Der **erste Tag** von der Westküste zum Fjordland sollte ins touristische Herz der Region, nach Queenstown führen. Auf dem Weg ist **Wanaka** mit dem gleichnamigen See ein lohnender Besichtigungspunkt.
- Den **zweiten Tag** sollten Sie sich für Queenstown und Umgebung freihalten.
- Am **dritten Tag** stünde ein Ausflug ins **Fjordland** auf dem Programm, der entweder vom festen Standquartier in Queenstown aus oder auf einer Rundfahrt unternommen und auch auf zwei oder mehrere Tage ausgedehnt werden kann.
- Den **vierten Tag** benötigen Sie, um über Cromwell und Alexandra nach Dunedin an der Ostküste zu gelangen.

Falls Sie die karge und eindrucksvolle Südküste nicht versäumen wollen, ist nach dem Besuch im Fjordland ab Te Anau (bzw. Queenstown) das angegebene Minimalprogramm **alternativ** so ausbaubar:
- **Vierter Tag**: Fahrt entlang des Oreti River nach **Invercargill**. Evtl. Überfahrt ab Bluff zur **Stewart Insel**, mindestens zweitägiger Aufenthalt dort.
- Sonst am **fünften Tag** über den Highway 92 parallel zur Küste bis Balclutha, ab dort auf dem Highway 1 weiter nach **Dunedin**.

Wer aber die flachen und landschaftlich nicht besonders imponierenden Gebiete an der Ostküste meiden und auch auf die Universitätsstadt Dunedin verzichten, stattdessen aber das Hochgebirge länger genießen und besonders den Aoraki Mt. Cook erleben will, kann **alternativ ab Queenstown** folgende Route befahren:
- **Vierter Tag**: Auf dem Highway 6 parallel zum Kawara River, dann auf dem Highway 8 durch das **Lindis Valley** und über den **Lindis Pass** bis zum **Lake Pukaki**, ab dort die Stichstraße (60 km) zum Aoraki Mt. Cook Village.
- **Fünfter Tag**: Mindestens eintägiger Aufenthalt im **Aoraki Mt. Cook National Park**.
- **Sechster Tag**: Über den Highway 8 zur Ostküste bei Timaru und weiter nach **Christchurch**.

Redaktionstipps

Sehens- und Erlebenswertes
- In **Queenstown** Kreuzfahrt mit der TSS Earnslaw über den **Lake Wakatipu** zur **Walter Peak Station** mit Abendessen und Fahrt in der Abenddämmerung mit der Skyline Gondola auf den **Bob's Peak** (S. 475).
- In **Te Anau** Besuch des **Wildlife Centre** und Ausflug zur Glühwürmchengrotte (S. 490).
- Fahrt zum **Milford Sound** mit Fjordkreuzfahrt, in Eigenregie oder innerhalb eines Pauschalarrangements (S. 494).
- Von **Manapouri** Exkursion zum Wasserkraftwerk und weiter zum **Doubtful Sound** mit Fjordkreuzfahrt (S. 497).
- Fahrt auf der **Southern Scenic Route** von **Te Anau** nach **Invercargill** und von dort nach **Balclutha** (S. 506).
- In **Invercargill** Besuch des **Queen's Park** mit Besucherzentrum und **Southland Museum & Art Gallery** (S. 510).
- Flightseeing ab **Tekapo** oder **Aoraki Mt. Cook Village** über die Dreitausender des **Aoraki Mt. Cook National Park** (S. 526).

Aktivitäten
- Kajaking und/oder Angeln auf einem der herrlichen Seen **Hawea, Wanaka, Wakatipu, Manapouri, Pukaki, Ruataniwha** oder **Tekapo**.
- Highlight für Mutige: **Bungee Jumping** von der **Kawarau River Suspension Bridge** (43 m), der **Skippers Canyon Bridge** (69 m) oder dem **Pipeline Aquädukt** (102 m) (S. 501).
- Einige Tage Ruhe und Entspannung auf **Stewart Island** mit Wanderungen, Angeltour und Kiwi-Beobachtung (S. 513).

Freilich kann der Abstecher zum Aoraki Mt. Cook National Park auch als Zwei-Tages-Ausflug unterwegs von Dunedin nach Christchurch unternommen werden (s. S. 541).

Übernachtungsmöglichkeiten

Für das Minimalprogramm kommen Sie zwischen West- und Ostküste mit einem Standquartier in Queenstown aus, es sei denn, Sie fahren mit dem eigenen Wagen ins Fjordland und übernachten ein- oder mehrmals in Te Anau oder Milford Sound. Ein geeigneter Übernachtungsplatz für die alternative Südroute ist Invercargill, bei Besuch von Stewart Island zusätzlich Oban. Und auf der alternativen Gebirgsroute finden Sie in Twizel, Pukaki, Tekapo und im Aoraki Mt. Cook Village, vor Christchurch in Timaru oder Ashburton Quartier.

Wer auf **Busse** angewiesen ist, profitiert vom ausgedehnten InterCity-Liniennetz. So gibt es tägliche Verbindungen einerseits von Franz Josef, Fox und Haast nach Queenstown und andererseits von Queenstown nach Dunedin (5 Std. 30 Min.), aber auch von Queenstown nach Invercargill (3 Std. 30 Min.), Te Anau (2 Std. 30 Min.), Milford Sound (5 Std.) und nach Christchurch über Aoraki Mt. Cook Village (10 Std.). Das Unternehmen Mount Cook fährt ähnliche Ziele an und bietet in den Sommermonaten den zusätzlichen Busservice über Aoraki Mt. Cook Village nach Christchurch. In Aoraki Mt Cook Village wird ein 3,5-stündiger Aufenthalt eingelegt (der beispielsweise für einen Rundflug genutzt werden kann).

Von Haast nach Queenstown

Karge Urlandschaft

Nachdem man am Haast Pass die Main Divide, die Haupttrennlinie zwischen der regenreichen Westküste und dem trockenen Hinterland östlich der Southern Alps, überquert hat, führt die erste Etappe durch eine karge, imponierende Urlandschaft, die von den Gletschern der Eiszeit abgeschliffen und mit großen Schmelzwasserseen ausgefüllt wurde. Ab der Wasserscheide des Fjordlands verlaufen Wildwasserströme wie Makarora River, Hunter River und Shotover River. Gebirgsbäche in südöstlicher Richtung speisen die großen und tiefen Seen, etwa Lake Wanaka, Lake Hawea und Lake Wakatipu, aus denen wiederum einige der längsten Flüsse Neuseelands durch das Südland und Otago zur Pazifikküste zwischen Invercargill und Timaru strömen. Zwei der beeindruckendsten Seen liegen direkt am Highway 6.

Makarora

Zunächst erreicht man mit der Flussmündung des Makarora River das schmale nördliche Ende des Lake Wanaka. In der dortigen Minisiedlung **Makarora** gibt es einen Veranstalter, der einen aufregenden und ungewöhnlichen Halbtagesausflug anbietet, die fast schon legendäre *Siberia Experience*. Dabei fliegt man mit einem Kleinflugzeug 30 Min. in die Einsamkeit der Berge, wo sich ein dreistündiger Bushwalk durch das Siberia Valley zu einem Basislager anschließt. Ab dort geht es auf dem Wilkin River mit einem rasanten Jetboat in 45 Min. zum Ausgangspunkt zurück.

Siberia Experience, © 0800-645369, www.siberiaexperience.co.nz, NZ-$ 455, Kinder 3–13 Jahre NZ-$ 350.

Von Haast nach Queenstown

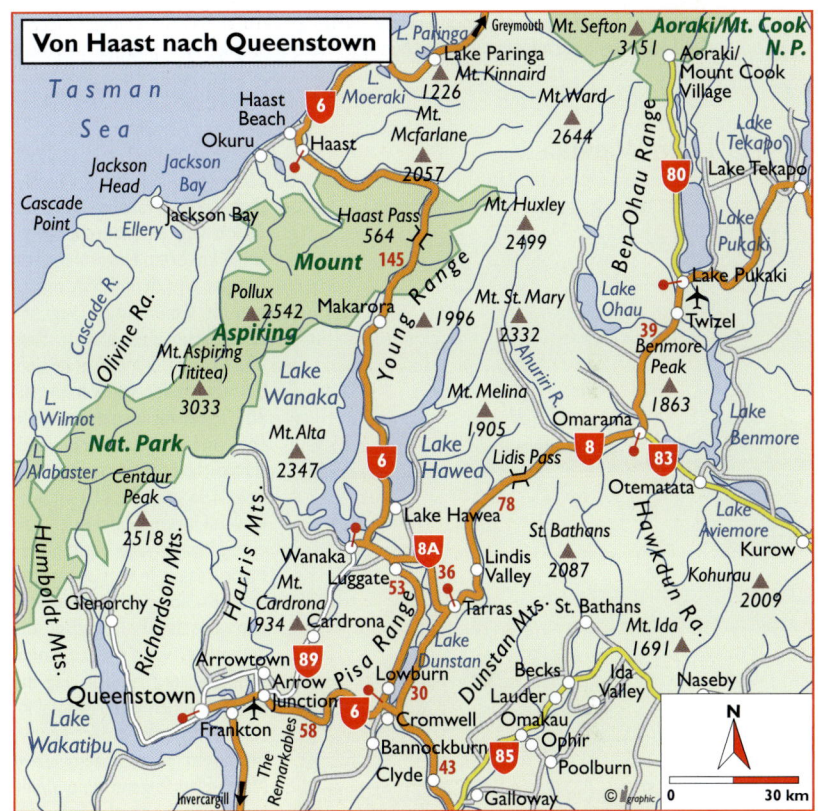

Reisepraktische Informationen Makarora

Information
Makarora DOC Visitor Centre, Hwy. 6, ✆ 03-4438365, www.doc.govt.nz, im Sommer tägl. 9–17 Uhr, im Winter Mo–Fr nur sporadisch besetzt.

Bed & Breakfast
**Makarora River Ranch $$$$**, Hwy. 6, ✆ 03-4438293, www.makarora ranch.co. nz, DZ ab NZ-$ 365 (inkl. Frühstück und Dinner). Stilvolle Ferien auf dem Bauernhof, komfortable Apartments; die Gastgeber helfen bei der Planung von Ausflügen.

Camping
**Makarora Tourist Centre $–$$**, Hwy. 6, ✆ 0800-800443 u. 03-4438372, www.makarora.co.nz. Gut organisierter Ferienpark mit Stellplätzen für Zelte und Campervans, Backpacker-Unterkunft (DZ NZ-$ 70, im Mehrbettzimmer ab NZ-$ 28) und gut aus-

gestatteten Blockhütten (ab NZ-$ 85). Zur Anlage gehören zudem Restaurant, Cafeteria, Pub, Laden sowie ein Informations- und Buchungsbüro für Ausflüge (u. a. Siberia Experience).

Lake Wanaka

Der Lake Wanaka lockt zum Sprung ins blaue, oft kühle Nass

Der Lake Wanaka ist etwa 56 km lang und durchschnittlich 5 km breit. Eingerahmt von Bergen wie dem 1.996 m hohen Mt. Constitution, liegt die Oberfläche des blauen Sees 282 m hoch. Seine Wassertiefe beträgt stellenweise mehr als 300 m. Zwei Inseln im südlichen Teil sind zusätzliche landschaftliche Highlights, wobei die etwa 145 m hohe Harwich Island auf ihrem Gipfel nochmals einen kleinen See besitzt. Der Maori-Name *Te Waihakaata* bedeutet „spiegelnde Wasser" und beschreibt präzise die Stimmung, wenn sich an einem sonnigen und ruhigen Tag die majestätischen Gebirgsgipfel im Lake Wanaka widerspiegeln. Nachdem man, einem alten Maori-Pfad folgend, eine Weile am östlichen Ufer des Sees entlanggefahren ist, macht der Highway eine leichte Biegung nach links und überquert die schmale Landenge The Neck, die den Lake Wanaka vom Lake Hawea trennt. Nur hier, wo sich früher Maori-Siedlungen von Vogelfängern und Aalfischern befanden, kommen sich die zwei riesigen Gewässer bis auf wenige Kilometer nah.

Lake Hawea

Auch der Lake Hawea, der 66 m höher als der Lake Wanaka liegt, füllt die Mulde eines eiszeitlichen Gletschers aus und ist deswegen beträchtlich tief. Mit einer Länge von

35 km und einer Breite von bis zu 8 km bedeckt er eine Fläche von etwa 255 km². Am südlichen Seeausgang hat man durch den Lake Hawea Dam den Wasserspiegel erhöht, um die Ressourcen für das Roxburgh-Wasserkraftwerk nutzbar zu machen.
Nach dem Ort **Lake Hawea** mit Hotel, Motel, Campingplatz, Backpacker-Unterkunft und Pub führt der nun breite und gut zu fahrende Highway 6 etwa 15 km nach Süden, um kurz vor Wanaka östlich abzubiegen. Es ist aber empfehlenswert, das Städtchen nicht zu umfahren, sondern in dem wunderschön am gleichnamigen See gelegenen Wanaka zumindest eine kurze Pause einzulegen.

Schöner See

Kleine Wanderung

Direkt am Lake Hawea (von Haast aus) zweigt nach links eine Schotterstraße ab, die nach 6 km an dem schön am See gelegenen DOC-Campingplatz **Kids Bush Recreation Reserve** endet. Wenn man dem Pfad Richtung Savyer Burns Hut eine gute halbe Stunde lang bergwärts folgt, hat man eine wunderschöne Aussicht auf den hellblauen See und die umgebenden Berge.

Wanaka

Der kleine, rund 7.000 Einwohner zählende Ort hat sich zu einem bedeutenden Fremdenverkehrszentrum gemausert, das in den Sommermonaten von dem Seengebiet und vom nahen Mt. Aspiring National Park lebt. Im Winter zieht Wanaka mit den neu erschlossenen Skifeldern von Cardrona und Treble Cone inzwischen zahlreiche in- und ausländische Touristen an, die dem beschaulichen Städtchen den Vorzug vor dem trubeligen, für Action und Party bekannten Queenstown geben.

Wer sich einige Stunden oder auch einige Tage lang in Wanaka aufhalten möchte, findet dort ein reichhaltiges Angebot an Möglichkeiten zur Erholung, zu Exkursionen und zu sportlicher Betätigung. Beliebt sind rasante Fahrten mit dem **Jetboat** über den Wanaka River. Daneben werden **Wasserski**, **Angeltouren**, **Kreuzfahrten** (inkl. Mittagessen) über den Lake Wanaka mit der MV Paranui und mehrere unterschiedliche **Wildwasserfahrten** angeboten. Wer auf eigene Faust den See mit seinen Inseln erkunden möchte, kann sich vom Tretboot bis zur Segeljacht alle möglichen Wasserfahrzeuge mieten. Wen es in die Luft zieht, sollte an einem Sightseeingflug mit dem Helikopter, Kleinflugzeug oder Doppeldecker teilnehmen. Abenteuerlich Veranlagte können auch zum **Gleitschirmfliegen**, **Fallschirmspringen** und im Winter zum **Heli-Ski** abheben.

Sightseeing mit Boot oder Flugzeug

Wieder mit festem Boden unter den Füßen ist Golf oder Tennis möglich, ebenso die Teilnahme an Halb- oder Ganztagesausflügen mit dem **Geländewagen** und an **Ausritten** am Lake Hawea oder bei Cadrona. Wer es ruhiger liebt, hat in den ausgezeichneten Walks und Tracks an der Glendhu Bay oder im Mt. Aspiring National Park Wandermöglichkeiten aller Zeit- und Schwierigkeitsstufen vor sich. Sehr schön beispielsweise ist der Spaziergang auf den 525 m hohen Mt. Iron, der bequem in einer Stunde zu schaffen ist. Anstrengender und höher geht es auf den **Mt. Roy** (1.585 m). Es ist ratsam, sich am Ortseingang im Visitor Centre des Nationalparks Detailkarten

Unterkunft
1. Grand Mercure Oak Ridge Resort
2. Peak Sportchalet
3. Alpine Motel Apartments
4. Te Wanaka Lodge
5. Wanaka Bakpaka
6. Wanaka YHA
7. Aspiring Campervan Park
8. Wanaka Lakeview Holiday Park
9. Wanaka Top 10 Holiday Park

Restaurants
1. Capriccio
2. White House
3. Relishes Café

und Informationen zu besorgen. **Wintersporttouristen** finden in der Umgebung der Stadt in der 30 km südlich gelegenen Cardrona Ski Area und im 28 km westlich gelegenen Treble Cone hervorragende Gebiete mit der größten Liftkapazität des Landes (über 10.000 Skifahrer stündlich). Außerdem ist mit mehr als 20 Restaurants und Bars auch für Après Ski gesorgt.

Ein Vergnügen ganz anderer Art ist **Stuart Landsborough's Puzzling World & Great Maze** am Ortseingang, in dessen hölzernem Irrgarten man für Stunden verloren gehen kann. Angeschlossen an dieses angeblich größte Labyrinth der Welt ist ein sogenanntes Puzzle Centre, in dem man verschiedene Geduldsspiele ausprobieren und kaufen kann, eine Hologrammhalle und ein Holzhaus, das mit 15° von der Lotrechten abweicht.

Stuart Landsborough's Puzzling World & Great Maze, *Main Hwy., © 03-44 37489, www.puzzlingworld.co.nz, tägl. 8.30–17 Uhr, NZ-$ 15, Kinder 5–15 Jahre NZ-$ 10.*

Ansonsten hat der Ort das **National Transport & Toy Museum** zu bieten, und die **Wanaka Beer Works**, eine Brauerei mit Besichtigungsmöglichkeit etwa 5 km östlich des Zentrums Schließlich bringt ein 28 km langer Scenic Drive Autotouristen zum Skigebiet am Treble Cone, von wo der Blick bis zum fantastisch geformten, 3.035 m hohen Mt. Aspiring reicht.

National Transport & Toy Museum, *Transport- und Spielzeugmuseum, am Wanaka Airport, © 03-4438765, www.nttmuseum.co.nz, tägl. 8.30–17 Uhr, NZ-$ 12, Kinder 5–15 Jahre NZ-$ 5.*

Wanaka Beer Works, *891 Wanaka-Luggate Hwy., © 0800 BREWSKI u. 03-4431865, www.wanakabeerworks.co.nz.*

Reisepraktische Informationen Wanaka

Information
Wanaka i-SITE Visitor Centre, *The Log Cabin, 100 Ardmore St., Ecke Lakefront, © 03-4431233, www.lakewanaka.co.nz, Mo–Fr 8.30–17.30, Sa/So 9–17 Uhr.*
Mt. Aspiring National Park Visitor Centre (DOC), *Ardmore St., Ecke Ballantyne Rd., © 03-4437660, www.doc.govt.nz, Mo–Fr 9.30–15.45, im Sommer tägl. 8–16.45 Uhr.*

Unterkunft

Hotels/Motels
Grand Mercure Oak Ridge Resort $$$–$$$$ (1), *Cardrona Valley Rd. (Hwy. 89), Ecke Studholme Rd., © 0800-869262 u. 03-4437707, www.oakridge.co.nz, DZ NZ-$ 155–420. Qualitätvoll ausgestattetes Lodge 1 km vom Zentrum am Cardona Highway. Einzel- und Doppelzimmer sowie Ferienwohnungen, Tennis, Spa, sehr gutes Restaurant.*
Peak Sportchalet $$–$$$ (2), *36 Hunter Crescent, © 03-4436990, www.peak-sportchalet.co.nz, DZ NZ-$ 135–220. Kleinere Lodge mit komfortablen Studios und Chalets, von einem deutschen Sportlerpaar (Skifahrer und Biathletin) geleitet, im Sommer und Winter ideal (nicht nur) für Sportbegeisterte, Wanderwege, Massage, gehaltvolles Essen, in Seenähe und 10 Wanderminuten vom Zentrum entfernt.*
Alpine Motel Apartments $$ (3), *7 Ardmore St., © 03-4437950, www.alpine motels.co.nz, DZ NZ-$ 100–145. Kleinere Anlage mit 9 Studios und 9 Familienzimmern, Einheiten z. T. mit Küche, Garten, zentral gelegen.*

Bed & Breakfast
Te Wanaka Lodge $$$$ (4), *23 Brownston St., © 03-4439224, www.tewanaka.co.nz, DZ NZ-$ 240–281. Hübsches, kleines Holzhaus mit schönem Garten, zentral gelegen, alle 13 Gästezimmer mit Küche und Balkon, individuelle Einrichtung, üppiges Frühstück, Bar.*

Backpacker-Hostel/Jugendherberge
Wanaka Bakpaka $–$$ (5), *117 Lakeside Rd., © 03-4437837, www.wanakabakpaka. co.nz, DZ NZ-$ 64–80, im Mehrbettzimmer NZ-$ 27–28. Schönes, zentrales Hostel. Doppel- und Mehrbettzimmer, Fahrrad-, Kajak- und Kanuverleih.*

Wanaka YHA $–$$ (6), 94 Brownston St., © 03-4431880, www.yha.co.nz, DZ NZ-$ 92–108, im Mehrbettzimmer NZ-$ 31. Gemütliche Jugendherberge mit schönem Blick, nicht weit vom Seeufer, Fahrradverleih, Organisation von Outdoor-Aktivitäten.

Camping
Aspiring Campervan Park (7), Studholme Rd., © 0800-2298439 u. 03-4437766, www.campervanpark.co.nz. Einige Kilometer außerhalb auf dem Weg zum Mt. Aspiring, exklusiv für Campervans, zwei Spa Pools, Sauna, vorzüglicher Sanitär- und Küchenbereich, mit Motel ($$–$$$) und Backpacker-Unterkunft ($–$$).
Wanaka Lakeview Holiday Park (8), 212 Brownston St., © 03-4437883, www.lakeview.co.nz. 1 km vom Ortszentrum entfernt am Pembroke Park gelegen, Zelt- und Campervanplätze sowie Backpacker-Unterkunft, Hütten und Ferienwohnungen ($–$$$).
Wanaka Top 10 Holiday Park (9), 217 Wanaka-Mt. Aspiring Rd., © (508)WANAKA u. 03-4437360, www.wanakatop10.co.nz. 3 km westlich gelegen, Zelt- und Campervanplätze sowie Cabins, Flats und Motel ($$–$$$), Swimmingpool.

Essen und Trinken
Capriccio (1), 123 Ardmore St., © 03-4438579, www.capriccio.co.nz, tägl. ab 18 Uhr, teuer. Restaurant am Seeufer mit guter neuseeländischer und italienischer Küche, Spezialitäten Lamm, Wild, Lachs, Crayfish und Fettuccine.
White House (2), 33 Dungarvon St., © 03-4439595, tägl. 11–14, 17–23 Uhr, moderat–teuer. Sehr schönes Haus im mediterranen Stil, Mittelmeer-Küche auch mit vegetarischen Gerichten, gemütlich eingerichtet, schöne Außenterrasse.
Relishes Café (3), 1/99 Ardmore St., © 03-4439018, www.relishescafe.co.nz, tägl. 9–23 Uhr, moderat. Kreative Bistro-Küche im Stil der Nouvelle Cuisine, fantasievolle Snacks.

Aktivitäten
Die Bandbreite der angebotenen Aktivitäten hat fast Ausmaße wie in Queenstown erreicht. Gute Beratung erhält man im Visitor Centre oder im Buchungszentrum Lakeland Adventures (www.lakelandadventures.co.nz) im gleichen Gebäude. Einige Anregungen:

Bootsausflüge
Bootstouren aller Art auf dem Lake Wanaka bucht man bei **Lakeland Adventures** neben dem i-SITE Visitor Centre (© 0508-525352, www.lakelandadventures.co.nz).

Flightseeing
Wanaka Flightseeing, © 03-4438787, www.flightseeing.co.nz. Erkundungen per Kleinflugzeug zum Mt. Aspiring, Aoraki Mt. Cook, Milford Sound und den Seen (ab NZ-$ 200, Kinder 5–14 Jahre ab NZ-$ 120).
Wanaka Helicopters, © 0800-463626 u. 03-4431085, www.heliflights.co.nz. Wie oben, aber mit Helikoptern (ab NZ-$ 195).

Paragliding
Wanaka Paragliding, © 0800-359754 u. 03-4439193, www.wanakaparagliding.co.nz. Schule für Paraglider und Tandemflüge (ab NZ-$ 189).

Mountain Biking
Alpine & Heli Mountain Biking © 03-4438943, www.mountainbiking.co.nz.

Halb- und Ganztagestouren, Transport mit 4x4-Fahrzeug bis auf 2.000 m Höhe, dann Mountain-Bike-Abfahrt zurück nach Wanaka (ab NZ-$ 125).

Kajak fahren
Alpine Kayak Guides, © 03-4439023, www.alpinekayaks.co.nz. 4- bis 9-stündige Kajaktouren für Anfänger und Fortgeschrittene auf den Wildwassern der Umgebung (ab NZ-$ 149).

Busse
Die Überlandbusse von Newmans/Great Sights und anderer Gesellschaften halten beim Wanaka i-SITE Visitor Centre, wo man auch Tickets kaufen kann. Vom Besucherzentrum starten zudem Shuttle-Busse, die zwischen den Start- bzw. Endpunkten aller wichtigen Tracks verkehren, z. B. **Alpine Coachlines** (© 03-4437966, www.alpinecoachlines.co.nz).

Von Wanaka nach Queenstown

Für die Strecke nach Queenstown gibt es ab Wanaka zwei Wegvarianten:
- Zum einen durch das Gebirge auf dem **Highway 89** (Cardrona Valley Rd.), was den Vorteil der landschaftlich sehr reizvollen Strecke mit teils großartigen Panoramablicken hat und mit 51 km bis Arrow Junction auch erheblich kürzer ist. Nach Straßenarbeiten ist diese herrliche Straße mittlerweile auch für Pkw und Campmobile geeignet. Auch alle Autovermieter erlauben die Route mittlerweile.
- Zum anderen auf einem Umweg über den **Highway 6**. Mit 97 km bis Arrow Junction stellt der Highway 6 zwar die beträchtlich längere Alternative dar, jedoch ist seine Streckenführung durch die Canyons des Clutha River und des Kawarau River ebenfalls landschaftlich spektakulär und es gibt an der Straße ein sehenswertes Goldgräbermuseum. Über kühne Brückenkonstruktionen und an Wasserkraftwerken wie Roaring Meg vorbei führt sie nach Arrow Junction.

Ab **Arrow Junction** sind beide Routen wieder identisch. Nun geht es, vorbei an lohnenden Ausflugszielen wie Arrowtown und Skippers Drive (s. u.), durch das Tal des Lower Shotover nach Queenstown.

Queenstown

Geschichte

Im Jahr 1856 ließ sich zum ersten Mal ein Weißer in dem ansonsten von Maoris besiedelten Gebiet um den Lake Wakatipu nieder. Vier Jahre später kamen weitere Pioniere über die heutige Cardrona Rd., um nach für die Schafzucht geeignetem Land zu suchen. Wenig später teilten sie das Land auf und brachten die ersten Schafe hierhin. Dann überrollte die Welle des Goldrauschs die zaghaften Versuche der landwirtschaftlichen Erschließung. Nachdem das Fieber vorbei und die Zeiten wieder ruhig waren, entstand wieder ein kleiner Ort, der um 1900 noch nicht einmal 200 Einwoh-

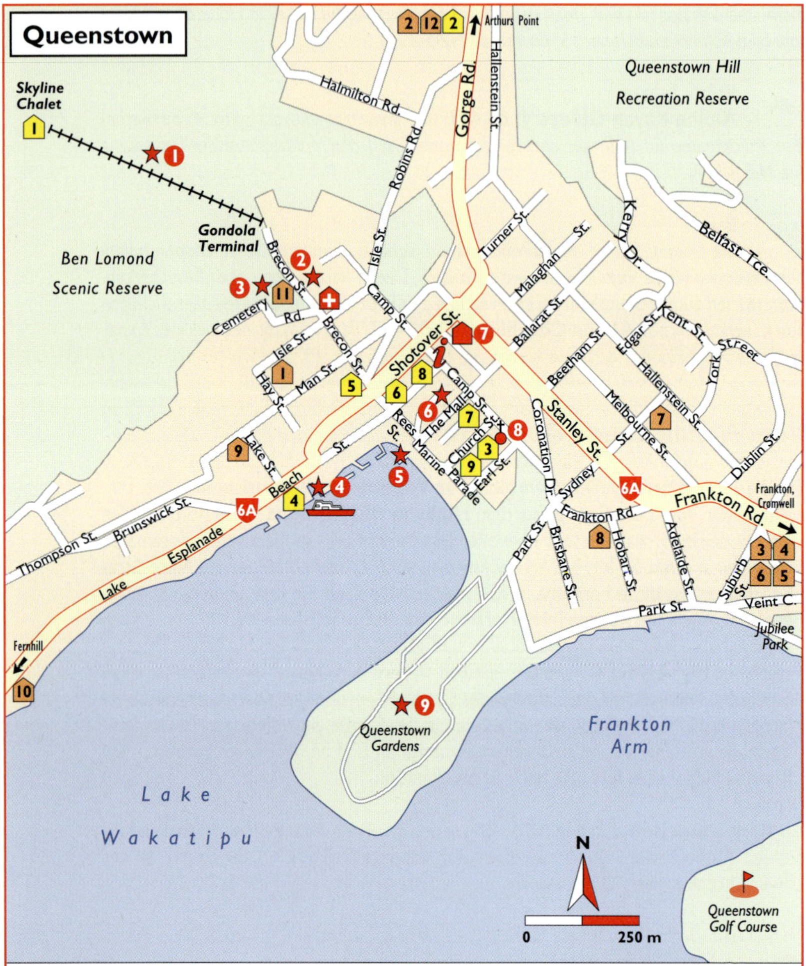

Queenstown

Unterkunft
1. Browns Boutique Hotel
2. Millbrook Resort
3. Amity Lodge
4. Earnslaw Lodge
5. Twin Peaks
6. Villa Sorgenfrei
7. Melbourne Lodge & Guest House
8. Black Sheep Backpackers
9. Deco Backpackers
10. Queenstown Lakefront YHA
11. Queenstown Lakeview Holiday Park
12. Shotover Top 10 Holiday Park

Restaurants
1. Skyline
2. Saffron
3. Les Alpes
4. Pier 19
5. Roaring Megs Restaurant
6. Beefeater Steakhouse
7. Chico's Restaurant
8. Fishbone Bar & Grill
9. Dux de Lux

Sehenswürdigkeiten
1. Skyline Gondola
2. Kiwi & Birdlife Park
3. Alter Friedhof
4. Steamers Wharf Complex
5. Underwater World
6. The Mall
7. Old Stone Library
8. St. Peter's Church
9. Halbinsel

ner hatte. Mit dem Aufkommen des Tourismus aber entwickelte sich Queenstown zu einem der landesweit größten Fremdenverkehrszentren und der saisonale Übergang vom turbulenten Wintersport zur Sommerfrische ist nahtlos. Die heute ca. 12.000 Einwohner zählende Stadt lockt viele Besucher aufgrund ihrer Lage und der vielen Ausflugsmöglichkeiten und Aktivitäten. Hier ist zu jeder Jahreszeit etwas los; ein idealer Standort für alle, die nach dem Naturerlebnis der neuseeländischen Einsamkeit mal wieder städtisches Leben schnuppern oder auf Einkaufsbummel gehen möchten.

Mit den steigenden Besucherzahlen hat sich das Stadtbild gewandelt. Alte Holzhäuser wurden abgerissen, neue Shopping Center, Bankgebäude und Reisebüros entstanden, manche in fantasievoller Postmodernität, ohne aber höher als drei Stockwerke in den Himmel zu ragen. Bis auf wenige Ausnahmen gibt es darum kaum historische Bausubstanz und das Dampfschiff TSS Earnslaw (1912) ist fast schon das älteste „Inventar" der Stadt. Da der Besucherstrom nicht nur konstant bleiben, sondern gesteigert werden soll, haben sich hier eine Unmenge von Unternehmen niedergelassen, die dem Touristen fast jede erdenkliche Urlaubsaktivität ermöglichen. Nicht mehr das pure Genießen der alpinen Umgebung ist gefragt, sondernas aktive Erleben, ob zu Wasser, in der Luft, auf dem Boden oder im Schnee. Wem der Sinn nach aktivem Urlaub und Fun-Sport steht, der ist in Queenstown gut aufgehoben, etwa mit dem Paketangebot Awesome Foursome, das vier adrenalintreibende Trips hintereinander bietet. Zur Einstimmung geht es auf einen wilden Achterbahn-Hubschrauberflug durch Schluchten und über Berggipfel, dann steht ein 70-m-Bungee-Jump auf dem Programm und gleich anschließend eine rasante Jetboat-Fahrt auf dem Shotover River. Als krönender Abschluss folgt eine Wildwasserfahrt im Schlauchboot.

Modernes Stadtbild

Aber auch für alle, die auf weniger spektakulären Ausflügen die nähere und weitere Umgebung vom Aoraki Mt. Cook bis zum Milford Sound erkunden wollen, ist die Stadt aufgrund ihrer touristischen Infrastruktur ein nicht ganz billiger, aber idealer Standort.

Stadtbesichtigung

Man braucht nicht lange für die Sehenswürdigkeiten, sodass immer noch Zeit für einen Einkaufsbummel und Ausflüge in die Umgebung bleibt. Vielleicht ist es am sinnvollsten, zunächst mit der Kabinenseilbahn **Skyline Gondola (1)** auf den 762 m hohen Bob's Peak hinaufzufahren, um die Stadt und den Lake Wakatipu aus der Vogelperspektive zu betrachten. Von dort hat man auch eine herrliche Sicht auf die Gipfel die Remarkables (Double Core, 2.343 m) oder den Crown Peak (1.729 m) und den Coronet Peak (1.646 m). Besonders schön ist der Blick in der Abenddämmerung oder nach Sonnenuntergang. In der Bergstation der Seilbahn gibt es eine Cafeteria,

In Queenstowns Fußgängerzone The Mall lässt es sich schön bummeln

Souvenirshops, das Restaurant Skyline und ein Theater, in dem stündlich der atemberaubende High-Tech-Film Kiwi Magic gezeigt wird. Von der Bergstation kann man mit der neuseeländischen Entwicklung The Luge, einer Art dreirädrigem Sitzroller, auf zwei 800 m langen Bahnen wie auf einer Sommerrodelbahn rasant talwärts fahren.
Skyline Gondola, *Talstation Brecon St., © 03-4410101, www.skyline.co.nz, Abfahrten tägl. zwischen 9 und 21.30 Uhr, NZ-$ 25, Kinder 5–15 Jahre NZ-$ 14, Gondola & Luge: 1 Fahrt NZ-$ 33, Kinder 5–15 Jahre NZ-$ 23, 3 Fahrten NZ-$ 43, Kinder 5–15 Jahre NZ-$ 33.*

Vogelpark Bekanntschaft mit dem neuseeländischen Wappentier und vielen anderen einheimischen Vögeln macht man gleich neben der Talstation der Seilbahn im **Kiwi & Birdlife Park (2)**. Für den Rundgang durch das schön gelegene Areal sollte man sich eine halbe Stunde Zeit nehmen.
Kiwi & Birdlife Park, Brecon St., *© 03-4428059, www.kiwibird.co.nz, tägl. 9–18, im Winter bis 17 Uhr, Bird Show tägl. 11, 15 Uhr, Fütterung der Kiwis tägl. 10, 12, 13.30, 16.30 Uhr, NZ-$ 38, Kinder 5–16 Jahre NZ-$ 19.*

Von historischem Gewicht ist der **alte Friedhof (3)**, der ebenfalls nahe der Talstation liegt und über die Cemetery Rd. schnell erreichbar ist. Hier ruhen unter teilweise monumentalen Grabsteinen am Waldrand einige Pioniere der Stadt, die noch nach Gold geschürft haben und sich über das heutige touristische Treiben nicht wenig wundern dürften. Als friedlicher Kontrast zur trubeligen Moderne der Innenstadt lohnt sich ein Besuch des Friedhofs unbedingt.

Von hier führt ein schöner Spaziergang zur Uferstraße Lake Esplanade, wo man im **Steamers Wharf Complex (4)** historische Boote bewundern kann. Am Anleger sieht man, falls nicht gerade unterwegs, die TSS Earnslaw, die 1912 in Dunedin gebaut wurde. Ihre beiden Maschinen mit jeweils 500 PS ermöglichen immer noch eine Reisegeschwindigkeit von 13 Knoten. Mehrfach täglich läuft die TSS Earnslaw, die nach einem Berg am Lake Wakatipu benannt wurde, zu nostalgischen Kreuzfahrten aus. Dabei kann man die schöne Gebirgs- und Seenlandschaft genießen, aber auch die Heizer beobachten, die wie in alten Zeiten Kohle in die Dampfmaschinen schaufeln.
TSS Earnslaw, Real Journeys, *© 0800-656501 u. 03-4427500, www.realjourneys.co.nz; Abfahrten zu Kreuzfahrten (1 Std. 30 Min.) Nov.–März tägl. 10, 12, 14, 16, 18, 20, April tägl. 10, 12, 14, 16, Mai–Sept. tägl. 12, 14, 16 Uhr; NZ-$ 50, Kinder 5–14 Jahre NZ-$ 22 (auch kombinierbar mit Besuch der Walter Peak Station).*

Einkaufs- Am Seeufer kommt man kurz darauf an zwei weiteren Bootsrampen vorbei, wo Aus-
straße flugsschiffe und Wassertaxen ablegen sowie Boote vermietet werden. Am Main Town Pier, in der Verlängerung der Mall, hat man eine unterseeische Galerie mit Aussichtsfenstern als **Underwater World (5)** eingerichtet. Hier kann man das erstaunlich reichhaltige Tierleben im See beobachten. Von hier aus sollten Sie über **The Mall (6)**, eine hübsch gestaltete Fußgängerzone, stadteinwärts schlendern. An deren Ende kann man links einen Abstecher zum modernen Einkaufszentrum O'Connell's Pavilion unternehmen und dann die Ballarat Street bis zur Stanley Street entlangspazieren. Wo sich die beiden Straßen kreuzen, steht mit der **Old Stone Library (7)** aus dem Jahr 1877 eines der ältesten Gebäude von Queenstown.
Underwater World, *im Sommer tägl. 9–19, im Winter tägl. 10–17 Uhr, NZ-$ 5, Kinder 5–15 Jahre NZ-$ 3.*

Eine Oase der Ruhe im quirligen Queenstown – die Botanischen Gärten

Wieder in Richtung See geht es dann über die Camp Street zur Church Street, wo sich ein Blick in die **St. Peter's Church (8)** lohnt. Der jetzige Steinbau, der englischen Vorbildern des Early English Style nachempfunden wurde, verdrängte eine erste anglikanische Kirche, die 1863 für die Goldsucher errichtet worden war. Eingeweiht wurde das Gotteshaus 1932 vom Bischof von Dunedin. Über die Marine Parade können Sie abschließend auf die kleine **Halbinsel (9)** gehen, die die enge Queenstown Bay einrahmt. Auf ihr befinden sich die Bowling Greens, die Botanischen Gärten, ein kleiner Vergnügungspark und ein Gedenkstein für den Südpolpionier Robert Falcon Scott. Für den gesamten Rundgang kommen Sie mit 2 Std. gut aus.

Die Umgebung von Queenstown

Zu den schönsten Reisezielen in der Nähe von Queenstown gehören vor allem die herrliche Umgebung mit dem Lake Wakatipu, den alpinen Bergspitzen und den reißenden Wildwassern, die teils tiefe Canyons gegraben haben, daneben aber auch die Relikte der Goldgräberära der 1860er-Jahre.

Lake Wakatipu

Die wunderbare Landschaft prägt der 308 m hoch gelegene Lake Wakatipu in Form eines riesiges „S". Er hat eine Längenausdehnung von 84 km, ist bis zu 5 km breit und misst an der tiefsten Stelle 399 m. Mit einer Fläche von 292 km^2 ist er damit nach dem benachbarten Lake Te Anau der größte See der Südinsel. Am besonders eindrucksvollen nördlichen Ende erhebt sich der 2.804 m hohe Mt. Earnslaw. Es ist möglich, auf einer 47 km langen, abschnittsweise unasphaltierten Straße am Nordufer des Sees über **Glenorchy** hinauszufahren, wo man der grandiosen Gletscherwelt ziemlich nahe kommt.

Rundfahrt zum Gletscher

Nicht nur einer der größten, auch einer der schönsten Seen der Südinsel – Lake Wakatipu

Eine weitere schöne Straße entlang dem Lake Wakatipu führt in den Süden bis nach Kingston – etwa 40 km ab Queenstown. Dazu benutzen Sie den gut ausgebauten Highway 6, der schließlich bis nach Invercargill geht.

Andere Ziele sind nur auf dem Wasserweg zu erreichen, etwa mit der altehrwürdigen TSS Earnslaw. Die **Walter Peak Station** in der Nähe des 1.815 m hohen Walter Peak

 Wandern

In Glenorchy haben Wanderer Anschluss an zwei der schönsten Tracks des Landes. Der **Routeburn Track** führt durch Gebiete des Mt. Aspiring National Park und des Fiordland National Park, ist insgesamt 39 km lang, hat seine höchste Stelle im Harris Saddle mit 1.277 m und verbindet den Lake Wakatipu mit der Milford Rd. zwischen Te Anau und Milford Sound.

Der einfacher zu gehende, 35 km lange **Greenstone Valley Walk** überbrückt ebenfalls den Grat der Südalpen und benutzt von Kinloch am Lake Wakatipu an einen alten Maori-Pfad entlang des Greenstone Valley bis zur Milford Rd. Man kann beide etwa viertägigen Wanderungen allein oder innerhalb geführter Gruppen durchführen, vorherige Information etwa in Queenstown, spätestens aber in Te Anau oder im Mt. Aspiring National Park Visitor Centre ist unbedingt erforderlich. Viele Unternehmen haben sich in der Region darauf spezialisiert, Wanderer zu den Ausgangspunkten zu bringen und am Endpunkt wieder abzuholen, auch Gepäcktransfer kann organisiert werden.

am Ufer gegenüber von Queenstown stammt aus dem Jahr 1880 und konnte die alte Möblierung und historische Gerätschaften bewahren. Besucher erleben eine Schafschur und das Eintreiben bzw. Separieren durch gut trainierte Hunde (sheepdogs). Demonstriert wird auch die Wollverarbeitung. Weiter östlich liegt in der Nähe des 1.974 m hohen Cecil Peak die noch ältere **Cecil Peak Sheep Station** 1863, die zu den ersten Wohnstätten am See zählt.

Alles zum Thema Schaf

Walter Peak Station, **Real Journeys**, ℗ 0800-656503 u. 03-4427500, www.realjourneys.co.nz, Abfahrten Okt.–April tägl. 10, 12, 14, Mai–Sept. tägl. 12, 14 Uhr, NZ-$ 75, Kinder 5–14 Jahre NZ-$ 22. Kreuzfahrt (3 Std. 30 Min.) auf dem Lake Wakatipu mit der TSS Earnslaw und Besichtigung der historischen Farm.

Arrowtown

Zum 25 km entfernten Arrowtown kommt man über den Highway 6 in nördlicher Richtung, dann den Hinweisschildern nach links folgend, oder alternativ über Arthurs Point. Der kleine Ort am Arrow River hat sein Gepräge aus den Goldgräberzeiten komplett erhalten und vermittelt mit seiner Schule, dem Gefängnis, der Kirche, den Kramläden, Gaslaternen und Wohnhäuschen das Flair der wilden 1860er-Jahre. Als damals die Goldsucher das Unterste zuoberst wendeten, bebte es am Arrow River vor Betriebsamkeit. Fast alle pittoresken Gebäude flankieren die Hauptstraße Buckingham St. bzw. Ave. of Trees. Arrowtown ist ein lebhafter 2.000-Einwohner-Ort, in dem man auch gut einkaufen, essen und spazierengehen kann. Campingplätze, Motels und Hotels mit Wild-West-Atmosphäre machen aus dem Dorf eine stimmungsvolle Standort-Alternative zu Queenstown.

Von besonderem Interesse innerhalb des ohnehin interessanten Ambiente sind das **Lakes District Museum**, das **Miners Monument** sowie das **Chinese Settlement** am Ufer des Bush Creek, ein Camp der chinesischen Arbeitskräfte, die in der Zeit des Goldrauschs angeworben wurden. Verschiedene Spazierwege führen am bewaldeten Ufer des Arrow River entlang. Durch den Ort leitet zuverlässig die im Museum erhältliche Broschüre „Historic Arrowtown".

Lakes District Museum, ℗ 03-4421824, www.museumqueenstown.com, tägl. 8.30–17 Uhr, NZ-$ 8, Kinder 5–15 Jahre NZ-$ 2.

Ab Arrowtown führt der Big Hill Track, der über 25mal den Arrow River kreuzt und früher von den Goldgräbern genutzt wurde, in etwa 9 Std. Wanderzeit zu der verlassenen, eindrucksvollen Geisterstadt **Macetown**. Schneller geht es, wenn Sie sich dazu einer in Queenstown angebotenen Geländewagen-Tour anschließen.

Geisterstadt

Der Skippers Drive

Dieser Ausflug führt zum größten Teil über eine schmale, kurvenreiche und unasphaltierte Straße, für die ein geländegängiger Wagen erforderlich ist. Fahrzeug und Nerven schont man, wenn man sich einer von Veranstaltern in Queenstown angebotenen Tour anschließt, zumal die meisten Mietwagenfirmen ihre Fahrzeuge auf dem Skippers Drive nicht zulassen. Von Queenstown fährt man zunächst nach Arthurs Point, wo eine Brücke über den Shotover River führt. Dann geht es weiter zum Coronet Skifield bis auf die Passhöhe von 914 m mit herrlicher Sicht. Anschließend windet sich die Schotterpiste entlang des Shotover River. Der reißende Fluss hat sich hier ein Hunderte von Metern tiefes Tal gegraben, das den Beinamen Grand Canyon of New Zealand trägt. Entlang der Schlucht passiert man Felsentore wie die Gates of Heaven und Hell sowie die 90 m hohe Skippers Bridge, von der sich mutige Bungee Jumper in die Tiefe stürzen. **Skippers**, das einmal eine blühende Goldgräberstadt mit 1.000 Einwohnern und 8.000 Diggern in der näheren Umgebung war, ist heute verlassen.

Reisepraktische Informationen Queenstown und Umgebung

Information
Queenstown i-SITE Visitor Centre, Clocktower Centre, Shotover St., Ecke Camp St., © 03-4424100, www.queenstownnz.co.nz und www.queenstown-vacation.com, im Sommer tägl. 7–19, im Winter tägl. 8.30–18 Uhr. Im gleichen Komplex befinden sich das InterCity Travel Centre und eine Wechselstube. Informativ sind die Broschüren „Queenstown, Wanaka & Fiordland Activity Guide" und „Queenstown – What's On".
Department of Conservation (DOC), 36–38 Shotover St., © 03-4427935, www.doc.govt.nz, tägl. 9–18 Uhr. Umfangreiches Infomaterial wie Wanderkarten etc., oft auch interessante Ausstellungen. Gleich neben dem Büro befindet sich das kommerzielle **Information & Track Centre** (© 03-4429708, www.infotrack.co.nz). Es bietet Infos und Touren zu den bekanntesten Wanderwegen sowie Track-Transfers.

Unterkunft
In Queenstown und Umgebung gibt es rund 10.000 Betten in Hotels, Motels, Apartmenthäusern, B&B-Pensionen und Backpacker-Hostels. Zum Angebot des lokalen i-SITE Visitor Centre gehört die Vermittlung von Zimmern. Autofahrer, die im Zentrum übernachten möchten, sollten bedenken, dass im innerstädtischen Bereich Parkplätze rar und teuer sind und dass die preiswerteren Unterkünfte meist nicht über hauseigene Parkmöglichkeiten verfügen.

Hotels/Motels
Browns Boutique Hotel $$$$ (1), 26 Isle St., © 03-4412050, www.brownshotel.co.nz, DZ NZ-$ 345–375. Familiäre Pension mit 10 geräumigen Zimmern, alle mit Balkon und herrlicher Aussicht, schöne Lounge mit Kaminfeuer, Frühstück, wenige Gehminuten vom Ortszentrum entfernt.
Millbrook Resort $$$$ (2), Arrowtown, Malaghan Rd., © 0800-800604 u. 03-4417000, www.millbrook.co.nz, DZ NZ-$ 275–395. Ein richtiggehendes kleines Dorf in der Nähe von Arrowtown, das der amerikanischen Resort & Country Club-Idee verpflichtet ist. Platz für 400 Gäste in Cottages, Chalets und Villen, japanisches Gourmet-Restaurant Sala-Sala, neuseeländisches Clubhouse Restaurant, Café und Bar, 18-Loch-Golfplatz (Par 72), Tennisplätze, Indoor-Pool, Sauna, Spa, Fahrradverleih, Helikopter- und 4x4-Ausflüge, u. a. zu „Herr-der-Ringe"-Drehorten.

Amity Lodge $$–$$$ (3), 7 Melbourne St., © 0800-556000 u. 03-4427288, www.amitylodge.co.nz, DZ NZ-$ 140–175. Recht zentrales und sehr modernes Motel mit 14 komfortablen Zimmern, alle mit Kitchenette und kostenlosem Internetzugang.
Earnslaw Lodge $$–$$$ (4), 77 Frankton Rd., © 508-32767529 u. 03-4428728, www.earnslawlodge.co.nz, DZ NZ-$ 125–165. Mittelklasse-Motel mit 19 geräumigen Einheiten, z. T. mit Kitchenette und Seeblick.

Bed & Breakfast
Twin Peaks $$$$–$$$$$ (5), 661 Frankton Rd., © 03-4418442, www.twinpeaks.co.nz, DZ ab NZ-$ 340. Liebevoll eingerichtetes Haus mit zwei geräumigen Zimmern im modernen Country-Stil mit Korbmöbeln. Der Clou ist der gemütliche Aufenthaltsraum mit großen Panoramafenstern und fantastischem Blick auf den Lake Wakatipu und die Berge ringsum. Die Gastgeber Margaret und Derek helfen gern bei der Organisation von Ausflügen.
Villa Sorgenfrei $$$ (6), 11 Lake Hayes Rd., © 03-4421128, www.bnbchoices.com, DZ NZ-$ 195. Schöne, kleine Farm am Lake Hayes, gut 10 Fahrminuten von Queenstown entfernt, nur 2 geräumige Gästezimmer, erholsame, ruhige und sehr komfortable Alternative zum quirligen Queenstown, viele Tipps vom hilfsbereiten deutschen Auswanderer Klaus Lenk.
Melbourne Lodge & Guest House $$ (7), 35 Melbourne St., © 0800-741444 u. 03-4428431, www.mmlodge.co.nz, DZ NZ-$ 110–145. Kleine B&B-Unterkunft mit einfachen Zimmern, bessere Einheiten im angeschlossenem Motel ($$$).

Backpacker-Hostels/Jugendherberge
Black Sheep Backpackers $–$$ (8), 13 Frankton Rd., © 03-4427289, www.blacksheepbackpackers.co.nz, DZ NZ-$ 70–90, im Mehrbettzimmer NZ-$ 25. Ehemaliges Motel in Stadtnähe, innen und außen großzügig angelegt, Internetzugang, Bar, Spa-Pools, Doppel- und Mehrbettzimmer, schöne Sonnenterrasse.
Deco Backpackers $–$$ (9), 52 Man St., © 03-4427384, www.decobackpackers.co.nz, DZ NZ-$ 65–85, im Mehrbettzimmer NZ-$ 25. Gegenüber vom Campingplatz gelegenes Hostel im Art-déco-Stil, freundlich und gut ausgestattet, Doppel- und Mehrbettzimmer, Motelbetrieb ($$), kostenloses WLAN.
Queenstown Lakefront YHA $–$$ (10), 88–90 Lake Esplanade, © 03-4428413, www.yha.co.nz, DZ NZ-$ 79–87, im Mehrbettzimmer NZ-$ 33. Gut ausgestattete, moderne und sehr große Herberge mit Platz für 100 Gäste, Cafeteria, direkt am See.

⚠ Camping
Queenstown Lakeview Holiday Park (11), 45 Brecon St., © 0800-482735 u. 03-4427252, www.holidaypark.net.nz. Großzügige und recht zentrale Anlage nahe der Gondola-Station, architektonisch aufwendig gestaltet, Zelt- und Campervanplätze, Cabins, Luxus-Flats, Moteleinheiten ($$–$$$), moderner Küchentrakt.
Shotover Top 10 Holiday Park (12), 70 Arthur's Point Rd., © 0800-462267 u. 03-4429306, www.shotoverholidaypark.co.nz. 5 km vom Stadtzentrum an der Abzweigung nach Arrowtown und zum Shotover Canyon gelegene, ganzjährige Unterkunft mit Zelt- und Campervanplätzen, Cabins, Flats, Lodge ($$–$$$), in der Nähe historischer Pub, viele Aktivitäten.

🍴 Essen und Trinken
Die kulinarische Vielfalt in Queenstown ist beeindruckend. Speiselokale gehobenen Niveaus konzentrieren sich im **Steamer Wharf Complex**. Eine bunte Mischung aller möglichen Restaurants findet man an **The Mall**.

Skyline (1), Bob's Peak (Bergstation der Seilbahn), © 03-4410101, www.skyline.co.nz, tägl. zum Mittagessen und Abendessen geöffnet, sehr teuer. Großes Restaurant mit traumhafter Aussicht, neuseeländische und kontinentale Küche, meist als Buffet, großes Abendbuffet Taste of New Zealand; Dinner unbedingt reservieren, Gondola-Fahrt im Preis inbegriffen.
Saffron (2), 18 Buckingham St., Arrowtown, © 03-4420131, www.saffronrestaurant.co.nz, tägl. 11–14, 17–23 Uhr, teuer–sehr teuer. Beste südeuropäisch und asiatisch beeinflusste moderne neuseeländische Küche, Dinner unbedingt reservieren.
Les Alpes (3), 16 Church St., © 03-4426060, tägl. ab 9 Uhr, teuer. Französische Küche und regionale Spezialitäten, Freitag abends Live-Jazz.
Pier 19 (4), Steamer Wharf, © 03-442 4006, www.pier19.co.nz, tägl. ab 10.30 Uhr, teuer. Nouvelle-Cuisine-Restaurant mit asiatisch angehauchter Speisekarte, bei gutem Wetter unbedingt einen Tisch auf der Seeterrasse reservieren.
Roaring Megs Restaurant (5), 53 Shotover St., © 03-4429676, www.roaringmegs.co.nz, tägl. außer Mo ab 18 Uhr, teuer. Stimmungsvolles Lokal in einer historischen Goldgräberhütte aus den 1880er-Jahren, hervorragende Muschel-, Seafood- und Lammgerichte.
Beefeater Steakhouse (6), 40 Shotover St., © 03-4429149, tägl. ab 17 Uhr, moderat–teuer. Rustikales Steakhouse mit großen und schmackhaften Portionen.
Chico's Restaurant (7), The Mall, © 03-4428439, tägl. ab 10 Uhr, moderat–teuer. Grillgerichte in historischem Ambiente, ab 22 Uhr Live-Musik.
Fishbone Bar & Grill (8), 7 Beach St., © 03-4426768, www.fishbonequeenstown.co.nz, tägl. ab 17 Uhr, moderat–teuer. Frischer Fisch, Seafood und Fleischgerichte.
Dux de Lux (9), 14–16 Church St., © 03-4429688, www.thedux.co.nz, tägl. 12 Uhr „till late", moderat. All-in-one-location mit Restaurant, Café, Disco und Bühne mit Live-Musik, große Auswahl vegetarischer Gerichte, preisgekrönte Biere aus der hauseigenen Micro-Brauerei.

Nachtleben und Unterhaltung

Das Nachtleben konzentriert sich an der Queenstown Bay und entlang der Shotover Street. Die Vielfalt der Lokale ist dort ebenso groß wie die Herkunft der Besucher.
Below Zero Ice Bar, Searle Lane, © 0800-235690, www.belowzeroicebar.co.nz, tägl. ab 12 Uhr, NZ-$ 30, Kinder unter 17 Jahre NZ-$ 15 (inkl. ein Drink). Der neueste Kick: In dieser Lounge-Bar mit konstant -5° C. ist alles aus Eis – die Wände, die Tische, die Stühle und sogar die Gläser.
Ministry of Sports Bar, 47 Camp St., © 03-4418040, www.ministryofsports.co.nz, tägl. ab 12 Uhr. Top-Spot für Sportfreaks, die aktuellen Sportereignisse auf riesigen Leinwänden, eiskaltes Bier und kleine Gerichte.
Pig and Whistle, 41 Ballarat St., © 03-4414769, www.pigandwhistlepub.co.nz, tägl. ab 11 Uhr. Guinness und Kilkenny vom Fass, schöner Biergarten, günstiges Pub-Food in großen Portionen.
Speight's Ale House, Ballarat St., Ecke Stanley St., © 03-4413065, www.speightsalehousequeenstown.co.nz, tägl. ab 11 Uhr. Typischer englischer Pub mit üppigen, preiswerten counter meals.

Einkaufen

Wie von einem Fremdenverkehrszentrum zu erwarten, verfügt Queenstown über zahlreiche Geschäfte, in denen nicht nur Souvenirs (Leder, Schafsfelle, Wolle etc.) und Schmuck (Jade, Paua, Opale etc.) zu kaufen sind, sondern auch Textilien und Freizeitmode sowie Sportausrüstungen angeboten werden; freitags mit langen Ladenschlusszeiten. Der postmoderne **O'Connell's Pavilion** in der Beach St. mit elf Restaurants/Imbisslokalen und 23 Läden ist tägl. von 9 bis 21 Uhr geöffnet. In der Nähe des Airports befindet sich das große Einkaufszentrum **Remarkable Park**.

>
> ### Veranstalter
>
> Info- und Buchungsschalter verschiedener Veranstalter konzentrieren sich in **The Station – Information & Booking Centre** (25 Shotover St., Ecke Camp St.). Dort findet man auch **Queenstown Combos** (© 0800-4 ADVENTURES u. 03-442 7318, www. combos.co.nz), die Aktivitäten unterschiedlicher Anbieter wie Bungee Jumping, Rafting, JetboatTouren oder Flightseeing als Pakete anbieten.

Aktivitäten

Aus der Palette der in Queenstown angebotenen Aktivitäten kann hier nur ein kleiner Überblick gegeben werden. Selbst bei einem mehrwöchigen Urlaub wird man kaum das gesamte Angebot ausschöpfen können. Alles, was in Queenstown an Action geboten wird, findet man auf der Web-Seite www.everythingqueenstown.com.

Ausflüge
Geruhsam sind die Sightseeing-Touren per Bus, die z. B. mit dem Londoner Doppeldecker nach **Arrowtown** angeboten werden (© 03-4414471, www.doubledecker bus.co.nz, NZ-$ 48, Kinder 5–15 Jahre NZ-$ 25). Die spektakuläre Szenerie des **Skippers Canyon** hingegen ist das Ziel von Ausflügen mit geländegängigen Spezialbussen, wie sie etwa **Queenstown Adventure Tours** (© 03-4427386, www.queenstownadven ture.co.nz, ab NZ-$ 120, Kinder 5–15 Jahre ab NZ-$ 60) im Programm haben. Viele Touristen wählen auch den Bus als bequemes Transportmittel zur Erkundung des **Milford Sound** bzw. **Doubtful Sound**, selbst wenn sie über einen Mietwagen verfügen; komfortable Busse mit Dachfenstern setzt **Milford Sound Select** (© 0800-477479, www.milfordsoundselect.com, NZ-$ 149, Kinder 5-15 Jahre NZ-$ 79) ein.

Flightseeing
Es gibt eine breite Palette an Rundflügen per Helikopter oder Kleinflugzeug, wobei die Flightseeing- und Charterflüge zum Milford Sound einen großen Teil des Passagieraufkommens ausmachen. Grundsätzlich sind jedoch alle Ziele zwischen Mt. Cook und Doubtful Sound in den Programmen von Anbietern wie **Air Fiordland** (© 03-4423404, www.air fiordland.com), **Heliworks** (© 03-4414011, www.heliworks.co.nz), **Milford Sound Scenic Flights** (© 03-4423065, www.milfordflights.co.nz) und **Over the Top Helicopters** (© 0800-123359, www.flynz.co.nz) enthalten.

Lake Wakatipu – ein ideales Revier für Segler

Jetboat-Touren
Beliebt sind Touren in Jetboats, die mit unglaublicher Geschwindigkeit an den steilen Wänden des Kawarau River, Shotover River und Dart Valley vorbeirasen oder mit ihrem extrem geringen Tiefgang über fast ausgetrocknete Seitenarme des Kawarau River. Da die Fahrer ihr Handwerk verstehen, braucht man keine Angst zu haben. Dass Sie nicht nassgespritzt werden sind, kann Ihnen aber keiner garantieren. Unter den Anbietern ist die Konkurrenz groß, die preislichen Unterschiede sind allerdings gering (1 Std. ab ca. NZ-$ 110, Kinder 5–12 Jahre ab ca. NZ-$ 65). Einige der Touren starten in Queenstown, bei den meisten wird man mit dem Kleinbus zum Flussufer gebracht. Jetboat-Touren bieten u. a. **Kawarau Jet** (℅ 03-4426142, www.kjet.co.nz), **Skippers Canyon Jet** (℅ 0800-226966 u. 03-4429434, www.skipperscanyonjet.co.nz) und **Shot- over Jet** (℅ 03-4428570, www.shotoverjet.co.nz). Eine gute Kombination aus Spannung, Spaß und Sightseeing bieten die Jetboat-Touren auf dem Dart River, die tägl. 9 u. 13 Uhr in Glenorchy starten – **Dart River Jet Safaris** (℅ 0800-DART JET, 0800-327853 u. 03-4429992, www.dartriver.co.nz, ab NZ-$ 219, Kinder 5–15 Jahre ab NZ-$ 119).

Sport
Bungee Jumping
An den Wildwassern des Kawarau River, Nevis River und Shotover River befindet sich eines der weltweiten Zentren des Bungee Jumping, eine Sportart, die in Neuseeland erfunden wurde (s. S. 79). Mehrmals tägl. bringen Shuttle-Busse Wagemutige zum **Kawarau Bridge Bungy** (NZ-$ 180, Kinder 10–15 Jahre NZ-$ 130) und **Nevis Bungy** (NZ-$ 260). Infos und Buchung: **AJ Hackett Bungy**, ℅ 0800- BUNGY JUMP u. 03-4501300, www.bungy.co.nz.

Fallschirmspringen/Paragliding
Mutige können sich von **Nzone Skydive** (℅ 0800-376796, www.nzone.biz) zum Fallschirmspringen mitnehmen lassen, Spezialität sind Tandem-Absprünge mit besonders langer Flugstrecke im freien Fall (ab NZ-$ 269). Näher am Boden bleiben **Paraflights NZ** (℅ 0800-225520, www.paraflights.co.nz), deren Fallschirme von Motorbooten über den See gezogen werden (ab NZ-$ 139).

Skifahren
Als die vermutlich beliebteste Wintersportregion des südlichen Pazifiks weisen die Skigebiete von Coronet Peak und den Remarkables (ab Queenstown) bzw. Treble Cone und Cardrona (ab Wanaka) Pisten und Loipen aller Schwierigkeitsgrade auf, einschließlich der entsprechenden Infrastruktur (Lifte etc.). Zwischen den Orten verkehren in der Saison Shuttle-Busse, die Wintersportler auch zu den Liften bringen. In die weiter entfernten und unberührten Regionen wie den Harris Mountains oder den Southern Lakes startet eine ganze Flotte von Hubschraubern zum Heli-Skiing.

Rafting
Großer Popularität erfreuen sich die Wildwasserfahrten per Schlauchboot, für die der Kawarau River und der Shotover River die besten Adressen sind. Die einzelnen Flußabschnitte sind in Schwierigkeitsgrade von 1–6 unterteilt (6 bedeutet unraftable, d. h. eigentlich nicht mit dem Schlauchboot zu schaffen), wobei sich die Kategorien je nach Wasserstand ändern können. Auf jeden Fall ist beim Rafting durch den Shotover Canyon bei einem Schwierigkeitsgrad 5+ äußerste Vorsicht angebracht. Kinder unter 13 Jahren werden generell nicht mitgenommen.

Die Rafting-Touren dauern i. d. R. mindestens 4 Std. (ab NZ-$ 195), es gibt auch Ganztagesexkursionen und kombinierte Rafting-/Jetboat-Fahrten. Die bekanntesten Organisationen sind: **Challenge Rafting** (© 0800-423836 u. 03-4427318, www.raft.co.nz) und **Queenstown Rafting** (35 Shotover St., © 0800-7238464 u. 03-4429792, www.rafting.co.nz).
Eine Variante des Rafting ist das **White Water Sledging** bzw. **River Surfing**, bei dem man nicht im Schlauchboot und mit einer Gruppe, sondern als Einzelkämpfer auf einer Art gepolstertem Surfboard das Wildwasser bezwingt. Diese Form des Abenteuersports, die den Veranstaltern zufolge sehr sicher und Teilnehmern zufolge „unglaublich toll" sein soll, wird auf einem 6-km-Abschnitt des Kawarau River nahe der Bungee-Jumping-Brücke ausgeübt (ab NZ-$ 175). Anbieter ist u. a. **Serious Fun** (© 0800-737468 u. 03-4425262, www.riversurfing.co.nz).

Wandern

Sowohl das DOC-Büro als auch das i-SITE Visitor Centre in Queenstown beraten Sie gerne über Wanderungen in der Umgebung, die jeweils Ihren Vorstellungen, Ihrer Kondition und Ihrem Zeitplan entsprechen. In weiterer Entfernung locken mehrtägige Wanderwege wie der Routeburn-, Lower Hollyford-, Kepler- und Milford Track. Zu Tourenangeboten ab/bis Queenstown oder Te Anau zum Milford Sound siehe auch die Angaben zum Milford Sound (S. 495).

Flüge

Der **Flughafen** (© 03-4422670, www.queenstownairport.co.nz) von Queenstown liegt 8 km östl. der Innenstadt bei Frankton; tägl. viele Verbindungen zu innerneuseeländischen Zielen mit **Air New Zealand** und **Jetstar**; internationale Verbindungen u. a. nach Sydney, Melbourne und Brisbane. Es verkehren regelmäßige Shuttle-Busse zum Zentrum, z. T. mit Tür-zu-Tür-Service (**Super Shuttle**, © 0800-SHUTTLE u. 03-4423639, www.supershuttle.co.nz, ab NZ-$ 15). Am Flughafen gibt es Stationen mehrerer nationaler und internationaler Autovermieter.

Busse

Zwischen Queenstown, Frankton, Arrowtown, Fernhill, Sunshine Bay und Queenstown Airport verkehren tägl. von 6–23.30 Uhr Busse der Gesellschaft Connecta Bus, Tagesticket: NZ-$ 17, Kinder 5–15 Jahre NZ-$ 12, Fahrplan beim Queenstown i-SITE Visitor Centre oder unter www.connectabus.com. Die Überlandbusse von **InterCity, Newmans, Great Sights** und anderer Gesellschaften starten in der Nähe des Queenstown i-SITE Visitor Centre, wo man auch Tickets und Reservierungen bekommt.

Ausflüge ins Fjordland

Wer schon bis Queenstown gefahren ist, darf auf einen Ausflug ins Fjordland nicht verzichten. Er lässt sich sowohl mit Helikoptern oder Kleinflugzeugen ab Queenstown unternehmen (evtl. nur in einer Richtung und Rückfahrt mit dem Bus), als auch mit Busunternehmen ab Queenstown in ein- oder zweitägigen Arrangements. Eine Alternative ist der eigene Wagen oder mn geht zu Fuß auf weltberühmten Wanderwegen wie dem Milford Track.

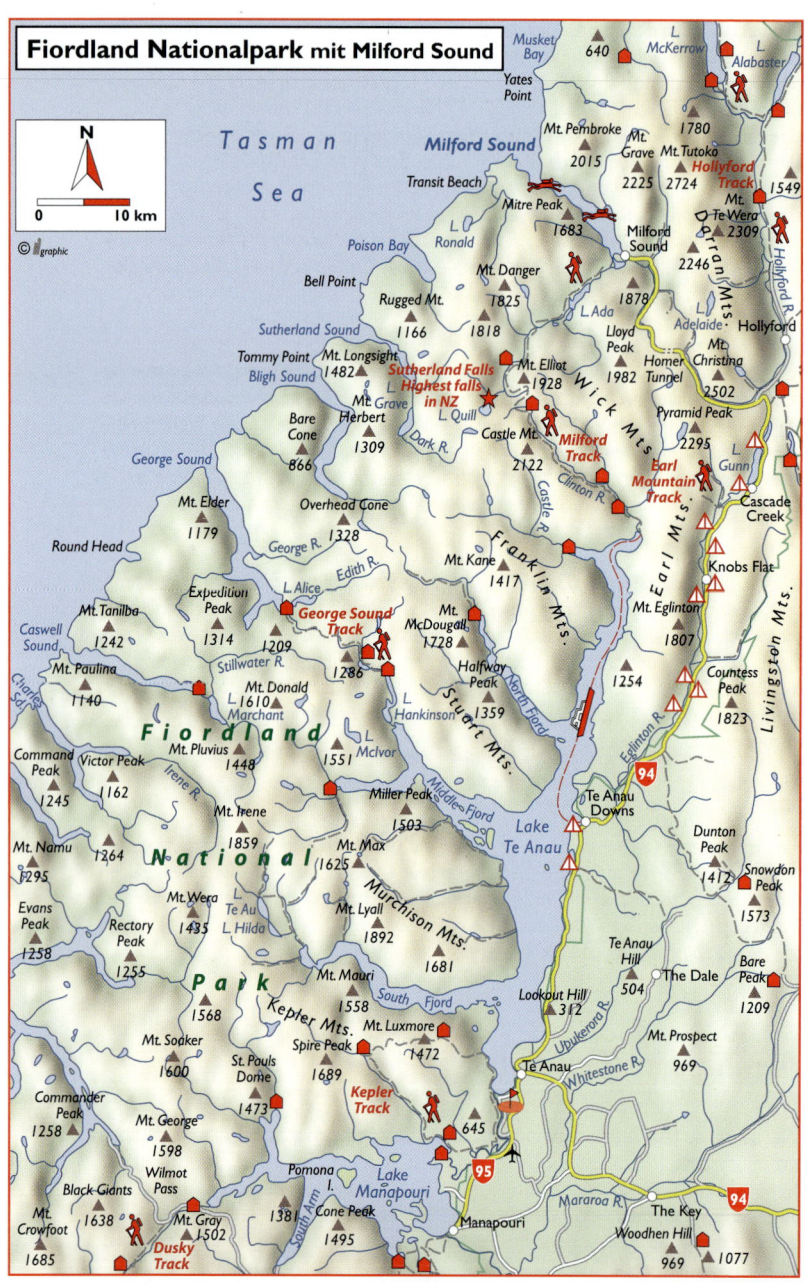

Wer wenigstens Teilstrecken des Wegs ins Fjordland mit dem Wagen zurücklegen, aber auch die Vorteile einer geführten Gruppenexkursion genießen möchte, kann bis Te Anau fahren und von dort aus an Flug-, Bus- und Schiffstouren teilnehmen. Dies ist besonders für diejenigen interessant, die nach dem Fjordland weiter in den Süden (Invercargill, s. S. 506) reisen möchten. Von Te Anau aus kann man das, ohne eine Strecke doppelt fahren zu müssen.

Eine Erkundung der Region per **Flugzeug** oder **Helikopter** hat, jedenfalls bei klarem Wetter, mehrere Vorteile: erstens spart man eine Menge Zeit, denn die Autostrecke beträgt in einer Richtung fast 300 Kilometer. Zweitens ist die Struktur des Fjordlands mit seinen tief ins Land reichenden Meeresarmen aus der Luft besser zu erkennen. Drittens wird nicht zu Unrecht der Flug über die Gletscher, Bergspitzen und Fjorde Neuseelands als schönste Flugstrecke der Welt bezeichnet. Und viertens kann man auf diese Weise auch abgelegene Fjorde sehen, zu denen keine Straße und keine regelmäßigen Bootsverbindungen führen. Ein Flug ist also nachdrücklich zu empfehlen. Bei Interesse sollte man sich in Queenstown über einen auf die individuellen Wünsche zugeschnittenen Flug informieren. Rundflüge über den Milford Sound sind umso billiger, je näher der Startpunkt dem Reiseziel liegt. Das heißt, dass man in Te Anau weniger bezahlt als in Queenstown und am allerwenigsten am Airstrip von Milford Sound.

Schönste Flugstrecke der Welt

Touren zum Milford Sound

Die ab Queenstown oder Te Anau buchbaren Pauschalarrangements zum Milford Sound decken ein breites preisliches und inhaltliches Spektrum ab. Da sich die Angebote von Saison zu Saison ändern, ist es ratsam ist, sich zunächst in den einzelnen Visitor Centres über eine passende Tour beraten zu lassen. Eine wichtige Adresse ist dabei das Unternehmen **Real Journeys** *(Te Anau, Lake Front Dr., ✆ 0800-656501 u. 03-2497416, www.realjourneys.co.nz)*, das auch Büros in **Queenstown** *(Steamer Wharf, ✆ 0800-656503 u. 03-4427500)* und **Manapouri** *(Pearl Harbour, ✆ 0800-656502 u. 03-2496602)* unterhält. Real Journeys bietet Bustouren, kombinierte Fly'n'Sea-Trips, Kreuzfahrten auf dem Milford Sound, Abstecher zum Doubtful Sound sowie Besuche im Wasserkraftwerk von Manapouri und in der Glühwürmchengrotte von Te Anau an; zugleich ist die Firma Betreiberin der TSS Earnslaw. Mit einem Couponsystem kann man die Ausflüge kombinieren und dabei recht preisgünstig die Gegend kennenlernen.

Eine Alternative für Backpacker ist die Organisation **Kiwi Experience** (www.kiwiexperience.com), die – in Zusammenarbeit mit Real Journeys und auch dort buchbar – eine interessante Zwei-Tages-Tour ab/bis Queenstown anbietet: Dabei startet man morgens zu einer Kreuzfahrt mit der MV Walter Peak zum jenseitigen Ufer des Lake Wakatipu, ab dort geht es auf der Backroad über Te Anau zum Milford Sound. Übernachtet wird entweder in der Milford Lodge oder (teurer und schöner) auf dem rustikalen Segelmotorschiff Milford Wanderer. Am nächsten Tag fährt man mit dem Bus nach Queenstown zurück bzw. nimmt vorher an einem Zusatzausflug zum Doubtful Sound teil.

Eine ebenbürtige Alternative zum oft überlaufenen Milford Sound – der Doubtful Sound

Auch die Teilnahme an einer **Busfahrt** ist interessant, wenn sie auch nicht unbedingt Zeitvorteile gegenüber der individuellen Anreise mit sich bringt. Aber die erfahrenen Busfahrer erreichen ihr Ziel auch bei widrigen Wetterverhältnissen pünktlich und sicher, geben auf der Fahrt Erläuterungen, halten unterwegs an allen interessanten Punkten und kommen immer passend zu einer Kreuzfahrt auf dem Milford Sound an. Als Teilnehmer kann man sich also ungestört auf die Landschaft konzentrieren und ist weder Zeit- noch Verkehrsstress ausgesetzt.

Ausreichend Zeit einplanen

Wer zum Milford Sound und zurück **mit dem eigenen Wagen** fahren und die Strecke an einem Tag schaffen möchte, sollte sehr früh starten und eine sehr späte Rückkehr einkalkulieren. Es ist allemal besser, statt der Gewalttour eine Übernachtung in Te Anau oder am Milford Sound einzuplanen.

Zur Orientierung eine kurze **Streckenbeschreibung**, die auch für die meisten Busexkursionen Gültigkeit hat: Ab Queenstown folgt man dem Highway 6 (Richtung Invercargill) am Lake Wakatipu entlang und erreicht nach 47 km in **Kingston** dessen südliches Ende. Der kleine Ort befindet sich auf dem Absatz einer Schuttmoräne des eiszeitlichen Gletschers, der das tiefe Bett des Sees ausgehobelt hat. Eine Attraktion ist der **Kingston Flyer**, eine historische Dampflok, die die Strecke nach Fairlight befährt. Nach weiteren 40 km kommt man an **Memorial Cairn** vorbei, einer Gedenkstätte, die an die frühen Siedler zur Zeit des Goldrauschs erinnert. Vor **Lumsden** biegt man auf den Highway 94 (Richtung Te Anau) vom Highway 6 ab und fährt nun in nordwestlicher Richtung zum noch etwa 75 km entfernten Te Anau.

> **☞ Tipp**
>
> Und noch ein Tipp für den Ausflug ins Fjordland: Wie auch immer das **Wetter** in Queenstown (oder Te Anau) sein mag, auf der anderen Seite der Südalpen herrschen oft ganz andere Bedingungen – in den schneenahen Gebieten am Homer Tunnel etwa ist es oft bitterkalt, an der Westküste ständig feucht bis sehr, sehr feucht. Für Menschen nicht erquicklich, aber für Sandflies ideal! Deshalb einen warmen Pullover, Regenschutz und ein wirkungsvolles Insektenmittel nicht vergessen!

Te Anau

Landschaftlich liegt Te Anau sehr schön am gleichnamigen See, der mit 64 km Länge, bis zu 10 km Breite und einer Fläche von 343 km² das größte Süßwasserreservoir der Südinsel darstellt. Während er an der östlichen Seite relativ gerade verläuft, erstrecken sich zum Westen hin drei lange Arme (South Fiord, Middle Fiord, North Fiord) weit in die Gebirgslandschaft. Der 202 m hoch gelegene und an manchen Stellen über 400 m tiefe Lake Te Anau ist bekannt für seine reichen Fischgründe - vor allem Forellen - und die Kalksteinhöhlen im nördlichen Teil.

Der kleine Ort mit rund 2.000 Einwohnern, der sich selbst als Fiordland's Playground bezeichnet, ist mit der Zeit als Drehscheibe des Fjordland-Tourismus immer wichtiger geworden. Ab Te Anau führen zwei Straßen zum Milford Sound und zum Doubtful Sound (Letztere ist nicht für Privatautos zugelassen), gibt es zwei verschiedene Routen in den Süden und bestehen die günstigsten Anschlüsse zu den Wanderwegen des Milford Track, des Routeburn Track und des Kepler Track. Die Reiseveranstalter, die in Queenstown starten, haben hier ihre Filialen, örtliche Agenturen bieten eigene Touren an (u. a. Angeltrips und Kreuzfahrten auf dem See). Hotels, Motels und Campingplätze bieten Unterkunft und inzwischen gibt es auch eine Shopping Mall, gute Restaurants und Kunstgewerbeläden. Auch befinden sich im Ort das Visitor Centre für den Fiordland National Park und andere Informationsstellen. Nicht zuletzt locken im Ort und in der näheren Umgebung einige reizvolle Besichtigungspunkte.

Ausgangspunkt zur Erkundung des Fjordlandes

Fiordland National Park Visitor Centre

Eine sinnvolle Ergänzung der eigenen Eindrücken vor oder nach dem Besuch der Fjorde ist ein Besuch des DOC Visitor Centre für den Fiordland National Park. Das in einem geschmackvollen Neubau am Seeufer südlich der Ortsmitte untergebrachte Besucherzentrum informiert über Wanderwege, Ausflugsziele etc. und bietet eine gute Auswahl an Büchern. Eine audiovisuelle Show erläutert die geologischen, historischen und klimatischen Hintergründe der Region. Am Great Walks Booking Desk sind die begehrten Permits für die bekannten Fernwanderwege erhältlich. Gegenüber dem Besucherzentrum liegt ein unterirdisches Aquarium mit Forellen.

Permits und Information

Fiordland National Park Visitor Centre (DOC), *Lakefront Dr., ✆ 03-2497924, www.doc.govt.nz, Nov.-März tägl. 8-18, April 8-17, Mai-Sept. 8-16.30, Okt. 8-17 Uhr, Filmvorführung alle 30 Min., audivisuelle Show NZ-$ 5, Kinder 5-15 Jahre NZ-$ 2.*

Te Anau Wildlife Centre

Ein etwa 500 m langer, schöner Spaziergang führt vom DOC Visitor Centre an der Bucht des Lake Te Anau entlang stadtauswärts zu dem vom Department of Conservation betriebenen Te Anau Wildlife Centre, das in großen Gehegen seltene Vögel und andere Tiere des Landes beherbergt. Die Anlage (kein Eintritt) dient hauptsächlich der Forschung. Die Tiere werden nicht präsentiert, d. h. sie können sich im Buschwerk der Gehege verstecken und tun das auch. Aber mit etwas Geduld bekommt man doch ein Takahe, Pukeko oder Kakapo zu Gesicht.

Glühwürmchen-Höhlen

Am nodwestlichen Ufer des Lake Te Anau hat ein kleiner Wildbach durch das Kalkgestein ein Gängelabyrinth gegraben, das die Maoris **Te Ana-Au** („Höhlen des stürzenden Wassers") nannten. 1948 entdeckte Lawson Burrows die von den Menschen vergessenen und nur noch in der Maori-Legende lebendigen Höhlen mit einem unterirdischen Wasserfall, Korridoren, einer Glühwürmchengrotte und Stromschnellen wieder.

Heute fahren die Besucher mit einem Boot ab Te Anau über den See und betreten unter fachlicher Leitung im Cavern House das unterirdische System der **Glowworm Caves**. Man erkundet die Höhlen auf gepflasterten Gehwegen und mit einem flachen Gleitboot. Die umgebende Landschaft ist, obwohl ohne große Tropfsteinformationen, eindrucksvoller als in Waitomo, die Höhlen selbst sind nicht so grandios wie ihre Konkurrenz auf der Nordinsel.

Real Journeys (© 0800-656501 u. 03-2497416, www.realjourneys.co.nz); Abfahrten: Nov.–März tägl. 9, 14, 17.45, 19, 20.15, April–Okt. tägl. 14, 17.45, 19 Uhr, Dauer der Höhlenbesichtigung 2 Std. 30 Min., NZ-$ 70, Kinder 5–14 Jahre NZ-$ 22.

Reisepraktische Informationen Te Anau

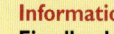
Information

Fiordland i-SITE Visitor Centre, Lake Front Dr., © 03-2498900, www.fiordland.org.nz, tägl. 8.30–17.30 Uhr.

Fiordland National Park Visitor Centre (DOC) mit **Great Walks Booking Desk**, Lakefront Dr., © 03-2497924 u. 2498514, www.doc.govt.nz, Nov.–März tägl. 8–18, April 8–17, Mai–Sept. 8–16.30, Okt. 8–17 Uhr. Zuständig für den gesamten Nationalpark, Wanderkarten, Hüttenreservierung, Reservierungen für den Milford Track und andere Langstreckenwanderwege, Museum.

Real Journeys Visitor Centre, Lake Front Dr., © 0800-656501 u. 03-2497416, www.realjourneys.co.nz, Sept.–April tägl. 6.15–21.15, Mai–Aug. 6.30–20 Uhr. Info- und Buchungsbüro des größten Tourveranstalters im Fiordland.

Unterkunft
Hotels/Motels

**Te Anau Edgewater Motel $$$**, 52 Lake Front Dr., © 0800-433439 u. 03-2497258, www.edgewater.net.nz, DZ NZ-$ 140–250. Schon etwas ältere, aber sehr gepflegte Unterkunft direkt am Seeufer und mitten in der Stadt, 17 Einheiten, freie Kanubenutzung, Organisation von Angel- und Sightseeing-Ausflügen, Restaurant.

**Fiordland Hotel & Motel $$–$$$**, 91 Luxmore Dr., © 03-2497511, www.fiord landhotel.co.nz, DZ NZ-$ 85–160. Recht zentral gelegenes Haus der Flag-Inn-Kette mit einer großen Bandbreite an Unterkünften, 94 Zimmer, Hallenbad, Spa, Restaurant, Bar.

**The Village Inn $$–$$$**, 24 Mokoroa St., © 03-2497911, www.thevillageinn.co.nz, DZ NZ-$ 105–225. Architektonisch interessanter Komplex an einem Park, 5 Gehminuten vom Seeufer entfernt, Passage mit Restaurant, Bar, Shops, dahinter Studio-Zimmer für 3–5 Pers., alle mit Küche und Minibar.

**Fiordland National Park Lodge $$**, Hwy. 94, © 0800-500805 u. 03-2497811, www.teanau-milfordsound.co.nz, DZ NZ-$ 110–130. Moderne Anlage 30 km von Te Anau entfernt auf dem Weg zum Milford Sound, schöne Landschaft nahe am Startpunkt zum Milford Track, 20 komfortable Moteleinheiten mit kompletter Küche und 11 Backpacker-Zimmer (DZ NZ-$ 65–75, im Mehrbettzimmer NZ-$ 28), Restaurant und Bar.

Bed & Breakfast

**Cosy Kiwi B&B $$$**, 186 Milford Rd., © 0800-249700 u. 03-2497475, www.cosy kiwi.co.nz, DZ NZ-$ 165–175. Sehr gepflegtes Haus nahe dem Town Centre, hübsche, komfortable Zimmer, üppiges Frühstück.

Backpacker-Hostel/Jugendherberge

**Te Anau Lakefront Backpacker Hostel $–$$**, 48 Lake Front Dr., © 0800-200074 u. 03-2497713, www.teanaubackpackers.co.nz, DZ ab NZ-$ 65, im Mehrbettzimmer ab NZ-$ 28. Zentrales und beliebtes Hostel mit Doppel- und Mehrbettzimmern, Verleih von Dinghies und Fahrrädern, großer Garten, prächtige Aussicht vom Obergeschoss, Spa.

**Te Anau YHA Hostel $–$$**, 29 Mokonui Rd., © 03-2497847, www.yha.co.nz, DZ ab NZ-$ 78, im Mehrbettzimmer ab NZ-$ 26. Relativ neue Jugendherberge mit schönen Räumen und sehr guter Ausstattung.

Camping

Mountain View Top 10 Holiday Park, 128 Te Anau Terrace, © 03-2497462, www.teanautop10.co.nz. Zentral gelegene und sehr saubere Anlage mit Zelt- und Campervanplätzen sowie Cabins, Flats und On-Site-Caravans ($$–$$$), Fahrradverleih, Reisebüro, Bustransfer für Wanderer, in der Hauptsaison oft sehr voll.

Te Anau Lakeview Holiday Park, Manapouri Turnoff (am Fiordland National Park Visitor Centre), © 0800-4 TE ANAU u. 03-2497457, www.teanauholidaypark.co.nz. 1 km vom Zentrum entfernte großzügige Anlage mit Zelt- und Campervanplätzen, Cabins, Flats, Motel- und Backpacker-Unterkunft ($–$$$), nettes Grill-Restaurant Tintz, Sauna, Tennisplatz, Bootsanleger, Bustransfer für Wanderer.

Essen und Trinken

Kepler's Bar & Restaurant, 5 Town Centre, © 03-2497909, tägl. 10–23 Uhr, moderat. Allein schon wegen der Kepler Burgers empfehlenswert, auch sonst gute Küche mit Lamm, Wild und Seafood, große Portionen.

La Toscana, 108 Milford Rd., © 03-2497756, tägl. 11–23 Uhr, moderat. Alteingesessenes Restaurant mit authentischer italienischer Küche.

Bailiez Café Bar, Mokonui St., © 03-2497526, tägl. 7–22 Uhr, preiswert–moderat. In diesem ungezwungenen Lokal im Luxmore Hotel kann man den ganzen Tag über ein gehaltvolles Frühstück bestellen, daneben gibt es auch mexikanische Gerichte, Burger und Fischgerichte.

Aktivitäten

In Te Anau wird ein breites Spektrum an Aktivitäten angeboten. Alle erdenklichen Abenteuer im Wasser, in der Luft und auf dem Land hat der Branchenführer **Adventure Fiordland** (℡ 0800-476726 u. 03-2498500, www.adventurefiordland.co.nz) im Programm. Die meisten Anbieter findet man am Lake Front Drive, viele kooperieren miteinander, sodass interessante Ausflugspakete möglich sind. Zu Tourenangeboten ab/bis Te Anau zum Milford Sound vgl. auch die Angaben zu Milford Sound.

Flightseeing

Die Berge und Fjorde aus der Vogelperspektive erleben, kann man mit **Air Fiordland** (℡ 0800-107505 u. 03-2497505, www.airfiordland.com) und **Southern Lakes Helicopters** (℡ 03-2497167, www.southernlakeshelicopters.co.nz), z. B. 70-minütiger Cessna-Flug zum Milford Sound NZ-$ 340 pro Pers. oder 90-minütiger Milford Sound Scenic Helicopter Flight NZ-$ 770 pro Pers.

Jetboat-Touren

Luxmore Jet, ℡ 0800-253826 u. 03-2496951, www.luxmorejet.co.nz, Mai–Sept. tägl. 11, 14 Uhr, 60-minütige Fahrt zum Lake Manapouri NZ-$ 99, Kinder 5–12 Jahre NZ-$ 49.

Kajak fahren

Geführte 5- bis 6-stündige Kajaktouren auf dem Milford Sound ab NZ-$ 130 bieten **Roco's Milford Kayaks** (c/o Adventure Fiordland [s. o.], www.rocosmilford kayaks.com) und **Sea Kayak Fiordland** (℡ 0800-200434 u. 03-2497700, www.fiordlandseakayak.co.nz).

Busse

Die Linienbusse aller Gesellschaften halten in der Hauptstraße von Te Anau, die Town Centre genannt wird. Nach Manapouri verkehren Fahrzeuge von **Scenic Shuttle** (℡ 0800-277483), nach Queenstown, zum Milford Sound und zu den Startpunkten von Kepler Track und Routeburn Track Busse von **Tracknet** (℡ 0800-4 TEANAU, 0800-483262 u. 03-2497777, www.tracknet.net).

Von Te Anau zum Milford Sound

In Te Anau muss man sich entscheiden, ob die Reise zum Milford Sound oder zum Doubtful Sound gehen soll. Da der Ausflug zum Doubtful Sound nur mit Gruppenreisen, im Flugzeug oder zu Fuß zu machen ist, fährt der Autotourist zwangsläufig zum Milford Sound. Die 119 km lange Milford Rd. ist zwar ganzjährig geöffnet, aber nur, wie es offiziell heißt, wenn es das Wetter und andere Umstände erlauben. Selbst im Sommer kann es zu plötzlichen Wettereinbrüchen und Schneeverwehungen kommen

Straßenzustand

Informationen zur Befahrbarkeit der Milford Rd. findet man auf der Website www.milfordroad.co.nz.

*Naturerlebnis pur –
Zelten am Cascade Creek*

und dann ist die Verbindung für Stunden, Tage oder sogar Wochen unterbrochen. Immerhin ist die Straße mittlerweile durchgängig asphaltiert, sodass die 12 km lange Holperstrecke entfällt, die früher so beschwerlich zu befahren war. Da es in Milford keine Tankstelle gibt, sollte man unbedingt in Te Anau auftanken.

Ab Te Anau geht es auf dem Highway 94 zunächst am Ufer des Lake Te Anau entlang und dann durch das **Eglington Valley**. Innerhalb einer der ohnehin schon schönsten Landschaften Neuseelands nochmals eine Steigerung des Naturerlebnisses! Buchenwälder, tiefdunkle Seen, schneebedeckte Berge ringsum: eine Bilderbuchszenerie. Ab und zu laden mit Treppen und Holzplanken ausgebaute Walks zu kurzen Spaziergängen ein. Dann fährt man durch Urwald und an Berghängen vorbei immer höher. In **Marian**, wo eine Plakette an ein Flugzeugunglück im Jahr 1936 erinnert, schmiegt sich der Highway eng an den Mt. Christina (2.502 m). Hier zweigt eine kleine Schotterpiste in das Hollyford Valley ab, und hier kommen die Wanderer des Routeburn Track und des Greenstone Track vom Lake Wakatipu wieder in die Zivilisation. 12 km weiter hat man den **Homer Tunnel** erreicht, der 1935 begonnen und 1952 fertiggestellt wurde. Wie die Milford Rd. ist der Tunnel das Resultat eines großangelegten öffentlichen Arbeitsbeschaffungsprogramms, das aber die Arbeitslosen damals nicht nur in Brot und Arbeit setzte, sondern ihnen auch eine enorme Leistung unter extrem harten Bedingungen abverlangte. Die 1,2 km lange und nur vorsichtig zu befahrende Strecke ist nach Henry Homer benannt, der den Pass 1889 entdeckte und schon damals einen Tunnelbau angeregt hatte. Am östlichen Ende fahren Sie auf 921 m ü. d. M. in den Berg hinein, am westlichen kommen Sie auf 792 m ü. d. M. heraus. Erst nach Fertigstellung des Tunnels entstand die erste Straßenverbindung zu den Fjorden der südlichen Westküste und bis heute blieb sie die einzige. Nun geht es in 12 km durch die dramatisch schöne Landschaft des **Cleddau Canyon** hinab, wobei Sie nach 2 km am Parkplatz des **Chasm Walk** anhalten sollten. Hier bringt Sie ein kurzer Fußweg zum 22 m hohen Upper Fall des Cleddau River. Wenige Meter unterhalb hat ein weiterer Wasserfall eine Naturbrücke aus dem Fels modelliert. Anschließend erreichen Sie nach wenigen Fahrminuten den Milford Sound mit seiner kleinen Hotelsiedlung und der Flotte der Kreuzfahrtschiffe.

Milford Sound

Der Milford Sound, den Rudyard Kipling einmal als das achte Weltwunder bezeichnet hat, ist der bekannteste neuseeländische Fjord. Er ist auch der einzige, den man mit dem Wagen erreichen kann, und deswegen stark besucht. Beherrscht vom kühnen, 1.695 m aufragenden Mitre Peak, eingerahmt von senkrecht abfallenden Steilwänden und die Fantasie anregenden Wasserfällen wie den Bowen Falls, ist der Fjord bis zur Anita Bay, seiner „Mündung" in die Tasman Sea, ein einziges, majestätisches Naturerlebnis. Gestört wird dieses allerdings durch zwei Schönheitsflecken: die Feuchtigkeit und die Sandflies!

Viel Regen

In einem für sonnenverwöhnte Australier geschriebenen Reiseführer steht, dass der erste Eindruck am Milford Sound Regen, Regen und nochmals Regen sei. Weiter heißt es: „... für alle Australier, die nicht wissen, was Regen ist: Wasser, das vom Himmel fällt. Und das gibt's im Milford Sound reichlich!" Trösten Sie sich, wenn auch Ihnen das Postkartenmotiv des blauen Himmels über dem Fjord verwehrt bleibt. Die Gegend ist mit Niederschlagsmengen zwischen 6.000 und 8.000 mm jährlich eine der regenreichsten der Welt. Zudem tun graue Wolken dem Landschaftseindruck keinen Abbruch und die Sandfly-Plage ist bei Regen weniger schlimm. Übrigens heißt nicht umsonst ein Ort hier Sandfly Point.

Die lange Anfahrt zum Milford Sound lohnt sich nicht, wenn man nur bis zur Siedlung fährt, einen Blick auf das Naturwunder wirft und die Rückreise antritt. Zumindest eine **Kreuzfahrt** sollte man sich gönnen. Mehrere Anbieter teilen sich den Markt. Da der

Obligatorischer Bestandteil vieler Neuseelandreisen ist die Bootsfahrt durch die Fjordlandschaft des Milford Sound

Fjord relativ kurz ist, dauern solche Minikreuzfahrten nicht länger als 2 Std. Auf manchen Schiffen ist eine Übernachtung an Bord möglich, andere nehmen Passagiere auf längeren Törns zum Dusky Sound oder Doubtful Sound mit. Und bei einigen Adventure Cruises kann man mit Delfinen und Robben schwimmen, tauchen und wandern. Mit einem Shuttle-Bus gelangt man vom Anleger zum **Milford Discovery Centre and Underwater Observatory** an der Harrison Cove, wo man auf einer schwimmenden Plattform 10 m unter die Wasseroberfläche hinabsteigen und die Unterwasserwelt mit ihrer erstaunlichen Flora und Fauna beobachten kann – ein einzigartiges „Taucherlebnis" ohne Schnorchel und Sauerstoffflasche. Das Discovery Centre präsentiert mehrere Einzelausstellungen zu den Themenkreisen Geschichte des Milford Sound, Erbe der Maoris, Geologie, Fauna und Flora. Da all dies nicht einfach hinter Glas in Schaukästen gezeigt, sondern u. a. filmisch aufbereitet und per Computeranimation fantasievoll dargestellt wird, ist ein Besuch ein Erlebnis für Kinder und Erwachsene. Viele Fjordkreuzfahrten haben den Besuch des Observatoriums auf ihrem Programm.

Einzigartiges Erlebnis

Milford Discovery Centre and Underwater Observatory, ✆ 03-2499442, www.milford-sound.nz.com/underwater-observatory.aspx, im Sommer tägl. 8–19, im Winter tägl. 9–17 Uhr, NZ-$ 36, Kinder 5–15 Jahre NZ-$ 18).

Eine faszinierende, aber auch anstrengende Möglichkeit, die Region kennenzulernen, stellen die **Wanderwege** dar, die zu Recht mit Beinamen wie „The Finest Walk in the World" belegt wurden. Neben dem Routeburn Track, Lower Hollyford Track und Kepler Track ist damit vor allem der berühmte **Milford Track** gemeint, der den Milford Sound mit dem Lake Te Anau verbindet. Die 55 km lange Strecke wurde 1888 von Quintin Mackinnon zum ersten Mal erkundet, heute begehen ihn Wanderer aus aller Welt, entweder als Individualtouristen oder innerhalb einer geführten Gruppe. Der Vier-Tage-Track ist je nach Wetterlage von etwa Anfang November bis etwa Anfang April geöffnet und steht nur einer streng reglementierten Anzahl von Wanderern offen. Die große Popularität der Wanderung, nicht zuletzt bei den „Kiwis" selbst, machte es möglich, dass man inzwischen einen respektablen „Eintrittspreis" verlangt, zu dem noch die Kosten für die Hüttenübernachtung, das Essen und die Anreise per Bus oder Boot gerechnet werden müssen. Die Unterkünfte bei den geführten Touren sind sehr komfortabel, kosten aber auch enorm viel.

Berühmter Wanderweg

Reisepraktische Informationen Milford Sound

Unterkunft

Aufgrund der abgelegenen Lage und der ungünstigen Wetterbedingungen wählen die meisten Besucher den Milford Sound als Ziel eines Tagesausflugs. Deshalb ist das Angebot an Unterkünften sehr begrenzt. Wer in der Hauptsaison reist, tut gut daran, ein Zimmer vorzubestellen.

**Milford Sound Lodge $–$$$**, ✆ 03-2498071, www.milfordlodge.com. *Das ältere Hotel ist heute eine Backpacker-Unterkunft (DZ ab NZ-$ 85, im Mehrbettzimmer ab NZ-$ 30); Restaurant, Bar und Küchenbenutzung, einige Kilometer von der Bootsanlegestelle entfernt. Die Lodge bietet aber auch moderne, lichtdurchflutete Komfort-Chalets am Flussufer (DZ NZ-$ 255) sowie Zelt- und Campervan-Stellplätze.*

Kreuzfahrten mit Übernachtung an Bord

Milford Wanderer, Real Journeys, Te Anau, © 03-2497416, www.realjourneys.co.nz. Eine urige, wenn auch recht einfache Übernachtungsmöglichkeit auf einem 1992 in Betrieb genommenen Motorsegler. Auf dem Schiff wird im Schlafsack (wird gestellt) übernachtet, und zwar in Kabinen mit jeweils 4 Stockbetten. Die 8 Duschen und 5 Toiletten sind für die maximal 60 Passagiere ausreichend. Im Preis von NZ-$ 230–325 pro Pers. sind zwei Mahlzeiten und die Kreuzfahrt eingeschlossen. Das YHA-assoziierte Schiff gewährt Jugendherbergs-Rabatte. Die Milford Wanderer legt tägl. um 17 Uhr ab und segelt bis zur Fjordmündung in den Ozean. Mit dem Sonnenuntergang geht es zurück, während der Nacht wird vor der Harrison Cove geankert. Am nächsten Morgen um 8 Uhr ist man wieder zurück am Ausgangspunkt. An Bord herrscht gute Stimmung und zu dieser Zeit sind weder andere Ausflugsboote im Fjord noch Flightseeing-Cessnas in der Luft unterwegs. Außerdem sind gerade in der Abenddämmerung die Delfinschulen am zutraulichsten. In der Hauptsaison ist das Schiff i. d. R. von den Teilnehmern der zweitägigen Exkursion ab/bis Queenstown besetzt, daher sollte man bereits in Queenstown oder Te Anau reservieren.

Milford Mariner, Real Journeys (s. o.). Eine höherwertige Alternative zum Milford Wanderer mit komfortablen Kabinen mit Du/WC, dafür aber auch mit NZ-$ 345–495 pro Pers. etwas teurer.

Schiffsausflüge

Eine ganze Reihe von Unternehmen teilt sich das Geschäft mit dem Kreuzfahrttourismus, wobei die rot-weiße Flotte der **Southern Discoveries** (© 0800-264536 u. 03-4411137, www.southerndiscoveries.co.nz) und die der **Mitre Peak Cruises** (© 0800-744633 u. 03-2498110, www.mitrepeak.com) am auffälligsten und größten sind. In der Hauptsaison gibt es jeweils bis zu ein Dutzend Abfahrten täglich, wobei die meistfrequentierten die um die Mittagszeit sind. Solche Minikreuzfahrten dauern i. d. R. 1–2 Std. 30 Min., auf den Schiffen gibt es dabei Snacks, Lunchpakete oder Buffets; ab ca. NZ-$ 65, Kinder 6–14 Jahre ab ca. NZ-$ 15.

Kajak fahren

Rosco's Milford Sound Sea Kayaks, © 0800-476726 u. 03-2498500, www.roscosmilfordkayaks.com. 5- bis 6-stündige Paddeltouren in einer Kleingruppe zu den Wasserfällen des Fjords, ab NZ-$ 130 (auch ab Te Anau mit Transfer möglich).

Wandern

Buchungsstationen für den berühmten Milford Track sind die DOC-Büros in Queenstown, Te Anau und die Firma **Ultimate Hikes** (© 03-4411138, www.ultimate hikes.com) für die geführten Wanderungen, z. B. 5 Tage Milford Track ab ca. NZ-$ 1.800. Eine Reservierung sollte möglichst bereits im Vorjahr erfolgen! Kleinere geführte Wanderungen auf dem Track und in Gruppen von maximal 12 Personen werden von dem Unternehmen **Trips'n'Tramps** in Te Anau (© 03-2497081, www.trip sandtramps.com) angeboten.

Manapouri und andere Ausflugsziele

Ab Te Anau oder Queenstown kann man auch Ausflüge nach Manapouri, zum Doubtful Sound oder (mit dem Flugzeug/Helikopter) zum Dusky Sound unternehmen. Nur knapp 20 km sind es von Te Anau auf einer asphaltierten und guten Straße nach **Manapouri**, das schön am gleichnamigen See liegt. Der 400-Seelen-Ort hat sich inzwischen auf die steigenden Besucherzahlen eingestellt und bietet mehrere Motels und Pensionen, eine Cafeteria, einen Campingplatz und ein Visitor Centre. Der größte Reiz des Orts ist der Lake Manapouri, der oft als „Neuseelands schönster See" bezeichnet wird. Mit gemieteten Kajaks oder Dinghies oder auf Minikreuzfahrten und Angeltrips kann man seine wunderbare Natur erst richtig kennenlernen.

Nicht zu Unrecht gilt Lake Manapouri als „Neuseelands schönster See"

Zum westlichen Seeufer und vorbei an etwa 30 Inseln bricht zweimal täglich ein schneller Katamaran auf, dessen Ziel das faszinierende unterirdische **Manapouri-Wasserkraftwerk** ist (Buszubringer). In einer riesigen Spirale, die die Ingenieure in den massiven Granit gesprengt haben, fährt der Bus 2 km lang zur Maschinenhalle des Werks, wo das Wasser, das in 10 km langen Fallrohren durch den Berg vom Lake Manapouri auf Meeresspiegelniveau rast, mit sieben Generatoren in elektrische Energie verwandelt wird. Die **Lake Manapouri Underground Power Station** hat eine Leistung von 760.000 KW, die hauptsächlich für Aluminium-Schmelzprozesse bei Invercargill gebraucht werden. Jede Minute werden über 22 Mio. l Wasser durch das Kraftwerk geschleust.

Diesen Ausflug kann man mit einer Busfahrt zum **Doubtful Sound** erweitern. Angeboten wird die Exkursion von mehreren Unternehmen, besonders empfehlenswert ist aber auch hier **Real Journeys**. Von Oktober bis April verlässt das Schnellboot Manapouri am Morgen zum westlichen Seeufer (West Arm), ab dort wird man mit dem Bus zum Wasserkraftwerk (Besichtigung, s. o.) und über den Wilmot Pass – vorbei an den besonders nach Regenfällen kräftig tosenden Helena Falls – zur Deep Cove am Fjordende gebracht. Hier nimmt man dann an einer weiteren **Kreuzfahrt** teil, entweder auf einem kürzeren Trip durch die östlichen Fjordarme (Hall Arm) oder auf einer längeren Exkursion bis zur „Mündung" in die Tasman See. Die Buchung von Zubringerbussen ab/bis Te Anau oder Queenstown ist dabei genauso möglich wie verschiedene Flugkombinationen.

Mit Bus und Boot

Doubtful Sound Wilderness Cruise, *ab/bis Manapouri dauert die kürzere Variante 5 Std. 30 Min., die längere 8 Std. 30 Min., je nach Saison NZ-$ 235–295, Kinder 5–14 Jahre NZ-$ 65).*

Pelzrobben bevölkern Klippen und Felsen am Doubtful Sound

Fiordland Navigator Overnight Cruise, *Kreuzfahrten mit Übernachtung an Bord, je nach Saison NZ-$ 473–775, Kinder 5–14 Jahre NZ-$ 237–398).*

Reisepraktische Informationen Manapouri

Information
Real Journeys Visitor Centre, *Pearl Harbour*, © 0800-656502 u. 03-2496602, www.realjourneys.co.nz. *Privates Informations- und Buchungsbüro für Kreuzfahrten auf Doubtful Sound und Milford Sound, Exkursionen zu den Glühwürmchenhöhlen von Te Anau, Flightseeing, Kreuzfahrten mit der TSS Earnslaw.*

Unterkunft
Motel
Manapouri Lakeview Motor Inn $$, *68 Cathedral Dr.*, © 0800-896262 u. 03-2496652, www.manapouri.com, *DZ NZ-$ 125–140. Unspektakuläres, recht zentrales Motel mit modernen Doppelzimmern und Backpacker-Unterkunft, Café-Bar.*

Bed & Breakfast
Captain's Lookout $$$, *17 Waiau St.*, © 03-2496900, www.captainslookout.co.nz, *DZ NZ-$ 195–245. Gut geführte Pension in Hanglage, zwei geräumige Apartments, eines für 2 Pers. und eines für 4 Pers., mit herrlichem Blick auf den Lake Manapouri; die Gastgeber Christine und Jim sind sehr um ihre Gäste bemüht.*

Backpacker-Hostel
Freestone Backpackers $–$$, *270 Hillside Rd.*, © 03-2496893, www.freestone.co.nz. *Sehr gut geführte Unterkunft in herrlicher Lage mit Backpacker-Zimmern (im Dormitory ab NZ-$ 22, DZ ab NZ-$ 66), Blockhütten für bis zu 4 Pers. (NZ-$ 75–88) und komfortablen Lodge-Zimmern (NZ-$ 120–150).*

Camping
Manapouri Glade Motel & Motor Park, *13 Murrell Ave., ✆ 03-2496623. Ruhig gelegener, sauberer und kleiner Campground, nur 10 Fußminuten vom Bootsanleger Pearl Harbour entfernt, mit Cabins und Motel ($$), im Winter geschlossen.*

Ausflüge
Fiordland Adventure, *✆ 03-2496626, www.fiordlandadventure.co.nz. Große Bandbreite an Ausflügen, u. a. ein- und zweitägige geführte Kajaktouren zum Doubtful Sound (ab NZ-$ 239), Kajakverleih, Wassertaxi-Service.*
Fiordland Ecology Holidays, *1 Home St., ✆ 03-2496600, www.fiordland.gen.nz. Sehr ausgewogene und wissenschaftlich fundierte Touren; bei ornithologischen Wanderungen kann man DOC-Mitarbeiter bei ihrer Feldforschung begleiten oder in kleinen Gruppen an Kreuzfahrten mit der 23-Meter-Jacht Evohe zu Delfinschulen und Robbenkolonien teilnehmen (einschl. Tauchgängen). Das Unternehmen betreibt außerdem eine solide B&B-Unterkunft.*

Der Fiordland National Park

Das Fjordland ist der mit Abstand größte Nationalpark Neuseelands und einer der größten der Welt. Seine 12.120 km² umspannen die gesamte südwestliche Küste des Landes einschließlich eines breiten Streifens im Hinterland. Zwischen der Te Wae Wae Bay im Süden und der Martins Bay im Norden, wo Fjordland- und Mt. Aspiring-Nationalpark ineinander übergehen, liegt eine weitgehend unberührte Region, die im Westen durch die reich gegliederte Küste mit ihren 14 Fjorden und im Osten durch eine Kette riesiger und extrem tiefer Seen begrenzt wird. Dazwischen breitet sich ein Land voller Kontraste aus, mit dichtem Regenwald und karger Tussock-Hochebene, mit tosenden Wasserfällen und stillen Buchten, mit tiefen Canyons und weiten Trogtälern. Die Berggipfel erreichen zwar selten mehr als 2.000 m Höhe, sind aber dennoch von Schnee- und Eiskappen bekrönt. Da die meisten Gebiete nur durch die Luft, mit Booten oder auf anstrengenden Wanderungen erreicht werden können – einige sind sogar noch vollkommen unerschlossen – ist der Fiordland Nationalpark auch eines der größten Tierreservate. Es ist kein Zufall, dass nur hier der für ausgestorben gehaltene Takahe-Laufvogel wiederentdeckt wurde. Daneben konnten Kakapos, Kiwis, Pukekos und andere seltene Vögel überleben. Den Schrei des Kea, der ohne Scheu und manchmal recht aufdringlich den Menschen nahekommt, kann man überall im Nationalpark hören. In den Fjorden leben Delfine, Pinguine, Robben und Wale, und Flüsse, Seen und die Küste sind bekannt für ihren Reichtum an Forellen, Lachsen, Crayfish und anderen Meerestieren.

Vor den Pakehas waren die Maoris im Fjordland, auf der Jagd nach Vögeln und Fischen und auf der Suche nach Greenstone. Feste Siedlungen waren entsprechend den klimatischen Bedingungen selten. Kapitän Cook entdeckte 1770 den Dusky Sound, kartografierte sehr sorgfältig die Küste und richtete bei seinem zweiten Besuch sogar eine Schiffswerkstatt, eine Schmiede und eine Brauerei im rauen Fjordland ein. Seine Berichte über Robbenkolonien und Wale führten noch im 18.

Jh. zu einer meist von Australiern und Amerikanern betriebenen, intensiven Robbenjagd und zum Walfang. 1792 wurde mit einem Wohngebäude für Walfänger sogar das erste Haus Neuseelands im Fjordland gebaut, andererseits dezimierte die Jagd sowohl die Robben- als auch die Waldbestände bis hin zur Ausrottung. Der Goldrausch erfasste das Gebiet kaum, abgesehen von den 1890er-Jahren, als am südlichen Ende (Preservation Inlet) drei Minen und zwei Städte mit etwa 1.000 Goldschürfern gegründet wurden. In dieser Zeit gab es bereits erste Bestrebungen, das Fjordland offiziell zu schützen. Der spätere Premierminister MacKenzie meinte schon 1894, dass „die Regierung ein großes Gebiet dieses Landes zu einem öffentlichen Park erklären und Männer zu dessen Schutz bestellen sollte". 1904 wurde dies für knapp 10.000 km² in die Tat umgesetzt, der offizielle Nationalparkstatus aber erst 1952 verliehen.

Das Fjordland ist auch ein Ziel für Bergsteiger

Geologisch ist der Nationalpark von großem Interesse, da er mit seinem harten kristallinen Gestein einen anderen Urgrund hat als der Rest des Landes. Die ältesten Gesteine wurden vor etwa 500 Mio. Jahren als Sedimente eines Urmeers geschaffen, später aber durch tektonische Hebungen und Verschiebungen enorm zusammengepresst und erhitzt, sodass metamorphe Strukturen wie Gneis entstanden. An einigen Stellen schmolz das Gestein zu Granit. Vor 40 Mio. Jahren lag das Fjordland wiederum unter dem Meeresspiegel und wurde langsam von Sedimenten aus Sandstein und Kalkstein bedeckt. Die Glühwürmchen-Höhlen bei Te Anau z. B. bestehen aus diesem Material. Erst vor 15 Mio. Jahren begann die Auffaltung der Alpen zu der Form, wie wir sie heute kennen. Die Gipfel und Flusstäler wurden in der Folgezeit den bis zu 2 km dicken Eispanzern der Eiszeiten ausgesetzt und modelliert. Als dann vor 14.000 Jahren das Eis der letzten Kälteperiode abschmolz, war jene Landschaft geschaffen, die heute Besucher aus aller Welt anzieht. Die Fjorde (der längste ist 40 km lang) nehmen sich zwar gegenüber den norwegischen (bis zu 200 km) bescheiden aus und erreichen auch nicht deren Wassertiefe (in Norwegen bis zu 1.400 m), sind aber durch noch höhere Steilwände und riesige Wasserfälle genauso imponierend. Anders als im europäischen Norden ist jedenfalls die Vegetation; damit ist sowohl deren botanische Beschaffenheit gemeint als auch die Tatsache, dass sie sich hier selbst die steilsten Abhänge erobern konnte und das gesamte Fjordland in einen immergrünen Mantel hüllt.

Von Queenstown nach Dunedin

Die etwa 250 km lange Strecke von Queenstown nach Dunedin bringt Sie von den hohen Gipfeln der Südalpen durch das raue und eindrucksvolle Plateau von Central Otago zur flachen Pazifikküste, wo die Hauptstadt der Provinz Endpunkt der Route ist. Der landschaftlich schönste Teil der Route sind wohl die ersten 100 km, wo die Highways 6 und 8 durch die natürlichen Canyons des Kawarau River und Clutha River führen und sich durch eine grandiose, atemberaubende Szenerie schlängeln. Der Beginn der Strecke ist Ihnen vom Ausflug nach **Arrowtown** (s. S. 479) bekannt. 23 km hinter Queenstown führt der Highway 6 an einer historischen, für den Autoverkehr gesperrten Hängebrücke vorbei, von der man einen prächtigen Blick in das tiefe Tal des Kawarau River hat. Wagemutige stürzen sich hier kopfüber, an einem Gummizug befestigt in die 43 m tiefe Schlucht.

Nervenkitzel pur – Bungee Jumping

Die Wildwasser des Kawarau River und Shotover River nahe Queenstown gelten zu Recht als weltweite Zentren des Bungee Jumping. Denn diese Sportart wurde hier im Jahr 1988 von einem verrückten Fun-Sportler aus Queenstown namens AJ Hackett „erfunden". Dieser hatte in den 1970er-Jahren Videoaufnahmen von Oxforder Studenten gesehen, die sich an dehnbaren Seilen in die Tiefe stürzten, und erkannte sofort das Potenzial für einen neuen, spektakulären Freizeitspaß. Nach mehreren Selbstversuchen und Experimenten machte AJ Hackett Mitte der 1980er-Jahre von sich reden, als er in den französischen Alpen aus einer in 91 m Höhe schwebenden Gondel sprang – und sich 1987 sogar den Pariser Eiffelturm hinunterstürzte. Im Heimatland errichtete er 1988 die weltweit erste, für alle zugängliche Bungee-Station an der historischen Hängebrücke über den Kawarau River, 23 km von Queenstown entfernt am Highway 6. Die Bungee Jumper stürzen sich hier, an einem Gummizug befestigt, kopfüber in eine 43 m tiefe Schlucht dem türkisblauen Wasser entgegen. Mittlerweile ist die Brücke längst nicht mehr der höchste Absprungpunkt: In der Nähe von Queenstown lockt etwa die Skippers Canyon Bridge, die sich in schwindelerregenden 69 m Höhe über die schmale Schlucht des Shotover River spannt. Ebenfalls im Skippers Canyon sorgt ein ehemaliges Aquädukt mit einer Höhe von 102 m als Pipeline Bungy für einen gehörigen Adrenalinkick am Gummiseil. Beim Nevis Bungy über dem wilden Nevis River bei Queenstown stürzen Wagemutige 8,5 Sekunden lang 134 m in die Tiefe. AJ Hacketts Idee hat sich weltweit durchgesetzt, was mehrere Tausend Anlagen rund um den Globus bezeugen. Und inzwischen sind Heli-Bungee-Sprünge aus Hubschraubern ebenso möglich wie von immer höheren Absprungpunkten wie Kränen, Wolkenkratzern, Brücken oder Fernsehtürmen. Doch nur die altehrwürdige Kawarau Bridge, von der sich die Jumper zwischen steilen Felswänden hinunterstürzen und dabei von vielen Schaulustigen auf einer Plattform beobachtet werden, kann für sich den Ehrentitel „Mutter aller Bungee-Brücken" beanspruchen.

Von der historischen Kawarau River Suspension Bridge stürzen sich Wagemutige am Bungee-Seil in die Tiefe

Ab **Arrow Junction** folgt man der Schlucht des Kawarau River, dessen Wassermassen durch die Zuflüsse des Nevis River und Roaring Meg potenziert werden. Knapp 10 km westlich von Cromwell kann man sich im **Gold Fields Mining Centre** ein ungeähres Bild von den Lebens- und Arbeitsbedingungen der frühen Goldsucher machen. In einem kleinen Bach dürfen Besucher selbst die Goldwäscherpfanne kreisen lassen. Bei Cromwell vereinigen sich der Kawarau River und der Clutha River. Hier biegt der Highway 8 dem mächtigen Wasserlauf folgend in östlicher Richtung ab.

Gold Fields Mining Centre, *Hwy. 6, Kawarau Gorge, ℡ 03-4451038, www.goldfieldsmining.co.nz, tägl. 9–17 Uhr, NZ-$ 25 inkl. 60-minütiger Führung, Kinder unter 16 Jahre NZ-$ 12,50, ohne Führung NZ-$ 20, Kinder unter 16 Jahre NZ-$ 10.*

Cromwell

Die Geschichte der Stadt mit rund 2.600 Einwohnern ist exemplarisch für die vieler anderer Orte des zentralen Otago. Sie blühte im Goldfieber des vorletzten Jahrhunderts schnell auf, wurde dann zeitweise verlassen und später von Schafhirten und Obstbauern wieder zu bescheidenem Leben erweckt. Heute ist Wasser als „weißes Gold" ein wichtiger ökonomischer Faktor und – zumindest für die Bauwirtschaft – ein Segen. An mehreren Stellen wird der Clutha River aufgestaut und als einer der größten Stromlieferanten des Landes genutzt. Staudämme bei Roxburgh und Clyde schaffen große Seen, die den Canyon ausfüllen. Umweltschützer beobachten diese Entwicklung mit Sorge. Interessant sind solche Gebiete auch als potenzielle Touristenzentren mit Wassersportmöglichkeiten im trockenen und sonnigen Otago. Auf der anderen Seite verschwanden Obstfelder und auch Dörfer oder ganze Stadtteile für immer in den Fluten der künstlichen Stauseen.

Das **i-SITE Visitor Centre** in der Cromwell Mall berät über Unterkünfte, Attraktionen und Wanderwege der Umgebung, außerdem wird hier eine sehenswerte Dokumentation über die energiepolitische Nutzung der Wasserkraft gezeigt (Mo–Fr 9–17, Sa/So 10–15 Uhr, Eintritt frei). Sollten Sie länger Zeit haben, lohnt sich auch ein Besuch der Melmore Terrace, wo mehrere alte Stein- und Holzhäuser als Straßenzug der **Old Cromwell Town** restauriert wurden. Das heimatkundliche Museum nahebei informiert über die „goldenen Jahre", u. a. auch über die Geschichte der chinesischen Goldgräberkolonie.

Reisepraktische Informationen Cromwell

Information
Cromwell i-SITE Visitor Centre, 47 The Mall, © 03-4450112, www.cromwell.org.nz, Mo–Fr 9–17, Sa/So 10–15 Uhr.

Motel
Cromwell Motel $$, Barry Ave., Ecke Gair Ave., © 03-4450373, www.cromwellmotel.co.nz, DZ NZ-$ 95–140. Ruhige, gut ausgestattete Zimmer und Apartments.

Camping
Cromwell Top 10 Holiday Park, 1 Alpha St., © 0800-107275 u. 03-44501 64, www.cromwellholidaypark.co.nz. Zentral gelegener Ferienpark mit Zelt- und Camperplätzen, Hütten und Ferienwohnungen ($$–$$$).

Clyde

Gut 20 km südöstlich von Cromwell kann man auf dem neugebauten und wegen des Stauprojekts höhergelegten Highway zu einem Lookout mit Blick auf das neue Wasserkraftwerk abbiegen. Es lohnt sich dann, der kleinen Straße bis **Clyde** zu folgen, das sich besser noch als Cromwell seinen Charme aus der Goldgräberzeit bewahren konnte. Sehenswerte Steingebäude des 19. Jh. (z. B. die Town Hall), Kräutergärten und das interessante **Vincent County & Dunstan Goldfields Museum** (5 Blyth St., Mo–Fr 9–17, Sa 10–16, So 10–15 Uhr, Spende erbeten) sind die wichtigsten Attraktionen des 850-Einwohner-Dorfs.

Alexandra

Alexandra, der nächste Ort, 10 km hinter Clyde, erhielt seinen Namen 1863 nach der Prinzessin von Wales, die soeben Königin Alexandra geworden war. Die rund 6.000

Das Fjordland und der Süden der Südinsel

Historische Sehenswürdigkeiten

Einwohner zählende Stadt hat sich nach der glorreichen Vergangenheit des Goldrauschs heute zu einem Zentrum des Obstanbaus entwickelt und versorgt mit ihren landwirtschaftlichen Betrieben große Teile der Provinz Otago. Als Raststation auf dem Weg bietet sich Alexandra an, weil es mit einigen **Baudenkmälern** aus dem vorletzten Jahrhundert (z. B. Court House, 1879), mit der historischen **Shaky Bridge** (1879) und der riesigen **Clock on the Hill** (Durchmesser fast 12 Meter) einige Sehenswürdigkeiten bietet. Auch das heimatkundliche **Alexandra District Museum** mit Schwerpunkt Goldrausch und das alljährliche Blumenfestival im Frühjahr zählen zu den Attraktionen. Wer keine Lust oder Zeit mehr zur Weiterfahrt hat, findet etliche Motels, Campingplätze, B&B-Häuser und eine Jugendherberge. Ein breites Angebot an Unterkünften besitzt auch der Nachbarort Clyde.

Alexandra District Museum, *21 Centennial Ave., Pioneer Park, © 03-4486230, Mo–Fr 9–17, Sa/So 10–16 Uhr, Eintritt frei.*

Von Alexandra aus kann man zwischen zwei verschiedenen Routen nach Dunedin bzw. zur Ostküste wählen, nämlich dem Highway 85 und dem Highway 8.

Reisepraktische Informationen Alexandra

Information
Alexandra i-SITE Visitor Centre, *21 Centennial Ave., Pioneer Park, © 03-4489515, www.alexandra.org.nz u. www.centralotagonz.com, Mo–Fr 9–17, Sa/So 10–15 Uhr. Reichhaltiges Karten- und Infomaterial, Unterkunfts- und Restaurantnachweise. Das DOC-Büro befindet sich am Ortsrand (43 Dunstan Rd., © 03-4402040).*

Motels
**Fruitlands Country Lodge $$$**, *Main Rd., © 03-4492192, www.fruitlandscountrylodge.co.nz, DZ NZ-$ 145–185. 13 km außerhalb an der Straße nach Roxburgh gelegen, schönes, altes Farmhaus mit 3 modern ausgestatteten Cottages im traditionellen Stil, gemütliche Landatmosphäre, Galerie, gutes Restaurant.*
**Alexandra Motor Lodge $$**, *85 Centennial Ave., © 0800-929555 u. 03-4487580, www.alexmotorlodge.co.nz, DZ NZ-$ 90–120. Praktische Herberge mit 9 komfortablen Einheiten, Restaurants und Cafés in der Nähe.*

Camping
Pine Lodge Holiday Camp, *31 Ngapara St., © 03-4488861. Unspektakuläre Anlage mit Zelt- und Caravan-Plätzen, Cabins und Motelbetrieb am nördlichen Stadtrand ($$).*

Von Alexandra nach Dunedin/Christchurch über Palmerston

Der Highway 85 verläuft durch das zentrale und nördliche Otago, bis er in **Palmerston**, 56 km nördlich von Dunedin, auf den Highway 1 trifft. Wer diese Route wählt, sollte etwa 25 km hinter der Abzweigung im Weiler **Ophir** einen ersten Stopp einlegen. Sehenswert in dem rustikalen Dörfchen ist das alte Post Office (1886) und die Dan O'Connell Bridge, die seit den 1870er-Jahren den Manuherikia River überspannt und immer noch in Gebrauch ist. Meteorologen ist Ophir ein Begriff, weil dieser Ort mit dem Minimum von -20 °C und dem Maximum von 35 °C die größten Klimaschwankungen in Neuseeland aufweist.

Kurz darauf erreicht man **Becks**, wo eine Seitenstraße nach links zum alten Goldgräberort **St. Bathans** abzweigt. Dieses pittoreske Dorf ist den Umweg durchaus wert, und wer in den heißen Sommertagen unterwegs ist, kann sich auf ein erfrischendes Bad im nahen Blue Lake freuen. An die Zeiten, als in St. Bathans etwa 2.000 Goldgräber lebten, erinnern das alte Gefängnis, das Postamt, die katholische St. Patrick's Church und das altertümliche Vulcan Hotel, das immer noch als gemütliche B&B-Unterkunft fungiert. Nach dem Besuch können Sie die Fahrt auf der Loop Rd. fortsetzen, die Sie zum Highway zurückbringt.

Abstecher wert

Auf diesem gelangt man 88 km östlich von Alexandra zum 900-Seelen-Ort **Ranfurly**, der einige Unterkünfte und Läden, ein kleines Goldgräbermuseum, hübsche Art-déco-Gebäude samt Art-déco-Museum, sowie das eindrucksvolle Ranfurly Lion Hotel (10 Charlemont St.) mit seinem preiswerten Pub-Restaurant bietet. In **Kyeburn** hat man die Wahl, entweder weiter auf dem Highway 85 zu bleiben und über **Morrisons** und **Dunback** nach Palmerston zu fahren, oder auf den Highway 87 abzubiegen. Diese Alternative empfiehlt sich, wenn man die Universitätsstadt **Dunedin** besuchen und später nicht auf dem Highway 1 die Strecke Palmerston-Dunedin zweimal befahren möchten. Der Highway führt durch eine schöne Hügellandschaft, vorbei an den Skifeldern der Rock and Pillar Range und durch kleine Dörfer wie **Hyde** und **Middlemarch** durch das Hinterland nach Dunedin. Insgesamt ist diese Route etwas länger als die unten beschriebene, aber landschaftlich sehr reizvoll.

Von Alexandra nach Dunedin

Der Highway 8 folgt weiter dem Tal des Clutha River, der mit 338 km nicht nur der zweitlängste Fluss Neuseelands ist (nach dem Waikato, 354 km), sondern vom Volumen her der mächtigste. Aus einem Einzugsbereich von 21.000 km^2 sammelt er die Flüsse und Bäche, die von den Ostflanken der Südalpen oder aus den großen Gebirgsseen abfließen und von denen fast alle goldhaltig sind oder waren. Den Namen erhielt er nach dem gälischen Wort für den schottischen River Clyde, wie überhaupt Orts- und Flurnamen von Stewart Island bis zum nördlichen Otago eindeutig schottisch geprägt sind.

Auf den ersten 40 km führt der Highway durch kleine Siedlungen wie **Fruitlands** mit einem urigen Pub aus dem Jahr 1866 und in einigem Abstand parallel zum aufgestauten Lake Roxburgh nach **Roxburgh**. Die Roxburgh Hydro Electric Power Station war bei ihrer Einweihung 1956 das größte Wasserkraftwerk des Landes, und noch heute gehört sie zu den größten Energiegewinnungsanlagen dieser Art in Neuseeland.

Uriger Pub

Weiter geht es immer dem Clutha River flussabwärts folgend nach **Raes Junction**, wo der Highway 90 in südwestliche Richtung nach **Gore** abgeht. Hier verlässt man das

Überreste des Goldrausches

zentrale Otago und damit eine historisch sehr wichtige Landschaft. Denn in dieser trockensten aller neuseeländischen Regionen wurden die meisten Quartiere der Maori-Ahnen, der sogenannten Moa-Jäger nachgewiesen. Hier begann nach den ersten Goldfunden durch Gabriel Read im Jahr 1861 jener Taumel, der das ganze Land in seinen Bann ziehen und der Südinsel wirtschaftliches wie politisches Gewicht verleihen sollte. Verlassene Geisterstädte, eingestürzte Stollen, Gerätschaften und Provinzmuseen erinnern entlang des Highways noch eindringlich an jene Zeit.

In Raes Junction bzw. dem Nachbarort Beaumont verlässt der Highway 8 das Bett des Clutha River, und man nähert sich dem südlichen Otago. Die Landschaft wird flacher und ist durch weite landwirtschaftlich genutzte Flächen geprägt. In **Lawrence** hat man die Möglichkeit, über eine schmale, ungepflasterte Straße Richtung Waipori durch das Hinterland zu fahren und den reizvollen Lake Mahinerangi und die Waipori Falls zu sehen. Am Lake Waipori stößt dieser Weg auf den Highway 1 nach Dunedin. Die einfacher zu bewältigende Route aber ist der Highway 8, der nach 33 km kurz vor Milton ebenfalls in den Highway 1 mündet. **Milton** ist eine provinzielle und ziemlich gesichtslose Stadt mit etwa 2.500 Einwohnern. Ab hier sind es noch 48 km durch relativ dicht besiedeltes Gebiet, bis man, die Satellitenstadt **Mosgiel** passierend, zum administrativen und kulturellen Zentrum der Region kommt, nach **Dunedin** (s. S. 528).

Alternative Route: Invercargill und Stewart Island

Verschiedene Routen

Wer von Queenstown oder Te Anau nach Dunedin reisen möchte, hat in der Südroute über Invercargill eine interessante und landschaftlich sehr ansprechende Alternative, die mit einer Zwischenübernachtung z. B. in Invercargill nur einen zusätzlichen Tag, bei einem Aufenthalt auf Stewart Island einige zusätzliche Tage erfordert. Am einfachsten ist der tiefe Süden ab Queenstown über den gut zu fahrenden Highway 6, ab Te Anau über den Highway 94 bis Lumsden, dann ebenfalls Highway 6 zu erreichen. Für diejenigen, die vom Fjordland kommen, gibt es eine westlichere Route zwischen dem Fiordland National Park und den Takitimu Mountains, die schöner, wenn auch anstrengender zu fahren ist: den Highway 96/99, der unter dem Namen **Southern Scenic Route** bekannt ist. Allerdings gibt es entlang dieser Route mit Ausnahme eines kleinen Motels in Riverton und einigen Campingplätzen keine Unterkünfte. Dafür geht man jedoch dem Hauptreisestrom aus dem Weg und erlebt das, was man in Neuseeland *Get-Away-From-it-All-Holiday* nennt: Landschaftserlebnis abseits der ausgetretenen Pfade.

Von Te Anau nach Invercargill auf der Southern Scenic Route

Von Te Anau fährt man nach **Manapouri** am gleichnamigen wunderschönen See (s. S. 497). Ab hier hält man sich auf der kleinen Straße in südlicher Richtung parallel zum Waiau River und kommt über das Dorf **Blackmount** zu einer Abzweigung, die zur Ortschaft **Monowai** und dem Lake Monowai führt. Der hübsche See, dessen Was-

Vom Kanu aus erlebt man Neuseelands Wasserwege hautnah

serspiegel für ein Wasserkraftwerk 1925 um 2 m erhöht wurde, lohnt wegen einiger Walks den Abstecher. Auch nach **Otahu Flat** kann man auf einer Stichstraße zu einem schön gelegenen See gelangen, dem Lake Hauroko.

Der nächste Ort **Clifden** verdankt seinen Namen den bizarren Kalksteinklippen (*cliffs*) der Umgebung, die von tiefen Höhlen durchsetzt sind. Falls Sie dem Hinweisschild zur *limestone cave* folgen, können Sie eine solche Höhle besichtigen, sollten aber eine gute Taschenlampe mitbringen. Auch die historische Hängebrücke verdient Beachtung.

Ab Clifden folgt man dem Highway 96 bis zum 13 km südlich gelegenen **Tuatapere**, das sich als Zentrum der holzverarbeitenden Industrie „*Timber Capital of the South*" nennt. Kleine Häuschen und ein Hauch von Wildwest verbreiten immer noch den Charme des 19. Jh. Hier mündet der 85 km lange Waiau River, dessen Ufern man bis hierher folgte und der den Abfluss des Lake Manapouri zum Meer bildet, in die **Te Waewae Bay**. Am **Blue Cliffs Beach** hat man eine schöne Sicht auf die weitgeschwungene Bucht und den sich dahinter erstreckenden Fiordland National Park. Die Provinzstraße (ab nun Highway 99) verläuft jetzt ganz nah am Meer und führt über den Aussichtspunkt **McCracken's Rest** nach 18 km zur historischen Goldgräberstadt **Orepuki**. Bei gutem Wetter lädt der Monkey Island Beach zum Schwimmen ein und das nahgelegene Fischerdorf Cosy Nook zu Küstenwanderungen. Noch etwas weiter hat man am Pahia Point eine prächtige Aussicht auf die Foveaux Strait, Stewart Island und das westlich gelegene Fjordland.

Dann kommt man zur idyllischen **Colac Bay** mit dem **Wakapatu Beach** (Campingplatz), schließlich an den markanten Riverton Rocks vorbei zur historisch interessanten Kleinstadt **Riverton**, die schon in den frühen 1820er-Jahren gegründet wurde und damit die älteste Siedlung des Südlands ist. Das heimatkundliche Museum **Te Hikoi – Southern Journey** *(172 Palmerston St., tägl. 9–17 Uhr, Spende erbeten)* berichtet von den Pioniertagen, und auch sonst hat Riverton mit seinem schönen Strand, guten Hotels und Restaurants und Möglichkeiten zu Exkursionen, etwa mit dem Jetboat einiges zu bieten. Die örtliche kunstgewerbliche Industrie verarbeitet bevorzugt Paua-Muscheln. Über **Thornbury** (Oldtimer Museum, Forellenangeln im Aparima River) kommt man nun nach 38 km zur einzigen Stadt des Südlands, die diesen Namen verdient, nach Invercargill.

Älteste Siedlung

Invercargill

Die heute von Fleischfabriken und Leichtmetallindustrie lebende Stadt bietet sich mit ihren Hotels und Restaurants nach der Fahrt aus dem Fjordland als Übernachtungsort an, ab hier gehen auch die Flugverbindungen nach Stewart Island. Der großzügig gebaute 54.000-Einwohner-Ort inmitten der weiten Southland-Ebene entwickelte sich ab 1853, während vorher nur wenige Walfänger und Robbenjäger die unwirtliche Küste bewohnten. Nach Kapitän William Cargill, Gründer Dunedins und erster Landrat der Provinz Otago, und nach dem gälischen Wort für „Flussmündung" erhielt der Ort seinen Namen. Da viele der Pioniere aus Schottland kamen, sind in Straßen- und Platznamen schottische Flüsse, schottische Landschaften und schottische Städte wiederzufinden.

Gälischer Name

Der erste Eindruck, den der Besucher von **Invercargill** bekommt, ist der einer grünen, durch Parkanlagen weithin aufgelockerten Stadt. Insgesamt 1.214 ha Grünflächen sind im innerstädtischen Bereich angelegt worden, wovon der 81 ha große, über die nördliche Gala Street zu erreichende Queens Park besonders sehenswert ist. Zur sportlichen Entspannung lädt der 18-Loch-Golfplatz ebenso ein wie das Southland Aquatic Centre mit einer der längsten Wasserrutschbahnen des Landes. Der Park stellt die größte Sehenswürdigkeit dar. Er lockt sowohl mit seinem Tierleben, den Skulpturengruppen und Memorials, einem Café, herrlichen Rosengärten und dem Rhododendron-Park als auch mit dem Southland Museum & Tuatara House am Parkeingang, das zum Schönsten gehört, was Invercargill zu bieten hat. Da sich im gleichen Gebäude die Touristeninformation befindet, sollte dieses auffällige pyramidenartige Gebäude die erste Anlaufstelle sein. Ob die 26 m hohe Pyramide über einem Rechteck mit 42 x 52 m Kantenlänge tatsächlich die „größte der südlichen Hemisphäre" oder größer als die des Pariser Louvre ist, wie die örtliche Presse stolz vermeldet, sei dahingestellt. Auch so ist der Museumsbau gleichermaßen interessant wie funktional. Auf den ersten beiden Etagen wird die Natur und Geschichte der subantarktischen Region ebenso ausgebreitet wie die Maori-Kultur und regionale Kunst. Daneben beherbergt das Tuatara-Haus mehrere Dutzend Exemplare der vom Aussterben bedrohten Brückenechse; in einem Zuchtprogramm versucht man für ein Überleben des seltenen Reptils zu sorgen. Die 1995 eröffnete Roaring Forties Gallery nimmt Besucher in einer audiovisuellen Show auf eine imponierende 25-Minuten-Reise in sturmgepeitschte Regionen mit, und vom Observatorium kann man sich in einer sternklaren Nacht das „Kreuz des Südens" anschauen (nur Mi abends von April bis September, 19–21 Uhr).
Southland Museum & Tuatara House, *Queens Park, © 03-2199069, www.southlandmuseum.com, tägl. 9-17, Sa/So ab 10 Uhr, Spende erbeten.*

Interessanter Museumsbau

Sehenswert im Stadtzentrum sind etliche erhaltene Gebäude des 19. Jh. und der Wende zum 20. Jh., etwa das restaurierte Gerrard's Railway Hotel in der Leven Street von 1896, die grandiose Town Hall in der Tay Street von 1906 und die anglikanische St. John's Church im Schnittwinkel von Tay Street und Ythan Street, 1910–15 im Stil der italienischen Romanik mit einem außergewöhnlichem Westwerk erbaut. Aus dem Jahre 1889 stammt der skurril erscheinende Wasserturm südlich des Queens Park in der Leet Street, den man bis unterhalb der metallverkleideten Kuppel besteigen und die schöne Aussicht über die flache Stadt genießen kann.

Wer mit dem Wagen bis zu der Stelle fahren möchte, wo die Foveaux Strait zwischen Stewart Island und dem „Festland" am engsten ist, nimmt den Highway 1 bis zum 27 km entfernten Bluff, wo auch der Katamaran nach Stewart Island ablegt.

Reisepraktische Informationen Invercargill

Information
Invercargill i-SITE Visitor Centre, Southland Museum, 108 Gala St., Queens Park, © 03-2146243, www.invercargill.org.nz, Mo–Fr 9–17, Sa/So 10–17 Uhr.
Department of Conservation (DOC) – Southland Conservancy, 33 Don St., © 03-2112400, www.doc.govt.nz, Mo–Fr 9–17 Uhr. Informationen über Wanderwege an der Catlins Coast und auf Stewart Island.

Unterkunft
Hotels/Motels
**Ascot Park Hotel $$$**, Tay St., Ecke Racecourse Rd., © 03-2176195, www.ascotpark hotel.co.nz, DZ NZ-$ 145–185. Große und moderne Anlage der gehobenen Mittelklasse, 3,5 km vom Zentrum entfernt, 64 Hotel- und 24 Motelzimmer sowie 2 Suiten, gutes Restaurant, 2 Saunas, Spa, Innenpool, Bar.
**Victoria Railway Hotel $$$**, 3 Leven St., © 0800-777557 u. 03-2171281, www.hotel invercargill.com u. www.vrhotel.info, DZ NZ-$ 140–185. Wunderschönes historisches Ziegelsteinhaus und eine der Sehenswürdigkeiten der Stadt, 22 renovierte und modern eingerichtete Gästezimmer (auch B&B), Bar, zentral, beliebtes Restaurant Gerrard's.
**Bavarian Motel $$–$$$**, 444 North Rd. (Hwy. 6), © 0800-228274 u. 03-2157552, www.bavarianmotel.co.nz, DZ NZ-$ 125–160. Am nördlichen Stadtrand an der Scenic Route nach Queenstown gelegenes Motel mit 5 geräumigen und modernen Einheiten (für bis zu 6 Pers.), komplett eingerichtete Küchen, guter Service.
**Hacienda Motel $$**, 678 Tay St., © 0800-422436 u. 03-2176065, www.haciendamotel co.nz, DZ NZ-$ 105–135. Zentrales und ruhiges Motel mit gutem Service, 7 ebenerdige und geräumige Einheiten.

Bed & Breakfast
**Montecillo Lodge $$**, 240 Spey St., © 03-2182503, www.bnb.co.nz, DZ NZ-$ 110–130. Ruhiges Haus im Zentrum mit 14 geräumigen Zimmern im alten Gebäudekomplex und mehreren Einheiten im neuen Motel-Annex, gutes Restaurant, Ausflugsarrangements nach Stewart Island.

Backpacker-Hostels
**Southern Comfort $–$$**, 30 Thomson St., © 03-2183838, www.bbh.co.nz, DZ NZ-$ 72, im Mehrbettzimmer NZ-$ 28. Gemütliche und sehr zentral gelegene 20-Betten-Unterkunft in einem prächtigen Jugendstilhaus mit großem Garten, familiäre Atmosphäre, saubere und schön dekorierte Doppel- und Mehrbettzimmer, freie Fahrradbenutzung.
**Tuatara Lodge $–$$**, 30–32 Dee St., © 0800-488282 u. 03-2140954, www.tuatara lodge.co.nz, DZ ab NZ-$ 69, im Mehrbettzimmer NZ-$ 25. Neues sauberes Hostel (mit der YHA assoziiert und deshalb „die südlichste Jugendherberge der Welt"), zentral, Doppel- und Mehrbettzimmer, Gepäckaufbewahrung, Arrangements von Ausflügen nach Stewart Island.

Camping
Invercargill Top 10 Holiday Park, 77 McIvor Rd., © 0800-486873 u. 03-2159032, www.invercargilltop10.co.nz. Gepflegte Anlage 6,5 km nördl. nahe Highway 6, Zelt- und Campervanplätze, Hütten und Ferienwohnungen ($$).

Essen und Trinken
Molly O'Grady's, c/o Kelvin Hotel, Kelvin St., © 03-2182829, tägl. 11–23 Uhr, moderat–teuer. Hausmannskost auf hohem Niveau, vor allem Lamm und Steaks.
The Crescent, 11 The Crescent, © 03-2149948, tägl. 11–14, 17–22.30 Uhr, moderat–teuer. Stilvolles Ambiente in einem schönen Jugendstil-Gebäude und mit einer innovativen Speisekarte (vor allem Fisch und Seafood).
The Rocks, Courtville Place, 101 Dee St., © 03-2187597, tägl. 10.30–23.30 Uhr, moderat. Ideenreiche neuseeländisch-asiatische Bistro-Küche in künstlerischem Ambiente.

Flüge
Flüge zur Stewart-Insel (20 Min., Rückflug NZ-$ 195) bieten **Stewart Island Flights** (Airport, © 03-2189129, www.stewartislandflights.com) dreimal tägl. nach festem Flugplan an. Es gibt Preisnachlässe für Senioren, Kinder und Standby-Flüge. Da der Airport in Invercargill nicht über Schließfächer verfügt, sollte man überflüssige Gepäckstücke am Visitor Centre hinterlegen.

Bluff

Der heutige Hafen-, Industrie- und Fährort mit gut 2.000 Einwohnern begann seine Existenz als Walfangstation im Jahr 1836 und ist heute Standort einer der größten Trawlerflotten des Landes. Nachdem man den Hafen 1956 mit fünf neuen Becken erweitert und modernisiert hat, ist er nun der wirtschaftliche Zentralnerv der Stadt. Bedeutend sind, neben dem Fischfang, die Austernbänke, die zwischen März und August abgeerntet werden. Die Austern der Foveaux Strait sind bei Gourmets in aller Welt bekannt, dürfen aber nicht im großen Stil exportiert werden. In der Saison können Besucher einige Austernfabriken besichtigen. Das zweite und viel wichtigere wirtschaftliche Standbein befindet sich auf der anderen Seite des Hafens, die Aluminiumhütte **Tiwai Point**, mit rund 1.600 Arbeitskräften eines der größten Industrieprojekte des Landes. Wie Norwegen besitzt Neuseeland keine eigenen Bauxitvorkommen, sondern muss diesen Rohstoff importieren. Aber sowohl Norwegen als auch Island und Neuseeland haben durch die mächtigen Wasserkraftwerke die billigen Energiereserven, die beim Schmelzprozess des Aluminium – in den Öfen muss eine ständige Temperatur von bis zu 1.250 °C herrschen – benötigt werden und gehören deshalb zu den größten Anbietern des Leichtmetalls auf dem Weltmarkt. Mit **Tiwai Smelter Tours** ist nach vorheriger Anmeldung eine Besichtigung des Großbetriebs möglich (© 03-2185889, www.nzaluminium.co.nz, Mindestalter 12 Jahre). Neben Fischerei, Austernernte und der Aluminiumhütte sind eine große Düngemittelfabrik und die intensive Rotwildhaltung von wirtschaftlicher Bedeutung.

Austern und Aluminium

An wirklichen Sehenswürdigkeiten gibt es in Bluff wenig zu entdecken. Ein fantastischer Blick über den Ort sowie auf Stewart Island und andere Inseln bietet sich vom „Haus-

hügel" Bluff Hill, zu dem man hinauffahren oder wandern kann. In der Stadt lohnt das **Bluff Maritime Museum** einen Besuch, das die Geschichte der Seefahrt in neuseeländischen Gewässern von vorkolonialer Zeit bis zur Gegenwart dokumentiert. Im **Paua Shell House** präsentiert ein altes Ehepaar eine umfangreiche Muschelsammlung.
Bluff Maritime Museum, *241 Foreshore Rd., © 03-2127534, www.bluff-maritime-museum.webs.com, Mo–Fr 10–16.30, Sa/So und an Feiertagen 13–17 Uhr, NZ-$ 2, Kinder NZ-$ 0,50.*
Paua Shell House, *258 Marine Parade, tägl. 9–17 Uhr, Spende erbeten.*

Unweit des Hauses gelangt man zum Stirling Point, wo ein Hinweisschild mit Entfernungsangaben zum Südpol (4.810 km), zum Äquator (5.130 km) und zu großen Städten dieser Erde das südliche Pendant zu Cape Reinga auf der Nordinsel darstellt.

Stewart Island

1.764 km² voller grüner Natur, ein raues, regenreiches und windzerzaustes Inselland, eine noch weitgehend unberührte Urlandschaft ohne Straßen und Menschen – *The World's Best Kept Secret* heißt der lokale Werbeslogan. 2002 wurde der größte Teil der Insel in Neuseelands jüngstem Nationalpark – dem **Rakiura National Park** – unter strengen Naturschutz gestellt. Wer der Zivilisation wirklich den Rücken kehren will, ist hier gut aufgehoben. Auf jeglichen Komfort muss man auf der drittgrößten neuseeländischen Insel aber nicht verzichten. Immerhin leben hier etwa 450 Menschen, die sich vom Fischfang und Tourismus ernähren. Es gibt es drei Fischfabriken, ein kleines Museum und Unterkünfte. Auf dem 30 km umfassenden, meist ungeteerten Straßennetz verkehren sogar Sightseeing-Minibusse. Aber der überwiegende Teil der Insel ist noch vollkommen unberührt, nur zu erreichen auf Wanderungen oder einer Bootsfahrt um die 750 km lange Küstenlinie. Die Landschaft prägen Sümpfe, Steineibenwälder, dramatische Küstenszenerien und bis zu 970 m ansteigende Berge.

Unberührte Natur

Trotz des ungünstigen Klimas (mit etwa 5.000 mm jährlichen Niederschlags ist die Insel für Ackerbau nicht geeignet) geht die Geschichte der menschlichen Besiedlung weit in die Prähistorie zurück. Schon die Vorfahren der Maoris machten hier spätestens seit dem 13. Jh. Jagd auf die Moa-Laufvögel. Kapitän James Cook nannte das Gebiet noch South Cape, in dem Irrglauben, es handele sich um eine mit dem Südland verbundene Halbinsel. Nachdem sich hier einige Walfänger und Robbenjäger niedergelassen hatten, unternahm man ab 1826 auf Anregung des Schiffsoffiziers William Stewart Versuche, die Insel zu besiedeln. Aber das Gemeinwesen

Neuseelands unberührte Natur – auch für Kinder immer wieder ein Erlebnis

konnte sich nur in bescheidenen Grenzen entwickeln. Fast die Hälfte aller Häuser, die es auf Stewart Island gibt, sind Ferienwohnungen von „Festländischen". Jährlich kommen etwa 30.000 Menschen auf der Suche nach dem wahren Inselgefühl hierher.

Wanderparadies

Besonders für Wanderer ist Stewart Island ein Paradies, vor allem der Nordteil der Insel, in dem mehrere Tracks markiert sind und der DOC-Hütten unterhält. Den vollständigsten Überblick erhält man auf dem 125 km langen North West Circuit, für den man allerdings mindestens 10 Tage Zeit mitbringen muss. Nahe der Halfmoon Bay gibt es Wanderwege, die bequem an einem Tag zu schaffen sind und auf denen man nicht nur den ursprünglichen Busch und verschwiegene Sandbuchten erlebt, sondern mit etwas Glück auch Pinguinen, Titis und sogar Kiwis begegnet. Die spezifischen braunen Insel-Kiwis unterscheiden sich von ihren Artgenossen dadurch, dass sie sowohl nachts als auch tagsüber aktiv sind. Besondere Touren zur Beobachtung der Kiwis in freier Wildbahn werden vom DOC-Büro veranstaltet.

Reicher Fischbestand

Weitere Ausflüge gehen in den Westen von **Oban**, wo sich das **Paterson Inlet** weit ins Inselinnere einbuchtet. Hier sind die Überreste einer norwegischen Walfängerstation zu sehen, die in den 1920/30er-Jahren in Betrieb war. Heute haben sich einige Lachszuchtfarmer am Paterson Inlet angesiedelt. Die Küstengewässer mit ihren reichen Beständen an Fisch, Muscheln, Crayfish, Robben, Pinguinen und Delfinen sind das Ziel zahlreicher Bootstouren (auch Glasbodenboote), die zu jeder Tages- und Nachtzeit die Wharf von Oban verlassen. Auch Wale sieht man hier oft, manchmal sogar in tragischer Weise ganz nah am Ufer. So etwa Anfang 2003, als mehr als 150 orientierungslose Grindwale an Land gespült wurden. Davon überlebten nur knapp 40, sie wurden beim Einsetzen der Flut mit Booten zurück ins Meer geschleppt. Für ornithologisch Interessierte sind Ausflüge zur vorgelagerten **Ulva Island** ein Geheimtipp. Das Eiland mit seinem reichen Vogelleben steht komplett unter Naturschutz. Wer sich keiner geführten Gruppe oder einem organisierten Angelausflug anschließen will, kann es mit einem in Oban gemieteten Kajak, Kanu, Segel- oder Motorboot See und Buchten in Eigenregie erkunden.

Reisepraktische Informationen Stewart Island

Information/Reiseagentur
Visitor Information Centre, Main Rd., Oban, ℗ 03-2191218, www.stewartisland.co.nz, Mo–Fr 9–17, Sa 10–15 Uhr. Infos über die gesamte Insel, Vermittlung von Unterkünften. Im gleichen Gebäude befindet sich das **DOC Rakiura National Park Visitor Centre** (℗ 03-2191130, Fax 03-2191555, E-Mail: rakiuravc@doc.govt.nz) mit Wanderkarten, Hinweisen zu Campingmöglichkeiten und Kajakverleih.
Stewart Island Experience, Main Wharf, Oban, ℗ 03-2127680, www.stewartislandexperience.co.nz. Organisation von Bus- und Sightseeing-Touren, Taxis, Wassertaxis, Vermittlung von Unterkünften, Angeltrips, Fährtickets, Flugagent, Kajaking, Souvenirshop; mittlerweile im Besitz von **Real Journeys** (℗ 0800-000511, www.realjourneys. co.nz).

Unterkunft
Hotels/Motels

**Stewart Island Lodge $$$$**, 14 Nichol Rd., Oban, ℭ 0800-656501 u. 03-2190085, www.stewartislandlodge.co.nz, DZ NZ-$ 290–390. Komfortables Haus mit 4 Zimmern und guter Küche, Arrangement von Bootsausflügen, inkl. opulentes Frühstück.

**Rakiura Retreat Motel $$$**, 156 Horseshoe Bay Rd., Halfmoon Bay, ℭ 03-2191096, www.rakiuraretreat.co.nz, DZ NZ-$ 150–170. Kleines Haus mit 5 komfortablen Wohneinheiten, 1,5 km vom Zentrum entfernt in Hügellage mit schönem Blick.

**South Sea Hotel $$–$$$**, Halfmoon Bay, ℭ 03-2191059, www.stewart-island.co.nz, DZ NZ-$ 85–159. Gediegenes, hundertjähriges Holzhaus im Ortskern nahe der Wharf, 30 Betten in Einzel- und Doppelzimmern, Pub, sehr gutes Restaurant; angeschlossen sind moderne, stilvoll eingerichtete Moteleinheiten.

Backpacker-Hostel
**Shearwater Inn $–$$**, Ayr St., Oban, ℭ 03-2191114, www.stewart-island.com/shearwater, DZ ab NZ-$ 68, im Mehrbettzimmer ab NZ-$ 25. Neuere und zentrale Herberge mit Einzel-, Doppel- und Mehrbettzimmern, Küchenbenutzung.

Camping
Große Campingplätze wie auf dem „Festland" sucht man auf Stewart Island vergeblich. Dafür stehen aber einige bodenständige Zeltgelände (Wasserhahn, Chemietoilette) z. B. an Apple Bridge und Fern Tree Gully kostenlos zur Verfügung. Nahe der Wharf befinden sich die **Ferndale Campsites** (ℭ/Fax 03-2191176), die ebenfalls sehr einfach sind, aber Münzduschen und Waschmaschinen haben.

Essen und Trinken
Das Angebot an Restaurants oder Cafés ist sehr eingeschränkt. Zur Not muss man sich am General Store selbst mit Lebensmitteln eindecken oder Fischern fangfrischen Fisch bzw. Crayfish abkaufen. Die kleinen Hotels haben Restaurants. Empfehlenswert sind Pub und Restaurant des **South Sea Hotel** (ℭ 03-2191059, tägl. 11–15, 18–22 Uhr, moderat–teuer). Probieren Sie Annie's Chowder, den selbstgeräucherten Lachs oder die Wildgerichte in Rotweinsauce!

Ebenfalls gut für Mittag- und Abendessen: das **Church Hill Café, Bar & Restaurant** (36 Kamahui Rd., Halfmoon Bay, ℭ 03-2191323, www.churchhillrestaurant.com, tägl. ab 18 Uhr, Menü ab NZ-$ 65), das nicht nur solide Seafood- und andere Gerichte bietet, sondern innen schöne Galerie mit Kamin und außen eine Terrasse mit herrlicher Aussicht auf die Halfmoon Bay.

Flüge
Stewart Island Flights (ℭ 03-2189129, www.stewartislandflights.com) fliegt dreimal tägl. nach festem Flugplan von Oban nach Invercargill (20 Min.). Das Unternehmen hat auch Flightseeing und Taxiflüge im Programm.

Fähre
Die Fährverbindung zur Südinsel wird zweimal tägl. von den schnellen Katamaranen **Foveaux Express** auf der Strecke Oban–Bluff bedient; die Überfahrt dauert 1 Std., die einfache Fahrt kostet NZ-$ 69, Kinder 5–15 Jahre NZ-$ 34,50. Auf der 27 km breiten Foveaux Strait kann es bisweilen sehr ungemütlich werden und wer leicht an Seekrankheit leidet, sollte vorsorglich Pillen einnehmen oder gleich das Flugzeug wählen. Von Invercargill nach Bluff verkehren zu den entsprechenden Abfahrts- oder Ankunftszeiten Shuttle-Busse. Er-

kundigen Sie sich im Visitor Centre nach den aktuellen Fahrzeiten und den zu erwartenden Wetterkonditionen.
Stewart Island Experience, Oban, © 03-2127680, www.stewartislandexperience.co.nz.

Von Invercargill nach Dunedin

Die Strecke von Bluff/Invercargill nach Dunedin lässt sich zügig und bequem über den Highway 1 zurücklegen. Wenn man aber schon im äußersten Süden ist, empfiehlt es sich eigentlich, als Fortsetzung der Southern Scenic Route den küstennahen und landschaftlich reizvolleren Highway 92 entlang der Catlins Coast zu nehmen. Auf zunächst noch asphaltierter Strecke geht es dabei nach **Fortrose** an der Toetoes Bay, 46 km östlich von Invercargill. Von dort führt eine unasphaltierte Alternativstrecke immer an der Küste entlang zum Leuchtturm des **Waipapa Point** mit schönem Strand und weiter zur **Curio Bay**. Auch wer ab Fortrose der Hauptstrecke über die Quarry Hills gefolgt ist, sollte den ausgeschilderten Abstecher zur Curio Bay nicht versäumen.

Versteinerter Wald
Die größte Attraktion der Curio Bay ist der **Fossil Forest**, ein versteinerter Wald aus der Jurazeit. Nachdem das gesamte Gelände Ende der 1990er-Jahre wegen Bergrutschgefahr abgesperrt worden war, ist es nunmehr wieder frei zugänglich. Ein schöner Sandstrand, häufige Besuche von Hector-Delfinen, ein Laden und ein Campingplatz zählen zu den Attraktionen der kleinen Siedlung.

Über das an einem wunderschönen Naturhafen gelegene **Waikawa** geht es nun auf einer 35 km langen Schotterstraße, zwischen Küste und den ausgedehnten Tautuku- und Catlins-Wäldern weiter in Richtung Norden.

Hinweis

Wegen einiger steiler Abschnitte ist die unasphaltierte Etappe bis Owaka für Wohnanhänger nicht zu empfehlen. Sehr große und schwere Wohnmobile könnten ebenfalls Schwierigkeiten bekommen. Falls Sie Fahrer eines solchen Gefährts sind, sollten Sie sich bei der **Automobile Association** oder dem **i-SITE Visitor Centre** in Invercargill nach der aktuellen Straßenbeschaffenheit erkundigen. Einen schön gelegenen, guten Campingplatz unterwegs findet man in Papatowai.

Abstecher lohnen sich zu den **Cathedral Caves**, die man bei Ebbe betreten kann (etwa 30 Min. zu Fuß ab Parkplatz, Gezeiten und weitere Infos unter www.doc.govt.nz), zum **Lake Wilkie** sowie zu den schönen Stränden von **Tautuku Bay** und **Papatowai**. Dazwischen sollte man am Florence Hill Lookout anhalten und die schöne Aussicht genießen. Auf der folgenden Strecke bis Owaka hat man mehrfach Gelegenheit zu kurzen Bushwalks, deren Ziel das grüne Hinterland mit sehenswerten Wasserfällen ist, so z. B. die Matai Falls (20 Min.) und die Purakaunui Falls (10 Min.).

Auf dem Weg nach Balclutha

Im Dörfchen **Owaka** gibt es einige Übernachtungsmöglichkeiten, außerdem ein Lokalmuseum und ein DOC-Information Centre. Sehr lohnend ist der kurze Abstecher zum **Nugget Point**. Dort führt ein Spaziergang zu einem gedrungenen weißen Leuchtturm, der sich inmitten einer eindrucksvollen Landschaft auf einer 133 m hohen Klippe erhebt. Mit etwas Glück erlebt man, wie sich Robben, Pinguine und vielleicht auch die seltenen See-Elefanten auf den Felsen oder im Meer tummeln.

Kurz vor Balclutha, ca. 5 km hinter Owaka und vor dem Nugget Point, hat man am **Tunnel Hill** Gelegenheit, in etwa 20 Min. zu einem historischen Eisenbahntunnel zu wandern. Der Highway 92 führt in Balclutha auf den Highway 1 zurück.

Balclutha

Die Kleinstadt mit etwas über 4.000 Einwohnern ist ein landesweit bekanntes Zentrum der Schafzucht und hat ihre Ursprünge im Goldfieber, als der Clutha River ein Hauptziel von Glücksrittern war. Damals gab es hier eine Fähre über den breiten Fluss, die bis zur Eröffnung der Brücke im Jahr 1868 von entscheidender Bedeutung war. Auch in Balclutha ist das schottische Element offensichtlich, denn Clutha ist der gälische Name für den Fluss Clyde, und der Ort heißt demnach „Stadt am Clyde". Das Ortsbild ist jedoch wenig spannend und Sehenswürdigkeiten sind rar gesät. Immerhin kann man sich bei Regenwetter das **South Otago Museum** oder die Stirling-Käserei anschauen, im Fluss mit seiner dominanten Halbbogen-Brücke angeln oder Golf spielen. Wer erst nachmittags in Balclutha ankommt und die 80 km bis Dunedin nicht mehr schafft, findet hier einige Übernachtungsmöglichkeiten.

Zentrum der Schafzucht

South Otago Museum, 1 Renfrew St., ✆ 03-4182382, Mo–Fr 10–16 Uhr, Spende erbeten.

Bei der Weiterfahrt treffen sich 21 km hinter Balclutha in **Milton** die Highways 1 und 8, und nach weiteren 58 km ist Dunedin erreicht.

Reisepraktische Informationen Balclutha

Information
Clutha i-SITE Visitor Centre, 4 Clyde St., ✆ 03-4180388, www.clutha district.co.nz.

Unterkunft
Motels
**Rosebank Lodge $$–$$$**, 265 Clyde St., ✆ 03-4190021, www.rosebanklodge.co.nz, DZ NZ-$ 120-165. Beste Adresse am Ort, 18 gut ausgestattete Moteleinheiten, beliebtes Restaurant, zentral gelegen.
**Kaka Point Motel $$**, Kaka Point, ✆ 03-4128602, DZ NZ-$ 85-115. Wenige Kilometer vor dem Nugget Point gelegenes, originelles Motel, dessen Zimmer alle im maritimen Stil eingerichtet sind und Seeblick haben.

Bed & Breakfast
**Garvan Hotel $$$–$$$$**, Hwy. 1, ✆ 03-4178407, www.garvan.co.nz, DZ NZ-$ 240–300. 13 km nördl. von Balclutha am Highway nach Dunedin gelegenes, viktorianisches Holzhaus mit stilvoll eingerichteten Zimmern, schönem Garten, üppigem Frühstück, Restaurant.

 Camping
Balclutha Naish Park Camping Ground, 56 Charlotte St., ✆ 03-4180088. Kleiner, angenehmer Platz mit Zelt- und Caravanplätzen sowie einigen Cabins ($–$$).

Alternative Route: Von Queenstown nach Christchurch über Aoraki Mt. Cook Village

Wege zum Mt. Cook

Da der Aoraki Mt. Cook zentral auf der Südinsel plaziert und auf dem Landweg vom Westen her nicht erreichbar ist, muss jede an den Küsten orientierte Rundfahrt an ihm vorbeilaufen oder aber mit großen Abstechern zu diesem Ziel führen. Eine Alternative können Sightseeing-Flüge sein, die mit Helikoptern oder Kleinflugzeugen ab Queenstown, Christchurch oder Franz Josef die Welt der höchsten neuseeländischen Gipfel erschließen. Autofahrer haben die Möglichkeit, den Aoraki Mt. Cook National Park auf dem Weg von Queenstown nach Christchurch anzufahren, das bedeutet aber mit der beschränkten Zeit des Touristen fast zwangsläufig einen Verzicht auf Ziele wie Dunedin, Süd-Otago, Invercargill oder Stewart Island. Eine weitere Alternative wäre der Abstecher von der Ostküste ab Oamaru nach Aoraki Mt. Cook Village und von dort zur Küste bei Timaru zurück, wobei jede Teilstrecke etwa 215 km lang ist.

Nachfolgend sind die wichtigsten Stationen auf dem Weg von Queenstown über Aoraki Mt. Cook Village zur Ostküste beschrieben: Die ersten 63 km sind mit der ab S. 501 skizzierten Route (Hwy 6) identisch. Dann fährt man über den Highway 8 in nordöstlicher Richtung entlang des oberen Clutha River zum Lindis Valley und erreicht nach 48 km den 970 m hoch gelegenen Lindis Pass. Die bizarre, verkarstete und im Sommer knochentrockene Landschaft des nördlichen Zentral-Otago wird jeden Reisenden begeistern. Nach weiteren 33 km gelangt man nach **Omarama**, wo der Highway 83 zur Ostküste (Oamaru) abzweigt. Der Ort bietet sich mit einigen Hotels, Motels und Campingplätzen als Nachtquartier an – und als Lieblingsdestination der Segelflieger: Nirgendwo ist die Thermik in Neuseeland besser, ein Umstand, der das Städtchen zum Austragungsort von Gliding-Weltmeisterschaften und zum Schauplatz von zwei Weltrekordflügen gemacht hat.

Hier sind Sie zudem in einer Region, deren Wasserläufe und Seen im Waikato Hydroc Scheme, einem gigantischen Staudammprojekt, aufgestaut wurden. Einige Seen sind auf diese Weise künstlich entstanden (in weiten Flusstälern), andere haben in den letzten 20 Jahren ihre Wasserfläche verdoppelt. Künstliche Kanäle verbinden heute schon die einzelnen Reservoirs, und nach Vollendung des Projekts werden nicht weniger als 18 Wasserkraftwerke mit einer Gesamtkapazität von über 1.500 MW die größte hydro-elektrische Energiequelle Neuseelands sein. Besucher sind in den Sommermonaten in der Benmore Dam Power Station willkommen.

Künstliche Seen

Benmore Dam Power Station, *Hwy. 83, 25 km östl. Omarama, © 0800-496496 u. 03-4389112, www.meridian energy.co.nz, tägl. 10–16 Uhr, Führungen jeweils zur vollen Stunde, Eintritt frei.*

Twizel

Der nächste Ort, den der Highway 8 berührt, heißt Twizel und entstand in den 1960er-Jahren als Werkssiedlung für die Staudammarbeiter. Heute hat das Städtchen rund 1.200 Einwohner und bezieht seine Bedeutung längst nicht mehr allein aus dem Waikato Hydro Scheme. Mit Motels, Campingplätzen und Backpacker-Unterkünften es all jenen Quartier, die wegen der schönen Landschaft in die Region kommen – immerhin ist der Aoraki Mt. Cook nur eine halbe Fahrstunde entfernt. Aber auch der Lake Ruataniwha am Ortsrand, der sich zum Baden, Kanufahren, Angeln und Wasserski eignet, die sechs aufgeforsteten Wälder und die größte Startbasis für Heißluftballons sind touristische Attraktionen.

Touristisch interessant

Während nördlich von Twizel der Highway 8 nach Osten abzweigt, fährt man auf dem neugebauten, schnurgerade Highway 80 zur Siedlung **Pukaki** und immer am westlichen Ufer des Lake Pukaki entlang. Auch dieser See ist durch das Projekt nunmehr doppelt so groß wie noch vor 20 Jahren, und die alte, gewundene Aoraki Mt. Cook Rd. ist längst in seinen Fluten versunken. Heute schafft man die 59 km lange Strecke nach Aoraki Mt. Cook Village in der Hälfte der Zeit.

Ein Traum in Türkis – Lake Pukaki

Reisepraktische Informationen Twizel

i Information
Twizel Information Centre, *Twizel Events Centre, 61 Mackenzie Dr., © 03-4353124, www.twizel.com, tägl. 9–19, im Winter Mo–Sa 9–17 Uhr. Im gleichen Gebäude befindet sich ein DOC-Büro.*

Motel
**High Country Holiday Lodge $–$$**, *23 Mackenzie Dr., © 03-4350671, www.highcountrylodge.co.nz, DZ NZ-$ 78–125, im Mehrbettzimmer NZ-$ 32. Anlage mit breit gefächerter Unterkunftspalette, u. a. Doppel- und Mehrbettzimmer für Backpacker und Moteleinheiten, Restaurant.*

Camping
Parklands Alpine Tourist Park, *122 Mackenzie Dr., © 03-4350507, www.parklandstwizel.co.nz. Schön gelegene Anlage in ehemaligem Hospital mit Zeltplätzen, Backpacker-Mehrbettzimmern, Motelzimmern ($$) und Cottages mit Küche und Bad.*

Flightseeing/Helibiking
*Von Twizel aus sind Helikopterflüge in die Aoraki Mt. Cook-Region mit Gletscherlandung (**Glacier Southern Lakes Helicopters**, © 0800-872872, www.heliflights.co.nz) ebenso möglich wie der Helikoptertransfer auf einen Hügel, von dem es per Mountain Bike oder per pedes abwärts geht (**Helibikes**, © 0800-435424, www.helibiking.com, 2- bis 3-stündige Tour ca. NZ-$ 300–400).*

Aoraki Mt. Cook National Park

Nach einer alten Maori-Legende fuhren Aoraki und einige Begleiter mit einem Kanu über den Pazifik. So groß war das Boot und so schwer die Insassen, dass das Kanu am Meeresgrund steckenblieb und zur neuseeländischen Südinsel wurde. Aoraki und seine Brüder versteinerten und wurden zu den Gipfeln der Südalpen. Die Maoris nannten den Mt. Cook Aoraki („Wolkendurchbrecher"), aber seit 1850 trug der höchste Berg des Landes seinen Namen viele Jahre lang nach dem ersten Weißen, der Neuseeland betreten hat. Als eine Geste des Respekts gegenüber den Ureinwohnern hat sich heute der Doppelname Aoraki Mt. Cook eingebürgert.

Der Aoraki Mt. Cook (3.754 m) ist zwar das markanteste, aber nicht das einzige Ziel im gleichnamigen Park. Allein 22 der insgesamt 27 Dreitausender des Landes befinden sich hier, daneben fünf der mächtigsten Gletscher und zwischen den Regionen des ewigen Eises karge Hochebenen, Tussock-Grasflächen, tiefe Wildwasserschluchten und subalpine Vegetation. Zum Westen hin teilt der gut 700 km² große Aoraki Mt. Cook-Nationalpark mit dem Westland-Nationalpark eine 64 km lange gemeinsame Grenze.

Unter den ersten Pakehas, die das mächtige Gebirgsmassiv entdeckten, befanden sich 1846 Charles Heaphy und 1862 Julius von Haast. Kurze Zeit später gab es schon Pläne,

das gesamte Gebiet unter Naturschutz zu stellen. Seit der Erstbesteigung im Jahr 1899 wurde der Berg immer wieder zur Herausforderung für Alpinisten. Sir Edmund Hillary, der Bezwinger des Mt. Everest, nutzte die Fels- und Eislandschaft als Trainingsgebiet vor seiner Himalaya-Exkursion. Außer Bergsteigen und Bergwandern sind auch kleinere Walks, Angelsport, Wildwasserabfahrten und ganzjährig Wintersportarten möglich.

Ende 1991 brach unvorhersehbar eine gewaltige Ecke aus der Ostseite des Aoraki Mt. Cook-Massivs heraus und 14 Mio. m³ Felsen prasselten als Steinschlag noch bis zu 7 km entfernt auf die umgebenden Gletscher. Wie durch ein Wunder wurde damals niemand getötet oder verletzt. Noch am Vortag hatte sich ein Bergsteigertrupp auf dem abgesprengten Teilstück befunden. Trotz dieses Vorfalls erscheint aber das Risiko der Bergsteiger und -wanderer sowie sonstigen sportlich Aktiven nicht höher als etwa in den Alpen.

Besucher erreichen das Nationalparkgelände im Ort **Aoraki Mt. Cook Village**, 762 m hoch am Ende des Hooker Valley und 16 km vom Berg entfernt gelegen. Die erste Station sollte das Aoraki Mt. Cook National Park Visitor Centre sein, wo man Sie mit der Bandbreite der Wandermöglichkeiten, deren Schwierigkeitsgraden und dem Zeitplan der geführten Touren bekannt macht. Ein Supermarkt mit Postamt ist unmittelbar daneben und rechter Hand erstreckt sich der Komplex des Luxushotels The Hermitage Aoraki Mt. Cook. Auch wenn die Übernachtung hier den Geldbeutel der meisten überstrapazieren dürfte, sollte man sich den Blick durch die Panoramascheiben auf die alpine Gipfelwelt nicht entgehen lassen. Das Hotel wurde bereits 1884 als repräsentativer Holzbau errichtet, der allerdings 1913 einer Schlammlawine zum Opfer fiel.

Das Nachfolgegebäude brannte 1957 ab, sodass die jetzige Herberge der dritte Hotelbau an gleicher Stelle ist. Zusammen mit dem Chateau im Tongariro-Nationalpark stellt The Hermitage die wohl bekannteste Unterkunft im Lande dar.

Der Nobelherberge angeschlossen ist das **Sir Edmund Hillary Alpine Centre** mit einer umfangreichen Ausstellung zur Geologie und Geschichte der Region. In einem 3D-Kino wird mehrmals täglich Mount Cook Magic gezeigt, eine sehenswerte audiovisuelle Show über den Aoraki Mt. Cook und seine Eroberung durch den Menschen. Eine Ausstellung würdigt Leben und Werk von Sir Edmund Hillary, der als erster Mensch auf dem Mt. Everest stand. Ein Teil der Einnahmen des Alpine Centre fließt der Stiftung Hillary Himalayan Trust zu.
Sir Edmund Hillary Alpine Centre, © 03-4351809, www.hillarycentre.co.nz, tägl. 7.30–19 Uhr, NZ-$ 16, Kinder 5–15 Jahre NZ-$ 8.

Im **Aoraki-Mt.-Cook-Nationalpark** kann man sich zu jeder Jahreszeit sportlich betätigen. Während im Winter Ski-Enthusi-

König der Südalpen – der Aoraki Mt. Cook

asten auf ihre Kosten kommen, locken im Sommer zahlreiche Wanderwege und alpine Extremtouren auf die Dreitausender. Im Ort vermieten Spezialläden sowohl Bergsteigergerät als auch Skiausrüstungen. Andere Firmen bringen im Sommer Besucher mit Geländebussen zu den **Blue Lakes**, von wo man in 20 Min. zum Lookout auf den **Tasman-Gletscher** wandert. Ausgangspunkt der meisten Wanderungen ist die White Horse Hill Camping Area. Eine der schönsten Touren im Nationalpark ist der einfache und sehr beliebte **Hooker Valley Walk**, der den Moränensee des Hooker-Gletschers zum Ziel hat und herrliche Ausblicke auf den Aoraki Mt. Cook bietet. Unterwegs überquert man zwei Hängebrücken und passiert den malerischen Lake Mueller (hin und zurück 9 km, 3–4 Std.). Sehr lohnend ist auch der **Kea Point Walk**, der zu einem Aussichtspunkt oberhalb des Gletschersees Lake Mueller mit fantastischer Aussicht auf den Mueller-Gletscher führt (hin und zurück 7 km, 2–3 Std.). Zumindest etwas alpine Erfahrung und vor allem eine gute Kondition erfordert die anspruchsvolle Wanderung auf der **Mueller Hut Route**, deren Ziel die 1800 m hoch gelegene Mueller Hut ist (hin und zurück 10 km, 6–8 Std.).

Wandermöglichkeiten

Andere Outdoor-Aktivitäten sind von Camps weiter südlich möglich, z. B. Ausritte, Angeltrips auf dem See oder Jeeptouren. Und bei gutem Wetter besonders lohnend sind die **Rundflüge** per Kleinflugzeug oder Helikopter, die ab Pukaki, dem Glentanner Camp, Tekapo und der kurzen Startbahn in Aoraki Mt. Cook Village angeboten werden, z. T. mit Landung auf dem „ewigen" Eis. Ab Aoraki Mt. Cook Village kostet das Flightseeing am meisten – wer sparen möchte, sollte nach Lake Tekapo ausweichen.

Leider kommt die überwiegende Zahl der Besucher – auch aufgrund der spärlichen Übernachtungsmöglichkeiten – nur innerhalb eines Tagesausflugs nach Aoraki Mt. Cook Village. Wer mehr Zeit mitbringt und hier übernachtet, vielleicht auch an längeren Wanderungen teilnimmt, wird nicht enttäuscht sein. Denn die schönste Stimmung am Aoraki Mt. Cook herrscht morgens oder abends, wenn die Dreitausender in der Sonne glänzen, während die Täler im Dunkeln liegen.

Reisepraktische Informationen Aoraki Mt. Cook National Park

Information
Aoraki Mt. Cook National Park Visitor Centre, *Aoraki Mt. Cook Village, © 03-4351820, tägl. 8.30–17 Uhr. Hilfreiche Infos im Internet findet man unter www.mountcooknz.com u. www. mtcook.com.*

Unterkunft
Hotels/Motels
Die Bettenzahl im Aoraki Mount Cook Village ist begrenzt, sodass in der Winter- und Sommersaison eine Vorausbuchung ratsam ist, Ausweichquartiere sind in Twizel, Pukaki und Lake Tekapo vorhanden. Besuchern stehen im Aoraki Mt. Cook Village die Häuser des altehrwürdigen **The Hermitage Aoraki Mount Cook** *zur Auswahl (© 03-4351809, www.mount-cook.com oder www.hermitage.co.nz).*

The Hermitage $$$$–$$$$$ *selbst ist ein luxuriöses und repräsentatives Haus, das als eines der Flaggschiffe der neuseeländischen Hotellerie gilt; Deluxe-Zimmer mit allen An-*

nehmlichkeiten, Coffee Shop und zwei Restaurants (DZ NZ-$ 260–575). Die **Hermitage Chalets $$$$** sind z. T. mit mehreren Schlafzimmern für bis zu 6 Personen und mit Küche ausgestattet, bei 4–6 Personen relativ günstig, bei 2 Personen recht teuer (DZ ab NZ-$ 269). Der Moteltrakt der **Travelodge Mount Cook $$$–$$$$** ist etwa 500 m vom Haupthaus entfernt und enthält 57 Zimmer der gehobenen Mittelklasse (DZ ab NZ-$ 239).

Jugendherberge
**Aoraki Mount Cook YHA Hostel $–$$**, Aoraki Mt. Cook Village, Bowen St., Ecke Kitchener Dr., © 03-4351820, www.yha.co.nz, DZ NZ-$ 80–120, im Mehrbettzimmer NZ-$ 36. Moderne, gemütliche und nicht billige Jugendherberge mit Doppel- und Mehrbettzimmern, Sauna, Reisebüro und Shop, in der Hauptsaison Reservierung ratsam.

Camping
Glentanner Park Centre, Hwy. 80, © 0800-453682 u. 03-4351855, www.glentanner.co.nz. Moderne und große Anlage 20 km südl. von Aoraki Mount Cook Village, Zelt- und Campervanplätze, Cabins, Flats, Cafeteria, Laden, Mountain-Bike-Verleih, Tourenangebote, Startbahn für Flightseeing.
White Horse Hill Camping Area, sehr einfacher DOC-Zeltplatz 1,8 km nördl. von Aoraki Mount Cook Village im Hooker Valley, fließendes Wasser und Toiletten.

Essen und Trinken
Im Aoraki Mt. Cook Village bietet **The Hermitage** ein weitgespanntes gastronomisches Angebot – von zwei Bars mit leichten Mahlzeiten über den Coffee Shop bis hin zum Buffetrestaurant Alpine Room und dem Gourmettempel im Panorama Room. Berghütten-Atmosphäre mit Kaminfeuer genießt man in dem rustikalen Lokal **The Old Mountaineers** (© 03-4351890), das herzhafte Kiwi-Hausmannskost zu moderaten Preisen bietet.

Aktivitäten
Glacier Explorers (© 0800-686899 u. 03-4351641, www.glacierexplorers.com) bringt Touristen über den See zur Gletscherzunge des Tasman-Gletschers (2 Std. 30 Min., NZ-$ 140, Kinder 4–14 Jahre NZ-$ 70). Und mit **Glacier Sea Kayaking** (© 03-4351890, www.mtcook.com/glacier-sea-kayaking/) kann man herrliche Kajak-Touren unternehmen, auf dem Mueller Glacier Lake (3 Std., NZ-$ 130) und auf dem Tasman Glacier Lake (halber Tag, NZ-$ 145).

Vom Aoraki Mt. Cook Village zum Lake Tekapo

Nach dem Aufenthalt im Aoraki Mt. Cook-Nationalpark fährt man auf dem Weg zur Ostküste erst einmal wieder den Highway 80 bis **Pukaki** zurück, und folgt dann dem Highway 8 (Richtung Lake Tekapo) ins Mackenzie-Becken. Die Straße führt am **Mt.-John-Observatorium** vorbei, das als einer der besten Orte zum Sternegucken in der südlichen Hemisphäre gilt (s. u.). In den klaren Nächten präsentiert sich hier der Himmel mit einem atemberaubenden Meer aus Millionen von Sternen. Auch das Kreuz des Südens strahlt neben der Milchstraße. Weiter geht es zum Irishman Creek, wo das erste moderne Jetboat erfunden wurde, dann zum beliebten Skifeld des Round Hill, bis man am südlichen Ende des Lake Tekapo den Ort **Lake Tekapo** erreicht. Das aufstrebende 300-Einwohner-Dorf versucht seit einigen Jahren, an den Segnungen des Fremdenverkehrs teilzuhaben und die Voraussetzungen dafür sind günstig: der türkisfarbene See reizt zu Kajak-, Segel- und Angeltouren, die Umgebung kann auf gemieteten Mountain Bikes erkundet werden, Skilifte und Ski-Shuttle-Busse stehen für den Wirtschaftszweig Wintersport; eine gute Jugendherberge, Campingplätze und mehrere Motels sind vorhanden und die Überlandbusse legen regelmäßig einen Zwischenstopp auf dem Weg von/nach Queenstown oder Aoraki Mt. Cook Village ein.

Neben der natürlichen Szenerie sind die steinerne **Church of the Good Shepherd** (Kirche des Guten Hirten, 1935) sowie nahebei die Bronzeskulptur eines Schäferhunds) Blickfänge am Seeufer. Mit Kleinflugzeugen kann man von Lake Tekapo die alpine Welt der Gletscher und Berggipfel aus der Vogelperspektive erleben.

Reisepraktische Informationen Lake Tekapo

Information
Lake Tekapo i-SITE Visitor Centre, Main St., ✆ 03-6806578, www.mountcooknz.com, tägl. 9–19 Uhr.

Unterkunft
Hotels
**Lake Tekapo Scenic Resort $$$**, ✆ 0800-118666 u. 03-6806808, www.laketekapo.com, DZ NZ-$ 165–235. Modernes, angenehmes Motel direkt am See, fast alle Studios mit Seeblick, Zugang direkt von der Einkaufszeile an der Hauptstraße.
**The Godley Hotel $$–$$$**, ✆ 03-6806848, www.tekapo.co.nz, DZ NZ-$ 85–165. Große Anlage im Zentrum nahe den Alpine Gardens und dem Tekapo River, Zimmer mit sehr unterschiedlichem Standard, z. T. mit Seeblick, oft von Reisegruppen belegt, Restaurant, Bar.

Jugendherberge
**YHA Lake Tekapo $–$$**, Simpson Lane, ✆ 03-6806857, www.yha.co.nz, DZ NZ-$ 96, im Mehrbettzimmer NZ-$ 37. Gut ausgestattete, nette kleine Jugendherberge nahe dem See, ca. 1 km vom Ortszentrum entfernt, Doppel- und Mehrbettzimmer, Fahrradverleih.

Camping
Lake Tekapo Motels & Holiday Park, Lakeside Drive, ✆ 0800-853853 u. 03-6806825, www.laketekapo-accommodation.co.nz. Weitläufige, sehr schön am See gelegene Anlage mit modernen Einrichtungen und einer großen Bandbreite an Unterkünften, u. a. Cabins, Flats und Moteleinheiten ($$).

Essen und Trinken
In Lake Tekapo ist **Reflections** (✆ 03-6806234, www.reflectionsrestaurant.co.nz, tägl. 7–20.30 Uhr) eine gute Wahl, ein von außen unscheinbares Lokal mit vorzüglicher, nicht zu teurer Abendkarte; tagsüber kann man mit Blick auf den See schön draußen sitzen. Kuchen, Sandwiches und Kaffee sowie vor allem einen atemberaubenden Ausblick auf den See und die umgebenden Berge bietet das **Astro Café** auf dem Gipfel des Mt. John neben dem Mt.-John-Observatorium.

Aktivitäten
Flightseeing

Am Airstrip von Lake Tekapo und von Glentanner starten die Kleinflugzeuge von **Air Safaris** (© 0800-806880 u. 03-6806880, www.airsafaris.co.nz) zu spektakulären Rundflügen über die Berggipfel, Gletscher, und Flusstäler – vor allem die 50-minütige Tour Grand Traverse über die Tasman-, Fox- und Franz-Josef-Gletscher ist fantastisch (ab NZ-$ 325, Kinder 3–13 Jahre ab NZ-$ 215). Ähnliches kann man mit **Mt. Cook Ski Planes** (© 0800-800702, www.skiplanes.co.nz) erleben, wo auch Landungen auf den Gletschern im Programm stehen (ab NZ-$ 370, Kinder 3–14 Jahre ab NZ-$ 275). Das bieten auch die Hubschrauber-Rundflüge u. a. von **Tekapo Helicopters** (© 0800-359835 u. 03-6806229, www.tekapohelicopters.co.nz, ab NZ-$ 195) und **Helicopter Line** (© 0800-650651, www.helicopter.co.nz, ab NZ-$ 150).

Star Gazing Night Tours
Mt.-John-Observatorium, Earth & Sky Office, Village Centre, © 03-6806960, www.earthandsky.co.nz u. www.newzealandsky.com, NZ-$ 105, Kinder 5–15 Jahre NZ-$ 60. Lehrreiche und unterhaltsame 2-stündige Präsentation des südlichen Sternenhimmels.

Wandern
Alpine Recreation, 30 Murray Place, © 0800-006096 u. 03-6806736, www.alpinerecreation.com, ca. NZ-$ 300/Tag. Geführte Bergtouren im Gebiet des Aoraki Mt. Cook und in anderen Regionen der Southern Alps, unter deutscher Leitung, Partner des DAV Summit Club; prominenteste Stammkundin der Firma ist die ehemalige Premierministerin Helen Clark.

Busse
Die Überlandbusse von InterCity und anderer Gesellschaften, die zwischen Christchurch und Queenstown verkehren, halten an der Durchgangsstraße im Ortszentrum.

Vom Lake Tekapo an die Ostküste

Von Lake Tekapo geht es nun weiter abwärts über den 829 m hohen Burke Pass durch das weite, von Trockenheit geprägte Mackenzie Country bis zu dem kleinen Ort **Fairlie**, der nach einem schottischen Städtchen benannt wurde. Hier lohnt das **Fairlie Historical Museum** in der Aoraki Mt. Cook Rd. (Mo–Fr 9–17, Sa/So 10–16 Uhr, Eintritt frei) genauso einen Besuch wie die einzige Holunder-Weinkellerei des Landes. Zwei **Skigebiete** mit Liften sind nicht weit entfernt, wobei das von Mt. Dobson, 26 km nordwestlich, über die höchste Straße des Landes erschlossen ist – sie endet am Parkplatz in 1.692 m Höhe.

Ab Fairlie kann man zwischen zwei Wegen zur Ostküste wählen:
- Der **Highway 8** benötigt 57 km bis Timaru, ab wo man auf dem Highway 1 in nördlicher (Christchurch) oder südlicher (Dunedin) Richtung weiterfahren kann.
- Der abzweigende **Highway 79** führt in 46 km nach Geraldine und weiteren 15 km nach Rangitata, ebenfalls am Highway 1. Auf dieser Strecke spart man auf dem Weg nach Christchurch 29 km ein. Mehrere Übernachtungsmöglichkeiten auf dem Weg dorthin gibt es in Temuka, Geraldine und Ashburton.

Die Ostküste der Südinsel

Streckenübersicht und Zeiteinteilung

Die etwa 700 km lange Strecke von Dunedin bis Picton entlang der pazifischen Küste kann nicht das großartige Landschaftsgefühl der Westküste oder der Gebirgsregionen vermitteln. Der Abschnitt zwischen Dunedin und Christchurch weist nur sehr gemäßigte Modellierungen durch Hügel auf, fast ständig fährt man durch landwirtschaftlich genutztes Gebiet und nur selten, wie auf der Otago-Halbinsel und an den Moeraki-Boulders trifft man auf Attraktionen der Natur. Hier gibt es aber jeweils alternative Routen durch das Hinterland, für die man aber genügend Zeit haben muss. Auf der Hauptroute durchfährt man in der Provinz Canterbury die 180 km langen, riesigen Canterbury Plains, eine Schwemmland- und Sedimentebene, das größte Flachgebiet des Landes. Auch hier wird die Eintönigkeit der Landschaft nur durch die Christchurch vorgelagerte Banks-Halbinsel und, weiter nördlich, das Gebiet zwischen Kaikoura und Picton aufgelockert. Der Highway 1 verläuft meist gerade und ist zügig zu befahren, sodass man für die gesamte Strecke nicht mehr als zwei Tage braucht. Für die Sehenswürdigkeiten in den Städten Dunedin und Christchurch und Ausflüge zu schönen Stränden, bizarren Küstenformationen und Seehundkolonien muss man jedoch mehr Zeit einkalkulieren. Ein **Minimalprogramm** sollte umfassen:

Alternative durch das Hinterland

- Eine mindestens eintägige Besichtigung von **Dunedin** und der **Otago-Halbinsel**.
- Eine Tagesfahrt nach **Christchurch** mit Besuch der Moeraki Boulders, von Oamaru und Ashburton.
- Eine mindestens eintägige Besichtigung von **Christchurch** und evtl. ein zusätzlicher Tag für die **Banks Peninsula**.
- Eine Tagesfahrt nach **Picton** mit Stopps in Kaikoura, am Lake Grassmere und in Blenheim, bei Teilnahme an Whale-Watching- oder Dolphin-Encounter-Touren in **Kaikoura** dort Zwischenübernachtung.
- Evtl. ein zusätzlicher Tag für den Abstecher nach **Hanmer Springs**.

Treibholz am Strand von Moeraki

In insgesamt vier bis fünf Tagen kann man also von Dunedin wieder die Fährstation zur Nordinsel erreichen und hat dabei die wichtigsten Sehenswürdigkeiten der Ostküsten-Strecke erlebt. Man braucht allerdings keinen eigenen Wagen/Campervan oder ein Motorrad, um die schönsten Ziele zu erreichen. Dadurch, dass die Verkehrsschiene des Highway 1 an der Küste entlangführt, kommt man sowohl von Invercargill im Süden als auch von Picton im Norden bequem mit

Redaktionstipps

Sehens- und Erlebenswertes

▶ Stadtrundgang zu den Sehenswürdigkeiten von **Dunedin**, vor allem das Areal um das Octagon, der Bahnhof, die Universität, das Olveston House und das Otago-Museum (S. 528).

▶ Ausflug zur **Otago-Halbinsel** mit dem Larnach Castle und den Kolonien von Königsalbatrossen und Pinguinen am Taiaroa Head (S. 537).

▶ In **Oamaru** Rundgang durch das Viertel Historic Precinct sowie Penguin Spotting bei den Kolonien der Blau-Pinguine und Gelbaugen-Pinguine (S. 544).

▶ Besuch der merkwürdigen runden Felsen am Strand von **Moeraki** (S. 544).

▶ Besichtigung der nach dem Erdbeben vom 22. Februar 2011 zugänglichen Baudenkmäler im historischen Zentrum von **Christchurch** (S. 555).

▶ Fahrt zu einigen der Sehenswürdigkeiten in **Christchurchs Umgebung**, vor allem zum International Antarctic Centre, dem Ferrymead Heritage Park und der Christchurch Gondola (S. 559).

▶ Halbtagesausflug nach **Lyttelton** über die Summit Rd. mit Fotostopps am Sign of the Takahe, Sign of the Kiwi und dem Godley Head Farm Park (S. 566).

▶ Ausflug auf die **Banks Peninsula** mit Besuch der „französischen Stadt" Akaroa und Hafenkreuzfahrt (S. 568).

▶ Abstecher nach **Hanmer Springs** und Relaxen in der Hanmer Springs Thermal Reserve (S. 575).

▶ Bei Cheviot Abstecher zur **Gore Bay** und zum Cathedral Lookout. Picknick an der St. Anne's Lagoon (S. 577).

▶ Whale Watching und/oder Schwimmen mit Delfinen oder Robben in **Kaikoura** (S. 581).

▶ Weinprobe in einer Winzerei von **Blenheim** (S. 588).

allen Überland-Buslinien zu den wichtigsten Sehenswürdigkeiten und Orten, von Christchurch aus mit den Coast-to-Coast-Bussen auch über den Arthur's Pass zur Westküste. Gleiches gilt für Zugreisende, die die spektakuläre Strecke zwischen Christchurch und Picton befahren (tägl. ein Zug in jede Richtung), bzw. ab Christchurch mit dem berühmte Tranz-Alpine Express über den Arthur's Pass nach Greymouth gelangen können. Wer aus Zeitgründen hauptsächlich auf Flüge zurückgreifen muss, ist über die Airports von Dunedin, Oamaru, Kaikoura und Blenheim an das nationale Flugnetz angeschlossen. Drehscheibe des Luftverkehrs ist der Flughafen von Christchurch, der zweitgrößte des Landes.

Dunedin und Umgebung

Überblick

Die mit rund 124.000 Einwohnern heute fünftgrößte neuseeländische Stadt blickt auf eine stolze und interessante Geschichte zurück, die nach Auseinandersetzungen zwischen Maoris und weißen Walfängern im März 1848 begann. Damals kamen Kapitän James Cargill und Thomas Burns, ein Neffe des schottischen Nationaldichters Robert Burns, in die Bucht von Otago und brachten nicht nur die ersten Siedler, sondern auch gleich die vorgefertigten Pläne für eine neue Stadt mit. Die glaubensstarken Presbyterianer rekrutierten sich sämtlich aus Schottland, und hier, 19.000 km entfernt, versuchten sie, ihre alte Heimat in eine neue Welt zu verpflanzen, genauer gesagt: die schottische Hauptstadt Edinburgh. Darauf weisen nicht nur Straßennamen wie High Street und Princes Street, sondern auch der Name selbst, denn Dunedin ist die gälische Bezeichnung Edinburghs. Dass es in Dunedin Dudelsack-Spielgruppen, einen Kilt-Hersteller, die einzige Whiskybrennerei des Landes und Pubs mit gälischen Liedern und Burns-Gedichtrezitationen gibt, spricht für sich selbst. Tatsächlich konnte sich das neuseeländische Edinburgh bis heute sein schottisches Gepräge bewahren und hat trotz moderner Bauanstrengungen zusammen mit Christchurch von allen Städten Neuseelands am meisten europäische Atmosphäre.

Wie das gesamte Otago-Gebiet erlebte Dunedin knapp 20 Jahre nach der Gründung durch die Goldfunde einen ersten Boom und als wirtschaftliches und finanzielles Zentrum profitierte die Stadt mehr als andere davon. Die Folge waren nicht nur mondäne öffentliche und private Bauwerke, sondern auch zivilisatorische Pionierleistungen wie die erste Universität, die erste Tageszeitung, die erste Medizinhochschule, das erste Cable Car und die erste Straßenbahn des Landes. Als mit dem Abflauen des Goldfiebers die Ernüchterung kam, entwickelte sich die Gefrierfleischindustrie und der Warentransport mit Kühlschiffen, 1882 weltweit zum ersten Mal ab Dunedin durchgeführt, zum ausbaufähigen Wirtschaftszweig. Trotzdem konnte die Stadt an der Ostküste, die in den 1860er/1870er-Jahren die größte Neuseelands gewesen war, nicht verhindern, dass Auckland, Wellington und Christchurch ihr den Rang abliefen. Und auch heute noch zieht es viele Arbeitskräfte in die prosperierenden Metropolen des sonnigen Nordens. Als Provinzhauptstadt von Otago bleibt Dunedin jedoch ein administratives, kulturelles und wirtschaftliches Zentrum von überregionaler Bedeutung.

Kühlschiffpionier

Stadtbesichtigung

Den Besuch der Stadt und ihrer Umgebung kann man in drei Besichtigungsblöcke unterteilen:
- Erstens das innerstädtische Zentrum im Dreieck von Bahnhof, Octagon und Princes Street. Hier finden Sie auf einem Spaziergang die schönsten Baudenkmäler verschiedener Epochen und den interessantesten Platz: ein Eldorado für alle Kunst- und Architekturinteressierten.
- Zweitens die noch im Zentrum, aber etwas abseits gelegenen Attraktionen wie Universität, Otago Museum, Art Gallery und Olveston House. Dorthin kommt man auf einem längeren Spaziergang oder mit dem Wagen, z. B. über den schönen Queens Drive. Am Visitor Centre starten Linienbusse zu Sightseeing-Touren.
- Drittens der Ausflug auf die Otago-Halbinsel mit den Landsitzen Glenfalloch und Larnach Castle, dem Cap Taiaroa Head und seinen Kolonien von Pinguinen und Königsalbatrossen. Diese Exkursion sollten Sie mit dem Wagen (oder mit Sightseeing-Bussen) durchführen, die gesamte Rundfahrt ist etwa 50 km lang.

Rund um das Octagon

Das Octagon ist der beherrschende städteplanerische Akzent Dunedins und die überzeugendste und schönste Platzanlage einer neuseeländischen Großstadt. Hier laufen aus allen Himmelsrichtungen die Verkehrsachsen George Street, Princes Street und Stuart Street in einem achteckigen Platz zusammen, der von repräsentativen Bauwerken umringt wird. Um ihn herum liegt das größer gespannte Achteck des Moray Place. Die schottische Metropole Neuseelands ist hier in vielen Baudenkmälern zu bewundern. Ihr Vorbild war natürlich nicht das mittelalterliche Edinburgh, sondern dessen „New Town" und die Unterstadt entlang der Princes Street. Die Formensprache ist geprägt vom georgianischen, viktorianischen und edwardianischen Stil, teilweise ergänzt durch feine Beispiele des Jugendstil und Art-déco.

Schöne Platzanlage

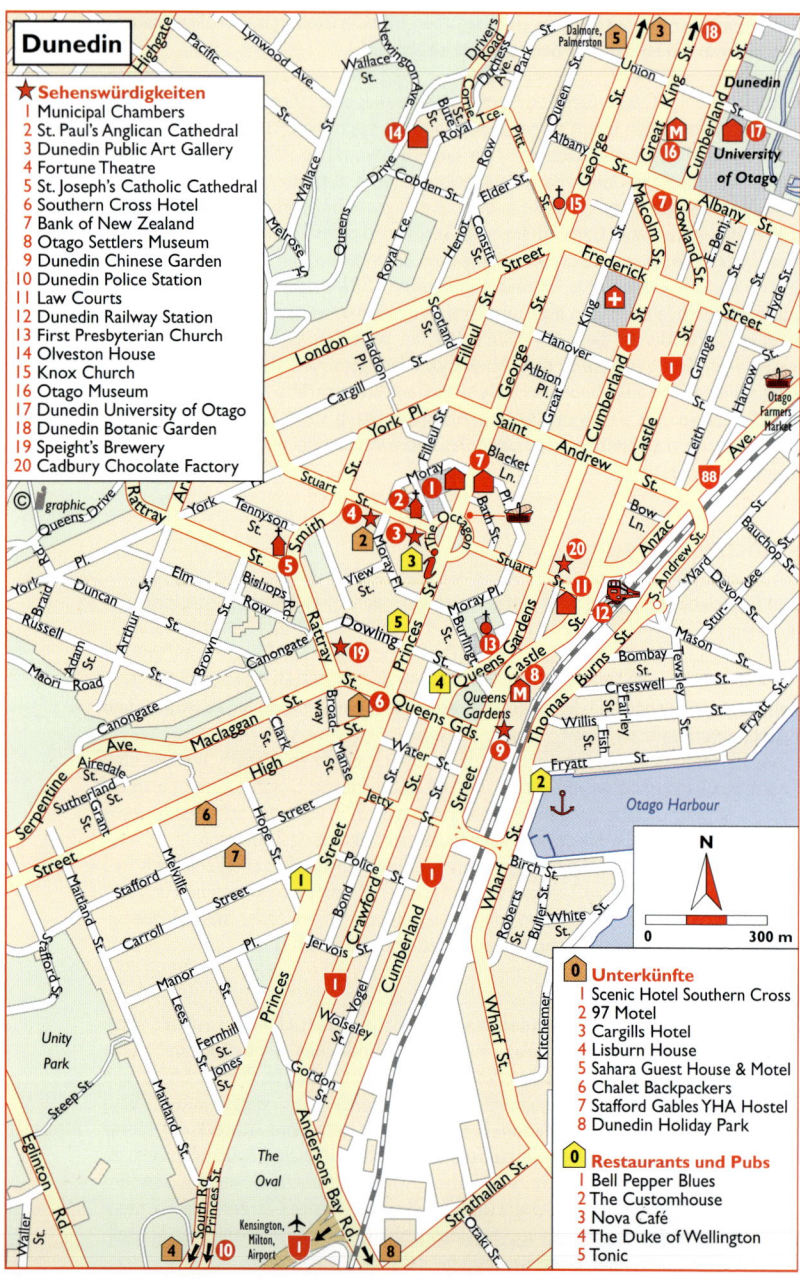

Auf einem kleinen Rundgang, beginnend am i-SITE Visitor Centre, können Sie folgende Sehenswürdigkeiten und Attraktionen bequem erreichen: Im Zentrum des Octagons symbolisiert eine Robert-Burns-Skulptur das Schottentum und erinnert zugleich an Burns' Neffen, der zu den Stadtvätern Dunedins zählt. Von hier schweift der Blick zu den **Municipal Chambers (1)**, dem Rathaus von 1880, das mit seinem Glockenturm und dem viktorianisch-italienischen Gepräge das Octagon verschönert. In dem Gebäude befindet sich heute die Touristeninformation. Direkt daneben steht die imposante, turmlose **St. Paul's Anglican Cathedral (2)** von 1915–19, die mit ihrer Freitreppe aus Takaka-Marmor, dem Maßwerk des großen Westfensters und ihrem Steingewölbe eines der besten Beispiele neuseeländischer Neogotik darstellt.

Stadtväter

Der Kathedrale jenseits der Upper Stuart Street benachbart, sieht man die **Dunedin Public Art Gallery (3)**, das älteste und eines der bedeutendsten Kunstmuseen Neuseelands. Mit bescheidenen Beständen im Jahr 1884 gegründet, konnte die Sammlung ständig erweitert werden und verfügt heute über einen repräsentativen Querschnitt der neuseeländischen, australischen und europäischen Malerei. Unter anderem sind hier Veneziano, Gainsborough, Turner, Lorrain, Poussin, Monet, Rousseau, Signac und Moore vertreten.
Dunedin Public Art Gallery, *30 The Octagon, © 03-4743240, www.dunedin.art. museum, tägl. 10–17 Uhr, Eintritt frei, Sonderausstellungen gebührenpflichtig.*

Ab hier gehen Sie die Stuart Street stadtauswärts und passieren nach wenigen Metern das **Fortune Theatre (4)**, das sich in einer ehemaligen, 1908 im georgianischen Stil erbauten Bücherei befindet. Weiter über die Stuart Street und dann links in die Smith Street einbiegend, kommen Sie zur **St. Dominic's Priory** (Ecke Tennyson Street), deren Klostergebäude im Stil des Early English bei seiner Fertigstellung im Jahr 1877 eines der mächtigsten Steinhäuser der südlichen Hemisphäre war. Seit 1983 sind hier exklusive Mietwohnungen untergebracht. Wenige Schritte weiter auf der Smith St. erreichen Sie die **St. Joseph's Catholic Cathedral (5)**, 1878–86 neogotisch ausgeführt. Das Gotteshaus besticht durch seine Westfassade mit zwei Ecktürmen, der Freitreppe, der Fensterrose, der Dekoration und der Möblierung im Inneren. Gegenüber an der Tennyson St. liegt die Otago Girls High School, ein 1909 eingeweihtes rotes Ziegelsteingebäude mit Sandsteineinfassungen.

Mächtiges Steinhaus

Dem Straßenverlauf folgend, kommen Sie zur Prachtstraße **Princes Street**, die hier diagonal von der High Street geschnitten wird. An der Ecke ist mit dem **Southern Cross Hotel (6)** ein schönes Beispiel der alten Hotelpaläste erhalten. Das 1883 erbaute, ehemalige Grand Hotel gehört immer noch zu den besten Adressen der Stadt. Entlang der Princes Street folgen innerhalb der nächsten 200 m ein weiteres schönes Hotelgebäude, das **Wains Hotel** von 1878, die **Hauptpost**, das **Edinburgh House** von 1866 und die mächtige **ANZ-Bank** von 1874. Genau gegenüber des Southern Cross Hotel liegt im Dreieck von Princes, High und Rattray Street die **Bank of New Zealand (7)**, ein 1879 im viktorianischen Stil errichtetes, leuchtend weißes Haus mit einer prächtigen Stuckdecke in der Schalterhalle.

Gehen Sie nun auf der Rattray Street weiter in Richtung Hafen und achten Sie auf den **Queens Gardens Court**, ein Versicherungshaus von 1886, dessen 16 skulptierte Gesichter den Besucher anstarren. Auf der breiten Querstraße, der Cumberland

Street, bietet das **NZ Road Services Building** eine modernere Abwechslung vom Historismus. Dieser Zweckbau ist eines der schönsten Beispiele für Art déco in ganz Neuseeland.

Siedler-museum
Wenige Meter entfernt lohnt das in einem schönen Gebäude von 1908 untergebrachte **Otago Settlers Museum (8)** einen Besuch. Nachgestellte Szenen, Gerätschaften, Kostüme und Dokumente dokumentieren die Geschichte der Besiedlung Otagos und geben Einblicke in die Lebensweise der ersten Siedler. Interessant sind vor allem die historischen Fahrzeuge, einschließlich der Dampflok Josephine; 1872 aus England importiert, gilt sie heute als älteste Lokomotive Neuseelands. Das Museum verfügt über ein Archiv, einen Lesesaal und einen gut sortierten Buchladen.
Otago Settlers Museum, *31 Queens Gardens, ℗ 03-4775052, www.otago.settlers.museum, tägl. 10–17 Uhr, Eintritt frei.*

Gleich nebenan vermittelt der **Dunedin Chinese Garden (9)** mit Lotosteichen, Wasserfällen, Goldfischteichen, Pagoden und Pavillons fernöstliches Flair. Angelegt wurde der schöne chinesische Garten von Gärtnern aus Guangdong (Kanton), einer Partnerstadt von Dunedin. Auf der Terrasse des Tea House kann man sich bei einer Tasse Tee vom Sightseeing erholen.
Dunedin Chinese Garden, *Cumberland St., Ecke Rattray St., ℗ 03-4790368, www.dunedinchinesegarden.com, tägl. 10–17 Uhr, im Sommer Mi auch 19–21 Uhr, NZ-$ 9, Kinder unter 13 Jahre frei.*

Wie ein Kunstwerk – Holzpfeiler eines verfallenen Piers am Strand von Dunedin

Ab hier folgen Sie der High Street Richtung Bahnhof und passieren dabei zwei bemerkenswerte Bauten des Architekten John Campbell. Zunächst sehen Sie die **Dunedin Police Station (10)**, 1895–96 aus rotem Ziegelstein nach dem Vorbild des Londoner New Scotland Yard gebaut. Dann kommen Sie zu den schlossähnlichen **Law Courts (11)**, die 1899 vollendet wurden. Der Komplex umfasst vier Gerichtssäle, einschließlich des schön dekorierten High Court, die Bücherei und Gesellschaftsräume. Dominiert wird er vom massiven Turmhaus über dem Haupteingang mit der Statue der Justitia. Auf der anderen Straßenseite weist die **Dunedin Railway Station (12)** eine ähnliche Formensprache auf. Der 1904–07 im niederländischen Renaissance-Stil errichtete Bahnhof reicht zwar nicht an die Dimensionen seiner Pendants in Wellington oder in Auckland heran, aber die reich gegliederte und von einem 37 m hohen Turm bekrönte Fassade, viele Details an Türen, Fenstern und Erkern und vor allem die zweistöckige Schalterhalle mit Kacheln, Mosaiken und bunten Glasfenstern machen den Bau zu einem der schönsten und bemerkenswertesten im ganzen Land. Nach Beendigung der fahrplanmäßigen Verbindungen nach Christchurch fahren im Bahnhof nun nur noch **Sonderzüge** zu vierstündigen Sightseeing-Touren ab (Taieri River Gorge Railway), die auf entspannende Weise das Hinterland einschließlich der spektakulären Taieri-Canyons erschließen. Außerdem ist im oberen Stockwerk des Bahnhofs die **New Zealand Sports Hall of Fame** untergebracht, die aber nur für wirkliche Kenner und Fans von Rugby, Cricket und anderen neuseeländischen Sportarten interessant ist.

Bemerkenswerter Bahnhof

New Zealand Sports Hall of Fame, © 03-4777775, www.nzhalloffame.co.nz, tägl. 10–16 Uhr, NZ-$ 5, Kinder 5–15 Jahre NZ-$ 2.

Von der Railway Station führt die Stuart Street wieder zum Octagon zurück, aber es lohnt sich, auf dem Weg am Moray Place nach links zur nahen **First Presbyterian Church (13)** abzubiegen. Dieses Gotteshaus der schottischen Kirche hat den mit 54 m höchsten aller Kirchtürme Dunedins. Sie steht exponiert auf der natürlichen Erhebung des Bell Hill. Um das Gewicht der Kirche zu tragen, waren umfangreiche Substruktionsarbeiten notwendig, bevor der mächtige neugotische Bau 1873 eingeweiht werden konnte. Trotz des Namens ist die First Church das dritte Gotteshaus an diesem Platz. Ab hier ist in wenigen Minuten das Octagon und damit der Ausgangspunkt des Rundgangs wieder erreicht.

Das nördliche Zentrum

Wenn man nicht mit dem Bus (oder mit dem Fahrrad; Fahrrad- und Mofaverleih können über das Visitor Centre arrangiert werden) fährt oder wandern will, sollte man die zentrumsnahen Ziele mit dem Wagen aufsuchen. Empfehlenswert ist ein Weg über die westliche Stuart Street bis zum Moana Pool, dann rechts auf den Queens Drive, der durch die schönen Grünanlagen des Town Belt führt. Hier können Sie sich auf kleinen Spaziergängen von der Stadtbesichtigung erholen. Vom Queens Drive biegen Sie rechts auf die Cobden Street ab, wo an der Ecke zur Royal Terrace das

Olveston House (14) unbedingt einen Besuch lohnt. Das unter Denkmalschutz stehende Haus gilt als bestes Beispiel einer repräsentativen Stadtwohnung der Jahrhundertwende; 1906 wurde es für den Geschäftsmann George Theomin fertiggestellt. Seine 35 Räume, darunter das Billiardzimmer, der Speisesaal, die große Halle mit Balustraden und Treppenhaus sind – teilweise in England vorgefertigt – bilden heute einen hochherrschaftlichen Rahmen für exquisite Kunstschätze.

In England vorgefertige Zimmer

Olveston House, *42 Royal Terrace, ✆ 0800-100880 u. 03-4773320, www.olveston.co.nz, 60-minütige Führungen tägl. 9.30, 10.45, 12, 13.30, 14.45, 16 Uhr (telefon. Anmeldung erforderlich), NZ-$ 17, Kinder 6–16 Jahre NZ-$ 8.*

Von hier aus kommen Sie schnell über die Cobden Street und Baders Street zur Pitt Street, wo an der Ecke zur breiten Verkehrsachse Georges Street die **Knox Church (15)** ein weithin sichtbares und auffälliges Gebäude darstellt. Die Ähnlichkeit zur First Presbyterian Church ist nicht zufällig: Das 1876 errichtete Gotteshaus hatte den gleichen Architekten.

Einen Block weiter befindet sich zwischen Cumberland Street und Great King Street das **Otago Museum (16)**, das zu den vier wichtigsten Museen des Landes zählt. 1868 gegründet, wurde die Institution hier 1878 in einem schönen Gebäude untergebracht, das im Lauf der Zeit um drei Anbauten erweitert wurde. Über dem Erdgeschoss mit Theater, Cafeteria sowie Buch- und Souvenirladen werden im ersten und zweiten Stockwerk bedeutende völkerkundliche, historische und naturwissenschaftliche Sammlungen gezeigt. Im ersten Stock befinden sich die „Pazifische Sammlung" mit dem melanesischen, dem polynesischen und dem Maori-Saal, außerdem Möbel, Münzen, Kostüme und Artefakte aus Ägypten, Griechenland, Italien, China, Japan und Südostasien. Im zweiten Stock gibt es Ausstellungen zu Schiffen und Seefahrt, dem Leben im Meer, zu neuseeländischen Vögeln – unbedingt sehenswert ist die Moa- und Pinguinabteilung – Insekten und Kleintieren. Ein Highlight für Kinder ist die Discovery World, ein tropischer Miniatur-Regenwald, in dem Tausende farbenfroher Schmetterlinge flattern.

Otago Museum, *419 Great King St., Ecke West Union St., ✆ 03-4747474, www.otagomuseum.govt.nz, tägl. 10–17 Uhr, Spende erbeten (ca. NZ-$ 5), tägl. 11.30 Uhr Führung (1 Std. 30 Min.) NZ-$ 10.*

Erste Hochschule

Gehen Sie nun auf der West Union St. nach rechts, gelangen Sie zur **Dunedin University of Otago (17)**, die 1869 mit 81 Studenten als erste Hochschule des Landes gegründet wurde. Heute sind an der Dunedin University of Otago, die einen vorzüglichen Ruf genießt und das Leben Dunedins in entscheidendem Maße prägt, rund 20.000 Studenten immatrikuliert. Außerdem zählen die idyllisch am Ufer des Flusses Leith gelegenen Gebäude zu den architektonischen Highlights der Stadt. Sehenswert ist insbesondere der **University Clocktower** von 1878 mit der angeschlossenen geologischen Fakultät. Deren **Geology Museum** ist während des Semesters tägl. 9–17 Uhr geöffnet (freier Eintritt), auch die sehr umfangreiche und sehenswerte Bibliothek **Hocken Library** ist öffentlich zugänglich.

Naturliebhaber lockt der ausgedehnte **Dunedin Botanic Garden (18)**, der sich an der nördlichen Stadtgrenze zu Füßen des knapp 400 m hohen Aussichtsbergs Signal Hill erstreckt und Besucher u. a. mit schönen Rhododendren, einem Vogelhaus mit

Keas und einem Café erfreut. Von hier kann man auf einem 1,3 km langen und sehr anstrengenden Stück die **Baldwin Street** hinaufflaufen, laut dem Guiness Book of Records mit einer höchsten Steigung von 38 % die steilste Straße der Welt.
Dunedin Botanic Garden, Great King St., Ecke Opoho Rd., ℅ 03-4774000, www.dunedin.govt.nz/facilities/botanic-garden, tägl. von Sonnenauf- bis -untergang, Besucherzentrum sowie Vogel- und Gewächshäuser tägl. 10–16 Uhr, Eintritt frei.

Weitere lohnende Ziele im Zentrum
Nicht zu den Sehenswürdigkeiten im eigentlichen Sinn zählen zwei Industriebetriebe, deren Besuch jedoch ebenfalls sehr aufschlussreich ist. Freunde edlen Gerstensafts zieht es zur **Speight's Brewery (19)**. Die kleinste Brauerei des Landes steht Besuchern im Rahmen von Betriebsbesichtigungen (1 Std. 30 Min.) inkl. Kostprobe offen Liebhaber von Süßigkeiten können sich in der renommierten **Cadbury Chocolate Factory (20)** in der Nähe des Bahnhofs ein Bild von der Schokoladenherstellung machen.

Bier- und Schokoladenverköstigung

Speight's Brewery, 200 Rattray St., ℅ 03-4777697, www.speights.co.nz, Führungen Mo–Do 10, 12, 14, 18, 19, Fr–So 10, 12, 14, 16, 18 Uhr (telefon. Anmeldung notwendig, NZ-$ 23, Kinder 5–18 Jahre NZ-$ 10).
Cadbury Chocolate Factory, 280 Cumberland St., ℅ 0800-CHOC TOUR, 0800-223287 u. 03-4677967, www. cadburyworld.co.nz, 75-minütige Führungen mehrmals tägl. 9–15.15 Uhr, NZ-$ 20, Kinder 5–15 Jahre NZ-$ 13, nicht geeignet für Kinder unter 5 Jahre).

Reisepraktische Informationen Dunedin

Information
Dunedin i-SITE Visitor Centre, 26 Princes St., ℅ 03-4743300, www.dunedin.govt.nz/isite, Nov.–März Mo–Fr 8.30–17.30, Sa/So 8.45–17.30, April–Okt. Mo–Fr 8.30–17.30, Sa/So 9–17 Uhr. Hier sind die informativen Broschüren „Walk the City" (NZ-$ 2,50) und „A Walking Guide to Dunedin" (NZ-$ 3,50) erhältlich. Tägl. 11 Uhr startet von hier eine Stadtführung (NZ-$ 25, Kinder 5–15 Jahre NZ-$ 10). Möglicherweise wird das Besucherzentrum im Laufe des Jahres 2013 nach der Renovierung des Rathauses in seine alten Räumlichkeiten am Octagon zurückziehen.
Department of Conservation – Otago Conservancy, 77 Lower Stuart St., ℅ 03-4770677, www.doc.govt.nz, Mo–Fr 8.30–17 Uhr.
Hilfreiche Infos zu Dunedin im Internet findet man unter www.isitedunedin.co.nz, www.dunedinnz.com, www.atoz-nz.com und www.cityofdunedin.com, zur Otago-Halbinsel unter www.otago-peninsula.co.nz.

Unterkunft

Hotels/Motel
Scenic Hotel Southern Cross $$$–$$$$ (1), High St., Ecke Princes St., ℅ 03-4770752, www.scenichotelgroup.co.nz, DZ NZ-$ 175–295. Das ehemalige Grand Hotel, ein historisches Gebäude des italienischen Architekten Boldini aus 1883, ist immer noch eine der besten Adressen am Ort; zentral gelegen, hervorragender Service, 178 komfortabel und individuell ausgestattete Zimmer, sehr gutes Restaurant; angeschlossen ist das **Dunedin Casino** (tägl. 11–3 Uhr).

**97 Motel $$–$$$** (2), 97 Moray Place, ℂ 0800-909797, www.97motel.co.nz, DZ NZ-$ 125–169. Gemütliche, generalsanierte Herberge mit 40 freundlichen, gut ausgestatteten Zimmern und Suiten, Parkplatz, gutes Preis-Leistungs-Verhältnis, Toplage nahe Octagon.

**Cargills Hotel $$** (3), 678 George St., ℂ 03-4777983, www.cargills.co.nz, DZ NZ-$ 115–125. Recht zentral und unweit des Einkaufszentrums gelegenes Mittelklasse-Haus, 50 gemütliche Zimmer, sehr schönes Gartenrestaurant, Bar, Mitglied der Quality-Kette.

Bed & Breakfast

**Lisburn House $$$–$$$$** (4), 15 Lisburn Ave., Caversham, ℂ 03-4558888, www.lisburnhouse.co.nz, DZ NZ-$ 195–275. Historische Villa von 1865 mit 3 plüschig ausgestatteten Nichtraucher-Gästezimmern, B&B-Unterkunft mit schönem Garten und ausgezeichnetem Restaurant Claddagh, 2 km südwestl. des Zentrums und nahe dem Highway 1.

**Sahara Guest House & Motel $$** (5), 619 George St., ℂ 03-4776662, www. dune din-accomodation.co.nz, DZ NZ-$ 110–140. Viktorianische Ziegelsteinvilla von 1906 in der Nähe der Universität mit 12 Zimmern, gemütliche Atmosphäre; hinter dem Haus neuerer Motel-Annex mit 10 Einheiten, gute Parkmöglichkeit.

Backpacker-Hostel/Jugendherberge

**Chalet Backpackers $–$$** (6), 296 High St., ℂ 0800-243538 u. 03-4792075, www.chaletbackpackers.co.nz, DZ NZ-$ 60, im Mehrbettzimmer NZ-$ 26. Recht zentrale, angenehme, günstige und überschaubare Unterkunft in einem ehemaligen Krankenhaus, mit Einzel-, Doppel- und Mehrbettzimmern, gut ausgestattete Küche, deutschsprachig.

**Stafford Gables YHA Hostel $–$$** (7), 71 Stafford St., ℂ 03-4741919, www.yha.co.nz, DZ NZ-$ 85–110, im Mehrbettzimmer NZ-$ 32. Zentrale Jugendherberge in einem historischen Haus mit viel Atmosphäre, geräumige Doppel- und Mehrbettzimmer, Cafeteria mit Abendessen, Tourenangebote, Fahrradverleih.

Camping

Dunedin Holiday Park (8), 41 Victoria Rd., St. Kilda, ℂ 0800-945455 u. 03-4454690, www.dunedinholidaypark.co.nz. Solide und großzügige Anlage mit Zelt- und Campervanplätzen sowie Cabins und Moteleinheiten ($$), etwa 2 km außerhalb am am St. Kilda Beach, direkte Busverbindung zum Octagon.

Essen und Trinken

Bell Pepper Blues (1), 474 Princess St., ℂ 03-4740934, tägl. außer So ab 18.30 Uhr, teuer. Eines der besten Restaurants der Stadt mit modern-neuseeländischer und französischer Küche, abends reservieren.

The Customhouse (2), 18 Fryatt St., Ecke Wharf St., ℂ 03-4771950, tägl. 11–14, 17–22.30 Uhr, teuer. Leichte Gerichte der modernen Kiwi-Küche, vor allem fangfrisches Seafood, in stimmungsvoller Atmosphäre an der Waterfront.

Nova Café (3), 29 The Octagon, ℂ 03-4790808, www.novacafe.co.nz, tägl. ab 7, Sa/So ab 8.30 Uhr, moderat–teuer. Großstädtisches, zentrales Café-Restaurant neben der Art Gallery, Frühstück den ganzen Tag, kleinere Gerichte, abends und am Wochenende vorzügliches Restaurant, Yuppie-Atmosphäre.

The Duke of Wellington (4), 41 Queens Gardens, ℂ 03-4792870, tägl. außer So ab 11 Uhr, moderat. 5 Gehmin. vom Octagon entfernter Pub in einem restaurierten viktorianischen Gebäude gegenüber dem Casino, 2 Bars, Biergarten, riesige Auswahl an englischen und europäischen Bieren, Mittag- und Abendessen.

Tonic (5), *138 Princes St., ℂ 03-4719194, www.tonicbar.co.nz, Di–Fr ab 16, Sa ab 18 Uhr, moderat.* In dem gemütlichen Pub wird Fass- und Flaschenbier von fast allen bedeutenden Boutique-Brauereien Neuseelands ausgeschenkt, dazu gibt es kleine Gerichte – ein Eldorado für Liebhaber des edlen Gerstensafts.

Einkaufen
I love Merino, *3 The Octagon, ℂ 03-4782995, www.ilovemerino.com.* Wollsachen made in New Zealand, bestes Material und beste Handarbeit zu entsprechenden Preisen.
Otago Farmers Market, *Dunedin Railway Station, www.otagofarmersmarket.org.nz, Sa 8–12.30 Uhr.* Regionale Produkte und viel Lokalkolorit.

Aktivitäten
Stadtrundfahrten und -führungen
Citibus Dunedin, *ℂ 03-4775577, www.citibus.co.nz, tägl. 9, 10.30, 13, 14.30 Uhr, NZ-$ 16, Kinder 5–15 Jahre NZ-$ 8.* Kommentierte einstündige Rundfahrt in einem Doppeldeckerbus.
City Walks, *ℂ 0800-925571, www.citywalks.co.nz, NZ-$ 30, Kinder 5–16 Jahre NZ-$ 10.* Dreimal tägl. themenbezogene Rundgänge (1–2 Std. 30 Min.).

Flüge
Der **Flughafen** (*ℂ 03-4862879, www.flydunedin.com*) von Dunedin liegt 27 km südwestl. der Innenstadt; tägl. viele Verbindungen zu innerneuseeländischen Zielen mit Air New Zealand und Pacific Blue; internationale Verbindungen u. a. nach Melbourne und Brisbane. Es verkehren regelmäßige **Shuttle-Busse** zum Zentrum, z. T. mit Tür-zu-Tür-Service (**Super Shuttle**, *ℂ 0800-748885, www.supershuttle.co.nz, ab NZ-$ 30*). Am Flughafen gibt es Stationen mehrerer nationaler und internationaler Autovermieter.

Busse
Mit **InterCity** (*205 St. Andrews St., ℂ 03-4749600, www.intercity.co.nz*) gibt es tägl. Busverbindungen u. a. nach Christchurch, Queenstown und Te Anau. Die landschaftlich sehr reizvolle Southern Scenic Route wird von den Busunternehmen **Bottom Bus** (*ℂ 03-4347370, www.bottombus.co.nz*) und **Catlins Coaster** (*ℂ 03-4743300, www.catlinscoaster.co.nz*) befahren.

Züge
Nach Einstellung der Zugverbindungen nach Christchurch bzw. Picton im Jahr 2002 dient der Bahnhof nur noch als Start-/Zielpunkt der touristisch interessanten **Taieri Gorge Railway** (*ℂ 03-4774449, www.taieri.co.nz, einfache Fahrt ab NZ-$ 56*). Den Ausflug auf dieser fantastischen Bahnstrecke durch die tiefe Taieri-Schlucht kann man per Bus nach Alexandra oder Queenstown verlängern (günstige Paketangebote).

Ausflug zur Otago Peninsula

Der 22 km lange, enge und fjordähnliche Otago Harbour wird von zwei nach Osten ragenden Halbinseln begrenzt. Auf der nördlichen Seite sind Port Chalmers und Umgebung ein lohnendes Ausflugsziel, während die südliche Otago Peninsula einige his-

Küstenrundfahrt

torische, architektonische und biologische Sehenswürdigkeiten bietet. Außer mit dem Wagen kann man auch auf einer etwa vierstündigen Hafenkreuzfahrt mit der **M. V. Monarch** die Küsten bis zum Taiaroa Head erkunden. Man verzichtet dabei zwar auf Landausflüge zum Larnach Castle, kann aber die Pinguin-, Robben- und Albatros-Kolonie vom Wasser aus besser beobachten. Autotouristen orientieren sich am besten ab dem Stadtzentrum an der Bucht des Otago Harbour und fahren über den Portsmouth Drive und die Portobello Rd. in Richtung Taiaroa Head.

Nach etwa 10 km erreichen Sie den **Glenfalloch Woodland Garden**, wo sich hinter einem kleinen hölzernen Chalet von 1871 – im Café gibt es leichte Mahlzeiten, Brunch und Lunch – eine schöne Gartenanlage mit Rhododendren und Azaleen, Springbrunnen und Rasenflächen ausdehnt. In der Töpferei werden qualitativ hochwertige kunstgewerbliche Waren angeboten.
Glenfalloch Woodland Garden, © 03-4761775, www.glenfalloch.org.nz, tägl. von 9 Uhr bis Sonnenuntergang, NZ-$ 5, Kinder 5–14 Jahre NZ-$ 2.

Folgen Sie der Straße und biegen kurze Zeit später nach rechts auf die Castlewood Rd. zu dem eindrucksvollen **Larnach Castle** ab. Das „einzige Schloss Neuseelands" wurde 1871 für den prominenten Bankier William Larnach errichtet und vereinte edelste Materialien und meisterhaftes Handwerk im Stil der Zeit. Marmor aus Italien, Kacheln aus Marseille, Glas aus Venedig, Eichenmöbel, Edelhölzer wie Mahagony, Zeder, Kauri und Ebenholz bilden den mondänen Rahmen für ebenso kostbare Einrichtungsgegenstände und Antiquitäten. Hinter dem Haus, das mehr wie ein Landsitz als ein Schloss wirkt, erstrecken sich ausgedehnte Parkanlagen. Seinem Besitzer brachte Larnach Castle jedoch kein Glück: Der zwischenzeitlich zum Abgeordneten und Minister aufgestiegene Bankier erschoss sich 1898 nach dem Zusammenbruch seiner Bank im Parlament. Heute ist das Castle von seinen neuen Besitzern sorgfältig restauriert und mit einem Hotel erweitert worden.
Larnach Castle, Camp Rd., © 03-4761616, www.larnachcastle.co.nz, tägl. 9–17, Garten im Sommer bis 19 Uhr, NZ-$ 27, Kinder 5–14 Jahre NZ-$ 10, nur Garten NZ-$ 12,50, Kinder 5–14 Jahre NZ-$ 4.

Haie hautnah

Über die Highcliff Rd. kommen Sie nach **Portobello**, einen pittoresken Fischerort mit einem historischen Museum, mehreren Übernachtungsmöglichkeiten und einigen Restaurants. Die größte Attraktion ist das Aquarium der Otago University, in dem Sie Fische und Haie sowie in einem Terrarium Tuataras erleben können.
New Zealand Marine Studies Centre & Aquarium, Hatchery Rd., © 03-4795826, www.marine.ac.nz, tägl. 10–16.30, Fütterung tägl. 10.30 Uhr, NZ-$ 12, Kinder 5–15 Jahre NZ-$ 6, tägl. 10.30 Uhr einstündige Führung NZ-$ 25, Kinder 5–15 Jahre NZ-$ 12,50 (inkl. Eintritt).

Auf dem Weg in den Norden passieren Sie später **Otakou**, seit langer Zeit eine Maori-Siedlung mit einem schönen Versammlungshaus. Der geschützte Hafen mit dem imposanten **Wellers Rock** diente im 19. Jh. als größte Walfangstation des Landes.

Nun sind es nur noch 3 km bis zum Nordkap der Halbinsel, **Taiaroa Head**. Hinter dem Parkplatz kann man bei einem Spaziergang mehrere Attraktionen erleben: In der Nähe des Leuchtturms befindet sich in einer Nature Reserve die einzige **Kolonie**

Kolonie von Königsalbatrossen nahe Taiaroa Head

von Königsalbatrossen der Welt, die relativ einfach von Menschen erreichbar ist. Das Gebiet steht unter strengem Naturschutz und ist nicht immer für die Öffentlichkeit zugänglich – normalerweise dürfen die Tiere in der Brutzeit von Mitte September bis Mitte November nicht gestört werden. Da außerdem ein Permit notwendig ist, sollten Sie sich vorab im i-SITE Visitor Centre von Dunedin über die aktuellen Modalitäten informieren – dort ist auch die Besuchergenehmigung zu bekommen. Der Zugang zum sogenannten **Albatross Observatory** erfolgt durch das moderne **Royal Albatross Centre**, in dem es eine kleine Einführung gibt und das auch ein nettes Café hat. Falls Sie an einer Sightseeing-Tour zur Halbinsel teilnehmen möchten, sollten Sie nachfragen, ob das Permit und der Besuch der Albatrosse im Preis enthalten sind.

Ganz besonders lohnt sich ein Besuch der Albatross-Kolonie im Januar und Februar, wenn die Jungen schlüpfen und von April bis August, wenn sie von ihren Eltern gefüttert werden. In der Nähe der Albatross-Kolonie befinden sich auch Kolonien neuseeländischer Pelzrobben und Kormorane.

Albatros-Kolonie, *außerhalb der Sperrzeit mehrmals tägl. 10–17 Uhr im Rahmen von 45-minütigen geführten Touren, NZ-$ 40, Kinder 5–15 Jahre NZ-$ 20, Buchung per Telefon oder Internet dringend zu empfehlen.*
Royal Albatross Centre, © 0800-528767 u. 03-4780499, www.albatross.org.nz.

Die Königsalbatrosse

Die Albatross-Kolonie von Taiaroa Head umfasst 16 bis 20 Paare, deren Tiere bis zu 60 Jahre alt werden können – ein weiblicher Albatross mit dem Spitznamen Grandma war noch mit 62 Jahren zur Eiablage fähig. Die erwachsenen Vögel kommen im September in der Kolonie an. Einen Monat später beginnen die Paarungen. Im November werden die Eier gelegt und die kleinen Albatrosse schlüpfen Ende Januar/Anfang Februar aus. Mit etwa 8–10 Jahren sind die Jungen geschlechtsreif. Erwachsene Tiere wiegen bis zu 8,5 kg und haben eine Flügelspannweite von bis zu 3,3 m. Damit sind sie nicht nur die größten Seevögel der Welt, sondern auch regelrechte Segelweltmeister und können Fluggeschwindigkeiten bis zu 120 km/h erreichen. Es wird geschätzt, dass die jährliche Flugleistung dieser mächtigen Vögel bei schier unglaublichen 190.000 km liegt. Aufgrund ihres Gewichts brauchen die Tiere einen entsprechenden Lufthub, um überhaupt starten zu können. Das bedeutet, dass man an windstillen Tagen so gut wie nie einen Königsalbatross fliegen sieht.

Fort zur Verteidigung

In die Kriegsgeschichte führen, ebenfalls auf dem Gelände, die Militäranlagen des **Fort Taiaroa**, das 1885 zum Schutz des Otago Harbour angelegt wurde. Damals standen Großbritannien und das zaristische Russland wegen der Afghanistan-Frage vor einem Krieg, von dem man befürchtete, dass er auch in den pazifischen Raum getragen werden könnte. Besucher werden durch die Tunnel zu einem kleinen Militärmuseum geführt und können dann die *Disappearing Gun* besichtigen, die wahrscheinlich einzige erhaltene Kanone dieses Typs auf der Welt. Früher waren acht dieser Geschütze installiert und konnten mittels einer wasserpneumatischen Anlage zum Feuern aus den unterirdischen Batterien ans Tageslicht befördert werden. Die mächtigen Kanonen waren noch während beider Weltkriege gefechtsbereit und hatten eine Reichweite von etwa fünf Meilen.
Fort Taiaroa, ✆ 0800-528767 u. 03-4780499, E-Mail: fort@albatross.org.nz; Besichtigung im Rahmen von Führungen, die man telefonisch, per E-Mail oder direkt im **Royal Albatross Centre** (s. S. 539) buchen kann, NZ-$ 20, Kinder unter 16 Jahre NZ-$ 5.

Vom Parkplatz aus kommen Sie in wenigen Minuten zu zwei weiteren **Vogelkolonien**. Folgen Sie dazu dem ausgeschilderten Wanderweg zu den *spotted shags*, und Sie sehen mit etwas Glück einige der **gefleckten Kormorane** an der Ostküste der Halbinsel. Etwa 5 km vor dem Parkplatz an der Albatrosskolonie zweigt eine kleine Straße (Hinweis: Penguin Place) ab, die Sie zur Reid Farm bringt. Dort zahlt man Eintritt, bekommt eine zwanzigminütige Einführung und wird anschließend mit einem ge-

Seltene Pinguinart

ländegängigen Spezialfahrzeug über das Farmgelände zu einer **Kolonie von Gelbaugen-Pinguinen** gebracht, der seltensten Pinguinart der Welt. Durch getarnte Gräben kommt man den scheuen Tieren sehr nahe. Die beste Zeit zur Beobachtung sind die letzten Stunden vor Sonnenuntergang. Alle genannten Besichtigungspunkte können Zugangsbeschränkungen unterliegen, weshalb eine vorherige Information und Anmeldung im Visitor Centre in Dunedin ratsam ist.
The Penguin Beach Experience, ✆ 0800-246446 u. 03-4781150, www.natureswondersnaturally.com, einstündige Touren mehrmals tägl. von 10.15 Uhr bis eine Stunde vor Sonnenuntergang NZ-$ 55, Kinder 5–15 Jahre NZ-$ 45.

Reisepraktische Informationen Otago Peninsula

Information
Die Otago-Halbinsel im Internet: www.otago-peninsula.co.nz.

Unterkunft
Hotel/Motel

**Larnach Castle Lodge $$$$**, *Camp Rd., ✆ 03-4761616, www.larnachcastle.co.nz, DZ NZ-$ 260–280 (inkl. Frühstück).* Exquisite Unterkunft in der Nachbildung eines Kolonialhauses, 15 km vom Zentrum entfernt auf der Otago-Halbinsel in den Larnach-Schlossgärten, 12 komfortabel ausgestattete Zimmer und Suiten, freie Schlossbesichtigung, gegessen wird im hochherrschaftlichen Dining Room. Etwas günstiger sind die Zimmer im ehemaligen Dienstbotenquartier (NZ-$ 145–165).

**Portobello Motel $$–$$$**, *10 Harrington Point Rd., Portobello, ✆ 03-4780155, www.portobellomotels.com, DZ NZ-$ 125–175.* Ruhig gelegenes Motel, gut ausgestattete Zimmer und komfortable Studios mit schönem Blick auf den Otago Harbour.

Camping

Portobello Village Tourist Park, *27 Hereweka St., Portobello, ✆ 0800-767867 u. 03-4780359, www.portobellopark.co.nz.* Schönes Motorcamp mit Zeltplätzen und allen modernen Einrichtungen für Campervans, Flats mit Küche und Bad ($$), Backpacker-Unterkunft ($), in nächster Nähe zum Historischen Museum und den Felsformationen der Pyramids gelegen.

Aktivitäten
Tierbeobachtung/Wandern

Elm Wildlife Tours, *✆ 0800-356563, www.elmwildlifetours.co.nz, ab NZ-$ 99, Kinder 5–15 Jahre ab NZ-$ 59.* Halb- und ganztägige Ausflüge mit Pinguin-Beobachtung und/oder Besuch der Albatrosskolonie, gelobt wird die 8-stündige Tour Total Wildlife Experience, NZ-$ 208, Kinder 5–15 Jahre NZ-$ 128.

Monarch Wild Life Cruises, *Wellers Rock Wharf, ✆ 0800-MONARCH, 0800-666272 u. 03-4774276, www.wildlife.co.nz,* einstündige Touren im Sommer tägl. 10.30, 12, 14, 15.15, im Winter tägl. 14.30 Uhr NZ-$ 80, Kinder 5–15 Jahre NZ-$ 38; halbtägige Touren im Sommer tägl. 9–14, 13.30–19, im Winter tägl. 13–18 Uhr NZ-$ 139, Kinder 5–15 Jahre NZ-$ 52. Die naturkundlichen Bootstouren bieten hervorragende Möglichkeiten, Albatrosse, Pinguine, Robben, Delfine und manchmal sogar Wale zu beobachten.

Nature Guides Otago, *6a Elliffe Pl., Shiel Hill, ✆ 03-4545169, www.nznatureguides.com u. www.natureguidesotago.co.nz, NZ-$ 95, Kinder 5–15 Jahre NZ-$ 55.* Naturkundliche Exkursionen und geführte Wanderungen mit Pinguin-Beobachtung, deutschsprachig; dem Unternehmen ist ein stilvolles B&B angeschlossen.

Von Dunedin nach Christchurch

Wer sich auf dem Weg nach Christchurch zunächst noch Sehenswertes in der näheren Umgebung von Dunedin anschauen möchte, sollte auf dem Highway 88 am Otago Harbour entlangfahren und dem schönen **Port Chalmers** einen Besuch abstatten. Hier gingen die ersten Siedler Dunedins an Land, hier verließen Antarktisforscher wie Robert Falcon Scott die Zivilisation. Viele Gebäude des vorletzten Jahrhunderts (darunter zwei sehenswerte Kirchen) und ein kleines Provinzmuseum machen Port Chalmers zu einem sympathischen, historischen Ort inmitten einer schönen Seelandschaft.

542 Die Ostküste der Südinsel

Für Naturfreunde lohnt sich ein Abstecher zum **Orokonui Ecosanctuary**. Dort wurden 307 ha Wald- und Buschland mit einem Schutzzaun gegen das Eindringen gefährlicher Importtiere wie Possums, Marder, Wiesel, Wildkatzen und Ratten gesichert und renaturiert zur neuen Heimat bedrohter heimischer Vogelarten, darunter ausgewilderte Kakas und Kiwis.

Renaturiertes Schutzgebiet

Orokonui Ecosanctuary, ✆ 03-4821755, www.orokonui.org.nz, tägl. 9.30–16.30 Uhr, NZ-$ 15,90, Kinder 5–18 Jahre NZ-$ 7,90; einstündige Führung tägl. 11 Uhr NZ-$ 29,90, Kinder 5–18 Jahre NZ-$ 14,90; zweistündige Führung tägl. 13.30 Uhr NZ-$ 44,90, Kinder 5–18 Jahre NZ-$ 22,50.

Eindrucksvoll ist das Wattenmeer in **Aramoana**, wo sich der Otago Harbour zum Pazifik öffnet. Bei **Waitati** erreichen Sie wieder den Highway 1 und können die Fahrt in den Norden fortsetzen. 35 km hinter Waitati zweigt in **Palmerston** (Motel, Campingplatz, Caféterien) der Highway 85 in das Hinterland der Kakanui Mountains und weiter nach Waipiata, Alexandra und Cromwell ab. Auf unserer Route bleibt man aber weiter auf der breiten Hauptverkehrsstraße, fährt den schönen Katiki Beach entlang und passiert etwas später Moeraki.

Moeraki

Der kleine 150-Seelen-Fischerort mit Motor Camp, Backpacker-Hostel und Motel liegt schön an einer sandigen Bucht, die Sie vom Lookout an einem Monument zur Erinnerung an die ersten Siedler Otagos gut überblicken können. Ein Leuchtturm mit einem Pinguin-Naturschutzgebiet, dichte Robben-, Pinguin- und Kormoranbestände weiter südlich am Shag Point sowie eine hübsche Maori-Kirche sind weitere Gründe für einen Abstecher nach Moeraki.

Am bekanntesten ist jedoch die merkwürdige geologische Formation der **Moeraki Boulders**, 2 km nördlich des Orts (Abzweigung vom Highway 1, Hinweisschild „Boulders"), wo eine Stichstraße zum Parkplatz und zu einer in kreisrunder Boulder-Form gebauten Cafeteria führt. Von dort gelangt man über einen gebührenpflichtigen Fußweg nach etwa 5 Min. zu dem breiten Sandstrand, wo – z. T. im Sand vergraben und nur bei Ebbe sichtbar oder in der Uferböschung auftauchend – die tonnenschweren Murmeln der sogenannten Boulders herumliegen. Es sieht gerade so aus, als hätten hier Riesen ein Billiardspiel veranstaltet oder als habe sich ein Landschaftskünstler verewigen wollen.

Während für die Maoris die Kugeln angeschwemmte und versteinerte Lebensmittel ihrer legendären Kanus darstellten, geht die weitaus profanere und zudem noch umstrittene Erklärung moderner Wissenschaftler davon aus, dass sich um ein kristallisiertes Zentrum herum (eine fossile Muschel etwa oder ein Stück Holz) auf chemischem Wege im lehmigen Meeresboden Silizium und Eisenoxyde abgelagert haben, wobei Ionen von allen Seiten zum Kern der Verhärtung vorstießen (sonst wären die Formationen nicht kreisrund). Etwa 4 Mio. Jahre muss es gedauert haben, bis auf diese Weise der Untergrund von Verhärtungen bis zu 2 m Durchmesser durchsetzt war. Als sich der Meeresboden vor etwa 10 Mio. Jahren anhob, konnte der Prozess der Erosion beginnen und legte schließlich durch das Abwaschen des umgebenden Lehms

Umstrittene Herkunft

Im Sandstrand vergrabene Riesenmurmeln – die Moeraki Boulders

die Moeraki Boulders frei. Heute sind nur noch die prächtigsten Exemplare zu sehen, während die kleineren Stücke längst in den Besitz von Andenkenjägern gelangten.

Am **Katiki Point** an der Spitze der Moeraki-Halbinsel gibt es unterhalb des Leuchtturms eine **Kolonie von Gelbaugen-Pinguinen**, die man von einer Plattform beobachten kann. Hinter Moeraki wendet sich der Highway ins Hinterland und berührt erst nach 34 km in Oamaru wieder die Küste.

Reisepraktische Informationen Moeraki

Camping
Moeraki Village Holiday Park, 114 Haven St., ℡ 03-4394759, www.moerakivillageholidaypark.co.nz. Sehr engagiert geführter Ferienpark am Meer mit Cabins und Apartments ($$–$$$); schöner 45-minütiger Spaziergang am Strand zu den Moeraki Boulders.

Essen und Trinken
Fleurs Place, Old Jetty, 169 Haven St., ℡ 03-4394480, www.fleursplace.com, Di–So ab 11 Uhr, teuer. Fangfrisches Seafood in stimmungsvollem Ambiente am alten Bootsanleger – ein Pilgerziel für Gourmets aus der Region. Abends unbedingt reservieren!

Oamaru

Stadtplan s. S. 542
Viele, die auf dem Weg nach Christchurch in der Hauptstadt Nord-Otagos einen Zwischenstopp einlegen, sind über die architektonischen Attraktionen des 12.000-Ein-

wohner-Orts erstaunt. Ab 1853 von Europäern besiedelt, stand Oamaru eine Generation später auf dem Höhepunkt seiner Entwicklung und war in den 1870er- und 1880er-Jahren die siebtgrößte Stadt des Landes. Wer über die zentrale Verkehrsachse Thames St. und besonders die beiden Nebenstraßen Tyne St. und Harbour St. spaziert, stößt auf ein einmaliges Ensemble von 22 denkmalgeschützten, hochherrschaftlichen Häusern. Die meisten wurden aus weißem Kalkstein (Whitestone) errichtet, der 7 km weiter gebrochen wird (in Weston, Besichtigungen möglich). Innerhalb dieses **Harbour and Tyne Historic Precinct** genannten Viertels sind etliche Handelshäuser und Banken beachtenswert, vor allem aber die **County Council Chambers** von 1882, das **Opera House** (1906) und das **Courthouse** (1883), die **Kirchen** St. Luke's Anglican Church (1865) und die katholische St. Patrick's Basilika (1872) sowie die beeindruckenden **Hotels** Northern Hotel (1880), Criterion Hotel (1877) und das ehemalige Queens Hotel (1881, heute: Brydone Hotel).

Denkmalgeschütztes Häuserensemble

Zu den Sehenswürdigkeiten der Stadt gehören das interessante **North Otago Museum** (Thames St., Mo–Fr 10.30–16.30, Sa/So 13–16 Uhr, Spende erbeten) und die **Forrester Art Gallery** (Thames St., tägl. 10.30–16.30 Uhr, Spende erbeten), sowie mehrere ausgedehnte Parkanlagen. Die **Oamaru Public Gardens** westlich des Zentrums wurden bereits 1876 eingerichtet und zählen mit ihren Rhododendren-, Azaleen-, Kakteen- und fernöstlichen Abteilungen zu den schönsten Parks der Südinsel. Der Haupteingang befindet sich an der Severn St. (Hwy 1), kurz hinter dem Bahnübergang. Im Südosten und an den **Oamaru Harbour** angrenzend erstreckt sich eine noch größer Parkanlage mit einem Lookout (Ende der Tamar St.), die zum Meer hin in den Bushy Beach übergeht. Dort befinden sich – einmalig für einen innerstädtischen Bereich – zwei **Pinguinkolonien**. Am Ende der Waterfront Rd. und kurz hinter der langen Kaimauer nisten die kleinen Blaupinguine, die jeden Abend etwa 30 Min. nach Einbruch der Dunkelheit an Land watscheln, um dort zu schlafen. Die Teilnahme an diesem lustigen Schauspiel kostet inzwischen mehrere Dollar, ist aber sehr lohnend – absolute Ruhe und die Vermeidung von Blitzlicht sind dabei selbstverständlich. Geht man von diesem Punkt über den Graves Walkway etwa 800 m nach Süden (oder fährt man bis zum Endpunkt der Bushy Beach Rd.) gelangt man man zur zweiten Kolonie, in der die sehr seltenen **Gelbaugen-Pinguine** zu Hause sind. Am späten Nachmittag kommen die scheuen Tiere an Land, um ihre Jungen zu füttern. Damit die Gelbaugen-Pinguine nicht zu sehr von Besuchern gestört werden und die Kolonie vielleicht für immer verlassen, hat man das Gelände mit einem Gatter abgegrenzt, das allerdings eine Beobachtung aus der Distanz zulässt.
Oamaru Blue Penguin Colony, *Waterfront Rd., © 03-4331195, www.penguins.co.nz, tägl. 9.30 Uhr bis etwa eine Stunde nach Sonnenuntergang, Self guided Tour NZ-$ 12, Kinder 5–17 Jahre NZ-$ 5, Guided Penguin Day Tour (ca. 60 Min., Start zur vollen Stunde) NZ-$ 18, Kinder 5–17 Jahre NZ-$ 8, Night Viewing (ca. 1 Std. 30 Min.–2 Std.) NZ-$ 25, Kinder 5–17 Jahre NZ-$ 10.*

Pinguine in der Innenstadt

Wer durch den kurzen Fußweg auf den Geschmack gekommen ist, sollte es mit dem Weg (30 Min.) auf den **Sebastopol Hill** oder weiteren Wanderungen, z. B. auf dem **Skyline Walkway** (5 km) oder dem **South Hill Walkway** (7,8 km) versuchen. Sollten Sie länger bleiben oder auf der Strecke von Moeraki Zeit für Abstecher haben, sind 13 km südlich die 1866 erbaute und funktionstüchtig restaurierte **Clark's Mill** sowie 8 km südlich der historische **Totara Centennial Park** lohnende Besichtigungsziele.

Blicke auf die Stadt

Reisepraktische Informationen Oamaru

Information
Oamaru i-SITE Visitor Centre, 1 Thames St., © 03-4341656, www.visitoamaru.co.nz, Mo–Fr 9–17, Sa/So 10–16 Uhr. Stadtpläne und Infomaterial über das historische Zentrum, gute Hinweise zu Tagesausflügen z. B. nach Duntroon. Infos über die Pinguinkolonien findet man im Internet unter www.penguins.co.nz.

Unterkunft
Hotels/Motels
Criterion Hotel $$–$$$ (1), 3 Tyne St., © 0800-259334 u. 03-4346247, www.criterion.net.nz, DZ NZ-$ 105–165. Historische Herberge und eine der Sehenswürdigkeiten der Stadt, herrliche Bar, die Zimmer sind gut, sauber und individuell eingerichtet, allerdings nur wenige mit eigener Du/WC, Frühstück im Preis enthalten.
Thames Court Motel $$ (2), 252 Thames St., © 03-4346963, www.aaathamescourt.co.nz, DZ NZ-$ 95–135. Unaufgeregtes, solides Motel mit 10 funktionalen Einheiten.

Bed & Breakfast
Oamaru Creek $$–$$$ (3), 24 Reed St., © 03-4341190, www.oamarucreek.co.nz, DZ NZ-$ 130–155. Heimeliges B&B im Stil vergangener Tage, 5 individuell ausgestattete Zimmer mit Bad/WC oder sanitären Gemeinschaftseinrichtungen; Jay und Austin, das hilfsbereite Besitzerehepaar, hilft gern bei der Tagesplanung.

Backpacker-Hostel/Jugendherberge
Empire Backpackers $–$$ (4), 13 Thames St., © 03-4343446, www.empirebackpackersoamaru.co.nz, DZ NZ-$ 68, im Mehrbettzimmer NZ-$ 24. Neuere, komfortable Backpacker-Unterkunft mit Doppel- und Mehrbettzimmern, Café, große Küche, Parkmöglichkeit.
Red Kettle YHA $–$$ (5), Reed St., Ecke Cross St., © 03-4345008, www.yha.co.nz, DZ NZ-$ 62, im Mehrbettzimmer NZ-$ 28. Kleine, gemütliche Jugendherberge nahe dem Stadtpark, Doppel- und Mehrbettzimmer, Juni–Sept. geschlossen.

Camping
Oamaru Top 10 Holiday Park (6), 30 Chelmer St., © 0800-280202 u. 03-4347666, www.oamarutop10.co.nz. Großzügige Anlage nahe dem Stadtpark, Zelt- und Campervanplätze, Cabins z. T. mit Küche, Flats bzw. Apartments ($$), zentrumsnah.

Essen und Trinken
Vor allem auf der Thames Street befinden sich einige Restaurants und Pubs, die zwar keine Haute Cuisine, dafür aber eine urige Atmosphäre, grundsolides Essen und faire Preise bieten. Erstes Haus am Platz ist der Pub **The Last Post (1)** (12 Thames St., © 03-4348 080) im ehemaligen alten Postamt. Auch **Annie Flanagan's (2)** (84 Thames St., © 03-4342 511) ist als lebhafter Irish Pub mit gelegentlicher Live-Musik und guten counter meals empfehlenswert. Preiswertes Pub-Food in großen Portionen gibt es auch in der **Criterion Bar (3)** im **Criterion Hotel**.

Einkaufen
Harbour Street Bakery, 4 Harbour St, Di–So 7.30–17.30 Uhr. Neben leckeren Kuchen gibt es hier auch richtiges Schwarzbrot!

Oamaru ist ein viktorianisches Postkartenstädtchen

Harbour Street Market, Harbour St., So 9–15 Uhr. Jede Menge Krimskrams, aber manchmal auch Entdeckungen unter den Antiquitäten; nett zum Stöbern und zum Leute beobachten.

Aktivitäten
Stadtrundfahrten
Penguin Express, © 03-4347744, www.coastline-tours.co.nz, Ticket: NZ-$ 65, Kinder 5–15 Jahre NZ-$ 32,50. Sightseeing-Tour durch das historische Hafenviertel am späteren Nachmittag mit anschließendem Besuch der beiden Pinguinkolonien.

Busse
Die Überlandbusse von InterCity und anderer Gesellschaften halten in der Eden St., Ecke Thames St.

Alternativer Ausflug zum Aoraki Mt. Cook Village

Wer es nicht vorgezogen hat, von Queenstown zum Aoraki Mt. Cook Village und weiter nach Christchurch zu fahren (s. S. 518), kann den Besuch auf dem Weg von Dunedin nach Christchurch nachholen. Etwa 8 km hinter **Oamaru** zweigt der Highway 83 nach Westen ab, der parallel zum Waitaki River nach **Omarama** führt, von wo es auf dem Highway 8 weiter in den Norden geht. In **Twizel** begibt man sich auf den Highway 80, der im **Aoraki Mt. Cook Village** endet. Bei der Rückfahrt nimmt man ab Twizel den Highway 8, dem man bis nördlich von **Timaru** folgt oder kürzt auf dem Weg nach Christchurch ein Stück auf dem Highway 79 (über Geraldine) ab. **Geral-**

dine hat ein gutes Informationsbüro, in dem man Beratung und Detailkarten für Wandermöglichkeiten in den Gebieten Peel Forest und Alford Forest bekommt. Überall dort gibt es sehr schöne Urwald-Tracks für kürzere oder längere, auch mehrtägige Wanderungen. Besonders empfehlenswert ist der **Peel Forest** (Abzweig vom Highway 72 vor Arundel), wo es auch einen sehr schön gelegenen Campingplatz gibt.

Von Oamaru nach Christchurch

Hinter Oamaru und dem Abzweig des Highway 83 überquert man den breiten Waitaki River, der die Grenze zwischen dem nördlichen Otago und der Provinz Canterbury darstellt, die sich weit über Christchurch hinaus bis zu den Kaikoura-Bergen erstreckt. Während im Westen die Südalpen die Provinzgrenze bilden, prägt zur Küste hin die fruchtbare Ebene der Canterbury Plains in einem bis zu 50 km breiten Streifen das Landschaftsbild. Für den Wohlstand Canterburys sind die als alpines Erosionsmaterial von Flüssen und Wind aufgeschütteten Plains von großer Bedeutung, denn hier wird auf riesigen Rinder- und Schaffarmen ein Großteil des nationalen Exports erwirtschaftet. Zudem liegt hier eine der Kornkammern Neuseelands. Für Touristen ist die Fahrt durch das plane, im trockenen Sommer oft braungelb verbrannte Bauernland jedoch recht eintönig und man freut sich, wenn wenigstens ab und zu eine Hügelkette etwas Abwechslung bringt.

Rinder und Schafe für den Export

Zwischen Oamaru und Timaru z. B. kommen die Hunters Mountains der Küste noch ziemlich nah und erst nördlich davon – nach Überqueren des breiten Rangitata River – beginnt das wirklich flache Land. Die beiden größten Städte auf dem Weg nach Christchurch sind Timaru und Ashburton, hier gibt es auch Unterkünfte jeder Kategorie, Restaurants und andere Annehmlichkeiten des städtischen Lebens.

Timaru

Das rund 29.000 Einwohner zählende Timaru ist ein nettes, kleines Hafenstädtchen, das über mehrere schöne Baudenkmäler des 19. Jh., ausgedehnte Parks, den guten Sandstrand der Caroline Bay und zwei sehenswerte Museen verfügt. Eine Sektion des **South Canterbury Museum**, das die Regionalgeschichte dokumentiert, ist dem Flugpionier Richard Pearse gewidmet. Einen Querschnitt durch die bildende Künste von South Canterbury präsentiert das **Aigantighe Art Museum**, das weit über die Grenzen der Stadt hinaus bekannt ist.
South Canterbury Museum, *Perth St., © 03-6482212, Mo–Fr 10–16.30, Sa/So 13–16.30 Uhr, Spende erbeten.*
Aigantighe Art Museum, *49 Waiiti Rd., © 03-6884424, www.timaru.govt.nz/art gallery, Di–Fr 9.30–16.30, Sa/So 11–16 Uhr, Eintritt frei.*

Besucher finden viele Übernachtungsmöglichkeiten (Jugendherberge, Campingplätze, Backpacker-Hostels, Motels und Hotels) und auch viele erstaunlich gute Restaurants sowie eine breite Palette an Outdoor-Aktivitäten. Auch das nur etwa halb so große **Ashburton**, ein gepflegtes, großzügig angelegtes Landstädtchen, bietet sich für einen Zwischenstopp an. Mehrere interessante Baudenkmäler, sechs Museen, der zentrale Baring Square und die naturbelassene Ashburton Domain sind lohnenswerte Besichtigungsziele.

Idealer Stopp

Von Dunedin nach Christchurch

Nach der Überquerung des Mündungsdeltas des Rakaia River führt der Highway 1 zur Hauptstadt der Provinz und drittgrößten Stadt Neuseelands, nach Christchurch.

Reisepraktische Informationen Timaru

Information
Timaru i-SITE Visitor Centre, *2 George St., © 0800-4 TIMARU u. 03-6886163, www.timaru.govt.nz, Mo–Fr 9–17, Sa 10–16, So 11–15.30 Uhr.*

Unterkunft
Motel
**Avenue Motor Lodge $$–$$$**, *31 Craigie Ave., © 0800-848383 u. 03-6848383, www.avenuemotorlodgetimaru.co.nz, DZ NZ-$ 130–160. Gut ausgestattete Zimmer, z.T. mit Kitchenette, freundlicher Service.*

Backpacker-Hostel
**Wanderers Backpackers $–$$**, *24 Evans St., Maori Hill, © 03-6888795, www.bbh.co.nz, DZ ab NZ-$ 55, im Mehrbettzimmer ab NZ-$ 20. Kleine, zentral gelegene Unterkunft, kostenloser Transfer von der Bushaltestelle.*

Camping
Timaru Top 10 Selwyn Holiday Park, *154 Selwyn St., © 0800-242121 u. 03-6847690, www.timaruholidaypark.co.nz. Stellplätze für Zelte und Campervans, gemütliche Hütten und Ferienwohnungen ($–$$).*

Essen und Trinken
Timaru Speights Ale House, *2 George St., © 03-6866030, www.timaruralehouse.co.nz, tägl. ab 10.30 Uhr, moderat. Traditionsreiches Pub-Restaurant mit blank polierten Zapfhähnen; beste Steaks und Kiwi-Hausmannskost; am Wochenende oft Live-Musik.*

Busse
Überlandbusse von InterCity halten vor dem Bahnhof in der Station Street, Busse anderer Gesellschaften in der Nähe des Timaru i-SITE Visitor Centre.

Alternative Route nach Christchurch

Auf der **Inland Scenic Route 72** gibt man der reizvolleren Strecke, die in Winchester vom Highway 1 abzweigt, den Vorzug. Sie verläuft am westlichen Rand der Canterbury Plains und bringt Reisende in Regionen am **Mt. Hutt**, in denen man hervorragend angeln, reiten, bergwandern und Kajak fahren sowie in der kalten Jahreszeit auch Wintersport betreiben kann. Die touristisch voll erschlossene Gegend ist ein Naherholungsgebiet der Christchurcher. Deswegen wird man keine Schwierigkeiten haben, entlang der Strecke ein Nachtquartier zu finden, wofür sich u. a. Geraldine, Mt. Somers, Mt. Hutt, Methven (als Abstecher) und Darfield oder Oxford anbieten.

Christchurch

Geschichte und Gegenwart

Mit etwa 365.000 Einwohnern ist Christchurch nach Auckland und Wellington Neuseelands drittgrößte Stadt, größte Stadt der Südinsel und von der Fläche sogar ausgedehnter als Wellington. Als Hauptstadt der Provinz Canterbury mit 500.000 Einwohnern ist Christchurch administrativ für die Hälfte der Südinsulaner verantwortlich. Die in der Ebene der Canterbury Plains gelegene Stadt trägt Beinamen wie „Gartenstadt" und „englischste Stadt außerhalb Englands" und lohnt wegen ihrer vielen Sehenswürdigkeiten, ihres milden Klimas und ihrer sehr reizvollen Umgebung einen ausführlichen Besuch. Für einige Reisende ist in Christchurch Ausgangs- oder Endpunkt des Neuseelandurlaubs. Es gibt internationale Anschlussflüge via Auckland und die großen Auto- und Campervan-Verleiher unterhalten in der Stadt Stationen.

Historisch gesehen hängt die Gründung einer Siedlung an der Pegasus Bay mit der Person des John Robert Godley (1814–61) zusammen, der mit der 1847 ins Leben gerufenen Canterbury Association plante, ein idealisiertes Ebenbild der anglikanischen englischen Gesellschaft auf den Antipoden einzurichten. Die Canterbury Association

Die Innenstadt von Christchurch nach dem verheerenden Erdbeben vom 22. Februar 2011

wurde nicht von ungefähr von Kirchenleuten (darunter neun Bischöfe) dominiert und wählte die Emigranten nach ethischen Gesichtspunkten streng aus. Godley selbst war an Bord der historischen First Four Ships und nannte die Provinz nach dem Sitz des Primas der Anglikanischen Kirche „Canterbury", die Hauptstadt „Christchurch" nach der Kirche des alten Oxford Colleges. Zentraler Punkt der Neugründung war die Christchurch Cathedral, von deren Platz das Schachbrettmuster der Straßen ausgeht. Nur der Avon River und die Diagonalen Victoria St. und High St. durchbrechen das ebenmäßige Stadtbild. Allerdings waren die gottesfürchtigen Engländer nicht die ersten, die in die Region kamen. Sie trafen auf etwa 300 Maoris und rund 900 europä-ische Siedler, insbesondere Schotten und Franzosen, von denen die meisten auf der Banks-Halbinsel lebten. Auch holte die Realität sehr bald alle gottesstaatlichen Vorstellungen ein, und bereits 1855 wurde die Canterbury Association wieder aufgelöst. Trotzdem: Viele historische Gebäude, allen voran die Kathedrale, die Alte Universität und die Council Chambers, sind ganz und gar englisch geprägt. Und ganz besonders im Herbst erinnert der von Weiden und Eichen gesäumte Avon River (ursprünglich „Shakespeare" genannt) an das englische „Mutterland".

Redaktionstipps

Sehens- und Erlebenswertes
▶ Besichtigung der zugänglichen **Baudenkmäler** im historischen Zentrum (S. 555).
▶ Besuch des **Canterbury Museum** und der **Christchurch Art Gallery** (S. 556).
▶ Spaziergang und Picknick im **Botanischen Garten** (S. 556).
▶ Abendliche Kiwi-Beobachtung im **Willowbank Wildlife Reserve** (S. 561).
▶ Tagesausflug zu den stadtnahen Besichtigungszielen, vor allem nach **Lyttelton** über die Dyers Pass Rd. und Summit Rd. (S. 566).

Aktivitäten
▶ **Bootsfahrt** auf dem Avon River, entweder mit einem Punting Boat oder einem gemieteten Kajak (S. 558).
▶ Christchurch und Umgebung sportlich erleben: z. B. mit dem gemieteten **Fahrrad**, einer rasanten **Mountainbike-Abfahrt** vom Mt. Cavendish, als Mitflieger beim **Paragliding** oder als **Wanderer** auf dem Crater Rim Walkway.

Seit 1856, der Gründung und offiziellen Erklärung zur Stadt, hat Christchurch sein Gesicht nicht so dramatisch verändert wie in den letzten zwanzig Jahren, in denen postmoderne Hochhäuser aus dem Boden schossen. Der rasante Aufstieg der Stadt wurde am 4. September 2010 jäh unterbrochen. Um 4.35 Uhr riss ein Erdbeben der Stärke 7,1 die Menschen in Christchurch aus dem Schlaf und rüttelte fast eine Minute lang die Region. Trotz beträchtlicher Sachschäden im gesamten Stadtgebiet trugen zum Glück nur wenige Menschen Verletzungen davon. Von diesem bis dahin schlimmsten Erdbeben seit 100 Jahren zeugt eine 30 km lange Verwerfung in den Canterbury Plains. Bald war in Christchurch und Umgebung die Infrastruktur wieder funktionstüchtig und das Leben ging seinen gewohnten Gang. Bis am 22. Februar 2011, nach Tausenden relativ harmloser Nachbeben, zur Mittagszeit ein Erdbeben der Stärke 6,3 Christchurch erneut erschütterte. Dieses Mal lag das Epizentrum wesentlich näher an

552 Die Ostküste der Südinsel

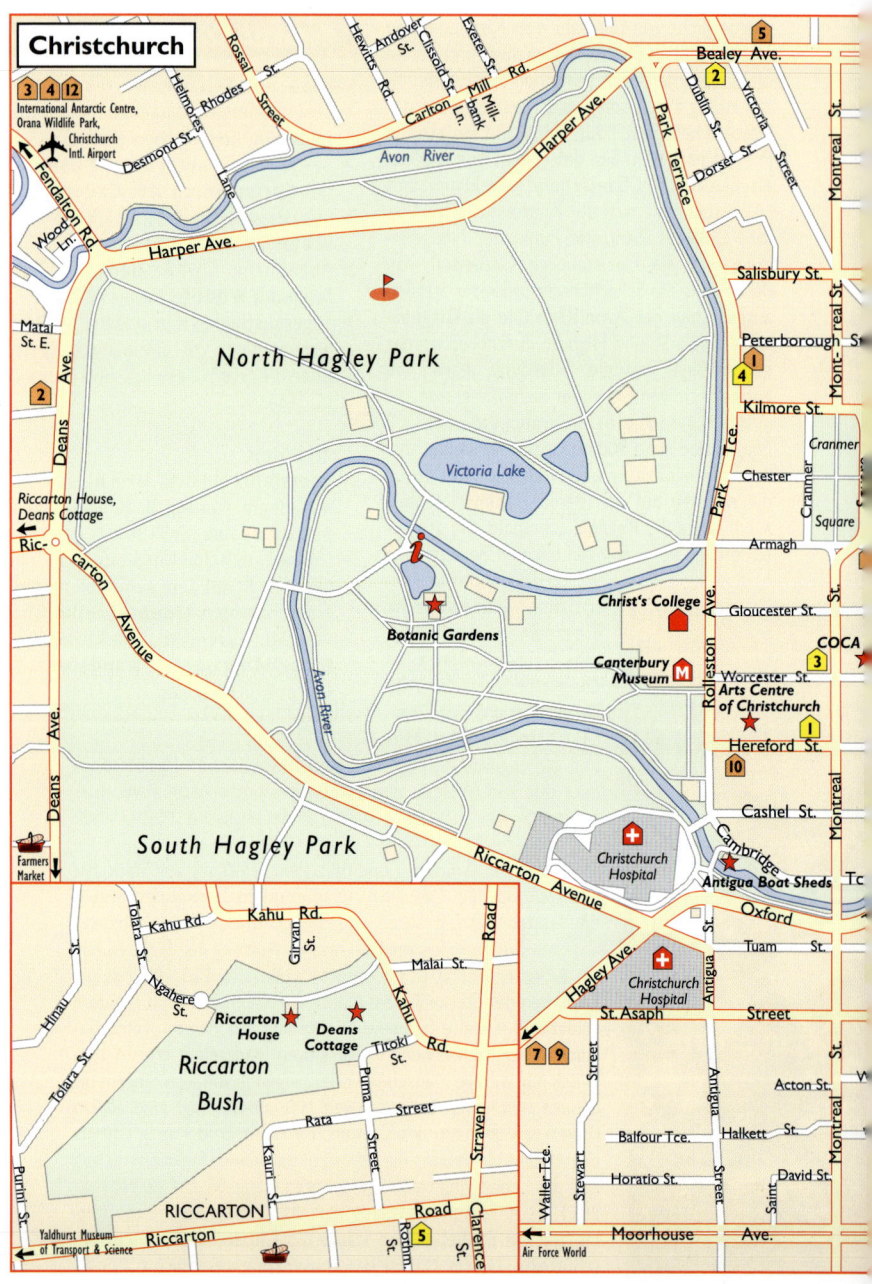

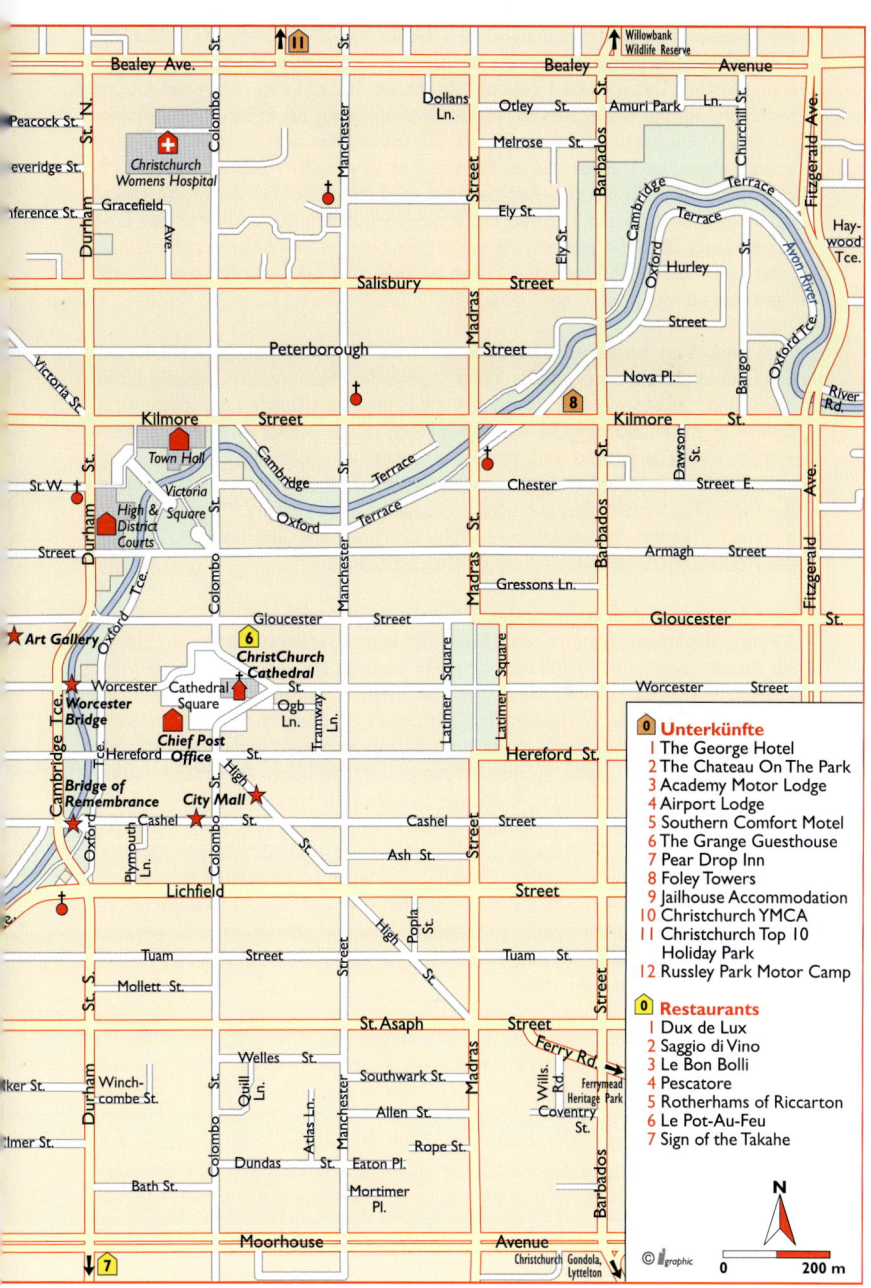

Zerstörung des historischen Zentrums

der Innenstadt als beim September-Beben. Besonders betroffen war das Gebiet, das die Einheimischen gern mit „inside the four avenues" umschreiben, das historische Zentrum zwischen Deans Ave. im Westen, Moorhouse Ave. im Süden, Fitzgerald Ave. im Osten und Harper/Bealey Ave. im Norden. Schlimm schlug das Beben auch in einigen östlichen Vororten zu. Zahlreiche Häuser wurden zerstört oder so stark beschädigt, dass sie abgerissen werden müssen. Betroffen waren vor allem Gebäude aus dem 19. und frühen 20. Jh. Fachleute befürchten, dass etwa die Hälfte aller denkmalgeschützten Häuser verloren sein könnten. Die meisten modernen Bauten hielten den Erdstößen stand, doch die wenigen, die einstürzten, begruben viele Hundert Menschen unter sich. Mehr als 180 Menschen kamen zu Tode, rund 2.000 wurden verletzt, viele von ihnen schwer.

Zum Sinnbild der Katastrophe wurde der Turm der Christ Church Cathedral, der auf den Cathedral Square stürzte. Der Wiederaufbau des bekanntesten Gotteshauses in Neuseeland ist beschlossen. Ebenso soll das schwer beschädigte neogotische Arts Centre in der ehemaligen Universität in einigen Jahren wieder in altem Glanz erstrahlen. Unwiederbringlich verloren gingen dagegen vermutlich die Canterbury Provincial Council Buildings in der Innenstadt, einer der schönsten Gebäudekomplexe der frühen Kolonialzeit. Fast unbeschädigt blieben das Canterbury Museum und der Botanische Garten. Auf wundersame Weise überstand die Glasfassade der modernen Art Gallery das Erdbeben ohne jeglichen Schaden.

Unmittelbar nach dem verheerenden Beben wurde die Innenstadt von Christchurch für die Öffentlichkeit gesperrt. Noch Ende 2011 kontrollierte das Militär die Zugänge zur „Roten Zone" und es stand noch nicht fest, wie lange der Ausnahmezustand in der Innenstadt aufrecht erhalten würde. Auch an vielen Wohnhäusern signalisierten zu diesem Zeitpunkt rote Warntafeln: Das Gebäude ist einsturzgefährdet und darf nicht betreten werden, nicht einmal, um das Notwendigste zu bergen. Immer noch standen Autos in Parkhäusern, deren Zufahrtsrampen in Trümmern lagen. An anderen Stellen wurden provisorisch gestützte Hochhäuser in mühsamer Handarbeit Stockwerk für Stockwerk abgetragen. Seit Mitte 2012 ist die Innenstadt mit Ausnahme der sogenannten „Red Zone", zu der auch der Cathedral Square gehört, wieder zugänglich.

Wiederaufbau

Der Wiederaufbau der wichtigsten Gebäude wird wohl rund fünf Jahre in Anspruch nehmen. Bis alle Spuren der Naturkatastrophe beseitigt sind, kann es zwei Jahrzehnte dauern, denn nicht nur die sichtbaren Schäden müssen behoben werden, das gesamte „Innenleben" der Stadt – elektrische Leitungen, Wasserrohre, Kanalisation – muss von Grund auf erneuert werden.

Auf Besucher mag die Situation in Christchurch deprimierend wirken, doch die Einheimischen blicken optimistisch in die Zukunft und gehen mit Elan an den Wiederaufbau, eine wahrhaft herkulische Aufgabe. Manche Visionäre sprechen von einem ökologisch fundierten Wiederaufbau unter modernen städtebaulichen Aspekten, wobei jedoch das altenglische Gesicht der Stadt weitgehend bewahrt werden soll. Zwar ist eine Besichtigung der Stadt derzeit nur unter großen Einschränkungen möglich, doch sind inzwischen Infrastruktur, Hotellerie, Gastronomie und andere touristisch relevanten Bereiche soweit wieder hergestellt, dass Besucher aus aller Welt empfangen werden können, bevor sie ihre Reise auf der Südinsel antreten oder von hier in die Heimat zurückfliegen. Dass in Christchurch und Umgebung jederzeit mit erneuten Beben gerechnet werden muss, zeigte sich am 23. Dezember 2011, als eine Serie von Erschütterungen in Neuseelands drittgrößter Stadt für Panik sorgte. Zum Glück hielt sich der Schaden dieses Mal in Grenzen.

Rundgang durchs Zentrum

Nachfolgend ist ein kurzer Stadtrundgang skizziert, der zu den beim Erdbeben im Februar 2011 unbeschädigten und heute zugänglichen Bauwerken führt. Er beginnt am Canterbury Museum bzw. dem Botanischen Garten.

Canterbury Museum

Das **Canterbury Museum** in einem eindrucksvollen historischen Gebäude aus dem Jahr 1870 gehört zu den drei wichtigsten Museen des Landes. Der Schwerpunkt der Sammlungen liegt auf der Geschichte der Maoris und der frühen Siedler, der Naturgeschichte und der Entdeckungsfahrten in die Antarktis. Die Maori- und polynesische Abteilung zeigt die Geschichte und Lebensweise der Moa-Jäger mit Beispielen alter Felsritzungen, Waffen und polynesischer Seefahrt. In der *Halls of Canterbury Settlement* hat man eine Siedlerstraße des 19. Jh. rekonstruiert, in der Galerie darüber sieht man Modelle von Schiffen aus unterschiedlichen Zeiten, die alle mit der Entwicklung des Landes verknüpft sind, eine Kostüm- und eine Münzenausstellung.

Historisches und naturwissenschaftliches Museum

Die naturwissenschaftliche Abteilung umfasst eine sehenswerte Halle mit Exponaten und audiovisuellen Vorführungen zu Vulkanismus, Erdbeben, Meteoriten und Fossilien. Ganz besonders lohnend ist die *Edgar Stead Hall of New Zealand Birds*, in der man alle wichtigen Vertreter der einheimischen Vogelwelt einschließlich des natürlichen Umfelds aus der Nähe betrachten und ihre Laute hören kann. Ebensowenig darf man die *Hall of Antarctic Discovery* versäumen: Christchurch war und ist der wichtigste Ausgangspunkt zur Entdeckung und Erforschung der Antarktis, angefangen bei Roald Amundsen und Robert Falcon Scott bis in unsere Tage; zur südpolaren Region steht Christchurch so wie das nordnorwegische Tromsø zur Arktis. Innerhalb der Ausstellung kann man das über 26 m lange Skelett eines Blauwals und Fahrzeuge der Trans-Antarktis-Expedition von 1957–58 bewundern.

Zum Museum gehört ein gut sortierter Souvenirladen mit umfangreicher Literaturauswahl sowie ein Café, von dem man in den Botanischen Garten gelangen kann.

Das Gebäude links neben dem Canterbury Museum beherbergte lange die renommierte Robert McDougall Art Gallery, deren Bestand in die **Christchurch Art Gallery** übergegangen ist. Das neoklassizistische Gebäude nördlich des Museums beherbergt das **Christ's College**, eine 1850 gegründete anglikanische Elitebildungsanstalt für Jungen, die an ihrer Schuluniform zu erkennen sind, einem schwarzen Blazer mit weißen Streifen und einer weißen Krawatte mit schwarzen Streifen.

Canterbury Museum, *Rolleston Ave. (am botanischen Garten), © 03-3665000, www.cantmus.govt.nz, April–Sept. tägl. 9–17, Okt.–März tägl. 9–17.30 Uhr, kostenlose einstündige Führungen Di/Do 15.30 Uhr, Spende erbeten.*

Christ's College, Rolleston Ave., *www.christscollege.com, Nov.–März einstündige Führungen Mo, Mi, Fr 10 Uhr, NZ-$ 5, Tickets beim Information Centre.*

Die Ostküste der Südinsel

Botanic Gardens

Warum Christchurch den Beinamen „Gartenstadt" trägt, wird am besten in den **Botanic Gardens** deutlich. Hinter dem repräsentativen Eingang an der Rolleston Ave. mit seinem Eisenzaun, den Standbildern und Blumenbeeten erstrecken sich 30 ha voller exotischer und endemischer Natur, teils im englischen, teils im französischen Stil komponiert und durchzogen von herrlichen Spazierwegen. Der Park, der bereits 1963 zu beiden Ufern des Avon River angelegt wurde, ist die grüne Lunge in einer ohnehin grünen Stadt und zu jeder Jahreszeit einen Besuch wert. Mit seinem Besucherzentrum und dem Tea Kiosk, einem guten Café, der von der Maori-Mythologie inspirierten Spring of Live und vielen Gewächs- und Blumenhäusern setzt er sowohl botanische, als auch kulturelle und kulinarische Akzente.

Herrlicher Botanischer Garten

Mit den angrenzenden Grünanlagen des **North Hagley Park** und **South Hagley Park**, die zusammen etwa 180 ha einnehmen, und deren Tennis-, Fußball-, Golf-, und Croquet-Plätzen sowie Reitställen, Kinderspielplätzen, Fahrradwegen, Seen und Picknick-Arealen ist er zudem ein beliebtes Freizeit- und Naherholungsziel der Einwohner. Wem der Spaziergang durch das ausgedehnte Gelände zu anstrengend erscheint, kann sich entweder auf Booten auf dem Avon River flößen lassen oder an einer geführten Tour per Elektrowagen teilnehmen.
Botanic Gardens, © *03-9416840, www.ccc.govt.nz/parks/botanicgardens, tägl. 7 Uhr bis eine Stunde vor Sonnenuntergang, Besucherzentrum und Gewächshäuser täglich 10–17 Uhr.*

Arts Centre of Christchurch

Von den Botanischen Gärten bzw. dem Canterbury Museum führt der Worcester Blvd. (gesprochen: „Wuuster"-Blvd.) schnurgerade auf das innerstädtische Herz mit dem Cathedral Square zu (Gehzeit etwa 5 Min.). Auf dem Weg kommt man linker Hand am Court Theatre und dann am **Arts Centre of Christchurch** vorbei, vor dem Erdbeben eine faszinierende Institution und eine der großen Attraktionen der Stadt. Das 1873 im neogotischen Stil errichtete Gebäude beherbergte ehemals die alte Universität bis zu deren Umzug in einen Außenbezirk von Christchurch. Bei den Erdstößen stürzten der Uhrenturm und Teile der Great Hall ein, das Hauptportal spaltet ein meterlanger Riss. Das schwer beschädigte Gebäude mit städtischen und karitativen Büros, der landesweiten Jugendherbergs-Zentrale, Theatern, Kino, Galerien, Restaurants, Cafés und vielen Läden örtlicher Kunsthandwerker wird vermutlich erst in einigen Jahren wieder voll zugänglich sein.
Arts Centre of Christchurch, *Informationen zum aktuellen Stand der Restaurierungen unter © 03-36 60989 und www.artscentre.org.nz.*

Langjährige Restaurierung

Christchurch Art Gallery

Schräg gegenüber, jenseits der Montreal St., nimmt die **Christchurch Art Gallery – Te Puna o Waiwhetu** einen ganzen Block ein. Die 2003 eröffnete neue Kunstgalerie, ein Werk des Architekten David Cole, setzt mit ihrer geschwungenen Konstruktion aus Stahl und Glas einen deutlichen städtebaulichen Akzent. Hinter der gigantischen Glasfassade, von der beim Erdbeben nicht eine Scheibe zu Bruch ging, verbirgt sich ein Sanktuarium neuseeländischer Kunst aus allen Epochen von der Kolonialzeit bis zur Gegenwart. Eine Abteilung präsentiert Werke alter europäischer Meister. Ein paar Schritte entfernt liegt die Verkaufsgalerie **CoCA – Centre of Contemporay Art**.

Die Christchurch Art Gallery zeigt eine kontrastreiche Sammlung neuseeländischer Kunst

Christchurch Art Gallery, Worcester Blvd., Ecke Montreal St., ℂ 03-9417300, www.christchurchartgallery.org.nz, tägl. 10–17, Mi bis 21 Uhr, Eintritt frei, Sonderausstellungen gebührenpflichtig.

CoCA – Centre of Contemporay Art, Gloucester St., ℂ 03-9417311, www.coca.org.nz, Di–Fr 10–17, Sa/So 12–16 Uhr, Eintritt frei.

Worcester Bridge und Cathedral Square

Auf dem Weg zum Cathedral Square gelangt man anschließend zur **Worcester Bridge** über den Avon River. Das hübsche rote Ziegelsteingebäude mit einem markanten Türmchen, das 1887 für das erste City Council errichtet wurde, trug beim Beben Schäden davon, wird aber aller Voraussicht nach restauriert werden können. Am Fluss erinnert das **Kate Sheppard National Memorial** an jene Frauenrechtlerin, auf deren Initiative hin die neuseeländischen Frauen im Jahr 1893 als erste weltweit das uneingeschränkte Wahlrecht auf nationaler Ebene erhielten.

Der **Cathedral Square** ist der Mittelpunkt des neogotischen Christchurch. Dort, wo noch Tage zuvor besonders um die Mittagszeit eine bunte Schar von Touristen, Angestellten, Jugendlichen, Geschäftsleuten und Lebenskünstler auf den Stufen der Kathedrale unbeschwert die Sonne genoss, tat sich am 22. Februar 2011 um 12.51 Uhr eine Trümmerlandschaft auf, als der Turm und große Teile des Kirchenschiffs nach den Erdstößen kollabierten. Schon wenige Tage nach der Katastrophe stand fest, dass die **Christ Church Cathedral** als eines der besten Beispiele neogotischer Sakralarchitektur im Lande und Ikonie der Kolonialgeschichte wiederaufgebaut wird. Die Grundsteinlegung von Neuseelands bekanntestem Gotteshaus erfolgte im Jahr 1864, vierzehn Jahre nach dem Eintreffen der ersten Siedler, und 1881 konnte das Gotteshaus eingeweiht werden. Einst führten 133 Stufen auf den Turm hinauf, von dem sich ein schöner Blick auf den Kathedralplatz bot. Das pittoreske alte **Post Office** mit seiner Fassade im Stil der italienischen Renaissance schräg gegenüber der Kathedrale überstand das Beben fast unversehrt. Wie bereits vor dem 22. Februar 2011 soll das

Neogotische Sakralarchitektur

Gebäude wieder das städtische Information Centre beherbergen, sobald die Restaurierungsarbeiten beendet sind.

City Mall und Bridge of Remembrance

Südlich des Cathedral Square erstreckte sich vor dem Erdbeben 2011 im Viereck Hereford Street, Colombo St., High St. und Cashel St. die **City Mall**, eine beliebte Shopping-Meile mit einer Mischung aus kleinen Boutiquen, Ladenpassagen, Restaurants, Cafés und dem modernen Canterbury Centre. Voraussichtlich wird hier die Wiedereröffnung der Innenstadt beginnen.

Am westlichen Ende der Fußgängerzone Cashel Mall spannt sich die triumphbogenartige **Bridge of Remembrance** über den Avon River. Das 1924 errichtete Denkmal erinnert an die Gefallenen des Ersten Weltkriegs. Zwischen der Bridge of Remembrance und der Worcester Bridge zog sich am Ufer des Avon River vor dem Beben **The Strip** entlang, eine bei Einheimischen wie Touristen gleichermaßen beliebte Restaurant-, Café- und Clubzeile mit kosmopolitischem Flair. Auch hier ist die Wiedereröffnung geplant.

Geplante Wiedereröffnungen

Avon River

Folgt man dem Avon River entlang der Cambridge Terrace, kommt man zur Bootsanlegestelle **Antigua Boat Sheds**, ab wo man mit gemieteten Kanus den angrenzenden Botanischen Garten durchqueren kann. Dort ist auch der Startpunkt für gemütliche Touren auf dem Avon River, bei denen der Bootsführer das flache Holzboot mit einem Stab vorwärtsbewegt – dieses *Punting on the Avon* wird ganzjährig von morgens bis zur Abenddämmerung durchgeführt.

Antigua Boat Sheds, *2 Cambridge Terrace, © 03-3660337, www.punting.co.nz, im Sommer tägl. 9–18, im Winter tägl. 10–16 Uhr, 30-minütige Tour NZ-$ 25 pro Pers., Kinder 5–15 Jahre NZ-$ 12.*

Vor allem beliebt bei Verliebten – Punting on the Avon

> **Nostalgisches Sightseeing**
>
> Einen besonderen Platz in den Herzen vieler Einheimischer und Besucher hatte vor dem Beben im Februar 2011 die **Tramway** erobert, die seit 1995 auf einem 3,5 km langen Touristen-Rundkurs als rumpelndes Museum durch das Zentrum ratterte. Die alten Tramwagen und die Schaffner mit ihren historischen Uniformen waren ein nostalgisches Vergnügen. Ein Wagenzug war als Restaurant-Tramway ausgebaut, sodass man Sightseeing und kulinarisches Vergnügen verbinden konnte. Die Original-Tram verkehrte 1905-54 im Stadtgebiet. Da sich vor allem ältere Bürger für den Erhalt dieses Relikts ihrer Kindheit einsetzen, will man die durch das Erdbeben zerstörten Schienen und Oberleitungen wieder instandsetzen. Aktuelle Informationen zum Wiederbeginn im Internet unter www.tram.co.nz.

In der Umgebung von Christchurch

Zu den vom Erdbeben im Februar 2011 kaum oder überhaupt nicht betroffenen Attraktionen außerhalb des Zentrums gelangt man mit einem eigenen Fahrzeug oder mit Stadtbussen in maximal 25 Fahrminuten.

Riccarton House

Am Rande eines 8 ha großen Walds mit alten einheimischen Bäumen und Büschen erhebt sich westlich der Innenstadt mit dem **Riccarton House** eines der romantischsten Kolonialhäuser Neuseelands. In dem Anwesen, das eine etwas kurios anmutende Mischung aus Kolonialstil und Spätgotik präsentiert, residierten die Deans, zwei schottische Brüder, die es Mitte des 19. Jh. als zwei der ersten Siedler zu Wohlstand und Ansehen gebracht hatten. Nicht weit entfernt von dem stattlichen Herrenhaus steht das bescheidene **Deans Cottage**, die ursprüngliche Behausung der Brüder, zugleich das älteste erhaltene Gebäude in der Provinz Canterbury. Das kurz hinter dem North Hagley Park gelegene Riccarton House kann man von der City bequem in 45 Min. zu Fuß erreichen.

Romantisches Kolonialhaus

Riccarton House, *16 Kahu Rd., © 03-3411018, www.riccartonhouse.co.nz, Führung (1 Std. 30 Min.) tägl. außer Sa 14 Uhr, NZ-$ 15, Kinder 6–17 Jahre NZ-$ 6, Anfahrt mit Bus 23.*

International Antarctic Centre

Das 1992 eröffnete, große **International Antarctic Centre** ist eine Attraktion von internationaler Bedeutung und reflektiert Christchurchs Rolle als Sprungbrett der Südpolforschung. Während die angeschlossenen Institute nicht besichtigt werden können, lohnt ein Besuch des Museums unbedingt – da es gegenüber dem Airport liegt, könnten Fluggäste diesen je nach Abflugzeit sozusagen als letztes Highlight ein-

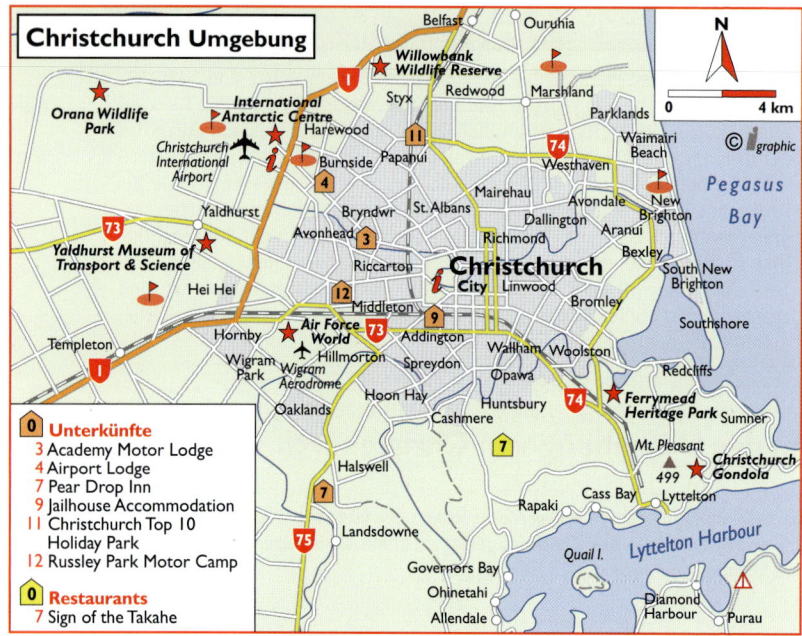

planen. In einer audiovisuellen Show wird man auf die neuseeländische Ross-Polarstation versetzt, wird über die geologischen, meteorologischen und biologischen Besonderheiten des Gebiets aufgeklärt und mit der Erforschung der Antarktis in Vergangenheit und Gegenwart bekannt gemacht. Bei einem 15-minütigen Hagglund Ride in einem Raupenfahrzeug, wie es in den Stationen um den Südpol benutzt wird, darf man selbst in die Rolle eines Polarforschers schlüpfen. Komplettiert werden die antarktischen Impressionen durch das Pinguingehege *New Zealand Penguin Encounter*. Eine Cafeteria und ein großer Souvenirshop machen den Aufenthalt zusätzlich angenehm.

International Antarctic Centre, *38 Orchard Rd., © 03-3570519, www.iceberg.co.nz, Okt.–März tägl. 9–19, April–Sept. tägl. 9–17.30 Uhr, Fütterung der Pinguine tägl. 10.30, 13.30, 15.30 Uhr, Xpress Pass (ohne Hagglund Ride und 4D Theatre) NZ-$ 35, Kinder 5–15 Jahre NZ-$ 20; Xtreme Pass (inkl. Hagglund Ride und 4 D Theatre) NZ-$ 65, Kinder 5–15 Jahre NZ-$ 35; Anfahrt mit kostenlosem Penguin Express Bus ab der City tägl. 9–17 Uhr jeweils zur vollen Stunde.*

Orana Wildlife Park und Willowbank Wildlife Reserve

Dieser Tierpark liegt im nordwestlichen Vorort Harewood, etwa 25 Fahrminuten von der City entfernt und nahe zum Flughafen. Mit seinen 80 ha und einer Unmenge einheimischer und besonders afrikanischer Tiere erscheint der **Orana Wildlife Park** interessanter als der Zoo von Christchurch, vor allem wegen der naturbelassenen

Landschaft. Wer sich für Kiwis und Tuataras, Löwen und Giraffen, Rhinozerosse und Schimpansen interessiert, ist hier genau richtig.
Orana Wildlife Park, 743 McLeans Island Rd., Harewood, © 03-3597109, www.orana wildlifepark.co.nz, tägl. 10–17 Uhr, NZ-$ 25, Kinder 5–14 Jahre NZ-$ 8.

Das preisgekrönte **Willowbank Wildlife Reserve** im Norden der Stadt (wenige Fahrminuten vom Flughafen entfernt) vereint das seltene Erlebnis eines sehr guten Restaurants (Willowbank's Colonial Kiwi Restaurant) mit einem Tierpark, der auch nachts zugänglich ist, und der Kulturshow Ko Tane – The Maori Cultural Experience in einem nachgebauten Maori-Dorf. Tagsüber sind auf einer Farm samt angeschlossenem Kleintierzoo sehr zutrauliche neuseeländische und importierte Tiere zu sehen, nach Einbruch der Dunkelheit erhellt Flutlicht die natürliche Umgebung nachtaktiver Tiere, darunter Kiwis, Kakas, Keas und Takahes. Abends werden Führungen über das Gelände angeboten.

Neuseeländische Tierwelt

Willowbank Wildlife Reserve, 60 Hussey Rd., Harewood, © 03-3596212, www.willowbank.co.nz, tägl. 9.30–20 Uhr, Guided Kiwi Tour tägl. 16.30 Uhr, Ko Tane – The Maori Cultural Experience Mo, Do, Fr, Sa 17.15 Uhr, das Restaurant ist tägl. 12–20.30 Uhr geöffnet; Anfahrt mit Bus 11, zur Kulturshow kostenloser Transfer ab der City; Wildlife Park NZ-$ 25, Kinder 5–14 Jahre NZ-$ 10; inkl. Guided Kiwi Tour NZ-$ 50, Kinder 5–14 Jahre NZ-$ 20; inkl. Kulturshow & Hangi Dinner NZ-$ 105, Kinder 5–14 Jahre NZ-$ 67,50; inkl. Kulturshow & Hangi Dinner und Guided Kiwi Tour NZ-$ 135, Kinder 5–14 Jahre NZ-$ 80.

Yaldhurst Museum of Transport & Science und Air Force World

Das **Yaldhurst Museum of Transport & Science** ist das landesweit größte Museum dieser Art. Es befindet sich 12 km westlich der Stadt, 10 Min. vom Flughafen entfernt und gegenüber dem Yaldhurst Hotel. Auf einem Freilichtgelände von 13 ha werden historische Fahrzeuge und Transportmittel aller Art ausgestellt, u. a. Oldtimer, Feuerwehrautos, Kutschen ab 1810, Marine- und Heeresfahrzeuge. Bei manchen funktionierenden Transportmittel ist Mitfahren möglich.
Yaldhurst Museum of Transport & Science, Main West Rd., Yaldhurst, © 03-3427 914, www.yaldhurstmuseum.co.nz, tägl. 10–17 Uhr, NZ-$ 15, Kinder 6–14 Jahre NZ-$ 5.

Die **Air Force World** ist besonders für Liebhaber alter Flugzeuge, die an den Luftkämpfen des Zweiten Weltkriegs interessiert sind, ein lohnendes Ziel. Café, Kino und Souvenirladen sind vorhanden.
Air Force World, RNZAF Base, Main South Rd., Wigram, © 03-3439532, www.airforcemuseum.co.nz, tägl. 10–17 Uhr, Eintritt frei, Anfahrt mit Bus 51 oder 81.

Ferrymead Heritage Park

Das berühmte Transport-, Technologie- und historische Museum **Ferrymead Heritage Park** liegt am Mündungsbogen des Heathcote River und kann auf dem Weg zur Christchurch Gondola oder nach Lyttelton besucht werden. Auf einem großzügig bemessenen Areal wurde hier eine Pioniersiedlung der Provinz Canterbury einschließ-

Nachbau der Pioniersiedlung

lich funktionierender Werkstätten und einer Bäckerei rekonstruiert, daneben sieht man in der *Hall of Wheels* viele historische Fahrzeuge, kann auf einer 1,5 km langen Straßenbahnlinie fahren oder sich in der *Hall of Flame* über die Entwicklung des neuseeländischen Feuerwehrwesens informieren.
Ferrymead Heritage Park, *50 Ferrymead Park Drive, Heathcote, © 03-3841970, www.ferrymead.org.nz, tägl. 10–16.30 Uhr, ab NZ-$ 10, Kinder 6–15 Jahre ab NZ-$ 4, Anfahrt mit Bus 35.*

Christchurch Gondola

Nur 15 Fahrminuten von der City entfernt, bietet die **Christchurch Gondola**, eine 1992 eingerichtete Kabinenseilbahn auf den Mt. Cavendish, die beste Möglichkeit zu einem 360°-Blick über Stadt, Hafen und Hinterland. Die moderne, 500 m hoch gelegene Bergstation auf dem Grat eines erloschenen Vulkans ist ein vierstöckiger Komplex, der Aussichtsterrassen, zwei Restaurants, einen Souvenirladen und den sogenannten Time Tunnel mit einer audiovisuellen (erd-)historischen Darbietung beinhaltet. Dort oben haben Wanderer die Möglichkeit zu einer ausgedehnten Erkundung der **Crater Rim Walkways**, entsprechendes Infomaterial ist in der Tal- und Bergstation erhältlich. Zur Talstation kommt man mit dem Wagen auf dem Weg nach Lyttelton (Abfahrt unmittelbar vor dem Tunnel) oder nach dem Besuch des Ferrymead Heritage Park. Wer auf den Bus angewiesen ist, nimmt entweder die Linie 28, den Explorer Bus oder den Gondola-Shuttlebus.
Christchurch Gondola, *10 Bridle Path Rd., © 0800-242486 u. 03-3658282, www.gondola.co.nz, Abfahrten Mo–Do zwischen 10 und 23, Fr/Sa bis 24, So bis 22.30 Uhr, Ticket: NZ-$ 25, Kinder 5–15 Jahre NZ-$ 14.*

Reisepraktische Informationen Christchurch und Umgebung

Information
Christchurch i-SITE Visitor Centre, *Botanic Gardens, Rolleston Ave., © 0800-423783 u. 03-3799629, www.christchurchnz.com, tägl. 8.30–18 Uhr.* Das Informationsbüro für Christchurch und die Provinz Canterbury befindet sich vorübergehend in einem kleinen Gebäude nahe dem Canterbury Museum. Nach Beendigung der Restaurierungsarbeiten am Cathedral Square soll es wieder in das alte Main Post Office umziehen. Hilfreich ist die Broschüre „Christchurch – What's On".
Visitor Information Centres befinden sich auch im **Flughafen**, und zwar im Domestic Terminal (tägl. 6.30–22.30, Sa nur bis 20 Uhr) sowie in der Ankunftshalle des International Terminal (geöffnet bei Ankunft internationaler Flüge).
Department of Conservation (DOC), *133 Victoria St., © 03-3799758, www.doc.govt.nz, Mo–Fr 8–16.30 Uhr.* Zuständig für die Provinz Canterbury.

Unterkunft

Hotels/Motels
The George Hotel $$$$$ (1), *50 Park Terrace, © 0800-100220 u. 03-3794560, www.thegeorge.co.nz, DZ ab NZ-$ 500 (deutlich günstigere Tarife bei On-Line-Buchung!).*

Kleines, aber sehr feines Boutiquehotel am Hagley Park, 55 Zimmer und Suiten mit allen Annehmlichkeiten plus eigene kleine Villa, Mitglied der „Small Luxury Hotels of the World", das Gourmet-Restaurant **Pescatore** (© 03-3710257) zählt zu den besten Neuseelands, während das Lokal **50 on Park** (© 03-3710250) leichtere Brasserie-Speisen bietet.

The Chateau On The Park $$$$ (2), 189 Deans Ave., Riccarton, © 0800-808999 u. 03-3488999, www.chateau-park.co.nz, DZ NZ-$ 225–320. Großes First-Class-Haus im Kolonialstil mit 193 Zimmer und Suiten, zentrumsnah und ruhig am Hagley Park gelegen, gutes Restaurant, Bar, sehr schöne Gartenanlage.

Academy Motor Lodge $$ (3), 62 Creyke Rd., Fendalton, © 03-3519347, www.academymotorlodge.co.nz, DZ NZ-$ 95–110. Hübsches, modernes Motel gegenüber der Canterbury University mit günstigem Preis-Leistungs-Verhältnis, freundlicher Service, 23 komfortable Einheiten, alle mit Küche, gutes Restaurant, kostenloses WLAN.

Airport Lodge $$ (4), 105 Roydvale Ave., © 0800-256343 u. 03-3585119, www.airportlodge.co.nz, DZ NZ-$ 120–130. Unauffälliges Motel der Mittelklasse, nahe am Flughafen gelegen, freier Airport-Transfer; in unmittelbarer Nähe viele vergleichbare Motels, z.T. mit Swimmingpool.

Southern Comfort Motel $$ (5), 53 Bealey Ave., © 0800-655345 u. 03-3660383, www.southerncomfort.co.nz, DZ NZ-$ 115–130. Praktisches, recht zentrales Mittelklasse-Motel nahe dem Hagley Park, moderne Einheiten mit Küche, Swimmingpool, Spa.

Bed & Breakfast

The Grange Guesthouse $$–$$$ (6), 56 Armagh St., © 0800-932850 u. 03-3662850, www.thegrange.co.nz, DZ NZ-$ 145–195. Schönes viktorianisches Holzhaus im Herzen der Stadt mit behaglich ausgestatteten Zimmern, angenehme Atmosphäre.

Pear Drop Inn $$ (7), Christchurch-Akaroa Rd., ©/Fax 03-3296778, DZ NZ-$ 105–135. Urgemütliche Farmstay- und B&B-Unterkunft bei Tai Tapu, 15 Min. von Christchurch entfernt südl. von Halswell am Hwy. 75 nach Akaroa gelegen, großer Garten, vorzügliche Küche.

Backpacker-Hostels/Jugendherberge

Foley Towers $–$$ (8), 208 Kilmore St., © 03-3669720, www.backpack.co.nz/foley.html, DZ ab NZ-$ 56, im Mehrbettzimmer ab NZ-$ 21. Gutes Hostel mit Einzel-, Doppel- und Mehrbettzimmern in verschiedenen Gebäuden; benannt ist die Unterkunft nach Eric Foley, dem Gründer der neuseeländischen BBH-Organisation.

Jailhouse Accommodation $–$$ (9), 338 Lincoln Rd., Addington, © 0800-524546 u. 03-9827777, www.jail.co.nz, DZ NZ-$ 85, im Mehrbettzimmer NZ-$ 30. Sehr gut ausgestattete Einzel-, Doppel- und Mehrbettzimmer in einem ehemaligen Gefängnis; 2,5 km südwestl., aber gute Verkehrsanbindung.

Christchurch YMCA $–$$ (10), 12 Hereford St., © 03-3650502, www.ymcachch.org.nz, DZ NZ-$ 80–120, im Mehrbettzimmer NZ-$ 30. Modernes, sechsstöckiges Haus mit 250 Betten, unmittelbar am Museum und dem Arts Centre gelegen, Sauna, Fitnesstudio, Squashhalle, Café; sehr unterschiedliche Zimmer von Backpacker-Bunk-rooms bis zu Einzel- und Doppelzimmern mit WC, TV, und Telefon oder großen Apartments mit Küche.

⚠ Camping

Christchurch Top 10 Holiday Park (11), 39 Meadow St., Papanui, © 0800-396323 u. 03-3529176, www.christchurchtop10.co.nz. Große und gepflegte Anlage etwa 5 km nördl. am Hwy. 74/Cranford St., Zelt- und Campervanplätze, Cabins, Flats, Motels ($$–$$$), Backpacker-Unterkunft ($–$$), Laden, Innenpool, Spas, schöne Umgebung.

Russley Park Motor Camp (12), 372 Yaldhurst Rd., ⓒ 03-3427021. Große Anlage mit wenigen Zelt- und vielen Campervanplätzen, Cabins, Flats, Backpacker-Unterkunft, On-Site-Caravans, Laden, Spa, 10 km vom Zentrum (Bus) und 2 km vom Flughafen entfernt, unmittelbar am Hwy. 73.

Essen und Trinken

Das gastronomische Leben von Christchurch ist auch nach den Erdbeben buntschillernd und kann sich durchaus mit dem von Auckland oder Wellington messen. Zwar mussten viele Lokale in der Innenstadt nach dem 22. Februar 2011 schließen, doch werden inzwischen fast jede Woche neue Restaurants, Cafés und Bars eröffnet. Wegen der Studenten und zahlreicher jugendlicher Besucher gibt es auch in den Außenbezirken eine große Vielfalt an originellen Cafés und kleinen Lokalen mit ethnischer oder vegetarischer Küche, oft auch mit Live-Musik. Trends und aktuelle Informationen im Internet unter www.popupcity.co.nz.

Fast schon Kultstatus hat das **Dux de Lux** (1; Hereford St., Ecke Montreal St., ⓒ 03-3666919, www.thedux.co.nz), eine Mischung aus Restaurant, Café, Disco und Bühne mit Live-Musik. Die Küche bietet einen bunten Mix aus regionalen, asiatischen und europäischen Gerichten. In der hauseigenen Mini-Brauerei werden rund ein halbes Dutzend vielfach prämierte Biere kreiert. Das Dux ist z. Z. noch geschlossen, die Wiedereröffnung aber bereits angekündigt; aktuelle Infos auf der Website.

An der Spitze der Christchurch-Gastronomie befinden sich die teuren Restaurants **Saggio di Vino** (2; 185 Victoria St., Ecke Bealey Ave., ⓒ 03-3745569, www.saggiodivino.co.nz, italienische Küche; z. Z. geschlossen, Wiedereröffnung geplant, aktuelle Infos auf Website), **Le Bon Bolli** (3; Worcester St., Ecke Montreal St., ⓒ 03-3749444, www.lebonbolli.co.nz, französische Küche), **Pescatore** (4; 50 Park Terrace, The George Hotel, ⓒ 03-3710257, www.thegeorge.co.nz, italienische Küche/Seafood), **Rotherhams of Riccarton** (5; 42 Rotherham St., ⓒ 03-3415142, www.rotherhamsofriccarton.co.nz, europäische Küche) und **Le Pot-Au-Feu** (6; 140 Gloucester St., ⓒ 03-3791535, www.swissfrenchpotaufeu.com, Schweizer und französische Küche; z. Z. geschlossen, Wiedereröffnung geplant, aktuelle Infos auf Website).

Außerhalb der Stadt gibt es ebenfalls einige interessante kulinarische Adressen, die auch wegen ihrer besonderen Lage einen Besuch wert sind. So z. B. **Sign of the Takahe** (7), Dyers Pass Rd., Cashmere Hills, ⓒ 03-3324052, www.signofthetakahe.co.nz; populäres Restaurant im „Schloss" mit schöner Aussicht auf Stadt und Umgebung, gute Seafood-, Wild- und Lammgerichte, mittags 12–14 Uhr Buffet (allerdings oft von Reisegruppen überfüllt), abends ab 18 Uhr stimmungsvolleres Ambiente, teuer–sehr teuer.

Einkaufen

Christchurch Farmers Market, Riccarton House, 16 Kahu Rd., ⓒ 03-3486190, www.christchurchfarmersmarket.co.nz, Sa 9–12 Uhr. Regionale Produkte und jede Menge Lokalkolorit.
The Riccarton Market, Riccarton Park Racecourse, Racecourse Rd., ⓒ 03-3390011, www.riccartonmarket.co.nz, So 9–14 Uhr. Einer der besten und buntesten Märkte Neuseelands mit mehr als 250 Ständen; die Vielfältigkeit des Angebots ist umwerfend.

Ballonfahrten/Flightseeing/Paragliding

Hoch hinaus geht es an den Port Hills im Osten der Stadt, die wegen der guten

Thermik bei Paraglidern beliebt sind; dabei können auch Unerfahrene in diesem Sport bei Tandemflügen mitgenommen werden, u. a. von **Nimbus Paragliding** (℡ 0800-111611, www.nimbusparagliding.co.nz) und **Phoenix Paragliding** (℡ 03-3267634). Ebenfalls in die Lüfte geht es mit **Red Balloon** (℡ 0800-555023, www.redballoon.co.nz) und **Up, up and away** (℡ 03-3814600, www.ballooning.co.nz), wo man an Bord eines Heißluftballons die Canterbury Plains und die umgebenden Bergzüge aus der Vogelperspektive erlebt (ca. NZ-$ 340, Kinder 5–12 Jahre ca. NZ-$ 300, inkl. Transfer). Außerdem starten am Flughafen Helikopter und Kleinflugzeuge zum Flightseeing über die Banks-Halbinsel oder bis hin zum Mt. Cook, nach Queenstown, dem Milford Sound und zur Stewart Island.

Fahrrad fahren

Da sich die flache Stadt gut zum Fahrradfahren eignet, ist die Anmietung eines Touren- oder Mountainbikes eine gute Idee für das Sightseeing, z. B. bei **City Cycle Hire** (℡ 0800-424534 u. 03-3775952, www.cyclehire-tours.co.nz, ab NZ-$ 35/Tag, NZ-$ 140/Woche). Auch das hügelige Umfeld kann auf diese Weise erkundet werden. Wer dabei Kraft sparen möchte, kann sich mit der **Mountain Bike Adventure Company** (℡ 03-3299699, www.cyclehire-tours.co.nz) zur Talstation der Christchurch Gondola bringen lassen, dann mit der Seilbahn hinauffahren und anschließend mit dem Mountainbike die rasante Abfahrt wagen (ab NZ-$ 60).

Kanu fahren

Kanu fahren ist selbst im Zentrum möglich und ebenfalls eine gemütliche und ungewöhnliche Art des Sightseeings. An den **Antigua Boat Sheds** nahe der St. Michael's Church (südliches Ende der Rolleston Ave.) können Kanus und Paddelboote ausgeliehen werden, auf denen man sich dann den Avon River hinab durch den Botanischen Garten treiben lässt (℡ 03-3665885, www.boatsheds.co.nz, im Sommer tägl. 9–17.30, im Winter tägl. 9–17 Uhr, je nach Bootstyp NZ-$ 10–30/Std.).

Flüge/Flughafen

Der **Christchurch International Airport** (℡ 03-3585029, www.christchurch-airport.co.nz) befindet sich ca. 10 km nordwestlich des Zentrums und ist über die schnurgerade Memorial Ave. in etwa 20 Min. zu erreichen. Vom Terminal zur Innenstadt gelangt man problemlos mit **Taxis** (ca. NZ-$ 45–50), **Shuttle-Bussen** mit z. T. Tür-zu-Tür-Service (**Super Shuttle**, ℡ 03-3579950, www.supershuttle.co.nz, ca. NZ-$ 20–25) und dem Flughafenbus **City Flyer** (tägl. 6–23 Uhr, 2-4mal stündl., NZ-$ 7,50, Kinder 5–15 Jahre NZ-$ 4,50). Der nationale und internationale Terminal sind eng benachbart, sodass ein „Umsteigen" zu Fuß möglich ist.

Die beiden größten Fluggesellschaften **Air New Zealand** (549 Colombo St., ℡ 03-3630600, www.airnewzealand.com) und **Qantas/Jetstar** (119 Armagh St., ℡ 0800-808767, www.qantas.co.nz) haben jeweils ein Büro bzw. Travel Centre in der Innenstadt und eines am Flughafen.

Busse
Überregional

Die aktuellen Haltepunkte der Überlandbuslinien findet man auf den Websites der Gesellschaften. **InterCity-Busse** (℡ 03-3799020, www.intercity.co.nz) verkehren tägl. u. a. auf den Routen nach Nelson und Picton (über Kaikoura und Blenheim), Dunedin, Invercargill,

Queenstown, Mt. Cook, Akaroa, Hanmer Springs, Tekapo und Wanaka. Für den Überlandverkehr zur Westküste ist die Firma **West Coast Shuttle** (© 03-7680028, www.westcoastshuttle.co.nz) zuständig; sie setzt tägl. auf der landschaftlich sehr schönen Route Arthur's Pass – Greymouth oder Arthur's Pass – Hokitika Fahrzeuge ein.

Stadt- und Nahverkehr
Der öffentliche Personennahverkehr per Bus ist gut organisiert und preiswert (NZ-$ 1,50–4). Der zentrale Busbahnhof befindet sich an der Colombo St., wo es am Bus Kiosk kostenlose Routen- und Fahrpläne gibt, Informationen sind über © 03-3668855 abfragbar.

Die Firma **Red Bus** (© 0800-733237 u. 03-3668855, www.redbus.co.nz) will nach Wiedereröffnung der Innenstadt wieder interessante Serviceleistungen bieten, nämlich einen freien **Bus-Shuttle**, der tagsüber im 10-Min.-Takt durch die City fährt und an 20 verschiedenen Punkten hält und einen **After Midnight Express Service** am Wochenende, der in die Vorstädte fährt. Sie betreibt auch die **Doppeldecker-Busse Best Attractions Direct**, mit denen man bequem zu den wichtigsten Sehenswürdigkeiten kommt und für die es preisgünstige 2-Tages-Pässe gibt.

Züge
Der **Hauptbahnhof** (© 03-3799020, www.tranzscenic.co.nz) befindet sich etwas außerhalb, an der südwestlichen Ecke des Hagley Parks (Clarence St., Addington), und ist mit Bus 51 zu erreichen. Von hier startet tägl. der TranzCoastal in den Norden (Kaikoura, Blenheim, Picton) und der berühmte TranzAlpine Express über den Arthur's Pass zur Westküste (Greymouth). Eine Vorortbahn verbindet Chistchurch mit Lyttelton.

Mietwagen
Fast alle größeren haben einen Schalter am Flughafen sowie ein Büro in der Innenstadt. Eine vollständige Adressenliste ist über das Visitor Centre erhältlich, während aktuelle Sonderangebote in der touristischen und Tagespresse angezeigt werden.

Taxis
Am Flughafen und in der Innenstadt gibt es zahlreiche Taxistände. Telefonisch kann man u. a. bei folgenden Unternehmen ein Taxi rufen: **Blue Star Taxi**, © 03-3799799; **First Direct Taxi**, © 03-3775555 sowie **Gold Band Taxi**, © 03-3795795.

Ausflug nach Lyttelton

Ein Ausflug in die Umgebung von Christchurch kann auf der gebirgigen **Banks Peninsula** zum Landschaftserlebnis werden, sicher eine willkommene Abwechslung nach den flachen Canterbury Plains. Ob mit dem eigenen Wagen oder mit einer organisierten Tour, die Orte Lyttelton und Akaroa sollte dieser Ausflug unbedingt berücksichtigen. Falls Sie in Zeitnot sind oder sich entscheiden müssen, gilt: nach Lyttelton kommt man auch bequem auf einer Halbtagestour, die man gleichzeitig mit einem Besuch des Sign of the Takahe, der Christchurch Gondola und des Ferrymead Heritage Parks kombinieren kann. Vor allem wenn man die Bergstrecke wählt, hat man hier zudem die herrlichsten Natureindrücke. Demgegenüber ist Akaroa die historisch und architek-

Etwas für passionierte Wanderer – der Banks Peninsula Track

tonisch interessantere Stadt, liegt allerdings auch viel weiter von Christchurch entfernt, sodass man für den Ausflug einen ganzen Tag einkalkulieren muss. Wer beide Ziele auf der Route Lyttelton – Governor's Bay – Diamond Harbour – Pigeon Bay – Akaroa miteinander verbinden möchte, sollte wegen der gebirgigen und engen Straßen möglichst nicht mit einem großen Campervan unterwegs sein. Am schnellsten kommt man nach Lyttelton vom Zentrum aus über die Ferry Rd., die schließlich in die Tunnel Rd. und den Highway 74 übergeht und am Ende durch einen Tunnel direkt nach Lyttelton führt; die Gesamtstrecke ist dabei nur 12 km lang und wird auch von der Buslinie 28 bedient.

Sehr viel interessanter und schöner ist aber folgende Strecke: Ab der Stadtmitte folgen Sie immer der schnurgerade verlaufenden Colombo St, die durch das Stadtviertel Cashmere führt und in die Dyers Pass Rd. übergeht. Nach einer kurvenreichen Fahrt durch die Cashmere Hills mit zahlreichen Villen gelangen Sie automatisch am schlossartigen **Sign of the Takahe** vorbei, wo Sie einen Stopp einlegen sollten. Das im neugotischen Castle-Stil vom Privatmann Harry George Ell errichtete Gebäude beherbergt ein gutes Restaurant. Vom Aussichtspunkt hinter dem Anwesen (von der Hackthorne Rd. aus zugänglich) hat man einen weiten Blick über die Canterbury Plains und Christchurch, der vor allem in der Morgen- oder Abenddämmerung ungemein reizvoll sein kann.

Schönere Strecke

Anschließend bleiben Sie auf der Dyers Pass Rd., die sich am Elizabeth Park und Victoria Park mit Wanderwegen und Aussichtspunkten vorbei zum **Sign of the Kiwi** windet. In dieser hübschen, kleinen Raststation kann man 323 m ü. d. M. eine Erfrischung zu sich nehmen. An der Kreuzung geht nun die Summit Rd. nach links auf die empfohlene Panoramastrecke, während es auf der Dyers Pass Rd. geradeaus zur Governor's Bay noch 4 km und nach Lyttelton noch 13 km sind. Wie gesagt, schöner ist es, wenn Sie links auf die Summit Rd. einbiegen, die weiter hinaufgeht und parallel zum

Aussichts-punkte

Crater Rim Walkway verläuft. Immer wieder reizen auf der Strecke Lookouts zum Halten, der Blick auf die Buchten im Süden (Governor's Bay, Rapaki Bay, Cass Bay, Lyttelton Harbour) und auf den Christchurch Harbour im Norden ist tatsächlich einmalig. Die Panoramastraße folgt dem Grat eines erloschenen Vulkans, der vor Jahrmillionen explodierte. Seine Caldera bildet heute den Hafen von Lyttelton. Wer die wunderbaren Wanderwege sowie Freeclimbing- und Paragliding-Möglichkeiten in dieser Region nutzen möchte, braucht keinen Mietwagen, sondern kann sich von Shuttle-Bussen ab dem Visitor Centre hierhin bringen lassen.

Unter der Kabinenseilbahn der Christchurch Gondola hindurch fährt man nun weiter und kommt zu einer Kreuzung, wo die Evans Pass Rd. nach links zum Vorort **Sumner** hinunterführt (schöner Strand) und die Sumner Rd. rechts nach Lyttelton. Auf diesen Weg werden Sie später abzweigen. Falls Sie noch etwas Zeit haben, sollten Sie zunächst geradeaus auf der Summit Rd./Godley Head Rd. bleiben. Denn hier sich die Reihe der Aussichtspunkte fort, z. B. nach links auf den Sandstrand von **Taylors Mistake** (dem wohl schönsten der Stadt) mit der Felsformation **Giant's Nose**. Die Straße endet nach 4 km am **Godley Head Farm Park**, dem Startpunkt von drei markierten Wanderwegen zwischen 1 Std. und 1 Std. 30 Min., die u. a. zu Befestigungsanlagen aus dem Zweiten Weltkrieg führen. Zurück an der Kreuzung geht es auf der Sumner Rd. in Richtung Lyttelton, eine regelrechte Serpentinenstraße mit einem Lookout zur Linken oberhalb der Hafenanlagen.

Historischer Rundgang

Auf der Straße passieren Sie anschließend die historische Timeball Station von 1876, von der aus früher den Schiffen die genaue Greenwich-Zeit mitgeteilt wurde. Leider wurde das nautische Unikum bei dem Erdbeben im Februar 2011 schwer beschädigt. Danach gelangen Sie geradewegs ins Zentrum von **Lyttelton**, einem 3.000-Einwohner-Hafenort, der hier und da noch etwas von der Atmosphäre der ersten Siedler bewahren konnte. Über die Regionalgeschichte unterrichtet das Lyttelton Museum an der Uferstraße Gladstone Quay. Dort ist auch die Broschüre „*Lyttelton Historic Walk*" erhältlich, in der ein Rundgang zu 22 ab 1850 entstandenen historischen Plätzen und Häusern beschrieben wird (Mo–Fr 9–17, Sa/So 10–16 Uhr, Spende erbeten). Im Sommer kann man sich in einigen netten Cafés erfrischen oder an zweistündigen Hafenrundfahrten teilnehmen.

Nach dem Besuch der Stadt haben Sie die Möglichkeit, weiter auf der Uferstraße zu bleiben und in **Governor's Bay** entweder zurück zum Sign of the Kiwi/Christchurch zu fahren oder die Reise in Richtung Akaroa fortzusetzen. Die Alternative ist der lange Lyttelton Rd. Tunnel, hinter dessen nördlichem Ausgang eine Ausfahrt zur Talstation der Christchurch Gondola abzweigt. Wenn Sie möchten, können Sie dort auf den Berg hinauffahren und bei der Gelegenheit den Verlauf jener Straße beobachten, die Sie auf dem Hinweg gefahren sind. Zugleich bringt der Weg (Bridle Path Road) Sie in der Verlängerung zum Ferrymead Heritage Park und zum Zentrum zurück.

Ausflug nach Akaroa (Banks Peninsula)

Wie erwähnt, kann die Anfahrt nach Akaroa ab Lyttelton bzw. Governor's Bay auf einer schmalen und kurvenreichen, aber sehr reizvollen Straße über Diamond Harbour und

Pigeon Bay erfolgen. Sehr viel schneller und unkomplizierter ist es, wenn man ab dem Zentrum von Christchurch die Lincoln Rd. benutzt, die bald darauf zur Halswell Rd. wird und Autofahrer schließlich als Highway 75 nach 82 km zum Reiseziel bringt – vorbei an landschaftlich schönen Punkten wie dem lagunenartigen Lake Ellsmere, dem Lake Forsyth und der hochgelegenen Montgomery Park Scenic Reserve.

Die besondere Atmosphäre der „einzigen französischen Stadt Neuseelands" hat ihren historischen Ursprung in der Tatsache, dass 1840, zehn Jahre vor den Engländern in Christchurch, hier eine Gruppe französischer Siedler an Land ging und ihre Kolonie La Presqu'ile de Banks etablierte. Zwar war die Gegend vorher schon von Maori-Stamm Kai Tahu besiedelt worden (deren Ortsname Akaroa „langer Hafen" bedeutet) und in den 1820er-Jahren hatte sich eine florierende Walfangindustrie entwickelt, doch prägte das französische Gemeinwesen die Bucht nachhaltiger und bis auf den heutigen Tag. Zu Recht gilt Akaroa als eine der schönsten Siedlungen des Landes.

Französische Gründung

Obwohl die rund 700 Einwohner schon längst in der britisch-neuseeländischen Gesellschaft aufgegangen sind, ist das französische Element immer noch spürbar, sei es in den Vor- und Nachnamen mancher Familien, sei es in den Straßenbezeichnungen, sei es in der Architektur oder sei es in dem gewissen mediterranen Flair, das natürlich bei Sonnenschein am ehesten zum Tragen kommt.

Der Auto- oder Bustourist, der aus Christchurch über den Highway 75 anreist, gelangt am nördlichen Ortsanfang zum Jubilee Park, wo rechts die Brittan Rd. an mehreren Sportplätzen vorbei nach Süden führt. Von ihr gehen wiederum rechts die Parallelstraßen Rue Jolie und Rue Lavaud ab, die beide die Rue Balguerie kreuzen: innerhalb dieses Rechtecks befindet sich quasi die „gute Stube" Akaroas.

Am nördlichen Ende der Rue Lavaud erhebt sich die katholische **St. Patrick's Church**, unweit davon die **Trinity Church** und dazwischen der Aufgang zum L'Aube Hill mit dem alten französischen Friedhof. Wenige Hundert Meter weiter südlich liegen an der Rue Lavaud, Ecke Rue Balguerie drei interessante Gebäude gleich hintereinander: die Touristeninformation; das **Langlois-Eleveneaux House**, das 1840 teilweise in Frankreich vorfabriziert wurde, eines der ältesten Gebäude Neuseelands ist und mit seiner schönen Inneneinrichtung unbedingt einen Besuch verdient; sowie schließlich das **Akaroa Museum**. Es zeigt wichtige Exponate jener Zeit, als hier Maoris, schottische Walfänger, französische Siedler und englische Neuankömmlinge ein buntes Völkergemisch abgaben.
Akaroa Museum, 71 Rue Lavaud, Ecke Rue Balguerie, ✆ 03-3041013, im Sommer tägl. 10.30–16.30, im Winter tägl. 10.30–16 Uhr, NZ-$ 4, Kinder 5–15 Jahre NZ-$ 1.

Exponate der Maori und der Neuankömmlinge aus Europa

Auf der anderen Seite der Rue Balguerie ist die **St. Peter's Church** ein auffälliges Baudenkmal. Über diese Straße schlendert man zum Meer hinunter und geht am Bootsanleger und dem **War Memorial** nach links, immer am hübschen Stadtstrand entlang. Nach wenigen Minuten hat man dort die Gedenkstätte des **French Settlers' Landing Place** erreicht und sofort dahinter die beiden Bootsrampen mit dem Pier Café, wo auch die **Hafenkreuzfahrten** beginnen. Sie lohnen unbedingt, denn ein Besuch Akaroas wäre unvollständig, wenn man nicht auch den herrlichen, langgestreckten Naturhafen mit seinen Grotten, Pinguinkolonien, Delfinen und Kormoranen gesehen hätte.

Reisepraktische Informationen Akaroa

Information
Akaroa Visitor Centre, 80 Rue Lavaud, Ecke Rue Balguerie, © 03-3048600, www.akaroa.com, tägl. 9–17, im Winter 10–16 Uhr. Die Touristeninformation befindet sich im alten Postgebäude unmittelbar am Museum, hier bekommt man u. a. auch die Broschüre „Akaroa Historic Village Walk", die zu den wichtigsten Sehenswürdigkeiten führt.

Unterkunft
Motel
**Akaroa Village Inn $$–$$$$**, 81 Beach Rd., © 0800-6952000 u. 03-3041111, www.akaroavillageinn.co.nz, DZ NZ-$ 110–195, Apartment NZ-$ 250–350. Angenehmes ruhiges Motel mit einem weiten Spektrum von Zimmern unterschiedlicher Größe und Ausstattung, am schönsten sind die Apartments mit Hafenblick.

Bed & Breakfast
**Oinako Lodge $$$$**, 99 Beach Rd., © 03-3048787, www.oinako.co.nz, DZ NZ-$ 245–265. Nahe dem Strand gelegenes hochherrschaftliches Gebäude mit individuellen Doppelzimmern, Spas, Gourmet-Frühstück.
**La Belle Villa $$$**, 113 Rue Jolie, © 03-3047084, www.labellevilla.co.nz, DZ NZ-$ 130–180. Sehr schönes, altes Haus aus den 1870er-Jahren mit komfortabel eingerichteten Gästezimmern, kleinem Pool und Garten.

Backpacker-Hostel
**Chez la Mer $–$$**, 50 Rue Lavaud, © 03-3047024, www.chezlamer.co.nz, DZ NZ-$ 70–90, im Mehrbettzimmer ab NZ-$ 25. Kleines, historisches Gebäude im Zentrum, hübscher Garten, Mehrbett- und Doppelzimmer.

Camping
Akaroa Top 10 Holiday Park, 96 Morgans Rd., © 0800-727525 u. 03-3047471, www.akaroaholidaypark.co.nz. Am zentralsten gelegene Anlage mit schönem Blick auf Stadt und Hafen, Wanderweg zum Zentrum, Stellplätze sowie Hütten und Apartments ($$–$$$).

Essen und Trinken
Aufgrund seiner Vergangenheit überwiegen in Akaroa idyllische

Stilvoll nächtigt man in Akaroas La Belle Villa

Straßencafés im mediterranen Stil und intime Restaurants mit französischer Küche. Zu den besten gehören das **Café de la Mer** (© 03-3047769), das **C'est la Vie** (© 03-3047314) und **The Little Bistro** (© 03-3047314), alle drei auf der Rue Lavaud. Zu empfehlen ist auch **French Farm Winery & Restaurant** (French Farm Valley Rd., © 03-3045784, www.frenchfarm.co.nz, tägl. 10–17 Uhr, moderat), ein sehr hübsches Haus mit großem Garten auf der westlichen Seite der Bucht mit neuseeländischer Küche und guter Weinkarte.

Ausflüge/Delfine

Akaroa Dolphins Nature Cruises, 65 Beach Rd., © 0800-990102 u. 03-3047866, www.akaroadolphins.co.nz, im Sommer tägl. 10.15, 12.45, 15.15, im Winter tägl. 12.45 Uhr. Bootstouren zur Beobachtung von Delfinen, NZ-$ 70, Kinder 5–15 Jahre NZ-$ 35.
Akaroa Harbour Nature Cruises, © 0800-4 DOLPHINS, 0800-436574 u. 03-3047641, www.blackcat.co.nz, im Sommer tägl. 11, 13.30, 15.40, im Winter tägl. 13.30 Uhr. Zweistündige Minikreuzfahrten auf dem Motorkatamaran M. V. Black Cat mit Beobachtung von Delfinen, ab NZ-$ 75, Kinder 5–15 Jahre ab NZ-$ 35.
Swimming with Dolphins, © 0800-436574, www.swimmingwithdolphins.co.nz, im Sommer tägl. 9, 11.30, 13.30, im Winter tägl. 11.30 Uhr. Akaroa ist in ganz Neuseeland für Ausflüge bekannt, bei denen man mit Delfinen schwimmen darf. Die Teilnahme kostet NZ-$ 139 (Erw.) bzw. NZ-$ 115 (Kinder 5–15 Jahre).

Kanu/Kajak fahren

Captain Hector's, 65 Beach Rd., © 0800-990102 u. 03-3047866, www.captainhectors.co.nz. Verleih von Kanus, Seekajaks und Ruderbooten, geführte Touren auf Anfrage.

Wandern

Passionierten Wanderern sei der herrliche 35 km lange Banks Peninsula Track empfohlen, auf dem man in 2–4 Tagen von Bucht zu Bucht wandert; übernachtet wird in Hütten, um den Gepäcktransport kümmert sich der Veranstalter; Infos unter © 03-3047612 und www.bankstrack.co.nz, zweitägige Tour ab NZ-$ 145, viertägige Tour ab NZ-$ 225, frühzeitige Reservierung dringend empfohlen.

Busse

Zwischen Christchurch und Akaroa verkehren Touristenbusse, z. B. **Akaroa Shuttle** (© 0800-500929, www.akaroashuttle.co.nz) und **Akaroa French Connection** (© 0800-800575, www.akaroabus.co.nz), hin und zurück ab NZ-$ 45.

Alternative Routen von Christchurch in den Westen

Wer den Routenvorschlägen dieses Buchs gefolgt ist, wird wohl kaum von Christchurch aus in den Westen der Südinsel aufbrechen, sondern den Weg entlang der Küste über Kaikoura nach Blenheim/Picton fortsetzen oder von Christchurch aus die

Heimreise per Flugzeug antreten. Deshalb sind die folgenden Alternativen nur als Ergänzung für diejenigen zu verstehen, die sich zu einer anderen Routenplanung entschlossen haben oder einen landschaftlich schönen Abstecher unternehmen möchten.

Über den Arthur's Pass zur Westküste

Die rund 250 km lange Strecke von Christchurch nach Greymouth über den Arthur's Pass ist eine der populärsten und landschaftlich schönsten Querverbindungen auf der Südinsel – dies gilt sowohl für die gewundene Passstraße des Highway 73 als auch für die (nicht identische) Route des berühmten TranzAlpine Express, die als eine der schönsten Eisenbahnstrecken der Welt gerühmt wird.

Mit dem Auto verlässt man Christchurch über die Riccarton Rd., die westlich des North Hagley Park ihren Anfang nimmt und von der einige Fahrminuten später die Yaldhurst Rd. schräg rechts abzweigt. Auf dieser Straße sind Sie bereits auf dem Highway 73, der nun die Vororte der Großstadt passiert und schließlich durch die flache Ebene der Canterbury Plains immer näher auf die Südalpen zuführt, die am Horizont wie eine unbezwingbare Wand aufragen. Nach den Orten Kirwee, Darfield, Racecourse Hill und Sheffield beginnt fast unvermittelt der Aufstieg, wobei in relativ kurzer Zeit bis **Craigieburn** rund 500 Höhenmeter überwunden werden. Dieses Städtchen, zu dem vom Highway eine Stichstraße rechts abzweigt, hat sich in letzter Zeit einen Namen als Wintersportort gemacht und ist mit einer entsprechenden Infrastruktur ausgerüstet. Auf der westlichen Seite des Highways erstreckt sich der **Craigieburn Forest Park**, ein riesiges Naturschutzgebiet mit seltenen Vertretern der neuseeländischen Tier- und Pflanzenwelt. Das Areal ist von mehreren Wanderwegen erschlossen, die genauso wie die Campingplätze und Wanderhütten von der Naturschutzbehörde DOC verwaltet werden.

Wintersportangebot

Etwa 50 km vor Arthur's Pass bzw. 5 km vor der **Cave Stream Scenic Reserve**, sieht man einige Hundert Meter links der Straße bizarre, durch Erosion geformte Kalksteinfelsen. Hier sollte man unbedingt anhalten und auf den vorhandenen Pfaden diese sehenswerte Landschaft ein wenig erkunden. Zu weiteren sportlichen Aktivitäten fordert der **Lake Pearson** heraus, der etwas weiter (35 km vor Arthur's Pass) an der Route liegt und im Sommer ideal zum Windsurfen, Schwimmen und für Kajaktouren ist. Im Winter kann man hier herrlich Schlittschuh fahren. 16 km vor Arthur's Pass kommt man am **Bealey Hotel** vorbei, das vor einigen Jahren in die Schlagzeilen geriet, weil hier unabhängig voneinander einige Personen (darunter auch zwei deutsche Touristen) ein lebendes Exemplar der Riesen-Moa gesichtet haben wollen.

Grandiose Landschaft

Gleich hinter dem Hotel beginnt der **Arthur's Pass National Park**, eine grandiose Naturlandschaft rund um den 2.400 m hohen Mt. Murchison und vieler weiterer schneebedeckter Zweitausender. Das touristische Zentrum des Nationalparks ist die Siedlung **Arthur's Pass**, die sich 4 km vor dem gleichnamigen Pass befindet und eigentlich nur aus einer Straße besteht. Der reizvoll am Bealy River gelegene Ort verfügt über ein sehr effektives Touristenbüro, das Unterkünfte und Touren vermittelt sowie Infoblätter zu den beliebtesten Outdoor-Aktivitäten wie Skisport (Juni–Sept.) und Bergwandern anbietet. Wer die herrliche Umgebung für kürzere oder längere

Wanderungen nutzen möchte, sollte in Arthur's Pass übernachten. Das ist auch für Zugreisende möglich, denn der Bahnhof liegt mitten im Ort. Eine Jugendherberge, Motels und Backpacker-Hostels sind vorhanden, ebenso ein Restaurant und ein Café. Eine gut einstündige Wanderung führt zu den 131 m hohen Devil's Punchbowl Falls, die über eine Felswand in eine Schlucht von atemberaubender Schönheit donnern.

Bei der Weiterfahrt bleibt Zugreisenden die schönste Sicht verborgen, da die Bahntrasse unmittelbar hinter dem Ort durch den 8,5 km langen Otira-Tunnel verläuft. Autofahrer hingegen gelangen 4 km nach der Siedlung auf den 924 m hohen Pass, von dem sich ein grandioser Ausblick bietet. Als vermutlich erster Pakeha erkundete Arthur Dudley Dobson diese Passstrecke, als er 1864 auf der Suche nach einem Verkehrsweg zu den Goldfeldern der Westküste war. Innerhalb eines Jahres nach dieser „Entdeckung" war bereits der erste Pferde- und Maultierpfad angelegt. Als später die Kohle- und Holzwirtschaft nach besseren Transportmöglichkeiten verlangte, wurde die Eisenbahnlinie in Angriff genommen, die 1923 als ein Meisterwerk der Ingenieurskunst vollendet werden konnte. Nach Arthur Dudley Dobson ist der **Dobson Nature Walk** benannt. Auf dem in unterschiedlichen, 30- bis 90-minütigen Varianten leicht zu gehenden Naturlehrpfad lernt man die Besonderheiten der alpinen Flora kennen.

Mit etwas Kondition und guten Schuhen gelangt man mühelos zu den Devil's Punchbowl Falls

Auf der anderen, feuchten Seite des Passes geht es an der spektakulären Otira-Schlucht vorbei und in vielen Windungen hinab nach Westen, immer dem Verlauf des Taramakau River folgend, bis der Highway 73 schließlich in der Nähe des Orts Kumara die Westküstenstraße Highway 6 erreicht. 18 km nördlich dieser Stelle und vorbei an der Wild-West-Stadt **Shantytown** liegt **Greymouth** (s. S. 444).

Reisepraktische Informationen Arthur's Pass

Information
DOC Arthur's Pass Visitor Centre, Hwy. 73, ℡ 03-3189111, www.doc.govt.nz, im Sommer tägl. 8–17, im Winter tägl. 8.30–16.30 Uhr. Infos und Karten zu Wanderungen in der Umgebung sowie eine interessante Ausstellung zu Flora und Fauna, Geschichte und Geologie der Region.

Unterkunft
Hotel/Motel
**Bealey Hotel $$–$$$**, Hwy. 73, Bealey (12 km östl.), © 03-3189277, www.bealeyhotel.co.nz, DZ NZ-$ 80–180. Rustikale Herberge in schöner Lage, Zimmer und Apartments, Pub-Restaurant.
**Arthur's Pass Alpine Motel $$**, Hwy. 73, © 0800-900401 u. 03-3189233, www.apam.co.nz, DZ NZ-$ 115–135. Familiäres Haus mit Blockhütten für 2–5 Pers., alle mit Dusche/WC und Kitchenette, Restaurant und Pub in fußläufiger Entfernung.

Jugendherberge
**Mountain House YHA $–$$**, Hwy. 73, © 03-3189258, www.trampers.co.nz, DZ ab NZ-$ 76, im Mehrbettzimmer ab NZ-$ 24. YHA-assoziiertes Hostel mit einfachen Einzel-, Doppel- und Mehrbettzimmern und gemütlichem Gemeinschaftsraum.

Camping
Im Ort gibt es ein einfaches DOC-Campsite mit Toiletten und Kaltwasser; noch spartanischer ist das DOC Klondyke Corner Campsite 8 km östl.

Busse/Züge
Alle zwischen Ost- und Westküste verkehrenden Busse wie auch der **Panoramazug TranzAlpine** halten in Arthur's Pass.

Abstecher nach Hanmer Springs

Auch die Reise nach Hanmer Springs kann natürlich auf der Route über den Lewis Pass Richtung Greymouth oder Westport Teilstück einer Ost-West-Querung der Südinsel sein. Sie kann allerdings auch als lohnender Abstecher ab/bis Christchurch oder als Alternativroute nach Kaikoura erwogen werden. Die ersten 55 km sind mit der unten beschriebenen Strecke Christchurch-Picton identisch, dann aber verlässt man in **Waipara** die Ostküstenstraße und zweigt auf dem Highway 7 nach Nordwesten ab.

Expandierende Weinregion

Im sanft gewellten **Waipara Valley** westlich der Stadt erstrecken sich Rebenfelder von beinahe schon Plantagendimension. In Neuseelands jüngster, rasch expandierender Weinregion produziert man hervorragende weiße und rote Tafelweine, vor allem Rieslinge und Pinot Noirs. Viele Weingüter sind auf Besucher eingerichtet und stehen für Weinproben und Besichtigungen offen, die meisten bieten Direktverkauf und angeschlossene Gastwirtschaften. Ein Besuch lohnt sich vor allem während der Weinlese von Mitte Februar bis Anfang Mai.

Westlich des Waipara Valley wird die Straße steiler und kurvenreich, Tussock-Grasflächen, Bäume und Weiden lösen einander ab. Nachdem man den Hurunui River überquert hat, gelangt man 40 km hinter Waipara zu einer Weggabelung, an der der Highway 70 rechts abgeht und über eine Strecke von 102 km entlang der Kaikoura Range zur Ostküste zurückführt. Diese spektakuläre Route ist sicher eine der schönsten, die es überhaupt auf der Südinsel gibt.

Bleibt man hingegen an der Gabelung auf dem Highway 7, kommt man in etwa 30 Min. zum beliebten Ferienort **Hanmer Springs**, der wegen seiner drei Skifelder, den Thermalpools und der ausgezeichneten Infrastruktur immer mehr Besucher anzieht. Im Ort reagierte man darauf mit dem Neubau von Hotels und einem internationalen Spa Resort. Hanmer Springs liegt nicht am Highway, sondern nördlich davon und ist auf einer 10 km langen, gut ausgebauten Stichstraße, dem Highway 74 zu erreichen. Das 1.300-Seelen-Städtchen ist schon seit Mitte des 19. Jh. für die Heilkraft seiner Thermalbecken bekannt, die für Sanatorien und Hospitäler genutzt wurde. Heute sind die öffentlichen und privaten Pools eine Touristenattraktion und tatsächlich gibt es nichts Schöneres, als sich nach einem ausgefüllten Wandertag in den unterschiedlich heißen Becken (34–41 °C) so richtig zu entspannen. Der größte Komplex ist die **Hanmer Springs Thermal Reserve**, schräg gegenüber der Touristeninformation. Aber auch sonst hat der Ort einiges zu bieten: während der Winter ganz den Skifahrern gehört, kann man im Sommer beispielsweise mit dem Jetboat durch den spektakulären Waiau Canyon brausen (30-minütige Fahrt NZ-$ 115, Kinder 5–15 Jahre NZ-$ 60), sich als Bungee Jumper von der 37 m hohen Brücke über den Thrillseekers Canyon in die Tiefe stürzen (NZ-$ 99) sowie an Riverrafting-Touren teilnehmen.

Heilende Thermalbecken

Hanmer Springs Thermal Reserve, *Amuri Rd., Ecke Jacks Pass Rd., © 0800-442663 u. 03-3150000, www.hanmersprings.co.nz, tägl. 10–21 Uhr; ab NZ-$ 18, Kinder 3–15 Jahre ab NZ-$ 9.*
Riverrafting, Thrillseekers Canyon, *© 03-3157046, www.thrillseeker.co.nz, 2 Std.– 2 Std. 30 Min. NZ-$ 149, Kinder 5–15 Jahre NZ-$ 79.*

Hinter der Zufahrtsstraße nach Hanmer Springs folgt der Highway 7 dem Bett des Waiau River immer weiter flussaufwärts, bis schließlich auf einer Höhe von 863 m Lewis Pass erreicht ist. Ab hier geht es hinab nach **Maruia Springs**, das ähnlich wie Hanmer Springs heiße Quellen (www.maruiasprings.co.nz), Skifelder und Unterkünfte aufzuweisen hat, aber längst nicht so touristisch entwickelt ist.

Wenige Fahrminuten danach muss man sich in **Springs Junction** entscheiden, wohin die Reise gehen soll: über den Highway 65 gelangt man nach 72 km zum Highway 6, eine äußerst schöne Strecke zwischen Nelson Lakes National Park und dem Victoria Forest Park. Von der Weggabelung aus sind es 13 km bis Murchison und weitere 35 km bis Kawatiri Junction; ab dort fährt man auf unterschiedlichen Routen zu den Nordküstenzielen Nelson, Motueka oder Picton. Bleibt man hingegen auf dem Highway 7, ist nach 45 km Reefton erreicht und ab dort in einer südlichen Strecke Greymouth (79 km) oder auf einer nördlichen Westport (80 km).

Reisepraktische Informationen Hanmer Springs

Information
Hanmer Springs i-SITE Visitors Centre, *42 Amuri Ave., © 0800-442663 u. 03-3157128, www.visithanmersprings.co.nz, tägl. 10–17 Uhr. Effektives Touristenbüro gegenüber den Thermalpools.* Ein privates Buchungsbüro, das fair zu allen angebotenen Aktivitäten berät, ist **Hanmer Springs Adventure Centre**, *20 Conical Hill Rd., © 03-3157223, www.hanmeradventure.co.nz, tägl. 8.30–17.30 Uhr.*

Unterkunft
Hotel/Motel
**The Heritage Hanmer Springs Resort $$$$–$$$$$**, 1 Conical Hill Rd., © 0800-3687386 u. 03-3157021, www.heritagehotels.co.nz, DZ NZ-$ 283–485. Das Grand Hotel im alten Stil ist seit Generationen eine feste Insititution, mehrfach renoviert und auf den modernsten Stand gebracht, Deluxe-Zimmer, Suiten und Villen, herrliche Gartenanlage, Swimmingpool, Tennisplätze, Spa, Bar, Feinschmecker-Restaurant.

**Hanmer Inn Motel $$$**, 16 Jacks Pass Rd., © 03-3157516, www.hanmer.com, DZ NZ-$ 115–150. Gutes, bequemes und sehr zentrales Motel mit 13 voll ausgestatteten Einheiten auf zwei Etagen, Spa, Frühstück erhältlich.

Bed & Breakfast
**Albergo Hanmer $$$–$$$$**, 88 Rippingale Rd., © 0800-342313 u. © 03-3157428, www.albergohanmer.com, DZ NZ-$ 170–280. 10 Min. zu Fuß vom Zentrum entfernte, ruhig gelegene B&B-Unterkunft, modern und großzügig eingerichtete Zimmer mit Blick auf die Bergwelt, tolles Frühstück.

Backpacker-Hostel/Jugendherberge
**Kakapo Laodge Backpackers $–$$**, 14 Amuri Ave., © 03-3157472, www.kakapo lodge.co.nz, DZ NZ-$ 60–94, im Mehrbettzimmer ab NZ-$ 25. Gutes, Hostel, YHA-assoziiert, großzügige Doppel- und Mehrbettzimmer, auch Küche und Aufenthaltsräume sind sauber, modern und groß.

Camping
Mountain View Top 10 Holiday Park, 5 Hanmer Springs Rd., © 0800-904545 u. 03-3157113, www.mountainviewtop10.co.nz. Der zentralste und deswegen auch am meisten frequentierte der 4 Campingplätze, südlich der Thermalpools gelegen, Zelt- und Caravanplätze, Cabins und Apartments ($$–$$$).

Essen und Trinken
Monteiths Brewery Bar, 47 Amuri Ave., © 03-3155133, www.mbbh.co.nz, tägl. ab 11 Uhr, moderat–teuer. Solide Kiwi-Hausmannskost und süffige Biere von der West Coast.

Alpine Village Inn, 10 Jacks Pass Rd., © 03-3157769, tägl. ab 11 Uhr, moderat. Rustikales Lokal mit Kiwi-Klassikern wie Steaks, Fish 'n' Chips, beliebt bei den Einheimischen.

Busse
Zwischen Christchurch und Hanmer Springs pendeln Busse von **Hanmer Connection** (© 0800-2 HANMER, 0800-242663 u. 03-3822952) und **Hanmer Shuttle** (© 0800-272800), einfache Fahrt NZ-$ 33, Kinder unter 12 Jahre NZ-$ 26.

Von Christchurch nach Picton

Die etwa 350 km lange Strecke von Christchurch nach Picton setzt zunächst das Landschaftsbild der flachen Canterbury Plains fort, wo der für ein kurzes Stück autobahnähnlich ausgebaute Highway 1 19 km hinter Christchurch die Stadt **Kaiapoi** an der Mündung des Waimakariri River in den Pazifik erreicht. Der Ort war Schauplatz blutiger Maori-Kämpfe, als der berühmte Nordland-Häuptling Te Rauparaha nach zäher Gegenwehr das dortige Pa eroberte und die Bewohner massakrieren ließ.

Von Christchurch nach Kaikoura

Ansonsten sieht man auf den ersten 55 km bis **Waipara** wenig Aufregendes. Das am Wegrand liegende historische Harleston House (40 km hinter Christchurch) ist ein schönes Baudenkmal aus den 1860er-Jahren und die Kleinstadt **Amberley** beherbergt die zweitälteste katholische Kirche der Region sowie die kleine Pionierhütte Cob Cottage. In Waipara, wo der Highway 7 in Richtung Hanmer Springs (s. o.) abzweigt, überquert man den gleichnamigen Fluss. Gut 3 km danach lohnt das rote, neugotische Ziegelsteingebäude der **Glenmark Church** mit schönen Buntglasfenstern, das sich linker Hand auf einem Hügel erhebt, den kurzen Abstecher. Der Highway 1 verläuft weiter parallel zur Ostküste und führt durch ein landwirtschaftlich intensiv genutztes Gebiet mit einigen alten Maori-Siedlungen. Vor **Cheviot** (55 km hinter Waipara) passiert die Route das Dorf **Nonoti**, dessen Name auf eine kuriose Geschichte zurückgeht: Als der damalige Premierminister Richard Seddon hier die neuerbaute Eisenbahnstation einweihte, bat er den Pionier James Forbes, die Station zu benennen. Dem erschien das zuviel der Ehre und wehrte mit den Worten „Nein, ich nicht!" (*No, not I!*) ab. Dieser Satz blieb dann als Ortsname haften.

Kurioser Name

Ebenfalls kurz vor Cheviot kommt man durch die Siedlung **Domett**, wo der schön restaurierte alte Bahnhof mit einem Café, hübschem Garten und gemütlichem Tante-Emma-Laden aufwartet. Am Ortsausgang führt nach rechts eine Straße in Richtung Meer (Hinweis: Port Robinson Walkway 11 km, Gore Bay 12 km); auch über diesen Weg gelangt man zur Felsformation der Cathedrals (s. u.), allerdings auf einem längeren unasphaltierten Abschnitt. Bequemer ist es, kurze Zeit später in **Cheviot** die ausgeschilderte Straße zur **Gore Bay** zu nehmen, die zwar schmal, aber asphaltiert und nur 8 km lang ist. Die weit geschwungene Bucht mit Sand-Kieselstrand wird malerisch zu beiden Seiten von einer Steilküste eingerahmt und macht einem kleinen Ort mit Campingplatz und Ferienhäusern Platz. Benannt wurde sie 1769 von James Cook nach seinem Zweiten Schiffsoffizier. Wenn Sie im Ort auf der Cathedral Rd. weiterfahren, gelangen Sie zu einem ansteigenden Abschnitt (ein Hinweisschild warnt Campervans vor der Weiterfahrt, die kurze Strecke dürfte aber

Marlborough Rock Daisy stammen ursprünglich aus Neuseeland

Die Ostküste der Südinsel

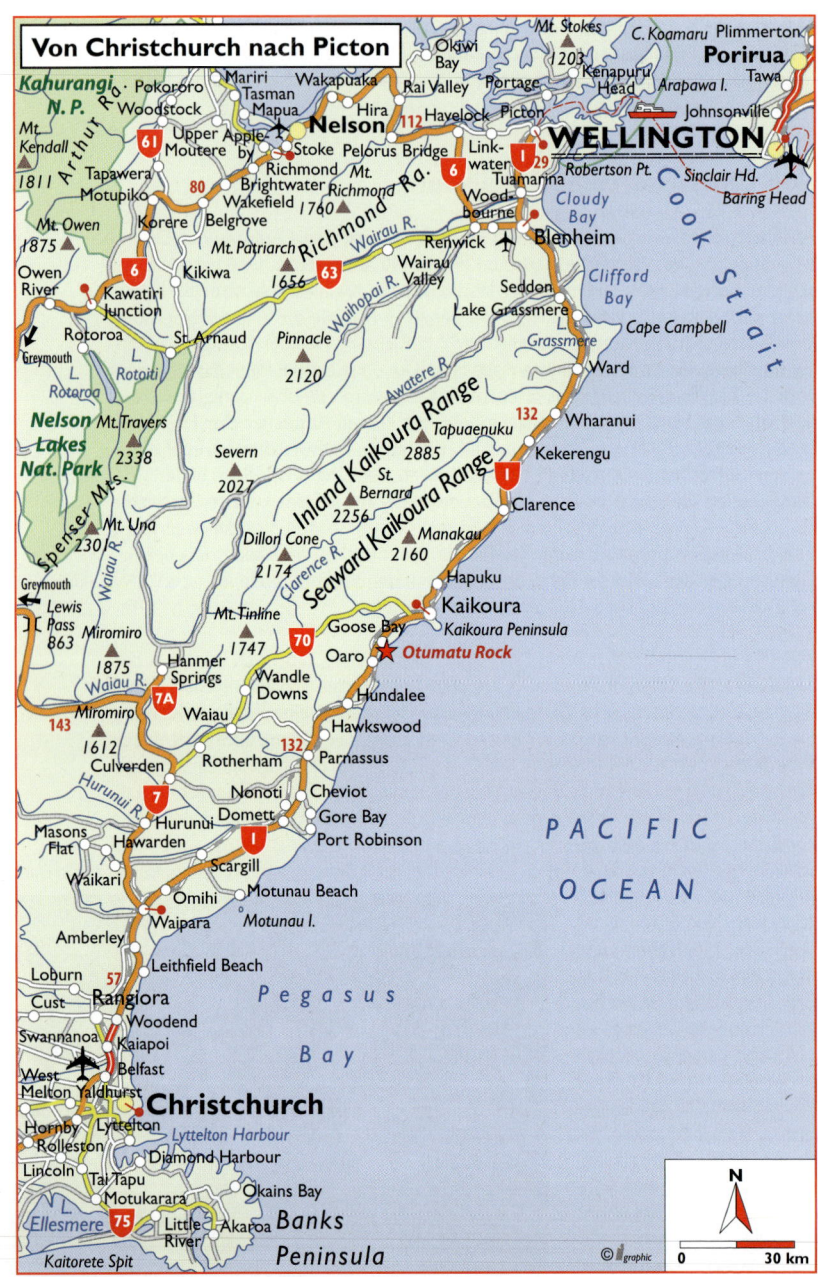

kein Problem sein), der gleichzeitig Startpunkt einer Küstenwanderung zum verlassenen Hafen **Port Robinson** ist (7 km, nur bei Ebbe möglich). Wenige Minuten oberhalb dieser Stelle ist rechts der Straße der Cathedral Lookout, von dem man einen wunderschönen Blick in eine Schlucht mit bizarren Sandsteinformationen hat.

Zurück in **Cheviot** kann man sich ein wenig in dem 500-Seelen-Ort mit Laden, Motel und Campingplatz aufhalten, der sogar ein hübsches Museum und eine Touristeninformation besitzt (beide auf der Hall Street). 3 km nördlich des Dorfes zweigt eine Stichstraße nach links zur **St. Anne's Lagoon** ab, ein hübscher, naturgeschützter See mit reichem Vogelleben und bei schönem Wetter ein fantastischer Picknickplatz. Kurze Zeit später überquert die Straße das hier enorm breite Bett des Waiau River und kommt hinter **Parnassus** in der Siedlung **Hundalee** zur Grenze zwischen den Provinzen Canterbury und Marlborough. Nun wird auch die Landschaft wieder interessanter, da sich das Doppelgebirge der Kaikoura Ranges bis an die Küste des Pazifik heranschiebt. Die sogenannten Inland Kaikouras erreichen im Mt. Tapuaenuku eine Höhe von stolzen 2.891 m. Von den Seaward Kaikouras sind sie durch das breite Clarence Valley getrennt. Auch dieser knapp 100 km lange Gebirgszug ist nur unbedeutend niedriger (Mt. Manakau, 2.609 m) und trägt im Winter eine weiße Schneekappe, die noch von Wellington aus zu sehen ist. Der Prozess der Auffaltung, vor 30 Mio. Jahren begonnen und immer noch nicht abgeschlossen, ist das Resultat der Kollision zweier Erdschollen. Zum Meer hin werden die Kaikoura Ranges durch langgezogene und von Klippen malerisch eingerahmte Sandstrände begrenzt.

See mit Picknickplatz

Der Highway 1 und die parallel laufende Eisenbahnstrecke überwinden das küstennahe Gebirge in mehreren Serpentinen und durch Tunnels. 34 km vor Kaikoura sieht man bei **Goose Bay** wieder das Meer und fährt nun durch eine spektakuläre Szenerie direkt am Ufer der Bucht entlang. An mehreren Stellen sind Lookouts ausgeschildert und an den Hinweistafeln der Coastal Camping Information des DOC kann man sich informieren, wo in dieser Gegend überall das Zelten erlaubt ist (stets einfache, aber sehr schön gelegene Plätze).

Unbedingt anhalten sollte man am Parkplatz des **Otumatu Rock**, wo man quasi vom Autositz aus **Vogel- und Robbenkolonien** beobachten kann. Die häufigsten Tiere in dieser Wildlife Scenic Reserve sind verschiedene Möwenarten, wobei allein die gewöhnliche Red Billed Gull – erkennbar an ihrem roten Schnabel, Beinen und Augenlidern – im nahen Umkreis sechs Kolonien mit insgesamt 12.000 Tieren unterhält. Daneben fallen viele Seeschwalben auf, die in der Brutzeit recht aggressiv werden können, und in der meisten Zeit des Jahres dazwischen auch einige kapitale Pelzrobben. Diese Tiere (*New Zealand Fur Seals*), deren Charakteristikum ein weißer Fleck auf der Nase und ein rötliches Bauchfell ist, können an mehreren Stellen in und um Kaikoura beobachtet werden. Früher fast bis zur Ausrottung bejagt, hat sich ihr Bestand in den letzten Jahrzehnten enorm vergrößert. Die Pelzrobben, die sich auf den Felsen aalen, sind in der Mehrheit männliche Tiere, die im späten September ihren Standort verlassen, um zu den Paarungsplätzen in Süd-Otago zu reisen. Aber in letzter Zeit wurden auch verstärkt Paarungen um Kaikoura beobachtet.

Verschiedene Möwenarten

Die letzte Etappe vor Kaikoura ist zwischen dem Raramai- und dem Parititahi-Tunnel am eindrucksvollsten. Eine kleine Felsnadel im Meer, von der Straße aus zu sehen, wird

Rileys Lookout genannt, weil hier früher der Walfänger Barney Riley Ausschau nach Walen hielt. Vor, in und nach Kaikoura haben Sie entlang des Highway mehrmals Gelegenheit, an Ständen frischgefangenen Cray Fish billig einzukaufen – nirgendwo sonst ist die einem Hummer ähnelnde Languste so wohlschmeckend wie hier. Dass schon die Maoris die Köstlichkeit zu schätzen wussten, beweist ihr Orts- und Flurname: Kai ist „Essen, Kochen" und Koura „der Crayfish", Kai-Koura also der „Ort, an dem Crayfish gekocht wird". Vor dem südlichen Ortsanfang passiert man das Flugfeld, wo mehrere Unternehmen zur Walbeobachtung aus der Luft starten (s. u.), den renommierten Fiffy Country Inn und linker Hand das Caves Restaurant, wo sich auch der Eingang zu den Kalksteinhöhlen befindet.

Cray Fish

Kaikoura

Das 4.000-Einwohner-Städtchen **Kaikoura** liegt landschaftlich wunderschön auf der gleichnamigen, von Klippen und Stränden gesäumten Halbinsel. Bis in die 1980er-Jahre hinein war Kaikoura ein ziemlich verschlafenes Nest, das sich dem Reisenden allenfalls wegen einiger Kunstgalerien, Töpfereien und Fischgeschäften zu einem kurzen Zwischenaufenthalt anbot. Seitdem jedoch die ungewöhnlich reichen Wal-, Delfin- und Robbenbestände vor der Küste als touristisches Potenzial erkannt hat, entwickelte sich das Städtchen rasant und zählt heute zu den beliebtesten Reisezielen an der Ostküste.

Vom Süden her kommend, zweigt man vom Highway 1 an der Eisenbahnbrücke rechts ab und gelangt dort auf die Straße West End, die in die Esplanade übergeht. Dort sieht man linker Hand hinter dem großen Parkplatz das Gebaude des i-SITE Visitor Centre, das die erste Anlaufstelle sein sollte. Denn hier kann man nicht nur die wichtigsten Aktivitäten buchen, Stadtpläne bekommen und sich über Unterkünfte und Restaurants beraten lassen, sondern erfährt auch die aktuellen Gezeitentermine und Wettervorhersagen – beides ist hinsichtlich der Hauptattraktionen und wegen einiger nur bei Ebbe durchführbarer Wanderungen wichtig. Außerdem wird hier zu jeder vollen Stunde ein sehenswerter 20-minütiger Videofilm vorgeführt.

Auto oder Fahrrad

Für eine Besichtigung des Orts braucht man einen Mietwagen, ein Fahrrad (mehrere Verleihstationen) oder Kondition, da die einzelnen Sehenswürdigkeiten ziemlich weit auseinanderliegen. Mit dem Wagen sollten Sie den **Scenic Drive** abfahren, der in den Stadtplänen des Visitor Centre eingezeichnet ist und auf dem Sie auch zu einem Aussichtspunkt geleitet werden, der eine weite Rundumsicht bietet.

Wenn Sie vom i-SITE Visitor Centre an der Strandstraße Esplanade nach Süden fahren oder gehen (bis zum Endpunkt sind es ca. 4 km) passieren Sie zunächst linker Hand den kleinen Park **Garden of Memories** mit Norfolk Pinien und aufgestellten Walknochen. Dann geht es an vielen Motels, Bootsverleihern, Touranbietern und dem Swimmingpool vorbei, bis man rechter Hand einen kleinen Pavillon sieht. Er beherbergt das nicht sehr aufregende Mini-Aquarium **Marine Laboratory**, in dessen Becken einige Fische und Schalentiere der Region schwimmen. Die Schautafeln und der ständig gezeigte Videofilm sind jedoch den Besuch wert.
Marine Laboratory, *im Sommer tägl. 9–17, im Winter tägl. 10–16 Uhr, Eintritt frei.*

Wenige hundert Meter weiter ragt zur Linken die neue Wharf in die Bucht. Hier befinden sich oft Fischerstände, wo man gekochten, schmackhaften Crayfish kaufen kann. Gut 500 m weiter befindet sich die stimmungsvollere **Old Wharf** und gegenüber das **Fyffe House**, das aus den 1860er-Jahren stammt. Die Familie Fyffe zählte zu den ersten Pionieren in dieser Gegend und betätigte sich im Walfang und der Schafzucht. Das kleine Häuschen ist eines der letzten Überbleibsel jener Zeit und steht Besuchern offen.
Fyffe House, *62 Avoca St., © 03-3195835, www.historicplaces.org.nz, Okt.–April tägl. 10–17.30, Mai–Sept. tägl. 10–16 Uhr, NZ-$ 7, Kinder 5–15 Jahre NZ-$ 3,50.*

Etwa 1,5 km danach, vorbei am Jimmy Armer's Beach, endet der Weg am Parkplatz in Sichtweite der großen **Robbenkolonie**. Um diese auf ein Bild zu bannen, braucht man jedoch ein starkes Teleobjektiv oder geht über die rutschigen Klippen ein wenig auf die Tiere zu. Dies ist jedoch nur bei Ebbe möglich, genauso wie der sehr lohnende Wanderweg **Peninsula Walkway**, für den man etwa 3 Std. veranschlagen sollte und der um das Kap herum zur **South Bay Parade** und zurück über die Klippen führt.

Robben

Auf der anderen Seite des i-SITE Visitor Centre gelangt man über die Uferstraße Esplanade/West End unter der Bahnüberführung zur Ludstone Rd., wo sich vis-a-vis das kleine, sehr interessante Museum befindet, das z. T. im alten Stadtgefängnis untergebracht ist. Exponate, Fotografien und Texttafeln dokumentieren die Maori-Vergangenheit sowie die Geschichte der Walfangindustrie und der ersten Schafszüchter.
Kaikoura Museum, *14 Ludstone Rd., © 03-3197440, Mo–Fr 10–16.30, Sa/So 14–16 Uhr, NZ-$ 3, Kinder 5–15 Jahre NZ-$ 1.*

Nur wenige Schritte entfernt liegt an der Beach Rd. der Bahnhof mit der **Whaleway Station**, wo man sich über die vielfältigen Aktivitäten der Whale Watching- und Dolphin-Encounter-Firmen informieren und Buchungen vornehmen kann.

Wale, Delfine und Robben als Kaikoura-Touristenattraktion

Noch Mitte der 1980er-Jahre galt Kaikoura zwar als landschaftlich schön gelegenes, aber im Großen und Ganzen recht verschlafenes Nest ohne Attraktionen. Dies änderte sich im Zuge der weltweiten Sympathie für Wale und Delfine – ein Phänomen, das von Amerika ausging und kurze Zeit später auf Europa übergegriffen hatte. Überall, wo sich die Möglichkeit dazu bot (u. a. in Australien, Hawaii, Kalifornien, Norwegen und Island), begann man, Touristen möglichst nahe an die riesigen Meeressäuger heranzubringen, mit technischem Equipment ihre Laute aufzufangen und sich den Tieren sogar im Tauchanzug zu nähern.

Dass bei diesem Boom, der geradezu über Nacht entstanden war, Kaikoura eine besondere Rolle spielen würde, lag auf der Hand. Denn kaum sonstwo findet man Arten wie Pott- und Buckelwale, Orcas, Tümmler, Hector- und Dusky-Delfine sowie mehrere Robbenarten in dieser Vollständigkeit, in solchen Beständen und so nahe vor der Küste wie hier im Osten der Südinsel. Der Grund für das gehäufte Auftreten von Meeressäugern in den Gewässern um Kaikoura liegt in einem besonders günstigem Zusammenspiel von geologischer Situation und Meeresströmungen: die Schelfküste, also quasi die Fortsetzung des Landes unter Wasser, ist vor Kaikoura außerordentlich schmal. Sie reicht bei einer Wassertiefe von rund 90 m nur maximal 1 km in den Ozean hinein, um dann in einer riesigen unterseeischen Steilküste abrupt bis auf ca. 1,5 km abzufallen. Gegen diese Wand prallen verschiedene Wasserströmungen, wobei die aus der Antarktis kommende und kalte Tiefseeströmung nach oben abgelenkt wird, einen vertikalen Auftrieb erzeugt und sich mit dem oberflächennahen Warmwasser vermischt. Dadurch werden große Mengen an nährstoffreichem Plankton und Kleinstlebewesen nach oben gewirbelt und stellen eine überreich gedeckte Tafel für alle möglichen Meeresbewohner dar. Nicht nur Buckelwale finden hier ideale Ernährungsbedingungen vor, sondern Fische und Säugetiere jeglicher Größe, von denen die kleineren als Beutetier der größeren dienen. Und genauso ist der Fischreichtum die Voraussetzung dafür, dass so viele unterschiedliche Vogelkolonien von Albatrossen, Tölpeln, Möwen, Kormoranen, Seeschwalben und Pinguinen so nah nebeneinander existieren können.

Größte Attraktion sind die Wale. Ganzjährig kommen zwar u. a. Pilot-, Minkwale und Finnwale vor, hauptsächlich aber treten zwei Großarten auf:
- Am häufigsten und ganzjährig ist der **Pottwal** *(sperm whale)* anzutreffen, der als ausgewachsenes männliches Tier 18–20 m lang und 70 t schwer werden kann und damit der größte Zahnwal überhaupt ist. Sein charakteristisches Blasen ist am besten im Winter (Mai–Juli) zu sehen, während die Chancen auf eine Begegnung mit einem Pottwal im September am schlechtesten sind.
- Im Gegensatz dazu taucht der **Buckelwal** *(humpback whale)* nur sporadisch und im Rahmen seiner Wanderung zwischen Südpazifik und Arktis auf, wird aber in den Sommermonaten regelmäßig vor der Küste gesichtet. Wie der Blauwal gehört der Buckelwal zur Familie der Bartenwale, d. h. dass er anstelle von Zähnen einen „Vorhang" hornartiger Barten hat. Nachdem die Säugetiere mit geöffnetem Maul eine Menge Meerwasser aufgenommen haben, pressen sie dieses durch die Barten zurück und filtern so ihre Nahrung heraus. Die Buckelwale ernähren sich von sehr kleinen Lebewesen (Plankton, Krill, Kleinfische und -krebse), obwohl sie zu den größten Lebewesen der Welt gehören: bis zu 15 m Länge und 45 t Gewicht erreicht ein ausgewachsenes Tier. Ihren Namen tragen die Säugetiere wegen des charakteristischen Schwimmverhaltens, bei dem sie ihren Rumpf als „Buckel" über der Wasseroberfläche zeigen. Langsam rollt dieser gekrümmte Rücken nach hinten, bis nur noch die Schwanzflosse aus dem Meer ragt. Nach einem kurzen Moment, in dem die Flosse fast senkrecht steht, verschwindet der Wal in der Tiefe der See.

Die Möglichkeiten, dieses Schauspiel zu erleben, sind vielfältig.
Nur beim Whale Watching aus der Luft mit Helikoptern und Kleinflugzeugen sieht man durch das klare Wasser die kompletten Umrisse der massigen Tiere. Populärer sind die Ausflüge mit kleinen, aber sicheren Booten, auf denen man sich den Walen bis auf 10–20 m nähert. In einigen Magazinen sind diese Exkursionen als Tierquälerei angeprangert worden. Diesen Vorwurf weist man in Kaikoura entrüstet zurück. Auch das Department of Conservation hält die Anschuldigungen für falsch und vergab der betroffenen Firma Whale Watch Kaikoura Ltd. sogar ei-

nen Preis für ökologisch unbedenklichen Fremdenverkehr. Inzwischen hat sich auch die Organisation Greenpeace zu Wort gemeldet und erklärt, dass im globalen Vergleich das Whale Watching in Neuseeland und Island noch am ehesten zu akzeptieren sei.

Persönliche Erfahrungen gehen in die gleiche Richtung. In Kaikoura liegt das gesamte Geschäft in den Händen einer Maori-Firma, die sich auch durch den enormen Andrang nicht dazu bewegen lässt, ihre Touren auszudehnen und stattdessen lange Warteschlangen und sogar verärgerte Kunden in Kauf nimmt. Sobald man sich bei oder in einer Walherde befindet, werden die Motoren so lange abgestellt, bis die Tiere wieder abgetaucht sind. Auch die Flightseeing-Unternehmen betonen in ihren Broschüren, dass sie einen Mindestabstand zu den Walen halten, der so bemessen ist, dass die Motorengeräusche nicht stören.

Da insbesondere im Sommer die Nachfrage das Angebot übersteigt, ist eine rechtzeitige Reservierung unbedingt notwendig (in der Hauptsaison bis zu drei, vier Wochen!). Zu diesem Zweck ist eigens ein *Whalewatching-Freephone* eingerichtet worden (s. u.). Aber selbst wer seinen Platz sicher hat, wird vor Ort möglicherweise feststellen, dass das Wetter einen Strich durch die Rechnung macht: Bei rauher See werden die Fahrten ersatzlos gestrichen. Apropos: Auch bei scheinbar ruhiger See kann es an Bord der kleinen Schiffe recht rau werden und wer anfällig für Seekrankheit ist, sollte sich rechtzeitig mit Gegenmitteln ausrüsten oder auf das Abenteuer verzichten.

Neben Walen nähert man sich bei den Whale-Watching-Ausflügen verschiedenen Delfinarten – sie zählen ebenfalls zur Gattung der Wale. Das sogenannte Dolphin Encounter ist für viele ein unbeschreibliches Erlebnis. Dabei wird man mit Booten zu einer Delfinschule gebracht und steigt dann mit Taucheranzug und Schnorchel ins Wasser. Falls man es schafft, die Aufmerksamkeit der Tiere zu erlangen, kommen diese oft sehr zutraulich den Schwimmern ent-

In Kaikoura kann man gut Pelzrobben beobachten

gegen, beginnen zu spielen und scheuen bisweilen selbst den Hautkontakt nicht. Bei diesem Experiment sind **Orcas** ausgeschlossen. Ihren blutrünstigen Beinamen Mörderwal (*killer whale*) tragen sie zwar zu Unrecht, sind aber trotzdem Raubtiere, die auch Jagd auf Delfine machen. Die Orcas mit ihrer auffälligen schwarz-weißen Färbung sind vor Kaikoura sehr häufige Gäste, insbesondere in der Zeit von Dezember bis März. Genau wie diese gelten auch die **Dusky Dolphins** als äußerst verspielt und vollziehen die akrobatischsten Sprünge; sie sind das eigentliche Ziel des Dolphin Encounter. Das Erstaunliche dieser Delfinart: Sie taucht in großen Schulen auf. Mehr als 150 Exemplare sind nicht selten. Die eleganten schwarz-weißen Tiere halten sich ganzjährig vor Kaikoura auf, sind aber in den Wintermonaten seltener und fast nie in Schulen zu sehen. Deswegen dauert die *Dolphin Swimming Season* auch nur von Oktober bis etwa Mitte April.

Zahlenmäßig sind Orcas, Dusky Dolphins und die gewöhnlichen Tümmler die häufigsten Delfinarten, aber nicht die einzigen. u. a. tauchen auch regelmäßig die bis zu bis 4 m langen, grauen **Bottlenose Dolphins** *(Maui)* vor der Küste auf, darunter ein sehr zutrauliches weibliches Tier, das als eigentlicher Star des *Dolphin Encounter* gilt. Und mit ein wenig Glück wird man auch die sehr seltenen und vom Aussterben bedrohten **Hector Dolphins** sichten, die nur vor der neuseeländischen Küste beheimatet sind. Exemplare dieser kleinsten Delfinart überhaupt sind an ihrer grauen Färbung und den merkwürdig abgerundeten Rückenflossen zu erkennen.

Zwar wurden früher auch die neuseeländischen **Pelzrobben** und andere Seehundarten fast bis zur Ausrottung bejagt, konnten sich aber in den letzten Jahrzehnten enorm vermehren und gelten schon seit langem nicht mehr als gefährdet. An vielen Plätzen in und um Kaikoura sieht man diese Tiere beim Sonnenbad auf den Klippen – sowohl als Einzelgänger als auch in Kolonien. Dass auch Robben nicht nur elegante Schwimmer sind, sondern zudem verspielt und zutraulich sein können, wird jeder feststellen, der sich an einem *Seal Swimming* beteiligt (s. S. 588).

Weitere Sehenswürdigkeiten liegen südlich der Stadt: wenn Sie auf der Churchill St. (Hwy 1) von Kaikoura aus 3 km in den Süden fahren, gelangen Sie am Fuß des Hügels zum Abzweig der South Bay Parade (nach links). Hier geht es, vorbei an der Pferderennbahn und an vereinzelten Bootsanlegern, zu einer Stelle, an der sich früher die Walfangstation befunden hat. Heute lohnt sich der Weg wegen der bizarren, weißen Felspartien und des schönen Blicks auf die Bucht. Um das Kap herum gelangt man nur zu Fuß und bei Ebbe wieder nach Kaikoura zurück und zwar auf dem wunderschönen **Peninsula Walkway**.

Schräg gegenüber der Abzweigung ist am Highway der Eingang zur **Maori Leap Cave** markiert, einer sehenswerten Höhle, die die Brandung in den Kalkstein modelliert hat. Das interessante System kann man auf geführten Touren (35 Min.) kennenlernen, die mehrmals tägl. am Cave Restaurant beginnen.
Maori Leap Cave, *Main South Hwy.,* © 03-3195023, www.showcaves.com, *Führungen im Stundenabstand tägl. 10–16 Uhr, NZ-$ 15, Kinder 5–15 Jahre NZ-$ 6.*

Noch weiter südlich passiert man auf dem Highway den Golfplatz, dann den Abzweig der Inland Rd., die zu den neu erschlossenen Skigebieten am 60 km westlich gelegenen Mt. Lyford führt. 2 km danach linker Hand die **Fyffe Gallery**, ein historisches Haus mit gutem Restaurant und Unterkunftsmöglichkeit, sowie schließlich den Flughafen, von dem aus **Flightseeing-Touren** über das Hinterland oder zum luftigen Whale Watching abheben.

Bei der Weiterfahrt verlässt man Kaikoura über die Beach Rd. (Hwy 1). Dann überquert man den Hapuku River und bleibt anschließend fast immer in Sichtweite des Meers. Über rund 100 km verlaufen die Küstenstraße und die parallel geführte Eisenbahnstrecke direkt am Ufer der rauen Ostküste entlang, die mit dem gebirgigen Hinterland und weit geschwungenen sandigen Buchten (Mangamaunu Beach, Half Moon Bay, Waipapa Bay) eine ähnlich dramatische Szenerie aufweist wie die Westküste der Südinsel. Während die heranrollenden Brecher zum Schwimmen oft zu gefährlich sind, finden Surfer hier ideale Bedingungen. Nach der Ure Bridge laufen die Kaikoura Ranges in den flacheren Blue Mountains (höchster Punkt 1.244 m) aus, und die Straße quert in mehreren Serpentinen jene Halbinsel, deren nördlichste Spitze durch den Leuchtturm am **Cape Campbell** markiert wird. Das Hinterland ist durch die Rodungsarbeiten der Schafzüchter geprägt, und in den trockenen Sommermonaten können einem die Schafe auf den gelbverbrannten, kahlen Hügeln leid tun. Hinter dem Pass und den Minisiedlungen **Ward** und **Taimate** geht es erneut in Kehren hinab, wobei sich zur Rechten die silbrig-glänzende Wasserfläche des Lake Grassmere abzeichnet.

Wellengang für Surfer

Im Ort **Lake Grassmere** ist ein interessanter, 1,7 km kurzer Abstecher nach rechts zur Salinenanlage zu empfehlen (Hinweisschild: *Saltworks*), die heute mehr als ein Drittel der Seefläche ausmacht. Nach dem Beginn der Salzgewinnung im Jahr 1952 übersteigt die Produktion der Dominion Salt Works nun mehr als 50.000 Tonnen im Jahr, die als Tafelsalz, Soda oder zur industriellen Nutzung auf den Markt kommen. Die schneeweißen Halden sind besonders vor dem Hintergrund eines blauen Himmels von bizarrer Schönheit.

Schneeweiße Salzberge

In wenigen Kilometern erreichen Sie ab Grassmere **Seddon**, von wo es noch 25 km bis zur Hauptstadt der Provinz Marlborough sind. Kurz nach Seddon wird der Awatere River überquert, nach einer letzten Hügelkette geht es dann hinab in die völlig flache Ebene der Wairau Plains, wo bald die ersten Weinkellereien das nahe **Blenheim** ankündigen.

Reisepraktische Informationen Kaikoura

Information
Kaikoura Visitors Centre, West End, Ecke The Esplanade, ℂ 03-3195641, www.kaikoura.co.nz, Mo–Fr 8.30–17.30, Sa/So 9–16.30 Uhr, im Winter eingeschränkte Öffnungszeiten.
Department of Conservation (DOC), Kaikoura Field Centre, Ludstone Rd., ℂ 03-3195714, www.doc.govt.nz, Mo–Fr 8–16.30 Uhr. Wanderkarten für Exkursionen in die Umgebung und anderes Infomaterial.

Unterkunft
Motels
**Anchor Inn Motel $$$**, 208 The Esplanade, ℡ 0800-720033 u. 03-3195426, www.anchorinn.co.nz, DZ NZ-$ 125–255. Modernes, komfortables und geschmackvoll eingerichtetes Motel mit 15 Studios direkt am Strand, engagiertes und hilfreiches Management.
**Panorama Motel $$–$$$**, 266 The Esplanade, ℡ 0800-288299 u. 03-3195053,, www.panoramamotel.co.nz, DZ NZ-$ 110–190. Angenehmes Mittelklasse-Motel mit 22 Einheiten, direkt am Meer mit schönen Ausblicken.
**Bay Cottages $$**, South Bay Rd., ℡ 03-3195506, www.baycottages.co.nz, DZ NZ-$ 100–130. Einige Kilometer südl. der Stadt an der South Bay ruhig gelegene Anlage mit 8 gut eingerichteten Häuschen für bis zu 4 Personen, alle mit Kitchenette und eigenem Bad, auch einige komfortable Motelzimmer, sehr hilfsbereiter Besitzer und nette Atmosphäre, gutes Preis-Leistungs-Verhältnis.

Bed & Breakfast
**The Pier Hotel $$**, 1 Avoca St., ℡ 03-3195037, www.thepierhotel.co.nz, DZ NZ-$ 75–145. Pub-Hotel von 1845 mit soliden B&B-Zimmern. Großes Plus: Von der Bar im Erdgeschoss ins Bett ist der Weg erfreulich kurz.

Backpacker-Hostels/Jugendherberge
**Dusky Lodge Kaikoura $–$$**, 67 Beach Rd., ℡ 03-3195959, www.duskylodge.com, DZ NZ-$ 56–70, im Mehrbettzimmer NZ-$ 26. Neuere, urgemütliche und sehr populäre (oft überfüllte) Backpacker-Unterkunft mit Restaurant, Spa, Pool, Fitnessgeräten, Tourangeboten.
**Top Spot Backpackers $–$$**, 22 Deal St., ℡ 03-3195540, www.hostelz.com, DZ ab NZ-$ 58, im Mehrbettzimmer ab NZ-$ 24. Gutes Hostel mit Doppel- und Mehrbettzimmern sowie Zeltmöglichkeit, 3 Min. Fußweg zum Zentrum, Sonnenterrasse, Tennis, freie Fahrräder, freier Internetzugang, vom Besitzer organisierte Seal-Swimming-Ausflüge.
**Maui YHA Hostel $–$$**, 270 The Esplanade, ℡ 03-3195931, www.yha.co.nz, DZ ab NZ-$ 78, im Mehrbettzimmer NZ-$ 33. Moderne Jugendherberge, etwa 1,5 km vom Zentrum entfernt, schöne Lage am Meer zwischen Stadt und Robbenkolonie, Sportmöglichkeiten, Fahrradverleih, freie Abholung am Bahnhof, sehr beliebt und daher oft ausgebucht.

Camping
Kaikoura Motels & Holiday Park, 9/15 Beach Rd., ℡ 03-3195999, www.a1kaikouramotel.co.nz. Gute Anlage mit Zelt- und Caravanplätzen, Cabins, Flats, Motel- und Backpacker-Unterkunft ($–$$$), Swimmingpool, Zentrumsnähe.
Kaikoura Top 10 Holiday Park & Motels, 34 Beach Rd., ℡ 0800-363638 www.kaikouratop10.co.nz. Fast benachbarter und etwas modernerer Platz, ebenfalls gut und mit einer großen Bandbreite an Unterkünften ($–$$$) ausgestattet, Pool.

Essen und Trinken
Entlang der Uferstraße Esplanade und West End findet man einige solide Cafétérien, in denen leichte Mahlzeiten, Pizzen etc. angeboten werden. In den Fischbuden an der Wharf bekommt man frischgekochten Crayfish so schmackhaft zubereitet, wie es auch Gourmet-Tempel nicht besser machen könnten. Zu den gehobenen Speiselokalen gehören:
Fyffe Gallery, Fyffe Country Lodge, Hwy. 1, ℡ 03-3196869, www.fyffecountrylodge.com, tägl. 11–14, 18–22 Uhr, teuer–sehr teuer. Preisgekröntes Nouvelle-Cuisine-Restaurant mit exquisiter Weinkarte.

Green Dolphin Restaurant, 12 Avoca St., ℗ 03-3196666, tägl. 11.30–14.30, 18–22.30 Uhr, teuer. Teils französisch, teils asiatisch angehauchte Gerichte der zeitgenössischen Neuseeland-Küche, vor allem fangfrischer Fisch und Seafood, erlesene Weine, etwa 2,5 km außerhalb in der Nähe des Fischereihafens.
Craypot, 70 West End, ℗ 03-3196027, tägl. 11–22.30 Uhr, moderat–teuer. Fisch und Seafood frisch aus Neptuns Garten.
White Morph Restaurant, 92/ 94 The Esplanade, ℗ 03-3195014, www.whitemorph.co.nz, tägl. 11–14, 17.30–22 Uhr, moderat–teuer. Regionale Frischeküche, vor allem wohlschmeckende Fisch- und Seafood-Gerichte.
Finz, 103 Bayview St., ℗ 03-3196688, tägl. ab 11 Uhr, moderat. Diese populäre Gaststätte mit ebenso populärer Bar nebenan hat hervorragende Fisch- und Seafood-Gerichte auf der Karte (Spezialität: Seafood Fettuccine), aber auch Wild und Lamm.
The Pier Hotel, 1 Avoca St., ℗ 03-3195037, www.thepierhotel.co.nz, tägl. 10–23 Uhr, moderat. Historischer Pub, Steaks und andere deftige neuseeländische Gerichte.
Go Pukeko, 6 West End, ℗ 03-3196110, tägl. 10–22 Uhr, preiswert. Die besten Fish'n' Chips der Region.

Whale Watching/Dolphin Encounter

Hauptanbieter ist die **Whale Watch Kaikoura Ltd.** (Railway Station, ℗ 0800-655121 u. 03-3196767, www.whalewatch.co.nz), deren Boote bis zu viermal tägl. auslaufen und Pottwale, Buckelwale, Hector Delfine, Orcas und andere Meeressäuger aufspüren. Das Maori-Unternehmen legt Wert auf die Feststellung, dass die Touren in Übereinstimmung mit den Empfehlungen der Tierschutzorganisationen stehen. Aufgrund der großen Popularität ist eine rechtzeitige Anmeldung per Telefon, Fax oder im Internet – mindestens 3 Tage im Voraus – unbedingt ratsam. Touren (2 Std. 30 Min.) tägl. 7.15, 10, 12.45, 15.30 (letztere nur Nov.–März), NZ-$ 145, Kinder 3–15 Jahre NZ-$ 60.

Das Unternehmen **Wings over Whales** (Main South Rd., ℗ 0800-2CMOBY u. 03-3196580, www.whales.co.nz, 30-minütiger Flug NZ-$ 165, Kinder 3–14 Jahre NZ-$ 75) betreibt ebenfalls Whale Watching, aber aus einer anderen Perspektive: während man vom Boot aus die Wale nur partiell sehen kann, wirbt diese Flightseeing-Agentur mit der Losung „See the Whole Whale!" – und tatsächlich kann man hier die Dimensionen der riesigen Tiere sowie ihr Ab- und Auftauchen besser nachvollziehen. Angeboten werden solche Whale Watching-, aber auch „normale" Sightseeing-Flüge u. a. auch von **Kaikoura Helicopters** (℗ 0800-4554354 u. 03-3196609, www.worldofwhales.co.nz, 30- bis 50-minütiger Flug NZ-$ 220–400), deren Hubschrauber-Startpunkt sozusagen mitten im Zentrum liegt, nämlich direkt neben dem Bahnhof. Ein ähnliches Erlebnis versprechen die Touren des **Kaikoura Aero Club** (℗ 03-3196579, www.airkaikoura.co.nz), die mit Kleinflugzeugen vom Flughafen 8 km südl. starten.

Neben den Walen sind die dichten Delfinbestände Kaikouras große Attraktion. Eine Möglichkeit, so seltenen Meeressäugern wie den Hector- und Dusky-Delfinen sehr nahe zu kommen, bietet **Dolphin Encounter** (℗ 0800-733365 u. 03-3196777, www.dolphin.co.nz), bei dem man mit dem Schlauchboot an eine Delfinschule heranfährt und sich mit Taucherbrille, Schnorchel und Tauchanzug zu den Wildtieren gesellt. Sobald man deren Aufmerksamkeit erlangt hat, nähern sie sich den menschlichen Gästen oft ganz zutraulich. Drei- bis dreieinhalbstündige Touren: Nov.–April tägl. 5.30, 8.30, 12.30, Mai–Okt. tägl. 8.30, 12.30 Uhr, Ticket: NZ-$ 170, Kinder 8–14 Jahre NZ-$ 155; Zuschauer NZ-$ 85, Kinder 8–14 Jahre NZ-$ 45.

Vom Erfolg dieses Unternehmens inspiriert, wird inzwischen auch das Schwimmen mit Robben angeboten (2- bis 2,5-stündige Touren je nach Saison NZ-$ 70–110, Kinder 6–14 Jahre NZ-$ 60–70; inkl. Ausrüstung), u. a. von **Dive Kaikoura NZ** (© 03-3196622, www.dive kaikoura.co.nz) und von **Seal Swim Kaikoura** (© 0800-SEAL SWIM u. 03-3196182, www.sealswimkaikoura.co.nz), ebenso wie „Tauchen mit Haien", u. a. von **Shark Dive Kaikoura** (© 03-3196888, nur Nov.–Mai, NZ-$ 110), wobei der Taucher etwa 10 Min. in einem sicheren Käfig verbringt, umringt von angefütterten Haien. Im Angebot stehen auch 2- bis 3-stündige Bootsausflüge zur Beobachtung von Albatrossen, u. a. von **Albatross Encounter** (© 0800-733365 u. 03-3196777, www.albatrossencounter.co.nz, tägl. 9, 13 Uhr, NZ-$ 115, Kinder 5–15 Jahre NZ-$ 55).

Alle diese und viele weitere Aktivitäten können direkt oder über das i-SITE Visitor Centre gebucht werden, möglichst allerdings einige Tage im Voraus. Da oft das Wetter den Unternehmen und ihren Gästen einen Strich durch die Rechnung macht, müssen Touren z. T. ersatzlos gestrichen werden – bei anhaltend schlechter Witterung oft tagelang. Falls also das Whale Watching eines Ihrer Hauptinteressen darstellt, sollten Sie die Zeit Ihres Aufenthalts in Kaikoura großzügig einkalkulieren. Tauchen beim Whale Watch, Swimming with Dolphins oder Seal Swim die Tiere nicht auf, erstatten die Veranstalter i. d. R. 50–75 % des Ticketpreises.

Wandern

Wenn Sie gerne auf eigene Faust Naturwanderungen unternehmen möchten, sollten Sie den wunderschönen, einfach zu begehenden **Kaikoura Peninsula Walkway** um die Spitze der Kaikoura-Halbinsel nicht versäumen (Rundweg 11 km, 3 Std.). Außerdem sind nordwestlich der Stadt mehrere Picknickplätze als Startpunkte für Wanderungen ausgewiesen, u. a. im 9 km entfernten **Mt. Fyffe Forest Park**, der vom Mt. Fyffe überragt wird. Für die Besteigung seines markanten, 1.602 m hohen Gipfels braucht man eine gute Kondition (hin und zurück 16 km, 6–8 Std.), leichter sind da kurze Wanderungen wie der **Fyffe Palmer Bush Walk** oder der **Hinau Walk**.

Der längste Track der Region ist der **Kaikoura Coast Track**, für dessen 43 km man 3 Tage veranschlagen sollte; Infos und Buchung: © 03-3192715, www.kaikouratrack.co.nz, Gepäcktransfer, Übernachtung in Privatquartieren, ab NZ-$ 215 pro Pers.

Busse

Alle Überlandbusse von **InterCity** und anderer Gesellschaften zwischen Picton und Christchurch bzw. Nelson stoppen am großen Parkplatz in der Nähe des Kaikoura i-SITE Visitor Centre, wo auch Tickets erhältlich sind.

Züge

Der tägl. zwischen Picton und Christchurch verkehrende **TranzCoastal** (s. S. 404) hält in der Kaikoura Railway Station an der Whaleway Station Rd.

Blenheim

Blenheim (ausgesprochen: „Blennem") ist ein sonnenverwöhnter 25.000-Einwohner-Ort am Zusammenfluss des Opawa River, Taylor River und Omaka River und ein wichtiger Verkehrsknotenpunkt (Bahnhof, Station der Überlandbusse, Flughafen, Kreuzung der Highways 1/6/63) sowie ein geschäftiges Einkaufszentrum. Der Aufenthalt lohnt wegen der schönen Parks, einiger historischer Bauten und besonders der Winzereien in der Umgebung. Wer sich das hübschere Picton auf der Hinfahrt schon angeschaut hat, kann auch in Blenheim übernachten, um am nächsten Tag die nur 28 km zum Fährhafen zurückzulegen.

Hübsches Städtchen

Überraschend ist das grüne Stadtbild. Blenheim hat gleich mehrere großzügige **Parkanlagen**. Der quadratische **Seymoure Square** im Zentrum wurde bereits 1857 eingerichtet und bietet daher neben ganzjährig schön komponierten Blumenbeeten auch historische Baudenkmäler und weitere Relikte aus der Gründerzeit wie etwa die Schiffskanone Blenkinsopp's Cannon. Nur wenige Schritte entfernt erhebt sich der rekonstruierte Uhrenturm an der High St., Ecke Market St. ebenfalls inmitten einer schönen Grünanlage.

Nördlich des Zentrums erstreckt sich der riesige **Pollard Park** mit Pferderennbahn, Pools und den hübschen Waterlea Gardens und weiter südlich – vom Zentrum über die Maxwell Rd. in etwa 1,5 km zu erreichen – lockt der gut 5 ha große **Brayshaw Heritage Park** mit Blumen, Bäumen, Teichen, einem rekonstruierten Pionierdorf, einer Miniatureisenbahn und dem **Marlborough Museum** für regionale Geschichte, Kunst und Kultur. Das **Omaka Aviation Heritage Centre**, 5 km westlich des Zentrums auf dem Gelände des früheren Flughafens, wartet mit einer Ausstellung alter Flugzeuge und anderer Exponate aus den frühen Tagen der Fliegerei in Neuseeland auf.

Freilichtmuseum

Marlborough Museum, *Arthur Baker Place, ℂ 03-5781712, www.marlboroughmuseum.org.nz, tägl. 10–16 Uhr, Eintritt frei.*
Omaka Aviation Heritage Centre, *79 Aerodrome Rd., ℂ 03-5791305, www.omaka.org.nz, tägl. 10–17 Uhr, NZ-$ 25, Kinder 5–14 Jahre NZ-$ 10.*

Um Blenheim ranken die Weinreben in wahren Plantagen

Gute Weine

Weitere Attraktionen der Stadt sind die nahegelegenen **Weinkellereien**, die einige der besten Weine des Landes produzieren – obwohl natürlich die Eigenwerbung *Wine Capital of the World* übertrieben ist. Gekeltert wird vorwiegend Sauvignon Blanc, gefolgt von Chardonnay und Riesling sowie der Rotwein Pinot Noir. Falls Sie einige der *Wineries* besuchen möchten, fahren Sie am besten zuerst zum i-SITE Visitor Centre am alten Bahnhof, wo man Sie über die besten Anlaufstellen berät und wo Sie den *„Marlborough Winemakers Wine Trail Guide"* erhalten. Zur Besucherinformation finden Sie aus südlicher (Kaikoura) oder nördlicher Richtung (Picton) kommend über den Highway 1, auf dem Sie automatisch den Bahnhof passieren.

Die meisten Weinkellereien befinden sich im Umkreis von etwa 15 km zum Ortszentrum (mit einer Konzentration am Dorf Renwick), wobei allein die Montana Wines Ltd. über drei große Winzereien verfügt, darunter die von Brancott, die mit über 230 ha die größte des Landes und alljährlich am zweiten Februar-Wochenende Schauplatz des populären **Marlborough Food & Wine Festivals** ist.

Kleinere, dafür aber sehr idyllische Anlagen findet man nordwestlich der Stadt in der Nähe des Dorfs **Rapaura**; z. B. den Hunter's Vineyard, dessen Besitzerin Jane Hunter von der renommierten Londoner Zeitung Sunday Times zu den *World's Top Five Women* gezählt wird. Nahebei liegt die Merlen Winery, die von deutschen Auswanderern betrieben wird und wo man in einem Weingarten deutsches Essen genießen kann. Fast alle Weinkellereien haben Mo–Sa 9–17 Uhr für Weinproben, Verkauf und z. T. auch Besichtigungen geöffnet, häufig auch sonntags.

Eine Attraktion besonderer Art ist der **Johanneshof**, die einzige Weinkellerei Neuseelands, die in einen Berg gesprengt wurde. Die Zufahrt zum Johanneshof finden Sie ca. 2 km vor Tuamarina an der kleinen Kirche zur Rechten, kurz danach geht links die unscheinbare Hofeinfahrt ab. Auf dem Programm jeder Weintour steht **The Vines Village**, wo man in Schankstuben verschiedener Weingüter edle Tropfen verkosten kann (193 Rapaura Rd., ✆ 03-5727170, www.thevinesvillage.co.nz, tägl. 10–17 Uhr).

Konkurrenz fürs Bier – Neuseeländischer Wein

info

In den vergangenen Jahren hat Bier, das Nationalgetränk der Neuseeländer, einen ernst zu nehmenden Konkurrenten bekommen – den Wein. Noch vor gar nicht langer Zeit hätte kein echter „Kiwi" Wein in die Kategorie alkoholisches Getränk eingeordnet. Wein wurde oft als „unmännliches Gesöff" bezeichnet, das allenfalls Wermutbrüder konsumierten. Wer etwas auf sich hielt, trank Bier. Aber die Zeiten haben sich geändert. Immer mehr Neuseeländer wenden sich den Weinen ihres Landes zu, die von hervorragender Qualität sind. Praktisch jedes Restaurant und jede Getränkehandlung bieten heute Flaschenweine an. So gut wie jede größere Zeitung beschäftigt einen eigenen Weinkolumnisten. *Wine Bars* laufen mancherorts Pubs den Rang als beliebte Treffpunkte geselligen Beisammenseins ab. Längst wird Beaujolais nicht mehr für einen französischen Skifahrer gehalten. Und endgültig vorbei sind die Zeiten, da manche Neuseeländer ihren Gästen Rotwein eisgekühlt kredenzten, mit einer Zitronenscheibe garniert.

Den Grundstock zur neuseeländischen Weinseligkeit legten britische Missionare bereits um das Jahr 1820. Rebstöcke gehörten zu den ersten Nutzpflanzen, die der anglikanische Geistliche Samuel Marsden aus Australien mitbrachte und an der Bay of Islands pflanzen ließ. Heute vermarkten die Erben der ersten Winzer weltweit ihre Weine, die sich neben den feinsten Tropfen aus Australien, Argentinien, Chile, Kalifornien, Südafrika und selbst aus den Ländern der deutschen, italienischen und französischen Lehrmeister sehen lassen können. Die Gefahr, in einem neuseeländischen Restaurant einen sauren Tropfen eingeschenkt zu bekommen, ist gering. Sehr zum Neid mancher europäischer Winzer sind die Weinanbaugebiete Neuseelands mit einem milden sonnenreichem Klima gesegnet.

Mit ihren kräftigen vollmundigen Rotweinen können neuseeländische Winzer europäischen Spitzenerzeugnissen Konkurrenz machen. Und ihre Weißweine, die aufgrund der günstigen Anbaubedingungen einen unverwechselbaren fruchtigen Geschmack mit voller Blume haben, sind auf dem besten Wege, sich ebenfalls einen festen Platz in der Spitzengruppe zu sichern. Dabei kosten die erstklassigen neuseeländischen Weine nur einen Bruchteil dessen, was man für qualitativ gleichwertige europäische Produkte bezahlen muss. Zu den weißen Trauben zählen Semillon, Rhine Riesling, Sauvignon Blanc, Chenin Blanc sowie Chardonnay, die feine Traube aus Burgund, oft als „Königin der neuseeländischen Weißweine" bezeichnet. Bei den roten Trauben unterscheidet man u. a. Pinot Noir, Grenache, Shiraz sowie Cabernet Sauvignon, die weltberühmte Traube aus Bordeaux. Neben Weiß- und Rotweinen stellen die neuseeländischen Winzer auch Sekt, Sherry und Portwein her.

Die bekanntesten Weinbauregionen der Nordinsel erstrecken sich im Nordwesten von Auckland, um Waikato, an der Bay of Plenty, an der Hawke Bay und um Gisborne an der Ostküste. Auf der Südinsel haben sich in den Provinzen Canterbury und Marlborough renommierte Weingüter (*wineries*) etabliert. Mit dem Prädikat „südlichstes Weinanbaugebiet der Welt" schmückt sich Otago. Informationen im **Internet** unter www.nzwine.com.

Reisepraktische Informationen Blenheim

Information
Blenheim i-SITE Visitor Centre, *Grove Rd., Railway Station,* © *03-5778080, www.destinationmarlborough.com u. www.wine-marlborough.co.nz, Mo–Fr 8.30–17, Sa/So 9–15 Uhr. Informativ sind die Broschüre „Marlborough Winemakers Wine Trail Guide" und die Karte „Marlborough Wine Trail".*

Unterkunft
Motels
**Chateau Marlborough $$–$$$**, *High St., Ecke Henry St.,* © *0800-752275 u. 03-5780064, www.marlboroughnz.co.nz, DZ NZ-$ 135–185. Großzügiges, modernes Back-*

steinhaus der gehobenen Mittelklasse, zentral am Seymour Square und trotzdem ruhig gelegen, 30 komfortable Einheiten mit Küche, Swimmingpool, Restaurant, Bar.
**193 Aorangi Manor Motel $$–$$$**, 193 High St., © 0800-507050 u. 03-5782022, www.193aorangimanor.co.nz, DZ NZ-$ 125–190. Zentrumsnah westlich des Seymour Square gelegenes Motel mit 14 bestens ausgestatteten Einheiten in getrennt stehenden Chalets, davon 12 mit Küche, Swimmingpool, Restaurant, freie Abholung.
**Asure Sundowner Motel $$**, 132 Middle Renwick Rd., © 0800-828180 u. 03-5782055, www.sundownermotel.co.nz, DZ NZ-$ 120–135. Gutes Motel der Asure-Kette, 10 ebenerdige Einheiten mit Küche, Swimmingpool, Spa, zentrumsnah gegenüber dem Shopping Centre gelegen.

Bed & Breakfast
**The Peppertree Homestead $$$$$**, Hwy. 1, Riverlands, © 03-5209200, www.thepeppertree.co.nz, DZ NZ-$ 595–655. Schönes historisches Haus aus dem Jahr 1901, umgeben von Weinfeldern und Olivenhainen, etwa 5 Fahrmin. südl. von Blenheim, 5 komfortable Gästezimmer, Pool; die Auswanderer Heidi und Werner aus der Schweiz kümmern sich sehr um ihre Gäste.

Backpacker-Hostel
**The Grapevine Backpackers $–$$**, 29 Park Terrace, © 03-5786062, www.bbh.co.nz, DZ NZ-$ 72, im Mehrbettzimmer NZ-$ 24. Recht zentrale Unterkunft am Opawa River, Doppel- und Mehrbettzimmer, freie Kanus, Fahrräder und Tandems, kostenlose Abholung.

Camping
Blenheim Bridge Holiday Park, 78 Grove Rd., © 0800-268666 u. 03-57 03667, www.blenheimtop10.co.nz. Sehr große und moderne Anlage am nördlichen Ende der Stadt, Zelt- und Campervanplätze sowie Cabins, Flats, Backpacker-Unterkunft und Motelbetrieb ($–$$$), Swimmingpool.

Essen und Trinken
Wegen seiner vorzüglichen Weine ist Blenheim auch ein beliebtes Reiseziel der Wellingtonians, die hier nahe der Hauptstadt gut essen und trinken möchten – was die Vielzahl an respektablen Gaststätten erklärt. Zu den besten Lokalen am Platz zählen u. a.
Blenheim Country Restaurant, Blenheim Country Hotel, Henry St., © 03-5785079, www.scenichotelgroup.co.nz, tägl. 11–14, 18–22.30 Uhr, teuer–sehr teuer. Neuseeländische Traditionsgerichte, vor allem Seafood und Steaks.
D'Urville Wine Bar & Brasserie, Hotel D'Urville, 52 Queen St., © 03-5779945, www.durville.com, tägl. 11.30–14.30, 18–22.30 Uhr, teuer–sehr teuer. Kombination aus europäischem Erbe und neuseeländisch-pazifischen Innovationen, preisgekrönte Weinkarte.
Rocco's Restaurant, 5 Dodson St., © 03-5786940, tägl. außer So ab 17 Uhr, teuer. Klassische neuseeländische Küche mit italienischem Flair variiert.

Eine gute Alternative zu den Stadtrestaurants sind die Weinkellereien. Viele offerieren zum Mittag- oder Abendessen eine auf ihr Weinangebot abgestimmte Speisekarte. Eine exzellente klassisch bis modern neuseeländische Küche bei insgesamt moderat bis teuerem Preisniveau in naturschöner Umgebung bieten **Cloudy Bay Estate** (Jacksons Rd., © 03-5209140, www.cloudybay.co.nz), **Domaine Georges Michel** (56 Vintage Lane, © 03-5727230, www.georgesmichel.co.nz), **Allan Scott's Winery** (Jacksons Rd., © 03-5729054, www.

allanscott.com), **Gibb's Vineyard** (*258 Jacksons Rd., © 03-5728048, www.gibbs-restaurant.co.nz*) *und* **Montana Brancott Winery** (*Hwy. 1, Riverlands, © 03-5775776, www.brancottestate.com*). *Mehrfach preisgekrönt wurde das edle Restaurant des von den Schweizer Auswanderern Therese und Hanz Herzog gegründeten* **Herzog Estate** (*81 Jeffries Rd., © 03-5728770, www.herzog.co.nz*), *das feinste Nouvelle Cuisine mit mediterranem Akzent zu Spitzenpreisen bietet, dazu Herzog-Weine von Sauvignon bis Montepulciano.*

▼ Genießen ohne Grenzen

Die in Neuseeland geltende Alkoholgrenze von 0,5 Promille ist nach zwei, drei Weinproben rasch erreicht oder überschritten. Wer die Verkostungen wirklich genießen möchte, sollte sich nicht selbst ans Steuer setzen, sondern sich einer der von verschiedenen Veranstaltern angebotenen Touren anschließen. *Afternoon Wine Tours* (3–4 Std., ab NZ-$ 45), *Half Day Wine Tours with Lunch* (5 Std.–5 Std. 30 Min., ab NZ-$ 60) und *All Day Tours* (7 Std., ab NZ-$ 75) von Blenheim mit mehreren Stopps und Weinproben bieten u. a. **Highlight Tours** (© 03-5779046, www.highlightwinetours.co.nz), **Marlborough Wine Tours** (© 03-5795038, www.marlboroughwinetours.co.nz) und **Sounds Connection** (© 0800-742866, www.soundsconnection.co.nz). Geführte Fahrradtouren zu den interessantesten Weingütern oder auf eigene Faust mit Leihfahrrad, Detailkarte und Handy ausgestattet, veranstaltet **Wine Tours By Bike** (© 03-5776954, www.winetoursbybike.co.nz, 4 Std. NZ-$ 42, 8 Std. NZ-$ 58).

Busse
Alle Überlandbusse von **InterCity** *und anderer Gesellschaften zwischen Picton und Christchurch bzw. Nelson stoppen am Blenheim i-SITE Visitor Centre, wo auch Tickets erhältlich sind.*

Züge
Der tägl. zwischen Picton und Christchurch verkehrende **TranzCoastal** *(s. S. 404) stoppt in Blenheim Railway Station.*

Von Blenheim nach Picton

Die letzte Etappe von Blenheim nach Picton ist auf dem vielbefahrenen Highway 1 recht schnell zurückgelegt. Wer allerdings nicht in Zeitdruck ist und sich auf einer etwas anstrengenden, unasphaltierten, aber wunderschönen Strecke von der Südinsel verabschieden möchte, sollte in **Tuamarina** rechts abbiegen und über den **Port Underwood Drive** nach Picton fahren. Dadurch verlängert sich zwar die Gesamtstrecke auf 66 km (ca. 2–3 Std.), dafür kommt man aber an vielen Aussichtspunkten und bedeutenden Monumenten aus der Maori- und Pakeha-Geschichte vorbei und hat zweimal die Möglichkeit zu weiteren interessanten Abstechern. Eine Streckenbeschreibung des Port Underwood Drive erhalten Sie in den Information Centres von Picton und Blenheim

7. ANHANG

Literaturverzeichnis

Literatur aus Neuseeland

- **Cleave, Paul**: Der siebte Tod (2007), Die Stunde des Todes (2008), Die Toten schweigen nicht (2009), Der Tod in mir (2010), Heyne Verlag, München. Vier mit viel Insiderwissen geschriebene Krimis, deren Schauplätze in Christchurch liegen.
- **Duff, Alan**: Warriors, Unionsverlag, Zürich 1998. Bestseller–Roman, aus der Perspektive eines Maori geschrieben, mit großem Erfog verfilmt, der deutsche Filmtitel lautet „Die letzte Kriegerin".
- **Flemming, Tancred**: Kia ora, Moana!, Wahine–Verlag, Bochum 1998. Spekulatives Buch aus dem alten Aotearoa, das spannende Handlung mit einer Beschreibung der polynesischen Inselwelt und ihrer Bevölkerung verbindet. Im gleichen Verlag erschienen von Tancred Flemming bereits die Romane „Marama" und „Wahine Toa Maori" – alle Bücher mit Neuseelandkarten, Maori–Wörterbuch und Zeichnungen.
- **Frame, Janet**: Ein Engel an meiner Tafel, Piper Verlag, München 2001. Deutsche Übersetzung jener dreiteiligen Lebensgeschichte der neuseeländischen Schriftstellerin, die in der Verfilmung von Jane Campion zu einem überwältigenden internationalen Erfolg wurde. Von der gleichen Autorin sind kürzlich auf Deutsch die Romane „Dem neuen Sommer entgegen" (C.H. Beck Verlag, München 2011) und „Wenn Eulen schreien" (C.H. Beck Verlag, München 2012; engl.: Owles Do Cry) erschienen.
- **Grace, Patricia**: Potiki, Unionsverlag, Zürich 2005. In diesem Roman berichtet die populäre Schriftstellerin und Maori von den Riten, Zaubereien und dem Widerstand der Maori gegen Umweltzerstörung – ein Roman kultureller Selbstbehauptung, zugleich ein Werk politischen Widerstands. Aus ihrem umfangreichen Schaffen von „Mutuwhenua – The moon sleeps" (Wellington 1978) bis „Dogside Story" (Wellington 2001) sind auf Deutsch außer „Potiki" erschienen: „Anapuke – Berg der Ahnen" (2003) und „Drei Cousinen" (2004) – beide ebenfalls im Unionsverlag Zürich.
- **Hulme, Keri**: The Bone People, Wellington 1984. Umfangreicher Romanerstling, der von der Mythen– und Symbolwelt der Maori beseelt ist und einen dramatischen Prozess von Annäherung und Missverständnissen zwischen einem Mann, einer Frau und einem Jungen darstellt. Auf Deutsch als „Unter dem Tagmond" erschienen (Fischer–Verlag, Frankfurt 2006). Von der gleichen Autorin liegt ebenfalls im Fischer–Verlag das Buch „Der Windesser – Te Kaihau" (2008, zuerst London 1987) vor, eine Sammlung von 18 originellen und ambitionierten Erzählungen, die eine große formale und inhaltliche Bandbreite aufweisen – von märchenhaften Texten bis hin zu Science–Ficton oder Gesellschafskritik.
- **Jakubassa, Erika** (Hrsg.): Märchen aus Neuseeland, Diederichs Verlag, Hanau 1998. Übersetzung des Märchen– und Legendenschatzes der Maoris aus der Reihe „Märchen der Weltliteratur".
- **Kelly, Kaye**: Der weite Weg zurück, btb Verlag, Frankfurt 2010. Eine Reise durch innere wie äußere Landschaften, angesiedelt an der rauen West Coast der Südinsel, der Heimat der Autorin.
- **King, Michael**: Being Pakeha, Wellington 1985. Sehr interessantes Buch über die Befindlichkeit eines Weißen in einem Land, dessen Geschichte zuerst die Maori–

Wurzel verdrängte, dann um so stärker hervorhob. Das vielgelesene Buch erhielt unlängst die aktuelle Fortsetzung „Being Pakeha Now". Ebenfalls lesenswert ist die von Michael King herausgegebene Anthologie „Te Ao Hurihuri: Aspects of Maoritanga", in der viele Aspekte der Maori–Kultur von einer Reihe anerkannter Maori–Schriftsteller beleuchtet werden.
- **Reed, A.W.**: A Dictionary of Maori Place Names, Auckland 2002. Ein nützlicher Reiseführer zu den Geschichten, die sich hinter Maori–Ortsnamen verbergen.
- **Ryan, P.M.**: The Revised Dictionary of Modern Maori, Auckland 2008. Wörterbuch der schönen Eingeborenensprache.

Leichte Kost in deutscher Sprache

- **Lark, Sarah**: Das Gold der Maori, Bastei–Lübbe Verlag, Köln 2010. Nachdem ihr heimlicher Verlobter Michael verurteilt und nach Australien verbannt wird, bricht für Mary Kathleen eine Welt zusammen. Ihr Vater verheiratet sie mit einem Viehhändler, der die Auswanderung nach Neuseeland plant. Dorthin gelingt auch Michael die Flucht. Wird ihr Traum vom gemeinsamen Glück doch noch wahr? Weitere Neuseeland–Titel von Sarah Lark: „Das Lied der Maori" (2008), „Der Ruf des Kiwis" (2009).
- **Laureen, Anna**: Sterne über Tauranga, Bastei–Lübbe Verlag, Köln 2010. Ricarda ist diplomierte Ärztin, stößt als Frau beruflich aber nur auf Ablehnung. Als ihr Vater sie auch noch mit einem 20 Jahre älteren Arztkollegen verheiraten will, bricht Ricarda nach Neuseeland auf.
- **Walden, Laura:** Das Geheimnis des letzten Moa, Bastei–Lübbe Verlag, Köln 2011. Auf ihrer Reise durch Neuseeland stößt die Biologin Grace auf ein lang gehegtes Familiengeheimnis, dessen Folgen bis heute zu spüren sind ...

Reportagen und Analysen

- **Brednich, Rolf W.**: Neuseeland macht Spaß – eine kommentierte Anthologie neuseeländischen Humors in Wort und Bildern, – Insel der verlorenen Wünsche, Mana Verlag, Berlin 2003. Kurzweiliges Buch eines seit Jahren in Neuseeland lebenden Autors, der dem typischen Kiwi–Humor in Zeitungen, Zeitschriften, Comics und Alltagsleben auf der Spur ist.
- **Heyse, Dörthe/Heyse, Volker**: Das Neuseeland–Lesebuch, Mana Verlag, Berlin 2009. Ein Buch, das wichtige Details aus Geschichte und Gegenwart des Landes sammelt, das differenziert und unterhaltsam über den Alltag berichtet und einen Beitrag zum Verständnis von Land und Leuten leistet.
- **Richter, Anke**: Was scheren mich die Schafe, Kiepenheuer & Witsch, Köln 2011. Ironisch–amüsante Annäherung an Land und Leute.

Kunst und Kultur

- **Bernhardt, Johann**: Im Lichte des Pazifik, Menschen und Kulturen in Aotearoa–Neuseeland, Frieling–Verlag, Berlin 1992. Interessantes Buch aus der Reihe „Ferne

Welten", in dem sich der deutsch-neuseeländische Autor hauptsächlich mit den Ureinwohnern und der Gesellschaftsstruktur des Landes auseinandersetzt.

Bildbände

- **Emmler, Clemens/Frank, Thomas**: Neuseeland, Bruckmanns Länderporträts, München 2008. Sehr schönes Buch eines lange Zeit in Neuseeland lebenden Autors und eines anerkannten Fotografen, dessen herrliche Motive den Bildband bestimmen, praktischer herausnehmbarer (allerdings zu knapper) Reiseführer.
- **Thomas, Martin/Huy, Stefan**: Die schönsten Reiserouten in Neuseeland, Bruckmann Verlag, München 2010. Opulent bebilderter „Reiseverführer" mit kenntnisreichen Texten.

Reiseführer für besondere Interessen (deutsch und englisch)

- **Albert, Alexandra/Albert, Peter**: Neuseeland Outdoor-Handbuch, Reise Know-How Verlag, Bielefeld 2011. Alles, was Outdoor-Sportler wissen müssen – die besten Gebiete für Kletterer, Mountainbiker, Bergsteiger, Wanderer und Kajaker. 50 ausgewählte, ausführlich beschriebene Outdoor-Touren mit Übersichtskarten sowie Infos und Adressen zu Reisevorbereitung, Transport, Ausrüstung und Anbietern.
- **Brednich, Rolf/Bönisch, Max**: Golfen in Neuseeland, Mana Verlag, Berlin 2009. Ein Führer zu den 80 schönsten Country Courses.
- **Brodie, Ian**: The Lord of the Rings Location Guidebook, Auckland 2005. Interessantes Büchlein über die Drehorte der „Herr-der-Ringe"-Filmtrilogie mit gutem Kartenwerk, schönen Fotos und einem Vorwort von Regisseur Peter Jackson.
- **Burton, Robert/Atkinson, Margaret**: A Tramper's Guide to New Zealand's National Parks, Auckland 2009. Standardwerk für Besucher und Wanderer in den Nationalparks, Vorwort von Sir Edmund Hillary.
- **Knütter, Rolf/Ziglowski, Christian**: Wandern in Neuseeland, Mana Verlag, Berlin 2010. Die schönsten Tracks und Wanderwege in neuseeländischen Nationalparks.
- **Jonsson, Frauke**: Aotearoa – Ein Reiseführer durch das Neuseeland der Maori, Mana Verlag, Berlin 2009. Umfassende Übersicht über kulturelle Angebote, mit denen die Maori einen Einblick in ihre Vergangenheit und Gegenwart vermitteln. Die Palette reicht von Touren in Stammesregionen, Naturführungen, Tanz- und Theaterdarbietungen über Museen und Kunstgalerien bis hin zu Stammeshäusern und Kirchen.
- **Pantke, Reinhard**: Neuseeland Bikebuch: Die Kiwi-Inseln für Tourenradler und Mountainbiker, Reise Know-How Verlag, Bielefeld 2001. Handbuch für Fahrradfahrer mit der Darstellung von zehn großen zusammenhängenden Radtouren sowie guten Tipps zu Ausrüstung, Routenplanung, Reisezeit.
- **Schellhorn, Matthias**: Reiseführer Natur – Neuseeland, BLV-Verlagsgesellschaft, München 2004. Interessantes Buch, das seinen Schwerpunkt auf das Thema Natur legt, Vorstellung verschiedener detaillierter Wanderrouten und landschaftlich reizvoller Gebiete abseits der üblichen Touristenpfade.

Historisches

- **Cook, James**: Entdeckungsfahrten im Paradies – Die Logbücher der Reisen von 1768–1779, A.G. Price, Stuttgart 1983. Standardwerk des großen Entdeckers.
- **Forster, Georg**: Reise um die Welt mit Kapitän Cook in den Jahren 1772–1774, Lamuv-Verlag, Göttingen 2008. Darstellung der Weltumseglung James Cooks von jenem Naturkundler, der die Exkursion zusammen mit seinem Vater begleitete und Neuseeland zum erstenmal in deutscher Sprache erwähnte.
- **Hochstetter, Ferdinand von**: Neuseeland, Time Life Verlag 1984. Faksimileausgabe der 1863 edierten Schrift des berühmten Neuseelandforschers.
- **Tasman, Abel Janszoon**: Entdeckung Neuseelands, Tasmaniens und der Tonga- und Fidschi-Inseln 1642–1644. Neuauflage des Logbuches des europäischen Erstentdeckers in der Reihe „Alte abenteuerliche Reiseberichte" des Thienemann-Verlags, Stuttgart.
- **Zimmermann, Heinrich**: Die Reise um die Welt mit Kapitän Cook, reprint München 1966. Bericht über die Expedition James Cooks aus der Feder seines deutschen Matrosen. Das Original erschien bereits 1781, noch vor der Ausgabe der Cook'schen Logbücher.

Einige dieser Bücher sind nicht mehr im Buchhandel, sondern nur noch über Antiquariate erhältlich. Auf Literatur aus und über Neuseeland ist der Berliner Mana Verlag spezialisiert (www.mana-verlag.de).

Oakura – einer der beliebtesten Strände vor den Toren von New Plymouth

Stichwortverzeichnis

A
Abel Tasman NP 418–425
Abkürzungen 76
Akaroa 568–571
Aktivurlaub 79–84, 129
Alexandra 503, 504
Amberley 577
America's Cup 58
Amöben 363
Angeln 80
ANZUS–Pakt 29, 30
Aoraki Mt. Cook 520, 521
Aoraki Mt. Cook National Park 520–524
Aoraki Mt. Cook Village 522–524
Aorere River 430
Aramoana 543
Arbeiten 94
Arrow Junction 473, 502
Arrow River 479
Arrowtown 479
Art Deco 321–322
Arthur's Pass 572–574
Arthur's Pass NP 572, 573
Ärzte 100
Ashburton 548
Atkinson, Harry 252
Atomtests 30
Auckland 137–185
- Albert Park 144–145
- Alberton House 151–152
- Aotea Square 144
- Auckland Art Gallery 145
- Auckland Museum 141
- Auckland Zoo 150
- Cornwall Park 160
- Customs House 147
- Devonport 155–157
- Ewelme Cottage 153
- Ferry Building 148
- Grafton Bridge 144
- Grammar School 158
- Harbour Bridge 150
- Heiße Quellen 162
- Highwic House 157
- Howick Historical Village 161
- Karangahape Road 143
- Kelly Tarlton's Underwater World 152
- Kinder House 153
- MOTAT 151
- Mt. Eden 157–158
- Newmarket 157
- Old Cemetery 143
- One Tree Hill 159–160
- Parnell 152–153
- Ponsonby 154–155
- Quay Street 148
- Queen Elizabeth Square 147
- Queen Street 143
- Sky Tower 146
- St. Mary 153
- St. Matthew's–in–the–City 146
- St. Patrick´s Cathedral 147
- Town Hall 144
- Victoria Park Market 149
- Voyager New Zealand Maritime Museum 148
- Vulkane 158–159
- Weinkellereien 161
- Westhaven Marina 149

Auskunft 84
Ausreise 76
Austern 59
Auto fahren 84–88
Autokauf 88–89
Automobilklub 89
Autostopp 90
Autoverleih 87–88
Awakino 245–246
Awanui 214

B
Backpacker 116–117
Balclutha 517, 518
Banks Peninsula 568–571
Barbecue 61
Baylys Beach 225
Bay of Islands 198–212
Bay of Plenty 328, 339
Bay View 349
Bed & Breakfast 117–118
Behinderte 90
Benzin 87, 128
Bier 61
Blenheim 433, 588–593
Bluff 512, 513
Bolger, James B. 30
Botschaften 92
Briten 53–54
Buller River 436, 438
Bulls 265

Bungee-Jumping 79, 501–502
Buried Village 370
Burns, Robert 528
Burns, Thomas 528
Busby, James 202
Busse 123–124, 128

C
Cabbagetree 41
Cable Bay 216
Cambridge 373, 374
Campbell, John Logan 160–161
Campervans 90–92, 127
Camping 118–119
Campion, Jane 68
Canterbury Association 550, 551
Canterbury Plains 527, 566, 572
Cape Brett 199–200
Cape Colville 390
Cape Farewell 427, 428
Cape Foulwind 439
Cape Kidnappers 325, 326
Cape Palliser 313
Cape Reinga 216–218
Cape Runaway 341
Cape Turnagain 316
Cargill, James 528
Castlepoint Beach 316
Cathedral Cove 394
Charleston 441, 442
Chatham Islands 36
Cheviot 577
Chinesen 52
Christchurch 550–566
- Air Force World 561
- Arts Centre of Christchurch 556
- Avon River 558
- Botanic Gardens 556
- Canterbury Museum 555
- Cathedral Square 557
- Christchurch Art Gallery 556
- Christchurch Gondola 562
- Ferrymead Heritage Park 561, 562
- International Antarctic Center 559, 560
- Orana Wildlife Park 560, 561
- Riccarton House 559
- Sign of the Takahe 567
- Willowbank Wildlife Reserve 561
- Yaldhurst Museum 561

Clark, Helen 19, 20
Clifden 507
Clutha River 501
Clyde 503
Cobb Valley 422
Collingwood 427, 429
Cook, James 18, 20–22, 282, 408
Cook Islands 36, 52
Cooks Beach 394
Cook Strait 301, 302
Coromandel 388–390
Coromandel-Halbinsel 375, 383–397
Craigieburn 572
Crichet 56
Cromwell 502, 503
Curio Bay 516

D
Dänen 51, 317
Dannevirke 317
Dargaville 224–225
Darwin, Charles 18
Dawson Falls 256
Delfine 47, 82, 581–584
Deutsche 51
Devonport 155–157
Dieffenbach, Ernst 302
Diplomatische Vertretungen 92–93
Domett 577
Doubtless Bay 216
Doubtful Sound 497
Duff, Alan 66, 68
Dunedin 528–537
- Cadbury Chocolate Factory 535
- Dunedin Botanic Garden 534, 535
- Dunedin Public Art Gallery 531
- Dunedin Railway Station 533
- Dunedin University of Otago 534
- First Presbyterian Church 533
- Knox Church 534
- Law Courts 533
- Municipal Chambers 531
- Octagon 531
- Otago Settlers Museum 532
- Otago Museum 534
- Olveston House 534
- Speight's Brewery 535
- St. Joseph's Catholic Cathedral 531
- St. Paul's Anglican Cathedral 531

E
East Cape 340
Eastwoodhill Arboretum 339
Egmont Village 258
Einkaufen 93
Einreise 76
Einwandern 94

Eisenbahn s. unter Züge
Elektrizität 94
Eltham 260
Entfernungen 135
Erdbeben 31, 318, 551, 554
Erdgas 247, 257
Erdöl 249
Essen 58–64, 129

F
Fähren 125–126, 128
Fahrrad fahren 80
Fairlie 526
Farewell Spit 427, 428
Featherston 312
Feiertage 95
Fernsehen 104
Ferry Landing 394
Fest 95–98
Film 67–70
Fiordland NP 499–501–
Fjorde 405, 408
Fjordland 485–501
Fletcher Bay 391
Flüge 77–78, 127
Forellenangeln 80, 354
Fortrose 516
Fotografieren 98
Foveaux Strait 511
Fox Glacier 455–458
Foxton 267
Franz Josef Glacier 453–458
Franzosen 569
Frasertown 332
du Fresne, Marc–Joseph 22

G
Geld 99
Geschichte 18–30
Gesellschaft 48–64
Gesundheit 100
Geysire 360
Gillespies Beach 456
Gisborne 335–339
Glenfalloch Woodland Garden 538
Glenorchy 478
Glühwürmchen 238–239, 490
Godley, John Robert 550, 551
Goldrausch 25, 441, 448
Golden Bay 462
Golf 80–81
Gondwana 32, 39
Gore Bay 577

Gowanbridge 435
Grace, Patricia 66
Great Barrier Island 182–185
Greenpeace 30
Greenstone Valley Walk 478
Grey, George 139, 185
Greymouth 444–447
Greytown 313, 314

H
Haast 460, 461
Haast, Julius von 463, 520
Haast Pass 461–463
Hackett, AJ 501
Hahei Beach 394
Hamilton 232–235
Hanmer Springs 575, 576
Harwood's Hole 421
Hastings 326, 328
Hau–Hau–Bewegung 244, 245
Hauraki Golf 177–185
Havelock 405
Havelock North 327, 328
Hawera 260
Hawke Bay 348
Heaphy Track 430, 439
Heaphy, Charles 520
Helensville 227
Herr der Ringe 68–69, 300, 373
Hicks Bay 341
Hillary, Edmund 19, 58, 520, 521
Hinuera 376
Hobson, William 18, 24, 139, 143
Hochstetter, Ferdinand von 463
Hokitika 449–452
Holländer 51
Homer Tunnel 493
Homer, Henry 493
Hone Heke 18, 203
Hongi Hika 210
Hotels 119–120
Hot Water Beach 395
Houhora 218
Huka Falls 355, 356
Hulme, Keri 66
Hundertwasser, Friedensreich 67, 197
Huntly 229–230

I
Inangahua 438
Information 84
Inglewood 258
Inlandsflüge 121, 122, 127

Internet 101–102
Invercargill 510–512

J
Jackson Bay 460
Jackson, Peter 65, 68–69
Jerusalem 281
Jetboats 79
Jugendherbergen 120

K
Kahurangi NP 430
Kaikohe 220
Kaikoura 580–588
Kaikoura Ranges 579
Kaingaroa State Forest 350
Kaiapoi 577
Kaitaia 213–215
Kaiteriteri 418, 423–425
Kakapos 44
Kakas 44
Kaninchen 46
Kanu– und Kajakfahren 81
Kapiti Island 268
Kap Maria van Diemen 216, 217
Kapuni 257
Karamea 439
Karikari Peninsula 219
Kartenmaterial 102
Katikati 382
Kauri–Fichte 40, 223
Kauri–Gum 226–227
Kawakawa 196–197
Kawarau River 501, 501
Kawatiri Junction 433, 436
Kawau Island 185
Kawiti Caves 196
Keas 43
Kemp, James 210
Key, John 19, 30, 73
Kerikeri 209–213
Kinder 102
Kihikihi 235
King, Micheal 66
Kiri Te Kanawa 65, 70, 335
Kiwi–Frucht 41
Kiwis 42–43
Kleidung 103
Klima 37
Königsalbatrosse 539–540
Kreditkarten 99
Kriminalität 103
Kultur 65–70

Kumara 448
Kumara Junction 448
Kupe 49

L
Lake Brunner 448
Lake Grassmere 585
Lake Hawea 468, 469
Lake Ianthe 452
Lake Manapouri 497
Lake Mapourika 453
Lake Matheson 456
Lake Moeraki 459, 460
Lake Monowai 506, 507
Lake Pukaki 519
Lake Rotoiti 434, 435
Lake Rotokare 260
Lake Rotorangi 261
Lake Rotoroa 434, 435
Lake Rotorua 363, 370–372
Lake Tarawera 370
Lake Taupo 272, 353–354
Lake Te Anau 489
Lake Tekapo 524–526
Lake Waikaremoana 332, 333
Lake Wairarapa 313
Lake Wakatipu 477–479
Lake Wanaka 468
Lange, David R. 19, 29
Larnach Castle 538
Laurasia 32
Levin 267
Lewis Pass 574
Lower Hutt 311
Lyttelton 568

M
Macetown 479
Mahia–Halbinsel 334
Makarora 466, 467
Makirikiri 281
Mana 51
Manapouri 496–499
Mangawhai 192
Mangonui 219
Mangungu Mission 220
Mansfield, Katherine 65, 66, 292
Maori King's Country 231
Maoris 48–51, 53
Marahau 418, 423–425
Marlborough Sounds 405, 408
Marokopa 248
Marsden Cross 212

Marsden Point 192
Marsden, Samuel 22, 138
Martinsborough 313
Maruia Springs 575
Masterton 315
Maßeinheiten 104
Matakana Coast 191
Matakohe 226
Matamata 373
Matawai 339
Matawhero 335
Maui 34, 282
Maungatautari Ecological Island 373
McCahon, Colin 67
Medien 104–105
Meeresfrüchte 59–60, 63
Meerestiere 47
Mercury Islands 397
Meremere 229
Mietwagen 87–88, 127
Milford Sound 487, 494–496
Milford Track 495
Moas 42
Moa-Jäger 48
Moeraki 543–544
Mokau 246
Moreporks 45
Morere 334
Motels 120
Motonui 247
Motorräder 89, 128
Motu 339
Motueka 416–418, 432
Motutapu 179
Mt. Aspiring NP 469
Mt. Hikurangi 340
Mt. Hutt 549
Mt. Maunganui 376–381
Mt. Ruapehu 277, 279
Mt. Taranaki 253–258
Mt. Tarawera 370
Mt. Taupiri 229
Mt. Tongariro 279
Muldoon, Robert David 29, 72
Murchison 436, 437
Muriwai 227
Murphy, Geoff 67
Muscheln 59
Musik 70

N
Nachtleben 105
Napier 318–325
Napier, Charles 318
National Park (Ort) 274, 275
Nationalparks 106–108
Nelson 409–415, 432
Nelson Lakes NP 434–436
New Plymouth 249–253
New Zealand Company 18, 23, 51, 410
Ngarua Caves 421
Ngaruawahia 231
Ngawha 220
Niederschlag 37
Nikau-Palme 41
Ninety Mile Beach 215–216
Niue 36, 52
Nonoti 577
Norsewood 317
Norweger 317
Notruf 108
Nugget Point 517

O
Oakura 197
Oamaru 544–545
Oban 514, 515
Öffnungszeiten 108
Ohakine 274, 275
Ohope 342
Okarito 453
Omarama 518
Omapere 221–222
Omokoroa 381
Ongaruhe 270
Ophir 504, 505
Opononi 221–222
Opotiki 342, 343
Opoutere 391, 392
Orakei Korako 358
Orepuki 507
Orewa 189
Orokonui Eco Sanctuary 543
Otago 25
Otago Peninsula 537–541
Otaki 267
Otorohanga 236–237
Otumatu Rock 579
Owaka 516, 517
Ozonloch 38

P
Paekakariki 269
Paihia 198–202
Palmerston 504, 543
Palmerston North 265–267

Pancake Rocks 443
Pangäa 31
Papamoa 376
Paraparaumu 268–269
Paparoa NP 442–443
Paradise Valley Springs 371
Patea 261
Pauanui 392, 393
Pelorus Bridge 409
Petone 311
Pferdesport 56
Pflanzenwelt 39–41
Picton 301, 399–404
Pinguine 540, 545
Pipiriki 280
Plattentektonik 32
Pohutukawa 41
Polynesier 48, 52, 419
Pompallier, Bischof 206
Poor Knights Islands 195
Port Chalmers 541
Porto 108, 109
Portobello 538
Post 108
Possums 46–47
Potatau I., König 18, 25
Preisnachlässe 109
Pubs 273–274
Puhoi 190
Pukaha Mt. Bruce National Wildlife Centre, 316, 317
Pukeiki Rhododendron Park 256
Punakaiki 442–444
Pupu Springs 426

Q
Queen Charlotte Drive 404
Queen Charlotte Sound 303
Queen Elizabeth II. 54
Queenstown 473–477

R
Raes Junction 505
Raetihi 280
Rafting 79
Raglan 236
Rainbow Springs 372
Rai Valley 409
Rakiura NP 513
Ranfurly 505
Rangitoto 177
Rapaura Watergardens 387
Rarotonga 36

Ratana 264–265
Ratana–Bewegung 265
Rauchen 109
Raukawa Falls 280
Raurimu Spiral 272
Rawene 220
Read, Melanie 67
Reisedokumente 76
Reiserouten 131–132
Reiseveranstalter 109–110
Reisezeit 37, 110
Reiten 81
Reptilien 45, 46
Restaurants 60–61, 110–111, 129
Richmond 415, 416
Rimu 40
Riversdale Beach 316
Riverton 507
Robben 47, 581–584
Ross 452
Ross–Schutzgebiet 36
Rotorua 360–368
Routeburn Track 478
Roxburgh 505
Rugby 56
Rundfunk 104
Russell 205–209

S
Samoa 52
Sandspit 191
Savage, Michael 19, 28
Schafe 24, 25, 26, 27
Schotten 510, 528
Seddon 585
Seddon, Richard John 18, 27
Segeln 81
Selwyn, George Augustus 154, 206, 210
Shantytown 448
Shotover River 480
Skippers Drive 479, 480
Souvenirs 93
Spanish Mission Style 321–322
Speisefisch 59–60, 63
Sport 55–58
Sprache 111–113
St. Arnaud 433, 434–436
St. Bathans 505
Stewart, William 513
Stewart Island 36, 513–516
Strände 113–114
Stratford 258
Sumner 568

T

Tätowierungen 50
Taiaroa Head 538
Taipa 219
Tairua 393
Takahes 44
Takaka Hills 420
Takaka 422
Take–away–Lokale 61
Tapu 51
Taranaki NP 253–258
Tarawera Landing 370
Tarlton, Kelly 152
Tasman, Abel Janszoon 18, 20, 409, 419
Tauchen 81
Taumarunui 270, 272
Taupo 350–353
Tauranga 379–381
Tawhiou, König 18, 25
Taxis 126, 128
Te Anau 489–492
Te Araroa 340
Te Awamutu 235
Te Heu Heu 276
Te Kooti 244, 245
Te Kuiti 242–244
Telefonieren 114–115
Te Puia Springs 340
Te Puke 346, 347, 376
Te Rauparaha 282, 400
Te Reinga 333, 334
Thames 385–387
de Thierry, Baron 143
Thornbury 507
Three Kings Islands 216
Tierwelt 41–47
Tikitiki 340
Timaru 548, 549
Tiniroto 334
Tirau 373
Tiritiri Matangi Island 179–180
Tolaga Bay 340
Tölpel 326, 346
Tongariro NP 276–279
Torrent Bay 420
Totara 40
Totaranui 422
Tourismus 72
Trinkgeld 115
Trounson Kauri Park 223–224
Tuamarina 593
Tuatapere 507
Tuatara 45–46
Tuis 45
Tussock 41
Tutukaka 195–196
Twizel 519, 520

U

Unterkunft 115–120, 129
Upper Hutt 311
Urenui 246–247
Urewera NP 332, 333
d'Urville, Cesar Dumont 408

V

Veranstaltungen 95–98
Verkehrsregeln 84–86
Vögel 42–45
Vulkane 279

W

Waihau Bay 341
Waiheke Island 180–181
Waihi 382
Waikanae 267
Waikato River 229
Waimangu Volcanic Valley 359–360
Waiomio 196
Wai–o–Tapu 358, 359
Waipapa Point 516
Waipapakauri Beach 216
Waipara 574
Waipawa 318
Waipoua Kauri Forest 222–223
Waipu 192
Waipukurau 316, 317
Wairakei 356, 357
Waitapu 426
Wairoa 330, 331
Waitangi 202–205
Waitangi Falls 333
Waitangi–Vertrag 23–24
Waitara 248
Waitomo 237–242
Wakefield 416
Wakefield, Arthur 400, 410
Wakefield, Edward Gibbon 18, 23, 51, 282
Wale 47, 82, 581–584
Walter Peak Station 478, 479
Wanaka 469–473
Wandern 82
Wanganui 261–264
Ward, Vincent 67
Warkworth 190–192
Wassersport 57

Waverly 261
Wein 61–62, 590–591
Wekas 45
Wellenreiten 83
Wellington 282–309
- Antrim House 295
- Beehive 294
- Cable Car Station 289
- Civic Centre 287, 288
- Colonial Cottage Museum 297
- Katherine Mansfield Memorial Park 292
- Michael Fowler Centre 288
- National Archives 293
- National Library of NZ 292
- Matiu–Somes Island 299, 300
- Mt. Victoria 297
- Museum of NZ 286–287
- Museum of Wellington City&Sea 288
- Old Government Buildings 295
- Old St. Paul's Church 293
- Otari–Wilton's Bush 298
- Queens Wharf 288
- Sacred Heart Cathedral 291
- St. Andrew's-on-the-Terrace 295
- St. Mary of the Angels 296
- Victoria University 290, 296
- Wellington Botanic Garden 290
- Wellington Cathedral of St. Paul 291, 292
- Wellington Town Mall 288
- Wellington Zoo 298
- Weta Cave 300
- Zealandia 298, 299

Wendt, Albert 66
Westland Nationalpark 454–458
Westport 438–441
Whakapapa 275, 276
Whakarewarewa 368–370
Whakatane 343–345
Whalewatching 82, 581–584, 587
Whanganui NP 280, 281
Whanganui River 280, 281
Whangamata 391, 392
Whangaparaoa 189
Whangara 340
Whangarei 192–195
Whangaroa 219
Wharerata State Forest 335
Whiritoa 391
White Island 346
Whitianga 395–397
Windsurfen 83
Wintersport 83
Wirtschaft 70–73
Wohnmobile 90–92
Woodville 317
Weltkriege 27–28

Y
Young Nicks Head 335
Young, Nicholas 337

Z
Zeit 126
Zeittafel 18–19
Zeitschriften 105
Züge 124–125, 128

Bildnachweis

Titelfoto: Karl Johaentges / LOOK–foto
Roland Dusik: S. 5 oben, 5 unten, 8, 21, 24, 26, 31, 35, 39, 50, 65, 69, 136, 186, 197, 232, 279, 289, 294, 302, 309, 359, 369, 383, 389, 395, 398, 419, 422, 434, 442, 451, 455, 456, 464, 468, 475, 477, 478, 483, 488, 493, 497, 498, 502, 517, 519, 522, 527, 532, 539, 544, 547, 550, 557, 558, 567, 570, 573, 577, 583, 589, 598
Ulrich Quack: S. 4 oben, 43, 49, 54, 71, 73, 74, 139, 140, 142, 145, 147, 149, 154, 159, 164, 168, 180, 199, 207, 226, 247, 283, 298, 320, 324, 330, 347, 362, 371, 377, 381, 403, 438, 458, 494
New Zealand Tourist Office (images.newzealand.com): S. 3, 16, 205, 211, 217, 234, 237, 273, 277, 314, 341
Destination Fjordland (www.fiordland.org.nz): S. 4 unten, 44, 47, 57, 60, 107, 130, 134, 151, 428, 500, 507, 513
Kiwiwise (www.kiwiwise.co.nz): S. 10, 244, 255, 269, 336, 408, 413, 449, 462
Free New Zealand Photos (www.freenzphotos.com): S. 171, 176, 184, 344

ebook-Reiseführer

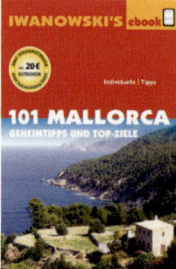
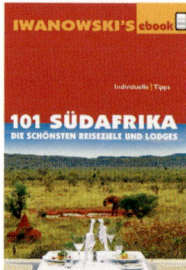

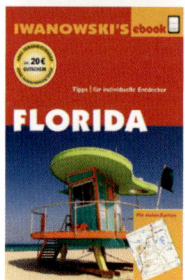

Die Iwanowski's ebooks liegen im epub-Format vor, sodass sich Texte und Bilder dynamisch an die jeweilige Bildschirmgröße des Lesegerätes anpassen. Das Format ist für die Nutzung auf dem iPad optimiert. Die epub-Datei ist auch auf Tablet-PCs mit Android-Apps, Smartphones und ebook-Readern lesbar. Weitere Titel in Vorbereitung.

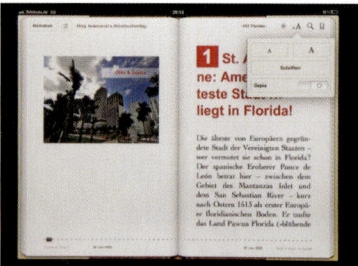
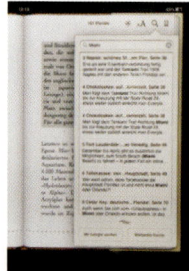

Veränderung der Schriftgröße und -art sowie durch Fingertipp vergrößerbare Karten und Fotos (je nach Lese-App)

Suchfunktion im Buch bzw. bei Google oder Wikipedia

Direkt verlinkte Internetadressen

Das komplette Verlagsprogramm unter:
www.iwanowski.de

101 Geheimtipps

November 2012

„Eine Reihe als Ideensammlung für kreatives individuelles Reisen."
Begründung der Jury zum ITB Award 2011 für "Die besondere Reiseführer-Reihe"

„Wunderbar zum Stöbern und Auf-Ideen-Kommen."
Brigitte zu „101 Inseln"

„Dieser neue Reisebuchtyp ist kein Reisebuch, wie gewohnt. Dies ist eine Ideensammlung – eine Schüssel voller Appetithappen oder ein Ideenfinder. Ein gutes Konzept, ein gutes Buch".
Freie Presse Chemnitz zu „101 USA"

Das komplette Verlagsprogramm unter:
www.iwanowski.de

IWANOWSKI'S REISEBUCHVERLAG

FÜR INDIVIDUELLE ENTDECKER

| REISEHANDBÜCHER | REISEGAST IN... |

Europa
Barcelona und Umgebung 🗎
Berlin*
Dänemark*
Finnland*
Irland*
Island*
Liparische Inseln *
Lissabon
Madeira*
Moskau & Goldener Ring
Nordspanien &
 Jakobsweg*
Norwegen*
Paris und Umgebung*
Piemont & Aostatal*
Polens Ostseeküste &
 Masuren*
Provence mit Camargue*
Rom*
Schweden*
Tal der Loire mit Chartres*

Asien
Hong Kong
Oman*
Peking
Rajasthan mit
 Delhi & Agra*
Shanghai
Singapur 🗎
Sri Lanka/Malediven*
Thailand*
Tokio mit Kyoto
Vereinigte Arabische Emirate
 mit Dubai & Abu Dhabi *
Vietnam*

Afrika
Äthiopien*
Botswana* 🗎
Kapstadt & Garden Route*
Kenia/Nordtanzania*
Mauritius mit Rodrigues* 🗎
Namibia* 🗎
Nambia/Naturschutzgebiete*
Südafrikas Norden & Ostküste*
Südafrika* 🗎
Uganda/Ruanda*

Amerika
Chile mit Osterinsel*
Florida* 🗎
Guadeloupe und seine Inseln
Hawaii*
Kalifornien*
Kanada/Osten*
Kanada/Westen*
Karibik/Kleine Antillen*
New York
USA/Große Seen*
USA/Nordosten*
USA/Nordwesten*
USA/Ostküste*
USA/Süden*
USA/Südwesten*
USA/Texas &
 Mittlerer Westen*
USA/Westen* 🗎

Australien / Neuseeland
Australien mit Outback*
Neuseeland*

101... - Serie: Geheimtipps und Top-Ziele
101 Berlin 🗎
101 China
101 Florida
101 Hamburg 🗎
101 Indien
101 Inseln
101 Kanada-Westen
101 London 🗎
101 Mallorca 🗎
101 Namibia – Die
 schönsten Reiseziele,
 Lodges & Gästefarmen
101 Reisen für die Seele –
 Relaxen & Genießen in
 aller Welt
101 Safaris –
 Traumziele in Afrika
101 Skandinavien
101 Südafrika – Die
 schönsten Reiseziele
 und Lodges 🗎
101 USA

Ägypten
China
England
Indien
Japan
Korea
Polen
Russland
Südafrika
Thailand

* mit herausnehmbarer Reisekarte
🗎 auch als ebook-Reiseführer (epub)

Iwanowski's Reisebuchverlag GmbH • Salm-Reifferscheidt-Allee 37 • D- 41540 Dormagen
TEL: 02133/260311 • FAX: 02133/260333 • E-MAIL: INFO@IWANOWSKI.DE
www.iwanowski.de

Die beste Perspektive vom schönsten Ende der Welt

Ja, ich möchte 360° Neuseeland im Abonnement bestellen!

Sie erhalten das alle drei Monate erscheinende Magazin **360° Neuseeland** ...

☐ ... im Abonnement **für 1 Jahr (4 Ausgaben) zum Vorzugspreis von nur 24 €** (innerhalb Deutschlands. Außerhalb Deutschlands gelten folgende Preise: Ausland/Europa: 32 €, Ausland/restliche Welt: 40 €; Schweiz: 50 CHF. Alle Preise inkl. Versand und – soweit erforderlich – inkl. MwSt.).

☐ ... im Abonnement **für 2 Jahre (8 Ausgaben) zum Vorzugspreis von nur 43,20 €** (innerhalb Deutschlands. Außerhalb Deutschlands gelten folgende Preise: w Ausland/Europa: 48 €, Ausland/restliche Welt: 61,20 €; Schweiz: 93,60 CHF. Alle Preise inkl. Versand und – soweit erforderlich – inkl. MwSt.).

Das Abonnement verlängert sich automatisch um ein Jahr, wenn es nicht sechs Wochen vor Ablauf gekündigt wird.

Einfach ausfüllen und zusenden:

Ich zahle per: ☐ Rechnung ☐ Bankeinzug

_____   _____
Firma   Konto-Nr.

_____   _____
Name, Vorname   BLZ/Geldinstitut

_____   _____
Straße, Nr.   Datum   ✗ Unterschrift

_____   **Widerrufsrecht:** Die Bestellung kann innerhalb von zwei Wochen (rechtzeitige Absendung genügt) bei 360° medien GbR, Nachtigallenweg 1, 40822 Mettmann, E-Mail: info@360grad-medien.de) widerrufen werden.
PLZ, Ort, Land

_____
E-Mail

_____   _____
Telefon, Telefax   Datum   ✗ 2. Unterschrift

📞 +49(0)2104/49325640   +49(0)2104/49325649   @ info@360grad-medien.de

Neuseeland genießen!

... mit dem Spezialanbieter seit 1988 für Ihre individuelle Reise durch Neuseeland.

1 kostenloses Dinner für 2 Personen
im Martin Bosley's Gourmet Restaurant in Wellington mit Blick über den Hafen
(bei Buchung einer unserer Reisen bis Dez.13)
Kennwort: Iwanowski's Dinner Neuseeland

Die schönsten individuellen Paketreisen ab/bis Deutschland, z.B.:

▶ Neuseeland - ganz privat erleben!
Erleben Sie Neuseeland individuell mit Mietwagen und zauberhaften Bed & Breakfast Unterkünften.
22 Tage inkl. Flüge ab / bis Deutschland,
19 Tage Mietwagen,
18 vorgebuchte Übernachtungen
mit Frühstück
ab 3.640 € p.P. / DZ

▶ Neuseeland - auf Gleisen durch Aotearoa!
Durch Neuseeland ganz ohne Mietwagen, mit Zügen und Bussen individuell reisen.
23 Tage inkl. Flüge ab / bis Deutschland, Rail & Fly Bahnfahrkarte bis/von Frankfurt, vorgebuchte Züge, Busse, Transfers und alle Übernachtungen, sowie historische Züge in Queenstown und Dunedin.
ab 4.450 € p.P. / DZ

▶ Neuseeland - einmal um die Welt!
Die besondere Round-The-World-Reise mit Hongkong, Sydney, Neuseeland und Cook Inseln.
30 Tage inkl. Flüge ab / bis Deutschland,
2 Übernachtungen in Hongkong, 3 Übernachtungen in Sydney, die Nordinsel Neuseelands mit Mietwagen und 14 vorgebuchten Übernachtungen,
7 Übernachtungen auf den Cook Inseln
ab 4.800 € p.P. / DZ

▶ Neuseeland - mit Camper und Campingplätzen!
Erkunden Sie Neuseeland mit einem Wohnmobil und bereits vorgebuchten Campingplätzen.
28 Tage inkl. Flüge ab / bis Deutschland,
25 Tage Wohnmobil mit Dusche/WC,
24 Nächte auf verschiedenen Campingplätzen
ab 2.990 € p.P. / DZ

Weitere Angebote, ausführliche Beschreibungen und kostenlose individuelle Ausarbeitung unter:

PACIFIC TRAVEL HOUSE

Schwanthaler Straße 100
D-80336 MÜNCHEN
Tel. +49 (0)89 - 543 21 - 80
Fax +49 (0)89 - 543 21 - 822
info@pacific-travel-house.de

WWW.PACIFIC-TRAVEL-HOUSE.COM

www.facebook.com/pacific.travel.house